著者简介

陈华彬，我国当代主要民法学家之一，中央财经大学教授、博士生导师、博士后合作导师，法学博士，教育部新世纪优秀人才支持计划入选者（2008年），《财经法学》期刊主编，最高人民法院案例指导工作专家委员会委员，中国保险法学研究会副会长。

物 权 法 论

陈 华 彬 著

THE
REAL RIGHT LAW
THEORY

陈华彬作品系列

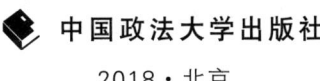
中国政法大学出版社

2018·北京

声　明　1. 版权所有，侵权必究。
　　　　2. 如有缺页、倒装问题，由出版社负责退换。

图书在版编目（CIP）数据

物权法论/陈华彬著. —北京：中国政法大学出版社，2018.3
ISBN 978-7-5620-8141-8

Ⅰ.①物…　Ⅱ.①陈…　Ⅲ.①物权法－法的理论－中国　Ⅳ.①D923.21

中国版本图书馆CIP数据核字(2018)第043443号

出　版　者	中国政法大学出版社	
地　　　址	北京市海淀区西土城路 25 号	
邮寄地址	北京 100088 信箱 8034 分箱　邮编 100088	
网　　　址	http://www.cuplpress.com（网络实名：中国政法大学出版社）	
电　　　话	010-58908437(编辑室)　58908334(邮购部)	
承　　　印	北京中科印刷有限公司	
开　　　本	720mm×960mm　1/16	
印　　　张	48.75	
字　　　数	800 千字	
版　　　次	2018 年 3 月第 1 版	
印　　　次	2018 年 3 月第 1 次印刷	
定　　　价	139.00 元	

序

本书是我关于物权法问题的一部新著，也是对此前本人有关物权法的著述及其思想的新归纳、新总结。本书的写作、整理、打磨、核校，系逐字逐句地进行，并时刻以谨严、审慎、严格的态度而努力为之。

物权是关于财产的所有与其物权的利用的制度与规则，与国家、社会及人民的根本财产利益密切相关，故而不可谓不重大。物权法系财产法中最重要、最核心的组成部分之一，于全部民法体系乃至整个法律系统中，实居于关键和特殊地位。时值现今民法典物权编编纂，立基于为立法提供准确、清晰、系统、简洁、明确的物权法法理与学理的初衷与考量，遂决定将本著作尽快付梓，以因应这个新时代，尤其是喜迎民法典物权编编纂的盛事。也正是因此，本著作为全面配合此民法典物权编的编纂而对之前的相关著述予以了修订，吸纳了域外物权立法、学理及实务的新成果、新思想、新经验，并尤其对现今诸多较重大的物权法问题进行了细致、周到的分析、探讨及梳理，且于最后指明了解决之策。

现行《中华人民共和国物权法》（以下简称《物权法》）系由总则、所有权、用益物权、担保物权及占有五编构成，其系统谨严，与近现代及当代物权法学理与法理相合。为此，本著作也循此五编体系而逐一展开，并于担保物权之末增设"非典型担保"一章，以管窥传统物权法典型担保之外的别样风致。尤其值得提及的是本著作的附录一与附录二。其中，附录一系对现行《物权法》颁行的背景、价值、功用、意涵及时代特征的论述与分析，对于全面理解该《物权法》具有十分积极的价值与意义。自2007年《物权法》颁行起，迄今已然过去十余年，并迎来民法典物权编的编纂。由此观之，现今如何于既有《物权法》的基础上编纂科学、自洽、严谨、准确、系统及高质量的民法典物权编，又摆在了立法、学说与实务的面前，附录二即是针对此而发表的言说。如此，加上本书前面的二十三章（部分），本著作共计25部分（章），由此形成既有历史感，也有现实挑战及实践问题之解决的自洽体系。

是年适逢本人从事民法研究三十周年。回眸三十年前于西南政法学院（现今的西南政法大学）跟随恩师李开国先生开启物权法研习的情景，如今仍历历在目，仿若昨夕。岁月催人奋进，一路走来，风雨兼程，筚路蓝缕，焚膏继晷，叹光阴之易逝，人生之易老。所幸本人于物权法等民法园地耕耘良久，值此新时代，当以"雄关漫道真如铁，而今迈步从头越"的精义，继续谦卑、严格、严谨地从事囊括物权法在内的民法研习工作。

谨以本书庆贺本人从事民法研究三十周年！

以上数言，是为序。

陈华彬

二〇一八年二月二日

目录
CONTENTS

序 ǀ 001

第一章 **物权总说** ǀ 001

　第一节　物权的名称、涵义与特性 ǀ 001

　　一、物权名称的源起与在立法上的确立 ǀ 001

　　二、物权的涵义：对各种学说的考量与分析 ǀ 004

　　三、物权的特性 ǀ 006

　第二节　物权的肇源与罗马法、日耳曼法的物权观念 ǀ 016

　　一、物权观念与物权制度的肇源 ǀ 016

　　二、罗马法与日耳曼法的物权观念 ǀ 019

　第三节　物权与债权 ǀ 021

　　一、物权与债权二元权利体系的形成 ǀ 021

　　二、物权与债权的具体界分 ǀ 025

　　三、物权功用的变迁与物权和债权的交错 ǀ 028

　第四节　物权与知识产权、继承权 ǀ 029

　　一、物权与知识产权 ǀ 029

　　二、物权与继承权 ǀ 031

第二章 物权法的特性、发展趋势与中国物权法和民法典物权编的制定与编纂 | 033

第一节 物权法的特性 | 033

一、物权法为私法 | 033

二、物权法为财产法 | 034

三、物权法为强行法 | 035

四、物权法具有固有法的性质 | 035

五、物权法具有公共性 | 037

第二节 物权法的发展趋势 | 037

一、物权法的国际化 | 038

二、物权类型的增加 | 039

三、物权关系中的意思自治 | 040

四、用益物权的消长 | 040

五、物权的价值化 | 041

六、所有权的社会化 | 042

七、担保物权功能的强化与担保形态的多样化 | 042

八、环境生态的保护 | 044

第三节 中国物权法与民法典物权编的制定和编纂 | 044

一、中国物权立法的回眸 | 044

二、中国物权法的制定 | 047

三、中国民法典物权编的编纂 | 049

四、《物权法》的体系 | 049

五、我国物权法的法源（"渊源"） | 050

六、《物权法》的基本理念 | 054

第三章 物权的客体与一物一权原则 | 057

第一节 物权的客体及其分类 | 057

一、作为物权的客体的物 | 057

二、与物权有关的物的主要分类 | 058

第二节　一物一权原则　| 067

　　一、涵义与存在理由　| 067

　　二、一物的判定与一物一权原则的发展　| 068

第四章　**物权的效力**　| 071

第一节　概要　| 071

第二节　排他效力　| 072

第三节　优先效力　| 074

　　一、物权相互间的优先效力　| 074

　　二、物权优先于债权的效力　| 076

第四节　追及效力　| 079

第五节　物权请求权　| 080

　　一、概要　| 080

　　二、物权请求权的性质　| 082

　　三、物权请求权的周边：物权请求权与相关请求权　| 083

　　四、基于定限物权的物权请求权　| 085

　　五、物权请求权的其他问题　| 086

第五章　**物权法定原则与物权的类型**　| 089

第一节　物权法定原则　| 089

　　一、物权法定原则及其存在理由　| 089

　　二、违反物权法定原则的效果　| 093

　　三、关于物权法定主义的缓和　| 094

　　四、物权法定原则与合同自由原则　| 098

第二节　物权的类型　| 099

　　一、物权的学理分类　| 099

　　二、大陆法系一些国家或地区民法典上的物权类型　| 103

　　三、我国的物权类型　| 109

第六章 **物权变动** | 111

第一节　概要 | 111
一、物权变动的涵义与形态 | 111
二、引起物权变动的原因 | 113

第二节　物权变动 | 113
一、基于法律行为的物权变动 | 113
二、非基于法律行为的物权变动 | 123

第三节　物权变动的公示与公信原则 | 124
一、公示原则 | 124
二、公信原则 | 141

第四节　物权行为 | 144
一、物权行为的源起与评述 | 144
二、物权行为的基础法理 | 147
三、物权行为的独立性理论 | 151
四、物权行为的无因性理论 | 152

第五节　物权消灭的原因 | 167
一、混同 | 167
二、抛弃（放弃） | 169
三、其他原因 | 170

第七章 **所有权通说** | 171

第一节　所有权的涵义与功用 | 171
一、所有权的涵义 | 171
二、所有权的功用 | 177

第二节　所有权的变迁与演进 | 180
一、所有权权源的变迁与演进 | 180
二、所有权的观念与制度的变迁 | 182

第三节　所有权的类型 | 191
一、国家所有权 | 191

二、集体所有权 | 193

三、私人所有权 | 194

四、对社会团体所有权的保护 | 194

第四节 所有权的权能 | 194

一、所有权的积极权能 | 195

二、所有权的消极权能 | 198

第五节 所有权的限制 | 198

一、私法对所有权的限制 | 199

二、公法对所有权的限制 | 201

三、征收与征用 | 202

第六节 所有权的物权请求权 | 203

一、所有物的返还请求权 | 204

二、所有权妨害排除请求权 | 210

三、所有权妨害预防（防止）请求权 | 212

第七节 取得时效 | 214

一、概要 | 214

二、取得时效的基本法理 | 214

三、我国的时效取得问题 | 223

第八章 土地空间权 | 224

第一节 概说 | 224

第二节 土地空间权的基本理论 | 226

一、土地空间权的涵义与类型 | 226

二、土地空间权的体系 | 228

三、空中权 | 237

四、地中权（地下空间利用权）| 239

五、土地发展权 | 240

六、不动产证券化 | 241

第九章　建筑物区分所有权　| 243

第一节　建筑物区分所有权的基本理论　| 243
一、建筑物区分所有权的源起与名称　| 243

二、建筑物区分所有权的涵义　| 244

三、业主的界定　| 250

四、建筑物区分所有权的特性与种类　| 251

第二节　专有权　| 253
一、专有权的含义　| 253

二、专有权的客体——专有部分　| 253

三、专有部分的范围　| 254

四、专有权的内容　| 257

五、业主作为专有权人的法律责任（Ⅰ）：停止侵害、排除妨害与损害赔偿　| 261

六、业主作为专有权人的法律责任（Ⅱ）：将业主自区分所有权共同体关系中驱逐（即剥夺业主的区分所有权）　| 262

第三节　共有权　| 274
一、共有权的涵义与特性　| 274

二、共有权的客体——共有部分　| 276

三、共有权的内容　| 282

四、业主作为共有权人的法律责任　| 284

第四节　业主的成员权　| 285
一、业主的成员权的涵义、特性与形成基础　| 285

二、业主成员权的内容　| 287

第五节　区分所有建筑物的管理（Ⅰ）：涵义、内容与方式　| 289
一、区分所有建筑物的管理的涵义与内容　| 289

二、管理方式　| 292

第六节　区分所有建筑物的管理（Ⅱ）：管理规约　| 293
一、概要　| 293

二、管理规约的订立、变更或废止　| 295

三、管理规约应规范的事项 | 301

四、管理规约的效力 | 303

五、原始管理规约（业主临时公约）的公平性及其效力 | 304

六、小结 | 308

第七节　区分所有建筑物的业主管理团体（Ⅰ）：业主大会 | 309

一、业主大会的性质与业主的权利和义务 | 310

二、业主大会会议形式、会议召集与表决权计算 | 313

三、业主大会的决议方法与决议效力 | 316

第八节　区分所有建筑物的业主管理团体（Ⅱ）：业主委员会、
　　　　　物业服务企业与其他管理人 | 321

一、业主委员会 | 321

二、物业服务企业与其他管理人 | 322

第九节　区分所有建筑物的修缮 | 323

一、概要 | 323

二、专有与约定专用部分的修缮 | 326

三、共有与约定共有部分的修缮 | 333

四、区分所有建筑物修缮费用的来源或取得 | 341

第十节　区分所有建筑物的修复：以日本法为视角的
　　　　分析与借镜 | 344

一、概要 | 344

二、日本区分所有建筑物小规模一部灭失的修复 | 345

三、日本区分所有建筑物大规模一部灭失的修复 | 349

四、日本区分所有建筑物修复制度对我国的借镜：检讨、
　　建构及完善 | 354

第十一节　区分所有建筑物的重建 | 356

一、概要 | 356

二、重建的要件 | 359

三、业主间及业主与第三人间权益的调整 | 364

四、重建合意的成立与重建主体的厘定 | 368

五、小区内区分所有建筑物的重建 | 369

六、区分所有建筑物一部灭失的复旧（修复）与重建 ┃ 371

七、区分所有建筑物遭受灾害全部灭失时的再建与重建 ┃ 372

八、小结 ┃ 374

第十章 相邻关系 ┃ 375

第一节 相邻关系总说 ┃ 375

一、相邻关系的涵义、功用与权源 ┃ 375

二、相邻关系的法性质及与地役权的区别 ┃ 377

三、相邻关系与建筑法、城市计划法和区域计划法的关联 ┃ 379

四、相邻关系的演变 ┃ 380

第二节 相邻关系的类型 ┃ 381

一、土地相邻关系 ┃ 381

二、建筑物相邻关系 ┃ 388

第十一章 动产所有权 ┃ 393

第一节 善意取得 ┃ 393

一、善意取得的涵义与肇源 ┃ 393

二、善意取得的"极端法"与"中间法"立场 ┃ 395

三、善意取得的构成要件 ┃ 397

四、善意取得的法律效果 ┃ 404

第二节 遗失物的拾得 ┃ 406

一、涵义与法性质 ┃ 406

二、遗失物拾得的要件 ┃ 407

三、拾得遗失物的效力 ┃ 409

四、遗失物规则对拾得漂流物、发现埋藏物、隐藏物的准用 ┃ 411

第三节 先占 ┃ 411

一、先占的涵义与法性质 ┃ 411

二、先占的构成要件 ┃ 412

三、先占的法律效果 | 414

　　　四、我国民事立法应认可先占制度 | 414

　第四节　添附 | 415

　　　一、添附的涵义与旨趣 | 415

　　　二、附合 | 416

　　　三、混合 | 419

　　　四、加工 | 421

　第五节　货币所有权 | 425

　　　一、货币为一种特殊的物 | 425

　　　二、货币所有权 | 425

　　　三、孳息的所有权取得 | 427

第十二章　**共　有** | 428

　第一节　概说 | 428

　　　一、共有的涵义与演进 | 428

　　　二、共有的特性、成立及类型 | 429

　　　三、共同共有与按份共有的界分 | 430

　第二节　按份共有 | 432

　　　一、按份共有的源起与涵义 | 432

　　　二、按份共有的内部关系 | 434

　　　三、按份共有的外部关系 | 441

　第三节　共同共有 | 442

　　　一、共同共有的涵义与法性质 | 442

　　　二、共同共有的类型 | 444

　　　三、共同共有的效力 | 445

　　　四、共同共有的消灭 | 447

　　　五、共同共有物的分割 | 447

　第四节　准共有 | 448

第十三章 用益物权总说 | 449

第一节 用益物权的意义 | 449
一、用益物权的涵义 | 449
二、用益物权的取得、丧失与变更 | 451
三、用益物权与担保物权 | 452

第二节 用益物权的特性与功用 | 453

第三节 用益物权的类型体系 | 456
一、域外民法与我国台湾地区"民法"中的用益物权 | 456
二、我国的用益物权体系 | 458

第十四章 土地承包经营权 | 460

第一节 概说 | 460
一、土地承包经营权的涵义与特性 | 460
二、土地承包经营权的征收 | 461
三、关于土地所有权、土地承包权及土地经营权"三权分置" | 462

第二节 土地承包经营权的取得 | 462
一、依法律行为而取得 | 462
二、依法律行为以外的原因而取得 | 464

第三节 土地承包经营权的效力 | 464
一、土地承包经营权人的权利 | 464
二、土地承包经营权人的义务 | 467

第四节 土地承包经营权的消灭 | 467
一、土地承包经营权消灭的原因 | 468
二、土地承包经营权消灭的法律后果 | 469

第十五章 建设用地使用权 | 470

第一节 概说 | 470
一、建设用地使用权的涵义与特性 | 470

二、建设用地使用权（地上权）的沿革与内容 | 471

三、建设用地使用权与类似权利的区别 | 473

第二节　建设用地使用权的取得 | 474

一、通过行政划拨方式取得建设用地使用权 | 474

二、通过出让方式取得建设用地使用权 | 475

第三节　建设用地使用权人的权利义务 | 476

一、建设用地使用权人的权利 | 476

二、建设用地使用权人的义务 | 478

第四节　建设用地使用权的消灭 | 478

一、建设用地使用权的消灭原因 | 478

二、建设用地使用权消灭的法律后果 | 480

第十六章　**宅基地使用权** | 482

第一节　概说 | 482

一、宅基地使用权的涵义 | 482

二、宅基地使用权的特性 | 482

第二节　宅基地使用权的取得和流转 | 484

一、宅基地使用权的取得 | 484

二、宅基地使用权的流转 | 485

第三节　宅基地使用权的效力 | 486

一、宅基地使用权人的权利 | 486

二、宅基地使用权人的义务 | 487

第四节　宅基地使用权的消灭 | 487

一、宅基地使用权消灭的因由 | 487

二、宅基地使用权消灭的法律后果 | 488

第十七章　**地役权（含不动产役权构建）** | 489

第一节　概说 | 489

一、地役权的涵义 | 489

二、地役权的法制史脉络与功用 | 492

三、地役权的特性 | 496

四、地役权的分类 | 497

第二节 地役权的取得 | 499

一、基于法律行为取得地役权 | 499

二、基于法律行为以外的原因取得地役权 | 500

第三节 地役权的效力 | 501

一、地役权人的权利与义务 | 501

二、供役地人的权利与义务 | 503

第四节 地役权的消灭 | 504

一、地役权的消灭原因 | 504

二、地役权消灭的法律效果 | 505

第五节 不动产役权制度的构建 | 505

一、概要 | 505

二、建立我国不动产役权的必要性 | 506

三、自己不动产役权（所有人不动产役权）制度的价值与确立 | 508

四、小结 | 511

第十八章 担保物权总说 | 513

第一节 担保物权的基本法理 | 513

一、担保物权的涵义 | 513

二、担保物权的本旨 | 514

三、担保物权的特性 | 514

四、担保物权的效力 | 516

五、担保物权的功用与价值 | 517

第二节 担保物权的类型 | 518

一、各国家或地区物权法上的担保物权 | 518

二、担保物权的分类 | 520

第三节　担保物权的其他问题 ｜523

一、物的担保（物权的担保）与人的担保 ｜523

二、关于金钱担保 ｜524

三、担保物权的消灭 ｜524

第十九章　**抵押权** ｜525

第一节　概说 ｜525

一、抵押权的涵义 ｜525

二、抵押权的特性 ｜527

三、抵押权的发展趋势，尤其是德国、瑞士的抵押权可能对我国抵押权的影响 ｜528

第二节　抵押权的取得 ｜530

一、基于法律行为而取得抵押权 ｜530

二、非基于法律行为而取得抵押权 ｜533

第三节　抵押权的效力（一）｜534

一、抵押权担保债权的范围 ｜534

二、抵押权的效力所及的标的物的范围 ｜536

第四节　抵押权的效力（二）｜539

一、抵押物的用益权 ｜539

二、设定多个抵押权的权利 ｜540

三、于抵押物上为他人设立用益权的权利 ｜540

四、出让抵押物的权利 ｜541

第五节　抵押权的效力（三）｜542

一、抵押权人的顺位权 ｜542

二、对抵押权的处分权 ｜547

三、抵押权的保全权 ｜550

四、抵押权人的物权请求权 ｜552

五、抵押权人的侵权损害赔偿请求权 ｜554

六、抵押权的实行 ｜554

第六节 抵押权的消灭 | 558

一、主债权消灭 | 558

二、抵押物灭失 | 558

三、抵押权的实行 | 558

四、因除斥期间的经过而消灭 | 558

第七节 特殊抵押权（Ⅰ）：最高额抵押权 | 559

一、最高额抵押的涵义与特性 | 559

二、最高额抵押权的功用与缺陷 | 561

三、最高额抵押权的设立 | 562

四、最高额抵押权的变更 | 564

五、最高额抵押权的转让 | 564

六、最高额抵押权所担保债权的确定 | 565

七、最高额抵押权的实行 | 567

八、最高额抵押权的消灭 | 568

第八节 特殊抵押权（Ⅱ）：共同抵押权 | 568

一、涵义 | 568

二、共同抵押权的基本原则 | 569

三、共同抵押权的设立 | 570

四、共同抵押权的效力 | 570

第九节 特殊抵押权（Ⅲ）：财团抵押权、浮动抵押权与证券抵押 | 571

一、财团抵押权 | 571

二、浮动抵押权 | 572

三、证券抵押 | 575

第十节 特殊抵押权（Ⅳ）：所有人抵押权（以德国、瑞士法为视角的分析与借镜） | 577

一、概要 | 577

二、所有人抵押权制度的比较法考察（一）：以德国法上的所有人土地债务与后发的所有人抵押权为中心 | 578

三、所有人抵押权制度的比较法考察（二）：以瑞士法上的空位（空白）担保位置制度为中心 ｜584

四、所有人抵押权与民法诸规则的关系 ｜585

五、所有人抵押权的比较法总结：寻求共识 ｜589

六、所有人抵押权制度对我国的借鉴：检讨、建构及完善 ｜589

第二十章　质　权 ｜592

第一节　概说 ｜592

一、质权的涵义与特性 ｜592

二、质权的法制史脉络与立法例 ｜593

三、质权的分类 ｜595

第二节　动产质权 ｜596

一、动产质权的意义 ｜596

二、动产质权的取得 ｜598

三、动产质权的效力 ｜600

四、动产质权的消灭 ｜610

五、最高额质权 ｜611

第三节　权利质权 ｜611

一、权利质权的基本法理 ｜611

二、票据质权 ｜613

三、债券质权 ｜616

四、存款单质权 ｜618

五、仓单质权 ｜619

六、提单质权 ｜621

七、股权质权 ｜622

八、基金份额质权 ｜625

九、知识产权质权 ｜626

十、应收账款质权 ｜628

第二十一章 **留置权** | 631

第一节　概说 | 631

一、留置权的涵义 | 631

二、留置权的法性质 | 632

三、留置权与其他类似权利的界分 | 633

第二节　留置权的法制史脉络、立法成例与功用 | 635

一、留置权的法制史脉络与立法成例 | 635

二、留置权的功用 | 637

第三节　留置权的取得 | 637

一、留置权取得的积极要件 | 638

二、留置权取得的消极要件 | 642

第四节　留置权的效力 | 643

一、留置权所担保债权的范围 | 643

二、留置权的效力所及标的物的范围 | 643

三、留置权人的权利义务 | 644

四、留置物所有人的权利义务 | 646

五、留置权与动产抵押权、质权的竞存 | 647

六、留置权的实行 | 647

七、留置权的消灭 | 648

第五节　境外比较法上的其他留置权 | 650

第二十二章 **非典型担保** | 652

第一节　概说 | 652

第二节　让与担保 | 653

一、让与担保的涵义与法律特性 | 653

二、让与担保的演进与功用 | 654

三、让与担保的有效性 | 656

四、让与担保的法律构造 | 657

第三节　假（临时）登记担保 | 658

一、假登记担保的含义 | 658

二、假登记担保的法性质 | 659

三、假登记担保的设立 | 659

第四节　所有权保留 | 660

一、所有权保留的意义与法制史脉络 | 660

二、所有权保留的功用、构成与法性质 | 662

三、所有权保留的设立 | 662

四、所有权保留中买受人的期待权 | 662

五、所有权保留买卖中出卖人的取回权 | 665

第二十三章　占　有 | 667

第一节　概说 | 667

一、占有的涵义 | 667

二、占有的主体 | 670

三、占有与相关概念的界分 | 670

四、占有的功能 | 671

第二节　占有的分类、占有状态的推定与占有状态的变更 | 673

一、占有的分类 | 673

二、占有状态的推定 | 679

三、占有状态的变更 | 680

第三节　占有的取得 | 682

一、占有的原始取得 | 682

二、占有的继受取得 | 682

第四节　占有的效力 | 685

一、占有权利的推定 | 685

二、占有人与回复请求权人的权利义务关系 | 687

第五节　占有的保护 | 690
一、占有人的自力救济权 | 691
二、占有人的物上请求权 | 694

第六节　占有的消灭与准占有 | 697
一、占有的消灭 | 697
二、准占有 | 698

附录一　**中国物权法的意涵与时代特征** | 701
引　言 | 701
一、中国引进和建立物权制度体系之初 | 702
二、中国 1949—1956 年对物权法的基本肯定与之后至 80 年代末对物权法的否定 | 706
三、20 世纪 90 年代初期开始的物权法的复兴 | 708
四、中国《物权法》对中国国家与社会的效果 | 710
五、中国《物权法》的时代特征 | 718
结　语 | 725

附录二　**我国民法典物权编立法研究** | 727
一、物权法定原则的缓和与谨慎 | 728
二、物权变动规则的维系、完善与对《物权法司法解释（一）》相关规定的吸纳 | 730
三、所有权规则的丰富、扩展与完善 | 731
四、用益物权规则的修订、扩展与完善 | 740
五、担保物权规则的改定与完善 | 744
六、占有制度及其规则的丰富与完善 | 747
七、结语 | 747

主要参考文献 | 748
后　记 | 754

第一章

物权总说

第一节 物权的名称、涵义与特性

一、物权名称的源起与在立法上的确立

物权为近现代及当代民法上的一项重要概念，其与债权一道共同构成大陆法系民法财产权的两大基石。没有物权、债权概念，也就没有大陆法系的近现代与当代民法制度及其体系，尤其是作为形式民法的民法典。因此，研习物权法，需从物权的涵义谈起。

众所周知，在民法的发展长河上，囿于诸多因素的影响，学者对物权问题的认识，较之债权存疑更多。尤其是何为物权，即物权的涵义是什么的问题，自欧洲中世纪后期注释法学派（"注解法学派""疏证法学派"）[1]正式涉猎这一问题以来的数百年间，一直是学者间争论不休、见仁见智的问题。即使于现今，对此问题的讨论也依然未有止息，于一定程度上仍有继续下去之趋势。

当代民法的研究成果表明，人类社会之有真正的物权观念，大抵肇始于古罗马法时代。但是，限于当时的人们尤其是法律学者对物权关系的认识程度，以及

---

[1] 应指出的是，欧洲中世纪中叶以来的法学家，由于其研究的主要对象是古罗马的《罗马法大全》（《国法大全》《民法大全》），因而其方法主要有考证、注释、概括、推断、阐述等语义学的方法。它的目的首先在于归真，弄清《罗马法大全》的本来面目，帮助人们全面、准确地理解和把握其精神。至后期，由于时代已经发展，《罗马法大全》的许多规定已不符合现实，因而研究者就从实际出发，于解释时更多地加进自己的理解。也就是说，从更多地尊重文本转向尊重实践。由此发生了对"解释"一词理解上的由注释（Glossators）到注解（Commentatores）的变化，即加进了"理解"的因素。而"注解法学派"（"疏证法学派"）即属于后者。对此，请参见严存生：《西方法哲学问题史研究》，中国法制出版社2013年版，第565页。

受抽象思维水平的限制，罗马法的全部法律文献中始终未见"物权"一词。[1] 因此散见于罗马法史料中的只是一些具体的物权概念，如所有权、用益权、役权、永借权、地上权、永佃权、抵押、质押、占有等。[2] 正因如此，日本研究罗马法的资深学者船田享二明确地指出："罗马法时期没有物权一语，同一用语在罗马法时期毋宁说是在对他人的物的权利，即后世所称的他物权（iura in re aliena）的意义上被使用的。"[3]

不过，于罗马法时期，其诉讼法领域有"物的诉权"（actio in rem）与"人的诉权"（actio in personam）这两个概念。"物的诉权"是所有权、役权和其他权利的保护手段，"人的诉权"是债权的保护手段，二者形成对峙与并存的格局。也就是说，罗马法的物权观念，是通过对物本身的诉讼（"对物之诉"）来表现的权利人之对于特定物的归属或追及性。进而言之，通过对物诉讼（"对物之诉"）来确保权利人之对于特定物的追及性或归属，这就是罗马法的物权的中心观念。[4]

据考证，于学理上以"ius in re"来表称"物权"这一术语，系在欧洲的中世纪时期。[5] 易言之，"物权（iura in re）这一术语，系由欧洲中世纪时期的学者所创制"[6]。另外，欧洲中世纪时期的教会法（"寺院法"）、封建法也创立了"对物的权利"（ius ad rem）这一名称。[7] 但无论如何，对物权这一名称是在欧洲的中世纪时期被如何创制出来的，它是由一人创制还是由数人创制的，抑或是由一个集体创制的，依据现有的史料还不能准确确定。不过，大体上可以说，它可能是由11—13世纪的欧洲前期注释法学派，或13世纪后半期至15世纪后半期的后期注释法学派的学者们，如伊尔内留斯、阿佐（Azo Portius，约1150—1230年）、

1　对此，日本著名罗马法学者原田庆吉在其所著《日本民法典的历史的素描》（创文社1954年版，第91页）第二编"物权"中，开门见山就说："在罗马法上，存在债权（obligatio）这一概念，但没有物权这一概念。"往昔笔者曾主张，罗马法上也无"债权"一语。但原田庆吉在这里说存在"债权"的术语。不过笔者始终认为，与物权概念一样，罗马法时期也是没有出现债权这一概念的。债权和物权这两个概念，最早可能出现于中世纪后期的注释法学派。其最晚，也是比较信靠的，应当说出现于18世纪末、19世纪初。

2　[德] Max Kaser：《罗马私法概说》，[日] 柴田光藏译，创文社1960年版，第153页以下。

3　[日] 船田享二：《罗马私法提要》，有斐阁1985年版，第122页。

4　[日] 原田庆吉：《日本民法典的历史的素描》，创文社1954年版，第91页。

5　Arangio-Ruiz, Istituzioni di diritto romano, 3aed. 1935, p.167；[日] 原田庆吉：《日本民法典的历史的素描》，创文社1954年版，第91页。

6　[日] 船田享二：《罗马私法提要》，有斐阁1941年版，第122页。

7　[日] 佐贺彻哉："对物权与债权的界分的考察"，载《法学论丛》第98卷第5号。

F. 阿库修斯（约 1182—1260 年）、奇诺（1270—1336 年）、巴托鲁斯（Bartolus，1314—1357 年）等人在对优士丁尼《民法大全》（《国法大全》、《罗马法大全》）进行注释、分析各法律文献的结构，致力于使罗马法与实际生活相结合的过程中提出的。[1]

往后经过近 400 年的时间，"物权"一语正式见于民法典上，这就是 1811 年《奥地利普通民法典》对"物权"一词的规定。其第 307 条规定："对于物，非仅得对特定人主张其权利者，该权利称为对物权（dingliche Rechte，物权）。对于物，直接基于法律或债务行为而产生，且仅得对特定人主张其权利者，该权利称为对人的物上权利（persönliche Sachenrechte，债权）。"[2] 至 1890 年，日本又于其"旧民法"财产编第 2 条对物权的定义加以规定。复经过 6 年的时间，于德国的普通法学、近代民法学及潘德克吞法学对物权和债权的概念及其区分有了深入研究的基础上，1896 年公布的《德国民法典》即把财产权区分为物权和债权，并于"物权"（该法典第 3 编）的编名下，规定了 443 个条文（第 854—1296 条）的物权制度及其规则系统。毋庸置疑，此系物权法发展进程中的一个里程碑，标志着自罗马法以来，物权法于名正言顺的名称下业已完成了它的立法化。于民法典上设立专门的"物权编"来规定物权制度及其规则系统，此点对后世制定民法典或物权法的国家产生了直接影响。效仿《德国民法典》的做法，于民法典中设立专门的物权编来规定物权制度及其规则系统，系大陆法系的一些国家和地区——譬如日本、瑞士、苏俄（1922 年）、希腊、土耳其、韩国、葡萄牙[3]及我国台湾地区等民法——的一项共通做法。我国 2007 年颁行的《中华人民共和国物权法》（以下简称《物权法》），其源起和名称同样系来源于《德国民法典》的创造。

---

[1] 日本学者佐贺徹哉于"对物权与债权的界分的考察"（载《法学论丛》第 98 卷第 5 号）中谓：物权与债权的二元权利体系，系中世纪时期的注释法学派通过对罗马法的综合研究，将罗马法的诉权系统置换为权利系统后获得的。也就是说，其认为"物权"这一名称，系由注释法学所创制。

[2] 参见戴永盛译：《奥地利普通民法典》，中国政法大学出版社 2016 年版，第 65 页及该页注释 1。

[3] 现行《葡萄牙民法典》制定于 1966 年，其前身是该国 1867 年的《塞亚布拉法典》。与《塞亚布拉法典》相比，现行的《葡萄牙民法典》既有传承，又有创新。1867 年的《塞亚布拉法典》是葡萄牙第一部具有当代意义的民法典，该法典贯彻的是理性自然法的思想，其于意识形态、编制体例及主要制度等方面皆深受《法国民法典》的影响。然而，随着 20 世纪以来德国民法理论对葡萄牙的渗透，《塞亚布拉法典》与理论界和实务界的距离越来越远。正是在此背景下，新的《葡萄牙民法典》才于 1966 年诞生。该法典共分 5 卷，体例和各卷名称完全追随《德国民法典》，即第 1 卷"总则"、第 2 卷"债法"、第 3 卷"物法"、第 4 卷"亲属法"及第 5 卷"继承法"。对此，请参见唐晓晴等译：《葡萄牙民法典》，北京大学出版社 2009 年版，"《葡萄牙民法典》简介"。

我国颁行民法典时，该《物权法》于修改、增删、补充及完善后，[1]将被纳入民法典中作为独立一编（即"物权编"），系我国民法典的基本、重要的组成内容。

二、物权的涵义：对各种学说的考量与分析

自《德国民法典》采用"物权"的编名并规定系统的近现代与当代意义上的物权制度以来，"物权"一词即成为大陆法系民法立法与理论上的基本概念。尽管如此，对于物权的涵义究竟系什么，学者之间仍未形成完全一致的认识。自近代以降，学理上对物权下过很多种定义，[2]将所下的定义加以分类，可以看到，对物权的涵义的认识主要有三种见解，即"对物关系说""对人关系说"和"折中说"。

"对物关系说"。该说最早滥觞于中世纪之时的注释法学派。19世纪德国古典法学时期，海因里希·德恩堡（Heinrich Dernburg，1829—1907年）积极倡导之，并将该说的内容进一步予以完善，认为债权关系是人与人的关系，物权关系是人与物的关系，从而物权的涵义应当为：人们直接对物享受其利益的财产权，或人们对物直接支配的财产权。

值得注意的是，1929年《中华民国民法典》物权编草案的立法理由曾谓："物权者，直接管领特定物之权利也。此权利有对抗一般人之效力（即自己对于某物有权利，若人为害及其权利之行为时，有可以请求勿为之力）。故有物权之人实行其权利时，较通常债权及其后成立之物权，占优先之效力，谓之优先权。又能追及物之所在，而实行其权利，谓之追及权。"[3]另外，我国台湾地区2009年"民法"物权编部分修正条文总说明（通则章与所有权章）也谓："物权为直接支配特定物而享受其利益之权利。"[4]

"对人关系说"。该说肇源于欧洲近代时期，主要的倡导者为德国学者伯恩哈德·温德沙伊得（Bernhard Windscheid，1817—1892年）与弗里德里希·卡尔·冯·萨维尼（Friedrich Carl von Savigny，1779—1861年）。他们以一般权利的通性

1　对此，请参见陈华彬："我国民法典物权编立法研究"，载《政法论坛》2017年第5期，第29页以下。

2　根据台湾地区学者谢在全于其所著《民法物权论》（上册，台湾1994年自版，第106页注释1）的列举，晚近以来，日本和台湾地区学者对物权所下的定义就有21种之多，足见在此点上学者认识并不一致。另外，蔡明诚著"论物权的概念与类型"［《黄宗乐教授六秩祝贺——财产法学篇（一）》，台北学林文化事业有限公司2000年版，第102页］，对各学者关于物权涵义的界定作了精辟分析，请参考之。

3　参见陈荣传：《民法物权实用要义》，五南图书出版股份有限公司2014年版，第1页。

4　参见陈荣传：《民法物权实用要义》，五南图书出版股份有限公司2014年版，第1页。

为论据，认为由法律所定的各种权利，无论其性质如何，所涉及者莫不为人与人的关系。换言之，在他们看来，无论债权关系抑或物权关系，皆属于人与人的关系，二者的差异仅在于债权只可对抗特定人，而物权则可对抗一般人。萨维尼谓：一切法律关系皆为人与人的关系，故物权也为人与人的关系。温德沙伊得谓：权利系存在于人与人之间，而非存在于人与物之间。基于此等认识，他们将物权的含义界定为：具有禁止任何人侵害的消极功用的财产权或对抗一般人的财产权。

"折中说"。此为折中上述两说而形成的学说，认为物权有对人、对物两方面的关系，权利人支配特定物的方法、范围不仅为事实问题，也涵括了法定的法律关系。不过，仅有权利人对特定物的支配关系，尚难确保权利的安全，故还须使社会上的一般人对特定物负担一种不作为的消极义务，惟有如此，方能确保物权的安全，进而使其充分发挥效用。据此说，物权的含义应界定为：对物可直接支配，且可对抗一般人的财产权，即是物权。而所谓"支配"，系指依人的意思，对物加以管领或处置；所谓"直接"，指无需他人行为的介入。也就是说，物权的权利人对权利标的物，无需他人行为的介入，得以己意直接支配。譬如房屋所有人得直接使用其房屋，质权人得直接拍卖质物而受清偿，皆属之[1]。

以上三说中，应以采"折中说"为宜。自物权与债权的差异来看，物权是一种权利人对特定物的权利，其客体主要是物（仅少数的权利可作为物权的客体），称为"对物权"；债权是权利人（债权人）请求债务人为一定行为或不为一定行为的权利，其客体为行为，称为"对人权"。物权的涵义中应反映权利人对特定物的支配这一面。故此，称物权反映的是一种权利人对物的关系（"对物关系说"），并无不妥。但同时，人对特定物的占有、支配关系要升格为具有权利义务内容的法律关系，又仅在人群共处的人类社会中方有其可能。试想，当鲁滨孙一人身处孤岛时，尽管他可以占有岛上的一草一木，一花一黍，系一种人对物的关系，但这种人对物的关系何以能形成一种物权？盖此时并不发生他人对鲁滨孙所占有、支配的物的争夺、侵占。也就是说，不存在可能影响鲁滨孙对物的占有、支配的人。从而鲁滨孙对物的占有、支配也就仅系一种对物的事实上的占有，这种占有因不存在法权形式下的义务主体，故当然不是一种物权关系。概言之，对物的占有关系要上升为一种物权关系，仅有在二个或二个以上的人结成的人类共同体中才有其可能。进而言之，"物只有在一定的社会历史阶段上的人与

---

[1] 姚瑞光：《民法物权论》，海宇文化事业有限公司1999年版，第1页。

人的关系中，才有可能成为权利的客体"[1]。故此，称物权系一种反映人与之间的关系（"对人关系说"）的法权形式，也无不妥。

至此，本书认为，对物权的本质或涵义的界定，宜自"对物关系"和"对人关系"这两个维度而为之。也就是说，近现代与当代人类法律世界中的"物权"一语，其所传达的是这样的信息：某人对社会财产的排他性地占有、使用、收益和处分，或者对特定物的使用价值、交换价值的直接或间接的利用、支配。易言之，它透过对物的物权（所有权、用益物权、担保物权）关系来实质上反映人与人之间的关系。"人对物的关系是形式，而人与人的关系是其实质。二者的辩证统一，构成了物权的全部内容。"[2]一言以蔽之，物权是反映和表达人与人之间的对财产的所有及物权的利用关系的制度及其规则。

立基于这样的分析，物权的涵义应厘定为：物权人直接支配特定物并排他性地享受其利益的权利。其中，"直接支配特定物"，表明物权是一种对物的关系，"排他性地享受其利益"，表明物权又是一种反映人与人之间的对财产的归属和物权的利用关系的法权形式，[3]将二者结合起来，即形成物权涵义的总体。《物权法》第2条第3款规定："本法所称物权，是指权利人依法对特定的物享有直接支配和排他的权利，包括所有权、用益物权和担保物权"。由该款规定，可知我国对物权的涵义系采折中说。此一立场符合当代物权法对物权制度及其规则的核心本质的认识，是妥恰的。

三、物权的特性

物权的特性，又称物权的性质，系指作为民事权利的物权固有的、本质的、根本上的属性。自一定意义上也可说，其系物权与其他民事权利如债权分野的标志。日本学者於保不二雄认为，物权的特性，是用来判定某项权利是否为物权，

1　金平主编：《中国民法学》（赵勇山执笔），四川人民出版社1990年版，第240页。

2　金平主编：《中国民法学》（赵勇山执笔），四川人民出版社1990年版，第241页。该书第240页还谓：物权并非人对物的权利，而系一种人与人的关系的法律形式。但是，我们必须注意到，物权不能离开物而存在，它总是与物结合着，并以物的特征为特征；法律又只能通过确认权利主体对客体（物）所享有的为一定行为（作为或不作为）的可能性，来保护权利主体于物上所体现的意志。

3　物权的涵义中是否应当含有"排他性"因素，存在歧见。譬如谢在全著《民法物权论》（上册）（文太印刷企业有限公司2004年修订第3版，第18页）认为：物权之排他与否，乃因对物直接支配所使然，故对物的直接支配，已足以说明此特性，况属于支配权的权利均具有此性质，故而不宜以具有排他性为其涵义之一部。姚瑞光也采同样立场，认为物权的定义中不应含有"排他性"，其在所著《民法物权论》（海宇文化事业有限公司1999年版，第1页）中谓："物权者，直接支配特定物而享受其利益之权利也。"

及其属于何种类型的物权的基准,且认为物权的特性,既是一个历史的概念,也是一个实定法上的概念。[1] 如下我们将自七个维度来厘清物权的特性。

(一)物权是权利人直接支配特定物的权利

物权是权利人直接支配特定物的权利,称为物权的"直接支配性"。此点涵括两方面的内容:一是物权系一种权利人直接支配特定物的权利("直接支配性");二是指物权的标的物原则上仅限于特定物、有体物、独立物。权利,仅于法律有明文规定时方可成为物权的客体。

1. 物权系权利人直接支配标的(物)的权利

所谓"支配",指物权人依自己的意思对标的物加以管领[2]、处分。譬如,电视机的所有人将电视机置于自己的房屋内,金钱的所有人将金钱存放于自己的保险柜或钱袋,图书的所有人将图书置于书柜中,衣服的所有人将衣服穿在身上,手套的所有人将手套戴在手上等,皆属于权利人对物的支配(管领),进而也都表明权利人对这些物享有所有权。

物权人对标的物的支配(管领),既指法律上的支配,也指事实上的支配。也就是说,对标的物的支配——管领,涵括一切可以对标的物实施的任何行为。譬如电脑的所有人可依自己的意思占有、使用、收益、处分自己的电脑,并排除他人的干涉;房屋的所有人可以抛弃自己房屋的所有权,而由他人享有。手机的所有人更是可以抛弃自己的手机的所有权而由拾垃圾的人取得;抵押权人于债权届期未受清偿时,可请求法院拍卖抵押物,等等。

所谓"直接",如前述,指物权人对标的物的支配、占有,无需他人行为的介入即可实现。自物权的实现角度而言,是指物权人的物权的实现,通过直接支配标的物也就可以了,完全无需他人行为的介入。进而言之,物权人的物权权利的实现,是透过直接支配标的物来完成的。譬如皮鞋的所有权人,无需他人的帮助即可将皮鞋穿在脚上,而用它来取暖;图书的所有人无需他人行为的介入,即可占有并阅读图书;房屋的所有人无需他人行为的介入即可占用自己的房屋,用其来满足居住需要。而债权,于债务人届期未清偿债权人的债权时,债权人既不能直接支配债务人的人身以实现自己的债权,也不能直接取走债务人的财产以

---

[1] [日]於保不二雄:《物权法》,有斐阁1966年版,第10页。
[2] "管领"一语,系专门用来描述物权或占有的对物的直接支配性的术语。王翰芳在《物权法讲义》中认为,其涵义系指"施实力于一定的物之上";王云五在《物权新论》中认为,"管领就是支配,或是调度",从而"物的管领,不外是指支配或调度其标的物"。综据此两人的见解,本书认为,对物施予一定的力量,进而对之加以全部的直接支配者,即是"管领"。

清偿自己的债权，其只能请求债务人清偿自己的债务，于请求未果时，仅可将债务人诉至法院，透过强制执行债务人的财产来实现自己的债权。可见，直接支配标的物的物权权利，较仅有通过债务人为特定行为（给付）方能实现的债权而言，其效力更强。

物权的直接支配性，系物权的本质；[1]债权的本质，是请求对方为一定行为或不为一定行为的"请求性"。罗马法时期，actio（诉权、诉讼）体系中的"对物之诉"和"对人之诉"这一对术语的界分，其隐含的前提就是通过"对物之诉"来恢复权利人对标的物的重新支配，通过"对人之诉"来请求债务人为一定行为或不为一定行为，由此而使债权人的债权得以实现。易言之，当此之时，诉讼法体系中界分"对物之诉"与"对人之诉"的一个没有言明的因由，仍系物权的支配性与债权的请求性，尽管其时尚未产生物权和债权这一对应术语。近代时期，德国民法明确将财产权界分为物权与债权，其区分的理由，不言自明也是物权和债权这一对术语的差异：物权的本质是对物的直接支配，债权的本质是债权人请求债务人为一定行为或不为一定行为，系一种请求权。[2]1896 年的《日本民法》、1907 年的《瑞士民法典》、1929—1930 年的《中华民国民法》及 1958 年的《韩

---

[1] "本质"，是"事物"，是使事物成其为"事物"的东西（参见车铭洲：《西欧中世纪哲学概论》，天津人民出版社 1982 年版，第 83 页）。对于物权的直接支配性之为物权的本质，日本学者梅谦次郎于《民法要义 卷之二》（复刻版，第 1—3 页）中也有说明："关于物权的定义的讨论虽然很多，但确信最为正确的是自古以来的直接支配权说，正因为物权是直接支配权，故同一物上不允许有其他物权并在，其结果是产生优先权和追及权效力。"于德国，对于物权的本质为何，较早曾有两说：一说认为物权的本质是"权利保护的绝对性"（称为"诉讼理论"），主张者为德国普通法时期的学者 E. 富克斯（E. Fuchs）和厄尔特曼（Oertmann）；另一种学说认为，物权的本质为"财产的归属机能"（称为"归属理论"），主张者有维阿克（Wieacker）与韦斯特曼（Westermann）。参见［日］佐贺徹哉："对于物权与债权的界分的考察"，载《法学论丛》第 98 卷 5 号，第 30 页注释 1、2。

[2] 债权的本质在于特定人的给付，为请求权，其仅可对特定人请求为一定行为或不为一定行为。由此，债权内容的利益，必须经特定人（债务人）意思或行为的介入（实施给付），债权人方能享受得到。譬如租赁合同的承租人仅能依合同先请求出租人交付租赁物，非经出租人履行租赁合同交付租赁物，容许承租人用益后，承租人不能支配租赁物；借用人对借用物的使用权，非直接对物为支配的独立权利，而系对于出借人允许使用的债权所附从的权利［史尚宽：《债法各论》（上册），荣泰印书馆 1973 年版，第 252 页］；土地借用人的权利系请求土地出借人允许其使用土地的请求权，而土地的现在利用，不过是出借人允许使用土地的债务所生的反射效果，因此若出借人将土地出借给第三人，出借人的债务履行发生不能，借用人的土地利用（权）即丧失（［日］舟桥谆一：《物权法》，有斐阁 1970 年版，第 7 页）。另外，就建设用地使用权的设立而言，建设用地使用权设立后，其权利人除可依设立合同请求土地所有人交付土地以供其使用外，还可基于物权请求权请求交付土地（标的物）。此与借用人仅能依借用合同请求出借人交付借用物也有不同［谢在全：《民法物权论》（上册），文太印刷企业有限公司 2004 年修订第 3 版，第 19 页、第 21 页注释 3］。凡此种种皆表明，物权人与债权人对标的物的支配于性质上也有差异。

国民法典》，皆取《德国民法典》的成例而规定了物权编和债法编，其因由也依然在于物权的支配性与债权的请求性的界分。

应当肯定，于 20 世纪之前的法律世界中，称物权的本质是对标的物的直接支配，抑或称物权与债权的分野，系在于前者是支配权，后者是请求权，乃系并无问题，且当此之时以此基准来区分二者也应当说具有"绝对性"或"唯一性"。但是，进入 20 世纪后，尤其是于人类经历了两次世界大战，经历了 20 世纪 60 年代以来勃兴的世界范围的人权运动、女权运动、消费者保护运动及科学技术突飞猛进的发展后，人格权、知识产权于法律中的地位异军突起，并受到强调和重视。这些权利当然不是一种请求权，因此区别于债权，但其是支配权，权利人通过直接支配作为知识产权的标的的智力成果，及作为人格权的标的的人格利益，即可实现自己的知识产权权利或人格权权利。也就是说，直接支配性，仍然系这两种权利的本质或曰根本属性。如此，以直接支配性抑或请求性来界分物权与债权的楚河界线也就变得没有之前绝对。但应当说，支配性与请求性仍然是界分二者的根本标志，称物权的本质系权利人对标的物的直接支配依旧并不过时。[1] 当然，既然于当代法律世界中，不能以"直接支配性"和"请求性"的基准来完全厘定物权与债权、知识产权及人格权的关联，则辅之以其他标准来对它们予以界分也就是必要的。

2. 物权的标的物（客体）原则上需为特定物、独立物及有体物

物权是权利人直接支配物的权利。此所谓"物"，原则上指特定物、独立物和有体物，包括动产和不动产，且无论其为固体、气体、液体。需注意的是，科技和建筑技术的进步，已使物的外延扩大至凡法律上具有排他支配可能性者皆可为物的情形。譬如土地空间权（尤其是空间建设用地使用权）于立法上的肯认，即属之。概言之，凡依社会观念未具体确定的物，或仅为物的成分而不具独立性的，除法律另有特殊规定的情形（譬如建筑物区分所有权）外，皆不能为物权的标的物（客体）。但权利于法律有规定时，也可作为物权的标的（客体），譬如权利抵押权与权利质权，即属之[2]。

如前述，物权是权利人对标的物直接加以支配并享受其利益的权利。若标的物并非特定物，则权利人何以直接支配并享受其利益？物权的标的物需为特定

---

[1] 惟物权体系中的抵押权，其权利人并不对抵押物直接支配，而系间接支配。非典型担保中的让与担保、所有权保留，其让与担保权人和保留物的所有权的人，对标的物也不直接支配，而系间接支配。至于所有权人、用益物权人、质权人、留置权人，则系直接支配标的物。

[2] 参见陈荣传：《民法物权实用要义》，五南图书出版股份有限公司 2014 年版，第 1—2 页。

物，学理称为"物权标的物的特定性"。也就是说，物权的标的物需为现已存在的特定物，尚未生产的物，譬如正在酿造中的上海石库门酒，虽也可为买卖合同的标的物，但却不得为所有权的标的物。进而言之，交易实践中只言明物的种类或数量，而未具体特定的物，尽管可以作为债权的给付对象而成立债权合同，但不能以之作为物权的标的物。譬如与书店订立购买《民法总则》50本的合同，于双方达成合意时，买卖合同即成立，但买受人若未受特定的50本《民法总则》的交付，则其始终都不享有对此50本《民法总则》的所有权。之所以如此，盖法谚云："所有权不得未确定。"所有权如此，其他物权亦然。

物权的标的物还需为独立物，称为"物权客体的独立性"。独立物，指不依附于他物而可以独立存在的且社会一般观念尤其是交易观念也将其作为一个单独的物对待、处理的物。物的一部分，譬如未与树木分离的果实，物的构成部分，譬如土地中的岩石、土砂等，既不便于直接支配，也不能交付或登记，故于成为独立物前，不得以其作为标的物而设立（成立）物权。易言之，因其分别系树木或土地的一部分或构成部分，故而分别系树木所有权和土地所有权的客体（标的物）的一部分，为树木所有权和土地所有权吸收。[1] 又如，一本1000页的图书，当其作为一个整体的物存在时，其第1—500页的部分不能由甲享有所有权，第501—1000页的部分不能由乙享有所有权；一辆自行车，当其作为一个整体的物存在时，其前半部分不能由丙享有所有权，后半部分不能由丁享有所有权。[2] 其因由依然是：物的一部分，于其成为独立物前，系不能于其上成立物权。不过，如下例外情形值得注意。

（1）根据日本《采石法》第4条的规定，土地所有人可为第三人设立采石权，第三人据此可于他人的土地中采掘石头。[3]

（2）依日本《林木法》的规定，土地中生长的林木若经登记的，其即是独立于土地的不动产，可单独作为抵押权的标的物而设立抵押权，惟未经登记的林木，则仍系土地的一部分。[4]

（3）土地中的矿产资源，本为土地的构成部分，但基于矿产资源的特殊性及

1　[日]铃木禄弥：《物权法讲义》，创文社1994年版，第346页。且铃木先生认为，于土地的地表铺设的铺路石、于土地中开凿的隧道、隧洞也系土地的构成部分，依然不能独立作为所有权的客体，而系被土地所有权吸收。

2　此二例出自[日]甲斐道太郎：《物权法》，日本评论社1979年版，第49页。

3　[日]铃木禄弥：《物权法讲义》，创文社1994年版，第346页。

4　[日]铃木禄弥：《物权法讲义》，创文社1994年版，第347—348页。

其功用，各国家或地区矿产资源法多规定：土地中的矿产资源与土地所有权的内容是分离的，国家享有对矿产资源的所有权、开采权。譬如我国农村集体土地中的矿产资源，尽管是集体土地所有权的客体之一部，但依我国《矿产资源法》的规定，其系属国家所有，国家可依一定程序将对矿产资源的开采权授予自然人或法人团体享有。

（4）原本系土地的一部分的物，若其被作为交易的客体而实施了"明认方法"（如在作为买卖标的物的树木上作了记号、写上买受人的姓名）时，其即被视为独立于土地的"物"。[1]

至于由多数单一物或结合物，未丧失其个性与经济上价值集合而成，另具经济上价值的集合物，如集合多数书籍而成的图书馆，集合各种机器设备而成的工厂，是否得为物权的标的物，则需分别情形依特别法的规定而确定，不可一概认为不得为物权的标的物。譬如比较法上的工矿抵押法，即认可工厂得就其所有权、器具、水电、交通等设备的一部或全部，组成工矿财团设立抵押权。若无特别法的规定，则物权仅可成立于其中的各个物之上，而不能成立于该集合物之上。[2]

此外，物权的标的物（客体）还必须系有体物。之所以如此，盖因物权系一种排他性地支配标的物的权利，若标的物并非有体物，则权利人如何排除他人的干涉而加以支配？由此，各国民法大多明定：民法上的物以有体物为限。譬如《日本民法》第85条、《德国民法典》第90条，即属之。而所谓有体物，系指占据一定的空间，以人的五官能感觉到、看得见、摸得着的物质，包括固体、气体、液体，惟权利不涵括在内。[3]我国由学者起草的《中国物权法草案建议稿》（社科院）第10条第1款也曾规定："本法所称物，指能够为人力控制并具有价值的有体物。"可见该建议稿仍然是以有体物为原则。

发生疑问的是，无体物，譬如土地空间、电气、热气、声、光、冷气及其他能源（能量），可否作为物权的客体而成立物权？新近民法学理认为，此等物只要可对它们进行"管理"，即在"可以管理的范围内"，便可成为物权的客体。[4]此观念与罗马法、近代民法的认识已迥乎不同，系进步的表现。故此，我国实务

---

1 ［日］铃木禄弥：《物权法讲义》，创文社1994年版，第348页。

2 姚瑞光：《民法物权论》，海宇文化事业有限公司1999年版，第2—3页。

3 ［日］石田穰：《民法总则》，悠悠社1992年版，第222页。该书还谓，对于有体物的判定，不能以法律上是否具有排他的支配可能性为标准。

4 ［日］本城武雄、月冈利男编：《物权法》，嵯峨野书院1984年版，第9页。

与民事立法也应采同样立场。由学者起草的《中国物权法草案建议稿》（社科院）第10条第2款曾规定："能够为人力控制并具有价值的特定空间视为物。人力控制之下的电气，亦视为物。"此规定尽管业已注意到可于无体物上成立物权，但对可以成为物权的标的（物）的无体物的范围的认识还是有限的，即仅肯认人力控制之下的土地空间、电气可视作物权的客体，而未能将其扩大到热气、声、光、冷气及其他能源（能量）。我国制定民法典应将之扩及这些领域，应系无疑。

专利、商标、著作可否作为物权的客体而成立物权？此三者系特殊财产利益，各国家或地区法通常不以它们为物权的客体而成立物权，而是将它们作为知识产权的客体而成立知识产权。知识产权的权利人对于自己的专利、商标、著作等智力成果虽然享有的是支配权，具排他的独占权的特性，类似于物权（类物权），但其与作为纯粹的财产权的物权不同。故此，民法学理将知识产权作为准物权或无体财产权对待。进而言之，知识产权具有物权的某些属性或特征，于很多方面与物权相仿，系一种类似于物权的权利［"类（似）物权""准物权"］；另外，某些特许权（特别是利用自然法则、以具有高度的技术性为内容的特许权）、实用新型权也不定性为物权，仍系无体财产权，学理上照旧归入"准物权"［"类（似）物权"］的范围。

归纳言之，著作物、专利或发明的归属，乃著作权或专利问题，于法律技术的处理上应与物权存在差异。其他如矿业权与渔业权也复如此。至于债权的归属，以债之关系予以处理即可，而无当作债权的所有权的必要。总之，物权的客体系以"物"为原则，惟金钱债权、智慧财产权（知识产权）的价值日重，以及权利［譬如以出让方式获得的建设用地使用权为抵押权的客体、以通过招标方式获得的土地承包经营权为抵押权的客体、以可让与（转让）的债权或其他权利为标的（权利）质权等］也可为物权的客体的态势，不可忽视。最后，人自身仅能为权利的主体，而不得为物权的标的。至于尸体、遗骨、遗骸，则仅能于以埋葬、管领、祭祀为目的及法律规定的范围内，得为遗族的所有权客体。[1]

此外，还应提及的是，近年来虚拟财产的纠纷层出不穷，大数据的运用也已高度嵌入人们的生活中，惟关于它们的法律性质目前还较为模糊。故此，为适应现今互联网和大数据时代的需要，除《物权法》第2条第2款所称"物"系指不动产和动产等特定物、独立物、有体物外，法律若规定网络虚拟财产或某具体权利作为物权客体的，应依其规定。也就是说，网络虚拟财产或如前述某些权利，

---

[1] 谢在全：《民法物权论》（上册），新学林出版股份有限公司2014年版，第10—11页。

可作为物权的客体。最后，也应将数据信息纳入知识产权的范围中。易言之，知识产权涵括数据信息。

（二）物权是权利人直接支配标的物而享受其利益的权利

物权为一种民事权利，其权利人既然可依自己的意思直接支配标的物，当然也可以直接享受标的物的利益。物权的类型各种各样，不同种类的物权人享有的利益也不同。具体而言，所有权人享有的利益是对标的物的全部利益，其可以对标的物为占有、使用、收益及处分，享受通过为这些行为所带来的利益。自当代社会物权的标的物多为商品的角度看，所有权人对标的物可以享有使用价值和交换价值两方面的利益；用益物权的权利人可以享受的标的物的利益有二，一是直接利用标的物的利益，二是将标的物交由他人利用，而自己取得对价的利益；担保物权的权利人享有的物的利益，是较普通债权人和后顺位担保物权人优先取得担保标的物的交换价值。也就是说，在担保物权，直接享受物的利益的方式，为无需他人（债务人或第三人）行为的介入而优先取得标的物的交换价值。[1] 至于占有人享有的利益，则是对占有物的事实上的管领（支配或控制）。

（三）物权是权利人直接支配标的物而享受其利益的绝对性权利（绝对性、对世性）

物权是权利人直接支配标的物而享受其利益的绝对性权利，称为物权的绝对性或对世性。换言之，物权的权利人可以对抗自己以外的天下的任何人。自己以外的天下的一切人皆负有不作为义务：不得妨害物权人对标的物享有的圆满状态的权利；如果实施了妨害，物权人可据物权请求权予以救济，恢复对标的物享有的圆满状态的物权。

物权的绝对性、对世性，系物权的一项基本属性，也是物权区别于债权的一项重要表征。债权由其本质所决定而具有相对性，其权利人和义务人皆系特定的人，分别谓为债权人和债务人；而物权关系中，其权利人即具体的物权人是特定的、明确的，惟义务主体不特定。权利主体以外的所有的人皆是义务人（义务主体）。德国民法学者温德沙伊得谓："物权是权利人对天下万人的不作为请求权的集合。"[2] 物权的绝对性、对世性，决定了物权的效力恒比债权的效力为强。由此，透过物权的途径取得对他人财产的利用将较通过债权的途径而取得对他人财产的利用效力更强、更恒久、更稳定，且也更有利于利用人对财产作长久的经营和筹

---

[1] 姚瑞光：《民法物权论》，海宇文化事业有限公司1999年版，第3页。
[2] ［日］奥田昌道：《请求权概念的生成与展开》，创文社1979年版，第92页。

划，当然也更有利于对社会财富作最大限度的配置与利用。

（四）物权是权利人排他性地享受特定物的利益的权利（独占性或排他性）

物权是权利人直接支配标的物而享受其利益的权利，具有排他性。物权人对标的物的直接支配性，衍生出物权的排他性。物权的本来的内容为直接支配，为了确保、实现该内容，于是使物权具有排他性。[1]物权的排他性，指同一标的物上不得存在性质或内容不能两立的物权。具体而言：（1）同一标的物上不能同时存在两个以上的所有权。（2）同一标的物上不能同时存在两个以上的建设用地使用权、农村土地承包经营权、宅基地使用权，但可以并存两个以上的地役权。盖可以一笔土地的某一特定部分设定地役权。换言之，地役权的客体不以一笔完整的土地为必要，即便是就土地的一部分也可以设立之。譬如于一笔土地上可以设立向数个邻地供水的汲水地役权、设立供数个邻地通行的通行地役权等。（3）于同一标的物上可以设立两个以上的抵押权，拍卖、变卖抵押财产所得的价款按照如下顺序清偿：抵押权已登记的，按照登记的先后顺序清偿，顺序相同的，按债权比例清偿；抵押权已登记的先于未登记的受偿；抵押权未登记的，按债权比例清偿（《物权法》第199条）。（4）同一标的物上不得成立两个以上的留置权。

物权因系权利人直接支配标的物的权利，故于对外关系上物权必有排除他人的干涉，而由物权人独占地、排他地享受其利益的特性与效力。物权的独占性、排他性与物权的直接支配性，为互为表里的关系，其说的是一个事物的三个方面，前二者由后者所衍生。[2]债权并无排他性，根据债权平等原则，同一标的物上可以并存两个或两个以上相同内容的债权。物权与债权，近现代与当代大陆法系民法将其合称为财产权。

（五）物权是一种具有不可侵性的权利，系侵权行为的客体

根据近现代及当代民事权利理论，权利系由法律明文规定、宣示的由政治国家保障其实现的财产利益与人身利益。既然权利由法律明定、宣示，故因此也就具有不可侵性，侵害权利将构成侵权行为，受到《侵权责任法》的非难，承担该法第15条所定的各种责任。物权为民事权利之一种，其由此也具不可侵性，系侵权行为的客体。自侵权法的肇源与演进看，侵权法可以说主要是围绕对物权尤其

1　[日]田中整尔编：《物权法》，法律文化社1998年版，第3页。

2　[日]舟桥谆一编集：《注释民法》（6），有斐阁1967年版，第6页；[日]於保不二雄：《物权法》，有斐阁1966年版，第9页。

是对财产所有权的侵害而发展起来的。[1]这一点无论于世界的哪一个国家,也无论其社会文明、法律文明的进步程度有何差异,概莫能外。至 1945 年第二次世界大战结束后,基于战争期间对人身权尤其是对生命权等人格权的侵害,人格权一跃而成为侵权行为的重要客体,此进程因 20 世纪 60 年代以后世界范围内的人权运动、女权运动及消费者保护运动的勃兴而得到了进一步的确立。20 世纪 70 年代至 90 年代,一方面是各种新的人格权于实务中崛起,判例对其加以确认,如美国最先通过判例保护人的隐私权(The Right to Privacy),之后多数国家肯认隐私权为一种人格权。另外,身体权、健康权、配偶权、经济信用权、性自主权(贞操权)、安定生活权、自我决定(自主决定)权也被确立为人格权的重要类型。另一方面是把债权与某些人格利益(如人的特定的声音、语言的利益)、财产利益(如商业诽谤、妨害经营等)、精神利益(如侵害遗体、骨灰或侵害死者名誉等)确定为侵权行为的客体。我国《侵权责任法》第 2 条规定:"侵害民事权益,应当依照本法承担侵权责任。本法所称民事权益,包括生命权、健康权、姓名权、名誉权、荣誉权、肖像权、隐私权、婚姻自主权、监护权、所有权、用益物权、担保物权、著作权、专利权、商标专用权、发现权、股权、继承权等人身、财产权益。"据此规定,我国《侵权责任法》保护的客体范围已系较为广泛。随着社会的进步、文明的演进,《侵权责任法》保护的客体还会进一步扩大。惟无论如何,物权都系《侵权责任法》保护的最重要、最基本的客体。

(六)公示性

物权是一种具有极强的性质和效力的权利,为了确保安定的物权秩序与交易的安全,物权的归属、物权的内容乃至物权的顺位、物权的名称等,皆须一一向社会公众予以公示,理论上称为"物权的公示性"。另外,因物权系一种具有对世性、优先性的权利,故也当然需要对物权的类型进行厘定,以使物权的种类具可识别性。而要做到此点,也只有通过公示方能实现。[2]故此,公示性为物权的一项基本属性。公示的方法,动产物权为占有与占有的移转——交付,不动产物权为登记。有鉴于物权的公示系物权法上的重要问题,故而本书将于"物权变动"一章中作翔实论述。

(七)独立处分性

近代肇始之后的民法上的财产权,是与封建的人格关系、身份关系彻底分离

---

[1] 当然,于人类社会的同态复仇("结果责任")时期,实行的是"以眼还眼,以牙还牙",此时期侵权行为的客体即主要是他人的生命与身体等人身利益。

[2] [德]曼弗雷德·沃尔夫:《物权法》,吴越、李大雪译,法律出版社 2002 年版,第 15 页。

开了的纯粹的财产权。[1]尤其是其中的财产所有权，是所有权人对财产的占有、使用、收益和处分的权利，系一种纯粹的财产权，于此种财产权成立前，并未先期存在某种人格关系或身份关系。并且，因近代社会实行自由的资本主义市场经济，故而大多数财产系通过市场交易而获得，而此更与人格、身份无缘。物权是权利人直接支配标的物而享受其利益的权利，具有排他性，故而权利人当然可以处分自己的财产，涵括将自己的财产出卖、出租，将自己的财产与他人的财产互易，或于自己的财产上为他人设立地役权等供他人用益，抑或以财产设立抵押权、质权而由他人处获取融资等。

当然，应提及的是，近代开始之后的财产权中的债权原则上也具有让与性。换言之，债权人可以把对债务人的债权转让给第三人，由第三人替代原债权人的地位而向债务人主张权利。不过，并非所有的债权皆可让与。基于特别信任关系发生的债权，如因雇佣、租赁引起的债权，即由于具强烈的人身信赖关系，而不得让与他人，如果让与，则将构成合同解除的原因。而物权，无论其为所有权、用益物权、担保物权抑或对物的占有，皆可以让与（移转）他人，而基本上未有限制。故此，谓独立处分性系物权的一项属性乃是确属得当的。[2]

第二节　物权的肇源与罗马法、日耳曼法的物权观念

一、物权观念与物权制度的肇源

物权是如何发生的，抑或人们对财产的排他性支配关系最初系怎样起源、发

---

[1] 世界各国近代之前的财产关系，譬如奴隶制的财产关系与封建制的财产关系并不是一种纯粹的财产关系，而是蕴涵了人格和身份的因素。譬如，欧洲封建制时期封建庄园中的财产关系，如农奴主和农奴的财产关系，师傅和学徒的财产关系，大领主、中领主和小领主之间的财产关系，无不建立于人身依附、人格支配的基础之上。当此之时称某人对某财产有权利，即意味着于该权利的背后存在着某种特定的人格关系、身份关系。农奴对土地加以耕作的权利（"下级所有权"），系建立于其对农奴主的顺从和人身依附的基础之上。未有对农奴主的人格、身份上的顺从、依附关系，农奴就不能对农奴主的土地享有予以耕作的"下级所有权"。由此，下级所有权实际上是一种通过利用自己的财产来控制、支配他人的人身的封建关系和封建法统。此种情形于1949年以前的旧中国也是存在过的。惟有对此种关系有深刻的理解，我们才能明了1804年《法国民法典》规定财产所有权的绝对性、人的权利能力一律平等具有何等重要的意义与价值，且于那时作这样的规定需要多大的勇气与力量。自此意义上而言，《法国民法典》确系开辟了人类世界的一个崭新时代。

[2] 近代肇始之后的民法学理，通常称债权的让与性为"消极的处分性"，物权的让与性为"积极的独立的处分性"。足见物权的让与性与债权的让与性至少于"量"的方面系有差异。参见［日］於保不二雄：《物权法》，有斐阁1966年版，第15页。

韧的，就我们现今所能阅读到的材料范围来看，还基本上无人探讨过此问题。大致而言，对财产的排他性的占有乃是起于原始社会时期或者较这更遥远的时期人们对土地、野生动物、所居住的洞口、石头、树木乃至一片片野草的先占。[1] 对此，《马克思恩格斯全集》第1卷也谓："私有财产的真正的基础，即占有，是一种事实。"这同样也在表明，物权的最初的发生或肇源，是人们对自己生活周围的无主物的先占。往后的发展，是人类世界出现了规模宏大的社会分工，正是它导致了具有划时代意义的社会变革——私有制的出现。"分工和私有制是两个同义语，讲的是同一件事情，一个是就活动而言，一个是就活动的产品而言。"[2] 在这里，人类社会的私有制最初产生了。不过，一般认为，最早成为私有财产的，是动产。"无论在古代或现代民族中，真正的私有制只是随着动产的出现才出现的"[3]。在我国，"大汶口文化以及随后的龙山文化和齐家文化坟墓，都普遍用猪随葬，这一方面反映了当时畜牧业的发展情况，另一方面也表明猪是我国原始农业部落中最早成为私有的一项重要动产。事实上，包括猪、羊、生产工具、贵重物品等随葬品本身，就是死者生前占有私有物的重要标志，表明这些文化的创造者也在埋葬时开始烧毁或销毁成为私有财产的一切东西，例如家畜、妻子、武器、衣服、装饰品，等等"[4]。作为不动产的土地成为私有财产较动产为晚。"在原始公社的各种生产资料和劳动产品中，土地的公有制是保留得最长久的"[5]。虽然在考古遗址或墓葬中不会给我们留下土地私有化进程中的遗迹，但从民族学的材料，从保留有原始公社制残余的民族地区，还是可以得出这样一个粗略的答案。

值得指出的是，即使于现今我们这个星球上的游牧地区、狩猎采集地区，及一些早已得到了充分开发、早已迈入了文明社会的一些地区，也依然是实行土地公有制，而无土地私人所有的观念。这方面的第一个例证是蒙古国。尽管该国1992年《宪法》第6条第3项第1句规定"除了牧草地、公共用地和供国家特殊

---

[1] 类似见解，请参见周长龄：《法律的起源》，中国人民公安大学出版社1997年版，第61页。其谓：在人类的初生时期，天地万物，混混噩噩，人智未开，这个时候当然不存在对物的排他性地占有关系。往后经过漫长的历史时期，随着人类社会出现了对无主物如野兽、荒地等物的第一个占有，事实上的财产占有关系才得以产生。

[2] 《马克思恩格斯全集》第3卷，人民出版社1972年版，第37页。

[3] [德] 马克思、恩格斯："德意志意识形态"，载《马克思恩格斯全集》第3卷，人民出版社1972年版，第70页。

[4] 林耀华主编：《原始社会史》，中华书局1984年版，第320页。

[5] 林耀华主编：《原始社会史》，中华书局1984年版，第321页。

使用的土地外，蒙古人民可以私人所有土地"，但在将这一规定具体化而制定土地法时，即围绕是否应当引入土地私人所有权发生了争论。反对规定土地私人所有权的人认为，蒙古即便在社会主义时代之前也没有土地私人所有权的观念，现今建立土地的私人所有制度将破坏蒙古人民的传统意识。结果，蒙古便未在土地法中规定土地的私人所有权制度。例证之二是在现今的阿拉伯游牧民、捕食驯鹿游牧民和东非的骆驼游牧民社会，也都不存在土地的私人所有权观念。这大抵是：于放牧的时候如果认为这是自己的土地，他人的动物不得入内的话，则不会形成游牧生活，进而游牧社会也将不复存在。例证之三是狩猎社会中也不存在土地的私人所有权观念。澳大利亚的狩猎民族、加拿大的印第安人、生活在北冰洋附近的因纽特人，以及日本的狩猎采集民族阿伊努等，也都没有土地私有权的观念。[1]

总之，从人类社会发展的广阔背景中看，私有制的产生对人类社会发展的进程有着重要意义与价值。美国民族（民俗）学家路易斯·亨利·摩尔根曾经鞭辟入里、一针见血地指出："无论怎样高度估量财产（此处应理解为私有财产——作者注）对人类文明的影响，都不为过。它是雅利安人和闪族人摆脱奴隶社会，进入文明社会的力量。"[2]

往后，人类社会以国家为单位分别聚居在一起，这就是国家的产生。国家的产生与法律的产生，是同一历史进程中相互联系的两个方面，它们是相伴孪生的。历史上，当人类社会的最早的国家——奴隶制国家利用其掌握的国家机器来确认和保护奴隶主阶级对土地、生产工具等生产资料和奴隶的占有关系时，也就产生了最初的法律意义上的物权关系。易言之，当人们对物的事实上的占有关系，即私的排他的占有关系，受到法律的确认后，此种关系也就具有了法权的特性，从而占有人对物的占有也就变成了一种受法律保护的权利——物权。物权人可以排除他人对自己物的侵夺、侵占，可以排除他人对物权实施的各种妨害行为。物权由此诞生了、形成了。自对莽莽大自然的万物的本能的、下意识的占有起，至成为法律上的权利，物权最终完成了它的进化历程。尽管于人类的奴隶制时期，于整个罗马法时期还没有出现"物权"这一术语，惟事实上的物权关系及规范此种物权关系的法律规范则系始终存在。此即前文业已指出的，罗马法乃是透过"对物之诉"来间接地反映和表达实体的物权关系之存在的。

1　[日] 加藤雅信："财产权是怎样发生的"，载日本《法学家》2002 年 9 月号。
2　[美] 路易斯·亨利·摩尔根：《古代社会》（下册），商务印书馆 1977 年版，第 533 页。

二、罗马法与日耳曼法的物权观念

人类世界中的人，需借助于财产方能生活，而财产有限，人类却生生不息，繁衍不止，于是需要确定财产的归属、人己之分界，以防对财产的争夺、侵占。也就是说，物权制度及其规则的价值与功用即在于"定分止争"，以明人己之分界，而使特定的人仅可于特定范围内支配外部世界的财产，以保障财产的归属与（物权的）利用秩序。此点，各国家或地区的认识皆无不同，未有二致。不过，对于于如何的范围和采取何种途径或手段来确定人对外部世界的财产的归属和利用关系，则有不同的做法。此即罗马法、日耳曼法及英美法系的物权观念及其制度。这些不同的物权观念及其制度，系由不同的历史传统、民族习惯、不同的经济发展水平及不同的民族起源史乃至种族起源史所造成。以下我们将着重论述罗马法和日耳曼法的物权观念及其制度与规则的差异。英美法的物权观念及其制度拟另设专题论述，此不赘述。按照通说，罗马法与日耳曼法的物权观念及其制度的差异主要见于下列各点。

（1）日耳曼法根据利用财产的各种形态，而分别认可各种物权关系。而罗马法则认为，对财产的利用是利用人对财产的一种抽象的支配。也就是说，日耳曼法的物权观念系以利用为中心，而罗马法的物权观念则系以所有为中心。

（2）日耳曼法认为，对物的每一种利用权都是一种独立的权利，对特定财产的全面的支配，是各种利用权的集合。而罗马法则认为，对财产的全面的支配是一种具有弹力性的所有权。概言之，日耳曼法对财产的全面支配或一面支配的差异系量的差异，而罗马法则认为此系质的差异。

（3）在日耳曼法，社会的、身份的支配关系原原本本地反映到了物权中，物权概念、物权内容中蕴涵了公法的支配与公法的义务。也就是说，日耳曼法的物权具有社会性。而罗马法的物权却是一种纯粹的、私法上的对物的支配权，其中未蕴涵公法的义务。概言之，罗马法的物权是一种个人主义的权利。[1]

---

[1] 应注意的是，于日耳曼法，个人行使权利、负担义务应受团体（家庭、氏族、公社）的约束，人们之间的关系于法律上是由他们的身份，而非由个人的意志决定的。此即一个人在社会中的身份（即属于哪个阶级、哪个等级，以及在阶级、等级中处于什么地位）决定了他能享有什么权利，应负担什么义务，这种权利义务是他个人的意志不能改变的。进而言之，在日耳曼法，主体的身份地位不同，享有物权的性质和范围也就不同；而在罗马法，私法领域内的物权关系系由个人的意志决定，并不受身份的约束，也不受他人的左右，一个自由人（指具有完全的人格的人）取得某项权利，是因为他想取得该权利。负担某项义务，是因为他愿意承担该义务。对此，请参见由嵘：《日耳曼法简介》，法律出版社1987年版，第21—22页。

(4) 在日耳曼法，于集合物、集合财产上可以成立（设立）一个权利；而依罗马法，则只能于每笔财产上成立（设立）一个权利，称为"一物一权主义"。

(5) 在日耳曼法，对物的利用权、支配权的变动，皆伴有对物的占有（Gewere）的变动。物的占有的变动，也即意味着对物的利用权、支配权的变动。概言之，在日耳曼法，对物的占有和对物的利用权、支配权系结合在一起。而于罗马法，对物的支配权与表现该支配权的占有（Possessio）系严格加以区别，即占有与本权系分离的，占有就是占有，本权就是本权。[1]

日本学者我妻荣指出，罗马法与日耳曼法物权观念的差异的因由，概括言之主要有两点[2]：（1）罗马社会是以商人的交易经济为主导的，也就是说罗马社会是一个商品经济的社会，而日耳曼社会则是以土地为中心的农业经济社会；（2）罗马法大多由抽象的概念构成，而日耳曼法则带有原封不动地调整具体关系的特色。

罗马法与日耳曼法物权观念于人类社会迄至现今的不同时期曾扮演了不同的角色。476年西罗马帝国灭亡后，欧洲进入封建时期，以拜占庭为中心的东罗马帝国继续存在。自528年起至565年优士丁尼完成其《民法大全》（《国法大全》《罗马法大全》）的汇编，标志着罗马法完成了它最终的发展历程。之后欧洲进入动荡不已、战事连绵的时期。在603年至1069年期间，《民法大全》（《国法大全》《罗马法大全》）佚失。1069年被重新找到后，各国学者纷纷注释、注解它。至19世纪欧洲的近代时期，为了彻底荡涤封建制度，保障个人的自由，对财产的支配，需要排除笼罩在财产关系之上的人格关系、身份关系。这一时期，一些国家或某些国家的领邦（如德国的普鲁士）掀起了土地解放运动和农民解放运动。同时，为了使个人可以自由支配自己的财产，增进财产的利用价值，需要建立一种不受公法限制、约束的物权制度，尤其是具有绝对权特性的所有权制度。为了实现此任务，以罗马法的物权观念充之最为合适。[3] 由此，于近代时期，罗马法的物权观念盛极一时，立法、司法和学说无不宗之。譬如1804年《法国民法典》第544条即规定：所有权是神圣不可侵犯的绝对性权利。惟此种状况至19世纪末20世纪初发生了变化。这就是需要对物权尤其是所有权的绝对性加以修正，以维护社会整体的存在。此时，日耳曼法的团体主义的物权观念受到重视，称为"所有权的社会化"。从那时起至1945年二战结束以至当代，欧陆等西方国家更多的

---

[1] ［日］我妻荣著，有泉亨补订：《物权法》，岩波书店1997年版，第3页。
[2] ［日］我妻荣著，有泉亨补订：《物权法》，岩波书店1997年版，第3页。
[3] 1789年法国《人权宣言》即认所有权为与自由权相对应的自然权利。

是强调、重视日耳曼法的物权观念，而东方国家尤其是我国，着重强调的则是罗马法的物权观念。2007 年颁行的《物权法》将私人所有权与国家所有权、集体所有权并立规定，强调保护私人财产所有权对于人民富裕、国家富强、社会进步、富庶的重大意义，即是有力证明。[1]

第三节 物权与债权

一、物权与债权二元权利体系的形成

物权与债权是大陆法系民法的两个基本概念，被称为大陆法系财产权的二元架构。激进的学说认为，物权和债权的二元权利结构，系由欧洲中世纪的注释法学派经由对罗马法的综合研究，将罗马法的诉权（actio）置换为权利后所建立[2]。但多数客观、冷静的学说则认为，中世纪时期不可能产生近现代及当代意义上的物权和债权的二元权利体系，更不可能自调整的法律关系的不同、权利特性及本质上对二者加以区分。[3] 当此之时，人们充其量业已创造出了"物权""债权"的术语，或至多对其有一些零星的、浅陋的认识。对二者自权利体系、法律关系、权利本质及特性上进行根本的界分，系 18 世纪后半叶之事。进而言之，尽管罗马法时期业已存在"对人之诉"和"对物之诉"的概念，欧洲中世纪时期的教会法（"寺院法"）、封建法也已创造出了"对物的权利"（ius ad rem）的术语，但自调整法律关系的不同、权利体系、权利特性乃至本质等方面分隔物权和债权，则是始于 18 世纪后半叶。从此时起至 19 世纪前半叶，是从前述诸方面区分二者的第一期。之后又经历了第二期（19 世纪后半叶至 20 世纪前半叶）和第

---

[1] 欧陆等西方国家的个人主义的所有权经长期作用，业已得到了极大发展并出现了若干弊端甚至酿成社会问题，由此主张所有权社会化。1896 年《德国民法典》第 905 条首先将所有权社会化付诸立法，对权利人行使所有权予以限制。之后的 1919 年《魏玛宪法》第 153 条第 3 项明定，所有权负有义务，其行使应同时顾及公共利益，肇开法律明定所有权负有义务的先河。自此以后，欧陆等西方国家民法莫不以社会本位的全民利益为所有权的立法基础，其对社会诸方面的影响甚大。反观我国，自 1949 年新中国成立以来，坚持实行公有制的社会主义经济制度，此种制度本身即是一种团体的、社会的物权制度，而与西方国家以私有制为本旨的物权制度不同。近 70 年后的现今，我国个人主义的所有权观念与制度仍发展不够，人民的私有财产至上并受到绝对保护的观念还不很发达。故此，对《物权法》的解释宜强调私人财产所有权的保护，强调私人财产所有权与国家财产所有权、集体财产所有权并重。

[2] ［日］佐贺彻哉："对于物权与债权的界分的考察"，载《法学论丛》第 98 卷第 5 号。

[3] 此时期还未产生"体系"的思想。自然法的"体系"的思想、"体系"的理论，至少是 200 年后才产生的。故而于中世纪时期，难以将物权和债权作为一对权利体系对待。

三期（20世纪后半叶至今）。[1]于此三个时期中，第一期是对物权和债权的界分举行奠基礼的时期，系基础和起点。第二期是对物权和债权的界分进一步深化的时期，标志着自上述各方面对二者的界分最终完成。第三期是对物权、债权二元权利体系的界分产生怀疑的时期。也就是说，此一时期中出现了对物权、债权二元权利体系表示怀疑的声音，由此也可谓是物权、债权二元区分论面临挑战的时期。

第一期，由法国的朴蒂埃[2]、德国的萨维尼最初提出了对物权和债权的分隔。此两人因此被称为区隔物权和债权二元权利体系的先驱。惟自更加严格的意义上而言，此两人中当以萨维尼所起的作用更大，或者说主要是由萨维尼完成对物权与债权之最初的区分的。[3]朴蒂埃只是从间接的（即义务体系的）视角开启了这方面的影子。盖因他以萨缪尔·普芬道夫（Samuel Pufendorf，1632—1694年）的"基于他人意思的义务体系"为基础，自义务的视角厘定法律关系，故而并未形成相互独立的物权与债权。由此之故，《法国民法典》也未采纳物权编与债权编的区分，而是采用盖尤斯和优士丁尼的《法学阶梯》的体例。半个世纪之后，即19世纪初，萨维尼以"自我意思的权利体系"为基础，自权利的角度厘定法律关系，认为物权调整对物的法律关系，债权调整人与人之间的法律关系，从而使物权和债权作为调整不同关系的对立的权利体系得以形成。《德国民法典》受其影响，即采物权编和债法编相互独立的潘德克吞体系。[4]

1　参见［日］濑川信久著，其木提译："物权、债权二分论之意义及其适用范围"，载中日民商法研究会2003年年会《资料》，第1页注释1。

2　朴蒂埃（Robert Joseph Pothier，1699—1772年），法国著名民法学者，曾任奥尔良初审法院评定官，1750—1772年期间任奥尔良大学教授，系法国习惯法学的大师，且对罗马法有精深研究。其在研究法国习惯法中的每一个问题时都与罗马法对比，从而使罗马法与法国习惯法融为一体。这样的研究，为法国法学界提供了经过消化的罗马法私法学成果，使《法国民法典》的起草者们得以在比较短的时间内完成这部历史杰作。朴蒂埃的学风单纯、明晰，且非常实证，未受到当时德国与瑞士的自然法学派的影响，而是忠实地秉承了传统的注释法学派的学风。该人对19世纪法国注释法学派的形成产生了很大影响。即使是今日，学者与法官在解释《法国民法典》的条文时，也常常引用其话语。其主要著作涵括：《奥尔良习惯法》（1740年）、《新编优士丁尼学说汇编》（1748年）、《债权论》（二卷，1761年）、《买卖契约论》（1762年）、《租赁契约论》（1764年）、《夫妻财产契约论》（二卷，1768年）、《所有权与占有》（二卷，1771—1772年）。对此，请参见［德］Franz Wieacker：《近世私法史》，［日］铃木禄弥译，创文社1961年版，"人名索引"第436号。

3　日本研究德国私法史的著名学者赤松秀岳也持相同见解。对此，请参见其所著《十九世纪德意志私法学的实像》，成文堂1995年版，第291页以下。

4　参见［日］濑川信久著，其木提译："物权、债权二分论之意义及其适用范围"，载中日民商法研究会2003年年会《资料》，第1页注释1。

第二期，对物权和债权的认识、界分进一步深化，以至于最终完成了对二者的理论上的分隔。界分的焦点，从之前对物的权利（对物的法律关系）抑或对人的权利（人与人之间的法律关系）转向了绝对权抑或相对权这一点上。此变化于德国尤其明显。最有名的是温德沙伊得于1856年的《诉权论》中提出，物权是对物的直接支配，而于1891年的《潘德克吞教科书》（第7版）中又进一步谓，物权是绝对权，债权是相对权。[1] 于法国，此变化尽管未像德国一样明显，但仍然在悄悄地发生着，特别是这一变化系通过另外的方式表现出来。1870年以后，法国出现了"租赁权人权论""租赁权物权论"的论争。此论争虽然是围绕能否向第三人，特别是租赁权人能否向第三人主张对标的物的直接支配，及侵害债权（尤其是引诱他人雇用的雇员离职）是否构成侵权和承担损害赔偿责任而展开，惟其内容实质上与德国温德沙伊得的绝对权、相对权论相同。19世纪后半期，法国形成了物权法定主义，[2] 表明此间人们已经将排他性、优先性理解为物权的属性或特征。正是于此背景下，1895年7月24日，日本文部省下令采纳潘德克吞体系。[3]

第三期是对物权、债权的界分表示怀疑的时期。也就是说，物权和债权的二元权利体系可否将财产权的范围厘定净尽？进而言之，是否存在介于物权、债权之间的权利，抑或有无"物权债权化"或"债权物权化"的情形？

对物权、债权这样的财产权二元权利体系产生怀疑，一方面是纯粹起于理论上的研究所使然，另一方面也是更重要的因由，应是社会生活中涌现出了新的法律现象。这些新的法律现象产生后，再试图继续维持物权、债权的二元区分体系即发生困难。也就是说，出现物权、债权二元区分体系之外的"中间现象"，是人们对物权、债权二元区分体系发生动摇的主要因由。而所谓"中间现象"，譬如"物权概念的相对化"（德国称为"物权概念的柔软化"）、"债权的第三人效力"（"债权的物权化"）、预告登记及租赁权等债权的物权化等。有学者指出，

---

[1] ［日］奥田昌道：《请求权概念的生成与展开》，创文社1979年版，第30页；［日］濑川信久：《不动产附合法的研究》，有斐阁1981年版，第151页注释18。

[2] 参见［日］七户克彦："物权法定主义——比较法的、沿革的研究"，载法律学科编：《庆应义塾大学法学部法律学科开设百年纪念论文集》，第585页以下。

[3] 参见［日］濑川信久著，其木提译："物权、债权二分论之意义及其适用范围"，载中日民商法研究会2003年年会《资料》，第1页注释1。日本1890年"旧民法"未采纳潘德克吞体系，新民法即现行民法之采用潘德克吞体系，系受《德国民法典第一草案》影响的结果。往后经历了大正时期的"债权侵害论"和围绕民法典第177条而展开的论争，及二战结束后的"租赁权物权论"等重大学术发展历程。自20世纪70年代起，出现了对物权和债权的界分表示怀疑的声音。

"中间现象"可谓是物权和债权二元权利体系的试金石。[1]

确实,大陆法系民法财产权自20世纪后半期,尤其是自20世纪六七十年代以后,出现了诸多新现象,此即"中间现象"。在我国,1986年颁行的《民法通则》也未采纳物权、债权的二元权利体系(《民法通则》仅规定了"债权"概念,未规定"物权"概念),但自清季经由日本继受以德国为代表的大陆法系民法的系统概念起,我国的民法实际上业已接受了像物权、债权、法律行为、法人等等这样的概念。2007年颁行的《物权法》也正式采用了"物权"一语。换言之,自清季至今的百余年时间里,我国的民法理论、实务及立法,早已认可并接受了物权和债权的概念,此等概念也已于很大程度上浸透到法律人的心中。相对于大陆法系国家出现的"债权的物权化""物权概念的相对性""物权概念的柔软化"及"物权的债权化"等现象,我国也已出现了租赁权的物权化等。并且对于它,我国原《经济合同法》第23条和1999年颁行的《合同法》第229条皆定有明文[2]。此外,我国《合同法》第230条、第402条,《物权法》第20条第1款,及第三人利益合同和第三人负担合同对合同指定的第三人也有效力,债权人代位权和撤销权使债有对外效力等,皆属之。尽管如此,应当说我国民法学对其他"中间现象",譬如对"物权概念的相对化""物权的债权化"等的研议仍是不足甚至阙如的,值得予以加强。

应当特别指出的是,尽管新近以来物权和债权之分野出现了相对化的趋势和诸种"中间现象",但可以肯定,于大陆法系乃至英美法系的现在乃至将来的一个相当长的时期,区隔物权与债权仍系十分必要,维持二者的楚河界线依旧具有重大意义。唯有如此,方可维系大陆法系民法的基本架构,不致造成大陆法系民法乃至商法的大厦崩溃或解构。由此,物权和债权这一二元权利体系势将长期存在,所谓"中间现象"仅系此过程中涌现出的几朵浪花,绝不能由此改变二者之区分的基准、模糊二者的界域。此点应系无疑、肯定、明确的。[3]

---

[1] [日]佐贺徹哉:"对于物权与债权的界分的考察",载《法学论丛》第98卷第5号,第28页。关于德国的"中间现象",请参见[日]赤松秀岳:《物权债权区别论及其周边》,成文堂1989年版,第53页以下。

[2] 《合同法》第229条规定:租赁物在租赁期间内发生所有权变动的,不影响租赁合同的效力。

[3] 日本著名民法学家铃木禄弥先生也明确指出:物权与债权的分隔应予维持。对此,请参见其所著《物权法的研究》,创文社1976年版,第105页。另外,关于物权和债权之区分的源起与理论,日本学者赤松秀岳于《物权债权区别论及其周边》(成文堂1989年版)中作有翔实考察。该书第6章"关于物权概念的'柔软化'"也指明:物权和债权的区分原则上应予维持。盖此两概念业已深深地植根于当代大陆法民法体系中,仅于少数情形(譬如租赁权的物权化)方允许财产法体系中将这一分隔"柔软化"。

二、物权与债权的具体界分

（一）发生和发达的时期上的不同

如前述，早在人类的十分久远的时期——原始社会时期抑或较此更远的时期，对无主物的先占——物权观念的雏形——即萌芽、肇源了。至进入奴隶制时期后，遂正式于法律上建立了对财产的所有权、利用权制度，涵括成文、不成文的及习惯法上的物权制度。而债权关系，尤其是其中的买卖关系，是于人类社会的经济有了长足发展，并出现了社会分工及产品的交换后才产生的（侵权行为之债的关系，应当说比买卖之债的关系较早产生），故此其较起源于对无主物的先占的物权关系发生为晚。对此，英国学者波罗克也明确地指出："不论在什么地方，合同法只在法律发展的高级阶段才出现。就是在古典时代的罗马法的最后形式中，也没有形成真正的合同理论"。[1] 孟罗·斯密于《欧陆法律发达史》中也谓："自古以来，无论何处，基于契约关系所生的人的债务，其发达恒较有体物的权利，为期稍迟。"[2] 在欧洲，自遥远的古代到《法国民法典》诞生前，人们的生活可谓是以物权为中心的静态生活（中世纪欧洲封建庄园中的生活更是一种田园牧歌似的平静生活），尽管那时也存在交换关系，但应当说系十分有限、少量的。盖其时实行的是自给自足的自然经济制度和奴隶制经济制度，故而是不能孕育出充分的、发达的商品交换经济的。罗马帝国的鼎盛时期尽管也曾一度出现过后世学者所称的"古代资本主义商品经济"，但其并不是欧洲近代资本主义以前经济生活的主流；在东方的东亚、南亚、西亚和非洲的尼罗河流域以及更广泛的地区，其近代以前的生活也依然是以物权为中心的静态生活，发达的、充分的商品交换经济也是阙如的。概言之，于人类的古代和中世纪时期，物权是财产权的核心，媒介物权交易的债之关系是不占主导地位的。其时是物权君临的时代，物权处于优越地位。商品交易（物权交易）的债权之受到重视、其广泛发生及在财产权中占据优越地位，是近代肇始以后的事。也就是说，只有当进入近代自由资本主义时期以后，债权才会受到重视，债权的地位和功用才会凸显出来。[3] 总之，债权的发生、发达及在财产权体系中占据优越地位，恒较物权为晚。

1　[英]梅因：《古代法》，方孝岳、钟建闳译，商务印书馆1930年版（万有文库本第4册），第106页。

2　[美]孟罗·斯密：《欧陆法律发达史》，姚梅镇译，商务印书馆1943年版，第54页。

3　关于此，请参见我妻荣《近代法上债权的优越地位》（王书江、张雷译，谢怀栻校，中国大百科全书出版社1999年版）与川岛武宜《所有权法的理论》（岩波书店1987年版）。

（二）权利性质上的不同

作为大陆法系民法对财产权的基本界分，物权和债权的性质也有不同。具体而言，物权为支配权，债权为请求权；物权为绝对权，债权为相对权；物权具有排他效力、优先效力、追及效力及物权请求权效力，债权则无这些效力。对于债权，同一标的物上可以成立数个债权，称为债权的平等原则；债权人对债务人将自己的责任财产转让给第三人的行为原则上无追及效力。物权与债权的此等差异中，当以物权为支配权、债权为请求权的差异为最重要。也就是说，物权的权利人无需借助于他人的行为即能独立地行使其权利——支配标的物，并因此而享受其利益。而债权性质上为请求权，债权人的债权的实现，非借助于债务人的行为不可。譬如物的受赠人，仅可请求赠与人交付赠与物，于未受交付前，不得支配该物。概言之，物权的本质，在于支配权；债权的本质，在于请求权。

（三）权利客体的不同

如前述，物权的客体由其性质决定，原则上只能是独立物、特定物和有体物。电气、热气、冷气、光和各种能量、能源等，仅在可以管理的范围内方可成为物权的客体；权利，则仅于法律有规定的情况下方能成为物权的客体（譬如权利质权、权利抵押权）。债权的客体既不是物，也不是债务人的人身，而是债务人为一定行为或不为一定行为。"为一定行为者"，称为给付；"不为一定行为者"，称为不作为。给付的情形，其对象又大多是"物"，称为"给付物"。故此，物是民法乃至商法的最重要的客体。应当注意的是，作为债权的"给付物"的物，既可以是不特定的种类物，也可以是债权成立时尚未存在的物。惟法律禁止流通的物（譬如鸦片、海洛因等）不能作为债权的客体。而作为物权的客体的"物"，则只能是现实已经存在的特定物、有体物和独立物，且法律禁止流通的物也可成为物权的客体。

（四）主体的不同

物权的权利主体为特定的人，义务主体为权利主体之外的天下不特定的任何人；而债权债务关系的权利主体和义务主体皆为特定的人，称为债权人与债务人。

（五）所涉及的利益不同

物权因系一种对世权，故其不仅涉及当事人的利益，也涉及国家利益、社会利益乃至第三人的利益。债权则不同，其涉及的通常系当事人双方的利益。尽管也存在三方主体的合同——"第三人利益合同"与"第三人负担合同"的情形，但其所涉及的实质上仍然是双方当事人的利益。因有此等差异，故自近代伊始，物权采取法定原则，债权尤其是合同债权（合同之债）采取任意（意思）原则。

（六）权利效力所及的范围不同

物权为绝对权，债权为相对权。物权人的物权可对抗自己以外的任何人。物权人以外的所有的人皆为义务人，其负有不得侵害、妨害物权人行使物权的义务。物权的效力可向任何人主张，故属于绝对权、对世权。债权因属于相对权，故其效力只及于特定的债务人，债权人只能向特定的债务人主张权利，故债权又称为对人权。

（七）权利效力的不同

物权的效力为对标的物的支配力，债权的效力为请求他人为一定行为或不为一定行为的请求力。基于物权的支配力，物权有排他效力、优先效力和追及效力。因债权的效力为请求力，故同一标的物上可以并存两个或两个以上的债权，各债权平等，且皆不具排他效力、优先效力。债权也无追及效力。于债务人的责任财产被第三人占有时，无论该第三人的占有是否合法，债权人皆不能请求该第三人返还。

（八）于权利有无存续期限上的不同

物权中的所有权是无期限的权利，宅基地使用权原则上也是一种无期限的权利。大陆法系一些国家（如日本等）的判例明示：地上权（即《物权法》上的建设用地使用权、宅基地使用权）也可设立为无期限的；债权为有期限的权利，法律不允许存在无期限的债权。一切债权，无论意定债权（合同债权）或法定债权（侵权行为之债、不当得利之债、无因管理之债），皆有存续期限。有期限系债权的一项属性。当然，物权中的地役权、抵押权、质权也系有期限的权利。

（九）于积极性、存续性及时效性上，物权与债权也有不同[1]

债权系请求特定人为特定行为的权利，以请求权为其基本内容，于债务人无抗辩权的前提下，债权人可经由请求权之行使而使自己的债权获得满足。请求权系债权的主要作用，请求权若受阻碍，债权的内容即难以实现，譬如时效完成后，债务人可拒绝履行。概言之，债权需要他人的协力合作，方能满足（实现）债权的内容。而物权尽管也有请求权，但此请求权基本上是隐而不现。最典型的物权请求权就是所有权人的物权请求权，其涵括所有物返还请求权、除去妨害请求权及防止妨害请求权。所有权人的物权请求权仅在所有物被他人侵夺或妨害的情形下方显现出其意义，也就是说它是被动、消极地存在，而不得主动、积极地行使。

---

1 参见郑冠宇：《民法物权》，新学林出版股份有限公司2015年版，第12—14页。

债权一经满足，即因而消灭。换言之，债权存在的目的即在于将来获得满足而消灭。与此不同，物权并非完全具有此特性。对物权人而言，通常是希望继续地享有物权，透过重复的对物权的客体进行占有、使用、收益及处分而满足其权利。故此，物权较债权具有存续性。

如前述，债权的重要功用系在于其请求权，若债权的请求权受阻，该债权事实上即失去其存在的意义。债权的请求权罹于消灭时效时，债务人即享有拒绝履行的抗辩权，可经由拒绝给付而持续阻止债权的受偿。时效经过后，债权虽未消灭，但债务人仅享有拒绝给付的抗辩权，亦即债务（理论上称为"自然债务"）依然存在。物权虽也有请求权，但其与债权的最大不同在于，已登记不动产的所有物返还请求权等，并无消灭时效的限制，即不罹于消灭时效。此外，于传统民法上，物权有取得时效的适用，即可基于取得时效而取得物权。

三、物权功用的变迁与物权和债权的交错

人类的前资本主义时代是一个相当长的时期，在这漫长的时期中，社会经济总体上属于自给自足的自然经济。于此经济形态下，社会生活是一种以物权为中心的静态生活，人们生产的产品仅供自己的生产和生活之需，而一般不用作交换。也就是说，对财产进行占有、使用、收益的人，通常都是财产的所有人，较少存在财产的非所有人对他人的财产予以占有、使用、收益的。劳动者既是生产的主体，也是劳动产品的所有人。即便将财产交由他人利用或利用他人进行生产劳动，也是建立在二者之间的身份关系基础之上，譬如建立于领主与农奴、主人与奴仆、家长与家属、师傅与学徒的关系之上。

1500年以后，特别是1640年英国资产阶级革命、1776年美国独立战争及1789年法国资产阶级大革命之后，"人"从各种各样的身份关系的束缚中被解放出来，成为真正拥有独立人格的自由平等者。以此为前提，近代社会建立起了支撑资本主义生产关系的所有权绝对、合同自由及过失责任三大原则，为资本主义市场经济的发展奠定了私法基础。

资本主义市场经济的勃兴，使此前的奴隶制经济、封建制经济之下以物权为中心的静态生活发生了巨变，追逐剩余价值和超额利润，成为资本主义生产方式唯一的和根本的目的。而要实现此目的，非加速资本的循环与周转，并借助于媒介财产流通关系的合同法及使整个社会的生产、再生产顺利进行不可，否则此目的即无法达成。于此背景下，媒介商品交易的合同债权凸显其重要性，进而出现了物权与债权相互交错以共同推动经济生活繁荣发展的景象。研究表明，近代以

降，正是物权与债权的交错和转换，以及相互结为一体，才使资本主义市场经济得到了迅速发展。[1]进而言之，社会正像一个有机体，物权就像该有机体的骨骼或其他永久的组织，债权则是其血液或其他临时的组织，二者时时在静止与运动中交替补充。物权为交易的前提、交易的对象、交易的归宿，惟有存在该前提、对象，债权所要求的财产移转方能进行；同时，也只有债权所要求的财产移转得以畅通无阻，社会的骨骼、财产的积聚才能壮大。譬如，于土地私有制的国家，土地所有权这一物权如果不与雇佣、租赁或借用等债权关系相结合，其作为资本的经济机能就得不到充分的展现。近现代及当代社会中作为民事主体、商事主体的企业，正是若干物权关系与债权关系结合在一起的组织体。特别是随着物权，尤其是不动产物权的证券化、债券化，更使现代社会成为金融资本、金融债权的时代。有产者的财产大多被证券化或价值化，社会的一切财产甚至信息也都可以用金钱来计价或表示。这是一个物权价值化的时代及物权由所有到利用的时代。于此时代，物权和债权（尤其是合同债权）相互交错，共同推动社会经济生活的发展与壮大。

第四节　物权与知识产权、继承权

于分析了物权与债权的关系后，我们有必要继续分析物权与知识产权及物权与继承权的关系，这是我们全面理解物权乃至物权法的必要步骤。

一、物权与知识产权

知识产权系指民事主体对其创造性的智力成果所享有的专有权利。《民法总则》反映改革开放和知识产权保护的国际需要，将知识产权确定为一种民事权利，并设专条（第123条）规定，显示了我国对知识产权的重视及知识产权于民事权利体系中的地位。物权与知识产权，二者既有相同点，也有不同点。

（一）二者的共同点

物权与知识产权皆为静态性的财产权利——财产支配权。物权所反映的，一般是有形财产的占有、归属关系，物权人可以于法律限制的范围内对其享有物权的财产为自由的占有、使用、收益及处分；知识产权反映的是无形财产的占有关系，权利人对其享有知识产权的作品、专利技术、商标等于法律规定的范围内可

---

[1] [日]於保不二雄：《物权法》，有斐阁1966年版，第5页。

予独占使用。

专利权、商标权等知识产权涉及许多行政行为。具体而言，取得专利权需获得国家的批准、经过一定的程序；而取得所有权、用益物权和担保物权，则无需行政机关的批准。另外，一般的知识产权皆有一定的期限，而物权中的所有权是无期限的。正因如此，制定民法典时应在现行《物权法》的基础上只规定有体财产权，无体财产权另作规定，即制定单独的知识产权法。[1]

物权与知识产权皆为绝对权，二者均以社会中的一般人为义务主体，任何人对他人的物权和知识产权都负有尊重、不得侵害的不作为义务。

物权和知识产权皆有排他性。物权关系中，物权人有权排除他人对标的物的侵占和其他妨碍物权人行使其物权的行为；知识产权关系中，除法律规定可以合理使用和强制许可使用的外，知识产权人也有禁止他人使用其作品、专利技术和商标的权利。

（二）二者的不同点

客体的不同。物权的客体主要为各种有形的财产，譬如动产、不动产。知识产权的客体为各种无形财产，譬如作品、专利技术及商标等精神产品。知识产权因此也被称为无体财产权或无形财产权。

权利内容的不同。于知识产权领域，除商标权不直接涉及人身权的内容外，著作权、专利权皆涵括了财产权与人身权的内容；而物权，系权利人对标的物为直接的占有、使用、收益乃至处分的权利，其内容仅为单纯的财产权。如前述，物权中蕴涵人身关系的因素尽管是前资本主义时代物权关系的一个特征，但随着近代资本主义生产关系的建立，它便被剔除了。现今民法上的物权，一般皆为与人身关系无染的纯粹的对标的物的直接支配权。

物权的享有只需一般的确认，而知识产权的享有则需直接的、个别的确认。所谓"一般的确认"，指只要法律对物权的类型和取得方式作出一般的原则性规定，民事主体即可依法律的规定取得物权，而无需国家机关的批准或认可；所谓

---

[1] 谢怀栻："物权立法的宏观思考"，载《人大法律评论》2001年第2辑，第6页。其还认为，知识产权不应列入财产权中，宜另外单列，就叫知识产权。唯本书认为，知识产权应归入财产权体系中，其为一种和物权、债权既有联系又有区别的财产权。于英美法中，也是把知识产权归入 Property（财产）中的。譬如《元照英美法词典》（法律出版社2003年版）第1107页于解释 Property 时即谓："财产，即所有权的客体，包括一切有金钱价值的物（things）与权利。大体上可分为有形财产（tangible property）与无形财产（intangible property）两类。前者指一切以物理形态存在的物体，如土地、房屋、家具、粮食等有形物；后者为各项财产性权利——如继承权、知识产权、损害求偿权等——及其他不以物理形态存在的事物——例如商誉（good will）。"

"直接的、个别的确认",指知识产权的取得,除需法律对知识产权的类型和取得方式作出一般的原则性规定外,还需民事主体依法向主管机关申请,经其批准或认可后方能取得。不过,物权与知识产权的这一分野并非绝对,而系相对。一方面,依《物权法》的规定,不动产物权和一些重要的动产物权,需经主管机关登记才能取得,或者所取得的物权经登记才能对抗善意第三人;另一方面,著作权只要有完成作品的事实即能取得,而无需主管机关的批准或登记。

知识产权具有地域性和时间性,物权原则上并无此特性。知识产权作为一种专有权利,于空间上的效力并不是无限制的,而是要受到一定地域的限制;而物权,法律对它的保护原则上并无地域限制,所有权人的财产无论辗转至何处,其财产所有权皆受所在国家或所在地区的法律保护。

知识产权,除其中的精神权利外,皆有一定的存续期间。存续期间届满,除依法可以续展者外,知识产权消灭,作为其客体的智力成果进入公有公用领域,任何人皆可以无偿使用。在物权体系中,所有权是没有期限的。某些定限物权虽然有一定的存续期限,但期限届满所消灭的仅为定限物权本身,标的物上的所有权并不消灭。此与知识产权期限届满,作为其客体的智力成果即进入公有公用领域也是不同的。

二、物权与继承权

继承权系指继承人总括地继承被继承人财产上的权利、义务的地位,兼有身份权与财产权的两方面的特性。物权与继承权,既有区别,也有联系。

(一)二者的联系

物权系继承权的前提和归宿,而继承权则是取得物权的一种方式。在物权与继承权法律关系中,被继承人生前对遗产享有财产所有权或定限物权,是继承人取得和享有遗产继承权的基础和前提;在遗嘱继承和遗赠中,遗嘱继承人的继承权和受遗赠人的受遗赠的发生,还直接体现遗嘱人处分自己的死后遗产的意志。而继承人和受遗赠人接受继承和遗赠的结果,即取得遗产的所有权或定限物权。

物权与继承权皆属于绝对权,即均以社会一般人为其义务主体。在继承权关系中,已死亡的被继承人不是继承权的义务主体,继承权的义务主体是继承人以外的其他任何人。继承人以外的其他任何人皆负有不侵占遗产,不干涉、妨碍继承人取得遗产的义务。

(二)二者的不同

权利的内容不同。物权为权利人对标的物的直接支配权,属于一种纯粹的财产权，而继承权则兼有身份权与财产权的双重性质，属于身份权。[1]

物权与继承权，是反映不同法律关系的两种权利。物权为财产支配权，反映的是人对物的管领、支配和控制；而继承权不过为取得财产的一种方式，反映的是遗产权利和其他义务的移转。

取得的方式不同。取得物权有多种方式，通过继承遗产而取得物权仅为其中一种。除继承外，取得物权的其他方式皆与主体的身份无关。继承权的取得，除以被继承人的死亡为前提外，还与继承人的身份相联系，只有与被继承人存在一定身份关系的人才能取得继承被继承人遗产的权利。

权利的客体不同。物权的客体仅限于物，而继承权的客体（死者的遗产），则是一项包括财产所有权、债权、债务及法律允许继承的定限物权在内的综合财产。

---

[1] 王泽鉴：《侵权行为法》（第 1 册），台湾 1998 年自版，第 167 页。史尚宽著《继承法论》（台湾 1966 年版第 84 页）谓，继承权一词，约有两种意义：一是指继承开始前继承人的地位；二是指继承开始后继承人的地位。前者为继承期待权，后者为继承既得权。

第二章

物权法的特性、发展趋势与中国物权法和民法典物权编的制定与编纂

第一节 物权法的特性

一、物权法为私法

将法律区分为公法和私法，最早起于罗马法。其区别的标准历来聚讼盈庭，莫衷一是。私法的基本法（普通法、一般法）为民法。而物权法属于民法的一部，故当然为私法、普通法与实体法。因物权法恒涉及国家、社会及第三人的利益，与社会公益也有重大关系，故物权法中通常都有不少涉及公益的规定（譬如《物权法》第3条、第7条）。由此，若以界分公私法的标准之一的"利益说"予以衡量，物权法实际上并不纯粹属于私法。惟新近以来，公私法的界分往往具有相对的意义而非绝对的意义。也就是说，若谓某一法律整个为私法，而绝无公法的成分或因素，或整个法律为公法而无私法的成分或因素，系不正确。事实上，仅可大体上说某一法律为私法或公法，而绝不能将其绝对化。[1] 对此，物权法也不例外。故此，称物权法为私法，系从整体、总的方面而言的，尽管如此也并不否定物权法中蕴含有公法的规范。自一定意义上言之，物权法中蕴含了不少的公法规范。譬如《物权法》第1章关于"基本原则"的规定、第5章关于国家所有权和集体所有权的规定、第9章关于所有权取得的特别规定（尤其是其中关于遗失物拾得、埋藏物发现的法律效果的规定）及第11章关于土地承包经营权、第12章关于建设用地使用权的规定中，皆有较多的公法性规范。这些公法性规范系

---

1 郑玉波著，黄宗乐修订：《民法物权》，三民书局2007年版，第5页。

《物权法》区别于主要是任意性的私法规范的合同法的主要表征。另外，涉及物权的公法规范，还较多地存在于行政法与其他公法中。

物权法中之所以具有较多的公法规范，究其因由，主要有以下几点：（1）物权具有对世的效力，物权的取得、丧失及变更不仅与权利人和受让人等直接参与物权关系的当事人相关，且也潜在地影响着其他每一个人的法律境况，故物权法定主义、物权公示的必要性等都具有强行性规范的性质，当事人之间的约定不能排除；（2）涵括所有权在内的各种物权尽管皆具有私权的性质，但其与社会、经济皆有着密切关系，它们于一定程度上也承载着社会义务，物权人不能突破法律的限定而对其予以利用；（3）我国实行土地公有制，土地所有权只能属于国家或集体，故此，与土地私有制之下的物权体系相比，我国的物权制度必然需要更多地体现社会利益和公共政策，且也会在一定程度上存在民法与行政法等公法的交织作用关系。[1]

总之，物权法因所规定的物权具有对世效力，恒涉及第三人的利益，为求内容的统一以确保物权的享有与交易安全，其规定多具强行性质，非当事人所得任意变更，故原则上属于强行法的范畴，此与债法（尤其是合同之债）之尊重当事人的意思而以合同自由为原则而较具任意法的性质，系存在差异。[2]

二、物权法为财产法

自罗马法以降，民法有财产法和身份法的分野。规范民事生活，保护财产秩序的法律，为财产法；规范亲族关系（婚姻家庭关系、继承关系及收养关系），以保障身份秩序的法律，为身份法。物权法以规范人对财产的支配关系（含所有权、用益物权、担保物权等各种物权关系）为内容，故其性质为财产法。物权法的基本功用系在于定分止争，其主要调整的是静态的财产关系，由此区别于调整动态财产流转关系的债法。

当代民商法体系中，除物权法属于财产法外，债法及属于民事特别法的商事法——海商法、公司法、票据法、保险法、破产法、证券法，也都属于财产法。至于继承法，则兼有财产法和身份法的双重性质，其中的财产继承虽然也带有财产法的性质，但因其终究与亲属关系（身份关系）密切相关，故通常仍将其视为身份法的一部。

---

[1] 刘家安：《物权法论》，中国政法大学出版社2009年版，第3页。

[2] 谢在全：《民法物权论》（上册），新学林出版股份有限公司2014年版，第1—2页。

三、物权法为强行法

以绝对适用抑或相对适用法律为标准,法律可以界分为强行法与任意法。前者指不问当事人的意思如何,必须适用;后者系指是否适用,可由当事人的意思定之。如前述,物权关系因关涉当事人之外的第三人的利益、国家利益及社会利益,故其规定多不许当事人任意变更。也就是说,除少数例外,需绝对予以适用。故此,物权法原则上为强行法。物权法的此种强行法规的特性,是其区别于债法的首要标志。债法尤其是其中的合同法,由其性质决定,系允许当事人自由创设债权债务、变更其内容及解除债权债务,故而原则上属于任意性规范。

物权法的强行法规的性质,与合同法的任意法规的性质,是由物权和债权这两种权利的不同性质、不同特性及它们所反映的不同的社会关系、所涉及的不同利益决定的。债权通常仅关涉当事人之间的利益关系,此种利益关系仅系私人间的利益关系,与社会和第三人、国家的公共利益无涉,故而可允许当事人依自己的自由意思变更合同法的规定,合同法的大部分规范由此仅是倡导性规范;而物权是一种对财产的排他性的占有关系,恒涉及第三人和国家、社会的公共利益,故其本质上尽管是一种私法关系,但因其与国家和社会的公共利益相粘连,故不允许当事人透过意思自治(合意)来变更物权法的规定,而仅能依物权法的规定享有物权、取得物权,以及为物权的其他法律行为或事实行为。概言之,物权法的规范,实质是国家立法政策对社会财富所做的物权配置于物权法上的反映和表达。物权法实质上即是国家立法政策依分配正义(distributive justice)而对社会财富进行物权配置的所有法律规范的总和。

应当指出的是,物权法既然总体上属于私法,则也需遵循私法自治原则,故而也定有诸多任意性规范。譬如《物权法》第97条规定:"处分共有的不动产或者动产以及对共有的不动产或者动产作重大修缮的,应当经占份额三分之二以上的按份共有人或者全体共同共有人同意,但共有人之间另有约定的除外。"第116条第1款规定:"天然孳息,由所有权人取得;既有所有权人又有用益物权人的,由用益物权人取得。当事人另有约定的,按照约定。"这些皆为任意性规定,当事人之间的约定可以排除此等规定的适用。

四、物权法具有固有法的性质

物权法因国家、民族、历史传统及国民性的差异而有所不同或差异,称为物权法的固有法属性或土著法属性。此属性是物权法区隔于债法的另一个显著特性，并与各国家或地区的债法尤其是其中的合同法几乎大同小异形成明显对照。

民法是当代市场经济的基础性法律，物权法是市场经济的财产（物权）交易的前提，且系市场经济不可或缺的基础性法律。即使如此，世界各国家或地区的物权法也并非未有差异。由物权法调整的社会关系的不同内容决定，各国家或地区的物权法，尤其是前资本主义时代的物权法存在很大的差异。譬如德国日耳曼法的物权法与罗马法的物权法即有很大的不同。19世纪的《法国民法典》《奥地利普通民法典》及《德国民法典》中的物权制度及其规则也有很大的差异（《德国民法典》中的物权制度及其规则即较难理解、复杂，具有很强的固有法、土著法属性[1]）。在整个20世纪，各国家或地区民法对物权的规定也有不同。譬如德国、瑞士及日本的物权法系私有制的物权法，而我国与越南民法规定的物权制度及其规则则系社会主义性质的。总之，因物权法与各国人民的生活息息相关，与一国的经济体制唇齿相依，故各国物权法的内容，尤其是其中关于重要财产如土地和其他生产资料的规定，会因各国家或地区及各民族的经济制度、经济体制与历史传统的差异而不同。

债法是关于市场交易的基本法律规则，世界各国家或地区的债法由此具有普遍的、共通的特性。也正因如此，债法极易演变为国际通用的法律规则。譬如当今广泛作用于国际贸易领域的《联合国国际货物销售合同公约》（CISG）即是如此。另外，至上世纪90年代，出现了1994年国际统一私法协会（UNIDROIT）的《国际商事合同原则》（PICC）[2]、1996年欧洲合同法委员会的《欧洲合同法原则》（PECL）等模范法。与此不同，物权法、婚姻家庭（亲属）法、继承法等要发展成为世界性的、地区性的通用的法律，非但不易，且也几乎不可能。

我国清朝末年实行法制改革，参考欧陆民法特别是德国民法、瑞士民法及日本民法起草民法。1903年至1911年间完成了所谓"六法"的起草，其中涵括《大清民律草案》（1911年）。1925年完成《民国民律草案》的起草。该草案一改《大清民律草案》盲目因袭德国固有法上的物权制度（如土地债务）等而予规定的做法，自中国的实际与尊重中国固有的民族传统习惯出发，设专章规定了典权。该典权系中国传统法中固有的制度，是中国物权法区别于其他国家的物权法的一个重要特色。1949年新中国成立后，实行社会主义的生产资料公有制经济制度，尤其是规定土地和其他重要生产资料实行国家所有和集体所有，土地所有权

---

[1] 关于此，请参见陈华彬：《物权法研究》（第2版），法律出版社2009年版，第1页以下。

[2] 参见［日］曾野和明、广濑久和、内田贵、曾野裕夫译：《UNIDROIT国际商事契约原则》，日本国际商事法务2004年版。感谢广濑久和教授赠与此书，谨记于此，以供忆念。

系属公有，单个的个体不能拥有之。如此，就使我国的物权法较之土地私有制国家的物权法存在很大的差异。也就是说，我国的物权法是社会主义公有制的物权法，此点即是我国物权法的固有性、土著性属性。此外，我国《物权法》中的国家所有权、集体所有权、土地承包经营权、宅基地使用权、建设用地使用权等，也具鲜明的固有法与土著法特性。

五、物权法具有公共性

自近代起，民法系以人格自由为中心而奠基于自由的所有权、契约（合同）自由及过错责任等原则之上。其中，自由的所有权制度作用于物权法领域，即形成所有权绝对原则。该原则又称财产所有权神圣不可侵犯或所有权绝对原则。据此原则，财产所有权人可对自己的财产（所有物）予以自由的占有、使用、收益及处分，甚至可以"滥用"。但至19世纪末20世纪初，因资本主义世界完成由自由资本主义向垄断资本主义的过渡，社会情事为之一变，遂不得不对所有权的绝对性原则加以修正，而规定所有权负有社会义务，是为所有权的社会化。该所有权的社会化，归根结底即是要求财产所有人于行使财产所有权时需符合国家和社会的公共利益，恪守公共福利、诚实信用及权利不得滥用等原则，否则其行使财产所有权的行为即被裁定为非法（违法）。[1] 此财产所有权社会化的结果，即使物权法具有了公共性的色彩，由此与债法原则上仅关涉双方当事人的私人利益形成对照。

第二节 物权法的发展趋势

物权法是与社会生活息息相关，与一国的经济体制等唇齿相依的法律制度，其通常伴随社会的变化、发展、进步而与时俱进，甚至亦步亦趋。促使物权法发展、进步的动力，既有来自于立法、司法方面的因素，也有来自于学理方面的因由。就物权法发展、演化的内容而言，既涵括立法原则的修正、物权法架构的调整，也涵括法律解释方法的反省等。

回眸20世纪以降，尤其是1960年代以来各国物权法发展的轨迹，可以看到，物权法一直呈现出蓬勃的发展生机与崭新的发展趋向。物权法的发展趋向或称为趋势，归纳言之，主要有：所有权的社会化、物权类型的增加、物权的国际化、

---

[1] ［日］於保不二雄：《物权法》，有斐阁1966年版，第21页。

不动产相邻关系的公法与私法的双轨规范体系的形成、财产共有制度的调整、用益物权的消长、担保物权机能的强化、物权关系上的意思自治、物权法定主义的缓和、物权的价值化（主要是所有权的价值化）及环境生态的保护等。囿于篇幅，以下仅讨论物权的国际化、物权类型的增加、物权关系中的意思自治、用益物权的消长、物权的价值化、所有权的社会化、担保物权机能的强化和担保制度的细分化，以及环境生态的保护。至于物权的其他发展趋向，则待到本书论及相关问题时，再予讨论。

一、物权法的国际化

如前述，物权法因与一个国家的社会生活息息相关，与一国的经济体制、社会制度、地理条件、文化及习俗等休戚相关，故本质上为一种有着强烈的民族色彩的固有法、土著法。罗马法、日耳曼法及世界各国或地区早期的物权制度，百般杂陈，形态万千，即是这方面的表现。惟自1945年第二次世界大战结束以降，尤其是进入20世纪60年代以后，随着各国或地区市场经济的发展，国际贸易的发达，经济交往的频繁，以及世界交通的便利，区域市场与国际市场连接在一起，造成规制财产的支配关系的物权法国际化，大陆法系各国家或地区民法中的物权制度及其规则由此出现了大同小异的趋势。[1]譬如，对于财产所有权，各国家或地区物权法大多明定，财产所有权负有社会义务；关于依法律行为的物权变动，多数国家或地区的物权法皆采债权意思主义（买卖合同、赠与合同、互易合同）与登记或交付相结合的原则；关于用益物权的种类，多数国家或地区的物权法一般都规定了建设用地使用权（地上权）、地役权（不动产役权）、农地使用权（土地承包经营权、农地权、农育权）及宅基地使用权；于担保物权领域，各国家或地区更是几乎走到了一起，所明定的担保物权类型近乎完全相同，并皆以特别法规定了各种类型的非传统的担保形态，譬如让与担保、企业担保、浮动担保（《物权法》第181条）、假登记担保及所有权保留等。

于大陆法系和英美法系之间，随着第二次世界大战结束后世界各国及地区的法律的领导地位由此前的德国转向美国，[2]两大法系关于财产权的观念也出现了不断接近、日益融合的趋势。譬如英美法系的土地空间权、附条件买卖（所有权保留）、浮动担保以及按揭（mortgage）制度等，都程度不同地被大陆法系的立法、

1　谢在全：《民法物权论》（上册），新学林出版股份有限公司2014年版，第6页。
2　沈宗灵："二战后美国法律对民法法系法律的影响"，载《北京大学学报》1995年第5期。

判例采纳，特别是被学说理论广泛讨论。[1] 如此，就使大陆法系的民法立法与判例学说的发展深深地打上了英美法系民法影响、渗透的烙印。

二、物权类型的增加

第二次世界大战结束以降，尤其是自 20 世纪 60 年代以来，物权法出现的另一个重要变化是物权种类的增加。于财产所有权方面，因土地空间权制度的生成，产生了空间所有权，并以建筑物区分所有权为其代表。此系物权法领域发生的一个重大事件，于物权法的发展上不啻具有革命性的意义。于用益物权领域，一方面是某些传统的用益物权如永佃权日趋式微，并呈现消亡的趋势；另一方面是土地空间权制度的出现，又为某些传统的用益物权，如地上权（建设用地使用权）、地役权（不动产役权）的发展提供了崭新的发展空间。此即产生了空间建设用地使用权（区分地上权、分层地上权）和空间役权制度。可以预料，此两种物权性质的土地空间权制度，必会随着人类对土地的利用由平面的利用发展到立体的利用，而愈益彰显其更加重要的功用。

于担保物权领域，也出现了担保物权的种类增多的现象。尤其是在抵押权领域，分化出了各种各样的新的抵押权形态，涵括浮动抵押（《物权法》第 181 条）、权利抵押、财团抵押、最高额抵押、证券抵押、所有权人抵押等；[2] 于质权领域，可用来设立权利质权的权利不断增加，譬如依《物权法》的规定，高速公路的收费权等应收账款皆可用来设立权利质权，而由此向银行融资；于留置权领域，于一般的留置权外，复产生了特殊留置权，涵括企业之间的留置权（《物权法》第 231 条）、不动产出租人的留置权及营业主人的留置权等。[3] 所有这些，系属于传统的担保物权的种类的发展。另外，作为担保债权实现的法律手段，各国还以特别法建立了各种非典型担保，主要有让与担保、假（临时、暂时）登记担保及所有权保留。这些担保形态是在传统的担保形态外新崛起的担保类型，并于实践中有其广泛的运用。其崛起及被广泛运用，标志着当代各国家或地区业已建

1　关于大陆法系移植英美法系的动产担保、附条件买卖（所有权保留）和信托让与的情况，参见王泽鉴："动产担保制度与经济发展"，载《民商法论丛》第 2 卷，第 101 页以下；林咏荣：《动产担保交易法新诠》，五南图书出版公司 1986 年版，第 9 页以下。

2　关于这方面的详细情况，日本著名民法学家铃木禄弥著《物的担保制度的分化》（创文社 1992 年版）作了翔实考察和论述。该书长达 900 页，系研究大陆法系担保物权发展的一部重要著作，值得重视。

3　参见我国台湾地区"民法"第 445 条、第 612 条等。

立起保障债权得以实现的较完善的担保制度系统，主要是担保物权系统。[1]

三、物权关系中的意思自治

如前述，物权是权利人直接支配标的物并排除他人的干涉而享受其利益的权利。正因如此，物权法中的相当多的规范属于强制性规范，当事人需无条件适用，而不能通过自由意思的约定来更易其规定。尽管如此，于物权法领域也仍旧存在着相当大的意思自治空间。譬如财产所有权的移转，用益物权、担保物权的设立及占有的移转等，皆实行意思自治原则，不允许一方当事人强制另一方当事人为之。总之，于物权法领域，物权法定原则与物权法的诸多强行规定并不意即物权法领域未有意思自治。事实上，于物权法领域，依然存在着相当大的意思自治空间，譬如《物权法》第97条、第115条及第116条第1款等。

四、用益物权的消长

当代民法上，用益物权出现了两个相反的发展趋向：一方面是某些用益物权的日渐式微，另一方面是崛起了一些新的用益物权类型，或者某些用益物权类型获得了新的发展空间，呈现出蓬勃的生机。

先看德国的永佃权（Erbpacht）。德国法上的永佃权，是指支付佃租而利用他人农地的可以让与、可以继承的权利，其与地上权相同，于法律上将之作为土地对待，系一种独立的用益物权。尽管《德国民法典》未将之明定为一种独立的用益物权，但根据《德国民法典施行法》及某些州的法律，一些州特别是梅克伦堡（Mecklenburg）地区，是肯认并实行了该制度的。[2]但第二次世界大战之后（即1947年2月20日）制定的《废除世袭农场法与对农地、林业地的新规定施行法》将该永佃权废除了。[3]此为德国法上用益物权消亡的实例。另一方面是用益物权中的地上权（建设用地使用权、宅基地使用权）的发展与勃兴。1896年《德国民法典》对地上权仅有6个条文的规定，但至20世纪20年代，伴随实际生活的需要，原有的规定已不敷使用，于是在1919年1月15日制定了39个条文的《地上权条例》，由此促进地上权向前发展。依照地上权制度，土地所有人可于自己的土地上为自己设立"所有人地上权"（NJW 1957，1194）；也可以在二个或二个以上的

---

[1] 让与担保、所有权保留及假（临时、暂时）登记担保是否可以纳入到传统的担保物权系统中，应当谨慎，本书持否定意见。

[2] ［日］山田晟：《德国法律用语辞典》，大学书林1995年版，第198页。

[3] ［日］山田晟：《德国法概论》（2），有斐阁1987年版，第229—230页。

土地上设立一个地上权,是为"共同地上权"(Gesamterbbaurecht)[1]。另外,还可设立"下级地上权"(Untererbbaurecht),即在地上权上复设立的地上权及"连带地上权"(Gesamterbbaurecht)等。[2]

日本设立永佃权、地上权(尤其是设立前者)的情形也日渐减少,并且立法上将此两种权利纳入特别法中和租赁权一并规定,[3]由此也表明此两种用益物权呈现衰退的趋势。同时,日本1966年于其民法第269条之二追加规定了区分地上权(空间地上权)。此追加规定为日本地上权的发展开辟了新的空间,使地上权的发展呈现出广阔前景,实为地上权发展的"第二春"。

我国台湾地区"民法"规定的永佃权因实施耕者有其田的政策,基本上已无人设定,故新近修法时将其废除,更易为农育权。而地役权,因每年设立者也只有数百件,故新近修法时将其更易为不动产役权。另外,典权于台湾地区也较不具重要性。

我国为适应社会经济发展的需要而在《物权法》第136条明定了空间建设用地使用权(空间地上权)。[4]另外,实务中也要求认可空间役权制度。应当看到,空间建设用地使用权与空间役权制度的建立,将使我国的用益物权制度呈现出广阔的前景。此外,《物权法》将由特别法规定的采矿权、探矿权、取水权和使用水域、滩涂从事养殖、捕捞的权利置于用益物权编(《物权法》第3编)作概括保护的规定,[5]彰示我国用益物权的发展充满生机和活力。

五、物权的价值化

物权的价值化,也称物权的观念化,主要指所有权以价值的形态维系其存在。也就是说,财产所有人对自己的所有物,不注重对其的实体把握、支配,而系依法律规定的方式将所有物交由他人占有、使用,使他人保有对物的使用价值,抑或将自己的所有物设立担保物权于债权人而获取金钱融资。此时债权人所支配的,系所有人的所有物的交换价值。

---

1 [日]山田晟:《德国法概论》(2),有斐阁1987年版,第227页。若作为地上权的标的物的土地被分成数宗(笔),共同地上权也成立。

2 [德]鲍尔、施蒂尔纳:《德国物权法》(上册),张双根译,法律出版社2006年版,第652页。

3 [日]铃木禄弥:《物权法讲义》,创文社1994年版,第6页。

4 《物权法》第136条规定了空间建设用地使用权:"建设用地使用权可以在土地的地表、地上或者地下分别设立。新设立的建设用地使用权,不得损害已设立的用益物权。"

5 参见《物权法》第123条。

于近现代和当代民法体制下，取得对他人所有物的使用、收益主要有两种途径：一是通过债权方式取得对他人所有物的使用、收益，其涵括依租赁合同、借用合同取得对他人所有物的使用、收益；二是通过物权的方式取得对他人所有物的使用、收益。根据《物权法》的规定，国家或集体可以将其享有所有权的土地设立建设用地使用权、土地承包经营权、宅基地使用权、地役权于他人，使他人由此而取得对土地的使用和收益；对于动产，其所有人可以将其设立抵押权或质权于债权人而获取融资。总之，于当代社会，财产所有权已比较注重其利用，此与前资本主义时代的物权系以所有为中心、以对所有物的实体支配为主导存在差异。财产所有权的此种变化，学理与实务称为"由所有到利用的转换"。伴随社会经济的发展，财产所有权的此种价值化趋向还会表现得越来越充分，其范围也会越来越宽广。

六、所有权的社会化

20世纪以来，各国家或地区物权法上的所有权制度有不断社会化的趋势。1919年德国《魏玛宪法》第153条第3项明定所有权负有义务，其行使应顾及公共利益。之后，各国家或地区的立法大多肯认并明定所有权的社会化。我国《物权法》的立法方针虽着重于国家所有权、集体所有权及私人所有权的平等保护，并特别强调私人所有权的保护对国家、社会之进步及发展所具有的重大意义，但该法仍明定"物权的取得和行使，应当遵守法律，尊重社会公德，不得损害公共利益和他人合法权益"（第7条），"为了公共利益的需要，依照法律规定的权限和程序可以征收集体所有的土地和单位、个人的房屋及其他不动产"（第42条第1款）。此表明我国《物权法》于一定程度上仍认可所有权的社会化。另外，环境保护、城市规划等法律对所有权等物权的行使也作有诸多限制，且对物权关系的影响日益显著。不过，鉴于我国的国情及所经历的发展道路与德国、日本等西方国家的情况存在差异，故此，对《物权法》上的所有权制度的解释、适用，未来一个相当长的时期仍应着力强调其绝对性、对世性乃至神圣不可侵犯这一面，于此基础上方强调所有权的社会化。

七、担保物权功能的强化与担保形态的多样化

债权人为债权而奋斗，系近现代和当代市场经济的一个重要特征，也是各国的一个普遍现象。为了确保债权的实现，只有建立完善的、各种各样的、当事人可以选择的担保形态方能达成。由此，自20世纪五六十年代以降，已经有民法典

的国家，如日本、德国、法国等，于民法典之外又以单行法创立了诸多新的担保形态，被称为特别法上的担保形态或非典型担保。

于担保物权的发展上，自罗马法到19世纪近代各国制定民法典，民法上创建的担保物权主要有两种：法定担保物权与约定担保物权。前者有留置权、法定抵押权（譬如《合同法》第286条规定的建设工程承包人的工程价款优先受偿权）；后者有质权、约定抵押权。也就是说，此时期民法对担保物权的种类的规定较为有限。之后随着市场经济的发展，为了融通金融及保障市场交易的资本顺畅流通的需要，各国家或地区主要透过制定民事特别法来建立各种特殊的抵押权制度，并又于实务中认可经济交易中自发生长起来的担保形态的效力，譬如认可所有权保留、让与担保及假登记担保的效力。另外，原本不属于担保领域的制度，现今为了担保金融流通的需要，也将其视为担保的形态。此等担保形态主要涵括：担保性抵销、转账指定、代理受领、备偿专户、融资租赁及买回等。它们与其他担保形态相结合，共同确保一个国家的商业信用经济、资本信用经济及消费者信用经济的顺利运营和发展。[1]一言以蔽之，当代以担保物权为中心的担保制度的功能已经得到极大强化，担保的方式和手段也由过去较为简单的形态发展到现今的各种各样的复杂的形态并存的格局。所有这些皆表明，民法的担保物权制度业已完成它的发展历程。随着经济交易实践的推进，还将涌现出新的担保形态。担保物权发展、变迁的这些情况表明，担保物权的体系并非封闭的体系，而是一个开放的、不断扩大、发展的动态的体系。

自1949年新中国成立至1986年《民法通则》颁布的近四十年时间中，我国成文的、系统的担保物权系统始终未得到建立，1986年通过的《民法通则》首次于立法上建立了抵押权、留置权制度。适应市场交易保障资本顺畅流通和资金融通的需要，1995年制定的《担保法》于《民法通则》明定的抵押权和留置权基础上增定了质权。2000年，最高人民法院根据实务的需要，又对该《担保法》的适用作出了司法解释（以下简称《担保法解释》），之后于解释的过程中又认可并创设了一些新的担保形式，如反担保。再进一步的发展，是2002年12月全国人大公布的《中国民法（草案）》借鉴多数国家或地区的经验而规定了让与担保，2007年通过的《物权法》采纳学者的建议，于第181条规定了浮动抵押权。可以预料，伴随经济交易的发展与融通资金的需要，我国的担保物权系统还会不断地扩展和延伸。

1　[日]铃木禄弥：《物的担保制度的分化》，创文社1992年版，第7页。

八、环境生态的保护

本来,物权法规范物权的归属秩序,物权人可自由支配标的物,由此发挥其最大的经济效益。但是,自近代工业革命以降,自然资源的过度利用不仅造成自然资源的枯竭,且因此影响自然生态的平衡、和谐及稳定,导致自然环境的自我更新能力难以为继,生态环境日趋恶化。鉴于生态环境恶化的严重后果,保护生态环境的理念与意识由此大兴,天人合一的人类永续发展成为当今人类世界的共同体认。自然资源既然为人类生活所依赖,则物权法对此自应予以因应和配合。譬如,我国台湾地区新近修改其"民法"物权编时规定了农育权,明定农业中使用土地应注重生态保育和土地的永续利用。另外,城市规划法、区域规划法及为保护生态环境而制定的野生动植物保护法、环境影响评估法、土壤及地下水污染防治法等,对物权中的所有权的绝对自由皆有重大限制,物权法与此等特别法的适用应相辅相成,系为必然的趋势。惟有如此,方足以自物权法的角度保护生态环境。[1]

第三节 中国物权法与民法典物权编的制定和编纂

一、中国物权立法的回眸

(一) 1949 年以前的中国物权立法

在清朝末年中华法系("中华法制")向德国大陆法系转型之前,我国尽管未有"物权"一词与形式意义上的物权法,但实质意义上的物权制度及其规则是始终存在的。特别是其中的财产所有权,其为法律所认可,更业已有十分久远的历史。而法律肯认并规定财产所有权的目的即是要使财产的归属关系、财产的所有权关系明确化,以实现定分止争及明确人己分界的目的。据古籍文献记载,早在春秋战国时期的《法经》中,即已有关于财产所有权的规定。不过,那时并不称为财产所有权,甚至所有权这一名称也还未有,而是称为"产""业"或"财"等。

我国古代的物权制度系以土地所有权为核心。而土地所有权的最初的法律形态是国家所有权。春秋战国之际,奴隶制向封建制过渡,土地私有制、土地私有权最终形成了。鲁国最早确认土地私有制。公元前 594 年,实行"初税亩",这

---

[1] 谢在全:《民法物权论》(上册),新学林出版股份有限公司 2014 年版,第 6 页。

是官府认可土地私有权的反映。商鞅变法,"废井田,令民得买卖",最终确立了土地私有权。秦始皇于公元前216年,使"黔首自实田",即命令有田土的人向官府申报土地数量,进一步确立了土地所有权。[1]

我国之有近现代及当代意义的物权概念及在立法上正式创建系统的物权体系,系起于清朝末年的修律运动。在日本人的帮助下,于宣统三年(1911年)完成的《大清民律草案》正式采用了"物权"这一术语,并将之规定于第3编,涵括6章:第1章"通则",第2章至第6章分别规定"所有权""地上权""永佃权""地役权"及"担保物权"。其中,地上权、永佃权、地役权构成用益物权体系,担保物权则涵括抵押权、土地债务、不动产质权及动产质权四种。占有,系占有人对特定物加以管领的事实,列为末章,即第7章。该草案未及颁行,清朝覆灭,中华民国宣告成立。之后不久,复开始民法典(当时称为"民律")的重新起草,即民法典的第二次起草。

此次重新起草民法典,起草者们首先检讨了第一次民律草案(即《大清民律草案》)的缺憾与不足,认为该民律草案因效仿德、日民法立法例,过分偏重个人利益,而现今社会情事已然发生变化,若不强调社会本位,则势将难以适应社会的需要,尤其是原草案过分移植外国法的规定,明定"土地债务"等纯粹属于德国日耳曼民族的固有法和习惯法的制度,而对中华民族习惯法上的老佃、典和先买等予以忽略,其不当不言自明,[2]由此,应予变更。1925年,完成《民律第二草案》的起草。在该草案中,物权编共设9章,未设"担保物权"的章名,而将抵押权、质权分开,各占一章,另外再追加规定典权。应当注意的是,增定典权及将典权作为担保物权对待,[3]系《民律第二草案》的重要特色。不过,与《大清民律草案》的命运相同,囿于各种因素的限制,该草案也未获施行。1926年,民国政府通令各地暂行采用该草案的"总则编"和"债编","物权编"不在其中。[4]

1927年南京国民政府成立后又组织力量起草民法。国民党中央执行委员会政治会议曾明定物权编立法原则14条,涵括:实行物权法定主义、所有权社会化、不动产物权变动采登记要件主义,规定所有权时效取得、动产善意取得及典权等。经过一段时间,傅秉常、史尚宽、林彬、焦易堂和郑毓秀等人完成了物权编

---

1 李志敏:《中国古代民法》,法律出版社1988年版,第72页、第76页。
2 谢在全:《民法物权论》(上册),文太印刷企业有限公司2004年修订3版,第4页。
3 典权的性质主要有三说:用益物权说、担保物权说及折中说。三者中,以用益物权说为通说。1925年的《民律第二草案》系采担保物权说。
4 谢在全:《民法物权论》(上册),新学林出版股份有限公司2014年版,第4页。

草案的起草，并提请大会讨论。1929年11月30日，大会通过了该草案，并于同日向社会公布。这样，《中华民国民法》中的物权编即正式得以诞生。自此，中华民族有了近现代及当代意义上的物权制度及其规则系统。此为中华民族民法发展上的一个重大事件，系属无疑。

《中华民国民法》物权编主要参考了德国、瑞士和日本民法的物权制度及其规则。而于物权法法制发展上，德国、瑞士与日本民法的物权制度及其规则，又源起于罗马法、日耳曼法的物权制度及其规则与理念。据此可以推知，《中华民国民法》中的物权制度，乃系罗马法、日耳曼法的物权制度及其规则、观念的混合物。正因如此，于该民法制定的时代抑或说今天，此民法对物权的规定较之其他国家的民法对物权的规定，乃系一点也不逊色，而系先进的。

1949年新中国成立后，随着废除国民党政权的"六法"，《中华民国民法》作为其中的"六法"之一也就被废除了。中国大陆从此未有民法典上的物权制度，此种状况一直延续到2007年《物权法》的颁行。

（二）1949年以后的中国物权制度

1949年至1956年，我国虽然没有通过制定适用于全国范围内的民法典来规定所有权、用益物权、担保物权及占有，但散见于地方立法中的民事法律文献及最高人民法院和司法部就民事问题所做的一些"批复"或"解释"，皆表明我国此时期的法律系肯定物权制度的。惟1956年以后，随着生产资料私有制的社会主义改造的基本完成，我国建立起了生产资料的公有制经济制度，之前曾一度存在的私人土地所有权由此不复存在，与之有联系的或者说以之为标的物的物权性质的权利，如地上权、地役权等也随之消灭。加之这个时期，我国民法全盘移植、接受了苏联民法理论，认为所有权以外的他物权系资本主义私有制经济关系的产物，而我国现今因已然建立起社会主义的生产资料公有制经济制度，尤其是土地公有制制度，故所有权之外的土地用益物权自不应当继续存在。[1] 反映于立法上，我国当时的法律也就只肯认了所有权，而未认可用益物权。至于担保物权，因其时基本上不存在私人之间的融资，故也就当然不发生以担保物权来担保债权人的债权实现的问题，故而也就并无担保物权制度。

1986年制定《民法通则》，反映改革开放和发展有计划的商品经济的需要，于第5章第1节"财产所有权和与财产所有权有关的财产权"的名称下，除规定

---

[1] 参见《法学研究》编辑部：《新中国民法学研究综述》，中国社会科学出版社1990年版，第216页。

所有权外，复规定了国有企业财产经营权、国有自然资源使用权等用益物权。对于担保物权，立法者并未于体例上将之规定于其中，而系将抵押权、留置权与保证、定金担保一并规定于"债权"（《民法通则》第5章第2节）里。此种编排体例是我国长期以来拒绝承认物权概念与制度体系的结果：抵押权、留置权既然不是民法总则上的制度，也不是亲属或继承法上的制度，故而唯一的也就是债法上的制度，将之规定于"债权"中也就顺理成章了。

1992年，我国实行社会主义的市场经济体制，经济改革由此进入了建立社会主义市场经济体制的崭新时期。既然搞市场经济，就意味着要建立规范财产的所有和交易关系的法律体系。具体而言，就是要建立调整财产的归属和利用关系的物权法系统，涵括所有权、用益物权、担保物权、占有及调整财产的交易和流通的合同法制度。而当此之时，我国已然存在三个合同法（"经济合同法""技术合同法"及"涉外经济合同法"），业已有了规范财产的交易关系的法律基础，故只需将此三个合同法存在的相互矛盾、龃龉的地方加以消除，也就基本上可以作为财产交易的法律基础了。故而，自那时起，一直到1999年，经过数年的努力，我国消除了三个合同法并存的格局，而制定了统一的《合同法》，由此基本建立起了规范市场交易关系的统一的法律规则。但另一方面，规范财产的归属和利用的所有权、用益物权和担保物权系统则未能建立起来。盖物权尤其是其中的所有权，既是财产交易的起点，也系财产交易的归宿。若从事交易的民事主体对用于交易的财产并无所有权或处分权，则交易行为如买卖行为将变成无效，买受人即不能取得标的物的所有权。可见，首先确定交易客体的所有权的归属，十分必要。而要做到此点，即需要建立涵括所有权、用益物权、担保物权及占有在内的完善的物权制度及其规则系统。这就是需要制定物权法。

二、中国物权法的制定

我国物权法的起草和制定真正始于20世纪90年代末。1998年4月，全国人大法制工作委员会在北京召开了第一次制定物权法的会议，讨论了中国社会科学院法学研究所梁慧星提出的《中国物权法立法方案（草案）》。这次会议上，官方与学者虽然未就物权法草案大纲和主要的制度设计安排完全达成一致，但它开启了中国物权法立法的进程，标志着中国物权法制定的航船已然正式起锚，故而具有重要的意义。此次会议还决定，由梁慧星率领的中国物权法研究课题组着手起草物权法的各编、各章及各条文。至1999年5月，该课题组完成物权法草案初稿，于10月最后定稿，计12章435条，加上立法说明、理由及参考立法例，共

70余万言。2000年3月,该草案由社会科学文献出版社予以出版。各章分别为:第1章总则、第2章所有权、第3章基地使用权、第4章农地使用权、第5章邻地利用权、第6章典权、第7章抵押权、第8章质权、第9章留置权、第10章让与担保、第11章占有及第12章附则。[1]

2000年底,中国人民大学课题组完成第二部物权法专家草案。全国人大法制工作委员会于12月召开专家讨论会讨论其中的国家所有权和集体所有权部分。2001年初,法制工作委员会于两部专家草案基础上形成一个内部草案,同年5月召开专家讨论会讨论此草案。2001年底,法制工作委员会提出正式法律草案,并发给法院、地方人大、政府部门和法学院征求意见,称为物权法草案征求意见稿,并定于2002年提交全国人大常委会审议;2004年6月,全国人大常委会对物权法草案进行第二次审议;2005年6月进行第三次审议,之后于同年7月于新闻媒体公布征求修改意见,预定提交2006年3月的全国人大第四次大会审议通过。

2005年秋,发生了物权法草案是否违宪的争论。有人根据单一公有制的计划经济的意识形态,对物权法草案提出责难:一是指责草案对国家、集体和私人财产实行平等保护,违反宪法基本原则;二是指责草案奴隶般抄袭资产阶级的法律;三是指责草案与中华民国时期的"六法"没有区别;四是指责草案有利于富人而不利于穷人。有鉴于此,同年10月的人大常委会对草案进行第四次审议后,决定将该草案提交全国人大审议通过的时间推迟一年。

全国人大常委会于2006年8月对物权法草案进行第五次审议,同年10月进行第六次审议,并在"说明"中特别指出,规定对国家的、集体的和私人的物权予以平等保护,符合社会主义市场经济的本质要求和现行宪法的基本精神。同年12月的人大常委会对物权法草案进行第七次审议,并以155票赞成、1票弃权通过关于将物权法草案提交2007年3月召开的第十届全国人大第五次大会审议通过的决定。2007年3月16日,十届全国人大第五次大会正式通过了物权法草案,此即《中华人民共和国物权法》。自此,中国有了自己的形式意义上的《物权法》,有了系统的物权制度及其规则系统。应当重申的是,一部进步、科学的物权法,对于中国国家、民族和人民所具有的历史和法律意义,无论如何估量都不会过分![2] 尤其是在一个实行社会主义公有经济制度的国家制定一部完整的、系统

---

[1] 参见梁慧星主编:《中国物权法草案建议稿:条文、说明、理由与参考立法例》,社会科学文献出版社2000年版。

[2] 梁慧星主持:《中国物权法草案建议稿附理由》(第2版),社会科学文献出版社2007年版,"再版序言"(梁慧星执笔)第1—2页。

的物权法，可谓是人类历史上绝无仅有的大事！其确认我国改革开放取得的成果，并为进一步的改革开放奠定法律基础，以及为人权的保护奠定物权法基础，并为中国民法典的最终编纂铺平坚实道路等，皆彰示其具有重大的价值与意义[1]。

三、中国民法典物权编的编纂

目前我国正在进行涵括物权编在内的民法典各分编的编纂工作。其中，物权编的编纂（立法）是继 2007 年《物权法》颁行以来对物权制度及其规则进行增删、改定、补充、建构及完善，意义十分重大。此工作完成后，我国的物权制度及其规则系统将极大地趋于完善。关于当下正在进行的此工作的详情，请参见本书末附录《我国民法典物权编立法研究》一文，此不赘述。

四、《物权法》的体系

（一）物权法体系的源起

自近代降，将作为权利客体的财产尤其是土地，自此前封建关系的各种束缚中解放了出来，使土地等财产成为单纯的、未有身份关系与其相粘连的自由的、独立的财产。于此基础上，舍弃各财产的个性与不同的经济效用等特殊性，而抽象出了一般的"物"的概念，将之作为权利的客体。如此，作为社会的构成员的个人，也就与社会的无生命的物（财产）处于对应状态。个人对物加以管领、排除他人的干涉并享受其利益的物权权利由此发生。此种对物的管领的物权关系，系一种将对物的管领力完全集中于物权权利人之手并由其管控的法律关系。也就是说，近代肇始之后的物权权利，是物权权利人直接对特定物加以占有、使用、收益和处分的实体权，是以对物的所有为中心的权利。此时期，物权其实不过为所有权的别称，物权的价值化或观念化无由谈起。[2]

但是，迈入资本主义自由时期以后，随着实行商品的生产、分配和交换的市场经济制度，作为物权客体的物，大多也就具有了商品的性质。作为物权客体的物的价值，被界分为使用价值与交换价值。物权人将对物的使用价值交由他人享有和支配，产生了用益物权制度；将对物的交换价值交由他人享有和支配，产生了担保物权制度。另外还存在着对物的事实管领的占有制度。如此，物权法的架构也就形成了，此即：所有权、用益物权、担保物权及占有。此架构维持至今而

---

[1] 关于《物权法》的价值、意义及时代特征等，请参见本书附录《中国物权法的意涵与时代特征》一文。

[2] ［日］於保不二雄：《物权法》，有斐阁 1966 年版，第 4 页。

未被动摇。我国《物权法》的体系架构也循此而厘定，并同时于《物权法》之始设立"（物权）总则"编的规定。

（二）《物权法》的体系架构

《物权法》共计5编、19章247条。其结构体系采取由抽象到具体、由一般到特殊的立法技术，尤其是采用了大陆法系民法提取"公因式"的"总—分结构"。并且，《物权法》除设第1编"总则"作为整个《物权法》的"公因式"（"总则"）外，还分别于所有权编、用益物权编和担保物权编之始设立"一般规定"。这些做法彰显了我国民法立法重视逻辑性和体系性的特色，应予赞同。

具体而言，《物权法》的体系结构如下：第1编"总则"，分别规定物权法的基本原则（第1章），物权的设立、变更、转让和消灭（第2章），及物权的保护（第3章）；第2编至第5编为"分则"，分别对所有权、用益物权、担保物权及占有作出规定。所有权编涵括："一般规定"（第4章）、"国家所有权和集体所有权、私人所有权"（第5章）、"业主的建筑物区分所有权"（第6章）、"相邻关系"（第7章）、"共有"（第8章）、"所有权取得的特别规定"（第9章）。用益物权编涵括："一般规定"（第10章）、"土地承包经营权"（第11章）、"建设用地使用权"（第12章）、"宅基地使用权"（第13章）、"地役权"（第14章）。担保物权编涵括："一般规定"（第15章）、"抵押权"（第16章）、"质权"（第17章）、"留置权"（第18章）。占有编仅设一章，即第19章——"占有"。

需指出的是，以上体系中之所以未就物权的客体——"物"及其分类——作出规定，主要是虑及将此部分的内容置于民法典"总则"编有关权利的客体中规定更为恰当，其能更好地体现民法典之作为私法的一般法（普通法）的特性。盖"物"除为物权的客体外，于债法、亲属法、继承法都不可或缺，其也系这些领域的法律关系的主要客体。譬如，债的客体虽然为给付，但给付的对象又通常是"物"，称为"给付物"（"标的物"）。并且，民法典"总则"编设立"物"的规定，将使整部民法典更具逻辑性、体系性和自洽性。惟遗憾的是，我国2017年颁行的《民法总则》并未对作为权利客体的"物"作出明定，此于立法论上值得推敲、斟酌及考量。

五、我国物权法的法源（"渊源"）

物权法的法源又称物权法的渊源，系指物权法规范的表现或存在形式。其中，2007年3月16日十届全国人大第五次大会通过的《物权法》为最重要、最基本的法源。另外，《宪法》、其他一些法律、行政法规、部门规章及最高人民法院的司法解释中涉及的物权法的规范，也皆系物权法的法源。举其荦荦大者，主要涵括以下一些。

(一)《宪法》中的物权法规范

譬如《宪法》关于我国基本经济制度的规定，关于城市土地归国家所有，农村土地和城市郊区的土地除法律规定属于国家所有外皆归集体所有的规定（第10条），关于社会主义的公有财产神圣不可侵犯的规定（第12条）及关于公民的合法的私有财产不受侵犯的规定（第13条），皆奠定了我国物权法的基础，系最重要的物权法规范，并为物权权利的保护提供了宪法基础。

值得指出的是，物权法与宪法的关系。宪法所规定的权利为基本权利，其通常经由民法（含物权法，下同）而得以实现；同时，为创造与时代相应的宪法上的基本权利，民法也应予以协力。故此，民法对宪法基本权利负有如下的任务或功能[1]：（1）宪法关于基本权利的规定，大抵是概括或抽象的规定，故于具体落实基本权利以适用于人民的私生活领域时，其内容的形塑或具体化，即需透过民法方可实现。譬如宪法规定的财产权，即需由物权法予以形成。（2）基本权利的保护制度的创设。基本权利若属私生活领域范围，其于受他人侵害时，需依赖民法建立的制度予以保护。譬如物权法中的物上请求权制度即属之。（3）基本权利的支援制度的建立。基本权利除消极不受侵害外，仍需有法律制度的积极支援方能彻底实现。民法上的合同制度，借由个人间经由意思表示的相互同意，方能形成自由权得以实现的生活空间。另外，所有权的保障足以贯彻宪法上的人性尊严最高价值，也属之。概言之，物权法透过对财产归属的规范而构建财产秩序，形成客观的法律制度，以维护财产权的存续与价值，其对于保障宪法上的自由权具有枢纽的作用。

(二)《民法通则》中的物权法规范

《民法通则》尽管未启用"物权"的术语，但该法第5章第1节关于"财产所有权和与财产所有权有关的财产权"的规定，是我国物权法规范的重要表现形式，尽管其中的一些规范已被《物权法》及其他单行立法取代或抽空。

(三)《土地管理法》中的物权法规范

《土地管理法》中关于土地的国有和集体所有的界限、关于土地利用的管理、关于集体所有权的具体归属、土地承包经营权、宅基地使用权及土地征收等的规定，系我国土地物权的重要规范和表达形式。

---

[1] 谢在全：《民法物权论》（上册），新学林出版股份有限公司2014年版，第3页。

（四）《农村土地承包法》中的物权法规范

《农村土地承包法》对农村土地承包经营权的取得、内容、保护、流转等的规定，是作为用益物权的农村土地承包经营权的重要规范和表现形式。

（五）《担保法》和《担保法解释》

《担保法》与《担保法解释》中有关抵押权、质权和留置权的规定，是我国担保物权的重要法律规范。尽管《物权法》明定《担保法》和《担保法解释》的规定与《物权法》不一致的，以《物权法》的规定为准（第 178 条），惟《物权法》未规定而《担保法》和《担保法解释》有相应规定且与《物权法》的规定不矛盾、不抵触的，则应继续保有其效力。

（六）2016 年 3 月 1 起施行的最高人民法院《关于适用〈中华人民共和国物权法〉若干问题的解释（一）》

《关于适用〈中华人民共和国物权法〉若干问题的解释（一）》（以下简称《物权法司法解释（一）》）共计 22 条，各条的内容分别是：（1）审查基础关系或确认权属于民事诉讼受案范围；（2）不动产确权争议中登记的证明力；（3）确权争议不受异议登记失效影响；（4）预告登记权利人的保护；（5）导致预告登记失效的"债权消灭"的认定；（6）转让人的债权人不属于《物权法》第 24 条所称的"善意第三人"；（7）发生物权变动效力的人民法院、仲裁委员会的法律文书；（8）特殊情形物权的保护；（9）继承、遗赠等情形排除按份共有人优先购买权行使；（10）按份共有人优先购买权行使的同等条件的认定；（11）按份共有人优先购买权的行使期间；（12）按份共有人优先购买权的裁判保护；（13）按份共有人之间转让共有份额时不得主张优先购买权；（14）两个以上按份共有人优先购买权的保护顺位；（15）善意取得中受让人善意的认定；（16）不动产善意取得中受让人非善意的认定；（17）动产善意取得中受让人重大过失的认定；（18）善意取得中善意的判断时间；（19）善意取得中合理价格的认定；（20）特殊动产的善意取得的适用；（21）善意取得适用的排除；（22）施行时间及效力。

（七）有关不动产登记方面的法律规范

譬如 2007 年 11 月 28 日国土资源部发布、自 2008 年 2 月 1 日起施行的《土地登记办法》，2008 年 2 月 15 日住房和城乡建设部发布、自同年 7 月 1 日起施行的《房屋登记办法》，2015 年 3 月 1 日起施行的《不动产登记暂行条例》，2016 年 1 月 1 日起施行的《不动产登记暂行条例实施细则》及 2016 年 3 月 1 日起施行的《物权法司法解释（一）》中有关不动产登记与物权的归属、不动产登记与债权人保护的规定等。

值得指出的是，物权法与不动产登记法的关系。民法不动产物权系采公示、公信原则，既以登记为公示方法，也主要以登记为不动产物权变动或处分的要件。不动产物权的登记，产生公示力与公信力，由此，登记成为确保人民自由使用、收益及处分不动产物权的重要制度。民法不动产物权是否完备，规范不动产物权实体法的物权法能否实现，端赖完善的不动产物权登记规则的建立。之所以如此，盖因不动产登记法系为不动产物权的程序法。[1] 除《物权法》有关不动产物权登记的基本规定外，不动产登记法系统系由《不动产登记暂行条例》《不动产登记暂行条例实施细则》《房屋登记办法》、地籍测量规则乃至《土地管理法》及其他相关地政法规构成，其中，《不动产登记暂行条例》及其实施细则系最重要的不动产物权登记程序基本规则。

（八）其他物权法法源

《城市房地产管理法》《海域使用管理法》《矿产资源法》及其实施细则、《民用航空器权利登记条例》《船舶登记条例》《物业管理条例》（2007年修订）、《城镇国有土地使用权出让和转让暂行条例》《合同法》《侵权责任法》《公司法》《证券法》《继承法》《破产法》《海商法》《票据法》《水法》《环境保护法》《大气污染防治法》《环境噪声污染防治法》《野生动物保护法》《婚姻法》《渔业法》及其实施细则、《商标法》《专利法》《著作权法》《拍卖法》、最高人民法院《关于贯彻执行〈中华人民共和国民法通则〉若干问题的意见（试行）》、最高人民法院《关于人民法院民事执行中拍卖、变卖财产的规定》、最高人民法院《关于贯彻适用〈中华人民共和国婚姻法〉若干问题的解释（一）》、最高人民法院《关于审理农业承包合同纠纷案件若干问题的规定（试行）》、最高人民法院《关于适用〈中华人民共和国合同法〉若干问题的解释（一）》、最高人民法院《关于审理票据纠纷案件若干问题的规定》、最高人民法院《关于审理涉及金融资产管理公司收购、管理、处置国有银行不良贷款形成的资产的案件适用法律若干问题的规定》、最高人民法院《关于审理涉及国有土地使用权合同纠纷案件适用法律问题的解释》、最高人民法院《关于审理商品房买卖合同纠纷案件适用法律若干问题的解释》、最高人民法院《关于审理建筑物区分所有权纠纷案件具体应用法律若干问题的解释》、最高人民法院《关于审理物业服务纠纷案件具体应用法律若干问题的解释》、最高人民法院《关于审理涉及农村土地承包纠纷案件适用法律问题的解释》以及中国人民银行《应收账款质押登记办法》等中，皆内含有

---

[1] 谢在全：《民法物权论》（上册），新学林出版股份有限公司2014年版，第2—3页。

大量的物权特性的法律规范，依旧是我国物权法律规范的存在或表达形式。

六、《物权法》的基本理念 [1]

（一）公有财产与私有财产一体保护

《宪法》第 12 条第 1 款规定："社会主义的公共财产神圣不可侵犯。"第 13 条第 1 款规定："公民的合法的私有财产不受侵犯。"可见，至少在《宪法》的表述上，对公有财产的保护似乎高于私有财产。《物权法》立法过程中，公有财产应否受到特别保护曾引起极大争议，甚至有人称若不特别保护公有财产，即违反宪法。但最终出台的《物权法》于第 1 章"基本原则"的第 4 条规定："国家、集体、私人的物权和其他权利人的物权受法律保护，任何单位和个人不得侵犯。"此表述体现了立法者平等保护公有财产和私有财产的目的，从而在维护公有财产的同时，强化了对私有财产的保护。《物权法》尽管未采纳"公共财产神圣不可侵犯"的表达，但其并未由此降低对公共财产的保护标准，只不过是相对强化了对私有财产的保护而已，此点立法理念的变化恰恰体现了改革开放近 40 年来我国社会的进步与公众的要求，系肯定和维护近 40 年来改革开放成果的必然需要。[2]

（二）着重确认和强调财产归属的同时，也注重财产的利用

《物权法》基于确认和巩固改革开放成果的要求，并反映人民认可的对私有财产予以保护的价值理念，主要着重确认了各种财产的归属关系，以定分止争，明确物的归属，巩固和确认社会主义市场经济体制下的各项财产秩序，尤其是改革开放 30 年来形成的新的财产关系秩序。譬如《物权法》第 5 章"国家所有权和集体所有权、私人所有权"以 25 个条文（第 45 条至第 69 条）集中详细地列举规定哪些财产属于国家所有，哪些财产属于集体所有，以及哪些财产属于私人（包括自然人和法人）所有；于第 6 章又赋予改革开放以来我国城市居民通过住宅的商品化改革而取得的房屋所有权以名正言顺的"名分"——"业主的建筑物区分所有权"；于第 3 编"用益物权"中，将土地承包经营权、宅基地使用权明确厘定为用益物权，此实际上是以法律的形式明定农民对集体所有的土地的两项重要权利，前者（即土地承包经营权）对维持农民基本生计不可或缺，后者则是农民安身立命之所在。按照我国物权法最初确立的立法方针，尽管农民对自己耕作的土地不能享有所有权，但应赋予其相当于所有权的权利。最终通过的《物权

---

[1] 关于对《物权法》的理念、功用、意义及重大价值等的翔实分析，参见陈华彬："中国物权法的意涵与时代特征"，载《现代法学》2012 年第 6 期。

[2] 刘家安：《物权法论》，中国政法大学出版社 2009 年版，第 9 页。

法》实现了此目的。该法第 126 条规定:"耕地的承包期为三十年。草地的承包期为三十年至五十年。林地的承包期为三十年至七十年;特殊林木的林地承包期,经国务院林业行政主管部门批准可以延长。前款规定的承包期届满,由土地承包经营权人按照国家有关规定继续承包。"如此规定,实际上已经使农民的土地承包经营权具有了一定程度的相当于所有权的效力。此种稳定、清晰的规定会鼓励农民对土地进行长期的筹划和打算(譬如对土地进行投入、改良土壤或兴修水利等),从而改变于权利归属不确定的情形下过度开发土地或对土地作短期行为的现象。尤其重要的是,此种权利归属的确定,可为确保农村社会长期稳定奠定财产基础。

《物权法》于着重确认财产归属的同时,也对财产的利用作出了规范。这主要体现在:为实现和满足法律主体对城镇土地使用权的需要,明确厘定了城镇建设用地使用权及其取得途径。此外,《物权法》在新中国民事立法上首次规定地役权制度,认可"地役权人有权按照合同约定,利用他人的不动产,以提高自己的不动产的效益"(第 156 条第 1 款)。这也是该法注重社会财产的利用的主要体现。不过,应当指出的是,受各方面因素的制约并考虑到我国的诸多现实情况,《物权法》对财产的利用还设有诸多限制。譬如土地承包经营权和宅基地使用权的流转原则上皆受到限制,有的(譬如宅基地使用权)就根本不能流转。

(三)注重发挥物的效用

《物权法》第 1 条将"发挥物的效用"确定为该法的立法目的之一。《物权法》采取物权法定原则(第 5 条),明确规定物权的种类及内容,由此而使各种物权得到清晰的界定,此本身即可提高物的利用效益,避免不采物权法定原则而采物权自由主义之弊害。另外,《物权法》中还有大量以发挥物的效用为目的的规范。譬如该法规定,因通行、铺设管线等需要而需使用相邻土地的,其权利人应当提供必要的便利。此类规则系为了充分发挥物的效用而设。又如,为增进对物的有效利用,根据《物权法》第 97 条的规定,按份共有人处分共有的不动产或者动产及对共有的不动产或者动产作重大修缮的,无需征得全体共有人的同意,而仅需经占份额三分之二以上的按份共有人的同意。另外,在按份共有人转让共有份额时,其他共有人享有优先购买权(《物权法》第 101 条)。此规定的目的在于鼓励消除共有状态,由此避免因共有人之间的冲突而影响对物的利用的效益。[1]

不过,也应指出的是,《物权法》于贯彻"发挥物的效用"上还不彻底。譬

---

[1] 刘家安:《物权法论》,中国政法大学出版社 2009 年版,第 11 页。

如对于抵押物的转让，允许抵押人自由转让抵押物（抵押人转让抵押物时仅需向债权人——抵押权人——负通知义务），同时通过抵押权作为一种物权而具有的追及效力来保护抵押权人的利益，应是最能发挥物的效用的制度设计，惟《物权法》第191条第2款规定，"抵押期间，抵押人未经抵押权人同意，不得转让抵押财产"。此外，基于对各种因素的考量，如前述，《物权法》规定土地承包经营权、宅基地使用权原则上不允许流转，这也于客观上限制了此等土地资源的效用的发挥。

（四）所有权的社会义务与所有权保护的强化

相对于法国、德国等西方国家而言，我国社会的传统观念更为强调社会本位，私人的权利更多地受到了家族、团体、社会乃至国家的限制，新中国实行的社会主义制度更是不可避免地强化了社会本位观念。自1978年起至今的近40年的改革进程，从某种意义上说，就是一个不断强化个体意识和个人利益的过程。尽管如此，社会本位的思想于我国的法律中仍有普遍的体现。譬如《物权法》第39条对所有权的定义中就特别突出了所有权的享有须"依法"进行。该法第42条更是以授权规范的形式认可了为了公共利益的需要可以进行征收。由《物权法》和其他法律、法规的规定可知，所有权及其他物权不仅是权利人的权利，且也承载着一定的社会义务。惟我们也应看到，相对于以往的法律而言，《物权法》明显地强化了对所有权及其他物权的保护。譬如《物权法》设专章（第3章）规定了"物权的保护"，对物权请求权及其他保护物权行使的方式作出了较为完善的规定。此外，即使是授权可因公共利益的需要而进行征收的规范中，也强化了对被征收者的补偿等保护措施。并且，从总体而言，整部《物权法》还是主要围绕着对物权（尤其是对所有权）的保护而展开其规范的。[1]

1　刘家安：《物权法论》，中国政法大学出版社2009年版，第12页。

第三章
物权的客体与一物一权原则

第一节 物权的客体及其分类

一、作为物权的客体的物

凡权利（"私权"）皆有其客体或曰标的物。债权为请求他人为一定行为或不为一定行为的权利，为一定行为者，称为给付，多数情形，给付仍以物为其标的，称为给付物；人身权的客体为存在于权利人自身的人身利益（涵括人格利益和身份利益）；知识产权的客体为智力成果。物权由其特性决定，其客体为特定的物，且如前述，此种物原则上只能是特定物、独立物和有体物，分别称为物权客体的"特定性""独立性"及"有体性"。

需指出的是，《物权法》颁行之前某些涉及物权的民事法律对物权的客体多不使用"物""特定物""独立物""有体物"等称谓，而是启用"财产"一语。譬如《民法通则》第5章第1节的名称就直接是"财产所有权和与财产所有权有关的财产权"。此处所称的财产当然是"物"。《担保法》第3章"抵押权"、第4章"质权"和第5章"留置权"，也都称这些权利的客体为"财产"。这里所称的"财产"，也依然是"物"。具体而言，其不仅涵括有体物，譬如机器、交通运输工具、厂房，且也涵括抵押人有权依法处分的国有土地使用权、采矿权、渔业权及依法承包并经发包方同意抵押的荒山、荒沟、荒滩和荒丘的土地使用权等。《物权法》第2条第1、2款规定："因物的归属和利用而产生的民事关系，适用本法。""本法所称物，包括不动产和动产。法律规定权利作为物权客体的，依照其规定。"可见，是将物权的客体称为"物"。当然，《物权法》也于某些情形称物权的客体为"财产"。譬如第180条"债务人或者第三人有权处分的下列财产可以抵押……"第184条"下列财产不得抵押……"等等。

总之，自罗马法以降，"物"始终是民法上一个重要而基本的概念。我国民法典宜以现行《物权法》为基础，而同时启用"物"与"财产"这两个概念。

二、与物权有关的物的主要分类

(一) 不动产和动产

1. 界分理由及其实益

不动产和动产，系近现代及当代民法对物的最重要的分野。其区分的端绪最早可以追溯到罗马法时期。[1]惟罗马法因对不动产、动产作同样的对待，故此区分未能显示出重大的意义。在日耳曼法上，法律对不动产和动产作严格区分，特别是使二者适用不同的规则，由此，其界分的实益得以彰显。受其影响，《德国民法典》物权编的一个重要立法原则即是以不动产和动产之界分为其立法基础。[2]我国《物权法》也系以不动产和动产的区隔为立法指针，此尤其体现于该法第2章"物权的设立、变更、转让和消灭"中"不动产登记""动产交付"的不同的物权变动规则。

近现代与当代物权法界分不动产和动产的理由，约可归纳为如下三点。

(1) 不动产的经济价值通常较动产为大。尤其是在前资本主义时代，不动产如土地和建筑物等，为一家一户安身立命的基础，不可或缺。同时，不动产也往往为世袭财产，受法律的特别保护，与人的身份紧密相连。故此，将二者加以区分系有重大理由。不过，在今日，由于市场经济和信息技术的发展，某些动产如船舶和飞机等的价值业已超过某些不动产的价值。正因如此，在当代社会，区隔不动产和动产的理由于一定意义上正丧失其往昔的重要性。[3]此点应予注意。

(2) 位置的固定程度不同。动产由其性质决定，其所处的位置易于移动，而不动产如土地、建筑物等，其所处的位置系固定不移。由此决定了二者公示方法的不同：不动产物权的享有与变动，通过在不动产登记簿册加以记载而向社会公示；动产物权，以占有和占有的移转（交付）作为其享有和变动的公示方法。

(3) 利用方式的不同。用益物权，如传统民法上的地上权、地役权、永佃权和我国《物权法》规定的土地承包经营权、宅基地使用权等，皆是权利人利用他人的不动产土地的权利，系存在于他人的不动产土地之上；而动产，除可以之设立用益权（《德国民法典》第1030—1089条、《法国民法典》第578—624条）、

---

1 [日] 高岛平藏：《民法制度的基础理论》，敬文堂1986年版，第168页。
2 [日] 松坂佐一：《民法提要》（总则）（第3版），有斐阁1975年版，第166—167页。
3 [日] 松坂佐一：《民法提要》（总则）（第3版），有斐阁1975年版，第167页。

动产质权及成立留置权外，复不能以之设立建设用地使用权、宅基地使用权、土地承包经营权及地役权（不动产役权）。

不动产和动产的界分，法律上主要有如下实益：（1）物权变动的方式不同。在采登记或交付的生效要件主义的法制下，基于法律行为的不动产物权变动以登记为生效要件，动产物权变动以交付为生效要件。（2）不动产涉及诉讼时，由法院专属管辖，而动产则否。（3）公示方法不同。不动产以登记为公示方法，动产以交付（占有的移转）为公示方法。（4）动产无主物可依先占而取得其所有权，而无主不动产则否，系由国家取得其所有权，也就是说，国家享有先占权。[1]（5）动产与不动产于添附的要件、效果上也有不同。对此，本书将在"动产所有权"一章中讨论。（6）用益物权大多仅可于不动产（土地）上设立，而于动产上，通常不能设立用益物权（法国、德国民法典规定，可以动产设立用益权系为例外）。[2]

2. 不动产和动产的具体界分

（1）概要。不动产和动产的界分方法，是先确定不动产，然后不动产以外的物皆属于动产。不动产，指土地及其定着物；定着物，指附着于土地、具有连续性、不能移动，且社会观念（尤其是社会交易观念）也将之视为具有独立的经济价值的物；[3]所谓"附着"，即"定着"之意，指固定的附着于土地而不能变更其位置。定着物通常涵括房屋等建筑物和构筑物。

近现代与当代各国民法处理土地和土地上的定着物的关系主要有两种模式：一是以德国民法为代表的模式，认为土地与土地上的定着物系一个不动产，即只是一个物，定着物为土地的重要部分，不能单独成为所有权、用益物权和担保权的客体，[4]称为"地上物属于土地"（superficies solo cedit）原则，或地上物被土地吸收的原则。此种土地与地上定着物的制度，系由德国和欧洲其他国家（譬如法国）的建筑房屋的传统所造成。譬如在德国，其古代、中世纪和近代的房屋大多为以石头于土地上建构的城堡。如此，作为房屋的"城堡"也就当然被认为是土地的构成部分。二是以日本民法为代表的模式，认为土地与其上的定着物为两

1　参见《日本民法》第239条。
2　参见［日］本城武雄等：《民法总则》，嵯峨野书院1996年版，第119页。
3　［日］本城武雄等：《民法总则》，嵯峨野书院1996年版，第120页。
4　参见《德国民法典》第94条（土地或建筑物之重要成分）："土地之定着物，特别是建筑物及土地的出产物，尚未分离者，属于土地之重要成分。种子于播种时，植物于栽植时，为土地之重要成分。为建造建筑物而附加之物，为建筑物之重要成分。"

个独立的不同之物，定着物并非土地的构成部分，由此不被土地吸收，可单独成为所有权、用益物权和担保物权的客体。此种模式，理论上称为"分立主义"或"分别主义"。

现行《物权法》与实务系将土地与土地上的定着物如建筑物等，作为分别的不同的物对待，土地上的定着物并非土地的构成部分，从而也不被土地吸收，系与日本模式同，而与德国模式异。"分立主义"模式，使土地上的定着物可以作为独立的不动产，作为所有权、用益物权和担保物权的客体，这样将有利于流通，并可实现对土地和其上的定着物的充分利用。应当肯定，《物权法》和现行实务的"分立主义"模式是恰当的，符合我国的实情，宜继续坚持。

（2）土地。土地于物理上系绵延无垠，故而从形式上看，其非为独立物。惟依社会经济观念和法律方法，仍可将土地作人为的划分，而按笔或宗登记，确定其地号。不同地号的土地自可分别成立物权，如土地所有权、土地用益物权等。土地所有权的范围除地面外，并及于土地上下一定范围的立体空间。故此：其一，土地中的沙、土或岩石，为土地的构成部分，在未分离成为独立物前，不得成为物权的客体。其二，土地中的矿产资源，本为土地的构成部分，但依《土地管理法》和《矿产资源法》的规定，将其自土地所有权中分离，为国家所有，人民只能通过矿业权这样一种准物权性质的权利机制来采掘之。其三，水面（池塘、水源地等）也可为所有权的客体并依法办理所有权登记。惟水面的渔业权，则自土地所有权分离，应依《渔业法》的有关规定登记。至于地面水或地下水，经取得水权的，也非土地的部分。[1] 其四，土地所有权本以地面及其所及的上下立体空间为范围，也就是说，系将土地作纵的区分，以使其成为独立物。不过，自20世纪六七十年代以降，业已开始将土地作横的区分，即对土地的上空或地下划定一定的范围，作为独立物而设立空间建设用地使用权（空间地上权）等。[2] 其五，依一物一权原则与物权客体独立性原则，一宗（笔）土地内的特定部分属土地的部分，应不得为物权的客体，但现今实务上，于一宗土地内可就其特定部分设立建设用地使用权、宅基地使用权或土地承包经营权。其六，在传统民法上，一宗土地的部分可作为物权取得时效的客体，此系占有本可对物的一部分为之所使然或造成。惟于取得时效完成后办理物权的取得登记时，仍应将该部分土地区划为另

---

[1] 谢在全：《民法物权论》（上册），新学林出版股份有限公司2014年版，第16页。

[2] 《物权法》第136条第1句规定"建设用地使用权可以在土地的地表、地上或者地下分别设立"，即在明揭斯旨。

一地号，使其成为独立物，成为物权的客体。[1]

（3）建筑物、构筑物。建筑物指定着于土地上或地面下，具有顶盖、梁、柱或墙壁，可供个人或数人居住或其他目的使用的构造物（譬如房屋即属之），[2] 或者指具有覆盖墙垣，足以蔽风雨，供人出入而可达经济上使用目的者。[3] 由此，是否已经油漆或粉刷，甚或是否业已安装门窗，皆非所问。由此，建筑物因倒塌、失火而毁损后是否仍系建筑物，也应以其残存部分能否继续维持供人出入并可达经济上使用目的定之。[4] 未完成的建筑物，社会交易观念上仅可认其为各种材料的组合而为动产，从而可当然成为物权的客体，其物权变动仅依债权合同和交付的结合即可完成。建筑物的个数，通常依建筑物的构造、外观、功能及用途一体性等综合考量，按社会观念确定。进行了登记的，登记上的一个建筑物即为一建筑物所有权。一栋建筑物原则上为一个建筑物所有权，不过，区分所有建筑物的各专有部分可独立成为物权的客体，各共有部分可成为全体业主或部分业主的共有所有权的客体。

建筑物的位置发生移动（譬如为保护古文物建筑而移动其位置）、增建、扩建或部分拆除时，以该建筑物为客体而成立的所有权、抵押权是否消灭，以及之前对该建筑物所做的登记是否有效，学理上称为"建筑物的同一性"。其主要涵括两点：一是建筑物的移动与建筑物的同一性，二是建筑物的增建、扩建或部分拆除与建筑物的同一性。

建筑物的移动系指建筑物所在位置（基地）的变更、变化。日本判例学说认为，无论出于何种原因而造成建筑物所在位置发生变更、变化，变更、变化后的建筑物与原建筑物皆有同一性。惟变更、变化后的建筑物应重新办理登记，重新确认变更、变化后的建筑物的位置。对建筑物进行增建、扩建和部分拆除建筑物的，原则上仍旧具有同一性。[5] 作为其例外，因对建筑物进行增建、改建而产生了不同于既存建筑物的独立建筑物时，则无同一性，而系建筑物的个数增加；建筑物被拆除重建时，若依旧使用原来的材料的，应认为具同一性，未使用原来的材

1　谢在全：《民法物权论》（上册），新学林出版股份有限公司2014年版，第16页。
2　温丰文：《土地法》（修订版），洪记印刷有限公司2015年版，第33页。
3　王泽鉴：《民法物权》，北京大学出版社2009年版，第41页。
4　此外，也有学说主张应依该建筑物是否仍堪使用而判定：若不堪使用，应认为原建筑物已灭失，剩余部分只是建筑材料；反之，则仍然为建筑物，属于不动产。
5　日本最判1965年7月20日民集10卷8号第1045页。

料的，应认为新建成的建筑物与原来的建筑物已无同一性。[1]

构筑物系指一般不直接在里面进行生产和生活活动的建筑物，譬如水塔、烟囱等，即属之。由此，构筑物仍然系一种广义上的建筑物，仅此种建筑物的特性在于人们不直接在里面进行生产和生活活动罢了。

（4）违章建筑物。违章建筑物系指违反建筑法规，不能取得建筑许可，致无从办理所有权登记的建筑物。我国台湾地区通说与实务认为，违章建筑物已符合定着物的要件，系独立于土地之外的不动产，应由原始建筑人取得其所有权。也就是说，违章建筑物并不因其无从办理所有权登记而丧失成为物权客体的资格。[2]

（5）未与土地分离的出产物。土地的出产物与土地尚未分离的，譬如种植于土地上但尚未采伐或摘取的树木、蔬菜或稻麦等，为该不动产土地的一部分，不得为物权的客体。台湾地区实务认为，天然孳息虽尚未与土地分离，但可于1个月内收获的，可为强制执行的标的物。[3]

林木指树林或生长在森林中的树木。我国《森林法》所称的林木，其涵义仅指森林中的树木。日本法中与我国的"林木"一词相当的概念为"立木"。不过，日本《关于林木的法律》第1条规定："生长在一笔土地或土地的一部分上的树木集团，为所有权保存登记后，称为林木"，"林木视为独立的不动产"。也就是说，日本法所称的"林木"，是指某一特定土地上的"树木的集团"。而依我国《担保法》第92条第1款的规定，林木是独立于土地的地上定着物，可作为抵押权的客体而设立林木抵押权。[4]

（6）动产。动产系指土地及其定着物之外的物。动产物权与不动产物权的变动程序与方法不同。根据《物权法》第9条、第23条的规定，不动产物权的变动需经登记，动产物权的变动需经交付。同时，对于某些特殊的动产，如船舶、航空器和机动车，为了维护交易安全与慎重起见，《物权法》第24条规定，其物权变动未经登记，不得对抗善意第三人。如此，船舶、航空器和机动车，理论上虽然属于动产，但因《物权法》的此规定，其法律地位已接近于不动产。

---

[1] ［日］铃木禄弥、筱塚昭次：《不动产法》，有斐阁1973年版，第307页。惟谢在全认为，拆除重建者，除法律有特别规定外，应已丧失其同一性，即旧建筑物因拆除而使其所有权消灭，重建的建筑物则为另一所有权的新生。对此，请参见其所著《民法物权论》（上册），新学林出版股份有限公司2014年版，第16—17页。

[2] 参见谢在全：《民法物权论》（上册），新学林出版股份有限公司2014年版，第17页。

[3] 参见谢在全：《民法物权论》（上册），新学林出版股份有限公司2014年版，第17页。

[4] 参见《担保法》第34条第1款第1项、第42条第3项及《森林法》第3条第2款。

这里有必要涉及所谓"特殊动产"。"特殊动产"也称"特种动产",主要涵括货币、有价证券、外汇和与身体分离的部分。关于货币,本书将于"动产所有权"一章中论述,兹不赘述。以下仅讨论有价证券、外汇及与身体分离的部分。

有价证券表示一定的财产权利,权利人行使权利需持有证券,原则上不得离开证券而行使权利,主要涵括票据、提单、股票、企业债券和国库券等。有价证券持有人享有两种权利:对有价证券本身(一张纸)享有所有权,并享有有价证券上记载的权利。有价证券本身系一种物,故对有价证券本身的所有权属于物权。至于有价证券记载的权利,则往往因有价证券种类的不同而有差异。具体而言,各种票据、债券上的权利为债权;股票上的权利为社员权;提单、仓单上的权利为交付物的债权。当然,因提单的交付与物的交付具相同的效力,故也兼有物权的特性。

外汇系指以外币表示的可以用作国际清偿的支付手段和资产,主要涵括:(1)外国货币,包括纸币、铸币;(2)外币支付凭证,包括票据、银行存款凭证、邮政储蓄凭证等;(3)外币有价证券,涵括政府债券、公司债券、股票等;(4)特别提款权、欧洲货币单位;(5)其他外汇财产。外汇作为一种特殊的物,其特性及于私法上的对待和处理,系与本国货币和有价证券相同,其差别主要在于行政管理上。为了加强外汇管理,保持国际收支平衡,我国于1996年发布了《外汇管理条例》(2008年修订)。该条例是我国现今有关外汇管理的主要法律依据。

关于与人的身体分离的部分。人的身体非物,惟身体的某一部分在与身体分离后,无论其分离的原因为何,皆可成为物,由该人取得其所有权。由于生物科技的发展,身体的分离部分(如器官、生物组织、精子或基因)是否必然为单纯之物,不无疑问。德国实务认为,若身体部分的分离,依权利主体的意思系为保持身体功能,或为之后再与身体结合的(如储存的精子),则为保护权利主体的自主决定权与身体本身,应认为此身体分离部分于同身体分离期间,仍构成功能上的一体性,从而为身体的一部分。[1]至于基因,因其具有人格权的属性,且其可交易性(由此具市场价值),故而也具有财产性,其未来的发展趋向,值得注意。[2]

---

[1] 王泽鉴:《侵权行为法》(第1册),台湾1998年自版,第123页;谢在全:《民法物权论》(上册),新学林出版股份有限公司2014年版,第17页。

[2] 颜厥安:"财产、人格还是资讯:论人类基因的法律地位","基因科技之法律管制体系与社会冲击研究学术研讨会论文"(2000年3月12日);谢在全:《民法物权论》(上册),新学林出版股份有限公司2014年版,第17—18页。

（二）物的成分

物的成分也称"物的部分"，系指物的构成部分。物的成分，可分为"重要成分"与"非重要成分"。物的各部分结合在一起，非经毁损或变更其性质不能分离的，各该部分属于重要成分，譬如房屋的梁、柱、墙壁等；凡不属于重要成分的，为非重要成分，譬如房屋的门窗、汽车的轮胎及自行车的车铃等属之。

物被界分为重要成分与非重要成分，其主要的法律上的实益在于：重要成分不得单独为物权的客体，非重要成分则可。

（三）主物与从物[1]

以物的相互关系为标准，物可分隔为主物与从物。非主物的成分，常助主物的效用而同属于一人者，为从物；从物所辅助的物，为主物。譬如表与表带、灯与灯罩，前者为主物，后者为从物。为不破坏主物与从物之间的经济的主从结合关系，各国家或地区民法大多厘定：从物随主物处分，从物的命运附随于主物，学理上称为"从随主"原则。

通常认为，成为从物需具备如下要件。

1. 非主物的成分

从物系独立于主物而存在的物。从物与物的成分的区分如下：二者分离，各自不会受到破坏或使其本质发生变更的，为从物，反之为物的成分。

2. 常助主物的效用

主物既有其独立的经济利益，也有其独立的经济效用。而从物虽有独立的经济利益，但却无独立的经济效用。从物的效用，需与主物相结合才能显现、发挥，而主物的效用，因从物之所助而愈益彰显。[2] 应指出的是，从物是否常助主物的效用，需依社会一般观念判定。譬如前举表与表带、灯与灯罩之间，依社会一般观念，皆以后者为从物；反之，悬挂于墙壁上的字、画或日历，依社会一般观念，因他们各有其独立的效用，并非助主物的效用而存在，故其与墙壁的关系非属从物与主物的关系，字、画、日历也当然不成为从物。

3. 从物与主物需有一定场所的结合关系

也就是说，手表与表带、灯与灯罩等如果不存在一定场所的结合关系，譬如相隔很远或毫不沾边，则不能认为有主从关系；惟两个物之间存在一定场所的结合关系，方可形成主物与从物的关系。

---

[1] 关于主物与从物的翔实、充分的讨论，请参见陈华彬：《民法总则》，中国政法大学出版社2017年版，第439—443页。此处仅扼要论述二者的界分及其关系。

[2] 王伯琦：《民法总则》，台湾编译馆1979年版，第109页。

4. 从物与主物需同属于一人所有

从物与主物之所以需要区分，系在于处分主物的效力及于从物。若主物与从物分属于不同的人，则一人的处分行为，其效力当然不能及于他人的物。故此，同属于一人系主物与从物关系的要件。

至于从物的范围是否仅限于动产，立法例上则有肯定与否定两种成例。肯定立法例以《瑞士民法典》第644条和《德国民法典》第97条为代表，否定立法例以日本和我国台湾地区"民法"为代表。此两种立法成例中，以否定立法例为多数立法例。也就是说，从物应不限于动产，不动产也可为从物。譬如于房屋（主物）外面构建的厕所、停车棚，即是房屋（主物）的从物。当然，若厕所、停车棚系建在房屋之内时，则不属于房屋的从物，而系房屋的成分，不得单独作为物权的客体，仅可被房屋吸收而与房屋一起作为物权的客体。

（四）原物与孳息

1. 概念

物被区分为原物与孳息，系发端于罗马法。于18、19世纪的德国普通法时期，此区分的进程得以最终完成。当代民法上的天然孳息与法定孳息等概念，系由德国普通法时期的学者们所创造。[1]

原物系指孳息所从出的物。其是否仅限于物抑或涵括权利，有肯定与否定两种立法例。肯定立法例以日本和瑞士民法为代表，认为原物仅可为"物"，权利不得成为原物；否定立法例以德国和我国台湾地区"民法"为代表，认为原物既可以是"物"，也可以是权利。我国民法学理与实务通常认为：产生孳息的原物涵括了权利。

孳息系指由原物所生的物或收益。譬如果树为原物，果实为孳息；母鸡为原物，其所生的鸡蛋为孳息；1万元的本金为原物，其所生1000元的利息为孳息。民法区分原物与孳息的法律实益，系在于决定原物所生的利益的归属。

2. 天然孳息

孳息分为天然孳息与法定孳息。天然孳息，日文汉字为"天然果实"，系指果实、动物的出产物，及其他依物的使用方法收获的出产物。而所谓"出产物"，则涵括有机物的出产物（譬如果实、鸡蛋等）与无机物的出产物（譬如矿物、砂石等）。埋藏物系独立于埋藏该物的物而存在的物，不存在从中出产的问题，故

---

[1] [日]原田庆吉：《日本民法典的历史的素描》，创文社1954年版，第76页。

而不属于天然孳息。[1]

天然孳息与原物未分离时，系原物的构成部分，而非独立的物，由此不得为物权的客体。至于天然孳息与原物的分离系出于人为还是自然力，则在所不问。天然孳息与原物分离时归何人所有，立法例上有罗马法主义与日耳曼法主义的对立。罗马法采"原物主义"或曰"分离主义"，认为天然孳息自与原物分离而成为独立的动产时起，其所有权归收取权利人，如原物的所有人、善意占有人等；与此不同，日耳曼法则采"生产主义"，认为天然孳息的所有权应由对原物施予了劳力、资本的人取得，故又称为"播种者取得主义"。[2]《德国民法典》第101条未采日耳曼法的"生产主义"，而系采罗马法的"原物主义"。日本民法与此相同，也采罗马法的"原物主义"[3]。此外，法国、瑞士、泰国和我国台湾地区"民法"，也都采罗马法的"原物主义"。

3. 法定孳息

法定孳息，日文汉字为"法定果实"，系指利息、租金或其他因法律关系取得的利益。《日本民法》第88条第2项规定："作为物的使用对价应收取的金钱或其他物，为法定孳息。"此所谓"使用对价"，其涵括物的使用的代价与权利的使用的代价。所谓"法律关系"，既涵括因债权行为（如买卖合同）所生的法律关系，也涵括基于法律的直接规定（如法定利息）所生的法律关系。法定孳息的取得，依各国家或地区民法的规定，通常由有收取权利的人按权利存续期间的日数而取得，权利存在一日，即取得一日的孳息。

---

[1] 对于何种出产物方系天然孳息，见解不一。有的认为惟有定期收获的出产物，譬如大米、麦粒等才系天然孳息；有的则认为不消耗其原物而收获的出产物，譬如桃、李等方系天然孳息。矿石，因进行采掘会毁损其原物，故不属于天然孳息。此外，有的认为只有依物的用法而收取的出产物才系天然孳息。

[2] ［日］原田庆吉：《日本民法典的历史的素描》，创文社1954年版，第43页。

[3] 《德国民法典》第100条规定："利益（或收益，Nutzungen）系指物或权利的孳息，及因物的使用或权利的使用而生的利益（Vorteile）。"《德国民法典》该条系将"孳息"和"使用利益"（Gebrauchsvorteil）并立。而"利益"（收益，Nutzungen）系"孳息"和"使用利益"的上位概念，并与"负担"（Lasten）一语相对应。譬如《德国民法典》第446条第2句规定："自交付时起，买卖标的物的利益（收益）归属于买受人，而其负担也由买受人承担。"参见［日］山田晟：《德国法律用语辞典》，大学书林1995年版，第456页；台湾大学法律学院、财团法人台大法学基金会：《德国民法（总则编、债编、物权编）》（上册）（第2版），元照出版有限公司2016年版，第86、440页。

第二节 一物一权原则

一、涵义与存在理由

自近代以降，物权法实行"一物一权原则"（Eine Sache, ein Recht），并认为此系物权法的基本原则之一。该原则既不单纯是物权法的历史发展的产物，也并非学理进行纯粹的逻辑推演的结果，而系近现代与当代所有权具有商品性、交易性的必然归结。[1]

应当指出的是，"一物一权原则"也称为物权的特定性（Bestimmtheitsgrundsatz）。而物权的独立性，实为物权的特定性的表现，可得特定的物尚不得成为物权的客体。盖为使物权的支配范围明确，且使物权易于公示，物权的标的物必须特定，故一物仅能成立一所有权，一所有权的客体仅以一物为限。易言之，民法上的物需标的物特定且具独立性，物权的范围方能客观确定，进而交易安全方可得以确保。譬如坐落于某地的独栋房屋就仅能存在一个所有权，惟所有权可以系一个人独有或数人共有。此外，由于物权的特定性（"一物一权原则"），对物权的处分也应具有特定性。惟同为处分行为，债权让与则可以将来可得特定的债权为处分的客体。总之，由于物权具有绝对性（Absolutheit），其支配的对象或范围皆应相当明确，以使得物权法律关系更为确定。故此，物权需仅存在于个别之物上，且一物需与其他之物加以区隔而具独立性。由此，如前述，物的一部不得作为所有权的标的物，惟建筑物中具有构造和利用上的独立性的特定部分（譬如区分所有建筑物中的各专有部分），则可为所有权的客体。[2]

一物一权原则涵括三方面的意义：一是指一物上只能成立一个所有权，物的一部分不能成立所有权。二是指一个所有权的客体只能是一物，数个物不能成立一所有权。[3] 所有权的计算以一物为单位，所有权的变动需以个别独立物为之；共有所有权的情形，一物上虽然存在两个以上的所有人，但各所有人的所有权按一定的比例相互限制，其总和构成一个所有权，故而仍然符合"一物一权原则"。三是指数个物并不集合成为一个物权。譬如于他人土地上种植树木，树木即丧失其独立性而成为土地的一部分，不得单独成为物权的客体，而应依物权法动产与

---

[1] ［日］川岛武宜：《民法总则》，有斐阁1965年版，第145页。
[2] 郑冠宇：《民法物权》，新学林出版股份有限公司2015年版，第17页及该页注释11、12。
[3] ［日］铃木禄弥：《物权法讲义》，创文社1994年版，第349页。

不动产附合的法理或规则，由不动产所有权人取得该树木的所有权。[1]概言之，于物的一部分或由数个物组成的集合体（集合物）上不能成立一个所有权，一个所有权的客体仅能是一物。

"一物一权原则"的存在因由，主要可以归纳为如下三点。

（1）为了确定物权人支配的标的物的范围及使物权人支配的标的物的外部范围得以明确，需实行一物一权原则。物权是权利人对标的物予以直接支配、排除他人的干涉，并享受其利益的权利，故此，为了使物权人可以圆满地支配标的物，就非依赖国家公权力的保护不可。而国家公权力要实现对物权的保护，又以客观地确定或得以确定物权标的物的范围为前提。[2]且实行一物一权原则，也是使物权于近现代及当代市场经济条件下具备交易的客观条件的需要。

（2）避免物权关系的复杂化。以一栋房屋为例，若不采取一物一权原则，则会发生房屋的梁、柱归甲所有，屋顶归乙所有，墙壁归丙所有的复杂的物权关系。如此既不利于对房屋作充分的最大限度的利用，也会使房屋的物权关系陷于紊乱。

（3）于一个独立物的一部分或数个物的集合上成立一物权，并无必要且无实益；为避免公示方法上的困难与保护交易安全，有必要实行一物一权原则。物权关系不仅涉及当事人的利益，且也涉及国家利益乃至社会第三人的利益。故此，物权的取得、变更和消灭，需进行公示。实行一物一权原则，使物权易于向社会公示，交易的安全因此而得以确保。

二、一物的判定与一物一权原则的发展

一物一权原则以确保权利人对物权的支配得以实现及以社会的通常观念为其存在基础，由此，对于"一物"的理解和何为"一物"的判定，也会随着社会经济的发展、变化，尤其是伴随经济交易实践的变化而不断发展、变化。譬如现今市场交易中，对于农产品中的西瓜，其计量单位是"个"，故通常是说一个西瓜，一个西瓜即是一物。但实务中也会看到将二个西瓜或三个西瓜捆在一起而以一定的价格出售的情形。此时，此二个或三个西瓜即应认为是一物。此即当代市场交易出现的新趋势："一物"的判定系由何为"一个交易对象"而决定。[3]另外，物

---

[1] 郑冠宇：《民法物权》，新学林出版股份有限公司2015年版，第17页。
[2] 谢在全：《民法物权论》（上册），新学林出版股份有限公司2014年版，第14页。
[3] ［日］铃木禄弥：《物权法讲义》，创文社1994年版，第349页。

理上的数个物，于法律上有时依其使用目的或现实的使用状态当作一物处理，仅以一个所有权计算之。譬如一副扑克牌系由54张牌组成，一双鞋系由2只鞋组成，一袋10斤的白米系由无数粒独立的白米组成，等等。此"1副""1双""1袋"皆系"一物"，仅为一个所有权。尤其是1袋米中，其中的1粒米实不具经济价值或利用价值。[1]

在当代，通过登记的公示方法，出现了将数个物或无体物（如商标权、专利权等）的集合体（集合物）当作一个物权的标的物的情况。这就是物权的客体由单一物趋向集合物。为特定的经济目的而集合的集合物观念方兴未艾。我国实务中将在库的成品、半成品或原料抑或应收账款（金钱债权）作为集合物，设立集合财产担保权以进行融资等，系屡见不鲜。另外，日本"工矿财团抵押权"的标的物"工矿财团"，系由下列各物和权利组成的一个集合物：属于工厂的土地、土地上的定着物、机械设备、电线电缆、各种管道、地上权、租赁权、工业所有权、水坝使用权等。日本的企业担保权，更是以股份公司的变动不居的全体财产作为一物而设定。[2]并且，日本现今实务上也认可以二个或二个以上的动产组成一个集合动产，而以该集合动产为一物设立让与担保权。此外，在日本，以仓库中的商品、工厂中的原材料、半制品作为一物而设立让与担保权也得到认可。[3]

应当指出的是，以集合物设立担保物权，基于担保物权系在所有权上设立，从而也系将一集合物作为一所有权客体对待，故仍需遵循下列原则：（1）该集合物具有相当程度的特定性和独立性；（2）具有适当的公示方法；（3）具有交易上的实益和特别需求。[4]

此处有必要分析土地作为一个独立物是怎样被确定的问题。如前述，土地在物理上系一个绵延无垠的实体。在物权法上，土地的笔数或宗数乃至土地的独立性并非依自然的界线或使用的范围来确定，而系依不动产登记簿记载的区域（范围）来确定。不动产登记簿记载的一个区域即是一笔土地，从而以该笔土地为客体即可成立一个所有权。也就是说，土地之作为一独立物（"土地的一物性"），完全系因人为的区分而借不动产登记簿册的记载来加以表示。

另外，自近代以降，土地物权由垂直物权向空间物权的发展也值得重视。近

---

[1] 谢在全：《民法物权论》（上册），新学林出版股份有限公司2014年版，第18页注释3。
[2] 参见日本《企业担保法》第1条；[日]田中整尔编：《物权法》，法律文化社1998年版，第9页。
[3] [日]田中整尔编：《物权法》，法律文化社1998年版，第9—10页。
[4] 谢在全：《民法物权论》（上册），新学林出版股份有限公司2014年版，第15页。

代以前，土地所有权的计算个数，向来是将土地作纵向分割，上达天宇，下至地心，土地所有人对自己的土地系以地表为中心而有上下垂直的支配力。所有权社会化的结果，使土地所有权的范围尽管受到法律等的限制，且也仅及于行使有利益的范围内，但土地所有权采取纵的分割则无变化。[1]特别是新近以来，科技发达，人口集中于都市，使土地的利用趋向立体化，建筑物区分所有权兴起。此种所有权形态将一栋大楼作无数个专有部分的区分，各专有部分所有权人（区分所有人、业主）对建筑物中的特定专有部分、共有部分享有单独所有权和共有所有权，再加上对整个大楼的管理权（成员权），而共同形成一"特别所有权"——"共同的空间所有权"。另外，土地的用益物权也复如此。日本于1966年于其民法新增第269条之二规定：可以以空中或地中为客体而设立空间地上权，由此以解决高架铁路、高架道路、地铁、地下街、地下停车场及地下排水等设施的土地用益问题。我国《物权法》第136条也规定：建设用地使用权可于土地的上空或地中设立。如此，同一土地上除有土地所有权、传统的普通地上权（建设用地使用权）外，还可有于土地的空中或地中设立的空间地上权（空间建设用地使用权）。此对"一物"的判断基准与何者方为独立的物的判定，势将造成重大影响。

---

[1] 谢在全：《民法物权论》（上册），新学林出版股份有限公司2014年版，第14页。

第四章

物权的效力

第一节 概 要

物权的效力，系指合法行为产生物权法上的效果的保障力，涵括物权的共同效力和特有效力。前者为一般物权所共有，后者为各种特殊物权所独有。各种物权的特有效力留待各种物权中论述，本章仅论述物权的共同效力。

自罗马法以降，为确保物权人直接支配标的物而享受其利益的圆满状态不受侵害，作为物权人保护其权利的具体手段，即是赋予物权以某些特定的效力。[1]物权所具有的此等特定效力的总体，学理上称为物权的效力。就物权的架构体系而言，物权的效力为罗马法以来近现代及当代物权法的一项重要问题，物权的其他问题如物权的保护、物权的设立、物权的公示公信及物权的变动，或由此衍生、展开，或与之有密切关联。正因如此，物权的效力于全部物权法上占据重要地位。

但是，罗马法以来的近现代及当代各国民法并未于实定法上明示物权具有哪些效力，由此使学者对物权效力的认识产生分歧，并形成了各种不同的学说，如"二效力说""三效力说"及"四效力说"。依"二效力说"，物权的效力有二：优先效力与物权的请求权效力；依"三效力说"，物权的效力有优先效力、物权请求权效力及排他效力；而"四效力说"则是一个集大成的学说，认为物权的效力不仅涵括"三效力说"指称的三种效力，且涵括追及效力。另外，值得提及的是，也有学者认为，物权的一般（共同）效力涵括六种：（1）排他效力（排他权），（2）优先效力（优先权），（3）追及效力（锁定效力）（追及权），（4）去害效力（物权请求权）（物上请求权），（5）别除效力（别除权），以及（6）对

---

1 ［日］於保不二雄：《物权法》（上册），有斐阁1966年版，第26页。

世效力（绝对效力）（对世权）（绝对权）。[1]

　　物权为直接支配标的物并享受其利益的权利，故权利人对标的物的物权关系一旦成立，与此不相两立的其他物权即当然不得复成立于同一标的物上。此种效力称为物权的排他效力。正是由于此物权的排他效力与物权支配权特性的合力作用，物权的优先效力、物权请求权效力及物权的追及效力才得以形成。可见，"四效力说"对物权效力的揭示与概括，最称全面、准确，值得信赖。故而，关于物权的效力，本书采"四效力说"，即认为物权有排他效力、优先效力、追及效力及物权请求权效力。

第二节　排他效力

　　物权的排他效力，又称为排他权，学说对其所下的定义有"同一内容说"[2]、"同一性质说"[3]及"性质不相容说"[4]。惟通常认为，其系指同一标的物上依法律行为成立一物权时，不容许于该标的物上复成立与之有同一内容的物权。物权的排他效力，起于物权人对标的物的直接支配权或直接支配力。进而言之，物权的排他效力系本于物权的特定性而生，为使交易秩序得以明确与安定，即不容许于同一标的物上存在数个性质不相容的物权，惟性质相容的物权，则可同时存在[5]。

　　早在罗马法上，物权的排他效力就已获得认可。所谓"所有权遍及于全部，不得属于二人"（Duorum in solidum dominium esse non potest）的法谚即是明证，足见物权排他效力之由来已久。而之所以赋予物权以排他效力，则在于保障权利人可以独占地享有标的物的利益。而若否认物权的排他效力，一则势必妨害权利人

---

[1] 参见陈荣隆："物权之一般效力"，载杨建华教授七秩诞辰祝寿论文集：《法制现代化之回顾与前瞻》，元照出版有限公司1997年版，第432页。

[2] 此说认为，于一个标的物上依一个法律行为成立一物权时，不容许于该标的物上再成立与之有同一内容的物权，称为物权的排他效力。参见姚瑞光：《民法物权论》，海宇文化事业有限公司1999年版，第4页。

[3] 此说认为，同一个物上的特定利益不能有多数以相同支配为内容的物权同时存在，因此，先存在的物权具有排除后物权再行成立的效力，谓之物权的排他效力。参见谢在全：《民法物权论》（上册），新学林出版股份有限公司2014年版，第25页。

[4] 此说认为，排他效力系指在同一标的物上不能同时成立两个以上内容互不兼容的物权。参见王泽鉴：《民法物权》，北京大学出版社2009年版，第46页。

[5] 郑冠宇：《民法物权》，新学林出版股份有限公司2015年版，第18页。

对标的物的有效支配，二则也势必损害标的物的顺畅交易。[1]故此，将排他性独立地确定为物权的一项效力，既有必要，也有实益。而债权，因系债权人请求特定人（债务人）为给付的请求权，债权人仅可通过特定人的行为而间接地支配标的物，故不具排他性，从而于同一标的物上也可并存两个或两个以上的债权。譬如于多重买卖的场合，即便是具有互不两立内容的复数的债权也可有效地存在于同一标的物上。

物权的排他效力主要表现于如下方面：

（1）同一标的物上，不得同时并立两个所有权，即只能是"一物一权"。所有权系对物为全面支配的权利，具有极强的排他性，故而同一标的物上绝不容许存在多个所有权。共有作为所有权的特殊样态，仅系一个所有权于量上的分割，而非多个所有权。[2]

（2）同一标的物上不得存在其他同以占有为内容的两个或两个以上的定限物权。至于不以占有标的物为内容的定限物权，如抵押权，则可同时存在于同一标的物上。具体而言，同一标的物上仅可成立一个建设用地使用权、宅基地使用权和土地承包经营权，而不得同时并立两个或两个以上的这些权利。[3]另外，《物权法》第163条规定："土地上已设立土地承包经营权、建设用地使用权、宅基地使用权等权利的，未经用益物权人同意，土地所有权人不得设立地役权。"用益物权（如建设用地使用权）与担保物权（如抵押权），可以同时并立于同一标的物（如土地）之上。

（3）数个用益物权内容不同或者内容相同但互不排斥的，可以并存于一物之上。譬如数个具有不同内容（通行、取水、采光等）的地役权可以并存，或者数个以不作为为内容的地役权可以并存。[4]

（4）抵押权可以复数地同时存在于一个标的物上，其效力依设立顺位的先后而定。

（5）物权的排他效力有强弱之分：所有权最强，同一标的物上绝不容许存在

1　［日］高岛平藏：《物权法制的基础理论》，敬文堂1986年版，第37页。

2　刘家安：《物权法论》，中国政法大学出版社2009年版，第41页。

3　同一土地的不同部分可分别设立建设用地使用权、宅基地使用权或其他用益物权，惟设立登记时必须附图表明各建设用地使用权、宅基地使用权所在的位置。此与排他性无关，值得注意。参见陈荣隆："物权之一般效力"，载杨建华教授七秩诞辰祝寿论文集：《法制现代化之回顾与前瞻》，元照出版有限公司1997年版，第441页注释26。

4　刘家安：《物权法论》，中国政法大学出版社2009年版，第42页。

两个或两个以上的所有权；以占有标的物为内容的定限物权，如建设用地使用权、土地承包经营权、宅基地使用权次之；不以占有标的物为内容的定限物权，如抵押权、汲水地役权，其排他性效力最弱。

（6）新近以来，为使有限的不动产如土地、建筑物等定着物资源能物尽其用，对用益物权的排他效力创设了两项例外：一是后物权的行使不妨害先物权时，先物权不得排除后物权之存在，称为"无妨害原则"。二是后物权系经先物权人同意而成立（设立）的，先物权自不得排除后物权，称为"同意原则"。此种情形，后设立的（用益）物权应优先于先（用益）物权而行使。盖先（用益）物权人既然已同意后（用益）物权的设立，则先（用益）物权应因此而受限制。于实务与域外立法例上，为使有限的不动产资源能物尽其用，基于空间建设用地使用权（区分地上权）的立体使用及不动产役权不具独占性的特点，通常设有排他性效力的例外规定。[1]

第三节　优先效力

物权的优先效力又称物权的优先权（Vorzugsrecht）。关于其范围，学理上存在一定争论，有认为物权的优先效力仅指物权优先于债权的效力，也有认为仅指先成立的物权有优先于后成立的物权的效力。不过，通说认为二者皆为物权的优先效力的范围。也就是说，在先后发生的物权之间，以及物权与债权之间，皆可发生优先效力。对此两说，本书采通说，即认为物权的优先效力，不仅指先成立的物权有优先于后成立的物权的效力，且也指物权有优先于债权的效力。故而，物权的优先效力的涵义可界定为：同一标的物上有两个或两个以上不同内容或不同性质的物权存在，或者该物权的标的物也为债权给付的标的物时，成立在先的物权有优先于成立在后的物权的效力，物权则有优先于债权的效力。抑或同一物上有二个以上不相容的物权，或二个以上可相容的物权或债权存在，其中一物权优先于其余的物权，或优先于债权的效力，[2] 即是物权的优先效力。

一、物权相互间的优先效力

基于物权的直接支配性而产生的物权相互间的优先效力，为物权的对内效

---

[1] 谢在全：《民法物权论》（上册），新学林出版股份有限公司2014年版，第25—26页。
[2] 姚瑞光：《民法物权论》，海宇文化事业有限公司1999年版，第5页。

力。物权对标的物的直接支配性与排他性特性，决定了确定物权相互间的效力的基本原则：物权成立的时间先后决定效力的孰先孰后，称为"时间在先，权利在先"（qui prior est tempere est jure）原则。

（一）同一标的物上存在两个或两个以上不同内容或不同特性的物权时，成立在先的物权优先于成立在后的物权

此即"时间在先，权利在先"原则。成立在先的物权由此具有如下两项优先效力。

1. 优先享受其权利

譬如在同一不动产上设立甲抵押权后，复设立乙抵押权的，优先效力即依抵押权设立登记的先后顺位而定，先成立的甲抵押权优先于后成立的乙抵押权。再如，于同一供役地上先后设立了两个或两个以上的汲水地役权时，如之后发生水源不足的情形，则设立在先的汲水地役权优先于设立在后的汲水地役权。不过，多数汲水地役权存于同一供役地上，只需水源充足，即无互不相容的情形。须至水源不敷汲取时，方生顺位在先的地役权优先于顺位在后的地役权的问题[1]。

不过，应当注意的是[2]：（1）因我国《物权法》认可动产抵押，且对动产抵押主要采登记对抗主义，故此，先成立的动产抵押权如未经登记，其效力将落后于后成立但经过登记的抵押权。（2）法律规定抵押权因抵押合同生效而设立的（所谓"登记对抗主义"），如在一物之上设立的数个抵押权皆未办理登记，则数个抵押权平等，各债权人按债权比例受偿（《物权法》第199条）。（3）当同一动产上同时存在未登记（法律不要求必须登记）的抵押权和质权时，即使质权设立在后，也具有优先于设立在先的抵押权的效力。此主要系因为相对于抵押权人而言，质权人现实占有标的物。此规则称为"占有优先规则"。（4）如某一动产上既有抵押权、质权，又有法定的留置权的，则留置权即使发生于后，也具有优先于质权和抵押权的效力（《物权法》第239条）。此规则称为"法定担保权优先规则"。

2. 先成立的物权压制后成立的物权

后成立的物权损及先成立的物权时，后成立的物权因先成立的物权的实行而被排斥或消灭。譬如以出让方式获得的建设用地使用权人于其土地上设立抵押权后，复为他人设立地役权或其他用益物权时，先成立的抵押权不受影响。抵押权人在实现抵押权时，可以无视之后设立的用益物权的存在，抵押物的价值不因地

---

[1] 姚瑞光：《民法物权论》，海宇文化事业有限公司1999年版，第6页。
[2] 刘家安：《物权法论》，中国政法大学出版社2009年版，第45页。

役权等用益物权的设立而减损,后设立的地役权等用益物权因先成立的抵押权的实行而消灭。

（二）先成立的物权优先于后成立的物权之例外

先成立的物权优先于后成立的物权,系为一项原则。惟举凡原则皆有其例外。先成立的物权优先于后成立的物权的例外情形主要有以下几种。

第一,定限物权优先于所有权。定限物权是在一定范围内限制所有权的权利。同一标的物上,定限物权虽成立于所有权之后,但仍有优先于所有权的效力。譬如土地承包经营权人、宅基地使用权人可优先于土地所有人使用土地。

第二,法律规定了特殊的顺位时,不适用该原则。法律基于特别理由而规定了物权相互间的顺位时,应依所定的顺位决定各物权的效力。

第三,费用性担保物权（指以担保因保存或增加标的物价值所生债权为目的者）优先于融资性担保物权（指以担保因融资所生的债权为目的者）。对标的物施予劳务、技术或供给材料,保全该标的物或增加其价值所生的债权,法律多以担保物权予以保障。此种法定担保物权虽发生于后,但也具有优先于一般担保物权的效力。

第四,基于公益或社会政策的理由,发生于后的某些物权有优先于发生在前的某些物权的效力。譬如海商法上的海事优先权有优先于船舶抵押权的效力。[1]

二、物权优先于债权的效力

同一标的物上既有物权也有债权时,无论物权成立于债权之前或之后,物权均有优先于债权的效力。

（一）债权以某特定物为给付的标的物,而该物上又存在物权时,无论物权成立的先后,其皆优先于该债权

第一,"一物二卖"的情形。标的物如为动产,后买者若已受该动产的交付,若为不动产,后买者若已办毕所有权登记的,后买者取得所有权,其对标的物的所有权优先于先买者的债权。

第二,某特定物虽已为债权给付的内容（譬如为买卖、赠与、出租、借用的标的物）,但该物上若有定限物权存在,则无论其成立于债权发生之前或之后,皆有优先于债权的效力,债权人不得对物权人请求交付或移转其物,也不得请求

---

[1] 谢在全：《民法物权论》（上册）,新学林出版股份有限公司2014年版,第26页。

除去该物上的物权。[1]譬如，若担保物权的客体已系一项债权给付的标的物（如因抵押人出租或出借抵押物而需向承租人或借用人交付），则担保物权具有优先的效力，其行使可以不必顾及此两项债权的存在。再如，甲将其房屋出卖于乙，于尚未移转所有权之前，复又将该房屋为丙设立抵押权，以担保其对丙的负债，该抵押权虽成立于买卖合同订立之后，但买受人乙于取得该房屋所有权后，不得主张丙的抵押权对其不生效力。此即物的所有权移转时，即使该所有权移转的原因债权已先存在，之后所存在的定限物权（担保物权与用益物权）也不因此而受影响。[2]又再如，甲将其A房屋出卖于乙，在未移转登记前，复将A房屋设立抵押权或移转所有权于丙，此时乙对甲虽有成立在先的债权，但因丙所取得的是物权，乙即不得与之对抗[3]。

第三，对债务人的物有担保物权存在的，于受清偿时，优先于一般债权。譬如，对债务人的物有质权、抵押权、留置权的，对拍卖各该物所得价金，均有优先于一般债权而受清偿的权利。即使债务人已受破产宣告，此种优先的效力也不因之而受影响。至于破产法上的取回权、强制执行法上的第三人异议之诉及不动产法中的预告登记的效力，皆与物权优先于债权无关。[4]

（二）物权优先于一般债权

第一，若债务人财产上存在定限物权，于受清偿或补偿时，定限物权优先于一般债权。譬如债务人财产上设立了抵押权，于实行该抵押权时，无论债务人的财产是否够清偿债务，抵押权人就拍卖标的物所得的价金皆优先于一般债权受清偿。

需注意的是，物权优先于一般债权的效力，于债务人破产的情形表现得尤为明显。债务人被宣告破产后，其所有财产都应纳入破产财产，作为按比例清偿债务的责任财产。但是，（1）如果破产人占有属于他人所有的物，则该物的所有人可要求取回该物，而无需参加破产还债程序，此为破产法上的"取回权"；（2）若破产人所有的某物已为某债权人设立了抵押权，则该抵押权人于抵押人破产的情况下仍可行使抵押权（破产法上的"别除权"[5]），就该抵押物变价而优先于一般债权人受偿。[6]

1　谢在全：《民法物权论》（上册），新学林出版股份有限公司2014年版，第27页。
2　郑冠宇：《民法物权》，新学林出版股份有限公司2015年版，第21页。
3　陈荣传：《民法物权实用要义》，五南图书出版股份有限公司2014年版，第6页。
4　姚瑞光：《民法物权论》，海宇文化事业有限公司1999年版，第7页。
5　别除效力系为担保物权的一般效力，而非所有物权的一般效力。
6　刘家安：《物权法论》，中国政法大学出版社2009年版，第47页。

第二，质权人、留置权人于供债权担保的债务人或第三人的标的物因他债权而受强制执行时，可本于物权的优先效力，诉请排除。[1]

（三）物权优先于债权的例外

第一，买卖不破租赁。承租人的租赁权优先于后设立的物权。换言之，承租人的租赁权优先于受让租赁物的第三人的所有权，该第三人不得解除租赁合同。最高人民法院《关于贯彻执行〈中华人民共和国民法通则〉若干问题的意见（试行）》第119条关于"私有房屋在租赁期内，因买卖、赠与或者继承发生房屋产权转移的，原租赁合同对承租人和新房主继续有效"的规定，以及《合同法》第229条关于"租赁物在租赁期间发生所有权变动的，不影响租赁合同的效力"的规定，皆系买卖不破租赁的明文。

应当指出的是，承租人与出租人订立租赁合同后，承租人基于租赁合同所享有的权利仅具有债权的性质，其原本仅得对出租人主张其权利，但出租人将租赁物所有权移转于第三人后，依"买卖不破租赁"规则，承租人仍得在具备法定要件后，对该租赁物所有权的受让人主张其权利，其租赁合同对于受让人继续存在，受让人即当然继承出租人的地位，而行使或负担租赁合同所生的权利或义务，原出租人自不得更行终止租约，请求承租人返还租赁物。[2] 特别应当提及的是，此法律效果尽管俗称为"买卖不破租赁"，但其易被误解为仅对买卖方适用，惟实际上，凡于所有权让与时，无论其原因为买卖、赠与或互易，皆应适用，故而以"所有权让与不破租赁"称之，较为适当。[3]

第二，基于公益或社会政策的理由，法律规定某些物权不得有优先顺位。譬如我国台湾地区"税捐稽征法"第6条第2项规定："土地增值税、地价税、房屋税之征收，及法院、行政执行处执行拍卖或变卖货物应课征之营业税，优先于一切债权及抵押权。"由此，土地增值税（的征收）——税捐债权——优先于设立在先的担保物权（抵押权）。另外，劳工的工资在生存权的范围内，优先于担保物权[4]。

---

[1] 参见谢在全：《民法物权论》（上册），新学林出版股份有限公司2014年版，第27页。

[2] 参见我国台湾地区"最高法院"1952年台上字第1100号判例；参见郑冠宇：《民法物权》，新学林出版股份有限公司2015年版，第22页。

[3] 郑冠宇：《民法物权》，新学林出版股份有限公司2015年版，第22页。

[4] 参见陈荣隆："物权之一般效力"，载杨建华教授七秩诞辰祝寿论文集：《法制现代化之回顾与前瞻》，元照出版有限公司1997年版，第438页。

第四节 追及效力

物权的追及效力又称物权的"追及效""追及权效力"或"追及权"(Verfolgungsrecht),系指物权成立后,其标的物不论辗转至何人之手,物权权利人皆可追及标的物之所在而主张权利。[1]其中尤以所有权人得对无权占有人行使其所有物返还请求权最具代表性。物权既然具有绝对性而可对抗任何人,故为确保物权人对该物的支配力,即应使物权人于标的物落于他人之手时,可追踪而行使其权利。[2]例如房屋所有人将其房屋设立抵押权给债权人后,复将房屋出让给第三人,依民法法理,该让与行为有效,如债权人的债权届期未获清偿,其即可追及抵押物(房屋)之所在而行使抵押权,以使自己的债权获得优先清偿。又如,甲将物借用于乙,竟被乙的债权人丙认为系乙的所有物而扣押,此时甲可对丙主张所有权。再如,若通过出让方式获得建设用地使用权的 A 土地的建设用地使用权人甲,与 B 土地的使用权人乙订立了一份地役权合同,双方约定为 B 土地的利益不在 A 土地上加盖高层建筑,并办理了地役权登记,后甲将其对 A 土地的建设用地使用权转让给丙,则作为受让人的丙仍需承受不于 A 土地上加盖高层建筑的拘束(或义务)。也就是说,乙对 A 土地享有的地役权不因建设用地使用权的转让而受影响。[3]

关于物权的追及效力是否为物权的一项独立效力,有肯定与否定两种意见。否定意见以日本学者松坂佐一和我国台湾地区学者郑玉波为代表。松坂认为,物权的追及效力"不过是物权请求权的一个侧面",无需单独列为一种独立的物权效力;[4]郑玉波认为,物权的追及效力实质上已为物权的优先效力所包涵,故不宜作为一种独立的物权效力对待。[5]肯定意见则认为,追及效力应是物权的一项独立效力,倡导者为日本学者高岛平藏和我国台湾地区学者王泽鉴。本书认为,否定追及效力为物权的一项独立效力的见解,其所持的理由虽有某些合理性,且如果

---

[1] 值得指出的是,有人认为物权的追及效力仅于不动产物权有其意义。盖动产物权,为保护善意受让人以谋交易安全起见,追及效力大为低落。关于不动产物权,因我国民法不动产物权的变动以登记为要件,此登记未注销前其物权仍存续,故实无提上追及效力的必要。参见张企泰:《民法物权论》,台湾1970年自版,第12、13页。该氏认为,物权仅需承认排他性,而毋庸仿法国学理承认其优先效力与追及效力(第10—13页)。

[2] 郑冠宇:《民法物权》,新学林出版股份有限公司2015年版,第21页。

[3] 此例改编自刘家安:《物权法论》,中国政法大学出版社2009年版,第49页。

[4] [日]松坂佐一:《民法提要》(物权法),有斐阁1980年版,第7页。

[5] 郑玉波著,黄宗乐修订:《民法物权》,三民书局2007年版,第31页。

肯认物权的追及效力为一种独立的物权效力，还有与物权的优先效力及物权请求权效力发生重叠之虞，但是，考虑到周全保护物权及更加有助于彻底地认识物权的本质的需要，将追及效力解为物权的一项独立效力，确属得当。

将追及性效力解为物权的一项独立效力后，真正物权人的权利可因此而受到保障。譬如上述场合，抵押人将抵押物转让给第三人，而债务人届期又未清偿其债务时，抵押物所有权虽已移转于第三人，但基于物权的追及效力，抵押权人仍可径直追及抵押物之所在而行使抵押权，由变卖抵押物所得的价金优先受自己债权的清偿；在动产，若甲的所有物被乙盗去而转售于丙，于现行"一追到底"的实务下，甲可径直对丙主张所有权而请求返还。

第五节　物权请求权

一、概要

（一）物权请求权的涵义、根据与样态

物权请求权[1]又称物的请求权、对物诉权、物上诉权或基于物权而生的请求权，其涵括基于所有权或其他物权而生的物权请求权，及基于占有而生的占有人的物上请求权（Dinglicher Anspruch）。前者是指物权人于其物权被妨害或有被妨害的危险时，可请求回复物权圆满状态或防止妨害的权利；后者是指占有人于其对物的占有被侵占（或侵夺）或受其他妨害，抑或有被妨害之虞时，可请求回复占有的状态或排除对占有的妨害，抑或防止发生妨害的权利。[2]需注意的是，各种损害物权圆满状态的妨害行为，虽然须有客观的违法性，但妨害人是否主观上存在过错，对物权请求权的成立并无影响。也就是说，只需有妨害物权圆满状态的事实，物权人即可行使物权请求权。

物权何以具有物权请求权的效力，亦即法律承认物权请求权的根据何在，学说上存在物权绝对权说、支配权说及排他性说等各种主张。早期居于有力地位的学说为绝对权说和支配权说。但于今日，对于物权何以具有物权请求权的效力，则大体从物权的排他性和支配性上寻求释明。[3]物权既然为具有排他性的权利，则

---

[1] "请求权"一语，系由德国普通法时期的学者温德沙伊得（Windscheid）在对罗马法的诉权（actio）进行分析、研究后创立的一个法概念。对此，日本学者奥田昌道于《古典期罗马法诉讼与实体关系》（载《法学论丛》第69卷2号）中作有详细介绍与述评。

[2] 谢在全：《民法物权论》（上册），新学林出版股份有限公司2014年版，第27—28页。

[3] ［日］於保不二雄："物权请求权的本质"，载《法学协会杂志》第70卷第2号。

一物之上仅可有一所有权主体，因此所有权的标的物如被他人非法侵占，法律自应赋予所有人以请求返还其标的物的权利；物权既然为直接支配标的物的权利，则物权人对物权内容的实现，自然无需他人行为的介入，也不允许其介入。正因为此等因由，法律遂赋予物权以物权请求权的效力。

物权请求权，是以排除妨害与回复物权的圆满状态为目的的权利，故此，依妨害形态的不同，物权请求权可分为三种：一是他人无权占有物权人的标的物而致物权受妨害时，发生物权标的物的返还请求权；二是以占有之外的方法妨害物权的圆满状态时，发生妨害排除请求权；三是物权于将来有受到妨害的危险时，发生物权的妨害防止请求权。其中，第一种又称为"返还请求权"，第二、三种又称为"保全请求权"。《物权法》将物权请求权规定于第三章"物权的保护"中，其第34条规定："无权占有不动产或者动产的，权利人可以请求返还原物"，即所谓"返还请求权"。第35条规定："妨害物权或者可能妨害物权的，权利人可以请求排除妨害或者消除危险"，即所谓"保全请求权"。另外，第33条还规定了物权的确认请求权，第37条规定了物权受到侵害时的损害赔偿请求权，第36条规定了"造成不动产或者动产毁损，权利人可以请求修理、重作、更换或者恢复原状"的本质上依然属于侵权责任法上的请求权。需注意的是，后两种请求权，即请求损害赔偿的请求权和请求修理、重作、更换、恢复原状的请求权，系以义务人的行为构成侵权行为为前提，它们皆具有债权请求权的特性，而非物权请求权。[1]

（二）物权请求权的沿革

物权请求权为罗马法以来近现代及当代大陆法系民法的一项重要制度，系物权法的重要组成部分。[2] 罗马法时代尽管无物权请求权这一概念，且物权请求权制度与罗马法观念也不相容，[3] 但现当代意义上的物权请求权的基本内容，如所有权受侵害时可提起所有物返还之诉、所有权保全之诉，役权受到妨害时役权人可提起役权确认之诉等，已在这里大体形成。1804年《法国民法典》虽为罗马法概念与体系的第一继承者，但关于物权请求权，该法典囿于多方面的原因而始终未将其确立为一项独立的制度，对物权的保护主要委诸诉讼法去完成。1896年《德国民法典》采纳普通法理论的研究成果，于正式确立物权请求权这一概念后，复于

---

[1] 参见《侵权责任法》第15条对"承担侵权责任的方式"的规定。

[2] 需指出的是，凡具有支配权特性的权利，皆具有与物权请求权相类似的请求权，例如，民法上人格权受侵害时的保全请求权，商标权、专利和著作权受侵害时的排除侵害请求权，莫不如此。日本实务认为，已登记的租赁权，具物权请求权的效力。

[3] [日]原田庆吉：《日本民法典的历史的素描》，创文社1954年版，第91页。

民法典上规定了较为完善的物权请求权体系：基于所有权的物的返还请求权、除去侵害请求权、不作为请求权及基于占有的物上请求权。以《德国民法典》物权请求权制度的规定为蓝本，1907年《瑞士民法典》、1929—1930年的《中华民国民法》、1958年《韩国民法典》以及我国台湾地区现行"民法"等，均确立了物权请求权制度。日本民法虽然仅规定了占有诉权，但经判例的解释与学说的协力，现今也已构筑起了完善的物权请求权体系。[1]

我国自1956年生产资料私有制的社会主义改造基本完成至80年代中期，民法理论上始终未有物权请求权这一概念。1986年以后，为释明我国《民法通则》上的若干新概念和新制度，民法理论开始涉及物权请求权。[2] 以《民法通则》的规定为基础，在我国物权法上确立完整的物权请求权制度及其体系，系我国物权立法过程中的一项重要方针。2007年通过的《物权法》尽管未使用"物权请求权"的概念，但如前述，该法于第一编"总则"第3章规定了"物权的保护"，从而自权利救济的角度确认了凡物权皆有物权请求权的效力的基本原则。

二、物权请求权的性质

物权请求权的性质，学说未尽一致，主要有如下五说。

债权说，又称纯债权说，认为物权请求权是权利人请求特定人为特定行为（排除侵害）的独立权利，为行为请求权、纯粹的债权。[3]

物权作用说，又称物权说，认为物权请求权系物权的作用，而非独立的权利，其依存于物权而存在，随物权的消灭而消灭。此说为日本判例实务所采。[4]

准债权的特殊请求权说，认为物权请求权是一种准债权的特殊请求权。换言之，物权请求权是权利人请求特定人为特定行为的权利。在此点上，其与债权相类似。但该请求权系从属于基础物权而存在，并与之共命运：物权发生、移转或消灭，该请求权也随同发生、移转或消灭。[5] 因而物权请求权也非纯债权，仅能认其为可准用债权规定的权利。

物权效力所生请求权说，认为物权请求权是物权效力所生的请求权，与物权

---

[1] [日] 甲斐道太郎："物权请求：其根据和内容"，载《法学协会杂志》第72卷第3号。

[2] 有人认为，《民法通则》第86条、第134条即是关于物权请求权的规定，尽管其未有明确使用物权请求权的概念。对此，请参见梁慧星主编：《中国物权法研究》，法律出版社1998年版，第82页。

[3] 参见 [日] 久保木康晴：《最新物权法论》，株式会社芦书房1990年版，第34—35页。

[4] 日本大审院判例1917年3月23日民录第560页。

[5] 参见 [日] 柚木馨著，高木多喜男补订：《判例物权法论》（补订版），有斐阁1972年版，第445页。

不可分离；物权移转，该请求权也随之移转。

独立请求权说，认为物权请求权是对人的请求权，为独立的权利，但其命运与物权同，于物权存续期间不断滋生，故不罹于消灭时效。其虽然是对人的请求权，但于破产的情形，却有异于普通债权的强力地位（如有"取回权""别除权"），由此强烈地表现出其系由物权派生的特性。[1]

以上各说，第一说认物权请求权为债权，显不妥当，应非可采；第二说虽认物权请求权为物权作用的结果，但否认其有独立性，自非所宜；第三说虽间接地肯定物权请求权有独立性，但却将物权请求权解为一种准债权；第四、五两说大抵相同，仅因着重点和观察角度之不同而致说法各异。综合四、五两说可以明了，物权请求权实质上系指存在于物权上的独立请求权。该独立请求权，为一种与基本物权相区别的独立权利，而非基本物权本身或其内容之一部。当然，物权请求权既然为物权所派生，则其自不能与物权分离而独立存在。换言之，物权请求权常与其所从出的基本物权同命运：基本物权移转、消灭，物权请求权也随之移转、消灭。物权请求权既然为请求权之一种，则在一定界限内，也可以处理债权的方式来处理物权请求权。譬如为了保障物权请求权的实现，权利人可请求法院采取债权的强制执行方法来实现物权请求权。

值得指出的是，物权请求权尽管为物权所派生的独立请求权，但仍应与其物权同命运，不得独立让与（转让）。德国通说认为，物权请求权不得为让与的客体，盖其并非独立的权利，而为物权的内容，其目的在于实现物权。将物权让与的，其效力自应包含物权请求权在内，受让人于取得物权后，自可本于物权而行使其物权请求权。[2] 此外，有学者更进一步谓：若许可单独让与物权请求权，将使得其与物权分离，物权的内容即不再包含物权请求权。但是，不具有物权请求权内容的物权，已形同空洞的权利，物权人对他人的侵夺或无权占有无从请求返还，对他人的妨害也无从排除或防止，进而物权将不再成为物权。[3]

三、物权请求权的周边：物权请求权与相关请求权

在近现代与当代民法上，物权的内容与现实状态发生龃龉时，除了将因此而发动物权请求权外，还会发动其他请求权，如占有的物上请求权、侵权行为损害赔偿请求权及不当得利请求权。有鉴于物权请求权与此等请求权存在粘连关系，

---

1 谢在全：《民法物权论》（上册），新学林出版股份有限公司2014年版，第28页。
2 王泽鉴：《民法物权》，台湾2010年自版，第160—161页。
3 郑冠宇：《民法物权》，新学林出版股份有限公司2015年版，第204页。

故为了全面理解物权请求权的本旨，我们还需要讨论物权请求权与此等请求权的关联问题。应说明的是，出于体系上的考虑，关于物权请求权与占有的物上请求权的关系，本书将于占有制度部分论及，此不赘述。以下仅讨论物权请求权与侵权行为损害赔偿请求权、不当得利请求权及物权确认请求权之间的关联。

（一）物权请求权与侵权行为损害赔偿请求权

物权请求权与侵权行为损害赔偿请求权，为民法上两项重要的请求权。物权请求权，因其目的在于排除现实或将来权利人以外的人对物权圆满状态的侵害，故只要有侵害发生或可能发生的事实，无论侵害者是否违法，有无故意、过失、行为能力，及是否有实际损害的发生等，权利人皆可行使该权利。而侵权行为损害赔偿请求权，其行使则以加害人的行为具有违法性，且加害人有故意、过失（特殊侵权行为不以加害人有故意、过失为要件）、行为能力及权利人受有实际损害为前提。侵权行为的损害赔偿虽以回复原状为原则，但因其目的主要在于填补业已发生的损害，故于不能回复原状或回复原状显有困难时，即应进行金钱赔偿。此外，侵权行为损害赔偿请求权为债的请求权，权利人行使权利受诉讼时效期间的限制，此点也与物权请求权不同。

需注意的是，依照《侵权责任法》第15条的规定，于物权受到侵害而同时发生物权请求权与侵权行为损害赔偿请求权时，受害人除可行使物权请求权外，还可行使侵权行为损害赔偿请求权。譬如所有人的房屋被他人无权占有，并致房屋于损害时，受害人除可请求返还房屋外，还可请求赔偿所遭受的损失。

（二）物权请求权与不当得利返还请求权

物权请求权与不当得利返还请求权发生竞合的现象所在多有。例如在偷窃他人的汽车、占有他人的房屋、租赁关系消灭后拒不返还租赁物，及买受人于买卖合同无效或被撤销后仍占有买卖标的物等场合，均可发生二者的竞合。此等场合，相对人虽未取得标的物的所有权，但已取得标的物的占有，因占有也为一种法益，取得占有者即取得一种法律上的地位或利益。相对人以所有人的损害，无法律上的原因而受有占有利益，故所有人除享有所有物返还请求权外，还可依不当得利规则请求相对人返还占有物。盖占有也为不当得利所得返还的对象。[1]

（三）物权请求权与物权确认请求权

如前述，《物权法》自物权保护的角度，于第3章"物权的保护"中规定了请求确认物权权利（第33条）的救济方法。该条规定："因物权的归属、内容发

---

[1] ［日］松坂佐一：《无因管理·不当得利》，有斐阁1973年版，第67页。

生争议的，利害关系人可以请求确认权利。"此请求确认权利，其性质为何，及系实体法上的规定抑或程序法上的规定，存在歧见。本书认为，《物权法》尽管主要为实体法的规范，但也有某些程序法的规定，而该法第33条即属程序法上的规范，称为"确权之诉"。此确权之诉与物权请求权截然不同。只有物权的归属和内容确定后，方有基于该确定的物权而衍生物权请求权的问题。故此，物权确认请求权实质为一种为明确人己之分界，而实现定分止争的确权制度，系物权请求权成立的前提，故而也不得适用诉讼时效。

四、基于定限物权的物权请求权

物权请求权为基于物权而生的一种独立请求权。因无论所有权或定限物权，皆系权利人直接支配标的物而享受其利益的权利，故通说认为，无论所有权抑或定限物权，其原则上均可衍生物权请求权。惟因所有权以外的各种定限物权与所有权本身存在差异，故而对基于所有权以外的各种定限物权所生的物权请求权，即应依各个定限物权所内蕴的利益或内容，并斟酌民法有关具体规定分别考察，而不得径认为基于定限物权的物权请求权系与基于所有权的物权请求权完全同一。基于本书的体系结构，所有权的物权请求权拟于"所有权通说"一章中论述。以下着重论述建设用地使用权等用益物权与抵押权等担保物权的物权请求权。

（一）建设用地使用权、宅基地使用权、地役权与土地承包经营权的物权请求权

建设用地使用权、宅基地使用权、地役权与土地承包经营权，为权利人直接对作为标的物的土地进行占有、使用、收益的权利，故此，在此等权利人的权利受到妨害或有被妨害的危险时，其可行使土地占有的返还请求权、妨害排除请求权及妨害防止请求权，以确保自己物权权利的圆满状态。自比较法的视角看，域外立法成例有就地上权（建设用地使用权、宅基地使用权）和地役权的物权请求权设立明文规定者，譬如《德国民法典》第1027条和第1065条即是。《日本民法》虽未设立明文，但其判例学说肯认之，认为地上权人和地役权人得当然享有物权请求权。

需注意的是，对于地役权有无物权标的物（土地）的占有返还请求权，学说上存在争议。否定说认为，地役权由其特性决定，并无返还请求权，且赋予地役权人以妨害排除请求权和妨害防止请求权，已足以保护其利益。《德国民法典》第1027条为此设立明文：地役权受侵害时，地役权人享有该民法典第1004条所定的除去侵害请求权和不作为请求权。惟通说认为，非但妨害排除和妨害防止请

求权，且即使土地占有的返还请求权对于地役权也依然有适用的余地。也就是说，地役权人对无权占有或侵夺其供役地者，得基于地役权而请求返还。

（二）基于担保物权的物权请求权

1. 基于抵押权的物权请求权

抵押权为"担保物权之王"，因此抵押权人自有物权请求权。具体而言，当抵押物被第三人非法侵占时，抵押权人可代位行使抵押人对该第三人的抵押物返还请求权；又因抵押权为抵押权人支配抵押物交换价值的权利，故抵押人或第三人为足以使抵押物价值减少的行为时，抵押权人可请求排除妨害或防止妨害的发生。亦即，基于抵押权的妨害排除与妨害防止请求权，仅在抵押权人对抵押物价值的支配遭受妨害或有被妨害之虞时方可发动（或启动）。

2. 基于动产质权的物权请求权

动产质权，系以质权人占有动产，并就其交换价值优先受清偿为内容的物权，其成立以债务人或第三人将提供的质物移转于质权人占有为必要。故此，于质物被侵占时，质权人可基于质权而请求返还；于动产质权受到妨害或有被妨害之虞时，质权人可基于质权而行使妨害排除请求权或妨害防止请求权，以保全质权的圆满状态。

3. 基于留置权的物权请求权

近现代与当代大陆法各国家或地区民法上的留置权，其性质未尽一致。除少数国家如德国、法国及意大利民法上的留置权为债权的留置权外，多数国家或地区，譬如瑞士、日本、我国台湾地区及我国《物权法》上的留置权，为物权的留置权。

留置权以留置权人对留置物之存在占有为成立与存续要件。故此，如债务人提供相当担保或因清偿债务而使留置权消灭时，留置权人即应返还留置物于债务人，同时也就丧失对留置物的占有。留置权人因留置物被侵夺而丧失占有时，可基于留置权而请求其返还。于能返还前，留置权不消灭。至于留置权受到妨害或有被妨害之虞时，其权利人（留置权人）可基于留置权而提起物权的妨害排除请求权或妨害防止请求权。

五、物权请求权的其他问题

（一）物权请求权与消灭时效

物权请求权是否罹于消灭时效，存在争议。域外比较法的范围内有肯定、否定和折中三说：（1）肯定说认为物权请求权虽然不是纯粹的债权，但与物权本身异其内容，系以特定人的给付为标的的独立请求权，基本物权尽管不因时效而消灭，但由其所生的物权请求权则应因时效而消灭。[1]（2）否定说认为物权请求权并非独立请求权，而仅系物权的一种权能。物权本身既然不因时效而消灭，则由物权所生的请求权自也不得脱离基本物权而单独因时效而消灭。若不是这样而系相反，则物权势将成为有名无实的权利。[2]（3）折中说认为由已登记的不动产物权所生的物权请求权不因时效而消灭，但由未登记的不动产物权所生的物权请求权，与由动产物权所生的物权请求权，则应罹于消灭时效。[3]

我国《物权法》对物权请求权是否罹于消灭时效未作明确规定。《民法总则》第196条规定，下列请求权不适用诉讼时效：（1）请求停止侵害、排除妨碍、消除危险；（2）不动产物权和登记的动产物权的权利人请求返还财产；（3）请求支付抚养费、赡养费或者扶养费；（4）依法不适用诉讼时效的其他请求权。学理上则主要有三种观点：第一种观点认为，物权请求权是物权本身所衍生的效力，只要物权存在，物权请求权即应继续存在，而无消灭时效适用的余地；第二种观点认为，物权请求权与债权请求权相同，其在诉讼上的行使均应受消灭时效的制约；第三种观点认为，应区分物权请求权的不同类型，有些物权请求权适用诉讼时效（如动产的原物返还请求权），而另一些则不适用（如基于登记不动产的物权请求权、排除妨害请求权及妨害防止请求权）。[4] 本书认为，物权请求权系由物权派生而与物权同命运，故只要物权存在，则于物权受侵害时，物权请求权即可发生，由此，其并非诉讼时效的客体。[5]

需指出的是，《物权法》对所有人的原物返还请求权并不适用消灭时效，是明确的。依该法第107条的规定，如果善意受让人受让的是遗失物的所有权，则受让人不能根据该法第106条的规定直接获得所有权，遗失物的所有人可于知道或应当知道受让之日起的2年内向受让人请求返还原物。《物权法》第107条系关于遗失物善意取得的特别规定，其立法政策兼顾了所有权人的保护与善意受让

---

[1] 李宜琛：《民法总则》，台湾1954年自版，第365页；胡长清：《中国民法总论》，中国政法大学出版社1997年版，第404页。

[2] ［日］我妻荣：《新订民法总则》（民法讲义1），岩波书店1965年版，第495页以下。

[3] 黄宗乐："物权的请求权"，载《法学论丛》第11卷第2期，第227页。

[4] 刘家安：《物权法论》，中国政法大学出版社2009年版，第53页。

[5] 日本实务上也强调，物权请求权为物权的效力，应不适用消灭时效，其理由同此。参见日本大判1916年6月23日民录22号第1161页，大判1928年11月8日民集7号第970页。另外，加藤雅信认为，物权请求权长期不行使，其后行使若认为不相宜时，应认为系权利滥用。对此，请参见其所著："物权的请求权"，载《法学教室》第261期，第63页。

人的利益，故此该条关于所有权人可于 2 年内要求返还原物的规定体现着对善意受让人加以一定保护的立法旨趣；由此反推，于不存在善意受让的情形，惟一应受保护的当事人为所有权人，其主张原物返还请求权应不受此 2 年期间的限制。[1]

实务上，2008 年最高人民法院发布了《关于审理民事案件适用诉讼时效制度若干问题的规定》。该规定第 1 条将诉讼时效的适用范围限定为"债权请求权"。对于物权请求权是否适用诉讼时效，该规定并未明确给出回答。但是，其第 1 条既然仅提及"当事人可以对债权请求权提出诉讼时效抗辩"，且该司法解释的说明中也明确将《物权法》作为制定该解释的依据之一，故此有理由认为，最高人民法院的此规定对物权请求权适用消灭时效实际上是持否定的立场。[2]依前引《民法总则》第 196 条的规定，请求停止侵害、排除妨碍、消除危险及不动产物权和登记的动产物权的权利人请求返还财产，皆不适用消灭时效。

（二）物权请求权可类推适用债权的规则

物权请求权系请求特定人为特定行为的权利，故与债权相类似。由此，通说认为，于性质许可的范围内，民法对于债权的有关规定（譬如过失相抵、给付迟延及清偿的规则等），有时可类推适用于物权请求权。

（三）物权请求权可否与物权分离而让与

如前述，物权尽管系独立的权利，但由其所生的物权请求权则系依存于它而存在，故此，通说认为，物权请求权的让与（转让）虽可为动产物权移转的样态，[3]但此系因有物权移转的合同而同时发生物权移转的效力，故自非与物权分离而单独为物权请求权的让与（转让）。[4]

（四）其他法律规定的妨害排除请求权

凡属支配权特性的权利皆具有与物权的物权请求权相类的请求权，譬如人格权受侵害时的人格权保全请求权、商标法对商标权所设的排除侵害请求权、专利法对专利权所设的排除侵害请求权，以及著作权法对著作权所设的侵害排除请求权等，皆属之。凡此均属于采用物权法的技术，以保护资讯或其他无体财产权。另外，如前述，占有也有占有人的物上请求权。[5]

---

[1] 刘家安：《物权法论》，中国政法大学出版社 2009 年版，第 53 页注释 3。

[2] 刘家安：《物权法论》，中国政法大学出版社 2009 年版，第 54 页。

[3]《物权法》第 26 条规定："动产物权设立和转让前，第三人依法占有该动产的，负有交付义务的人可以通过转让请求第三人返还原物的权利代替交付。"

[4] 谢在全：《民法物权论》（上册），新学林出版股份有限公司 2014 年版，第 28—29 页。

[5] 谢在全：《民法物权论》（上册），新学林出版股份有限公司 2014 年版，第 29 页。

第五章

物权法定原则与物权的类型

第一节 物权法定原则

一、物权法定原则及其存在理由

(一) 物权法定原则的涵义与内容

物权法定原则（Numerusclausus）系 19 世纪近代各国家或地区进行民法典编纂运动以来，关于物权法的一项基本架构原则，于物权法的架构体系中居于枢纽、基柱地位。指物权的类型和内容由民法与其他法律统一确定，不允许当事人依自己的意思自由创设[1]、变易。[2]也就是说，除民法或其他法律有明文规定外，当事人不得任意创设（即私人间擅自以合意方式约定新种类或新内容的物权，譬如抵押权人与抵押人约定，需将抵押物交由抵押权人占有，此为新内容的物权[3]）物权，也不得更易民法或其他法律所定的物权的内容。《物权法》第 5 条、《民法总则》第 116 条规定："物权的种类和内容，由法律规定。"此处所称的"法律"，应指《物权法》《民法总则》及《民法通则》，待《物权法》被纳入到民法典并颁行后，应指民法典；所谓"其他法律"，根据《立法法》的规定，应指全国人民代表大会及其常务委员会制定的法律规范，如矿产资源法、渔业法及水法等，国务院制定的行政法规和发布的决定、命令，及国务院各部委发布的规章、地方人民代表大会及其常务委员会制定的地方性法规、地方政府颁布的地方规章乃至

---

[1] 所谓物权不得（自由）创设，系指于《物权法》或民法典物权编施行后，不得创设《物权法》、民法典物权编或其他法律所未规定的物权。其他法律规定的物权，如《海商法》规定的船舶抵押权、《矿业法》规定的矿业权、《渔业法》规定的渔业权及《水（利）法》规定的水权等。

[2] ［日］稻本洋之助：《民法（2）物权》，青林书院新社 1983 年版，第 52 页。

[3] 郑冠宇：《民法物权》，新学林出版股份有限公司 2015 年版，第 25 页。

最高人民法院的判例或决议等，不涵括在内。

物权法定主义的内容主要有下列两点。

第一，当事人不得创设法律不认可的新类型的物权，称为"类型强制"（Typenzwang）。也就是说，只能依法律规定的物权类型与要件设立物权。例如，根据《物权法》与《担保法》的规定，当事人不得创设此两部法律所不认可的不动产质权或让与担保，即属之。

第二，当事人不得创设与法定的内容相悖的物权，称为"内容固定"（Typenfixierung）。例如，当事人设立不移转占有的动产质权抑或设立移转标的物的占有的抵押权，均违背《物权法》与《担保法》关于动产质权需以移转标的物的占有为其成立、生效要件，而抵押权则不以移转标的物的占有为其成立、生效要件的规定，故而为法律所不容许。

物权法定原则对当事人的行为提出了要求，即当事人仅能依照法律规定的物权类型及其内容行使物权权利和为有关物权的法律行为，譬如设立、移转、变更或消灭物权等；当事人若要设立一项物权权利，也只能设立法律有明确规定的某种类型的物权权利，法律未规定者不得设立，否则不生物权法上的效力。

（二）物权法定原则的存在理由

物权与债权为近现代及当代民法两项并驾齐驱的财产权。债权关系，除基于法律规定（如不当得利、侵权行为和无因管理）发生外，当事人还可依合同而自由创设，原则上不受任何限制，故而不发生法定的问题。但与此不同，物权则实行法定原则。

从法制史上看，自罗马法以降，关于物权的创设，曾有放任主义（一作自由主义）与法定主义（一作限制主义）之分别。前者指物权的创设，一任当事人的自由意思，法律不予限制，后者则与此相反，指物权的创设、种类和内容概由法律规定，而不允许当事人任意创设。[1] 于物权立法史上，采放任主义为物权立法的基本原则者，仅为《德国民法典》制定公布前的1794年《普鲁士普通邦法》。按照该法，在通常的债权债务关系，允许当事人依占有或登记，予其使用收益权以物权的效力。例如租赁这一债权债务关系如以不动产为其标的物时，则当事人可本于自由意思加以登记，使之变为物权。[2] 而大多数国家的民法立法与学理则认为

---

[1] 参见钟洪声：《物权新论》，大东书局发行1932年版，第1页以下。

[2] 郑玉波著，黄宗乐修订：《民法物权》，三民书局2007年版，第22页注释3。另外，《奥地利普通民法典》第1095条规定："租赁契约已登记于公共登记簿者，承租人的权利视为物权，在租赁关系存续期间，租赁物的占有承继人须容忍承租人继续行使其权利。"

放任主义存在以下弊端而拒绝采取：其一，不利于保护当事人的利益；其二，徒增社会的纠纷；其三，严重损及交易安全；其四，不利于维护一国的经济秩序。[1]

有鉴于此，近现代和当代大陆法系各国家或地区民法[2]，如奥地利、日本、韩国、荷兰和我国台湾地区"民法"[3]皆明确规定：物权的创设，以采法定主义为基本原则。[4]法国、瑞士、德国[5]民法虽无明文，但解释上莫不肯认该主义。[6]迄至今日，物权法定原则已为各国家或地区物权立法普遍采取。受其影响，我国《物权法》第5条、《民法总则》第116条也明定采该原则。

近现代及当代各国家或地区物权法之所以采取物权法定原则，其因由可归纳为下列7点。

---

[1] 参见钟洪声：《物权新论》，大东书局发行1932年版，第1页以下。

[2] 据晚近的英美法研究成果，英美法系也有物权法定原则。特别是有英美法学者自资源效率的角度进行分析，指明肯定物权法定原则可避免过高的资讯成本。参见 Thomas W. Merill & H. Smith, Optimal Standardization in the Law of Property: The Numerus Clausus Principle, 110 YALE L. J.（2000）; William Swadling, Property: General Principles, in ENGLISH PRIVATE LAW, at 207-208（Peter Birks ed., Vol.1, 2000）; 参见谢在全：《民法物权论》（上册），新学林出版股份有限公司2014年版，第38页注释1。不过，也有研究成果表明，在英国不动产法上，物权法定原则的功用并不彰显。此点可从日本著名实务专家西垣刚著《英国不动产法》（信山社1997年版）的论述中得出。该书系一部重要的英国财产法著作，长达近700页，内容丰富，值得重视。

[3] 1929年的《中华民国民法》的立法理由谓："物权，有极强之效力，得对抗一般之人，若许其以契约或依习惯创设之，有害公益实甚，故不许创设。"参见陈荣传：《民法物权实用要义》，五南图书出版股份有限公司2014年版，第2页。

[4] 参见《奥地利普通民法典》第308条、《日本民法》第175条、《韩国民法典》第185条及我国台湾地区"民法"第757条。需提及的是，在民法上，物权法定原则之为立法所明定，系以1898年施行的日本民法为其端绪。正是它，开创了近代各国于民法典中规定物权采法定原则的先河。受影响，1929—1930年中国国民政府制定的《中华民国民法》与1958年的《韩国民法典》，皆规定了物权法定原则。

[5] 《德国民法典》称物权法定原则为"种类限定主义"（Prinzip der Ausschließlichkeit）或"被限定的数"或"被关闭的数"（Numerusclausus）。参见［日］山田晟：《德国法律用语辞典》，大学书林1995年版，第455页、第494页。该民法典虽然未如《日本民法》第175条对物权法定原则设立明文，但其民法典草案理由书（Motive 3. S. 3）与学说于解释上莫不肯认该原则。对此，请参见［日］於保不二雄：《德国民法3》（物权法），有斐阁1955年版，第2页；［日］山田晟：《德国法概论》，有斐阁1987年版，第191页。

[6] 参见王泽鉴：《民法物权1》（通则·所有权），中国政法大学出版社2001年版，第44页。但是，对于1804年《法国民法典》是否规定了物权法定原则，有肯定与否定两说。多数说认为，至少应在解释上肯定《法国民法典》采取了物权法定原则。盖该民法为近代民法典的端绪，而物权法定原则，系近代民法基本原则之一，故应肯定其采取了此原则。否定意见以日本星野英一为代表，认为物权法定原则并非近代物权法的当然原则，德国民法虽然认可了该原则，但在法国，其民法典却始终未认可该原则。参见［日］星野英一：《民法概论》（物权），良书普及会1973年版，第11页。

1. 物权的绝对性

物权法定原则的首要前提是物权与债权之分隔及其对立。如前所述，债权由其性质所决定，无法定主义之可言；而物权，因其有对世的效力，可对抗一般人，故若允许其以合意自由创设，则将有害于公益。

2. 物权的直接支配性

物权为直接支配标的物并享受其利益的权利，享有某种物权的人，即可依法律规定的该物权的内容，直接支配其物，并排除他人的干涉。若物权的种类可任由当事人的意思自由创设，则所谓直接支配特定物的权利，将成为有名无实；若物权的内容可由当事人的意思自由创设，其结果实与得创设法定以外的物权无异。故物权，除民法或其他法律有明文规定外，不得自由创设。[1]

3. 物的经济效用

物权与一国的经济体制唇齿相依，与一国的社会生活具有密切关系，若物权可任意创设，对所有权设种种限制或负担，则势必影响物的利用。以法律明定物权的种类和内容，建立物权类型体系，有助于发挥物的经济效用。[2]

4. 保障完全的合同自由

合同自由，为近现代和当代市场经济的基本要求，也是当代民法基本原则之一。为了保障充分的合同自由，避免强行法对私的交易秩序的介入，有赖于预先确定作为交易的标的的对物的支配权的物权的内容。易言之，物权与债权相区别，惟有前者采取法定原则，后者之委由当事人的意思自治才有可能。进而言之，意思自治之成为可能，以物权法定为其前提。若不采物权法定原则，为防止于一物之上任意创设数个物权，则对单个的合同自外部加以控制将成为不可避免，但其结果势必损害合同自由原则。故此，只有采物权法定原则，充分的合同自由的实现才有其可能。[3]

---

[1] 姚瑞光：《民法物权论》，海宇文化事业有限公司1999年版，第19页。

[2] 王泽鉴：《民法物权1》（通则·所有权），中国政法大学出版社2001版，第45页。

[3] 此为日本学者稻本洋之助于其所著《民法（2）物权》（青林书院新社1983年版第53页）中表示的见解。其指出，在近代，作为私法的民法之所以采取物权法定原则，主要有两方面的因由：历史的因由与法技术的因由。其中，历史的因由的第一点是，为了将所有权从各种纷繁复杂的封建枷锁和共同体关系的束缚中解放出来，使其成为自由的东西，必须对可能限制所有权的自由性的他物权的种类和内容加以限定；第二点是，为了使他物权，尤其是使土地用益物权成为一种独立的、不受所有人的意思左右的独立权利，他物权尤其是土地用益物权，由其性质所决定，通常与派生它的所有权只有较弱的从属性，故而不宜通过私的合意来创设（第52页）。

5. 公示的需要

为了保全通过市场交易而取得的权利（尤其是物权权利），在与社会第三人的关系上乃有必要将所取得的权利加以公示。由此，使物权的内容和物权变动的形态类型化（即采物权法定原则），也就有其必要。[1]

6. 交易安全与便捷的需要

物权具有对世的效力，其取得、丧失和变更应力求透明。惟有物权的种类与内容法定化，一般人才有对物权的归属一目了然的可能。只有透过法定原则使物权类型化、法定化，财产秩序方能透明化，市场交易的安全与便捷也才有保障。

7. 整理旧物权，适应社会发展的需要

整理前资本主义时代，尤其是封建时代的土地上存在的各种复杂的物权关系，使土地的权利关系单纯化。譬如《德国民法典》采取物权法定原则即与其农地改革有关；我国1929—1930年的《中华民国民法》采取物权法定原则也具有整理旧物权，如典权、铺底权，以适应社会发展需要的功用。[2]另外，19世纪之初采取物权法定原则还有防止封建制度复辟的政治意义。大陆法系各国因采物权法定原则，使得封建贵族借各种物权以维持其特殊物权或地位的企图未能得逞，自由市场经济因此得以建立。而英美法系的英国，虽然其封建制度较早开始瓦解，但因未采该原则，故封建制度的残余一直到20世纪中期才完全根除。[3]

另外，某种权利是否为物权，更重要的还是一个立法政策问题。也就是说，立法政策对于是否将某种权利确立为物权乃具有决定性的影响。于立法政策认为某种权利确有认可为物权的必要时，即应透过立法使该权利成为物权。[4]

二、违反物权法定原则的效果

违反物权法定原则而创设物权时，其法律效果宜区分不同情形而定。

第一，法律有特别规定时，从其规定。例如，我国台湾地区"民法"第912条规定："典权约定期限不得逾30年，逾30年者缩短为30年。"据此，设定典权

---

1 ［日］稻本洋之助：《民法（2）物权》，青林书院新社1983年版，第53页。
2 王泽鉴：《民法物权》（通则·所有权），中国政法大学出版社2001年版，第45页。
3 参见苏永钦："物权法定主义的再思考——从民事财产法的发展及经济观点分析"，载其所著《民法经济法论文集》（一），台湾1988年自版，第5页。需注意的是，即使是英国现今的财产法，仍然残留了不少的封建烙印，也就是说，英国今日的整个财产法依旧存有较多的封建色彩。对此，请参见［日］西垣刚：《英国不动产法》，信山社1997年版，第xvii页。
4 参见［日］铃木禄弥：《物权法讲义》，创文社1994年版，第344页。

如逾 30 年期限时，并非典权无效，仅期限需缩短为 30 年。[1]

第二，对于违反物权法的物权设立行为，法律无特别规定时，此法律行为因违反强制性或禁止性规定而无效，不能发生预期的物权设立效果。

第三，当事人的物权设立行为部分违反内容强制的规定，但若除去该部分，其他部分仍可成立的，则仅违反禁止规定的部分无效，其他部分仍然有效。例如，抵押人以不动产为抵押物为债权人设立抵押权供债权担保，抵押权人（债权人）与抵押人约定应移转占有抵押物于抵押权人的，已违反《物权法》第 179 条关于抵押权设立的规定，仅该占有的约定为无效，但抵押权的设立仍应解为有效。[2]

第四，物权设立行为虽因违反物权法定原则而无效，但若当事人的行为具备其他法律行为的要件的，则该行为仍可发生其他法律行为的效力。易言之，违反物权法定原则尽管不能发生物权效力，但当事人之间若有发生债之关系的意思时，因债权行为不受物权法定原则之禁止，故仍可发生债的效力。[3] 例如，当事人约定承租人就租赁物有物权效力的先买权时，因我国现行法不认可先买权为物权，故不生物权的效力，但仍可发生债权的效力，出租人违反约定时，应负债务不履行的损害赔偿责任。

三、关于物权法定主义的缓和

(一) 问题的产生

如前述，近现代和当代各国物权法采取了物权法定原则。事实上，物权法与其他法律所提供的物权类型及其内容如能永久符合社会需要，则物权法定原则固为理想的制度，而无加以改变之必要。但此于事实上近乎幻想，绝无可能。盖立法作为一项探求真理的认识活动，必受人的认识能力非至上性的限制。尽管人类思维按其本性、能力和可能性，能够认识无限发展着的客观世界，从而具有某种程度的至上性。但每一个人以至每一代人，因受到客观事物及其本质暴露的程度、社会历史（生产状况、科学技术状况）的实践水平、主观的条件（个人的经历、受教育程度、立场观点和思维方法）以及生命的有限等各方面的制约，其思

---

[1] 参见郑玉波著，黄宗乐修订：《民法物权》，三民书局 2007 年版，第 25 页。

[2] 郑冠宇：《民法物权》，新学林出版股份有限公司 2015 年版，第 27 页；谢在全：《民法物权论》（上册），新学林出版股份有限公司 2014 年版，第 36 页。

[3] 陈荣传：《民法物权实用要义》，五南图书出版股份有限公司 2014 年版，第 3 页。

维是非至上的。[1] 立法是各个具体时代的产物，各个时代立法者认识能力的非至上性，必然在法律上留下缺漏，使法律不能涵盖社会关系的一切方面。加之社会经济关系在日新月异地发展，社会生活的新需要也在不断地涌现出来。所有这些，皆势必导致立法之初规定的物权类型和内容无法因应现实社会的需要。可见，希冀立法者于立法之初即为未来的社会预定一个一劳永逸的物权类型体系，无异于虚无缥缈的海市蜃楼，殆不可能。此外，因物权法本质上为具有强烈民族色彩的固有法、土著法，故制定之际，立法者往往基于当时的社会需要而将习惯法上的物权统统纳入并予规定。这些物权虽大都适合于当时的社会需要，惟随着社会的变迁、进步，它们又会发生与社会的需要脱节甚至相龃龉的现象，从而为社会所不容。故此，物权法定原则如何运作方能济其穷，从而继续维持其存续，即不能不加以检视。

冷静思考物权法定原则所遭遇到的困难，不难看到，这主要是该原则本身的僵化性所使然、所造成。这就是，认为物权法定主义所称的"法"，仅指物权法或其他成文法律，而习惯法并不涵括在内。故此，克服物权法定原则的局限性，实际上是如何解释物权法定原则所称的"法"的范围问题，核心在于"习惯法"是否也属于物权法定原则所言的"法"。而对于如何解释物权法定原则所言的"法"的范围，尤其对于物权法定原则所指称的"法"应否涵括习惯法，学说未尽一致。

（二）各种学说的分析与应采的立场

1. 物权法定无视说

该说由日本学者我妻荣所倡，认为应根本无视物权法定原则的规定，而承认习惯物权的效力。盖物权法定原则旨在整理旧物权，防止封建经济制度复辟，而习惯是在社会生活中自发产生的，不仅无阻止的可能，且如横加阻止，也将有害于社会的发展。故此，应认可习惯法上的物权的效力。[2]

2. 习惯法包含说

日本《法例》[3]第2条规定：法令未规定事项的习惯与法律有同一效力。据此，学者认为，此等与法律有同一效力的习惯法，自应解为由《日本民法》第

---

[1] 徐国栋：《民法基本原则解释》，中国政法大学出版社1993年版，第140页。
[2] 参见谢在全：《民法物权论》（上册），文太印刷企业有限公司2004年修订3版，第62页。
[3] 作为日本国际私法的主要法源的此《法例》，已被2006年新制定的《法适用通则法》（2007年1月1日施行）所取代。参见〔日〕五十岚清：《人格权法》，〔日〕铃木贤、葛敏译，北京大学出版社2009年版，"中文版序"。

175条物权法定所称的"法"所包含。换言之，依该说，《日本民法》第175条已经认可了习惯法上的物权的合法性。[1]

3. 习惯法物权有限承认说

该说认为物权法定原则所称的"法"虽不涵括习惯法在内，但自物权法定原则的存在理由看，如社会惯行上产生的物权不妨碍物权体系的建立，例如不违反近现代和当代所有权的基本观念、不属于物权法定原则所排除的封建物权，以及有恰当的公示方法时，可以突破物权法定原则的拘束，而直接认可该惯行上的物权为有效。[2]

4. 物权法定缓和说

此说主张的理由同第三说。此说认为新生的社会惯行上的物权，如不违反物权法定原则的旨趣，且又有一定的公示方法时，可从宽解释物权法定原则的内容，将其解为非新类型的物权。例如我国台湾地区即对最高额抵押的从属性进行从宽解释，认为其系属于台湾地区"民法"上的抵押权的一种类型。另外，台湾地区新近修改其"民法"物权编时于第757条规定："物权除依法律或习惯外，不得创设"。据此，在台湾地区，习惯（法）已可为物权法定原则所称的"法"。应当指出的是，按照通说，依习惯法形成的物权，需具有确定性、填补社会经济的必要性，无违物权法定原则存立的旨趣，且能以一定方法予以公示。譬如台湾地区社会上运用已久，且为实务认可的让与担保，即被认为系习惯法上的物权。[3]

物权法定原则，若自其发端之时算起，迄今业已走过了二百余年的历程。这期间，它历经萌芽、茁壮成长及开花的不同时期，而最终于近现代及当代物权法上绽放出绚丽的色彩，成为物权法结构体系的基本原则之一。[4]惟物极必反，器满则倾。物权法定原则，因其将所言的"法"拘泥于民法（物权法）等成文法，结果使其陷于僵化，并与社会的需要脱节，甚至成为社会进一步发展的桎梏。可见，物权法定原则非追随社会生活的变迁、进步而不断注入新的因素不可。惟有如此，其方能应付裕如地适应社会的需要。而要实现此目的，又非缓和物权法定原则的僵化性不为功。这就是，承认社会惯行上产生的、不悖于物权的绝对支配性和保护的绝对性，且有适当的公示方法的新类型的"物权"的合法性。换言之，社会惯行上新产生的"物权"，其是否为物权法定原则所包容，应自其是否

1　［日］稻本洋之助：《民法（2）物权》，青林书院新社1983年版，第56页。
2　［日］舟桥谆一：《物权法》，有斐阁1960年版，第18页。
3　谢在全：《民法物权论》（上册），新学林出版股份有限公司2014年版，第34—35页。
4　王泽鉴：《民法物权1》（通则·所有权），中国政法大学出版社2001年版，第44页。

有悖于物权的绝对支配性和保护绝对性,以及有无适宜的公示方法上进行判断。如其与物权的绝对支配性和保护绝对性不相悖,且有适当的公示方法,社会上也确有其存在的必要或需要,即应肯定其与物权法定原则的旨趣无违,进而也就应当通过从宽解释物权法定原则予以接纳。[1] 由此,物权法定原则缓和说值得重视。

我国物权法立法进程中,坚持物权法定原则不动摇系一项重要立法原则。同时,物权法的立法进程中也有立法者乃至学界于缓和物权法定原则严格效力方面的思考。在提交给全国人大常委会审议的《物权法草案》第五和第六审议稿中,关于物权法定原则的条文曾表述为:"物权的种类和内容,由法律规定;法律未作规定的,符合物权性质的权利,视为物权。"由于此种缓和物权法定原则的规定过于宽泛和笼统,进而威胁到了立法之初所确立的坚持物权法定原则的立法原则,故最终通过的《物权法》未采纳这一方案,而是于第5条明确规定:"物权的种类和内容,由法律规定。"[2]《物权法》的这一立场无疑是正确而恰当的。尤其在我国法律体系及背景下,坚守该原则比在他国(家)或地区具有更加重大的意义。我国现当代意义上的物权法制从来不发达、不完善,如今物权法制初建,若此时不严格坚守物权法定原则,则所建立的物权法制及其体系势将与债法制度及其体系发生龃龉或紊乱,且与司法实务的一贯做法与积聚的经验相悖,其结果将造成我国大陆法民法体系(尤其是物权法体系)的解构,对国家和民族将有百害而无一益。由此,我们认为,我国应坚持物权法定原则不动摇,在此前提下,鉴于这一主义之局限并因应社会生活发展、变迁的需要,也应对物权法定原则进行扩大解释。具体而言,对于社会惯行中产生的物权,如明确合理,不违反物权法定原则的本旨,且有一定的公示方法时,即应综合及实质地从严判断,采物权法定原则扩大解释的方法,解为非新种类的物权,[3] 或直接经由习惯法形成新种类的物权,甚或由法院于个案赋予惯行(习惯)上的权利以物权效力。总之,物权法定原则的意旨应仅在限制当事人创设物权,并非不许习惯法形成新物权。[4]

综据上述,为避免物权法定原则陷于僵化而妨碍社会的发展,于法律尚未及时补充新物权秩序时,若习惯形成的新物权明确合理,无违物权法定主义的旨趣,

---

[1] 我国台湾地区1997年台再(97)判决谓:"物权之新种类或新内容,倘未违反物权之直接支配与保护绝对性,并能以公示方法确保交易安全者,即可认为与物权法定主义存在之宗旨无违。"

[2] 刘家安:《物权法论》,中国政法大学出版社2009年版,第36页注释1。

[3] 其成功的实例,有日本、韩国、我国台湾地区实务上之承认让与担保和德国实务上之承认期待权与让与担保为习惯法所生的物权。

[4] 谢在全:《民法物权论》(上册),新学林出版股份有限公司2014年版,第36页。

且能依一定公示方法予以公示，法律即应予以承认（譬如德国、日本、韩国与我国台湾地区"法"上的让与担保，以及德国实务所认可的期待权，即其适例[1]），以促进社会经济的发展，并维护法律秩序的安定。此种依习惯（法）创设的新种类或新内容的物权，能因应社会的发展趋势，适时调整物权法律关系，有益于社会整体经济秩序，并不致引起物权法定主义虚化或解构的结果。[2]

四、物权法定原则与合同自由原则[3]

如前述，物权本身是一个可以对抗任何人的权利，在这样一个强大效力的影响下，若私人间擅自经由约定而创设了一种物权，这种物权并非《物权法》所规定的物权形态之一，例如以约定的方式创设优先购买权对抗任何人，使得任何人均处于不可得知是否有人突然对其主张享有优先购买权的状态，将使得任何人都无法确定其所取得的权利会在何时遭受阻碍。此举将严重影响经济活动，破坏社会交易秩序的安全。另外，若债务人为债权人设立普通抵押权，但此一普通抵押权的内容与《物权法》所规定的普通抵押权内容不尽相同，例如甲、乙间约定设立无论如何都具有最优先受偿效力的普通抵押权，甚至优先于存在于这个普通抵押权之前的任何抵押权，此一内容与大众所了解的抵押权内容完全不相同，容许此一抵押权发生如预期般的绝对效力，交易秩序势必混乱不堪！

因此，通常所称的合同自由原则，自然就不应该适用于物权关系，也就是不应该允许私人间任意通过协议的方式，创设一种新种类或新内容的物权。也就是说，关于物权，民法非如债权合同采开放性的合同自由原则，而是采封闭性的原则，仅承认有限的物权类型。这就是物权法定原则。物权法定原则的存在，是着眼于物权的体系必须单纯化，以配合其强大的对世效力，建立明确的物权交易秩序。[4]故此，《物权法》第5条、《民法总则》第116条开宗明义就规定："物权的种类和内容，由法律规定"。进而言之，物权法必须严守物权法定原则，而债之关系法（"债法"）则采取私法自治中的合同自由原则。至于承认依习惯得创设物权，系指具备长久惯性的事实及法的确信，具有法律上效力的习惯法而言，其目的在于避免物权法定原则过于僵化，妨碍社会的发展。

1　谢在全：《民法物权论》（上册），新学林出版股份有限公司2014年版，第37页。

2　郑冠宇：《民法物权》，新学林出版股份有限公司2015年版，第26页。

3　此处主要参考郑冠宇：《民法物权》，新学林出版股份有限公司2015年版，第10—12页。谨予说明。

4　陈荣传：《民法物权实用要义》，五南图书出版股份有限公司2014年版，第2页。

第二节 物权的类型

一、物权的学理分类

（一）所有权与定限物权

此系以对标的物的支配范围为标准所做的界分。所有权，又称为完全物权，指于法律限制的范围内对所有物为全面支配的物权，又称为完全物权。其对物的全面的支配利益表现为两种利用形态：一是实物的利用形态（物质的利用形态），指所有人自己对物进行利用，或通过设定用益物权或债法上的租赁权、借用权等将所有物供他人利用而自己收取对价；二是价值的利用形态，指所有人将所有物供作债权的担保而获取融资（即担保物权的利用形态），抑或将所有物变卖而自己收取对价。

所有权与定限物权的界分，肇始于 19 世纪德国的普通法学。惟我国民法上的"定限物权"一语，系来源于日本学者松冈义正的创造，最早源出于罗马法的 jus in re aliena，指所有权以外的仅可于一定范围内对物进行支配的物权，因系成立于他人之物上，故又称为"他物权"。换言之，定限物权涵括用益物权与担保物权。用益物权，是以支配标的物的使用价值为内容的物权，如传统民法上的地上权、典权、永佃权（或农育权），以及我国《物权法》规定的土地承包经营权、建设用地使用权、宅基地使用权和地役权等；担保物权，指以支配标的物的交换价值为内容的物权，如抵押权、质权、留置权。

分隔所有权与定限物权的实益，一是在于权利行使的范围不同，所有权为对标的物的全面支配，而定限物权为对标的物的特定范围的支配；二是在于定限物权有限制所有权的功用（因此又称为"限制物权"），其效力恒较所有权为优。若同一土地上，所有权与建设用地使用权并存的，则后者的权利人将较前者的权利人优先使用作为标的物的土地。

（二）动产物权、不动产物权与权利物权

此系以标的物的种类为标准所做的区分。以动产为标的物的物权，为动产物权，涵括动产所有权、动产质权、动产抵押权和留置权；以不动产为标的物的物权，为不动产物权，涵括不动产所有权、土地承包经营权、建设用地使用权、宅基地使用权、地役权（或不动产役权）、不动产抵押权及传统民法上的永佃权（或农育权）、典权；以权利为标的的物权，为权利物权，涵括权利质权与权利抵押权。

界分动产物权、不动产物权和权利物权的实益，在于此等物权的公示方法、法律效力及取得、变更、消灭（物权变动）的要件存在差异。

（三）用益物权与担保物权

此系对定限物权（限制物权、他物权）的再分类。用益物权，指以物的利用价值为内容的物权，着重于对他人之物的物权方式的使用和收益，土地承包经营权、建设用地使用权、宅基地使用权、地役权、海域使用权、养殖权、捕捞权与传统民法上的永佃权（或农育权）、典权等属之；担保物权，系以支配物的交换价值为内容的物权，即通过支配他人之物的交换价值而授予他人以信用或融资，以抵押权、质权、留置权为其典型。

二者区别的实益有二：（1）用益物权的权利人可对标的物依其性质为使用、收益，因此同一物上有用益物权存在时，即不能再设立另一用益物权（但地役权和大多数取水权除外）；而担保物权，其设立人系以标的物供债权的担保，权利人仅就卖得价金优先受债权的清偿，故而系支配标的物的交换价值而促使债务人清偿（自己的债务），由此，同一标的物上可同时存在两个或两个以上的担保物权。（2）同一标的物上设立用益物权后，还可设定担保物权。担保物权中的不动产抵押权设立后，复可以该物设立用益物权（如以出让方式获得的建设用地使用权设立抵押权后，复可于该建设用地上设立地役权）。

（四）主物权与从物权

此系以物权是否具有独立性或从属性为标准而作的区分。主物权，指不以主体享有的其他权利为前提而能够独立存在的物权，如所有权、建设用地使用权、宅基地使用权、土地承包经营权和传统民法上的永佃权（或农育权）、典权；从物权，指从属于主权利而存在的物权。担保物权因从属于其所担保的债权而存在，故为从物权；用益物权中的地役权（不动产役权）因需从属于需役地（需役不动产）的所有权或其他物权而存在，故也为从物权。

二者区别的实益在于主物权可以独立存在，而从物权则不可，即其随主权利的存在而存在。

（五）意定物权与法定物权

此系以物权发生的原因的不同为标准而做的区分。物权的种类与内容，依物权法定原则，虽系法定，但其发生如基于当事人的意思的，为意定物权（设立物权，凡由当事人依法律行为设立的物权皆属之），如质权、抵押权；不问当事人的意思，系由法律规定而发生的，为法定物权，[1] 如法定抵押权和留置权。

二者区别的实益，主要在于物权成立的要件与适用法律的不同。

(六) 登记物权与非登记物权

此系以物权的变动是否须经登记为标准而作的区分。登记物权，指物权的设立、变更和终止需经登记机关登记方能产生相应效力的物权。不动产物权以登记为公示手段和变动要件，因此属于登记物权。依我国《物权法》的规定，登记物权的变动，非经登记的，或者不发生物权变动的效力（登记生效主义），或者不能对抗第三人（登记对抗主义），或者其处分权受影响。另外，因人民法院、仲裁委员会的法律文书或人民政府的征收决定导致的不动产物权变动，自法律文书或人民政府的征收决定生效时发生效力（第 28 条），因继承或受遗赠取得不动产物权的，自继承或受遗赠开始时发生效力（第 29 条），因合法建造、拆除房屋等事实行为设立或消灭不动产物权的，自事实行为成就时发生效力（第 30 条）。但是，处分这些不动产物权时，依照法律规定需要办理登记的，未经登记，不发生物权变动的效力（第 31 条）。

非登记物权，指物权的取得、丧失、变更无需登记即可产生相应法律效力的物权。动产物权，原则上为非登记物权，以物的占有和交付作为公示的方法，以物的交付作为生效或对抗的要件。惟机动车、航空器和船舶虽为动产，但其物权的变动仍以登记为对抗要件。

(七) 有期限物权与无期限物权

此系以物权的存续有无期间限制为标准而作的区分。有存续期间限制的物权，为有期限物权，定限物权大多属之；无期限物权，指未定存续期间，可永久存续的物权，如所有权和传统民法中的永佃权。需注意的是，在我国法上，存在于以出让方式取得的建设用地之上的房屋所有权，是有期限物权；宅基地使用权虽为定限物权，但却是无期限物权；行政划拨的建设用地使用权无明确的终期，一般也是无期限物权。

二者区别的实益在于，有期限物权的存续期间届满时，即当然归于消灭，而无期限物权则除抛弃、标的物灭失或其他原因外，永存不灭。

(八) 普通物权与特别物权

此系以物权所依据的法律的不同为标准而作的区分。普通物权，又称为"民法的物权"，指由民法或物权法规定的物权，因此又称为民法上的物权；特别物

---

[1] 谢在全：《民法物权论》（上册），新学林出版股份有限公司 2014 年版，第 43 页。

权,又称"特别法的物权"(其多数是准物权),指由特别法规定的具有物权性质的财产权。[1]此所称"特别法",指兼有民法规范和行政法规范的综合性法律,如《土地管理法》《海域使用管理法》《矿产资源法》《森林法》《草原法》《水法》及《渔业法》等。此外,《海商法》所定的船舶所有权、船舶抵押权,《民用航空法》所定的航空器所有权及抵押权,也属于特别法上的(特别)物权。

与民法或物权法规定的物权相比较,特别法规定的物权具有下列特性:一是它们通常依特别法规定的特许程序取得;二是权利的行使通常受较强的行政干预;三是于法律的适用上,其往往优先适用特别法的规定,仅在特别法无规定时,方准用民法或物权法的规定。

需提及的是,特别物权,在日本主要包括矿业权、采石权和渔业权。按照《日本矿业法》(1950年)的规定,地下矿物的所有权非属于土地所有人,而系归国家独占所有。人民可以通过一定的程序而取得采掘一定地区的矿物的权利;采石权,依《日本采石法》(1950年)第4条的规定,指采取他人土地中的岩石、泥沙的权利。渔业权,其大抵与我国的渔业权相同。此矿业权、采石权和渔业权,依日本现行法,皆属于特别物权,其中渔业权可作为抵押权的标的而设立渔业权抵押权。

(九)既得物权与期待物权

以物权是否已经取得为标准,可分为既得物权与期待物权。前者指权利主体已经取得或者能够实现的物权,所有权、建设用地使用权、宅基地使用权等属之;后者指取得某项物权的要件已经具备,而剩下的条件若实现即可取得物权的期待状态。其特征是,取得物权的过程尚未完成,所期待的物权尚未取得,但权利主体已经确定,取得物权的部分要件已经具备,所期待的特定利益的内容或范围也已确定。例如,在所有权保留买卖关系中,买受人的地位;在房屋买卖关系中,买受人已经提出过户登记申请但尚未登入不动产登记簿时所处的地位。此种分类的实益在于,有助于人们认识并区分物权的生成过程,使立法者对每个阶段的法律状态配备相应的法律制度,并运用不同的法律保护方法。[2]

---

[1] 《物权法》第122条、第123条规定,海域使用权、依法取得的探矿权、采矿权、取水权和使用水域、滩涂从事养殖、捕捞的权利受法律保护。《物权法》将这些权利置于"用益物权"的"一般规定"中规定,是宣示性的,表明这些权利虽具用益物权的性质,但其实质上仍系《海域使用管理法》等各特别法上的准用益物权,而与《物权法》之设专章规定的土地承包经营权、建设用地使用权、宅基地使用权及地役权存在很大的不同。

[2] 崔建远:《物权法》,中国人民大学出版社2014年版,第161页。

（十）本权与占有

此系以有无物权的实质内容为标准所做的区分。在大陆法系民法，除日本、法国及韩国民法明定占有为权利（"占有权"）外，多数国家或地区民法将占有规定为一种对标的物有管领力的事实。对占有而言，凡所有权、用益物权、担保物权等一切物权乃至租赁权、借用权等债权均系本权。换言之，对标的物于法律上具有得为占有的权利的，该所据的权利即为本权，否则仅系单纯的占有。[1]

二者区别的实益，在于确定有无本权的存在，以确定保护的方法与程度。

二、大陆法系一些国家或地区民法典上的物权类型

（一）《法国民法典》

1804 年《法国民法典》采盖尤斯、优士丁尼《法学阶梯》的编纂体例，整部法典由"人""财产及对所有权的各种限制"及"取得财产的各种方法"三编构成。该法典虽未使用物权概念，但实质上仍以大量条文规定了物权制度，主要见于第 2 编"财产及对所有权的各种限制"中。归纳言之，其规定了下列物权类型：所有权、用益权、使用权、居住权、地役权、质权、抵押权、留置权及先取物权（优先权）。

（二）《奥地利普通民法典》

1811 年 6 月 1 日，反映各阶级平等关系的、主要规定市民法基本原则的《奥地利普通民法典》（ABGB）得以问世。这是一部奠基于自由、平等和财产所有权绝对保护基础之上的预定了奥地利未来社会所需要的各种概念和制度的法典。[2] 其由"序编"（民法的一般制度，第 1—14 条）、"人事法"（含"家族法"）、"物权法"和"末编"组成。其中，"末编"规定了下列内容："人事法"和"物权法"的共通性规定，权利义务的确定、变更和废止，以及消灭时效和取得时效。全部法典共计 1502 条。

如前述，《奥地利普通民法典》在物权法领域的重要成就是率先使用了"物权"这一概念，尽管其涵义与现当代各国民法所称的物权的含义存在差异。按照规定，物权包括"对物的物权"（dingliches Sachenrecht）和"对人的物权"（personliches Sachenrecht）两种。其中，仅"对物的物权"与现当代各国民法所称的

---

[1] 谢在全：《民法物权论》（上册），新学林出版股份有限公司 2014 年版，第 43—44 页。

[2] ［德］Hans Schlosser：《近世私法史要论》，［日］大木雅夫译，有信堂 1988 年版，第 116 页。

物权的涵义大体相当，而"对人的物权"，实质不过为"债权"；在"对物的物权"中，该法典未能建立起完善的物权体系。但是，该法典关于基于法律行为的物权变动采债权合同与登记或交付之结合的规定，以及该法典第 307 条关于物权定义的规定等，皆对后世各国物权立法和物权学理产生了重要影响。[1]

(三)《德国民法典》

在 19 世纪行将结束的 1896 年，德国公布了自己的民法典。该民法典开创了后世各国家或地区于民法典中设立"物权编"的先河，且该法典对物权的涵义的理解，是现代的、经典性的。该法典系将物权编置于债之关系法（"债法"）编之后规定。

德国物权法上，如前述，物权系对物或权利的支配权（Herrschaftsrechte），具有绝对权的性质。另在学理上，也有将物权称为"归属权"（Zuordnungsrecht）或"物的财产归属权"（Recht der Verömegenszuordnung von Sachen），并将之分为两种：归属权（即物直接归属权利人）与绝对的归属权（即对抗任何人的效力）。其所谓物权原则，涵括绝对性、公示性、特定性、可让与性及无因性等原则。尤其是，该民法典承认物权行为独立性与无因性原则，且物权采"种类强制与类型固定"（Typenywang und Typenfixierung）原则，以法律有明文规定者，方属有效。当事人不能任意创设他种物权。[2]

《德国民法典》明定了下列物权体系：占有、所有权、地上权（1919 年制定单独的《地上权条例》）、役权（含地役权、用益权和限制人役权）、先买权、物上负担、土地担保权（抵押权、土地债务和定期土地债务）及质权（动产质权、权利质权）。[3] 另外，德国民事特别法中还有"特别法上的物权"，涵括："住房（住宅）所有权"（Wohnungseigentumsgesetz）、"长期居住权"（继续的居住权，

---

[1] 要指出《奥地利普通民法典》对物权的规定的不足，是容易的。譬如法典对物权概念采广义，即属之。但是，该法典于世界物权法发展上的地位是不容忽视的。这就是它首次使用了"物权"一词，由此结束了罗马法以来物权制度有"实"（内容）无"名"（形式）的历史，标志着物权制度的"形式"与"内容"于法制史上的第一次统一。此外，该法典第 307 条以专门的条文规定物权的定义，构成其一个重要特色。我国《物权法》第 2 条第 3 款明定物权的定义，此种做法一定意义上受到了《奥地利普通民法典》的影响。

[2] 台湾大学法律学院、财团法人台大法学基金会：《德国民法（总则编、债编、物权编）》（上册）（第 2 版），元照出版有限公司 2016 年版，第 833 页。

[3] ［日］山田晟：《德意志法概论》(2)，有斐阁 1987 年版，第 191 页；［日］圆谷峻：《比较财产法讲义：德国不动产交易的理论与批判》，学阳书房 1992 年版，第 3 页。

Dauerwohnrecht）¹、"继续的利用权"（Dauernutzungsrecht）²、"买回权"（Wiederkaufsrecht）及"法定先买权"（GesetzlichesVorkaufsrecht）。³

另外，值得指出的是，德国学说将物权分为所有权与定限物权（beschränktedinglicheRechte），于定限物权之下，分为物上用益权（DinglicheNutzungsrechte）、物上变价权（DinglicheVerwertungsrechte）与物上取得权（DinglichesErwerbsrecht）。其中，物上用益权与用益物权概念相似，物上变价权如同担保物权，至于物上取得权，系指权利人于一定要件下，得以取得所有权或其他物权的权利，譬如先买权（Vorkaufsrechte）、先占权（Aneignungsrechte）、预告登记（Vormerkung）及法律未规定的期待权（die im Gesetz nicht geregelten Anwartschaften）。⁴ 兹将德国民法上的此等物权系统列表如下⁵：

---

1 此"继续的居住权"，指可在土地上的建筑物中的住宅中居住的物权。其设立、让与、继承与"继续的利用权"相同（德国《住宅所有权法》第31条）；[日]山田晟：《德国法律用语辞典》，大学书林1995年版，第141页。

2 此"继续的利用权"，指利用土地上的建筑物中的住宅以外的场所如营业所、车库等的物权（德国《住宅所有权法》第31条第2、3项）。其设立依土地所有人与继续的利用权人之间的物权合意，及在"住居所有权登记簿"（Wohnungsgrundbuch）上进行登记而为之。该"继续的利用权"，可以让与、继承。参见[日]山田晟：《德国法律用语辞典》，大学书林1995年版，第141页。

3 《德国民法典》物权编所定的"先买权"（Vorkaufsrecht），是依物权的合意与登记而成立的契约上的先买权。此外，还有依法律的规定而当然成立的物权的先买权。例如，《德国民法典》第2034条（"对出卖人的优先承买权"）、第2035条（"对买受人的优先承买权"）规定：共同继承人中的一人出卖自己的应继份额时，其他共同继承人享有先买权。参见[日]山田晟：《德国法律用语辞典》，大学书林1995年版，第281页。

4 台湾大学法律学院、财团法人台大法学基金会：《德国民法（总则编、债编、物权编）》（上册）（第2版），元照出版有限公司2016年版，第833页。

5 台湾大学法律学院、财团法人台大法学基金会：《德国民法（总则编、债编、物权编）》（上册）（第2版），元照出版有限公司2016年版，第833—834页。

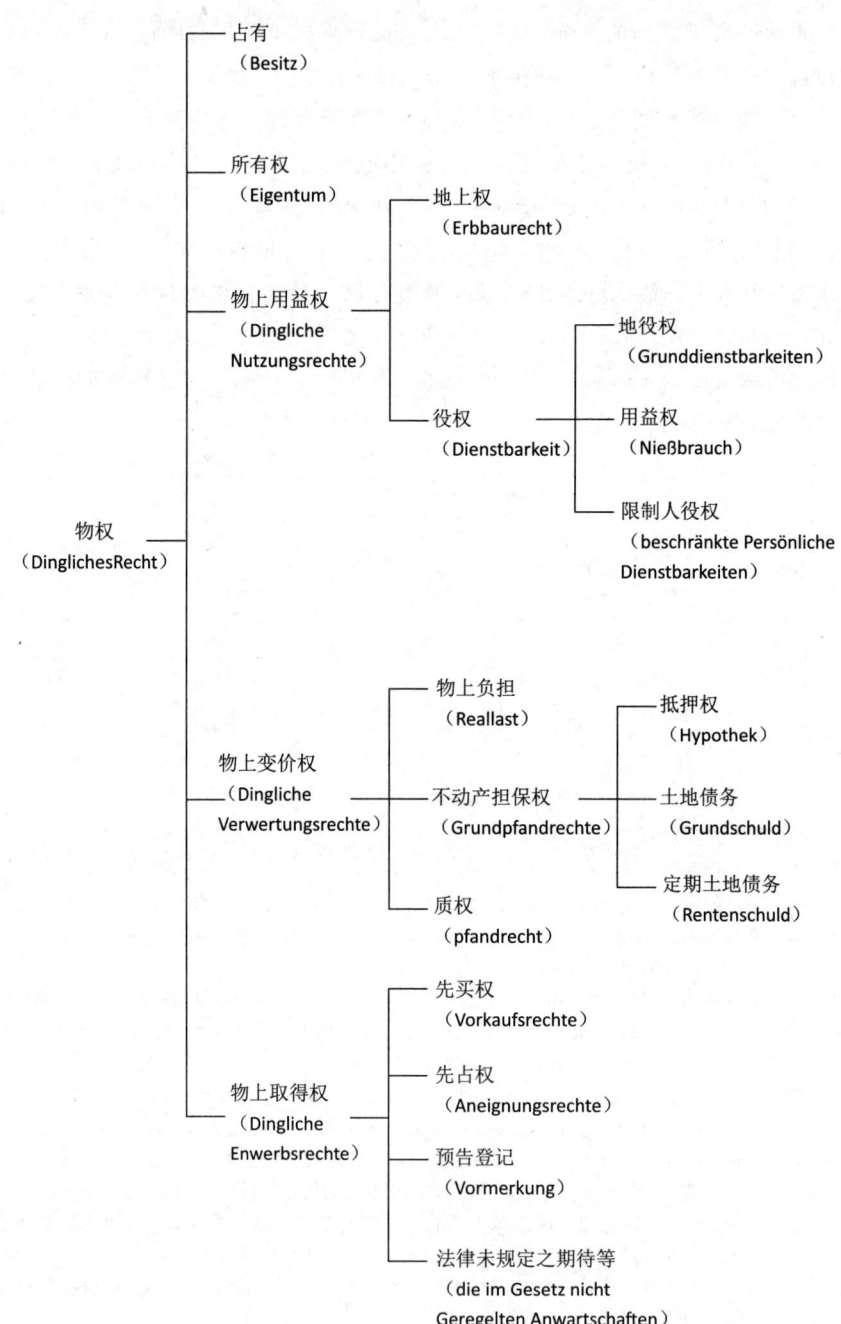

（四）《日本民法》

日本民法有"旧民法"与"新民法"之分别。现行民法为1898年起施行的新民法。[1] 按照该民法，物权法置于"总则编"之后的第2编规定，共10章224条（第175—398条）。其建立的物权体系如下：占有权、所有权、地上权、永小作权（永佃权）、地役权、留置权、先取特权（优先权）[2]、质权及抵押权。"入会权"，因民法制定当时，其起草者对其本质及应涵括哪些内容未有统一认识，故未设专章规定，仅于"所有权"和"地役权"两章中各设一条规定，即第263条和第294条。如今，日本民法学界对入会权的研究已是相当深入，通常的民法教科书多将其列为第十种物权。[3]

此外，日本商法和民事特别法中还有物权制度。按《日本商法典》的规定，商事法中的物权，有商事留置权、商事质权、股票质权、船舶债权人的优先权和船舶抵押权；民事特别法上的物权，除矿业权、租矿权、采石权、渔业权外，还有入渔权、铁道财团抵押权、工厂财团抵押权、矿业财团抵押权、道路交通事业财团抵押权、观光设施财团抵押权、证券抵押权、汽车抵押权、飞机抵押权、建设机械抵押权及企业担保权。值得提及的是，日本判例还判示：流水利用权（水利权）、温泉专用权及让与担保（权）具物权效力。[4]

（五）《瑞士民法典》

1907年的《瑞士民法典》设立专编规定物权制度，此即该民法典"人法""亲属法"和"继承法"之后的第4编"物权编"。该"物权编"，完全是立足于

---

[1] 此外，日本还有所谓"昭和民法"，即1947年5月3日日本施行新宪法后，日本国会依据新宪法的基本精神对旧有民法加以全面修改后形成的民法。1947年底，日本国会通过了对民法进行全面修改的法案，修改后公布施行的民法即称为"昭和民法"。该"昭和民法"增加规定了"公共福利原则""诚实信用原则"和"个人尊严与两性平等原则"。参见［日］谷口知平等：《注释民法》（1），有斐阁1965年版，第1页以下。

[2] 先取特权，即具有法律规定的一定的债权的人，得由债务人的财产中优先于别的债权人而受清偿的担保物权（《日本民法》第303条）。例如，被商店主B雇用的从业员A，为受其工资债权的清偿，于雇主B的总财产上取得先取特权。此先取特权，是担保法律所定的一定的债权，只要该一定的债权发生，则依法律的规定，即当然发生，是担保物权。认可法律所定的一定的债权之有先取特权，其理由各种各样。譬如，基于社会政策的考虑，公平、公正的确保，公益及当事人意思的推测等。另外，先取特权，按其作为标的债务人的财产的种类，可以分为以债务人的总财产为标的的一般的先取特权、以债务人的特定动产为标的的动产的先取特权，以及以债务人的特定不动产为标的的不动产的先取特权。参见［日］松井宏兴：《担保物权法》，成文堂2016年3月补订第2版第8刷发行，第153、154页。

[3] 邓曾甲：《日本民法概论》，法律出版社1995年版，第144页。

[4] ［日］松坂佐一：《民法提要》（物权法），有斐阁1980年版，第14—15页。

本民族的历史传统、固有习惯而规定，并具有"学问的彻底性、用语的简洁典雅、通俗和相互间的协调性"。[1] 其规定了如下的物权体系：所有权、役权（地役权、用益权和其他役权）、土地负担、土地抵押（登记担保权、抵押债务证券和地租证券）、动产担保（动产质权、留置权、权利质权、典质、质权证券）及作为类（似）物权的占有[2]。[3]

（六）《韩国民法典》

1958年的《韩国民法典》系以德国、法国、日本等国家的民法体系为基础，但更多地是受到了日本民法的影响。该民法典最具韩国特色的部分，为其物权编。在此部分里，既有对日本民法的继受，也有韩国传统习惯法的规定，如墓地地基权、关于水的习惯法上的权利等。此外，还根据需要规定了让与担保（权）、假登记担保权等新的物权。[4]

《韩国民法典》将"物权编"置于第2编规定，依次明定了下列物权类型：占有权、所有权、地上权、地役权、传贳权、留置权、质权、抵押权。此外，韩国《集合建筑物所有与管理法》（"建筑物区分所有权法"）、《假登记担保法》《工厂抵押法》和《建设机械抵押法》中还规定了一些特别物权类型。

（七）我国台湾地区"民法"

现今台湾地区"民法"的前身系1929—1930年中国国民政府颁行的《中华民国民法》，自1945年起施行于台湾地区。该"民法"将"物权"置于第3编规定，共10章计210条，分别规定了所有权、地上权、农育权、典权、不动产役权、抵押权、质权、留置权和作为类（似）物权的占有。

自1988年起，台湾"法务部"组成"民法研究修正委员会物权编研究修正小组"，邀请民法学者和实务界人士共同参与物权编之修正。历时八年，于1997年完成"民法物权编部分条文修正草案暨民法物权编施行法修正草案"。2003年，"法务部"将该"修正草案"依担保物权、通则及所有权、用益物权及占有等顺序，分别逐条研商后报"行政院"函转"立法院"审议。其中，担保物权（抵押权、质权及留置权）部分，其"立法院"于2007年3月三读通过。本次物权编

    1　［日］大木雅夫：《近世私法史要论》，有信堂1988年版，第177页。

    2　关于《瑞士民法典》的立法与瑞士之规定不动产担保权的情况，参见陈华彬：《物权法研究》（修订版），法律出版社2009年版，第485页以下；"瑞士不动产担保权制度研究"，载《环球法律评论》2009年第4期。

    3　关于对《瑞士民法典》不动产担保权的详细分析，参见陈华彬："瑞士不动产担保权研究"，载《环球法律评论》2009年第4期。

    4　参见金玉珍译：《韩国民法典朝鲜民法》，北京大学出版社2009年版，第3页。

担保物权的增修条文 90 余条，涉及抵押权、质权和留置权的各个部分。2009 年再修正通则及所有权，2010 年则修正了用益物权与占有的条文。此等修正的内容，涉及物权类型的增加、物权内容的充实及调整，以及物权和其他权利的关系。经修正而完成的民法物权编，更能发挥经济效益，保障台湾地区社会整体经济利益，促进资金融通，维护交易安全。尤其是其所附修正理由，翔实周延，举例适切，颇难能可贵。[1]

三、我国的物权类型

（一）物权法草案曾经规定的物权类型

中国社科院的《物权法草案建议稿》规定了下列物权类型：所有权（含土地所有权、建筑物区分所有权、动产所有权）、用益物权（含基地使用权、农地使用权、邻地利用权、典权）、担保物权（含抵押权、质权、留置权、让与担保权）。此外还规定了作为类（似）物权的占有。[2]

中国人民大学的《物权法草案建议稿》规定的物权类型如下：所有权（含国家所有权、集体所有权、公民个人所有权、社团和宗教组织的所有权、建筑物区分所有权、优先购买权）、用益物权（含土地使用权、农村土地承包经营权、宅基地使用权、地役权、典权、空间利用权、特许物权）、担保物权（含抵押权、质权、留置权、优先权）及占有。

2002 年 12 月，第九届全国人大常委会第 13 次会议审议了我国 21 世纪的第一部民法典草案。该民法典草案设专编规定物权制度。所设计的物权类型如下：所有权（含国家所有权、集体所有权、私人所有权、建筑物区分所有权）、用益物权（含土地承包经营权、建设用地使用权、宅基地使用权、邻地使用权、典权、居住权、探矿权、采矿权、取水权和渔业权）、担保物权（含抵押权、质权、留质权、让与担保权）。此外，还规定了作为类（似）物权的占有。

（二）《物权法》规定的物权类型

2007 年 3 月 16 日通过的《物权法》确立了如下的物权类型：所有权（含国家所有权、集体所有权、私人所有权、建筑物区分所有权）、用益物权（含土地承包经营权、建设用地使用权、宅基地使用权、地役权，同时该法确认：海域使

---

[1] 陈荣传：《民法物权实用要义》，五南图书出版股份有限公司 2014 年版，"序言"；郑玉波著，黄宗乐修订：《民法物权》，三民书局 2007 年版，第 12 页以下。

[2] 参见梁慧星主持：《中国物权法草案建议稿：条文、说明、理由与参考立法例》，社会科学文献出版社 2000 年版。

用权、探矿权、采矿权、取水权、养殖权和捕捞权受法律保护，此等权利性质上属于准用益物权）、担保物权（含抵押权、质权、留置权）及作为类（似）物权的占有。

我国正在制定民法典，在将现行《物权法》纳入到民法典中设立独立的物权编时如何厘定物权的类型，也就是说，是否应当增定某些物权类型（譬如居住权、让与担保），乃需要特别审慎。对此的具体分析，请参见本书附录"我国民法典物权编立法研究"一文。

第六章

物权变动

第一节 概　要

一、物权变动的涵义与形态

物权变动，就物权本身而言，系指物权的发生、变更与消灭的运动状态；就物权主体而言，意指物权的取得、设立、内容变更及丧失。究其实质，系人与人之间对物的支配和归属的法律关系的变更。《物权法》第 2 章 "物权的设立、变更、转让和消灭"，即指物权的变动。

（一）物权的发生

物权的发生，指物权与特定主体的结合；从特定的物权人方面看，为物权的取得。物权的取得涵括原始取得和继受取得。

1. 物权的原始取得

又称物权的固有取得或物权权利的绝对发生，指非依他人既存的权利而取得物权。一般而言，基于事实行为而取得物权，即属于物权的原始取得。而所谓依事实行为取得物权，指依无主物先占（譬如甲在九华山中，以所有的意思占有无主的珍贵兰花，而依无主物先占的规定取得其所有权）、添附、埋藏物、漂流物的发现、遗失物的拾得等取得物权；原始取得因系基于事实行为而非继受他人既存的权利而取得物权，故与他人的权利无涉，其（原始取得）一旦完成，此前标的物上存在的所有负担皆归于消灭，原物权人不得再就标的物主张任何权利。[1]

---

[1] 谢在全：《民法物权论》（上册），新学林出版股份有限公司 2014 年版，第 45 页。

2. 物权的继受取得

也称物权的传来取得或物权权利的相对发生，指基于他人既存的权利而取得物权。一般而言，基于法律行为而取得物权，即属于继受取得。以继受取得方法的不同为标准，其可分为移转的继受取得（移转取得）和创设的继受取得（设立取得或创设取得）；以继受范围或形态的不同为标准，又可以分为特定继受取得和概括继受取得。此两种分类中，以将继受取得区分为移转的继受取得和创设的继受取得为最重要。

移转的继受取得，指就他人的物权依其原状而取得，如基于买卖、赠与或互易而受让某自行车的所有权即属之；创设的继受取得，是指于他人所有的标的物上通过设立用益物权或担保物权而取得定限物权。例如，不动产所有人于自己的不动产上为他人设立抵押权，他人取得该抵押权即属于创设的继受取得。需注意的是，创设的继受取得，仅可适用于设立所有权以外的定限物权（含用益物权和担保物权），所有权则不能因创设而取得。

特定继受取得，指对特定标的物的继受取得；概括继受取得，指就他人的权利义务（不限于特定物）全部予以继受的取得，例如因继承而取得被继承人的权利、义务即属之。界分此两种继受取得的实益，系于概括继受取得的取得人不但要承继前手的权利，也要承继其义务；而在特定继受取得，取得人仅限于继受特定标的物上的权利、义务，而不及于前手关于个人的负担，尽管该负担系因该标的物而生。例如，某甲将其电脑交由某丙修理，于尚欠某丙的修理费时，某甲即把该电脑出售给某乙并为交付。此种场合，某乙对电脑的修理费用不负清偿义务；但若某乙为某甲的继承人时，则应承担偿付某甲所欠某丙的修理费的义务。无论何种继受取得，基于物权的对世效力，存在于标的物上的所有物权负担，均继续存在而由取得人继受之。[1]

（二）物权的变更

物权的变更，有广狭二义。广义的变更，指主体的变更、客体的变更和内容的变更；狭义的变更，则仅指物权的客体与内容的变更。鉴于物权的主体的变更通常涉及物权的取得与丧失，故在物权法上，一般所称的变更，多指物权的客体与内容的变更，即狭义的变更。

物权的客体的变更，又称物权的量的变更，指物权的标的物于数量上的增减。例如，所有权的客体（物）因附合（譬如房屋加盖屋顶小楼或加盖室外停车

---

[1] 谢在全：《民法物权论》（上册），新学林出版股份有限公司2014年版，第46页。

棚)、混合而增加，抵押权的客体因部分毁损而减少。物权的内容的变更则为质的变更，指物权于内容上发生的某些改变。例如，建设用地使用权设立后，又通过合意将其存续期间延长或缩短；再如，抵押权设立后，抵押权人受偿顺位的升降，抑或动产抵押权起初因未办理抵押登记而不具对抗善意第三人的效力，之后抵押权因登记而取得了对抗第三人的效力等，皆属于物权内容的变更。

（三）物权的消灭

物权的消灭，就物权人方面而言，为物权的丧失，即物权与其主体的分离。物权的消灭，分为绝对消灭与相对消灭。前者指物权的标的物不仅与其主体分离，且他人也未取得其权利；后者指物权虽与原主体分离，但又与另一新主体相结合。当代物权法所称的物权的消灭，通常系指物权的绝对消灭。至于物权消灭的原因，本章将设专节论述，兹不赘述。

二、引起物权变动的原因

一如世界万物的生生息息皆有其因由一样，物权变动也自有其原因。根据罗马法以来的近现代和当代各国物权法及其实务，物权变动的原因主要有以下三类：(1) 基于法律行为，譬如依买卖、赠与、互易而发生变动；(2) 依法律行为以外的其他原因，即主要依事实行为而取得物权或消灭物权，例如依传统民法中的取得时效、无主物先占、添附（附合、混合及加工），与我国《物权法》规定的遗失物拾得、埋藏物、漂流物的发现、混同、放弃（抛弃）、继承、因合法建造、拆除房屋等事实行为而取得物权或消灭物权；(3) 依某些公法上的原因，譬如因征收或人民法院、仲裁委员会的法律文书或强制执行而发生物权变动。此三类原因中，基于法律行为的物权变动是最重要、最常见的原因。正因为如此，依法律行为的物权变动遂成为各国家或地区物权法上的一个重要问题。

第二节 物权变动

一、基于法律行为的物权变动

（一）基于法律行为的物权变动的规范模式

如前述，在引起物权变动的法律事实中，最重要者莫过于法律行为。物权如何依法律行为而变动，为近现代和当代各国物权法上的重要问题。

英美法关于不动产权利变动系采"契据交付主义"。按照美国法，不动产权利的变动除了让与人和受让人需缔结买卖契约外，仅需作成"契据"（deed）交付给买受人,即生不动产权利变动的效力。受让人虽可将"契据"登记,但依多数州法及其实务,该登记并非不动产权利变动的生效要件,而仅系对抗要件,虽然具有公示的机能,但并无公信力。依英国法,不动产土地权利的变动需要有两项要件:契约与严格证书。所谓"严格证书",相当于美国法的"契据"。据此可见,无论美国法抑或英国法,其对于一切不动产权利的变动,均不要求有专门的物权变动的意思表示(物权合意),登记系物权变动的对抗要件,物权行为(dingliches Geschäft)概念、物权行为独立性和无因性皆无从谈起,对于德国民法物权行为独立性与无因性理论及其制度,学说斥为荒诞无稽。[1]

19世纪以降大陆法系民法对物权变动的规制,其源流可以上溯到公元前753年至公元565年的罗马法,中经欧洲封建的专制时代,长达1000年(476—1500年)的中世纪和19世纪初期开始的民法法典化运动,至20世纪初,大陆法系民法就物权如何发生变动业已形成了"三足鼎立"的规制格局。此即以德国民法为代表的物权形式主义,以奥地利、西班牙、瑞士民法为代表的债权形式主义,以及以法国、日本民法为代表的债权意思主义。之后以至今日的各国家或地区民法,对物权变动的规制基本未再创造新的模式,其要么追随物权形式主义(1929—1930年公布的《中华民国民法》解释上系采德国物权形式主义),要么追随债权形式主义(如1958年《韩国民法典》)。二者之中,债权形式主义为二战以后的多数国家或地区的民事立法所采取,居于有力和支配地位,代表了物权变动立法的基本潮流和趋向。除现今欧陆中的奥地利、西班牙、瑞士等采取此种模式外,拉丁美洲各国、苏联和东欧各国,以及以丹麦为首的北欧各国和远东各国(如我国《物权法》),也都大体上采取这一立法模式。以下分别考察此三种模式的基本构成。

1. 债权意思主义(或意思主义)

又称意思主义,以法国民法和日本民法为代表。[2]《法国民法典》第711条规定:财产所有权得因继承、生前赠与、遗赠以及债的效果而取得或转移。换言之,该民法典是将物权变动作为债权行为的当然结果来对待,不承认有物权行为。以买卖为例,按照该法典第1583条的规定,当事人就标的物及其价金相互同意时,即使标的物尚未交付,价金尚未支付,买卖也告成立,标的物的所有权也在此时于法律上由出卖人移转给买受人;所有权的移转以买卖合同为依据,既不

---

[1] [日]铃木禄弥、筱塚昭次:《不动产法》,有斐阁1973年版,第157页。

[2] 另外,意大利亦采此种债权意思主义。

需要另有物权行为，也不需要以交付或登记作为所有权移转的生效要件。[1]

《日本民法》和《法国民法典》的立场相同，皆采债权意思主义。该民法第176条规定：物权的设立和移转只因当事人的意思表示而发生效力。另依第177条、第178条的规定，物权变动，非经登记或交付，不得对抗第三人。其中，第176条所称"意思表示"，因其涵义未如《法国民法典》第711条那样规定得明确，故学说对其究竟指的是债权的意思表示抑或物权的意思表示，见解未尽一致，惟通说与实务认为系债权的意思表示。

归纳言之，法、日民法的债权意思主义具有下列特点：（1）发生债权的意思表示即为物权变动的意思表示，两者合一，并无区别。（2）物权变动的法律行为，仅需当事人的合意即能完成（债权合意主义）。公示原则的方法的交付或登记，系对抗要件，而非成立要件或生效要件。（3）一个法律行为除有特别情事外，即可发生债权与物权变动的双重效果。换言之，物权行为被债权行为所吸收，物权变动不过为债权行为的效果，故无物权行为独立性之可言。所谓特别情事，指存在不能直接发生物权变动的障碍，需待障碍除去后，方可发生物权变动的效果。例如，不特定物或将来物品的买卖，或就物权变动的时间另有约定，抑或另有习惯等。（4）物权行为既无独立性，则其效果自然受原因关系即债权行为的影响。因此，无物权行为无因性之可言。以房屋买卖为例，当事人于买卖合同生效时，不仅发生债权关系，除有特别情事外，亦同时发生物权的变动。换言之，房屋买受人于双方买卖的意思表示达成合致时，除有特别情事外，即取得房屋所有权，办理房屋所有权的移转登记只不过是对抗第三人的要件，而并非买受人取得房屋所有权的要件。[2]

2. 物权形式主义

该主义以《德国民法典》最具代表性。按照这种主义，物权因法律行为而变动时，除需有债权行为（如买卖合同、赠与合同、互易合同）外，还需当事人就物权的变动达成一个独立于债权行为之外的合意（物权合意），以及履行交付或登记的法定形式。以房屋买卖为例，当事人订立买卖合同（债权行为），仅产生债之关系，当事人之间尚需有所有权移转的合意（物权合意），并办理所有权移

---

[1] 亦即，使物权发生变动的法律行为（如买卖合同），仅需当事人的合意即可产生物权变动的效果，公示原则所要求的交付或登记公示方法只是物权变动的对抗要件，而非生效要件。故此，买卖合同一经成立，即使动产尚未交付，不动产尚未登记，于当事人之间也立刻产生所有权移转的法律效果。参见刘家安：《物权法论》，中国政法大学出版社2009年版，第74—75页。

[2] 谢在全：《民法物权论》（上册），新学林出版股份有限公司2014年版，第54页。

转的登记手续，方能发生物权变动的效力，买受人由此才能取得房屋所有权。依通说及其解释，我国台湾地区"民法"也采此物权形式主义。

应当指出的是，在此模式下，物权行为无论单独行为（如放弃、抛弃）或物权契约（物权合意，Einigung、Auflassung），均应与仅生债权效力的债权行为区别。譬如，甲与乙订立房屋买卖合同，甲同意将 A 房屋以 1000 万元出卖给乙，此时乙仅得对甲请求移转房屋所有权，并未取得 A 房屋所有权。故乙须待甲、乙完成移转 A 房屋所有权的行为，方能取得 A 房屋所有权。在这里，甲、乙间的买卖合同是债权行为，甲、乙间移转 A 房屋所有权的行为，是物权行为。即使同为合同（契约），甲、乙间的买卖合同与移转所有权的合同不同，买卖合同是一种以移转物权为目的的债权合同，与移转物权的物权合同（物权契约、物权合意）不同。乙因买卖合同的生效，仅取得移转房屋所有权的请求权，须另有移转房屋所有权的行为，方能取得所有权。故物权行为具有独立于债权行为之外的独立性。另外，在我国台湾地区"民法"上，物权行为当事人，如就物权变动的意思表示合致，其刻意不称"契约"，而称为"合意"，以与债权行为的意思表示区隔。此种设计，也为物权行为独立性的表现。[1]

物权形式主义具有以下特点[2]：

（1）区隔债权行为与物权行为。债权行为（如买卖合同、赠与合同、互易合同）仅在特定当事人之间发生以请求为一定给付为内容的债权关系；为发生物权变动的效果，需要在当事人之间另行达成一个旨在直接变动物权的合意，即物权合意。于解释上，物权合意并不包含于债权合意中，而系独立存在。[3]

（2）物权合意虽直接指向物权的变动，但其本身仍不能产生物权变动的法律效果，还需履行登记或者交付的法定形式。亦即，在物权形式主义模式下，公示原则所要求的物权公示方法是物权变动的成立要件或生效要件（即动产非经交付，不动产非经登记，不发生物权变动的效力），而非债权意思主义之下的对抗要件。

（3）在债权行为与物权行为并存的情况下，尽管债权行为是物权行为的原因（如为履行买卖合同而进行标的物所有权移转的合意），但物权形式主义模式坚持物权行为的无因性，即物权行为独立地发生物权变动的效果，债权行为有效与否

---

[1] 陈荣传：《民法物权实用要义》，五南图书出版股份有限公司 2014 年版，第 10 页。
[2] 刘家安：《物权法论》，中国政法大学出版社 2009 年版，第 75—76 页。
[3] 德国法将发生债权的合意，称为普通契约（Vertrag），变动物权的合意，称为物权合意抑或物权契约（Einigung、Auflassung，前者是变动动产物权的物权合意，后者系变动不动产土地物权的物权合意）。

不影响物权行为的效力。[1]

3. 债权形式主义

也称意思主义与登记或交付的结合，1794 年《普鲁士普通邦法》《西班牙民法》采之。依此主义，物权因法律行为而变动时，除了需要当事人之间有债权合意（如买卖合同、赠与合同、互易合同）外，仅需践行登记或交付的法定形式，即生物权变动的效力。[2] 此一主义的基本要点如下：（1）引起债权债务关系发生的意思表示即是物权变动的意思表示，二者合一，并无区别。此与债权意思主义同，而与物权形式主义异。（2）要使物权实际发生变动，仅有当事人之间的债权的意思表示（如买卖合同、赠与合同、互易合同）尚有不足，还需履行登记或交付的法定形式。因此，作为公示方法的登记或交付，是物权变动的成立要件或生效要件，此与债权意思主义异，而与物权形式主义同。（3）物权变动，只须在债权的意思表示之外加上登记或交付即可，无须另有物权变动的合意，故无独立的物权行为。（4）既然无独立的物权行为，则物权变动的效力自应受原因关系——债权行为（如买卖合同、赠与合同、互易合同）——的影响，故物权行为无因性也不存在。以房屋买卖为例，双方当事人虽已签订买卖合同，但仅有此债权行为，买受人尚不能取得房屋所有权，必须办完房屋所有权移转登记手续后，买受人方能取得房屋所有权。应注意的是，在债权形式主义之下，交易安全的保护委诸公示与公信原则。

《韩国民法典》对于物权变动系采债权意思主义与登记或交付之结合。其第 186 条、第 188 条规定：因法律行为的不动产物权变动，经登记方能发生效力；动产物权的转让，以交付动产而发生效力。[3] 本来，韩国在 1958 年制定民法典以前，对于物权变动系采日本民法的债权意思主义，现今改采交付或登记的生效要

---

[1] 亦即，依据物权形式主义模式，要想使买卖合同标的物的所有权发生移转，于买卖合同这一债权行为之外，还需要当事人作成一个独立的移转标的物所有权的物权合意，并须由出卖人将标的物交付于买受人，或者办理所有权移转的登记。所有权移转的法律效果系物权行为独立产生的，故而即使买卖合同不存在、无效或被撤销，物权行为所产生的所有权移转的效果仍不受影响，出卖人不得以所有权未发生移转为由主张物权标的物的返还请求权，而只能依不当得利的规定，主张民法上的请求权，请求利益的返还。对此，请参见刘家安：《物权法论》，中国政法大学出版社 2009 年版，第 76 页。

[2] 按照《西班牙民法》，物权变动只需要债权行为的意思表示，再加上公示方法，即可发生物权变动的法律效果。即使认为物权行为是独立的法律概念，但其与债权行为共用一个意思表示，欠缺独立的物权行为意思表示，实际上乃不承认物权行为的独立性。参见陈荣传：《民法物权实用要义》，五南图书出版股份有限公司 2014 年版，第 9 页。

[3] 不过，在韩国学界，也有观点认为，《韩国民法典》关于物权变动，系采德国法物权形式主义，承认了物权行为独立性和无因性。

件主义，学说称为由债权意思主义到形式主义的转换。《韩国民法典》制定之际，对于是否采取此种主义曾有激烈争论。反对意见指出，由于韩国人民长久以来一直生活在债权意思主义之下，登记的习惯并未获得普及，采债权意思主义与登记或交付的结合势将引起社会的混乱，故应仍然采债权意思主义。[1]惟立法者最终未接受此意见，而系选择了债权意思主义与登记或交付之结合。其立法理由书就此写道：之所以如此，系在于使物权变动得以明确化，并保护交易的安全。[2]

需提及的是，《瑞士民法典》《奥地利普通民法典》（瑞民第714条、第932条、第973条、第974条，奥民第380条、第425条）对于物权变动，系采介于《德国民法典》物权形式主义和法、日民法典债权意思主义之间的折中主义（本质上仍然属于债权形式主义）。《瑞士民法典》第714条第1项规定：动产所有权的让与，应将其占有移转于受让人；不动产所有权的移转，以原因行为（如买卖合同）、登记承诺（登记同意）和登记的结合作为根据。具体而言，要发生不动产物权变动，须具备三个条件：一是须有法律上的原因或原因行为。所谓"原因行为"，包括移转不动产所有权的合同或设立不动产他物权的合同。二是须有不动产所有权人的登记承诺（登记同意），它兼有物权合意（物权行为）的意义。三是须有国家主管机关依不动产所有权人的登记承诺所做的登记。由此可见，《瑞士民法典》既没有将不动产物权的变动系于债权行为（如买卖合同），也没有将不动产物权的变动单纯系于物权行为，而是把不动产物权变动的根据看作是由一个原因行为、登记承诺和登记的结合构成的。这表明，对于物权变动，《瑞士民法典》采取的是介于德国的物权形式主义与法、日的债权意思主义之间的折中主义。在这种主义之下，物权行为的效力受其原因行为（债权行为）的影响，故物权行为仍为有因，而非无因。应注意的是，在此折中主义之下，交易安全的保护委诸于公示与公信原则。

4.《欧洲示范民法典草案》（欧民草案）的相关规定（折中的折中主义）[3]

《德国民法典》采取物权行为理论，实行物权形式主义，而从欧盟成员国来看，如前所述，《法国民法典》《奥地利普通民法典》均不承认物权行为，《瑞士民法典》则采折中主义，即一方面承认债权行为与物权行为之区分，另一方面却

---

[1] 日本民事法研究会：《民法草案意见书》（1957年），第67页；[韩]郑钟休：《韩国民法典的比较法研究》（日文），创文社1989年版，第210页。

[2] 日本民事法研究会：《民法草案意见书》（1957年），第67页；[韩]郑钟休：《韩国民法典的比较法研究》（日文），创文社1989年版，第210页。

[3] 此部分参考、依据陈荣隆："物权行为立法主义之研析"，载《月旦民商法杂志》2016年第1期（总第51期），第136—138页。

否定物权行为无因性。欧洲私法的原则、定义及示范规则——《欧洲示范民法典草案》（Principles, Definitions and Model Rules ofEuropran Private Law: Draft Common Frame of Reference, DCFR）试图整合各国立法例之长，制定一可供参考、实行的立法规则，其相关规范如下。

VIII.—2：101 条（所有权移转一般要求）第（1）款规定，本章货物所有权移转的要求：……（d）受让人依契约、其他法律行为、法院判决或法律规则，有权自转让人接受所有权的移转；（e）在所有权移转时，存在一项协议，且该协议的条件获得满足，或在缺乏该协议时，存在交付或与交付相当的行为。

VIII.—2：103 条规定：就所有权移转的时间，……依当事人的协议，但成员国国内法律规定非经登记不得取得所有权者，不在此限。

VIII.—2：202 条（自始无效、嗣后撤销、撤回权、解除及撤销效果）规定：（1）基础契约或其他法律行为自始无效者，不生所有权的移转。（2）所有权移转后，基础契约或其他法律行为依第 2 编第 7 章（无效原因）被撤销者，所有权视为未移转于受让人（所有权溯及效果）。（3）所有权因第 2 编第 5 章规定的撤回权或第 3 编第 3 章规定的解除或第四编第八分编捐赠契约的撤销而须重新移转者，不生所有权溯及的效力，所有权不立即重新移转。

III.—3：510 条（因履行所获利益的返还）第（1）款规定：依本节的规定解除合同者，依被解除的契约（合同）关系或契约关系之一部分履行债务，自他方当事人获取利益者（收取人）应返还该利益……同条第（3）款规定：该利益（非金钱）得转让者，依移转的方式返还之……

从上述草案的具体内容观之，首先，VIII.—2：101 条（所有权移转一般要求）（d）项和（e）项确立了债权行为与物权行为区分原则。其次，VIII.—2：202 条（自始无效、嗣后撤销、撤回权、解除及撤销效果）则确立物权行为部分情况下有因及部分情况下无因原则。从 VIII.—2：202 条第（1）和（2）款的规定来看，其确立物权行为有因原则，即如果基础契约（债权行为）因自始无效或因欺诈、胁迫、错误、不当利用或因违反基本原则或强制性规定而被撤销时，不仅基础契约无效，而且物权行为也为无效，亦即不发生所有权移转的效果。但是，VIII.—2：202 条第（3）款又确立物权行为无因性原则。如果因根本违约而导致一方当事人行使解除权的，双方当事人间的债权契约无效。对于契约解除前一方当事人依据契约所交付的货物所有权，于契约解除时并不立即发生所有权溯及效果，而必须采取返还的方式才能收回货物所有权，而货物收取人也有义务重新移转该货物所有权。由此可知，契约解除制度所解除者仅债权行为，并不解除物权行为。亦即，确立物权行为独立于债权行为的无因原则。

综据上述，《欧洲示范民法典草案》关于物权变动，应系采折中主义模式。但该折中主义和《瑞士民法典》的折中主义并不完全一致。一方面，该草案承认债权行为与物权行为区分原则，另一方面，就债权行为与物权行为的关系，就某些情形承认其有因关系（有因性），而在另外一些情形又确认其无因关系（无因性），故可谓是折中的折中主义模式。

（二）物权变动立法模式的体系归纳

综上所述，现今大陆法系与英美法系物权变动的立法模式系可归纳图示如下[1]：

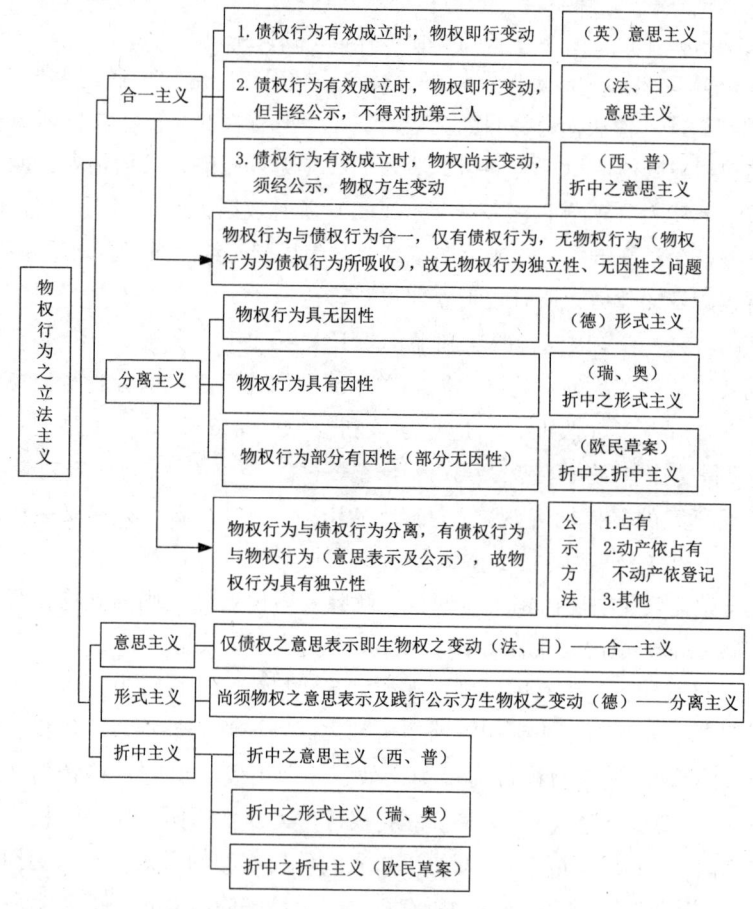

---

[1] 陈荣隆："物权行为立法主义之研析——兼评吉林省长春市中级人民法院（2014）长民再字第00012号判决"，载《月旦民商法杂志》2016年第1期（总第51期），第128页。

（三）三种基本（主要）规范模式的衡量、比较

债权意思主义、物权形式主义与债权形式主义，系近现代与当代各国民法规范基于法律行为的物权变动的三种基本立法模式。其中，债权意思主义有使物权变动便利、简洁的优点，但物权变动仅因债权行为的意思表示即生效力，不能由外部认识物权是否变动及变动的时期，因此不得不以交付或登记作为其对抗要件，但却由此使物权法律关系，于当事人间的内部关系与对第三人的外部关系发生不一致的复杂问题。而物权形式主义，以交付或登记为物权变动的生效要件，不仅可保障交易安全，且使当事人间就物权关系的存在与否及变动的时期明确化，并使当事人间的内部关系与对第三人的外部关系也完全一致。但其承认物权行为独立性与无因性，不仅与一般社会生活的实际状况未尽相合，且因采无因性的结果，使对静态的财产所有权的安全的保护（对第一出卖人的保护）亦失之不周。[1] 可见，债权形式主义，既具债权意思主义、物权形式主义的优点，也克减了其缺点与不足。易言之，债权形式主义既有使物权的交易获得便捷、当事人的意思受到尊重的优点，也有使物权变动的当事人之间的内部关系与对第三人的外部关系相一致，而切实保障物权交易的安全的优点。正因为如此，自近代以来，该主义就一直受到各国家或地区民事立法的青睐，大多数国家或地区将其采为物权变动的基本原则；而且，受其影响，某些本采物权形式主义或债权意思主义的国家或地区的立法，为潮流所挟也着手检讨既有的规定，而试图借鉴该主义的优点。于债权意思主义与物权形式主义的起源地法国和德国，晚近司法判例与民法理论，均出现了主张限制债权意思主义或物权形式主义的适用范围，而改采债权形式主义，抑或在解释论上使物权变动的意思表示（物权合意）融于买卖合同等债权行为中，即采法律行为一体说的主张。[2]

（四）我国《民法通则》《物权法》因法律行为的物权变动原则上采债权形式主义，例外地采债权意思主义

1. 原则上采债权形式主义

我国在《民法通则》颁布前，立法关于物权变动没有明确规定。自1979年起，我国开始民法起草工作，着重参考苏俄1964年民法典、捷克民法典、东德民法典和1978年经修订而重新颁布的匈牙利民法典而设计物权变动规则。1981年4

---

[1] 参见谢在全：《民法物权论》（上册），新学林出版股份有限公司2014年版，第56页。

[2] 譬如德国民法学者拉伦茨（Larenz）即是这方面的代表。其主张变更德国民法物权形式主义，而改采意思主义与交付的混合制度。参见王泽鉴：《民法学说与判例研究》（1），中国政法大学出版社1998年版，第270—273页，尤其是第272—273页。

月民法草案（征求意见二稿）第73条规定：按照合同或其他合法方式取得财产的，除法律另有规定或当事人另有约定外，财产所有权自财产交付时起转移。1986年颁布的《民法通则》第72条，采纳了这一规定。依该规定：（1）基于买卖、赠与、互易而引起财产所有权移转的，财产所有权移转的时间以交付为准。因此，当事人虽然就某项财产的买卖达成了协议（如订立了买卖合同）但尚未交付的，标的物的所有权仍不移转；交付为动产物权变动的生效要件。（2）所有权的移转不要求另有移转所有权的合意（物权合意），所有权的移转是买卖合同等的本来的、固有的效力。（3）交付的规定属于任意性规定，当事人可以通过特别的约定来排除适用此规定。可见，《民法通则》关于动产物权变动的规定，非属德国法的物权形式主义，也不是法国、日本的债权意思主义，而是普鲁士普通邦法、西班牙法和韩国法的债权形式主义；至于不动产物权变动，如不动产所有权的移转和以出让的方式设定建设用地使用权等，也同样不是采德国法的物权形式主义，而是采债权形式主义，登记为不动产物权变动的生效要件，既无独立的物权行为，也无物权行为无因性。

《物权法》第6条、第9条、第23条系关于动产物权与不动产物权因法律行为而变动的原则性规定。按照这些规定，物权变动须完成法定的公示形式，即动产的交付与不动产的登记。按照物权立法自始确立的立法原则[1]，此种物权变动模式，为债权形式主义或称为"意思表示与交付或登记之结合"。在确立因法律行为的物权变动采债权形式主义之后，《物权法》关于建筑物（含构筑物、附属设施）所有权的移转、建设用地使用权的变动（第9条第1款、第14条、第139条），关于不动产抵押权、在建工程抵押权的设立（第187条），关于动产质权的设立（第212条），关于权利质权的设立（第224条、226条第1款、第227条第1款、第228条第1款），均将这种模式予以了具体化，即奉行了这种模式。[2]

2. 例外地采债权意思主义

在将债权形式主义采为依法律行为的物权变动的原则的同时，考虑到社会经济生活的复杂性与发展水平的不平衡性，《物权法》就土地承包经营权的变动（第128条），地役权的变动（第158条），船舶、航空器、机动车等物权的变动（第24条），关于以生产设备、原材料、半成品、产品、交通运输工具、正在建造的船舶、航空器设立抵押权（第188条），和关于动产浮动抵押权的设立（第

---

[1] 参见梁慧星："中国物权法的制定"，载《中国物权法之考量》（日文），日本商事法务2008年版，第14—15页；陈华彬："《中国物权法草案建议稿》：一个比较借鉴与确定中国物权法特色的过程"，载《民法典与民法物权》，法律出版社2009年版，第128页。

[2] 崔建远：《物权法》，中国人民大学出版社2014年版，第46页。

189 条），均采取了债权意思主义，登记为物权变动的对抗要件。这些场合的债权意思主义，系《物权法》原则上采债权形式主义之例外。此外，对于宅基地使用权，《物权法》甚至连登记也未提及。

二、非基于法律行为的物权变动

（一）非基于法律行为的不动产物权变动

不动产物权非基于法律行为而发生变动，具有特殊性，因此《物权法》将其于第2章"物权的设立、变更、转让和消灭"的第3节"其他规定"中作单独规定。具体而言，《物权法》第28条至第30条规定了因人民法院、仲裁委员会的法律文书、人民政府的征收决定、继承或受遗赠、合法建造或拆除房屋等法律事实而引起的不动产物权变动，不经登记即发生效力；但是，处分这些物权时，依照法律规定需要办理登记的，未经登记，不发生物权效力（第31条）。换言之，非因法律行为而取得不动产物权的，不以登记为物权取得的生效要件，但非经登记，不得处分所取得的不动产物权。也就是说，欲处分自己的不动产物权的，须先登记为权利人。

因人民法院、仲裁委员会的法律文书或者人民政府的征收决定等，[1]导致物权变动的，自法律文书或者人民政府的征收决定等生效时发生效力（第28条）。应注意的是，依最高人民法院《物权法司法解释（一）》第7条的规定，人民法院、仲裁委员会在分割共有不动产或者动产等案件中作出并依法生效的改变原有物权关系的判决书、裁决书、调解书，以及人民法院在执行程序中作出的拍卖成交裁定书、以物抵债裁定书，应当认定为《物权法》第28条所称的导致物权设立、变更、转让或者消灭的人民法院、仲裁委员会的法律文书。

因继承或者受遗赠取得物权的，自继承（继承人自继承开始时，承受被继承人财产上的一切权利、义务）或者受遗赠开始时发生效力（第29条）。应指出的是，遗赠尽管也于继承开始时生效，惟受遗赠人仅取得请求交付遗赠物的债权，尚不当然发生物权变动的效力[2]。

因合法建造、拆除房屋等事实行为设立或者消灭物权的，自事实行为成就时

---

[1] 应注意的是，依我国台湾地区"土地法"，征收是以原所有人应受的补偿发给完竣时，为物权变动的时点。法院判决，仅指依其判决的宣告，即可产生不动产物权变动，即具有形成力的判决而言，并不包括确认判决或给付判决在内。参见陈荣传：《民法物权实用要义》，五南图书出版股份有限公司2014年版，第13页。

[2] 郑冠宇：《民法物权》，新学林出版股份有限公司2015年版，第63页。

发生效力（第 30 条）。

强制执行，即不动产物权依强制执行规则被执行后发生的权利变动。强制拍卖的不动产，买受人自领得执行法院发给的权利移转证书之日起，取得该不动产的所有权，无须登记即发生物权变动的效力。[1]

值得强调的是，鉴于《物权法》第 28 条至第 30 条的物权变动系非基于法律行为的特殊物权变动，故最高人民法院总结实务经验，于《物权法司法解释（一）》第 8 条规定：依照《物权法》第 28 条至第 30 条规定享有物权，但尚未完成动产交付或者不动产登记的物权人，根据《物权法》第 34 条至第 37 条的规定，请求保护其物权的，应予支持。

（二）非基于法律行为的动产物权变动

在物权法上，动产物权非依法律行为而发生变动者，其因由除了继承、强制执行和法院判决外，还有因无主物先占、取得时效、遗失物拾得、埋藏物、漂流物发现及添附等事实行为而引起的物权变动。此等动产物权的变动因较复杂，具特殊性，故本书将设"动产所有权"专章论述，兹不赘述。

第三节　物权变动的公示与公信原则

物权是权利人直接支配标的物的权利，具有绝对性（对世性）和排他效力。物权的变动，尤其是由法律行为引起的物权变动，体现了当事人的意思自治，但是因物权变动的效果不仅与交易关系的直接当事人相关，而且还潜在地对所有民事主体产生影响，故此，法律必须将一定的公示方法规定为物权变动效果发生的要件，从而使第三人能够从外部认识到物权变动的法律现象，并以此外在的法律现象为基础，安排其法律生活。为此，《物权法》明确规定了物权的公示原则（Publizitätsprinzip、Offenkundigkeitsprinzip），同时通过善意取得的规定，也体现了物权变动的公信原则。[2]

一、公示原则

（一）物权公示的涵义及其必要性

物权公示，指物权享有与变动的可取信于社会公众的外部表现方式，凡物权

---

[1] 即因强制执行而取得不动产物权的，不以登记为生效要件。对此，请参见姚瑞光：《民法物权论》，海宇文化事业有限公司 1999 年版，第 29 页。

[2] 刘家安：《物权法论》，中国政法大学出版社 2009 年版，第 59—60 页。

的享有与变动，均须进行公示。公示的目的在于使人"知"。

物权为具有绝对排他性效力的权利，若某物上已经存在物权，则与之不能两立的有着同一内容的其他物权即不得再存在；物权具有排他性，其变动将产生排他性的效果，若未有由外界辨认其变动的表征，则会使第三人遭受不测的损害。因此，要使物权具有排他性，防止人对物的争夺或对他人财产的侵害，物权必须予以公示。基此公示，当事人和第三人由外部认识物权的存在，使物权关系因此得以透明；反之，物权若不公示，则在物权交易频繁的情形下，不仅物权交易的安全会受到损害，而且也势必损害第三人的利益，并引起物权交易秩序的紊乱。可见，物权的公示对于维护物权的归属秩序（物权的享有秩序）与物权交易的安全，皆具重要意义。

自19世纪以降，关于物权的取得、丧失和变更，各国家或地区无不实行公示原则。制定了民法典的国家或地区，通常在民法典的物权编中设专章、专节或专条规定物权的公示及其方法，并同时制定特别法如不动产登记法或不动产登记条例来明定不动产物权的公示。例如，《德国民法典》物权编第1章"占有"和第2章"土地权利的通则"，就集中规定了动产物权和不动产物权的公示。另外，德国也制定了专门的"不动产登记法"（"土地登记法"）来规定不动产物权（"土地物权"）的公示；瑞士、日本和我国台湾地区亦同。[1]

我国《物权法》在之前法律有关物权公示的零散规定的基础上，对物权公示制度作出了比较完整的规定。《物权法》于第1章"基本原则"中明定物权公示

---

[1] 我国土地所有权的变动实行登记制度，迄今已有上千年的历史。《隋唐·食货志》载："晋自渡江，凡货卖奴婢、马牛、田宅，存文券。率钱一万输估四百入官，卖者三百，买者一百。"此为我国古代政府发给财产过户的"文契"，并据此征收契税的滥觞。至唐代，因实行均田制，对土地私下买卖设立严格限制，于是不得不通过实行"文牒制度"来证明私产买卖的合法性。往后迄至南宋，不动产实行"鱼鳞册"制度，所有的财产、田地均须登记，土地买卖，须事先核对与"鱼鳞册"上的登记是否相符，并登记新业主的姓名后，方完成所有权移转的法定程序（参见赵冈、陈钟毅：《中国土地制度史》，台湾1984年版，第23页）。尽管各代建立登记制度的目的在于征收税赋，以及供作"质证"，以杜纷争，但是，登记在物权变动中所起的事实上的公示作用，是毋庸置疑的。1929—1930年国民政府制定《中华民国民法》，立法者虽然明知我国当时的不动产登记机构不完备，但最终通过的民法仍然以登记作为不动产物权变动的公示方法，并采不动产物权变动的登记生效主义。1929年12月2日，主持制定民法的胡汉民在国民党立法院谈到民法物权编的立法精神时说：之所以如此，系在于"贯彻国民党的土地政策，并期权利状态的明确"。可见，《中华民国民法》之采登记生效主义，除具有私法上的意义外，还具有浓烈的公法色彩。至于动产物权的变动，我国历来强调"以实力掌握为必要"。换言之，是以"交付"作为动产物权变动的公示方法。1929—1930年的《中华民国民法》也将"交付"规定为动产物权变动的公示方法。例如该法第761条第1项规定："动产物权之让与，非将动产交付，不生效力。"

为物权法的一项基本原则。第 6 条规定，动产物权的变动以交付为其公示方法，不动产物权的变动以登记为其公示方法。在此原则规定的基础上，《物权法》于第 2 章 "物权的设立、变更、转让和消灭"中进一步规定，因法律行为的动产物权变动，以交付为生效要件，除非法律另有规定（第 23 条）；因法律行为的不动产物权变动，以登记为生效要件，除非法律另有规定（第 9 条）。

（二）物权公示制度的内容

物权公示制度的内容主要涵括物权公示的方法与物权公示的效力，兹分述如下。

1. 物权公示的方法

近代以降，物权公示的方法，因不动产物权或动产物权的不同而有差异。不动产物权以登记和登记的变更作为权利享有与变动的公示方法，动产物权以占有作为权利享有的公示方法，以占有的移转（交付）作为权利变动的公示方法。法律通过赋予登记和登记变更以及占有与交付以公信力，可以使社会公众通过登记、登记变更、占有和交付等知悉物权的享有与变动的情况，从而达到公示物权的享有与变动的目的。有公示者，有该物权，无公示者，无该物权。

从法史上看，以保护不动产物权交易的安全为目的的不动产登记制度，系以 12 世纪前后德国北部城市中关于土地物权的变动须记载于市政会所掌管的城市公簿（Stadtbuch）上为其端绪。之后不久，这一制度因德国大规模继受罗马法而于许多地方被废弃不用，而仅个别地方采行之。至 18 世纪时，由于形势的需要，该登记制度在普鲁士和法国的抵押权中重新复活。不久以后，登记制度即在欧洲各国得到广泛推行。通常认为，法国在抵押权领域采行登记制度，系现代意义的不动产登记制度正式诞生的标志。

动产物权的公示方法，自古以来就是交付——标的物的占有的移转。罗马法如此，日耳曼法也不例外。近代伊始，登记制度虽然大兴，但动产物权的变动如果都需要以登记加以公示，则将殆不可能；同时，因物权交易日渐频繁，如动产物权的变动也采登记的公示方法，则必定会影响物权交易的便捷，甚至会延缓物权交易的进程。有鉴于此，遂不得不以占有和占有的移转——交付——作为动产物权变动的公示方法。

2. 物权公示的效力

对于不动产物权的登记、登记变更，动产物权的占有与交付等物权公示方法的效力，主要有公示对抗主义、公示生效主义及公示折中主义三种。

（1）公示对抗主义。此主义主要为法国法系国家所采，认为物权变动的公示方法虽有社会公信力，但并不是物权变动的要件。《法国民法典》关于此种主义的规定成为其他法国法系国家采取该主义的蓝本。按照该主义，当事人一旦达成了引起物权变动的合意（如买卖合同、赠与合同、互易合同），就会发生物权变动的效果。只不过在未进行公示（登记或交付）之前，已经发生的物权变动不能对抗善意第三人，善意第三人可以当事人未进行公示为由而否认物权变动的效果。日本民法关于物权变动也采此主义。

（2）公示生效主义。又称公示的有效要件主义，为德国等一些大陆法系国家或地区的民法所采。按照此主义，无论对社会第三人，抑或于双方当事人之间，物权变动如果没有进行公示，都将确定地不发生物权变动的效力。也就是说，只有当事人之间的物权变动的意思表示，而无法定的公示方法的，将不引起物权变动的法律效果。当事人之间的物权变动须履行公示的方法，系物权变动的生效要件；在履行公示方法之前，物权不发生变动。概言之，如欠缺公示方法，非但不能对抗第三人，即使在当事人之间，法律行为也不能生效。

（3）折中主义。此种主义，是生效主义与对抗主义皆采的一种主义。但在皆采这两种主义的同时，往往有所偏重，或以生效主义为原则，而以对抗主义为例外，抑或相反。

我国《物权法》原则上确立了公示生效主义。例如第9条第1款规定："不动产物权的设立、变更、转让和消灭，经依法登记，发生效力；未经登记，不发生效力，但法律另有规定的除外"；第23条规定："动产物权的设立和转让，自交付时发生效力，但法律另有规定的除外"。可见，此系将公示方法的交付或登记的效力，确定为生效主义。同时，《物权法》在公示生效主义这一原则之外，也承认了公示对抗主义的公示效力，主要有：（1）船舶、航空器和机动车可适用登记，但该登记仅具有对抗效力（第24条）。（2）土地承包经营权自土地承包经营权合同生效时设立（第127条）。土地承包经营权人将土地承包经营权互换、转让，当事人要求登记的，应当向县级以上地方人民政府申请土地承包经营权变更登记；未经登记，不得对抗善意第三人（第129条）。（3）地役权自地役权合同生效时设立。当事人要求登记的，可向登记机构申请地役权登记；未经登记，不得对抗善意第三人（第158条）。（4）以《物权法》第180条第1款第4项、第6项规定的财产或者第5项规定的正在建造的船舶、航空器抵押的，抵押权自抵押合同生效时发生效力；未经登记，不得对抗善意第三人（第 188 条）[1]。至于宅基地使用权，如前述，《物权法》未规定登记。

此外，需提及的是，于当代社会，公示原则的适用或采行早已逾越了物权的享有与变动的领域，即便是矿业权、采矿权、水权、专利权、渔业权和商标权等准物权或无体财产权（知识产权），也莫不以登记作为其公示方法。其他如法人的成立、婚姻的缔结或解除等，也都需要登记。这些场合中的登记，也系公示原则作用的一种表现。但是，于物权变动领域，公示原则于理论或实务中都具有重要的功用，由此，通常所称的公示原则，指的是物权法中的公示原则。

（三）不动产物权的公示：登记

1. 概要

不动产物权的公示方法为登记。而所谓登记，指将土地及其定着物的所有权或他项权利（用益物权与担保物权）的取得、丧失与变更，依法定程序记载于专职机关所掌管的专门的登记簿册上。[2] 不动产物权的种类繁多，不动产物权人对土地及其定着物的占有关系十分复杂，通常涉及社会公共利益和第三人的利益，且不动产的直接占有人一般不是不动产的所有人，而系非所有人。非所有人根据建设用地使用权、土地承包经营权、宅基地使用权、地役权等他物权关系，以及租赁、借用等债权关系占有他人的不动产。正因为不动产占有关系的此种复杂性，和不动产占有关系动辄涉及社会的公共利益或第三人的利益，为了加强对不动产占有关系的法律调整，使设立在不动产上的各种物权可一目了然，自 18 世纪末期以降，各国家或地区即以登记作为不动产物权的享有与变动的公示方法。[3]

依法律规定办理完成的不动产物权登记，通常具有二项重要效力：权利推定力与登记公信力。前者指不动产物权经登记者，推定登记权利人适法有此权利。例如，甲和乙通谋而就 A 房屋为虚伪的所有权移转表示，而将甲的 A 房屋登记在乙的名下，则乙虽非 A 房屋的真正所有人，但仍被推定为所有人，故如 A 房屋被第三人丙无权占有，甲在未登记为所有人之前，仍不得向法院起诉请求丙返还 A 房屋。后者即登记公信力，指因信赖不动产登记的善意第三人已依法律行为为物

---

[1] 刘家安：《物权法论》，中国政法大学出版社 2009 年版，第 70—71 页。

[2] 不动产登记的性质，依通说，为一种行政行为，其所体现的是国家对不动产物权关系的干预，干预的目的在于明确各种不动产物权的享有、归属和变动的情况，以保护物权人的合法权益。

[3] 法制史上，不动产物权变动之采登记方法，系肇端于抵押权领域。通常认为，普鲁士 1722 年的《抵押权与破产令》、1783 年的《一般抵押权令》，系德国法系登记制度的滥觞，而法国《1795 年抵押权法》关于登记制度的规定，则是法国法系登记制度的先驱。往后因经济发达，不动产所有权逐渐成为交易的对象，从而也就使登记广泛作用于不动产所有权等各领域。

权变动的登记的，其变动的效力不因原登记物权之不实而受影响。例如在前例中，甲的 A 房屋竟登记为乙所有，即该不动产物权的登记所表彰的物权与实际状态不一致，如善意第三人丁因信赖登记而与乙为交易行为，无论是移转 A 房屋的所有权或就 A 房屋设立抵押权，即依法律行为再为物权变动的登记时，为确保善意第三人丁的权益，以维护交易安全，即认为丁已取得各该权利。[1]

我国迄未制定专门的不动产登记法，关于不动产物权的享有与变动的登记的基本规定主要见于《物权法》中；以《物权法》的规定为基础，我国分别于2015 年、2016 年颁行了《不动产登记暂行条例》及其实施细则。限于篇幅，如下主要依据并结合《物权法》的规定，对我国不动产登记制度中的一些问题展开论述。

2. 登记机构

不动产登记的主管机构，各国家或地区的规定未尽一致。日本《不动产登记法》（"不登法"）第 8 条第 1 项规定："登记事务，以管辖不动产所在地的法务局、地方法务局或其支局、派出所为登记所，而予以掌管。"因此，在日本，不动产物权的享有与变动的登记机构，为法务局、地方法务局、支局和派出所；在瑞士，依《瑞士民法典》和各州法的规定，登记机构为各州的地方法院；在德国，不动产登记机构为地方法院中设立的"土地登记局"；在我国台湾地区，其"土地法"第 39 条规定，不动产（土地）登记系由直辖市或县（市）地政机关办理；在英国，统一管理城乡土地权属登记的机构，为土地登记局。这一机构是英国现今统一进行不动产所有权的审查、确认、登记、发证和办理过户换证的部门；在香港特别行政区，不动产登记系由专门的"田土注册处"负责，行政上隶属于香港注册总署。可见，关于不动产登记的机构，各国家或地区主要规定了两种：司法机关和隶属于政府的专门的不动产登记机构，尽管名称或称谓未尽相同。

我国在不动产登记机构的设置上曾长期存在"多头登记"的状况。具体而言，我国对不动产物权的享有与变动有权加以登记的机构有：土地管理部门、房产管理部门、农业主管部门、破产管理部门、水行政主管部门、运输工具登记部门、工商行政管理部门、渔政管理部门和林业主管部门。它们对基于土地、房屋、矿产资源、水资源、森林资源、草原、滩涂、道路等而发生的物权或准物权行使登记管理权。可见，与各国一般只设立一个统一的不动产登记机构，并依统一的不动产登记法来掌管不动产的登记不同，我国的不动产登记机构极不统一，

---

[1] 陈荣传：《民法物权实用要义》，五南图书出版股份有限公司 2014 年版，第 14—15 页。

并且进行登记时所依循的法规也多不相同。为改变这种局面，我国自1998年正式起草物权法时起，即在立法方针上确立了建立我国统一的不动产登记制度的"五统一原则"，即统一不动产登记的机构、统一不动产登记的法律依据、统一不动产登记的效力、统一不动产登记的程序及统一不动产登记的权属证书。[1]为此，2007年3月16日最终通过的《物权法》第10条明确规定："不动产登记，由不动产所在地的登记机构办理。国家对不动产实行统一登记制度。统一登记的范围、登记机构和登记办法，由法律、行政法规规定"。同时，鉴于建立统一的登记制度，既需要对现行的有关登记体制等作出较大的变革，又需要对已有的众多登记信息作出处理，因此需要一定的时间作前期准备工作。因此，《物权法》第246条又作出了变通性的规定："法律、行政法规对不动产统一登记的范围、登记机构和登记办法作出规定前，地方性法规可以依照本法有关规定作出规定。"

当然，需指出的是，经过数年的努力，我国终于颁布并自2015年3月1日起施行了《不动产登记暂行条例》（以下简称《暂行条例》）。该《暂行条例》重申"国家实行不动产统一登记制度"（第4条），同时于第7条规定："不动产登记由不动产所在地的县级人民政府不动产登记机构办理；直辖市、设区的市人民政府可以确定本级不动产登记机构统一办理所属各区的不动产登记。跨县级行政区域的不动产登记，由所跨县级行政区域的不动产登记机构分别办理。不能分别办理的，由所跨县级行政区域的不动产登记机构协商办理；协商不成的，由共同的上一级人民政府不动产登记主管部门指定办理。国务院确定的重点国有林区的森林、林木和林地，国务院批准项目用海、用岛，中央国家机关使用的国有土地等不动产登记，由国务院国土资源主管部门会同有关部门规定。"应当肯定，这是目前我国专门的不动产登记法规对统一不动产登记机构的最清晰、最明确的表达。

3. 登记生效时间

不动产登记需遵循一定的程序，其中包括登记申请人的登记申请、登记机构的审查及将登记事项载入登记簿。《物权法》第14条规定："不动产物权的设立、变更、转让和消灭，依照法律规定应当登记的，自记载于不动产登记簿时发生效力。"

---

[1] 梁慧星主持：《中国物权法草案建议稿：条文、说明、理由与参考立法例》，社会科学文献出版社2000年版，第139—141页。

4. 登记簿与权属证书

《物权法》第 16 条第 1 句规定："不动产登记簿是物权归属和内容的根据"。据此可知，有关不动产物权的归属与内容，应一律以不动产登记簿的记载为准；同时，在我国现今不动产登记管理的实践中，还实行向不动产登记的权利人发放权利证书（即权属证书）的制度。应当说，用权属证书来标明权利人及权利的内容，是一种简便易行且符合我国传统习惯（如"地契"）的做法。但是，与不动产登记簿的记载相比，权属证书具有以下两方面的缺陷：一是权属证书虽然也是由不动产登记机构制作发放，但是它为权利人所持有，而并非可公开查阅的资料，因此不宜作为公示的手段；二是权属证书由私人所持有，其真实性可能会存在问题（有伪造、变造的可能），而不动产登记机构自己管理的不动产登记簿不会存在此类问题，从而更值得信赖。正因如此，《物权法》第 17 条规定："不动产权属证书是权利人享有该不动产物权的证明。不动产权属证书记载的事项，应当与不动产登记簿一致；记载不一致的，除有证据证明不动产登记簿确有错误外，以不动产登记簿为准。"此规定进一步表明，在法律上真正可以信赖的应是不动产登记簿的记载，而非当事人所持有的权属证书。[1]

值得强调的是，为了贯彻在内部关系上依据真实权利状态确定权利人，而非依据登记确定权利归属的法理，最高人民法院《物权法司法解释（一）》第 2 条规定："当事人有证据证明不动产登记簿的记载与真实权利状态不符、其为该不动产物权的真实权利人，请求确认其享有物权的，应予支持。"

5. 登记资料的查询

《物权法》第 18 条规定："权利人、利害关系人可以申请查询、复制登记资料，登记机构应当提供。"不动产登记的目的在于向社会公示物权的享有或变动，因此本条规定，不动产登记的权利人或利害关系人可以申请查询、复制登记资料。此规定确属得当。

6. 登记程序

《物权法》规定，当事人申请登记，应当根据不同登记事项提供权属证明和不动产界址、面积等必要材料（第 11 条）。登记机构应当履行下列职责：（1）查验申请人提供的权属证明和其他必要材料；（2）就有关登记事项询问申请人；（3）如实、及时登记有关事项；（4）法律、行政法规规定的其他职责。申请登记的不动产的有关情况需要进一步证明的，登记机构可以要求申请人补充材料，必

---

[1] 参见刘家安：《物权法论》，中国政法大学出版社 2009 年版，第 63—64 页。

要时可以实地查看（第12条）。

《房屋登记办法》规定，办理房屋登记应按照下列程序进行：申请、受理、审核、记载于登记簿及发证。房屋登记机构认为必要时，可以就登记事项进行公示（第7条）。

另依《物权法》的规定，登记机构不得有下列行为：（1）要求对不动产进行评估；（2）以年检等名义进行重复登记；（3）超出登记职责范围的其他行为（第13条）。

7. 更正登记

更正登记，即权利人、利害关系人或者登记机构认为不动产登记簿记载的事项有错误时，对错误事项进行更正的登记。《物权法》第19条第1款规定："权利人、利害关系人认为不动产登记簿记载的事项错误的，可以申请更正登记。不动产登记簿记载的权利人书面同意更正或者有证据证明登记确有错误的，登记机构应当予以更正。"据此规定，可知：（1）权利人发现登记簿记载错误，并在申请更正登记时提供证据加以证实的，不动产登记机构应予以更正。（2）如系登记簿记载的权利人以外的利害关系人（例如，主张自己才是不动产真正的所有权人）提出更正登记，则只有在不动产登记簿记载的权利人书面同意之时，登记机构才能予以更正。因为，如果登记簿记载的权利人不同意更正，则说明在当事人之间存在有关不动产权利归属的争议，而此争议属于司法管辖的范围，登记机构并非司法机关，不宜直接对争议作出裁决，从而自行决定是否进行更正。[1]（3）登记机构如果有证据证明登记确有错误的，也可自为更正。此时，不受登记簿记载的权利人是否同意的限制。

8. 异议登记

《物权法》第19条第2款规定："不动产登记簿记载的权利人不同意更正的，利害关系人可以申请异议登记。登记机构予以异议登记的，申请人在异议登记之日起15日内不起诉，异议登记失效。异议登记不当，造成权利人损害的，权利人可以向申请人请求损害赔偿"。据此规定，异议登记发生于利害关系人要求对登记簿进行更正登记而登记簿上的权利人不予同意的情形。所谓异议登记，是指登记机构将利害关系人对不动产登记簿登记事项的异议记载在登记簿上的行为。[2] 异议登记一经完成，即可对抗现时登记的权利的正确性，即中止不动产登记权利正

---

[1] 刘家安：《物权法论》，中国政法大学出版社2009年版，第65页。

[2] 刘家安：《物权法论》，中国政法大学出版社2009年版，第65页。

确性推定的效力和公信力效力,从而使第三人无从主张根据登记的公信力善意取得不动产物权。

异议登记是一种临时性保护措施。登记机构在进行异议登记之后,申请人应在异议登记之日起 15 日内向人民法院提起诉讼,要求确认自己在不动产上的物权。逾期不起诉的,异议登记失效。之所以作此限制,是因为申请人在异议登记之日起 15 日内不起诉,表明他不积极行使其权利,法律没有特别加以保护的必要,也避免进一步影响登记簿记载的权利人的利益和正常的交易秩序。[1]

异议登记申请人在登记机构进行异议登记之日起 15 日内提起了诉讼,则异议登记将继续保持其效力,直至法院作出生效的判决;如果异议申请人败诉,则申请人或登记簿记载的权利人可申请注销异议登记,权利人因此遭受损失的(如因异议登记丧失了交易机会),可以向异议申请人要求损害赔偿;如果异议申请人胜诉,即法院判决申请人是真正的不动产权利人,则登记机构可根据生效的司法文书或协助执行通知书进行更正登记。[2]

应当注意的是,异议登记失效后的处理问题。对此,最高人民法院《物权法司法解释(一)》第 3 条规定:"异议登记因物权法第十九条第二款规定的事由失效后,当事人提起民事诉讼,请求确认物权归属的,应当依法受理。异议登记失效不影响人民法院对案件的实体审理。"

9. 预告登记

《物权法》第 20 条规定:"当事人签订买卖房屋或者其他不动产物权的协议,为保障将来实现物权,按照约定可以向登记机构申请预告登记。预告登记后,未经预告登记的权利人同意,处分该不动产的,不发生物权效力。预告登记后,债权消灭或者自能够进行不动产登记之日起三个月内未申请登记的,预告登记失效。"

预告登记的功用在于,通过不动产登记簿上的登记,使一项旨在引起不动产物权变动的债权请求权获得某些物权的效力,进而使该债权获得保全;其必要性产生于债权的平等性和非排他性。其效力在于:债权一经预告登记即具有否定其后于债权标的物上成立的物权的效力,未经预告登记的权利人同意,出卖人或转让人处分该不动产的,将不发生物权变动的效力。例如,买受人甲就其请求开发商乙移转 A 商品房所有权的债权办理了预告登记之后,开发商乙把 A 商品房出卖

---

[1] 胡康生主编:《中华人民共和国物权法释义》,法律出版社 2007 年版,第 60 页。
[2] 刘家安:《物权法论》,中国政法大学出版社 2009 年版,第 66 页。

于丙或抵押于丁银行,即使办理了过户登记手续或抵押登记手续,也不发生 A 商品房所有权的移转,A 商品房抵押权也不设立。[1]

预告登记对其保全的债权具有附随性,即随债权状态的改变而变动:当债权转让或消灭时,预告登记随之转让或消灭。并且,自能够进行不动产登记之日起 3 个月内未申请登记的,预告登记亦失效。

值得指出的是,为进一步明确预告登记的效力,总结我国实务经验,最高人民法院《物权法司法解释(一)》第 4 条规定:"未经预告登记的权利人同意,转移不动产所有权,或者设定建设用地使用权、地役权、抵押权等其他物权的,应当依照物权法第二十条第一款的规定,认定其不发生物权效力。"另外,该司法解释第 5 条还对《物权法》第 20 条第 2 款"预告登记后,债权消灭或者自能够进行不动产登记之日起三个月内未申请登记的,预告登记失效"中"债权消灭"一语所指向的涵义予以了明确,即买卖不动产物权的协议被认定无效、被撤销、被解除,或者预告登记的权利人放弃债权的,应当认定为"债权消灭"。

10. 登记机构的赔偿责任

《物权法》第 21 条第 2 款规定:"因登记错误,给他人造成损害的,登记机构应当承担赔偿责任。登记机构赔偿后,可以向造成登记错误的人追偿。"这里的"登记错误",既包括该条第 1 款规定的当事人提供虚假的权属证书等证明材料欺骗登记机关的情形,也涵括登记机构的工作人员故意或疏忽大意造成登记错误的情形。前一情形,构成责任竞合。登记机构的赔偿责任不属于国家赔偿责任。[2]

(四)动产物权的公示

1. 动产物权的公示方法:占有与交付

动产物权,以占有和交付作为其公示方法。其中,占有是动产物权享有(静态)的公示方法,交付(占有的移转)是动产物权变动(动态)的公示方法。另外,对于一些特殊动产,也可适用登记的公示方法。例如,《物权法》第 24 条规定:"船舶、航空器和机动车等物权的设立、变更、转让和消灭,未经登记,不得对抗善意第三人。"值得指出的是,对于该条规定,最高人民法院《物权法司法解释(一)》第 6 条明示:转让人转移船舶、航空器和机动车等所有权,受让人已经支付对价并取得占有,虽未经登记,但转让人的债权人主张其为该条所称

---

[1] 崔建远:《物权法》,中国人民大学出版社 2014 年版,第 62 页。

[2] 参见全国人大常委会法制工作委员会民法室编:《中华人民共和国物权法条文说明、立法理由及相关规定》,北京大学出版社 2007 年版,第 34 页。

的"善意第三人"的，不予支持，除非法律另有规定。

2. 占有的公示意义

占有为享有动产物权的公示方法，是权利的"外衣"。所谓占有，指对于物有事实上的管领力的状态。其中，占有人事实上占有其物者，为直接占有；本于一定的法律关系而对于事实上占有其物的人，有返还请求权者，为间接占有。无论直接占有抑或间接占有，均可作为享有动产物权的公示手段。

一般而言，占有所公示的动产物权究竟为何种物权，宜视占有人的意思而定：以所有的意思占有标的物者，其公示的物权为所有权；以行使质权的意思占有标的物者，其公示的物权为质权；以扣留应返还给债务人的动产来保障债权实现的意思而占者，其公示的物权为留置权。另外，占有还可作为享有某些具有物权因素的债权的公示手段。例如，承租人的占有可以作为其享有租赁权的手段。

3. 交付的公示意义

（1）交付是转让动产物权的公示方法。交付与登记不同，登记可以作为不动产物权的所有的变动形态的公示方法，而交付则不能作为动产物权的所有的变动形态的公示方法，只能作为基于法律行为的动产物权变动的公示方法。例如，转让动产所有权或设定以占有为内容的定限物权（如设定动产质权）。因此，《物权法》第23条规定：动产物权的设立和转让，自交付时发生效力。此外的动产物权的其他变动形态均不以交付作为其公示手段。例如，非基于法律行为，而是基于事实行为引起的动产物权变动，即不以交付作为其公示手段。盖该场合，或者根本不发生交付（如域外民法上的因无主物先占、添附、时效取得动产所有权），或者交付在其中不具有法律意义（如依继承取得动产所有权，交付即不具法律意义）；留置权由于系债权人先占有债务人的动产，于债务人届期不履行债务时才发生，故交付也不是取得留置权的公示手段。可见，只有基于法律行为让与动产所有权和设立质权时，交付才系动产物权变动的公示手段，其中具普遍意义的，是动产所有权的让与。另外，需提及的是，某些基于法律行为而生的动产物权变动，如海上运输的指示单证，系以记名背书或空白背书为生效要件，而不以交付为生效要件[1]。

（2）交付的形态。交付通常指的是现实交付，此为交付的常态。《物权法》中所称的交付，主要指此种交付。另外，《物权法》反映近代以来的民法传统，也承认了"观念交付"。此种交付，属于非真正的交付，系占有的观念的移转，

---

[1] 参见《海商法》第79条第2项。

是法律为考虑交易上的便宜而采取的变通办法。

（3）现实交付。此指动产物权的出让人，将其对动产的现实的直接的支配（管领）力，移转于受让人。换言之，指移转出卖人对动产的现实的管领力于受让人，使受让人可管领动产。对动产的事实管领力是否移转，应依社会一般观念或交易观念而定。例如，将自行车赠与给他人而交付了自行车的钥匙，即可认为已经实施了现实交付。另外，构成事实上的管领力的移转，还须有出让人的意思，受让人自行占有标的物的，不构成交付。例如，甲欲出售其狗给乙，乙在大路上发现该狗，直接牵回，此时该狗的占有的事实管领力的移转因非出于出让人的意思，故不构成交付，从而乙不能取得该狗的所有权。

在现代社会，当事人往往假借他人之手而为现实交付。其情形主要有五：（1）经由占有辅助人而为交付。例如，甲出售其汽车给乙，由甲的司机将该汽车交付给乙的司机。抑或让与人自己成为受让人的辅助占有人，依受让人的指示而为其占有，受让人因此取得直接占有。譬如甲将其货车卖与乙，并同时约定受雇于乙，为乙驾驶该车送货[1]。（2）通过占有媒介关系而为交付。例如，甲寄存其马于乙处，出售给丙，约定由甲将该马交给驯马人丁，代为训练。乙依甲的指示将该马交付给丁时，在丁与丙之间成立占有媒介关系，丁为直接占有人，丙为间接占有人。抑或甲将其货车卖与乙，丙使其驾驶A与乙约定，今后由A向乙承租该车，乙为出租人，A为承租人。此即让与人使其辅助占有人与受让人缔结占有媒介契约（合同），辅助占有人成为直接占有人，为受让人而为占有，受让人成为间接占有人[2]。（3）经由被指令人而为交付（指令交付，Geheißerwerb）。此最常发生于连锁交易（Kettenhandel）、间隔买卖（Streckengeschäft）、缩短给付（abgekürzte Lieferung）的情形。指令与让与人不存在占有关系的第三人，对受让人而为交付，或与受让人成立占有媒介关系，而为受让人占有。[3]例如，甲出售A画给乙，乙转售给丙，乙请甲径直将该画交付给丙，甲允诺而为之。（4）取得间接占有。让与人指示其占有媒介人与受让人缔约，为受让人而为占有，成为受让人的占有媒介人，使得受让人取得间接占有。例如，甲将其货车卖与乙，但其已将该车租赁于A，甲使A与乙订定租约，今后由A向乙承租该车，乙为出租人，A为承租人[4]。（5）让与人指示辅助占有人或占有媒介人对受让人为交付，或对

1　郑冠宇：《民法物权》，新学林出版股份有限公司2015年版，第87页。
2　郑冠宇：《民法物权》，新学林出版股份有限公司2015年版，第87页。
3　郑冠宇：《民法物权》，新学林出版股份有限公司2015年版，第88页。
4　郑冠宇：《民法物权》，新学林出版股份有限公司2015年版，第88页。

受让人的辅助占有人或占有媒介人为交付。例如，甲将其货车卖与乙，甲使其驾驶 A，或使承租人 B，将该车向乙为交付，或向乙的受雇人 C，或向乙的承租人 D 为交付¹。²

（4）观念交付。

1）简易交付。出让动产物权时，受让人此前已因其他原因而占有动产的，若此时仍必须由出让人将出让的动产现实地交付给受让人，则势必先由受让人将占有的动产返还给出让人，复由出让人交付给受让人，如此则不但不经济，而且也无必要。故此，《物权法》第 25 条规定："动产物权设立和转让前，权利人已经依法占有该动产的，物权自法律行为生效时发生效力。"学理上称为简易交付。受让人此前已然占有动产的原因为何，在所不问。譬如出卖人于订立买卖合同前已将该买卖标的物电脑出租于买受人，于租赁期间，出租人复将该电脑出卖于买受人的，买受人自买卖合同订立之日起，即已接受出卖人交付该电脑。值得提及的是，依最高人民法院《物权法司法解释（一）》第 18 条第 2 款的规定，当事人以简易交付的方式交付动产的，转让动产法律行为生效时为动产交付之时。

2）返还请求权让与。

其一，概要。返还请求权让与，又称返还请求权的代位，或指示交付，抑或让与返还请求权，指出让（转让）对特定第三人的标的物的返还请求权。亦即，出让动产物权，而其动产系由第三人占有时，出让人可把对该第三人的返还请求权出让给受让人，以代交付。《物权法》第 26 条规定："动产物权设立和转让前，第三人依法占有该动产的，负有交付义务的人可以通过转让请求第三人返还原物的权利代替交付。"例如，甲出租自行车给乙，后甲与丙又订立该自行车的买卖合同，甲可以将其对乙的返还自行车的请求权出让给丙，以代交付，使丙取得对自行车的所有权。又如，买受甲的缝纫机的乙，应甲的要求，将该缝纫机出租于甲使用。之后乙将之出卖于丙时，不现实交付该缝纫机于丙，而将对甲返还租赁物（即缝纫机）的请求权让与于丙，以代交付，即属之。³再如，房屋的出卖人将出卖的房屋委托第三人管理，出卖人为履行交付房屋的义务，得将对该受托人的返还请求权让与买受人，以代替房屋的现实交付，房屋的买受人则得依所受让的权利对委托人请求返还房屋⁴。应当注意的是，依最高人民法院《物权法司法

1　郑冠宇：《民法物权》，新学林出版股份有限公司 2015 年版，第 88 页。
2　王泽鉴：《民法物权 1》（通则·所有权），中国政法大学出版社 2001 年版，第 134 页。
3　姚瑞光：《民法物权论》，海宇文化事业有限公司 1999 年版，第 34 页。
4　郑冠宇：《民法物权》，新学林出版股份有限公司 2015 年版，第 51 页。

解释（一）》第 18 条第 2 款的规定，当事人以返还请求权让与的方式交付动产的，转让人与受让人之间有关转让返还原物请求权的协议生效时为动产交付之时。

返还请求权让与的功能在于解决当事人出让动产时，作为标的物的动产仍然由第三人占有的问题。需注意的是，返还请求权让与中所让与的"对第三人的返还请求权"，既指债权的返还请求权，如第三人基于债权债务关系（租赁、借用）而占有出让的动产，也指物权的返还请求权，如第三人无权占有出让的动产。但对不知的不特定第三人的返还请求权则不包括在内。譬如甲将其借与乙的动产让与丙，而该动产已被窃贼窃去，甲虽将其对该窃贼（不知其人）请求返还该动产的权利让与于丙，丙也不因而取得该动产的所有权。[1] 此外，关于让与返还请求权时应否将让与之事通知第三人，学理上有肯定与否定两说。通说为肯定说，即认为让与的返还请求权，无论为债权的返还请求权抑或物权的返还请求权，让与人均应将让与之事通知承担返还义务的第三人，否则所为的让与对该第三人不生效力。

值得注意的是，让与人已将让与的动产出租于承租人并已为交付，受让人即使经由让与返还请求权的方式取得该动产物权，承租人仍得对受让人主张所有权让与不破租赁，并继续占有该动产。在使用借贷（借用）的情形，当事人双方所让与者为债权，而非物上请求权，以债权让与的方式代交付，受让人既已因债权让与而受让该债权，则债务人（借用人）所得对抗让与人的事由，皆得以之对抗受让人。即使法律无"所有权让与不破使用借贷（借用）"的规定，借用人（债务人）仍得以其本于使用借贷（借用）契约（合同）对抗让与人的事由对抗受让人，而主张有权继续占有借用物[2]。[3]

其二，物上的负担[4]。应注意的是，以让与返还请求权的方式让与动产的，《德国民法典》第 936 条第 3 项规定："在第 931 条（返还请求权之让与）之情形，权利属于第三人占有者，受让人纵为善意，其权利也不因而消灭。"我国《物权法》无类似规定，但仍应作相同的解释。盖第三人此时仍占有该动产，受让人自应承担该物在他人占有之下，可能存有物上负担的风险。例如，第三人于

---

[1] 姚瑞光：《民法物权论》，海宇文化事业有限公司 1999 年版，第 35 页。

[2] 参见《德国民法典》第 986 条第 2 项："动产依第 931 条（返还请求权之让与）规定，因返还请求权之让与以代物之交付者，其占有人得以其对于该让与之请求权所得主张之抗辩，对抗所有人。"应注意的是，惟有动产占有人得主张此抗辩权，并只能对受让返还请求权者主张之，对第三人不得主张此权利。参见台湾大学法律学院、财团法人台大法学基金会：《德国民法（总则编、债编、物权编）》（上册）（第 2 版），元照出版有限公司 2016 年版，第 914—915 页。

[3] 郑冠宇：《民法物权》，新学林出版股份有限公司 2015 年版，第 92 页。

[4] 郑冠宇：《民法物权》，新学林出版股份有限公司 2015 年版，第 93—94 页。

该动产上存有质权,其质权也不因而消灭。同理,在所有权人以指示交付(让与返还请求权)的方式将留置物所有权让与第三人时,留置权仍存在于第三人所取得的动产上。另外,于所有权保留买卖的情形,若买受人已占有该动产,出卖人复将该标的物以让与返还请求权的方式让与第三人,该第三人即使为善意,其所取得的买卖标的物上仍存有买受人的期待权,买受人并于清偿全部价款后,取得标的物的所有权。

3)占有改定。出让动产物权如所有权时,出让人仍会继续占有动产的,让与人与受让人之间可以订立合同,使受让人因此而取得间接占有,以代交付,学理上称为占有改定(Besitzkonstitut)。《物权法》第 27 条规定:"动产物权转让时,双方又约定由出让人继续占有该动产的,物权自该约定生效时发生效力。"例如,甲以 1000 元的价格将自己的手表出卖给乙,甲由于工作的原因还需要继续使用该手表一段时间(但又不愿意放弃当前以 1000 元成交的机会),甲遂向乙提出,愿意以每月 100 元价格租赁该已出卖的手表,乙表示同意。于是,甲得以继续占有和使用其已出卖的手表。此时,为发生该手表所有权移转的效果,无需进行现实的交付,自当事人达成租赁协议时,标的物所有权即已移转于买受人乙(同时也是租赁合同中的出租人)。[1] 又如,甲的缝纫机已出卖于乙,但甲仍需依赖该缝纫机维持生活,于是乃订约向乙租用,使乙为该缝纫机的出租人(间接占有人),甲自己为承租人,以此替代将该缝纫机现实交付于乙,[2] 亦属之。再如,房屋的买受人将向出卖人购买的房屋出租于出卖人的,出卖人仅需与买受人订立租约,买受人即经由取得房屋的间接占有而代替受现实交付。双方应以租赁合同成立之日,为房屋移转占有之日[3]。

以占有改定的方式代替现实交付使受让人取得动产物权,须让与人与受让人订立足使受让人因此取得间接占有的合同(契约)。若仅单纯约定让与人为受让人占有,并无间接占有的法律关系存在,尚不成立占有改定,其受让人即不能因此取得动产物权。并且,若占有媒介关系为无效,占有关系即无法建立,代交付的方式自无法达成,动产所有权的移转故而欠缺法定要件,不发生动产物权变动

---

[1] 此例改编自刘家安:《物权法论》,中国政法大学出版社 2009 年版,第 69 页。需提及的是,以占有改定的方法代替现实交付而使受让人取得动产物权时,一般须出让人和受让人订立使受让人取得间接占有的合同。譬如《德国民法典》第 930 条规定:"动产由所有人占有者,得与受让人约定法律关系,使受让人因此取得间接占有,以代交付。"又请参见刘家安:《物权法论》,中国政法大学出版社 2009 年版,第 69 页。

[2] 姚瑞光:《民法物权论》,海宇文化事业有限公司 1999 年版,第 34 页。

[3] 郑冠宇:《民法物权》,新学林出版股份有限公司 2015 年版,第 50 页。

的效力。另外,占有改定仅为代替交付的方式,关于动产所有权的移转,除以交付为要件外,还须当事人间为让与合意,方生效力。亦即,以占有改定的方式为动产所有权的移转的,当事人间仍须为让与合意。最后,买受人已挑选并已支付价金的特定物,暂时仍由出卖人占有,为保护买受人的利益,应认为该所有权已依占有改定的方式而移转。但标的物灭失的危险负担,以受让人是否已享有经济上的利益为准。且出卖人如依契约(合同)的从给付义务而负有保管或运送义务,其义务的履行应在标的物交付于买受人或交由运送人时方生效力,故而交付前发生标的物灭失,应由出卖人承担该危险。[1]

(五) 特殊情形

1. 有价证券代替交付

需提及的是,新近以来,由于动产物权的证券化,动产物权的变动出现了以交付表彰该动产物权的证券来代替交付动产本身的情况。例如,仓单、提单所记载的物品的交付,出让人将该证券交付给有受领权人时,即产生与交付动产本身相同的法律效力,而无需实际交付物品本身。之所以如此,盖因此等证券为物权证券,动产物权系内蕴于证券中,持有证券即意味着占有动产本身,故此等物权变动,通常以交付证券的方式为之。亦即,动产物权业已证券化为仓单、提单等证券的,此类证券的交付或背书即代替动产的交付,从而发生动产物权变动的效力。[2]

2. 连锁交易

现实生活中的连锁交易(Streckengeschäft),系指买受人请求出卖人将买卖标的物交与向买受人购买的第三人。例如,甲将物出卖于乙,乙复将之出卖于丙,甲依乙的指令将物交付于第三人丙的,解释上应在甲、乙间及乙、丙间发生物权变动的效力,亦即甲将物交付于丙时,系受乙的指令,代表使乙取得对物管领支配的权限,而完成对乙的交付(指令交付),同时在法律瞬间(juristische Sekunde),于乙的指令下,将物交付于丙,而完成乙对丙的交付,且在交付的同时,也完成甲、乙间及乙、丙间的让与合意。[3]

3. 合意移转占有 [4]

《德国民法典》第854条第2项、《瑞士民法典》第922条第2项规定:可以

---

[1] 郑冠宇:《民法物权》,新学林出版股份有限公司2015年版,第90页。

[2] 参见《海商法》第79条。

[3] 郑冠宇:《民法物权》,新学林出版股份有限公司2015年版,第96页;王泽鉴:《民法物权》,台湾2010年自版,第120页以下。

[4] 郑冠宇:《民法物权》,新学林出版股份有限公司2015年版,第95页。

合意的方式移转占有。譬如交付存放于森林中的木材，当事人无需亲自前往森林为当场交付，让与人仅需将取得该木材的必要资讯告知受让人，使其得以随时对物加以管领支配，即可发生该木材所有权移转的效力。其要件为：（1）须移转人占有动产；（2）须有使受移转人得以单独行使对物管领力的可能，也就是说，不需移转人或其他人的其他许可行为，受移转人即可行使其管领力；（3）须双方为让与合意。

4. 海上保险的委付

海上保险的委付，系指被保险人于发生法定委付原因时，得将保险标的物的一切权利移转于保险人，而请求支付该保险标的物的全部保险金额。通常而言，委付经保险人的承诺或经判决为有效后，保险标的物的一切权利即移转于保险人，此系动产物权的法定移转[1]。[2]

二、公信原则

（一）公信原则的涵义与功用

物权的存在既然以登记或占有为其表征，则信赖该表征而有所作为者，即使其表征与实质的权利不符，对信赖该表征的人也无任何影响，称为公信原则。易言之，物权的变动，因"登记"或"交付"的公示方法而产生公信力，对于信赖公示方法而从事交易的善意第三人，法律应对其信赖予以保护，如动产所有权的善意取得或不动产登记的公信力。[3]公信原则，其目的在于使人"信"。依此原则，公示方法所表现的物权即便不存在或内容有异，对于信赖该公示方法所表彰的物权而为物权交易的人，法律仍承认有和真实物权相同的法律效力。进而言之，物权变动的公信原则，系指凡信赖物权变动的表征，认有其物权的存在而与之交易者，即使该表征与实际权利的存在不符，为求交易安全起见，也受法律的保护。于不动产物权，凡善意信赖登记而取得权利者，皆受保护，不因登记原因行为之无效或撤销而受影响。惟真正权利人于未有第三人取得权利的新登记时，对于登记名义人，仍有注销登记请求权。[4]譬如不动产登记簿上，A 笔房产被登记为甲所有，乙信赖该登记而向甲买受该笔房产，并为所有权移转登记。之后即使发现房产的真正所有人为丙而非甲，对于房产所有权的移转，法律仍予以保护，

---

[1] 参见我国台湾地区"最高法院"1985 年台上字第 1877 号判决。
[2] 郑冠宇：《民法物权》，新学林出版股份有限公司 2015 年版，第 94—95 页。
[3] 郑冠宇：《民法物权》，新学林出版股份有限公司 2015 年版，第 29 页。
[4] 姚瑞光：《民法物权论》，海宇文化事业有限公司 1999 年版，第 22—23 页。

即乙取得 A 笔房产的所有权。

通说认为，当代物权法的动产公信原则系以法国"动产不许追及原则"为其滥觞，而不动产物权公信原则，则以德国法为其端绪。但无论不动产公信原则抑或动产公信原则，均以保护交易的动的安全为其旨趣，并以此实现交易便捷。参与交易行为的人，只需依公示方法所表征的物权变动从事交易即可，而不必费时费力，详细调查标的物的权利状态的底细，也不必再担忧有公示方法所表彰的物权以外的权利存在，从而遭受不测的损害。交易的动的安全由此获得了保障，公信原则因此成为近现代和当代物权法的一项重要原则。

（二）不动产物权登记的公信力

1. 不动产物权登记的公信力的涵义与受登记的公信力保护的善意第三人

不动产物权登记的公信力，指登记机关在登记簿册上所做的不动产物权登记，具有使社会公众信其正确的法律效力。基于登记簿册的登记的公信力，即便登记有错误或有遗漏，因相信登记正确而与登记名义人（登记簿上所记载的物权人）进行交易的善意第三人，其所取得的利益也受法律保护。通常认为，受登记簿册的公信力保护的善意第三人，涵括自登记名义人处取得物权的人，及向登记名义人履行给付义务的人。自登记名义人处取得物权的人（以下简称"取得人"）受下列保护。

（1）自登记名义人处取得所有权的人，登记名义人即便不是真正的所有权人，取得人仍确定地取得其名义下登记的所有权，真正权利人因此而丧失所有权。

（2）自登记名义人处取得财产所有权的人，如果该财产上存在未登记的抵押权，则该财产即被视作不存在抵押权的财产，从而取得人所取得的即是无抵押权负担的所有权。

（3）抵押权名义人实际上并不享有抵押权，但由登记名义人处受让抵押权的，可以真正取得抵押权。例如，甲以其所有的房屋设立抵押权向乙银行贷款，甲偿还贷款后，乙的抵押权消灭，但因甲的疏忽大意未请求乙注销抵押权登记，乙仍然是甲房屋抵押权的登记名义人。此时如乙利用这一可乘之机，以该抵押权向丙贷款，则丙取得对甲房屋的抵押权，甲因此所受的损失只能请求乙赔偿，而不得主张丙不能取得抵押权。

（4）自处分权受限制（如受有破产宣告的限制）的登记名义人处受让物权的人，如所受的限制未记载于物权登记簿册，则受让人受让的物权即不受登记名义人所受限制的影响，受让人仍能确定地取得受让的物权。

（5）向登记名义人履行给付义务，如登记名义人并非真正的权利人，但第三人基于登记信其享有权利而履行给付义务，则第三人所为的履行有效，真正的权利人不得再请求第三人履行给付义务，其所受的损失只能请求登记名义人赔偿。例如，某房屋的真正的所有权人为甲，但登记簿册登记的所有人为乙，该房屋的承租人丙相信登记簿册的记载而向乙履行交付租金的义务，其所为的履行有效，甲不得再请求丙交付租金，而仅可请求乙赔偿租金损失。

另外，应注意的是，因近现代和当代物权法赋予登记簿册的记载以公信力，其旨趣系在于保护善意第三人的利益，故如果错误登记致第三人于不利益时，则该错误登记即不具有公信力。

2. 第三人受登记的公信力保护的条件

第三人受登记的公信力保护，应具备下列条件。

（1）须登记的错误不能由登记簿册发现。登记错误，指登记与权利的实际状况不一致，且这种不一致不能由登记簿册发现。如登记未有错误，或登记的错误能由登记簿册发现，则都不发生第三人受登记的公信力保护的问题。

（2）第三人须为善意。所谓"善意"，指第三人不知登记错误且对不知无重大过失。如第三人明知或依当时的情形应当知道登记错误而竟然未知的，属于恶意；第三人为恶意的，不受登记的公信力的保护。

（3）第三人取得权利须基于法律行为，且此法律行为除登记名义人实际上无处分权外，在其他方面均须具备法律规定的有效要件。非基于法律行为或法律行为在其他方面存在无效的原因的，不受登记的公信力的保护。

（4）须无异议登记。错误登记虽未更正，但如果已有人提出异议并记载于登记簿时，则该异议具有阻止登记的公信力的效力。

3. 关于对真正的权利人的保护

当代物权法之所以赋予登记簿册的记载以公信力，系在于保护善意第三人的利益和交易安全。尽管如此，这并不意味着法律允许将错就错，而置真正的权利人的利益于不顾。为了保护真正的权利人的利益，各国家或地区物权法设立了下列保护措施。

（1）善意第三人自登记名义人处取得权利前，真正的权利人有权向登记名义人提起诉讼，提请法院否定登记名义人的权利，确认自己的权利。诉讼获胜后，真正的权利人有权以法院的判决为据，请求登记机构更正错误登记。在此之前，真正的权利人还可向登记机构提出异议登记，阻止错误登记的公信力。

（2）善意第三人自登记名义人处取得权利后，真正的权利人的权利虽然因此而丧失，但真正的权利人有权请求登记名义人赔偿损失。如登记机构对登记错误有过失的，真正的权利人还有权请求登记机构赔偿损失。为此，《物权法》第 21 条第 2 款规定："因登记错误，给他人造成损害的，登记机构应当承担赔偿责任。登记机构赔偿后，可以向造成登记错误的人追偿。"

（三）动产占有的公信力

动产物权的享有以占有为其公示方法，从而动产的实际占有也就具有了使社会公众信赖占有人对其占有的动产享有物权的公信力。基于占有的此种公信力，即使占有人对其占有的动产无处分权，自占有人处受让动产的善意第三人的利益也受保护。由占有的公信力出发，为了保护善意第三人的利益和财产所有权的交易的动的安全，近现代和当代各国物权法规定了动产善意取得制度。另外，基于不动产登记的公信力，《物权法》也承认了不动产善意取得制度。此两种制度，将于本书"动产所有权"一章中论及，兹不赘述。

第四节　物权行为

一、物权行为的源起与评述

自 1896 年《德国民法典》制定公布以来，物权行为即成为大陆法系中德国民法及受德国民法影响的某些民法（如我国台湾地区"民法"）的一项重要概念。这一概念及有关理论（物权行为独立性与无因性理论）或制度，是法律抽象思维的产物，其本身较难理解。欲理解和把握物权行为的概念及有关理论或制度，需从法律行为的概念说起。

从法史上看，距今约 2800 年的罗马法尽管存在着物权交易的各种行为，如"曼兮帕蓄""拟诉弃权"等，但囿于当时的立法技术与法学理论水平，立法与学说理论均始终未能建立起对一切表意行为普遍适用的统一的法律行为概念，当然更无所谓物权行为概念。1805 年，德国历史法学派的创始人、著名学者胡果（Gustav Hugo，1764—1844 年）在《日耳曼普通法》一书中首先提出了"法律行为"概念，以用来诠释罗马法上的具体的私法交易行为，如"曼兮帕蓄""拟诉弃权"等。他写道：法律行为，即具有法律意义的一切合法行为。不过，赋予法律行为的概念以意思表示的本质，从而真正建立起近现代及当代民法学意义上的法律行为概念的，是德国民法学者兼法官海泽（Georg Arnold Heise，1778—1851 年）。在该人的基础上，萨维尼于《现代罗马法体系》中进一步将法律行为概念加以精致化。[1] 正是在这里，萨维尼创立了与法律行为有着属种关系的物权行为概念。

早在 19 世纪初，萨维尼在讲学中谈到，为履行买卖契约或其他以移转所有权为目的的契约而践行的交付，并不是一种单纯的事实行为，而是包含了一项以移转所有权为目的的物权契约。1840 年，在《现代罗马法体系》中，他进一步阐释了物权行为特别是物权契约概念。[2] 他说："私法上的契约，以各种不同的制度或形态出现，甚为繁杂。首先是基于债权关系而成立的债权契约，其次是物权契约，并有广泛的适用。交付（traditio）具有一切契约的特征，是一个真正的契约。一方面，它包括占有的现实交付，他方面也包括移转所有权的意思表示。该物权契约常被忽视。例如在买卖契约，一般人只想到债权契约，但却忘记交付之中也包括一项与买卖契约完全分离，而以转移所有权为目的的物权契约。"[3]

按照萨维尼的思想，基于买卖合同的物权交易中，同时包含了两个法律行为：债权行为（债务行为、负担行为，Verpflichtungsgeschäft）和物权行为（物权契约），[4] 后者的效力不受前者的影响。萨维尼的这一思想极大地影响了其后的民法学者，以致这一思想在《德国民法典》制定当时便风靡了德国民法学界，《德国民法典》的制定因此而受到影响。立法者认为，在财产法领域，确立债权行为

---

[1] 董安生：《民事法律行为》，中国人民大学出版社 1994 年版，第 30 页。

[2] 需提及的是，关于物权契约的思想，实际上早在萨维尼之前的较远时代就已存在了，尽管那时尚未将其概括和抽象为现今这样的名称。据考证，11 世纪之时的尼克由斯（C. Nicaeus，生卒年月不明）在释读乌尔比安（Ulpianus）《争论》第 7 编（D. 12. 1. 18pr）的法言时，即已然提出了物权契约的概念。另外，从法国所谓"典雅法学"之代表人物多内鲁斯（H. Donellus，1527—1591 年）那里，以及 1796 年由马丁尼（K. A. von Martini，1726—1800 年）主持制定的《奥地利普通民法典草案》中，也都可以看到物权契约思想的踪迹。不过，需注意的是，19 世纪萨维尼倡导的物权契约概念，因是建立于物权和债权之区分的基础上的，故与尼克由斯等倡导的物权契约概念并不完全相同。参见陈华彬：《物权法研究》（修订版），法律出版社 2009 年版，第 103 页。

[3] 王泽鉴：《民法学说与判例研究》（1），台湾 1975 年自版，第 282—283 页。

[4] 债权行为乃发生债权、债务关系的行为，故又称为债务行为或负担行为。以房屋买卖为例，买卖当事人双方就买卖标的物及价金形成合意时，买卖合同即成立，物的出卖人依该买卖合同即负有交付标的物及移转标的物所有权的义务，买受人则有权利请求出卖人履行其义务。且买受人负有支付价金的义务，出卖人有权请求买受人履行其支付价金的义务。买卖合同使得买卖当事人双方互负义务、互享权利，并未使得标的物的所有权发生变动，为典型的债权行为、负担行为。物权行为乃直接使得物权发生变动的法律行为。债权行为通常为物权行为的法律上原因，其为物权行为的原因行为。例如，出卖人之所以移转标的物的所有权于买受人（物权行为），乃因其为履行买卖合同（债权行为）所生的义务，欠缺此一原因行为而为的物权变动，即有不当得利规则的适用。对此，请参见郑冠宇：《民法物权》，新学林出版股份有限公司 2015 年版，第 30—31 页。

和物权行为这一对立的概念,应是德国民法的基本原则。因为"此前的立法,特别是普鲁士普通邦法和法国民法典,常常将债法上的规定和物权法上的规定相混淆,此种方法未能符合债权行为与物权行为在概念上的不同,增加对法律关系本质认识的困难,并威胁法律的正确适用"[1]。1896年《德国民法典》正式确立了物权行为制度,从而与债权行为相对应的物权行为即在《德国民法典》上被确立下来。以此为基础,该民法典进一步确立了百余年来一直颇受学者争议的物权行为独立性与无因性。

《德国民法典》严格分隔债权行为和物权行为之因由,除了以上所述者外,更重要的是:近代以来,德国的社会经济基础和直接反映该经济基础的民法制度中已经发生了将财产关系界分为物权关系和债权关系的普遍情况,财产权领域形成了物权关系和债权关系可以分别独立存在的法秩序。近代以前的日耳曼时期的德国,对物加以现实支配的占有(Gewere)制度在私法领域一直居于支配地位,对物的支配权,一般采取占有的形式。在此形式之下,占有与本权结成不可分的结合体,由占有的角度观之自然为占有,但就另一面观察则为本权。[2] 因此在日耳曼法体系下,不存在不对物予以现实支配的本权。[3] 换言之,某人对某特定物的支配关系欲获社会的认可,须以该人对标的物存在现实的支配为前提,否则即不认为存在对该物的支配关系。往后,因继受罗马法和受自然法思想的影响,所有权概念得以建立,占有制度的作用由此受到限制。无须对标的物加以现实支配的"观念性的权利"得以产生。物权,尤其是其中的所有权演变为观念性的权利。该观念性的权利(物权)的成立过程,同时也是与物权关系分离的债权关系独立化的过程。于是,对于财产关系,人们也就从物权关系和债权关系的对立上加以理解。财产关系客观上分解为物权关系和债权关系,进而形成两种独立的法秩序——物权关系秩序和债权关系秩序,这是《德国民法典》严格分隔债权行为和物权行为之不同,并进而赋予其各自以不同的法律效力的根本因由。

如果说法律行为概念和法律行为理论的建立是19世纪德国民法学取得的重要成就,物权行为概念及制度的创立则可谓是德国民法学于法律行为领域取得的另一重要成就。物权行为是法律拟制和抽象思维的产物。其提出和创立具有两方面的意义:一方面,由于将财产行为区分为债权行为和物权行为,由此使法律行为

---

[1] 刘得宽:《民法诸问题与新展望》,五南图书出版股份有限公司1995年版,第468页。
[2] 史尚宽:《物权法论》,荣泰印书馆股份有限公司1979年版,第3页。
[3] 温丰文:《现代社会与土地所有权理论之发展》,五南图书出版股份有限公司1984年版,第35页。

这一概念更趋精致,民法学理关于法律行为的分类更臻完善、丰富;另一方面,它也解决了民法尤其是物权法中某些直接以物权变动为内容的法律行为,如传统民法中的地上权(建设用地使用权、宅基地使用权)、地役权(不动产役权)、质权、抵押权的设立,乃至所有权的抛弃等行为的性质问题。这些设立定限物权的行为或抛弃所有权的行为,于行为发生之际,即是权利实现或消灭之时,无所谓履行问题,从而与债权行为不同。由此,试图用债权行为来释明这些行为将难以臻于精确。而且,若以之诠释这些行为,也势必使债权行为,尤其是债法的制度体系遭到破坏。可见,物权行为的创立不仅于物权法领域有其积极意义,而且对整个民法制度的体系架构也有重要影响。

二、物权行为的基础法理

(一)物权行为的涵义

物权行为,《德国民法典第一草案》曾称为"物权契约"(dinglicher Vertrag),但认为未臻精确,受到批判。民法典第二次起草委员会决定不采该术语,而以"物权的合意"(dingliche Einigung)代之,并认为"dingliche Einigung"是否为物权契约,完全是民法学理上的问题,应由学说定之。该问题的实质在于:"物权的合意"是否即是物权契约?换言之,物权行为的意义究竟是什么?对此,德国学者中存在着两种对立的认识:一是认为物权的合意本身即是物权行为(物权契约),学者鲍尔(Baur)、韦斯特曼(Westermann)和伦特·施瓦布(Lent-Schwab)采之;二是认为惟有物权的意思表示与外部的变动象征(登记或交付)相结合,才能成立物权行为,学者罗森贝格(Rosenberg)、沃尔夫(Wolff)、赖泽尔(Raiser)和恩内克鲁斯(Enneccerus)、尼佩代泽(Nipperdey)倡之。[1]

我国1929—1930年制定公布的《中华民国民法》,对于物权行为未设定义性规定,因此对于什么是物权行为,见解不一。胡长清说:物权行为,指发生物权法上的效果的法律行为,有为单独行为者,如所有权、地上权的抛弃是;有为契约者,如抵押权的设立是,其契约则称为物权契约。[2] 但是,具备何等要件的法律行为方发生物权法上的效力或可达物权变动的直接目的,依此定义系难以明了。于是学者尝试从新的角度对物权行为下定义。此即以姚瑞光和王泽鉴为代表的学者所下的定义。姚瑞光谓:物权行为,指由物权的意思表示与登记或交付相结合

---

1 王泽鉴:《民法学说与判例研究》(5),台湾1992年自版,第46页。
2 胡长清:《中国民法总论》,中国政法大学出版社1997年版,第212页。

而成的要式行为。盖惟有为登记或交付后的物权行为，方能发生物权的取得、丧失和变更的效力，且才能不残留所谓履行问题。而不可认为物权行为因意思表示而成立，交付或登记不过是其生效要件。[1]王泽鉴认为：物权的意思表示（物权合意）本身即是物权行为（单独行为和物权契约），登记或交付系其生效要件。[2]此两位教授关于物权行为含义的见解，大体分别相当于德国学者罗森贝格和鲍尔等人的主张。需注意的是，在现今台湾地区，姚瑞光教授的见解，系关于物权行为涵义的有力见解。[3]

日本通说与判例虽然拒绝承认物权行为的独立性与无因性，但对于物权行为概念本身，通说与实务则从不拒绝。与德国和我国台湾地区的情况相同，关于物权行为的概念，学者见解仍然歧异，未获统一。石田文次郎说：物权行为或称为物权的法律行为，指以物权的设定、移转、变更和消灭为目的的法律行为。其中所谓"物权的设定"，指设立他物权，如设立地上权和抵押权等；"物权的移转"，指占有权、所有权或他物权的移转。松坂佐一谓：物权行为是以物权的变动为直接目的的行为，在不存在履行上，其区别于债权行为。其他学者如铃木禄弥、高岛平藏和川岛武宜等，也多采与此相类似的定义。[4]惟学者三和一博、平井一雄则认为，物权行为在内容上应由发生物权变动的意思表示（物权的意思表示）与形式（登记或交付）的结合而构成。

综上可以明了，近现代和当代各国家或地区关于物权行为的涵义大抵可以归并为两类：一是物权的意思表示说，认为物权的意思表示本身即是物权行为（包括单独行为与物权契约）；二是物权的意思表示与形式的结合说，认为只有物权的意思表示与形式（登记或交付）相结合，才构成物权行为。此两说中，本书采第二说，即认为物权的意思表示（物权的合意）纯粹是直接以物权的取得、丧失、变更为目的的合意，有此合意，原则上并不能当然发生物权的取得、丧失和变更的实际效果，故而物权的合意本身，不得谓为物权行为，而仅有物权的合意与登记或交付之结合，方构成物权行为。

---

[1] 姚瑞光：《民法物权论》，海宇文化事业有限公司1999年版，第18页。
[2] 王泽鉴：《民法学说与判例研究》（5），台湾1992年自版，第47页。
[3] 另外，谢在全将物权行为定义为："物权变动的意思表示，与登记、书面或交付相结合之法律行为。"参见其所著《民法物权论》（上册），新学林出版股份有限公司2014年版，第57—58页。
[4] ［日］铃木禄弥：《民法总则讲义》，创文社1989年版，第356页；［日］高岛平藏：《民法制度的基础理论》，敬文堂1989年版，第198页；［日］川岛武宜：《民法总则》，有斐阁1978年版，第162页。

(二) 物权行为的成立、生效与附条件、附期限问题

物权行为既然为法律行为之一种，以意思表示为其构成要素，体现行为人的意思自治，则关于法律行为的成立、生效要件，对其自然有适用的余地。即物权行为的成立须有当事人、意思表示和标的；物权行为的生效，须物权行为的当事人有行为能力，物权的标的须适当（包括标的可能、标的确定和标的适法），以及意思表示须无瑕疵。物权行为若不具备这些要件，则应依各有关规定确定其效果。例如物权行为得因当事人民事行为能力之受限制而受影响，因通谋虚伪表示而无效，因错误、欺诈或胁迫而得撤销。

物权行为可否附条件或期限？现今通说认为，物权行为并非本质上不得附条件或期限，原则上而言，《民法总则》有关附条件、附期限乃至代理的规定，对其有适用的余地。

(三) 物权行为与处分行为

处分行为（Verfügungsgeschäft），指使权利直接丧失或使权利的内容直接变更的法律行为，例如权利的让与、定限物权的设立及抵押权的内容的变更（如清偿期的变更）等皆属之。[1] 亦即，处分行为是指产生如下后果的法律行为：立即移转权利、权利内容的变更或缩小、在权利上设定物权负担及使权利消灭的行为。物权行为属于处分行为，但并非所有的处分行为皆为物权行为。例如，诸多以债权或者无体财产权（知识产权）作为标的的处分行为，如债务免除、债权让与，即不是物权行为。这些处分行为虽不以发生物权变动为其直接效果，但因该行为也引起权利的变动，颇与物权行为类似，故学理上称为"准物权行为"或"债法上的处分行为"。物权行为为处分行为，故行为人须具有处分权，其才能发生效力。

(四) 物权行为的类型

1. 单方物权行为与双方物权行为

物权行为，依其是否由行为人一方的意思表示构成，可以区分为单方物权行为和双方物权行为。单方物权行为，是指由行为人一方的意思表示构成的物权行为，在德国法上，其最典型者为物权的抛弃；双方物权行为，又称物权合同、物权契约或物权合意，是指通过双方意思表示一致而形成的物权行为。在德国法上，当事人之间转让物权、设立定限物权的行为均须通过物权合同进行。另外，物权合同本质上属于合同的一个类型，在其成立等方面，得适用民法关于合同的一般规定。如果有关合同的一般规范规定在民法债编或者单行法（如"合同

---

[1] [日] 山田晟：《德国法律用语辞典》，大学书林1995年版，第664页。

法")中,则物权合同也可准用相关规定。[1]

我国现行立法未使用"物权合同"这一术语,但《物权法》中明确规定了抵押合同、质权合同、地役权合同、土地承包经营权合同等旨在设立他物权("定限物权")的合同,这些合同是否属于物权合同,学者间存在一定争议。不过,我国《合同法》有关要约、承诺的合同订立规则,对于抵押合同等应有适用的余地。

2. 不动产物权行为与动产物权行为

依物权行为所指向的标的物为动产或者不动产,可以将物权行为界分为不动产物权行为与动产物权行为。

不动产物权行为,是指以变动不动产物权为目的的法律行为。变动不动产物权的意思表示要发生预期的法律效力,除须满足法律行为的一般生效要件,并以处分人具有处分权为必要外,还须完成相应的登记。另外,此种物权行为还具有要式性的特点,考虑到不动产物权变动的重要性,德国法和我国台湾地区"法"均要求当事人变动物权的意思表示应采取书面、公证等特定形式。

动产物权行为,是指以变动动产物权为目的的法律行为。作为处分行为,动产物权行为同样要求处分人具有处分权,且还须以标的物的交付作为特别生效要件。所谓交付,通常系指现实交付,即标的物的占有的现实移转,不过,法律为顾及交易的便利,有时也以无须现实移转占有的"观念交付"替代现实交付。另外,动产物权行为通常为不要式法律行为,法律对意思表示的形式并无特别要求。[2]

(五) 物权行为与不当得利

罗马法以降的不当得利制度及其规则是物权行为理论或制度的重要基础。在德国民法上,在物权变动的原因行为无效或者被撤销时,物权变动的受让人应向出让人返还不当得利;在原物存在时,受让人应向出让人返还原物,若受让人已将原物转让给第三人,基于物权行为无因性,第三人取得原物的所有权,原出让人只能向直接受让人(第一受让人)请求返还不当得利。

(六) 物权行为制度下的诸法律行为及其关联

值得强调的是,在物权行为制度之下,一个完整的买卖过程通常均涉及三个契约(合同):一个为具有负担行为性质的买卖契约,一个为具有处分性质的买

---

[1] 参见刘家安:《物权法论》,中国政法大学出版社2009年版,第80页及该页注释1。
[2] 参见刘家安:《物权法论》,中国政法大学出版社2009年版,第80—81页。

卖标的物所有权移转契约，一个为具有处分权性质的价金所有权移转契约。此三个契约彼此分离，且其效力彼此互不关联，其中一个契约无效，并不代表其他契约也会受其影响而为无效。每个契约均有其独自发生效力的要件，而须个别独立判断其本身是否具有无效的事由。[1] 此外，动产的情形还须交付，不动产的情形还须登记。至于债权行为与物权行为间的效力关系，则可能存在四种情形[2]：（1）二者皆为有效。（2）二者皆为无效。（3）债权行为有效而物权行为无效。譬如就所完成的买卖，当事人双方于缔结买卖契约时，皆为完全行为能力人，其买卖契约因当事人双方意思表示合致而有效。但之后出卖人为履行买卖契约义务而为买卖标的物所有权移转的物权行为时，其中一人已成为无行为能力人。故该买卖标的物所有权移转的物权行为也因此而无效。（4）债权行为无效而物权行为有效。譬如赠与人撤销赠与的，仅该赠与契约（合同）因撤销而无效，赠与标的物所有权移转的物权行为并未因此无效，已给付之赠与物，不生物权返还的效果，赠与人仅可依不当得利的规定，请求返还。买卖契约无效，但若当事人间已完成使得买卖标的物所有权变动的物权行为的，该物权行为的效力并不受其原因行为的买卖契约的效力影响，并不因该买卖契约无效而无效。例如，买卖契约经出卖人解除的，已完成的不动产所有权移转登记，不会因为买卖契约解除而失其效力，出卖人不会因为解除买卖契约而当然恢复为该买卖标的物的所有权人。其仅能主张，买受人取得标的物所有权欠缺法律上之原因，而请求返还该不动产所有权[3]。

三、物权行为的独立性理论

物权行为的独立性，又称分离原则（Trennungsprinzip），是指物权的变动须有一个独立于买卖、赠与、互易等债权行为之外，而以物权变动为内容的法律行为，从而在体系上，物权行为独立于债权行为而存在。[4] 亦即，物权行为与债权行为相互分离，独立于债权行为之外，物权变动的原因与物权变动的结果作为两个法律事实。于德国法上，物权行为的独立性系无因性的前提，没有分离即没有无因性。

需注意的是，在德国法上，于抛弃所有权的场合，系仅有物权行为而无债权

1　郑冠宇：《民法物权》，新学林出版股份有限公司2015年版，第34页。
2　郑冠宇：《民法物权》，新学林出版股份有限公司2015年版，第34—35页。
3　参见我国台湾地区"最高法院"1999年台上字第3035号判决。
4　刘家安：《物权法论》，中国政法大学出版社2009年版，第82页以下。

行为，此时明显地物权行为具有独立性；有时物权行为的独立性不甚明显，如在一手交钱、一手交货的现货买卖中，债权行为与移转所有权的物权行为已合二为一，难以分辨。此外，也存在有债权行为而无物权行为的情形，如雇佣、保证等。

我国《物权法》未承认物权行为的独立性。该法第15条规定的所谓"区分原则"并不意即认可物权行为的独立性。其规定："当事人之间订立有关设立、变更、转让和消灭不动产物权的合同，除法律另有规定或者合同另有约定外，自合同成立时生效；未办理物权登记的，不影响合同效力。"以房屋买卖为例，根据该条的规定，当事人之间的房屋买卖合同自合同成立时立刻发生效力，而该效力当然只能是债的效力，盖所有权移转的效果须自完成过户登记时方能发生。由于《物权法》本身并未将物权变动的基础归之于物权行为，它只是规定了登记和交付的必要性，而未规定当事人之间还须有物权合意（物权合同），故不能由《物权法》该第15条规定的所谓"区分原则"中得出存在独立的物权行为的结论。该条文仅重述了这样一条规则：买卖等债权行为仅发生债的效力，债的发生的效力可以与物权变动的效力区分开来。[1]

应当指出的是，为在司法审判中正确处理不动产登记与物权归属和物权变动的关系，结合审判实务经验，最高人民法院《物权法司法解释（一）》第1条规定："因不动产物权的归属，以及作为不动产物权登记基础的买卖、赠与、抵押等产生争议，当事人提起民事诉讼的，应当依法受理。当事人已经在行政诉讼中申请一并解决上述民事争议，且人民法院一并审理的除外。"

四、物权行为的无因性理论

（一）物权行为无因性的涵义

在全体物权行为理论中，最值得检讨、最值得研究和最值得重视的，应当是物权行为的无因性理论（Abstraktionsprinzip）及德国法上的物权行为无因性制度。

物权行为无因性，是德国民法创立物权行为概念，尔后又进一步肯定物权行为独立性后的必然逻辑结论，其又被称为"抽象原则"（Abstraktionsprinzip），与之相对的则被称为"有因主义"。它包含两方面的内容：一是所谓的内在无因性，或称内容上的无因性（inhaltliche Abstraktion, inhaltabstrakt），指处分行为本身在内容上也是无目的的，即处分行为的当事人无须就给予财产行为的目的达成一致；二是所谓的外在无因性（äußere Abstraktion, äußerlich abstrakt），指处分行为

---

[1] 类似见解还可参见刘家安：《物权法论》，中国政法大学出版社2009年版，第85页。

的效力不以该行为以外存在的负担行为有效为前提。[1]

物权行为无因性产生的效果是：(1) 依负担行为（债权行为）不产生物权关系的变动；(2) 物权变动不依赖于负担行为的效力；(3) 物权法律关系不受负担行为丧失的影响。[2] 亦即，所谓物权行为的无因性，乃指物权行为的效力不受其原因行为（债权行为）的影响，债权行为即使不成立、被撤销或者无效，物权行为也并不因此而受影响，仍能独立地发生物权变动的法律效果。根据物权行为的无因性，物权行为不仅作为意思表示于存在形态上具有独立性，且在效力上也具有独立性。判断物权是否发生变动，根本无须考虑其原因行为的法律效力，而只须对物权行为本身作判断即可。[3]

(二) 物权行为无因性理论的源起

物权行为无因性理论发端于德国普通法时期的普通法学，其始祖是德国历史法学派的创始人萨维尼。[4] 萨氏提出物权行为无因性理论是在19世纪初期于柏林大学的讲学过程中，因此该理论被称为是他"最最重要的教义学的创见之一"。他在讲学中谓：为履行买卖契约或其他以移转所有权为目的的契约而践行的交付，并不是一种单纯的事实行为，而是一项包含移转所有权目的的物权契约，该契约具有无因的性质。1840年和1853年，他在《现代罗马法体系》（第3卷）和《债权法》（第2卷）中进一步全面地阐释了物权行为无因性。

他首先把物权和债权自体系上加以区分，指出罗马法就开始区分物权和债权之不同，并把二者置于不同的领域加以理解。接着，他区分了作为原因的债权行为与作为结果的物权行为，认为私法上的契约常常以各种不同的形态出现，十分繁杂。首先是债权契约，其次是物权契约。"交付"本身是一个真正的契约，即物权契约。这一契约必须与先期存在的债权契约相区别。相对于让与所有权的"交付"这一物权契约而言，作为原因的债权契约只不过是其原因。这之后，萨

---

1 [德] 梅迪库斯：《德国民法总论》，邵建东译，法律出版社2000年版，第177页；申卫星：《物权法原理》，中国人民大学出版社2008年版，第151页。

2 [德] 鲍尔、施蒂尔纳：《德国物权法》（上册），张双根译，法律出版社2004年版，第94—96页。

3 刘家安：《物权法论》，中国政法大学出版社2009年版，第85—86页。应指出的是，所谓物权行为无因性，其并非物权行为不具有原因，而系物权行为不受其原因行为效力的影响，不因其原因行为被撤销、无效而被撤销或无效。

4 不过，也有人认为，无因性理论系发端于欧洲启蒙时期的自然法思想，亦即不以萨维尼为该理论的创始者。参见[日] 广濑稔："无因性理论的考察：以德国普通法学的所有权让与理论为中心"，载《法学论丛》第77卷2号，第48页。

维尼进一步主张物权行为必须无因化,即一方当事人本为履行买卖契约而交付某物,但对方当事人却误为赠与而受领时,这种错误对物权契约的效力(所有权的转移)不生影响。亦即,基于错误的买卖是不能被撤销的买卖,基于错误的交付也是完全有效的,丧失所有权的人只能依不当得利规则请求返还。

物权行为的无因性首先是德国潘德克吞法学体系得以形成的表现之一;其次,在德国普通法学上,无因性与不当得利请求权之间也存在着某种关联,即不当得利请求权是专用来调整无因性所引起的利益关系之失衡的。无因性理论虽然受到当时一部分普通法学者的强烈反对,但因萨维尼的强大影响力,经温德沙伊得和耶林等人的积极支持,它最终成为德国普通法学的"一个通说""一个原理"。一些熟悉潘德克吞法学的法学家将其移植到1794年《普鲁士普通邦法》和1811年《奥地利普通民法典》上,并从法的构成和解释论上来说明这些法律关于转让财产所有权制度的规范意旨;另外,无因性理论也直接影响到了德意志法圈各国从19世纪中期开始的民事立法计划。1888年,以5卷的宏大篇幅公开出来的《德国民法典第一草案理由书》,使物权行为无因性理论的影响达到了顶峰。在此种形势下,无因性理论也就迅速地传播开来,并影响了1872年《普鲁士土地所有权取得法》和《德国民法典》的制定。

(三) 1872年《普鲁士土地所有权取得法》与物权行为的无因性理论

《德国民法典》第873条和第925条关于物权行为无因性的规定,其原形为1872年《普鲁士土地所有权取得法》中的物权行为无因性规定。因此,欲明了《德国民法典》规定物权行为无因性的情况,即有必要追溯1872年《普鲁士土地所有权取得法》规定物权行为无因性的背景。而这一点,正是我们明了《德国民法典》规定物权行为无因性的重要进路。

1783年《普鲁士一般抵押权令》和1794年《普鲁士普通邦法》,系德国18世纪民法发展上两部具有重要意义的法律。这两部法律关于不动产物权变动的登记之采实质审查主义的规定,不仅妨碍了不动产物权交易的便捷,而且也影响了人民私生活的安宁。以下先考察这两部法律所规定的登记的实质审查主义。

1. 1783年《普鲁士一般抵押权令》

该"法令"第11条规定:登记的专任官员与登记委员会,对于当事人提出的申请书与附件,须从形式和内容两方面进行缜密的审查。第58条规定:打算变更抵押权登记簿册上的所有权人名义的人,应向登记委员会提交买卖契约书、赠与证书、遗言书、判决书等。第59条规定:登记委员会须按照本"法令"第1章第1节以下的规定,对当事人提出的申请进行审查。须就下列事项逐一审查:

当事人对标的物是否有处分权（特别是有无法律形式上的处分权）；如果有处分权，则其作为所有权人的名义是否被变更过，以及交易本身是否存在依法向新的所有人转让所有权所必须具备的原因关系。

2. 1794 年《普鲁士普通邦法》

该法第 427 条规定：抵押权设立的登记，依 1783 年《普鲁士一般抵押权令》的规定为之。可见，《普鲁士普通邦法》重申了《普鲁士一般抵押权令》所规定的实质审查主义。而且，该法对实质审查主义还作了如下补充规定："负责登记事务的官员，如果登记存在不当时，须承担责任。"

上述法令（律）规定的登记的实质审查主义，是一种审查范围十分宽泛的全面的审查主义，其不仅包括直接引起物权变动的物权行为，而且也涵括作为原因的债权关系（债权行为）。换言之，登记官员不仅要审查申请书等是否符合法律规定的形式要件，且对申请书背后的事实关系也要审查。如果登记官员因审查不周而作成了不正确登记时，须因此承担损害赔偿责任。[1] 此种严格的实质审查主义，若从追求交易的安全与登记的一致的角度看，并无指责的余地，但它由此带来两项弊端：一是因登记机构对引起物权变动的原因关系也要审查，故必然延长物权交易的时间，增加交易的成本，延缓交易的进程，以致最终妨碍社会经济的发展；二是因登记官员须对自己所为的不正确登记承担损害赔偿责任，故登记官员为了避免承担责任，乃就登记过程中的每一细节详加审查。于是，登记官员的审查范围不断扩大，甚至对和不动产交易无关的当事人的私的关系也要审查。这样就发生了登记官员之对人民的私生活的侵害。[2] 此种情形至 19 世纪时达到顶峰，以致人民由此怨声载道。进而，废除登记的实质审查主义而改采新的登记审查制度也就为人民所期盼。

1872 年，废除旧的登记的实质审查主义而改采新的登记的形式审查主义的《普鲁士土地所有权取得法》于千呼万唤中出台了。而作为此部法律的立法基础的，正是物权行为的无因性理论。由于物权行为无因性理论之采用，使之前登记的实质审查主义之对人民的私的生活关系的侵害得以排除。盖依物权行为无因性理论，物权变动的效力应与作为其原因关系的债权契约（债权行为）相分离，从而登记官员的审查范围也就仅限于审查直接引起物权变动的物权行为。此种仅审查物权行为的登记制度，即为登记的形式审查主义。可见，在法制发展史上，物

---

[1] ［日］铃木禄弥：《抵押制度的研究》，有斐阁 1967 年版，第 19 页。
[2] ［日］铃木禄弥：《抵押制度的研究》，有斐阁 1967 年版，第 100 页。

权行为的无因性最初是用来排除登记的实质审查主义的弊害,才于制定法上被规定下来的。[1] 此一点,是我们现今研习物权行为无因性理论时须予提及而不能忽略的。

(四)《德国民法典》与物权行为的无因性理论

《德国民法典》的制定系以 1871 年德意志第二帝国的成立为其端绪。但是,按照第二帝国宪法,必须待到帝国立法权扩大到全部民法后,《德国民法典》的制定才能发轫。1873 年帝国立法权扩大到全部民法。1874 年产生了民法典第一起草委员会。1887 年末,民法典草案得以完成,此即民法典第一草案。因该草案受批判随后乃有民法典第二草案和第三草案之出台。但是,民法典第一草案所规定的物权行为无因性制度,则在第二、第三草案上被保留下来,直至为最后通过的民法典正式确立。因此,理解民法典第一草案对物权行为无因性的规定,是明了《德国民法典》确立物权行为无因性的必要一步。

1880 年,奉命起草《德国民法典》物权法草案的莱茵霍尔德·约霍夫(Reinhold Johow,1823—1904 年)完成了物权法草案的起草。[2] 该草案第 132 条、第 133 条规定:在让与物权的场合,动产所有权因完成"所有权移转的意图"的交付而移转,让与的原因关系即使有误会或误解,也对受让人取得所有权无任何影响。此即物权行为无因性。民法典第一次委员会在对草案进行审议时,认为"所有权移转的意图"一语未臻精确,于是决意以"物权契约"一语代之,并明确表示:以意思表示为内容的该"物权契约"的成立与生效,《德国民法典》总则编有关契约的规定对其可予适用。[3] 另外,对于温德沙伊得将"交付"解为物权契约的形式的意见,委员会认为此系一项纯粹的理论问题,应由学说决之。但无论怎样,至少应将"交付"解为物权契约的必要条件。[4] 至此,《德国民法典第一草

---

[1] 值得提及的是,通说认为,我国台湾地区就不动产登记,不同于物权形式主义(形式登记主义)的国家(如德国)所采取的形式审查主义,而系采实质审查主义,其对不动产物权变动的原因与事实是否相符、能否成立及有无瑕疵均须详细加以审查。对此,请参见郑冠宇:《民法物权》,新学林出版股份有限公司 2015 年版,第 44 页注释 6。

[2] [日] 有川哲夫:"物权契约理论的轨迹:萨维尼以后一世纪间",载原岛重义编:《近代私法学的形成与现代法理论》,九州大学出版会 1987 年版,第 318 页。

[3] [日] 有川哲夫:"物权契约理论的轨迹:萨维尼以后一世纪间",载原岛重义编:《近代私法学的形成与现代法理论》,九州大学出版会 1987 年版,第 318 页。

[4] [日] 有川哲夫:"物权契约理论的轨迹:萨维尼以后一世纪间",载原岛重义编:《近代私法学的形成与现代法理论》,九州大学出版会 1987 年版,第 319 页。

案》对萨维尼的物权行为无因性理论忠实地加以了条文化。[1] 1888 年初公布出来的《德国民法典第一草案立法理由书》于说明物权变动采无因性的理由时指明：这首先是基于体系上的理由，盖与债权行为相独立的物权行为必然具有无因的性质；其次是因袭了 1872 年《普鲁士土地所有权取得法》的规定的结果，以及为了保护交易的安全。[2]

《德国民法典第一草案》关于物权行为无因性的规定为之后的民法典第二、第三草案直接承袭，1896 年《德国民法典》正式公布时，物权行为无因性即被正式确立下来了。对于该民法典之所以采取物权行为的无因性，有人认为，此系德国资产阶级为达到其自身目的而寻找到的一种法律构成，于此种构成之下，作为基础的社会关系被完全掩盖和隐蔽起来了。[3]

（五）物权行为无因性的所谓"保护交易安全"的功用的考证与分析

如果从 19 世纪初期算起，则迄今为止，萨维尼创立的物权行为无因性理论业已承载了近二百年的法史沧桑。这期间，"物权交易的安全的保护"被认为是物权行为无因性之得以存在的最重要的因由。换言之，在无因性论者看来，正是保护交易安全的功能使物权行为无因性有其存在余地。那么，事情是否果真如此？于近现代及当代民法业已普遍建立起善意取得、公信力及推定力制度后，物权行为无因性之保护交易安全的功能还是充分的吗？另外，从利益衡量上看，物权行为无因性即使对恶意取得标物的所有权的第三人也予保护，此是否合于人类正义的法交易感情乃至伦理价值，等等，均有必要解明。对于此等问题，我们将在以下通过分析物权行为无因性的所谓保护物权交易安全的功能而展开出来并给出回答。

1. 德国普通法时期物权行为无因性的所谓"保护交易安全的功能"考

自欧洲中世纪末期以降，德国在继受罗马法、教会法（"寺院法"）的基础上，逐渐形成了一种在全国范围内适用的法，即"普通法"，自此德国开始迈入"普通法时期"。这一时期，"无论何人均不能将大于自己的权利让与他人"的罗马法原则严格地支配着物权交易活动，"从无权利人处取得物权"的善意取得制

1　［日］广濑稔："无因性理论的考察：以德国普通法学的所有权让与理论为中心"，载《法学论丛》第 77 卷 2 号，第 68 页以下。

2　［日］加藤一郎："无因主义的历史的制约"（评介），载《法学协会杂志》第 72 卷 3 号，第 297 页。

3　参见［日］广濑稔："无因性理论的考察：以德国普通法学的所有权让与理论为中心"，载《法学论丛》第 77 卷 2 号，第 84 页以下有详细论述，可以参考。

度尚未形成。在此种背景下，当时的学说遂将物权行为无因性的功能解为保护交易的安全，抑或至少期待有此功用。

物权行为无因性理论的始祖萨维尼于《现代罗马法体系》中写道："基于错误的买卖契约是不能撤销的买卖契约，基于错误的交付也是完全有效的。"[1] 对于这句话是否表达了萨维尼之创立物权行为无因性理论的初衷——保护物权交易的安全，德国普通法时期的学者们曾进行了各种不同的解读，并由此引起了物权行为无因性的功能究竟是什么的论争。

学者费尔根特雷格（Felgenträger）认为，萨维尼的这句话表达了他创立物权行为无因性理论的保护交易安全的目的。富克斯（Fuchs）等人则不同意该说法。富克斯解释说，这句话并不能表明萨维尼将交易安全置于头等地位加以考虑，保护交易的安全充其量不过是其所期盼的，而绝不是他的初衷。巴尔（Bähr）说：将移转所有权的物权效果和引起这种效果的原因关系相分离、相独立的理由，在于财产所有权的交易在本质上属于从手到手的移转，其一旦到达他人之手，即开始新的"生活"并固定下来。如果让与所有权的效力因让与原因之有瑕疵而受影响，则所有权的交易便不能完成其固有的目的。[2] 施莱辛格（Schlesinger）从受让人安全、便捷地取得标的物所有权的角度解释说，必须把作为原因的债权行为与让与所有权的物权行为分离开来，否则标的物的新的受让人定会仰赖出卖人的鼻息，受其支配、左右，并时刻担心因原因关系的瑕疵而有可能丧失权利的风险，其结果也就必定会妨害交易的安全。[3]

在德国普通法时期，明确指出萨维尼之创立物权行为无因性的目的在于保护交易安全的第一人，是学者耶林。他在《罗马法的精神》中说：将让与所有权的原因行为（债权行为）和物权行为分离开来的实益特别表现在买受人将买得的标的物立刻转让给了第三人的情形。这种场合，基于物权行为的无因性，标的物的原权利人仅可对第一受让人行使权利，而不得向自第一受让人处取得标的物所有权的第三人（第二受让人）行使。这样，第三人也就获得了保护。而在施莱辛格看来，物权变动因采无因性，买受人对出卖人的调查范围缩小，对标的物的取得

---

[1] ［日］广濑稔："无因性理论的考察：以德国普通法学的所有权让与理论为中心"，载《法学论丛》第77卷2号，第52页。

[2] ［日］广濑稔："无因性理论的考察：以德国普通法学的所有权让与理论为中心"，载《法学论丛》第77卷2号，第53页。

[3] ［日］广濑稔："无因性理论的考察：以德国普通法学的所有权让与理论为中心"，载《法学论丛》第77卷2号，第53页。

变得容易，交易本身因此也就获得了安全与便捷。此系从事前的角度来谈论如何使标的物的取得变得便捷、容易。[1]

耶林和施莱辛格称物权行为无因性具有保护交易安全的功用，恰值德国处于现代及当代意义的善意取得制度还未确立的普通法时期。在此背景下，对原权利人请求返还标的物的权利加以限制是必要的。物权变动的无因性由于是保护从出让人那里取得标的物的所有权的受让人的利益的，故此从一定意义上说，它变成了善意取得的"替代物"。[2]另外，物权变动的无因性对于采以移转占有的方式进行财产所有权交易的情况，也有"目的适合性"。[3]盖让与人既然对标的物加以实际占有，从形式上看他就是所占有的标的物的所有权人（占有具有公信力）。于是，物权行为无因性应当保护的人，也就当然是从物的所有权人那里买受标的物的买受人。但是，如果让与人并未像所有人那样以享有所有权的意思对标的物加以占有（如只是以承租人的意思对标的物加以占有），则无论怎样采用无因性，其都是非所有权人。此种场合，只有依善意取得才能保护买受人的权利。可见，即使物权行为无因性具有保护交易安全的功用，它的此种作用也是不完全的、不彻底的。不过，无论如何，可以肯定地说，在善意取得制度尚未确立的德国普通法时期，物权行为无因性确实可以消除市场交易中的相当一部分风险。[4]

耶林关于物权行为无因性具有保护交易安全的功用的见解不久便在普通法学者中传播开来。受其影响，学者斯特罗尔（Strohal）、库伦贝克（Kuhlenbeck）、布沃（Buhl）等，均认为无因性具有保护交易安全的功用。其中，库伦贝克在《从潘德克吞到民法典》中，引用其师耶林关于无因性的保护交易安全的功能的长篇论述，再次重述了无因性对于交易安全的保护作用。[5]另外，斯特罗尔的见解，因首次涉及无因性与善意取得的关系而引人注目。他说，罗马法上无善意取得制度，因此使德国普通法未有此项制度。于是，使引起所有权移转的效果与作

---

[1] ［日］广濑稔："无因性理论的考察：以德国普通法学的所有权让与理论为中心"，载《法学论丛》第77卷2号，第54页。

[2] ［日］广濑稔："无因性理论的考察：以德国普通法学的所有权让与理论为中心"，载《法学论丛》第77卷2号，第54页。

[3] ［日］广濑稔："无因性理论的考察：以德国普通法学的所有权让与理论为中心"，载《法学论丛》第77卷2号，第54页。

[4] ［日］广濑稔："无因性理论的考察：以德国普通法学的所有权让与理论为中心"，载《法学论丛》第77卷2号，第54页。

[5] ［日］广濑稔："无因性理论的考察：以德国普通法学的所有权让与理论为中心"，载《法学论丛》第77卷2号，第54页。

为原因行为的债权行为的瑕疵相分离，也就正好是交易利益的要求所在。[1]

由上可见，在德国普通法时期，物权行为无因性几乎被一致认为具有保护交易安全的功用。事实上，在不知善意取得为何物的背景下，物权行为无因性确有此种功用。但是，应指出的是，物权行为无因性的这一功用实际上是受到了相当程度的限缩或制约的。研究表明，在德国普通法时期，影响、限制物权行为无因性的交易安全的保护作用的因素是始终存在的。[2] 由此可以说，即使是在德国的普通法时期，物权行为无因性的保护交易安全的功用也是有限的、不充分的。

2. 18 世纪后半期民法典编纂蓬勃时期

自 18 世纪后半期起，德国兴起了如火如荼的民法典编纂运动，1759 年《巴伐利亚民法典》、1794 年《普鲁士普通邦法》、1863 年《萨克森民法典》和 1811 年《奥地利普通民法典》等接踵问世。在这些法典中，罗马法和德国普通法的所有权"回复主义"（Vindicationsprinzip）和"无论何人不得将大于自己的权利让与他人"的古老原则虽然仍坚如磐石地居于支配地位，但为了满足资本主义市场经济和土地金融对物权交易的安全所提出的要求，这些法律乃对此两项原则于动产和不动产领域的适用作了种种修正。关于动产，依《普鲁士普通邦法》的规定，以善意、有偿方式取得标的物的人，虽然应当将标的物的所有权返还于原所有人，但原所有人必须偿还价金；在此基础上的进一步发展，是买受人从国库、拍卖场所，或者从享有基尔特（或同业行会）的成员资格的商人处买得标的物的，原所有人的返还请求权即完全丧失。19 世纪中期，德国交易制度的统一运动因 1848 年《普通票据法》的制定而获成功。1861 年，作为更大成果的《德国商法典》被制定出来。按照该商法典，物权变动虽然应当首先适用普通法上的规定，但就善意取得人而言，如果某物在商人的营业范围内被出卖，受让人系善意且该物非属盗赃物或遗失物时，受让人即可取得标的物的所有权。[3]

关于不动产，因这一时期土地登记簿和公信力制度相继得以建立，加之 1872 年《普鲁士土地所有权取得法》颁行，善意取得因此扩张适用到取得土地所有权的场合。不动产交易的这种情况表明，在《德国商法典》颁行后，以无因性来保

---

[1] ［日］广濑稔："无因性理论的考察：以德国普通法学的所有权让与理论为中心"，载《法学论丛》第 77 卷 2 号，第 54 页。

[2] 详见陈华彬："论基于法律行为的物权变动：物权行为及无因性理论研究"，载《民商法论丛》第 6 卷，第 132—136 页。

[3] ［日］广濑稔："无因性理论的考察：以德国普通法学的所有权让与理论为中心"，载《法学论丛》第 77 卷 2 号，第 68 页以下。

护交易的安全已无多大必要。另外，《普鲁士普通邦法》将原所有人的回复所有物的请求权加以了极大的限制，因此也不至于影响物权交易的安全。最后，在规定土地所有权可以善意取得的《普鲁士土地所有权取得法》颁行后，对交易安全的保护也是充分的。[1] 总之，在承认并规定了善意取得制度后，通过无因性来保护物权交易的安全已并不重要、彰显了。

3. 《德国民法典》制定前后

《德国民法典》承认了物权行为无因性制度。其最为重要的因由之一，即是为了保护物权交易的安全。由于立法者的此种立场，自该法典颁行至今，此一认识始终处于主导地位，成为通说。

惟需注意的是，《德国民法典》在规定物权行为无因性后，又规定善意取得、公信力及登记的推定力制度，[2] 于这种局面下，物权行为无因性之保护物权的交易安全的功用还有多少，抑或与善意取得、公信力及登记的推定力作用的范围重叠、交叉，即不能不予以检视和审思。大致而言，物权行为无因性之保护物权交易安全的功能，已被这些制度所吸收或抽空。故而，后世各国于建立了善意取得、公信力乃至登记的推定力制度之后，还有无必要复采纳物权行为无因性理论，即有必要慎思。本书认为，仅从保护物权交易安全的视角看，已确实没有必要了。

（六）物权行为无因性的缺点、批判及相对化

1. 物权行为无因性的缺点

（1）物权行为无因性的最大缺点在于严重损害出卖人的利益，违背交易活动中的公平正义。在交付标的物之后买卖合同（债权合同）无效或被撤销，因物权行为的无因性，不受债权行为的影响，买受人仍然取得标的物的所有权，出卖人仅能依不当得利的规定主张标的物（若该标的物还在买受人的手中）或者替代利益（如买受人已因出让标的物而获得价金）的返还。于是出卖人由所有权人变为债权人，不能享受法律对物权的保护方法。第一种情形，如果买受人已将标的物

---

[1] ［日］广濑稔：“无因性理论的考察：以德国普通法学的所有权让与理论为中心”，载《法学论丛》第77卷2号，第68页以下。

[2] 登记的推定力，指不动产物权经登记者，推定其登记状态的物权与真实物权一致的效力，亦即，不动产物权一经登记，即推定其与实体法上的权利一致，具有该登记所表示的实体法上的权利关系。德国、瑞士民法均设有登记的推定力的明文。《德国民法典》第891条规定："权利为特定人之利益而登记于土地登记簿者，推定其权利属于该受益人。登记于土地登记簿上之权利经注销者，推定其权利不存在"。《瑞士民法典》第937条第1项规定："登记于土地登记簿的不动产，仅被登记人得援引关于权利的推定和提起占有回复之诉。" 此外，台湾地区通说也认可此制度。

转卖，第三人即使属于恶意也能取得所有权，出卖人不能对该第三人行使任何权利，他只能向买受人请求返还转卖所得的价金（替代利益）；第二种情形，如果买受人已在标的物上设立了担保物权，因担保物权于效力上优于债权，出卖人不能请求返还标的物，只能向买受人请求赔偿；第三种情形，如果买受人的其他债权人对该标的物为强制执行，则出卖人不能依法提出异议之诉；第四种情形，如果买受人得到标的物后被宣告破产，出卖人不能将该标的物作为其所有物，从破产财产中别除，盖该标的物属于破产债务人所有，因此必须作为破产财团的一部分予以变卖，出卖人仅享有一项用破产份额来履行的金钱请求权，从而使其陷于不利的境地；[1] 第五种情形，如果非因买受人的过失致标的物毁损灭失，买受人可以免责。

反之，如不承认物权行为无因性，则在买卖合同不成立、无效或被撤销时，同时导致所有权变动效果的不发生，出卖人仍保有标的物的所有权，可以向受让人或者其他占有人主张物权请求权性质的返还请求权。在前述第一种情形，如第三人属于恶意，则出卖人可以直接对该恶意第三人起诉，请求返还标的物；第二种情形，则担保设立行为应无效；第三种情形，出卖人可依法提出异议之诉；第四种情形，出卖人可依法行使别除权，从破产财产中取回标的物；第五种情形，如买受人对于买卖合同的无效或被撤销存在过失，则不能免责。前四种情形，出卖人可依法取回标的物，最后一种情形也可获得赔偿。[2]

（2）将所有权，尤其是动产所有权无因性地加以让与，"纯属脱离实际生活"[3]。

（3）如前述，物权行为的无因性，原本在于保护物权交易的安全，而如今动产与不动产的善意取得、不动产登记的公信力乃至登记的推定力制度建立后，已足以起到这一功用。故而，物权行为无因性的存在价值已被吸收或抽空，物权行为无因性也已无存在之必要。

2. 对物权行为无因性的批判

早在德国普通法时期，物权行为的无因性理论即受到了一些学者的批判与质疑，其代表人物为莱斯特（Burkard Wilhelm Leist，1819—1906 年）。《德国民法典》制定时，对这一理论加以批判的声音变得激昂起来。有学者指出，这完全是一个不顾人民的生活感情而由法学家拟制出来的"技术的概念"。学者基尔克的

---

1 [德] 梅迪库斯：《德国民法总论》，邵建东译，法律出版社 2000 年版，第 178—180 页。
2 梁慧星：《民法学说判例与立法研究》，中国政法大学出版社 1993 年版，第 124—125 页。
3 [德] 鲍尔、施蒂尔纳：《德国物权法》（上册），张双根译，法律出版社 2004 年版，第 91 页。

批判被认为是此时期对无因性理论的最猛烈的开火。他说：如果我们勉强地把单纯的动产让与分解为相互完全独立的三个现象，则将会变成学说对实际生活的凌辱。[1]《德国民法典》公布后，学者对物权行为无因性的批判并未因其被立法确立而趋于平息，相反却有日渐变得有力和深刻之势。其中，20世纪30年代中叶，学者黑克（Philipp Heck，1858—1943年）依利益衡量方法论对物权行为无因性所做的批判，被公认为是对无因性所做的最为有力的批判之一，这一批判在反对无因性理论的学说史上占有重要地位，往后，力倡无因性的学者未再提出更深刻的理由予以回击。

1937年，黑克出版了《无因的物权行为论》一书。在书中，他首先阐释了"无因性"的涵义，回眸了自《德国民法典》制定公布以来学界围绕无因性的存废而展开的论争过程。接着说，对于肯定抑或否定无因性，只有在冷静地检视了这一制度所具有的"利益"后才能获得正确的答案。亦即，就无因性制度本身进行"利益衡量"，是决定应否采取它的根本途径。于是，黑克立足于利益法学的方法论，考察、衡量了无因性论者所声称的物权变动的无因性所具有的三种"利益"：其一，使交易对方或第三人获得确实保护的交易上的利益；其二，使物权的概念与物权的法律关系易于识别，及使法律关系获得明了的利益；其三，举证责任减轻的利益。黑克认为，这三种"利益"实质上均不成立。尤其对所谓"使法律关系获得明了的利益"加以了分析。

黑克说，认为无因性有"使法律关系获得明了的利益"的人是从以下两方面加以说明的，即法律概念与立法政策的角度。认为无因性有使法律概念和法律关系获得明了的优点的，是《德国民法典》的立法理由书。该"理由书"称：民法既然将债权与物权作为完全不同的权利加以把握，也就必须承认它们在各自的领域有其独立的变动原因。在民法的体系中，物权既然被赋予了与债权不同的独立地位，其变动也就当然不再受债权原因的影响，这一点正是民法理论的体系的要求之所在。对此，黑克说，物权行为的有因性、无因性，并不是一个理论上的问题，也不是一个自然事实上的问题，而是一个立法政策判断上的问题。《德国民法典》的立法者在规定某一制度时，与其说考量的是该制度的社会功用和价值，

---

[1] 刘得宽：《民法诸问题与新展望》，五南图书出版股份有限公司1995年版，第468页。另外，德国晚近著名学者鲍尔和施蒂尔纳也举例批判说："顾客在书店买一本书，通常是当场付款并当场取走书。此时若一法律人告诉他，他的行为在法律上涉及一项买卖契约与两项（金钱与书）所有权让与行为，他肯定认为，这纯属脱离实际生活之谈。"对此，请参见［德］鲍尔、施蒂尔纳：《德国物权法》（上册），张双根译，法律出版社2004年版，第91页。

毋宁说考虑的仅仅是它的理论体系的和谐与协调，这就于一定程度上暴露了概念法学的本来面目。

近现代及当代民法学者中，赞同《德国民法典》立法理由书所称的物权行为无因性有助于使法律概念明确化的人并不多。多数学者认为，基于无因性，物权即具有极其明了的优点。对于这一点，黑克说，这从方法论上说也许是正确的，因为法律关系变得明了了，法官和当事人容易判明和把握。但在无因性下，这一优点是否就产生了呢？黑克说，十分遗憾，无因性绝不能带来此优点。

黑克厘清了长期以来笼罩在德国学界的关于无因性之形成过程的观点。《德国民法典》制定时，学界关于无因性的形成过程的主导性见解是：罗马法时代即已承认物权行为无因性，德国继受罗马法时，由于误解将其解为有因性（此系受到德国的地方法影响的结果）。但历史法学派修正了这一谬误，并恢复了罗马法在此问题上的本来面目，从而使从《普鲁士土地所有权取得法》到《德国民法典》的立法运动在此点上始终沿着正确的轨道前行。对此观点，黑克认为应作如下厘定：其一，认为罗马法即已存在无因性的见解是错误的、荒诞无稽的。研究表明，罗马法不仅不承认无因性，而一以贯之地采取的是有因性。其二，德国的地方法按照有因性进行立法，这并不单纯是盲目因袭普通法的结果，而系得到了德国当时社会一般观念的支持。

3. 对物权行为无因性的突破、限制或无因性的相对化

鉴于物权行为无因性理论和立法具有以上缺点，德国判例学说于是通过解释的方法，对物权行为无因性的适用范围予以限制，以使物权行为的效力受债权行为的影响，称为物权行为无因性的相对化。其所采取的方法主要有以下五种。

（1）共同瑕疵（瑕疵共同，Fehleridentität）。物权行为与债权行为具有共同的瑕疵事由，致物权行为与债权行为均因同一的瑕疵事由而无效。例如，被欺诈所为的债权行为与物权行为，仅须由被欺诈人以一个撤销的意思表示即可就该债权行为与物权行为并予撤销。至于因无民事行为能力人所为买卖合同及所有权移转行为皆为无效，或当事人因通谋虚伪意思表示以致债权行为与物权行为皆为无效的，在此情形，该物权行为并非因为债权行为无效而无效，而系因物权行为本身有无效的事由（无民事行为能力人或通谋虚伪意思表示），不能称为突破物权行为无因性的情形[1]。

（2）债权行为如为暴利行为时，其效力应及于物权行为。《德国民法典》第

---

[1] 郑冠宇：《民法物权》，新学林出版股份有限公司2015年版，第38页。

138 条第 2 项规定："法律行为系利用他人急迫情形、无经验、欠缺判断能力，或明显意志薄弱，使其对自己或第三人为财产利益给付之承诺或其给付显失公平者，该法律行为无效。"据此规定，物权行为也应一并无效。

（3）《德国民法典》第 119 条第 2 项规定："关于人或物之性质，交易上认为重要者，其错误视为意思表示内容之错误。"债权行为如果存在本条规定的错误时，物权行为也因此而受影响。

（4）条件关联（Bedingungszusammenhang）。债权行为与物权行为虽为两个行为，但可以通过当事人的合意，而使物权行为的效力系于债权行为，债权行为有效存在，物权行为才能生效。物权行为以债权行为的有效存在为其停止条件，须债权行为有效存在时，物权行为才能生效。其合意，可依默示为之。[1] 对现货买卖可作如此解释。惟《德国民法典》第 925 条第 2 项规定，土地（不动产）所有权移转的合意（Auflassung），不得附有条件。

（5）法律行为一体性（Geschäftseinheit）。当事人约定将物权行为与债权行为合为一体，成为一个单独的法律行为，因此债权行为无效时，就发生法律行为一部无效，则全部皆无效的结果，物权行为即因此而受债权行为效力的影响，成为有因性。[2]

（七）我国《物权法》不采物权行为无因性理论

《物权法》之不采物权行为无因性理论，不仅是正确的立法政策判断，且也符合我国的实际国情及人民对物权交易的一般体认。具体可归纳为以下几点。

（1）物权行为无因性，是德国普通法时期的学说发展，与 18、19 世纪德国民法立法史的归结，表现了德国物权变动的立法史的继起性、连续性、不可分割性和彻底性。这一理论所包含的规则都是早已适用过的、确定了的法律概念，它只属于 19 世纪，系 19 世纪法学的成果，而不是 20、21 世纪法学的种子。

（2）在当代物权法确立了动产、不动产的善意取得、公信力乃至不动产登记的推定力制度之后，物权行为无因性的存在空间几已丧失殆尽，其保护交易安全的功能几已被这些制度抽空。如果从利益衡量的角度考量无因性在交易上的功

---

[1] 此即所谓应当承认默示的条件关联。也就是说，为行为的当事人双方即使未明示约定条件关联，也可从其行为间接推知有此意思存在。惟对此予以反对的学者认为，若日常生活大量发生的现金交易活动均允许适用默示的条件关联以为解释，则将使得这些交易成为有因性之例。果如此，有因性反成为原则，无因性却成为例外，实与整体法律秩序相违背，故默示条件关联实不应允许。参见郑冠宇：《民法物权》，新学林出版股份有限公司 2015 年版，第 39 页。

[2] 郑冠宇：《民法物权》，新学林出版股份有限公司 2015 年版，第 39 页；[日] 圆谷峻：《比较财产法讲义：德国不动产交易的理论与批判》，学阳书房 1992 年版，第 15—16 页。

能,则可发现,它系与人类的正义的法感情、法意识乃至社会的一般伦理观念或体认相悖。

(3)从比较法上看,《物权法》不采物权行为无因性理论,也确属得当。自《德国民法典》于立法上确立无因性制度起,迄今已历时百余年。百余年来,真正明文规定或解释上采物权行为无因性的,仅有《德国民法典》和我国台湾地区"民法"[1]。[2]

英国法与法国法除在票据法领域采取无因性外,在此外的其他领域始终不承认无因性,物权变动采意思主义或契约主义,无所谓物权行为。[3]法国民法物权变动采有因性的立场,被现代多数国家,如意大利、拉丁美洲各国和远东各国(如苏联东欧国家、中国、日本和韩国)等继受和采取。两大法系具有不同私法发达史的多数国家采取有因性,这一点尤其值得注意。另外,在英国法和法国法上,尽管公信原则的适用范围非常狭窄,甚至为零,但其仍然采用了有因性。对此,德国学者黑克指出:"交易上的利益,即使欠缺公信原则,也无采用无因性的必要。"[4]

1896年以后,即使将《德国民法典》奉为蓝本的一些国家的立法,也没有采纳物权行为的无因性。第一个例证是1907年的《瑞士民法典》。依该民法典条文,基于法律行为的不动产物权变动采有因性乃是不争的事实。动产虽多少有点争议,但压倒性的见解仍是有因性。第二个例证是1926年的《丹麦登记法》。在此以前,德国无因性理论曾一度风靡丹麦,但之后不久,有因性理论逐渐取得优势。著名学者克鲁泽(Kruse)在其所著的《所有权论》一书中详尽地检讨了德国民法的立场后,果断地得出物权变动应采有因性的结论。丹麦的立法因此而受到影响。1926年,克鲁泽向立法机关提出了自己起草的《不动产登记法草案》。

---

[1] 在我国台湾地区的实务上,其"最高法院"已多次肯定物权行为的无因性(参见2009年台上2014判决、538判决):"按法律行为分为债权行为与物权行为,前者,以发生债之关系为目的之要因行为,后者之目的在使物权直接发生变动,避免法律关系趋于复杂,影响交易安全,使之独立于原因行为之外而成为无因行为。所谓物权行为无因性,系指物权行为不因债权行为不成立、无效或被撤销而受影响而言。惟物权行为有不成立、无效或被撤销之事由时,其物权行为之效力仍应受影响"(2006年台上1859判决)。参见陈荣传:《民法物权实用要义》,五南图书出版股份有限公司2014年版,第11页。

[2] 台湾地区关于物权行为无因性,因其"民法"第166条之一的订定而有明文的根据。对此,参见谢在全:《民法物权论》(上册),新学林出版股份有限公司2014年版,第59页。

[3] 参见陈华彬:"罗马法的traditio、stipulatio与私法上无因性概念的形成",载《中国法学》2009年第5期,第66页以下。

[4] [日]我妻荣:"Heck无因的物权行为理论",载《法学协会杂志》第56卷,第99页。

按照该草案，物权变动采取有因性。随后，丹麦的这一立场也影响到了挪威等国的立法。这样一来，北欧其他国家，如芬兰和瑞典关于物权变动的立法均不采无因性，而系采有因性。

（4）法律的通俗化、本土化和明了化，是现代法治国家的基石，物权变动无因性不仅使学术界深感困扰、不易理解，而且对一般的人民更如不可捉摸的技巧魔术。多数国家采取的债权形式主义或与债权意思主义的结合，将相关问题单纯化，符合一般的社会生活观念与一般人民之体认，有利于法律的通俗化、本土化和明了化，并对国家和民族法治社会之构建具有极大的裨益。

（5）在历史上，有德国学者于《德国民法典》公布后不久即傲慢地宣称：一切的民法在不久的将来都将采用无因性。惟事实是，百余年后的今天，其预想并没有变成现实。世界各国民事立法运动的真切实践已然无情地摧毁了其期望和预想。[1] 我国《物权法》及正在编纂中的民法典物权编不采德国法上的无因性理论及制度，毫无疑问，乃系完全正确的抉择。

第五节　物权消灭的原因

物权的消灭，系物权变动的一种形态，而引起物权消灭的原因，种类甚多，既有物权的共同消灭原因，也有个别物权的特殊消灭原因。对于后者，将于个别物权中再作说明，以下仅论述物权的共同消灭原因。

一、混同

混同，指两个无并存必要的物权同归于一人的事实，其与债法上的混同仅指债权人的债权与债务人的债务同归于一人者并不完全相同。关于物权法上的混同，《德国民法典》第889条规定："在他人土地上所设定之权利不因土地所有人取得该权利或权利人取得土地所有权而消灭。"此种立法称为"不消灭主义"。惟多数国家和地区的民法则采折中主义，认为二物权混同，原则上其中一物权消灭，但该物权于本人或第三人有利害关系时则不消灭，《日本民法》第179条采之。其情形有二。

（1）所有权与其他物权（定限物权）混同。同一特定物的所有权与其他物权归属于一人时，其他物权原则上因混同而消灭。所谓"其他物权"，指所有权以

---

[1] 黑克甚至声言："无因性，乃是以错误的学说为基因的错误的法制。"

外的定限物权，包括用益物权和担保物权。但在以下情形，作为例外，其他物权则不因混同而消灭：其他物权的存续对所有人有法律上的利益时，其他物权不消灭。例如，《担保法解释》第77条规定："同一财产向两个以上债权人抵押的，顺序在先的抵押权与该财产的所有权归属一人时，该财产的所有权人可以其抵押权对抗顺序在后的抵押权。"其他物权的存续对第三人有法律上的利益时，其他物权不消灭。

譬如，甲以其A地分别为乙、丙设立抵押权和地上权，若后来乙或丙取得A地的所有权，则各该抵押权或地上权即因混同而消灭；但如A地仍有顺位在乙之后的抵押权，或丙的地上权已设立抵押权给第三人丁，则为乙的法律上利益，其抵押权应不消灭，为丁的法律上利益，丙的地上权也不因而消灭。[1]再如，甲有B画的所有权，为担保乙对丙的债权，设立动产质权给乙，甲将B画所有权移转给丙，丙再移转给乙，此时乙对画的动产质权的存在，对乙有法律上的利益，即使乙之后取得B画的所有权，其动产质权也不因混同而消灭[2]。[3]

应当指出的是，定限物权与所有权混同，须其存续对于所有人或第三人有"法律上的利益"，如仅有事实上的利益，则并非仍得存续的原因。另外，其他物权因混同而消灭后，除另行取得外，不因任何事由而回复。譬如甲有A地所有权，乙就A地有地上权及其上房屋，乙将A地的地上权设立抵押权给丙，后来乙取得A地所有权，该地上权因乙已将之设立抵押权于丙而仍存续；如乙未再就该地上权为处分，而丙的抵押权后来因清偿而注销，则于抵押权注销时，所有人或第三人已无任何以该地上权为标的的权利存在，该地上权既无存续的事由，即应于此时因混同而消灭[4]。[5]

（2）所有权以外的物权与以该物权为标的的权利混同。所有权以外的物权，与以该物权为标的的权利归属于一人时，其权利因混同而消灭。所谓"其权利"，指以该物权为标的的权利。但作为例外，于以下情形，以该物权为标的的权利并不因混同而消灭：一是该权利的存续对权利人有法律上的利益时，该权利不消灭；二是该权利的存续对第三人有法律上的利益时，该权利不消灭。

譬如，甲以其A地为乙设立典权，乙将其典权分别为丙、丁设立第一顺位与

---

[1] 参见陈荣传：《民法物权实用要义》，五南图书出版股份有限公司2014年版，第18页。
[2] 参见我国台湾地区1999年台上字67判决。
[3] 参见陈荣传：《民法物权实用要义》，五南图书出版股份有限公司2014年版，第18页。
[4] 参见我国台湾地区2009年台上2012判决。
[5] 参见陈荣传：《民法物权实用要义》，五南图书出版股份有限公司2014年版，第18页。

第二顺位的抵押权,若后来由丁取得典权,丁的抵押权即因混同而消灭,但如丙取得典权,为保护丙原有依第一顺位受偿的法律上利益,丙的抵押权即例外地不因混同而消灭。[1]

需注意的是,由于物权因混同而消灭系源于法律的直接规定,故通常不经登记即发生混同的效力。同时,由于因混同而发生终局性地消灭物权的效果,故无论之后基于何种原因,皆不生已然消灭的物权再度复苏的问题。

二、抛弃(放弃)

抛弃(Dereliktion、Entschlagung),《物权法》称为"放弃",指物权人不以其物权移转于他人,而是依单方的意思表示使其物权绝对归于消灭的单独行为。亦即,抛弃乃无相对人的单独行为,由抛弃人以意思表示为之,故此关于抛弃的意思表示解释,不以相对人的客观了解为必要,而应以抛弃人的主观意思为准。[2]物权为财产权,权利人原则上得自由抛弃其物权,但物权的抛弃如损害他人的利益时,则物权人不得抛弃之。例如,以通过出让方式取得的建设用地使用权向银行融资而设立建设用地使用权抵押权于银行后,建设用地使用权人即不得抛弃自己的建设用地使用权。

抛弃物权,通常应以一定的方式为之,方生抛弃的效力。抛弃动产物权时,如所抛弃者为所有权,则除需为抛弃的意思表示外,还需放弃对该动产的占有。由此,无民事行为能力(无意思表示能力)的孩童将家中的物抛弃于屋外,并不构成动产所有权的抛弃;如抛弃其他动产物权(如留置权、质权)的,则需向因该抛弃而直接受利益的人(如出质人、留置物的所有人)为抛弃的意思表示,并交付动产后,方生抛弃的效力。

抛弃不动产物权,如抛弃者为不动产所有权的,除需作出意思表示外,还需向不动产登记机构进行所有权注销登记,之后发生抛弃的效力;如抛弃者为其他不动产物权,则需向因抛弃而直接受利益者为意思表示,并向不动产登记机构进行注销登记,方能发生抛弃不动产物权的效力。

另外,物权的抛弃,第三人有以该物权为标的(物)的其他物权或于该物权有其他法律上的利益的,非经该第三人同意,不得为抛弃。譬如以通过出让方式获得的建设用地使用权为标的(物)而设立抵押权向银行融资(借款),即属之。

1　参见陈荣传:《民法物权实用要义》,五南图书出版股份有限公司2014年版,第18页。
2　郑冠宇:《民法物权》,新学林出版股份有限公司2015年版,第97页。

此时如允许原物权人放弃("抛弃")其建设用地使用权,则所设立的其他物权将因作为其标的(物)的物权消灭而受影响,由此减损第三人的利益,对其保护欠周。[1]

三、其他原因

物权的一般消灭原因,除以上所述混同和抛弃外,还有其他原因,举其荦荦大者,主要有:

(1)标的物灭失。物权因标的物的灭失而消灭。但担保物权中的抵押权、质权和留置权,因担保物灭失而受有赔偿金时,该赔偿金为担保物的代替物,其效力得及于该代替物,担保物权从而不消灭。

(2)约定存续期间届满,抑或届满前当事人以合意使物权消灭。

(3)因法定原因而撤销。如传统民法中的地上权人因欠缴地租而被土地所有人撤销地上权,永佃权人因转租或欠租而被撤佃。

(4)在承认了时效取得制度的域外民法上,他人可因取得时效的成就而取得物权,从而使原物权消灭。

(5)担保物权得因债权的消灭而消灭。

(6)物权的标的物被征收或没收时,物权消灭。

(7)在承认添附制度的外国民法上,动产添附于他人的不动产或动产上,他人因此而取得动产所有权时,原动产所有权消灭。

(8)法定期间之经过。例如,《担保法解释》第12条2款曾规定:"担保物权所担保的债权的诉讼时效结束后,担保权人在诉讼时效结束后的二年内行使担保物权的,人民法院应当予以支持"[2]。另外,台湾地区"民法"第880条规定:抵押权人于其担保的债权消灭时效完成后,5年间不实行抵押权者,其抵押权消灭。

---

1 参见陈荣传:《民法物权实用要义》,五南图书出版股份有限公司2014年版,第19页。

2 需注意的是,《物权法》第202条修正了该条的内容。其规定:"抵押权人应当在主债权诉讼时效期间行使抵押权;未行使的,人民法院不予保护。"这一修正是否得当,颇值深思。

第七章

所有权通说

第一节 所有权的涵义与功用

一、所有权的涵义

(一) 具体列举与抽象概括主义

在法史渊源上，无论作为民法制度抑或民事权利的所有权，莫不可以追溯到古罗马法时代，并在那里找到其最初的观念和样态。

罗马法最早将"所有权"一词指称为"dominium"，意指所有人对物的"统治""管辖"或"控制"。但鉴于该词未有充分的技术性且同时被用来指称"家父"的一般权力或任何主体对权利的拥有，未臻妥当，故此及至罗马帝国后期，所有权遂被改称为"proprietas"，并对应于"ususfructus"（用益权）一词加以使用。[1]大约于公元前2世纪，罗马法所有权概念即正式得以确立。[2]

按照罗马法，所有权为所有人于事实及法律的可能范围内，得对所有物行使的最完全、最绝对的权利。就积极方面而言，所有人不仅在所有物上有为各种行为之权，且也有不为行为之权，如任土地荒芜而不事耕作，任奴隶病死而不予医治等；就消极方面而言，所有权人则有禁止他人对所有物为任何行为之权。至于所有权的内容，则认为有使用权、收益权和处分权三项。[3]另外，有人将罗马法上的所有权概括为"对物的最一般的实际主宰或潜在主宰"，实质上仍然在强调所有权的浑一性和完整性。由此出发，所有权遂被认为具有绝对性、排他性和永久

---

[1] ［意］彼德罗·彭梵得：《罗马法教科书》，黄风译，中国政法大学出版社1992年版，第196页。

[2] 王泽鉴：《民法物权1》（通则·所有权），中国政法大学出版社2001年版，第150页。

[3] 陈朝壁：《罗马法原理》，商务印书馆1979年版，第269页以下。

性三项特性。自形式的角度看，罗马法是采抽象、概括的法技术对所有权予以定义，此种定义方法称为"抽象概括主义"。13世纪时，关于所有权定义的此种抽象概括主义为意大利注释法学派学者巴托鲁斯（Bartolus）所继承并发扬光大，其谓："所有权者，除法律有禁止之外，可对有体物享有不受限制的处分的权利"[1]。

但是，在封建主义日趋式微，资本主义制度建立之后，欧洲各国为适应资本主义市场经济的需要而陆续编纂完成的近代民法典对所有权的定义却并未出现完全因袭罗马法以抽象概括主义方式定义所有权的涵义的一边倒状况。除德国因有大规模的罗马法继受运动致其民法典第903条仍采抽象概括主义定义所有权外，大陆法系的法国法系国家，以《法国民法典》为代表的民法立法对所有权的涵义的界定则走上了一条与抽象概括主义相对立的"具体列举主义"道路。该民法典第544条规定："所有权是对于物有绝对无限制地使用、收益及处分的权利，但法律所禁止的使用不在此限。"1896年《日本民法》虽参考《德国民法典第一草案》而制定，但关于所有权的定义则采《法国民法典》具体列举主义的立法成例。其第206条规定："所有权是所有人在法律限制的范围内，有自由使用、收益和处分所有物的权利。"我国1929—1930年的《中华民国民法》第765条，新中国的《民法通则》第71条及《物权法》第39条，对所有权的定义，也皆采取具体列举主义的立场。

《法国民法典》开启了近代民法法典化编纂运动的先河，之后进行民法典编纂的大陆法系国家大多以之为蓝本来规定所有权的定义。关于所有权定义的具体列举主义由此为多数国家的民法立法所采取，以致在一个相当长的时期，具体列举主义占据了事实上的主导地位，并成为民法理论上的通说。但是，大约自1860年代起，以具体列举主义界定所有权含义的一边倒状况开始受到批判，继之出现了改采抽象概括主义的学术思潮。此种思潮认为，以具体列举主义界定所有权的含义，因将产生下列弊端，故应予以否弃：其一，混淆了所有权本身与所有权的功用（所有权产生的效果）的界限。换言之，占有、使用、收益、处分系所有权作用的结果或表现，其总和并非所有权本身，将所有权本身与所有权作用的结果等量齐观，系不恰当。其二，依具体列举主义，占有、使用、收益、处分系所有权成立的必要要素，因此，欠缺其中任一要素都将使所有权不成其为所有权，所有人不成其为所有人。然而这一结论无法解释所有人的所有权与占有、使用、收益权乃至决定财产命运的处分权相分离时，缘何所有人并不丧失所有权的问题。

---

[1] 参见王泽鉴：《民法物权1》（通则·所有权），中国政法大学出版社2001年版，第150页。

例如，在将财产出租的场合，租赁物的所有人并不因承租人对租赁物享有占有、使用权而丧失租赁物的所有权。无疑，欲解明此点，非舍弃所有权的具体列举主义，而改采所有权的抽象概括主义不可。

抽象概括主义认为，所有权并不是占有、使用、收益和处分等诸权能的简单相加，而系一种一般的支配权。此种支配权系法律为保护所有人对特定财产的利益而赋予所有人的特定的法律上之力。所有人依此法律上之力，不仅可直接支配标的物的排他性权利，且也可享受所有物的特定利益。所有人对所有物的独占支配权系所有权的最本质的属性，为所有权的核心和灵魂。所有人就所有物予以占有、使用、收益和处分，仅为所有人行使其支配权的直接表现。正如日本学者所言："占有、使用、收益和处分系由所有权所派生，并非所有权的本体，所有权的中心为单一的支配力"[1]。我国学者曹杰和史尚宽也持相同见解。曹杰谓："列举主义不但以所有权之主体与所有权之作用（所有权之权能）混为一谈，且亦涉于繁难，盖举所有权之作用（即所有权之权能）纲罗之而无遗漏乃一至难之事。"[2]史尚宽谓：所有权并不是"物的使用、收益、处分权能的总和。"[3]我国大陆学者佟柔也曾谓："所有权并不是其各项权能的简单相加，所有权的权能或内容只是实现所有权的手段，或称所有权的作用。"[4]由此可见，认所有权系所有人对物的一种支配权的学说，已是现今的通说。

《物权法》第39条规定："所有权人对自己的不动产或者动产，依法享有占有、使用、收益和处分的权利。"系采具体列举主义方式。此系受到《民法通则》第71条影响的结果，或者说是对该条的重述。无论从何种视角评判，抽象概括主义均较具体列举主义为优，盖所有权的权能极其宽广，难以用列举的方法将其穷尽。制定民法典而编纂其物权编时，宜放弃具体列举而改采抽象概括方式。

（二）所有权的涵义及其特性

财产权的尊重与保护，系当代民主法治社会的重要课题，财产权的内容、形态多样，其中又以所有权为重中之重。[5]基于以上分析，并立足于抽象概括主义的定义方式，所有权的涵义应是：所有权，指所有人在法律限制的范围内，对所有物为全面支配的物权，抑或指所有人在法律限制的范围内，对标的物为永久、全

---

1 ［日］石田文次郎：《物权法论》，有斐阁1937年版，第377页。
2 曹杰：《中国民法物权论》，台湾商务印书馆1964年版，第36页。
3 史尚宽：《物权法论》，荣泰印书馆股份有限公司1979年版，第56页。
4 《中国法学会民法经济法研究会1989年年会论文选辑》，第9页。
5 郑冠宇：《民法物权》，新学林出版股份有限公司2015年版，第196页。

面与整体支配的物权[1]。依此定义，所有权具下列各种特性。

1. 全面性

又称完全性，指所有人对所有物，在法律限制的范围内，得为全面的、概括的占有、使用、收益和处分。所有权为一切定限物权的基础。定限物权，如建设用地使用权、宅基地使用权、土地承包经营权、地役权等用益物权，与抵押权、质权和留置权等担保物权，仅限于某一方面或某数方面对标的物为支配，而不能如同所有人，对所有物得为全面的支配。由此，所有权被称为全面的支配权，其他定限物权则被谓为一面的支配权。[2]换言之，所有权是所有人对标的物的使用价值和交换价值予以全面支配的权利；定限物权为所有权所派生，无所有权也就无定限物权。故此，所有权君临于全部定限物权之上。

在此，有必要提及与所有权的全面支配性（Totalherrschaft）和定限物权的一面支配性（Teilherrschaft）有粘连的分割所有权问题。在中世纪的德国，将所有权作质的分割而为二：上级所有权（Obereigentum）与下级所有权（Untereigentum）。前者为纳贡征收权，后者为耕作或其他用益的权利。二者并存于同一块土地之上，可分别自由让与或继承，而无从属关系。此种带有浓厚的封建色彩的分割所有权，与对标的物为全面支配的近代所有权制度并不相容，故而近代伊始，其即被废弃。在日本的德川时代，也曾出现过与德国"上级所有权"和"下级所有权"相类似的制度，称为"底土权"与"上土权"。但此制度于德川时代寿终正寝之后不久即遭到判例的否弃而被废止。在我国旧时代，社会生活的惯行上也有所谓"一田两主"（双重所有权）制度。依此制度，将一块土地分为上、下两层，上者为"上地"，称为"田皮""田面""皮业"或"小业"；下者为"底地"，称为"田根""田骨""骨业"或"大业"等等。此外，在我国福建漳州一带，还曾存在过"一田三主制"，此种制度与分割所有权同其性质，不过迄今已成绝迹。

2. 整体性

又称"浑一性""单一性"或"统一的支配力"，指所有权系所有人对标的物有统一的支配力，而非仅为占有、使用、收益和处分等各种权能的量的总和。换言之，所有权乃是一个整体性的权利，不能谓集合占有、使用、收益、处分等各种权能，即成为所有权。

所有权的整体性特征决定了所有权本身不得于内容或时间上加以分割。在所

---

[1] 陈荣传：《民法物权实用要义》，五南图书出版股份有限公司2014年版，第21页。
[2] 姚瑞光：《民法物权论》，海宇文化事业有限公司1999年版，第42页。

有权上设立用益物权或担保物权，非属于让与所有权的一部，而系依创设行为设立一个新的独立的物权，是一种独立的法律行为；在保留所有权买卖，双方约定价金全部清偿前，出卖人仍保留所有权时，买卖标的物的所有权并不随每期价金的支付而生移转，买受人即使已支付99.9%的价金，标的物的所有权仍依然属于出卖人，买受人所取得的仅为对标的物所有权的期待权。

3. 弹力性（Elastizität）

又称归一性。所有权既然具有整体性，则其内容即可自由伸缩。例如，土地所有人在自己的土地上为他人设立建设用地使用权后，须受该建设用地使用权的束缚。但该权利一旦消灭，所有权便随即回复其圆满状态。所谓皮球压之则陷，脱之则圆，正系所有权弹力性的形象说明。因此，合同内容如违反所有权的弹力性时，其约定应为无效。例如，在房屋赠与合同，约定永远禁止受赠人对因受赠而取得所有权的房屋加以处分的，该禁止的约定为无效。需说明的是，二战以降，因强化利用权及提升利用权人的法律地位的结果，使所有权的弹力性有徒具虚名之势，以致某些国家如日本等，发生了物的利用人压迫物的所有人的社会现象。

4. 永久性

又称永恒存续性或恒久性，指所有权不罹于时效而消灭，也不得预定其存续期间。所有权除因标的物灭失、所有人抛弃、取得时效和其他事由而消灭外，以永久存续为其本旨。换言之，所有权乃系对物的权利，其系建立于对物的支配关系之上，故所有权的存在，与物共生，并无存续期间，是为所有权的永久性。[1] 故当事人不得依合同限制所有权的存续期间。当然，这并不妨碍以所有权的处分为目的的法律行为可以附条件或期限。

5. 社会性

所有权本为一种确定财产之归属关系的私的物权制度，是一种对物全面支配的权利（全权），所有人本得依凭个人的意思，自由支配所有物，不受任何干涉。但20世纪以来，尤其是进入到现今的民主、法治社会，所有权绝对原则已被扬弃，所有权人于社会上行使其权利，仍需受到社会的制约，此即所有权的社会化。[2] 易言之，如今的所有权不断浸入社会性的因素，所有权负有义务，其行使应有利于社会公共利益。例如，《物权法》第7条规定："物权的取得和行使，应当

---

[1] 郑冠宇：《民法物权》，新学林出版股份有限公司2015年版，第197页。
[2] 郑冠宇：《民法物权》，新学林出版股份有限公司2015年版，第197页。

遵守法律，尊重社会公德，不得损害公共利益和他人合法权益。"另外，新近以来，所有权也受到公法、私法的诸多限制，承载着义务。这尤其体现在居住于区分所有建筑物中的全体业主这一"共同体"的情形。每一业主尽管享有建筑物区分所有权，但为了"共同体"的利益，该权利的享有应受到必要的限制。《物权法》反映此点，于第71条、第72条及第77条规定，业主行使权利不得危及建筑物的安全，不得损害其他业主的合法权益；业主不得以放弃权利不履行义务；业主不得违反法律、法规以及管理规约，将住宅改变为经营性用房等。此外，域外建筑物区分所有权法上还规定了更严厉的业主违反共同利益时的强制拍卖其专有部分——即从区分所有权共同体关系中驱逐——的制度。

6. 自近代伊始，所有权具有观念性

近代以来，作为民事权利之一种的所有权具有观念性。所谓观念性，指所有权系观念的存在，不以对标的物的现实支配为必要。所有人即使现实不直接占有、支配、管领标的物，其对标的物的所有权仍然存在。

在人类的前资本主义时代，所有人对标的物之享有所有权，须以对标的物为直接占有为前提。占有与所有不可分离，所有人对标的物无占有，也就意味着对标的物无所有权，占有标的物者被推定为物的所有人。此种情形于各国封建时代最为显明。因在封建时代中，以物权为中心的静态生活成为社会经济生活的主导方面，物的利用关系与所有关系通常系属一致，劳动者既是生产的手段，也是生产的主体，即使偶尔利用他人从事生产，也是建立在身份关系的基础之上。此以中世纪日耳曼社会中的村落共同体与其构成员之间的关系最具代表性。于中世纪的日耳曼，所有人以家长、领主、主人或师傅的身份，分别对其家属、农奴、奴仆或学徒予以支配，家属等人成为支配的客体。但是，于法国资产阶级大革命以后，封建的身份关系被荡涤，人人生而平等并有其独立的人格，且在私有利益这一只"看不见的手"的激励下倾力谋求社会财富，积聚资本，结果促进资本主义经济的急剧发展。继之，财富的最大化利用与增值，成为社会经济发展的急迫课题。而要实现此目的，并非财产的所有人独自使用其财产即能奏效，相反只有将其财产交由他人使用方能竟其功。于是，所有权的内容发生分化，物的使用价值以使用权或利用权的形态归属于物的利用人，所有人则从中获取收益或对价（如租金等）；物的交换价值则以担保权形态归属于担保权人，所有人则借此取得信用，获得融资。此种所有人放弃对标的物的现实支配，转而收取对价或获取金钱融资的价值利益的现象，称为所有权的价值化、观念化。此所有权的价值化、观念化一直延续至今，并于现今获得更大的彰显。[1]

二、所有权的功用

关于所有权的功用，自古以来人们就有清楚的认识。我国古代著名法家人物商鞅说："一兔走，百人逐之，非以兔可分以为百也，由名分之未定也。夫卖兔者满市，而盗不敢取，由名分已定也，故名分未定。尧舜禹汤且皆如鹜焉而逐之；名分已定，贫盗不取。"在这里，商鞅将所有权的功用归结为"定名分，防争夺"，表明他对所有权的本质及功用已有清楚的认识。我国古代著名学者荀子于论及"礼"时，也表达了与商鞅近似的见解。他说："礼起于何也？人生而有欲，欲而不得，则不能无求；求而无度量分界，则不能不争；争则乱，乱则穷。先王恶其乱也，故制礼义以分之，以养人之欲，给人之求，使欲必不穷乎物，物必不屈于欲，两者相持而长，是礼之所起也。"可见，在荀子看来，"礼"乃是定分止争的工具。盖人欲无穷而财富有限，如不设法以定其分界，则势必争夺不已，使社会生活不能维系。有鉴于此，人类遂发明所有权，以定财货之归属，以明人、己之分界，因之相安无事，而共谋社会生活的发展。[2]

关于所有权的功用，首先可以指出的是，它是关于财产的归属关系的制度，并确定财产的归属的人、己的分界，借以实现定分止争。对社会财产的归属关系加以调整，系所有权制度的最为重要的功用。而财产的归属关系，尤其是重要财产（如土地和一些重要生产资料、水流、矿藏、森林等）的归属关系如何，不仅直接决定着一个国家的基本经济制度，且也决定着一个国家的基本政治制度；就

---

[1] 近代所有权之具有观念性，依日本学者川岛武宜的分析，系由下列因由所造成：（1）观念性的经济构造。近代所有权的客体虽然一般都为有体物，但其本旨乃是观念上的价值。盖市场经济条件下，一般的物均带有商品的性质，而商品系以价值加以衡量。所有权客体价值化的极端即为货币，但货币本身的价值极其微小，其价值乃在于交换价值。故货币所有权不过是价值所有权，其所有的实体不过是观念的产物而已。（2）观念性的社会构造。近代所有权的标的物的本旨为价值的观念性。之所以如此，系由现实的社会构造本身所具有的观念性所导致。资本主义的生产是建立在大规模的分工合作基础上的社会化大生产，所有权的生产过程变成社会化，作为其标的物的生产物成为商品，并在社会中大量流通。（3）观念性的政治构造。近代法对所有权的保护，非由所有人依自己的实力为之，而是由国家依公权力并设立公权力机构为之。盖所有权是近代市民社会得以存在的首要前提，社会全体均应尊重及给予保护。故此，市民社会所构造的国家，须以公权力对所有权予以保护。例如，宪法、刑法对财产权的保护以及民法对所有权的物权请求权的保护等，皆然。对此，请参见［日］川岛武宜：《所有权法的理论》，岩波书店1987年版，第102—122页；谢在全：《民法物权论》（上册），新学林出版股份有限公司2014年版，第7页注释6。

[2] 郑玉波著，黄宗乐修订：《民法物权》，三民书局2007年版，第61页。

个人而言，将一定的财产据为己有，供作生产和生活之用，更是维系其生存与发展的必要前提。正因如此，人类社会自有了国家和法律之后，财产的归属关系也就一直成为法律规范和调整的重要对象，所有人对物的占有关系也就因此而受到国家公权力的强力保护。法律规定和调整财产归属关系的总和，形成所有权制度。在现当代社会，由于调整财产的归属关系的所有权制度的建立，所有权制度不独业已成为一个国家经济体制的基石，且也系个人人格独立与社会伦理健全发展的重要前提。

（一）所有权制度是一国的社会秩序和法律秩序的基础

自有人类社会以来，尤其是自国家和法律产生以来，在人群共处的社会里，所有权制度构成社会秩序的基础。任何国家或社会的秩序，均以所有权制度的确定和建立为必要；同时，所有权制度也是一个国家或社会的法律秩序的重要基础或前提。盖法律秩序的基础系财产法律制度的定型化，土地、房屋、水流、矿藏、森林、企业等财产的所有权一经确定，一个国家或社会的基本结构即得以形成，国家和社会的其他秩序的建立和发展也才有其可能。

（二）所有权制度是国家和社会最根本的法律制度，系一个国家经济体制（尤其是市场经济体制）的基石

所有权制度因系确定财产的归属关系、固定财产秩序的制度，故此它构成一个国家和社会的最根本的法律制度。由此出发，它更进一步成为一个国家经济体制，尤其是市场经济体制的基石。

近现代和当代市场经济，是建立在财产私有和社会分工基础之上的经济体制。在这里，生产手段与商品的私的所有获得了普遍的承认。各生产者自由地从事生产活动而生产出商品，然后以货币为媒介与他人生产的商品进行交易。此种情形周而复始地进行的结果是，社会的生产获得连续性进行的同时，社会的新陈代谢，尤其是社会成员的生存和发展也获得了保障。这一切因系建立于私有财产的基础之上，故财产的私的所有也就成为社会的基础。从而所有权（尤其是私的所有权）制度成为一个国家市场经济体制的基石。近现代及当代各国的宪法、刑法、民法大都明确规定财产所有权神圣不可侵犯，其旨趣正在于此。

（三）所有权制度为私法秩序的根本，所有权人于法律限制的范围内对所有物享有完全的支配权

如前述，公法与私法的区分系现当代各国法律体制建立的基础，并由此形成公法领域与私法领域、政治国家与市民社会（民法社会）之分野。于私法领域即市民社会中，所有权制度为私法秩序之根本，私法的其他各项制度无不建立于所

有权这一基础之上。在私法领域，所有权人于法律限制的范围内对自己的所有物享有完全的支配权。

（四）与合同相结合，私的所有权制度的功用充分彰显

自近代以降，合同观念与合同制度大兴，私的所有权制度与之合流。资本主义的演进与发展进程表明，正是由于作为生产手段的财产所有权与购买原材料、购买雇佣劳动力的合同关系和出卖其生产的商品的合同关系的结合，土地所有权与出租土地、收取地租的合同关系的结合，商品所有权和出卖该商品的合同关系的结合，以及货币所有权和出借该货币而收取利息的合同关系的结合等，才使得各国资本主义市场经济得以迅速发展，私的所有权于经济上获得实现。

（五）所有权制度是人格独立，人民、社会及国家积聚财富与伦理发展的重要前提

所有权为国家和社会经济体制与社会秩序的基石。社会成员的个人人格的独立、自我实现及发展，须有其可以自由支配的财产。因此，财产所有权为个人自主、独立的前提，任何法律人格的建立无不建立在财产所有权之上。没有可以独立支配的财产，也就无独立的人格。另外，财产所有权还是个人经济自主的必要前提。只有拥有私有财产，方可使个人的生存获得切实保障；拥有私有财产会使人"自私""利己"，但同时也会唤醒财产所有人对家庭、后代的关怀及对社会的回馈，并对家庭、社会和国家承担责任；私有财产通常系通过劳动而获得，由此，保护私有财产所有权也具有伦理的价值。[1] 另外，财产所有权制度旨在保障个人对财富的拥有，更可激发个人对财富的追求，[2] 由此促进整个社会财富总量的增长与国家的富强；个人财富的拥有和增长，反过来又将促进个人的全面发展与进步，进而最终促成民主社会的形成。[3] 可见，确认并切实保护财产所有权，尤其是私人财产所有权，实具有十分重大的意义与价值。

1　王泽鉴：《民法物权1》（通则·所有权），中国政法大学出版社2001年版，第15页。

2　对此，英国法学家威廉·布莱克斯通（William Blackstone）在其名著《英国法释义》中精辟地指出："没有任何事物像所有权一样，如此普遍地激发想象力而又触动人的情怀；也没有任何事物像所有权一样，让一个人对世界中外在之物得为主张与行使独自且专断的支配，并完全排除其他个人的权利。"转引自刘家安：《物权法论》，中国政法大学出版社2009年版，第89页注释1。

3　参见［日］戒能通孝：《所有权》（6），日本评论社1977年版，第250页以下。另外，斯陶达（Lothrop Stoddard）的名著《对文明的反叛》（The Revolt against Civilization）也谓：私有财产为人类文明的基础。有了私有财产的制度，然后人类生活形态，包括家庭的、社会的、政治的、经济的各方面，才逐渐地发展而成为文明。

第二节　所有权的变迁与演进

关于所有权，马克思曾精辟地指出："在每个历史时代中所有权以各种不同的方式、在完全不同的社会关系下面发展着。"[1] 据此可知，所有权非属于逻辑的范畴，而系社会历史的范畴。自所有权肇端以来，所有权观念与制度迄今业已走过漫长的历史进程。为了深入理解和把握现当代所有权制度，我们有必要对所有权于法史上所经历的发展演变过程加以考察，此系我们研习所有权的一项不可或缺的基础性工作。

一、所有权权源的变迁与演进

在民法发展上，关于所有权何以发生、存在的问题，学理上称为所有权的权源。对此问题，无论欧陆学者抑或东方各国的学者，都曾进行过许多积极有益的探索，并由此形成了诸多见仁见智的学说。考察这些学说，可以使我们对所有权的研习从一开始即站在历史的出发点上。

（一）神授说（the theistic conception of property）

此说认为地球系由神所授予，因此人类对于地球上的一切，自可各有其所有权。此为旧时的学说。因人智未开之时，凡不可知者，皆归诸神意，法律自也不例外。但作为物权的所有权乃人事而非神事，因此该说之不当，乃不言自明。

（二）先占说（the occupancy theory）

又称占据权说，大抵谓无主物之先占乃所有权发生之起源，最早滥觞于古罗马时代，之后为荷兰学者格劳秀斯所倡。其要旨谓：太古之世，混混噩噩，穴处饮血，万物未有定主，若某人以其意思与体力对某物加以先占，则该人对该物即产生"特别关系"。基此"特别关系"，他人遂不得对该物加以侵夺，对物的所有权关系由此发生。该说对某些物如无主物的所有权的发生原因或能说明，但对一切物的所有权的发生原因却显不能说明。也就是说，关于社会何以承认私有财产制度的理由，该说尚不能充分道出；同时，人们取得所有权，并不以先占为限，其他如依让与、互易、赠与、继承等方法也能取得所有权，故该说之欠周到，不言自明。[2]

---

[1]《马克思恩格斯选集》（第 1 卷），人民出版社 1972 年版，第 144 页。

[2] 郑玉波著，黄宗乐修订：《民法物权》，三民书局 2007 年版，第 64—65 页。

（三）劳力说（The labour theory）

又称劳动说，由英国学者洛克（John Locke）所倡。该说目的在于破自然说之简而医先占说之陋，认为个人以其劳动生产出物，则该个人对该物即有所有权。劳力即所有权存在的基础。18世纪末期，英国经济学家亚当·斯密创自由贸易论，大抵也从此说。

（四）自然权说（The natural rights theory）

又称天赋说，认为所有权乃自然权，即自然法上的权利，其基于天赋而与生俱来，因此为天赋人权的一部分，任何人不得剥夺。此说曾一度兴盛，但迄今已随旧自然法学说的衰微而同趋衰微。此说之不足，在于不能解明何以有些人竟然可以拥有多量的所有权，而一些人则甚少拥有或全然没有所有权。概言之，该说不能释明所有权存在的正当理由。

（五）社会说（the social theory）

该说为德国法理学者拉德布鲁赫（Gustav Radbruch，1878—1949年）所倡，认为所有权的根据不宜仅从个人利益中去寻求，而应从社会公共福利上着想。换言之，对所有权的归属与行使，应分别把握。所有权的归属虽不妨属于个人，但其行使则应顾及社会公益而不得恣意妄为。进而言之，个人所有权为一种附有条件并可限制的权利，其应为公益而存在，所谓所有权神圣不可侵犯纯属幻想。[1]与此说相类似者，是法国学者狄骥倡导的社会连带说，其不注重个人权利，而注重社会责任，对个人主义的所有权观念力加排斥。在所有权的发展进程中，社会说与社会连带说的出现，促成近代民法由权利本位进到社会本位。

（六）法定说（The legal theory）

该说认为所有权因法律的发生而发生，因法律的消灭而消灭，故所有权乃法律的产物。此说仅能解决所有权依何而成立的问题，对于何以承认所有权的问题，则仍未解决。亦即，该说仅能说明所有权成立的原因，而不能说明所有权存在的正当理由。[2]

以上各说，均未臻精确、妥当，但在所有权制度演进的历史长河中，它们却相互影响，相得益彰，各具时代意义，并共同促成近现代及当代所有权观念与制度的形成。就影响而论，各说中当推自然权说（天赋说）影响最大。它不仅成为美国独立运动与法国大革命的导因，而且更对近代民主国家的宪政运动和民法立

---

[1] 郑玉波著，黄宗乐修订：《民法物权》，三民书局2007年版，第65页。
[2] 郑玉波著，黄宗乐修订：《民法物权》，三民书局2007年版，第64页。

法运动产生了深远影响，以致美国独立宣言和法国人权宣言明确宣示所有权为神圣不可侵犯的权利。这一宣示往后演变为欧陆各国民法的一项基本原则，即所有权绝对性原则。基此原则，国家对个人的所有权不仅不得侵犯或剥夺，且个人对其所有物的占有、使用、收益乃至处分也有绝对的自由，不受他人任意干涉。否则，所有人即依物权请求权制度加以排除[1]。这种绝对所有权制度，于荡涤了此前封建的具有各种人身关系的财产权制度的同时，也对近代各国社会经济的繁荣、国家和社会财富之积聚，乃至自由、民主、法治国家的形成奠定了财产法上的基础。总之，所有权绝对原则，不仅是19世纪资本主义发展的原动力与催化剂，也是现当代民主社会与市场经济国家的主要经济架构。

二、所有权的观念与制度的变迁

（一）比较法上的两种所有权观念与制度

在法制史上，大陆法系早期曾存在过两种具有代表性的、典型的所有权观念与制度，即罗马法所有权观念与制度和日耳曼法所有权观念与制度。饶富趣味的是，此两种所有权观念与制度无论于构造抑或内容上均互相对立，恰成对照，并对19世纪以后各国的财产权关系产生了重要影响。所有权先后经历了由个人主义所有权转而社会所有权，再由社会所有权转而个人与社会协调发展的所有权的演进历程。

1. 罗马法的所有权观念与制度

罗马法早期，具有全面性、整体性的所有权尚不存在，此间法律仅承认以家族为单位的所有权制度。往后，随着罗马"古代资本主义"经济的次第发展，建立在以家长为中心的个人主义之上的、具有全面性和整体性的所有权得以形成。[2]此即现今学者所称的罗马法所有权观念及其制度。此种所有权观念与制度具有下列特性。

（1）所有权为一种完全的物权权利，所有人可对标的物为自由的占有、使用、收益和处分。

（2）所有权是所有人对于物的单一的、一般的抽象性支配权，其内容恒定，不因时间、地点的不同而有差异。权利人虽可于所有物上设立他物权，但该他物权一旦消灭，所有权即回复其原来的圆满状态。

（3）所有权的分割为量的分割，分割后的所有权与分割前的所有权同其性

---

[1] 谢在全：《民法物权论》（上册），新学林出版股份有限公司2014年版，第111页。

[2] ［日］川井健："所有权"，载川岛武宜编集：《注释民法》（7），有斐阁1985年版，第225页。

质，仅范围有所不同。

（4）所有权观念与制度染有浓厚的个人主义色彩。所有权作为市民法上的权利，系一种纯粹的私法上的权利。

罗马法所有权之所以具有上述特性，其根本原因乃在于罗马的经济基础，换言之，系由罗马当时高度发达的简单商品生产的经济条件所决定。罗马法的绝对的、自由的、独立的所有权观念与制度，正是罗马高度发达的简单商品经济于法律上的表达。

2. 日耳曼法的所有权观念与制度

较罗马法所有权稍晚发生，尔后对后世各国所有权制度产生了重要影响的，是德国日耳曼法的所有权观念与制度。在德国法制史上，公元5世纪至9世纪的法史通常被定为日耳曼法时代。在此时代，由于统一的国家与完整意义上的成文法均不存在，所以日耳曼法的主要内容为习惯法，相应地，司法裁判的准则也就是习惯法与人们对法律的感情。[1]

自总体上看，日耳曼法的物权观念与物权制度并不发达，甚至近现代及当代意义的所有权概念也未形成，对物的归属与利用关系的调整由占有（Gewere）完成。而占有，依日耳曼法，其系与本权相粘连。亦即，在日耳曼法，不存在离开对物的现实支配或占有而成立的本权。人对物之享有所有权，须以该人对物存在实际的占有为前提，否则该人对物即无此权利。反映于物权交易上，即系以移转标的物的占有为物权变动的要件。

与罗马法的所有权相比较，日耳曼法的所有权具有下列特性。

（1）封建的身份关系浸透于物权关系中。例如，土地所有权的内容既有财产权、利用权，也有身份权和领主对农奴的支配权。

（2）自具体的事实关系出发，依财产利用的不同形态而承认各种权利。亦即，就同一标的物，数人可以有不同内容的所有权。所有权发生"质"的分割，即把作为所有权内容的管理、使用、收益及处分等权能，分别交由不同的人享有，分割的所有权与不分割的所有权，性质上完全不同。例如，同一土地上，既承认有"上级所有权"，也承认有"下级所有权"。

（3）无所有权与他物权的区别，各种权利都具有同样的效力，仅在权利的内容上有或多或少的不同。

（4）占有与本权未作明确区分。对占有的保护即是对权利的保护，物权变动

1　[日] 山田晟：《德意志法概论》（2），有斐阁1987年版，第3页。

须移转对标的物的占有。

(5) 所有权具浓厚的团体主义色彩，并带有某些公法的特性。

日耳曼法上述特性的形成，其根本原因系在于日耳曼社会是以土地为中心的农业经济社会，与罗马社会系以商人的交易经济为主正好相反；另外，与罗马法强调所有权的抽象概念的构成不同，日耳曼法的所有权具有原封不动地调整具体关系的特色。[1]

(二) 近代及其以降的所有权观念与制度

以1500年前后伟大的地理大发现为标志，人类进入了近代时期。在此时期，所有权先由个人主义的所有权进到社会的所有权，再由社会的所有权进到个人与社会相调和的所有权。

1. 个人主义的所有权

近代时期的个人主义的所有权，究其实质，是罗马法的所有权于近代法上的复兴与再现。476年，西罗马帝国灭亡，标志着欧洲进入封建社会。在原西罗马帝国统治的地区，罗马法逐渐被封建法取代。此后，在经历了中世纪长达一千年的漫长的宗教神学统治后，欧洲政治法律思想终于迎来了新的曙光。伴随着近代资本主义生产关系的萌芽与发展，特别是经过10—16世纪新兴资产阶级，以及他们的代表——人文主义者——所进行的文艺复兴运动和宗教改革运动的洗礼，和罗马法复兴运动的推动，新兴的资产阶级法学世界观终于冲破了宗教神学思想的牢笼，应运而生。这种新的世界观，揭开了基督教会蒙在人们身上的神秘外衣，提出了以人为本，以人权代替神权，以国家代替教会，以民主与法制代替封建主义与宗教专制统治的新思想。[2] 由此即造成个人主义思潮发达，天赋人权说甚嚣尘上。所有权被认为系与生俱来的、上天赋予所有人对财产加以支配的绝对权利。在此背景下，罗马法的所有权观念与制度遂重新复现，并一跃而成为欧陆社会的主要法律思潮，此即近代的个人主义所有权观念，表现于实体法上即个人主义的所有权制度。[3] 1789年法国《人权宣言》第17条规定："所有权为不可侵犯的神圣权利，非经合理证明确为公共需要并履行正当补偿，不得被剥夺。"此系个人主义所有权的代表性规定。15年之后的1804年，法国公布其民法典时，进一步重申了

---

[1] [日] 我妻荣著，有泉亨补订：《新订物权法》（民法讲义Ⅱ），岩波书店1997年第18刷发行，第3页。

[2] 周长龄：《法律的起源》，中国人民公安大学出版社1997年版，第36页。

[3] 温丰文：《现代社会与土地所有权理论之发展》，五南图书出版股份有限公司1984年版，第14页。

该立场,即其第544条规定:"所有权为以最绝对的方法,收益、处分物的权利。"

德国个人主义的所有权为立法(草案)所规定,最初见于1888年的民法典第一草案。其第849条规定:所有权是一种"恣意"地使用、收益和处分物的权利。土地所有人的权利,及至地表的上空和底部。之后该草案虽受到各方面的批判,但1896年《德国民法典》物权编对所有权的规定,则仍系以该草案的个人主义所有权为基础。

日本近代个人主义所有权制度的建立,系百余年前之事。1868年日本大政官发布"封建土地解放令",宣布个人拥有的土地属于私有。明治中期,日本为变法图强,积极效仿德、法两国从事法典编纂。1890年"旧民法"仿《法国民法典》而制定,1896年"新民法"着重参考《德国民法典》的立法精神,故这两部民法关于所有权的规定皆渗透了个人主义的所有权思想。至于明治宪法,因其效仿法国《人权宣言》而制定,故也明确规定所有权不可侵犯原则。概言之,日本的个人主义所有权制度,于明治中期即已于法典中定着下来了。[1]

综上我们看到,在近代时期,个人主义的所有权系发轫于17、18世纪欧陆社会勃兴的自然法思想,而风行于18、19世纪的德、法、日等主要大陆法系国家。个人主义的所有权制度的建立,使此前与身份有着千丝万缕联系的封建财产所有权关系被彻底荡涤,从而为资本主义民主、人权及法治国家的建立奠定财产法基础。但是,物极必反,器满则倾,个人主义的所有权发展到极致,却酿成了所有权人为了个人一己之私利,而不惜毁坏社会的生存发展,甚至仅为个人的芝麻小利,而不惜损害社会公益的现象。在此背景下,社会的所有权应运而生。

2. 社会的所有权

(1)社会的所有权观念。欧陆各国于经历了近两个世纪的自由资本主义的发展以后,于19世纪末、20世纪初迈入了资本主义垄断时期。于自由资本主义时期,因实行所有权绝对原则,所有权具有绝对性、优越性和强大性,结果造成社会财富日益集中于少数人之手,贫富悬殊、劳资对立及社会财富不能尽其用等社会问题不断涌现,并有愈演愈烈之势。于是就有必要对个人主义的所有权加以修正,以适应新的社会情况。流行的社会思潮认为,基于人的本性,所有权虽宜由个人拥有,但个人行使所有权时,须合于国家和社会的公共利益。亦即,所有权必须为增进人类的共同需要和幸福而存在。此种思想即社会或团体的所有权思

---

[1] 温丰文:《现代社会与土地所有权理论之发展》,五南图书出版股份有限公司1984年版,第15页。

想，奠基于此种思想之上的所有权制度，被称为社会的或团体主义的所有权制度。

迈入20世纪之后的德国，其首倡社会的所有权思想的第一人是著名学者耶林。他于《法律的目的》一书中谓：行使所有权的目的，不仅应为个人的利益，且也应为社会的利益，故此现今应以"社会的所有权"代替"个人的所有权"。往后，学者基尔克继承耶林的思想，以日耳曼法的所有权观念为据，更加力倡社会的所有权思想。其于《德意志私法论》（第2卷）中说：所有权绝不是一种与外界对立的不受限制的绝对性权利，相反，它系所有人应依法律程序，并顾及各个财产的特性与目的行使的权利。[1]

受德国的影响，法国主张所有权应予社会化的声音也开始出现并次第激昂起来。其中，狄骥被公认为是这方面的急先锋。他一反此前风靡一时的"天赋人权"说转而主张"社会连带说"，认为人们的财产所有权之所以受到他人的尊重，正在于它具有有利于社会的功用。1912年，他出版了《论拿破仑法典以后私法的变迁》一书，提出"权利否定说"，根本否认所有权为一种权利，声言"人在社会并无自由，为尽一己之职责，只有依社会利益而行动的义务"[2]。此论一出，虽曾遭人反对，但为时不久，学者即响应之。

日本的社会的、团体主义的所有权思想与制度的产生，与德国和法国的情况不尽相同，即它不是起于学说的倡导，而是发端于司法的判例。通常认为，1919年3月3日，日本大审院关于"信玄公旗挂松事件"的判决是社会的所有权思想与制度正式形成的标志。[3] 此判决于当时的日本不啻具有划时代的意义，给甚嚣尘上的个人主义所有权思潮泼了一瓢冷水。[4]

上述判决作出后不久，受当时"大正民主"思潮与欧陆流行的社会的所有权思想的影响，权利尤其是所有权负有社会义务的思想，便在一部分民法学者中传播开来。之后又经过一段时期，社会的、团体主义的所有权思想即为多数学者接

1　温丰文：《现代社会与土地所有权理论之发展》，五南图书出版股份有限公司1984年版，第17页。

2　李肇伟：《民法物权》，台湾1979年自版，第77页。

3　该案的案情是：日本中央线日野春站附近生长着一棵名曰"信玄公旗挂松"的松树。日本国家铁道公司在距离该松树2米处修建铁道并设列车换乘站，由于长年受到列车散发的煤烟的侵害，该松树枯死。于是松树的所有人乃以国家铁道公司为被告提起损害赔偿诉讼。庭审中国家铁道公司辩称：国家行使权利的过程中，即使致他人于损害，也不承担损害赔偿责任。日本大审院对铁道公司的辩解未予采纳，而明确判示：国家行使权利（或权力）的行为即使属于合法行为，但若该行为致他人所受的损害超过了社会一般人所能忍受的限度时，也应认为逾越了行使权利的正当范围，从而应承担损害赔偿责任。[日]甲斐道太郎等：《所有权思想的历史》，有斐阁1979年版，第194—195页。

4　[日]甲斐道太郎等：《所有权思想的历史》，有斐阁1979年版，第197页。

受,并演变为法律思想的主流。学者末弘严太郎于其所著《物权法》(1921年)一书中,对当时所理解的社会的、团体主义的所有权思想作了说明。他说:18世纪的个人主义的所有权,因为是一种利用个人的利己心来增加社会生产总量的制度,故而它促进了社会的进步与平等观念的产生。但不久,社会需要的增长与生产不断减少的矛盾也日益尖锐地表现出来。这表明,个人主义的所有权于满足社会不断增长的需要方面已无能为力,甚至根本不可能。在这种形势下,遂有对个人主义的所有权加以改造的必要。改造的第一步,是修正所有权对世上所有的人皆有效力的理论;其次,因私有财产权的行使只有不悖于社会全体的利益,方可存在,故我们必须站在社会全体的利益的立场来考量所有权,尤其是私有财产所有权。为此,除须从立法上修正个人主义的所有权外,司法上也应依权利滥用的法理来禁止与社会公共利益相悖的个人主义的所有权的行使。概言之,应使所有权社会化。[1]

仔细考量末弘严太郎的思想,可以看到,其所主张的所有权社会化的核心,系在于通过限制私人所有权并使之社会化,来实现和保障日本全体人民的福利。而所谓"全体人民的福利",系指日本当时社会中劳动者与农民的福利。换言之,在其看来,应当通过限制当时日本社会中的"强者"——资本家和地主——的财产所有权,来保障作为"弱者"的农民与劳动者的生存权。显而易见,这是进步的、正义的民法思想。正因为如此,此思想近百年来一直被称颂为"市民法学"的思想,并为人们津津乐道。[2] 惟不幸的是,末弘严太郎的这一思想还未来得及充分展开,日本法西斯主义的浪潮即汹涌而来。以1925年初的"昭和恐慌"为端绪,日本迅速地走上了法西斯主义的道路,涵括民法在内的全部法律体制也因此与之靠拢,并成为其发动战争机器的工具。自此,日本进入了所谓"法体制崩溃期"。1938年,日本颁布"国家总动员法",标志着日本法西斯主义的法律体制的正式建立。大致从此时起,日本民法学中也就出现了为法西斯主义的"合法性"寻求理论基础,并进而为之张目的被称为"全体主义"的民法理论。[3] 石田文次郎于此间发表的有关社会的所有权的见解,即系鼓吹"全体主义"的民法理论的典型。

1943年,石田文次郎出版了《现代民法的基础理论》一书。在书中他表述了自己关于社会的所有权问题的见解。他虽然也主张所有权作为一种个人的权利负有社会义务,其行使应合于社会的公共利益,但是他所指称的"社会",与末弘严太郎所指称的"社会",涵义完全不同。其谓:由于法律系为了实现"国家目

---

[1] [日] 甲斐道太郎等:《所有权思想的历史》,有斐阁1979年版,第198页。
[2] [日] 甲斐道太郎等:《所有权思想的历史》,有斐阁1979年版,第198页。
[3] [日] 甲斐道太郎等:《所有权思想的历史》,有斐阁1979年版,第198页。

的"而对人民的生活关系加以调整、规范,人民享有的权利实质上是国家为了实现其目的而赋予各个人行动的法的能力,故此只有在实现"国家目的"的范围内,法律才应给予权利人尤其是财产所有权人以保护。从而国家不仅对国民的财产所有权拥有"管理权"和"指导权",且也对人民的财产享有处分权、使用权和收益权。而这就是"社会的所有权",或"所有权的社会化"。[1] 可见,石田文次郎心目中的"社会"实质不过为"国家"的代名词,他是要通过使个人的财产所有权社会化(废除私有财产所有权),来实现日本军国主义的"国家目的"。

末弘与石田对社会的所有权的涵义截然不同的理解,后世学者谓为"社会的所有权"或"所有权的社会化"的"两面性"。末弘是着眼于保障劳动者和农民的利益,尤其是保障他们的生存权的视角,认为宜使资本家和地主的财产所有权社会化。而石田则是主张通过使日本全体国民的财产所有权社会化来达到军国主义的"国家目的"。也就是说,他是要把所有权的社会化转换成"国家全体主义"的所有权。[2] 时至二战爆发,"国家全体主义"的所有权思想,因受军阀利用而趋于极端。随着日本发布"国家总动员法"与"紧急命令",不独人民的自由丧失殆尽,就是日本人民的个人财产也几乎完全成为支持侵略战争的工具。战后日本鉴此教训,于修订民法时,本于修正草案中增列"私权应为公共福利"而存在,惟因表现过于强烈,生怕再度导致战时"国家全体主义"的所有权思想的抬头,故改易为"私权应符合公共福利"。

(2) 社会的所有权制度。学说理论的发展状况与国家立法的进步通常系互为因果关系。随着社会的所有权观念于德、法两国的形成,社会的所有权制度也就随之于实定法上被规定下来。

《德国民法典》关于所有权的规定,系以个人主义的所有权思想为其立法方针。基此而建立的所有权,当然也就属于个人主义的所有权制度。至 1919 年 8 月 11 日德国公布《魏玛宪法》,其第 153 条第 3 项规定"所有权负有义务,其行使应同时有益于公共福利"时,社会的所有权才于德国民法上确立下来。惟不幸的是,1933 年德国纳粹取得政权后,即以"社会的所有权"思想为据,极力排斥所有权的外在制约而高唱所有权的内在限制,并打着"公共利益"的旗号无偿征收个人所有权(尤其是土地所有权),结果使个人的财产所有权被剥夺殆尽,进而使本以匡正个人主义的所有权的缺陷为目的的社会的所有权制度由此

---

[1] [日] 甲斐道太郎等:《所有权思想的历史》,有斐阁 1979 年版,第 198—199 页。
[2] [日] 甲斐道太郎等:《所有权思想的历史》,有斐阁 1979 年版,第 199 页。

变质。[1] 1945 年德国战败，法西斯体制土崩瓦解。1949 年德国制定《基本法》（"宪法"），其中第 14 条第 2 项规定："所有权伴有义务，其行使应同时顾及公共福利。"显然，此系直接移植《魏玛宪法》的规定而来。至此，德国社会的、团体主义的所有权制度正式确立下来了。

法国的司法判例对个人主义的所有权的修正，较之学说理论的修正，发生得更早。早在狄骥倡导社会连带说前，法国司法判例即对个人主义的所有权加以了修正。1855 年，在科玛尔（Colmar）地方，有素不和睦的甲、乙邻居，甲故意在乙窗户旁搭建烟囱，遮挡乙的日照与通风，乙不甘受害而诉请法院救济。诉讼中甲以"要如何使用土地，就可以如何使用土地，自己有其绝对自由"加以抗辩。但科玛尔法院认为，甲搭建烟囱系一种超越了其使用土地的正当范围的行为，故判其败诉，并限期拆除烟囱。翌年，里昂（Lion）法院又作出类似判决。以此两判决为契机，学说对《法国民法典》施行半个多世纪以来有关禁止权利滥用的情形加以类型化，进而使其成为行使私权的一般指导原则。因采行权利滥用禁止原则，结果使个人主义的所有权逐渐沿着社会的所有权发展。不过，因法国人民对 1789 年《人权宣言》和 1804 年民法典格外挚爱，不愿对之作任何修改，故此迄至二战结束前，法国始终止于以判例的方法修正并限制个人主义的所有权。1946 年法国第四共和国成立，宪法中追加并列举规定了若干"社会权"，规定"凡具有国家劳役性或独占性质的财产，应为人民共同体所有"[2]，标志着社会的所有权制度于法国正式确立。

3. 个人与社会协调发展的所有权

1945 年，第二次世界大战结束后，鉴于过分强调个人主义的所有权有害公益，过分强调社会的所有权又足以抹杀个人财产权，甚至戕害个人自由，于是学说倡导个人与社会相调和的所有权。据此，个人行使财产所有权时，固然应顾及社会公益，但也惟有使个人享有财产权的适当自由，社会全体的发展，才能期其健全、和谐。此种个人与社会相调和的所有权，不仅是现代所有权思想的主流，也是未来所有权思想发展的基本趋势。

（三）我国的所有权观念与制度

1. 近代以前的所有权观念与制度

我国古代社会将财产区分为动产与不动产。动产被称为"物""财""财物"

---

[1] 温丰文：《现代社会与土地所有权理论之发展》，五南图书出版股份有限公司 1984 年版，第 20 页。

[2] 温丰文：《现代社会与土地所有权理论之发展》，五南图书出版股份有限公司 1984 年版，第 19 页。

或"资财",其所有人称"财主"或"物主";不动产则以"产""业"或"产业"称之,其所有人则称为"业主"或"产主"。于古代社会,我国系以农立国,农业是整个社会最重要的生产部门,因此作为不动产的土地最受重视。虽然"普天之下,莫非王土"的观念曾长期支配我国的土地制度,但自秦废井田、开阡陌始,土地的私有所有权制度便一直存在。往后,唐朝实行"均田"与"限田"制度,也同样承认土地私有制度。唐德宗以后,均田制遭遇失败,土地私有制完全确立。此外,在我国古代社会,土地所有权带有公法或身份关系的色彩的事例也所在多有。如王侯受封的土地,唐朝对亲王以下的大小官吏所授予的"官人永业田",清代皇室的官庄等,皆无不带有公法或身份法的色彩。可见,我国近代以前的所有权,不同于罗马法的所有权,而是类似于日耳曼法的所有权。

2. 今日的所有权观念与制度

我国迄今所走过的道路与欧陆国家(如德国、法国)和美国、日本等所经历的历程不同。1949年新中国成立前,曾有过长达数千年之久的封建专制传统,在此漫长的时期中,人民的人格萎缩,人的权利、自由、尊严与价值等被湮没于封建专制主义的大海中,几无存在的余地。而造成这种状况的重要原因之一,就是传统文化中没有完全的个人财产权的观念,也不存在充分的私有制。

新中国成立后,我国建立了社会主义的公有经济制度,这本身无可厚非,但由于诸多不恰当因素的影响,造成我国人民的私人所有权于相当程度上被公有制否定或限制。加之新中国成立后于民主法治建设上走过一段弯路,尤其是从"反右"斗争到"文化大革命"这一段,片面强调国家利益和社会利益,否定个人利益和权利,近乎彻底的社会本位,故使于一个相当长的时期,权利及权利保护观念不甚发达。正因为如此,对于近现代和当代欧陆各国乃至于日本、美国的所有权的社会化,即限制个人的财产权利,使所有权负有社会义务的思潮与立法,需有清醒的认识,而不可盲目附从。现今,我们于实行社会主义公有经济制度的前提下,又确立和实行社会主义市场经济体制,即应将私人所有权置于突出地位,于强调国家所有权、集体所有权之保护的同时,也强调平等地对待和保护私人所有权。并且,于一定意义上,现今更应着力强调和保护私人所有权。于此基础上,方强调私人所有权的社会义务,强调私人所有权应符合公共利益。《物权法》第5章将国家所有权、集体所有权和私人所有权并立规定,立法论上虽着重于彰显对三者的平等保护,但将来一个相当长的时期,解释论上更宜强调私人所有权的优越性,于此前提下方强调公共利益的维护与兼顾。

第三节 所有权的类型

一、国家所有权

（一）涵义与特性

国家所有权是我国社会主义全民所有制于法律上的表现，是国家对国有财产的占有、使用、收益和处分的权利，或者说是国家以民事主体的身份对依法归其所有的物所享有的所有权，主要涵括国家土地所有权、海域所有权、矿产资源所有权、水资源所有权，建筑物、构筑物及其附属设施的所有权，以及各种动产所有权等。其具有下列特性。

1. 主体的特殊性

国家所有权的主体为国家。由于国家所有权是全民所有制的法律表现，国家系代表全体人民行使所有权，其本身未有特殊的利益，国家所有权的享有和行使的利益，最终是为了满足全体社会成员的物质和文化生活的需要。同时，国家在行使所有权的过程中，也应当充分反映全体人民的利益。[1]《物权法》第 45 条第 2 款规定：除法律另有规定外，国有财产由国务院代表国家行使所有权。

2. 客体的广泛性

国家财产所有权的范围十分广泛，根据《物权法》的规定，矿藏、水流、海域、城市的土地属于国家所有；法律规定属于国家所有的农村和城市郊区的土地属于国家所有；森林、山岭、草原、荒地、滩涂等自然资源，除法律规定属于集体所有的外，属于国家所有；法律规定属于国家所有的野生动植物资源，属于国家所有；无线电频谱资源属于国家所有；法律规定属于国家所有的文物，属于国家所有；国防资产属于国家所有；铁路、公路、电力设施和油气管道等基础设施，依照法律规定为国家所有的，属于国家所有。

3. 某些财产的专属性

国家所有权于民法上的重要价值在于某些财产的国家专属性。依《物权法》第 41 条等的规定，城市的土地、矿藏、水流、海域、某些文物、某些野生动植物、无线电频谱等财产专属于国家，任何个人、集体、组织不能取得其所有权。

国家专属的特性意味着流通的禁止。因此，当事人取得专属于国家的财产的合同，依《合同法》第 52 条第 5 项的规定，将因违反法律的（效力性）禁止规

---

[1] 王利明、尹飞、程啸：《中国物权法教程》，人民法院出版社 2007 年版，第 172 页。

定而无效,不能发生取得国家专属财产权的效果。若需要于国家专属的财产(如城市土地)上确立私主体的权利,则只能透过创设定限物权等方式而予实现。

4. 取得方式的多样性

国家依法定条件并遵循法定程序,可以透过征收、没收、国有化等方式强制性地将普通民事主体的财产收归国有,并依其行政权强制性地征收税金而取得所有权。另外,《继承法》规定,除死者生前系集体组织的成员外,公民死亡后,无人继承又无人受领遗赠的财产归国家所有;《物权法》规定,遗失物自发布招领公告之日起6个月内无人认领的,归国家所有;拾得漂流物、发现埋藏物或者隐藏物的,除文物保护法等法律另有规定外,参照拾得遗失物的有关规定,归国家所有。

5. 行使方式的多层次性

国家作为抽象的民事主体,大多无法直接占有、使用其财产,故此《物权法》第53条、第54条规定,应交由国家机关、国家举办的事业单位代行所有权,它们对其直接支配的不动产和动产享有占有、使用以及依照法律和国务院的有关规定收益、处分的权利。至于国家出资的企业,《物权法》第55条规定,由国务院、地方人民政府依照法律、行政法规规定分别代表国家履行出资人的职责,享有出资人权益。国家所有权转化为股权。

6. 法律保护的优越性

国家所有权受到侵害或妨碍时,不但有物权请求权、不当得利返还请求权、侵权损害赔偿请求权等普通民事主体能够行使的保护方式,而且拥有普通民事主体所没有的保护手段。例如,《城市房地产管理法》第25条规定,土地使用权人满2年未动工开发建设用地的,国家可以无偿收回土地使用权。另外,《最高人民法院关于贯彻执行〈中华人民共和国民法通则〉若干问题的意见(试行)》第170条规定:"未授权给公民、法人经营、管理的国家财产受到侵害的,不受诉讼时效期间的限制。"[1]

(二)对国有资产的管理、监督及其法律责任

《物权法》第57条设两款规定对国有财产的管理、监督及其法律责任。第1款规定:"履行国有财产管理、监督职责的机构及其工作人员,应当依法加强对国有财产的管理、监督,促进国有财产保值增值,防止国有财产流失;滥用职权,玩忽职守,造成国有财产损失的,应当依法承担法律责任";第2款规定:"违反国有财产管理规定,在企业改制、合并分立、关联交易等过程中,低价转让、合谋私分、

---

[1] 崔建远:《物权法》,中国人民大学出版社2014年版,第180页。

擅自担保或者以其他方式造成国有财产损失的，应当依法承担法律责任。"

二、集体所有权

集体所有权是我国公有制的另一种法律形态。"集体"是一个很难从民法上加以定义的概念，它本身不一定构成一个法人。[1]根据《物权法》第59条、第61条的规定，集体所有权是指集体全体成员或集体组织对集体所有的不动产和动产享有占有、使用、收益和处分的权利。集体所有权的主体，首先指的是集体全体成员，其次指的是集体组织，即劳动群众集体，包括农村劳动群众集体和城镇劳动群众集体。集体全体成员与集体组织同为集体财产的所有权人，此即集体所有权主体的复合结构。

集体所有权的客体的范围，较国家所有权的客体的范围为小。依《物权法》第58条的规定，其涵括：（1）法律规定属于集体所有的土地和森林、山岭、草原、荒地、滩涂；（2）集体所有的建筑物、生产设施、农田水利设施；（3）集体所有的教育、科学、文化、卫生、体育等设施；（4）集体所有的其他不动产和动产。

集体所有权作为所有权的一种类型，其保护除依物权请求权、侵权损害赔偿请求权、不当得利返还请求权等方式为之外，《物权法》第63条第2款还规定："集体经济组织、村民委员会或者其负责人作出的决定侵害集体成员合法权益的，受侵害的集体成员可以请求人民法院予以撤销。"

关于集体所有的土地和森林、山岭、草原、荒地、滩涂等，《物权法》第60条规定，其所有权的行使依下列方式为之：（1）属于村农民集体所有的，由村集体经济组织或者村民委员会代表集体行使所有权；（2）分别属于村内两个以上农民集体所有的，由村内各该集体经济组织或者村民小组代表集体行使所有权；（3）属于乡镇农民集体所有的，由乡镇集体经济组织代表集体行使所有权。另外，《物权法》第59条第2款规定，集体所有权的行使须反映集体成员的共同意志，下列事项应当依照法定程序经本集体成员决定：（1）土地承包方案以及将土地发包给本集体以外的单位或者个人承包；（2）个别土地承包经营权人之间承包地的调整；（3）土地补偿费等费用的使用、分配办法；（4）集体出资的企业的所有权变动等事项；（5）法律规定的其他事项。此外，为了使集体财产所有权透明和使全体集体成员明了其增值等变动情况，《物权法》第62条规定："集体经济组织或者村民委员会、村民小组应当依照法律、行政法规以及章程、村规民约向

---

[1] 刘家安：《物权法论》，中国政法大学出版社2009年版，第94页。

本集体成员公布集体财产的状况。"

三、私人所有权

《物权法》第 5 章将"国家所有权和集体所有权、私人所有权"并列规定，强调三者同等重要，平等保护。前两种所有权本旨上属于公有形态的所有权，而私有所有权系非表现为国家或集体所有的自然人、法人所享有的所有权。亦即，这里的"私人"是与国家、集体相对应的物权主体，其不但涵括我国的公民，也包括在我国合法取得财产的外国人和无国籍人；不仅包括自然人私所有权，且也涵括个体工商户、合伙、各类企业法人、三资企业中投资者的权益等。尤其是《物权法》第 68 条第 1 款规定："企业法人对其不动产和动产依照法律、行政法规以及章程享有占有、使用、收益和处分的权利"，即在明确宣示法人所有权。惟依《物权法》第 53 条、第 54 条的立法本意，国家机关和国家举办的事业单位不享有法人所有权，国家出资的企业则享有法人所有权（第 55 条）。

私人所有权是民法上所有权的常态，除前述《物权法》规定专属于国家或者集体所有的财产外，私人可享有对一切物的所有权。尽管如此，《物权法》第 64 条还是宣示性地规定："私人对其合法的收入、房屋、生活用品、生产工具、原材料等不动产和动产享有所有权。"并于第 65 条明定对私人所有权的保护："私人合法的储蓄、投资及其收益受法律保护。国家依照法律规定保护私人的继承权及其他合法权益。"

四、对社会团体所有权的保护

《物权法》第 69 条规定："社会团体依法所有的不动产和动产，受法律保护。"此即承认社会团体所有权。社会团体，是指我国公民自愿组成，为实现会员共同意愿，按照其章程开展活动的非营利性社会组织，涵括人民群众团体、社会公益团体、文艺团体、学术研究团体、宗教团体。依《物权法》该条规定，此等团体对依法所有的不动产和动产享有占有、使用、收益和处分的权利。

第四节　所有权的权能

所有权系所有人对所有物为全面支配的物权。此种支配权并不止于抽象的存在，而系通常表现为若干具体的形式。这些形式，即系所有权的"权能"。换言之，所有权的权能是所有权人为利用所有物以实现其对所有物的独占利益，而于法律规定的范围内可以采取的各种措施或手段。所有权的不同权能表现了所有权的不同作用,系构成所有权的内容的有机组成部分。《物权法》第 39 条规定:"所有权人对自己的不动产或者动产,依法享有占有、使用、收益和处分的权利。"此所谓"占有""使用""收益"及"处分",即所有权的"积极权能"。另外,所有权尚有"消极权能",即排除他人干涉。此"消极权能",《物权法》未设明文,但解释上宜予肯定。

需注意的是,无论所有权的积极权能抑或消极权能,它们都不过是所有权的主要权能而非全部权能。盖所有权系一种对标的物的全面支配权,故凡对所有人有利益者,只要不与法律和社会公共福利相悖,所有权人原则上皆可就标的物为充分的使用、收益,以实现其所有权利益的最大化。

一、所有权的积极权能

(一)占有权能

占有权能,指特定的所有人对标的物为管领的事实。自社会生活的实际看,行使物的占有权能是行使物的支配权的基础与前提。也就是说,所有权的行使大抵均以占有为前提,且通常的情形是,所有与占有皆合二为一,占有人皆被推定为所有人。欠缺占有,所有权的功用即难以发挥,故而所有权人自得本于所有权对其所有物为占有。所有人行使所有权请求权,除在维持其所有权的积极权能外,也在借此回复其能持续对所有物为完全地管领、支配的状态,此也体现出所有权于内容上应具有占有权能。[1]

但同时,作为所有权的一项独立权能,占有权能于一定条件下又可与所有权分离。当占有权能与所有权分离而属于非所有人时,非所有人享有的占有权能同样受法律保护,所有权人不得随意请求返还原物,回复其对所有物的占有。当非所有人的合法占有权被他人侵夺时,其也可基于所享有的占有权能而要求侵夺人返还原物。[2]

(二)使用权能

使用权能,指依所有物的性能或用途,于不毁损所有物本体或变更其特性的情形下对物加以利用,以满足生产和生活需要的权能。依经济学原理,物之有使用权能乃在于物之有使用价值。因此行使使用权能,实质上就是实现物的使用价值的手段。当然,该权能的行使以对物有占有为前提,就此而论,享有物的使用权能需同时享有物的占有权能。但某些场合,享有物的占有权能却并不一定享有

---

[1] 郑冠宇:《民法物权》,新学林出版股份有限公司 2015 年版,第 205 页。

[2] 关于应否将"占有"单独列为所有权的一项权能,有肯定与否定两说。采肯定说者如史尚宽、王泽鉴及谢在全;采否定说者如王去非。

物的使用权能。例如，质权人、仓储保管合同中的保管人等即只能对标的物进行占有，而不能对标的物予以使用。

与占有权能可与所有权发生分离一样，使用权能作为所有权的一项权能也可与所有权分离。物的使用人可依法律规定或与所有人的约定取得物的使用权能。依此而取得的使用权能，既可以是有偿的，也可以是无偿的，但无论何者，使用人皆须依法律规定或依与使用人约定的方式使用财产。使用人如因使用不当而致使用物毁损灭失时，须对所有人负损害赔偿责任。另外，关于所有权的使用权能，尚有两点需予提及：（1）需将作为所有权权能之一的独立的使用权能与实际生活中的"使用"一语相区别。所谓"使用"，指依物的性能或用途对物加以利用。实际生活中，物的使用人并不都是有使用权能的人。不享有使用权能而使用他人的物，为无权使用，使用人须返还因对物的使用而获得的不当利益并承担其他民事责任。（2）需将作为所有权权能之一的使用权能与作为他物权（如建设用地使用权）的使用权能相界分。按物权法法理，作为定限物权之一类型的使用权（如建设用地使用权、宅基地使用权），其不仅涵括对物的使用权能，且也涵括对物的占有权能和收益权能。

（三）收益权能

收益权能，指收取由原物所生的新增经济价值的权能，抑或指就所有物收取天然孳息与法定孳息。[1]而所谓新增经济价值，涵括由原物衍生的果实（天然孳息），以及因利用原物进行生产经营活动而产生的利润等。[2]

---

[1] "天然孳息"系有机的出产物（die organische Erzeugnisse）。对此，请参见姚瑞光：《民法物权论》，海宇文化事业有限公司1999年版，第46、47页。

[2] 需提及的是，在过去高度集中的行政经济体制下，收益权能往往被排除于所有权的权能之外，亦即不以收益权能为所有权之一项权能。譬如1964年《苏俄民法典》第92条规定：所有权是"在法律规定的范围内，所有人对财产享有占有、使用和处分的权利"。在我国，民法理论曾长期受苏联民法的影响，故此在相当长的时期内给所有权下定义时不仅只字不提"收益"权能，且还对欧陆近现代民法、《日本民法》及《中华民国民法》明定收益权能为所有权的一项独立权能的做法予以批判（参见中央政法干部学校民法教研室编：《中华人民共和国民法基本问题》，法律出版社1958年版，第118页）。收益权能可独立作为所有权的一项权能，如今已无疑义。事实上，自所有权制度产生以来，收益权能即是所有权的一项重要权能。近代时期，由于资本主义市场经济的发展，所有权的观念性日益彰显，收益权能更成为所有权各权能中最重要、最基本的权能。所有人对所有物的支配由此前的实物形态的支配转化为以收益为媒介的价值形态的支配，所有权被作为价值化、观念化的东西而存在；在现当代，由于市场经济的发展，使得收益权能于所有权中的地位更显重要。盖市场经济的主体为基于"利己心"（self-interest）而追求自己的利益最大化的人，其所关注的，系自己财产的增值，以及如何才能实现增值。而至于财产系由自己占有、使用，抑或交由他人占有、使用，则并非重要。也就是说，只要能使财产增值或实现其价值的最大化，即可让与自己财产的占有权、使用权乃至处分权，而自己把握收益权。

应当注意的是，收益权能虽为所有权的基本权能，但此并不意味着其不能与所有权相分离。事实上，在现当代市场经济条件下，收益权能不仅可以完全与所有权分离，且其分离的形式也呈现多样、复杂的情形。主要有：（1）所有人与经营人订立合同，于让与资产占有权、使用权、处分权的同时，让与部分收益权，保留部分收益权，从而与经营人按一定比例分享资产的利益；（2）所有人让与占有权、使用权和部分收益权，保留处分权与部分收益权；（3）于一定期限内让与占有权、使用权和全部收益权而仅保留处分权。当然，永久性地全部让与收益权而保留所有权的情形较为少见。盖在此情形，所有权已无法从经济上予以体现。

应当注意的是，原物的出卖人将原物出卖，即使已交付原物但尚未移转原物的所有权，该原物所生孳息的归属，原则上应属于所交付的买受人所有。盖除合同另有约定外，买卖标的物的利益及危险，自交付时起，通常皆由买受人承受负担。此所称利益，包括使用与收益在内。[1]

（四）处分权能

所有权的处分权能，指依法对物进行处置，从而决定物的命运的权能。处分权能为所有权的核心内容，系所有权最重要、最基本的权能。作为所有权权能之一种的处分权能，其涵括事实与法律上的处分权能。事实上的处分权能，指对标的物进行实质上的变形、改造或毁损等事实上的改变的行为，如拆除房屋、撕毁书籍、对房屋进行翻修、变更等；法律上的处分权能，指对所有物所为的负担行为与处分行为，譬如将标的物的所有权加以转让、限制或消灭，从而使所有权发生变动的法律行为，如买卖中的所有权移转、抵押权和质权的设立。通常认为，法律上的处分权能与事实上的处分权能具有三点差异：一是法律上的处分属于法律行为的范畴，事实上的处分属于事实行为的范畴；二是法律上的处分通常都要引起物权的各种变动，而事实上的处分则引起物的形体的变更或消灭；三是法律上的处分是对物的价值予以利用的行为，处分的目的在于获得一定的货币价值，而事实上的处分则是对物的使用价值予以利用的行为，处分的目的在于满足生产、生活对财产进行消费的实际需要[2]。[3]

---

1   郑冠宇：《民法物权》，新学林出版股份有限公司2015年版，第201页。
2   彭万林主编：《民法学》（李开国执笔），中国政法大学出版社1999年版，第289—290页。
3   需注意的是，有人认为，作为所有权权能之一种的处分，仅指事实上的处分，而不涵括法律上的处分。日本学者三潴信三于解释《日本民法》第206条关于所有权的规定时即称："处分一语，在私法上有种种含义，属于事实的意义者有之，属于法律的意义者有之，属于二者并称的也有之。本应注意的是，对于所有物所为的处分行为，原则上仅所有权人有此权限，未有处分权限的人所为的处分行为，性质上乃为无权处分，系属效力未定的法律行为，原则上应得有权利人的承认，方生效力。惟所有权人可授权他人行使此处分权，被授权人虽未取得所有权，但其所为的处分行为为有权处分。[1]此外，虽非所有权人，但于特殊情形，也允许对他人的物享有处分权，即可对他人的物为有限的处分。譬如破产管理人有权处分破产人的财产，遗产管理人、遗嘱执行人有权处分继承人所继承的财产。[2]

在当代市场经济条件下，处分权能是一项极为重要的权能。此权能是商品生产经营者于生产中消费物质资料，于经营中处分货币与商品，从而实现商品交换的必要前提，商品生产者如无该权能，也就不可能进行任何生产经营活动。

二、所有权的消极权能

所有权的消极权能，学理上又称为"排除他人的干涉"，指所有人排斥并除去他人对所有物的不法侵夺、干扰或妨害。因排除他人干涉的权能仅在受到他人不法干涉时方能显现，否则将隐而不彰，故学理称为所有权的"消极权能"。所有权之所以有消极权能，乃源于所有权的绝对权特性。所有人排斥并除去他人对所有物的不法侵夺、干扰或妨害的手段，主要系透过行使物权请求权而予实现。

第五节　所有权的限制

所有权的限制，指禁止或限制作为所有权积极权能或消极权能的一面或数面，从而使所有人由此受到一定的拘束，并负一定的义务。所有权内容的限制与所有人义务的承担，为互为表里的关系。

条所谓处分，由其与使用和收益两语并用一点观之，应解为限于物质的处分（事实上的处分）"（参见三潴信三《物权法提要（上卷·各论）》之第1章第1节）。我国学者李宜琛也认为，处分权能不涵括法律上的处分。本书认为，由于所有权并非专属性的财产权，故其当然可以作为物权交易的标的而处分（如将其转让）。从实务看，即使所有人的事实上的处分权能处于停止状态，其仍然可以为法律上的处分行为。例如，某甲以自己的房屋为某乙设立抵押权，此时其对房屋的事实上的处分也就处于停止状态。尽管如此，作为所有人的某甲仍可将同一房屋再设立租赁权于某丙。如之后甲因急需资金，经抵押权人乙的同意，还可将该房屋出卖于某丁（《物权法》第191条）。足见所有人对标的物的事实上的处分权能即使处于停止状态，其仍有法律上的处分权能，故此，将所有权权能之一种的处分权能，仅解为事实上的处分权能，并非妥当。

1　郑冠宇：《民法物权》，新学林出版股份有限公司2015年版，第202页。
2　郑冠宇：《民法物权》，新学林出版股份有限公司2015年版，第202页。

罗马法时期，所有权虽然具有个人主义的色彩而具绝对性、排他性和永续性特征，但此时代的财产所有人的权利也系受到一定的限制。例如，从《十二铜表法》开始迄至帝政时期，罗马法对所有权的限制始终存在，并主要表现为四个方面：一是基于相邻关系而对所有权的限制；二是基于公共利益的需要而对所有权的限制；三是基于保护宗教利益的需要而对所有权的限制；四是基于人道主义与道德事宜而对所有权的限制。[1]

罗马法关于所有人行使其所有权应受限制的立场，也影响到了后世各国的立法。如前述，17、18世纪近代市民社会形成之初，所有权被认为是天赋的神圣的自然权利。19世纪肇端以后的民法法典化运动与宪政运动将此立法化，从而建立起所有权绝对原则。但是，至20世纪中叶以后，由于资本的集中与垄断，导致不能"过人那样的生活"的社会弱者激增，保障私人财产所有权的绝对性的物权制度，如今却危及国家和社会的存续与发展。于是，立法乃改弦更张，转而强调所有权的社会性，借以限制所有权的绝对性。此即所有权的社会化。其核心是以公法和私法规范来限制所有权的行使。具体而言，公法方面各国大都规定了所有权的征收、征用制度；私法方面，则是通过诚实信用、公序良俗和权利滥用的禁止等，来对所有权的行使予以限制。

一、私法对所有权的限制

私法对所有权的限制，其目的在于保障个人的私益，主要涵括两个方面：一是以私法规范限制所有权的行使；二是通过相邻关系限制相邻一方行使所有权的绝对自由。这里仅论述第一种限制，即私法对所有权的限制，至于相邻关系对所有权的限制，则于本书"相邻关系"部分论述。私法对所有权行使的限制，其途径和根据主要如下。

（一）权利滥用的禁止原则

法制史上，涵括所有权在内的一切民事权利一旦被滥用即应被禁止，此于罗马法时代就已产生。19世纪中叶，前述法国科玛尔法院所做的判决，标志着权利滥用原则经由判例而正式形成。往后，鉴于该原则的重要功用，各国民法于是设专条而予规定，譬如《德国民法典》第226条、《瑞士民法典》第2条第2项、原《苏俄民法典》第1条及《日本民法》第1条第3项等，皆属之。

需注意的是，各国民法虽然规定了权利不得滥用原则，但实务上对于何种情

---

[1] 周枬：《罗马法原论》（上册），商务印书馆1994年版，第301页。

形方可认为构成权利滥用,则仍需进行具体判定。故此,有必要涉及权利滥用的认定标准。对于何种情形方可认为构成权利滥用,各国曾先后以故意损害他人、缺乏正当利益、选择有害的方式行使权利、损害大于获利、不顾权利存在的目的及违反侵权行为法的一般原则等予以判定。我国学理通常认为,权利滥用,是指以损害他人的目的行使权利或者行使权利所得利益微小而使他人遭受重大损害的行为。

自原《苏俄民法典》以来,社会主义国家的民法也以不同方式确立了权利不得滥用原则。我国《民法通则》第 7 条规定:"民事活动应当尊重社会公德,不得损害社会公共利益,扰乱社会经济秩序。"据此规定,当事人于行使权利、履行义务时,须实现个人利益、社会利益和公共利益的平衡。就所有权而言,就是要将所有权的绝对权效力限定于社会利益所许可的范围内,而不得损害他人利益或社会公共利益。另外,因该条列举违反社会公德、违反社会公共利益、违反国家经济计划、违反社会经济秩序的行为为权利滥用的行为,缺乏概括性,故为使权利滥用禁止原则更能充分地发挥其调整社会关系的功用,制定民法典时宜设如下一般条款禁止一切滥用权利的行为:任何权利的行使,均不得损害社会公共利益和他人利益。因权利滥用给他人造成损害的,应当承担赔偿责任。

(二)诚实信用原则

权利的行使须依诚实与信用为之,系当代民法的一项基本要求,诚实信用原则由此成为民法的帝王规则。其不仅适用于债法,且也适用于物权法、亲属法、商法乃至公法领域,甚至是我国今日的社会主义核心价值观的重要内容。所谓诚实信用,是指要把社会中普遍的社会道德观念融入权利中,一方当事人有义务公平地考虑对方需要保护的利益,要正直和诚实地行事,[1]诚实而信用地行使民事权利,由此其成为"权利行使审查"的帝王规准。究其实质,它是要求人们于民事活动中讲究信用,信守诺言,诚实不欺,于不损害他人利益和社会公共利益的前提下谋求自己的利益。

《民法总则》第 7 条将诚实信用确定为民法的一项基本原则,《合同法》则既在一般规定中规定了诚实信用,又在之后具体的场合下规定了该原则的具体适用。根据这些法律的规定,凡行使涵括所有权在内的一切民事权利而违背诚实信用原则的,均将构成违法。自此视角看,诚实信用实质上也是权利滥用的禁止。

(三)自卫行为

为了保护民事主体的私权,自罗马法以降,法律于赋予受害人公力救济的同

---

[1] 耿林:《强制规范与合同效力》,中国民主法制出版社 2009 年版,第 117 页。

时，也承认受害人一定的私力救济（权）。此私力救济，即所谓"自卫行为"，涵括《民法总则》规定的正当防卫（第 181 条）、紧急避险（第 182 条）。通说认为，这些行为也都具有限制所有权人的所有权的功用。详言之，所有权人为行使其权利，固得排除他人的干涉，但于特殊情况下，其权利的行使，仍应受到相当的限制。例如甲持木棍袭击乙，乙为自保，毁其木棍，乃属于正当防卫，甲对其木棍所有权的行使即因而受到相当的限制。另外，《德国民法典》第 904 条关于攻击性紧急避难（Angriffsnotstand）的规定，系认可避难者有权因行使避难行为而造成他人财产的损害。[1]

另外，尽管《民法总则》未规定私力救济（自力救济）中的自助行为，但现今通说与实务认为，于适当条件下，当事人为维护自己财产所有权等权益的需要，也可以自助行为予以救济。

（四）其他限制

此主要指所有权人受自己的所有物上设立的用益物权的限制。例如，土地上设立宅基地使用权给农户后，集体土地所有人对土地的使用、收益的权能即被排除，集体土地所有人的所有权由此而受到限制。另外，《物权法》第 71 条、第 72 条及第 77 条对业主行使建筑物区分所有权而设立的各种限制，属于法律对建筑物区分所有权这一特殊权利的特别限制。另外，对所有权的私法限制，例如《合同法》第 229 条规定，租赁合同于一定条件下，得对抗租赁物受让人，即所谓"买卖不破租赁"或"所有权让与不破租赁"。

二、公法对所有权的限制

公法对所有权的限制，大多系以保障国家公共利益或社会共同生活利益为旨趣，故此属于行政法规的限制。就法规的种类而言，有土地管理法、城市规划法、建筑基准法、大气污染防治法、水污染防治法、生态环境保护法等对所有权的限制；就限制的内容而言，既有对取得所有权的限制，也有对所有权的使用、收益或处分的限制；就所有权人因受限制而受的拘束而言，既有使所有人负作为义务者，也有使所有人负不作为义务或忍受义务者；就所有人违反此种限制的法律后果而言，既有使所有人所为的行为归于无效或可撤销者，也有使行为人负损害赔偿责任者。

---

[1] 郑冠宇：《民法物权》，新学林出版股份有限公司 2015 年版，第 198—199 页。

三、征收与征用

法律对所有权作出限制的最典型例子是国家的征收和征用,兹分述如下。

(一) 征收

所谓征收,是指国家作为主权者为了公共利益的需要,强行将集体或私人所有的不动产征归为国有。征收的主体只能是国家,只有国家才能利用公共权力将集体或私人所有的不动产强制性地征为国家所有。

《物权法》第42条第1款规定:"为了公共利益的需要,依照法律规定的权限和程序可以征收集体所有的土地和单位、个人的房屋及其他不动产。"征收行为是一种以公共权力为基础的公法行为,其结果将导致被征收者丧失对不动产的所有权,而此法律效果并非权利人的意志所能控制,故此征收是对所有权人意志的直接强制。征收必须是国家为了公共利益的需要方可进行。而所谓公共利益,应将其局限于国防、公共安全、重大社会利益等较为狭窄的范围之内,而绝不应该任意地扩张其范围。盖若不进行严格的限定,则"公共利益"将会无所不在。譬如进行旧城改造,即便明显地具有商业开发的目的,也能被描述为"改善城市景观""改善居民居住条件"等公益事业,导致集体和私人的所有权受到不正当的剥夺。[1]

国家征收之后必须进行补偿。对此,《物权法》第42条第2款就补偿原则作出了规定:"征收集体所有的土地,应当依法足额支付土地补偿费、安置补助费、地上附着物和青苗的补偿费等费用,安排被征地农民的社会保障费用,保障被征地农民的生活,维护被征地农民的合法权益。"该条第3款就补偿内容作出了规定:"征收单位、个人的房屋及其他不动产,应当依法给予拆迁补偿,维护被征收人的合法权益;征收个人住宅的,还应当保障被征收人的居住条件。"相对于之前的相关规定,《物权法》第42条第2、3款强化了对被征收者的利益保护,应值赞同。考虑到各地经济发展水平的不平衡,具体的补偿标准和补偿办法,宜由《土地管理法》等有关法律依照《物权法》规定的补偿原则、补偿内容,依据不同情况作出规定。[2]

另外,针对现实生活中补偿不到位和侵占补偿费用的行为,《物权法》第42条第4款作出规定:"任何单位和个人不得贪污、挪用、私分、截留、拖欠征收

---

[1] 刘家安:《物权法论》,中国政法大学出版社2009年版,第100—101页。
[2] 王胜明主编:《中华人民共和国物权法解读》,中国法制出版社2007年版,第89页。

补偿费等费用。"

（二）征用

《物权法》第 44 条规定："因抢险、救灾等紧急需要，依照法律规定的权限和程序可以征用单位、个人的不动产或者动产。被征用的不动产或者动产使用后，应当返还被征用人。单位、个人的不动产或者动产被征用或者征用后毁损、灭失的，应当给予补偿。"据此规定，对于征用，须说明以下几点。

第一，征用是国家强制使用单位、个人的财产。与征收构成对所有权的剥夺不同，征用仅涉及被征用物的强行使用。所谓强制使用，就是不必得到所有权人的同意。国家需要征用单位、个人的不动产和动产的原因，是抢险、救灾等在社会整体利益遭遇危机的情况下，需要动用一切人力、物力进行紧急救助。

第二，国家征用单位、个人的不动产、动产，被征用的单位必须服从，此点与征收相同。但征收是剥夺被征收者的所有权，征用只是在紧急状态下强制使用单位、个人的财产，紧急状态结束之后被征用的财产要返还给被征用的单位、个人。

第三，征用也是对单位、个人的财产所有权的限制，并可能给所有权人造成不利后果，由此进行征用也有严格的条件限制：（1）征用的前提条件是发生紧急情况时，故此平时不得采用；（2）征用应符合法律规定的权限和程序；（3）使用单位、个人的财产后，应当将其返还给权利人。若财产被征用后毁损、灭失的，应当给予补偿。但补偿的范围通常不及于可得利益的损失。

第四，与征收一样，征用也是国家（政府）行使行政权力的行为，而非民事关系，故此征用的具体事宜应由相关的行政法规规定。《物权法》第 44 条仅系自财产所有权的限制的视角（民事角度）作出了规定。[1]

第六节 所有权的物权请求权

所有权人对于无权占有或侵夺其所有物者，得请求返还，对于妨害所有权者，得请求除去，对于有妨害所有权之虞者，得请求防止，称为基于所有权的物权请求权。此三者，如前述，仅具有防卫功用，于所有权遭受他人侵夺、干扰或妨害时，方可行使，于所有权未被妨害时，自不能主动行使该权限（权能），其

---

[1] 王胜明主编：《中华人民共和国物权法解读》，中国法制出版社 2007 年版，第 94 页。

系被动的存在,所有权人仅能消极地享有此权能[1]。

所有权的物权请求权,系物权请求权的中心和最典型形态。物权请求权的一切特征于这里均得到了最彻底的表现。所有权的物权请求权,主要涵括3项:所有物的返还请求权、所有物的妨害排除请求权及所有物的妨害预防(防止)请求权。它们是法律赋予所有人维持其所有权的圆满状态的基本手段,所有人据此三项请求权,可实现对自己所有物的物权法保护。

应当指出的是,如后所述,所有权的物权请求权系以维护所有权人的权利为目的,不问被请求人是否可归责,且其也不在填补损害,不以所有权人是否有损害为必要,所有权人即使有损害,也不可本此请求权,请求损害赔偿,仅得在符合侵权行为的要件下,对无权占有或妨害的加害人请求侵权行为的损害赔偿。[2]

一、所有物的返还请求权

(一)涵义与特性

所有物返还请求权,又称所有物回复请求权,指所有人对于无权占有或侵夺其所有物者,得请求其返还的权利。《德国民法典》第985条、《瑞士民法典》第641条第2项设有此请求权的明文。

所有物返还请求权系一种独立的请求权。因此,其一,它有时得准用债法的规定,如给付迟延的规定与债的清偿的规定;其二,所有物返还请求权既然为物权的请求权,则自当与物权同命运、共始终,随物权的移转而移转,随物权的消灭而消灭;其三,因物权效力强于债权,故所有物返还请求权于破产法上的效力也强于债权;其四,所有物返还请求权,不适用诉讼时效的规定。

(二)所有物返还请求权行使的要件

1. 须有他人无权占有或侵夺所有人的所有物的事实

此为行使所有物返还请求权的实质要件。所谓无权占有,指无合法的占有权利(本权)而占有他人的所有物。受雇人等辅助占有人,仅系占有人的机关,而非占有人。故在占有人无权占有房屋的情形,仅该占有人享有与负担依占有的规定所得享受的利益、所受的保护或所应负担的不利益,权利人仅可请求占有人返还占用房屋与无权占用所受的不当得利,而不能对占有辅助人请求。[3]

---

[1] 郑冠宇:《民法物权》,新学林出版股份有限公司2015年版,第202页。
[2] 郑冠宇:《民法物权》,新学林出版股份有限公司2015年版,第205页。
[3] 陈荣传:《民法物权实用要义》,五南图书出版股份有限公司2014年版,第23页。

所谓侵夺，指违反所有人的意思而强行取得并占有所有人的物。譬如甲对乙的汽车，无论以强盗、抢夺、窃盗或侵占的方法取得，均属侵夺，此时乙均得对甲主张所有物返还请求权[1]。

2. 所有物返还请求权的主体（请求人），为丧失标的物的占有的所有人，涵括动产所有人、不动产所有人、单独所有人和共有所有人（共有人）

主张所有物返还请求权的主体（权利人），须为"所有人"，即有所有权的人。其是否为所有权人的认定，应依所有权的归属与变动的原则而予决定。但实务上，物权的公示方法具有推定力，即动产占有人被推定为所有人，不动产的登记名义人被推定为所有人。提起请求返还所有物之诉的原告，应对其主张返还诉争标的物所有权存在的事实负举证之责，若不能为相当的证明，即难谓有所有物返还请求权的存在。[2] 按份共有的场合，各共有人对第三人请求回复共有物时，仅可为全体共有人的利益为之；若为共同共有，则应取得全体共有人的同意后为之。详言之，共有人于其他共有人径自占有共有物时，得为自己的利益，对此共有人主张所有物返还请求权；于第三人无权占有时，得为全体共有人的利益，对第三人主张此权利。共有人行使此权利时，应仅得请求向全体共有人返还共有物，且不可未经他共有人的同意而径行与占有人达成协议。至于共同共有人对第三人行使所有物返还请求权，则应准用按份共有的规定，各共同共有人均可为全体共有人的利益而对第三人主张此权利。[3]

另外，虽非所有权人，但可行使所有权的处分权人，例如破产管理人、遗产管理人、代位权人也可行使所有物返还请求权。至于股东因认股而对公司的出资，其所有权已归股份有限公司所有，其仅本于股东的地位而对股份有限公司享有权利。故此，股东对于侵害其股份的，不得请求返还或除去其妨害。[4]

所有物返还请求权，性质上非属于专属权，因此可视为所有人的，也可行使该权利。具体而言，所有人的代理人、代位权人、破产管理人及遗产管理人等，皆可行使所有物返还请求权。

3. 须有无权占有所有物的相对人

所有物返还请求权的相对人应为现实占有所有物的人。《德国民法典》第985条规定：所有人可请求占有人返还其所有物。此所谓"占有人"，指现在占有人，

---

[1] 陈荣传：《民法物权实用要义》，五南图书出版股份有限公司2014年版，第22页。
[2] 陈荣传：《民法物权实用要义》，五南图书出版股份有限公司2014年版，第22页。
[3] 郑冠宇：《民法物权》，新学林出版股份有限公司2015年版，第206页。
[4] 郑冠宇：《民法物权》，新学林出版股份有限公司2015年版，第207页。

涵括直接占有人和间接占有人。我国台湾地区"民法"第767条第1项第1句规定:"所有人对于无权占有或侵夺其所有物者,得请求返还之。"例如,租赁合同期限已经届满,而承租人仍占有租赁物,即属之。无权占有发生的因由为何、期间长短、占有人善意、恶意及有无过失等,均非所问。惟应注意的是,出卖人于买卖标的物所有权移转后,仅撤销或解除买卖契约,其买卖标的物所有权并未因此而回复,自不得以所有权人身份主张所有物返还请求权,而仅可依不当得利或解除合同后回复原状的规定,请求返还已移转的物[1]。

土地所有人以自己的土地为他人设定建设用地使用权或出租于他人时,在建设用地使用权或租赁权存续期间内,固然不得向建设用地使用权人或承租人行使(土地)所有物返还请求权。但存续期间内土地被第三人无权占有或侵夺的,土地所有人可否径直向该第三人请求返还?对此,日本判例采肯定立场。[2]惟日本学说认为,土地所有人行使该返还请求权,如系请求对自己返还,则不但取得较第三人侵夺前为大的权利,且势必侵害建设用地使用权人或承租人的权利。土地所有人为他人设立建设用地使用权或将土地出租于他人后,自己不过为间接占有人,若仅可请求向自己返还,则必然使自己变为直接占有人。自建设用地使用权人或承租人方面看,本来是第三人侵夺其占有,现今却变为土地所有人侵夺其占有。由此,土地所有人不能请求向自己返还,而仅可请求向建设用地使用权人或承租人返还。[3]

另外,下列各点值得特别提出[4]:(1)欺诈、胁迫非属侵夺行为,经由欺诈或胁迫的行为取得占有的,乃本于被欺诈或被胁迫之人出于真实意思所为的交付而取得,于被欺诈或被胁迫的法律行为未经撤销前,占有人应系有权占有,故此,被欺诈、被胁迫的人不得本于所有物返还请求权,请求占有人返还占有物。(2)区分所有建筑物的屋顶平台,系共有部分,为各(全体)业主共有。若未经全体共有人的同意而擅自于屋顶平台加盖建筑物,自系侵害共有人的权利,其他业主自可主张(共有)所有权被侵害,而请求加盖业主将之拆除[5]。(3)租赁关系结束后,出租人既可本于租赁合同请求返还租赁物,也可本于所有物返还请求

---

[1] 郑冠宇:《民法物权》,新学林出版股份有限公司2015年版,第205页;参见我国台湾地区"最高法院"1994年台上字第1894号判决、1995年台上字第204号判决。

[2] 参见日本大判1914年12月18日民录1117页、1900年10月31日民录9卷第111页。

[3] 参见[日]柚木馨著,高木多喜男补订:《判例物权法总论》,有斐阁1972年版,第421页。

[4] 郑冠宇:《民法物权》,新学林出版股份有限公司2015年版,第208—214页。

[5] 参见我国台湾地区"最高法院"1995年台上字第2683号判决。

权请求承租人返还占有的租赁物。若为合法转租，次承租人对租赁物占有的法律依据，乃系本于承租人的占有权源，其对出租人为有权占有，是学理上所谓"占有的连锁"（Besitzkette）。进而言之，基于债的关系而占有他方所有物的一方当事人，本得向他方当事人（所有人）主张有占有的合法权源。如该有权占有的人将其直接占有移转于第三人时，除该移转占有性质上应经所有人同意外，第三人也可本于其所受让的占有，对所有人主张其有占有的权利。此系基于"占有连锁"所生的法律效果。[1]（4）在借用的情形，譬如甲借房屋于乙使用，乙复出租于丙，乙为间接占有人，丙为直接占有人，皆负交还房屋之责。甲于期限届满后本于无权占有的法律关系，可请求乙、丙交还房屋。（5）出卖人仅将不动产所有权移转于买受人，但尚未交付。此种情形，若买受人尚有价款未给付，出卖人仍得以交付占有与买受人给付价款，主张同时履行抗辩权。故其继续占有出卖标的物，并非无权占有。买受人即使已履行支付价金的义务，出卖人仍拒绝交付占有，买受人也仅可依据买卖合同，主张出卖人债务不履行，请求交付。出卖人将不动产出卖于买受人，并办毕所有权移转登记，但未交付。此时，出卖人将该不动产出租于第三人，并为交付的，对买受人而言，第三人占有该不动产，属无正当权源。盖出卖人既已将该不动产出卖于买受人，并由其取得所有权，则出卖人不得再将该不动产的占有移转于第三人。[2]至于买受人再将不动产所有权移转于第三人的，出卖人自不得以对于买受人的买卖合同对第三人主张其为有权占有，第三人得请求出卖人交付该不动产。[3]（6）出卖人仅将不动产交付于买受人，并未移转所有权。买卖标的物已交付买受人，但尚未移转所有权，买受人将其占有的标的物出卖于第三人，并移转其占有。此时，次买受人系基于一定法律关系自买受人取得占有，而买受人对于出卖人又有占有的权利，故自应认为次买受人对出卖人有合法占有的权源。（7）二重买卖。于此情形，出卖人如已将不动产所有权移转登记于后买受人，前买受人即使已占有不动产，后买受人仍得基于所有权请求前买受人返还所有物，前买受人不得以其与出卖人间的买卖关系，对抗后买受人。[4]

1　陈荣传：《民法物权实用要义》，五南图书出版股份有限公司2014年版，第24页。
2　参见我国台湾地区"最高法院"1998年台上字第3024号判决、1990年台上字第185号判决、1994年台上字第1948号判决、2011年台上字第1442号判决。
3　郑冠宇：《民法物权》，新学林出版股份有限公司2015年版，第211页；谢在全：《民法物权论》，新学林出版股份有限公司2014年版，第131页；王泽鉴：《民法学说与判例研究》（7），三民书局1993年版，第77页。
4　参见我国台湾地区"最高法院"1994年台上字第3243号判决。

（三）所有物返还请求权的效力

所有物返还请求权的肇源，最早可以追溯到罗马法所有物回收诉权（rei Vindicatio）。于罗马法上，所有物回收诉权为效力最强的诉权，以"余发现余物，余即收回"为原则。另外，法谚所谓"物在呼唤主人"，讲的也是此意思。依罗马法，所有物返还请求权，系以所有权的确认、标的物的返还、一切利益的请求及损害赔偿为旨趣。行使该请求权的当事人为所有人，被请求人为标的物的现实占有人。不过，至优士丁尼时代，被请求人的范围扩大。经由所有物回收诉讼，请求人胜诉时，被请求人除应返还标的物外，对于标的物所生的孳息及因不可抗力所受的损害，也应返还或予赔偿。

当代各国家或地区物权法上的所有物返还请求权的内容如下：如何向原所有人返还物的占有、返还的费用由谁负担、孳息应否返还、占有人对物支出的保存费用或改良费用可否请求偿还等。

所有物返还请求权的目的在于回复对所有物的占有，因此返还占有应以占有人将所有物移转交付于所有人为必要。返还物的占有的相对人，应以自己的行为并负担相应的费用以实现物的移转占有。惟在无权占有系由不可抗力造成的情形，相对人仅负容忍取去的义务，回复占有的费用由所有人自己负担。占有期间由所有物所生的孳息（含天然孳息、法定孳息），依"孳息随主物"的原则和对所有权的完整保护的要求，即使物的占有人为善意，也须返还于所有人（《物权法》第243条）。另外，通说认为，善意占有人可以要求必要费用的返还，并可在占有物现存的增加价值范围内，要求有益费用的偿还。恶意占有人对于所支出的必要费用，可以按不当得利的规定请求偿还，对于所支出的有益费用，则不得要求偿还。

总之，所有物返还请求权所请求返还者，为直接占有的物，而非所有权。盖请求权人仍为所有权人，其并未丧失所有权，返还的方法系"所有物"占有的移转，而非所有权的移转。故就占有物的返还而言，其与不当得利的返还请求权具有同样的效果。[1]另外，请求返还所有物之诉，应以现在占有该物之人为被告，如非现在占有该物之人，即使所有人的占有系因其人的行为而丧失，所有人也仅于此行为具备侵权行为的要件时，得向其人请求赔偿损害，而不得本于物权请求权，对之请求返还所有物[2]。

1　郑冠宇：《民法物权》，新学林出版股份有限公司2015年版，第213—214页。
2　郑冠宇：《民法物权》，新学林出版股份有限公司2015年版，第214页。

（四）举证责任

如前述，请求人对于相对人占有的物享有所有权，系请求相对人返还占有物的前提。故此，请求人须就对物有所有权的事实负举证责任。若请求人对此不能举证证明，则不论相对人就占有或抢夺等事实有无抗辩，请求人均应受败诉的判决。

（五）所有物返还请求权不罹于消灭时效

所有物返还请求权是否罹于时效，立法、判例和学说上有肯定与否定两种立场。其分别以德国[1]、日本为代表。《日本民法》第167条规定："债权因十年间不行使而消灭；债权或所有权以外的财产权，因二十年间不行使而消灭。"可见依日本民法，消灭时效的客体为债权，其期间为10年，若以债权以外的财产权为对象，则期间为20年，但所有权不得为消灭时效的客体。所有权既然不得为消灭时效的客体，则所有物返还请求权如何？其判例与通说认为，所有权系以对物的圆满支配为内容，具有回复所有权圆满状态功用的物权请求权，与所有权共始终、同命运，所有权既然不罹于消灭时效，则因所有权而生的物权请求权，自也不适用于消灭时效。[2]

基于本书"物权的效力"一章中对物权请求权是否罹于消灭时效的分析，对于所有物返还请求权是否罹于消灭时效，本书采日本否定立场。惟应注意的是，《民法总则》第196条第2项规定：不动产物权和登记的动产物权的权利人请求返还财产，不适用诉讼时效的规定。

（六）债务不履行适用的相关问题

无权占有的标的物尚未灭失，所有权人请求返还该占有物，但占有人未能及时返还，致标的物有毁损或灭失，造成所有权人的损害的，应类推适用债务人给付迟延的规定，以加重无权占有人的责任，使其对不可抗力也应负责。[3]标的物未灭失，而系由第三人占有的，所有权人仅可向现占有人请求返还其物，但因返还请求权既非债权，所有权人向原占有人请求返还时，原占有人仅得抗辩其非现占有人，而不得援引给付不能以为抗辩。[4]

---

1 惟郑玉波认为，德国民法关于所有物返还请求权是否罹于消灭时效，系采折中立场。
2 郑玉波：《民商法问题研究》（三），三民书局1986年版，第76—77页。
3 《德国民法典》第990条第2项则明定适用给付迟延的规定："占有人有迟延时，仍应负因迟延而生之其他责任。"当然此规定只适用于恶意占有人。盖关于善意占有人，不发生因迟延所应负担的加重责任。对此，请参见台湾大学法律学院、财团法人台大法学基金会：《德国民法（总则编、债编、物权编）》（上册）（第2版），元照出版有限公司2016年版，第917页。
4 郑冠宇：《民法物权》，新学林出版股份有限公司2015年版，第216页。

二、所有权妨害排除请求权

所有权妨害排除请求权，又称"所有权妨害除去请求权"，指所有人于其所有权的圆满状态受到占有以外的方法的妨害时，对于妨害人得请求排除的权利。通说认为，该概念源自于罗马法中的所有权保全之诉，《德国民法典》第 1004 条设立其明文规定[1]。惟应注意的是，排除（除去）妨害请求权仍可与所有物返还请求权同时存在。譬如无权占有他人土地的人，并在该土地上擅自建筑房屋，此时所有人得请求该无权占有人拆除建筑物（除去妨害请求权），并请求将土地返还于土地所有权人（所有物返还请求权）[2]。

（一）构成要件

相对人以占有以外的方法妨害所有人的所有权的圆满状态时，所有权妨害排除请求权即发生，至于妨害人有无故意、过失，则非所问。所谓妨害，指以占有以外的方法阻碍或侵害权利人（所有权人）对所有权的圆满支配状态。例如，自己土地上的树木因狂风而倒落在他人土地上；以伪造的证件主张自己是所有权人；对于因承办人员的疏失，登记在自己名下的他人不动产，主张是自己所有；无正当理由将户籍登记在他人房屋所在地，拒不办理迁出登记，[3] 以及甲于乙的土地上建筑围墙和堆置石块（妨害乙的土地所有权），或在他人土地上倾倒废土，或违背他人的意思，擅自将广告印刷品丢入他人信箱，皆系对他人所有权的妨害。[4] 承租人于租期届满，丢弃于不动产（如土地、房屋等）的物，乃对出租人所有权行使的妨碍，出租人自可请求其除去，承租人更不得以抛弃（"放弃"）所有权为由而拒绝除去。盖其妨碍于物存于其上时即已存在，所有权人的除去妨碍请求权即为产生，该权利自不受承租人事后抛弃（"放弃"）所有权的影响。惟若承租人不予除去，出租人自行除去的，则系无因管理，之后其自可依无因管理的规定，请求承租人偿还费用[5]。

构成要件如下：（1）须有妨害的状态。（2）妨害处于继续状态。如妨害状态

---

[1] 《德国民法典》第 1004 条（除去及不作为请求权）："（Ⅰ）所有权非因侵夺占有或无权占有，而由于其他方法受有妨害者，所有人得请求加害人除去其妨害。妨害有继续之虞者，所有人得提起不作为之诉。（Ⅱ）所有人有容忍义务者，无前项之请求权。"

[2] 参见我国台湾地区"最高法院"2014 年台上字第 2219 号判决；郑冠宇：《民法物权》，新学林出版股份有限公司 2015 年版，第 218 页。

[3] 陈荣传：《民法物权实用要义》，五南图书出版股份有限公司 2014 年版，第 24 页。

[4] 郑冠宇：《民法物权》，新学林出版股份有限公司 2015 年版，第 218 页。

[5] 郑冠宇：《民法物权》，新学林出版股份有限公司 2015 年版，第 218 页。

短暂即逝，有可能构成侵权行为而成为损害赔偿的原因，但不构成妨害。(3) 须为对所有物或所有权的直接妨害。(4) 妨害须为现实的不法，否则合法的妨害，所有人不但不能请求排除，且还负有容忍义务。所谓"现实"，如前述，指在所有权人请求时，其妨害仍在继续中。所谓妨害须系违法（"不法"），仅需所有人对行为人的妨害于法律上并无容忍的义务即为已足，并不以行为人的妨害具有刑事责任或有民事上无效或得撤销的事由为必要。[1] 合法的妨害，系出于所有权人的同意的，所有权人自可随时撤回其同意，撤回后方发生的妨害，即为违法（"不法"）。[2]

（二）妨害排除（除去）请求权的当事人[3]

妨害排除（除去）请求权人应系所有权人，共有人于其权限范围内，对于妨害其所有权的人，也可行使所有物妨害排除（除去）请求权。被请求的人，除涵括以自己的行为对他人所有权为妨害的行为妨害人外，持有或经营某种妨害他人所有权的物或设施的状态妨害人，也属之。此种妨害人，既包括所有人，也涵括占有人。一言以蔽之，凡对造成妨害的物或设施有事实上支配力的，皆属之。另外，妨害排除（除去）请求权，并无消灭时效规定的适用。

（三）妨害排除（除去）请求权的内容

所有权妨害排除请求权的内容，是所有权人请求以相对人自己的费用排除妨害。即使相对人对于妨害的发生全不知情，也须以自己的费用予以排除。但需注意的是，妨害排除请求权与损害赔偿请求权不同。在妨害排除请求权，所有人不得请求回复原状，而只能请求除去妨害的原因。妨害区别于损害。损害为妨害行为所生的各种不利益，通常以故意、过失为要件，属于侵权行为的损害赔偿；而妨害则为损害发生的源头，系所有人请求排除的对象，不以故意、过失为要件。

应注意的是，所有人对于妨害其所有权的，固然得请求除去其妨害，但妨害的除去有时涉及另一标的物的破坏。譬如甲的 A 房屋有一部分坐落于乙的 B 地，对乙而言，该部分的坐落构成对其 B 地所有权的妨害，为除去其妨害，乙得请求甲拆屋还地，惟拆除 A 房屋该部分对甲所造成的损害，与 B 地的妨害去除使乙所获得的利益，也有适度平衡的必要。[4] 此即源起于公法领域的比例（适当、适度性）原则于私法领域的适用或体现。

---

1 参见我国台湾地区"最高法院"台上字 1999 年第 2420 号判决。
2 郑冠宇：《民法物权》，新学林出版股份有限公司 2015 年版，第 219 页。
3 郑冠宇：《民法物权》，新学林出版股份有限公司 2015 年版，第 219—220 页。
4 陈荣传：《民法物权实用要义》，五南图书出版股份有限公司 2014 年版，第 24—25 页。

（四）所有权妨害排除请求权与所有物返还请求权的差异

所有权妨害排除请求权与所有物返还请求权的差异主要在于：所有物返还请求权，系在他人无权占有所有人的所有物，或侵夺所有人的所有物的情况下发生，亦即，所有人业已丧失对标的物的占有，所有人可借所有物返还请求权回复其占有；所有权妨害排除请求权，则是针对他人以占有以外的方法对所有物施加妨害时的制度，所有人可借此除去妨害，维系所有权的圆满状态。此所称"妨害"，其主要情形有二：一是事实上的妨害。如甲的树木被风吹倒，倒入乙的庭院，妨害乙行使其庭院所有权。二是法律上的妨害。如甲未实际取得房产所有权，而就乙的房产登记为所有权人，该登记因有公信力而足以使乙有丧失所有权的风险。盖若甲将该房产出卖于第三人，则第三人善意信赖该登记的，可取得其所有权。

三、所有权妨害预防（防止）请求权

所有权妨害预防请求权，又称所有权妨害防止请求权，指所有人对于有妨害其所有权之虞者，可请求其防止妨害，系一种独立的物权请求权。[1]有妨害之虞，是指妨害虽未发生，但依一般社会观念判断，有可能发生妨害的情形。譬如甲的房屋年久失修，已有向乙的土地倾斜的现象，随时有可能倾倒于乙的土地，乙即可请求甲为一定的补强或支撑，以免自己的土地权利（所有权或使用权）将来受到妨害。[2]

应注意的是，所有权妨害预防请求权（所有权妨害防止请求权）的旨趣，系在于阻却将来发生的妨害，故对于已存在的妨害，除可主张除去妨害请求权外，仍有主张妨害预防（防止）请求权的可能。惟妨害预防请求权（妨害防止请求

---

[1] 惟有人认为，应将其融入所有权妨害排除请求权中，其理由谓："请求排除妨碍，既包括请求除去已经构成的妨碍，也包括防止可能出现的妨碍，前一种请求于存在实际妨碍之时提出，其目的在于除去已存在的妨碍，可称为'请求除去妨碍'，后一种请求于出现妨碍之虞时提出，其目的在于预防可能的妨碍，可称为'请求防止妨碍'。"（参见彭万林主编：《民法学》，中国政法大学出版社1999年版，第276页）。不过，多数说认为，将妨害防止请求权作为一项独立的物权请求权更合理、更必要，而不宜将其包括于妨害排除请求权中。理由是：（1）妨害防止请求权的构成要件与妨害排除请求权不同，二者的功能也有差异；（2）给付的类型与内容的不同，应是区分不同请求权的标准，妨害防止请求权和妨害排除请求权有不同的给付内容；（3）妨害防止请求权对于防患于未然、保全物权的行使、避免权利纠纷的发生、降低纠纷解决成本、协调相邻关系等，具有其他制度不可替代的独特作用，将其视为独立的请求权能更好地发挥其作用；（4）从物权请求权体系的完善与协调角度考虑，使之独立将有利于物权请求权的类型化，从而有利于建立完善的物权请求权体系（参见刘凯湘："论基于所有权的物权请求权"，载《法学研究》2003年第1期，第39页）。

[2] 陈荣传：《民法物权实用要义》，五南图书出版股份有限公司2014年版，第25页。

权）的主张，不以曾经发生妨碍所有权的事由，且有继续发生的可能为必要。其系防范于未然，对于可能发生的侵害加以预防的保护措施[1]。

（一）构成要件

1. 所有权的行使有受妨害的危险

此为所有权妨害预防请求权的实质要件。何种情形，方可认为所有权有被妨害的危险？通说认为应就具体事实并依社会一般观念定之。具体而言，应就既存的危险现状加以判断：所有人的所有权被妨害的可能性极大，而有防患于未然，与事先加以预防的必要的，即认为有受妨害的危险。

关于妨害预防的内容，《德国民法典》第862条第1项后句规定：占有有继续受妨害之虞者，占有人可请求防止其妨害；第1004条第1项后句规定：妨害有继续之虞者，所有人可提起不作为之诉。可见，德国民法系以妨害曾一度发生，而有继续妨害的危险，作为提起妨害预防请求权的要件。

2. 请求权人须为所有权人

行使妨害预防请求权的人需为所有权人，其涵括依法可以行使所有权的人，如遗产管理人、失踪人的财产管理人及破产清算人等。

3. 被请求人须为对可能发生的妨害具有排除的支配力的人

妨害预防请求权的相对人是将危险加害于所有权人，且对危险物或危险行为有支配力的人。

（二）相对人排除危险原因的义务与预防妨害的费用负担

相对人排除危险原因的义务，系妨害预防请求权的主要效力。依该效力，相对人应采取预防行为，排除引起妨害的危险的原因，亦即，消除可能引起妨害的危险，以使请求权人不再有受妨害之虞。相对人消除可能引起妨害的危险的行为，可以是积极的作为，也可以是消极的不作为。此点为妨害预防请求权所独有。而所有物返还请求权和妨害排除请求权的相对人的义务都是以积极的方式而履行，通常不存在不作为的义务。[2]

预防妨害所需的费用，原则上应由相对人负担。相对人对引起妨害的危险存在过错时，全部费用应由其负担；若引起妨害的危险系由不可抗力所致，且危险的原因与请求权人自身有客观上的关联时，则应于参酌个案具体情形的前提下，由相对人与请求人合理分担。[3]

---

[1] 郑冠宇：《民法物权》，新学林出版股份有限公司2015年版，第220页。
[2] 刘凯湘："论基于所有权的物权请求权"，载《法学研究》2003年第1期，第40页。
[3] 刘凯湘："论基于所有权的物权请求权"，载《法学研究》2003年第1期，第40页。

第七节 取得时效

一、概要

民法自罗马法以降，就有时效制度。[1] 该制度是一定事实状态继续达一定期间而发生一定法律效果的制度，涵括消灭时效（Verjährung）与取得时效（Ersitzung）两种[2]。其中，取得时效是无权利的人以一定的状态占有他人的财产或行使他人的财产权利，经过法律规定的期间，即依法取得其所有权或其他财产权的制度，为取得物权的一种方法。本书所论，为取得时效，特别是所有权的取得时效。

取得时效与消灭时效存在的理由皆可从新秩序的维持和旧秩序的否定两方面获得说明，但二者存在的理由也有重要差异：取得时效重在新秩序的维持，消灭时效重在旧秩序的否定。时效取得自取得人的角度看，系"从无到有"；消灭时效自权利人的视角看，则是"从有到无"。虽然时效取得的同时，新秩序建立，旧秩序也相对被否定，但其重在新秩序的建立；而消灭时效，系权利人原有权利的丧失，且并不建立一新的权利。[3]

《物权法》未认可取得时效，于立法论上应给予否定性评价。通说认为制定民法典而编纂物权编时，应规定取得时效制度及其规则。故此，现今对取得时效的若干基本问题予以研究，实有其积极价值与意义。

二、取得时效的基本法理

（一）取得时效的涵义、存在基础与特性

取得时效，又称时效取得，指无权利人以行使所有权或其他财产权的意思公

---

[1] 取得时效与消灭时效均起源于罗马法。前者发生在前，后者发生在后。惟此二者仅为后世注释家所创造，罗马法正文则无。《十二铜表法》有 usucapio。usucapio 由 "usus" 和 "capere" 二字组成。usus 为 "使用" 之意，capere 为攫取之意，合起来意指 "因使用而取得"。取得时效发源于《十二铜表法》，消灭时效起于裁判官的命令。至中世纪，注释法学派与教会法方将二者合称为 "时效"。对此，请参见李太正："取得时效与消灭时效"，载苏永钦主编：《民法物权争议问题研究》，五南图书出版股份有限公司 1999 年版，第 93—94 页。

[2] 此两种时效的主要区别在于，时效完成后，取得时效人取得物权，原权利人即丧失其权利；但在消灭时效，债务人取得拒绝给付的抗辩权（抗辩权发生主义，《民法总则》第 192 条第 1 项），债权人并未丧失其债权。另外，取得时效须取得人以所有权人的身份积极为权利行使的行为，但消灭时效乃权利人消极不作为。对此，请参见郑冠宇：《民法物权》，新学林出版股份有限公司 2015 年版，第 175—176 页。

[3] 苏永钦主编：《民法物权争议问题研究》，五南图书出版股份有限公司 1999 年版，第 95 页。

然、和平、继续占有他人的财产，经过法律规定的期间，即依法取得该财产所有权或其他财产权的制度。在取得时效中，对他人财产或财产权利的占有或准占有，与法定期间的经过结合起来，是一种法律事实，财产所有权或其他财产权的取得，则是由此种法律事实引起的后果。

取得时效存在的基础，主要有下列 4 点。

(1) 无权利人以所有的意思公然、和平地继续占有他人的所有物并经过相当长的时期以后，人们常信其与真实的权利关系相符，从而与之建立各种法律关系。若将已然建立起来的诸法律关系推翻，则势必造成社会经济与法律秩序的混乱，违背法律维持人类共同生活的和平秩序的旨趣，于是对永续的一定事实状态加以尊重而认可之。[1]

(2) 对财产享有权利的人长期消极不行使权利，对财产无权利的人却长期积极行使权利，比较此两种情形，并衡量财产权利人与无权利人对于财产权利的实际利害，可以肯定，与其保护财产权利人的利益，不如保护财产实际支配人、占有人的利益，如此更能发挥财产的社会经济效用。

(3) 从权利存在的盖然性上看，长久存在的事实状态通常与真实的权利关系一致，且证明真实权利所需的证据往往会随着岁月的流逝而散失，不易获得，或即使能获得，也往往难辨真假。故此，宜径直以长期存在的一定事实状态作为证据，并使之变为权利关系。进而言之，因取得时效系在保护长期行使权利的事实所生法律关系的安定，并避免举证的困难，故取得占有的原因并无限制。譬如甲将自乙处取得的古董，公然在家中客厅内摆置，如取得时效的期间（如 10 年）内乙均未请求返还，该古董的所有权于 10 年期满时，即归属于甲，原所有人乙的所有权由此消灭[2]。

(4) 使长期继续占有他人之物的占有人无论善意与否都能取得占有物的所有权，也具有促进物尽其用的社会功能。亦即，取得时效可以促使原权利人善尽积极利用其财产的社会责任，并尊重长期占有的既成秩序，以增进公共利益。

总之，罗马法以降，各国家或地区认可取得时效制度的因由，系主要在于维持因一定事实状态继续达一定期间而形成的财产关系的新秩序，期能从速确定当事人之间的法律关系，并排除因岁月流逝而发生的举证责任的困难，由此实现法律秩序安定的社会公益。法律就所有权保护与增进社会公益的利益予以衡量后，

---

[1] 郑玉波著，黄宗乐修订：《民法物权》，三民书局 2007 年版，第 79 页。
[2] 陈荣传：《民法物权实用要义》，五南图书出版股份有限公司 2014 年版，第 26 页。

于是对后者予以保护，故此而承认取得时效制度；同时，使长期继续占有他人之物的人，无论善意与否皆能取得其所有权或其他财产权，也具有促进物尽其用的社会功能。[1]另外，与附合、混合和加工制度相同，取得时效仍然属于一种依法律的直接规定而取得他人财产所有权或其他财产权的制度，[2]故本旨上属于国家对社会财富的归属与分配所做的一种强制性的物权配置。

取得时效性质上属于事实行为，而非法律行为，故而取得人仅有为事实行为的意识，即有意思能力即可，不必完全行为能力。限制行为能力人自无不可。惟如为无行为能力人而无意思能力时，则须由其法定代理人代为行使事实上的支配力。另外，因取得时效系取得权利，故取得人须有权利能力，如为无权利能力人或权利能力受限制的人，自不能因取得时效取得权利，或能依取得时效取得的权利应受限制。[3]

（二）所有权取得时效的要件

所有权取得时效的要件，指依取得时效制度取得动产和不动产的所有权的法律事实的要件。关于所有权取得时效的要件，罗马法与近现代及当代各国家或地区民法的规定未尽一致。《日本民法》与我国台湾地区"民法"，将取得时效界分为普通取得时效（长期取得时效）和特殊取得时效（短期取得时效），并基此区分而规定了不同的要件。惟德国民法和法国民法，则未作如是区分，而系一律要求占有人对标的物的占有为善意占有。

应当注意的是，动产的占有人必须无任何法律权源而为物的占有，方可因其以所有的意思继续占有一定期间的状态事实，依法律规定的时效，取得该占有物的所有权。若物的占有人系基于债权关系或物权关系而占有，自无适用时效取得的余地。盖物的占有人如出于一定的基础权源，其对该物的占有，无论以行使何项权利的意思占有，其继续一定期间的占有的事实状态，仍应受其基础权源法律关系的规范，不应适用时效取得制度，而破坏原规范的法律效果[4]。另外，占有人对其占有的不动产，得因时效而取得其所有权的，涵括私有与公有的不动产，惟仅限于未登记的不动产。不动产如已登记，尽管登记错误或登记名义人并非真正权利人，但仍非"未登记"，其占有人即不能因时效而取得其所有权。登记名

---

[1] 王泽鉴：《民法物权1》（通则·所有权），中国政法大学出版社2001年版，第187页。
[2] 依我国台湾地区"民法"的规定，主张时效取得的，除须证明前后两时为占有及无过失外，其他占有（自主占有、和平占有及公然占有）情况无须证明。
[3] 谢在全：《民法物权论》（上册），新学林出版股份有限公司2014年版，第153页。
[4] 参见我国台湾地区"最高法院"2003年台上字第2713号判决。

义人如非所有人，虽长期登记为所有人，因非属"占有"，该名义人仍无法因时效而取得其所有权。[1]

综据各国家或地区民法的规定，所有权取得时效的要件主要有下列4项。

1. 占有人对动产和不动产的占有须为连续占有、自主占有、和平占有及公然占有

所有权取得时效，以占有人对占有物有持续不断的占有为其前提。惟并非任何对动产或不动产的持续（连续）占有都能产生时效取得所有权的效果，而仅有占有人对动产或不动产的自主占有、和平占有和公然占有方能产生该效果。[2]《法国民法典》第2229条规定："为能够供时效之进行，占有应当是以所有人的身份持续、不断、平静、公开、毫无隐讳地占有。"

（1）自主占有，指占有人以享有（或保有）所有权的意思占有标的物。亦即，占有人以与所有人对所有物支配相同的意思，而支配标的物的占有，即自主占有之意。[3] 此为时效取得所有权的实质要件。与自主占有相对应的是他主占有，即非以所有的意思对标的物进行的占有。一般而言，基于占有媒介关系而占有他人的物的，如承租人、保管人、借用人、建设用地使用权人、宅基地使用权人、质权人及留置权人等对标的物的占有均为他主占有。他主占有，因占有人非以所有的意思占有标的物，故无论经过多长时间，都不发生时效取得所有权的效果。

（2）和平占有，即占有人非以强暴、胁迫取得占有或维持占有。取得占有虽出于强暴、胁迫，但维持占有系属于和平的，自强暴胁迫的情事终止时起，为和平占有。取得占有虽出于和平，但以强暴、胁迫维持的，变为非和平占有。[4]

（3）公然占有，即占有人非以隐藏秘密的方法为占有。占有是否公然，应依一般交易观念判断。挂画于客厅，为公然占有；藏之于密室，则为非公然占有。

需注意的是，作为时效取得所有权的要件的占有系公然占有抑或隐秘占有，应视占有人对占有物的利害关系人是否存在有意隐秘其占有的事实而定：对占有物的利害关系人有意隐秘其占有的事实的，为隐秘占有，无意隐秘其占有的事实的，为公然占有。

1　陈荣传：《民法物权实用要义》，五南图书出版股份有限公司2014年版，第26—27页。

2　取得时效，以经过一定期间，继续占有他人之物为必要。故此，法律即使未明定"继续"字样，也应当然解释为以继续占有为必要。取得时效由此又称为"占有时效"。《德国民法典》第937条、《日本民法》第162条及《韩国民法典》第245条关于取得时效的规定，皆无"继续"二字，但解释上宜认为涵括了"继续"之意。

3　陈荣传：《民法物权实用要义》，五南图书出版股份有限公司2014年版，第26页。

4　王泽鉴：《民法物权1》（通则·所有权），中国政法大学出版社2001年版，第189页。

2. 占有人无须为善意

关于占有之始是否须为善意，立法成例上有肯定与否定两种主义。德国、瑞士与法国民法采取前者，日本、韩国与我国台湾地区"民法"采取后者。依肯定主义，一律要求占有人对标的物的占有为善意，否则不生时效取得所有权的问题；[1]而依日本、韩国和我国台湾地区"民法"，占有之始无论善意与否，皆可发生时效取得所有权的效力。大体因考虑到德国、瑞士和法国对于时效取得的善意要件的立场，日本、韩国与我国台湾地区"法"于是又规定，如占有之始为善意并无过失的，则占有人取得动产所有权的时效期间会更短。惟我国台湾地区有力说认为，占有人的善意并非动产所有权时效取得的要件。

3. 占有的标的物须为他人的动产或不动产

时效取得所有权的标的物须为他人的动产或不动产。[2]对自己的动产和不动产不生取得时效的问题。无主动产和不动产因适用先占规定，也同样不生时效取得的问题。须注意的是，通说认为，无论按份共有物或共同共有物，均可为时效取得的客体。共有物的所有权虽然属于共有人全体，但如其中一共有人以单独所有的意思而占有共有物时，也可基于时效而取得其所有权。[3]惟共有物的应有份额（应有部分）乃所有权的抽象成数，非属占有的客体，故不得主张时效取得。[4]国有财产可否为取得时效的客体，台湾地区判例认为，私人占有"国有财产"可发生时效取得。惟此所谓"国有财产"，并不涵括"公用物"在内，如对警车和故

---

[1] 《德国民法典》第935条第1项第1句（"所有人因被盗、遗失或其他事由而丧失其动产者，他人不能依第九百三十二条至第九百三十四条规定而取得其之所有权"）不承认占有脱离物（如盗赃物、遗失物、遗忘物、误取物）的善意取得，故其时效取得制度尚有一特殊功能：善意占有人对于占有脱离物可以主张时效取得。惟基于恶意不受保护的法理，恶意占有人对于占有脱离物不得主张善意取得。关于占有脱离物的时效取得，现今实务上具有相当重要性及其价值的，是艺术品的时效取得，此同时也是国际私法上的重要问题。对此，请参见郑冠宇：《民法物权》，新学林出版股份有限公司2015年版，第178页注释180。

[2] 需提及的是，依台湾地区"民法"的规定，不动产占有人具备时效取得的要件时，仅可请求登记为所有人，而非当然取得占有标的物的所有权。其应在登记期限内，申请不动产所有权登记，且系由占有人一方单独向登记机构申请为所有权的登记，并无所谓登记义务人的存在，也无从以原所有人为被告诉请法院直接判决予以准许。占有人自登记完成之日起，方取得不动产所有权。时效完成后，在未登记为所有人之前，原所有人的所有权如已登记完毕，占有人即不能对其主张时效取得，也不得请求注销原所有人的所有权登记。参见王泽鉴：《民法物权1》（通则·所有权），中国政法大学出版社2001年版，第196—197页。

[3] 王泽鉴：《民法物权1》（通则·所有权），中国政法大学出版社2001版，第190页。

[4] 参见我国台湾地区"最高法院"1985年台上字第165号判决。

宫博物院展览的古物，即不得主张时效取得。[1]另外，占有的继承人或受让人可就自己的占有，或将自己的占有与其前占有人的占有合并而为主张。合并前占有人的占有而为主张的，并应承继其瑕疵。此点对时效取得中的占有也予适用。[2]

最后，不动产的一部虽不存在所有权，但若其为可分割的客体的，仍可为取得时效的客体，譬如一栋房屋的一层，之后若得分割成为一独立所有权的，其占有人于具备时效取得的要件后，得对该部分主张时效取得。[3]

4. 须经过一定的期间

占有须经过法律规定的期间，系时效取得所有权的前提。《德国民法典》第937条规定："自主占有动产经过10年者，取得其所有权。"关于"登记取得时效"的期间，《德国民法典》第900条第1项第1句规定：未取得土地所有权而于土地登记簿上登记为所有人的，登记经过30年的，取得其所有权。《日本民法》第162条规定，以所有的意思平稳、公然地占有他人的物达20年的，取得该物的所有权。但是，如占有之始为善意[4]且无过失的，则达10年期间，占有人即取得他人之物的所有权。我国台湾地区"民法"第768条规定：以所有的意思，10年间和平、公然、继续占有他人的动产的，取得其所有权。但如无权利人占有之始为善意并无过失的，其因时效而取得所有权的期间，即缩短为5年（第768条之1：动产所有权取得的短期时效）；以所有的意思，20年间和平、公然、继续占有他人未登记的不动产的，得请求登记为所有人（第769条）；但以所有的意思，10年间和平、公然、继续占有他人未登记的不动产，而其占有之始为善意并无过失的，可请求登记为所有人（第770条）。

（三）法律效果

作为取得所有权的一种方法，所有权时效取得的法律效果系发生物权变动。亦即，以所有的意思，和平、公然、继续占有他人的动产或不动产，经过法定期间后便可取得其所有权。此项因时效取得动产或不动产的所有权，性质上属于原始取得，原所有人的所有权及存在于动产或不动产上的他人的权利（或其他物上

---

[1] 王泽鉴：《民法物权1》（通则·所有权），中国政法大学出版社2001年版，第190页。

[2] 王泽鉴：《民法物权1》（通则·所有权），中国政法大学出版社2001版，第190页。

[3] 郑冠宇：《民法物权》，新学林出版股份有限公司2015年版，第180页。

[4] 所谓"善意"，指占有人不知其非占有动产的所有权人，例如不知受让动产物权的行为系属无效；所谓"无过失"，指其已尽相当的注意，而对其占有动产的所有权，无所怀疑。若其原本应对占有动产的所有权有所怀疑，但因欠缺相当的注意，以致未有怀疑的，则为有过失。对此，请参见郑冠宇：《民法物权》，新学林出版股份有限公司2015年版，第178页。

负担），于占有人取得所有权时，均归于消灭。

另外，时效取得系因法律的规定而取得权利，仅须具备一定的法定要件即可，性质上并非法律行为，故取得人无须具有完全行为能力，而以有事实行为的意思为已足。故此，限制行为能力人自可主张时效取得，惟无行为能力人若无事实行为的意思的，自不得主张时效取得。[1]

（四）所有权取得时效的中断

1. 取得时效中断的涵义与事由

取得时效的中断，是指在取得时效进行中，因一定事由的出现（或有与取得时效要件相反的事实发生），使已经过的期间归于无效，待中断事由消除后，必须重新起算其期间。涵括自然中断与法定中断。因占有丧失、占有意思变更或占有性质变更等自然原因引起的中断为自然中断，因当事人所为的法律行为引起的中断为法定中断。其中断的事由主要有：

（1）占有人自行中止占有。亦即，占有人依自己的意思放弃对动产或不动产的占有。如抛弃占有的动产、将占有物交还所有人或占有的动物走离他处，占有人知而不前往取回等即属之。如因灾难而暂离其占有的不动产时，因仅系暂时未为监管，而非完全脱离管领关系，故不宜认定为自行中止占有。至于占有由继承人或受让人承受，则属于占有的移转，后占有人可将自己的占有与前占有人的占有合并而为主张，也非自行中止占有。[2]

（2）占有人变为不以所有的意思而占有。即占有人虽继续占有，但已变更其占有的意思状态，主要有两种情形：一是改变为为原所有人或他人所有的意思而占有；二是变为取得其他物权的意思而占有他人的物。

（3）占有被侵夺而不能回复。占有被侵夺，指占有人占有的物非因占有人的意思而被他人夺取，致丧失占有。如占有物被盗窃或被抢夺，即属之。当然，此等场合，如占有人可依占有的物上请求权回复其占有，则取得时效不中断。另依通说，占有物的遗失虽系丧失占有，但并非出于占有人的意思，故与占有被侵夺的情形相同，应认为占有物经遗失后，若能回复其占有的，则取得时效不中断。

（4）占有性质的变更。由于时效取得所有权不仅要求占有人须继续占有标的物，且还要求继续占有的和平性与公然性，故时效取得进行中占有的和平性、公然性发生了变更时，取得时效也就由此而中断。

---

[1] 郑冠宇：《民法物权》，新学林出版股份有限公司2015年版，第175页。
[2] 谢在全：《民法物权论》（上册），新学林出版股份有限公司2014年版，第161页。

（5）法定中断事由。权利人向法院提起诉讼、向占有人提出请求及占有人承认权利人的权利时，取得时效中断。此等导致取得时效中断的事由，称为法定中断事由。

2. 取得时效中断的效力

取得时效中断后，已然进行的时效期间归于无效，须再具备取得时效的要件后，方能重新开始新取得时效的进行。但该效力是对一切人发生还是仅对特定人发生，则因中断事由的不同而有所不同：于取得时效因占有丧失、占有意思的变更而中断时，其中断的效力具有绝对性，对一切人均可发生；于取得时效因起诉、请求、承认而中断时，其中断的效力则具相对性，仅于当事人之间发生。

（五）举证责任

所有权时效取得多涉及举证责任。通常认为，主张时效取得所有权的人，对其对标的物的占有，须负举证责任；占有人对标的物的占有，推定为以所有的意思，和平、公然占有。《法国民法典》第2230条前句规定："任何情况下，均推定占有人系以所有权人的身份为其本人占有。"至于占有的继续性，通常认为，经证明前后两时为占有的，推定前后两时之间为继续占有，现在占有人，如证明过去亦曾占有的，推定为于中间这段时间也曾占有。

（六）所有权以外的其他财产权的时效取得

所有权以外的其他财产权的时效取得，各国家或地区民法皆承认之。其中，《日本民法》与我国台湾地区"民法"设专条规定。《日本民法》第163条规定："对所有权以外的财产权，以为自己的意思，平稳且公然行使者，依照前条的区别，在二十年或十年之后，取得其权利"；台湾地区"民法"第772条规定：关于所有权的时效取得的规定，于所有权以外的财产权的取得，准用之，且对于已登记的不动产亦同。

存有疑问的是，所有权以外的财产权，其范围甚广，不仅涵括定限物权，且也包括债权、继承权和知识产权中的财产权。此等财产权是否皆可为取得时效的标的？日本通说认为，与取得时效的本旨不符的权利不得为时效取得的标的。不继续地役权（如汲水地役权）和不表现地役权（如不作为的地役权），不得为时效取得的标的。另外，依法律的直接规定而发生的权利（如留置权、先取特权）、以一定的身份关系为前提的权利（如受扶养的权利）及一次行使即归消灭的权利（如撤销权、解除权、买回权），不得为时效取得的标的[1]。德国民法规定：仅以

---

[1] [日]松坂佐一：《民法提要》（总则），有斐阁1974年版，第349页。

物的占有为要件的定限物权方可适用时效取得。

综据各国家或地区的立法与学理，可知下列权利不能依时效而取得：

（1）人格权与身份权。这些权利因与权利主体的人格、身份具有不可分离的关系，为非财产权，故不能依时效而取得。

（2）不表现和不继续的地役权。这些权利因无法以公然、继续的方式加以表现，故不得为时效取得的标的。另外，依法律的直接规定而发生的权利，如留置权，也不得为时效取得的标的。

（3）因一次行使即归消灭的权利，如撤销权、解除权、选择权等形成权，以及以一次的给付为标的的债权，因其无从继续性地行使，故也不得为取得时效的客体。

（4）以身份关系为前提的专属财产权，例如受扶养的权利、受领退休金的权利，因其不适于以事实状态为基础而变更其法律关系，故不得为时效取得的客体。

（5）在实行权利前，无从行使或表现于他人之物或权利上的权利（如抵押权），不得为时效取得的客体。至于质权可否因时效而取得，通说采肯定立场。

（6）矿业权、渔业权、著作财产权[1]、商标权等财产权，为所有权以外的财产权取得时效的主要标的，通说认为，可依时效而取得。

（7）须支付一定的对价方能成立的权利（如租赁权），可否为时效取得的客体，有肯定与否定两说。通说采否定说，认为不得依时效而取得。

（8）关于质权可否依时效而取得，通常认为，质权于其担保债权届满未能清偿时，方有行使可言，无从继续行使于他人之物上，无从依时效而取得。惟应注意的是，以他人的物出质，若质权人善意受让时，可取得质权。取得时效与善意取得系两种不同的制度，前者仅占有人或行使权利人一方有取得或行使该财产权的意思，而后者即善意取得系双方当事人有设定权利的意思。质权人恶意受质时，无从善意取得，而仍有依时效取得而取得质权的必要，且质权人须占有标的物并可收取其孳息，这些均为行使质权的样态，故可依时效取得。只不过基于担保物权的从属性，依时效取得质权的人须存在担保债权。[2]

---

[1] 惟应注意的是，我国台湾地区司法实务认为，以一定时间占有他人之物而取得物权、以尊重长期占有的既成秩序的时效取得制度，与著作权"法"保障著作人著作权益，调和公共利益，促进文化发展的立法目的有别，故著作权不适用时效取得。对此，请参见陈荣传：《民法物权实用要义》，五南图书出版股份有限公司2014年版，第29页。

[2] 谢在全：《民法物权论》（上册），新学林出版股份有限公司2014年版，第171页。

三、我国的时效取得问题

我国法制史上，于《中华民国民法》以前，作为取得所有权之一种方法的取得时效制度始终未成为一项系统的、完善的制度，仅零星的有其踪迹。例如，北魏孝文帝时期，李世安上疏建议："所争之田，宜限年断，事久难明，悉属今主。"[1] 即类如今日的取得时效制度。又如宋朝《宋刑统》所载："土地疆界纠纷案件，儒家长与证人亡殁，契载亦不明瞭者，其出诉期间为二十年。"[2] 此也属于时效取得。至《中华民国民法》颁行时，我国建立起了近现代及当代意义的取得时效制度。

新中国建立后，对于应否于民法中建立取得时效制度，其争论至上世纪80年代中叶达到高峰，形成了3种观点：否定取得时效制度的观点、建立有限的取得时效制度的观点及建立完整的取得时效制度的观点。《物权法》制定过程中，其先期的学者草案建议稿曾明确认可了此制度。2002年12月，九届全国人大常委会第31次会议审议的《中华人民共和国民法（草案）》曾在第1编"总则"中专设"时效"一章，将取得时效与诉讼时效并立规定，确立了动产物权和不动产物权的时效取得。但2007年3月最终通过的《物权法》因强调我国社会主义公有制的特殊性，尤其是立法者对取得时效制度怀有惕怵之心，担心通过占有他人的物而经过一定的期间即取得其财产权的做法，会鼓励人们不劳而获，有悖于社会主义道德风尚，并有可能使企业职工占有国有资产合法化，造成国有企业财产大量流失，故而，该法最终未承认此制度。如今看来，反对确立取得时效制度的这些理由已不充分，由此我们有理由认为，我国制定民法典编纂物权编时，将对取得时效制度及其规则作出规定。

---

[1] 戴炎辉：《中国法制史》，三民书局1979年版，第290页。

[2] 戴炎辉：《中国法制史》，三民书局1979年版，第209页。转引自苏永钦主编：《民法物权争议问题研究》，五南图书出版股份有限公司1999年版，第94页。

第八章

土地空间权

第一节 概　说

　　土地是人们赖以生产、生活和发展开拓的根基，人们生活所需的衣、食、住、行等，无不依赖于土地，因此称土地为万物的本源，实不为过。但是，土地有限，人类却繁衍不已、生生不息，欲以有限的土地，满足无限增长的人类，势不可能，由此发生土地问题。

　　不同的时代或于同一时代的不同时期，土地问题往往有着不同的表现形态。自世界范围看，最值得注意的是二战结束以来，尤其是自20世纪六七十年代以来出现的所谓"当代土地问题"。此种土地问题归结起来不外两个方面：土地的分配与土地的利用。前者指因土地分配不当产生的问题，后者指因土地利用不当产生的问题，涵括土地的低度利用与过度利用。其中，土地的荒芜、破坏等属于土地的低度利用，而空气污染、水质污染、地壳下沉、住宅缺乏、粮食危机和交通紧张等，则属于过度利用的问题。此两类土地问题中，以第二类土地问题，即土地因过度利用所生的问题于现今的各国尤烈。[1]尤其是城市土地资源的有限性，与城市基础设施的不足和城市居民的住宅缺乏，更是构成当代土地问题最为严峻的方面。而能否有效解决好这些问题，则往往攸关各国经济、社会的发展与人民的重大利益，由此使这些问题也成为各国政府须予高度重视并着力因应的问题。这其中，土地空间权即是顺应并为解决此等问题，尤其是为促成城市土地的最大化利用所应运而生的制度。

　　自罗马法时代迄至近代时期，尤其是至19世纪工业革命之前，人类对土地的利用，一般以地表的平面的利用为主，土地所有权的行使及于土地的上下，土地

　　1　[日]水本浩：《土地问题与所有权》，有斐阁1973年版，第229页。

所有权的范围涵括地表、空中和地中三部分。土地所有人对于自己享有所有权的土地，以地表为中心而有上下垂直的支配力。而各国立法之所以赋予土地所有人如此广泛的权利范围，乃在于认为，土地所有人欲实现对土地所有权的支配目的，自不能仅以地表为限，否则，土地所有人既不能建屋掘井，也不能挺身于地面，他人反得于其地上建屋，于其地下掘井，则不仅土地所有人无从利用其土地，而且也无从保护土地所有权的安全。[1]于此种土地利用方式下，法律有关土地的权利关系也配合此而规定，且对于土地的物权的支配和利用关系，也完全采取一物一权原则：将土地纵割为数笔，一笔土地上仅可有一个所有权或利用权。此种近代之前，各国立法与理论关于土地的地表的平面的利用——即对地表的上下垂直性的土地所有与利用的制度与法理，学理上称为"土地法"（Bodenrecht）[2]。

近现代及当代意义的土地空间权概念之确立，是在人类的土地立法由平面转向立体，即由"土地法"转向"空间法"的过程中产生的。在近代，尤其是自19世纪工业革命以降，人类社会的生产力获得重大发展，工商业兴旺繁荣，由此导致城市生活环境"过密化"与现代化，城市地价飞涨。在此情形下，高层大厦、高架铁路、地铁、空中走廊、地下街、地下停车场、高压电线、上下水道及排水沟等土地立体化利用的情形陆续出现。此等高层大厦、高架铁路等，有各自的经济价值和利用价值，且它们系离开地表而于土地的空中或地中有独立的支配力，从而与传统的土地所有权之以地表为中心而有上下垂直的支配力不同。因此，学理上遂称此种以土地的空中或地中为对象的所有或利用的形态为"水平的所有或利用的形态"，进而将对地表的上空（空中）或地中横切一断层而加以所有或利用的制度及其规则，称为"空间法"（Raumrecht），而水平的（断层的）所有或利用的权源，即为"空间权"[3]。

综上可以明了，土地空间权制度的产生是近代，尤其是工业革命的重大成果。在农业社会中，人们使用土地的目的主要是为了从事种植业、养殖业等，人们占有、使用土地也就是占有、使用土地的地表，土地的纵向范围于土地的财产性中彰显不出重要地位。而在近现代和当代社会，人类所从事的事业不断地向土地的上空或地中的空间延伸，地上数百米的建筑物屡见不鲜，地下成为繁华的闹市也早属现实。正是在此种背景下，空间权制度应运而生了。

---

[1] 李肇伟：《民法物权》，台湾1979年自版，第124页。转引自温丰文："空间权之法理"，载《法令月刊》1988年第39卷第3期，第14页。

[2] 刘得宽：《民法诸问题与新展望》，五南图书出版公司1995年版，第63—64页。

[3] [日] 筱塚昭次：《论争民法学》（3），有斐阁1973年版，第174页。

空间权制度的产生，反映了人类对于土地利用的新观念、新要求，于不动产物权法的发展上乃系一个重大事件，即使将它称为一场革命也不为过。它突破了罗马法以来民法长期拘守的一物一权原则的旧框框，为人类多层面、多角度地利用同一土地奠定了法律前提或途径，并由此开辟了人类利用土地的新空间、新境界。其结果，使同一土地不仅可以为其所有人提供安居乐业的场所，而且也可设立空间建设用地使用权（分层地上权、空间地上权）、空间租赁权等于他人以建造高架铁路、高架公路、立交桥、高架电线，或者铺设电线光缆、输油管道、供水排水管道，以及建设地铁、地下商场、地下停车场等等。由此即可使土地的效用获得最大限度的利用。并且，此制度的产生也将使传统的土地法、不动产物权法、相邻关系法等，随之作相应的调整或配合。

在我国，自改革开放以来，对土地空间的利用也已十分普遍。以北京为例，目前北京地下空间建成面积已达 3000 余万平方米，相当于新中国成立时北京市的城区规模，等于再造了一个"地下北京城"。据预测，全市今后地下空间平均每年将增加建筑面积约 300 万平方米，占总建筑面积的 10%。进入 21 世纪后，我国城市地下空间开发数量快速增长，体系不断扩大，特大城市地下空间开发利用的总体规模和发展速度已居世界同类城市的先进行列。[1] 顺应土地空间利用的此种趋势，《物权法》第 136 条明定空间建设用地使用权制度，无疑值得肯定和赞赏。

第二节 土地空间权的基本理论

一、土地空间权的涵义与类型

（一）涵义

土地空间权，是指于土地的空中或地中横切一立体空间（断层）而以之为标的设立的权利。土地空间权属于不动产财产权之一种。对于此土地空间权的涵义，应说明者有下列四点。

（1）土地空间权是指"土地"的空间权。其标的为离开地表的空中或地中特定立体空间（断层）。

（2）土地，于物理范围上涵括地表、空中与地中三部分。于传统的土地法观念与土地法制下，土地所有权的效力范围及于地表、空中和地中。但此时人们对

---

[1] 钱七虎："中国城市地下空间开发利用的现状评价和前景展望"，载《上海市地下空间综合管理学术研讨会论文集》，第 1 页；陈祥健：《空间地上权研究》，法律出版社 2009 年版，第 2—3 页。

空中或地中的支配力,并非当今意义上的土地空间权。盖在此时期,作为土地所有权的标的物的土地于物理范围上虽然可以界分为地表、空中与地中三部分,但于法律制度与观念上,系仍将三者作一体把握。换言之,此时期还未产生出将地表、空中与地中明确加以区分,并分层加以利用、转让、出租的需要。由此,其时的民法立法与民法学理,也就未能认可或明定以土地的空中或地中的特定空间为标的而设立土地空间权的情形。

(3) 现当代意义的土地空间权观念与制度,产生于19世纪末、20世纪初,成熟于20世纪五六十年代,促成这一权利得以产生的直接推动力是社会必要性。亦即,于这一时期的经济社会中,于土地的空中或地中建造空中走廊、区分所有建筑物、地下通道、地下街、地铁等的情况纷纷出现并渐次普遍化。它们独立存在于离开地表的空中或地中,并有独立的利用价值与经济价值,对于它们于空间存在的权源或根据,须从理论上加以说明。于此背景下,土地空间权于是为立法、判例和学说所认可,特别是空间权法理经由判例、学说的共同推动而逐渐建立起来。

(4) 土地空间权观念与制度的确立,使人们对土地权利的观念发生了根本改变:一方面它改变了过去那种土地所有权上达天宇,下及地心的传统观念;另一方面,也使土地的上下空间具有财产价值的观念深入人心,从而为人类充分利用土地资源于法律上提供了途径。

(二) 类型

依土地空间权的标的的空间系在地表之上或之下为标准,可以分为地上空间权(空中权)与地下空间权(地中权)。

依土地空间权的性质为标准,可将土地空间权界分为物权性质的空间权与债权性质的空间权。

依存续期间的不同为标准,可以分为有期限的土地空间权与无期限的土地空间权。

依土地空间权权利主体的不同,可将土地空间权界分为土地所有人享有的空间权与非土地所有人享有的空间权。我国的土地为国家所有或农村劳动群众集体所有,于空间使用上,基于与土地使用相同的规则,空间既可以由国家使用,也可通过划拨或出让的方式由团体或个人使用。

依空间是否可以移转为标准,可以分为可移转的土地空间权与不可移转的土地空间权。日本的空中权制度中包括了类似于美国 TDR ("可移转的开发权")性质的空间容积率移转制度,该空中权属于可移转的空间权。

二、土地空间权的体系

土地空间权的体系中,法律、实务与学理上具有重要价值、意义且最为主要的,是将土地空间权界分为"空间所有权"与"空间利用权"。其中,"空间利用权"又涵括"物权的空间利用权"与"债权的空间利用权";物权的空间利用权又包含"空间建设用地使用权"(分层地上权、空间地上权)和"空间役权";债权的空间利用权又涵括"空间租赁权"和"空间使用借贷权"(空间借用权)。详情如下图所示。

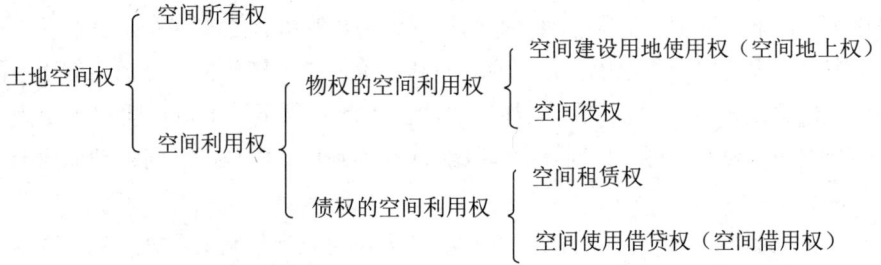

(一)空间所有权

1. 空间所有权的涵义及与一物一权原则的关联

空间所有权,指于离开地表的空中或地中横切一断层而享有其所有权,以建筑物区分所有权最具代表性。

一物一权原则,系指一物权的标的物仅以一物为限,以及一物之上仅能有一个所有权。依此原则,一笔土地仅可成立一个所有权,且该所有权的范围及于该土地的上下。但空间权观念与制度建立后,一笔土地除地表之上的所有权外,还可于空中或地中成立数个甚至数十个立体叠设的所有权。如此一来,空间所有权之确立与一物一权原则似相违背?但事实上,若仔细分析所有权的客体,即可发现空间所有权的成立并不违背一物一权原则。虽然所有权的客体限于特定的独立物,而所谓特定的独立物,在动产时固然取决于自然的观察,譬如一匹马、一支笔等;而于不动产时,则为法技术的观念,颇难利用自然的观察予以决定。[1] 盖不动产中的土地于物理上几乎是接连不断,绵延无垠。一块土地,有时之所以是数个不等的物而同时存在着数个所有权,有时之所以仅为一物而只存在着一个所有

---

1 [日]奥田昌道等:《民法学·物权的重要问题》,有斐阁1975年版,第235页。

权,乃系由于人为的区分(学理上称为"土地的一物性纯粹由人为加以决定"),[1] 于不动产登记簿上登记为数宗(笔)或一宗(笔)之故。易言之,土地或建筑物等不动产的一物性,完全系透过法技术的运作,而借不动产登记簿上所登记的宗(笔)数、个数表现出来。因此,自理论上而言,离开地表的空间(空中和地中),若具备独立的经济价值并有排他的可能性时,即可依不动产物权的公示方法——登记——而表现出其独立的所有权。惟于一物一权原则下,同一空间,不得并存两个或两个以上的空间所有权,则系自不待言。[2]

2. 空间所有权的公示

近现代及当代物权法关于不动产物权的取得、丧失及变更,系以登记为其公示方法。空间所有权为不动产物权之一种,自然也须通过登记而予公示,以表彰其存在,维护交易安全。通常而言,空间所有权的登记方法,除须测绘水平面积予以登记外,尚应测量其空间体积(三度空间),于不动产登记簿上载明空间的上下范围,譬如海拔几米至几米或从地平面起几米至几米等。比如可以以海平面上的 20 米至 50 米之间的空间为标的(客体),或以地平面为基准的地下 20 米至 30 米之间的空间为标的(客体),抑或以地表的某特定点为基准,以土地的北端到南端幅度 20 米的空间范围为标的(客体)而登记设立空间所有权、空间建设用地使用权。不过,于具体的实务操作中,仅登记空间的上限或下限(如地平面下几米起),甚至登记曲线形、斜形乃至球形的空间所有权、空间建设用地使用权,也均无不可[3]。

(二)空间利用权(I):空间建设用地使用权

1. 概要

空间建设用地使用权和空间役权属于物权的空间利用权。以下先论述空间建设用地使用权。

空间建设用地使用权,又称"空间地上权""分层地上权""阶层地上权""限制地上权""区分地上权"抑或"部分地上权"等,系指于他人土地上下的一定空间范围内,以保有建筑物、构筑物或其他工作物为目的而使用其空间之权。《物权法》第 136 条规定的空间建设用地使用权即属之。应注意的是:(1)空间

---

[1] 温丰文:"空间权之法理",载《法令月刊》1988 年第 39 卷第 3 期,第 15 页。
[2] [日]佐藤隆夫:"关于空间占有的法的考察",载日本《法学》第 25 卷第 2 号,第 31 页;[日]丸山英气:"土地的立体性楼层利用的法律关系",载[日]奥田昌道等:《民法学·物权的重要问题》,有斐阁 1975 年版,第 235 页。
[3] 温丰文:"空间权之法理",载《法令月刊》1988 年 39 卷第 3 期,第 15 页。

建设用地使用权系存在于他人土地之上空或地下的定限物权;(2)空间建设用地使用权系以于土地的空间保有建筑物、构筑物或其他工作物为目的的用益物权;(3)空间建设用地使用权系利用土地的上空或地下一定空间范围的物权。亦即,《物权法》第136条前句:"建设用地使用权可以在土地的地表、地上或者地下分别设立。"

应当指出的是,空间建设用地使用权是近现代和当代土地空间权体系中最重要且被广泛采行的土地空间利用方式,系现当代城市(镇)中利用土地空间的最主要法律途径。自世界范围来看,空间建设用地使用权制度的确立使用益物权中的地上权彰显出其空前的生命力与发展空间,被称为地上权制度发展的"第二春"。《物权法》第136条顺应我国土地上下空间(尤其是城市、城镇土地空间)开发、利用的急迫需要,而设立明文的空间建设用地使用权制度,[1]其所具的意义与价值,不言自明。

现今,人们所从事的事业不断地向土地的上空或地中的空间延伸,由此,在土地空间权体系中,空间建设用地使用权成为最重要且被广泛采用的土地空间利用方式。我国2007年颁行的《物权法》为顺应城市(镇)土地上下空间开发、利用的急迫需要而于第136条明定的空间建设用地使用权制度,由此具有重大而积极的功用。因空间建设用地使用权的此种法制化,物尽其用及土地立体的发展因此迈上新里程。另外,该制度的确立,也使我国包括建设用地使用权在内的用益物权制度呈现出盎然的生机,并将我国建设用地使用权制度的发展推向一个新阶段。

值得指出的是,我国《物权法》第136条系迄今为止关于空间建设用地使用权的唯一的、基本的规定。依该条第1句的规定,当事人可以在国有土地的上空或地下设立属于用益物权性质的空间建设用地使用权,以用于建设区分所有高层住宅、天桥、地铁、地下商场或铺设电缆管线等。而且,对于此等区分所有高层住宅等,空间建设用地使用权人得保有其所有权。另外,依该条第2句的规定,当国有土地上业已设立其他用益物权(含普通建设用地使用权)时,之后于同一国有土地的上空或地下设立的空间建设用地使用权即不得对其产生妨害或损害。应注意的是,此两方面的内容系当前我国空间建设用地使用权制度的基本要点。

2. 空间建设用地使用权的公示

根据《物权法》第9条的规定,我国不动产物权设立、变更及消灭的公示方

---

[1] 对此问题的翔实论述,参见陈华彬:"空间建设用地使用权探微",载《法学》2015年第7期,第19页以下。

法为登记。故此，作为一种不动产物权的空间建设用地使用权，其也须进行登记而予以公示。如前述，由于测量技术与登记方法的进步，空间建设用地使用权的登记于现今已无问题。惟依我国 2015 年 3 月 1 日施行的《不动登记暂行条例》（以下简称"暂行条例"）的规定，不动产登记性质上为一种行政程序，[1] 登记机构所能实施的裁量权幅度十分有限，而该条例所定的不动产土地登记范围实质上仍以平面（地面）的土地登记为限，[2] 故此，尽管我国《物权法》第 136 条业已认可空间建设用地使用权，但将来还应修改该暂行条例，以促成空间建设用地使用权得以公示。[3]

3. 空间建设用地使用权与普通建设用地使用权的差异

于我国法之下，空间建设用地使用权与普通建设用地使用权于本质上并无差异，即均系不动产用益物权。故此，除有特别规定外，空间建设用地使用权得原则上准用普通建设用地使用权的规定。二者的根本差异系在于空间建设用地使用权的标的（客体）仅为他人土地上下的一定空间范围。易言之，空间建设用地使用权乃以他人土地的空中或地中的一定空间范围为标的并以对这些空间中的建筑物、构筑物或工作物的所有为目的而设立。进而言之，空间建设用地使用权的效力范围，仅为土地的上空或地中的一定范围的上下空间。譬如，甲拟经过乙土地的上空修建高架道路，此时甲的（空间）建设用地使用权即可仅设立于乙土地上空的一定空间范围（例如上空的 40 米至 60 米），乙不仅对地面仍可予以利用，甚至还可再将其地面或地中的一定范围对他人设立空间建设用地使用权。在本例中，仅土地上空 40 米至 60 米的特定空间为甲取得的空间建设用地使用权的效力范围。据此可知，空间建设用地使用权与以一宗土地的全体全层为标的（客体）而设立的普通建设用地使用权相较仅有量的不同，盖其系以划分土地上下的一定断层为标的（客体）而设立。

---

1 对此，请参见我国《不动产登记暂行条例》第 6 条："国务院国土资源主管部门负责指导、监督全国不动产登记工作。县级以上地方人民政府应当确定一个部门为本行政区域的不动产登记机构，负责不动产登记工作，并接受上级人民政府不动产登记主管部门的指导、监督。"

2 参见我国《不动产登记暂行条例》第 2 条、第 5 条等。

3 值得指出的是，在我国，尽管 1994 年颁布施行至今的《城市房地产管理法》和 1997 年颁布、2001 年修改并于 2008 年被《房屋登记办法》废止的《城市房屋权属登记管理办法》及 2015 年 3 月 1 日施行的《不动产登记暂行条例》并未涉及空中或地中空间的登记问题，但实务上，进行空中或地中等空间的确定及登记是可行的、在推进中的。譬如，2008 年国土资源部、国家工商行政管理总局发布的《国有建设用地使用权出让合同》示范文本即指出：出让宗地空间范围是以平面界址点所构成的垂直面和上下界限高程平面封闭形成的空间范围。对此，请参见马栩生："论城市地下空间权及其物权法构建"，载《法商研究》2010 年第 3 期，第 89 页。

值得提及的是，深圳市 2008 年颁行的《地下空间开发利用暂行办法》第 2 条、第 3 条，温州市 2011 年颁行的《地下空间建设用地使用权管理办法（试行）》第 1 条、第 3 条，以及上海市 2013 年颁行的《地下空间规划建设条例》第 3 条等，均将空间建设用地使用权的客体（标的）确定为土地上空或地中的一定断层（空间），并明示其与于土地地表设立的普通建设用地使用权仅有量的差异。

4. 空间建设用地使用权的设立

（1）空间建设用地使用权的设立旨趣与标的（客体）。根据对《物权法》第 135 条的解释，空间建设用地使用权的设立旨趣，应与普通建设用地使用权相同，即在国家所有的土地空间建造并保有建筑物、构筑物及其附属设施。例如，在国家所有的土地上空或地中空间建造并保有区分所有建筑物高层住宅、排水管道、电信设施、电缆、天桥或地下商场等，均属之。值得注意的是，在我国，由于城市和农村的土地分别属于国家或集体所有，所以土地上下空间的所有权也分别属于国家或集体。而且，集体土地需要被征收为国家所有后才能出让（设立）空间建设用地使用权。在实务中，作为出让人的国家只要对空间建设用地使用权的四至、建筑面积、高度和深度作出明确的规定，该空间建设用地使用权的空间范围即得以确定。至于所谓土地上下的一定空间范围，则分为如下四种情形[1]：其一，土地上空的上下一定范围，比如土地上空的 30 米至 50 米；其二，土地地下的上下一定范围，譬如土地地下 20 米至地下 60 米；其三，以地表为准的上下一定空间，譬如土地地表以上的 100 米及地表以下的 50 米；其四，土地上下仅有一端有限制的一定范围，譬如土地上空 100 米以下的范围，系就上方有限制，或如土地下方 50 米以上的范围，则系就下方有限制。概言之，在我国，于空间建设用地使用权被分层出让（设立）时，仅不同层次的权利人所占用的空间范围有所区别或差异。此外，还应注意的是，普通建设用地使用权可以一宗土地的一部而设立，本于相同理由，空间建设用地使用权也可就一宗土地的一部的上下一定空间而设立。

（2）空间建设用地使用权与其他用益物权于同一土地上的重叠设立。我国《物权法》第 136 条第 2 句规定："新设立的建设用地使用权，不得损害已设立的用益物权。"据此，在我国，于同一土地上，空间建设用地使用权可与其他用益物权重叠存在，各自具有并发挥其效力，以应对土地立体化利用的社会需求及实

---

[1] 谢在全：《民法物权论》（上册），新学林出版股份有限公司 2014 年版，第 615 页。

现土地的物尽其用。[1]

《日本民法》第 269 条之二第 2 项、我国台湾地区 2010 年经修改的"民法"物权编第 841 条之五与我国《物权法》第 136 条第 2 句的旨趣相同，皆肯认空间建设用地使用权（区分地上权）可与其他用益物权重叠存在，并立于同一土地上。基于空间建设用地使用权系就土地分层利用的特质，为应对土地立体化利用的社会需求及实现土地的物尽其用，于是创设此用益物权排他效力之例外。[2] 值得指出的是，对于空间建设用地使用权与其他用益物权的并存或重叠设立，应注意如下四点。

其一，同一土地上可同时设立空间建设用地使用权与以使用、收益为目的的其他用益物权，例如普通建设用地使用权、土地承包经营权抑或其他空间建设用地使用权等。先设立空间建设用地使用权后再设立其他用益物权的，无须获得先空间建设用地使用权人的同意，反之亦然。惟此并不排除后物权应于获得先物权人的同意后方可设立的情形。担保物权如抵押权，因支配的对象不同，其自可与空间建设用地使用权或其他用益物权于同一土地上并存。[3]

其二，于上述情形，所设立的普通建设用地使用权或其他用益物权，并不因同一土地上同时存在空间建设用地使用权而成为区分用益物权。盖受限制的用益物权仅系于受限制的范围内处于权利休眠或暂停状态，并非因此而消灭，且若将用益物权解释为变成区分用益物权，也违反用益物权当事人的意思。[4]

其三，空间建设用地使用权的标的仅为土地上下的一定空间范围，惟为充分利用土地的各部分，就同一空间范围并非仅可设立一个用益物权。换言之，土地所有人于同一土地设立一个空间建设用地使用权后，仍可再设立支配的范围及于同一空间范围的用益物权（含空间建设用地使用权）。譬如，甲以属于自己的 A 地的一定空间范围 A1 设立空间建设用地使用权给乙后，其仍可就 A 地的全部设立普通建设用地使用权给丙。此时，同一土地（A 地）上即同时存在空间建设用地使用权与其他用益物权（丙的普通建设用地使用权）。[5]

其四，根据《物权法》第 136 条第 2 句的规定，同一土地上设立的包括空间建设用地使用权在内的各用益物权的权利行使，应按设立在先，效力在先的规则

---

[1] 谢在全：《民法物权论》（上册），新学林出版股份有限公司 2014 年版，第 615 页。
[2] 谢在全：《民法物权论》（上册），新学林出版股份有限公司 2014 年版，第 615 页。
[3] 谢在全：《民法物权论》（上册），新学林出版股份有限公司 2014 年版，第 616 页。
[4] 谢在全：《民法物权论》（上册），新学林出版股份有限公司 2014 年版，第 616 页。
[5] 陈荣传：《民法物权实用要义》，五南图书出版股份有限公司 2014 年版，第 100 页。

而确定其权利行使的先后顺序;[1] 先物权人同意后物权设立的,先物权人的权利行使应受限制。[2] 另外,当同一土地上既有债权的土地租赁权,也有空间建设用地使用权时,后者应于不妨碍(损害)承租人对土地的使用、收益的前提下行使其权利。[3]

5. 空间建设用地使用权的标的(空间)与土地的其他部分呈垂直邻接状态的调整

根据物权法的基本法理,土地所有人于自己的土地设立空间建设用地使用权于他人后,其对土地的使用、收益权在该空间建设用地使用权标的的一定范围内即受到限制。于该标的范围外,其仍有完全的使用、收益权。[4] 惟因空间建设用地使用权的标的与土地的其他部分并非呈现平面相邻关系,而系垂直的邻接状态。[5] 为应对此特殊问题,《日本民法》第269条之二第1项第2句规定:地下或地上空间设立区分地上权(空间建设用地使用权)后,有关当事人可以通过设立行为,为空间建设用地使用权(区分地上权)的行使对该土地的使用加以限制。另外,我国台湾地区2010年修改其"民法"物权编时于第841条之二也设有与此类似的规定。

值得注意的是,日本与我国台湾地区"民法"对空间建设用地使用权的标的(空间)与土地的其他部分呈垂直邻接状态的调整规定,依解释,其适用的主体为空间建设用地使用权人与其设立范围外四周上下的土地所有人、用益物权人或其他债权的用益权人(如租赁权人或借用权人)等。[6] 约定的内容为空间建设用地使用权的标的(特定空间)与土地的其他部分间的使用、收益方法或样态的限

---

[1] 此系因为后设立的物权既然已明知他物权成立在先而仍愿设立,乃毋宁表明其自愿受该先物权的限制。譬如,空间建设用地使用权设立在先,之后再设立土地承包经营权的,后者的权利行使即应受空间建设用地使用权的限制。对此,请参见谢在全:《民法物权论》(上册),新学林出版股份有限公司2014年版,第619页。

[2] 陈荣传:《民法物权实用要义》,五南图书出版股份有限公司2014年版,第100页。

[3] 关于此点的比较法上的成例,请参见我国台湾地区"民法"第426条"出租人就租赁物设定物权之效力"的规定。

[4] 谢在全:《民法物权论》(上册),新学林出版股份有限公司2014年版,第616—617页。

[5] 值得指出的是,传统的土地所有、利用形态为"垂直的所有、利用形态",以空中或地中为对象的所有、利用形态为"水平的所有、利用形态"。空间建设用地使用权系为因应现今土地的"水平的所有、利用形态"而产生的制度。故此,在学说上,"垂直的邻接状态"又称为"立体垂直的相邻关系"或"横切(横面)的所有权相互间的相邻关系"。对此,请参见[日]幾代通:《不动产登记法》,有斐阁1971年版,第251页;[日]铃木禄弥、筱塚昭次:《不动产法》,有斐阁1973年版,第132页;参见温丰文:《土地法》,洪记印刷有限公司2008年版,第57—58页。

[6] 谢在全:《民法物权论》(上册),新学林出版股份有限公司2014年版,第617页。

制。此种限制，系对使用、收益的消极限制，涵括用益的范围、方法及可施作或设置的构筑物等的限制。[1]譬如，土地下的空间建设用地使用权人与土地所有人约定，后者不得于地面上设置若干吨以上重量的构筑物，或土地上的空间建设用地使用权人与土地所有人约定，前者不得于其空间设置超过若干吨以上重量的构筑物等。[2]此约定于当事人间具有债的效力，惟若该限制的约定经登记的，则可对抗第三人（如该土地的普通建设用地使用权的受让人或抵押权人）。易言之，该经登记的限制的约定，对空间建设用地使用权的受让人等也可主张，由此其具有物权的效力。[3]另外，依解释，若土地所有人未参与约定也未同意该约定的，则该约定对其无拘束力。若参与约定的其他使用权人的使用、收益权消灭，则无论其为空间建设用地使用权或普通建设用地使用权，其约定均不得拘束土地所有人。[4]应指出的是，日本与我国台湾地区"法"的前述规定及其此等解释论，对于我国《物权法》第136条空间建设用地使用权的解释论、现行实务及将来对它进行完善的立法论无疑具有积极的参考、借镜价值，不容小觑。

（三）空间利用权（Ⅱ）：空间役权

空间役权，是指以他人的特定空间供自己土地或空间方便和利益之用的权利，其存在形式较为复杂，但常见的主要情形有以下几种：

就空间役权的性质划分，有地役权性质的空间役权和人役权性质的空间役权。地役权性质的空间役权，指以他人的空间供自己土地或空间方便和利益之用的权利。如为满足自己建筑物的眺望权，设立限制于他人空间搭建高层建筑的权利即是。人役权性质的空间役权，是指为特定人的利益而使用他人空间的权利。如高压电线所通过的空间，空间权利人可以限制该空间周围的人搭建高层建筑，以防不测。此权利设定，与其说是为某一特定土地或空间使用的方便，毋宁说是为某一特定人（如电力公司）的方便。[5]

1　谢在全：《民法物权论》（上册），新学林出版股份有限公司2014年版，第617页；[日]铃木禄弥、筱塚昭次：《不动产法》，有斐阁1973年版，第131—132页；[日]水本浩、户田修三、下山瑛二：《不动产法制概说》，青林书院1997年版，第68—69页；陈荣传：《民法物权实用要义》，五南图书出版股份有限公司2014年版，第99页。

2　陈荣传：《民法物权实用要义》，五南图书出版股份有限公司2014年版，第100页。

3　谢在全：《民法物权论》，新学林出版股份有限公司2014年版，第618页。

4　陈荣传：《民法物权实用要义》，五南图书出版股份有限公司2014年版，第100页。

5　[日]玉田弘毅："空间利用权"，载《综合法学》第37卷（1961年8月号），第122页；温丰文："空间权之法理"，载《法令月刊》1988年第39卷第3期，第16—17页；陈祥健：《空间地上权研究》，法律出版社2009年版，第10页。

就空间役权的存在方式划分，有横向关系上的空间役权与纵向关系上的空间役权，其中以横向关系上的空间役权较为多见。譬如在日本，为满足"人工地基"上公寓的眺望权，设立限制他人在其土地上搭建超过其空间高度的建筑物的役权即是。就纵向关系而言，如地铁行经的线路上，为防止线路之上的地表因负担过重而陷落，可以设立限制地表搭建过高、过重建筑物或限制堆积重物的役权；相反，地铁若在地下发出剧烈振动或发出巨响，影响地表权利人行使权利的，地表权利人也可设立限制地铁公司发出剧烈振动或发出巨响的役权。[1] 在区分所有建筑物中，上下层业主或居住人间也可依需要而设立此类空间役权。此外，此种上下"纵"的关系的空间役权，其射程距离还及于相邻关系。譬如民法关于音响、气、热、光线等不可量物的放散的禁止，其不只限于前后左右"横"的相邻关系，且上下的"纵"的相邻关系也应适用。

依空间役权的内容划分，有课以供役空间不作为义务者，如禁止他人于某一高度的空间搭建高层建筑，以免妨碍役权人的日照、眺望、通风；或禁止他人于高压电线所经空间周围搭建建筑物，以免妨碍输电安全即是；有课以供役空间某种忍受义务者，如要求供役空间忍受未超过一定分贝的噪音或轻微振动的义务即是；也有以供役空间供某种使用者，如在他人空间上架设排水管道用以排水即是。[2]

（四）空间利用权（Ⅲ）：债权的空间利用权

此涵括空间租赁权与空间使用借贷权（空间借用权）两种权利，其皆依当事人之间的意思表示的合致而成立。

1. 空间租赁权

根据租赁关系而取得空间利用权时，空间出租人与承租人之间的权利义务关系依合同自由原则，由当事人双方协商确定。他们之间约定水平空间、倾斜空间乃至球形空间的租赁关系，皆无不可。[3] 惟因空间租赁权的效力较空间地上权为弱，故此，日本对于以建设建筑物或工作物为目的而租赁土地的，学说将之视为地上权，并经登记而有对抗效力；在我国台湾地区，为了保护空间承租人，若租用空间建筑房屋（如地下商店），解释上应申请为空间（区分）地上权登记。[4] 尤其是在建筑物区分所有权关系中，并非将对该基地的租赁权视为单纯的空间租赁

1　[日] 筱塚昭次："空中权·地中权的法理"，载日本《法学家》476号，第123页。
2　陈祥健：《空间地上权研究》，法律出版社2009年版，第11页。
3　温丰文："空间权之法理"，载《法令月刊》1988年第39卷第3期，第17页。
4　[日] 筱塚昭次："空中权·地中权的法理"，载日本《法学家》第476号，第123页。

权，而是视为空间（区分）地上权[1]。

2. 空间使用借贷权（空间借用权）

空间也可为使用借贷（借用）的客体。惟此空间使用借贷权的效力与空间租赁权相较，系更为薄弱，其权利人既不能像承租人可主张买卖不破租赁，也不得申请空间（区分）地上权登记。故此，于典型的空间利用中（指为建筑物或构筑物目的而利用空间），极少以使用借贷（借用）方式进行。不过，对于非以建筑物或构筑物目的而利用空间的情形，尤其于一些临时利用他人空间的情形，空间使用借贷（借用）的情况还系较为普遍，譬如借用他人屋顶空间用于设置广告牌，即属之[2]。

三、空中权

（一）概要

在法制肇源上，空中权（Air rights 或 Air space rights）这一概念系由20世纪初美国的判例所创立。其涵义系指将土地的上部空间加以水平区分，以供建筑利用的权利，或指利用土地上的全部或一部分空间的权利。易言之，根据美国法，所谓空中权，是指存在于空中的那部分土地空间权，与之相对的则是地中权。在日本，伴随其都市的立体开发过程中将地上空间与地表分离而独立加以利用、转让或租赁的情形日增，其法律体系上尽管并未规定空中权的概念，但其判例与学说中却存在此概念。在现今的日本，有关空中权的法律问题，系通过法解释论予以处理。[3]

从今日比较法的视角看，空中权一语，是非常现代且具有多义性的概念。其主要涵括两方面的内容：其一，指对某土地的上部未利用空间不移转其物理的位置，通过构筑人工地基而在其上建构建筑物的权利。换言之，指利用土地的上空空间的空中权。其二，指将土地的上部未利用空间移转到其近邻的土地上而予以利用的权利。应注意的是，它并非指移转土地的上部未利用空间本身，而系将法律所定的某土地的可以利用的容积中未利用的容积移转到别的土地上加以利用。概言之，指利用未利用容积的空中权。[4]

空中权的法律性质，即作为民法上的权利的空中权，系为物权性权利，抑或为债权性权利的问题。如前述，在现今，根据比较法与实证经验等，利用土地上

---

[1] 温丰文："空间权之法理"，载《法令月刊》1988年第39卷第3期，第17页。
[2] 陈祥健：《空间地上权研究》，法律出版社2009年版，第12页。
[3] ［日］水本浩、户田修三、下山瑛二：《不动产法制概说》，青林书院1997年版，第69页。
[4] ［日］水本浩、户田修三、下山瑛二：《不动产法制概说》，青林书院1997年版，第70页。

空的空间的空中权,其最重要的是物权性质的空间建设用地使用权(区分地上权)。此种空中权,系划定土地上空空间的上下范围并以对该空间中的建筑物、构筑物及工作物(如隧道、送电线)等的所有为目的而设立,系现今空中权的最重要的活用形态。[1] 另外,利用土地上空空间的空中权中,空间役权性质上也属于物权性质的空中权。譬如,为使自己的建筑物能有更良好和充分的眺望,设立限制他人空间搭建高层建筑物的空间役权(空中权),抑或为限制地铁于地下行经的空间发出剧烈振动或发出巨响等噪音,设立限制地铁公司发出剧烈振动或发出巨响噪音的役权(空中权),以及高压电线所通过的空间,空间权利人可以通过设立空间役权(空中权)而限制该空间周围的人搭建高层建筑,以防不测等,皆属之。[2] 此外,横切土地上空空间的一定上下范围而加以利用的空中权,还可采取债权性质的空间租赁权的形式为之,即空中权也有属于债权性质的情形。

应指出的是,为利用未利用容积空间的空中权,其在美国法上称为"移转可能的开发权"(Transferable Development Rights,简称"TDR"),或"开发权的移转"。如前述,它并非指土地未利用容积空间的移转,而是将法律所定的开发容许限度(未利用容积空间)移转、流用到其他的土地上予以开发、使用的权利。[3] 此种空中权,在日本通常以移转某土地未利用的容积至其他的土地而建设高层建筑物的形式呈现。[4] 移转未利用容积而予以利用所采取的法律形式,主要系作为债权性质的未利用空间容积的买卖与租赁及作为物权性质的空间役权。[5]

(二)地上空间利用的基本形态

在实务上,当代各国利用地上空间的形态主要有两种:一是称之为"一体型"的利用形态,系指在独立存在的建筑物或其他工作物的上空,建造与其下面的建筑物或其他工作物连为一体的建筑物或其他工作物,又称为"接木方式"的

---

[1] 值得指出的是,于今日比较实务上,空中权的利用形态主要有两种:一是"一体型"的利用形态,系于独立存在的建筑物、构筑物或工作物的上空,建造与下面的建筑物、构筑物或工作物连为一体的建筑物、构筑物或工作物,又称为"接木方式"的利用形态;二是"人工地基型"的利用形态,指通过建造"人工地基"而于建筑物、构筑物或工作物的上空空间建造建筑物、构筑物或工作物,系今日实证经验上利用土地上空空间的典型形态。对此,请参见陈华彬:《民法物权论》,中国法制出版社2010年版,第211页。

[2] 陈华彬:《民法物权论》,中国法制出版社2010年版,第208页。

[3] 值得指出的是,此种"移转可能的开发权"(TDR)制度,又称为"未利用容积率的利用权"制度,其起于20世纪初的美国纽约。对此,请参见刘强:"关于集合住宅的中国不动产法制的整备的研究",日本千叶大学大学院自然科学研究科2003年学位论文,第45页。

[4] [日]水本浩、户田修三、下山瑛二:《不动产法制概说》,青林书院1997年版,第72页。

[5] [日]水本浩、户田修三、下山瑛二:《不动产法制概说》,青林书院1997年版,第73页。

利用形态，以在美国的运用最为活跃；二是称之为"人工地基型"的利用形态，系指通过建造"人工地基"而于建筑物或其他工作物的上空空间建造建筑物或其他工作物的情形，是利用地表空间的典型形态。此种利用形态中，最值得注意的，是"人工地基"的法律性质。

"人工地基"，即支撑空间建筑物或工作物的"基石"，或曰使空间建筑物得以建构和存在的基础。"人工地基"上虽然存在建筑物或其他工作物，但人工地基并不因此等同于土地。盖依土地法法理，土地系由地表、空中和地中三部分组成的一个整体，具有三位一体性，"人工地基"并无此特性，故不得将其解为土地。那么"人工地基"是否系"建筑物"呢？亦即，"人工地基"是否具有建筑物的属性？建筑物，依今日的通说，系指有屋顶与围壁的矗立于土地上的定着物。故此，完全未有围壁、屋顶的人工地基也非系建筑物。"人工地基"既不是建筑物，也非系土地，其究竟系什么？现今通说解为属于"定着物"。定着物，指继续性地附着于土地而被加以使用的物。不过，人工地基与一般的"定着物"又有不同，盖在一般的"定着物"的下面，并不存在建筑物或其他工作物，而于人工地基之下，则存在建筑物或其他工作物。可见，人工地基的性质，应解为系一种特殊的定着物。[1]

四、地中权（地下空间利用权）

在晚近以来的实务中，除以空中权的方式对土地的上空空间予以利用外，还有以地中权的方式对土地的地下空间（地中）加以利用的情形。譬如，新近以来出现的地下街、地下停车场、地下送电线、地铁、地下广场、地下商场、地下储水池、地下变电所、地下水处理场、地下上下水道及地下燃气（煤气）线等多形态的地下空间利用，即属之。[2]

---

[1] ［日］丸山英气："空中权"，载《法律时报》第 64 卷第 3 号，第 20 页。

[2] ［日］水本浩、户田修三、下山瑛二：《不动产法制概说》，青林书院 1997 年版，第 74 页。在现今实务上，地下空间的利用主要有如下 6 种情形：（1）生活设施。此种利用形态较为普遍。譬如住宅的地下室及将地下室作为住宅利用等。（2）都市（城市）设施。涵括：1）地下街。2）地下停车场。3）地铁。4）能源供给设施。主要涵括地下埋设的送电线和建设的变电所等。电话线也大多埋设于地下空间。5）上下水管设备。（3）贮藏设施。主要涵括石油、煤炭等各种能源的地下贮藏设施。（4）生产设施。主要涵括工场设施和电力供给设施。（5）输送设施。主要涵括铁路（铁道）隧洞、公路隧道、煤气、石油输送用的输油管等。（6）防灾设施。主要指为了防止河川洪水而于地下空间建构的地下放水、地下蓄水池、雨水浸透贮留设施及紧急用饮料和食料贮藏设施等。对此，请参见陈华彬："土地所有权发展之趋势研究：以空间权法理的生成与运用为中心"，载刘云生主编：《中国不动产法研究》（第 5 卷），法律出版社 2010 年版，第 61—62 页。

地下空间的利用权（地中权）的性质，也与土地的上空空间的利用权（空中权）的性质相同，即物权性质的空间建设用地使用权系其最重要、最广泛的利用形态。与空中权相同，此种利用方式系以划定土地地下空间的上下范围并以对该空间中的建筑物、构筑物及工作物（如隧道、送电线等）等的所有为目的而予以利用。应指出的是，除此种物权性质的地下空间利用外，还有属于物权性质的空间役权形态的利用。譬如，可以通过设立限制地表搭建过高、过重建筑物或限制堆积重物的空间役权来防止地铁行经线路上的地表因负担（重量）过重而陷落。[1]另外，与空中权可以采取债权的方式而利用相同，地下空间的利用（地中权）也可采取地下空间租赁的方式而为之，换言之，地中权也可以系债权性质的权利。

五、土地发展权

土地发展权（land development right）为所有权一束权利（a bound of rights）中之一种，为空间权的另一种形态，指土地所有权人发展或开发其土地的权利。此系由英美导入的一个新地权概念，为一种土地空间容积的移转制度，其旨趣在于使土地的准予开发与限制开发之间保持衡平。

土地为自然资源，数量有限，私人行使土地所有权应符合社会公益，由此各国政府莫不以公权力，针对国家经济发展的需要，管制私人土地按照编定用途计划使用，则私人土地的准予开发与限制开发之间，利益价值相差悬殊，"幸与不幸"全赖政府的使用编定。为期消弭土地所有权人间的此种不公平状态，英国首先于1947年在《城乡计划法》（Town and Country Planning Act）中规定：国家可以向私人课征土地发展捐（development charge）。此即发展权国有化（Nationalization of development rights，简称NDR）之滥觞。发展权收归国有后，任何私人欲开发其土地，皆应按照拟开发程度向政府购买对等的发展权。不过，英国的此一发展权国有化制度，于1953年后，逐渐蜕变成"开发许可制"。[2]

---

[1] 陈华彬：《民法物权论》，中国法制出版社2010年版，第208页。

[2] 温丰文：《土地法》（修订版），洪记印刷有限公司2015年版，第65页。另一种说法，未利用容积率的利用权制度，起源于20世纪初的美国纽约，指将土地的上部未利用空间移转至其近邻的土地上加以利用的权利。当然，空间本身不能移转，未利用容积率的利用权制度系将某宗土地所规定的利用可能的容积中未利用的容积移转到别的土地上加以利用。与区分所有的空间权不同，在美国法上，直接称这样的空间权为"移转可能的开发权"（transferable Development Rights，简称TDR）。参见刘强："关于集合住宅的中国不动产法制度的整备的研究"（日文），日本千叶大学大学院自然科学研究科2003年博士学位论文，第45页。

美国的土地发展权是一种可与土地所有权分离而单独移转的财产权（transfer of development rights）。发展权之移转简称TDR，是依地方自治所定的都市计划开发管制条例的明文规定而赋予。美国在1970年前后方有TDR的实施。在TDR制度之下，有让与容积的土地与承受容积的土地。前者是抑止开发的土地，后者则指在一定限度内，可以将移转容积加在本来保有的容积上而进行开发的土地。例如，纽约市与芝加哥市实施TDR的目的是为保存历史建筑物与文物古迹，将应保存地区的发展权移转于其他可实行高密度开发的土地上。进而言之，在此制度下，规划出移出区（sending areas）与移入区（receiving areas），作为建立移转发展权供需市场的基础，透过自由市场的运作，允许移入区的地主向移出区的地主购买其发展权利，以进行土地的开发利用。[1]

我国台湾地区以英国与美国的土地发展权移转制度为基础，创设了"送出容积的基地及其可移出容积""接受容积的基地及其可移入容积"等概念，于1999年颁行"都市计划容积移转实施办法"，将土地发展权以容积加以量化，由此开启了土地空间容积的开发权移转的实践。[2]

六、不动产证券化

在现今，因包括不动产（土地、建筑物、构筑物及工作物）空间权在内的不动产物权可转化为证券，并以证券表现之，故此，不动产证券化系为一种特殊形态的地权。

不动产证券化，指将原本实体存在的不动产物权证券化为观念上存在的证券，投资者与标的物之间由直接的支配关系，转化为持有表彰权利的证券，不动产的价值则由固定的资本形态转化为流动性的资本性证券。其功能在于，可以使小额投资人投资不动产，促进不动产投资普及化，有助于不动产市场的稳定，且由于投资的多样化，也可分散投资风险。而不动产经营专业化，也可抑制投机买卖，提高投资效益。此外，对政府而言，不动产证券化也系政府推行公共建设的方法之一，其可以吸引民间参与，进而减轻政府负担。[3]

由于不动产证券化系借由证券化而提高不动产的流通性，增加不动产筹资渠道，以有效开发利用不动产，提升环境品质，活络不动产市场并保障投资，尤其

---

[1] 温丰文：《土地法》（修订版），洪记印刷有限公司2015年版，第65页。
[2] 温丰文：《土地法》（修订版），洪记印刷有限公司2015年版，第66—67页。
[3] 谢哲胜、陈婷兰：《不动产证券化法律与制度运作》（修订2版），翰芦图书出版有限公司2006年版，第1页。

是因不动产物权得转化为证券，并以证券表现之，故其也为一种特殊形态的地权权利。不动产证券化的形态主要有二：（1）不动产投资信托，指向不特定人募集发行或向特定人私募交付不动产投资信托受益证券，以投资不动产、不动产相关权利、不动产相关有价证券及其他经主管机关核准投资标的而成立的信托。（2）不动产资产信托。日本称为"资产流动型信托"，指委托人移转其不动产或不动产相关权利于受托机构，并由受托机构向不特定人募集发行或向特定人私募交付不动产资产信托受益证券，以表彰受益人对该信托的不动产、不动产相关权利或其所生利益、孳息及其他收益的权利而成立的信托。[1]

---

[1] 温丰文：《土地法》（修订版），洪记印刷有限公司2015年版，第68—69页。

第九章

建筑物区分所有权

第一节 建筑物区分所有权的基本理论

一、建筑物区分所有权的源起与名称

建筑物区分所有权,无论古代抑或现当代,东方抑或西方,皆为物权法上一项重要的不动产所有权制度。二战结束后,尤其是自20世纪六七十年代以降,此制度得到了极大发展。如今,大陆法系的德国、法国、日本、瑞士、奥地利、韩国及我国台湾地区,英美法系的美国(50个州)及我国的香港地区等,皆制定了成文的建筑物区分所有权法。其他未以单行法方式确立建筑物区分所有权制度的国家,则大多于自己的民法典中设立此制度。[1] 导致各国家和地区纷纷明定建筑物区分所有权制度的原因,系在近现代及当代社会中,钢筋高层建筑物激增,公寓大厦盛行,建筑物区分所有权成为解决人民居住问题的基本方式和途径。

建筑物区分所有权的名称,各国家或地区未尽统一。法国1938年建筑物区分所有权法和1965年制定的现行建筑物区分所有权法,分别称为"区分各阶层不动产的共有"和"住宅分层所有权";德国、奥地利称为"住宅所有权",意大利、英国称为"公寓所有权",但在启用的语词上存在差异,前者使用"Condominium ownership",后者启用"flat ownership";于美国,所启用的名称更是林林总总,不一而足,有的称为"公寓所有权",有的称为"单位所有权"或"水平财产权",惟美国联邦住宅局制定的《公寓大厦所有权创设示范法》与多数州法,则启用

---

[1] 关于大陆法与英美法各国家和地区制定建筑物区分所有权法抑或于民法上规定此制度的详细情况,请参见陈华彬:《建筑物区分所有权》,中国法制出版社2011年版,第12—57页。

"公寓所有权"的名称;[1] 瑞士称为"楼层所有权"或"分层建筑物所有权",日本与我国台湾地区称为"建筑物区分所有权"。此等名称中,如果仔细梳理则可发现,各种名称所表示的涵义却未有大的不同,即它们皆系对以建筑物的某一特定部分为标的物而成立的不动产所有权的抽象概括。不过,从语义学与比较法的视角看,当以日本和我国台湾地区所启用的"建筑物区分所有权"一语最为妥当。故此,我国《物权法》第6章采纳了此名称,谓为"业主的建筑物区分所有权"。

二、建筑物区分所有权的涵义

（一）建筑物区分所有权涵义的诸学说

自1804年《法国民法典》颁行以降,对于何为建筑物区分所有权,抑或建筑物区分所有权的构成或涵义为何,学说与立法成例上主要有"一元论说"（含"专有权说"和"共有权说"）、"二元论说"及"新一元论说"（"享益部分说"）、"三元论说"。兹分述如下。

1. 一元论说

又称"一元主义"或"一元论",又分为"专有权说"和"共有权说"两种主张。

（1）专有权说。该说最早为法国学者于解释《法国民法典》第664条关于"楼层所有权"的规定时所提出,认为建筑物区分所有权即指区分所有权人于区分所有建筑物的专有部分上享有的权利（专有所有权）。故此,建筑物区分所有权系若干个单独的"个人所有权的集合"。至20世纪六七十年代,伴随日本1962年《建筑物区分所有权法》的制定,该说得到日本学者的阐发。学者我妻荣谓:建筑物区分所有权系于专有部分上成立的所有权,其性质与一般所有权并无本质差异,惟其使用、收益、处分受其他区分所有权的制约,且专有所有权与共有部分上成立的共有持分（份额）权紧密结为一体;[2] 学者玉田弘毅认为,"称区分所有权者,谓在建筑物专有部分上成立的所有权"[3]。另外,我国台湾地区学者史尚宽、刘得宽等亦持相同立场。史尚宽谓:"数人区分一建筑物而各有其一部者,谓之区分所有。其区分之各部分,为独立的权利客体,于此部分成立单独的所有

---

[1] 关于此方面的详情,请参见陈华彬:《建筑物区分所有权》,中国法制出版社2011年版,第404页以下。

[2] [日]我妻荣:《物权法》（民法讲义Ⅱ）,旧版第19刷（1963年）,第362—363页;有泉亨补订新版,第524页、第526页（1973年）。

[3] [日]玉田弘毅:《公寓的法律纷争》,有斐阁1984年版,第3页。

权"[1]；刘得宽谓：区分所有建筑物可区分为专有部分与共有部分，于专有部分上成立的所有权，即为区分所有权[2]。

在实定法上，专有权说为立法所肯定，始于1804年《法国民法典》第664条"建筑物的各楼层属于不同的所有人"的规定。而该条系直接因袭法国1561年欧塞尔（Auxerre）地方所编纂的习惯法第116条而来。[3]学说认为，《法国民法典》第664条的此规定，是《法国民法典》制定当时流行的社会思潮极力倡导所有权的绝对性，强调对个人财产予以绝对保护的结果[4]。

于《法国民法典》第664条肯定专有权说后，时至1962年日本制定《建筑物区分所有权法》时，该说又于实定法上获得承认。该法第2条规定：本法所称区分所有权，系指以建筑物的专有部分为标的物而成立的所有权。另外，我国台湾地区"土地登记规则"规定：区分所有建筑物，区分所有权人得就其区分所有部分之权利，单独申请登记。显然，此处所称"区分所有部分之权利"，也系同样采专有权说。

（2）共有权说。该说最早为法国学者普鲁东（Proud'hon）与拉贝（labbé）于解释《法国民法典》第664条的规定时，针对法国学者的专有权说而提出的主张。其以集团性、共同性为立论基础，将区分所有建筑物整体视为全体区分所有权人之共有。究其实质，是将区分所有权作为一种共有所有权加以理解和把握。但是，该说未为法国大多数学者所接受，《法国民法典》第664条事实上也拒绝承认该说，而采专有权说。尽管如此，共有权说却并未因此而偃旗息鼓，其于日本得到了重要发展，受到一些学者的进一步阐发。例如加藤一郎、星野英一、石田喜久夫及稻本洋之助，皆赞同此说。并且，这些学者将区分所有建筑物整体作为共同所有的基本架构下阐发的见解，成为日本1983年修改其《建筑物区分所有权法》的最初动力，并进而成为此次修改的指导思想。修改后的建筑物区分所有权法，由此前之强调专有部分并以其为立法基础，转而强调共同所有。此时虽然从立法表象上仍采专有权说，但实质上已改采共有权说。

另外，建筑物区分所有权涵义的"共有权说"，在1963年瑞士修订其民法典而增定分层建筑物所有权（"建筑物区分所有权""楼层所有权"）时也给予了认可。依其规定，区分所有建筑物上的共有财产的范围扩及于土地、住宅及附属空

---

[1] 史尚宽：《物权法论》，荣泰印书馆股份有限公司1979年版，第109页。
[2] 刘得宽：《民法诸问题与新展望》，五南图书出版股份有限公司1995年版，第27页。
[3] ［日］小沼进一：《建筑物区分所有之法理》，法律文化社1992年版，第259页。
[4] ［日］小沼进一：《建筑物区分所有之法理》，法律文化社1992年版，第262页。

间,区分所有建筑物关系中仅有共有关系可言,故所谓区分所有权,系指"分层建筑物所有权"("建筑物区分所有权""楼层所有权")。

2. 二元论说

该说最早为法国学者针对一元论说予以理论和实践两方面的批判后所提出,受到我国台湾地区学者郑玉波、黄越钦及大陆学者陈甦的赞同,认为建筑物区分所有权系由区分所有建筑物专有部分所有权与共有部分持分(份额)权构成。

在法国,二元论说的兴起,绝非偶然,而系有深刻原因。由于建筑技术日新月异的进步,建筑物上的各种设施得到充实,房屋的舒适程度骤然提高。此种居住状况提升的结果,使此前仅认可区分所有权为若干单个所有权的简单堆积的观念与现实日益抵触。[1]例如,由于建筑物的规模的扩大,以及由此而形成的复杂结构,导致整个建筑物的构造部分结为一体而不可分割。建筑物的内部有关纵、横走向的供用水的水管、燃气管、电线等,以及敷设的中央暖房、电梯等各种设施也不可分离而成为一体。由此,对这样的建筑物自功能上加以分割变得十分困难。如此,区分所有权人间的相互依存,即成为十分重要之事。并且,全体区分所有权人,无论直接或间接的,皆受建筑物中各种设施的恩惠。各区分所有权人依其自身所受恩惠的程度而须负担诸设备与设施的设置与维持费用。此种现实,使有关建筑物与设备、设施的共同体观念获得强调。并且,由于此"共同持分(份额)"对一切区分所有权人均属有益,且须靠维持方可存在,于是开始将之作为集团所有权的对象物而予考量。此即所谓共用部分(共有部分)。此共用部分归属于全体区分所有权人的同时,也被认为是对作为一区分所有权人的所有物的专有部分于观念上附加的形式。如此,建筑物区分所有权即被解为于专有部分上的个人权利与在共用部分上的集团性权利的结合。二元论说由此应运而生。[2]

在实定法上,二元论说为法国1938年《有关区分各阶层不动产之共有的法律》(以下简称"1938年法律")和法国1965年制定的现行《住宅分层所有权法》所采纳。另外,我国台湾地区"民法"第799条第1项规定:"称区分所有建筑物者,谓数人区分一建筑物而各专有其一部,就专有部分有单独所有权,并就该建筑物及其附属物之共同部分共有之建筑物。"该条也采二元论说。美国《加利福尼亚州民法典》第783条规定:区分所有权系由涵括于一个不动产整体中的共用部分的不可分所有权与在其他部分的独立所有权组成的不动产所有权。此与

---

[1] [日]小沼进一:《建筑物区分所有之法理》,法律文化社1992年版,第265页。

[2] [日]小沼进一:《建筑物区分所有之法理》,法律文化社1992年版,第266页。

台湾地区"民法"同，对于区分所有权的构成（或涵义）也系采二元论说。

3. 新一元论说（享益部分说）

该说最早为法国学者舍瓦利耶（Chevallier）针对法国1938年法律采行二元论说而提出的主张。时至1965年法国修改1938年法律而制定现行《区分所有权法》时，该说开始受到重视。迄至最近，由于该说于理论上更加明晰化而获得学者阿祖莱（Azoulay）、蒂比耶日（Thibierge）、皮埃德列弗（Pièdelièvre）、吉沃尔（Givord）等人的积极支持与发扬光大，成为一项新说。该说抛弃二元论说关于专有部分和共用部分的区别，而径将此二者予以并合形成"享益部分"，以该"享益部分"为单位（或"单元"）设立的权利即为建筑物区分所有权，其性质上属于一种全新的物权。

4. 三元论说

此说为德国美因兹（Mainz）大学贝尔曼（J. Bärmann）所倡导，又称"最广义区分所有权说"，认为建筑物区分所有权系由区分所有建筑物专有部分所有权、共用部分持分（份额）权，以及因共同关系所生的成员权构成。其中，专有部分所有权又称"专有权"，共用部分（共有部分）持分（份额）权又称"共有权"，因共同关系所生的成员权又称"社员权"。此三者形成一不可分离而具物权法性和人法性的特别权利——"共同的空间所有权"。

三元论说得到日本学者丸山英气、我国台湾地区学者戴东雄等人的积极支持。丸山英气谓：作为制度的区分所有，应解为对专有部分的所有权、对共用部分的共有持分（包含对基地的共有持分），以及成员权的三位一体的复合物权。而且，该成员权自身也具有物权效力。[1] 另外，值得提及的是，丸山英气赞同的此三元论说，于日本1983年修改其《建筑物区分所有权法》之前后的较长时间里，系一直被作为立法论和解释论加以提倡。[2] 戴东雄谓：欲有效处理区分所有权人间的复杂关系，只有将建筑物区分所有权的涵义界定为专有所有权、共有所有权与成员权，方能竟其功[3]。

在实定法上，三元论说被德国现行《住宅所有权法》完全采取。依德国该法，建筑物区分所有权乃由三部分构成：（1）供居住或供其他用途（尤其是供营业或办公用途）的建筑物空间上设立的专有所有权；（2）于共用部分上成立的共

---

[1] ［日］远藤厚之助："关于西德的住宅所有权"，载《东洋法学》创刊号；筱塚昭次："建筑物的区分所有"，载《新民法演习》（2），第142页。

[2] ［日］丸山英气：《现代不动产法论》，清文社1989年版，第109—110页。

[3] 戴东雄："论建筑物区分所有权之理论基础（I）"，载《法学丛刊》第114期，第28页。

有所有权；（3）基于专有部分与共用部分不可分离而产生的共同所有人的成员权。而且，由此三部分构成的该住宅所有权系一种特别权利，其虽可为处分或继承的标的，但应将专有所有权、共有所有权及成员权三要素视为一体为之。建筑物区分所有人不得保留专有部分所有权而抵押其共有所有权持分（份额），也不得保留成员权而转让专有部分所有权与共有所有权持分（份额）。受让区分所有权时，受让人须同时取得专有部分所有权、共有所有权持分（份额）及成员权三种权利。[1]

（二）我国《物权法》关于建筑物区分所有权的构成（或涵义）系采三元论说

我国《物权法》第70条规定："业主对建筑物内的住宅、经营性用房等专有部分享有所有权，对专有部分以外的共有部分享有共有和共同管理的权利。"该条系明定我国建筑物区分所有权的涵义或曰构成，系采"三元论说"，符合现当代建筑物区分所有权法的实际情形与发展趋势，应值肯定。

建筑物区分所有权涵义的"三元论说"，系德国物权法思想与其建筑物区分所有权法的创造。"三元论说"思想之最早表达，见于20世纪50年代德国学者贝尔曼之提倡。此说一经提出，即越出德国的国界而影响到了各国家和地区建筑物区分所有权的立法论和解释论。例如，日本1983年新修改的《建筑物区分所有权法》关于建筑物区分所有权的构成（或涵义）本采"一元论说"中的"专有权说"，惟于深入研究德国的"三元论说"后，研究建筑物区分所有权法的著名学者丸山英气即果断地指出，日本建筑物区分所有权法的解释论应采"三元论说"，亦即将日本的建筑物区分所有权解为由专有所有权、共有所有权及成员权构成。[2] 这一倡导极大地影响了日本的实务与立法，不久日本法院于裁判建筑物区分所有权案件时即以"三元论说"作为解释当事人权利之基准。2002年日本再度修改其《建筑物区分所有权法》时，即改弦更张，以"三元论说"作为修改的指导方针。[3]

在我国台湾地区，早在20世纪80年代中叶，学者即积极倡导德国的"三元论说"，并主张用来释明台湾地区"民法"第799条有关建筑物区分所有权的规

---

[1] Bärmann/ Pick: Wohnungseigentumsgesetz, München 1981, S. 46；戴东雄："论建筑物区分所有权之理论基础（I）"，载《法学丛刊》第29卷第2期，第28页。

[2] ［日］丸山英气编：《区分所有权法》，大成出版社1984年版，第14页以下。

[3] ［日］水本浩、远藤浩、丸山英气编：《建筑物区分所有权法》（第3版），日本评论社2006年版，第8页。

定。例如学者戴东雄于此时期于《法学丛刊》发表文章，翔实地阐释建筑物区分所有权的基本理论的同时，也极力倡导台湾地区应采纳德国的"三元论说"。受其影响，台湾地区此时期公寓大厦管理的民间实务对区分所有人的权利的处理即向"三元论说"靠拢。迈入20世纪90年代以后，台湾地区研究建筑物区分所有权法的著名学者温丰文也极力倡导"三元论说"，认为该说符合现代建筑物区分所有权法的最新发展趋势。其于此间出版的《建筑物区分所有权之研究》一书中谓："三元论说自德国学者贝尔曼提倡以来，有成为通说之趋势。"[1]

以上德国、日本及我国台湾地区的建筑物区分所有权法制与学理，足以反映现当代建筑物区分所有权法及其学理的概况。我国起草《物权法》时，着重参考了德国、日本及我国台湾地区的建筑物区分所有权法与学说理论。《物权法》第70条立足于我国社会经济生活的实际情况，吸纳各国家和地区成功的立法经验、判例成果及学理，采纳"三元论说"，完全符合现当代建筑物区分所有权法的发展趋势与潮流。

此外，三元论说也有助于协调区分所有者个人和团体之间的关系。回眸近现代及当代以来各国家或地区区分所有权法的发展、演进过程，可以看到，各国家或地区关于区分所有权制度及其规则的立法始终是围绕如何有效地调节区分所有者个人和团体之间的利益和矛盾而展开的。各国家或地区立法之初，大都强调对区分所有者个人专有所有权的保护，强调区分所有者个人于区分所有建筑物共同体关系中的地位和权利。但其结果却发生了区分所有人仅为一己之私利而损害全体区分所有权人的共同利益的现象。为了维持区分所有人共同体关系的存续，各国家或地区遂不得不修正以区分所有权人个人的权利为中心的立法主义，转而对区分所有人个人的权利加以限制。此即承认区分所有人作为管理团体的成员权，加强区分所有权人的集会功能，并借管理团体的力量妥订管理规约，以维护区分所有权人的共同利益。由此，三元论说将成员权解为建筑物区分所有权的一项构成要素，对于协调建筑物区分所有权人的个人利益与区分所有人全体的共同利益，乃有极大的裨益、功用和价值。

综据以上分析，建筑物区分所有权的涵义应厘定为：建筑物区分所有权，系指由专有部分所有权（"专有权"）、共有部分共有权（"共有权"）及因区分所有建筑物共同关系所生的成员权（"共同管理权"）共同构成的特别所有权。

---

[1] 温丰文：《建筑物区分所有权之研究》，三民书局1992年版，第16页。

三、业主的界定

"业主"在我国建筑物区分所有权立法与学理中被称为建筑物区分所有权人,系《物权法》第6章中的基础性概念。惟该法未对业主身份的界定标准作出明定。综合建筑物区分所有权法学理及域外和相关地区建筑物区分所有权立法,根据《物权法》第9条、第28条、第29条、第30条等的规定,《最高人民法院关于审理建筑物区分所有权纠纷案件具体应用法律若干问题的解释》(2009年,以下简称《建筑物区分所有权解释》)第1条第1款确定:依法登记取得或者依据生效法律文书、继承或者受遗赠,以及合法建造房屋等事实行为取得专有部分所有权的人,应当认定为业主。同时,鉴于现实生活中,基于与建设单位之间的商品房买卖民事法律行为,房屋买受人在业已合法占有、使用专有部分的情况下,仍未依法办理所有权登记的情形大量存在,其中的因由主要有三:一是建设单位尚未办理产权,直接导致买受人无法办理专有部分的所有权登记;二是登记往往需要一个过程,于最终作成之前,买受人无法依登记取得所有权;三是由于买受人自身的原因拖延办理专有部分所有权登记。于此等情况下,如仅以是否已经依法登记取得所有权作为界定业主身份的标准,将与现实生活产生冲突,并有可能对前述人群应当享有的权利造成损害。尤其是此部分人对共有部分的利用及共同管理权的行使需求更为强烈,与其他业主之间的联系程度也更为直接、紧密。[1] 故此,《建筑物区分所有权解释》第1条第2款乃对其"业主身份"问题予以特别规定:"基于与建设单位之间的商品房买卖民事法律行为,已经合法占有建筑物专有部分,但尚未依法办理所有权登记的人,可以认定为物权法第六章所称的业主。"需提及的是,该款对业主的认定只限于一手房的范围,二手房在未办理过户登记前,仍应认定原房屋所有人为业主。

《建筑物区分所有权解释》对业主身份的界定略显不足的是,其未对物业管理实务中一些常见的有争议的业主主体进行必要列举和强调。例如,实务中一个物业常常会出现夫妻、父母子女或兄弟姐妹共同出资、共同使用,但于办理产权登记时,又仅以一人名义申请登记的情况。对此种情况,应作如下对待:(1)夫妻共有一物业的情形。依婚姻法原理和我国《婚姻法》第17条、第18条、第19条对夫妻财产归属的规定,除非有特别情形或特别约定,于婚姻关系存续期间,

---

[1] 杜万华、辛正郁、杨永清:"最高人民法院《关于审理建筑物区分所有权纠纷案件具体应用法律若干问题的解释》《关于审理物业服务纠纷案件具体应用法律若干问题的解释》的理解与适用",载《法律适用》2009年第7期。

该物业应属夫妻共有，由此夫或妻均可成为业主，不应限制夫或妻一方参与物业管理的权利。（2）关于父母子女、兄弟姐妹共有一处物业的情形。如有合法有效的法律文件或法律行为能够证明其对物业享有共有权利，即可认定其在物业管理中具有业主身份，反之，如果仅是同居一处或共用一处物业，而未能提供有效法律文件或其他证据证明其享有共有权利，则不应认定为业主。[1]

另外，现今实务中的所谓"物业使用人"，依现行法规，其非为业主，故而不能与业主享有同等的权利，也不能与业主承担相同的义务。

四、建筑物区分所有权的特性与种类

（一）建筑物区分所有权的特性

1. 复合性

建筑物区分所有权系由专有所有权、共有所有权及成员权（共同管理权）三要素构成的特别所有权，表现出复合性；而一般不动产所有权，其构成则是单一的，仅权利主体对不动产享有占有、使用、收益和处分的权利。

2. 专有所有权的主导性

在构成建筑物区分所有权的三要素中，专有所有权具有主导性。此表现于：一是业主取得专有所有权时即取得了共有所有权和成员权，反之，业主丧失专有所有权亦就丧失了共有所有权和成员权；二是专有所有权的大小，决定业主共有部分份额和成员权（如表决权）的大小；三是建筑物区分所有权的登记，仅登记专有所有权，而共有所有权和成员权则无须登记。

3. 一体性

建筑物区分所有权具有一体性。亦即，构成建筑物区分所有权的三要素的专有所有权、共有所有权及成员权须结为一体，不可分离。于转让、抵押、继承时，应将三者一体转让、抵押或继承；他人受让建筑物区分所有权时，也同时取得该三项权利。

4. 权利主体身份的多重性

建筑物区分所有权因由专有所有权、共有所有权及成员权三要素构成，故业主的身份也具有多重性。就其为专有部分的所有权主体而言，业主为专有所有权人；就其对共有部分享有所有权而言，业主为共有所有权人；就其对区分所有建

---

[1] 陈枫："在现实与文本之间的谨慎选择——从实务角度看建筑物区分所有权司法解释"，载《法律适用》2009年第7期。

筑物可行使共同管理权而言，业主为成员权人。而于一般不动产所有权，权利主体的身份是单一的，即要么是所有权人，要么是共有权人，而不能同时兼有所有权人和共有权人的双重身份。

5. 具有浓厚的人法的因素

建筑物区分所有权系一种特殊的不动产所有权，其中蕴含了浓厚的人法即管理的因素。在现今，强调对区分所有建筑物的管理以维系全体业主的共同体关系并建构安全、舒适、便捷的生活品质，系建筑物区分所有权呈现的一个重要发展趋势。

(二) 建筑物区分所有权的种类

1. 纵切型建筑物区分所有权（纵割式建筑物区分所有权）

此种建筑物区分所有权通常成立于纵切型区分所有建筑物上。所谓纵切型区分所有建筑物，也称纵割式区分所有建筑物，指一般连栋式或双并式分间所有建筑物。此种区分所有建筑物，业主间的共有部分较为单纯，除共用的境界壁和柱子外，一般的走廊及楼梯，均各自独立，外周壁、屋顶及基地等，也均以境界壁为线而分别归属于各人所有。其产生的特有问题通常较少。

2. 横切型建筑物区分所有权（横割式建筑物区分所有权）

此种建筑物区分所有权系成立于横切型区分所有建筑物上。所谓横切型区分所有建筑物，也称横割式区分所有建筑物，指将一栋建筑物作横的水平分割，使各层分别归由不同的区分所有人所有的建筑物，如一栋三层楼的建筑物，一楼部分归甲所有，二楼部分归乙所有，三楼部分归丙所有即是。此种形态的区分所有建筑物，各区分所有人间的共有部分除共同壁外，尚有共同的屋顶、楼梯、走廊等。故此，较之纵切型区分所有建筑物，此类区分所有建筑物产生的纠纷较多。

3. 混合型建筑物区分所有权（混合式建筑物区分所有权）

此种建筑物区分所有权系成立于混合式区分所有建筑物上。所谓混合式区分所有建筑物，指上下横切、左右纵割分套所有的建筑物。此种形态的区分所有建筑物，各区分所有人的专有部分系一个由分间墙和地板构筑而成的封闭空间。二层以上的区分所有人的专有部分与基地并未直接接触，而是通过走廊、阶梯或电梯与其相通。故而，于此种形态的区分所有建筑物上，共用部分起着重要功用。建筑物区分所有权大多系以此种区分所有建筑物为规范对象。《物权法》第 6 章"业主的建筑物区分所有权"即系如此。

第二节 专有权

一、专有权的含义

专有权,又称"专有所有权"(Sondereigentum)或"特别所有权",既是建筑物区分所有权的"单独性灵魂",也系建筑物区分所有权结构中的单独所有权因素,其涵义指区分所有人对专有部分所享有的占有、使用、收益和处分的权利。

专有权的性质,通说认为系一种空间所有权。德国学者贝尔曼谓:专有所有权是于"供居住或其它用途(尤其供营业或办公用途)的建筑物空间上成立的空间所有权";[1] 我国台湾地区学者黄越钦也谓:专有所有权并不是对某一有体物加以管领支配的权利,而系对由建筑材料所组成的空间加以管领支配的权利,系一种空间权。[2]

二、专有权的客体——专有部分

专有权的客体系建筑物内的住宅、经营性用房等专有部分。此专有部分,即在构造上能够明确区分,具有排他性且可独立使用的建筑物部分。一栋建筑物须区分为数部分,且被区分的各部分须具备构造上的独立性和使用上的独立性,方可成立建筑物区分所有权;一栋建筑物,若无具备构造上的独立性与使用上的独立性的专有部分,则只能成立单独所有权或共有所有权,而不得成立建筑物区分所有权。故此,专有部分的存在,可谓是建筑物区分所有权成立的基础。

构成专有部分,须具备下列三项要件。

(1)具有构造上的独立性,能够明确区分。所谓"构造上的独立性",又称"物理上的独立性",指各区分所有部分有客观明确的事实区分。换言之,指一专有部分与另一专有部分于建筑构造上能够客观地划分其范围。

(2)具有利用上的独立性,可以排他使用。所谓"利用上的独立性",又称"功能上的独立性",指各区分部分须与一般独立的建筑物相同,具有能够满足一般生活目的的独立功能。通常而言,区分部分是否具有独立满足一般生活目的的

---

[1] [德] J. Bärmann:"德国住宅所有权法",戴东雄译,载《法学论丛》第 13 卷第 1 期,第 166 页。

[2] 黄越钦:"住宅分层所有权的比较法研究",载郑玉波主编:《民法物权论文选辑》(上册),五南图书出版股份有限公司 1984 年版,第 440 页。

功能，应依下述标准判断：一是单独使用，即建筑物区分部分无须其他部分的辅助，即可独立使用。区分部分可否单独使用，通常系以该区分部分有无独立的出入门户为判断标准。区分所有部分如有独立门户与公共走廊或公共楼梯等公共设施相通，即可单独使用而为建筑物区分所有权的客体；反之，则不得为建筑物区分所有权的客体。二是独立的经济效用，即一栋建筑物的区分部分须具有与一般建筑物同样的独立经济效用，才可为专有部分，否则不得作为专有部分。

（3）须以建筑物区分所有权客体的形态表现于外部，即一栋建筑物的特定部分虽已具备专有部分的要件，但也仅是观念的、抽象的专有部分，并不必然成立建筑物区分所有权，必待业主将该专有部分作为区分所有权的客体现实化、具体化表现于外部的情况下，方可成为专有部分。此也就是《建筑物区分所有权解释》第2条第1款第3项所说能够登记成为特定业主所有权的客体。

上述第3项要件称为形式上的独立性要件，前二项要件称为实质上的独立性要件。亦即，一栋建筑物区分为数部分，于具备实质的独立性要件后，尚须具备形式的独立性，方可成立区分所有权。所谓形式的独立性，指业主以区分所有的意思办理区分所有权登记。故此，此形式的独立性系由业主的区分所有意思与区分所有登记两要件构成。前者称为形式独立性的主观要件，后者称为形式独立性的客观要件。换言之，区分所有权系依区分所有登记而创设，而区分所有登记，则以有区分所有意思为前提。应注意的是，承租人经出租人同意而于所承租的房屋上增建房屋，而其增建部分如具备实质的独立性时，可否成立区分所有权？对此，日本判例认为，应推定当事人间有成立区分所有的意思，承租人可取得增建部分的区分所有权[1]。

我国《物权法》规定，不动产物权以登记为公示方法，建筑物区分所有权为不动产物权之一种，由此自须办理登记。易言之，我国建筑物区分所有权系依登记而创设，当事人应依法办理登记，方能取得建筑物区分所有权。

三、专有部分的范围

区分所有建筑物的专有部分系由具有一定平面的长度与一定立体的厚度所构成，与其他专有部分或共用部分以墙壁（共同墙壁）、天花板、地板相间隔。故此，所谓专有部分的范围，亦即专有部分的界线，乃是指专有部分相互间，抑或

1　日本1963年10月29日最高法院判决，载《最高法院民事判例集》17卷9号，第1238页；温丰文：《建筑物区分所有权之研究》，三民书局1992年版，第22—23页。

与共用部分相互间的分隔部分究至何处界线为止，可以计入专有部分。此问题将直接影响到境界部分相接点处各业主可自由使用、修缮的权利，同时也间接影响到为了维持建筑物的整体安全，而对各业主可能有害及建筑物的安全的禁止问题，故此有必要予以讨论。专有部分的范围，主要有下列四说。

（1）中心说，也称壁心说，以日本学者山田幸二与河村贡二人为代表。[1] 交易实务上通常采此说。按照此说，区分所有建筑物专有部分的范围达到墙壁、柱、地板、天花板等境界部分厚度的中心。该说赋予各区分所有权人充分自由使用分隔境界的权利，但对整体建筑物的维持与管理较有损害。盖专有部分的范围既然包含境界壁中心线，则各业主于未超越壁心范围内，可自由使用或变更专有部分。惟以现实建筑物观之，其分隔部分的内部构造相当复杂，且往往敷设有维持整体建筑物正常使用所必需的各种管线，如水管、瓦斯管、电线、电话线等。中心线的认定不仅相当不易，且如可任由区分所有权人自由使用或变更，对整体建筑物的管理、维护及管线敷设权益更有重大影响。故此，中心说乃有其不足之处。[2]

（2）空间说，也称"全部属于共用部分说"，以日本学者右近健男、舟桥谆一和台湾地区学者史尚宽、李肇伟、黄越钦等人为代表。[3] 此说以区分所有权的共有权说为立论基础，与以个别所有权为立论基础的中心说系对立的见解。[4] 其自专有部分不过系由建筑材料所围成的空间的观念出发，认为专有部分的范围仅限于由墙壁（共同墙壁）、地板、天花板所围成的空间部分。而界线点上的分隔部分，如墙壁、地板、天花板等则为全体或部分业主的共有部分。该说的优点在于，其反映了建筑物区分所有权的专有权客体所具有的空间性特征。惟依该说，由于境界壁（如墙壁、地板、天花板等）为共用部分，故此业主欲粉刷墙壁或于墙壁上钉钉子，于地板铺地砖等均应经其他业主的同意方可为之。如此，区分所有权人

---

[1] ［日］山田幸二："专有部分的一部分：共用部分墙壁的疑义"，载［日］玉田弘毅、森泉章、半田正夫合编《建筑物区分所有权法》（资料），第105—106页；［日］河村贡："关于建筑物区分所有权"，载《大厦》第342号，第53页。

[2] 何明桢："建筑物区分所有之研究"，台湾政治大学1983年硕士论文，第34页；温丰文："论区分所有建筑物之专有部分"，载《法令月刊》1991年第42卷第7期，第276页。

[3] ［日］右近健男："区分所有与管理"，载《法律时报》第43卷第10号，第33页；［日］舟桥谆一：《物权法》，有斐阁1974年版，第348页；史尚宽：《物权法论》，荣泰印书馆股份有限公司1979年版，第110页；李肇伟：《民法物权》，台湾1979年自版，第164页；黄越钦："住宅分层所有权之比较研究"，载郑玉波主编：《民法物权论文选辑》（上册），五南图书出版股份有限公司1984年版，第440页。

[4] 何明桢："建筑物区分所有之研究"，台湾政治大学1983年硕士论文，第34页。

的生活必感不便,有悖于社会实际情况。[1] 正因如此,该说受到一些日本学者的严厉批判,认为如依该说,将彻底破坏日本现行的区分所有权制度,为专有部分的界线大打折扣。

(3) 最后粉刷表层说,以日本学者玉田弘毅为代表。[2] 依该说,专有部分包含至壁、柱等境界部分表层所粉刷的部分。亦即,境界壁与其他境界的本体属于共有部分,但于境界壁上最后粉刷的表层部分则属专有部分。此见解,一方面固然可以修正第二说的缺点,使区分所有权人于自己专有部分上自由地装潢,他方面也可匡正第一说的缺失,以利于对整栋建筑物的管理与维护。但其缺点则在于忽视现实区分所有建筑物系以壁心为界线的交易习惯。

(4) 壁心和最后粉刷表层说,亦称"中央部分属于共用部分,表面属于专有部分说",以日本学者川岛一郎、丸山英气为代表。[3] 究其实质,是对前述三说加以综合折中的产物,其认为专有部分的范围应分内部关系与外部关系而分别论定。于区分所有权人相互间,尤其是有关建筑物的维持、管理关系上,专有部分仅包含至壁、柱、地板、天花板等境界部分表层所粉刷的部分;但于外部关系上,尤其是对第三人的买卖、保险、税金等关系上,专有部分则包含至壁、柱、地板、天花板等境界部分厚度的中心线。[4]

以上四说中,第(4)说即"壁心和最后粉刷表层说"因一方面赋予各业主自由使用分界部分表面的权利,另一方面又因其顾及了整体建筑物的维持,且也符合空间权理论的最新动向,成为新近以来的通说。[5] 不仅如此,该说也得到了我国台湾地区一些学者的赞同。例如,谢在全在其所著的《民法物权论》中即谓:"专有部分之范围及于何处应依内外部关系分别以观,在区分所有人间,尤其是区分所有建筑物之维持与管理之内部关系上采取墙面说,专有部分之范围应及于墙壁、地板与天花板等境界构造物内面之外层粉刷部分,至在于第三人之外部关

---

[1] 温丰文:"论区分所有建筑物之专有部分",载《法令月刊》1991年第42卷第7期,第276页。

[2] [日] 玉田弘毅:"建筑物区分所有权法逐条研究"(3),载《判例时报》第342号,第53页。

[3] [日] 川岛一郎:"关于建筑物的区分所有等法律的解说"(上),载《法曹时报》第14卷6号,第24页;[日] 丸山英气:"区分所有权理论及其发展",载日本《法学家》476号(1971年),第113页。

[4] 温丰文:"论区分所有建筑物之专有部分",载《法令月刊》1991年第42卷第7期,第276页。

[5] [日] 丸山英气:《区分所有建筑物的法律问题》,三省堂1981年版,第53页;[日] 川岛武宜编著:《注释民法7》(物权2),有斐阁昭和53年版,第366页;何明桢:"建筑物区分所有之研究",台湾政治大学1983年硕士论文,第35页。

系上，例如专有部分之让与、投保或纳税等，专有部分之范围应及于境界构造物之中心线，即采壁心说。"[1] 另一学者温丰文于其所著的《论区分所有建筑物之专有部分》一文中也表明了与谢氏相同的见解。[2] 本书认为，第（4）说因能据以厘清区分所有权人相互间，以及区分所有权人与第三人间的权益，符合社会的现实情形与未来发展需要，故可赞同。

另外，应说明的是，以上所论系仅就建筑物的结构说明专有部分的范围。惟事实上，专有部分的范围，除建筑物的结构部分外，尚涵括建筑物的附属物与附属建筑物。而所谓建筑物的附属物，乃指配置于建筑物内部的水管、瓦斯管、电线、电话线等附属设备。其中，专供专有部分使用的管线应属于专有部分的范围之内。[3] 至于供各户共同使用的管线，则属共有部分；所谓附属建筑物，则指仓库、车库等居于从属地位的建筑物。附属建筑物一方面固可依管理规约成为约定共有部分，另一方面也可成为某一专有部分的附属建筑物。当车库、仓库等附属建筑物从属于某一专有部分时，专有部分的范围涵括该附属建筑物。基于主物的处分及于从物的规则，于该专有部分移转或设立负担时，其效力自应及之。[4]

四、专有权的内容

所谓专有权的内容，指业主作为专有所有权人所享有的权利与承担的义务。其涵括如下方面。

（一）业主作为专有权人享有的权利

1. 所有权与自行管理权

专有部分为业主单独所有权的客体，由此业主对专有部分的权利，乃与一般所有权人所享有的权利相同，具有绝对性、永久性和排他性，即业主于法律限制的范围内，可以自由使用、收益、处分专有部分，并排除他人的干涉。进而言之，业主可对自己的专有部分予以直接占有、使用，以实现其居住、营业及其他目的，并可将之予以出租收取租金，或于其上设立负担（如设立抵押权），以及将之转让。并且，专有部分原则上也由业主自行管理，他人不得干预。

需提及的是，为了防止单个的业主损害全体业主的共同利益，确保居住品

---

[1] 谢在全：《民法物权论》（上册），新学林出版股份有限公司2014年版，第247页。
[2] 温丰文："论区分所有建筑物之专有部分"，载《法令月刊》1991年第42卷第7期，第277页。
[3] 温丰文："论区分所有建筑物之专有部分"，载《法令月刊》1991年第42卷第7期，第277页。
[4] 温丰文："论区分所有建筑物之专有部分"，载《法令月刊》1991年第42卷第7期，第277页。

质,《物权法》对专有部分的使用作了限制性规定。其第71条第2句规定:"业主行使权利不得危及建筑物的安全,不得损害其他业主的合法权益";第77条规定:业主不得违反法律、法规以及管理规约,将住宅改变为经营性用房。业主将住宅改变为经营性用房的,除遵守法律、法规以及管理规约外,应当经有利害关系的业主同意。对于实务中可能会发生的"商户改住宅",也应参照适用该条规定,因为二者的本质均系改变房屋用途。

另外,《物业管理条例》《建设工程质量管理条例》此两部行政法规及《住宅室内装饰装修管理办法》《建筑装饰装修工程施工质量验收规范》此两个部门规章文件中,对业主装饰装修自己的专有部分作了限制性规定,具体涵括两个方面:一是针对房屋中特定部位的禁止规定,例如,变动建筑主体和承重结构、将未有防水要求的房间改为卫生间和厨房、损坏节能设施、擅自拆改配套设施等;二是装饰装修中应遵循的必要程序,即事先向物业管理单位申报登记,并告知邻里。

2. 相邻使用权

所谓相邻使用权,指业主为保存其专有部分或共有部分,或于修缮的必要范围内,可请求使用其他业主的专有部分或不属于自己所有的共有部分。但此时如致损害,应予赔偿。[1]

居住于同一栋区分所有建筑物上的各业主,其各自的专有部分,有如火柴盒一般,紧密地堆砌于同一栋建筑物上,各业主彼此间由此形成立体的相邻关系。[2]业主为了保存自己所有的专有部分,往往因为建筑物的结构而不得不使用左右或上下相邻的其他业主的专有部分,或其他不属于自己所有的共有部分。例如,一楼的天花板漏水,非从二楼的地板着手即无从修理,即其适例。于此情形,业主彼此间应容忍他人利用自己的专有部分从事建筑物的维护、修缮、改良等。[3]至于违反此规定,无正当理由拒绝他区分所有权人使用自己专有部分以保存该请求人的专有部分的,日本法院判决认为,构成侵权行为。[4]

应当提及的是,使用他人的专有部分以维护或修缮、改良自己的专有部分,应限于"必要的范围内"。所谓"必要的范围",系一不确定概念,其认定应就维

---

1 日本《建筑物区分所有权法》第6条第2项。
2 温丰文:"区分所有建筑物法律关系之构造",载《法令月刊》1992年第43卷第9期,第48页。
3 温丰文:"论区分所有建筑物之专有部分",载《法令月刊》1991年第42卷第7期,第279页。
4 日本区分所有建筑物管理问题研究会编:《区分所有建筑物的管理和法律》,商事法务研究会发行1981年版,第271—272页。

护或修缮工事的规模、时期、期间、工事的必要性、紧迫性，有无其他维护或修缮的可能方法，以及对其他业主的专有部分所加损害的种类、程度、性质等诸情事予以综合判断。概言之，请求使用他人的专有部分的，应尽量于不困扰其他业主的时期与方法的范围内为之。[1]

另外，对于此相邻使用权，还有两点须予说明：一是对他人专有部分行使使用请求权时，其相对人不以业主为限。若业主已将其专有部分出租或出借时，也得向承租人或借用人等占有人行使。并且，该使用请求权行使的对象，也不以物理上前后左右或上下相邻接的专有部分为限，物理上即使未邻接，只要是在建筑物维护或修缮、保存的必要范围内，亦可对之行使。[2] 二是为平衡当事人之间的权益，使用他人专有部分以维护、修缮和保存自己的专有部分时，若因此致他区分所有权人受到损害的，应回复原状或予赔偿。惟其因此所生损害并非基于违法行为，而系基于适法行为，故不可以归责于行为人的故意或过失为必要。亦即，只须被害人（他业主）证明损害确已发生即可[3]。

（二）业主作为专有权人承担的义务

第一，不得违反全体业主的共同利益。如前述，各业主的专有部分犹如火柴盒一般，紧密地堆砌于同一栋建筑物上，由此各业主对整栋区分所有建筑物的安全与维护，具有共同利益关系。业主若有违反共同利益而为害于建筑物的适当管理或正常使用行为，即使形式上系行使其专有部分所有权权能范围内的行为，也不允许。[4] 尤其是单个的业主不得违反全体业主的共同利益。通常言之，下列行为即属违反共同利益的行为。

（1）对建筑物的不当毁损行为。业主就自己的专有部分加以改建或增建，而须拆除其内部梁柱或墙壁的全部或一部时，该梁柱或墙壁即使属于其专有部分的范围，若因此有危及整栋建筑物的安全之虞或影响整栋建筑物的外观时，其他业主可以违反共同利益为由，加以禁止。[5]

（2）未按专有部分的本来用途与使用目的使用专有部分。业主虽可自由使用

---

[1] [日] 玉田弘毅："建筑物区分所有权法逐条研究（12）"，载《判例时报》354号，第114页。转引自温丰文："论区分所有建筑物之专有部分"，载《法令月刊》1991年第42卷第7期，第279页。

[2] 日本高松高等法院1974年11月28日判决，载《判例时报》第771号第53页。转引自温丰文："论区分所有建筑物之专有部分"，载《法令月刊》1991年第42卷第7期，第279页。

[3] 温丰文："论区分所有建筑物之专有部分"，载《法令月刊》1991年第42卷第7期，第279页。

[4] [日] 铃木禄弥：《物权法讲义》，创文社1975年版，第22页。

[5] [日] 川岛武宜编集：《注释民法（7）》（物权2），有斐阁1978年版，第366页；温丰文："论区分所有建筑物之专有部分"，载《法令月刊》1991年第42卷第7期，第278页。

自己的专有部分,但此使用须按专有部分的本来用途与固有的使用目的而为之,否则构成不当使用行为。换言之,专有部分本身系用于居住、营业或其他特定用途和特定目的的,业主须依这些本来的用途与使用目的而对之予以使用,而不得将其供作居住或所定用途以外的其他使用。对此,《物权法》第77条设有明文。

日本通说认为,业主如搬入危险物品(易燃物或爆炸物)或一定吨数以上的重量物危及建筑物的安全,或于纯住家公寓里经营餐饮业、卡拉OK店、色情应招店等有碍居家安宁时,即构成对专有部分的不当使用行为,他业主可以违反共同利益为由,加以禁止。[1]另外,在实务上,日本一般公寓大厦管理规约所定的业主违反共同利益的行为相当广泛,主要涵括[2]:将专有部分供作居住或所定用途以外的使用,搬入重量物、肮脏恶臭物、危险物等妨害他人的物品,带有噪音、振动或其他令人厌恶的使用行为,变更建筑物的专有部分的基本结构或外观,饲养有危害或困扰他人之虞的动物,体育用品或较重物品的任意投掷,共有部分的不法占有或任意堆放物品,新设、附加或变更电气、瓦斯、给水排水等设施,致影响其容许量,私自设置专用庭院、阳台或停车场等构造物以及违反公序良俗的行为。

综上所言,业主的行为有无违反共同利益,不仅应从财产管理的侧面加以考量,且更应自共同生活的侧面而予权衡。[3]换言之,生活于同一栋建筑物上的业主,其所为的行为有损及建筑物的安全、管理、使用的,自不待言,其有害于共同生活秩序的,也属违反共同利益的范围,他业主皆可加以禁止。[4]惟需注意的是,业主可禁止他业主为违反共同利益的行为,就理论依据而言,可分为绝对禁止行为与相对禁止行为两类。前者乃不问管理规约有无订定,当然可予禁止,其理论依据可求之于业主之间所固有的共同关系;后者则须透过管理规约的规定或业主大会的决议方可禁止,其理论依据可求诸业主的管理团体的意思[5]。

第二,维持区分所有建筑物存在的义务。业主虽对建筑物的专有部分享有单独所有权,但此单独所有权系存在于一栋独立的建筑物中。为此,各国家或地区立法乃认为,业主有维护整体建筑物存在的义务。例如,美国《公寓大厦所有权

---

[1] [日]川岛武宜编集:《注释民法(7)》(物权2),第366页。转引自温丰文:"论区分所有建筑物之专有部分",载《法令月刊》1991年第42卷第7期,第278页。

[2] [日]川岛武宜编集:《注释民法(7)》(物权2),有斐阁1978年版,第366页。

[3] [日]玉田弘毅:"建筑物区分所有权法逐条研究"(11),载《判例时报》第353号,第100页。转引自温丰文:"论区分所有建筑物之专有部分",载《法令月刊》1991年第42卷第7期,第278页。

[4] 温丰文:"论区分所有建筑物之专有部分",载《法令月刊》1991年第42卷第7期,第278页。

[5] 温丰文:"论区分所有建筑物之专有部分",载《法令月刊》1991年第42卷第7期,第278页。

创设示范法》第 8 条规定：公寓所有权人不得为有害于整体财产安全和存在的行为，或未经全体公寓所有权人的同意，而为减少财产价值或不动产权利的行为；德国《住宅所有权法》第 14 条也规定：住宅所有权人对区分所有权所属建筑物有维持义务。另外，日本《建筑物区分所有权法》第 6 条第 2 项也有类似规定。

第三，不得随意变更通过自己的专有部分的电线、水管、煤气管等。

第四，业主应独立出资修缮自己的专有部分。维修专有部分的共同墙壁、天花板、地板或其内的管线，其费用由该共同墙壁、天花板和地板上下的业主共同负担。惟维修费用系因某特定业主的因由所造成的，则由该业主负担。[1]

第五，维护住宅环境的卫生和安宁，以及住宅周边地区的善良风俗和习惯。

五、业主作为专有权人的法律责任（Ⅰ）：停止侵害、排除妨害与损害赔偿

业主作为专有权人的法律责任，系指业主因实施违反其作为专有权人的义务的行为，而应承担的法律后果。各国家或地区的建筑物区分所有权法，皆对业主作为专有权人违反义务的行为所应承担的法律责任及其形式予以明定[2]。其中，停止侵害、排除妨害系首要的一种法律责任形式，也系建筑物区分所有权法中适用范围最为广泛的一种责任形态。其主要适用于对专有部分的不当使用行为，不当修缮和改良行为等。例如，日本《建筑物区分所有权法》第 57 条第 1 项规定，对实施不当使用行为与不当修缮和改良行为的专有所有权人，可请求其停止行为，除去行为的结果或采取必要的措施预防该行为的持续发生。

另外，损害赔偿也系一种重要的责任承担形式。损害赔偿为现当代民事责任形式中最主要和最常用的责任形式，其实质上是法律强制民事违法行为人向受害人支付一笔金钱，目的在于填补受害人因违法行为所遭受的财产损失。现当代各国家和地区的建筑物区分所有权法均认可此种损害赔偿责任制度。日本《建筑物区分所有权法》第 6 条第 2 项规定，业主为保存其专有部分或共有部分，或者为了改良，于必要范围内可请求使用其他业主的专有部分或不属于自己所有的共有部分。此种场合，致其他业主于损害的，应支付赔偿金。我国台湾地区"民法"

---

[1] 王泽鉴：《民法物权 1》（通则·所有权），三民书局 2003 年版，第 258—259 页；崔建远：《物权法》，中国人民大学出版社 2014 年版，第 195 页。

[2] 2013 年经修订的台湾地区"公寓大厦管理条例"专设第 5 章规定区分所有权关系中的"罚则"，共 6 条。

第 800 条规定，业主有使用他人专有部分正中宅门必要的，得使用之，但若因此致其受有损害的，应支付偿金。

六、业主作为专有权人的法律责任（Ⅱ）：将业主自区分所有权共同体关系中驱逐（即剥夺业主的区分所有权）

（一）概要

建筑物区分所有权的剥夺，又称建筑物区分所有权的拍卖请求或建筑物区分所有权的转让（让与）请求，其本质上系将业主从建筑物区分所有权共同体关系中予以驱逐，为建筑物区分所有权法上的一项特殊制度。此种制度系现代各国建筑物区分所有权法中对违反义务的业主所采取的最为严厉的制裁措施。由于业主间形成的共同体关系不只是单纯的财产共同关系，而且也包含了相当程度的生活共同关系，因此如何维护业主间的此种共同体关系便成为各国建筑物区分所有权立法中的一项重要课题。为此，一些国家和地区的立法设立了建筑物区分所有权的剥夺，即将业主从建筑物区分所有权共同体关系（或专有部分）中予以驱逐的制度。

在比较法上，自 1948 年奥地利《住宅所有权法》最先设立建筑物区分所有权剥夺的明文规定以来，[1] 1951 年德国《住宅所有权法》和 1983 年日本《建筑物区分所有权法》均就该制度定有明文。我国 2007 年《物权法》并未规定此制度，其因由何在及是否正当，值得反思。在我国，自 20 世纪 90 年代进行住房的商品化改革以来，区分所有建筑物（商品房住宅）在实务中也出现了业主严重违反义务的情形：（1）业主对自己专有部分的利用，妨碍建筑物的正常使用，尤其是违反全体业主的共同利益，经管理人或业主委员会制止其行为仍然不停止；（2）擅自变更共有部分的构造、使用目的及为其他类似的行为，经管理人或业主委员会制止其行为仍然不停止；（3）其他严重违反法律或管理规约的行为等。[2]

---

1 《奥地利住宅所有权法》（Wohnungseigentumsgesetz）第 10 条规定："住宅所有权人有下列情事时，得由其他住宅所有权人以诉讼请求将该住宅所有权人从共同关系中驱逐：（1）未履行对共同关系的义务并且对自己的支付义务未于法院第一次直接先行审理的裁判终结前履行。（2）在自己的住宅所有权（专有部分）或供共同利用的不动产部分（共有部分），对其他的住宅所有权人为重大的损害。（3）因疏忽、粗野或其他重大的不正当行为使共同居住的人产生厌恶，或于自己的单独所有权内为应受处罚的行为，情节重大的。判决效力发生后满三个月时，原告得依强制拍卖不动产执行法令的规定，请求拍卖违反义务的业主的共有部分的应有份额及与其相结合的住宅所有权。"

2 参见齐恩平、徐腾飞："论成员权的限制与剥夺"，载《河北大学学报》（哲学社会科学版）2009 年第 6 期。

尤其值得注意的是，在实践中甚至有业主任意变更自己专有部分的构造，从而对建筑物造成不当毁损，如将阳台或庭院扩充为内室、擅自添设铁窗栅栏、改变建筑物的外貌，或为整修内部，抽梁换柱以致影响建筑物的安全结构等，或随意改变建筑物中铺设的管线致使危及整栋建筑物的安全和便捷利用等。毫无疑义，这些行为均严重违反了业主所负有的确保建筑物安全和完整的基本义务，有必要经由一定程序，提请法院通过判决而剥夺其建筑物区分所有权。唯有如此，方能遏制此等恶劣的业主损害其他全体业主共同利益的行为，维系安全、舒适、安宁的居住环境。由于建筑物区分所有权剥夺制度于建筑物区分所有权法上的特殊地位，本部分拟对认可该制度的典型国家——德国和日本——法律上的建筑物区分所有权剥夺制度予以分析、考量，期冀借他山之石，以从解释论和立法论角度完善《物权法》的相关规定。

（二）建筑物区分所有权剥夺的比较法考察（一）：以德国法上的转让请求制度为中心

1. 基本概要

德国法称建筑物区分所有权为住宅所有权。1951 年德国《住宅所有权法》即为规范建筑物区分所有关系的专门性法律，并于 2007 年作了最新修改。2007 年德国《住宅所有权法》仍然维持了 1951 年德国《住宅所有权法》有关剥夺严重违反义务业主的住宅所有权的规定。

根据 2007 年德国《住宅所有权法》第 18 条的规定，一个住宅所有权人严重违反对其他住宅所有权人的义务致使其他住宅所有权人无法继续与其维持共同体关系时，其他住宅所有权人可以请求转让（让与）违反义务之住宅所有权人之住宅所有权；此转让请求，得由业主的过半数以决议为之。根据 2007 年德国《住宅所有权法》第 19 条第 1 项的规定，要求（请求）严重违反义务的业主转让其住宅所有权的判决使每个其他业主均有权依据《德国强制拍卖和强制管理法》第 1 章的规定请求强制执行。要求转让的请求被认可时，违反义务业主的住宅所有权即被剥夺。因此，在德国法上，住宅所有权转让请求制度，又被称为剥夺制度或没收制度。[1]

依据 2007 年德国《住宅所有权法》第 18 条的规定及审判实务，在德国构成建筑物区分所有权剥夺的主要原因为：业主对自己所负的义务有重大违反，以致

---

[1] 参见［日］伊藤荣寿："对业主的团体的拘束的根据与界限——区分所有中的所有权法与团体法的交错"（2），载爱知学院大学论丛《法学研究》第 51 卷第 2 号（2010 年），第 291 页。

无法期待继续与其维持共同体关系。具体而言，业主如果不听劝阻，继续严重违反法律所课加的义务，或业主对应分担的费用迟延给付达 3 个月以上且数额超过其住宅整体价值的 3% 时，即视为违反义务，且无法期待继续与其维持共同体关系。[1] 剥夺的方法是，根据有表决权的业主的半数以上的多数决为之。被选定的住宅所有权的受让人可请求违反义务的业主将其住宅所有权转让。该业主不为转让时，被选定的受让人可依诉讼方式，请求管辖法院将该业主的住宅所有权拍卖。[2] 至于剥夺原因是否以当事人的主观过错为要件，德国理论界和实务界皆认为不以可归责于义务人的原因为限。业主因为酒精或药物中毒而丧失自主意思致有引起火灾的危险，或罹患恶性疾病，或有侵害他人的精神病等，均可构成剥夺的理由。[3] 此外，德国实务界还认为，业主若使用自己的专有部分卖淫时，也可构成剥夺的理由。[4]

须指明的是，住宅所有权转让请求制度在德国较早的法制中是不予认可的。具体而言，德国于 1896 年制定的民法典主要是针对旧时代的楼层所有权制度的，并不认可这样的权利剥夺。也正因如此，它成为很多纷争产生的根源。德国现今占据支配地位的民法理论认为，某业主由于实施了重大的违反义务行为，其他业主不能容忍与其继续维持共同体关系的情况发生时，将不能被其他业主容忍的业主自共同体关系中驱逐出去就是必需的、必要的，并应为法律所支持。由此，在业主共同体关系中存在纷争和对立时，作为对大多数业主进行法律救济的手段或措施，德国法上的住宅所有权转让请求制度遂得以被认可。[5]

---

[1] 参见［日］丸山英气："住宅所有权的剥夺"，载《横滨市立大学论丛》第 31 卷 2、3 合并号（1975 年），第 50 页。

[2] 参见［日］远藤厚之助："楼层的区分所有权的系谱"，载《东洋法学》第 4 卷第 2 号（1961 年），第 69 页；《德国住宅所有权与长期居住权法》第 18 条第 1—4 项。该法的最新译本参见《德国住宅所有权与长期居住权法》，胡晓静译，载张双根、田士永、王洪亮主编：《中德私法研究》第 5 卷，北京大学出版社 2009 年版，第 163—164 页。

[3] 参见［日］丸山英气："住宅所有权的剥夺"，载《横滨市立大学论丛》第 31 卷 2、3 合并号（1975 年），第 51 页。惟对此点存在不同的解释意见，即认为上述的违反义务，须以有"过失"为必要。而所谓过失，系指一般性的生活态度的责任。例如，某住宅所有权人由于酒或麻药中毒而导致的无责任能力的状况下，属于有引起火灾的危险的情形，应认为有过失。参见［日］伊藤荣寿："对业主的团体的拘束的根据与界限——区分所有中的所有权法与团体法的交错"（2），载爱知学院大学论丛《法学研究》第 51 卷第 2 号（2010 年），第 296 页。

[4] 参见何明桢："建筑物区分所有之研究"，台湾政治大学法学院 1983 年硕士学位论文，第 104 页。

[5] 参见［日］伊藤荣寿："对业主的团体的拘束的根据与界限——区分所有中的所有权法与团体法的交错"（2），载爱知学院大学论丛《法学研究》第 51 卷第 2 号（2010 年），第 291—292 页。

2. 要件

关于住宅所有权转让请求制度，2007 年德国《住宅所有权法》第 18 条第 1 项规定了一般性的要件，第 2 项规定了要件被满足的具体情形。其中，规定一般性要件的第 18 条第 1 项规定，认可住宅所有权的转让请求须符合两个要件：（1）业主严重违反对其他业主所负有的义务；（2）由此使其他业主难以期待以后继续与其维持因建筑物区分所有权所产生的共同体关系。[1]

须注意的是，上述第一个要件所述的严重违反义务，其无论系经济上的还是其他种类的，皆属之。违反义务的业主尽管违反的是对业主共同体的义务，但就具体情形而言，并不限于违反者以外的其他所有业主。也就是说，即使对业主共同体中的任何一个业主违反义务，住宅所有权转让请求也是被认可的。所谓违反义务，必须是严重违反义务。违反义务是否严重，应在考虑具体事例的所有情况后作出判定。[2] 至于第二个要件，须是其他业主以后不能继续期待与违反义务的业主维持共同体关系，此即"期待不可能性"要件。换言之，若有继续期待与其维持共同体关系的现实可能性，像存在期待可以解决问题的措施时，住宅所有权转让请求是不被认可的。之所以如此，主要是因为住宅所有权转让请求是对业主住宅所有权的重大干涉，是在使用其他所有手段后仍然不能解决问题而最后不得已所采取的措施。对"期待不可能性"要件进行判断时必须考虑的是，如果通过排除妨害就可以使其他的业主不受妨碍（或侵害），则违反义务的业主就应继续保有自己的住宅所有权，即其住宅所有权不得被请求转让、不得被拍卖，进而不得被剥夺。[3]

3. 住宅所有权被剥夺的业主受业主大会团体决议（决定）拘束的根据和界限

在德国，认为住宅所有权系一种团体性权利的所谓"团体法的进路"的主张者认为，应将住宅所有权的转让请求制度与团体的除名制度同等把握。所谓团体的除名制度，即依《德国民法典》第 737 条的规定，于存在重大理由时可以将团体成员除名。也就是说，依德国团体法的规则和法理，当构成团体的成员之间的相互信赖关系发生问题时，将破坏成员之间信赖关系的人予以除名被认为是必要

---

[1] 参见［日］伊藤荣寿："对业主的团体的拘束的根据与界限——区分所有中的所有权法与团体法的交错"（2），载爱知学院大学论丛《法学研究》第 51 卷第 2 号（2010 年），第 292 页。

[2] Vgl. Heinrich Kreuzer, in: Staudingers Kommentar zum Bürgerlichen Gesetzbuch, WEG Band 1, Bear 13. Aufl., 2005., § 18 Rdnr. 13（S. 521f）.

[3] 参见［日］伊藤荣寿："对业主的团体的拘束的根据与界限——区分所有中的所有权法与团体法的交错"（2），载爱知学院大学论丛《法学研究》第 51 卷第 2 号（2010 年），第 292—293 页。

的。团体的除名制度是排除破坏信赖关系的人的手段,而德国《住宅所有权法》之所以认可剥夺住宅所有权制度,其法理基础正在于此。但是,此一见解的主张者全面认可对住宅所有权的使用、收益及处分的自由予以团体的拘束,将住宅所有权不是作为所有权而是作为团体性权利而构造,因此在理论上受到强烈批判。故在今日之德国学界,对于住宅所有权转让请求制度,多数学者不再将其与团体的除名制度作同等的看待和把握。[1]

此外,在德国,将住宅所有权理解为共有权的所谓"共有法的进路"的主张者认为,住宅所有权中的特别所有权在经济上姑且不论,于法律上只不过是形成作为土地的共有份额权的某住宅所有权的附属物,住宅所有权的核心权利始终是土地的共有份额权。与《德国民法典》中的一般共有不同,住宅所有权系土地和建筑物的共有份额权,是一种不能解除各业主之间的共有关系的共有。[2]正因为它是一种不能解除的共有关系,依共有人应受共有关系拘束这一一般原则,设立保护其他共有人免遭违反义务人的妨碍(或侵害)的规则也就非常必要了。可见,住宅所有权转让请求制度是基于不能解除业主之间的共有关系而作为解决纷争手段存在的。此见解由于有助于防止对多数业主住宅所有权行使自由的侵害,因此被认为是剥夺违反义务业主的住宅所有权的必要理由。对违反义务者住宅所有权的剥夺,由于不可能获得其本人(被剥夺者)的同意,因此只能采取多数决的方式决定。[3]

综上所述,在德国,关于住宅所有权转让请求制度采"团体法的进路"的见解者认为应与除名制度作同样的考量,而采"共有法的进路"的见解者认为它是解决纷争的手段。可见,两种进路在寻求住宅所有权转让请求制度的根据上是完全不同的。尽管两者存在不同,唯持两种进路的主张者皆认为,基于业主共同体关系是持续性的、不能被解除的,因此住宅所有权转让请求制度作为其他业主防止自己住宅所有权的使用、收益及处分的自由被侵害的手段乃是必要的。[4]

须指明的是,德国《住宅所有权法》上的转让请求制度不能认为得依多数决

---

[1] 参见[日]伊藤荣寿:"对业主的团体的拘束的根据与界限——区分所有中的所有权法与团体法的交错"(2),载爱知学院大学论丛《法学研究》第51卷第2号(2010年),第293—294页。

[2] 参见德国《住宅所有权法》第11条。

[3] 参见[日]伊藤荣寿:"对业主的团体的拘束的根据与界限——区分所有中的所有权法与团体法的交错"(2),载爱知学院大学论丛《法学研究》第51卷第2号(2010年),第294—295页。

[4] 参见[日]伊藤荣寿:"对业主的团体的拘束的根据与界限——区分所有中的所有权法与团体法的交错"(2),载爱知学院大学论丛《法学研究》第51卷第2号(2010年),第294—295页。

的方式而无限制地加以适用。理论界和实务界均认为,对之须作如下必要的限制[1]:

(1) 住宅所有权被剥夺的业主须严重违反对其他业主所负有的义务,以至于共同体关系继续维系对其他业主来说已经不能忍受。没有严重违反义务就剥夺业主住宅所有权的行为,是不会被认可的。是否严重违反义务,对有关业主来说,系依与妨害人(违反义务的业主)的共同体关系之继续维系是否已经不能忍受而判定。此种判定,应就具体案件情况作综合考虑后确定。由于违反义务须以"严重"为要件,因此可以说,严重违反义务之业主的权利就不再值得保护。总结德国的司法判例,可以把业主违反义务之行为概括为以下几种情形:第一,出租的房屋被作为卖淫的房间使用,而出租人予以默认,或其他业主持续地毁损出租人的名誉,该出租人对其他业主实施暴力的,可经业主大会过半数决议而剥夺其住宅所有权。[2]第二,业主无视警告,反复、严重地违反 2007 年德国《住宅所有权法》第 14 条规定的义务,经业主大会过半数的决议而剥夺其住宅所有权。第三,违反 2007 年德国《住宅所有权法》第 16 条第 2 项和第 18 条第 2 项第 2 句的规定,业主超过 3 个月不履行费用分担义务且数额超过住宅所有权总价值的 3% 的,经业主大会过半数决议而剥夺其住宅所有权。

(2) 住宅所有权的转让请求,以在业主大会上经多数决议而定之为必要。由于法律设有反对决议的少数业主之表明意见的机会的制度,由此正当的程序得以保障,从而满足了保障正当程序的要件。

(3) 由于将引起违反义务业主的住宅所有权被剥夺这一重大后果,因此业主大会议决的生效不是以过半数的出席者同意为条件,而需以过半数的有表决权的业主同意为条件。也就是说,较之关于其他管理措施的议决,其生效要件被严格化了。并且,根据 2007 年德国《住宅所有权法》第 18 条的规定,请求严重违反义务的业主转让其住宅所有权,须以提起诉讼并获得法院的支持为必要。也就是说,是否剥夺,最终须由法院来判定。经由此种程序上的严格化,以贯彻保障所有权自由原则。

综上所述,在德国法上,由于贯彻了保障所有权自由原则和正当程序原则,因此住宅所有权转让之请求受业主大会团体决议(决定)的拘束,自然也就被认为是正当的。

---

1 参见 [日] 伊藤荣寿:"对业主的团体的拘束的根据与界限——区分所有中的所有权法与团体法的交错"(2),载爱知学院大学论丛《法学研究》第 51 卷第 2 号(2010 年),第 295—296 页。

2 Vgl. Bärmann/Pick, Wohnungseigentumsgesetz Kommentar, 18. Aufl., 2007, § 18 Rdnr. 2 (S. 349).

(三) 建筑物区分所有权剥夺的比较法考察 (二): 以日本法上的拍卖请求制度为中心

1983年日本《建筑物区分所有权法》规定了建筑物区分所有权的拍卖请求制度。根据该法第59条第1项的规定，业主为对建筑物的保存有害的行为，或其他有关建筑物的管理或使用违反业主共同利益，致业主的共同生活发生显著障碍，而难依其他方法除去障碍，以谋共用部分的持续利用或其他业主共同生活的维持时，其他业主全体或管理团体法人得基于业主大会的决议，以诉讼方式请求拍卖与该行为有关业主的建筑物区分所有权和基地利用权。兹具体分析如下。

1. 立法旨趣

如前所述，1983年日本《建筑物区分所有权法》第59条第1项系规定业主严重违反义务，业主间维持共同生活发生困难而并无其他的方法加以救济时，其他业主得以诉讼方式请求拍卖该违反义务业主的建筑物区分所有权和基地利用权。此即对违反义务者的建筑物区分所有权的剥夺制度。[1] 1962年日本《建筑物区分所有权法》对此制度曾持观望态度，最终未作规定。

1962年日本《建筑物区分所有权法》第5条第1项规定："区分所有人不得为对建筑物的保存有害的行为，或其他关于建筑物的管理或使用不得为违反建筑物区分所有权人的共同利益的行为。"这是对业主间权利义务的规定。当时的立法者认为，由于日本此前并无关于这一点的明文规定，而建筑物区分所有权人的权利受该法第5条第1项的限制乃是建筑物区分所有权在性质上的当然之事，因此无须透过明文规定使之明确化。根据此项规定，业主中的一人为违反第5条第1项的行为且不能被阻止时，其他业主即可以诉讼方式请求停止该行为，在紧急情况下，也可请求法院作出命令其停止行为的假处分。[2]

与上述第5条第1项的规定相关联，1962年日本《建筑物区分所有权法》在制定过程中对于是否设立拍卖违反义务业主的建筑物区分所有权，是否规定强制性地把违反义务者从专有部分中退出的措施存在争议。经过讨论，立法者最终放弃了在立法中设立明文规定的主张。[3] 因为在日本的风土人情之下，法律界担心该

---

[1] [日] 水本浩、远藤浩、丸山英气编：《公寓法》，日本评论社2006年版，第106页。

[2] [日] 伊藤荣寿："对业主的团体的拘束的根据与界限——区分所有中的所有权法与团体法的交错"(2)，载爱知学院大学论丛《法学研究》第51卷第2号（2010年），第297页。

[3] [日] 末川博、石田喜久夫等："关于建筑物区分所有的法律"，载《民商法杂志》第46卷2号，第50页；[日] 我妻荣、星野英一等："关于建筑物的区分所有"，载日本《法学家》第46号，第5页。

制度会被滥用,从而造成大量建筑物区分所有权被剥夺的后果。由于当时存在尽管是少数但却是强烈的反对意见,加之设立此制度的必要性还主要停留在观念层面,因此1962年日本《建筑物区分所有权法》最终并未规定剥夺建筑物区分所有权的拍卖请求制度。[1]

然而,随着日本区分所有建筑物的广泛建造,随之而来的恶劣的义务违反者逐渐增加,要求剥夺建筑物区分所有权的呼声变得日益强烈。在这样的动向和背景下,1983年日本《建筑物区分所有权法》第59条从日本社会的现实需要和必要性出发确立了建筑物区分所有权的拍卖请求制度。拍卖请求制度,被认为是维持业主之间圆满、持续的共同生活的最后手段,因而具有重要意义。

2. 拍卖之诉的要件

(1) 实体要件。对违反义务的业主提起拍卖其建筑物区分所有权诉讼的实体要件包括三项:业主为对建筑物的保存有害的行为,或其他有关建筑物的管理或使用为违反业主共同利益的行为,或者有为这些行为之虞;前述行为致使业主间的共同生活关系的维系发生显著障碍;难以依其他方法除去此种障碍,以谋共用部分的持续利用或其他业主共同生活关系的维持。须注意的是,日本法上建筑物区分所有权的拍卖请求制度,仅在为了维持业主间的共同生活而无其他的方法可以实现时,才作为所能采取的最后手段或措施。[2]

(2) 程序要件。请求拍卖建筑物区分所有权的权利,属于除违反义务者以外的其他全体业主,即属于团体。同时,拍卖请求是以诉讼的方式,即必须通过裁判行使,且以业主大会先期作出决议为必要。也就是说,管理人或于业主大会被指定的业主,得依业主大会的(拍卖)决议为其他全体业主提起拍卖的诉讼。并且,考虑到永久将违反义务者从业主共同体中排除后果的重大性,1983年日本《建筑物区分所有权法》第59条第2项又同时规定,若没有业主及表决权的各3/4以上的多数赞成,不得向法院提起诉讼,而且还应给予违反义务者辩明自己主张的机会。关于得提起诉讼的人,业主管理团体具有法人资格时,由管理团体法人提起诉讼;业主管理团体未取得法人资格时,考虑到诉讼上的方便,由管理人或业主大会指定的业主为除违反义务者以外的全体业主提起诉讼。

(3) 拍卖请求权的性质和内容。拍卖请求权具备实体要件后,须以诉讼的方

---

[1] [日] 伊藤荣寿:"对业主的团体的拘束的根据与界限——区分所有中的所有权法与团体法的交错"(2),载爱知学院大学论丛《法学研究》第51卷第2号(2010年),第298页。

[2] [日] 水本浩、远藤浩、丸山英气编:《公寓法》,日本评论社2006年版,第106页,第106—107页。

式行使,即该请求权属于须通过裁判行使的形成权。并且原告的胜诉判决一旦确定,即产生《日本民事执行法》上的拍卖请求权。拍卖请求权的内容,是在法庭上请求拍卖违反义务者的建筑物区分所有权和基地利用权。[1]

3. 法律效果

(1) 拍卖请求权的发生。基于1983年日本《建筑物区分所有权法》第59条而作出的判决,是宣告原告(其他全体业主)有拍卖违反义务者的建筑物区分所有权和基地利用权之请求权的判决。由于此判决的确定,原告即享有拍卖请求权,得依《日本民事执行法》的规定向法院申请拍卖。[2]

(2) 拍卖的实行和买受人的限制。依据《日本民事执行法》第44条的规定,原告应向执行法院提出拍卖申请。而又依据1983年日本《建筑物区分所有权法》第59条之规定,此项申请须于拍卖判决确定之日起的6个月内为之。由于此拍卖制度是以全面排除违反义务者为目的,因此被申请拍卖的业主或为其利益而欲承买的人不得申请承购,即不能成为拍卖中的买受人。1983年日本《建筑物区分所有权法》第59条第4项对此作了规定。

(3) 拍卖价金的交付。从拍卖所得的价金中扣除拍卖本身所需的费用后,剩余金额交付给违反义务的业主(被申请拍卖的业主)。[3]

4. 建筑物区分所有权被拍卖的业主受业主大会决议(决定)拘束的根据和界限

一般认为,区分所有关系是非常密切的、多数人的共同生活关系,违反1983年日本《建筑物区分所有权法》第59条规定的行为影响是重大的。为谋求业主之间圆满的共同生活的维系,作为法律上的手段,拍卖请求制度就是必要的。另外,从理论上看,作为对建筑物区分所有权这一特殊性制度的内在性制约,应当容许拍卖请求制度。[4] 在日本法上,从在建筑物区分所有权法上被规定的体系位置来看,拍卖请求本身应该是义务违反行为无法制止时的一种替代手段。与德国法相同,在日本法上,业主也系对建筑物区分所有权的共有部分和基地利用权予以

---

[1] [日] 水本浩、远滕浩、丸山英气编:《公寓法》,日本评论社2006年版,第106页,第106—107页。

[2] [日] 水本浩、远滕浩、丸山英气编:《公寓法》,日本评论社2006年版,第106页、第107页。

[3] [日] 水本浩、远滕浩、丸山英气编:《公寓法》,日本评论社2006年版,第106页、第108页。

[4] [日] 伊藤荣寿:"对业主的团体的拘束的根据与界限——区分所有中的所有权法与团体法的交错"(2),载爱知学院大学论丛《法学研究》第51卷第2号(2010年),第300页。

共有，在不能解除（废除）存在共有关系的区分所有关系上，为使其他业主保有对侵害建筑物区分所有权乃至共有份额权侵害的排除手段或措施，拍卖请求方式就尤为必要。也就是说，拍卖请求作为防止违反义务业主对其他业主所有权侵害的手段，乃是必要的，也是必需的。[1]

另外，在日本法上，拍卖请求权是在违反义务业主的行为对其他业主共同生活造成严重侵害而又没有其他方法加以排除时才产生的。此时，由于赞成拍卖请求的多数业主的所有权被侵害，因此反对者以自己的所有权被剥夺为由进行反对是不成立的。也就是说，拍卖请求制度满足了保障所有权自由的要求。而拍卖请求须在业主大会上通过多数决决议为之，由此也满足了保障正当程序的要求。并且，建筑物区分所有权是否被拍卖须由法院作出的判决来决定，此与德国法的要求相同，从而对所有权自由的保障也是周全的。概言之，在日本法上，建筑物区分所有权被拍卖的业主受业主大会决议（决定）拘束的根据是正当的。[2]

从司法实践来看，日本法院拍卖违反义务业主的建筑物区分所有权的案件主要包括如下三类：（1）涉及暴力团而认可拍卖请求的案件。[3] 例如，暴力团头目将自己享有所有权的公寓作为暴力团事务所使用，大多数暴力团成员出入此房间，与其他暴力团之间发生争斗时造成公寓中的其他业主受到惊恐和不安。（2）涉及管理费的滞纳而认可拍卖请求的案件。（3）因噪音、振动、恶息等"安居妨害"而认可拍卖请求的案件。[4]

（四）建筑物区分所有权剥夺的比较法总结：寻求共识

综上所述，我们不难看到，德国法和日本法上的建筑物区分所有权剥夺制度在基本点上是相同的，或者说日本的建筑物区分所有权剥夺采取了与德国的住宅所有权剥夺相同的步调。[5] 但是，为了使剥夺的基准或要件更加明确，德国《住宅所有权法》第18条的规定尤其值得参考。2007年德国《住宅所有权法》第18条

---

[1] ［日］伊藤荣寿："对业主的团体的拘束的根据与界限——区分所有中的所有权法与团体法的交错"（2），载爱知学院大学论丛《法学研究》第51卷第2号（2010年），第301页。

[2] ［日］伊藤荣寿："对业主的团体的拘束的根据与界限——区分所有中的所有权法与团体法的交错"（2），载爱知学院大学论丛《法学研究》第51卷第2号（2010年），第308页。

[3] 日本札幌地方法院判决1986年2月18日，载《判例时报》第1180号，第3页；日本名古屋地方法院判决1987年7月27日，载《判例时报》第1251号，第122页。

[4] 一般而言，不能因为违反义务的业主侵害了其他业主的建筑物区分所有权和共有份额权的使用、收益及处分的自由，就由此当然认可拍卖请求具有正当性。参见［日］伊藤荣寿："对业主的团体的拘束的根据与界限——区分所有中的所有权法与团体法的交错"（2），载爱知学院大学论丛《法学研究》第51卷第2号（2010年），第291页。

[5] ［日］水本浩、远藤浩、丸山英气编：《公寓法》，日本评论社2006年版，第107页。

第 1 项尽管系有关得请求转让住宅所有权的一般规定，但在紧接着的该条第 2 项中列举了剥夺住宅所有权的具体情形：第一，某一业主不顾其他业主的提醒仍然多次严重违反该法第 14 条规定的义务；[1] 第二，业主超过 3 个月迟延履行其负担和费用，并且数额超过其住宅整体价值的 3%。此外，除前文所述外，德国理论界和司法实务界还认为，业主向第三人中伤住宅所有权共同体中的其他成员，或者对管理人采取的措施并无根据地持续反对、抵制，或者对其他业主、管理人持续性地表示不信任、侮辱、暴行，或者对业主为持续性的名誉毁损，或者因获有罪判决而使自己的名誉丧失抑或有不道德的态度等，均可构成建筑物区分所有权剥夺的理由。[2]

反观日本法，尽管其建筑物区分所有权法也定有剥夺建筑物区分所有权的实体要件和程序要件，且也有一些建筑物区分所有权剥夺的类型化整理，但与德国的情况相较还有待于进一步加强。因此，应对法院认可剥夺建筑物区分所有权的判决进行类型化整理，找出每种案件类型下剥夺建筑物区分所有权的裁判标准。但是，相对于德国法上的住宅所有权剥夺不以违反义务者是否具有可归责性而一律加以剥夺的立场，日本是否需要加以借鉴，采取类似措施，应持谨慎态度。因为将业主共同体中的违反义务者予以"驱逐"的决定必须慎重。[3]

另外，对建筑物区分所有权的所有和处分自由进行重大限制的拍卖请求，以业主大会的多数决决议为根据就成为一项问题。德国学界认为，基于业主共同体关系是持续性的、不能被解除的，因而此转让请求制度作为其他业主防止其住宅所有权的使用、收益及处分的自由不被侵害的手段乃是必要的。日本学界现今的主流学说认为，拍卖请求的根据，应该是在义务违反行为对建筑物不当毁损、不当使用，请求禁止实施这些行为无果时的一种替代手段。尽管存在这样的差异性理解，但德国和日本学界均认为，拍卖请求作为防止违反义务的业主对其他业主所有权侵害的手段，乃是必要的、必需的。此点系两国学界的共同认识，值得注意。

1　德国《住宅所有权法》第 14 条第 1 句规定："每一个住宅所有权人有义务：对特别所有权范围内的建筑物部分保养、使用以及对共有财产进行使用，但不得超出在正常的共同生活中不可避免的限度给任何其他住宅所有权人造成不利影响。"

2　[日] 丸山英气："住宅所有权的剥夺"，载《横滨市立大学论丛》第 31 卷 2、3 合并号 (1975 年)，第 49 页以下。

3　[日] 丸山英气："住宅所有权的剥夺"，载《横滨市立大学论丛》第 31 卷 2、3 合并号 (1975 年)，第 70 页以下；[日] 丸山英气："修改的区分所有权法的秩序维持"，载《法律时报》第 55 卷第 9 号，第 26 页以下。

德国法和日本法均认为，由于满足了保障所有权自由的要件和正当的程序的要件，关于转让请求的业主大会团体的决议（决定）可拘束违反义务者的根据就是正当的。

（五）建筑物区分所有权剥夺制度对我国的借鉴：检讨和建构

建筑物区分所有权的剥夺，是区分所有建筑物管理中的重大问题之一，涉及被剥夺业主的切身和最重要的财产利益——建筑物区分所有权，因此必须慎重。环视当今世界，尽管还有一些国家的建筑物区分所有权法并未明确认可这一制度，[1]但德国法和日本法的肯定立场不容小觑，值得我们认真对待和重视。[2]

在《物权法》于1998年起草之初，由梁慧星研究员主持起草的《中国物权法草案建议稿》第104条第2款曾设有建筑物区分所有权剥夺的规定，该条款的规定系来源于1983年日本《建筑物区分所有权法》第59条和我国台湾地区所谓"公寓大厦管理条例"第22条。[3]但是，该条建议最终未为《物权法》所采纳，以至于我国现今法律体系中并无建筑物区分所有权的剥夺制度。此种局面无疑值得反思、检视。

其实，在区分所有建筑物上，各业主的专有部分均通过共同墙壁、地板、天花板等共有部分相互连接，结构上像火柴盒一样，密不可分。各业主为实现使用专有部分的目的而必须使用共有部分；各业主在行使专有部分权利时，不得妨碍其他业主对其专有部分的使用，不得违反全体业主的共同利益。此种在建筑物的构造和权利归属乃至使用上的不可分割的相互关系，使各业主在事实上"总有"一栋建筑物共同使用的建筑空间，[4]进而使全体业主之间形成一种共同体关系。为维持该共同体关系的存续，尤其为管理相互间共同事务及共有部分的使用、收益，乃不得不结成一团体组织，并借该团体组织的力量共同管理共用设施等共有部分及其他共同事务，维持区分所有关系的持续存在。并且，业主之间的共同关系，除基于建筑物的构造和权利归属以及使用上的不可分割而形成的相互关系外，还更多地渗入了业主在整体生活中必须履行的建筑物存在和生活秩序维持的义务。从现今各国和地区建筑物区分所有权制度的发展状况来看，此种义务

---

[1] 譬如法国即否定区分所有权的剥夺。对此，请参见日本土地法学会编：《集合住宅与区分所有法、固定资产税违宪诉讼》（土地问题双书19），第68页。

[2] 除德国、日本外，奥地利与我国台湾地区也都认可建筑物区分所有权的剥夺。

[3] 梁慧星主编：《中国物权法草案建议稿：条文、说明、理由与参考立法例》，社会科学文献出版社2000年版，第297—299页。

[4] 戴东雄："论建筑物区分所有权之理论基础（Ⅱ）"，载《法学丛刊》1985年第3期。

有进一步强化的趋势。需特别指明的是，对区分所有建筑物而言，管理是最重要的。[1] 在今日，强调对区分所有建筑物的管理以维系全体业主的共同体关系并建构安全、舒适、安宁的生活品质，系建筑物区分所有权制度所彰显的一个重要趋势。[2]

综上所述，笔者认为，我国编纂民法典物权编抑或制定单行的建筑物区分所有权法时，宜明文认可建筑物区分所有权之剥夺。其剥夺的实体要件和程序要件的厘定则应借鉴前述德国法和日本法的经验而为之，即当业主严重违反所负的义务而无其他方法排除因违反义务所造成的障碍（或侵害）时，其他业主全体得经由业主大会的多数决决议而提请法院作出拍卖严重违反义务业主的建筑物区分所有权的判决。同时，鉴于剥夺业主的建筑物区分所有权系区分所有建筑物管理中最为严厉的制裁措施，违反义务的业主在感情上很难接受，因此应当十分慎重。仅在业主严重违反其负有的义务且没有排除因业主违反义务而造成的妨碍（或侵害）乃至没有恢复原状的其他方法时，方能经由业主大会的多数决决议，并向法院提起以严重违反义务的业主为被告的诉讼，于获得法院允许拍卖的判决后，由法院执行拍卖。并且，拍卖的请求作为最后不得已而采取的措施，应直到采取该措施的最后时刻，都应冷静、客观地为解决纷争作出必要的努力。此在比较法上采取的方法是：邀请法律专家、相关业主、有经验的人士以及有关组织（如居委会、人民调解委员会）等参与，并由这些人和组织组成调处严重违反义务的业主与其他全体业主之间纷争的临时机构。[3] 这种尽可能限制适用建筑物区分所有权剥夺措施的方法很值得我们重视。至于我国将来的立法之认可拍卖请求的根据和界限，从严谨性和科学性而论，应解释为与前述德国学界和日本学界对建筑物区分所有权剥夺的根据与界限的考量相同。

第三节　共有权

一、共有权的涵义与特性

共有权，亦称"共有所有权"（Miteigentumsanteil）、"共用部分持分（份额）

---

[1]　[韩] 权承文："中国建筑物区分所有权法的考察"，载千叶大学《法学论集》第 25 卷第 2 号（2010 年），第 211 页。

[2]　譬如为了实现对区分所有建筑物的管理的充实化、适当化，日本《建筑物区分所有权法》曾于 1983 年和 2002 年两次进行修改。德国的情况也大抵与此相同。

[3]　[日] 水本浩、远藤浩、丸山英气编：《公寓法》，日本评论社 2006 年版，第 108 页。

权"或"持分（份额）共有所有权部分"，[1]系建筑物区分所有权结构中的一"物法性"要素，其与另一"物法性"要素——专有权——一道，共同构成建筑物区分所有权的"两个灵魂"：共同性灵魂与单独性灵魂。[2]于以上对建筑物区分所有权的单独性灵魂——专有权——予以论述后，本节对建筑物区分所有权的"共同性灵魂"——共有权——予以论述。

所谓共有权，指业主依照法律或管理规约的规定或业主大会的决定，对区分所有建筑物内的住房或经营性用房的专有部分以外的共用部分所享有的占有、使用和收益的权利。此项由业主享有的共有权，与一般的共有权并不相同，具有其自身的如下特性[3]。

（1）从主体上看，业主的身份具有复合性，其不仅是共有权人，且也是专有权人和业主管理团体的成员；而一般共有权人的身份却是单一的，即只能是共有所有权人。

（2）从客体上看，区分共有权的客体范围较为广泛，其涵括法定共有部分与约定共有部分；而一般共有权的客体通常仅限于一项财产。

（3）从内容上看，区分共有权的权利义务较为广泛：一为全体业主对建筑物整体所共同享有的权利义务；二为对建筑物的一部分所共同享有的权利；三是一部分业主因于一部共有部分上设立专用使用权而产生的权利义务；四是因对建筑物基地的利用而发生的业主与土地所有人之间的权利义务。而于一般共有权，共有权人的权利义务较为简单，即各共有权人间因共有某一财产而发生的权利义务。

（4）从种类上看，区分共有权可依不同的标准而作出不同的分类。譬如法定共有权和约定共有权、全体共有权和部分共有权、对建筑物的共有权和对附属建筑物的共有权、无负担的共有权和有负担的共有权，等等；而一般共有权仅可分为按份共有和共同共有所有权两种类型。

（5）从权利变动上看，区分共有权的设立、移转、消灭决定于专有权的设立、移转和消灭。亦即，前者对后者具有从属性，后者处于主导地位；而一般共有权的设立、移转和消灭，依各共有人的独立的行为为之，并无主从关系。另外，区分共有权在伴随专有权的出让而出让时，其他业主一般无优先购买权；而

1　[德] J. Bärmann："德国住宅所有权法"，戴东雄译，载《法学论丛》第13卷1期，第166页。

2　[日] 丸山英气：《现代不动产法论》，清文社1989年版，第109—110页。

3　段启武："建筑物区分所有权之研究"，载梁慧星主编：《民商法论丛》（第1卷），法律出版社1994年版，第321—322页。

一般共有权（按份共有）的出让，其他共有权人则有优先购买权。

（6）从标的物的分割上看，区分共有权的标的物不得请求分割，而一般共有权的标的物，共有权人则可请求其应有部分（份额）的量的分割。

二、共有权的客体——共有部分 [1]

（一）共有部分的特性

1. 共有部分的从属性

共有部分在法律上为附属于数个专有部分而存在的附属物或从物，相对于专有部分而具有从属性。由于区分所有建筑物的专有部分与共有部分于物理性质上具有整体不可分的完整结构体关系，且业主取得区分所有权，也必须附带地取得共有部分的共有权，以便于使用上获得方便，因此，各国家或地区建筑物区分所有权法大都明文强制规定共有部分对专有部分具有从属性。例如，美国《加利福尼亚州民法典》第1352条规定，除了另有明白的反对表示外，任何移转公寓或区分所有单位的行为，都推定其移转整个区分所有权，盖共有部分与专有部分具有从属关系；美国《公寓大厦所有权创设示范法》也规定，转让或抵押公寓时，如果转让契约书或其他文件未有特别约定，其效力也及于共有部分。

2. 共有部分的不可分割性

共有部分的不可分割，首先指为专有部分所必需的共有部分与专有部分不可分割，其次是指共有部分本身仅能与专有部分一起转让、抵押，而不得将共有部分的某些成分单独转让、抵押。[2]

域外立法成例上，美国各州州法及联邦《公寓大厦所有权创设示范法》明定，区分所有建筑物的共用部分禁止分割。仅在区分所有建筑物业已完成区分所有权人的使用目的时，方可分割。[3] 此外，美国一些州的法院的判决也明确肯定了此点。

3. 共有部分系连接各专有部分的纽带

共有部分系连接各专有部分的纽带，其地位重要。若无共有部分，则专有部分的使用功能将大受限制，甚至于不可能。生活于同一栋区分所有建筑物上的全

---

[1] 需注意的是，此处所谓"共有部分"，其本旨上系与"共用部分"为相同的概念。当强调权利关系，规范所有权归属时，用"共有部分"，而着眼于管理关系，处理业主团体使用的问题时，启用"共用部分"的术语。实则二者意义与范围均系相同。

[2] 崔建远：《物权法》，中国人民大学出版社2014年版，第197页。

[3] Cal. Civ. Proc. Code § 752（B）.

体业主之所以形成共同体关系，共有部分的存在系其重要基础条件。于现当代区分所有建筑物上，伴随居住品质的提升，共有部分的范围更为宽广。我国《物权法》自解决当下的问题出发，主要就建筑区划内的道路、绿地、车库等争议较大的问题设置了明文规定；《建筑物区分所有权解释》也未对全体共有和部分共有（即"大公"和"小公"），以及约定共有部分加以区分或涉及。

（二）共有部分的法性质

区分所有建筑物共有部分的法性质，学理上存在"总有""按份共有"及"共同共有"等不同主张。其中，"共同共有说"为日本学者的通说，"按份共有说"为我国台湾地区学者的通说。本书认为，对于区分所有建筑物共有部分的性质的认识，应注意三点：（1）共有部分的性质不同于传统的按份共有和共同共有，其属于一种特殊的共有形态。故此不应一概而论，而宜分别依区分所有建筑物的不同类型予以确定。亦即，区分所有建筑物共有部分的性质因区分所有建筑物的不同形态而有差异，抑或为共同共有，抑或为按份共有。（2）《物权法》第80条规定，建筑物及其附属设施的费用分摊、收益分配等，无约定或约定不明时，系按照业主专有部分占建筑物总面积的比例确定。故而，类似于按份共有。（3）共有权人只有共同使用、收益的权利，而无权利请求将之分割转化为个人所有，故此又类似于共同共有。

（三）共有部分的分类

1. 法定共有部分、天然共有部分与约定共有部分

依照《建筑物区分所有权解释》，法律、行政法规明确规定属于业主共有的部分，为法定共有部分。依《物权法》的规定，下列部分属于法定共有部分：（1）建筑区划内的道路，属于业主共有，但属于城镇公共道路的除外；（2）建筑区划内的绿地，属于业主共有，但属于城镇公共绿地或者明确属于个人的除外；（3）建筑区划内的其他公共场所、公用设施；（4）物业服务用房；（5）占用业主共有的道路或者其他场地用于停放汽车的车位；（6）电梯、水箱。

所谓天然共有部分，依《建筑物区分所有权解释》，系指法律没有规定，合同也无约定，且一般也不具备登记条件，惟其属性上天然属于共有的部分。其涵括建筑物的基础、承重结构、外墙、屋顶等基本结构部分，通道、楼梯、大堂等公共通行部分，消防、公共照明等附属设施设备，以及避难层或者设备间等结构部分。其中明确列举外墙、屋顶、通道等属于共有部分，系为了方便解决实务中的纠纷。至于独栋别墅外墙，则应属于独栋别墅的所有权人。

除上述法定共有部分、天然共有部分外，其他不属于业主专有部分，也不属

于市政公用部分或者其他权利人所有的场所和设施等,属于约定共有部分。[1]

2. 楼房建筑物中的共有部分与附属区域内的共有部分

楼房建筑物中的共有部分,依《物权法》第72条的规定,系以排除法予以厘定,即在楼房建筑物中,除专有部分以外的部分,皆为共有部分。譬如楼道、电梯间、建筑物外墙面、楼顶等部位,皆属之。

附属区域内的共有部分,即《物权法》第73条、第74条规定的建筑区划内的道路、绿地、公用设施和物业服务用房、车库车位等设备设施,皆属之。实务中,车库车位和物业服务用房的归属是司法裁判实务中的热点问题。

3. 全体共有部分与一部共有部分

依对共有部分的使用人的不同,可以将共有部分划分为全体共有部分与一部共有部分。区分所有建筑物本身、绿地、建设用地使用权等属于建筑区划内全体业主共有,此等共有部分为全体共有部分,俗称"大公";某一楼层的配电室、走廊等,仅供一部分业主使用,一般定为一部共有部分,俗称"小公"。究为全体共有部分抑或一部共有部分,于发生疑义时,宜解为全体共有部分。

值得提及的是,全体共有部分与一部共有部分的划分标准所强调的是某些共有部分可以为全体业主使用,而某些共有部分由于构造和设计的原因则只能为部分业主使用,但是该共有部分的所有权依然属于全体业主所有。此种划分标准的意义在于,使用一部共有部分的部分业主要依据合同的约定支付租金。例如,对于小区的地下室,由于一楼的住户存在天然的使用上的便利性,故该地下室可由一楼的住户共同承租,并交纳租金。但是在地下室已经计入了全体业主公摊面积的情况下,该地下室的所有权依然属于全体业主共同所有。又如,由于楼房的朝向和位置的原因,可能会在某些临街的楼顶设置广告牌,因该广告牌而产生的收益不能仅归该栋楼房的业主所有,而应属于全体业主共同所有。[2]

(四) 一些特殊的共有部分

1. 车库、车位

小区车库、车位的归属,是学理与实务中积极讨论的问题。《物权法》第74条对此并未作一概而论的规定。实务中,业主要求车库、车位权属的一个重要理

---

[1] 杜万华、辛正郁、杨永清:"最高人民法院《关于审理建筑物区分所有权纠纷案件具体应用法律若干问题的解释》《关于审理物业服务纠纷案件具体应用法律若干问题的解释》的理解与适用",载《法律适用》2009年第7期。

[2] 北京市第一中级人民法院:《关于建筑物区分所有权类案件的调研报告》(2009年5月),第11—12页。

由往往是购房成本已经包括车库、车位部分。此主要是因为地方政府通常会规定居民小区须按一定比例配置车位，作为公共配套设施。而且，绝大多数开发商也将这些公共配套设施列为购房成本。于是，业主据此认为，既然购房成本涵盖车库、车位，则车库、车位应归其所有。本书认为，判断车库、车位的归属，应根据具体情况予以不同处理：首先，如果车库、车位于规划设计中占用的是业主共有部分区域，则可直接依据《物权法》第74条第3款的规定，认定属于业主共有；其次，如果车库、车位并未占用业主共有部分区域，则可根据业主与开发商于购房时的约定来确定。如果购房时车库、车位面积未计入公摊，且未以其他方式实际计入业主的购房款中，则可认定车库、车位不属于业主共有；最后，使用人防工程的车库、车位，因现行法律未明确规定人防工程的所有权归属，仅规定"人民防空工程平时由投资者使用管理，收益归投资者所有"，基于物尽其用的原则，建议由立法明定地下防空设施属于投资者所有较为适当，这样可以最大限度地发挥设施的效用，避免资源的浪费，并可及时做到日常的管理和维护。[1]

《物权法》第74条第1款规定："建筑区划内，规划用于停放汽车的车位、车库应当首先满足业主的需要。"《建筑物区分所有权解释》第5条第1款认为，建设单位按照配置比例将车库、车位，以出售、附赠或者出租等方式处分给业主的，即应认为其行为已符合《物权法》该款所谓"应当首先满足业主的需要"的规定。另外，《物权法》第74条第1款"应当首先满足业主的需要"的规定性质上属于强制性规定。违反该规定而订立的合同应属无效。盖因若不属于强制性规定，则开发商可以任意处置车位、车库给业主之外的第三人，或者卖给或出租给某个业主过多的车位、车库，其结果使整个小区业主的停车利益受到损害，惟因非强制性规定，开发商即可不承担责任。此种结果，乃与《物权法》第74条的立法目的相悖。故此，《物权法》第74条第1款关于车位、车库"应当首先满足业主的需要"的规定，系属于《合同法》第52条的强制性规定。若开发商违反该规定而出卖或者出租车位，业主请求宣告该买卖行为无效或者请求终止租赁关系的，应具正当性。

2. 物业服务用房

物业服务用房是实务中一个争议较大的共有部分。主要是，如果物业服务用房未计入购房价款中，也未计入公摊面积中，则其是否尚属于业主共有？为此，

---

[1] 北京市第一中级人民法院：《关于建筑物区分所有权类案件的调研报告》（2009年5月），第13—14页。

实务中经常发生的纠纷是，当小区选聘新物业服务企业后，开发商或者原物业服务企业对物业服务用房仍主张所有权，拒绝交接给业主委员会或者新物业公司。对此，依《物权法》第73条的规定，只要规划用途是属于物业服务用房的，即应属于业主共有，而不论其是否计入购房价款或者公摊面积。

3. 外墙面

《建筑物区分所有权解释》第3条第1款将外墙面确定为法定共有部分。实务中发生的问题是，业主购房时开发商以特别约定的方式保留外墙面的权利，则此种特别约定的效力如何？例如，开发商在商品房预售合同中写明：商品房所在楼宇的外墙面属于出卖人。对此，本书认为，宜自以下两方面进行分析：（1）从所有权的角度分析，外墙面属于该栋建筑物的全体业主共有，开发商于未经全体业主同意的情况下，擅自对外墙面的使用权进行处分，属于无权处分，须经该栋建筑物全体业主的追认或者取得处分权方为有效。外墙面既然属于共有部分，依《物权法》的规定，其使用权的行使方式，应当由各业主共同决定，具体表现方式就是透过业主大会的形式，由该栋建筑物中专有部分占建筑物总面积过半数的业主且占总人数过半数的业主同意，否则合同中的该条款系无效，对全体业主不发生效力。（2）自合同条款的形式和内容分析，此类条款属于格式条款，排除了业主对共有的外墙面进行使用和收益的权利，侵害了业主的合法利益，依《合同法》的规定，可认为此类格式条款不公平、不合理，属于无效条款。可见，开发商于购房过程中以格式条款方式作出保留外墙面的使用权的约定，应认为无效。[1]

4. 屋顶平台

屋顶平台的归属主要有两种情况：（1）归业主共有。依建筑物区分所有权法理，屋顶平台攸关业主的切身利益和区分建筑物之作为一项不动产的判断标准，在商品房预售合同或销售合同未约定其归属时，应推定为业主共有，属于区分所有建筑物结构上的法定共有部分。此种场合，屋顶平台不得单独登记为一项独立的不动产，留给开发商自己，或作为买卖标的物出售于他人，而只能公摊到区分所有建筑物的面积中，归业主共有。全体业主或业主委员会有权将屋顶出租，收取租金，但不得单独出卖，盖其并非一个独立之物。[2]（2）作为专有部分对待，可单独登记为一项不动产，成立一项不动产所有权。参照《建筑物区分所有权解释》第2条第2款的规定，符合以下条件的屋顶平台应作专有部分对待而登记为

---

[1] 北京市第一中级人民法院：《关于建筑物区分所有权类案件的调研报告》（2009年5月），第12—13页。

[2] 崔建远：《物权法》，中国人民大学出版社2014年版，第200页。

一项不动产所有权：第一，符合规划；第二，具备构造上的独立性，能够明确区分，及具有利用上的独立性，可以排他使用；第三，建设单位销售时业已根据规划列入该特定房屋买卖合同。[1] 需注意的是，于屋顶平台归属于某特定的业主或开发商或第三人的情况下，其与该栋建筑物的其他业主的不动产权利之间，得适用相邻关系的规则予以调整。

5. 会所

通常认为，除非开发商以合同的形式将会所作为小区的共有部分，否则会所属于开发商所有。其因由如下：第一，会所符合专有部分的全部构成要件；第二，依对《物权法》第74条第2款的解释可以推论，会所不可能归全体业主共有，除非开发商自愿；第三，如将会所从法律上确定为业主共有，对业主不一定有利；第四，由于法律上没有明确规定会所是否属于共有部分，故此解释论上宜从会所是否系专有部分着手，若具备专有部分的构成要件，则为专有部分。[2]

6. 锅炉房

区分所有建筑物的建筑区划内的锅炉房，其本身为一项独立的不动产（区分所有建筑物的附属设施），依《物权法》第30条、第142条前句的规定，成立建筑物所有权，并归开发商享有，只是于进行初始登记前，欠缺处分的效力（《物权法》第31条）；完成初始登记后，开发商可以根据当事人之间的约定，将锅炉房转归业主共有，或出售给特定业主，或第三人享有，只要其约定不违反法律、行政法规的强制性规定。但无论何种情形，锅炉房的所有权人都负有不妨碍锅炉房为区分所有建筑物功能之发挥服务（譬如冬季供暖）的义务。

7. 供电、供水、供热、供气及有线电视设施

实务中，因供电、供水、供热、供气及有线电视引起的纠纷较为常见。特别是未实现供水"一户一表"的小区，业主与自来水公司之间，常为小区内公用自来水管道的归属及维修养护问题争执不下。最高人民法院《关于建筑物区分所有权的司法解释》（草案）曾规定："建筑区划内已经登记为全体业主共有或者虽未登记但系为保障业主建筑物区分所有权的行使而修建或者埋设的配套设施，包

---

[1] 杜万华、辛正郁、杨永清："最高人民法院《关于审理建筑物区分所有权纠纷案件具体应用法律若干问题的解释》《关于审理物业服务纠纷案件具体应用法律若干问题的解释》的理解与适用"，载《法律适用》2009年第7期。

[2] 杜万华、辛正郁、杨永清："最高人民法院《关于审理建筑物区分所有权纠纷案件具体应用法律若干问题的解释》《关于审理物业服务纠纷案件具体应用法律若干问题的解释》的理解与适用"，载《法律适用》2009年第7期。

括……供电、供水、供热、供气、有线电视设施，应当认定为《物权法》第73条所称属于业主共有的'公用设施'，但根据法律、行政法规规定属于其他权利人所有的除外。"实务界认为，对此类纠纷，应结合《物业管理条例》第52条，参考法理并运用社会学解释方法，透过对《建筑物区分所有权解释》第3条第1款第2项兜底条款的再解释，来确定何种归属更符合社会需求和利益平衡，从而作出合理裁判；同时，借鉴《福建省物业管理条例》第41条、《深圳经济特区物业管理条例》第78条、我国台湾地区"公寓大厦管理条例"（2006年修订）第10条的规定，供电、供水、供热、供气、有线电视等这些带有公益性质的特殊公司，负有对铺设到小区内的供电、供水、供热、供气、有线电视等管道、管线、设施进行维修和养护的责任。[1]

三、共有权的内容

共有权的内容，系指建筑物区分所有权人作为共有权人所享有的权利和承担的义务，亦即，区分所有权人对共有部分的权利、义务。

（一）业主作为共有权人的权利

1. 对共有部分的使用权

各共有权人对于共有部分，可按其用法予以使用，涵括共同使用和轮流使用。例如，作为共同设施的电梯、走廊等，依其性质可共同使用，而电话、洗衣机等因使用具有排他性，而仅可轮流使用。需注意的是，无论是共同使用抑或轮流使用，皆应依合理使用的原则使用共有部分。实务中，有关共有部分的使用纷争主要源自业主的私自搭建行为，如搭建雨棚、观景台、封闭露台等。此类行为因侵害了全体业主的公共利益，故通常由物业服务企业依据小区公约或者相关规定提请业主拆除。

2. 共有部分的收益权

此为业主作为共有权人享有的另一项基本权利。各共有权人可依管理规约或其共有份额，获得因共有部分所生的利益。例如，将共有的外墙面、屋顶平台出租，每个业主皆可按其应有份额获得租金。《物权法》第80条规定：收益的分配规则，有约定的，按照约定；没有约定或者约定不明确的，按照业主专有部分占建筑物总面积的比例确定。

---

[1] 陈枫："在现实与文本之间的谨慎选择——从实务角度看建筑物区分所有司法解释"，载《法律适用》2009年第7期。

实务中，共有部分收益的纷争，主要表现形式是开发商、物业服务企业利用电梯、外墙面作广告，或者是将业主共有的车位出租、出售获利，业主或者业主委员会为此主张归还收益。[1]

3. 对共有部分的保存、单纯的修缮及改良权

业主对共有部分有保存、单纯的修缮及改良的权利。各业主基于居住或其他用途的需要，可对共有部分进行单纯的修缮、改良。所谓单纯的修缮、改良，系与"变更的修缮、改良"相对，指不影响或损及建筑物共有部分的固有性质的修缮、改良行为。[2] 现当代建筑物区分所有权法认为，业主不得对共有部分进行变更的修缮、改良行为。[3] 且各国家或地区法尚认为，即使进行单纯的修缮、改良，也须依一定的程序并于获得相关许可后方可为之。

4. 物权请求权

业主对共有部分享有物的返还请求权、妨害排除请求权及妨害预防请求权。

(二) 业主作为共有权人的义务

1. 按照共有部分的本来用途使用共有部分

共有权人对共有部分的使用，为其一项基本权利。但是，该权利的行使，共有权人须依共有部分的本来用途为之。所谓本来用途，又称"固有用途"，指须依共有部分的种类、位置、构造、性质，以及依管理规约所定的共有部分的目的或用途而予使用。[4] 例如，电梯不得作为专门的运输工具而使用，仅可用于业主之上下楼；停车场系用于停放车辆的，不得用作堆放杂物；屋顶系用于遮挡阳光、雨雪的，不得于其上堆放杂物。

当然，对某些非依共有部分的本来用途使用共有部分，但无损于建筑物的保存及不违反业主的共同利益的情形，也准许之。例如，为使走廊美观，允许在其墙壁上悬挂字画或镜架，以及在屋顶平台修建空中花园等。

2. 分担共同费用和负担

此为业主作为共有权人的一项基本义务。对于建筑物共有部分及其附属设施的保存、管理、修缮、维持、改良等所产生的费用，业主应当承担。因共有部分

---

[1] 北京市第一中级人民法院：《关于建筑物区分所有权类案件的调研报告》（2009年5月），第16页。

[2] 单纯的修缮、改良与变更的修缮、改良行为的区别，系现今实务上较感困难的问题。如何厘定二者的界域，各国通常交由法官予以酌定。对此，请参见［德］J. Bärmann："德国住宅所有权法"，戴东雄译，载《法学论丛》第13卷第1期，第172页。

[3] ［德］J. Bärmann："德国住宅所有权法"，戴东雄译，载《法学论丛》第13卷1期，第172页。

[4] ［日］丸山英气编：《区分所有权法》，大成出版社1984年版，第72页。

被划分为全体共有部分与一部共有部分，故此，全体共有部分的费用由全体业主分担，一部共有部分的费用由该部分业主分担。《物权法》第 80 条规定："建筑物及其附属设施的费用分摊、收益分配等事项，有约定的，按照约定；没有约定或者约定不明确的，按照业主专有部分占建筑物总面积的比例确定。"此所谓"专有部分占建筑物总面积的比例"，系一种算定共有持分（业主对共有部分的应有份额）的基准。据此而确定业主分担共同费用和负担的大小。

3. 维护与保存共有部分的义务

亦即，作为共有权人的业主，负有维护和保存共有部分的义务。

4. 征得同意的义务

《物业管理条例》（2007 年修订，下同）第 50 条第 2 款规定：因维修物业或者公共利益，业主确需临时占用、挖掘道路、场地的，应当征得业主委员会和物业服务企业的同意；物业服务企业确需临时占用、挖掘道路、场地的，应当征得业主委员会的同意。第 54 条第 1 句规定：利用物业共用部位、共用设施设备进行经营的，应当在征得相关业主、业主大会、物业服务企业的同意后，按照规定办理有关手续。

5. 恢复原状的义务

《物业管理条例》第 50 条第 3 款规定：业主、物业服务企业应当将临时占用、挖掘的道路、场地，于约定期限内恢复原状。

6. 协助义务

《物业管理条例》第 55 条第 1 款规定：物业存在安全隐患，危及公共利益及他人合法权益时，责任人应当及时维修养护，有关业主应当给予配合。

四、业主作为共有权人的法律责任

此即业主作为共有权人而违反义务时所应承担的法律后果。依各国家或地区法的规定，主要有停止侵害、排除妨碍、清偿债务、赔偿损失及剥夺区分所有权。因停止侵害、排除妨碍、赔偿损失、剥夺区分所有权等责任形式与业主作为专有权人的责任形式相同，故此处不予赘述。以下仅对清偿债务加以分析。

清偿债务，亦称债务的清偿，系指依债务的本旨实现债务的内容的给付行为。区分所有权法所称的"债务的内容"，系指共同费用和负担的分担。各国家或地区法为确保各共有权人履行其被分担的债务，大多设有明确的规则。如法国法规定，共有权人对所分担的共同费用和负担，应以自己的"享益部分"设立的法定抵押权担保；德国法规定，共有权人于履行所负担的义务有相当的迟延时，将构成剥夺其区分所有权的理由；瑞士法规定了保障债务清偿的法定抵押权及留置权制度。另外，美国法对区分所有权人未能履行其费用分担的义务时，设置了优先权制度，明定区分所有权人于未能履行其费用分担义务时，管理人或实施管理、修理行为的人就该区分所有权人的区分所有财产有优先受偿权。而此优先受偿权除税捐及登记在先的抵押权外，优先于其他优先权。[1]

第四节 业主的成员权

一、业主的成员权的涵义、特性与形成基础

（一）业主的成员权的涵义与特性

业主的成员权，亦称"共同管理权"或"构成员权"，系指业主基于在一栋建筑物的构造、权利归属及使用上的不可分离的共同关系而产生的、作为建筑物的一个团体组织的成员所享有的权利和承担的义务。据此定义，业主的成员权具有下列特性。

第一，其系一种独立于专有权和共有权之外的权利，主要是对全体业主的共同事务所享有的权利和承担的义务，不仅是单纯的财产关系，其中有很大一部分系管理关系，具有人法（管理制度）的因素存在。[2]亦即，成员权为区分所有权中的"人法性"因素，而专有权与共有权则为区分所有权中的"物法性"因素。

第二，其系基于业主之间的共同关系而产生的权利。

第三，其系一种具有永续性的权利。因成员权系基于业主于一栋建筑物的构造、权利归属及使用上的不可分离所形成的共同关系而生的，故只要建筑物存在，业主间的团体关系即会存续，原则上不得解散，尤其不得以业主之一的单独行为解散。基于共同关系而生的成员权由此与共同关系共始终，具有永续性。[3]

第四，其系一项与专有权、共有权紧密结合而不可分割的权利。三者共同构成区分所有权的完整内容。对此，前已述及，此不赘述。

总之，业主的成员权，系建筑物区分所有权的一项基本构成要素。其系表现各

---

[1] ［美］Philip J. Gregory，The California Condominium Bill，14Hastings L. J. 204（Feb. 1963）；何明桢：《建筑物区分所有之研究》，台湾政治大学1983年硕士学位论文，第84页。

[2] ［日］丸山英气：《区分所有权法》，大成出版社1984年版，第61页；段启武："建筑物区分所有权之研究"，载梁慧星主编：《民商法论丛》（第1卷），法律出版社1994年版，第335页。

[3] 段启武："建筑物区分所有权之研究"，载梁慧星主编：《民商法论丛》（第1卷），法律出版社1994年版，第336页。

业主于共同关系事务上如何为意思表示，以及该意思表示如何被执行的问题。由此，其本质上属于业主的有关人法上的法律关系的范畴。故而其不得被单独转让（让与），并与专有权、共有权乃至基地利用权的一体性构成区分所有权的本质要素。[1]

（二）业主的成员权的形成基础

建筑物区分所有权的成立，恒以一栋建筑物为其基础。于该栋建筑物上，各业主的专有部分皆通过共同壁、地板、天花板等共有部分相互连接，结构上像火柴盒一样，密不可分。各业主为了实现使用专有部分的目的，而须使用共有部分；各业主于行使专有部分权利时，不得妨碍其他业主对其专有部分的使用，不得违反全体业主的共同利益。此种于建筑物的构造和权利归属乃至使用上的不可分割相互关系，使各业主在事实上"总有"该栋建筑物的共同使用的建筑空间。[2] 由此，使全体业主之间形成一共同体关系。为维持该共同体关系的存续，尤其为管理相互间的共同事务及共有部分的使用、收益，乃不得不结成一团体组织，并借该团体组织的力量，共同管理共用设施等共有部分及其他共同事务，维持区分所有权继续存在的功能。由此，即产生了各业主作为团体组织之一成员而享有的权利与承担的义务。此即所谓业主的成员权。

事实上，业主之间的共同关系，不仅是基于建筑物构造与权利归属及使用上的不可分割而形成的相互关系，更渗入了业主于整体生活中所必须履行的建筑物的存在及生活秩序的维持义务。自现今各国区分所有权的立法看，此种义务有进一步强化之趋势。

德国《住宅所有权法》规定，业主对区分所有权所属建筑物有维持义务，且在使用共同财产时不得违反共同财产的使用目的；业主应按共同财产的持分（份额）比例分担各种税费和管理费用，违反其应尽义务时，将剥夺其住宅所有权；业主之间的管理规约经登记后，其效力可对抗业主的特定继受人。另外，需注意的是，德国法上的共同关系尚具有物权化的倾向。德国法规定，业主之间的相互关系，依其民法典有关共有的规定处理，且共有部分原则上不得分割。如此就使共同关系于性质上介于合有与共有之间。[3] 另依德国法，以共同秩序作为住宅所有权的内容，并自于登记簿记载时起，对住宅所有权的特定继受人具有拘束力，由此具有对抗第三人的效力及物权化的倾向。[4]

1　戴东雄："论建筑物区分所有权之理论基础"（Ⅱ），载《法学丛刊》第115期，第17页。
2　戴东雄："论建筑物区分所有权之理论基础"（Ⅱ），载《法学丛刊》第115期，第16页。
3　何明桢："建筑物区分所有之研究"，台湾政治大学1983年硕士学位论文，第124页。
4　[日]丸山英气："区分所有权的构成"，载《横滨市立大学论丛》第129卷第1号，第90页。

日本 1962 年制定建筑物区分所有权法时，曾欲效仿德国法规定业主有明显损害共同生活秩序的行为时，法院可应其他业主或管理人的请求，判令剥夺该业主的区分所有权。后因顾及此可能发生多数人压迫少数人的情形，故而未获实现。1983 年，日本修改 1962 年旧《建筑物区分所有权法》时，业主间的共同关系的强化和管理制度的充实成为此次修法的重要目标。于是，其强调业主之间因共同关系而形成的团体性的特性，采用集会中心主义和特别多数决措施。同时，为确保生活秩序和生活关系的有序化，并维持业主私生活的安宁，对业主违反共同利益的行为明文禁止，并效仿德国法的强制制裁措施，对违反义务的业主分别情况而请求其停止行为、禁止使用其专有部分、拍卖其区分所有权（自区分所有权共同体关系中驱逐）等。

美国《公寓大厦所有权创设示范法》与各州州法，亦使业主承担一定的建筑物维持义务和费用分担义务。违反此等义务时，将对其专有部分或拥有的公寓加以拍卖，由此以维持和强化业主之间的共同体关系。[1]

二、业主成员权的内容

业主成员权的内容，涵括业主作为成员权人所享有的权利与承担的义务。

（一）业主作为成员权人享有的权利

1. 我国《物权法》的规定

《物权法》第 76 条第 1 款规定，下列事项由作为成员权人的业主共同决定。

（1）制定和修改业主大会议事规则。依《物权法》第 76 条第 2 款第 2 句的规定，制定和修改业主大会议事规则，应当经专有部分占建筑物总面积过半数的业主且占总人数过半数的业主同意。

（2）制定和修改建筑物及其附属设施的管理规约。依《物权法》第 76 条第 2 款第 2 句的规定，制定和修改建筑物及其附属设施的管理规约，应当经专有部分占建筑物总面积过半数的业主且占总人数过半数的业主同意。关于管理规约的涵义、效力及违反管理规约的后果等，后文将予论述，兹不赘述。

（3）选举业主委员会或者更换业主委员会成员。依《物权法》第 76 条第 2 款第 2 句的规定，选举业主委员会或者更换业主委员会成员，应当经专有部分占建筑物总面积过半数的业主且占总人数过半数的业主同意。

（4）选聘和解聘物业服务企业或者其他管理人。依《物权法》第 76 条第 2

---

[1] 何明桢："建筑物区分所有之研究"，台湾政治大学 1983 年硕士学位论文，第 122 页。

款第 2 句的规定，选聘和解聘物业服务企业或者其他管理人，应当经专有部分占建筑物总面积过半数的业主且占总人数过半数的业主同意。

（5）筹集和使用建筑物及其附属设施的维修资金。因维修基金事关全体业主的共同利益，故此，《物权法》第 76 条第 2 款第 1 句特别规定，筹集和使用建筑物及其附属设施的维修资金，应当经专有部分占建筑物总面积三分之二以上的业主且占总人数三分之二以上的业主同意。

（6）改建、重建建筑物及其附属设施。改建、重建建筑物事关业主等各方面的重大利益，为重大事项，由此，《物权法》第 76 条第 2 款第 1 句特别规定，改建、重建建筑物及其附属设施，应当经专有部分占建筑物总面积三分之二以上的业主且占总人数三分之二以上的业主同意。

（7）有关共有和共同管理权利的其他重大事项。所谓有关共有和共同管理权利的其他重大事项，依《建筑物区分所有权解释》第 7 条的规定，指改变共有部分的用途、利用共有部分从事经营性活动、处分共有部分，以及业主大会依法决定或者管理规约依法确定应由业主共同决定的事项。实施这些事项时，依《物权法》第 76 条第 2 款第 2 句的规定，应当经专有部分占建筑物总面积过半数的业主且占总人数过半数的业主同意。

2. 请求权

域外法上，业主作为成员权人尚享有请求权，即业主作为管理团体的成员而对公共管理事项和公共利益的应得份额享有请求权。其主要涵括下列四项。

（1）请求召集集会的权利。如日本法规定，业主有五分之一以上，且表决权也有五分之一以上的，可向管理人表明会议的目的事项，请求召集集会；德国法规定，有四分之一以上的业主以书面陈明目的及原因而请求时，管理人须召集住宅所有权人会议；瑞士法规定，业主可依约定召集会议。

（2）请求正当管理共同关系事务。如德国法规定，业主有权要求正当管理共同关系的事务，尤其有权要求公平衡量业主的共同利益；瑞士法规定，应有部分比例额的确定因错误而为不当，或因建筑物的改建或环境的变更致为不当的，业主享有更正请求权。此外，法国法规定，业主的负担份额发生错误时，其有权要求或提请法院加以修正。

（3）请求收取共有部分应得的利益。亦即，业主对共有部分的收益享有请求权。

（4）请求停止违反共同利益的行为，并有权请求拍卖违反义务者的专有权，解除其共同关系。对此，前文已述，兹不赘述。

(二) 业主作为成员权人承担的义务

业主作为成员权人于享有权利的同时，亦须承担下列义务。

1. 执行业主大会或者业主委员会的决定的义务

此为业主作为成员权人所承担的一项基本义务。《物权法》第78条第1款规定："业主大会或者业主委员会的决定，对业主具有约束力"，但"业主大会或者业主委员会作出的决定侵害业主合法权益的，受侵害的业主可以请求人民法院予以撤销"（第2款）。

2. 遵守管理规约的义务

此为业主作为成员权人所应承担的另一项基本义务。《物权法》第83条第1款规定："业主应当遵守法律、法规以及管理规约"，即系明揭斯旨。

3. 接受业主委员会和其他管理人的管理的义务

业主委员会或其他管理人为执行管理业务的机关，由业主大会等产生，执行业主大会的决议，并于授权范围内，以自己的意思为职务行为。业主作为管理团体组织的一名成员，自须接受其管理。

第五节 区分所有建筑物的管理（I）：涵义、内容与方式

一、区分所有建筑物的管理的涵义与内容

（一）涵义

区分所有建筑物的管理，系指为维持区分所有建筑物的物理的功用，并充分发挥其社会的、经济的功用，而对之所为的一切管理活动。通常而言，其涵括建筑物的保存、改良、利用、处分，以及对业主共同生活秩序的维持。所谓"保存"，系指以防止建筑物灭失、毁损或其权利丧失、限制等为目的，而维持建筑物的现状的行为，举凡建筑物的简易修缮（单纯修缮），如屋顶漏雨时的简易修补，门窗、玻璃破碎时的换修等，皆属之；所谓"改良行为"，指不变更物的性质，而增加其效用或价值的行为，譬如将污墙刷成粉壁，地板加贴瓷砖，以增美观即是；所谓"利用行为"，系指为满足业主的共同需要，不变更物的性质，而对共有部分所为的使用、收益行为，譬如将地下室用作停车场，即属之。至于"处分行为"，则是指就物的权利为移转、设立或消灭，使之发生权利变动的行为，譬如将共有部分设立为专用使用权而由特定业主或第三人专属的排他性使用等。[1]

---

[1] 温丰文："论区分所有建筑物之管理"，载《法学丛刊》第147期。

在现今，区分所有建筑物的管理，涵括两个层面：行政机关本于行政权的作用，而对建筑物所为的行政管理，与业主自行订立管理规约，设置管理组织所为的自治性管理。前者通常见于建筑物基准法、城市计划法等法规中，属于公法范畴；后者则见于民法或建筑物区分所有权法中，属于私法范畴。本书系以后者为论述对象，此点谨予特别说明。

(二) 内容

区分所有建筑物的管理的内容，主要涵括"物的管理"与"人的管理"两类，兹分述如下。

1. 物的管理

物的管理是指对建筑物、基地及附属设施的保存、改良、利用乃至处分等所为的物理的管理，原则上仅限于建筑物的共有部分，专有部分不涵括在内。

(1) 建筑物。一栋区分所有建筑物分为各业主的专有部分与共有部分。共有部分为供各业主共同利用的部分，不论其所有的形态，均当然成为管理的内容。另外，专有部分相互间或专有部分与共有部分间的墙壁、地板、天花板、柱等所谓境界壁，以及为维持建筑物的安全与外观所必要的支柱、屋顶、外壁等建筑物的基本构造部分，虽然就外部关系而言，它们属于专有部分，但就业主之间的内部关系而言，则应视为共有部分，纳入管理内容中。[1] 通常，建筑物的管理使用，应以管理规约特别约定，譬如禁止重量物、易燃物、不洁物、发散恶臭物及其他危险物的搬入，或广告牌的设置抑或家畜的饲养等。[2]

(2) 基地。基地就其利用关系而言，直接或间接地供业主共用，因而得为管理的内容。基地可分为4类：一是立体重叠上去的专有部分下的基地；二是由建筑物至公路通路的基地；三是共有部分的基地；四是其他基地。其中，第一、第二为建筑物直接存立的基地，业主以外的人事实上不能加以利用；第三种情形的基地，为管理的内容，自不待言；在第四种情形，业主可将基地作为散步或娱乐场所等利用，抑或将基地的特定部分作为花坛、停车场等利用。

(3) 附属设施。亦即，附属设施得当然为管理的内容。此系自不待言，应值注意。

---

[1] ［日］大泽正男：《财产法的基础课题》，成文堂1980年版，第29页；［日］川岛一郎："建筑物的区分所有"，载［日］川岛武宜编：《注释民法》(7)，有斐阁1984年版，第366页。

[2] 庄金昌："住宅分层所有权之比较研究"，台北中国文化大学硕士论文 (1984年7月)，第125页。

2. 人的管理

所谓"人的管理",指对业主群居生活关系所为的社区管理。其对象不以居住于区分所有建筑物上的业主的行为为限,凡出入区分所有建筑物的人的行为,均应纳入。其内容一般可分为对建筑物的不当毁损行为的管理、对建筑物的不当使用行为的管理以及对生活妨害行为的管理,[1] 分述如下。

(1) 对建筑物的不当毁损行为的管理。对建筑物的不当毁损行为,譬如将阳台或庭院扩充为室内,擅自添设铁窗栅栏,改变建筑物的外貌,或为整修内部,抽梁换柱,导致影响建筑物的安全结构等。并且,业主对自己的专有部分加以改建或增建,而须拆除其内部梁柱或墙壁的全部或一部时,该梁柱或墙壁即使属于其专有部分的范围,若因而危及整栋建筑物的安全或影响整栋建筑物的外观的,其他业主也可以违反共同利益为由,加以禁止。[2]

(2) 对建筑物的不当使用行为的管理。业主得自由使用自己的专有部分,惟其使用行为如有不当,以致违反全体业主的共同利益时,其他业主可透过管理组织加以禁止。所谓对建筑物的不当使用行为,如于住家的区分所有建筑物内经营加工厂、汽车修理厂、歌舞厅,甚至利用美发等合法营业作掩护,经营餐饮业等。此种对建筑物的不当使用,不只带来噪音、振动,降低居住生活品质,且使居家安全蒙受阴影。

(3) 对生活妨害行为的管理。生活于同一栋区分所有建筑物上的业主,因生活习惯、嗜好等的不同,对建筑物的用途需要也非完全一致。故此,业主彼此间难免发生龃龉,甚至造成对他人生活的妨害。例如,饲养动物,妨害公共安全;大声喧哗妨碍邻居安宁;任意堆置垃圾或残余食物妨碍环境卫生等等,皆属之。此等妨害他人生活的行为,如妨害行为轻微或按地方习惯认为相当的,业主负有容忍义务,否则可透过管理组织加以禁止。

综上所言,可知区分所有建筑物的管理内容可谓五花八门,种类繁多。其虽然约可分为对物的管理与对人的管理两类,但二者并非截然划分,毫不相干;相反,它们系互为表里,浑然成为一体。欲有效管理区分所有建筑物,一方面须建立健全完备的管理制度、管理规约及管理组织,另一方面,也须充分发挥住户之间的守望相助与长期的紧密合作方可竟其功。

---

[1] 温丰文:"论区分所有建筑物之管理",载《法学丛刊》第147期,第27页。
[2] 温丰文:"论区分所有建筑物之管理",载《法学丛刊》第147期,第27页。

二、管理方式

(一) 自主管理与委托管理

自主管理，指由业主自己执行管理业务或彼此构成一个管理团体执行管理业务。其又依人数之多寡分为直接管理与管理团体组织的管理两类。业主人数较少时，由各业主直接管理。此时，共同业务的管理意思一般依共有规则而定，并以相互分担方式执行。业主人数众多时，相互间构成一个管理团体，管理并维持共同事务及共有部分，该管理团体以全体业主为其构成员，承租人、借用人仅于管理规约有明定时，得为构成员。该管理团体的最高意思机关为业主大会。业主借业主大会表达其管理共同事务的意思，行使成员权。大会决议的事项直接构成业主的权利、义务。

委托管理，系指业主将管理业务概括地委托给管理公司（物业服务企业）或由第三人加以管理。此时，业主与管理人间属于一种委托关系，并且其相互间通常存在一委托合同。委托管理又可分为全部委托管理与部分委托管理。全部委托管理，指将区分所有建筑物的管理事项全部委托一管理业者管理。此种管理方式，业主几乎与管理业务绝缘，而仅负支付管理费用的义务。其缺点在于，容易产生业主对建筑物管理的漠不关心，且管理业务的进行易受受托者的操纵。[1]部分委托管理，系指针对建筑物管理的不同性质的事项而委托不同管理者进行管理。此种方式，业主通常较易掌握建筑物管理的主导权，并且所花的费用也较少。[2]

在实务上，日本、美国、新加坡及我国台湾地区基本上采取自主管理与委托管理的双轨制方式。其中，日本、美国更多的是采行委托管理方式。至于委托的对象，既有单个的管理人，也有作为一整体的管理公司。于管理公司的场合，管理公司通常与业主透过合同而承担管理业务的全部或一部。[3]另外，在日本，其委托管理的一个新趋势，是将区分所有建筑物全体一并委托给专家管理。[4]

《物权法》第81条第1款规定："业主可以自行管理建筑物及其附属设施，也可以委托物业服务企业或者其他管理人管理。"此系采与日本等国家或地区相同的双轨制方式。

---

[1] 温丰文："论区分所有建筑物之管理"，载《法学丛刊》第147期，第26页。

[2] ［日］丸山英气：《区分所有建筑物的法律问题：其理论与展开》，三省堂1981年版，第232页。转引自温丰文："论区分所有建筑物之管理"，载《法学丛刊》第147期，第26页。

[3] ［日］稻本洋之助（监修）：《公寓管理之考察》，清文社1993年版，第60页。

[4] 日本学者丸山英气1993年10月于北京召开的中日民商法理论研讨会上的发言。

（二）管理人方式与非管理人方式

管理人方式，是指设立管理人以管理建筑物的管理方式，反之则为非管理人方式。¹管理人的设置，于全部委托管理时，系由受托人派遣，惟于业主自行管理时，则由业主管理团体自行雇佣。由于管理人为现代家园的"守护神"，其素质之良莠，攸关建筑物管理的好坏，故而业主管理团体于选任管理人时，若管理规约定有明文，自应依其规定，未有订定时，则应透过业主大会的决议而为之。可充任管理人的，既包括自然人，也涵括法人。[2]

（三）法人管理方式与非法人管理方式

生活于同一栋区分所有建筑物上的各业主基于共同体关系而当然地结成管理团体。该管理团体依法具有法人资格的，为法人管理方式，反之则为非法人管理方式。在当代，明定业主管理团体具法人资格的仅有法国、新加坡建筑物区分所有权法，以及我国香港地区的《多层大厦（业主立案法团）（条例）》。德国2007年3月26日修改其《住宅所有权法》时，于解释和实质上也采法人管理方式。

第六节　区分所有建筑物的管理（Ⅱ）：管理规约

一、概要

管理规约又称业主公约、业主规约或简称为规约，是规范区分所有建筑物（商品房住宅、公寓）的管理、使用乃至所有关系的自治规则。基于私法自治原则所衍生的规约自治主义，管理规约的订立与内容，只要不违反强制、禁止规定，不违背公序良俗或排除、变更区分所有权的实质，业主可自由为之。[3]《物权法》第76条、第77条、第83条规定：制定和修改建筑物及其附属设施的管理规约，应当经专有部分占建筑物总面积过半数的业主且占总人数过半数的业主同意；业主不得违反法律、法规以及管理规约，将住宅改变为经营性用房，业主应当遵守法律、法规以及管理规约。同时，2007年修订的《物业管理条例》第7条、第17条除重述《物权法》的这些规定外，还特别明定：管理规约应当对有关物业的使用、维护、管理，业主的共同利益，业主应当履行的义务，

1　温丰文："论区分所有建筑物之管理"，载《法学丛刊》第147期，第27页。
2　温丰文："论区分所有建筑物之管理"，载《法学丛刊》第147期，第26页。
3　参见温丰文：《建筑物区分所有权之研究》，三民书局1992年版，第150—151页。

违反管理规约应当承担的责任等事项依法做出约定；管理规约应当尊重社会公德，不得违反法律、法规或者损害社会公共利益；管理规约对全体业主具有约束力。

依据上述规定，可知区分所有建筑物的管理规约，是业主为谋共同利益，确保良好的生活环境，由全体业主透过业主大会而就物业的管理、使用、维护与所有关系等制定的规则。管理规约的存在，是业主为了明确相互之间的权利义务关系，维持物业小区的公共秩序、公共利益，而对应当享有的权利、应当履行的义务、违反管理规约应当承担的责任，以及物业小区的物业的管理、使用和维护所作出的约定。它如同公司的章程、国家的宪法，具有业主团体（共同体）根本自治法规的性质，系业主团体（共同体）的最高自治规则和业主基于意思自治精神而对小区物业管理作出的自律约定。[1]其性质，通说认为，系法律行为中的共同行为。[2]

在比较法上，管理规约的设立、变更或废止，管理规约应规范的事项，管理规约的效力，系管理规约制度中的基本问题，对于这些问题，均有必要结合实务的经验而从理论上予以厘清。需注意的是，我国《物权法》和《物业管理条例》虽就管理规约的设立、变更与效力设有规定，但对于管理规约应规范的事项，则无规定。比较建筑物区分所有权法的经验表明，共有部分、专有部分、业主间的基础法律关系、业主间的共同事务的事项、业主间利害的调节事项、对违反义务者的处置事项等，均应以条文明确规定。另外，我国的管理规约实际上也是由商品房住宅（或公寓）的开发商或销售商于出售商品房住宅（或公寓）时制定的，尽管法律上基本上是拟定于区分所有关系成立后于业主大会上订立之。从实务的情况看，由商品房住宅的开发商或销售商设定的管理规约（原始管理规约、业主临时公约）中，开发商、销售商保留建筑区划内占用业主共有道路或者其他场地增设的停车场（车位）的专用使用权，尔后再将其出租给他人获取利益，于商品房住宅（或公寓）中设置广告牌（广告塔）而获取利益，以及对区分所有建筑物的管理费等做出不公平的规定，从而侵害了业主利益的情况是不时存在的。由此，原始管理规约（业主临时公约）的公平性问题即凸现出来。而在比较法上，德国法、日本法对这些问题乃设有明确的解决之道或方法。由此，本部分也拟借

---

[1] 奚晓明主编：《最高人民法院建筑物区分所有权、物业服务司法解释理解与适用》，人民法院出版社2009年版，第222—223页。

[2] ［韩］权承文："中国建筑物区分所有权法的考察"，载千叶大学《法学论集》第25卷第2号，第212页。

助于对德国法、日本法处理这些问题的措施或方法的分析,来为我国解决同类问题提供借镜或参照。

二、管理规约的订立、变更或废止

管理规约既然如同公司的章程,系全体业主必须共同遵守的自治规约,则其订立、变更或废止于程序上应经业主大会的议决。惟此所谓议决,比较法上有一致决和多数决两种模式。具体而言,德国法原则上采取一致决,日本法采取多数决,我国也采多数决。唯我国的多数决与日本的多数决于议决比例上存在差异。分述如下。

(一) 德国法

1. 基本概要

德国称建筑物区分所有权为住宅所有权,其规范建筑物区分所有权关系的《住宅所有权法》制定于 1951 年 3 月 15 日,最近的一次修订是 2007 年 3 月 26 日。在德国法上,管理规约(Vereinbarung)的功用非常强大,它可以变更业主间的相互关系,补充德国《住宅所有权法》所定的内容(德国《住宅所有权法》第 10 条第 2 项、第 3 项)。并且,在德国法上,管理规约的订立、变更或废止,须有全体业主的同意(合意),亦即系将管理规约视为契约,管理规约的设定、变更或废止系采一致决。业主团体(共同体)的多数决决议这一团体的拘束不被认可。之所以如此,系与德国法对管理规约的法律性质的理解和认识有关。[1]

德国的通说将管理规约与契约同等看待,管理规约不受团体法上的规制。管理规约被认为系业主为规律相互间的关系而透过为意思表示而成立的契约。只要不违反德国民法典的一般原则,对于管理规约而言,契约自由的原则就是妥当的,其内容自由订立,管理规约的设定、变更或废止须有作为订立契约者的业主全体的合意(同意)。不过,在德国,将住宅所有权理解为团体所有权的团体法的进路的主张者,乃将管理规约与团体中的(公司)章程作同样的看待,试图认可管理规约的设定、变更或废止可依特别多数决决议而为之。此种观点认为,原始管理规约中规定了不公平的内容时,对其予以变更是困难的,从而也就不能顺畅地对区分所有建筑物进行管理,由此就有必要采取解决的措施。但是,从《德国住宅所有权法》的规定来看,业主相互间的关系很难说是法律上的团体(Ge-

---

[1] [日] 伊藤荣寿:"对业主的团体的拘束的根据与界限",载爱知学院大学论丛《法学研究》第 51 卷第 2 号(2010 年),第 310 页。

sellschaft)。另外，根据这样的将住宅所有权理解为团体所有权的团体法的进路的观点，因可对业主处分自己的住宅所有权的权利等进行强大的规制（限制），所以有可能使对一部分业主的住宅所有权的侵害变得容易化，由此德国的一般性见解认为，不能以多数决决议为管理规约的设立、变更或废止。但如此一来，则不能解决实务中的原始管理规约的不公平性问题。而为了解决此问题，2007年3月26日德国修改其《住宅所有权法》时，乃对某些事项，认可得依事实上的多数决决议而变更（原始）管理规约的规定。[1]

2. 2007年德国住宅所有权修改法的新规定

2007年3月26日，德国经修改的《住宅所有权法》作为解决存在不公平的内容规定的原始管理规约的手段，亦即作为谋求管理规约的衡平性（公平性）的措施之一，引入了崭新的团体法的规制。[2]具体而言，关于排除住宅所有权的让与限制的规定、[3]超过通常的维持或修缮的建筑上的变更、出费以及现代化措施的费用分担标准的决定，于原始管理规约存在规定时，认可得经由业主大会的决议（多数决决议）来决定、变更之，该业主大会的决议的效力优先于（原始）管理规约。也就是说，关于这些事项，业主大会的决议的效力系优先于作为契约的（原始）管理规约。进而言之，业主大会的决议事实上可以变更或废止原始管理规约的规定。从而业主大会的决议就具有作为谋求（原始）管理规约的公平性的手段的功用。这样，2007年3月26日经修改后的德国《住宅所有权法》尽管仍然将管理规约视为契约，其设立、变更或废止不认可得依多数决决议而为之，依旧维持全体一致的原则，从而维持了一直以来的一贯原则，但同时，对于（原始）管理规约中作为不公平的内容而成为问题的事项，又透过使业主大会的决议（多数决决议）优先，来改变原始管理规约中的规定，借以实现原始管理规约的公平化。依德国《住宅所有权法》的规定，得优先于原始管理规约的业主大会的

---

[1] ［日］伊藤荣寿："对业主的团体的拘束的根据与界限"，载爱知学院大学论丛《法学研究》第51卷第2号（2010年），第310—311页。

[2] ［日］伊藤荣寿："对业主的团体的拘束的根据与界限"，载爱知学院大学论丛《法学研究》第51卷第2号（2010年），第311页。

[3] 德国《住宅所有权法》第12条第1项规定："可以作为特别所有权的内容约定，一个业主要让与其住宅所有权，需要其他的业主或第三人的同意。"此规定，作为防止人的或经济上不被期望加入到业主共同关系中来的手段是必要的、必须的。但是，此让与限制的规定，在中规模、大规模的住宅所有权住宅中，并未发挥充分的功用，毋宁说乃存在着弊害。首先，在业主人数很多的住宅上，取得人（即买受人）应把握为怎样的人是很困难的，由此在实际上这一规定不能被适用。其次，在管理规约中规定，让与住宅所有权时，须获得其他的业主或第三人的同意，对于取得人（买受人）而言，是要浪费金钱和时间的。

多数决决议可以决定、改变的事项如下[1]。

（1）共有部分、特别所有权的经费及管理费。2007年3月26日德国修改其《住宅所有权法》之前，关于涉及业主共同体关系的管理费用的分担标准，系按共有份额的比例定之。[2]但是，此规定因系任意规定，[3]故于原始管理规约中定有与此不同的管理费用的分担标准时，即使原始管理规约所定的管理费用的分担标准不公平，也要采用并实行之。而要变更原始管理规约的费用分担标准的规定，须经全体业主的同意。因为管理规约系契约，要变更之，依契约法的原则，须作为契约当事人的全体业主的同意。2007年3月26日经修改后的德国《住宅所有权法》为了消弭原始管理规约的不公平性问题，于第16条第3项规定：关于共有部分、特别所有权的经费及管理费，只要是符合通常的一般的管理，业主可以透过业主大会的多数决方式作出决议，按照利用或原因的标准或者依其他的标准而负担。

（2）对于一般性的管理费用的分担标准，2007年3月26日德国经修改的《住宅所有权法》认可依多数决决议而定之。具体而言，个别的情况下，关于与共有部分的维持、修缮、建筑上的变更、支付费用、现代化措施有关的费用的分担，要考虑业主的使用或使用的可能性，由有表决权的业主的四分之三以上的多数且占共有份额的过半数定之（德国《住宅所有权法》第16条第4项）。并且于第16条第5项规定：关于管理费用的分担标准的德国《住宅所有权法》第16条第3项和第4项，不得通过管理规约而限制或排除之。由此，业主大会的（多数决）决议就具有优先于作为契约的原始管理规约的效力。

（二）日本法

1. 基本概要

在日本法上，管理规约的设立、变更或废止，由业主及表决权的各四分之三以上的特别多数决决议为之（日本《建筑物区分所有权法》第31条第1项），此与德国法将管理规约置于契约的地位，其设立、变更或废止须有全体业主的同意不同。需注意的是，现今的日本法系将管理规约置于团体法的规律的位置，但

---

[1] ［日］伊藤荣寿："对业主的团体的拘束的根据与界限"，载爱知学院大学论丛《法学研究》第51卷第2号（2010年），第313—314页。

[2] 德国《住宅所有权法》第16条第2项规定："每一个业主对其他业主负有义务按照其份额比例（第1项第2句）承受共有财产的负担并承担养护、维修、其他管理以及共有财产的共同使用所产生的费用。"

[3] 参见德国《住宅所有权法》第16条第3项的规定。

是，日本1962年旧《建筑物区分所有权法》与德国法相同，也系将管理规约置于契约的位置，即认为管理规约的设立、变更或废止须有全体业主的合意。[1]需注意的是，在1962年时，因日本的管理规约主要规定关于业主的权利义务关系的比较重要的事项（内容），故其时认为管理规约的设立、变更或废止须有全体业主的合意（同意）即是必要的。[2]

日本于1962年制定《建筑物区分所有权法》后，为了适切和正当化地管理区分所有建筑物，乃有必要使管理规约的设立、变更变得顺畅化及圆润进行。由此，1983年日本经修改后的《建筑物区分所有权法》规定：管理规约的设立、变更或废止由业主及表决权的各四分之三以上的多数，于业主大会的决议为之（日本《建筑物区分所有权法》第31条第1项），即对管理规约引入了多数决决议这一团体的拘束。自1983年修改其法至今，在日本，管理规约始终被置于团体法的规律的位置而加以理解。[3]

2. 日本现行法关于管理规约的设立、变更或废止的规定

日本现行《建筑物区分所有权法》第31条规定："管理规约的设定、变更或废止，以业主及表决权各四分之三以上多数的业主大会的决议为之。于此情形，管理规约的设定、变更或废止对一部分业主的权利有特别影响时，应得其承诺；关于前条第2项[4]规定的业主全体的管理规约的设定、变更或废止，有共享该一部共享部分业主逾四分之一者或其表决权逾四分之一者反对时，不得为之。"兹将日本法该条的立法旨趣、议决要件、业主大会的决议、对少数人的利益的保护及关于一部共有部分的管理规约的情形分述如下。

（1）立法旨趣。依本条的规定，管理规约的设定、变更或废止，原则上须依业主大会的特别多数决的决议而为之。如前述，日本1962年旧《建筑物区分所有权法》关于此点系要求以全体业主的书面合意（同意）而为之。但是，其结果，对原始管理规约设定后产生的诸多问题，业主于管理规约上进行灵活的、有效果性的对应处理就往往变得很困难，因此日本于1983年修改1962年旧《建筑物区

---

[1] 日本1962年旧《建筑物区分所有权法》第24条。

[2] ［日］川岛一郎：《关于建筑物区分所有等法律的解说》，日本法曹会1989年版，第586页以下。

[3] ［日］伊藤荣寿："对业主的团体的拘束的根据与界限"，载爱知学院大学论丛《法学研究》第51卷第2号（2010年），第320—321页。

[4] 日本《建筑物区分所有权法》第30条第2项："关于一部共享部分的事项，无关区分所有人全体的利害者，除区分所有人全体的规约有订定的情形外，得以共享该部分的区分所有人的规约定之。"

分所有权法》时即决定对之予以修改，引入多数决的原则。此项修改，是为了谋求业主团体自治的圆滑化、灵活化而进行的重要修改之一。并且，本条的规定系强行规定，若以全体业主的合意而为与此不同的规定的，系不允许。业已设定的管理规约中，定有与本条抵触的内容的，所抵触的部分当然归于无效[1]。

（2）议决要件。为上述管理规约的设定、变更或废止，须依业主及表决权的各四分之三以上的多数决而为之，即需要二重的议决要件。之所以如此，系因为考虑到：区分所有关系一方面是与各业主的份额（专有部分）的大小成比例的财产法的、经济的利害关系（譬如，关于共有部分的负担比例、关于业主对第三人的责任的负担比例等）；另一方面，它也是一种共同生活体乃至伴有地域社会的性质的具有团体法的因素的东西。[2]

（3）业主大会的决议。依多数决而为管理规约的设立、变更或废止，必须透过业主大会的议决（或决议）而为之。以多数决方式决定这样的重要事项，当然也包含了持有反对意见的业主可以自由发表其意见。由此，日本的通说认为，全体业主于进行了充分的讨论后，达成一定结论的业主大会的决议这一方法，是最适当、最合理的。单纯依书面的方式以轮流征求意见的表决法而集合了四分之三以上的赞成的，并不能成为本条所称的业主大会的决议。不过，表决权除直接出席集会而行使外，也可以书面的方式而行使。另外，2002年日本修改其《建筑物区分所有权法》后，若管理规约或业主大会的决议认可，也可以电脑网络系统的方法而行使（日本《建筑物区分所有权法》第39条第2项）。由此，实际出席业主大会的业主未必是多数的业主大会上，也当然可以为管理规约的设定、变更或废止的决议。不过即使在此种场合，也系以作为业主大会的决议的程序要件而获得满足为当然前提。[3]

（4）对少数人的利益的保护。满足业主大会的多数决的要件时，若管理规约的设立、变更或废止对一部业主的权利有特别影响，则应获得其承诺。因为，依多数人的意思而可能发生侵害少数人的权利的情况，故为了消弭此弊害，就须对业主间的利害进行调整。例如，共有部分的管理费等的负担比例、表决权的比例，或者关于专有部分、共有部分的使用方法等是否对特定的业主或一部分业主作了不利益、不公平的规定，抑或打算变更或废止原始管理规约中认可的一部分

---

[1] ［日］水本浩、远藤浩、丸山英气编：《公寓法》，日本评论社2006年版，第68页。

[2] ［日］滨崎恭生："关于建筑物区分所有等的法律及修改不动产登记法的一部的法律的概要"，载《NBL》第12号，第17页；［日］原田纯孝："判批"，载《判例时报》第786号，第59页。

[3] ［日］水本浩、远藤浩、丸山英气编：《公寓法》，日本评论社2006年版，第68—69页。

业主的专用使用权等，均有很大的可能适用该规定。[1]

需注意的是，所谓"特别的影响"，系指"尽管没有合理的理由，但特定的业主受到了超过其应忍受的限度的不利益"。"特别的影响"之有无的判断，系比较衡量管理规约的设立、变更等的必要性、合理性，与由此而使该业主受到的不利益，以该不利益是否超过了应忍受的限度作为其标准。[2]

（5）关于一部共有部分的管理规约。关于仅供一部分业主共享的"一部共有部分"的管理的事项，当其关系到全体业主的利害时，应当然的以全体业主的管理规约即全体管理规约定之；但其仅关涉一部分业主的利害时，则仅由该一部分业主自治，即仅由共享该部分的业主为之（日本《建筑物区分所有权法》第16条）。

（三）比较、评议、分析与我国法的应有立场

综据以上所言，可知德国法的管理规约系不被作为团体法看待，而系被把握为契约，其设立、变更或废止须有全体业主的合意（同意）；日本法的管理规约，于1962年制定旧《建筑物区分所有权法》时虽然作为契约，但在1983年经修改后的《建筑物区分所有权法》上即作为团体法的制度而看待，其设立、变更或废止系依业主大会的特别多数决决议而为之。

德国法和日本法之所以存在上述差异，乃由两国法的建筑物区分所有权（住宅所有权）的权利构造的不同而引起。在德国法上，土地的共有系其住宅所有权的中心的权利构造，建筑物系属于土地，因此系在共有法的架构内考虑团体的拘束；而于日本法上，业主享有对专有部分的所有权、对共有部分的共有份额权、对基地利用权的共有份额权这样的三项权利，且此三项权利互相不被包含。故此与德国法不同，其仅在共有法的架构内来把握团体的拘束是困难的，或者说在共有法的架构内并不存在拘束。[3]

另外，在日本法上，管理规约的对象并不限于共有部分，而是及于建筑物的全体和基地。亦即，即使作为区分所有权对象的专有部分也为管理规约的规范范围。对区分所有权本身予以团体的拘束，在学理上是困难的。为此，日本1983年修改其《建筑物区分所有权法》时，即创制出业主团体，并尝试使该业主团体的

---

[1] ［日］水本浩、远藤浩、丸山英气编：《公寓法》，日本评论社2006年版，第69页。

[2] ［日］滨崎恭生："关于建筑物区分所有等的法律及修改不动产登记法的一部的法律的概要"，载《NBL》第12号，第29页。

[3] ［日］伊藤荣寿："对业主的团体的拘束的根据与界限"，载爱知学院大学论丛《法学研究》第51卷第2号（2010年），第326页。

决议之拘束少数业主得以正当化。但是，这个业主团体的意义、内容是不明确的，作为团体的拘束的正当化的根据是不充分的。[1]

最后，在德国法上，对于不公平的管理规约，认可得透过业主大会的多数决决议而将之改易；于日本法上，对于管理、共有部分的轻微变更等得以业主大会的多数决决议而为之的措施，若管理规约先期有规定时，管理规约的规定是优先的。[2]

如前述，我国《物权法》第76条、《物业管理条例》（2007年修订）第12条规定：制定和修改建筑物及其附属设施的管理规约，应当经专有部分占建筑物总面积过半数的业主且占总人数过半数的业主同意。可见我国关于管理规约的制定和修改系采普通多数决。这一规定表明，立法者系将管理规约的制定和修改作为建筑区划内的一般性、常规性事务。此种以普通多数同意的方式制定和修改管理规约，须同时符合下列两个条件：一是必须获得专有部分占建筑物总面积过半数的业主的同意；二是必须获得占总人数过半数的业主同意。[3]需指明的是，我国《物权法》的此种规定，与德国法之采一致决、日本法之采特别多数决，以及我国《公司法》（2013年修订）第43条第2款所定公司章程的变更应经股东会的特别决议相较，乃失之过宽。之所以如此，系因为管理规约是业主团体（共同体）的最高自治规则，而非一般性、常规性事务，其设立、变更或废止攸关各业主的重大利害，故此采普通多数决议是不够的。建议我国编纂民法典物权编抑或制定单行的建筑物区分所有权法时，变更现行立场，而改采多数决中的特别多数决议来为管理规约的制定、修改或废止。

三、管理规约应规范的事项

如前所述，于比较法上，管理规约系业主间为确保良好的居住环境而依一致决（德国法）或多数决（日本法、中国法）共同订立的业主团体（共同体）的最高自治规范。故此，其应规范的事项，原则上并无限制。也就是说，管理规约作为业主相互间的规范，得规律区分所有建筑物的使用、管理的各种各样的事

---

[1] ［日］伊藤荣寿："对业主的团体的拘束的根据与界限"，载爱知学院大学论丛《法学研究》第51卷第2号（2010年），第326页。

[2] ［日］伊藤荣寿："对业主的团体的拘束的根据与界限"，载爱知学院大学论丛《法学研究》第51卷第2号（2010年），第327页。

[3] 全国人大常委会法制工作委员会民法室编：《中华人民共和国物权法：条文说明、立法理由及相关规定》，北京大学出版社2007年版，第118页。

项。其不仅对共享部分、基地,且也可对专有部分予以规范。不过,在比较法上,德国法与日本法除关于管理规约的设立、变更或废止的议决要件不同外,关于管理规约应规范的事项的范围也是不同的。亦即,在德国法上,应于管理规约中规范的事项并没有特别的限制。但是,是否应认可不公平的原始管理规约的效力系一大问题,此点德、日两国法具有共通点。不过一般而言,管理规约应规范的事项,应主要分为如下四类[1]:(1)业主间基础法律关系的事项;(2)关于业主间共同事务的事项;(3)关于业主间利害关系调节的事项;(4)对违反义务者的处置事项。

我国《物业管理条例》(2007年修订)第17条第1款规定了管理规约应当规定的内容范围,其规定:"管理规约应当对有关物业的使用、维护、管理,业主的共同利益,业主应当履行的义务,违反管理规约应当承担的责任等事项依法作出约定。"实务中,我国城镇小区物业管理的管理规约规范的事项一般包括如下3方面:(1)物业的使用,包括规定业主的权利义务、相邻关系、物业的使用原则、物业的装饰装修、物业转让、出租的相关事项、物业的用途、物业使用的其它约定、物业的维修养护、业主提交通讯方式的义务、利用物业共有部分获利的归属、未按规定交付有关费用的责任、业主损害他人合法权益的处理以及业主违反物业使用禁止行为的处理等;(2)物业服务企业的选聘,涵括规定启动选聘程序、表决选聘方式、表决选聘标准、作出选聘决定、实施选聘工作、不能及时选聘的处理;(3)附则,规定业主间矛盾纠纷的调处。业主违反管理规约的约定,业主委员会有权责令行为人改正,拒不改正的,业主委员会可以向人民法院提起诉讼;物业使用人违反管理规约的,相关业主承担连带责任等。

另外,需注意的是,我国现今住宅物业管理实务中的管理规约所规范的事项,常常因区分所有建筑物(商品房住宅、公寓)的规模、用途,以及业主的生活水平、文化程度等的不同而有差异。但无论如何,如前述,管理规约的内容不得违反强行法规与违背公序良俗,也不得变更或排除业主间的区分所有权的实质。[2]关于前者,《物业管理条例》(2007年修订)第17条第2款定有明文,即它规定了管理规约的制定应遵循的基本原则。其规定:"管理规约应当尊重社会公德,不得违反法律、法规或者损害社会公共利益"。至于后者,解释上应当然认为如此。

---

[1] 参见温丰文:《建筑物区分所有权之研究》,三民书局1992年版,第153—154页。
[2] 温丰文:《建筑物区分所有权之研究》,三民书局1992年版,第155页。

四、管理规约的效力

管理规约因系业主团体（共同体）的最高自治规则，其犹如公司的章程、国家的宪法，故业主大会、业主委员会的决议乃至管理人的行为等，均不得与之抵触，否则归于无效。至于管理规约于时间上和对人的效力，则有待于加以释明。

通常而言，关于管理规约的时间效力，管理规约本身若定有生效时期的，自应依其规定（如上海市某住宅小区的管理规约规定："本管理规约经业主大会会议通过之日起生效"）；如未定生效时期的，则应解为自管理规约订立之日起生效。惟在管理规约的效力发生前，业主的既存利益（既得权等）不得被侵害。关于管理规约对人的效力，在比较法上，德国法与日本法均规定，管理规约的效力除及于设定的当事人外，还及于业主的特定继受人，[1]涵括移转继受人和设定继受人。业主的受让人即为移转的继受人，因其为决定管理规约的变更、废止的当事人，故为管理规约的效力所及；至于区分所有权（专有部分）的承租人或借用人等设定的继受人，因其非管理规约的订立、变更或废止的当事人，故仅受管理规约事项中有关使用事项（内容）的拘束。换言之，承租人、借用人等区分所有建筑物的占有人，依管理规约对建筑物、基地或附属设施的使用方法，承担与业主相同的义务。[2]

我国 2007 年颁布的《物权法》对管理规约的效力未作规定，但同年经修订的《物业管理条例》第 17 条第 3 款就管理规约对人的效力范围定有明文，其规定："管理规约对全体业主具有约束力。"但其对区分所有权（专有部分）的承租人、借用人等区分所有建筑物的占有人是否具有效力并未作出规定。实务中，不少城镇小区的物业管理规约规定：管理规约对本物业管理区域内的各业主和使用人具有约束力。[3]此系不区分业主与承租人、借用人等物业使用人在区分所有关系和管理规约中的不同法律地位，应系不妥。本书认为，对此应借鉴日本法的经验而予厘定，即管理规约的效力虽然原则上应及于业主及其特定继

---

[1] 依德国《住宅所有权法》第 10 条第 2 项的规定，管理规约的效力对特定继受人发生效力的，须登记于登记簿，以进行公示；而依日本《建筑物区分所有权法》第 46 条，则无须登记，即对特定继受人发生效力。

[2] 温丰文：《建筑物区分所有权之研究》，三民书局 1992 年版，第 155—156 页；参见日本《建筑物区分所有权法》第 46 条第 2 项。

[3] 譬如上海市闵行区某住宅小区的管理规约即如此规定。

受人，但承租人、借用人等区分所有建筑物的占有人（设定的继受人、物业使用人），应仅受管理规约中有关使用事项（内容）的拘束。也就是说，物业使用人依管理规约对建筑物、基地或附属设施的使用方法，负与业主相同的义务。进而言之，管理规约所定的所有义务并不都能约束物业使用人，物业使用人承担的义务只能是专属于业主之外的、与使用人的身份紧密相连的、尊重其他业主物权的义务。譬如，必须遵守本物业区域内物业共享部位和公用设备设施的使用规定、公共秩序和环境卫生的维护规定；必须按有关规定合理使用水、电、气、暖等设施设备，不擅自拆改等。至于管理规约中所定的与使用物业并不直接相关的义务，则不能约束物业使用人。譬如按规定交纳、管理与使用专项维修资金的义务，参加业主大会并予以表决的义务等，即不能由物业使用人履行或承担。[1]

五、原始管理规约（业主临时公约）的公平性及其效力

原始管理规约，又称业主临时公约，指房屋的开发商或销售商于将区分所有（商品房、公寓）住宅分别让与给单个的业主时制定的规约。此种原始管理规约中，由于其大多包含了对商品房住宅的开发商或销售商有利而对业主不利的规定，故其公平性和效力问题就需要加以考虑。需注意的是，关于原始管理规约的设立、成立、登记及得规范的事项，日本《建筑物区分所有权法》设有专门的明文规定；关于原始管理规约的效力、撤销（变更），德国《住宅所有权法》除了对于前述某些事项，认可业主大会的多数决决议具有优先于原始管理规约的效力外，尚认可业主享有变更原始管理规约的不公平内容（事项）的变更请求权。分述之如下。

（一）日本法

日本《建筑物区分所有权法》第 32 条系关于依公证证书而设立原始管理规约的各项问题的规定。其规定："最初所有建筑物专有部分全部的人，得依公证证书设定第 4 条第 2 项、第 5 条第 1 项与第 22 条第 1 项但书及第 2 项但书（包含此等规定于同条第 3 项准用的情形）的管理规约。"兹将该条规定的立法旨趣、原始管理规约的设立程序与成立、原始管理规约应规范的事项及登记程序分述如下。

---

[1] 奚晓明主编：《最高人民法院建筑物区分所有权、物业服务司法解释理解与适用》，人民法院出版社 2009 年版，第 225—226 页。

1. 立法旨趣

在日本法上，管理规约本来是于复数的业主存在区分所有关系时，为规定他们相互间的共同事项而订立的规则，商品房的开发商、销售商在将商品房住宅销售给业主前单独设立管理规约原则上系不允许。但是，对于一些基础性的法律关系，如规约共有部分、关于基地的权利关系等，在商品房住宅（或公寓）的开发商、销售商向单个的业主销售商品房住宅（或公寓）前，其有无及内容的确定，对于作为商品房住宅买受人的业主而言，也系十分重要从而很期望的。例如，在区分所有建筑物内存在管理人室、业主的集会室（集会场所）等的场合，此等管理人室、业主的集会室系共有部分还是作为特定的专有部分而被开发商、销售商保留权利，对买受人而言乃是不安的，往后往往会变成纠纷或麻烦。另外，在作为区分所有建筑物直接的基地的土地以外的花园、道路、停车场等的土地存在的情形，它们是否仍然被作为建筑物的基地而处理、对待，也往往会变成纠纷或麻烦。由此，日本《建筑物区分所有权法》第32条规定：关于规约共有部分和基地的权利关系的四项事项，最初所有建筑物专有部分全部的人，得依公证证书单独设定原始管理规约。[1]

2. 设立程序与原始管理规约的成立

所谓"最初所有建筑物专有部分全部的人"，系指建筑物的区分所有虽然成立，但其任一专有部分都还未分属于单个的业主的阶段，对区分所有建筑物的专有部分的全部享有所有权的人。在日本实务中，其绝大多数情形系指建成销售的商品房住宅（或公寓）后、销售开始前的商品房住宅（或公寓）的开发商、销售商。另外，数人共同建筑区分所有建筑物，而共有其专有部分之全部的共有者也属之。[2]

应当指出的是，日本法之所以依公证证书而为此种管理规约的设立，是因为此种管理规约系依无对象方的单独行为而设立，且为了能确实地证明其内容。被设立的管理规约，经由商品房住宅（公寓）的开发商、销售商而完成依日本《不动产登记法》所定的登记程序，其内容即可拘束将来的业主（商品房住宅、公寓的买受人）及其特定继受人。[3]另外，此种管理规约于依公证证书合法地作成的时点而成立，登记系对抗第三人的要件。并且，由于此（原始）管理规约在商品房住宅（公寓）被销售后成为业主（买受人）团体（共同体）的管理规约，所

---

[1] [日]水本浩、远藤浩、丸山英气编：《公寓法》，日本评论社2006年版，第75页。
[2] [日]水本浩、远藤浩、丸山英气编：《公寓法》，日本评论社2006年版，第75页。
[3] [日]水本浩、远藤浩、丸山英气编：《公寓法》，日本评论社2006年版，第75—76页。

以其变更或废止，一般的管理规约的变更或废止的程序对其是当然适用的。[1]

3. 原始管理规约的规范事项与登记程序

依日本法，得为原始管理规约所规范的事项，被限定为4项，即关于规约共有部分的规定和关于基地的权利关系的3项事项。

（1）日本《建筑物区分所有权法》第4条第2项关于规约共有部分的规定，例如作为区分所有建筑物内的管理人室、集会室或者管理人事务所、集会所、仓库而被建筑的附属设施等，为了使它们成为共有部分，即可以原始管理规约而明定。此等附属设施自构造、性质上看虽然也可成为（作为）专有部分，但在建筑商、开发商出售而其用途被特定化时，毋宁说期望它们从一开始就明确作为共有部分的人是更多的。[2] 需注意的是，为了使该关于规约共有部分的规定具有对抗第三人的效力，须进行必要的登记。此即日本《建筑物区分所有权法》第4条第2项规定："第1条规定的建筑物部分及附属建筑物，得依规约当成共有部分（规约共有部分）。于此情形，非登记其意旨者，不得以之对抗第三人。"

（2）日本《建筑物区分所有权法》第5条第1项关于管理规约基地的规定。日本《建筑物区分所有权法》第5条第1项规定："区分所有人得将建筑物及与建筑物所坐落的土地一体管理或使用的庭院、通路或其他土地，依管理规约当成建筑物的基地。"也就是说，原始管理规约可在建筑物所坐落的土地（底地）以外，将应与该土地（底地）一体管理、使用的土地（庭院、通路、停车场等）作为建筑物的基地。这样的基地范围的扩张，作为维持区分所有建筑物的全体的使用价值而系必要的场合乃是不少的，其对于商品房住宅（公寓）的买受人（业主）而言，具有重大的利害关系。[3]

（3）日本《建筑物区分所有权法》第22条第1项规定：基地利用权为数人有所有权或其他权利时，业主不得将其所有的专有部分及与该专有部分有关的基地利用权分离而处分。但是，原始管理规约可以设立此一规定的例外，亦即原始管理规约另有订定时，不在此限。

（4）日本《建筑物区分所有权法》第22条第2项规定：业主有数个专有部分时，有关各专有部分的基地利用权的比例，按第14条第1项至第3项所定的比

1　［日］水本浩、远藤浩、丸山英气编：《公寓法》，日本评论社2006年版，第76页。
2　［日］水本浩、远藤浩、丸山英气编：《公寓法》，日本评论社2006年版，第76页。
3　［日］水本浩、远藤浩、丸山英气编：《公寓法》，日本评论社2006年版，第76页。

例。但是，原始管理规约可以订立与此比例相异的比例。

最后应指出的是，买受人于确认上述各点后，因为系当然买受商品房住宅（公寓）的各专有部分，所以日本法的依公证证书而设立原始管理规约的做法一般不会损害买受人（业主）的利益，不过此种原始管理规约的设立者应充分确保该管理规约的内容系适切、正当及合理。[1]

（二）德国法

如前述，德国为确保原始管理规约的公平性，除规定业主大会对某些事项所作出的多数决决议具有优先于原始管理规约的效力外，尚认可业主享有变更原始管理规约的规范事项的变更请求权。所谓原始管理规约的变更请求权，指业主打算变更具有不公平内容的管理规约时，基于诚实信用原则（《德国民法典》第242条），对反对变更管理规约的人，得请求其予以同意的权利。[2] 于德国，因是否认可管理规约的变更请求权而发生争论的案件中，多数系涉及管理费用的分担比例。德国《住宅所有权法》规定：按共有份额的比例来分担管理费用。但是，由于此规定系任意规定，所以原始管理规约可以规定与共有份额比例完全不同的费用分担标准。德国2007年3月26日之前的裁判实务对于费用负担严重不均衡的异常情形，认可了业主的变更原始管理规约的请求权。[3]

确实，在德国，管理规约因具有契约的拘束力，所以自保护权利的观点看，应当说是不宜轻易认可变更管理规约的内容（事项）的。但实务中，管理规约大多由商品房住宅（或公寓）的开发商、销售商单方面作成，于这样的场合，即有保护取得住宅所有权的业主的必要。由此，2007年3月26日德国修改其《住宅所有权法》时，以较以往法院判例所认定的承认管理规约的变更请求权的要件更缓和的要件而认可了变更请求权，并认为该2007年的修改法设定关于管理规约的变更请求权的明文规定是必要的。[4] 于是，2007年经修改的德国《住宅所有权法》即基于使管理规约的变更请求权的要件明确化及缓和以往法院判例的较严格的要件这样两个目的，而对管理规约的变更请求权作了如下的规定："各业主只要考虑个案的所有情形，特别是考虑其他业主的权利及利益，维持现在的规定而欠缺

1　[日] 水本浩、远藤浩、丸山英气编：《公寓法》，日本评论社2006年版，第76页。

2　[日] 伊藤荣寿："对业主的团体的拘束的根据与界限"，载爱知学院大学论丛《法学研究》第51卷第2号（2010年），第317页。

3　[日] 伊藤荣寿："对业主的团体的拘束的根据与界限"，载爱知学院大学论丛《法学研究》第51卷第2号（2010年），第317页。

4　[日] 伊藤荣寿："对业主的团体的拘束的根据与界限"，载爱知学院大学论丛《法学研究》第51卷第2号（2010年），第318页。

基于重大理由的衡平性时，都可请求达成与法律不同的管理规约或变更管理规约"（德国《住宅所有权法》第10条第2项第3句）。这样，2007年3月26日经修改的德国《住宅所有权法》，作为对原始管理规约的有针对性的另一种处理手段（措施），使变更原始管理规约的请求权得以了明文化。

（三）我国法应采取的立场

我国《物权法》和《物业管理条例》对原始管理规约的设立、公平性及效力等并无规定，但如前述，在我国房地产实务中，由开发、销售商于分别让与商品房住宅（或公寓）时而设定业主临时公约的情形并不少见，而且实际上我国现今小区物业管理中的大多数管理规约系由开发商或销售商制定。由此，原始管理规约的设立（制定）程序、登记、效力，以及如何确保其公平性等，以上日本法依公证证书而设立原始管理规约的经验很值得我国借鉴、取法。至于德国法为了确保原始管理规约的公平性而规定对于某些事项，业主大会的多数决决议有优先于原始管理规约的效力，以及认可业主享有变更原始管理规约的请求权，均可供我国借镜、参照，并可作为我国编纂民法典物权编抑或制定单行的建筑物区分所有权法时对于此等问题的立法解释论。

六、小结

对于区分所有建筑物而言，管理系最重要的。日本《建筑物区分所有权法》为了谋求实现管理的充实化、适正化，曾于1983年、2002年进行过两次修改；德国自1951年制定《住宅所有权法》至今，也对自己的该部法律进行过多次修改。日本和德国的建筑物区分所有权法对区分所有建筑物的管理系贯彻实行业主大会和规约自治主义。在我国，居住于同一栋区分所有建筑物中的业主的文化水平、经济能力的差异等远远比日本、德国为大。另外，德国人和日本人中，日本人尤其具有很强的集体（团体）观念或意识，而在我国社会中，改革开放40年以来，人们的个人主义的倾向变得较强。但是，由于在区分所有建筑物中，业主团体（共同体）的优位是首要的、必需的，因此在我国，为了使业主的个人主义（个别性）与业主的团体（共同体）性能同时成立，保障团体（共同体）性的具体的管理制度的建立就是必要的、必需的。从当代比较建筑物区分所有权法的理论与实务的经验来看，在区分所有建筑物的管理中，必须重视管理规约的功用。之所以如此，盖因区分所有建筑物管理的根本的、骨骼的东西就是管理规约。另外，为了实际管理区分所有建筑物，除特殊的情况（如仅由极少数的业主拥有区分所有建筑物）外，管理规约的订立（设定）都应被认为是必需的、不可或缺的[1]。

我国自20世纪90年代初进行住房的商品化改革以来，商品房住宅、公寓等获得大量兴建，迄今已然经过了20余年。而所谓商品房住宅或公寓，即是由若干个复数的业主区分所有一栋建筑物的各专有部分、共同所有共有部分的区分所有建筑物。此种区分所有建筑物的权利关系、管理运营的基本规则，系由物权法中的建筑物区分所有权法规定。惟在实际的各个商品房住宅或公寓中，为了有组织及合理地进行管理，维持良好的共同生活秩序，按照每栋或每小区商品房住宅（或公寓）的实际情况而订立（制定）管理规则则是必要的。而此所谓管理规则，主要指的即是管理规约。我国《物权法》第六章关于建筑物区分所有权制度的规定，即重视全体业主为管理商品房住宅或公寓而构成的业主共同体（团体）本身，并明定由全体业主构成管理团体，依业主大会的多数决决议，就商品房住宅（或公寓）的管理、使用及业主相互间的共同事项以管理规约定之。应指明的是，《物权法》尽管未将管理规约的订立（设立）规定为业主团体当然的、必须履行的义务，但实务中大多数的商品房住宅或公寓都订立了管理规约。此重视管理规约的做法系值得肯定、倡导。另外，在比较法上，日本还存在供业主设立管理规约时参照的模范的"商品房住宅（公寓）标准管理规约"。本书认为，我国也应引入此制度，建议我国政府的有关部门根据我国实务上的已有经验或做法，创制出供业主设定管理规约时参照的模范的标准管理规约。

第七节 区分所有建筑物的业主管理团体（Ⅰ）：业主大会

如前述，建筑物区分所有权的创设，恒以一栋建筑物为其基础。因此，生活于同一栋建筑物上的全体业主事实上乃形成一共同体关系。惟该共同体关系的成员，就人数而言，因建筑物规模的大小而有不同，有的多达数千人，有的仅为数十人。就业主的资力而言，有的财力雄厚，大楼中央系统的空调即使24小时全天候开放，也毫不在乎；有的却财力有限，即使楼梯间的电费也斤斤计较。就大楼居住者的心态而言，也不一致：长久居住者，期待管理方法尽善尽美，暂时落脚的人则认为管理方法越简单越好；而置产保值者或房屋投机商，因无居住或出租之意，则希望不要负担管理费等等。各种情形，不一而足。于如此复杂的各种关

1　[韩]权承文："中国建筑物区分所有权法的考察"，载千叶大学《法学论集》第25卷第2号，第212页。

系中，欲统一全体业主及其他承租人、借用人的意思，颇为困难。于是，为维护建筑物各部分应有的功能，解决彼此间的纷争，维护共同体生活秩序，协调彼此间的共同利益，乃需要一超越个人的团体组织，并借该团体组织的力量，妥订管理规约，设置管理机构，处理共同事务。此团体组织即业主管理团体。

2007年颁布的《物权法》和同年修订通过的《物业管理条例》，对区分所有建筑物的管理设置了业主大会和业主委员会的组织结构和形式。它们是区分所有建筑物自治管理的两大支柱机构。其中，业主大会犹如公司的股东会，是业主团体的意思决定机构，系业主为共同事务和涉及权利义务的有关事项，召集全体业主所举行的会议；业主委员会犹如公司的董事会，是为执行业主大会的决议事项及区分所有建筑物的维护工作，由业主大会经过一定的民主程序选举产生的组织。业主委员会系业主大会的事务执行机构，受业主大会的委托管理全体业主的共有财产和共同事务。本部分拟对其中的业主大会的诸多问题予以论述。

一、业主大会的性质与业主的权利和义务

（一）业主大会的性质

业主大会由物业管理区域内的全体业主组成，[1]是小区业主的议事机构，代表和维护物业管理区域内全体业主在物业管理活动中的合法权益，[2]其系管理建筑区划内建筑物及其附属设施的共有部分和共同事务的自治组织。[3]其法律性质如下。

1. 业主大会是一个自治组织

业主大会由物业管理区域内的全体业主组成，是全体业主作为成员的所有权人联合体，其不是国家机关，也不是事业单位，更不是营利性机构，因此不得为居民委员会所替代。同时，其也不等同于企业法人，而是一个自治性质的组织。[4]

2. 业主大会是独立的社会组织

由于社会条件、传统习惯的不同，各国法律对业主大会法律性质的规定未尽相同。归纳起来，各国关于业主大会的立法例有三种模式，即法人式的业主大会模式、非法人式的业主大会模式和折中式的业主大会模式。如前述，在法国、新加坡、我国香港地区的建筑物区分所有权法以及2007年3月26日新修订的德国《住宅所有权法》上，业主大会为一法人，具有法人人格。尤其是根据新修订的

---

[1] 参见《物业管理条例》（2007年修订）第8条第1款。
[2] 参见《物业管理条例》（2007年修订）第8条第2款。
[3] 崔建远：《物权法》，中国人民大学出版社2009年版，第220页。
[4] 崔建远：《物权法》，中国人民大学出版社2009年版，第220页。

德国《住宅所有权法》第 10 条第 6 项规定，其住宅所有权人共同体（业主大会）甚至可以使用独立的名称，这在实质上承认了住宅所有权人共同体（业主大会）的法律人格。只是基于其存在目的，这一新设的法人类型在其设立、能力范围和责任方式上都与传统的社团法人有所区别。尽管如此，德国法的这一项新规定还是鲜明地突出了其住宅所有权人共同体（业主大会）作为法人所具有的以下几项标志：一是它可以独立地作为法律关系的主体，以住宅所有权人共同体即业主大会的名义参与法律活动，并独自作为利益归属的主体；二是作为主体参与诉讼。[1] 自发展趋势看，业主管理团体向法人化方向发展乃是各国立法与实务上的基本潮流。

如前述，我国《物权法》《物业管理条例》和《建筑物区分所有权解释》均未对业主大会的民事主体资格和诉讼主体资格问题作出明确规定。《物权法》第 83 条规定了业主大会的管理权能，同时明确规定了业主对侵害自身合法权益的行为，可以依法向人民法院提起诉讼。在《物权法》的制定过程中，其第三次、第四次审议稿曾对业主大会的诉讼地位问题作出过规定，但自第五次审议稿后被删去。另外，依《物业管理条例》的规定，由于业主大会履行职责的形式是召开会议，其只是业主团体的内部议事、决策机构或者议事、决策程序，不直接对外从事民事活动，且其并非常设机构，也没有自己独立的财产，因此它不符合我国法律规定的民事诉讼主体的成立条件。因此，业主大会不具有诉讼主体资格，在诉讼中不应列为诉讼当事人。如果将业主团体比作公司，则业主大会就相当于股东大会。显然，公司对外发生债权债务关系时，股东大会不得被作为权利义务关系的主体或者诉讼当事人。可见，在没有成立业主委员会的情况下，应由业主以代表人诉讼的方式提起诉讼；在有业主委员会的情况下，可以业主委员会的名义提起诉讼。[2]

尽管《物权法》《物业管理条例》和《建筑物区分所有权解释》并未赋予业主大会以法人人格，但这并不妨碍其系一个独立的社会组织。这主要系因为，业主大会不只是全体业主汇集在一起参加某个会议，也不是业主之间的松散联合，它有自己的章程，也有自己的执行机构——业主委员会，可以按照章程和议事规

---

[1] 唐晓晴：《分层建筑物管理的私法自治与公权介入》，2009 年 12 月澳门大学法学院"第二届全球化背景下之澳门法律改革国际研讨会"资料，第 4 页；张双根、田士永、王洪亮主编：《中德私法研究》，2009 年第 1 卷（总第 5 卷），第 167 页。

[2] 北京市第一中级人民法院：《关于建筑物区分所有权类案件的调研报告》（2009 年 5 月），第 22 页。实务中已有相当多的业主委员会作为原告参加诉讼，比如《最高人民法院关于金湖新村业主委员会是否具备民事诉讼主体资格请示一案的复函》（［2002］民立他字第 46 号）规定，对房地产开发单位未向业主委员会移交住宅规划图等资料、未提供配套公用设施、公用设施专项费、共用部位维护费及物业管理用房、商业用房的，可以自己的名义提起诉讼。

则形成自己的决定，可以自己的名义开立账户，以自己的名义享有权利和承担义务。在对外关系上，它可以以自己的名义与物业服务企业签订物业服务合同，也可以授权业主委员会从事这些行为。[1]

3. 业主大会是管理全体业主共有财产和共同事务的自治组织

业主大会的职能较为专一，根据《物权法》第75条、第76条等规定，以及《物业管理条例》第8条、第9条、第10条、第11条、第19条等规定，业主大会只是管理全体业主的共有财产和共同事务，不得作出与物业管理无关的决定，不得从事与物业管理无关的活动。业主大会作出了与物业管理无关的决定，或从事了与物业管理无关的活动时，属于违反强制性规定的情形，按照《合同法》第52条第5项的规定，其行为自始就不具有法律效力，对业主不具有约束力。[2]

4. 业主大会是区分所有建筑物业主管理团体的机关，也是全体业主管理共有财产和共同事务时的议事机构

需特别注意的是，当我们将业主大会与国家机关、事业单位、营利性机构、企业法人乃至居民委员会相比较而论时，业主大会当系一个自治组织，应无疑义；但是，当我们将业主大会作为业主管理团体内部的一个机关而论时，它则犹如股份有限公司的股东会，乃系一个议事机构。具体而言，根据《物权法》第75条、第76条等规定，以及《物业管理条例》第8条、第9条、第10条、第11条、第19条等规定，业主大会应就管理全体业主的共有财产和共同事务的事项进行讨论、议决，然后做出决定。

（二）全体业主和单个业主对于业主大会的权利义务

《物权法》第76条对全体业主作为一个整体享有的权利和承担的义务作了明确规定，其规定下列事项由业主共同决定：（1）制定和修改业主大会议事规则；（2）制定和修改建筑物及其附属设施的管理规约；（3）选举业主委员会或者更换业主委员会成员；（4）选聘和解聘物业服务企业或者其他管理人；（5）筹集和使用建筑物及其附属设施的维修资金；（6）改建、重建建筑物及其附属设施；（7）有关共有和共同管理权利的其他重大事项。其中，决定上述第五项和第六项规定的事项，应当经专有部分占建筑物总面积三分之二以上的业主且占总人数三分之二以上的业主同意；决定上述其他事项，应当经专有部分占建筑物总面积过半数的

---

[1] 崔建远：《物权法》，中国人民大学出版社2009年版，第221页；王利明、尹飞、程啸：《中国物权法教程》，人民法院出版社2007年版，第237—238页。

[2] 崔建远：《物权法》，中国人民大学出版社2009年版，第221—222页；黄松有主编：《〈中华人民共和国物权法〉条文理解与适用》，人民法院出版社2007年版，第253页。

业主且占总人数过半数的业主同意。

此外，根据《物业管理条例》第6条和第7条的规定，作为单个业主，其还享有其他一些权利和承担其他一些义务。根据《物业管理条例》第6条的规定，业主在物业管理活动中，享有下列权利：按照物业服务合同的约定，接受物业服务企业提供的服务；提议召开业主大会会议，并就物业管理的有关事项提出建议；提出制定和修改管理规约、业主大会议事规则的建议；参加业主大会会议，行使投票权；选举业主委员会成员，并享有被选举权；监督业主委员会的工作；监督物业服务企业履行物业服务合同；对物业共用部位、共用设施设备和相关场地使用情况享有知情权和监督权；监督物业共用部位、共用设施设备专项维修资金的管理和使用；法律、法规规定的其他权利。

根据《物业管理条例》第7条的规定，业主在物业管理活动中，履行下列义务：遵守管理规约、业主大会议事规则；遵守物业管理区域内物业共用部位和共用设施设备的使用、公共秩序和环境卫生的维护等方面的规章制度；执行业主大会的决定和业主大会授权业主委员会作出的决定；按照国家有关规定交纳专项维修资金；按时交纳物业服务费用；法律、法规规定的其他义务。

二、业主大会会议形式、会议召集与表决权计算

（一）业主大会会议的形式

业主大会会议由全体业主组成，有定期会议和临时会议两种。

1. 定期会议

此即全体业主于一定时期必须集合而召开的会议。《物业管理条例》第13条第2款规定，定期会议应当按照业主大会议事规则的规定召开。一般而言，每年至少应召开一次业主大会的定期会议。

2. 临时会议

此指因特殊情况或为处理紧急事务而临时召开的会议。《物业管理条例》第13条第2款同时规定，经20%以上的业主提议，业主委员会应当组织召开业主大会临时会议。在比较法上，我国台湾地区"公寓大厦管理条例"（2006年修订，下同）第25条第2项规定："有下列情形之一者，应召开临时会议：一、发生重大事故有及时处理之必要，经管理负责人或管理委员会请求者。二、经区分所有权人五分之一以上及其区分所有权比例合计五分之一以上，以书面载明召集之目的及理由请求召集者。"据此可知，可请求召开临时会议者有二，一为管理负责人或管理委员会，二为少数区分所有权人（业主）。由管理负责人或管理委员会

请求召集临时会议的目的，在于发生紧急事故时可以掌握时效，尽速处理。由少数区分所有权人（业主）请求召集临时会议的目的，在于维护少数业主的权益。也就是说，当少数业主认为其权益受到忽视，而定期会议不及处理，或管理负责人、管理委员会不予重视时，可以请求召开临时会议，以维护自身的权益。[1]我国台湾地区立法上的此种考量和规定，可以作为我国《物业管理条例》第13条第2款有关召开临时会议的规定的立法解释论，并建议将来修改《物业管理条例》时对其予以借鉴和吸纳，以对其作出明文规定。

（二）业主大会会议的召集

业主大会会议，不论是定期会议还是临时会议，皆须经一定程序由有权召集人召集，其所做的决议方才发生法律上的效力。若未经召集人依法定程序召集，而只是业主偶然的集会，即便与会人数已达到法定人数，也不得称为业主大会，其因此所为的决议自然不发生法律上的效力。[2]

1. 召集人

《物业管理条例》第15条第1项规定，业主委员会召集业主大会会议。此规定适用于平常业主大会会议的召集人，而对业主大会第一次会议的召集人，该条例则未作规定。故此，有必要依比较法上的经验进行解释，并在将来修改《物业管理条例》时予以吸纳，作出明确规定。

在域外比较法上，业主大会第一次会议的召集人通常由起造人（建设单位）担任。例如，前述我国台湾地区"公寓大厦管理条例"第28条第1项、第2项规定："公寓大厦建筑物所有权登记之区分所有权人达半数以上及其区分所有权比例合计半数以上时，起造人应于三个月内召集区分所有权人召开区分所有权人会议，成立管理委员会或推选管理负责人。前项起造人为数人时，应互推一人为之。"据此可知，在我国台湾地区"法"上，起造人系业主大会第一次会议的召集人，其担任会议召集人通常只有一次，而非常态或多次。所谓起造人，系指建筑物在申请建造许可时，依建筑法的规定申请建筑之人。在先建后售或先售后建的情形，系以买卖合同的卖方（一般为建筑业者）为起造人。[3]也就是说，我国台湾地区"法"上的起造人，系指我国《物业管理条例》中所称的"建设单位"。由于《物业管理条例》并没有对业主大会第一次会议的召集人作出规定，因此建议借鉴我国台湾地区的做法，将《物业管理条例》中所称物业的"建设单

---

[1] 温丰文："论区分所有权人会议"，载《法令月刊》1999年第50卷第11期。

[2] 温丰文："论区分所有权人会议"，载《法令月刊》1999年第50卷第11期。

[3] 温丰文："论区分所有权人会议"，载《法令月刊》1999年第50卷第11期。

位"作为召集人。

2. 召集程序

根据《物业管理条例》第 14 条第 1 款、第 2 款的规定，业主大会会议召开前 15 日应当通知全体业主，且住宅小区的业主大会会议应当同时告知相关的居民委员会。此所谓"通知"或"告知"，并未明确是书面的通知、告知或口头或其他方式的通知或告知，但在解释上应认为系以书面通知或告知为原则。此外，因急迫情事召开临时会议时，解释上应认为可以公告方式进行通知或告知。例如，我国台湾地区"公寓大厦管理条例"第 30 条第 1 项即规定："区分所有权人会议，应由召集人于开会前十日以书面载明开会内容，通知各区分所有权人。但有急迫情事须召开临时会议者，得以公告为之。公告期间不得少于二日。"此规定值得借鉴。

（三）业主大会表决权及表决能力

关于业主大会表决权的表决能力及表决能力大小的计算标准，在域外比较法上有两种立法成例，一是以人头数为准，如德国、瑞士。按照德国法与瑞士法，业主大会决议的计算系以区分所有建筑物住户的人头数为准，[1] 一人享有一份表决权，即使一人持有二个专有部分也只能算作一个人头数。二是以专有部分面积比例为准，如日本。日本《建筑物区分所有权法》第 38 条规定，业主大会决议的计算系以专有部分楼地板面积比例为准，而根据该法第 14 条第 3 项规定，专有部分楼地板面积则以墙壁或其他区划的内测线所围成部分的水平投影面积为依据。[2]

我国台湾地区"公寓大厦管理条例"系采德国、瑞士立法例，即以人头数为准。也就是说，各专有部分的业主有一份表决权，数人共有一专有部分的，该表决权应推由一人行使。不过，我国台湾地区"法"又同时认为，若业主大会会议的决议单纯以人头数为准，很可能造成专有部分面积较少的多数人支配专有部分面积较多的少数人的不合理现象。故此又规定，业主大会会议决议的计算方式，除计算专有部分的业主的人数外，还须计算区分所有权比例。所谓区分所有权比例，指业主的专有部分与区分所有建筑物专有部分全部面积总和之比。同一业主有数专有部分的，其区分所有权比例应予累计。此外，为避免少数"大户"操纵会议，损及多数"小户"的权益，我国台湾地区"公寓大厦管理条例"还规定，任一业主的区分所有权占全部区分所有权五分之一以上者，其超过部分不予计

---

[1] 德国《住宅所有权法》第 25 条第 2 项、《瑞士民法典》第 712 条之十五。
[2] 温丰文："论区分所有权人会议"，载《法令月刊》1999 年第 50 卷第 11 期。

算。[1]换言之，每个业主所拥有的投票权最多不超过全部投票权的五分之一。同时，如果业主书面委托他人代理出席业主大会会议的，受托人接受委托的表决权也不能超过全部业主人数的五分之一，超过部分也不予计算。一言以蔽之，每个受托人接受委托的投票权不得超过全部专有部分数量的五分之一，否则仅按五分之一的数量计算。[2]

我国《物权法》第76条和《物业管理条例》第12条采取了与我国台湾地区"公寓大厦管理条例"和日本法相似的办法，其基本规则是，业主表决权按照专有部分的面积与建筑物总面积的比例确定。具体而言，对于一般事项，要求专有部分占建筑物总面积过半数的业主同意；对于特别事项，要求专有部分占建筑物总面积三分之二以上的业主同意。可以看出，各个业主的表决权虽然仍然是一人一票，但是由于决议的通过不仅要求一定比例的业主同意，而且要求同意的业主的专有部分面积达到一定比例，因此表决权的表决能力即存在差别。[3]根据《物权法》第76条和《物业管理条例》第12条，《建筑物区分所有权解释》第9条明确规定："（一）业主人数，按照专有部分的数量计算，一个专有部分按一人计算。但建设单位尚未出售和虽已出售但尚未交付的部分，以及同一买受人拥有一个以上专有部分的，按一人计算；（二）总人数，按照前项的统计总和计算。"按此规定，业主人数原则上应当按照专有部分的数量计算，但在一人（包括建设单位）拥有数个专有部分的情况中，同时复计人数将导致该人享有双重优势，因此该司法解释特别规定，建设单位尚未出售和虽已出售但尚未交付的部分，以及同一买受人拥有一个以上专有部分的，按一人计算。该规定并不会对这类权利人行使管理权造成影响，因为其专有部分面积在建筑物专有部分总面积中的比例未被改变。[4]

三、业主大会的决议方法与决议效力

（一）决议方法

在域外比较法上，业主大会的决议有一致决与多数决两种方法。多数决又可

---

[1] 温丰文："论区分所有权人会议"，载《法令月刊》1999年第50卷第11期。

[2] 奚晓明主编：《最高人民法院建筑物区分所有权、物业服务司法解释理解与适用》，人民法院出版社2009年版，第138页。

[3] 杜万华、辛正郁、杨永清："最高人民法院《关于审理建筑物区分所有权纠纷案件具体应用法律若干问题的解释》《关于审理物业服务纠纷案件具体应用法律若干问题的解释》的理解与适用"，载《法律适用》2009年第7期。

[4] 杜万华、辛正郁、杨永清："最高人民法院《关于审理建筑物区分所有权纠纷案件具体应用法律若干问题的解释》《关于审理物业服务纠纷案件具体应用法律若干问题的解释》的理解与适用"，载《法律适用》2009年第7期。

分为特别决议与普通决议两种。德国、法国、瑞士、日本（尤其是其1962年制定的旧《建筑物区分所有权法》）均规定有一致决。例如，根据德国《住宅所有权法》的规定，处分行为须实行一致决。具体而言，下列情形须采一致决：（1）住宅所有权（区分所有权）的再区分；（2）住宅所有权的合并；（3）新增建筑物的结构；（4）改变、增加、减少共有权的份额；（5）改变专有所有权部分；（6）改变专用使用权部分；（7）改变共同关系公约；（8）修改建筑计划；（9）改变共有部分与附属设施；（10）重建建筑物。另外，根据《法国建筑物区分所有权法》的规定，在管理规约有错误时，于准许修改管理规约的期间经过之后，欲变更管理规约所规定的管理费用的分摊规则的，就应适用一致决。

需注意的是，我国《物权法》《物业管理条例》及《建筑物区分所有权解释》并未规定适用一致决的情形。依这些法律、行政法规及司法解释的规定，我国只承认多数决。所谓多数决，指经业主人数和区分所有权比例过半数同意的决议。其中，仅单纯过半数同意的为普通决议，提高其同意比例的为特别决议。分述之如下。

1. 特别决议

根据《物权法》第76条、《物业管理条例》第12条的规定，下列事项应经特别决议：（1）筹集和使用建筑物及其附属设施的维修资金；（2）改建、重建建筑物及其附属设施。此两项事项，因将对业主的权益产生重大影响，所以采特别决议，也就是应当经专有部分占建筑物总面积三分之二以上的业主且占总人数三分之二以上的业主同意。

2. 普通决议

根据《物权法》第76条、《物业管理条例》第12条的规定，下列事项应实行普通决议：（1）制定和修改业主大会议事规则；（2）制定和修改建筑物及其附属设施的管理规约；（3）选举业主委员会或者更换业主委员会成员；（4）选聘和解聘物业服务企业或者其他管理人。此四项事项，因对业主的权益影响较小且不具重大性，故此只要经专有部分占建筑物总面积过半数的业主且占总人数过半数的业主同意即可。

（二）决议效力

业主大会作出的决议的效力，则包括决议的效力的位阶、决议的效力的范围以及决议违法的撤销三个方面的问题。

1. 决议效力的位阶

业主大会尽管是业主团体的最高意思机关，但其作出的决议不得违反管理规约。所谓管理规约，如前述，指业主为增进共同利益，确保良好生活环境，经业主大会决议的共同遵守事项,[1] 即业主对有关物业的使用、维护、管理,业主的共同利益,业主应当履行的义务,违反义务时应当承担的责任等事项依法作出的约定。[2] 其如同国家的宪法或公司的章程,具有业主团体自治法则的性质,是业主团体的最高自治规则。因此,业主大会会议的决议不得与之相抵触。[3]《物业管理条例》第17条第2款规定:"管理规约应当尊重社会公德,不得违反法律、法规或者损害社会公共利益。"据此,业主大会的决议也不得违反国家法律、法规或者损害社会公共利益。另外,由于业主委员会系业主大会的常设机构和执行机构,执行业主大会的决定事项,[4] 因此业主大会的决议不但可以约束业主,而且对业主委员会也有约束力。换言之,业主委员会作出的有关共同事务的管理或决议,不得与业主大会的决议相抵触。[5] 由此可见,业主团体的构成员,其所遵守的规定,以国家法律、行政法规的效力位阶最高,管理规约次之,业主大会的决议再次之,最后为业主委员会的决议。[6]

2. 决议的效力范围

《物权法》第78条第1款规定:"业主大会或者业主委员会的决定,对业主具有约束力。"须注意的是,对全体业主具有约束力的业主大会的决议,必须是依法设立的业主大会作出的,且必须是业主大会依据法定程序作出的,同时应符合法律、法规及规章的规定,不违背社会公德,不损害社会公共利益、国家利益和他人的合法权益,此三点必须同时具备,才对全体业主具有约束力,否则没有约束力。[7] 另外,须探讨的是,业主大会的决议是否对业主的继受人也有约束力。

业主的继受人,包括概括继受人与特定继受人。前者如继承人、营业合并人或财产概括承受人,由于这些人系权利义务的概括承受人,因此应受业主大会决议的约束,自不待言;后者则包括区分所有权的买受人、受赠人等移转继受人,以及区分所有建筑物的承租人、借用人等设定继受人。这些特定继受人是否也受业主大会决议的约束,理论上有否定说与肯定说两种意见。否定说认为,一般合意的商定、达成,仅能约束合意的当事人,业主大会的决议在性质上为业主间的

1　温丰文:"论区分所有权人会议",载《法令月刊》1999年第50卷第11期。
2　参见《物业管理条例》第17条第1项。
3　温丰文:"论区分所有权人会议",载《法令月刊》1999年第50卷第11期。
4　参见《物业管理条例》第15条。
5　温丰文:"论区分所有权人会议",载《法令月刊》1999年第50卷第11期。
6　温丰文:"论区分所有权人会议",载《法令月刊》1999年第50卷第11期。
7　全国人大常委会法制工作委员会民法室编:《中华人民共和国物权法条文说明、立法理由及相关规定》,北京大学出版社2007年版,第342页。

合意，因此不能对抗特定继受人，即对特定继受人并无约束力。肯定说则认为，业主大会为业主团体的意思决定机关，按照团体法的规则和法理，其作出的决议对特定继受人应有约束力。[1]

在域外比较法上，日本《建筑物区分所有权法》采肯定说，其第46条规定："管理规约和集会的决议，对区分所有权人的特定继受人也生效力"，"占有人关于建筑物或其基地或附属设施的使用方法，负与区分所有权人基于管理规约或集会决议所负义务相同的义务"。我国台湾地区"公寓大厦管理条例"对此虽无明文规定，但在解释上也采肯定说。台湾地区学者温丰文就此特别指明，区分所有建筑物的法律关系具有三重构造，除因专有部分而发生相邻关系和因共有部分而发生共有关系外，还因为维持共同生活秩序，促进共同利益，形成团体（共同体）关系；而业主大会既然为业主团体的最高意思决定机关，其所做的决议系为业主的共同利益，从而只要是业主团体的构成员，不问其在决议前加入，抑或于决议后加入，均有遵守业主大会作出的决议的义务。也就是说，业主大会的决议对特定继受人也有约束力。[2]

我国理论界与实务界的通说均采肯定说，即认为业主大会或业主委员会的决定不仅约束业主，而且约束区分所有权的买受人、互易人和受赠人，业主死亡后的继承人、受遗赠人，区分所有建筑物的承租人、借用人。[3]《建筑物区分所有权解释》第16条第2款也采肯定说，其规定："专有部分的承租人、借用人等物业使用人，根据法律、法规、管理规约、业主大会或者业主委员会依法作出的决定，以及其与业主的约定，享有相应权利，承担相应义务"。我国的此种立场与各国家和地区在此问题上的立场是一致的。

3. 决议违法的撤销

业主大会作出的决议违法，包括程序违法和内容违法。在比较法上，业主大会的召集程序或决议的方法违反法律、行政法规或管理规约时，业主得于决议后一定期间内请求法院撤销其决议（决定）。此项诉讼为形成诉讼，提起撤销决议的诉讼，经法院判决确定者，该次业主大会会议如系召集程序违法的，则撤销其

---

[1] 温丰文："论区分所有权人会议"，载《法令月刊》1999年第50卷第11期。另外，日本学者玉田弘毅从团体法的规则和法理出发，认为业主大会为业主团体的意思机关，其作出的决议，效力应及于特定继受人（参见［日］玉田弘毅：《建筑物区分所有法的现代的课题》，商事法务研究会1984年版，第223页）。

[2] 温丰文："论区分所有权人会议"，载《法令月刊》1999年第50卷第11期。

[3] 黄松有主编：《〈中华人民共和国物权法〉条文理解与适用》，人民法院出版社2007年版，第253页。

全部决议（决定）；如系决议方法违法的，则只撤销该特定决议的事项。至于业主大会会议决议的内容违反法律、行政法规或管理规约的，则系无效，此无效系不待法院判决而当然的无效。不过对于决议的内容是否违法有争议时，仍须提起确认之诉，而由法院判决确认之。[1]

我国《物权法》和《物业管理条例》并未将业主大会的决议违法区分为程序违法和内容违法两种类型，但根据《物权法》第76条的立法精神，《建筑物区分所有权解释》第12条将《物权法》第78条第2款规定的"业主合法权益"解释为不仅包括侵害业主的实体权利，也包括作出决议的程序违反法律规定。[2] 对于业主大会作出的决议违法的，《物权法》和《物业管理条例》规定了下列两种撤销制度。

第一，行政撤销。《物业管理条例》第19条第2款规定，业主大会作出的决定违反法律、法规的，"物业所在地的区、县人民政府房地产行政主管部门或者街道办事处、乡镇人民政府，应当责令限期改正或者撤销其决定，并通告全体业主。"此所谓"撤销"系行政法上的撤销，其撤销权力人是作为行政机关的物业所在地区、县人民政府房地产行政主管部门或者街道办事处、乡镇人民政府。

第二，请求人民法院撤销。《物权法》第78条第2款、《物业管理条例》第12条第5款规定："业主大会或者业主委员会作出的决定侵害业主合法权益的，受侵害的业主可以请求人民法院予以撤销"，此在理论上称为请求法院撤销。需注意的是，业主行使此撤销权须符合下列条件：（1）业主大会的决定违法，如没有按照法定程序作出决定；（2）业主大会的决定侵害了业主合法权益，如决定将明确属于某特定业主的绿地作为全体业主共有的停车位；（3）此类撤销权属于受侵害的业主，未受侵害的业主不享有此项权利；（4）此类撤销权的行使须通过诉讼的方式，即受侵害的业主请求人民法院撤销业主大会的决定。[3]

另外，为弥补《物权法》的立法漏洞，《建筑物区分所有权解释》第12条就此项撤销权的行使期限作了明确规定："业主以业主大会或者业主委员会作出的决定侵害其合法权益或者违反了法律规定的程序为由，依据物权法第七十八条第二款的规定请求人民法院撤销该决定的，应当在知道或者应当知道业主大会或者

---

[1] 温丰文："论区分所有权人会议"，载《法令月刊》1999年第50卷第11期。

[2] 杜万华、辛正郁、杨永清："最高人民法院《关于审理建筑物区分所有权纠纷案件具体应用法律若干问题的解释》《关于审理物业服务纠纷案件具体应用法律若干问题的解释》的理解与适用"，载《法律适用》2009年第7期。

[3] 王利明、尹飞、程啸：《中国物权法教程》，人民法院出版社2007年版，第240—241页；崔建远：《物权法》，中国人民大学出版社2009年版，第224页。

业主委员会作出决定之日起一年内行使。"应注意的是,此处行使撤销权的1年的期间性质上为除斥期间,其不存在中止、中断和延长的问题,系不变的固定期间。

第八节 区分所有建筑物的业主管理团体（Ⅱ）：业主委员会、物业服务企业与其他管理人

一、业主委员会

（一）业主委员会的涵义、功用与职责

业主委员会系业主大会的事务执行机构,受业主大会的委托管理全体业主的共有部分和共同事务。换言之,业主委员会基于业主大会的授权,具体执行业主大会通过的管理规约和决定,不得独立于业主大会而存在和活动,故此,其系业主大会的事务执行机构。并且,于业主大会闭会期间,业主委员会具体执行业主大会通过的管理规约和决定,由此也系业主大会的常设机构。[1]另外,依《物业管理条例》（2007年修订,下同）的规定,业主委员会须由业主大会经过一定的民主程序选举产生;业主委员会主任、副主任于业主委员会成员中推选产生。且业主委员会本身应当自选举产生之日起30日内,向物业所在地的区、县人民政府房地产行政主管部门和街道办事处、乡镇人民政府备案。

《物业管理条例》第15条规定："业主委员会执行业主大会的决定事项,履行下列职责：（一）召集业主大会会议,报告物业管理的实施情况；（二）代表业主与业主大会选聘的物业服务企业签订物业服务合同；（三）及时了解业主、物业使用人的意见和建议,监督和协助物业服务企业履行物业服务合同；（四）监督管理规约的实施；（五）业主大会赋予的其他职责。"

（二）业主委员会的决定及其效力

业主委员会的决定及其效力,与业主大会的决定及其效力相同,前已论及,兹不赘述。惟应注意的是,业主大会和业主委员会的决定,只要符合议事规则,超过法定比例,且不违反法律禁止性、强制性规定,则所作出的决议即合法有效,其效力应及于建筑区划内的全体业主。

（三）业主委员会的诉讼地位

业主委员会的诉讼主体问题,于《物权法》起草过程中即具有争议。《物权

---

[1] 王利明、尹飞、程啸：《中国物权法教程》,人民法院出版社2007年版,第238—239页。

法》第三次、第四次审议稿规定,业主委员会可以以自己的名义提起诉讼,但第五次审议稿之后均不再规定。2008年的最高人民法院司法解释征求意见稿,曾试图突破《物权法》的立法局限,承认业主委员会的诉讼主体地位,惟最终通过的《建筑物区分所有权解释》也不再涉及此问题。目前实务与通说认为,业主委员会符合我国《民事诉讼法》第48条所规定的"其他组织"的条件,故此其作为原告的主体资格已被法律确认,仅法律上并未承认其被告主体资格。此主要是考虑到业主委员会无独立财产,不能独立承担民事责任。

本书认为,自学理上赋予业主委员会完全的(原被告)诉讼主体资格并无任何障碍,系可行的。事实上,"独立承担责任"并不是判断一个组织是否具有法律上诉讼主体资格的前提条件。另外,业主委员会背后真正的权利义务主体是全体业主,业主委员会对外行为的法律后果,由全体业主承担。譬如,当需要全体业主承担责任时,可依法对允许转让的业主共有财产予以折价、拍卖,可强制执行业主共有财产的经营收益,可对物业管理费用收入中属于业主结余留存的部分予以扣划,等等。当此等财产仍不足以承担责任时,尚可要求全体业主根据其专有部分的比例按月或一次性缴纳一定费用。当然,如果业主委员会的行为违反了法定职责,或超越了业主大会的决议与授权范围而造成侵权或违约的,以及部分业主委员会委员未依法定程序,擅自以业主委员会的名义从事经营活动或物业管理活动而造成侵权的,其行为的后果则不得由全体业主承担,而应由有过错的业主或业主委员会委员承担。[1]

二、物业服务企业与其他管理人

《物权法》第81条规定,业主可以自行管理建筑物及其附属设施,也可以委托物业服务企业或者其他管理人管理。对建设单位聘请的物业服务企业或者其他管理人,业主有权依法更换。业主共同管理权与物业服务企业的管理权系两个不同的概念,其法律基础和内容皆不一样。物业服务企业管理权来源于全体业主的授权或委托,其内容表现为对物业本身和对业主等人的行为的管理。而业主管理权则是基于区分所有权产生的业主自身的自治权。

物业服务企业依据物业服务合同与管理规约,对小区进行物业服务的同时还承担一定的管理职能,对业主占用小区共有部位、私搭乱建等行为有制止、管理

---

[1] 陈枫:"在现实与文本之间的谨慎选择——从实务角度看建筑物区分所有司法解释",载《法律适用》2009年第7期。

等职责。该管理权的旨趣在于更好地维护业主团体的合法利益，故此系属于业主成员权的延伸和体现。当然，作为合同当事人的业主与物业服务企业，具有平等的民事主体地位。物业服务企业的管理，并非是自上而下的"管理"或者行政意义上的"管理"，而仅系基于维护业主共同利益的需要为履行物业服务合同所实施的管理，故而不得超出合同约定的权限实施管理。

对物业服务企业正当行使管理权的审查，主要是审查物业服务企业是否存在滥用管理权的行为。首先，审查其管理行为是否违反了法律、行政法规的规定，譬如对业主罚款、限制业主出行自由等；其次，审查其管理行为是否超出了物业服务合同和管理规约的授权范围，譬如对业主私搭乱建行为，直接进行拆除；再次是审查物业服务企业是否存在怠于行使管理职责的行为，譬如不按其在物业合同中的承诺安排保安巡逻，对进出小区的车辆人员未按规定登记等。实务中，主要集中于业主财物被盗、失火、车辆丢失等财产和人身损害的情况，对此应主要以物业服务企业的过错程度作为裁判依据。

另外，《物权法》第83条第2款规定了业主对他人侵害自己合法权益的行为享有诉权。该规定于强调业主大会和业主委员会自治管理的同时，一定程度上限制了物业服务企业的管理权和相应的诉权。一些仅在少数业主之间发生，不涉及多数业主权益的纠纷中，物业服务企业的管理权也会受到限制，此时业主可以自行向人民法院起诉。并且，由于物业服务企业仅承担相应的管理职能，对侵害多数或全体业主的行为只能主张停止侵害、排除妨碍，无权对收益返还或者损失赔偿主张权利，盖该部分权利主体系相应的业主。[1]

至于所谓区分所有建筑物的其他管理人，则系指物业服务企业以外的从事物业服务管理的自然人。

第九节　区分所有建筑物的修缮

一、概要

区分所有建筑物的修缮是区分所有建筑物管理中经常发生的问题。实际生活中，区分所有建筑物的修缮在特定情形是十分必要的。这些情形大致有：其一，尽管建筑技术与建筑材料的进步使今日的区分所有建筑物更为坚固，但因自然腐

---

[1] 北京市第一中级人民法院：《关于建筑物区分所有权类案件的调研报告》（2009年5月），第23—24页。

朽、日晒雨淋，区分所有建筑物本体仍会逐渐毁损，由此发生外壁污损脱落，墙壁龟裂，水管生锈、堵塞、破裂抑或防水层破裂漏水等。其二，因地震、火灾、风灾、水灾、泥石流、煤气爆炸、飞机坠落以及机动车的冲撞等偶发性灾害导致区分所有建筑物（如因地震、煤气爆炸造成建筑物外墙龟裂）或地基（如因水灾、泥石流灾害造成地基塌陷）损害时，需实施补强措施。其三，区分所有建筑物自建成后经过一定的年限（如三年、五年或十年等），即往往有修缮（定期修缮）的必要。比如，此时墙壁剥落，管线腐蚀，屋顶龟裂，窗户破旧、朽坏等，需要重新粉刷外墙，更换各种排水管线，修补裂缝及换修共有部分（如楼梯间）的窗户等。其四，区分所有建筑物内设置的共用设施（如电梯、水塔、灯管等）因自然或人为的因素而损坏时，也需要予以修缮。区分所有建筑物本体抑或其他共用设施的毁损、朽坏、倾颓，常常对业主的安全与生活品质产生重大影响。由此，对于区分所有建筑物，平时需加以维护，如有损坏则需进行修缮，以确保维持其正常功能。[1]

区分所有建筑物的修缮，涉及业主（尤其是相关业主）的切身和重要的财产利益——专有部分所有权与共有部分份额权以及修缮费用的承担等。在物权法于1998年起草之初，由梁慧星研究员主持起草的《中国物权法草案建议稿》第96条、第97条及第98条曾设有区分所有建筑物修缮的详细规定，这些条文的规定系主要借镜日本《建筑物区分所有权法》第61条和我国台湾地区"公寓大厦管理条例"（2006年修订）第10条、第11条而拟定。[2]但是，这些条文建议最终未为物权法完全采纳，以至于我国现今法律体系中并无完善、翔实的区分所有建筑物修缮制度。[3]

我国《物权法》第76条第1款中的第六项和该条第2款只规定"改建、重建建筑物及其附属设施"，"应当经专有部分占建筑物总面积三分之二以上的业主且占总人数三分之二以上的业主同意"。第79条规定："建筑物及其附属设施的

---

[1] 廖国宏："区分所有建筑物修缮与重建问题之研究"，台湾东海大学法律研究所2005年硕士论文，第53页。值得指明的是，关于区分所有建筑物的修缮，我国台湾地区学者廖国宏于其硕士论文中作有研究，本部分的写作一些地方受惠于该先生所做的研究，谨致谢忱和敬意。

[2] 梁慧星主编：《中国物权法草案建议稿：条文、说明、理由与参考立法例》，社会科学文献出版社2000年版，第285—290页。

[3] 尽管如此，区分所有建筑物的修缮仍引起了我国实务界人士的积极关注。比如在"崔江诉汪文海侵犯相邻权一案"中，实务界人士对建造、修缮建筑物造成相邻不动产权利人损害的性质等给予了极大的关注。关于此，请参见陈希国、刘晓蕾、纪金洁主编：《民商事典型疑难问题适用指导与参考（物权纠纷卷）》，中国检察出版社2013年版，第103页。

维修资金，属于业主共有。经业主共同决定，可以用于电梯、水箱等共有部分的维修。维修资金的筹集、使用情况应当公布。"这些规定不足以应对实际的需要，盖区分所有建筑物的修缮除涉及修缮如何得以决定外，还面临如何调整业主之间的权益、由谁进行修缮以及修缮费用的筹集和分担等问题。这些问题如不能妥善解决，业主之间的修缮共识就难以凝聚，进而造成修缮事业无从进行。故此，本部分拟自比较法（尤其是日本法、德国法及我国台湾地区法之比较）与实证考察的视角，对区分所有建筑物的修缮所涵括的上述重要法律问题进行剖析，期借他山之石及实证经验，对我国《物权法》和《物业管理条例》关于区分所有建筑物的修缮制度提出若干建议。

修缮系指区分所有建筑物的专有部分与共有部分经过一定年限或发生损坏、倾颓、朽坏时，为恢复其原有效用或功能而对之所实施的一切必要行为。[1] 因区分所有建筑物的修缮旨在恢复建筑物与基地的物理性能，故性质上属于区分所有建筑物的物的管理范畴。区分所有建筑物包含各业主单独所有的专有部分与共有的共用部分，一专有部分的修缮往往需要使用他人的专有部分或共有部分，共有部分的修缮涉及修缮共识的形成、费用的分担等，且无论专有部分或共有部分的修缮，均涉及对业主间的权益冲突进行调整。[2]

修缮与修复有别。修缮是区分所有建筑物损坏、倾颓或朽坏程度轻微时所进行的一种管理、复原、修理行为；修复亦称复旧，是指区分所有建筑物因天灾人祸（如地震、火灾、风灾、水灾、泥石流、煤气爆炸、飞机坠落以及机动车的冲撞等）而造成一部分灭失或大规模灭失时进行的管理和恢复原状的行为，它是区分所有建筑物遭受损坏、倾颓等的程度较严重时所实施的管理和复旧行为。本部分重点论述专有部分（含约定专用部分）与共有部分（含约定共有部分）的修缮，修复（复旧）则不涉及。[3] 于本部分之末，将涉及与专有部分和共有部分的修缮具有密切关联的修缮费用的来源或取得。

---

[1] 黄江颖：“区分所有建筑物修缮与重建之研究”，台湾东海大学法律研究所 1993 年硕士论文，第 9 页。

[2] 廖国宏：“区分所有建筑物修缮与重建问题之研究”，台湾东海大学法律研究所 2005 年硕士论文，第 53—54 页。

[3] 需说明的是，本书作者已对区分所有建筑物的修复自比较法（主要是日本法）的视角作有探讨，对此请参见本章第十节的论述。

二、专有与约定专用部分的修缮

(一) 专有与约定专用部分的修缮决定与费用承担

1. 基本概要

依最高人民法院《建筑物区分所有权解释》第 2 条的规定，专有部分是指具有构造上和利用上的独立性，能够明确区分，可以排他使用，且能够登记为特定业主所有权的客体。又依建筑物区分所有权法理，约定专用部分系指区分所有建筑物共有部分经约定供特定业主使用的部分。尽管前者为专有部分，后者为共有部分，但在使用形态上它们均是供特定业主或特定使用权人使用。专有部分上系成立专有所有权，享有该专有所有权的业主除法律另有规定外，可对专有部分予以自由占有、使用、收益、处分，并排除他人的干涉（《物权法》第 39 条）。由此，专有部分修缮的决定应由业主为之，并由业主自身承担其费用。若业主将其专有部分交由承租人、借用人或是其他经其同意的人使用的，则关于修缮的决定与费用承担则应依双方的约定或依《合同法》第 220 条、第 221 条的规定为之。[1]

值得注意的是，本来应由各业主依原来的使用方法共同使用的共有部分，透过业主大会的决议而将该共有部分中的一部分设定专用使用权，由某特定业主或第三人专属的独占使用（例如由某特定人在地下室设置停车场、在楼顶加盖房屋及在外壁上悬挂招牌等）的情形，在今日实务中也较广泛地存在。[2] 亦即，约定专用部分性质上与专有部分相同，故其修缮应由该特定业主或特定第三人为之，并自行负担修缮费用。不过，比较法上的通说与实证经验认为，因使用约定专用部分肇致的损坏尽管应由约定专用部分使用权人承担修缮义务与费用，但如损坏系因约定专用部分的结构老旧、朽坏而引起，则应对专用使用权设定时的情形、费用（对价）负担及损坏的状况、程度等予以衡平考量后决定修缮义务与费用的承担，而非一律由专用使用权人负担。[3]

2. 二人或二人以上共有专有或约定专用部分时的修缮决定与费用承担

实务中，专有部分由二人或二人以上共有的情形也不时有之。既然为共有，

---

[1] 廖国宏："区分所有建筑物修缮与重建问题之研究"，台湾东海大学法律研究所 2005 年硕士论文，第 54—55 页。

[2] 温丰文：《建筑物区分所有权之研究》，三民书局 1992 年版，第 69 页。

[3] ［日］玉田弘毅编：《公寓的法律纷争》，有斐阁 1984 年版，第 139—140 页；廖国宏："区分所有建筑物修缮与重建问题之研究"，台湾东海大学法律研究所 2005 年硕士论文，第 55 页。

则其修缮决定与费用承担即应依物权法共有的规定处理。《物权法》第97条规定："处分共有的不动产或者动产以及对共有的不动产或者动产作重大修缮的,应当经占份额三分之二以上的按份共有人或者全体共同共有人同意,但共有人之间另有约定的除外。"据此规定,共有物除简易修缮(如公共楼梯间电灯损坏无法照明或玻璃、窗户碎裂时的换修、[1] 共有墙面龟裂时的简单修补 [2])应由共有人自行为之外,其他修缮(如重大修缮)行为除另有约定的,应由三分之二以上的按份共有人或全体共同共有人同意后(共同)为之。此时,修缮费用有约定的,按约定负担,没有约定或者约定不明确的,按份共有人按份额负担,共同共有人共同负担(《物权法》第98条)。约定专用部分如系约定二个或二个以上使用权人共同使用,此时成立《物权法》第105条的准共有,应参照、准用《物权法》第8章的上述规定。

3. 其他问题

应指出的是,业主和约定专用部分使用权人修缮其专有或约定专用部分系其自身的权利,若未有业主或约定专用部分使用权人委托,他人不得代替为之。但是,若专有或约定专用部分的损坏程度已对建筑物本身的构造产生重大影响,业主或约定专用部分使用权人不修缮自己的专有或约定专用部分系违反全体业主的共同利益时,其他业主可代替修缮该专有或约定专用部分,由此产生的费用由该专有部分的业主或约定专用部分的使用权人承担。[3]

(二) 修缮专有或约定专用部分时的权益调整

要对专有或约定专用部分实施修缮,除由业主或使用权人自行决定是否进行修缮并承担其费用外,调整业主之间的权益也十分重要。换言之,因修缮专有或约定专用部分时常常需要使用他人的专有部分、约定专用部分或共有部分,且使用时可能损害其他业主或第三人的权益,若其他业主或第三人据此加以阻扰,则不利于修缮工程的实施,所以有必要对修缮专有或约定专用部分时涉及的业主或第三人的权益加以调整。在我国今日的区分所有建筑物修缮的实务中,此种情形

---

[1] [日] 稻本洋之助、镰野邦树编著:《注释区分所有公寓标准管理规约》,日本评论社2012年版,第79页。

[2] 廖国宏:"区分所有建筑物修缮与重建问题之研究",台湾东海大学法律研究所2005年硕士论文,第55页。

[3] [日] 青山正明:《注解不动产法5区分所有法》,青林书院1997年版,第326—327页;[日] 稻本洋之助、镰野邦树:《注释建筑物区分所有权法》,日本评论社2004年第2版,第336页;廖国宏:"区分所有建筑物修缮与重建问题之研究",台湾东海大学法律研究所2005年硕士论文,第55页;陈华彬:"日本区分所有建筑物修复制度的考察分析与启示",载《环球法律评论》2013年第2期,第86页。

屡有发生。惟我国《物权法》和《物业管理条例》并无调整业主权益的规定，是为重要立法缺漏，宜借他国经验予以补充。

为使专有或约定专用部分的修缮顺利进行，日本《建筑物区分所有权法》与我国台湾地区"公寓大厦管理条例"（2006年修订，下同）创设了业主或约定专用部分使用权人可对他人的专有部分、约定专用部分或共有部分在必要范围内予以使用，[1]以及业主和约定专用部分使用权人应对因修缮而造成的损害予以恢复原状和赔偿的制度。

1. 修缮专有或约定专用部分时，业主或约定专用部分使用权人可对他人的专有或约定专用部分在必要范围内予以使用

所谓对他人的专有或约定专用部分的使用，又称"对他人的专有部分或约定专用部分的进入或一时的使用权"，[2]系允许修缮专有或约定专用部分时，业主或约定专用部分使用权人可对他人的专有或约定专用部分于必要范围内予以使用，由此使修缮工程得以顺利进行。此对专有部分等的一时的使用，须是"业主因保存或改良其专有部分或共有部分"，且须限定于"必要范围"内（日本《建筑物区分所有权法》第6条第2项第1句）。所谓"必要范围"，指业主或约定专用部分使用权人请求使用他人专有部分等时，应尽量在不困扰他业主的时期、方法与最小限度的必要的场所范围内为之。由此，其使用的期间当然是暂时性（临时性）的，长期、永久或随时的使用是不允许的。而且，依日本实务与解释，该请求权为业主之间相互享有的法定请求权，各业主应就使用的范围、方法与时期等订立具体的协议（契约）。未订协议（契约）而使用他人的专有部分等产生损害的，使用人不仅须支付补偿金，且被使用的专有部分等的业主可以权利滥用为由请求停止该使用。[3]

应指出的是，日本《建筑物区分所有权法》第6条第3项还规定：上述规定"对业主以外的专有部分占有人准用之"。亦即，对他人专有部分等行使使用请求权时，除可对专有部分的所有人（业主）为之外，若业主已将其专有部分出租或

---

[1] 需注意的是，除日本法和我国台湾地区"公寓大厦管理条例"外，德国《住宅所有权法》于第14条第4项也设有类似的规定。限于篇幅，本书重点分析前二者的规定，对于德国法的规定仅于相关部分涉及。

[2] ［日］稻本洋之助、镰野邦树：《注释建筑物区分所有权法》（第2版），日本评论社2004年版，第49页。

[3] ［日］稻本洋之助、镰野邦树：《注释建筑物区分所有权法》（第2版），日本评论社2004年版，第50页。

出借，也可向承租人或借用人等专有部分的占有人行使。[1] 且使用请求权行使的对象，不限于物理上前后左右或上下相邻接的专有部分，物理上即使未邻接，只要是在建筑物修缮的必要范围内，均可对之行使。[2]

如前述，对他人专有部分等的使用请求权，性质上为法定请求权且为强行规定。由此，业主等不得以管理规约或当事人之间的约定（契约）来加以排除。且此使用请求权包含了对他业主的专有部分等的进入权。[3] 该使用请求权的对象为现在使用专有部分等的业主、承租人或借用人。当此等人拒绝请求人对专有部分等的使用时，请求人可诉请法院依《日本民法》第414条第2项但书的规定以判决代替其承诺（同意）后予以使用。之所以需要获得请求对象的承诺（同意），是因为对他人专有部分等的使用权与《日本民法》第209条的邻地使用权相类似。《日本民法》第209条第1项规定："土地所有人在境界及其附近建造围墙或建筑物，或者修缮，可以请求在必要的范围内使用邻地。但未经邻人的承诺，不能进入其住宅。"而该条的使用邻地的请求，通说与实务见解认为，如果不能获得邻人的承诺（同意），则需获得代替承诺（同意）的判决之后方能使用邻地。考虑到对邻人的人格的尊重与保护，若未获得邻人的承诺（同意），则即便有代替承诺（同意）的法院判决，也不允许进入邻人的住宅。惟区分所有建筑物因具有不同于土地相邻关系的特质，所以应当是：尽管未获得被进入的专有部分等的权利人的承诺（同意），但若获得了代替该承诺（同意）的法院判决，也是可以进入的。[4]

我国台湾地区"公寓大厦管理条例"第6条第1项第2款规定："他住户因维护、修缮专有部分、约定专用部分或设置管线，必须进入或使用其专有部分或约定专用部分时，不得拒绝。"同条第2项还规定："进入或使用，应择其损害最少之处所及方法为之，并应修复或补偿所生损害。"据此，在我国台湾地区，业主修缮专有与约定专用部分时，系以对他人专有部分等的进出权、使用权作为权

---

[1] ［日］原田纯孝："区分所有建筑物中出租人的权利义务"，载《法律时报》第55卷9号，第35页；温丰文：《建筑物区分所有权之研究》，三民书局1992年版，第44页；［日］丸山英气编：《区分所有法》，大成出版社1984年版，第57页；［日］稻本洋之助、镰野邦树：《注释建筑物区分所有权法》，日本评论社2004年第2版，第52—53页。

[2] ［日］玉田弘毅："建筑物区分所有法逐条研究（12）"，载《判例时报》第354号，第114页；温丰文：《建筑物区分所有权之研究》，三民书局1992年版，第44页。

[3] ［日］稻本洋之助、镰野邦树：《注释建筑物区分所有权法》（第2版），日本评论社2004年版，第51页。

[4] ［日］稻本洋之助、镰野邦树：《注释建筑物区分所有权法》（第2版），日本评论社2004年版，第51页。

益调整的手段。

上述进出权、使用权的行使主体为业主或约定专用部分使用权人（即他住户）；其行使的相对人则为因修缮而需进入或使用其专有或约定专用部分的业主、使用权人或占有人；进入或使用，应选择损害最少的处所与方法为之；进出权、使用权的性质，依台湾地区学者通说，为民法相邻关系的特别规定，为一种邻地使用权（相邻关系使用权），而非独立请求权。[1]

为妥善调整业主间的权益并基于科学性和严谨性的考量，我国应借鉴比较法上的如下经验：

其一，为使修缮顺利进行，日本法与我国台湾地区"法"的规定值得借鉴。依日本法，修缮专有或约定专用部分时，业主或约定专用部分使用权人可对他人的专有部分等予以使用；依我国台湾地区"法"，住户因维护、修缮专有部分、约定专用部分或设置管线，必须进入或使用他人的专有或约定专用部分时，该他人不得拒绝，即修缮专有或约定专用部分的业主或使用权人享有进出、使用权。日本法与我国台湾地区"法"此种明定进出、使用权的做法，较之我国目前以相邻关系规则来调处区分所有建筑物修缮中对他人专有或约定专用部分的进出和使用，对业主的保护更为有利，值得借鉴。

其二，日本法规定，对专有部分等的使用只能是"一时（暂时）性"的使用，即需是"业主因保存或改良其专有部分或共用部分"，于"必要范围"内使用。对此，我国台湾地区"法"只规定，进入或使用应选择损害最少的处所与方法为之。两相比较，日本法的规定完善、明确，而我国台湾地区"法"的规定则欠周延。另外，值得提及的是，由梁慧星研究员主持起草的《中国民法典草案建议稿附理由（物权编）》第311条第2款也规定，因修缮而进入或者使用他人专有或约定专用部分时，应选择损害最少的处所及方法为之。[2] 此规定具有积极意义，值得重视。

其三，对他人专有部分等的进出、使用权，其性质依日本通说与实务见解，为一种强制性的法定请求权，而且对于他业主的专有部分的进入，即便未获得该人的承诺（同意），但若获得了代替该承诺（同意）的法院判决也是可以的。对此，我国台湾地区学说与实务见解认为，对他人专有部分等的进出、使用权属于民法相邻关系的特别规定，为一种邻地使用权（相邻关系使用权），而非独立请

---

1 谢在全：《民法物权论》（上册），中国政法大学出版社2011年版，第214页。

2 梁慧星主编：《中国民法典草案建议稿（物权编）》（陈华彬执笔），法律出版社2013年版，第165页。

求权。值得注意的是，此种认识在我国目前的司法实务中也得到了某种程度的反映，即现今司法实务与学界倾向于以相邻关系规则作为裁判区分所有建筑物中进出并使用他人专有或约定专用部分的法律依据或规则。[1] 惟本书认为，基于此种进出、使用权的明确性和法定性，进而可以作为一种独立的诉因提起诉讼以周到保护使用人的考量，我国应取日本法的经验，将对他人专有部分等的进出、使用权解释为一种法定请求权，而非相邻关系的特别规定，不属于一种相邻关系使用权。

2. 修缮专有或约定专用部分时，业主或约定专用部分使用权人可使用不属于自己所有的共有部分

修缮专有或约定专用部分时，业主或约定专用部分使用权人除可进出、使用他人的专有或约定专用部分外，也可使用不属于自己所有的共有部分。对此，日本《建筑物区分所有权法》第6条第2项定有明文。日本法之所以规定可以使用不属于自己所有的共有部分，是因为业主对于自己所有（即业主自身享有共有份额权）的共有部分得当然享有使用权。而所谓"不属于自己所有的共有部分"，主要指供一部分业主共用的建筑物部分与附属建筑物。[2]

我国台湾地区"公寓大厦管理条例"第6条第1项第4款规定："于维护、修缮专有部分、约定专用部分或设置管线，必须使用共用部分时，应经管理负责人或管理委员会同意后为之。"应指出的是，该条款为我国台湾地区2003年修改其"公寓大厦管理条例"时所新增，2006年再度修改该"公寓大厦管理条例"时维持此规定。于本款规定被追加规定前，业主修复专有或约定专用部分而需使用共有部分时，是无需经任何人同意的。现行"公寓大厦管理条例"之所以规定修缮专有或约定专用部分而使用共用部分时，应经管理负责人或管理委员会同意后为之，系在避免业主任意使用共有部分而导致公共利益受到侵害。具体言之，其一，共有部分性质上尽管系业主共有而应由住户共同使用，但若住户因修缮而于共有部分上任意置放工作物、材料等，可能造成其他住户使用上的不便；[3] 其

---

[1] 譬如，（2014）穗中法五终字第61号"朱卫东诉郭有才、广州市商业储运公司物权保护纠纷案"中，被告因修缮其房屋漏水部位而经承租人（原告房屋彼时已出租）同意进入原告所有的住宅，但原告以所有权受到侵犯为由，拒绝被告进入并使用其住宅，要求恢复原状、赔偿损失并由此诉至法院。经二审，法院认定原、被告房屋上下相邻，构成不动产相邻关系，于是依《物权法》第88条、第92条有关相邻关系的规则进行裁判，以调整业主间权益。

[2] ［日］稻本洋之助、镰野邦树：《注释建筑物区分所有权法》（第2版），日本评论社2004年版，第50—51页。

[3] 陈佳文、陈帅正："公寓大厦管理条例修正方向之探讨（一）"，载《现代地政》第284期（2006年2月），第35页。

二，由于性质上的特殊性，某些共有部分（如机房、水塔等）住户不得擅自进入，而应与管理负责人或管理委员会一同进入，以维护其他业主或住户的权益[1]。[2]

上述业主或住户因修缮专有或约定专用部分而取得管理负责人或管理委员会的同意后使用共有部分的，应依前述台湾地区"公寓大厦管理条例"第 6 条第 2 项的规定，选择损害最少的处所与方法为之。业主或住户未经同意使用共有部分的，管理负责人或管理委员会应负责协调，若业主或住户置之不理，则应请求主管机关或诉请法院为必要的处置。相反，若管理负责人或管理委员会无正当理由拒绝业主或住户使用共有部分，业主或住户可诉请法院排除妨害而予使用。[3] 为妥善调整业主间的权益，我国应借鉴比较法上的如下经验。

其一，在使用共有部分方面，日本法的规定值得借鉴。其规定业主或专用部分使用权人修缮专有或约定专用部分时，可使用不属于自己所有的共有部分。而所谓"不属于自己所有的共有部分"，应解释为供一部分业主共用的建筑物部分与附属建筑物。业主对于自己所有（即业主自身享有共有份额权）的共有部分，当然有使用权。对此，我国台湾法并无规定。

其二，在对共有部分使用的管理（同意）方面，我国台湾地区"法"的规定值得取法。其规定，于维护、修缮专有或约定专用部分抑或设置管线而必须使用共有部分时，应经管理负责人或管理委员会的同意后为之。其旨趣在于避免业主任意使用共有部分而导致公共利益受到侵害。此规定堪称允当。

其三，在对共有部分使用的限制方面，我国台湾地区"法"认为，业主或住户因修缮专有或约定专用部分而取得管理负责人或管理委员会同意使用共有部分时，应选择损害最少的处所与方法为之。此点值得借鉴。

其四，在对共有部分使用纠纷的调处方面，我国台湾地区"法"的规定与解释论值得借鉴。依其规定和解释，业主未经同意使用共有部分的，管理人应负责协调，业主置之不理仍予使用的，应请求主管机关或诉请法院采取必要的措施；相反，若管理人无正当理由拒绝业主或住户使用共有部分的，业主或住户可诉请法院排除妨害而予使用。

---

[1] 戴东雄："公寓大厦管理条例上专有部分与共用部分之理论及屋内漏水之修缮"，载《法学丛刊》第 43 卷第 1 期（1998 年 1 月），第 14 页。

[2] 廖国宏："区分所有建筑物修缮与重建问题之研究"，台湾东海大学法律研究所 2005 年硕士论文，第 61—62 页。

[3] 廖国宏："区分所有建筑物修缮与重建问题之研究"，台湾东海大学法律研究所 2005 年硕士论文，第 62 页。

3. 业主或约定专用部分使用权人应对因修缮而造成的损害恢复原状和赔偿

此"因修缮而造成的损害",包括使用他人专有或约定专用部分与共有部分所造成的损害,以及修缮工程本身所肇致的损害。

使用的业主等对于因其使用他人的专有或约定专用部分抑或共有部分所造成的损害,负有恢复原状或支付补偿金的义务。在域外比较法上,日本《建筑物区分所有权法》第6条第2项后句与我国台湾地区"公寓大厦管理条例"第6条第2项对此均定有明文。我国《物权法》与《物业管理条例》未有明文规定,但鉴于比较法经验的可借鉴性,本书认为,在这些方面,我国也应作同样的解释和对待。应注意的是,与侵权行为损害赔偿请求权系基于行为人故意、过失的违法行为不同,此种使用人对他人专有或约定专用部分抑或共有部分所造成的损害系基于适法行为而生,故受害人仅需证明有损害的发生即可请求恢复原状或赔偿损害。另外,此恢复原状与补偿金请求权性质上为债权请求权,故应适用普通消灭时效的规定[1]。

所谓修缮工程本身所导致的损害,指实施修缮过程中挖断共用管线,毁损、拆除梁柱、墙壁等因故意或过失对他人造成的损害。此因属侵权行为,所以依《侵权责任法》第15条责任承担方式的顺序,无论修缮工程系由业主等亲自实施,抑或委托他人为之,该业主等均应恢复原状;若不能恢复原状或恢复原状有明显困难时,应予损害赔偿。另外,此侵权行为损害赔偿请求权的消灭时效为3年的普通诉讼时效。

三、共有与约定共有部分的修缮

共有部分是指专有部分以外的建筑物部分与不属于专有部分的建筑物附属物,以及依管理规约约定为共有部分的附属建筑物。亦即,共有部分可以区分为法定共有部分、天然共有部分及约定共有部分三类。依最高人民法院《建筑物区分所有权解释》,法律、行政法规明确规定属于业主共有的部分,为法定共有部分,其涵括:(1)建筑区划内的道路,属于业主共有,但属于城镇公共道路的除外;(2)建筑区划内的绿地,属于业主共有,但属于城镇公共绿地或者明确属于个人的除外;(3)建筑区划内的其他公共场所、公用设施;(4)物业服务用房;(5)占用业主共有的道路或者其他场地用于停放汽车的车位;(6)电

---

[1] 温丰文:《建筑物区分所有权之研究》,三民书局1992年版,第44页;黄江颖:"区分所有建筑物修缮与重建之研究",台湾东海大学法律研究所1993年硕士论文,第15页;廖国宏:"区分所有建筑物修缮与重建问题之研究",台湾东海大学法律研究所2005年硕士论文,第62—63页。

梯、水箱。所谓天然共有部分，依《建筑物区分所有权解释》，系指法律没有规定，合同也没有约定，而且一般也不具备登记条件，但从其属性上天然属于共有的部分，包括建筑物的基础、承重结构、外墙、屋顶等基本结构部分，通道、楼梯、大堂等公共通行部分，消防、公共照明等附属设施设备，避难层或者设备间等结构部分。除上述法定共有与天然共有部分外，其他不属于业主专有部分，也不属于市政公用部分或者其他权利人所有的场所和设施等，属于约定共有部分[1]。[2]

共有与约定共有部分的修缮，与专有及约定专用部分的修缮相同，其涉及修缮的决定与程序、修缮费用的承担及业主间的权益调整。以下就德国法、日本法与我国台湾地区"法"有关共有与约定共有部分的修缮决定予以分析。

（一）共有与约定共有部分的修缮决定及其程序

1. 德国法

如前述，德国规范区分所有关系的《住宅所有权法》制定于1951年，2007年时进行过最新一次修改。与日本法和我国台湾地区"法"相同，共有部分的修缮被认为属于区分所有建筑物共有部分管理的范畴。[3] 依其规定，共有部分管理的决定及其程序分为以下4种情形：（1）共有部分的通常的使用、管理，由业主共有份额的过半数的多数决同意后为之（第15条、第21条）。（2）超过共有部分的通常的维持、修缮的建筑上的变更。此与共有部分通常的使用、管理相同，由业主共有份额的过半数的多数决同意后为之（第22条第1项）。（3）采取使共有部分现代化的措施。此因涉及业主的重大共同利益，所以其决定与程序要求较严，需由业主四分之三以上的多数且共有份额的过半数同意后为之（第22条第2项）。（4）采取使共有部分发生本质（根本）性变更的措施。此因涉及业主的根本、重大利益，所以其决定与程序要求最严，即需获得全体业主的一致同意后方

---

[1] 也就是说，约定共有部分是指构造上、利用上具有独立性的专有部分，经业主管理规约的约定而供业主共同使用者。对此，请参见陈华彬：《建筑物区分所有权》，中国法制出版社2011年版，第113—114页。

[2] 杜万华、辛正郁、杨永清："最高人民法院《关于审理建筑物区分所有权纠纷案件具体应用法律若干问题的解释》《关于审理物业服务纠纷案件具体应用法律若干问题的解释》的理解与适用"，载《法律适用》2009年第7期。

[3] Wolf- Rüdiger Bub, in: Staudingers Kommentar zum Bürgerlichen Gesetzbuch, WEG Band1, 13. Aufl., 2005., §20 Rdnr. 4 (S. 540).

可为之。[1] 据此可知，在德国，区分所有建筑物共有部分修缮的决定及其程序，系分别不同的情形而确定，当涉及对共有部分作本质（根本）性的变更时，需获得全体业主的一致决，即经业主全体同意后为之。[2]

2. 日本法

日本《建筑物区分所有权法》制定于 1962 年，之后于 1983 年和 2002 年曾进行过两次修订。依其规定，区分所有建筑物的修缮与德国法相同，也属于区分所有建筑物管理的范畴。日本 2002 年修订其《建筑物区分所有权法》时根据采取措施的重大性，依次将共有部分的（广义的）管理（修缮等）行为界分为"共有部分的狭义的管理"（日本《建筑物区分所有权法》第 18 条第 1 项）、"共有部分的轻微变更"（日本《建筑物区分所有权法》第 18 条第 1 项）、"共有部分的变更"（日本《建筑物区分所有权法》第 17 条第 1 项）及"共有部分的保存行为"（日本《建筑物区分所有权法》第 18 条第 1 项）等四类。[3] 据此四类区分，日本法就共有与约定共有部分的修缮的决定与程序作出了不同的规定。

依日本《建筑物区分所有权法》第 17 条第 1 项、第 18 条第 1 项的规定及其解释，所谓"狭义的管理"，系指除"共有部分的变更"和"共有部分的轻微变更"外，并不引起共有部分的确定性变更的"对共有部分的单纯修缮改良行为"。例如改装共同的浴池，规定共有部分的使用方法，指定来客用的停车位置，雇人清扫共有部分等，均属于狭义的管理事项。[4] 由于此事项性质较轻微，所以依普通程序（即由业主人数与表决权逾二分之一）的决议予以决定即可，且也可依管理规约而由管理人决定是否对共有部分进行此等狭义的管理行为。所谓"共有部分的轻微变更"，系指"共有部分的外观或效用无明显的改变"。由于此事项性质上较轻微，所以其在程序上与狭义的管理行为相同。另外，依解释，此"轻微变更"，在法律上并不是日本《建筑物区分所有权法》第 17 条所定的"变更"，而

---

[1] ［日］伊藤荣寿：《所有权法与团体法的交错：对业主的团体拘束的根据与界限》，成文堂 2011 年版，第 125—155 页。

[2] 值得指出的是，德国法尤其强调包括修缮在内的对区分所有建筑物的管理，认为对于住宅所有权人共同关系（业主共同体关系）而言，包括修缮在内的管理是特别重要的。盖通过这样的管理（修缮），可以延长建筑物的寿命。在德国，建筑物的寿命通常被认为可长达二百年。参见 Werner Merle, in: Bärmann, Wohnungseigentumsgesetz Kommentar, 10. Aufl., 2008., Vor § 20 Rdnr. 1 (S. 560).

[3] ［日］伊藤荣寿：《所有权法与团体法的交错：对业主的团体拘束的根据与界限》，成文堂 2011 年版，第 125 页。

[4] ［日］稻本洋之助、镰野邦树：《注释建筑物区分所有权法》（第 2 版），日本评论社 2004 年版，第 106—107 页。

是将其作为"管理"加以对待和处理。[1]所谓"共有部分的变更",系指"共有部分的外观或效用的明显改变"。由于此事项涉及业主的重大共同利益,所以须由业主人数与表决权各四分之三以上的多数决同意后为之,同时仅可依管理规约而将业主的四分之三的法定人数减至过半数。所谓"共有部分的保存行为",系指为防止共有部分的毁损、灭失而维持共有部分的现状的行为。此类行为因性质上属于轻微的行为且有利于全体业主,所以无需业主大会作出决议,业主即可单独为之。[2]

值得指出的是,关于共有部分的修缮决定及其程序,日本法与德国法的要求十分近似。之所以如此,盖因日本 2002 年修改其建筑物区分所有权法而规定共有部分的修缮决定及其程序时着重参考借鉴了德国法。[3]所不同的是,日本法规定了共有部分的保存行为由各业主单独为之,德国法规定了共有部分的本质(根本)性变更应经全体业主同意后为之。为更加清晰、明确地检视、对照日本法与德国法的共同点与差异,并从中觅到可供我国借镜、取法之处,兹将日本法与德国法关于共有部分的修缮决定及其程序的规定表解说明如下[4]。

日本法	德国法
共有部分的狭义的管理(《建筑物区分所有权法》第18条第1项) 程序:由业主与表决权的过半数同意后为之	共有部分的通常的使用、管理(《住宅所有权法》第15条、第21条) 程序:由业主共有份额的过半数同意后为之
共有部分的轻微变更(不伴有外观或效用的明显变更)(第18条第1项) 程序:由业主与表决权的过半数同意后为之	共有部分的超过通常的维持、修缮的建筑上的变更(第22条第1项) 程序:由业主共有份额的过半数同意后为之

---

1 [日]稻本洋之助、镰野邦树:《注释建筑物区分所有权法》(第2版),日本评论社2004年版,第101页。

2 [日]稻本洋之助、镰野邦树:《注释建筑物区分所有权法》(第2版),日本评论社2004年版,第95—107页。

3 [日]伊藤荣寿:《所有权法与团体法的交错:对业主的团体拘束的根据与界限》,成文堂2011年版,第126页。

4 [日]伊藤荣寿:《所有权法与团体法的交错:对业主的团体拘束的根据与界限》,成文堂2011年版,第126页;陈华彬:《建筑物区分所有权》,中国法制出版社2011年版,第296—297页。

续表

日本法	德国法
共有部分的明显变更（第 17 条第 1 项） 程序：由业主与表决权的各四分之三以上的多数同意后为之	采取使共有部分现代化的措施（第 22 条第 2 项） 程序：由业主的四分之三以上的多数且共有份额的过半数同意后为之
共有部分的保存行为（第 18 条第 1 项） 程序：由各业主单独为之	共有部分的本质（根本）性变更 程序：由全体业主同意后为之

3. 我国台湾地区"法"

我国台湾地区"公寓大厦管理条例"设有共有部分的修缮决定及其程序的规定，与德国法、日本法不同的是，其将共有部分的修缮区分为一般修缮与重大修缮。兹分述如下[1]。

（1）一般修缮。"公寓大厦管理条例"第 8 条第 1 项、第 11 条第 1 项将共有部分的变更、拆除、改良与修缮并列规定，由此在解释上，变更、拆除与改良行为均非本条例所称的修缮行为。而修缮行为应如何进行，又因一般修缮与重大修缮而有差异。[2]

上述条例第 10 条第 2 项第 1 句规定："共有部分、约定共有部分之修缮、管理、维护，由管理负责人或管理委员会为之。"此所谓"修缮"，即指一般修缮。其具体包括简易修缮（如换修灯泡或玻璃）、通常维修（如修补破裂的防水层）及周期（计划）修缮（如定期维修电梯、修补外墙）等。共有部分的此等修缮由管理负责人或管理委员会为之。尽管如此，台湾地区学者通说认为，业主仍然有权对共有与约定共有部分实施简易修缮和保存行为。[3] 盖简易修缮与保存行为由业主单独为之，既具有迅速便捷的效果，也对其他业主或物业使用人（专有部分占有人）有益无害。[4]

---

[1] 廖国宏："区分所有建筑物修缮与重建问题之研究"，台湾东海大学法律研究所 2005 年硕士论文，第 64—69 页。
[2] 廖国宏："区分所有建筑物修缮与重建问题之研究"，台湾东海大学法律研究所 2005 年硕士论文，第 64 页。
[3] 谢在全："区分所有建筑物共有部分之管理：最高法院八十二年度台上字第 1802 号民事判决评议"，载《高雄律师会讯》第 1 卷 6 期（1996 年 6 月），第 24 页。
[4] 廖国宏："区分所有建筑物修缮与重建问题之研究"，台湾东海大学法律研究所 2005 年硕士论文，第 65 页。

（2）重大修缮。依"公寓大厦管理条例"第 11 条第 1 项的规定，共有与约定共有部分的重大修缮，应依业主大会的决议为之。所谓业主大会的决议，指业主为共同事务与涉及有关权利义务的事项，召集全体业主所举行的会议。重大修缮的决议，除管理规约另有规定外，应由业主三分之二以上及其区分所有权比例合计三分之二以上出席，以出席人数四分之三以上及其区分所有权比例占出席人数区分所有权四分之三以上的同意后为之（第 31 条）。重大修缮的判定，应依具体情形视工程规模、费用多寡等综合判断。一般言之，翻修区分所有建筑物的外墙、全面更换管线及改建大门等均属之。[1]

4. 评议分析

由上可知，各国家和地区关于共有与约定共有部分的修缮决定及其程序的最大差异，在于德国与日本基本相同，而我国台湾地区则区分为一般修缮与重大修缮而异其规定。同时，在立法表述上，我国台湾地区将共有部分的变更、拆除、改良与修缮并列规定，由此带来各概念解释与适用的困难。此外，我国台湾地区"法"关于业主大会会议的决议，还设有出席门槛的限制（业主与区分所有权比例三分之二以上）。此限制应无必要。盖只要有业主及区分所有权过半数以上同意决议即可成立，有多少业主与多少区分所有权比例出席应无需加以规范。[2] 德国法与日本法将共有与约定共有部分的修缮类型化为四种情形，并针对每种情形而设立不同的规定，具有清晰明确的优点，堪称允当。如前述，我国《物权法》第 76 条第 1 款中的第 6 项和该条第 2 款只规定"改建、重建建筑物及其附属设施"，"应当经专有部分占建筑物总面积三分之二以上的业主且占总人数三分之二以上的业主同意"。此规定过于笼统、简略，不足以应对实务的需要。我国将来制定单独的建筑物区分所有权法或编纂民法典物权编时，宜取德国法与日本法的经验，分别不同情形而对共有与约定共有部分的修缮决定及其程序予以明文。

（二）修缮共有与约定共有部分的费用分担

在比较法上，修缮共有与约定共有部分的费用，除业主大会会议的决议或管理规约另有规定外，应由业主按其共有的应有部分（应有份额、共有持份）的比

---

[1] 廖国宏："区分所有建筑物修缮与重建问题之研究"，台湾东海大学法律研究所 2005 年硕士论文，第 65 页。

[2] 廖国宏："区分所有建筑物修缮与重建问题之研究"，台湾东海大学法律研究所 2005 年硕士论文，第 68 页。

例分担。[1]共有的应有部分按照业主专有部分占建筑物总面积的比例确定（《物权法》第 80 条第 2 句）。另外，依建筑物区分所有权法理与比较法上的通说，专有部分的共同壁、楼地板或其内的管线，[2]其维修费用应由该共同壁双方或楼地板上下方的业主共同承担。惟修缮系因可归责于业主或物业使用人（专有部分占有人）的事由而引起时，其费用应由该业主或物业使用人（专有部分占有人）承担。[3]鉴于比较法经验的可借鉴性，本书认为，在这些方面，我国也应作同样的解释和对待。

我国《物权法》第 80 条规定："建筑物及其附属设施的费用分摊、收益分配等事项，有约定的，按照约定；没有约定或者约定不明确的，按照业主专有部分占建筑物总面积的比例确定。"由此规定，可知我国法关于共有与约定共有部分的修缮费用的分担，系与德国法、日本法及我国台湾地区"法"的做法基本相同，惟我国的规定较为简略。值得提及的是，我国原建设部于 1989 年颁布的《城市异产毗连房屋管理规定》，对异产毗连房屋（含区分所有建筑物）发生自然损坏时的修缮费用的承担，自房屋主体结构，共有墙体，楼盖，屋盖，楼梯及楼梯间，房屋共有部分的修饰，房屋共有、共用的设备及附属建筑等七个方面作了规定。尽管该规定已被废止，但其对于现今处理区分所有建筑物修缮实务中的费用负担问题仍不失其参考价值。另外，我国《物权法》第 79 条还规定："建筑物及其附属设施的维修资金，属业主共有。经业主共同决定，可以用于电梯、水箱等共有部分的维修。……"据此规定，可知在我国，经全体业主共同决定，建筑物及其附属设施的维修资金，可以用于修缮电梯、水箱等共有部分，[4]惟业主如何决定维修资金的使用，则应依《物权法》第 76 条第 5 项的规定为之。[5]

1　对此请参见德国《住宅所有权法》（2007 年修订）第 16 条第 2 项、日本《建筑物区分所有权法》（2002 年修订）第 19 条及我国台湾地区"公寓大厦管理条例"（2006 年修订）第 10 条第 2 项、第 11 条第 2 项。

2　此所谓"其内的管线"，仅限于一部共用的管线，全体共用的管线的修缮费用通常应由业主按其共有的应有部分（应有份额、共有持份）的比例分担。对此请参见谢在全："区分所有建筑物共有部分之管理：最高法院八十二年度台上字第 1802 号民事判决评议"，载《高雄律师会讯》第 1 卷 6 期（1996 年 6 月），第 24 页；廖国宏："区分所有建筑物修缮与重建问题之研究"，台湾东海大学法律研究所 2005 年硕士论文，第 70 页。

3　参见我国台湾地区"公寓大厦管理条例"（2006 年修订）第 12 条。

4　需注意的是，德国法、日本法并无与我国类似的规定，但我国台湾地区"法"有之，对此请参见其"公寓大厦管理条例"第 10 条第 2 项第 2 句。

5　全国人大常委会法制工作委员会民法室编：《中华人民共和国物权法条文说明、立法理由及相关规定》，北京大学出版社 2008 年版，第 123 页。

（三）修缮共有与约定共有部分时的权益调整

区分所有建筑物的共有与约定共有部分的变更修缮，往往可能对某特定专有部分的使用产生特别的影响。譬如，由于共有部分的变更修缮，造成不能自由出入某专有部分，或者造成某专有部分的采光（日照）、通风等受到影响或变得恶化。为应对此问题，即需对有关业主的权益进行调整。

在域外法上，日本《建筑物区分所有权法》第 17 条第 2 项规定："共有部分的变更（修缮）对专有部分的使用有特别影响时，应（必须）获得该专有部分所有权人的同意。"据此规定，可知当共有部分的变更（修缮）对专有部分的使用有特别影响时，尽管业主大会已经依该法第 17 条第 1 项以多数决做出了变更（修缮）共有部分的决议，但若其未获得该专有部分受到特别影响的业主的同意（承诺），该共有部分的变更（修缮）也是不能进行的。¹ 之所以如此，系在于避免个别业主因业主大会的多数决决议而遭受不利益，保护个别专有部分受到"特别影响"的业主的利益。所谓"特别影响"，指因修缮工程的进行导致业主出入不便，或是因修缮的结果而导致专有部分的采光（日照）、通风等受到影响，且其影响已超出一般程度而对其特别不利益。至于影响是否超出一般程度，应就变更修缮行为的必要性及其利益与个别业主由此所受的不利益加以衡量。但是，当共有部分的变更修缮对专有部分的影响轻微或暂时不能确定是否产生影响，抑或共有部分变更修缮的施工虽造成其出入不便但时间并不长时，除有特别情事外即不得拒绝同意（承诺），否则应视为违反全体业主共同利益的行为²。另外，如受特别影响者为已设定专用使用权的共有部分，而该专用使用权的取得系支付了相当的对价时，则业主大会的决议关于该专用使用权的废止或该部分的变更，应获得专用使用权人的同意；若订有契约的，应依契约处理³。

除日本《建筑物区分所有权法》外，德国法与我国台湾地区"法"对共有与约定共有部分修缮时的权益调整也设有类似规定。德国《住宅所有权法》第 14 条第 4 项规定："在维持或修缮共同财产（共有部分）的必要范围内，业主应容许他人进

1　［日］稻本洋之助、镰野邦树：《注释建筑物区分所有权法》（第 2 版），日本评论社 2004 年版，第 105 页。

2　［日］川岛武宜编集：《注释民法（7）·物权（2）》，有斐阁 1981 年版，第 381 页；［日］渡邊晋：《5 订版最新区分所有法的解说》，住宅新报社 2012 年版，第 66 页；［日］稻本洋之助、镰野邦树：《注释建筑物区分所有权法》（第 2 版），日本评论社 2004 年版，第 105 页；廖国宏："区分所有建筑物修缮与重建问题之研究"，台湾东海大学法律研究所 2005 年硕士论文，第 70 页。

3　［日］青山正明编：《区分所有法》，青林书院 1997 年版，第 91 页；廖国宏："区分所有建筑物修缮与重建问题之研究"，台湾东海大学法律研究所 2005 年硕士论文，第 71 页。

入及使用其专有部分";台湾地区"公寓大厦管理条例"第6条第1项第3款规定:"管理负责人或管理委员会因维护、修缮共有部分或设置管线,必须进入或使用业主的专有部分或约定专用部分时,业主不得拒绝。"值得指出的是,德国法与我国台湾地区"法"的这些规定的解释论大体与上述日本法的解释论相同。[1] 我国现行法律体系中并无与日本、德国及我国台湾地区相类似的规定,仅《物业管理条例》第55条第1款规定:"物业存在安全隐患,危及公共利益及他人合法权益时,责任人应当及时维修养护,有关业主应当给予配合。"此规定过于简略且较偏狭,为妥善应对实务的需要,有关业主对建筑物的维护、修缮提供方便(即"配合"),不应仅限于物业存在安全隐患时,日常的修缮改良也应如此。而所谓"应当给予配合",解释上应认为涵括可以进入他人的专有部分。同时,为使我国实务中顺利应对和处理此类问题并使立法得以完善,我国将来宜通过立法吸纳日本、德国及我国台湾地区"法"的经验,于立法上创制与这些国家或地区相同的清晰、明确的规定。

四、区分所有建筑物修缮费用的来源或取得

对于区分所有建筑物的修缮而言,修缮费用的筹措与取得是十分重要的。如前述,专有或约定专用部分的修缮费用由业主或使用权人自己承担,共有或约定共有部分的修缮费用由全体或一部分共有人分担。这些修缮费用的来源或取得途径主要涵括:管理费、专项维修资金、保险金、从政府部门获得的补助、从金融机构获得的贷款及临时收取的费用等。[2] 分述如下。

(一) 管理费

我国《物权法》与《物业管理条例》并无管理费的规定,但在区分所有建筑物管理的实务上,由管理委员会向业主预先收取维持管理共有部分所需的费用,用以支付日常维护、修缮支出及管理人的薪资的现象并不少见。管理费性质上为管理、维护、修缮共有部分所需的费用,其金额应由业主大会的会议决议确定,同时也可以管理规约明定,具体由管理委员会按时收取。[3]

---

[1] 关于此方面的德国法的解释论,参见 [日] 伊藤荣寿:《所有权法与团体法的交错:对业主的团体拘束的根据与界限》,成文堂2011年版,第125页以下;关于此方面的我国台湾地区"法"的解释论,参见廖国宏:"区分所有建筑物修缮与重建问题之研究",台湾东海大学法律研究所2005年硕士论文,第70—71页。

[2] 廖国宏:"区分所有建筑物修缮与重建问题之研究",台湾东海大学法律研究所2005年硕士论文,第83页。

[3] 廖国宏:"区分所有建筑物修缮与重建问题之研究",台湾东海大学法律研究所2005年硕士论文,第83—84页。

(二) 专项维修资金

在实务与域外比较法上，关于区分所有建筑物的修缮费用，各国家或地区法均设有专项维修资金制度。此制度设立的旨趣，系为避免修缮费用一时不易筹措或取得。[1] 德国《住宅所有权法》称专项维修资金为"特别费用"（第16条第3项），其主要用于共同财产（共有部分）的重大修缮。[2] 依日本法，共有部分的管理费用包括"管理费"与"特别修缮费"。前者是指维护日常管理所需的费用，后者是指将来计划范围内的大规模修缮所需费用的预备金。此预备金即专项维修资金。[3] 另外，我国台湾地区"公寓大厦管理条例"称专项维修资金为"公共基金"，并设有该制度的明文规定（第18条）。

根据原建设部、财政部2007年颁发、2008年施行的《住宅专项维修资金管理办法》，我国住宅专项维修资金由业主交纳，[4] 所有权属于业主，实行专户存储、专款专用、所有权人决策、政府监督的原则（第9条）；其专项用于住宅共用部位、共用设施设备保修期满后的维修和更新、改造，不得挪作他用（第18条）。[5] 业主大会成立前使用该专项维修资金的，须经住宅专项维修资金列支范围内专有部分占建筑物总面积三分之二以上的业主且占总人数三分之二以上的业主讨论，通过使用建议后予以使用；[6] 业主大会成立后，其使用应由业主大会决定，业主委员会无权决定予以使用。业主委员会违规使用的，业主可以诉请人民法院予以撤销。[7][8]

在保证住宅专项维修资金正常使用的前提下，业主委员会可按国家有关规定将该资金用于购买国债，但不得利用其从事国债回购、委托理财业务或者将购买

---

[1] 黄江颖："区分所有建筑物修缮与重建之研究"，台湾东海大学法律研究所1993年硕士论文，第12页。

[2] [日] 伊藤荣寿：《所有权法与团体法的交错：对业主的团体拘束的根据与界限》，成文堂2011年版，第260页、第263页。

[3] [日] 渡邊晋：《5订版最新区分所有法的解说》，住宅新报社2012年版，第229页；[日] 稻本洋之助、镰野邦树编著：《注释区分所有公寓标准管理规约》，日本评论社2012年版，第85页。

[4] 参见（2004）长中行终字第168号行政判决书："龚某某诉某市房屋产权管理局履行房屋权属转让登记法定职责一案"。

[5] 参见（2010）罗刑初字第46号刑事判决书："白某某挪用公款一案"。

[6] 参见（2012）二中民终字第05129号民事判决书："高某某诉北京某物业管理中心物业服务合同纠纷一案"。

[7] 参见（2011）虹民三（民）初字第1093号民事判决书："崔某诉上海某物业管理有限公司、某业主委员会物业服务合同纠纷案"。

[8] 范君主编：《物业纠纷：诉讼指引与实务解答》，法律出版社2014年版，第298页、第306页。

的国债用于质押、抵押等担保行为。专项维修资金的收益归业主共有，转入住宅专项维修资金滚存使用，不能取出挪作他用，应用于住宅共用部位、共用设施设备保修期满后的维修。房屋所有权转让时，业主应当向受让人说明专项维修资金交存和结余情况并出具有效证明，该房屋分户账中结余的专项维修资金随房屋所有权同时过户。受让人应当持专项维修资金过户的协议、房屋权属证书、身份证等到专户管理银行办理分户账更名手续。[1]

（三）依建筑物损害保险合同而获得的保险金

为能确保因火灾、风灾、水灾等灾害造成区分所有建筑物毁损或灭失时筹措到修缮费用，预先与保险公司订立建筑物损害保险合同即十分必要。[2] 由此，在域外比较实务上，各国家或地区大多定有依建筑物损害保险合同而获得保险金的制度。与前述专项维修资金制度相同，此也系为避免修缮费用一时不易筹措而设立的制度。依域外法经验，订立区分所有建筑物损害保险合同，宜经业主大会会议的决议为之，保险费由管理费中支付。[3] 我国立法与实务上并无此项制度，此无疑为一项重要缺漏，宜借域外法 [4] 与实证经验予以填补并设明文规定。

需要指出的是，在我国今日的实务中，已经发生了将依建筑物损害保险合同获得的保险金作为建筑物修缮费用的实例。譬如，北京市朱雀门家苑（小区）为了解决因漏水等引起的物业纠纷，并为解除业主对家庭财产可能遭受损失的后顾之忧，该小区业主委员会即动用公共资金向保险公司为全体业主投保家庭财产险。最终，该家苑（小区）业委会通过对该保单内容的公示及进行投票，完成投保事宜。

（四）从政府部门获得的补助

在实证经验与比较法上，当区分所有建筑物的修缮除关涉业主与其他物业使用人（专有部分占有人）的利益外，也关乎社会的公共利益时，政府部门通常应给予修缮费用的补助。例如我国台湾地区"公寓大厦管理条例"第10条第3项规定："共有部分、约定共有部分，若涉及公共环境清洁卫生之维持、公共消防

---

[1] 范君主编：《物业纠纷：诉讼指引与实务解答》，法律出版社2014年版，第298页、第303页。

[2] 黄江颖："区分所有建筑物修缮与重建之研究"，台湾东海大学法律研究所1993年硕士论文，第45页。

[3] 廖国宏："区分所有建筑物修缮与重建问题之研究"，台湾东海大学法律研究所2005年硕士论文，第93页。

[4] 日本法上也定有依建筑物损害保险合同而获得保险金的制度，其做法与经验值得我国重视。对此请参见［日］稻本洋之助、镰野邦树编著：《注释区分所有公寓标准管理规约》，日本评论社2012年版，第84页、第454页。

灭火器材之维护、公共通道沟渠及相关设施的修缮，其费用政府得视情况予以补助。"此规定值得借鉴。值得提及的是，我国的一些地方已经在此方面开始了实践。譬如，宁波市2011年发布的《关于印发宁波市物业专项维修资金管理办法实施意见的通知》中，即对住宅的维修建立了政府补贴机制，也就是说，由政府对特定地区的住宅维修给予一定的补贴。[1]我国将来应在地方实践经验的基础上，建立全国层面的从政府部门获得修缮资金补助的制度。

（五）与金融机构融资获得的贷款等

当业主交纳的管理费、专项维修资金、依建筑物损害保险合同而获得的保险金以及由政府部门获得的修缮补助费用不能满足共有或约定共有部分的修缮需要，尤其是区分所有建筑物的共有或约定共有部分遭受重大毁损或灭失时的重大修缮或大规模修缮，此等费用大多无法完全满足修缮之需，此时为避免因修缮费用不足而拖延修缮工程的实施并防止损害的继续扩大，[2]往往需通过从金融机构融资获得贷款而予解决。

另外，如前述，在我国，在保证住宅专项维修资金正常使用的前提下，业主委员会可按国家有关规定将住宅专项维修资金用于购买国债（《住宅专项维修资金管理办法》第26条第1款）。此购买国债所获得的收益，属于因融资而获得的收益，应专款用于共有或约定共有部分的修缮。

（六）临时收取的修缮费用

为了共有或约定共有部分的修缮，可经由业主大会的决议而由业主委员会临时收取修缮费用。一般言之，当共有或约定共有部分的修缮急迫而又无前述各项费用可以使用时，即需采取临时收取修缮费用的措施予以应对。

第十节　区分所有建筑物的修复：以日本法为视角的分析与借鉴

一、概要

区分所有建筑物的修复，又称区分所有建筑物的复旧，是指因地震、火灾、风灾、水灾、泥石流、煤气爆炸、飞机坠落以及机动车的冲撞等偶发性灾害导致

---

[1] 对此请参见《关于印发宁波市物业专项维修资金管理办法实施意见的通知》（甬政办发〔2011〕222号）。其中，该通知第4条对住宅物业专项维修财政补贴资金的承担方式（业主承担一半维修经费，另一半由市和区人民政府财政补贴）、补贴资金申请方式及程序等做出了具体规定。

[2] 黄江颖："区分所有建筑物修缮与重建之研究"，台湾东海大学法律研究所1993年硕士论文，第45页。

区分所有建筑物一部灭失时所实施的修复（或复旧）行为。[1] 它是当代各国家或地区建筑物区分所有权法中普遍规定的一项制度。其中，在现今比较法上，尤以日本建筑物区分所有权法的规定最为翔实、完善。

日本《建筑物区分所有权法》制定于1962年，1983年曾进行第一次修改，至2002年复进行第二次修改。依日本《建筑物区分所有权法》的规定，区分所有建筑物发生一部灭失，在业主不出让处分区分所有权和基地利用权时，其可以有两种选择：修复或重建。其中，日本《建筑物区分所有权法》第61条规定修复，第62条规定重建。

我国自20世纪90年代进行住房的商品化改革以来，区分所有建筑物（商品房住宅）获得大量兴建。惟实际生活中，我国是一个地震、火灾、风灾、水灾、泥石流、煤气爆炸及其他灾害频发的国家，区分所有建筑物因此等灾害而一部灭失时如何予以修复，现行法律的规定十分简略，为此乃有必要借鉴比较法的经验予以建构和完善。本部分立基于对日本区分所有建筑物的修复制度的分析、考量，期借他山之石，以从解释论和立法论角度完善《物权法》的相关规定。

二、日本区分所有建筑物小规模一部灭失的修复

日本建筑物区分所有权法将相当于建筑物价格二分之一以下部分的灭失，称为小规模一部灭失。而所谓相当于建筑物价格二分之一以下部分的灭失，是以一部灭失的时点为基准，区分所有建筑物灭失的程度是灭失前全体建筑物价格的二分之一以下的情形。亦即，将一部灭失前全体建筑物的价格与一部灭失后全体建筑物的价格进行比较，后者是前者的二分之一以上的情形。例如，全体建筑物的价格灭失前的状态是10亿元，在一部灭失后，还有超过5亿元的价格即属之。[2] 此时对区分所有建筑物进行修复，因修复的对象系专有部分抑或共有部分而有不同的修复程序及费用负担等。分述之如下。

（一）灭失的专有部分的修复

1. 业主可单独修复灭失的专有部分

区分所有建筑物小规模一部灭失时，对于灭失的建筑物部分中的专有部分，依日本《建筑物区分所有权法》第61条第1项、第2项的规定，各业主可自己单

---

[1] ［日］稻本洋之助、镰野邦树：《注释建筑物区分所有权法》（第2版），日本评论社2004年版，第325、330页。

[2] ［日］稻本洋之助、镰野邦树：《注释建筑物区分所有权法》（第2版），日本评论社2004年版，第329页。

独承担费用而予以修复。此无论全体建筑物的灭失程度，以及灭失部分中专有部分所占的比例而均如此。并且，即便是一个专有部分全部灭失，业主也可单独承担费用而进行修复。此种情形，对该专有部分享有所有权的人，尽管仅是形式上享有区分所有权的人，但因其与该专有部分相伴随的共有部分份额并未消灭，所以其仍然被作为业主对待。[1] 业主修复自己的专有部分时，于必要范围内可请求使用其他业主的专有部分（第6条第2项）。

另外，依日本法，业主单独修复自己的专有部分，即使业主大会就共有部分的修复或重建做出了决议，修复专有部分的业主也不受其拘束。[2] 业主大会的决议涉及专有部分的修复时，仅赞成该决议的业主就自己专有部分的修复受其拘束[3]。

2. 关于业主对灭失的专有部分置之不理

若业主可以单独修复其灭失的专有部分却不为修复，而将该专有部分原封不动地置之不理，其他业主可否请求其予以修复？本来，就专有部分的修复仅该业主有自决权，其他业主不得介入。但是，当该业主对灭失的专有部分置之不理的行为被认为违反业主的共同利益，修复该专有部分系为保全全体区分所有建筑物而必须采取的措施时，应认可其他业主得请求该业主修复被其置之不理的专有部分（第6条第1项）。[4]

3. 其他问题

应指出的是，小规模一部灭失的情形，业主修复专有部分的目的在于使专有部分恢复到灭失前的状态，但无须与灭失前完全相同。不过，现今日本通说认为，若业主对专有部分的修复有害于区分所有建筑物的保存或其他违反共同利益（第6条第1项）的情形时，其他业主或管理人可以加以制止。[5]

此外，因业主修复自己的专有部分系其自身的权利，因此未有业主委托，他人不得代替为之。但是，若专有部分的损坏程度已对建筑物本身的构造产生重大

---

[1] ［日］滨崎恭生：《建筑物区分所有权法的修改》，日本法曹会1989年版，第371页。

[2] ［日］石田喜久夫："重建"，载《法律时报》第55卷9号，第33页。

[3] ［日］稻本洋之助、镰野邦树：《注释建筑物区分所有权法》（第2版），日本评论社2004年版，第336页。

[4] ［日］半田正夫："因灭失的修复、再建等"，载玉田弘毅等编：《建筑物区分所有权法》，创文社1988年版，第117页。

[5] ［日］青山正明：《注解不动产法5 区分所有法》，青林书院1997年版，第327页；廖国宏："区分所有建筑物修缮与重建问题之研究"，台湾东海大学法律研究所2005年硕士论文，第73页。值得指明的是，关于日本区分所有建筑物的修复（复旧），台湾地区学者廖国宏先生于其硕士论文《区分所有建筑物修缮与重建问题之研究》中作有介绍，本部分的写作一些地方受惠于廖先生于该论文中的介绍，谨致谢忱和敬意。

影响，业主不修复自己的专有部分也系违反全体业主的共同利益。此时，为不损害全体业主的共同利益，其他业主可以代替修复专有部分，由此产生的费用由该专有部分的业主承担。[1]

（二）灭失的共有部分的修复

1. 基本概要

日本《建筑物区分所有权法》规定，在区分所有建筑物灭失部分的价格比例在二分之一以下时，各业主即使单独修复共有部分也是可以的（第61条第1项），其修复费用由进行修复的业主向其他业主依共有部分的份额比例请求偿还（第61条第2项）。但考虑到承担修复费用的各业主经济能力的差异，应承担修复共有部分费用的业主，就费用的支付可以请求法院给予一定的宽限期限（第61条第13项）。[2]

不过，在小规模一部灭失的情形，共有部分的修复若允许各业主按照自己个别的判断进行，则会发生修复的方法、修复的程度不一致的问题，且修复费用的承担方式也会变得错综复杂。为避免此等问题，日本《建筑物区分所有权法》第61条第3项规定，此种情形，应以业主大会的决议来规定共有部分的修复计划。此修复计划原则上应以业主及表决权各过半数而决定之。不过，管理规约若有另外的规定时，应从其规定（第61条第4项）。在业主着手修复工程前，若业主大会做出了修复或重建的决议，业主应受其拘束，即其不能个别、单独地实施修复工程（第61条第1项但书）。[3]

值得注意的是，如前述，在区分所有建筑物一部灭失的情形，由业主及表决权的各过半数在业主大会上作出修复共有部分的决议。不过，所谓修复共有部分，是指将一部灭失的共有部分恢复原状，所以当修复后的共有部分的构造、用途与原来的共有部分明显不同时，即不能认为是共有部分的修复，而应视为共有部分的变更。此时须由业主及表决权各四分之三以上的多数决同意后为之（第17条）。另外，管理规约做了特别规定时，应依其规定（第61条第4项、第17条第1项但书）。换言之，此四分之三的多数决的业主的法定人数，可以以管理规约减

---

[1] [日]青山正明：《注解不动产法5 区分所有法》，青林书院1997年版，第326—327页；[日]稻本洋之助、镰野邦树：《注释建筑物区分所有权法》（第2版），日本评论社2004年版，第336页；廖国宏："区分所有建筑物修缮与重建问题之研究"，台湾东海大学法律研究所2005年硕士论文，第73—74页。

[2] [日]水本浩、远藤浩、丸山英气：《公寓法》，日本评论社2006年版，第113页。

[3] [日]水本浩、远藤浩、丸山英气：《公寓法》，日本评论社2006年版，第113页。

至过半数。应注意的是,若业主大会就修复灭失的共有部分做出了决议,则修复共有部分就成为全体业主这一团体的任务并以团体的名义为之。此时修复的费用由全体业主负担(第 19 条)。业主负担的此项费用,不得请求法院给予相当的宽限期限。[1] 另外,与专有部分紧密相连的共有部分(如两个专有部分之间的隔墙),应允许业主于修复自己的专有部分时予以修复,而不受灭失的共有部分的修复决议的拘束。[2]

2. 召集业主大会后业主大会做出决议前对共有部分的修复

在着手修复工程前业主大会做出了修复或重建决议时,业主应受其拘束,即其不能个别、单独地为修复工程(第 61 条第 1 项但书)。不过,日本学说认为,在召集业主大会后至业主大会作出决议前,若灭失的共有部分的修复对业主而言十分急迫、必要,则应解释为允许其着手为修复工程,但此外的其他情形应解释为不得修复共有部分。[3]

3. 业主着手为共有部分修复后业主大会决议的效力

业主已经着手修复共有部分,但在修复工程完成前业主大会作出了决议,此时该业主是否还能按其原来的意旨完成共有部分的修复?对此,日本通说认为,除业主大会作出决议时修复工程已接近完成,或者修复工程依其性质不宜中断外,应作否定性解释。换言之,业主大会作出了重建决议时,应中止修复工程;业主大会作出了修复决议时,应解释为业主应受该决议中规定的修复方法的拘束。

4. 业主实施共有部分的修复工程后业主大会做出决议时的费用偿还请求

当业主个别地实施共有部分的修复工程后,抑或于修复工程结束后,业主大会就修复或重建做出了决议,该业主是否还能请求其他业主偿还费用?对此,现今日本学者的通说认为,已经实施的修复共有部分的工程若效果上违反过半数或五分之四以上业主的意思,则其可能为无用的工程,但实施修复共有部分的工程的业主仍可依日本《建筑物区分所有权法》第 61 条第 2 项的规定,请求其他业主偿还费用。[4]

　　1　[日] 水本浩、远藤浩、丸山英气:《公寓法》,日本评论社 2006 年版,第 113—114 页。

　　2　[日] 青山正明:《注解不动产法 5 区分所有法》,青林书院 1997 年版,第 327 页;廖国宏:"区分所有建筑物修缮与重建问题之研究",台湾东海大学法律研究所 2005 年硕士论文,第 75 页。

　　3　[日] 稻本洋之助、镰野邦树:《注释建筑物区分所有权法》(第 2 版),日本评论社 2004 年版,第 338 页。

　　4　[日] 稻本洋之助、镰野邦树:《注释建筑物区分所有权法》(第 2 版),日本评论社 2004 年版,第 338 页。

三、日本区分所有建筑物大规模一部灭失的修复

日本《建筑物区分所有权法》将区分所有建筑物一部灭失后剩余部分的价格与毁损前价格的比例小于二分之一的情形,称为大规模一部灭失。例如区分所有建筑物的价格灭失前是 10 亿元,灭失后变成不足 5 亿元的情形即属之。灭失部分中专有部分与共有部分的比例并非界定是否构成大规模一部灭失应予考虑的内容。于大规模一部灭失的情形,业主通常难以原原本本地将灭失的部分作为建筑物维持其效用,该建筑物实际上处于需要修复或重建的状态。对业主而言,此时需要迅速做出是修复还是重建建筑物,抑或还是原原本本地维持大规模一部灭失的状态的抉择。[1]

在大规模一部灭失的情形,若业主选择对区分所有建筑物予以修复,则其专有部分的修复乃与小规模一部灭失情形对专有部分的修复相同,业主可以以自己的费用单独为之。[2] 但是,对于大规模一部灭失情形业主对共有部分的修复,《日本建筑物区分所有权法》则作了特别规定。分述之如下。

（一）须依特别多数决议决是否对共有部分予以修复

1. 基本概要

在大规模一部灭失情形,日本《建筑物区分所有权法》并未规定业主大会做出修复决议前业主可自行修复共有部分。由此,日本通说认为,在大规模一部灭失情形,无论有无修复决议,业主均不得自行修复共有部分。[3] 换言之,在大规模一部灭失,共有部分的修复须经由业主大会而由业主及表决权各四分之三以上的同意后为之（第 61 条第 5 项）。之所以需要业主及表决权各四分之三以上的同意,是因为日本《建筑物区分所有权法》的立法旨趣与其说是考虑修复的费用负担,毋宁说是更加考虑到希望解除区分所有关系之人的利益。也就是说,希望解除区分所有关系的业主,在该法所规定的由业主及表决权各四分之三以上的多数决定修复共有部分时,可以通过行使买取请求权而个别、单独地从原来的区分所有关系中脱离。[4]

1　[日] 稻本洋之助、镰野邦树:《注释建筑物区分所有权法》（第 2 版）,日本评论社 2004 年版,第 341 页。

2　廖国宏:"区分所有建筑物修缮与重建问题之研究",台湾东海大学法律研究所 2005 年硕士论文,第 75 页。

3　[日] 稻本洋之助、镰野邦树:《注释建筑物区分所有权法》（第 2 版）,日本评论社 2004 年版,第 342 页。

4　[日] 水本浩、远藤浩、丸山英气:《公寓法》,日本评论社 2006 年版,第 114 页。

值得指出的是，因大规模一部灭失对共有部分的修复所需要的费用较小规模灭失对共有部分的修复所需要的费用高，该费用负担对各业主将产生重大影响，由此，日本学说认为，业主及表决权各四分之三以上同意的特别议决的门槛尤其不得以业主之间订立的管理规约予以降低（缓和），[1] 以免侵害少数反对者的权益；但是，若业主愿意缓和团体决议的拘束力而以管理规约提高议决的门槛（如将四分之三提高至五分之四），从而进一步使议决要件严格化的，则应解释为允许[2]。

此外，因为大规模一部灭失情形共有部分的修复体现和反映了业主及表决权各四分之三以上的多数意思，所以日本学说认为，修复的内容除将共有部分恢复到从前的状态外，变更共有部分的构造或用途也是可以的。[3]

2. 修复工程的实施与费用负担

修复共有部分的工程所需要的费用，依日本《建筑物区分所有权法》第19条的规定，由除为买取请求的人以外的全体业主承担。赞成修复共有部分决议以外的业主，尽管为买取请求但却不脱离区分所有关系时，须受修复决议的拘束，因为其此时参加到业主团体修复共有部分的活动中，所以须负担有关费用。至于赞成修复决议以外的业主就所负担的费用的支付是否可以请求法院给予宽限期限，日本《建筑物区分所有权法》并无明文规定。不过，若考量共有部分修复的团体性质，则应作否定解释。[4]

3. 业主大会未做出修复共有部分决议时业主可否个别、单独地修复共有部分

于大规模灭失情形，业主大会未做出修复决议时，业主个别、单独地修复共有部分所支出的费用，其他业主是否需要分担？对此，依日本《建筑物区分所有权法》第61条第5项的文意应作否定解释。但日本学说认为，因区分所有建筑物大规模一部灭失情形对专有部分的修复各业主可自由为之，而且还可能存在自己

---

[1] ［日］滨崎恭生：《建筑物区分所有权法的修改》，日本法曹会1989年版，第375页；［日］稻本洋之助、镰野邦树：《注释建筑物区分所有权法》（第2版），日本评论社2004年版，第341—342页；［日］青山正明：《注解不动产法5区分所有法》，青林书院1997年版，第332页；廖国宏："区分所有建筑物修缮与重建问题之研究"，台湾东海大学法律研究所2005年硕士论文，第76页。

[2] ［日］稻本洋之助、镰野邦树：《注释建筑物区分所有权法》（第2版），日本评论社2004年版，第341—342页；廖国宏："区分所有建筑物修缮与重建问题之研究"，台湾东海大学法律研究所2005年硕士论文，第76—77页。

[3] ［日］水本浩、远藤浩、丸山英气：《公寓法》，日本评论社2006年版，第114页；［日］稻本洋之助、镰野邦树：《注释建筑物区分所有权法》（第2版），日本评论社2004年版，第342页。

[4] ［日］水本浩、远藤浩、丸山英气：《公寓法》，日本评论社2006年版，第342页；［日］稻本洋之助、镰野邦树：《注释建筑物区分所有权法》（第2版），日本评论社2004年版，第342页。

的专有部分没有遭受任何损坏的业主，所以不能阻止此等业主为了修复与利用自己的专有部分而根据其自身判断对共有部分进行修复。[1]业主在修复自己的专有部分时，若有必要，可自己负担费用而同时修复共有部分。[2]此时对于因此而受益的人，可依不当得利或无因管理规则予以解决[3]。

(二) 业主大会做出修复决议后的买取请求权

依团体法的规则与法理，业主大会做出的修复共有部分的决议对各业主及其继受人均有拘束力。由此，修复共有部分所需费用也应由全体业主负担。但是，并非所有的业主均有能力或愿意负担修复费用，若要求未赞成修复共有部分决议的人必须承受修复的巨额负担，未免过于严苛。为避免少数业主的权益遭受过度损害，日本《建筑物区分所有权法》于是规定未赞成修复决议的业主得于决议通过后，向赞成修复决议的人请求买取其专有部分所有权、共有部分份额权及基地份额权，由此脱离区分所有关系。此即日本《建筑物区分所有权法》中的买取请求权制度。[4]以下就该买取请求权的行使主体、对象、性质、效果、买取指定人的指定、再买取请求权，以及召集业主大会的人或买取指定人的催告权与买取请求权的消灭等分述如下。

1. 买取请求权的行使主体、对象、性质及效果

依日本《建筑物区分所有权法》第 61 条第 7 项的规定，买取请求权的行使主体为赞成修复决议者以外的业主。其范围包括在业主大会上就修复共有部分投反对票的业主、未参加业主大会行使议决权的业主以及此等人的概括继受人。[5]买取请求权行使的对象则为赞成修复决议的业主及其概括继受人和特定继受人，其不论为一人、一部分人或所有的人均可[6]。

1　廖国宏："区分所有建筑物修缮与重建问题之研究"，台湾东海大学法律研究所 2005 年硕士论文，第 76 页。

2　廖国宏："区分所有建筑物修缮与重建问题之研究"，台湾东海大学法律研究所 2005 年硕士论文，第 76 页。

3　[日] 稻本洋之助、镰野邦树：《注释建筑物区分所有权法》（第 2 版），日本评论社 2004 年版，第 3 页；[日] 水本浩、远藤浩、丸山英气：《公寓法》，日本评论社 2006 年版，第 114 页。

4　廖国宏："区分所有建筑物修缮与重建问题之研究"，台湾东海大学法律研究所 2005 年硕士论文，第 77 页。

5　[日] 稻本洋之助、镰野邦树：《注释建筑物区分所有权法》（第 2 版），日本评论社 2004 年版，第 344 页。

6　廖国宏："区分所有建筑物修缮与重建问题之研究"，台湾东海大学法律研究所 2005 年硕士论文，第 77 页。

买取请求权尽管名称上系请求权，但本质上具有形成权的性质。[1] 故此，只要合法行使此权利，其请求买取的意思表示到达相对人时，以市价购买其区分所有权和基地利用权的买卖契约即告成立，无须相对人承诺。[2] 而且，依《日本民法》第176条的规定，不动产物权变动只要当事人意思表示一致即生效力，不待登记。因此，当买卖契约成立（生效）时，请求人的区分所有权和基地利用权即移转于相对人。请求人负有交付专有部分与移转登记的义务，相对人则负有支付价金的义务，此两项义务发生同时履行抗辩关系（《日本民法》第533条）[3]。

2. 买取指定人的指定

应注意的是，若买取请求权行使的对象（相对人）完全由未赞成修复共有部分的决议者决定，则可能造成被请求权人（相对人、对象）集中于少数业主，也可能使原本未准备应买的业主遭受突然性质的请求。[4] 由此，2002年日本修改其《建筑物区分所有权法》时即增设"买取指定制度"。依此制度，区分所有建筑物大规模一部灭失时，自业主大会做出修复决议之日起二周内，赞成修复共有部分决议的人以全体合意指定买取指定人，被指定的买取指定人对修复决议赞成者以外的业主以书面通知该指定情况时，接受该通知的业主仅可对买取指定人行使买取请求权。[5] 买取指定人无论为赞成修复决议的业主抑或其以外的人，也无论为一人或数人（例如指定赞成修复决议的全体业主）均可。此外，无论为自然人或法人也均可。至于所谓赞成修复决议以外的人，例如指定区分所有建筑物的开发商也是可以的。[6] 但无论为何者，指定时应获得买取指定人本人的承诺（同意）[7]。

此外，日本《建筑物区分所有权法》第61条第9项还规定，若买取指定人无法清偿买卖价金的全部或一部，除非赞成决议的人能证明买取指定人具有资力

---

[1] ［日］水本浩、远藤浩、丸山英气：《公寓法》，日本评论社2006年版，第117、125页。

[2] ［日］伊藤荣寿："对区分所有人团体的拘束的根据与界限"，载爱知学院大学论丛《法学研究》第51卷第2号（2010年），第328页。

[3] ［日］水本浩、远藤浩、丸山英气：《公寓法》，日本评论社2006年版，第74页。

[4] ［日］吉田徹等："建筑物区分所有法一部修改法概要（2）"，载《NBL》第755号（2003年），第70页；廖国宏："区分所有建筑物修缮与重建问题之研究"，台湾东海大学法律研究所2005年硕士论文，第79页。

[5] ［日］水本浩、远藤浩、丸山英气：《公寓法》，日本评论社2006年版，第114页。

[6] ［日］水本浩、远藤浩、丸山英气：《公寓法》，日本评论社2006年版，第114页。

[7] ［日］稻本洋之助、镰野邦树：《注释建筑物区分所有权法》（第2版），日本评论社2004年版，第351页。

且无执行困难，否则其他赞成修复共有部分决议的人应负连带清偿责任[1]。由此，即使未赞成修复共有部分决议的人无法随意选择买取请求权的行使对象（相对人），其利益实际上仍不会受到影响[2]。

3. 再买取请求权

如前述，在大规模一部灭失情形，于业主大会通过修复共有部分的决议后，赞成决议者以外的业主对于赞成决议的所有人或一部分人可请求以市价买取其专有部分所有权、共有部分份额权及基地份额权。此时，若赞成修复共有部分决议的人未指定买取指定人，则受请求的赞成决议者，可于受请求后二个月内对其他全部或一部赞成修复共有部分决议的人，请求按照扣除未赞成决议的业主后专有部分楼地板面积比例（日本《建筑物区分所有权法》第14条）以市价买取该专有部分所有权、共有部分份额权及基地份额权，以确保赞成决议者之间负担的均衡。学说上称此为"再买取请求权"，其性质与买取请求权相同，即为形成权[3]。

譬如，表决权相等的甲、乙、丙、丁业主中的甲、乙、丙赞成修复而丁反对时修复共有部分的决议成立的情形，丁对甲为买取请求后，甲对乙请求再买取。若甲、乙、丙、丁业主依日本《建筑物区分所有权法》第14条规定的共有部分份额的比例相等，则除丁业主外，因甲、乙、丙业主依日本《建筑物区分所有权法》第14条规定的共有部分份额的比例各为三分之一（乙也为三分之一），所以甲可请求乙买取丁的专有部分所有权、共有部分份额权及基地权利的三分之一。从而丁的专有部分所有权、共有部分份额权及基地权利，从丁对甲请求买取的时点即归属于甲；但之后从甲那里，在甲对乙请求再买取的时点，其中的三分之一即归属于乙（三分之二归属于甲），此前丁的专有部分所有权、共有部分份额权及基地权利，变成由甲、乙共有（或准共有）。[4]

4. 召集业主大会的人或买取指定人的催告权与买取请求权的消灭

值得注意的是，买取请求权的行使期限若不加以限制，则可能会发生修复工

---

[1] ［日］水本浩、远藤浩、丸山英气：《公寓法》，日本评论社2006年版，第116页。

[2] ［日］吉田徹等："建筑物区分所有法一部修改法概要（2）"，载《NBL》第755号（2003年），第70页；廖国宏："区分所有建筑物修缮与重建问题之研究"，台湾东海大学法律研究所2005年硕士论文，第79页。

[3] ［日］吉田徹等："建筑物区分所有法一部修改法概要（2）"，载《NBL》第755号（2003年），第70页；廖国宏："区分所有建筑物修缮与重建问题之研究"，台湾东海大学法律研究所2005年硕士论文，第78页。

[4] ［日］水本浩、远藤浩、丸山英气：《公寓法》，日本评论社2006年版，第116页。

程进行到相当程度才行使的情形，此不但将使法律关系长期不安定，也会使修复工程由此延滞。¹因此，日本《建筑物区分所有权法》第 61 条第 10 项、第 11 项规定，召集业主大会的人（通常为管理人），或有买取指定人时由该指定人，对赞成决议以外的业主应规定 4 个月以上的期间，以书面催告其答复是否行使买取请求权。在此期间经过后，受催告的未赞成决议者即不得再行使买取请求权。换言之，未赞成修复决议的业主的买取请求权因催告期间经过而消灭。²

（三）业主大会未做出修复或重建决议时的买取请求权

区分所有建筑物大规模一部灭失时，因不能满足法定表决要件致修复或重建的决议不能做出时，希望修复的业主、希望重建的业主以及修复或重建都不希望的业主的利害关系就会出现对立。此时，除了认可各业主可个别独立地处分自己的区分所有权外，并无其他方法使业主从此种复杂的对立利害关系中脱身。为此，日本《建筑物区分所有权法》第 61 条第 12 项规定，若从区分所有建筑物大规模一部灭失的原因发生之日起 6 个月内无法做出修复或重建决议时，各业主相互之间可以行使买取请求权。³易言之，在此情形，业主无论是赞成或反对修复或重建，均可行使买取请求权，也均可成为被请求的对象 ⁴。

四、日本区分所有建筑物修复制度对我国的借镜：检讨、建构及完善

区分所有建筑物的修复，是区分所有建筑物管理中的重大问题之一，涉及业主（尤其是相关业主）的切身和重要的财产利益——专有部分所有权和共有部分份额权以及修复费用的承担等，因此十分重要。前述分析表明，日本法的经验不容小觑，值得我们认真对待和重视。

在《物权法》于 1998 年起草之初，由梁慧星研究员主持起草的《中国物权法草案建议稿》第 96 条、第 97 条及第 98 条曾设有区分所有建筑物修缮（修复、复旧）的详细规定，这些条文的规定系来源于 1983 年日本《建筑物区分所有权

1　[日] 吉田徹等：“建筑物区分所有法一部修改法概要（2）”，载《NBL》第 755 号（2003 年），第 70 页；廖国宏：“区分所有建筑物修缮与重建问题之研究”，台湾东海大学法律研究所 2005 年硕士论文，第 79 页。

2　廖国宏：“区分所有建筑物修缮与重建问题之研究”，台湾东海大学法律研究所 2005 年硕士论文，第 79 页。

3　[日] 水本浩、远藤浩、丸山英气：《公寓法》，日本评论社 2006 年版，第 116—117 页。

4　[日] 青山正明：《注解不动产法 5 区分所有法》，青林书院 1997 年版，第 327 页；廖国宏：“区分所有建筑物修缮与重建问题之研究"，台湾东海大学法律研究所 2005 年硕士论文，第 80 页。

法》第 61 条和我国台湾地区"公寓大厦管理条例"第 10 条和第 11 条。[1] 但是，这些条文建议最终未为《物权法》完全采纳，以至于我国现今法律体系中并无完善、翔实的区分所有建筑物修复制度。

《物权法》第 76 条第 1 款中的第 6 项和该条第 2 款只规定"改建、重建建筑物及其附属设施"，"应当经专有部分占建筑物总面积三分之二以上的业主且占总人数三分之二以上的业主同意"。第 79 条规定："建筑物及其附属设施的维修资金，属于业主共有。经业主共同决定，可以用于电梯、水箱等共有部分的维修。维修资金的筹集、使用情况应当公布。"这些规定不足以应对实际的需要，因为区分所有建筑物的修复除涉及须具备哪些程序要件外，在大规模一部灭失的场合，还面临如何调整业主之间的权益、由谁进行修复，以及修复费用如何分担等问题。

为妥善规范我国实务中区分所有建筑物的修复，本书认为，我国有必要借鉴日本法的经验，并将之作为我国编纂民法典物权编，抑或制定单行的建筑物区分所有权法时的立法论参考；同时，现阶段可将之作为实务中处理区分所有建筑物因地震、火灾、风灾、水灾、泥石流、煤气爆炸以及机动车的冲撞等偶发性灾害导致区分所有建筑物一部灭失时所实施的修复（或复旧）的解释论参考。

（1）在界分区分所有建筑物小规模一部灭失的修复和大规模一部灭失的修复方面，日本法的经验值得借鉴。依日本法的规定，区分所有建筑物毁损后的价格与毁损前的价格的比例超过二分之一的，为小规模一部灭失；区分所有建筑物毁损后的价格与毁损前的价格的比例少于二分之一的，为大规模一部灭失。日本据此规定不同的修复程序、费用负担及权益调整等的手段或方法。

（2）针对区分所有建筑物小规模一部灭失，日本法规定，各业主可自己承担费用而单独修复专有部分，此时在必要范围内可请求使用其他业主的专有部分。惟此种情形对共有部分的修复，日本法规定应以业主及表决权各过半数的决议规定修复计划。

（3）针对区分所有建筑物大规模一部灭失，日本法规定，业主可自己承担费用而修复自己的专有部分；但对于共有部分，则须由业主及表决权各四分之三以上的特别多数决议决是否对之予以修复。当特别多数决议决对共有部分予以修复时，希望解除区分所有关系的业主可通过行使买取请求权而个别、单独地从原来的区分所有权关系中脱离。

---

[1] 梁慧星主编：《中国物权法草案建议稿：条文、说明、理由与参考立法例》，社会科学文献出版社 2000 年版，第 285—290 页。

（4）日本法规定业主大会做出修复决议后买取请求权的行使主体为赞成修复决议者以外的业主。此买取请求权具有形成权的性质。当请求买取的意思表示到达相对人时，以市价购买区分所有权和基地利用权的买卖契约即告成立，无须相对人承诺。

（5）日本法规定了买取指定人制度。区分所有建筑物大规模一部灭失情形，自业主大会做出修复决议之日起二周内，赞成修复决议的人以全体的合意指定买取指定人，被指定的买取指定人对修复决议赞成者以外的业主以书面通知指定情况时，接受通知的业主仅可对买取指定人行使买取请求权。日本法的这一经验值得借鉴。

（6）为确保赞成修复共有部分决议者之间负担的均衡，应认可业主的再买取请求权，其性质与买取请求权相同，为形成权。

（7）业主大会未做出修复或重建决议时，日本法规定，业主无论是赞成或反对修复或重建，均可行使买取请求权；同时也均可成为被请求的对象。此经验值得借镜。

第十一节　区分所有建筑物的重建

一、概要

区分所有建筑物的重建是区分所有建筑物管理中最难解决的问题。[1]造成重建困难的原因很多，其中最主要者有如下五个方面：其一，传统所有权观念的束缚。区分所有权中的专有部分分属于各业主所有，与一般的单独所有权无异。因此，欲对整栋区分所有建筑物拆除而予以重建，原则上必须经全体业主的同意。但实践中要做到这一点相当困难。其二，重建所需费用筹措不易。我国今日的区分所有建筑物的住户，少则数十户，多则数百户甚至上千户，重建区分所有建筑物时，可预见其意见的分歧。且每个业主的经济能力不同，生活习惯有别，价值判断互异，对于重建费用的负担能力也有差别，欲取得重建共识并非易事。这一点会影响到有关业主是否赞成重建，并成为重建事业进行的最大阻力。其三，重

1　［日］伊藤荣寿："对区分所有人团体的拘束的根据与界限"，载日本爱知学院大学论丛《法学研究》第51卷第2号（2010年）。须指明的是，在当代比较法上，区分所有建筑物的重建通常被认为属于广义的管理的范畴。重建是为了使区分所有权得以再生，只是一时的消灭权利，所以是一种管理手段。据此，对业主进行的团体拘束得以正当化。

建工程进行期间迁居的问题也使重建面临困难。重建工程进行期间，区分所有建筑物的住户势必暂时搬离，而临时住处的觅得及其费用（如租金等）也是影响重建能否顺利进行的重要因素。其四，利害关系人权益调整的困难。欲重建区分所有建筑物，除非全体业主一致同意，否则就可能形成多数人对少数人的强制。若专有部分设有抵押权或出租他人，重建前尚须对这些人的权益合理安排，否则将妨害重建的进行。另外，我国区分所有建筑物的基地使用权为建设用地使用权，重建时申请适当延长使用权的期限也有必要，这也要经过较复杂的行政程序。其五，建筑物完成后容积率等规定的严格化。建筑物完成后，容积率、建蔽率[1]等条件变化而较以前更严格时，将不利于重建。一般而言，若容积率、建蔽率相当宽裕，重建时可将原业主分配剩余的专有部分出卖以作为重建费用的一部分。反之，建筑物建筑后容积率等变为较严格时，将有碍于业主意思的统一，妨害重建的进行。[2]

实际生活中，区分所有建筑物的重建在特定情形是十分必要的。这些情形大致有：其一，区分所有建筑物因自然腐朽、灾害（如地震、火灾、水灾）毁损，或因其他原因已经影响住户人身安全；[3]其二，区分所有建筑物的修缮费用过高时，为符合经济效率而重建；其三，因业主家庭人口增加，重建可改善、增大必要的生活空间；其四，建筑物坐落基地附近的土地利用情况发生改变，只有重建区分所有建筑物方能增加土地的有效利用。[4]

---

[1] 所谓建蔽率，指建筑面积占基地面积的比率。土地利用固然应当力求充分利用与集约利用，但建筑面积与基地面积若不保持一定比率，而将基地所有的面积完全作建筑使用，不仅妨碍通风、采光，影响居民健康，而且一旦发生灾害，居民的生命安全也堪忧。因此，建筑面积与基地面积应保持一定的比率。参见温丰文：《现代社会与土地所有权理论之发展》，五南图书出版股份有限公司1984年版，第92页。

[2] 黄江颖："区分所有建筑物修缮与重建之研究"，台湾东海大学法律研究所1993年硕士论文，第49页。

[3] 当区分所有的集合住宅老朽而不适于居住时，在今日比较法上，各国家或地区的立法定有如下三种供业主采取的应对措施：一是由全体业主经由一致决或多数决而重建区分所有建筑物；二是每个业主将自己的居住房间（专有部分）出售而买取替代的住宅；三是将全体区分所有建筑物一并出售而向每个业主分配卖得的价款，业主再以分配所得的价款买取其他的住宅。其中，第三种应对措施由美国《统一公寓（区分所有权）法》（Uniform Condominium Act）第2-120条所采取，第二种和第一种应对措施为多数国家所采取，尤其是第一种措施与现今多数国家人民的观念相合，即通过重建老朽的建筑物而实现旧建筑物的更新。参见［日］水本浩等编：《公寓法》，日本评论社2006年版，第118页。

[4] 黄江颖："区分所有建筑物修缮与重建之研究"，台湾东海大学法律研究所1993年硕士论文，第8页。

我国《物权法》设有一个条文规范区分所有建筑物的重建，即第 76 条第 1 款中的第 6 项和该条第 2 款，其内容十分简略，只规定"改建、重建建筑物及其附属设施"，"应当经专有部分占建筑物总面积三分之二以上的业主且占总人数三分之二以上的业主同意"。此种规定不足以应对实际的需要。因为区分所有建筑物的重建除涉及须具备哪些程序要件外，还面临如何调整业主之间的权益、由谁进行重建、由数栋建筑物构成的小区内的特定栋区分所有建筑物的重建、区分所有建筑物一部灭失的复旧（修复）与重建的关系，以及区分所有建筑物遭受灾害全部灭失时的再建与重建的关系等问题。这些问题如不能妥善解决，一方面业主之间的重建共识难以凝聚，重建事业无从进行；另一方面，也会使重建陷入一团乱麻，无法厘清各方面的法律关系。因此，本部分拟从比较法（尤其是日本法、德国法及我国台湾地区"法"之比较）的视角，对区分所有建筑物的重建所涵括的以上重要法律问题进行剖析，期借他山之石，对我国《物权法》和《物业管理条例》关于区分所有建筑物的重建制度提出若干建议。

重建系指将既存的区分所有建筑物全部拆除，而在建筑物的基地上重新建造建筑物。[1] 重建与增建、改建有别。增建指于建筑物上增加其面积或高度；改建则系将建筑物的一部分拆除，于原建筑物基地范围内改造，而不增加其面积或高度。增建、改建后的建筑物与原建筑物仍然为同一物，二者均属于物权客体的变更，而非物权的取得或消灭。此与重建前和重建后的建筑物系属两个不同之物截然有别。重建前的原建筑物既经拆除，其所有权即归消灭（绝对消灭），而重建后的新建筑物，则为新生所有权的取得（原始取得），因此，重建前与重建后的建筑物系两个不同之物。正因如此，重建前的建筑物若设有抵押权的，其抵押权会因原建筑物的拆除而消灭（《物权法》第 30 条）。存在于原建筑物的抵押权，其效力不及于重建后的新建筑物。反之，增建、改建前的建筑物设有抵押权的，其效力会及于增建、改建后的建筑物。[2]

重建也与再建有别。重建系指新建筑物的基地上原来有旧建筑物存在，将之拆除后重为建筑而言。再建则指新建筑物基地上原有的旧建筑物因灾害毁损或全部朽坏已不存在，嗣后再为建筑。在重建，因基地上尚有旧建筑物存在，旧建筑物的区分所有关系在决定重建之时并未消灭；而再建时，因基地上的旧建筑物已

1　[日] 水本浩等编：《公寓法》，日本评论社 2006 年版，第 119 页。
2　温丰文：《公寓大厦重建法律问题之研究》，载《法学丛刊》第 177 期（2000 年 1 月）。温丰文先生是我国台湾地区研究建筑物区分所有权的资深学者，本部分的写作一些地方受惠于温先生此篇文章和其他相关著述，谨致谢忱和敬意。

不存在，旧建筑物的区分所有关系在决定再建之时已然消灭。此乃二者的相异之处。但无论重建或再建，其前后两个建筑物均是各自独立不同的物，此为二者的相同之处。[1]本部分重点研究区分所有建筑物的重建，于该部分之末也会涉及重建与再建的关系。

二、重建的要件

区分所有建筑物的重建，须具备一定的要件方可为之。以下就德国、日本及我国台湾地区"法"有关重建所应具备的要件予以分析。

（一）德国法

如前述，德国称建筑物区分所有权为住宅所有权，其规范区分所有关系的《住宅所有权法》制定于1951年，最近一次修改是2007年。该法关于重建仅设有一个相关条文，即第22条。根据该条第1项，逾越通常保存或修缮的建筑上的变更与使用，不得依第21条第3项所规定的多数决为之，而应经全体业主同意。也就是说，一般区分所有建筑物的重建，应经一致决方可为之。建筑物因灾害而毁损时，该法原则上规定应予以复旧（修复）。依该法第21条第3项的规定，建筑物毁损时，应以过半数的多数决为复旧决议；依同条第4项，各业主也可请求复旧。不过，为防止复旧所需费用过巨以保护业主权益，第22条第4项对复旧设有限制规定：建筑物毁损超过其价值的二分之一，[2]且无法以保险或其他方法填补其损害时，不得依第21条第3项为复旧决议，也不得依第21条第4项请求复旧。此时如要复旧，须经全体业主同意方可为之。不过，业主也可决议重建，只是此项重建决议，也须经全体业主一致决。可见在德国，区分所有建筑物的重建，无论是一般建筑物还是毁损建筑物，均采一致决，应经业主全体同意。[3]

（二）日本法

1. 基本概要

日本1962年制定的《建筑物区分所有权法》对重建并无直接的明文规定，因为制定时作为其参考、比较对象的德国法和法国法均不存在重建制度，并且日

---

[1]　温丰文："公寓大厦重建法律问题之研究"，载《法学丛刊》第177期（2000年1月）。

[2]　在德国法上，当建筑物的毁损超过其价值的二分之一时，称为"大规模灭失"，未超过二分之一时，称为"小规模灭失"。参见［日］伊藤荣寿："对区分所有人团体的拘束的根据与界限"，载日本爱知学院大学论丛《法学研究》第51卷第2号（2010年）。

[3]　温丰文："公寓大厦重建法律问题之研究"，载《法学丛刊》第177期（2000年1月）；［日］伊藤荣寿："对区分所有人团体的拘束的根据与界限"，载日本爱知学院大学论丛《法学研究》第51卷第2号（2010年）。

本当时也未认识到该制度的必要性。有关区分所有建筑物的重建，依该法第 12 条第 1 项前句及第 35 条第 3 项的立法精神与《日本民法》第 251 条的规定，须经全体业主同意方可为之。此乃考虑到重建须拆除现存建筑物，而业主对各自的区分所有部分保有处分权，所以需获得全体业主的同意。但一致决的重建决议几近不可能，因为只要有一业主反对，重建即无从进行。[1]

日本 1962 年《建筑物区分所有权法》制定后，区分所有建筑物急速增加，重建的必要性虽然还未成为现实问题，但是将来会成为社会问题。若重建须获得全体业主的同意方可为之，无疑有碍于社区（小区）的更新与发展。为消除此种不合理现象，日本 1983 年修订《建筑物区分所有权法》时，改采多数决的重建制度。[2] 修订后的第 62 条第 1 项规定："因老朽、毁损、一部灭失或其他事由，参酌建筑物的价格或其他情形，致维持建筑物效用或回复需费过大时，得于集会以区分所有人及表决权各五分之四以上的多数决，作以拆除建筑物，且在建筑物基地上重新建筑同一主要使用目的的建筑物为主旨的决议。"

日本 2002 年修改《建筑物区分所有权法》时，将以上规定修改为："得于集会（业主大会——笔者注），以区分所有人及表决权各五分之四以上的多数，作以拆除建筑物，且在该建筑物的基地或其一部的土地上或者包含该建筑物的基地的全部或一部的土地上重新建筑建筑物为主旨的决议。"此修改旨在使重建能够顺利进行，与 1983 年的规定相较，具有下列特色[3]：

其一，规定重建决议只需在业主大会上得到业主及表决权各五分之四以上的多数同意即可作出，摒弃了 1983 年修改法规定的重建须因建筑物老朽、毁损、一部灭失或其他事由，参酌建筑物价格或其他情形，致维持建筑物的效用或回复建筑物原状需费过大的客观要件。而按 1983 年修改法，不具备这些客观要件的，业主大会作出的重建决议无效。

其二，1983 年修改法规定，重建的建筑物须坐落在原建筑物的基地上。若扩大基地范围，如购买原建筑物坐落基地的邻地与原基地合并后而新建建筑物，即不认为具有基地的同一性，不得视为重建。2002 年修改法对此予以缓和，认为重新建造的建筑物可坐落于以下基地：一是原建筑物的基地；二是原建筑物基地的

---

[1] ［日］伊藤荣寿："对区分所有人团体的拘束的根据与界限"，载日本爱知学院大学论丛《法学研究》第 51 卷第 2 号（2010 年）。

[2] ［日］伊藤荣寿："对区分所有人团体的拘束的根据与界限"，载日本爱知学院大学论丛《法学研究》第 51 卷第 2 号（2010 年）。

[3] ［日］水本浩等编：《公寓法》，日本评论社 2006 年版，第 119 页。

一部分，如将原建筑物基地的一部分出卖，而在剩余土地上重新建造建筑物；三是包含原建筑物基地的全部的土地，如购买或借用原建筑物基地的邻地或者其周围的土地而扩大基地；四是包含原建筑物基地的一部分的土地，如一方面将原建筑物基地的一部分出卖，同时又购买或借用原建筑物基地的邻地。另外，将原一栋的区分所有建筑物重建为两栋区分所有建筑物，或者将原共有基地上的两栋建筑物重建为一栋建筑物，均无不可。

其三，2002年修改法对新建筑物的使用目的不再有特别限制。依1983年修改法，重新建筑的建筑物的主要使用目的须与原建筑物相同，若将原属住家专用的建筑物全部改作商业用或办公用，即违反使用目的的同一性，不得谓为重建。据2002年修改法，作出将居住用的区分所有建筑物重建为商业用或商业与居住合用的重建决议，或者将商业用的区分所有建筑物重建为居住用的区分所有建筑物或者二者合用的重建决议，均无不可。

其四，2002年修改法完善了有关重建决议程序的规定。

2. 重建决议

因为重建事宜而召开业主大会时，其程序原则上与一般业主大会相同，惟因重建对每一业主的权益影响甚大，故此，日本《建筑物区分所有权法》第62条对重建决议的方式和内容、会议的召集、通知和记录等设有特别规定。

(1) 决议的方式与内容。依现行日本《建筑物区分所有权法》，重建采业主及表决权各五分之四以上的多数决。此五分之四之比例为强制规定，不得以管理规约或依其他合意而提高或降低。[1]

按日本《建筑物区分所有权法》第62条第2项，业主大会为重建决议时，其内容应有重建计划的概要，且该概要应包括下列四项内容，缺一不可：

一是重新建造建筑物的设计概要，包括整栋建筑物的设计及每一专有部分的设计。除整栋建筑物的用途、建筑材料、楼层、楼地板总面积、各层楼面积应在重建决议中决定外，每一专有部分的配置、用途、建筑平方米等也应在重建决议中议定。[2]

二是重建费用的概算额。重建费用包括拆除原建筑物及建筑新建筑物所需的

---

[1] 温丰文："公寓大厦重建法律问题之研究"，载《法学丛刊》第177期（2000年1月）；[日]石田喜久夫："重建"，载《法律时报》第55卷第9号。对此也有反对意见，参见[日]水本浩等编：《公寓法》，日本评论社2006年版，第120页。

[2] [日]稻本洋之助、镰野邦树：《注释公寓区分所有法》，日本评论社1997年版，第333页；温丰文："公寓大厦重建法律问题之研究"，载《法学丛刊》第177期（2000年1月）。

费用，其数额应于重建决议时估定，并以在重建决议的时点所估计的概算额为准并获满足。[1]

三是有关重建费用分担的事项。作出重建决议时，参加重建者的人数还未完全确定，难以估计每人应分担的重建费用，因此每一参加重建者的分担额无须于重建决议时确定。但重建费用的分担方法和标准则应事先决定，以便依循。重建费用的分担方法与标准不得危害各业主的衡平（第62条第3项），否则重建决议归于无效。如无特别情事，重建费用的分担应依取得新建筑物专有部分的楼地板面积的比例定之。[2]

四是有关新建筑物区分所有权归属的事项，即新建筑物各专有部分的分配方法。是按原专有部分面积比例分配，还是依原有价值比例分配，或者依抽签方式分配等，应明定之。无论采取何种方式，都不得违背衡平原则（第62条第3项）。另外，若建筑物的容积增加致专有部分经分配后还有剩余，应出售还是归全体业主共有，也应于作出重建决议时明确决定。[3]

（2）会议的召集与通知。为重建事宜的业主大会的召集程序与一般业主大会的召集程序不同，须按2002年《建筑物区分所有权法》新设的第62条第4项至第7项规定的程序为之。缺少下列任何一项程序，重建决议无效[4]：

一是召集人至少应于该业主大会召开之日的二个月前，向各业主发出会议通知（第62条第4项）。

二是除会议目的、重建决议的议案要点外，还须通知下列事项：重建的理由；不重建时维持或回复该建筑物效用所需费用的数额及其明细；确定了该建筑物之修缮计划的，该计划的内容以及建筑物修缮积攒金累积的数额等。由此，通知中既有实施重建的相关信息，也有不实施重建而仍维持原建筑物现状的信息，业主可自更加广阔的视角判断是否应该重建。

三是召集人至少应于该业主大会召开之日一个月前，就召开该业主大会应通知的事项，对业主召开有关情况的说明会（第62条第8项）。说明会的召开准用一般业主大会召开的规定（建筑物区分所有权法第35条、第36条），即说明会的召集者（管理者等）至少应于开会一周前附会议目的事项发通知给各业主，但

1　［日］水本浩等编：《公寓法》，日本评论社2006年版，第120页。

2　［日］滨崎恭生："关于建筑物区分所有法律的修改"，载《法曹时报》第38卷第6号；温丰文："公寓大厦重建法律问题之研究"，载《法学丛刊》第177期（2000年1月）。

3　温丰文："公寓大厦重建法律问题之研究"，载《法学丛刊》第177期（2000年1月）。

4　［日］水本浩等编：《公寓法》，日本评论社2006年版，第121页。

该期间可以管理规约予以延长。

(3) 会议记录。有关重建决议的业主大会应作成会议记录。该会议记录除应记载一般业主大会所应记载的事项外，还应记载每一业主是否赞成重建的情况，以作为确定《建筑物区分所有权法》第 63 条所定卖渡请求权人及其相对人的依据。若会议记录未记载各业主赞成与否的情况，虽不影响决议的效力，但在进行《建筑物区分所有权法》第 63 条所定程序（即由召集人书面催告不赞成重建决议的业主答复是否参加重建）之前，应先补正。[1]

(三) 我国台湾地区"法"

我国台湾地区"公寓大厦管理条例"（2006 年修订）定有重建制度，其原则上采一致决，例外采多数决，分述如下[2]。

1. 一致决重建的要件

"公寓大厦管理条例"第 13 条第 1 句规定："公寓大厦之重建，应经全体区分所有权人及基地所有权人、地上权人或典权人之同意。"据此，一致决重建的要件有二：一是有全体业主的同意；二是有基地所有权人、地上权人或典权人的同意。在我国台湾地区，建筑物与其坐落的基地属于两个独立的不动产，若公寓大厦坐落基地属于业主共有，则只要经业主全体同意，即可重建；若基地非属于业主共有，而系业主经由承租或设定地上权、典权等方式取得基地的准共有权，尚须经基地所有权人的同意方可重建。至若公寓大厦及其所坐落的基地另有地上权或典权存在，则还须经地上权人或典权人的同意方符合重建的要件。

2. 多数决重建的要件

依"公寓大厦管理条例"第 13 条但书及第 31 条关于"特殊事项之议决比例"的规定，须有下列情形之一方采多数决重建：(1) 配合城市更新计划而实施重建；(2) 严重毁损、倾颓或朽坏，有危害公共安全之虞；(3) 因地震、水灾、火灾、风灾或其他重大事变，肇致危害公共安全。所谓其他重大事变，指类似于地震等原因而可能对建筑物造成重大破坏者，如煤气爆炸、飞机坠落、暴力破坏等。

公寓大厦具备上述客观要件时，得经业主大会的多数决实施重建。业主大会为重建决议时，应有全体业主中人数及区分所有权比例均达三分之二以上的业主出席，以出席业主中人数及区分所有权比例均达四分之三以上的业主同意行之。

---

[1] ［日］稻本洋之助、镰野邦树：《注释公寓区分所有法》，日本评论社 1997 年版，第 337 页；温丰文："公寓大厦重建法律问题之研究"，载《法学丛刊》第 177 期（2000 年 1 月）。

[2] 温丰文："公寓大厦重建法律问题之研究"，载《法学丛刊》第 177 期（2000 年 1 月）。

因三分之二的四分之三即为二分之一，因此实际上只要全体业主中人数及区分所有权比例均达二分之一以上的业主同意，即可决议重建。[1]

（四）评议分析

由上可知，各国家和地区关于重建要件的最大差异，在于德国采一致决，日本采多数决，我国台湾地区原则上采一致决，例外采多数决。但一致决事实上难以实行，其立法规定形同虚设。我国《物权法》第76条对重建采多数决而不采一致决，符合当代业主共同体（团体）关系的本质和实际，应值肯定。至于日本2002年修订的《建筑物区分所有权法》所定的其他重建要件，例如在客观要件上，须在原建筑物的基地或其一部，或者包含原建筑物基地的全部或一部的土地上重新建筑建筑物，在程序要件上，决议内容须有重建计划概要、履行严格的召集程序、为完善的通知以及为此而召开说明会等，我国《物权法》与《物业管理条例》则未明定。我国将来制定单独的建筑物区分所有权法或编纂民法典物权编时，宜取日本法的经验，将这些要件明文化。

三、业主间及业主与第三人间权益的调整

（一）业主间权益的调整

要对区分所有建筑物实施重建，除须符合前述重建要件外，调整业主之间的权益也十分重要。在德国，由于重建采一致决，每一业主对重建决议均有否决权，因此只有充分调整彼此间的权益直至每一业主满意，才有通过重建决议的可能。德国《住宅所有权法》对业主间权益的调整并无规定。但在采多数决重建的日本，达到法定比例的表决权即可通过重建决议，为保护少数不参加重建者的权益，其《建筑物区分所有权法》对权益调整即设有详细规定。另外，我国台湾地区"公寓大厦管理条例"所定重建制度中的多数决，也有权益调整的相关规定。我国《物权法》和《物业管理条例》虽采多数决，但并无调整业主权益的规定，是为重要立法缺漏，宜借他国经验而予补充。

为保护少数不参加重建者的权益，日本《建筑物区分所有权法》创设了卖渡请求权和买回请求权两种制度。

1. 卖渡请求权

反对重建决议而不参加重建事业的业主的区分所有权和基地利用权，并不基于重建决议而立即消灭，但重建决议作出后，重建事业的参加者得对不参加重建

---

[1] 温丰文："公寓大厦重建法律问题之研究"，载《法学丛刊》第177期（2000年1月）。

事业的业主请求行使卖渡请求权。¹ 所谓卖渡请求权，指参加重建者于一定期间内，对于不参加重建的业主及其继受人请求以市价卖渡其所有权及基地利用权的权利。依团体法的规则，一旦作出重建决议，不赞成重建决议的业主也受其拘束，他们可自行出售其区分所有权或请求参加重建者收买其区分所有权，以脱离区分所有关系。但若不赞成重建的业主不愿为上述行为，重建工作即难以进行，为打破此一僵局，特设卖渡请求权制度。²

卖渡请求权的行使须先确定参加与不参加重建事业的业主。依日本《建筑物区分所有权法》第62条第1项、第2项、第3项的规定，重建决议作出后，业主大会召集人应立即书面催告未赞成重建决议的业主（包括其继受人）答复是否依重建决议内容参加重建。受催告的业主应自催告之日起两个月内答复参加与否，逾期未为答复者，视为不参加重建。通过此程序，未赞成重建决议的业主可重新考虑是否参加重建事业。

卖渡请求权本质上具有形成权的性质。³ 只要合法行使此项权利，其请求的意思表示到达对方时，以市价购买对方区分所有权和基地利用权的卖渡（买卖）契约即告成立，无须相对人承诺。⁴ 且依《日本民法》第176条的规定，不动产物权变动只要当事人意思表示一致即生效力，不待登记。因此，当卖渡（买卖）契约成立（生效）时，相对人的区分所有权和基地利用权就移转于请求权人，相对人负有交付专有部分与移转登记的义务，请求权人则负有支付价金的义务，此二项义务发生同时履行抗辩的关系（《日本民法》第533条）。⁵ 不过，日本《建筑物区分所有权法》为顾及相对人于一时之间无法觅得代替住处，致生活发生显著困难的情况，特设建筑物让出（专有部分交付）的犹豫期限，以资保护。⁶ 其第63条第5项规定：因卖渡请求权的行使，答复不参加重建的区分所有人因让出建筑物，致其生活有发生显著困难之虞，且对重建决议的实行不致有太大影响时，法院得依该人的请求，于价款交付或提存之日起不超过一年的期限内，对建筑物的

1　［日］伊藤荣寿："对区分所有人团体的拘束的根据与界限"，载日本爱知学院大学论丛《法学研究》第51卷第2号（2010年）。
2　参见日本法务省民事局参事官室编：《新公寓法》，商事法务研究会1983年版，第346页；温丰文："公寓大厦重建法律问题之研究"，载《法学丛刊》第177期（2000年1月）。
3　［日］水本浩等编：《公寓法》，日本评论社2006年版，第117页，第125页。
4　［日］伊藤荣寿："对区分所有人团体的拘束的根据与界限"，载日本爱知学院大学论丛《法学研究》第51卷第2号（2010年）。
5　［日］水本浩等编：《公寓法》，日本评论社2006年版，第125页。
6　温丰文："公寓大厦重建法律问题之研究"，载《法学丛刊》第177期（2000年1月）。

让出给予相当的犹豫期限。此项请求应以诉讼为之,法院于斟酌各种因素后,得为给予一年以内犹豫期限的判决。此项判决属形成判决,于判决确定后,卖渡请求权人须先支付价金,相对人得于犹豫期限内暂不交付专有部分,而移转登记则不在犹豫期限的范围内。卖渡请求权行使后,区分所有建筑物全体即变为重建事业参加者的所有权(区分所有权和共有部分的应有部分权)的对象,由此可以拆除原区分所有建筑物。因此,重建决议的效力并非强制未赞成重建决议者参加重建,而是使附期限的卖渡请求权得以成立。[1]

2. 买回请求权

所谓买回请求权,又称"再卖渡请求权",[2]系允许卖渡请求权的相对人于一定条件下买回其业已丧失的区分所有权,借以保护其权益。卖渡请求权主要是为使重建事业能够顺利进行而设。卖渡请求权人于行使权利后,若将建筑物置之不顾,长期不实施重建,则与创设此项制度的目的相悖,因此日本法又同时设此买回请求权制度加以制衡。[3]不过,依日本《建筑物区分所有权法》第63条第6项、第7项的规定,买回请求权的行使视参加重建者未着手建筑物拆除工事是否有正当理由而不同,无正当理由的,得行使买回请求权;有正当理由的,原则上不发生买回请求权问题。

买回请求权也具有形成权的性质,于意思表示到达相对人时即生效力。买回请求权人行使该权利后,即不再受重建决议效力的拘束,参加重建者若要完成或实现原重建计划,必须以其他方法取得其同意方能进行。[4]

我国台湾地区"公寓大厦管理条例"第14条第1项规定:"公寓大厦有前条第二款或第三款所定情形之一,经区分所有权人会议决议重建时,区分所有权人不同意决议又不出让区分所有权或同意后不依决议履行其义务者,管理负责人或管理委员会得诉请法院命区分所有权人出让其区分所有权及其基地所有权应有部分。"据此,在我国台湾地区,区分所有建筑物经由多数决实施重建时,系以出让请求权作为权益调整的手段。

---

1 [日]稻本洋之助、镰野邦树:《注释公寓区分所有法》,日本评论社2004年版,第380页以下。另外,在日本也有观点认为,重建决议乃是通过对参加重建事业的人授予卖渡请求权来违背反对重建决议的业主的意思而剥夺其区分所有权和基地利用权。

2 [日]水本浩等编:《公寓法》,日本评论社2006年版,第125页。

3 [日]滨崎恭生:"关于建筑物区分所有法律的修改",载《法曹时报》第38卷第6号;温丰文:"公寓大厦重建法律问题之研究",载《法学丛刊》第177期(2000年1月)。

4 [日]滨崎恭生:"关于建筑物区分所有法律的修改",载《法曹时报》第38卷第6号;温丰文:"公寓大厦重建法律问题之研究",载《法学丛刊》第177期(2000年1月)。

上述出让请求权的行使主体为管理委员会或管理负责人；其行使的相对人则为不同意重建决议又不出让区分所有权，或同意后不依决议履行其义务的业主及其继受人；出让请求权的行使应以诉讼方式为之。此诉讼为形成之诉，法院判决直接创设相对人出让其区分所有权及基地所有权等应有部分，无须相对人承诺。相对人的区分所有权及基地所有权等应有部分于判决确定时即移转于受让人，不待登记。[1] 为妥善调整业主间的权益，我国应借鉴比较法上的经验：

（1）在区分参加重建者与不参加重建者方面，日本法的规定值得借鉴。依日本法的规定，重建决议作出后，业主大会召集人应即时书面催告未赞成重建决议的业主答复是否依重建决议内容参加重建，受催告的业主自催告之日起两个月内答复参加重建的，与赞成重建决议者一并列入参加重建者之一类；答复不参加重建或逾期未为答复者，则列入不参加重建者之一类。对此，我国台湾地区"法"的规定欠周延。

（2）日本法对卖渡请求权定有行使期间，而我国台湾地区"法"对出让请求权则未定行使期间，应属不妥。卖渡请求权具有形成权的性质，其行使会使相对人丧失区分所有权及基地利用权，因而应明定其行使期间（除斥期间），以使当事人之间的法律关系尽早确定。

（3）与我国台湾地区"法"未明确规定不同，日本法规定按市价行使卖渡请求权，[2] 值得借鉴。卖渡请求权是违背相对人的意思强制其出让区分所有权及基地利用权，但不能因之完全否定相对人本来的权利，请求相对人出让区分所有权及基地利用权时，应支付合理对价，以实现均衡。[3]

（4）为妥善、公平地顾及少数业主的权益，应认可少数业主的买回请求权。

（二）业主与第三人间权益关系的调整

在比较法上，重建决议仅对该栋建筑物的业主及其继受人产生拘束力，对第三人并无拘束力。但在重建与专有部分承租人的关系上，重建决议得作为更新或解除租赁契约的正当事由。[4]

我国现阶段，许多房产都是通过按揭贷款的方式购买，因此区分所有建筑物

1　温丰文："公寓大厦重建法律问题之研究"，载《法学丛刊》第 177 期（2000 年 1 月）。

2　尽管如此，参加重建的人与不参加重建的人发生严重对立时，于诉讼中争论"市价"的确定或计算是很多的。参见［日］太田知行、村辻义信、田村诚邦：《公寓重建的法律与实务》，有斐阁 2005 年版，第 181 页。

3　温丰文："公寓大厦重建法律问题之研究"，载《法学丛刊》第 177 期（2000 年 1 月）。

4　［日］水本浩等编：《公寓法》，日本评论社 2006 年版，第 123 页。

上设立了抵押权的情形不在少数。由此带来的法律问题有：在专有部分上有抵押权的人可否禁止拆除原建筑物，可否要求增加担保以及在新建筑物上取得的专有部分是否属于原抵押权客体的代位物。比较法上的通说认为，自理论上而言，不能排除抵押权人禁止拆除原建筑物的请求，此时实务上可通过增加担保避免之。重建决议已经规定了参加重建的业主对新建筑物的特定专有部分保有区分所有权，因此原抵押物与新建筑物中特定的专有部分存在明确的牵连关系，应认为后者系原抵押权客体的代位物。而不参加重建的业主因出让自己的区分所有权和基地利用权所获得的价金债权，也可认为是原抵押权客体的代位物。[1] 鉴于比较法经验的可借鉴性，本书认为，在这些方面，我国也应作同样的解释和对待。

四、重建合意的成立与重建主体的厘定

区分所有建筑物的重建，由参加重建者依卖渡请求权购买不参加重建者的区分所有权和基地利用权后，依重建决议内容而实行。惟参加重建者之间实际上并不存在重建契约的约束，因此并不当然负有依重建决议的内容而为重建的义务。为了解决这一问题，日本法设有重建合意成立的规定。

日本《建筑物区分所有权法》第64条规定："赞成重建决议的各区分所有人，依重建决议内容回答参加重建的各区分所有人及购买区分所有权或基地利用权的各承买指定人（包括此等人的继受人），视为依重建决议内容为实施重建的合意。"依此规定，成立重建合意的当事人包括：（1）赞成重建决议的业主；（2）业主大会会议时对重建决议持反对、保留意见或未出席会议，经催告后同意依重建决议内容参加重建的业主；（3）经前述（1）（2）全体的同意指定购买区分所有权和基地利用权的承买指定人；（4）前述（1）（2）（3）的继受人，涵括概括继受人与特定继受人。[2] 当事人间所成立的合意的内容为"依重建决议内容实施重建"，参加重建者均受重建决议的拘束。既然依重建决议内容而为重建系合意事项，当事人间即相互负有依重建决议内容而为重建的义务。[3]

参加重建者之间，基于上述重建合意的（拟制）成立，形成"参加重建者团

---

[1] ［日］水本浩等编：《公寓法》，日本评论社2006年版，第123页。

[2] 温丰文："日本建筑物区分所有法之重建制度"，载王仁宏教授祝寿论文集编辑委员会：《商事法及财经法论文集——王仁宏教授六十岁生日祝贺论文集》，元照出版有限公司1999年版，第117页；［日］水本浩等编：《公寓法》，日本评论社2006年版，第127页。

[3] 温丰文："日本建筑物区分所有法之重建制度"，载王仁宏教授祝寿论文集编辑委员会：《商事法及财经法论文集——王仁宏教授六十岁生日祝贺论文集》，元照出版有限公司1999年版；［日］玉田弘毅：《新公寓法》，文久书林1984年版，第256页。

体",成为重建事业的主体。[1] 参加重建者团体与原来的业主团体（区分所有人团体）系两个不同的主体，有如下三点不同[2]：（1）成员不同。业主团体系由全体业主组成，而参加重建者团体则由同意重建的业主及因卖渡请求权的行使而受让区分所有权和基地利用权的人组成。（2）成立目的不同。业主团体的成立目的在于对建筑物及其附属设施进行管理，维护共同生活秩序，而参加重建者团体的成立目的则在于为重建事业。（3）消灭时点不同。业主团体于不参加重建者的区分所有权和基地利用权全部出让时归于消灭，[3] 而参加重建者团体则于新建区分所有建筑物完成时归于消灭。

由于原业主团体自参加重建的业主行使卖渡请求权而将不参加重建的业主予以排除时消灭，因此自将赞成重建的人集合在一起的角度而论，参加重建者团体属于一种任意团体，[4] 其法律性质通说认为系一种类似合伙契约的关系，其成员共同从事区分所有建筑物的重建。由于其成员之间不是区分所有关系，而是类似合伙契约的关系，因此不再适用有关业主大会、管理规约等的规定，而是在不违反重建决议的前提下，类推适用民法有关合伙的规定，以调整彼此间的权利义务关系。具体而言，在为重建事业时，有关重建决议内容的变更或追加，应经参加重建者全体同意。至于有关业务的执行，如动工日期的决定、拆除工事合同的订立等，则一般经参加重建者过半数同意即可。重建完成时，应另成立新的业主团体，而于重建确定不能完成时，则应解散参加重建者团体，办理清算。[5]

五、小区内区分所有建筑物的重建

若区分所有建筑物所坐落的基地位于一小区内，基于小区的整体不可分割性，当特定栋区分所有建筑物的业主已依法决定为建筑物的重建时，是否需要再得到小区内其他栋区分所有建筑物的业主的同意？对此，比较法上分如下两种情况而予处理：

（1）小区内各区分所有建筑物的基地为各自分割、基地利用权分属各栋区分

---

[1] ［日］水本浩等编：《公寓法》，日本评论社2006年版，第127页。
[2] 温丰文："公寓大厦重建法律问题之研究"，载《法学丛刊》第177期（2000年1月）。
[3] 在日本，区分所有建筑物重建时，原分所有关系何时消灭，学说有二：一为参加重建者行使卖渡请求权将不参加重建者的区分所有权排除时消灭；二为建筑物拆毁时消灭。通说系采前者。
[4] ［日］水本浩等编：《公寓法》，日本评论社2006年版，第127页。
[5] 温丰文："日本建筑物区分所有法之重建制度"，载王仁宏教授祝寿论文集编辑委员会：《商事法及财经法论文集——王仁宏教授六十岁生日祝贺论文集》，元照出版有限公司1999年版。

所有建筑物的业主单独所有或共有的情形，依基地利用权的单独性，小区内他栋区分所有建筑物的业主并无任何理由介入，[1] 其中一栋区分所有建筑物的重建无须得到他栋建筑物的业主的同意。

（2）小区内基地利用权属于小区内全体区分所有建筑物的业主共有的情形，一栋建筑物欲重建时，除须获得该栋建筑物业主的重建决议外，还须获得该小区内其他栋区分所有建筑物多数业主的同意。日本于2002年修订其《建筑物区分所有权法》，增订第69条，专门规定"小区内的建筑物的重建承认决议"，共计7项，内容十分翔实。

依其规定，在A、B、C、D四栋区分所有建筑物共有基地而组成小区时，若A栋区分所有建筑物打算重建，须履行下列程序：首先，以A栋建筑物的业主及表决权各五分之四以上的多数决作出重建决议。其次，在以A、B、C、D栋区分所有建筑物的业主为成员的小区业主大会上，按照《建筑物区分所有权法》第69条规定的程序，由表决权四分之三以上的多数决认可（或承认）该A栋建筑物的重建。最后，因小区业主大会认可（或承认）A栋建筑物的重建而给他栋建筑物以特别影响时，必须获得他栋建筑物的业主表决权四分之三以上的赞成。依对第69条的解释，特定栋建筑物的重建决议必须先于小区业主大会的认可（承认）决议，[2] 从而避免特定栋建筑物的业主不想重建却被其他栋建筑物的业主"强制重建"的情形。另外，按第70条，如果是拆除小区内的全部建筑物而进行"一揽子"重建，则须在小区业主大会上获得小区建筑物所有人及表决权各五分之四以上的赞成，同时还须获得每栋建筑物的业主及表决权各三分之二以上的赞成，方可为之。[3]

我国《物业管理条例》第9条第1款规定："一个物业管理区域成立一个业主大会"，即无论小区内建筑物的栋数，一个小区成立一个业主大会。而依《物权法》第76条第1款第6项和该条第2款以及《物业管理条例》第11条第6项和第12条第3款，业主大会决定重建建筑物，应当经专有部分占建筑物总面积三分之二以上的业主且占总人数三分之二以上的业主同意。这一规定无法防止特定栋建筑物的业主不想重建，而业主大会却"强制重建"的情形，尚须完善。

---

[1] 日本法务省民事局参事官室编：《新公寓法》，商事法务研究会1983年版，第336页。

[2] ［日］水本浩等编：《公寓法》，日本评论社2006年版，第141页。

[3] ［日］伊藤荣寿："对区分所有人团体的拘束的根据与界限"，载日本爱知学院大学论丛《法学研究》第51卷第2号（2010年）。

六、区分所有建筑物一部灭失的复旧（修复）与重建

对于区分所有建筑物一部灭失时的复旧（修复），我国《物权法》和《物业管理条例》均未设规定，应借鉴比较法的经验予以厘清。

（1）区分所有建筑物的一部灭失，通常为复旧（修复）与重建的共同原因，且二者均为避免建筑物一部灭失所带来的不便与危害，进而实现对建筑物及所坐落基地的更有效利用。但是，复旧是在保留原建筑物的前提下对建筑物所为的修复，而重建则必须拆除原建筑物，重新建筑一新建筑物。[1]

（2）如前述，日本《建筑物区分所有权法》将建筑物的一部灭失区分为建筑物价格二分之一以下的灭失（即小规模一部灭失）与超过二分之一的灭失（即大规模一部灭失）两种情形。对于专有部分，无论其为小规模灭失抑或大规模灭失，其复旧（修复）均可由专有部分的所有权人自行决定，且自己承担复旧（修复）费用。共有部分的复旧（修复）或就整栋建筑物已有重建决议时，专有部分的复旧（修复）也不受其拘束。[2] 业主大会的决议涉及专有部分的复旧（修复）时，仅赞成该决议的业主就自己专有部分的复旧（修复）受其拘束。灭失的专有部分的原所有权人不欲复旧（修复）时，其他业主可否请求其复旧（修复），学说认为原则上不可，仅在保全整栋建筑物的必要限度内，方能例外地认可。[3] 另外，进行专有部分的复旧（修复）工事时，可于必要时使用其他业主的专有部分（日本《建筑物区分所有权法》第6条第2项）。[4]

共有部分一部灭失时，若灭失部分的价格比例在二分之一以下（即小规模灭失），其复旧（修复）可由各业主单独为之，实施复旧（修复）的业主得对其他业主按照共有部分的共有份额追偿复旧（修复）所需的费用（日本《建筑物区分所有权法》第61条第2项）。但若已为复旧（修复）决议，业主即不得再自行为共有部分的复旧（修复），此时复旧（修复）系管理人的职责之一（日本《建筑物区分所有权法》第61条第1、3项，第26条第1项）。若共有部分灭失的价格超过二分之一（即大规模灭失），其复旧（修复）的决定须经业主及表决权各四

---

1 黄江颖："区分所有建筑物修缮与重建之研究"，台湾东海大学法律研究所1993年硕士论文，第138页。

2 ［日］石田喜久夫："重建"，载《法律时报》第55卷第9号。

3 ［日］半田正夫："灭失的复旧、再建等"，载［日］玉田弘毅等编：《建筑物区分所有权法》，一粒社1988年版，第117页。

4 ［日］水本浩等编：《公寓法》，日本评论社2006年版，第113页。

分之三以上的多数决为之（日本《建筑物区分所有权法》第 61 条第 5 项）。此规定更多地考虑到希望解除区分所有关系的业主的立场，由此，他们可以行使买取请求权，请求赞成复旧（修复）决议的人买取自己的区分所有权及基地利用权，以从区分所有权关系中脱离出来。[1]

（3）在比较法上，建筑物小规模灭失时的复旧（修复）决议对全体业主均有拘束力，但于大规模灭失的复旧（修复）决议通过后，不赞成决议的业主得对赞成决议的业主请求行使买取请求权，借以脱离区分所有关系。因建筑物一部灭失而符合重建要件且已为重建决议时，重建决议对全体业主均有拘束力，但不参加重建事业的业主得借由卖渡请求权制度脱离区分所有关系。重建决议虽对业主以外的人并无拘束力，但因重建须拆除原建筑物，故须对所涉第三人权益进行调整，此点与复旧（修复）不同。[2]

（4）建筑物一部灭失的复旧（修复），依日本《建筑物区分所有权法》，其实施主体系业主个人或管理人，区分所有建筑物的重建则由参加重建者团体为之。[3]

（5）按日本《建筑物区分所有权法》第 61 条第 1 项的意旨，区分所有建筑物共有部分一部灭失的复旧（修复）与重建成排斥关系，若已有重建决议，即不得再为复旧（修复）。[4] 但专有部分一部灭失的复旧（修复）是否须受重建决议的限制，有认为不受限制者，有认为赞成重建决议的业主方受限制者，[5] 存在分歧。

七、区分所有建筑物遭受灾害全部灭失时的再建与重建

当区分所有建筑物全部灭失时，就不再存在专有部分与共有部分，区分所有权及共有部分的共有份额权也由此消灭，业主仅共有基地。按民法法理，再建区分所有建筑物应取得全体基地共有人的同意，但此实属不易。为解决此问题，日本于 1995 年阪神、淡路大地震后不久即制定了《关于罹受灾害区分所有建筑物的再建等的特别措施法》（以下简称《特别措施法》）。依此，区分所有建筑物全部

---

[1] ［日］水本浩等编：《公寓法》，日本评论社 2006 年版，第 114 页。
[2] 黄江颖："区分所有建筑物修缮与重建之研究"，台湾东海大学法律研究所 1993 年硕士论文，第 139 页。
[3] 黄江颖："区分所有建筑物修缮与重建之研究"，台湾东海大学法律研究所 1993 年硕士论文，第 140 页。
[4] 黄江颖："区分所有建筑物修缮与重建之研究"，台湾东海大学法律研究所 1993 年硕士论文，第 140 页。
[5] ［日］远藤浩编：《公寓：建筑、买卖、管理、租赁》，青林书院 1988 年版，第 508 页。

灭失时的再建须依基地共有人等的表决权的五分之四以上的多数决而为之。该法系日本《建筑物区分所有权法》的特别法，其主要内容和特色有如下几点：

（1）该法旨在便利因大规模的火灾、地震灾害及其他灾害而灭失的区分所有建筑物的再建，进而支援遭受灾害地区的复兴。

（2）该法第一次使用"再建"的概念，适用于区分所有建筑物因政令指定的灾害而全部灭失的情形。此种情形，基地共有人得通过再建决议，于从前的基地上重新建筑新的建筑物。再建决议须在基地共有人大会上作出。该法第1条规定了会议的召集程序和议事程序。

（3）该法的中心概念是有基地利用权的人；而《建筑物区分所有权法》的中心概念则是区分所有人（业主）。另外，该法有关期间的计算具有特殊性。

（4）再建的要件。建筑物因大规模的火灾、地震及其他灾害全部毁损时，基地共有人或准共有人得自规定适用特别措施法的政令施行之日起三年内，经共有人大会，以基地共有者等的表决权五分之四以上的多数决，决定在原建筑物的基地或其一部的土地或包含其一部的土地上再建建筑物（《特别措施法》第2条、第3条）。此规定排除了《日本民法》第251条有关共有物的变更应经共有人全体同意的规定。[1]

（5）基地分割请求的禁止。建筑物因灾害全部毁损时，基地共有人等自适用特别措施法的政令施行之日经过一个月之次日起，至该政令施行后经过三年止的期间内，不得请求分割基地及有关基地的权利（《特别措施法》第4条）。此规定排除了《日本民法》第256条共有人可以随时请求分割共有物的规定。[2]

（6）买取请求权期间的延长。建筑物因灾害一部毁损时，各业主对他业主可请求以市价买取其建筑物及基地权利的期间，为自规定适用本特别措施法的政令施行之日起一年内（《特别措施法》第5条）。此规定排除了日本《建筑物区分所有权法》第61条第12项有关买取请求权的期间为自灭失之日起六个月内的规定。[3]

我国是一个地震、火灾、风灾及其他灾害频发的国家，区分所有建筑物因此

---

[1] ［日］水本浩等编：《公寓法》，日本评论社2006年版，第180页。

[2] 温丰文："公寓大厦重建法律问题之研究"，载《法学丛刊》第177期（2000年1月）；［日］水本浩等编：《公寓法》，日本评论社2006年版，第181页。

[3] 温丰文："公寓大厦重建法律问题之研究"，载《法学丛刊》第177期（2000年1月）；［日］水本浩等编：《公寓法》，日本评论社2006年版，第183页。

等灾害而全部灭失时如何予以再建,现行法律并无规定,虽已有学者探讨,[1]但尚不充分且仅止于理论层面的解释,更务实的做法是进行这方面的立法。

八、小结

区分所有建筑物自建成后经过相当年月,必会老朽、损坏。我国自20世纪90年代进行住房商品化改革以来,区分所有建筑物(商品房住宅)的建设已然经过了近30年。区分所有建筑物的重建于不远的将来必成为不能回避的重大社会问题。本书以上自民法等私法制度的视角对区分所有建筑物的重建进行了分析、论述。比较法的经验表明,此种分析、论述是基础性的、决定性的,因而是必不可少的。尽管如此,也应看到,区分所有建筑物的重建涉及的法律问题非常复杂。在我国现今的法律体系下,重建还涉及《民法总则》《合同法》《侵权责任法》《城乡规划法》《房地产管理法》《土地管理法》《建筑标准法》《建筑法》,甚至行政法、经济法等领域。对于这些相关领域,也有必要予以重视并作深入研究。

---

[1] 周江洪:"区分所有建筑物的灾后重建",载《中国社会科学》2008年第5期。

第十章

相邻关系

第一节 相邻关系总说

一、相邻关系的涵义、功用与权源

相邻关系，又称"不动产相邻关系"。民法为权利法，学说故此又称相邻关系为"相邻权"。[1]惟因相邻关系制度的功用在于谋求实现不动产相邻各方发生冲突之际的利害关系的衡平调整，[2]故此，舍弃相邻权的称谓而径称"相邻关系"，似能更精准地表明相邻关系制度的本旨。亦即，相邻关系，是指相邻近的不动产所有人或利用人之间，一方所有人或利用人的支配力与他方所有人或利用人的排他力相互冲突时，为调和其冲突以谋共同利益，而由法律直接规定的权利义务关系，其为不动产的法定负担。易言之，相邻各方在对各自所有或使用的不动产行使所有权或使用权时，因相互间依法应当给予对方方便或接受限制而发生的权利义务关系，即是相邻关系。《物权法》第7章采"相邻关系"的称谓，对各类相邻关系设立明文规定。

物权，尤其是所有权，是权利人直接支配标的物并享受其利益的排他性权利。权利主体原则上可对权利客体予以自由占有、使用、收益及处分。但是，于不动产相邻近时，如果不动产所有人或利用人（如建设用地使用权人、土地承包经营权人、宅基地使用权人、地役权人、租赁权人、借用人）皆可绝对自由地排他性地使用其不动产，则相邻各方必然发生纷争与冲突，其结果不仅不能使不动产发挥最大的效益，且因纷争时起也必然会影响到不动产财产权秩序的维持。于

---

[1] 史尚宽：《物权法论》，荣泰印书馆股份有限公司1979年版，第79页。
[2] [日]沢井裕："德国相邻法的基础理论"，载《法学论集》（关西）第9卷第5、6号，第614页。

是，法律乃设相邻关系制度，并据此对不动产相邻各方的利益加以调整，以使不动产得到充分的利用，进而维持整个社会的财产权秩序与经济、社会发展。盖相邻关系制度，其功用系在于扩张一方的所有权或利用权，而限制他方的排除请求权，课以作为或不作为的义务并设补偿制度，以实现当事人双方利益的平衡。

应当指出的是，不动产权利人因相邻关系的法律规定，使其权利内容受有限制的，仅使其负有法定的容忍义务，并非使得受限制的相对人由此而取得一种独立的限制物权。故此，因相邻关系所取得的权利，及其对第三人的效力，均属于法定权利，无须经由登记，即当然存在，与不动产物权经由法律行为设立或变动者不同。并且，此权利由于持续不断发生，故无时效消灭的适用[1]。[2]

现今，相邻关系规范之建构的基本原理有二[3]：（1）相邻关系人间基于邻里和睦（睦邻）的相互关顾义务。相邻关系人就不动产用益的相互尊重，足以提升彼此不动产利用的经济效益，为减少自己的受害即须减少自己的有害活动，对他人不动产使用、收益所生的不利，应为必要的容忍。（2）基于权益行使必须符合公益的原则，调整个人对社会或国家的利益。由此，当代相邻关系规范中不乏涉及社会经济的增进、公共卫生的维护及纷争之预防等内容。

各国家或地区民法最初系以不动产所有权为基础来设计相邻关系制度，但自20世纪以降，尤其是自20世纪六七十年代以来，不仅邻近的不动产所有人间发生相邻关系，而且邻近的不动产利用人间、不动产利用人与不动产所有人间也发生了相邻关系。于是判例学说转变立场，认为早期物权法虽然以不动产所有权为基础来设计相邻关系，但因不动产所有权与利用权的观念现今已然发生变化，故法律设相邻关系制度的旨趣也须随之作相应的调整。亦即，不仅不动产所有权之间应适用相邻关系的规则，且不动产利用权——物权性利用权与债权性利用权之间，以及不动产所有权与不动产利用权之间也都应有相邻关系规则的适用。如今，此理念已为各国物权法学理与立法所接受，认为相邻近不动产的权利人之间皆可适用相邻关系的规定，由此以实现相邻不动产权利人之间的利害关系的调整。

尽管相邻关系传统上主要指的是相邻不动产（尤其是土地）所有权人之间的权利义务关系，但于我国，因实行土地的公有制，故此，相邻关系大都表现为土

---

[1] 《德国民法典》第924条（相邻请求权之无时效性）对此予以明定：相邻请求权，不因时效而消灭。

[2] 郑冠宇：《民法物权》，新学林出版股份有限公司2015年版，第237页。

[3] 谢在全：《民法物权论》（上册），新学林出版股份有限公司2014年版，第189页。

地等不动产具体利用方面的权利义务关系；尽管也有表现为相邻不动产所有人的关系（如住宅所有人之间的关系），但往往更多地表现为土地承包经营权人、建设用地使用权人、宅基地使用权人、建筑物利用权人等具体利用土地或建筑物的人之间的关系。故而，《物权法》对相邻关系的主体遂采用了"不动产权利人"的表述。[1] 此表述，符合新近以来相邻关系制度发展的基本趋势，值得赞同。

二、相邻关系的法性质及与地役权的区别

关于相邻关系规范究为强行性规范抑或任意性规范，学理上存有一定争议。惟各国家或地区实务[2]与立法（政策）皆采强行规范说，对此，我国亦然。盖不动产相邻关系的规范旨趣，不仅在于对相邻不动产权利人之间的利害关系作衡平调整，而且还反映了促进物之利用的社会整体利益。不动产相邻关系中，享有权利的一方，不得抛弃自己所享有的权利，如袋地的所有人或利用人不得抛弃自己得通过周围地（围绕地）以至公路的权利；同时，各不动产权利人如仅注重自己的权利，而不顾他人权利的需求，则必会导致相互权利的冲突，不仅使不动产不能物尽其用，且更有害于社会整体利益和经济。故此，《物权法》遂对相邻不动产权利的行使加以一定程度的介入和干预，以适切调整邻近不动产权利人的利益状况，形成对全体社会有益的法律秩序。其所采的方法为不动产权利内容的限制或扩张。基于相邻关系而享有利益（不动产权利内容受有扩张利益）的，自不因不动产权利主体的变动而受影响；于不动产权利内容受有限制的，为其不动产的物上负担，随该不动产而存在，并不因其权利人的变易而不受拘束[3]。

另外，论及相邻关系的法律性质时，乃需涉及其与地役权的差异。所谓地役权，指以他人的土地供自己土地的方便和利益之用的权利。相邻关系的规范目的与地役权的规范目的相同，即以调节相邻不动产的利用为旨趣。相邻关系与地役权皆有物权效力，故基于相邻关系而享有利益者，固不因其不动产主体的变动而受影响，对于因之而受限制者，系为不动产的物上负担，随该不动产而存在，也

---

[1] 刘家安：《物权法论》，中国政法大学出版社2009年版，第127—128页。

[2] 我国台湾地区实务即系如是。对此，请参见郑冠宇：《民法物权》，新学林出版股份有限公司2015年版，第238页。

[3] 谢在全：《民法物权论》（上册），新学林出版股份有限公司2014年版，第188页。惟该氏认为，相邻关系规范系主要调整相邻关系人间的私权利冲突，尚非强行规定，故此，当事人间仍不妨作不同的约定或予以抛弃，惟此约定或抛弃仅具债的效力，约定当事人间固应受其拘束，而非当事人的第三人（譬如得主张相邻关系通行权土地的受让人），自不应受其拘束。对此，也请参见郑冠宇：《民法物权》，新学林出版股份有限公司2015年版，第238页。

不因其权利人更易而不受拘束，此也为二者的共同点。[1] 另外，从制度的内容看，相邻关系与地役权也有共同点，即它们均系以不动产权利的扩张或限制为其内容。尽管如此，相邻关系与地役权作为两种性质不同的民法制度，仍存在下列区别。

（1）相邻关系系对不动产所有权或利用权的内容的当然扩张或限制，是由法律直接规定的；而地役权则系不动产的所有人或利用人之间依地役权设立合同而约定的对所有权或利用权的扩张或限制，是当事人之间以合致的方式设立的，体现了双方当事人的意思自治。

也就是说，相邻关系乃本于法律所规定的不动产利用关系，系对土地使用关系的法定限制，无须经由约定即当然存在，而地役权则为以他人土地供自己土地的方便和利益之用的权利，系属于对土地使用的约定限制，故而有称相邻关系为法定的地役权（Legalservitut，譬如《法国民法典》第649条以下），而称地役权为约定的相邻关系。[2]

（2）相邻关系不是一种独立的民事权利，更不是一种独立的物权类型，其系对不动产所有权或利用权的扩张或限制；而地役权则是一种独立的民事权利，是《物权法》所定的一种用益物权类型。

（3）相邻关系作为一种物权法上的制度，是法律对相邻不动产的利用作最低限度的调节，对不动产所有权或利用权的限制与扩展的程度较少；而地役权作为当事人双方超越相邻关系的限度而约定的权利义务关系，对土地所有权或利用权的限制与扩展的程度则较大，甚至可以实现最大限度的调节。

（4）相邻关系的发生，以不动产相互邻近为必要，如不动产不相邻近，即不会发生相邻关系；而地役权，即使两个不动产不相邻近，甚至远隔千山万水，也可设立，譬如法定地役权、公共地役权即属之。

（5）相邻关系由法律明定，而地役权虽主要由当事人通过地役权设立合同而设定，但某些场合，为了公共利益的需要，也可设立法定地役权（公共地役权）。

如前述，相邻关系本质上既然为不动产的法定负担，其所生的权利与义务关系乃附着于不动产上，随不动产而存在，不得与不动产权利分离而任意抛弃，并应随之后的移转或受让等情事，而对继受该权利的第三人仍发生效力。[3]

1　谢在全：《民法物权论》（上册），新学林出版股份有限公司2014年版，第191页。
2　郑冠宇：《民法物权》，新学林出版股份有限公司2015年版，第241页。
3　郑冠宇：《民法物权》，新学林出版股份有限公司2015年版，第238页。

（6）地役权的取得既可以是有偿，也可以是无偿，而相邻关系中，当事人行使法律规定的权利时只要不给邻人造成损失，则通常都系无偿。

（7）相邻关系的成立及对抗第三人，无须登记即可当然发生；而地役权的设立，因属于不动产物权的变动，故《物权法》采登记对抗主义。

（8）地役权的设立不仅可将相邻关系的权利独立化（譬如设立通行地役权），也可排除相邻关系的适用，甚或禁止相邻关系所享权利的扩张（譬如设立不得使用邻地的地役权）；相邻关系则无此等功能。[1]

三、相邻关系与建筑法、城市计划法和区域计划法的关联

相邻关系以个别不动产的相互关系为调整对象，以确保各该不动产的妥适利用为目的，性质上属于私法对不动产权利的规范，且仅以个别的相邻不动产为对象，其虽不限于必须直接毗邻，但仍以有相连接关系为必要，范围狭小。另外，相邻关系以不动产的现在利用状况为调整基础，重在目前的妥适利用。而建筑法、城市计划法和区域计划法系规范一定区域内土地或建筑物利用的法律，其通过对相关土地及建筑物的权利予以调整，旨在维持及形成良好的城市或各地区的生活环境，具有对特定空间地域赋予一定秩序的公共目的，性质上系公法对物权（尤其是所有权）的调整，以一定地区的土地及其他不动产为对象，不以邻接者为限，范围特广。其因以规划一定地区的未来发展为其功能，重在塑造将来的城市空间及土地利用秩序，故不受不动产现在的利用状况的拘束。[2]

相邻关系与建筑法、城市计划法和区域计划法，尽管均妥适调整土地及其他不动产的利用，但相邻关系规范的邻接土地，实为建筑法、城市计划法和区域计划法所规范特定地域土地的一部分。一般而言，不动产的利用虽符合建筑法、城市计划法和区域计划法，但并不能因此排除相邻关系的适用。另外，相邻关系规范的适用，也须斟酌建筑法、城市计划法和区域计划法的需求。换言之，相邻关系规范的适用应斟酌社会生活的实际变化，于尽可能的范围内导入符合时代发展需求的不动产利用理念，积极调节不动产的用益，以便能与建筑法、城市计划法和区域计划法相衔接，而建筑法、城市计划法和区域计划法于策定计划时，则宜透过行政程序法的信息公开与听证程序，使个别地域的不动产利用现况及需求得以充分反应。如此即可形成个别的私利益与公共利益皆能兼顾的不动产利用秩序。[3]

---

1   谢在全：《民法物权论》（上册），新学林出版股份有限公司2014年版，第191页。
2   谢在全：《民法物权论》（上册），新学林出版股份有限公司2014年版，第191页。
3   谢在全：《民法物权论》（上册），新学林出版股份有限公司2014年版，第192页。

四、相邻关系的演变

自相邻关系制度肇源至今，其经历了一个漫长的演变过程，演变的轨迹是：由私法的相邻关系到私法与公法的相邻关系，再到私法相邻关系、公法相邻关系与自律法（区分所有权法）的相邻关系并存的格局。

（一）私法（民法）的相邻关系

此时期大抵起自罗马法，止于19世纪末期，是一个比较长的时期。在此时期，因不动产相邻近而发生的相邻关系，主要依民法所定的相邻关系规范加以调整或解决，而无须借助于其他法律规范，如公法规范予以调整和解决。

自罗马法至19世纪末期，是人类社会的被称为水车、风车、磨坊和马车的时代。在此时期，因社会生活相对稳定，社会经济以农牧业为中心，对土地的利用以平面利用为主，故不动产相邻关系也就主要表现为不动产土地之间的相邻关系，反映和调整此种相邻关系的也就主要是作为私法的普通法的民法。于这种相邻关系中，双方当事人的地位具有平等性和互换性，仅依民法的规定即可予以完全调整，故无须公法的介入。民法发展上称此种相邻关系为私法或民法的相邻关系。

（二）私法与公法的相邻关系

此时期肇始于19世纪末、20世纪初，自那时起至现今，各国除了以私法的民法规范对不动产相邻关系予以调整外，尚以大量的具有公法性质的行政规范调整不动产相邻近而发生的权利义务关系。由此，形成私法的相邻关系与公法的相邻关系并存的局面。私法的相邻关系，指由作为私法的民法直接调整和规范的相邻关系。19世纪各国民法典规定的相邻关系皆属之；公法的相邻关系，指由公法直接调整和规范的相邻关系，其中主要指由作为公法的环境保护法、建筑法、城市计划法等直接调整和规范的相邻关系。此等法律具有对特定空间或地域设置一定秩序的公共目的，性质上不仅系公法对不动产权利的调整，而且以规划该地区的未来为旨趣，重在塑造将来的城市空间及土地利用秩序。另外，一些国家的空气污染防治法、水污染防治法、噪音控制法及日影规制条例等，也与土地相邻关系具有密切关联，由此也属于公法的相邻关系。

私法的相邻关系之外复产生公法的相邻关系，自因由而言，是人类社会的生产力与世界城市化进程急遽发展的结果；就立法政策而言，则是国家维护社会公共利益的需要所使然。迈入20世纪以后，因19世纪工业革命的结果，一方面，各主要市场经济国家先后建立起了各自的现代工业部门，并相继进入了工业化、电气化的时期；另一方面，各国也陆续出现了城市化现象，城市人口激增，农村人口减少。城市人口激增造成地价猛涨与住宅缺乏的局面。在此情况下，为了解决城市居民取得住宅与因应产业结构的重大变化，如何使城市中的土地空间获得有效利用，也就成为各国政府于城市建设中面临的重要课题。而要使恒定有限的城市土地提高其用益效率，有效而直接的办法即是对土地进行立体化的利用。土地的立体化利用，导致建筑物向高空方向发展，由此造成高楼林立、蔚为壮观的城市景象。相应地，也就形成建筑物与建筑物于空间关系上彼此邻近的立体的相邻关系。此种立体的相邻关系，如仅依民法上的相邻关系而予规范，显不能有效因应。于是乃透过制定公法规范，来予以调整和规范。之所以如此，系因为此种相邻关系已不仅涉及私益，且也涉及公益，只有透过私法与公法的协力方能有效地予以应对，并且也只有如此，方能形成和谐的城市生活局面。

（三）私法相邻关系、公法相邻关系和自律法（区分所有权法）的相邻关系

当代社会已然形成了私法、公法和自律法（建筑物区分所有权法）三种相邻关系并存的局面。也就是说，对于不动产相邻关系，除以私法和公法规范予以调整外，尚以自律法（如建筑物区分所有权法或公寓法）予以规范。自律法，通常为一种组织程序规范，其规范的目的在于建立有秩序的社会生活，所采取的手段是管理规约为主，法律为辅；受其规范的对象一般为物权人或特定社区的所有成员。[1] 于当代法律体系下，根据建筑物区分所有权法（或公寓法），设立业主管理团体，透过订立管理规约而形成业主之间的权利义务关系，系自律法相邻关系的最具代表的体现。

第二节 相邻关系的类型

不动产相邻关系较为繁杂。尽管《物权法》业已规定了较详尽的相邻关系类型，但其仍然未能涵盖所有应涵括的类型。于本部分中，拟结合《物权法》的规定，论述现今物权法上一些主要的相邻关系类型。

一、土地相邻关系

土地相邻关系，指相邻的土地所有人或利用人之间的权利义务关系。相邻的土地所有人或利用人之间，若各自对自己的土地皆可为任意的自由支配、使用，

---

[1] 苏永钦："相邻关系在民法上的几个问题"，载《法学丛刊》第163期，第25页。

则不免发生利害冲突。法律为了调和此种利害冲突，于是设相邻的土地所有人或利用人间的权利义务关系的规定。其中，有使土地所有人或利用人行使其权利须受一定限制的规定，有注意、不作为、容忍或作为义务的规定；也有使另一方的所有权、利用权扩张，以便可以利用邻地排水、通行、汲水、安设管线或建造修缮的规定，等等。

土地相邻关系的类型主要包括：邻地地基动摇或其他危险的防免的相邻关系、水的相邻关系、邻地使用的相邻关系、建造的邻地使用关系及越界建筑的相邻关系。

（一）邻地地基动摇或其他危险的防免的相邻关系

邻地地基动摇或其他危险的防免的相邻关系，指土地所有人或利用权人挖掘土地或修建建筑物时，不得使邻地地基动摇或使之发生危险，抑或使邻地上的建筑物受到损害。《物权法》第91条规定："不动产权利人挖掘土地、建造建筑物、铺设管线以及安装设备等，不得危及相邻不动产的安全。"域外法上，《瑞士民法典》第685条第1项、《德国民法典》第909条皆设有相类似的规定。

根据以上规定，掘地或进行其他施工活动致邻地上的建筑物或其他工作物有发生危险之虞时，有可能受到损害的一方得依物权请求权而请求防止该危险的发生，或分别不同情况请求停止施工活动或请求排除现实的危险，若因此致邻人于损害时，尚可请求损害赔偿。[1]

另外，有必要提及建筑物危险的防止请求权。《德国民法典》第908条规定：土地因邻地建筑物或其他工作物发生倾倒，或一部脱落的危险，致有受损害之虞者，该土地所有人得对于损害的发生应负责任的人，请求为防止危险的必要预防措施。依据本条，所有人行使的权利，除损害赔偿请求权外，并包括濒临危险的建筑物或工作物除去权。[2]《瑞士债务法》第59条第1项规定："因他人的建筑物或工作物，有受损害之虞时，得请求采取必要措施，以防止发生损害。"应注意的是，依照解释，邻人行使该权利时，不以被请求人有过失为必要，而只需存在现实的危险即可。至于危险是否因该人的过失或不可抗力而生，也非所问。如何防止危险的发生，完全是被请求人的事，请求人不负指明的义务。最后，该防止请求权因以建筑物的危险的存在为前提，于危险未排除前势将继续存在，故其并

---

[1] 史尚宽：《物权法论》，荣泰印书馆股份有限公司1979年版，第83页。

[2] 参见台湾大学法律学院、财团法人台大法学基金会：《德国民法（总则编、债编、物权编）》（上册）（第2版），元照出版有限公司2016年版，第869页。

不因时效的经过而消灭[1]。

(二) 水的相邻关系

《物权法》第 86 条规定:"不动产权利人应当为相邻权利人用水、排水提供必要的便利。对自然流水的利用,应当在不动产的相邻权利人之间合理分配。对自然流水的排放,应当尊重自然流向。"具体而言,此类相邻关系,乃涵括下列内容。

1. 相邻用水关系

水流可分为地上水与地下水两种。无论是地上水抑或地下水,水源地、井、沟渠或者其他水流地的权利人,皆可自由使用其土地上的水。惟不得因利用水流而妨碍邻人的用水利益(譬如于自己土地上掘井而使邻人的井泉水位下降甚至干涸)。易言之,水源地等的所有人或利用人不得垄断对水的使用权,应允许相邻各方使用,并不得因自己利用水流而致邻人用水利益遭受妨害。并且,相邻各方不得为一己的利益而乱开凿水井、破坏原有水源。因开凿水井致邻人水井的水位下降或干涸的,应恢复原状,造成损害的应予赔偿。另外,相邻各方利用同一自然水流时,应尊重其自然形成的流向,按由近至远、由高至低的原则,共同使用,依次灌溉。任何一方皆不得为自身利益而任意改变水路、截阻水流、独占水流。一方擅自改变、堵截或独占自然水流而影响他方正常生产活动的,他方有权请求排除妨碍,造成损害的,尚有权请求赔偿。

2. 相邻排水关系

(1) 自然排水。相邻排水关系,涵括相邻自然排水和人工排水两种。高地所有人或利用人有向低地排水的权利,低地所有人或利用人负有让高地排水的义务。惟因排放的水系自然流水抑或人工流水的不同,低地所有人或利用人承受排放的水的义务也有所差异。未施以人工的流水为自然流水,如雨水、泉水、雨雪等;与此不同,施以了人工的流水则为人工流水,如排放蓄水工程中的水和工业废水等。由于水有就下的属性,故在自然流水,低地所有人或利用人通常应负容忍义务,学说称为"承水义务";[2] 与此相应,高地所有人或利用人由此享有"排水权"。依学理,此"承水义务"性质上为不作为义务,如高地的水流至自己所有或利用的土地而受阻碍时,低地的人不负疏通义务。低地所有人或利用人违反

---

[1] 史尚宽:《物权法论》,荣泰印书馆股份有限公司 1979 年版,第 83 页。

[2] 通常场合,负"承水义务"者,仅为低地的所有人或利用人。但于某些场合,高地的所有人或利用人也负有该义务。如因潮水上升,水由低地逆流至高地时,高地的所有人或利用人即负有"承水义务"。对此,请参见史尚宽:《物权法论》,荣泰印书馆股份有限公司 1979 年版,第 87 页。

"承水义务",或设置防堵水流的工作物时,高地所有人或利用人可请求损害赔偿或请求除去堵塞的工作物。[1] 低地所有人或利用人因对自然流水不负疏通义务,故水流因故于低地阻塞时,高地所有人或利用人即有以自己的费用而为必要的疏通工事的权利,学说称为高地所有人或利用人的疏通权。当然,疏通费用的负担,有习惯的,应依习惯。[2]

(2) 人工排水。土地所有人或利用人进行人工排水时,原则上并无使用邻地的权利。土地所有人或利用人也不得设置屋檐、工作物或其他设备(如空调排除的水滴、抽油烟机排除的油滴,直注于相邻不动产),使自己不动产上的雨水直注于邻近的他人的不动产上。但作为例外,当代各国民法又有条件地承认进行人工排水时,高地所有人或利用人有使水流通过低地的权利,称为"过水权"。例如《日本民法》第220条、《意大利民法典》第609条、第610条和我国台湾地区"民法"第779条规定:高地所有人或利用人因使浸水的土地干涸,或排泄家用、农用或工业用废水至河渠或沟道时,享有通过低地的权利。但衡诸诚实信用原则,高地的人应选择对低地损害最小的处所和方法为之,并对低地权利人所受的损害做出补偿。

(三) 邻地利用的相邻关系

1. 相邻必要通行权

《物权法》第87条规定:"不动产权利人对相邻权利人因通行等必须利用其土地的,应当提供必要的便利。"此即相邻必要通行权。《日本民法》第210条称为"围绕地通行权""邻地通行权",《德国民法典》第917条、《瑞士民法典》第694条1项称为"必要通路权",台湾地区"民法"第787条称为"袋地通行权"或"必要通行权"[3]。

相邻必要通行权的成立,须具备下列要件:

(1) 土地与公共道路无适宜的联络。其中,绝对不通公路的土地称为袋地,通行困难的土地称为准袋地。土地与公路无适宜的联络,涵括3种情形:一是土地四周皆不通公路(袋地);二是土地与公共道路之间高低悬殊,不能直达公共

---

[1] 史尚宽:《物权法论》,荣泰印书馆股份有限公司1979年版,第87页。

[2] 参见《法国民法典》第640条、《瑞士民法典》第690条、《日本民法》第215条及我国台湾地区"民法"第778条。

[3] 惟姚瑞光认为,我国台湾地区"民法"关于必要通行权的规定与《日本民法》第210条的规定并不相同,故不能依日本学者的解释而称为"袋地通行权"或"准袋地通行权",进而也应摈弃袋地、准袋地的观念。对此,请参见姚瑞光:《民法物权论》,海宇文化事业有限公司1999年版,第86页。

道路（准袋地）；三是虽有他道可通公路，但需要的费用过大、具有危险或十分不便（准袋地）。譬如，须爬越危崖，航经湍流（准袋地）等。此三类情形的发生，无论出于天灾（自然因素）或人力，系暂时的抑或具有继续性，皆非所问。

（2）须土地通常的利用所必要。即邻地通行权的行使，须是为了土地的通常的利用所必要。判断是否系土地的通常的利用所必要，除应考虑土地的位置、面积、形状、地势等因素外，尚应考虑土地的用途。如被围绕地虽有田埂可以出入，但还须考虑肥料与收获物的搬运有无困难。另外，对于土地用途的考虑，应以合法的利用为限，如将土地作违法使用，则不得主张必要通行权。

（3）须非土地所有人或利用人的任意行为所致。土地与公路无适宜的联络系因土地所有人或利用人的任意行为（willkürliche Handlung）所致的，该土地所有人或利用人不得主张必要通行权。所谓任意行为，系指于土地通常使用情形下，因土地权利人自行排出或阻断土地对公路的适宜联络。譬如，土地所有人或利用人任意破坏原有的桥梁、渡口、堤坝、通道、道路，抛弃邻地上原有的其他通行权而致土地与公路无适当的通路的，即不得主张此通行权。再如，自行拆除桥梁或建筑围墙致使土地不能对外为适宜联络的，亦然。不过，土地的通常使用，系因法律的变更或其他客观情事变更，致土地权利人须通行周围地的，则不属之[1]。

另外，在比较实务上，甲承租乙的 A 地，A 地与公路原有联络，后来甲与乙约定缩减承租土地面积，致承租的土地成为袋地，而与公路无适宜的联络，如甲请求通行丙的 B 地，以至公路，应无理由，盖甲系以任意行为排除对公路的适宜联络，应自己承受该后果。[2] 共有人如就共有的土地协议分区分管，而有共有人的分管部分，须穿越其他共有人的分管部分以至公路，形同袋地时，也系因为任意行为（分管契约）所造成，应自己承受后果，自行解决问题，不得通行周围地。[3]

具备以上要件，土地所有人或利用人即可通行周围地以至公路。必要时，通行权人还可开设道路。惟无论采取何种方式通至公路，通行权人均应选择对周围地损害最小的处所及方法为之；同时，为了衡平通行权人与周围地所有人或利用人之间的利益关系，贯彻民法公平正义与对等正义观念，通行权人因通行或开设道路致周围地于损害的，应支付补偿金。

应注意的是，所谓偿金，系属于补偿的性质，而非使用土地的对价，故使用

---

[1] 陈荣传：《民法物权实用要义》，五南图书出版股份有限公司 2014 年版，第 39 页。
[2] 参见我国台湾地区"最高法院"2014 年台上字第 505 号判决。
[3] 陈荣传：《民法物权实用要义》，五南图书出版股份有限公司 2014 年版，第 39 页。

人即使未给付偿金，土地权利人也仅能依债务不履行的规定请求给付，而不能拒绝其使用土地。但使用邻地余水权，则为使用土地的对价，对于未支付偿金而请求给予余之水的土地权利人，邻地权利人可主张同时履行抗辩权。另外，偿金性质上也非属侵权行为的损害赔偿，故不以具有故意或过失为必要。[1]

2. 相邻管线铺设

《物权法》第88条规定："不动产权利人因建造、修缮建筑物以及铺设电线、电缆、水管、暖气和燃气管线等必须利用相邻土地、建筑物的，该土地、建筑物的权利人应当提供必要的便利。"此即相邻管线铺设。学说从权利的角度又称为"管线安设权""导引权"[2]或"通过权"，指土地所有人或利用人非通过他人土地或建筑物，不能铺设电线、水管、煤气管、暖气管线、下水道、电缆，或虽能铺设而所需费用过巨无法承受时，可通过他人土地或建筑物的上下而予铺设。但本于诚实信用原则与民法对等正义原则，管线铺设人应选择对邻人损害最小（譬如凡能在地下铺设的，就不能在地上铺设）的线路和方法为之，并应支付补偿金；铺设管线后，若情事发生变更的，管线的铺设人可请求变更铺设，称为"管线铺设人的变更请求权"。所谓情事发生变更，指管线铺设后，其铺设原因或线路已有变更或土地、建筑物所有人、利用人的土地或建筑物的利用状况已有变更。因铺设管线造成邻人损失的，应予赔偿。另外，管线铺设人对其铺设的管线负有防止发生损害的义务，因铺设管线致人损害的，管线铺设人应承担损害赔偿责任，其责任的性质，系一种侵权行为责任。

3. 因建造原因的利用

因建造的原因而使用邻地，又称邻地使用权，指土地所有人或利用人于疆界或疆界线附近建造或修缮建筑物而须使用邻地（如临时堆放建筑材料等）时，邻地所有人或利用人负有容忍其使用自己的土地的义务。于民法发展上，因建造原因而利用邻地的制度系由德国普通法所创设。《德国民法典》虽未明文规定此制度，但其民法典施行法以及学说、判例均承认该制度。另外，《意大利民法典》《瑞士民法典》和《日本民法》明文规定该制度。我国《物权法》第88条肯认了因建造原因而利用邻地的权利。

通常而言，具备下列要件时，土地所有人或利用人可对邻人的土地享有邻地使用权：（1）须在土地疆界或疆界线的附近修缮建筑物；（2）须有使用邻人土地

---

[1] 郑冠宇：《民法物权》，新学林出版股份有限公司2015年版，第240—241页。
[2] 史尚宽：《物权法论》，荣泰印书馆股份有限公司1979年版，第91页。

的必要，即不使用邻地，就不能完成建筑物的建造或建筑物的修缮。邻地所有人或利用人因使用邻地而致相邻的土地所有人或利用人于损害时，受损害的土地所有人或利用人得请求支付补偿金。

（四）越界的相邻关系

1. 越界建筑（Überbau）

当代物权法认为，相邻一方于地界一侧修筑建筑物时，应与地界线保持适当的距离，不得越界侵占对方的土地。相邻一方逾越地界建筑房屋的，另一方有权依物权请求权而予排除，造成损害的，可请求赔偿。惟邻地所有人或利用人如知其越界而不即时提出异议的，则不仅不得请求除去或变更建筑物，且还负有容忍邻人使用其土地的义务。所谓不即时提出异议，非指"立即""即刻"提出异议，而仅指邻地所有人或利用人知悉越界情况后，依一般社会观念，于提出异议所需的相当时间内提出异议。该异议，应向有受领异议权的人即土地所有人或利用人为之。[1] 邻地如为按份共有或共同共有的，因提出异议属于保存权利的行为，故一人提出异议，即属有效。此外，为了补偿越界建筑中相邻方因忍受邻人使用其土地而受到的不利益，又通常赋予其如下权利。

（1）土地购买请求权。相邻一方提出相当的价格，请求越界建筑一方购买越界部分的土地的，越界建筑一方不得拒绝。亦即，越界建筑的土地权利人，于邻地权利人请求购买时，负有购买义务。当然，当事人双方不以购买的方式处理越界部分的土地，而协议以其他方式（如出租）处理土地的，也并无不可。

（2）损害赔偿请求权。因越界建筑属于侵权行为，法律通常仅因顾及社会经济的整体利益才规定相邻一方负有容忍义务。故相邻一方如因邻人的越界而遭受损害的，仍可请求损害赔偿。该损害赔偿请求权于我国台湾地区"法"上可与土地购买请求权合并行使。

2. 竹木根枝的越界

当代物权法认为，相邻一方于地界一侧栽培竹木时，应与地界线保持适当的距离，以预防竹木根枝越界侵入对方土地。邻地竹木的根枝或根部逾越疆界线而侵入邻人的土地时，邻人可以向竹木所有人请求于适当期间内剪除、截取之，竹木所有人逾期不剪除的，邻人可以自行剪除、截取越界的根枝。

3. 果实越界（果实自落于邻地）

红杏出墙，事所恒有，果熟自落，实属平常。于物权法的发展上，关于如何

---

[1] 姚瑞光：《民法物权论》，海宇文化事业有限公司1999年版，第94页。

处理果实自落于邻地，曾历经变迁。罗马《十二铜表法》规定，果实自落于邻地者，3日以内其所有人可自由拾取；3日之后则归邻地所有人所有。此立法例为德国普通法所继受。[1]《德国民法典》第911条规定：从树木或灌木自落于邻地的果实，视为邻地的果实，但邻地为公用地的，则归果实所有人所有。瑞士、法国民法与德国民法的规定稍有不同。《瑞士民法典》第687条第2项规定：土地所有人容忍邻地的树枝越界进入其有建筑物或植物的土地的，有权取得树枝上的孳息（果实）。《法国民法典》第673条第1项规定：逾越邻地自落的果实，归他方相邻人所有。

我国台湾地区"民法"关于果实自落于邻地的规定系仿德国民法。其第798条规定："果实自落于邻地者，视为属于邻地所有人，但邻地为公用地者，不在此限。"依解释，所谓"邻地"，包括相邻的田园、水路，但无须直接毗邻；所谓"自落"，指果实因风吹或成熟而自然坠落；另外，因他人摇动果树（如果树被车撞倒）致果实落地的，解释上也属自落。当然，邻地所有人或利用人自己或指使他人摇动果树而致果实落地的，则不得认为系"自落"。[2]

（五）侵入地内的禁止与容忍[3]

土地权利人基于排除不法干涉的权能，原则上得禁止他人侵入其地内。但如有下列情形的，即须容忍之：（1）他人有通行权的；（2）依照当地习惯，任他人入其未设围障的田地、牧场、山林刈取杂草，采取枯枝、枯干或采集野生物，或放牧牲畜的。另外，土地权利人遇他人的物品或动物偶至其地内的，也应允许该物品或动物的占有人或所有人入其地内寻查取回。土地权利人如因此受有损害的，可请求赔偿，于未受赔偿前，可留置其物品或动物。

二、建筑物相邻关系

（一）概要

建筑物相邻关系，指相邻近的建筑物所有人或利用人之间，建筑物所有人或利用人与邻近的土地所有人或利用人之间，以及一栋建筑物内彼此邻近的住宅所有人、利用人之间，一方所有人或利用人的支配力与相邻方所有人或利用人的排他力相互冲突时，为调节其冲突以谋共同利益，而由法律直接规定的权利义务关系。

---

[1] 王泽鉴：《民法物权1》（通则·所有权），中国政法大学出版社2001年版，第234页。

[2] 王泽鉴：《民法物权1》（通则·所有权），中国政法大学出版社2001年版，第192页；史尚宽：《物权法论》，荣泰印书馆股份有限公司1979年版，第106页。

[3] 陈荣传：《民法物权实用要义》，五南图书出版股份有限公司2014年版，第43页。

建筑物相邻关系主要涵括如下 3 类：（1）一栋建筑物（如区分所有建筑物）内，因各所有人或利用人的住宅单元彼此邻接而发生的相邻关系，又称"建筑物内相邻关系"，以区分所有建筑物相邻关系最具代表性；（2）相邻近的建筑物所有人或利用人之间，因各自的建筑物彼此邻近而发生的相邻关系；（3）建筑物所有人、利用人与邻近的土地所有人、利用人之间，因建筑物与土地相邻近而发生的相邻关系。

从相邻关系的发展、演进看，系先有土地相邻关系，后有建筑物相邻关系，如今已然形成二者并存的局面。而建筑物相邻关系，是较土地相邻关系更复杂的一类相邻关系，其系 20 世纪肇始以后，尤其是 20 世纪六七十年代以来各国工业文明迅猛发展，城市环境恶化和土地高度立体化利用的结果。此种相邻关系，一方面扩充了不动产相邻关系的内容，另一方面也向传统的相邻关系法理提出了挑战。故此，在当代各国，如何有效地规范此类相邻关系，系各国家或地区物权立法与学理面临的共通课题。

需指出的是，由于各国社会背景、经济结构和法律传统的不同，故而对建筑物相邻关系，譬如日照妨害（采光妨害）、电信妨害、通风妨害、风害、观瞻妨害（眺望妨害）、压迫感（威压感）、光的反射所生的侵害，以及煤气、噪音、振动、臭气等，也就采取了不同的规制办法。归结起来，主要有制定法与非制定法两种方式。德国法与瑞士法采制定法的方式，以其民法典的不可量物侵害制度予以调整；英美法国家与大陆法系的法国和日本，则采非制定法方式，以透过判例学说的长期阐发而形成的"安居妨害""近邻妨害"及"忍受限度论"予以调整。至于区分所有建筑物的业主之间的相邻关系，各国家或地区大多以建筑物区分所有权法予以调整。

（二）通风、采光和日照的相邻关系

《物权法》第 89 条规定："建造建筑物，不得违反国家有关工程建设标准，妨碍相邻建筑物的通风、采光和日照。"就建筑物的所有人而言，获得适当的通风、光线和日照是其在不动产上的重要利益，而且也是保持其生活品质的必要因素。于当代城市土地资源日益稀缺，高层建筑日益增多，建筑物之间的距离较以往缩小的情况下，确保建筑物的所有人获得适当的通风、采光和日照，实具有十分重要的价值与意义。

通风、采光和日照的相邻关系的内容主要涵括两个方面：一是不动产权利人建造建筑物时，不得妨碍相邻建筑物的通风、采光和日照。若邻近的土地权利人因建筑等原因影响其建筑物的通风、采光和日照,[1]则其有权要求予以禁止。二是不动产权利人建造建筑物时,不得违反国家有关工程建设标准,譬如住房和城乡建设部分别于 2001 年、2002 年颁布的《建筑采光设计标准》《城市居住区规划设计规范》和《工程建设标准强制性条文》等所定的标准。违反这些法律文件所定的标准建造建筑物,致妨碍相邻建筑物的通风、采光和日照的,相邻他方有权请求停止侵害、回复原状,造成损失的,尚可请求损害赔偿;如建筑物尚在建造中的,相邻不动产权利人有权主张停止建造或予以拆除。

当然,为充分利用稀缺的土地资源,建筑物所有人获得通风、采光和日照的权利也仅被局限于适当和必要的限度内。若建筑物所有人需要获得更佳的居住条件,可与邻近不动产权利人订立地役权(不动产役权)合同,设立以通风、采光或者日照等为内容的地役权(不动产役权)。[2]

(三) 固体污染物、不可量物侵入的相邻关系

《物权法》第 90 条规定:"不动产权利人不得违反国家规定弃置固体废物,排放大气污染物、水污染物、噪声、光、电磁波辐射等有害物质。"据此规定,对不可量物的侵入,法律并非完全禁止,而是区分情况,若违反了国家规定,即产生法律责任,反之则否;另外,依解释,如果不可量物的侵入轻微,或依不动产的坐落情况等符合习惯的,则不动产权利人有容忍的义务。所谓轻微,是指未造成严重损害,例如邻居在白天演奏乐器发出声响;所谓依不动产坐落情况符合习惯的情形,典型者是,不动产位于高速公路旁,故其权利人不得不容忍一定的噪声、废气等不可量物侵入。[3]

在域外比较法上,不可量物侵害,为《德国民法典》中的重要概念,指噪音、煤烟、振动、臭气、尘埃、放射性等不可量物质侵入邻地造成的干扰性妨害或损害,性质上属于物权法相邻关系之一种类型。[4]我国《物权法》效仿德、瑞民法的做法,将不可量物侵入的相邻关系纳入其中而予规定,立法论上值得赞同。

在英美法上,与德国、瑞士和我国《物权法》不可量物侵入的相邻关系相当的制度为"安居妨害"或"不法妨害"或"权益妨害"。据此制度,各种不法妨害他人享有的与土地有关的权利的行为皆为安居妨害行为,其性质属于侵权行为

---

1 在域外比较法上,日本(实务)通常认为,12 月 22 日冬至这天,建筑物上应有 4 个小时的日照,而我国则认为是 2 个小时。

2 刘家安:《物权法论》,中国政法大学出版社 2009 年版,第 131 页。

3 刘家安:《物权法论》,中国政法大学出版社 2009 年版,第 131—132 页。

4 [日] 沢井裕:《公害的私法研究》,一粒社 1969 年版,第 4 页。

之一种。因英美法无物权请求权制度，故不可量物的侵入，通常被归入侵权行为中，其法律效果以损害赔偿为中心。[1]《法国民法典》对煤烟、振动、噪音等不可量物的侵入未作规定，后经判例学说的协力，形成了规范相邻建筑物间、建筑物与土地间，以及土地与土地间所生的不可量物侵害的一般规则，称为"近邻妨害法理"。依此法理，引起"近邻妨害责任"的惟一的实质要件，是发生损害的"异常性"或"过度性"。具体而言，于一方致另一方的损害超越了近邻关系的通常的忍受义务的限度时，加害一方即应承担法律责任，至于其主观上是否有过错，则非所问。故此，法国近邻妨害责任，实质上是一种无过错的侵权行为责任。

《德国民法典》将不可量物侵入的相邻关系规定于第906条。依解释，所谓"不可量物"，系指煤气、蒸气、臭气、烟、煤烟子、热、噪音、振动以及从另一块土地发出的类似干涉的侵入。又所谓"类似的干涉的侵入"，一如热（能）、噪音、冷气、闪光、电流等，指因能量（能源）的侵入而引起的侵害。另外，与空气混合后的气体（如碳酸气体），和像灰尘那样的体积非常小的固体（如尘垢、尘埃、火花和小石头）所生的侵入，亦属之。[2] 本来，土地所有人，对于来自于邻地的不可量物侵入，得基于所有权的妨害排除请求权而予排除、禁止，但为了邻人间的和平、安宁，特别是为了维持"相邻共同体关系"的存续，其第906条规定，不可量物的侵入不损害邻地的利用，或者虽然有所损害，但程度轻微并不显著的，即仅是"轻微损害"，[3] 土地所有人须予忍受。并且，即使达到显著损害土地的利用的程度，[4] 若此为土地所有人依土地的地方上的惯行的利用所引起，且不

---

[1] ［日］沢井裕：《公害的私法研究》，一粒社1969年版，第4页。

[2] ［日］村上淳一等编：《德国法讲义》，青林书院新社1974年版，第196页；［日］山田晟：《德国法概论》，有斐阁1987年版，第213页。

[3] 关于"轻微损害"的判定，1994年修订后的第906条设有明文，即指根据规定查明和估算的侵入（或干涉）未超出法律或者法令确定的极限值或标准值。而且，此同样适用于根据《德国联邦公害防止法》第48条颁布并反映技术水平的一般行政规定中的数值。对此，请参见陈卫佐译注：《德国民法典》，法律出版社2010年版，第328页。

[4] 关于何为"对土地构成显著的损害或侵害"，系依客观标准加以认定。所谓"客观标准"，指超过"正常普通人（normaler Durchschnittsmensch）可忍受的限度"（Erträglichkeit des normalen Dutchschnittsmenschen）（相当于日本的"忍受限度论"），而与土地所有人的个人特殊情况无涉。一般而言，土地所有人未依地方习惯，而任意使用土地的，其侵害不具重大性。就特殊情形而言，第一，邻地音响等造成的侵害，对罹患神经衰弱的土地所有人不致形成重大侵害，但对于精神病院所在地的同类侵害，则可构成重大侵害；第二，如因邻地音响等致土地上的房屋无从出租的，可认为构成重大侵害；第三，因邻地的烟、煤等造成的干扰，致使土地上的温泉、旅馆不能出租给疗养的旅客的，可认为构成重大侵害。对此，参见梅仲协等译：《德国民法》（条文）第906条之注释，台湾大学法律学研究所编译1965年印行。

能于经济上采取可期待的措施加以阻止的,也须忍受。[1]并且,第906条第2项第2句规定:土地所有人因而应忍受侵入(干扰)的,可请求邻地的利用人以金钱为相当的补偿,但以自己土地的地方惯行利用或其收益,因侵入(妨害)而造成超过一般预期程度的损害(干扰)者为限。至于透过设置特殊的管道侵入邻地的,乃系当然不允许(第3项)。

《日本民法》对不可量物侵入的相邻关系未作规定。但自20世纪60年代起,伴随日本经济的发展,不可量物侵害乃持续地发生。于是,经由判例学说的协力,形成了规范此类相邻关系的"忍受限度论",其认为判定是否构成不可量物侵害应依下列诸因素综合确定:(1)遭受侵害的利益的性质和程度。譬如对不动产的侵害、对人体的侵害、生活上的不便或对营业的侵害。(2)地域性。譬如双方当事人系居住于田园地区抑或大城市,或者居住于同一个城市的不同地区,如系商业区抑或居住区、生活区。(3)加害人是否事前通知了受害人。(4)土地利用的先后关系。(5)加害人方面是否采取了最好的防止方法或相应的防止措施。(6)加害人方面所从事的活动的社会价值与必要性。(7)受害人方面的特殊情况,如受害人系作曲家、老人或孩童。(8)加害人方面的活动是否获得了有关部门的许可。(9)加害人方面是否遵守了特定的规章。[2]

---

[1] [日]村上淳一等编:《德国法讲义》,青林书院新社1974年版,第196页;[日]山田晟:《德国法概论》,有斐阁1987年版,第212页。

[2] 此理论的倡导者系野村好弘和加藤一郎。对此,请参见加藤一郎编:《公害法的生成与展开》。此处系转引自铃木禄弥:《债权法讲义》(第2版),创文社1992年版,第60页。

第十一章

动产所有权

当代物权法之界分动产与不动产的因由之一,是不动产主要依法律行为而取得其所有权,而动产除可依法律行为取得其所有权外,尚可依事实行为的原始取得方法取得其所有权。并且,基于法律行为取得动产所有权,与基于法律行为取得不动产所有权,于实质上并无不同,二者仅存在些许差异:前者以交付——占有的移转——作为所有权变动的要件,而后者则以登记作为所有权变动的要件。可见,得真正界分不动产与动产于取得原因上的差异的,是动产得因善意取得、遗失物拾得、埋藏物发现、添附及无主物的先占等特殊方式取得其所有权;而不动产则通常不得透过此等方式取得其所有权(惟依《物权法》第106条,不动产也可善意取得,系为例外)。正是此点,使当代各国家或地区物权法大都将动产所有权予以集中规定。譬如《德国民法典》将动产所有权规定于其物权编的第3章第3节,《瑞士民法典》也专设"动产所有权"一章(第20章),《日本民法》将动产所有权规定于第3章第2节的"所有权的取得"中,我国台湾地区"民法"仿《瑞士民法典》立法成例,也设专章规定"动产所有权"(第3编第2章)。我国《物权法》第9章"所有权取得的特别规定",即是对所有权(尤其是动产所有权)非基于法律行为的原始取得的几种方式的规定,由此,本章即以"动产所有权"为章名而予以论述。

第一节 善意取得

一、善意取得的涵义与肇源

善意取得,又称"即时取得",《物权法》第106条设其规定,其涵义系指出让人与受让人间,以移转标的物的所有权或其他物权为目的而为不动产的移转登记或者动产的交付,即使出让人无移转所有权或其他物权的权利,于受让人为善意时仍可由其取得标的物的所有权或其他物权的制度,[1]涵括不动产的善意取得与动产的善意取得。应注意的是,《物权法》此第 106 条规定的重点,是在"让与人无移转所有权的权利"的情形下,受让人即不得藉"让与的效力"取得所有权,但仍可借"占有的效力"取得所有权。[2]惟《物权法》将此两种具有不同要件、不同功能的善意取得制度作一并规定,立法论上颇值检视,且也给《物权法》的解释论带来了困难,编纂民法典物权编时应予修正,即分别明定此两种不同的由非所有权人处取得所有权或其他物权的制度。

善意取得,为大陆法系与英美法系民法的一项重要制度,其关涉财产所有权的静的安全与财产交易的动的安全的保护两个方面。自保护所有权的视角看,财产所有权不能因他人的无权处分而消灭,所有人可向受让人请求返还其物的所有权,受让人应向转让人依法律关系(买卖、互易、赠与)寻求救济。但是,若绝对贯彻此所有权的保护原则,则交易活动必受影响。于市场或商店购物,对出让人占有其物的信赖若不予保护,则购物者人人自危,恐遭不测损害,交易势必难以进行下去,甚或造成人人惮于交易;由购物者去查知出让人是否为所有人、有无处分权,交易成本甚大。可见,财产所有权的保护(财产所有权的静的安全)与财产交易的动的安全这两个利益必须妥协,期能兼顾。

于罗马法时代,因实行绝对的所有权制度,故"无论何人不能将大于自己所有的权利让与他人",及"余发现余物,余即收回"的法理或规则,贯彻到了动产与不动产的全部交易领域中。其结果,有罗马法一代,法律始终不知善意取得为何物。[3]买受人即使善意地取得无权处分人出卖的标的物,也不能取得其所有权,丧失标的物的原所有人可基于所有物返还请求权,请求取得人返还其物。

当代各国家或地区物权法的善意取得制度系以日耳曼法的"应以手护手"(Hand muss Hand wahren)原则[4]为其嚆矢。[5]按照"应以手护手"原则,任意将

---

[1] 刘家安:《物权法论》,中国政法大学出版社 2009 年版,第 112 页。

[2] 陈荣传:《民法物权实用要义》,五南图书出版股份有限公司 2014 年版,第 55 页。

[3] 罗马法古典时期,虽然承认动产的 1 年的短期取得时效,但其并不在于保护动产交易的安全。参见[日]川岛武宜编集:《注释民法》(7),有斐阁 1968 年版,第 82 页。

[4] 德国民法因此原则上不承认盗赃物的善意取得(《德国民法典》第 935 条),非干净之手,自无法保护其后手之洁净。故此又有德国谚语谓:"将汝信任放置之处,即汝寻回之所。"对此,请参见郑冠宇:《民法物权》,新学林出版股份有限公司 2015 年版,第 113 页注释 62。

[5] 在 Hand muss Hand wahren 中,第一个"Hand"为受交付者的"手",第二个"Hand"的涵义究竟为交付者的"手"抑或受交付者的"手",不很清楚。但自善意取得的内容与该格言的整体意义看,其涵义应当是:"让与并交付动产者,应保护受让与人——受交付者"。对此,请参见姚瑞光:《民法物权论》,海宇文化事业有限公司 1999 年版,第 104 页注释 2。

自己的动产交付给他人者,仅能向该他人请求返还,若该他人将动产让与给第三人,则仅可对该他人请求损害赔偿,而不得向第三人请求返还其动产的所有权。其因由在于:日耳曼法实行占有与本权合一的占有(Gewere)制度,占有动产者,推定其为动产的权利人(占有为权利的"外衣"),而对动产享有权利者,也须透过占有标的物来加以表现。故受让占有者可取得其权利,有权利者于未占有标的物前,其权利的效力会减弱。动产所有人既然以自己的意思将动产交付给他人占有,其对动产权利的效力由此而减弱,故而占有人将动产让与给第三人时,动产的原所有人也就无权请求该第三人返还其动产所有权。法国法受日耳曼法 Gewere(占有)制度的影响,也认为"对动产无追及权(效力)"。之后商业日益发达,商品交易渐次频繁,罗马法的所有权无限制追及力原则妨碍交易安全,亟需加以限制。进而日耳曼法的追及权效力限制的原则受到重视,一方面将之纳入到时效取得制度中使对物为继续占有的人得取得其所有权,另一方面重视占有的公信力于交易安全中所具有的保护功用,使第三人因信赖占有而从事交易行为(Verkehrsgeschäft)的,即能取得其权利。近现代及当代意义的善意取得制度由此诞生,之后相继为各国和地区民法所采取。[1]

二、善意取得的"极端法"与"中间法"立场

近现代及当代各国家或地区物权法对于善意取得的立场,可分为"中间法"与"极端法"的立场,分述如下。

(一)"极端法"立场

又分为极端否定善意取得的立场,与极端肯定善意取得的立场。代表前一立场的是以北欧地区的挪威和丹麦为首的立法,代表后一立场的是以 1942 年《意大利民法典》为首的立法。

于法制发展上,18 世纪以前的挪威与丹麦各国,因一直奉行日耳曼法的"应以手护手"原则,故在此时期中,动产善意取得事实上获得了承认。18 世纪以降,因社会情事的变化,罗马法"无论何人不得将大于自己所有的权利让与他人"的原则于交易实践中流布开来,此前的"应以手护手"原则式微。此种状况历时二百余年,以至今日。故此,于现今的挪威、丹麦,除例外地承认善意取得外,通常皆不认可善意取得,动产所有人对于丧失占有的动产保有无限的追及(效)力。此外,于葡萄牙和南美洲的一些国家(阿根廷除外),原则上也不认可

---

[1] 谢在全:《民法物权论》(上册),新学林出版股份有限公司 2014 年版,第 290 页。

善意取得。

与挪威、丹麦等原则上不承认善意取得不同，1942年《意大利民法典》则采取了另一种极端立场：无限制地认可善意取得。按照该民法第1153条至1157条的规定，无论受让人有偿取得动产或无偿取得动产，也不问取得的动产系占有委托物抑或占有脱离物，皆可发生善意取得。毋庸置疑，此系一种善意取得的极端法立场。对此立场，有人指出，其只有于1942年意大利法西斯主义甚嚣尘上、不可一世的特殊背景下方有可能存在。应当肯定，此种极端法的善意取得立场与人们的一般交易感情系不相符。[1]

（二）"中间法"立场

在是否承认善意取得上，如果对善意取得人与原权利人的利害关系予以衡平考量，则形成善意取得的中间法立场。此种立场，系介于极端肯定与极端否定善意取得之间的一种折中立场。其界分标的物之为"占有脱离物"或"占有委托物"的不同而分别定其得否发生善意取得的效果。占有脱离物，原则上不认可发生善意取得；而占有委托物，则原则上认可发生善意取得。所谓占有脱离物，指非出于动产所有人的意思而丧失占有的物，譬如被盗之物、被抢夺之物、拾得的物、误取物、遗忘物等皆属之；所谓占有委托物，指出于动产所有人的意思（本心）而丧失占有的物，譬如借用物、保管物、加工承揽物等即属之。

如前述，法律需要保护的安全可大别为两种：财产所有权的静的安全与财产交易的动的安全。对此两种安全皆一视同仁地加以保护，系法律的基本任务。一般场合，法律皆能较好地实现对二者的保护。惟于善意取得的场合，法律对此两种安全的保护，却始终不能兼顾。善意取得之承认，表明法律于总体上系采取了牺牲财产所有权的静的安全而保护财产交易的动的安全的立场。亦即，系以牺牲真正的财产所有人的财产所有权为代价来保护受让人之取得财产的所有权。但是，自法学与经济学的角度看，对财产所有权的保护无论何时、何地都具重要的意义。盖财产所有权系市场经济的基础和前提，若对其静的安全的保护不能做到，则对财产所有权的归属秩序的保护就无从谈起。由此，是否承认财产交易的善意取得，即成为权衡两个财产价值孰轻孰重的问题，学理上称为静的安全与动的安全之分配。偏重后者，善意取得的范围将十分广泛，甚至不受限制；偏重前者，善意取得的范围则会变得狭窄，甚至为零。前述"极端法立场"与"中间法立场"，正是立法政策对"静的安全"与"动的安全"予以权衡和分配的结果。

---

[1] ［日］川岛武宜编集：《注释民法》(7)，有斐阁1985年版，第89页。

其中,"中间法立场"属于一种既兼顾财产所有权的静的安全,又兼顾财产所有权交易的动的安全的保护的立场,系一种正确的立场,故此为多数国家所采取。我国《物权法》第106条关于善意取得的规定,正系采取此种立场。

三、善意取得的构成要件

善意取得的构成要件,指应当具备何种要件方能发生善意取得。《物权法》第106条将善意取得界分为动产善意取得与不动产善意取得,且将它们的构成要件一并规定于该条第1款中。尽管如此,动产善意取得与不动产善意取得于构成要件上仍有差异。故而于本部分,拟对二者的构成要件分别予以论述。

(一)动产善意取得的构成要件

根据《物权法》的规定,并结合民法法理,动产善意取得的构成要件涵括下列几项。

1. 标的物须为动产

在传统民法上,通常所谓善意取得,系指动产的善意取得,不涵括不动产在内。对于不动产,系依不动产登记簿的公信力,由善意的受让人因登记而取得所有权。《物权法》第106条将不动产登记的公信力取得与动产的善意取得规定于一个条款中,由此使得对动产与不动产皆可适用善意取得。[1]

动产善意取得的标的物,为动产。所谓动产,指土地及其定着物之外的一切物,譬如图书、画、珠宝、纸币和无记名证券(如车票)等。动产物权因以占有为公示方法,故而极易使人误信占有人为所有权人或有处分权的人,故此,动产善意取得的标的物应限于动产。对于动产善意取得的标的物,需补充说明下列几点。

(1)自近代民法伊始,将物界分为"占有委托物"与"占有脱离物",以作为建立善意取得制度的前提。如前述,占有委托物,指基于租赁、保管、借用等合同关系,由承租人、保管人、借用人等实际占有的,属于出租人、委托人、出借人所有的物,系基于真权利人的意思而丧失占有的物;而"占有脱离物"则系非基于真权利人的意思而丧失占有的物,如赃物、遗失物、遗忘物、误取物等。占有脱离物有条件地适用善意取得或根本不适用善意取得,而占有委托物原则上有善意取得之适用。概言之,善意取得制度的规范旨趣系在衡量动产所有人与善意受让人间的利益,故在所有人出于自由的意思,将物的占有交付于背信的让与

---

[1] 刘家安:《物权法论》,中国政法大学出版社2009年版,第114页。

人时，使所有人承担由此而生的风险，使所有权归属于善意受让人；反之，若无权处分的让与人的占有，并非基于所有人的意思而取得时，譬如动产系因被盗窃、抢夺、遗失或其他非基于原占有人的意思而丧失其占有的情形，所有人既无过失，则不应使其承担一切风险，故而原占有人得向占有人请求回复其物[1]。

（2）票据以外的记名有价证券虽属物权法上的动产，但其转让须依背书或办理过户手续为之，为确保有价证券的流通性与交易安全，应认为不发生善意取得。至于车票、船票及电影票，则宜认为可发生善意取得。

（3）依证券所表彰的动产，譬如仓单、提单或载货证券等物权证券所表彰的动产，其处分本应依证券为之，惟此等证券所表彰的货物仍为动产善意取得的客体。例如，仓库营业人或运送人未依证券而将货物让与给他人的，受让人如为善意，仍可取得其所有权。

（4）不动产的出产物尚未分离的，非属动产，不得为动产善意取得的标的物。

（5）债权并非动产，不得为善意取得的标的。但证券所表彰的债权，如无记名股票所表彰的股权、票据表彰的债权，可因善意取得证券而取得其权利，系因其权利业已证券化（动产化）之故。[2]

（6）遗失物、漂流物、隐藏物于某些域外立法成例上亦为善意取得的标的物，惟依我国《物权法》第107条、第114条的规定，此等物原则上无善意取得之适用，仅原所有权人自其知道或应当知道受让人有偿受让遗失物、漂流物、埋藏物、隐藏物时起，逾2年未请求返还的，受让人有权拒绝返还。此时，应认为发生了善意取得的效果。[3]

另外，如果受让人系透过拍卖或者向具有经营资格的经营者购得遗失物、漂流物、隐藏物的，则此种情形的受让人也获得相当程度的保护。若一味地维护所有人的利益而允许其无条件地向受让人要求返还其物，则人们即便于公开市场上进行交易也可能遭受严重损失。鉴于此，《物权法》于第107条强化了对受让人的特别保护：善意受让人尽管仍不能确定地取得遗失物的所有权，但所有权人等权利人向其请求返还原物时应支付其在受让标的物时所付的费用。[4]

对于被盗、被抢劫的财物，所有权人主要透过司法机关依照刑法、刑诉法、

1　陈荣传：《民法物权实用要义》，五南图书出版股份有限公司2014年版，第56页。
2　谢在全：《民法物权论》（上册），新学林出版股份有限公司2014年版，第293—294页。
3　崔建远：《物权法》，中国人民大学出版社2014年版，第99页。
4　刘家安：《物权法论》，中国政法大学出版社2009年版，第120页。

治安管理处罚法等有关法律的规定追缴后退回。追缴过程中如何保护善意受让人的权益，维护交易安全和社会经济秩序，可通过进一步完善有关法律规定而予解决。故此，《物权法》未作规定。[1] 在我国公安、检察实务中，对盗赃物也采取"一追到底"的做法。譬如最高人民法院、最高人民检察院、公安部和国家工商行政管理总局联合发布的《关于依法查处盗窃、抢劫机动车案件的规定》第12条规定，对明知是赃车而购买的，应将车辆无偿追缴；对违反国家规定购买车辆，经查证是赃车的，公安机关可依《刑事诉讼法》第114条的规定进行追缴、扣押。本书认为，明知系赃物而购买甚至可能构成刑事犯罪，但对于善意受让盗赃物的人而言，其所具有的善意于一定程度上也就排除了其行为的不法性，此时完全将其排除于善意取得的规则之外而使其承担交易的风险系未尽合理。参考域外立法成例和《物权法》对遗失物的善意取得的规定，对于盗赃物，应选择下列情形之一而予处理：（1）赃物若系通过公开市场购买，或通过严格的拍卖程序获得的，受让人支付了合理的对价，且已然实际占有的，则应当善意取得该赃物的所有权；[2]（2）对盗赃物适用《物权法》关于遗失物的相同的善意取得规则[3]。

2. 出让人须为动产的占有人

在动产善意取得，因受让人系善意受让标的物的占有，故需有出让人的占有可资信赖，方有善意之可言。出让人若非动产的占有人，何来占有的公信力？可见，出让人为动产的占有人，系受让人善意取得标的物的前提。惟此所谓占有，仅须出让人对动产有事实上的管领力即为已足，其并不仅限于直接占有，间接占有（譬如甲将其所保管的乙的越野自行车借与丙使用，丁善意信赖甲的间接占有而向甲买受该车，并已受让其返还请求权，即属之[4]）、辅助占有皆涵括在内，即使属于瑕疵占有，亦然。

3. 出让人须为无处分权人

所谓"无处分权人"，系指出让人并非所有权人或法律上无处分权的其他人。若处分人具有处分权，则处分行为可直接发生效力，而无须有善意取得之适用。

出让人无处分动产的权利，主要涵括两种情形：（1）出让人对动产无所有权。例如承租人、保管人、借用人与所有权保留买卖中的买受人，对其占有的标的物即无所有权。（2）出让人的所有权受限制。其主要情形为债务人的动产被查

---

[1] 胡康生主编：《中华人民共和国物权法释义》，法律出版社2007年版，第244页。
[2] 王利明、尹飞、程啸：《中国物权法教程》，人民法院出版社2007年版，第144—145页。
[3] 刘家安：《物权法论》，中国政法大学出版社2009年版，第121页。
[4] 谢在全：《民法物权论》（上册），新学林出版股份有限公司2014年版，第294页。

封后，债务人仍然将该动产出让于他人时，买受人不能由此而取得所有权。盖查封这一公法上的强制行为完成后，债务人即失去了对被查封财产的自由处分权。

4. 须基于法律行为而受让动产的所有权或其他物权（如动产质权）

动产所有权的移转须基于法律行为如买卖合同，方可发生善意取得，非依法律行为受让动产所有权的，不发生善意取得。盖善意取得系在于保护交易的安全，故出让人与受让人间须有交易行为，法律方有保护的必要。由此，非依法律行为而受让，譬如依继承、公司的合并，将他人的竹木误信为自己所有而予以采伐，或拾得遗失物，皆无善意取得的适用。若有交易行为存在，无论其原因为买卖、赠与、代物清偿、因清偿而为给付或消费借贷（消费借用）而为标的物所有权的移转，皆得适用。[1]

所谓须基于法律行为而受让动产的所有权或其他物权（如动产质权），主要系指依合同而受让之。惟并非举凡根据合同而受让动产的所有权皆可发生善意取得，按最高人民法院《物权法司法解释（一）》第21条的规定，具有下列情形之一，受让人主张根据《物权法》第106条取得所有权的，即不予支持：（1）转让合同因违反《合同法》第52条规定被认定为无效的；（2）转让合同因受让人存在欺诈、胁迫或者乘人之危等法定事由而被撤销的。

5. 须受让人受让动产的占有

受让人实际占有由出让人移转占有的动产，系善意取得的必要前提或基础。而所谓动产占有的移转——交付，可以是现实交付，至于简易交付、占有改定及返还请求权的让与等观念交付是否涵括在内，《物权法》未作出规定，唯通说认为，除现实交付外，原则上也应涵括此几种观念交付在内。譬如，甲出租其一幅画给乙，乙转租给丙。之后，乙擅自将该画作为自己所有的物出卖给丙，此时若丙为善意，即可依简易交付取得画的所有权。[2] 又如，甲将自己的乐器一件出借于乙，乙擅自将其出卖于善意的丙，并称自己还须参加演出，而与丙订立租赁合同，从而使后者取得了对乐器的间接占有，只要丙于订立租赁合同时仍属善意，则其可依此占有改定取得标的物所有权。[3] 再如，甲出借照相机给乙，乙转借给丙，之后乙擅自将该照相机作为己物出售给丁，并让与其对丙于借用合同上的返还请求权，以代交付。此时若丁为善意，即可依指示交付取得照相机的所有权。[4]

---

[1] 谢在全：《民法物权论》（上册），新学林出版股份有限公司2014年版，第295页。
[2] 王泽鉴：《民法物权2》（用益物权·占有），中国政法大学出版社2001年版，第262页。
[3] 刘家安：《物权法论》，中国政法大学出版社2009年版，第117页。
[4] 王泽鉴：《民法物权2》（用益物权·占有），中国政法大学出版社2001年版，第265页。

6. 受让人须为善意

动产所有权的善意取得，须以受让人的"善意"为要件，以受让人的善意弥补让与人无处分权的缺陷，故受让人如无"善意"，自不发生善意取得。惟对于何为善意，主要有三说：一是指不知让与人无让与的权利，有无过失，在所不问；[1] 二是指不知让与人无处分权，是否出于过失，固非所问，但依客观情势，交易经验上一般人皆可认定让与人无让与的权利的，应认为系恶意；[2] 三是指不知或不得而知让与人无让与的权利 [3]。

以上各说尽管存在差异，但于将善意解为不知让与人无让与动产的权利此点上，并无不同。各说的主要差异在于，受让人因"过失""明知"或"可得而知"让与人无让与的权利而受让动产时，是否也属"善意"。

本书认为，考采"中间法立场"的各国家或地区物权法之规定善意取得制度的旨趣系在于兼顾财产所有权的静的安全与财产交易的动的安全的保护这一本旨，受让人对于让与人是否有让与（转让）的权利，也应负一定程度的注意义务，方称合理。至于如何定其注意程度，则系政策判断问题。新近通说认为应采《德国民法典》第932条第2项的规定，将善意解释为非因重大过失而不知让与人无让与的权利。受让人仅在此情形受让动产的占有的，方受保护，方能取得所有权。若受让人明知或因重大过失而不知出让人无让与的权利，则受让人为非善意，进而无善意取得之适用。对于此点，最高人民法院《物权法司法解释（一）》第15条第1款予以了采纳和明定："受让人受让不动产或者动产时，不知道转让人无处分权，且无重大过失的，应当认定受让人为善意。"

另外，需指出的是，善意为法律概念，具体案件如何认定，则系事实问题。通常认为，应斟酌当事人、标的物的价值及推销方式等综合判定。若依客观情事，于交易经验上一般人都可认定出让人无处分权而受让人未辨明的，则可认为受让人因"重大过失"而不知，为非善意。[4] 应注意的是，最高人民法院《物权法司法解释（一）》第17条对"重大过失"的认定作了如下规定："受让人受让动产时，交易的对象、场所或者时机等不符合交易习惯的，应当认定受让人具有重大过失。"至于善意的举证，通常而言，应由否定受让人为善意的人，如动产

---

[1] 姚瑞光：《民法物权论》，海宇文化事业有限公司1999年版，第101页。

[2] 史尚宽：《物权法论》，荣泰印书馆股份有限公司1979年版，第501页；谢在全：《民法物权论》（上册），新学林出版股份有限公司2014年版，第296页。

[3] 王泽鉴：《民法物权2》（用益物权·占有），中国政法大学出版社2001年版，第137页。

[4] 刘家安：《物权法论》，中国政法大学出版社2009年版，第118页。

的原所有人为之。盖依占有的权利推定效力，占有人，推定其为善意占有动产的人，由此主张受让人非善意的，应负举证责任。对此，最高人民法院《物权法司法解释（一）》第 15 条第 2 款明定：" 真实权利人主张受让人不构成善意的，应当承担举证证明责任。" 此外，所谓 " 善意 "，当然仅指受让人受让动产为善意，而与让与人是否善意无关。

善意的准据时点，即以何时作为判定受让人的善意的标准。通常而言，应视受让动产的占有的形态而定：在现实交付，指交付之时；于简易交付，指当事人间的买卖合同生效之时；于占有改定，指在当事人之间达成占有改定协议之时；于指示交付，则为当事人之间达成让与返还请求权协议之时。惟动产所有权的让与附停止条件的，因条件成就常在一段期间之后，以条件成就作为准据时点，不利于受让人，故此，为了维护交易安全，应以物的交付之时作为准据时点。[1]

应当指出的是，《物权法》第 106 条第 1 款第 1 项将善意的准据时点确定为 " 受让人受让该不动产或者动产时 "。而所谓 " 受让人受让该不动产或者动产时 "，依最高人民法院《物权法司法解释（一）》第 18 条第 1 款的规定，系指 " 依法完成不动产物权转移登记或者动产交付之时 "。另外，当事人以简易交付的方式交付动产的，转让动产法律行为生效时为动产交付之时（第 2 款）；当事人以返还请求权让与（指示交付）的方式交付动产的，转让人与受让人之间有关转让返还原物请求权的协议生效时为动产交付之时（第 2 款）。至于法律对不动产、动产物权的设立另有规定的，则应当按照法律规定的时间认定权利人是否为善意（第 3 款）。

另外，善意取得制度旨在弥补让与人的处分权的欠缺，其保护范围仅限于对处分权的信赖，对民事行为能力或代理权的信赖不适用或类推适用善意取得。譬如，甲为无代理权人，乙即使善意信赖其有代理权向其购车而受让车的所有权，其善意仍不受保护，不能取得该车的所有权。[2]

7. 受让人须以合理的价格有偿受让

传统民法上，动产善意取得并不要求以有偿为其要件，只要受让人为善意，即便系无偿，也能取得标的物所有权。《物权法》一反传统立场，于第 106 条规定，只有标的物 " 以合理的价格转让 " 的，受让人方能善意取得其所有权。亦即，受让人只有于支付合理对价的情形下方可主张善意取得。也就是说，于受让

---

[1] 王泽鉴：《民法物权·占有》，台湾 1996 年自版，第 139—140 页。

[2] 王泽鉴：《民法物权·占有》，台湾 1996 年自版，第 140 页。

人因受赠而取得动产时，并不发生善意取得，原权利人可据其所有权要求受让人返还原物。至于何为"合理的价格"，则"应当根据转让标的物的性质、数量以及付款方式等具体情况，参考转让时交易地市场价格以及交易习惯等因素综合认定"（《物权法司法解释（一）》第19条）。另外，价格合理中的"价格"，应解为原则上必须实际支付，若仅系达成了协议或合同约定了合理的价格，不能认为已经符合了善意取得的构成要件之一的"以合理的价格转让"。最后，应注意的是，价格的不合理通常也系认定受让人非善意的一个判断标准。

应注意的是，依《物权法》第106条第3款的规定，质权善意取得的情形，系参照《物权法》第106条第1款的规定，但此时不宜强调价格及其合理这一要件。[1]

（二）不动产善意取得的构成要件

《物权法》第106条第1款规定了善意取得的构成要件，不动产的善意取得的构成要件涵括下列几项。

1. 受让人基于法律行为取得不动产物权

善意取得制度旨在保护交易的安全，因此受让人须基于法律行为取得不动产物权，方受保护。亦即，受保护者仅限于因交易引起的不动产物权变动，任何非交易性质的取得，例如直接依法律规定（如继承、征收）而取得不动产物权，均不适用善意取得。另外，我国法律禁止国家所有权、集体所有权依民事程序转让，故此，不存在国家所有权、集体所有权的交易的善意取得。

2. 受让人受让不动产物权时为善意

此所谓"善意"，其涵义与动产善意取得场合相同，系指受让人受让不动产时无重大过失的不知道转让人无处分权（《物权法司法解释（一）第15条》）。真实权利人有证据证明不动产受让人应当知道转让人无处分权的，应当认定受让人具有重大过失（《物权法司法解释（一）》第16条第2款）。依最高人民法院《物权法司法解释（一）》第16条的规定，具有下列情形之一的，即应认定不动产受让人知道转让人无处分权：（1）登记簿上存在有效的异议登记；（2）预告登记有效期内，未经预告登记的权利人同意；（3）登记簿上已经记载司法机关或者行政机关依法裁定、决定查封或者以其他形式限制不动产权利的有关事项；（4）受让人知道登记簿上记载的权利主体错误；（5）受让人知道他人已经依法享有不动产物权。

另外，判断善意的准据时点，系依法完成不动产物权移转登记之时（《物权

---

[1] 崔建远：《物权法》，中国人民大学出版社2014年版，第100页。

法司法解释（一）》第18条第1款），亦即，记载于不动产登记簿之时。

3. 受让人受让不动产物权应支付合理的价格

此要件与动产善意取得的场合相同，故不赘述。应注意的是，建设用地使用权、不动产抵押权等他物权的善意取得，尽管须参照《物权法》第106条第1款的规定，但不宜机械地要求此等权利发生善意取得时，也须支付合理的价格。[1]

4. 不动产物权已经登记于受让人名下，或不动产已经交付给受让人

《物权法》第106条第1款第3项规定："转让的不动产或者动产依照法律规定应当登记的已经登记，不需要登记的已经交付给受让人"。据此，对于不动产物权的存在与变动，无论法律是否将登记作为物权变动的生效要件，均可成立善意取得。只不过于法律要求不动产物权的变动必须登记的场合，不动产物权的善意取得以办理了变更登记为要件；法律不要求不动产物权的存在与变动以登记为生效要件的场合，不动产物权的善意取得以不动产已经交付为要件。[2] 由此，最高人民法院《物权法司法解释（一）》第20条规定：转让人将《物权法》第24条规定的船舶、航空器和机动车等交付给受让人的，应当认定符合《物权法》第106条第1款第3项所定的善意取得的条件。

四、善意取得的法律效果

（一）受让人取得标的物的所有权等物权

具备善意取得的要件时，受让人即得取得标的物的所有权等物权。此项依法律规定而取得所有权等物权，性质上为原始取得，[3] 具终局性、确定性，原所有人或他物权人不仅不得主张任何物权请求权，且也不得向受让人主张不当得利的返还。既然属于原始取得，则就动产善意取得而言，善意受让人取得动产后，该动产上的原有权利即消灭，仅善意受让人于受让时知道或者应当知道该权利的除外（《物权法》第108条）。至于不动产善意取得，《物权法》未作此种区分性规定，参考域外立法例、物权法法理及准用《物权法》第108条的规定，仍应作同样解释：受让人取得不动产物权后，该不动产上的原有权利消灭，惟善意受让人于受让时知道或者应当知道该不动产上存在该权利的，则其继续地存在于该不动

---

[1] 崔建远：《物权法》，中国人民大学出版社2014年版，第82页。

[2] 王利明、尹飞、程啸：《中国物权法教程》，人民法院出版社2007年版，第150页。

[3] 德国通说认为，善意取得系基于让与的物权行为所生的物权变动，仅让与人欠缺处分权限而已，故采继受取得的见解。对此，请参见郑冠宇：《民法物权》，新学林出版股份有限公司2015年版，第107页。

产上。

进而言之，受让人系无负担取得标的物的所有权，具体应指出下列各点[1]：（1）善意的受让人不仅取得动产的所有权，对于该动产上所存在的负担，也可主张其为善意不知情而消灭，惟该负担对恶意之人则仍应继续存在。譬如，质权人擅自让与质物所有权，善意的受让人取得质物所有权时，同时可主张原本存在于其上的质权消灭[2]。（2）让与人虽为让与物的所有权人，惟受让人对其上存在的负担为善意的，仍可主张善意取得，存在于其上的其他负担即因而消灭。譬如，出质人未经质权人同意擅自取回质物，并将之让与善意第三人的，受让人除取得该动产所有权外，质权也同时消灭。（3）所有权人让与其物，即使该物的成分非属其所有，受让人仍可对该物的成分主张善意取得。譬如，让与人将其自用汽车让与，但该车的轮胎为第三人所有，受让人除取得该车所有权外，也可主张善意取得该轮胎所有权。

这里有必要提及善意取得中的"回首取得"（Rückerwerb）问题。通说认为，让与人随后又取得让与标的物的所有权的，无论是否出于让与人的恶意安排，或系让与人的偶然复得，譬如巧合地买受该标的物，抑或是让与人与受让人间让与标的物的原因关系不存在，让与人再取回占有，解释上均认为让与人不能取得所有权，原所有人的所有权因而复活，该标的物物上负担如无其他消灭原因，也应一并复活。之所以如此，盖因善意取得系在于保护交易安全，让与人并非此项交易安全所保护的人，故而自无加以保护而使原所有人的所有权受损害的必要。[3]

（二）因受让人的善意取得而丧失权利的原所有人可向出让人主张权利

原所有人既然业已丧失其所有权，则依民法对等正义原则，其对出让人可就如下权利择一行使。

（1）双方当事人之间若存在合同关系（譬如借用、保管、租赁合同关系），则因出让人的无权处分导致受让人取得所有权，由此也就使合同债务人陷入履行不能（如借用人、保管人、承租人无法返还借用物、保管物、租赁物），原所有人可请求出让人（债务人）承担违约责任。

（2）出让人的无权处分侵害了原所有人的所有权，原所有人可主张侵权的损害赔偿。

（3）出让人取得的对受让人的对价（如价款或其请求权），原所有人可基于

---

1 郑冠宇：《民法物权》，新学林出版股份有限公司2015年版，第110页。
2 王泽鉴：《民法物权》，台湾2010年自版，第619页以下。
3 谢在全：《民法物权论》（上册），新学林出版股份有限公司2014年版，第297—298页。

不当得利规则请求返还。惟出让人取得的对价超过该所有权交易上的价格的，如原市场（auf dem Markt）价为5万元，而出让人卖得8万元，该超过的3万元，通说认为，原所有人对之不得请求返还。盖利益大于损害时，应以损害为基准返还其所受的利益，以免原所有人反更获不当得利。此时，对该3万元可依不适法无因管理的法理请求返还[1]。

第二节　遗失物的拾得

一、涵义与法性质

遗失物的拾得，指发现他人的遗失物而加以占有的法律事实。自罗马法以降，对于遗失物的拾得得否成为取得动产所有权的原因，向来有正反两种立法例，即罗马法的否定主义与日耳曼法的肯定主义。近现代和当代各国民法，如《法国民法典》第717条、《德国民法典》第973条、《瑞士民法典》第722条、《日本民法》第240条及我国台湾地区"民法"第807条等，多采肯定主义立法例而稍予变更，罗马法的不能取得所有权的主义则为少数国家或地区所采。我国传统观念向来强调"拾金不昧"的道德标准，故此《物权法》并未将拾得遗失物确立为所有权的一般取得因由，而仅规定了无人认领的遗失物归国家所有。国家以外的法律主体不能因拾得遗失物而取得其所有权[2]。

拾得遗失物，属于法律事实中的事实行为，而非法律行为。故此，拾得人不以具有完全的民事行为能力为必要，具有识别能力（意思能力、意识能力）的限制民事行为能力人或无民事行为能力人，皆可为拾得人。且拾得遗失物也不以有享有所有权的意思为必要，故而区别于先占须以所有的意思而占有无主物。拾得后如依法律规定的拾得遗失物程序办理的，则具无因管理的性质（拾得遗失物的规定系无因管理的特别规定，原则上应先于无因管理而适用，仅于法律上未有规定，或在不符合遗失物拾得的要件时，方有无因管理的适用[3]），反之则构成侵权行为或不当得利[4]。

---

[1] 谢在全：《民法物权论》（上册），新学林出版股份有限公司2014年版，第297页。应注意的是，不适法管理的本人对管理人仍享有因管理所得的利益，于管理人明知为他人的事务而为自己的利益管理之者，亦同。

[2] 刘家安：《物权法论》，中国政法大学出版社2009年版，第105页。

[3] 郑冠宇：《民法物权》，新学林出版股份有限公司2015年版，第128页。

[4] 谢在全：《民法物权论》（上册），新学林出版股份有限公司2014年版，第308页。

二、遗失物拾得的要件

根据各国家或地区物权法的规定与物权法法理，遗失物的拾得，须具备下列要件。

（一）须为遗失物

所谓遗失物，系指非基于占有人的意思而丧失占有，现又无人占有且非为无主的动产。据此可知遗失物须具备下列 4 项条件。

1. 须占有人丧失占有之物

是否丧失占有，应依社会观念及客观情形而定。对物的管领力仅一时不能实现，固非丧失占有，例如占有的物品或动物偶至他人土地内，不属于遗失物；对自己所居住的房屋内，忘记放置于何处之物，因其房屋为自己所有，房屋内所有之物，依社会观念，均在其事实上的管领下，故对该物也未丧失占有，该物也非遗失物。惟在公共场所忘置之物，则因该场所为公众所出入，占有人对该物之事实上的管领力业已丧失，可认为系遗失物。

2. 占有人之丧失占有须非基于占有人的意思

占有人为所有人，如其占有之丧失系由于己意时，则为所有权的抛弃而变为无主物，并非遗失物。

3. 须现在无人占有

动产虽非因占有人的意思而脱离占有，但该动产若现在有占有人的，仍不属于遗失物。亦即，占有人丧失占有之物，须尚未在他人占有中。故此，遗落在他人住宅的物，乃在屋主的一般管理支配意思中，已与遗失物概念不符；于公共场所遗落的物，如旅馆的大厅、戏院或出租车内，由于公众出入频繁，为不特定人所得加以占有，场所主人对该物支配力较为薄弱，故通常皆认为该物为遗失物。至于误取他人之物，占有人虽因此丧失占有，但该物已在他人占有中，自非遗失物[1]。

4. 须为动产且非无主物

遗失物仅限于动产，系因不动产有固定的位置，性质上不可能遗失，且当代物权法将遗失物的拾得明定为动产所有权的特殊取得或丧失的原因，故遗失物自应限于动产，且该动产系有人所有而现在无人占有，并非不属于任何人所有的无主物。无主物，依当代物权法，可依先占取得其所有权。另外，废弃物中藏有遗忘的珠宝，占有人误以为系废弃物而抛弃，抛弃之人尚可主张错误而撤销其意

---

[1] 郑冠宇：《民法物权》，新学林出版股份有限公司 2015 年版，第 129 页。

表示，使成为遗失物 [1]。

　　兹应注意的是：（1）物主遗忘在他人住处或车船、飞机上的遗忘物，占有人之丧失占有虽非出于己意，但遗忘物的占有已于遗忘之时移转于场地的占有人（私宅、旅馆或车船主人），自非遗失物，如其由占有人代为保管，属于无因管理的问题。（2）赃物虽非因占有人的意思而丧失占有，但系因犯罪而生且丧失占有时已有赃物实施人（盗窃、抢夺、强盗）占有其物，故赃物非遗失物。至于盗窃者等又丧失占有时，无论是否出于己意，对原占有人而言则变为遗失物，如非出于己意，对盗窃者等而言也可为其遗失物。（3）误占物（误取物）即因错误而占有他人之物。例如在公共场所错取他人的衣帽或雨伞，返家后发觉，但不知其所有人者即是。因其脱离占有者的占有系因误取者的行为，且其物已有人占有，故与遗失物不同。误占（误取）之人不仅不能请求报酬或费用的偿还，有时还须对物的所有人负侵权责任。（4）走失的家畜常不知其所至的处所，但常有返回的可能，是否果已脱离占有，或者是否因占有人的意思而脱离占有均非明确，与遗忘物大抵均知遗置的处所有异，故走失的家畜是否为遗失物，应以已否丧失占有为断，依具体情形定之，而不能一概而论。[2]

　　（二）须有拾得的行为

　　所谓"拾得"，指发现且占有二者结合的行为。故此，如仅发现而未占有，尚不能谓为拾得。发现，指认识物之所在，而占有系对标的物的事实上的管领支配力。占有重于发现。有无事实上的管领力的占有，应依社会观念与客观情形认定。譬如，依社会一般观念，凡有占有遗失物的事实的，如雇人看守或登报声明，均构成拾得。

　　也就是说，受雇人在其职务范围内所为的拾得，如 KTV 的服务生或戏院带领入座的服务生等所为的拾得，系受其雇佣人指示而为职务上的行为，故拾得人应为其雇佣人。公务员因公拾得的遗失物，应认其所属机关为拾得人，此不因拾得的地点系在服务机关内部或外部而有所差异。惟若拾得遗失物非其职务所属的行为，则由拾得的人为拾得人，而非其所属的机关。[3]

　　1　郑冠宇：《民法物权》，新学林出版股份有限公司 2015 年版，第 130 页。
　　2　谢在全：《民法物权论》（上册），新学林出版股份有限公司 2014 年版，第 307 页。
　　3　郑冠宇：《民法物权》，新学林出版股份有限公司 2015 年版，第 126—127 页；陈彦希："遗失物之拾得"，载苏永钦主编：《民法物权争议问题研究》，五南图书出版股份有限公司 1999 年版，第 160 页以下。

三、拾得遗失物的效力

根据《物权法》的规定，因遗失物的拾得，在拾得人、所有权人和国家有关部门之间形成特定的义务和权利关系。

（一）拾得人的义务

拾得人拾得遗失物后负有如下义务：

1. 返还或者送交有关部门的义务

《物权法》第 109 条规定："拾得遗失物，应当返还权利人。拾得人应当及时通知权利人领取，或者送交公安等有关部门。"[1] 于机关、学校、团体或其他公共场所拾得的，也应报告于各该场所的管理机关、团体或其负责人、管理人，并将其物交存[2]。

2. 拾得人的保管义务

《物权法》第 111 条规定："拾得人在遗失物送交有关部门前，有关部门在遗失物被领取前，应当妥善保管遗失物。因故意或者重大过失致使遗失物毁损、灭失的，应当承担民事责任。"拾得人不履行其返还遗失物的义务的，遗失物的所有权人或者占有人可根据《物权法》第 34 条有关物权请求权的规定抑或第 245 条有关占有物返还请求权的规定，要求拾得人返还遗失物。[3]

（二）有关部门的义务

《物权法》第 110 条规定："有关部门收到遗失物，知道权利人的，应当及时通知其领取；不知道的，应当及时发布招领公告。"遗失物被失主领取前，该有关部门也负有保管义务。

（三）所有权人等权利人向拾得人或有关部门支付保管遗失物等支出的必要费用的义务

《物权法》第 112 条第 1 款规定："权利人领取遗失物时，应当向拾得人或者有关部门支付保管遗失物等支出的必要费用。"所有权人等权利人支付必要费用的义务与拾得人返还遗失物的义务应当同时履行，拾得人于所有权人等权利人未

---

[1] 《德国民法典》第 965 条（拾得人之通知义务）第 2 项第 2 句规定："物之价值不逾 10 欧元者，无须通知。"也就是说，低于 10 欧元的价值轻微遗失物（Bagatellfund），拾得人无报告义务（Anzeigepflicht），其主要目的系在于减轻行政机关的负担。对此，请参见郑冠宇：《民法物权》，新学林出版股份有限公司 2015 年版，第 137 页注释 103。

[2] 参见我国台湾地区"民法"第 803 条第 1 项。

[3] 刘家安：《物权法论》，中国政法大学出版社 2009 年版，第 106 页。

支付必要费用时，可以根据《合同法》第 66 条的规定，主张同时履行抗辩权，暂时拒绝返还遗失物。[1]

（四）拾得人的报酬请求权

拾得人的报酬请求权，域外法上大多承认并予明文规定。如《德国民法典》第 971 条规定：拾得人有权向受领人请求支付报酬。拾得物的价值不超过 500 欧元时，其报酬为物的价值的 5%，超过 500 欧元的部分为超过价值的 3%，在动物的情况下也为价值的 3%。如拾得物仅对受领权人有价值的，拾得人的报酬应依公平原则衡量确定。我国台湾地区"民法"第 805 条第 2 项规定，有受领权人认领遗失物时，拾得人可请求报酬。但不得超过其物财产上价值十分之一，其不具有财产上价值者，拾得人也可请求相当的报酬。我国《物权法》未如德国法和我国台湾地区"法"承认拾得人的报酬请求权，但该法第 112 条第 2 款规定：权利人悬赏寻找遗失物的，领取遗失物时应当按照承诺向拾得人支付报酬。此报酬给付请求权并非拾得遗失物所生的效力，而系悬赏广告所生的债的效力，其不因将遗失物送交有关部门而受影响。

需注意的是，《物权法》第 112 条第 3 款规定："拾得人侵占遗失物的，无权请求保管遗失物等支出的费用，也无权请求权利人按照承诺履行义务。"所谓拾得人侵占遗失物，指拾得人拾得遗失物后，据为己有，拒不返还，并加以处置的情形。主要涵括两种：一是拾得人据为己有而自行使用、收益；二是拾得人据为己有而加以处置，即据为己有后，对遗失物作无权处分。

（五）遗失物归国家所有

《物权法》第 113 条规定："遗失物自发布招领公告之日起六个月内无人认领的，归国家所有。"

（六）遗失物由第三人善意取得

《物权法》第 107 条规定：遗失物通过转让被他人占有的，权利人自知道或应当知道受让人之日起满 2 年未向受让人请求返还原物的，受让人有权拒绝返还遗失物，取得该物的所有权。需注意的是，此处受让人之取得遗失物的所有权不同于典型的善意取得，不仅须具备《物权法》第 106 条第 1 款规定的三项构成要件，且须遗失物所有权人自知道或应当知道受让人之日起满 2 年未向受让人请求返还原物。另外，此处的 2 年期间为一不变期间，无中止、中断和延长的余地，故非诉讼时效期间；由于遗失物所有人请求受让人返还原物的权利为物权请求

---

[1] 崔建远：《物权法》，中国人民大学出版社 2014 年版，第 103 页。

权，而非形成权，该 2 年期间也非除斥期间。学理认为，其系权利失效期间[1]。

四、遗失物规则对拾得漂流物、发现埋藏物、隐藏物的准用

《物权法》114 条规定："拾得漂流物、发现埋藏物或者隐藏物的，参照拾得遗失物的有关规定。文物保护法等法律另有规定的，依照其规定。"据此可知，对于漂流物[2]、埋藏物[3]或者隐藏物，若能够找到所有权人的，应向其返还，所有权人应支付保管等费用；所有人不明的，应交由国家有关部门发布招领公告，公告之日起 6 个月内无人认领的，由国家取得其所有权。另外，《文物保护法》第 5 条第 1 款规定：我国境内地下、内水和领海中遗存的一切文物，属于国家所有。此种情形，发现埋藏物者，无准用遗失物规则之余地。《文物保护法》第 6 条规定，文物属于集体或私人所有的，依照其规定，而不得属于国家所有。

应当指出的是，在域外法上，发现埋藏物者，将取得其所有权，罗马法以降的多数国家或地区采此立场，法、德、日和我国台湾地区"民法"皆属之。惟如埋藏物系在他人的动产或不动产中发现的，则包藏该埋藏物的动产或不动产的所有人与发现人，各取得埋藏物一半的所有权（譬如甲承揽乙旧屋的拆除工程，在其密壁中发现古币一袋，应由甲、乙各取得古币的一半）；如发现的埋藏物足供学术、艺术、考古或历史的资料而使用的，其所有权的归属将依文化资产保存法或国有财产法等特别法的规定由国家享有所有权。

第三节 先　占

一、先占的涵义与法性质

所谓先占，指以所有的意思，先于他人占有无主的动产而取得其所有权的事实。先占的立法例，主要有三：一为先占自由主义，即不论动产或不动产，一律

1　崔建远：《物权法》，中国人民大学出版社 2014 年版，第 103 页。

2　漂流物是指水上的遗失物及因水流至水边的遗失物也；系因水的自然力而脱离他人占有的物。此外，还有其他因自然力，譬如飓风、大雨等致使他人的物脱离他人占有的情形，因其与拾得遗失物的情形相同，故一切权利义务，皆适用关于拾得遗失物的规定。对此，请参见陈荣传：《民法物权实用要义》，五南图书出版股份有限公司 2014 年版，第 59 页。

3　埋藏物是指被埋藏于其他动产（包藏物）或不动产之中，而其所有人不明的动产。埋藏物的发现，是指发现埋藏物后予以占有，而取得其所有权的法律事实。对此，请参见陈荣传：《民法物权实用要义》，五南图书出版股份有限公司 2014 年版，第 59 页。

允许自由先占而取得其所有权，为罗马法所采。二是先占权主义，即不动产仅国家有先占权（也就是说，不采自由先占制度），至于动产，也须待法律的许可，方可由先占取得所有权，为日耳曼法所采。三是二元主义，为当代多数国家或地区所采。依此主义，无主物被区分为动产无主物与不动产无主物，动产无主物适用先占自由主义，个人可依先占取得其所有权，而不动产无主物则适用国家先占主义，仅国家可以取得其所有权。例如《日本民法》第239条第2项、《韩国民法典》第252条第2项规定：无主的不动产（土地及其定着物）属于国有。我国台湾地区"民法"规定，只有动产方可由个人先占取得其所有权，不动产则否。亦即，我国台湾地区"民法"对无主动产系采先占自由主义，而对无主不动产则采国家先占主义。

先占的法律性质，学理上有三说：（1）法律行为说，认为法律既然要求先占须先占人以所有的意思占有标的物，而该所有的意思即指取得所有权的效果意思，故先占为一种法律行为。（2）准法律行为说，认为先占属于以意思为要素的准法律行为中的非表现行为。因先占非属于实现私法自治的制度，故其仅属于法律承认一定的意思行为有取得所有权的效果的制度。（3）事实行为说，认为先占中的所谓"以所有的意思"，非指效果意思，而系指事实上对于物有完全支配、管领的意思。基于占有无主动产的事实，法律于是赋予占有人取得其所有权的效果，故先占属于事实行为。此三说中，新近多采第三说，本书亦然。

二、先占的构成要件

（一）须先占人占有的物为无主物

所谓无主物，指现在不属于任何人所有的物，至于以前是否为他人所有，则非所问。故被原物主抛弃的物（譬如遗留于高铁车厢内的报纸），可成为无主物而为先占的标的物。先占人主观上无须认识其物是否无主，仅须该物客观上确属无主物即可，故先占人误以为非无主物而先占，仍可取得所有权；反之，若实际上非属无主物而误为无主物先占的，也不因此而取得所有权。无主物以野生动植物为最常，例如山中之兰花、野兔或蝴蝶、飞鸟等即属之[1]。

（二）须占有的物为动产

先占的标的物须为动产，土地及其定着物等不动产，不得依先占而取得其所有权。惟此所称动产，非指所有的动产，而仅指一定范围内的动产。通常而言，

---

[1] 谢在全：《民法物权论》（上册），新学林出版股份有限公司2014年版，第303—304页。

下列动产不得为先占的标的物。

（1）尸体。依当代民法观念，尸体在不与善良风俗相违背的前提下，得为死者的亲属所有，因而不得为先占的标的物。所谓由亲属所有，并非指亲属可将尸体作为一般的物而加以占有、使用、收益甚至处分（如转让），而系指亲属应善良风俗习惯，将尸体埋葬或火化。

（2）国家文物保护法或珍稀野生动植物保护法保护的文物，与禁止捕获、采摘的珍贵稀有动植物，以及其他禁止猎捕的动物，不得为先占的标的物。违反者尚可能构成刑事上的犯罪而受处罚。

（3）他人享有独占性权利的物，不得为先占的标的物。譬如，根据《渔业法》对特定水面取得了渔业权的人，对该水面内的水产动物即享有独占的捕捞权，可排除一般人的先占，若无此权利的人为先占，其不仅不能取得所有权，且应负侵权行为的损害赔偿责任或根据不当得利规则返还所占有的不当利益。

（4）土地中的矿物，属于国家所有，不得为先占的标的物。但经他人开采后，已成为动产，若有被人弃置而成为无主物（如矿渣）的，则可为先占的标的物。[1]

（三）须以所有的意思占有无主物

所谓"以所有的意思"，指将占有的动产归于自己管领支配的意识，无须有为法律行为取得所有权的意思。易言之，指以对无主物拥有所有权的心理状态或意思而占有之。盖先占非法律行为而为事实行为，凡具有一般占有能力之人（有为占有事实行为意识之人），均可为有效的先占；先占不限于由自己为之，指示他人先占无主物而以自己为先占人也无不可。例如，雇人捕鱼或雇用猎人入山猎取野生动物，即属于指示他人先占无主物。至于是否已经占有无主物，则属于事实问题，应依客观情形具体认定。例如，猎人追赶野生动物进入穷洞，而堵塞其洞口，即可认为已经占有了该野生动物。[2]

（四）须无特别法的禁止

亦即，虽为无主的动产，并非即得对之任意主张先占，仍须注意特别法规定的限制。譬如，文化资产保存法、野生动物保护法及矿业法等，均有规定排除无主物先占适用的情形。[3]

---

[1] 谢在全：《民法物权论》（上册），新学林出版股份有限公司2014年版，第304页。
[2] 姚瑞光：《民法物权论》，海宇文化事业有限公司1999年版，第106页。
[3] 郑冠宇：《民法物权》，新学林出版股份有限公司2015年版，第126—127页。

三、先占的法律效果

具备上列要件，先占人即原始取得无主动产的所有权。此为法定取得，即使先占人不知有法律规定，也无碍于其所有权的取得。例如，在溪中捞虾，或于垃圾堆中捡拾他人抛弃的废弃动产，而取得其所有权即是。惟在利用或指示他人先占，如渔船所有人雇人捕鱼，或某人发现山中有野兔即雇人围捕等场合，先占的无主物应归雇佣人所有，受雇人不得取得其所有权。另外，由民众委托环保局清运的巨大垃圾，环保局自回收之时取得巨大垃圾的所有权，巨大垃圾自清洁队员以环保局资源回收车载运占有之时起，即已成为环保局所有的公物。[1]

另外，应当注意的是，动产经抛弃（"放弃"）而成为无主物的，自得对之为先占。但有时抛弃人的意思系以使抛弃物灭失为目的，譬如私人信件的抛弃等，如先占人取得所有权后，任意将该信件加以公开，反有悖于抛弃人的原意，故应解为其抛弃附有条件，先占人自应受此限制。[2] 最后，动产上存有负担而经所有权人抛弃的，其抛弃未经该物权人的同意的，应不生抛弃消灭的效力，故应不许主张无主物先占[3]。

如前述，因先占而取得无主动产的所有权，系非基于他人既存的权利而取得，故为原始取得。

四、我国民事立法应认可先占制度

我国之有无主物的先占制度，迄今已有悠久历史。据记载，早在《唐律·杂律》中就有关于先占取得无主动产的规定。往后，《唐律·杂律》中的这些规定，为宋代和元代法律所承袭。[4] 明清时代，先占取得无主物的所有权的规定得到进一步完善。其特点是，强调先占原则，保护先占人的利益。清末和民国时期起草的民律草案，将先占作为取得动产所有权的一种特殊方法规定下来。以此为基础，同时参考当时欧陆国家的立法例，1929—1930 年的《中华民国民法》即将无主物的先占正式规定下来，其第 802 条规定："以所有之意思，占有无主之动产者，除法令另有规定外，取得其所有权。"

新中国成立后，随着《中华民国民法》之被废除，我国民法上的先占制度不

1　陈荣传：《民法物权实用要义》，五南图书出版股份有限公司 2014 年版，第 56 页。
2　郑冠宇：《民法物权》，新学林出版股份有限公司 2015 年版，第 127 页。
3　郑冠宇：《民法物权》，新学林出版股份有限公司 2015 年版，第 128 页。
4　叶孝信主编：《中国民法史》，上海人民出版社 1993 年版，第 334 页、第 463 页。

复存在。自那时起至现今，明文的先占制度于我国民事立法上始终未建立起来。2007 年颁行的《物权法》由于担心承认先占制度会导致国有财产的流失及鼓励不劳而获的情况发生，故此也未规定先占制度。尽管如此，实际生活中先占却是得到承认和保护的，即除了法律明文保护的野生动植物外，我国历来允许个人进入国家或集体所有的森林、荒原、滩涂、水面打猎、捕鱼、砍柴伐薪、采集野生植物、果实乃至名贵中药材，并取得猎获物、采集物的所有权。拾垃圾者更是可以取得拾取的被人抛弃的废弃物的所有权。易言之，我国的先占制度是作为习惯规则而存在于社会生活中的。制定民法典编纂物权编时，宜将先占作为一种特殊的动产所有权取得方式予以规定。

第四节 添 附

一、添附的涵义与旨趣

附合、混合与加工，统称为添附，系传统物权法上动产所有权取得、丧失的一种原因，皆有添加、结合的关系。其中，附合、混合为不同所有人间物与物的结合，加工为劳力与他人的所有物的结合。因添附的结果而形成的物，如允许请求恢复原状，或事所不能，或对社会经济不利。故当代各国家或地区物权法，通常规定由一人取得添附物的所有权，或共有添附物的所有权。之所以如此，盖系不允许恢复原状，以便于从总体上有利于社会经济。

不过，法律规定添附物的所有权归一人所有时，通常系纯粹出于立法政策与法律技术的考虑，而非赋予取得人不付任何代价的纯粹利益，受损害的当事人更无无端丧失权利、忍受损害的理由。于是，为了平衡当事人间的损益关系，法律通常规定，因添附而丧失权利、受到损害的人（通常是动产所有权人），可依不当得利的规则，请求取得添附物所有权的人支付补偿金。

当事人间可否约定就添附物所有权的归属排除法律的适用。通说认为，添附后合成物的所有权究为单独所有抑或共有，乃属法律的强行规定，不允许以合意任意排除该法律效果。惟于加工的情形，加工人为何人，则得由当事人以合意方式为决定，故应允许当事人透过约定的方式决定加工的合成物所有权的归属。譬如，工厂加工物所有权的归属，得认为系由加工人（受雇人）与材料所有人（雇佣人）默示合意，由材料所有人取得该加工物所有权。[1]

---

[1] 郑冠宇：《民法物权》，新学林出版股份有限公司 2015 年版，第 144 页。

《物权法》未规定添加制度，此为重要缺漏，应属无疑。现今社会生活中已经发生了大量涉及附合、混合和加工的案件，并不时诉到法院要求裁判，而法院大多借口法无规定而拒绝裁判，这就使法律对社会关系的调整留下了相当大的空白。故此，有必要结合物权法法理而对添附的基本学理予以分析和释明。[1]

二、附合

所有人不同的二个或二个以上的有形物相结合，而社会交易上认为系一物的，称为附合，其涵括动产与不动产的附合及动产与动产的附合。至于不动产与不动产的附合，域外比较法上多未作规定。我国台湾地区"土地法"第13条规定："湖泽及可通运之水道及岸地，如因水流变迁而自然增加时，其接连地之所有权人，有优先依法取得其所有权或使用受益之权。"通说认为，此系属于不动产与不动产的附合。[2]

（一）动产与不动产的附合

1. 动产与不动产附合的涵义与要件

动产与不动产的附合，简称为"不动产附合"，指动产与他人的不动产相结合，成为其重要成分，因而发生动产所有权变动的法律事实。例如甲的肥料暂时置放于乙处，乙之子不知其事，取来施用于乙的农田内。甲的肥料（动产）因而与乙的农田（不动产）结合，成为乙土地（农田）的重要成分，由乙取得该肥料的所有权。再如，以砖、瓦、塑胶板等装修他人的房屋后，砖、瓦、塑胶板即因附和而成为房屋的成分，无单独所有权存在。[3] 应注意的是，动产与他人的不动产相结合，须已成为不动产的重要成分，即非经毁损或变更其物的性质，不能分离，且以非暂时性为必要，方可因附和而由不动产所有人取得动产所有权，譬如装潢的地毯、木板地板、柜台、壁柜及线路开关等设备，如未与房屋结合而失其独立性，于社会经济观念上也未与房屋结合为一物，并不成为房屋的重要成分，自无附和的问题。[4]

动产与不动产附合，须具备下列要件。

（1）须动产附合于不动产之上。附合者须为动产，被附合者须为不动产。附

---

[1] 我国现行法上已有以添附规则为基础的规范。譬如，最高人民法院《担保法解释》第62条就抵押物因附合、混合或加工而发生归属变化对抵押权所生影响的规定，即属之。

[2] 郑玉波著，黄宗乐修订：《民法物权》，三民书局2007年版，第131页以下。

[3] 参见我国台湾地区"最高法院"1967年台上字第2346号判决。

[4] 陈荣传：《民法物权实用要义》，五南图书出版股份有限公司2014年版，第60页。

合的原因，出于人为或自然变动、所有人的行为或第三人的行为、善意或恶意，均非所问。惟附合如出于恶意，如窃取他人的木材修建房屋，则可能构成侵权行为或刑法上的犯罪。另外，附合的结果不仅未增加其价值，反而减少其价值或使之丧失效用的，则不构成附合，而应依侵权行为规则求得解决。此系添附制度旨在维护添附物的经济价值，附合的结果若无经济价值，则自非其保护范围。[1]

至于房屋与房屋间的连接，譬如所有人于原有建筑物之外另行增建，若增建的部分于构造上及使用上已具独立性，而可达经济上使用的目的，即为独立的不动产，并无附合而为他人建筑物的重要成分可言。若其常助原有建筑物的效用，而交易上无特别习惯的，即属从物。惟若所有人于所有建筑物以外另行增建的，如增建部分与原有建筑物无任何可资区别的标识存在，而与之作为一体使用的，因不具构造上及使用上的独立性，自不得独立为物权的客体，而为原有建筑物的重要成分，原有建筑物所有权因而扩张。若增建部分已具构造上的独立性，但未具使用上的独立性而常助原有建筑物的效用的，则属附属物，其使用上既与原有建筑物结为一体，其所有权应归于消灭；被附属的原有建筑物所有权范围，则因二所有权归于一所有权而扩张。[2]

（2）须动产成为不动产的重要成分。动产须因附合而成为不动产的重要成分，方可发生附合。所谓重要成分，指二物结合后，非毁损或变更其物的性质而不能分离。所谓毁损，不仅系对附合物而言，分离如足以造成附合的动产或被附合的不动产毁损的，也属之。动产是否因附合而成为不动产的重要成分，通常应斟酌其继续性与固定性的程度，依社会经济观念而定之。亦即，动产与不动产结合后，如有固定性与继续性的，该动产即应认为已丧失独立性，而成为不动产的重要成分。概言之，有无固定性与继续性，系判定动产是否为不动产之重要成分的客观标准。除此标准外，动产是否为不动产的重要成分还须依主观的判断标准，即社会的经济观念而判定。例如，施肥于他人的农田，于他人的土地上播种五谷或种植蔬菜植物，于他人的建筑物上贴壁纸、粉刷油漆等，无论就客观标准或主观标准而言，肥料、五谷或蔬菜植物、壁纸或油漆等动产皆为土地或建筑物的重要成分，由此发生动产与不动产的附合。

（3）动产与不动产须属于不同的人所有。亦即，如动产与不动产属于同一人所有，则不发生由不动产所有人取得他人动产所有权的问题。

---

[1] 谢在全：《民法物权论》（上册），新学林出版股份有限公司2014年版，第327页。
[2] 郑冠宇：《民法物权》，新学林出版股份有限公司2015年版，第147—148页。

（4）须不具有使用不动产的权利。若因基于一定的权利得使用不动产，而使动产与该不动产结合的，是否有附合之适用，学理上存在争议。我国台湾地区采否定说，认为如此可使基于一定权利而使用他人不动产者仍保有动产的所有权，以保护其权利。

2. 动产与不动产附合的法律效力

（1）不动产所有人取得动产的所有权。因不动产所有人取得动产所有权系依事实行为，而非依法律行为取得，为原始取得，附合行为人即使无权处分，被附合物（不动产）所有人即使系恶意，仍取得其所有权。盖附合制度重在社会经济的维护，当事人的主观情事并非所问。

（2）动产的原所有权因而消灭，且此前存在于该动产上的其他权利也随原动产所有权的消灭而消灭。动产与不动产经此附合后，动产物权消灭发生确定的、终局的效力，即使日后再分为二物，也不发生权利回复的问题，亦即，仍属不动产所有人所有。[1]

（3）依最高人民法院《担保法解释》第 62 条的规定，抵押物因附合使抵押物的所有权为第三人所有的，抵押权的效力及于补偿金；抵押物所有人为附合物的所有人的，抵押权的效力及于附合物；第三人与抵押物所有人为附合物的共有人的，抵押权的效力及于抵押人对共有物享有的份额。

（4）丧失动产权利而受损害者，可依不当得利的规定请求偿还价额。

（二）动产与动产的附合

1. 动产与动产附合的涵义与要件

动产与动产的附合，简称"动产附合"，指不同所有人的动产互相结合，非毁损不能分离或分离需费过大而发生动产所有权变动的法律事实。须具备下列要件。

（1）须为动产与动产附合。其附合系出于人为或自然力，人为时系善意或恶意，均非所问。实务中，动产附合常与加工并合发生，此时原则上应依加工规则解决。

（2）动产须由不同的人所有。动产如属同一人所有的，并不发生动产与动产的附合。

（3）须非毁损不能分离或分离需费过大。动产与动产的附合，须达不经毁损不能分离或分离需费过大的程度。例如，以他人的铁钉钉家具，以他人的宣纸糊补书页，虽然能够揭下，但会毁损动产的经济价值或需要的费用过大。实务中，

---

[1] 谢在全：《民法物权论》（上册），新学林出版股份有限公司 2014 年版，第 329 页。

动产与动产于何种情形方可认为已达此结合程度，通常应依具体情况认定。例如，将他人的钮扣缝制于自己的衣服上，钮扣与衣服外形上虽然已经结为一体，但因钮扣极易与衣服分离，故不生附合的法律效果[1]。

2. 动产与动产附合的效力

具备上列要件后，即产生以下法律效力：

（1）动产附合后结合之物，称为"合成物"。原则上由各动产所有人依附合时的价值共享该合成物的所有权。亦即，由各动产所有人共有，各共有人的应有部分（应有份额）按附合时的价值比例确定。

（2）若附合的动产中，有可视为主物的，则由该主物的所有人取得合成物的所有权。所谓"可视为主物"，应视该物的价值、效用、性质，并依一般交易观念确定。例如，对他人的书桌上漆，无论自效用抑或价值看，书桌应视为主物，从而应由书桌的所有人取得上漆后的书桌的所有权。

（3）其他权利的存续。具体而言：其一，若主物所有人取得合成物所有权的，因其原所有权未消灭，故主物上第三人的权利，不仅仍继续存在，而且其权利并扩及于合成物的全部。此种场合，因从物的原所有权消灭，故其上原存在的权利，自也归于消灭。惟该权利如为担保物权的，则依物上代位规则移存于该从物所有人所得受的补偿金上。其二，动产所有人共有合成物时，各所有人的原所有权既然已经消灭，则在各该动产上的其他权利，理论上也应消灭。惟各该动产所有人既然以应有部分（应有份额）的比例共有合成物，则该应有部分（应有份额）经济上应认为系原所有权的代替物。由此，如原其他权利为担保物权的，依担保物权的物上代位规则，应解为其他权利移存于合成物的应有部分（应有份额）。[2]

（4）丧失权利的救济。丧失权利而遭受损害者，可依不当得利的规定请求偿还价额。

三、混合

（一）混合的涵义与构成要件

不同所有人的动产，互相混合，成为一物，不能识别或识别需要的费用过大时而发生的所有权变动的法律事实，称为混合。譬如，甲的金块与乙的金块熔合成为一块金块，即属之。因混合形成的动产，称为混合物。依当代物权法法理及

---

[1] 谢在全：《民法物权论》（上册），新学林出版股份有限公司2014年版，第329—330页。
[2] 谢在全：《民法物权论》（上册），新学林出版股份有限公司2014年版，第331页。

规则，构成混合，通常须具备下列三项要件。

1. 须动产与动产混合

实务中，动产与动产混合的情形主要涵括固体与固体的混合（如10公斤四川大米与10公斤东北大米混合，金块与银块熔合成一合金块，抑或面粉与面粉的掺合）、液体与液体的混合（如1瓶二锅头酒与1瓶茅台酒的混合、果汁与汽水调和）、气体与气体的混合（氧与氢的混合），以及金钱与金钱的混合，等等。

换言之，所谓混合，系指二物互相掺混拌合，其与附合需达到二物相结合的程度，尚有差异。譬如以他人的金莲与自己的金莲熔接在一起的，为动产与动产的附合，惟若将他人的金砖与自己的金砖融成金砖，则为混合。再如，砖块与砖块堆积成一临时的墙垣，其因未达相结合的程度而非附合，应以混合视之。由此，混合的内容，实际上涵括物与物之间无实体区隔（körperliche Abgrenzung）的混合（Vermischung），以及物与物于数量上相集合（Vermengung）的两种情形。《德国民法典》第948条第1项规定，"动产因相互混合或融合致不能分离者，准用第九百四十七条规定"，即系明揭斯旨。另外，仅动产与动产得为混合，不动产与不动产，或不动产与动产则无从混合。[1]

2. 动产属于不同的所有人

混合的动产与被混合的动产不得属于同一人所有。混合的动产与被混合的动产属于同一人所有的，不发生混合。

3. 须混合后不能识别或识别所需要的费用过大

动产与动产混合后须达不能识别或识别需费过大的程度。前者如煤气与煤气的混合，混合后即不能识别；后者如东北米与四川米的混合，混合后识别所需的费用将过大。由此，混合与附合的不同，乃在于附合后的各动产虽不能分离或不易分离，但通常能够识别；而混合，各动产不仅不能或不易分离，且也难以识别。

(二) 混合的法律效力

具备混合的上列要件，即产生如下法律效力。

(1) 各动产的所有人原则上按混合时的价值共有混合物的所有权。

(2) 混合后的动产有可视为主物的，由主物的所有人取得混合物的所有权。如咖啡与糖混合后，咖啡可视为主物，由咖啡的所有人取得混合物的所有权即是。如混合的动产彼此并无主从之分，不论双方数量多寡，皆应视为双方所共有。

(3) 丧失权利而遭受损害者，可依不当得利规则请求偿还价额。

---

[1] 郑冠宇：《民法物权》，新学林出版股份有限公司2015年版，第159—160页。

(4)《担保法解释》第62条规定：抵押物因混合而使抵押物的所有权为第三人所有的，抵押权的效力及于补偿金；抵押物所有人为混合物的所有人的，抵押权的效力及于混合物；第三人与抵押物所有人为混合物的共有人的，抵押权的效力及于抵押人对共有物享有的份额。

四、加工

（一）加工制度的涵义与沿革

加工，指就他人的动产施以工作（如加以制作或改造），使之变成新物或使其价值巨额增加而发生物权变动的法律事实。实务中，无论对他人的动产为制作、图画、变形、彩色、印刷、镀金等，皆属之，其常见的是于他人空白纸扇上题诗作画，或雕刻他人木材为木雕作品等情形。此时为保护所有人的利益，原则上加工物的所有权，属于材料所有人，但因加工所增的价值，显逾材料的价值的，其加工物的所有权属于加工人。加工后的物是否为新物及加工所增的价值是否显逾材料的价值，应依社会观念与实际情形决定之。[1]

当代民法的加工制度，发端于古罗马法。在古罗马《十二铜表法》中，加工和先占等所谓自然法的取得所有权的方式一道，较为广泛地作用于社会生活领域。但是，对于何为加工，当时的立法、判例乃至学说并不十分清晰。至优士丁尼颁布《优士丁尼法典》时，对于加工的意义才有了较为清楚的认识。不过，有罗马一代，对加工最具争议的，系使用他人的材料制成新物后，新物的所有权归谁所属。学说为此进行了长期的论争，并由此形成了两种对立的学派：Sabinus派（以下称"萨派"）和Proculus派（以下称"普派"）。

"萨派"认为，加工物的所有权归属，应采"材料所有人主义"，因材料经过加工后，形体虽已改变，但其作为材料的本质并未发生任何变化，故材料所有人自不丧失其所有权；"普派"则认为，应采加工人取得加工物所有权的主义，认为材料经加工后业已改变形体而成为新物，材料的原所有权已经消灭，从而新物的所有权自应归加工人所有。此两派对加工物所有权的归属之所以存在如此的歧见，系受到了当时希腊哲学中亚里士多德学派与斯多葛学派相互对立的哲学思想影响的结果。具体而言，其源于此两个哲学派别对"具象"和"潜象"——"原料"与"形式"——的关系的认识上的差异。亚里士多德学派主张"具象"理论，认为原材料于变成了"新物"之后便不复存在，原材料所有权也因原材料的

---

[1] 陈荣传：《民法物权实用要义》，五南图书出版股份有限公司2014年版，第62页。

消失而消失；[1] 与此不同，"斯多葛学派"则认为，加工只不过赋予原材料以新的形式，原材料并不消失，新物以原材料为基础，故不得因加工而剥夺原材料所有人的所有权。[2] 可见，对于加工物所有权的归属，斯多葛学派系将"原材料"视为物质的本质，而亚里士多德学派则将"形式"视为物质的本质。[3]

至罗马古典法学后期，对于加工物所有权的归属，出现了折中理论。此理论缓和了"萨派"与"普派"的对立，认为加工物若能还原为用来制造它的原材料的，则原材料所有权不消灭，加工物归原材料所有人所有；反之，若不能还原为制造它的原材料的，则加工物的所有权由加工人取得。此点直接影响到了往后的立法。公元6世纪，《优士丁尼法典》对于加工物所有权的归属即明示采折中主义。

对于《优士丁尼法典》的规定，后世学者多从"不完全加工"与"完全加工"的视角加以说明。"不完全加工"，指加工后仍可回复原材料的原状的加工，譬如将铜块雕铸成铜像后，铜像仍可还原为铜，故新物（加工物）的所有权归原材料所有人所有；"完全加工"，指加工后原材料不能再回复到原状的加工，譬如将葡萄加工成葡萄酒，加工物的所有权归加工人享有。能否回复原状的判断标准，系依能否回复原材料的普通用途而定。譬如，将麦粒从麦秆上打下以后，虽然不能再回复其原来的状态，但此并不影响麦粒的通常用途，故属于非完全加工；相反，如将麦粒磨成面粉，则属于完全加工。

19世纪欧陆民法法典化运动兴起之时，各国大多于民法典的物权法（编）中设立加工制度。而欧陆各国规定的加工制度，除秉承了罗马法的加工制度，尤其是《优士丁尼法典》关于加工的基本精神外，也追随时势的变迁而赋予了加工制度以新的内容。就加工物的所有权的归属而言，19世纪系由"材料主义"进到"加工主义"。其中，1811年《奥地利普通民法典》比较纯粹地采取了"材料主义"。1804年《法国民法典》虽然仍属于"材料主义"，但在采取此主义的彻底性上不如《奥地利普通民法典》。盖该法典规定，如果加工行为对加工物的价值的形成较材料本身对加工物的价值的形成所起的功用更大时，由加工人取得加工物的所有权。可见，《法国民法典》于采"材料主义"的同时，也采取了"加工主义"。较之《奥地利普通民法典》与《法国民法典》的此种规定，以《德国民法典》为代表的德意志法系的立法则较为纯粹地采取了"加工主义"，抑或说是

---

    1   周枏：《罗马法原论》（上册），商务印书馆1994年版，第345页。

    2   周枏：《罗马法原论》（上册），商务印书馆1994年版，第345页。

    3   ［日］五十岚清："加工"，载［日］川岛武宜编集：《注释民法》（7），有斐阁1984年版，第293页。

以加工人所有权主义为原则，材料所有人主义为例外。应当强调的是，尽管各国家或地区于立法例上存在这些差异，但加工人仅于加工物的价值大幅增值的情况下方能取得加工物的所有权，对此点的认识则是共同的。由此，各国家或地区关于加工的立法政策，实际上皆以鼓励创造经济价值为其旨趣。

(二) 加工的要件

根据各国家或地区物权法的规定及物权法法理，构成加工，须具备下列要件。

1. 加工的标的物须为动产

对不动产施予行为，如开垦他人的土地等不属于加工，不发生所有权的变动，而仅可依无因管理或不当得利规则解决。加工，属于人的行为中的事实行为，加工人有无行为能力、有无取得所有权的意思，均非所问。应注意的是，对数个动产进行加工而制出的新物为不动产（如利用他人的建筑材料建成新房屋）时，通说认为也有加工规则适用的余地。

2. 加工的材料须为他人所有

亦即，加工的标的物须为属于他人所有的材料。如加工人加工自己所有的材料，则无加工规则的适用。所谓材料，涵括原材料、粗制品、半制成品及成品等。

3. 须因加工而制成了新物或使原物的价值发生了较大或巨额的增加

加工须以制成新物或使原物的价值发生了较大或巨额增加为必要。对于何为新物，学理上认识不一。但通常而言，应依社会一般交易观念认定，其名称与用途往往为主要的判定标准。例如，布料与衣服、麦粉与面包、木材与纸张，二者名称与功能皆有不同，故后者应属于新物。

此外，应当指出的是，多数国家或地区的物权法关于加工的要件并不以善意为必要。恶意的加工，如因加工所增加的价值明显超过原材料的价值的，仍取得加工物的所有权。至于恶意取去他人的材料，如构成侵权行为，则应依侵权行为的规则求得解决，例如，名画家故意取他人的纸绘画即是；反之，恶意加工的结果非但不增加经济价值，反而使材料失去原有效用的，譬如擅取他人的昂贵木材，做成粗劣不堪的家具，即无适用加工规则之可言，而应单纯适用侵权行为的规则。[1] 惟《瑞士民法典》第 726 条第 2 项规定，恶意的加工，不得取得其所有权。本书认为，为使加工物所有权的归属明确化，立法纯粹仅就加工事实的层面加以观察，不涉及当事人的主观意思，故与当事人是否善意、恶意无关 [2]。亦即，

---

[1] 姚瑞光：《民法物权论》，海宇文化事业有限公司 1999 年版，第 116 页。
[2] 姚瑞光：《民法物权论》，海宇文化事业有限公司 1999 年版，第 116 页。

关于加工物所有权归属的规定，为一强行规定，加工物所有权人乃法定原始取得。因加工而丧失动产所有权的人，其上的权利，也因而消灭[1]。

（三）加工的法律效果

加工于他人的动产者，加工物的所有权原则上属于材料所有权人，但因加工所增加的价值显逾材料的价值，或较材料的价值发生了较大或巨大的增加的，则加工物的所有权属于加工人。譬如，名画家于他人的纸上绘画，名雕刻家于他人的木料上雕刻等即是。

所谓加工所增加的价值显逾材料的价值，系指以新物的交易价值与材料价值的差额，决定加工所增加的价值是否逾材料的价值；所谓显逾，则应排除低于或等于材料价值的情形。另外，材料价值系指材料加工时的价值，但若材料于完工时已有涨跌的，应指加工完成时材料的价值。材料由数人所有时，加工后所增加的价值未高于材料的价值的，由材料所有人按其加工时的材料价值，共有加工物。[2]

加工物的所有权若由加工人取得，则加工人系依法律规定而取得其所有权，而非基于他人既存的权利，故其性质为原始取得，材料所有人的所有权消灭，该材料上的其他权利也随之消灭。惟《担保法解释》第62条规定，抵押物因加工使抵押物的所有权为第三人所有的，抵押权的效力及于补偿金；抵押物所有人为加工物的所有人的，抵押权的效力及于加工物；第三人与抵押物所有人为加工物的共有人的，抵押权的效力及于抵押人对共有物享有的份额。

根据劳动合同、雇佣合同、委托合同、承揽合同所为的加工，其加工物的归属应依当事人的约定，排除加工规则的适用。

不当得利请求权。加工关系中，因加工的结果而丧失材料所有权的人，得依不当得利规则请求取得材料所有权的人支付补偿金，其数额通常根据材料所有权因加工而消灭时的客观价值计算；加工后，材料所有人取得所有权的，加工人得请求偿还价额，该请求的内容包含加工人的劳务费，若加工人尚有添入材料的，也包含在内[3]。

1　郑冠宇：《民法物权》，新学林出版股份有限公司2015年版，第142页。
2　郑冠宇：《民法物权》，新学林出版股份有限公司2015年版，第168—169页。
3　郑冠宇：《民法物权》，新学林出版股份有限公司2015年版，第169页。

第五节　货币所有权

一、货币为一种特殊的物

所谓货币，指作为法定的支付手段的具有强制通用力的铸币和纸币。历史上，货币是由商品交换过程中自发分离出来，固定地充当一般等价物的特殊商品。货币的出现，克服了此前价值形式中存在的缺点，解决了市场交易中因未有稳定的一般等价物而发生的交易困难，故而具有重要的经济意义。

当代各国家或地区物权法，将货币作为一种特殊的物对待，称为金钱。不过，物有动产与不动产之分别，货币依其性质，属于一种特殊的动产，具有下列特性。

首先，货币为不具有个性，而有高度替代性的种类物。种类物，指可依同品种、同数量的物予以代替的物。货币本身不具有个性，只是价值的表现形式，而充当财产交换的媒介与清偿债务的手段，系一种具有高度替代性的种类物。

其次，货币为典型的消费物。消费物，指不能重复使用，一经使用即改变其原有形态、性质的物。货币贵乎流通，以时时易主为其常态，货币一经使用人使用，即转入他人之手，原所有人不得复使用。可见，辗转流通为货币的特有功用，而供人消费则为货币的惟一目的。货币由此而属于典型的消费物。[1]

二、货币所有权

（一）货币所有权——所有与占有的一致

货币所有权，指以货币为标的物的所有权。货币所有人凭借其所有权，得对货币加以占有、使用、收益和处分。同时，货币因属于特殊动产，故也可以为占有的标的物而成立货币的占有。前者以法律的支配可能性为内容，后者以对货币予以事实上的管领为内容。一般的物，所有与占有可以分别成立，而货币却不然。对于货币而言，货币的所有者与占有者系属于一致，称为"货币属于其占有者"原则。依此原则，货币的占有者即是货币的所有者，货币的所有者必定是货币的占有者，法谚称为"货币属于其占有者"。货币之所以采此"所有与占有一致"的原则，其因由主要有如下三点。

（1）由货币的固有属性所使然。货币贵乎流通，并于流通过程中，完全湮灭

---

[1] 郑玉波著，黄宗乐修订：《民法物权》，三民书局2007年版，第486页。

其个性，由此，除现实的对货币的占有外，如果说还有对货币的所有权，将实属不可想象。

（2）由货币的价值所使然。货币的购买力，并不是基于作为货币的物质素材的价值。一片薄纸（纸币），其本身的材料价值几等于零，其之所以拥有购买力，系源于国家的强制通用力与社会的信赖。货币的价值是抽象的，与一般的物先有使用价值，后有交换价值不同。换言之，货币之所在，即其价值之所在。故对于货币的现实占有人，即不问其取得的原因如何，有无正当的权利，而直接认为其系货币价值的享有者。亦即，不承认于货币的占有人之外，还有货币的所有人存在。

（3）因交易的需要所使然。在交易中，若货币的占有与所有可以分离，则在接受货币时，势将逐一调查交付货币的人是否享有所有权，否则即有可能遭受不测的损害。如此，人人将惮于接受货币，货币之媒介财产流通的功用将丧失殆尽，妨碍交易的进行不言自明。故此，为了交易的需要，货币的所有权必须与其占有相融合。[1]

（二）货币所有权的取得与丧失

由货币的所有与占有属于一致这一原则，可推导出货币所有权的取得与丧失具有下列特性。

（1）取得货币的占有，即取得货币的所有权，丧失对货币的占有，也就丧失对货币的所有权。

（2）货币所有权的移转，意味着货币的占有的取得或丧失。故此，第一，即使接受无民事行为能力人交付的货币，货币所有权也移转；第二，将货币借贷给他人或委托他人保管，货币的所有权因占有的移转而移转；第三，货币被盗时，被害人丧失对货币的所有权，盗窃者取得盗得的货币的所有权。

（3）货币，无所有物返还请求权与占有的回复请求权。接受无民事行为能力人交付的货币，只发生不当得利返还请求权；将货币借贷给他人或委托他人保管，只发生基于合同的返还请求权；货币被盗窃时，只发生基于侵权行为的损害赔偿请求权。

（4）货币，无适用善意取得的余地。因货币的占有与所有系属一致，为他人保管货币的人、盗窃他人货币的人皆为货币的所有人，故由这些人处受让货币的占有的第三人，系从真正的所有人处继受取得货币的所有权。如此，可使货币之

---

[1] 郑玉波著，黄宗乐修订：《民法物权》，三民书局 2007 年版，第 487—488 页。

媒介财产交易的功能得到保障。

（5）货币的占有，仅指现实占有，而无间接占有。将货币的直接占有授予他人的人，于丧失对货币的占有的同时，也丧失了对货币的所有权。[1]

三、孳息的所有权取得

根据《物权法》第116条的规定，天然孳息，由所有权人取得；既有所有权人又有用益物权人的，由用益物权人取得，当事人另有约定的，依其约定；法定孳息，当事人有约定的，依约定取得，没有约定或者约定不明确的，按照交易习惯取得。

---

[1] ［日］铃木禄弥：《物权法讲义》，创文社1994年版，第351—353页。

第十二章
共　有

第一节　概　说

一、共有的涵义与演进

共有（Miteigentum），系指两个或两个以上的法律主体就同一财产共同享有所有权的法律状态。大陆法系民法法理认为，所有权可从质和量上加以分割。当所有权的部分权能与所有权分离而由非所有人享有时，为所有权的"质"的分割，如日耳曼法上的"上级所有权"与"下级所有权"，以及于所有权上设立建设用地使用权、土地承包经营权、宅基地使用权、地役权或抵押权、质权等，均属于所有权的"质"的分割；而当同一财产由两个或两个以上的复数之人共同享有所有权时，则为所有权的"量"的分割，"共有"即系对所有权（而非所有物）进行"量"的分割的结果。[1]我国民法将共有制度分为按份共有与共同共有，再对所有权以外的财产权的共有，设立学理上所称的准共有制度。

自所有权的演进轨迹看，所有权经历了由"共同所有权"到"单独所有权"的发展历程。在人类的前资本主义时代，自总体上看，法律观念尚不发达，当代

1　所有权系对物全部为使用、收益处分并排除他人干涉的权利，份额（"应有部分"）既然为所有权的数量，而所有权虽有数量上的差异，但份额所含所有权的内容并无差异，其均为对物全部为使用、收益、处分并排除他人干涉，无论系所有权的三分之一、五分之一或百分之一的份额，其内容均为对物全部为使用、收益、处分并排除他人干涉，法律上并无对物三分之一、五分之一或百分之一为使用、收益处分并排除他人干涉的权利。对此，请参见郑冠宇：《民法物权》，新学林出版股份有限公司2015年版，第280页。

意义上的"共有"概念并未自"总有"（Gesamteigentum）[1]、"合有"中独立出来而成为独立的法律概念，当然也就未有当代意义上的共有所有权制度。而且，在此时期中，所有权的"总有""合有"形态一直系所有权的主流，个人享有单独的财产所有权降至次要。惟18世纪肇始以后，由于近现代资本主义生产方式的形成、发展和壮大，促成个人财产意识、权利意识复苏，情况遂为之一变。所有权的共有形态与单独所有形态于经济生活中的位次随之被颠倒过来，一人单独享有物的所有形态（单独享有形态，Alleineigentum）成为社会生活的常态；同时，因共有制度不利于对物作最大限度的利用，并为纷争的源泉，于是各国法律与实务乃不得不采取各种方法予以改进，借以实现物尽其用的经济旨趣。于此情形下，所有权的单独所有形态获得进一步发展，至20世纪以降，其即演变为所有权的一项基本原则；与此相反，所有权的共有则不断受到限缩。迄至现今，财产的共有已变得较少，主要限于依当事人的意思，或者因法律调整社会生活的需要，有必要认可两个以上的人对同一个物按份额或不区分份额地享有所有权时的共有。譬如，夫妻财产共有、家庭财产共有、继承人于遗产分割前对遗产的共有及各合伙人对合伙财产的共有等。

二、共有的特性、成立及类型

（一）共有的特性

共有作为一项物权法上的制度，其具有下列特性：

（1）就主体而言，共有财产的主体为两人或两人以上。换言之，共有关系的权利主体具多元性。此种主体的多元性构成共有于主体方面区别于单独所有的一项重要特性。另外，于共有关系中，多个主体之间的联系具有偶然性，即不以团体的结合关系为前提。

（2）就客体而言，共有财产关系的客体为一项特定的统一财产。该项财产可以是一个集合物（如图书馆），也可以是一个合成物（如房屋、汽车），还可以是一个单一物（如画）。另外，由各共有人共有的共有物于共有关系存续期间不得分割为各个部分，由各共有人分别享有所有权，而只能由各共有人对共有物共同享有所有权。

---

[1] "总有"是日耳曼法上的制度，系指不具有法人资格的团体，对其团体财产的用益权，仅限于团体成员方得享有，丧失团体成员的资格，即丧失其对团体财产的用益权，团体财产无从分割与转让，系属于团体色彩最浓厚的共同享有所有权的形态。对此，请参见郑冠宇：《民法物权》，新学林出版股份有限公司2015年版，第276页。

（3）就内容而言，各共有人对同一共有物，或按一定份额享受权利、负担义务，或依平等原则享受权利、负担义务。多数情况下，共有财产权利的行使与义务的分担，需体现全体共有人的意志，并由全体共有人决定。

（4）共有物上的所有权仅有一个，系两个以上的人分享一个所有权，为所有权于量上的分割。易言之，共有并不是一种独立的所有权形式，其仅系同种或不同种类的所有权的联合。所谓同种所有权的联合，如个人与个人的共有，集体与集体的共有；所谓不同种类的所有权的联合，如国家与集体的共有，集体与个人的共有，以及国家、集体和个人三者的共有。

（5）共有不同于公有。我国现行法上的公有包括国家所有权和集体所有权。国家所有权尽管是全民所有制的法律表现，但其主体是单一的，就是国家；集体所有权虽然是劳动群众集体所有制于法律上的表现，但依《宪法》第10条第2款，《民法总则》第96条、第99条、第100条及《物权法》第61条的规定，集体所有权的主体为集体经济组织，是单一的。但《物权法》第59条又规定，集体经济组织成员也系集体所有权的主体，此表明，我国集体所有权又不单纯是单一的，而系具有日耳曼法的总有或当代法上共有的某些特性。

（二）共有的成立因由与类型

于当代物权法上，共有的发生，通常系出于下列原因：

（1）基于当事人的意思而发生。亦即，对同一个物具有所有关系的数人，因具有共同所有的目的、意思而成立共有关系。例如，数人共同出资购买一套房屋，该房屋由此为数人共有，数人之间由此形成房屋共有关系。

（2）基于法律的直接规定而发生。例如夫妻对婚姻关系存续期间的财产的共有，家庭成员未分家析产前，对家庭财产的共有等，即属之。

共有的类型，各国家或地区法未尽一致。于德国民法与日本民法，共有仅指按份共有，而无共同共有；但在我国台湾地区"民法"，共有则涵括按份共有、共同共有及准共有。在中国大陆，依《物权法》的规定，所谓共有，系指按份共有与共同共有。另外，《物权法》第105条规定：两个以上单位、个人共同享有用益物权、担保物权的，参照共有的规定。该条所规定的权利共享，学理上称为"准共有"。

三、共同共有与按份共有的界分

共同共有与按份共有，为两种不同性质的共有，存在下列差异。

（一）成立的原因不同

共同共有的成立，须以存在共同关系为前提，按份共有则无此种限制。由此，共同共有人间存在着人的结合关系，而按份共有人间则否。

（二）权利享有和义务承担上的不同

在按份共有，共有人依其应有部分（份额）享有权利、承担义务；而在共同共有，共有人的权利及于共有物的全部而非仅限于某一部分，各个共有人对共有物不分份额地共同享有权利，承担义务（《物权法》第94条、第95条）。

（三）处分应有部分（应有份额）的不同

在按份共有，各共有人可自由处分其应有部分（应有份额）；而于共同共有，则无应有部分（应有份额）处分之可言。

（四）分割的限制上的不同

在共同共有关系中，各共有人不得请求分割共有物，除非共有基础丧失或有重大理由确需分割共有物（《物权法》第99条）；而于按份共有关系中，共有人则可随时请求分割共有物，惟共有人约定不得分割共有物，以维持共有关系的，应依其约定，共有人若有重大理由需要分割的，可以请求分割（《物权法》第99条）。[1]

（五）共有物管理的不同

在按份共有，除非法律另有规定或合同另有约定，对共有物的简易修缮和保存行为，共有人可以单独实施，改良行为则于获得共有人过半数或应有部分合计过半数的同意后，方可为之；对共有的不动产或动产作重大修缮的，应当经占份额三分之二以上的按份共有人或全体共有人同意（《物权法》第97条）；而于共同共有，除法律另有规定或合同另有约定外，对共有物的管理，应获得全体共有人的同意。

（六）存续期间的不同

共同共有的存在通常具有共同的目的，故通常而言，共同共有关系的存续期间较长；而按份共有关系，就其本旨而言，具暂时性。

按份共有与共同共有既然具有如上差异，实务上判定共有人的共有究为何种共有即具重要价值。为此，《物权法》第103条规定：共有人对共有的不动产或者动产没有约定为按份共有或者共同共有，或者约定不明确的，除共有人具有家庭关系等外，视为按份共有。之所以如此，其最主要的考量是，按份共有实质上系单独所有权的一种，各按份共有人对自己的应有部分享有相当于单独所有权的权利，各权利人的权利义务关系清晰、明确，不易滋生纷争，从而可以使共有财产获得最大限度的利用或增值。

---

[1] 崔建远：《物权法》，中国人民大学出版社2014年版，第235页。

第二节 按份共有

一、按份共有的源起与涵义

(一) 按份共有的源起

按份共有,又称分别共有 (Miteigentum nach Bruchteilen),系与共同共有相对应的概念,指两个或两个以上的共有人,按各自的应有份额对共有财产享有所有权。例如甲、乙、丙三人共有一套房屋的所有权,每人各有三分之一的份额("应有部分"),即为按份共有人,于不动产登记簿上各共有人所记载的权利部分即为三分之一。法制史上,按份共有系滥觞于罗马法。因涵括按份共有在内的罗马法所有权制度系奠基于个人主义基础之上,故此罗马法所有权遂成为一种对物的自由的、绝对的支配权制度。表现于按份共有上,即是各共有人对共有物均有支配权,各共有人间无人的约束关系,各共有人对共有物享有自由、独立的权利,惟因共有物仅有一个,故权利的行使须受限制。具体而言,罗马法按份共有制度具有3项特性:一是各共有人对共有物的所有权,与单独所有权并无大异;二是各共有人对共有物皆有应有份额,并可自由处分、随时请求分割;三是各共有人对共有物皆有管理权与使用、收益权,惟因标的物单一,使其行使不能不受到限制。[1]

欧洲中世纪晚期,伴随资本主义经济关系的萌芽,"文艺复兴"运动兴起,罗马法于各国获得复兴,以致德国等先后发生了规模宏大的罗马法继受运动。19世纪时,各国兴起民法典编纂运动,因继受罗马法的结果,使涵括按份共有在内的物权法制度也就于民法典上被确立下来。例如法国、德国、日本、瑞士和我国台湾地区"民法"关于按份共有的规定,均系直接因袭罗马法按份共有制度而来。现今我国《物权法》上的按份共有制度,亦系由来于罗马法。

(二) 按份共有的涵义与份额的法性质

1. 按份共有的涵义

按份共有,指两个或两个以上的共有人按份额(应有部分)对共有财产共同享有权利和分担义务的法律状态。例如,甲、乙、丙各出资50万元购买丁的房屋,甲、乙、丙即以应有份额三分之一的比例,共同享有丁房屋的所有权。按份共有具有下列法律特性:

---

[1] 谢在全:《分别共有内部关系之理论与实务》,文太印刷企业有限公司1995年版,第2页。

（1）按份共有的共有人对共有财产存在一定的应有部分（份额）。所谓应有部分，又称"份额"或"持份"，[1]指共有人对共有物所有权所享权利的比例，或共有人对共有物所有权于量上应享的部分。[2] 共有人对共有财产享有应有部分，系按份共有区别于共同共有的基本特性。亦即，共有人对共有财产存在应有部分的，为按份共有，反之为共同共有。应有部分是就所有权进行量的分割的结果，其"量"虽不如所有权之大，但其内容、性质与效力，则与所有权无异。对于应有部分的性质，须注意者有3点：一是应有部分（份额）为抽象的存在，并非具体地划分共有物的使用部分；二是应有部分并不局限于共有物的特定部分，而是抽象地存在于共有物的任何微小部分上。换言之，各按份共有人按各自的份额比例对整个共有财产享有权利、承担义务。三是应有部分为所有权的量的分割，而非所有权的权能的分割。[3]

应有部分（份额）的多少，通常依按份共有发生的原因而定。具体而言，基于当事人的意思而发生按份共有的，依当事人的意思确定应有部分（份额）的多少；依法律的规定而发生按份共有的，依法律的规定确定应有部分（份额）的多少。若依此两种方法仍不能确定应有部分（份额）的多少，则属应有部分（份额）不明，应推定各共有人的应有部分（份额）均等。[4] 另外，《物权法》第104条第1句规定：按份共有人对共有的不动产或者动产享有的份额，没有约定或者约定不明确的，按出资额确定。

（2）从主体上看，按份共有的主体为两个或两个以上的人，且他们之间的联系是偶然的，不以团体的结合关系为前提。

（3）从内容上看，按份共有人对其应有部分（份额）享有相当于所有权的权利。于法律或共有协议未作限制的情况下，按份共有人随时都可要求分出或转让其共有的不动产或动产份额（《物权法》第101条第1句）；共有人死亡时，其继承人有权继承其应有部分（份额）。

总之，按份共有为共有中最重要、最基本的形态，其与单独所有最接近，共

---

[1] 在按份共有，有将一个所有权为抽象的、分数的划分，而分属于各共有人的必要。其基此划分而生的各共有人对于共有物所有权的成数（比率），称为"份额"（应有部分）。简言之，份额（应有部分），即一个所有权几分之几之意。对此，请参见姚瑞光：《民法物权论》，海宇文化事业有限公司1999年版，第119页。

[2] 谢在全：《分别共有内部关系之理论与适用》，文太印刷企业有限公司1995年版，第6页。

[3] 谢在全：《分别共有内部关系之理论与适用》，文太印刷企业有限公司1995年版，第7页。

[4] 谢在全：《分别共有内部关系之理论与实务》，文太印刷企业有限公司1995年版，第7—8页；《物权法》第104条第2句规定："不能确定出资额的，视为等额享有。"

有人所受的团体性制约也最小，各共有人分享同一物的所有权，且任何时候均有权请求分割。当然，按份共有也是较共同共有更复杂的一种形态，此主要表现于按份共有的如下三方面关系上：一是按份共有人相互间的法律关系（按份共有的内部关系）；二是按份共有人与第三人间的法律关系（按份共有的外部关系）；三是按份共有关系的终止（共有物的分割）。对此三方面的关系，后文将予论述。

2. 应有部分（份额）的性质

按份共有的成立，以应有部分的存在为前提。所谓应有部分，简言之，指各共有人对于同一所有权于分量上享有的部分。此应有部分，既不是所有权标的物的划分，也不是所有权作用的割裂，[1]而是各共有人行使其权利范围的比例。关于应有部分的性质，主要有5说：（1）实在的部分说，认为按份共有物，确有实在的部分存在，各共有人于其实在的部分上，各享有一个所有权；（2）理想的分割说，认为各按份共有人于其标的物上，为想象的部分之分割，而各自享有一个所有权；（3）内容分属说，认为所有权的各种功用，可分别由共有人享有之；（4）计算的部分说，认为所有权有金钱计算的价格，共有人按其价格比例而共有之；（5）权利范围说，认为同一物由数人共有所有权，为避免权利行使的冲突，不得不有一定的范围，使各共有人于其范围内行使其权利。此范围，即各共有人的应有部分。[2]以上各说，以第五说为通说，本书采之。

二、按份共有的内部关系

按份共有的内部关系，系指共有人行使共有物的权利时，与其他共有人间的权利义务关系，通常包括各共有人对共有物的使用收益、对共有物的处分及于共有物上设立负担、对共有物的管理以及各共有人对共有物的费用分担。

（一）对共有物的使用收益

按份共有既然是两人或两人以上按其份额（应有部分）对一物共同享有所有权的状态，则各共有人本于其所有权，自可对共有物的全部，有使用、收益的权利。所谓使用，指依物的用法，不毁损其物体或变更其性质，以供人们的需要；所谓收益，指收取共有物的天然孳息或法定孳息。共有人对于共有物的使用、收益权，虽系对共有物全部为之，但因系共有，其使用、收益权的行使与单独所有不同，须按应有部分为之。所谓按应有部分为之，系指共有人行使使用、收益

---

[1] 所谓"标的物的划分"，譬如甲、乙、丙共有平房三间，每人可分得一间；所谓"所有权的割裂"，例如某一所有权，甲享使用，乙享收益，丙享处分即是。

[2] 参见郑玉波著，黄宗乐修订：《民法物权》，三民书局2007年版，第144页。

权,须受应有部分(份额)的限制,即其使用、收益权的行使须不能影响其他共有人按应有部分(份额)所得行使的使用、收益权。换言之,各共有人可就共有物的全部,于无害他共有人权利的限度内,按其应有部分(份额)而行使使用、收益权。而且,对共有物为使用、收益,须依共有物的性质和用法为之;共有人的共有权若被他共有人否认或侵夺时,可对之提起确认或回复之诉。另外,共有人如未经协议或他共有人的同意而就共有物的全部或一部任意占有、使用、收益时,属于侵害其他共有人的所有权,他共有人可本于所有权请求排除其妨害或请求向全体共有人返还占用部分。此外,他共有人也可视情况而主张侵权损害赔偿请求权或不当得利返还请求权。

(二) 对共有物的管理

1. 概要

所谓对共有物的管理,指为了维持共有物的物理的功能,从而使其发挥社会的、经济的功用而对之所为的一切管理活动。通常而言,其涵括共有物的保存、改良、利用和处分。处分,《物权法》将其规定于第97条,系与管理并列。故此,如下所述共有物的管理,主要系指共有物的保存、改良和利用。

对共有物的管理,各国家或地区民法多设立明文规定。《日本民法》第252条规定:共有物的管理事项,按各共有人所持份额的价格以其过半数决定。但保存行为,各共有人均可为之。《瑞士民法典》第647条之一规定:各共有人均有为通常管理行为的权利,决定重要的管理行为,须经全体共有人过半数的同意决定。我国台湾地区"民法"第820条第1项、第5项规定:共有物的管理,除契约另有约定外,应以共有人过半数及其应有部分合计过半数的同意为之;共有物的简易修缮和其他保存行为,得由各共有人单独为之。

我国《物权法》第96条规定:"共有人按照约定管理共有的不动产或者动产;没有约定或者约定不明确的,各共有人都有管理的权利和义务。"此所谓共有人关于管理共有物的约定,系指全体共有人之间就共有物的使用、收益或管理方法等事项而订立的协议,其中尤其是指全体共有人订立的所谓分管协议。此"分管协议",又称分管合同,指共有人间约定各自分别占有共有物的特定部分而为管理的合同。其由全体共有人订立,内容为分别占有共有物的特定部分而为管理。所约定占有共有物的特定部分,不以按应有部分换算者为限,较应有部分换算为多或少皆可,部分共有人未占有共有物,甚或将部分共有物交由第三人使用,也被允许。应注意的是,分管协议的订立,系以继续维持共有关系为前提,故订立后,共有人的共有关系继续存在,此点区别于分割合同;另外,分管合同系共有人间关于共有物管理的约定，非以发生共有物的物权变动为内容，也非共有物的物上负担，而系债权合同。此外，该合同的订立，不以采书面为必要，以明示或默示为之皆可。[1]

2. 共有物的保存

共有物的保存，系指以防止共有物的毁损、灭失或其权利丧失、受到限制等为目的，而维持其现状的行为，涵括事实行为与法律行为。前者如共有动产放置于屋外有日晒雨淋之虞而加以收拾。因共有物的保存，对全体共有人皆有利无害，且性质上多须急速为之，故此种场合共有人可不问其他共有人的意思如何而单独为之。即使为保存行为的共有人因保存的结果而可获较大的利益，也属无妨（《物权法》第96条）。如共有人的管理行为构成保存行为的，由此而支付的费用，其可向其他共有人求偿，否则，应自负其责。[2]另外，下列行为也属共有物的保存行为：（1）对共有物的简易修缮行为，如共有房屋漏雨，以混凝土简单填补，或门窗、玻璃破碎予以修换等，皆属保存行为；（2）共有物如为易腐败的物（如鱼虾）的，共有人为保全其价值而予以变卖；（3）中断消灭时效或取得时效的行为，如使义务人承认或对共有的不动产进行保存登记。

3. 改良行为

共有物的改良行为，是指不变更共有物的性质而增加其效用或价值的行为。例如，开垦共同承包的荒地为农田以增加其价值，对共有房屋加贴瓷砖，以增进其美观等，皆属之。

共有物的改良行为不如保存行为具有紧迫性与必要性。但是，为共有物的改良行为所需的费用通常较多，故往往攸关各共有人的利益。由此决定了改良行为不可像保存行为那样可由共有人单独处理；同时，较之共有物的处分，共有物的改良又显不如其关系重大，而须获得全体共有人的同意方可为之。通常，共有物的改良均有益于全体共有人，对社会经济也多有益处。基于此等理由，对于共有物的改良，各国家或地区民法采取了一种介于共有物的处分与保存之间的折中办法，明定只要获得共有人及其应有部分多数的同意，即可为之。[3]我国《物权法》亦采同样立场，于第97条规定：重要管理行为须经占共有份额三分之二以上的按份共有人同意。

---

[1] 谢在全：《民法物权论》（上册），新学林出版股份有限公司2014年版，第380页以下。
[2] 谢在全：《分别共有内部关系之理论与实务》，文太印刷企业有限公司1995年版，第86页。
[3] 谢在全：《分别共有内部关系之理论与实务》，文太印刷企业有限公司1995年版，第87页。

4. 共有物的利用

共有物的利用，系指以满足共有人的共同需要为目的，不变更共有物的性质，而决定其使用、收益方法的行为。例如，将共有房屋出租给他人居住，即属之。与共有物的处分不同，共有物的利用，不涉及移转共有物的权利或增加共有物的负担；就不具防止共有物毁损灭失的目的和不增加共有物的效用、价值而言，共有物的利用与共有物的保存、改良之间又有明显的差异，如共有物的利用涉及共有物的用途的变更时，即不再属于共有物的利用，而属于共有物的用途的变更。[1]对共有物的利用，共有人有约定的，依其约定，无约定的由全体共有人共同决定。

（三）对份额（应有部分）的处分

1. 份额（应有部分）的分出

共有人有权要求分出自己的应有部分。所谓分出，指按份共有人退出共有关系，将自己的应有部分自共有财产中分割出来。通常而言，于法律或共有人的协议对分出定有限制时，按份共有人应遵守其限制。另外，各共有人为了实现一定的共同目的，也可约定一定期限内限制分出。

对于分出，《物权法》第99条规定了3点：（1）共有人约定不得分割共有的不动产或者动产，以维持共有关系的，应当依其约定，但共有人有重大理由需要分割的，可以请求分割；（2）没有约定或者约定不明确的，按份共有人可以随时请求分割共有物；（3）因分割对其他共有人造成损害的，请求分割的共有人应当给予赔偿。

关于共有物分割的方式，《物权法》第100条第1款规定：共有人可以协商确定分割方式。达不成协议，共有的不动产或者动产可以分割并且不会因分割减损价值的，应当对实物予以分割；难以分割或者因分割会减损价值的，应当对折价或者拍卖、变卖取得的价款予以分割。

2. 份额（应有部分）的转让与优先购买权

按份共有人可无须经其他共有人的同意而直接转让自己的应有部分（份额）（《物权法》第101条）。按份共有人转让其份额（应有部分），且共有物为动产的，须交付其份额（应有部分），使受让人与其他共有人共同占有该动产；共有物为不动产的，应当办理变更登记，否则不发生份额（应有部分）出让（转让）的效力。

---

[1] 谢在全：《分别共有内部关系之理论与实务》，文太印刷企业有限公司1995年版，第88—89页。

按份共有人转让自己的份额（应有部分）时，于同等条件下，其他共有人有优先购买权，学理上称为按份共有中共有人的优先购买权（《物权法》第101条）。[1] 据此优先购买权，按份共有人中的一人出卖自己的份额（应有部分）时，其他共有人于同等条件下有优先于其他购买人购买的权利。应注意的是，其仅适用于按份共有人向共有人之外的人转让其份额（应有部分）的情形。不过，依最高人民法院《物权法司法解释（一）》第12条第2款的规定，其他按份共有人的请求具有下列情形之一的，不予支持：（1）未在《物权法司法解释（一）》第11条规定的期间内主张优先购买，或者虽主张优先购买，但提出减少价款、增加转让人负担等实质性变更要求；（2）以其优先购买权受到侵害为由，仅请求撤销共有份额转让合同或者认定该合同无效。

另外，所谓"同等条件"，应综合共有份额的转让价格、价款履行方式及期限等因素确定（《物权法司法解释（一）》第10条）。至于按份共有人之间转让共有份额，其他按份共有人主张根据《物权法》第101条规定优先购买的，除非按份共有人之间另有约定，否则不予支持（《物权法司法解释（一）第13条》）。此外，共有份额的权利主体因继承、遗赠等原因发生变化时，其他按份共有人主张优先购买的，除非按份共有人之间另有约定，否则也不予支持（《物权法司法解释（一）》第9条）。

还应注意的是，按份共有人向共有人之外的人转让其份额（应有部分）时，为防止优先购买权的持续存在，阻碍共有人转让其份额（应有部分），对其他共有人的该权利的行使须作限制。对此，最高人民法院《物权法司法解释（一）》第11条规定："优先购买权的行使期间，按份共有人之间有约定的，按照约定处理；没有约定或者约定不明的，按照下列情形确定：（一）转让人向其他按份共有人发出的包含同等条件内容的通知中载明行使期间的，以该期间为准；（二）通知中未载明行使期间，或者载明的期间短于通知送达之日起十五日的，为十五日；（三）转让人未通知的，为其他按份共有人知道或者应当知道最终确定的同等条件之日起十五日；（四）转让人未通知，且无法确定其他按份共有人知道或者应当知道最终确定的同等条件的，为共有份额权属转移之日起六个月。"

最后，在共有人转让其份额（应有部分），两个或两个以上的其他共有人皆

---

[1] 关于共有人优先购买权的性质，有采请求权说者，认为系由共有人请求与义务人以相同的条件缔约，义务人即负有承诺出卖的义务而与其缔约。现今多数则倾向于系属于形成权，就义务人与第三人所缔结的买卖合同，由共有人以一方的意思表示，即可与义务人以相同的条件缔约，无需义务人的承诺。对此，请参见郑冠宇：《民法物权》，新学林出版股份有限公司2015年版，第282页。

主张优先购买权且协商不成时，可按转让时各自份额比例行使优先购买权（《物权法司法解释（一）第 14 条》）。如此可维持各个共有人对共有物的比例关系不变，较为公平。另外，于共有人的优先购买权与承租人的优先购买权竞存时，如何确定其效力？例如共有物出租于丁后，按份共有人甲转让其份额（应有部分），其他按份共有人乙、丙当然享有优先购买权，承租人丁是否也享有优先购买权？学理认为，于共有物整体不转让、仅转让份额（应有部分）的情况下，承租人无权行使优先购买权；于共有物实行补偿分割、共有物整体转归某共有人的情况下，其他共有人有权行使优先购买权，承租人也有权行使优先购买权，两权发生冲突时，应当贯彻前者优先的原则。[1]

3. 以应有部分设定负担

按份共有中的共有人既然可以分出、转让其应有部分，基于举重以明轻（分出、转让是位次较负担的设立更高的行为）的原则，就应有部分设立负担也就未有不许之理，故现今通说认为共有人可就其份额（应有部分）设立抵押权、质权。而且，《担保法解释》第 54 条第 1 款也规定："按份共有人以其共有财产中享有的份额设定抵押的，抵押有效。"惟设立质权时，须使质权人与其他共有人共同占有共有物。在以份额（应有部分）设立抵押权时，共有物即使分割，对抵押权也不生影响。

4. 份额（应有部分）的出租

按份共有人将其依份额（应有部分）对共有物所享有的使用权和收益权出租给他人。份额（应有部分）本身具有一定的财产价值，按份共有人将之出租，不违反法律的禁止性规定，也不违反公序良俗，应予准许，可适用《合同法》有关租赁合同的规定。[2]

5. 份额（应有部分）的抛弃

按份共有人抛弃其份额（应有部分），性质上属于处分行为，可自由为之。惟有疑问的是，经抛弃的份额（应有部分）是否归由其他共有人取得？对此，学理上有肯定与否定两说。肯定说认为，因按份共有中的份额（应有部分）具有与所有权相同的性质——弹力性，某一份额（应有部分）消灭，此前该份额（应有部分）对他份额（应有部分）的限制即当然解除，他份额（应有部分）随之扩张。由此，共有人所抛弃的份额（应有部分）不得认为属于无主物而适用先占规

---

[1] 崔建远：《物权法》，中国人民大学出版社 2014 年版，第 247 页。
[2] 崔建远：《物权法》，中国人民大学出版社 2014 年版，第 242 页。

则，也不得归属于国库，而须依比例由其他共有人享有。在立法成例上，《日本民法》第 255 条采之。否定说认为，所有权的弹力性，是指在所有权上有他物权时，他物权消灭，所有权回复其原来的圆满状态。而份额（应有部分），是共有人对共有物所有权的比例，其既不是他物权对份额（应有部分）所加的限制，也非份额（应有部分）相互间的限制，故按份共有人抛弃其份额（应有部分）时，其他按份共有人的份额（应有部分）并不回复原来的圆满状态。[1] 而且，即使依所有权的弹力性的法理解决，也不过仅能回复受限制的应有部分（份额）原来的圆满状态而已，仍不能说明经抛弃的应有部分（份额）应当归其他共有人取得的原因。[2]

对于共有人抛弃的份额（应有部分），其他共有人可否取得，我国多数学说与实务采否定立场，认为按份共有人抛弃的应有部分（份额）应归国家所有。惟本书认为，份额（应有部分）的抛弃，若为动产，其抛弃后该份额（应有部分）的归属，应依先占或时效取得而定；若为不动产，则归属国库。

（四）共有物的处分

《物权法》第 97 条规定，共有物的处分，须经占份额三分之二以上的按份共有人的同意，除非共有人之间另有约定或法律另有规定。相较于一些立法成例规定共有物的处分须获得全体共有人的同意而言，《物权法》的规定为轻。

某个或几个按份共有人未经其他按份共有人的同意而擅自处分共有财产，构成无权处分。所订立的合同经过其他共有人追认或处分人事后取得处分权而有效，否则无效。但无论合同有效抑或无效，皆不影响买受人于符合《物权法》第 106 条第 1 款的规定时，善意取得共有物。另外，占份额三分之二以上的共有人同意出卖共有物，实际上是出卖各个共有人份额（应有部分）的总和。此时，只要不同意出卖共有物的按份共有人愿意保留对共有物的所有权，就意味着他们愿意购买同意出卖共有物的按份共有人的份额（应有部分）。亦即，不同意出卖共有物的共有人，对同意出卖的共有人所持份额（应有部分）的出卖，应享有优先购买权。

此外，需指出的是，《物权法》第 97 条的规定性质上属于任意规范，可由共有人之间的特别约定而予排除。当事人既可约定共有物的处分和重大修缮须经全体共有人同意，从而维护每一个共有人的利益；同时也可降低三分之二多数决的

---

[1] 谢在全：《分别共有内部关系之理论与实务》，文太印刷企业有限公司 1995 年版，第 21 页。

[2] 谢在全：《民法物权论》（上册），新学林出版股份有限公司 2014 年版，第 360 页。

标准，如约定处分或者重大修缮只需占份额二分之一以上的共有人同意，从而便利物的利用与处分。[1]

（五）共有物的费用分担

关于共有物的费用负担，各国家或地区多采分担原则，即各共有人按其应有部分（份额）的大小分别负担其应负的费用。按份共有人既然按其应有部分（份额）就共有物享有权利，则当然应当按其应有部分（份额）对共有物承担义务。《物权法》第 98 条规定：对共有物的管理费用以及其他负担，有约定的，按照约定；没有约定或者约定不明确的，按份共有人按照其份额负担。

共有物的费用，主要涵括共有物的管理费用与此外的其他费用。其中，举凡因保存、改良和利用共有物而生的费用，皆属于共有物的管理费用；其他费用，主要指因共有物的存在而产生的私法或公法上的费用，如缴纳共有物的税款、保险费，及支付共有建筑物造成的损害赔偿金等。由于各按份共有人支付共有物的费用系依份额，故清偿共有物的费用负担超过自己应负份额的人，可以向其他共有人追偿（《物权法》第 98 条、第 102 条）。例如，甲、乙、丙共有房屋一栋，每年应缴纳税款 1000 元，由甲支付。设甲、乙、丙的应有部分（份额）分别为 50%、30%、20%，则甲可请求乙偿还 300 元，请求某丙偿还 200 元[2]。

三、按份共有的外部关系

按份共有的外部关系，是指按份共有人与第三人间的法律关系。主要涵括：

（一）各个按份共有人基于应有部分权（持分权或份额权）可向第三人提出的各种请求

在按份共有，各共有人基于其应有部分权而可向第三人行使的请求权，学理上称为应有部分权（份额权）的对外扩张。[3] 应有部分权，又称为"份额权"，指各共有人对其应有部分享有的权利，或共有人基于其应有部分，可以对共有物行使的权利。因应有部分权与所有权具同样的性质，故各共有人就其应有部分权可对第三人单独主张下列权利。

---

1 刘家安：《物权法论》，中国政法大学出版社 2009 年版，第 137—138 页。

2 有疑问的是，如果此时乙或丙未偿还该费用，而将应有部分移转给他人，甲是否可以向该他人请求偿还？对此，见解未尽一致。我国清朝大理院 4 年上字第 127 号判例认为："得向其人或其继承人请求偿还"，系采肯定见解。惟姚瑞光采否定见解，理由是：物权的受让人，除法律有规定或合同有订立外，仅承受物权法上的负担，与受让标的物有关的债务，并不随物而移转于受让人。本书采肯定见解，认为甲可以向该他人请求偿还。

3 [日] 松坂佐一：《民法提要》（物权法），有斐阁 1980 年版，第 171 页。

（1）第三人对自己所享有的应有部分权主张权利时，可以提起应有部分权确认之诉，请求确认自己对应有部分的权利，是为应有部分权的确认请求权。

（2）第三人妨害共有物时，可请求除去对共有物的妨害，是为应有部分权的妨害除去（排除）请求权。

（3）共有物有被妨害之虞时，可提起妨害防止（预防）请求权。

（4）共有物被他人非法侵夺时，共有人基于其应有部分权，可为全体共有人的利益提起共有物返还请求权。

（5）各共有人基于自己的应有部分权，有权提起旨在中断消灭时效与取得时效的完成的请求，是为基于应有部分权的时效中断请求权[1]。

（6）对第三人的债权请求权。因共有物产生的对第三人的债权，无论各个共有人之间约定系按份享有抑或连带享有，于对第三人的关系方面，各个按份共有人享有连带债权，除非法律另有规定或第三人知道共有人不具连带债权债务关系（《物权法》第102条第1句）。按照共有债权（且为连带债权）的行使规则，各个按份共有人可单独提起债权请求权的诉讼。[2]

（二）各个按份共有人的对外责任

因共有物所生的对第三人的义务，如委托第三人保管共有物所生的保管费债务、委托第三人修缮共有物所生的报酬债务等，无论债务可分与否，依《物权法》第102条第1句的规定，在对该第三人的关系方面，各个按份共有人连带承担，除非法律另有规定或第三人知道共有人不具连带债务关系。[3]

第三节　共同共有

一、共同共有的涵义与法性质

（一）共同共有的涵义

共同共有（Gesamthandseigentum），通常指狭义的共同共有，法制史上称为"合有"。广义的共同共有除涵括"合有"外，还包含"总有"。历时上百年的演变，古代法上的合有演变为当代意义上的共同共有。《物权法》第95条规定：共同共有人对共有的不动产或者动产共同享有所有权。

---

[1] ［日］川岛武宜编集：《注释民法》（7），有斐阁1968年版，第310—314页。
[2] 崔建远：《物权法》，中国人民大学出版社2014年版，第249页。
[3] 崔建远：《物权法》，中国人民大学出版社2014年版，第249页。

共同共有，系指数人不分份额地共同享有一物所有权的共有形态，或者依一定原因成立共同关系的数人，基于共同关系，而共享一物的所有权的状态，其具有下列特性。

1. 共同共有是不分份额的共有

在共同共有关系存续期间，共同共有人不能对共同共有财产确定份额。也就是说，共同共有人既然系结为一体，故此，共同共有人间实无应有部分（"份额"）可言，此也为共同共有与按份共有的最大区别。[1]只有在共同共有关系终止，共有财产分割后，才能确定各共有人的份额。故于共同共有关系存续期间，部分共有人擅自划分份额，处分共有财产的，应认定为无效。

2. 共同共有的发生以数人间存在共同关系为基础

所谓共同关系，系指两个或两个以上的人因共同目的而结合，成为共同共有基础的法律关系。共有人之间未有共同关系，也就无共同共有，至多可以成立按份共有。由此，共同共有通常只存在于婚姻家庭领域内和具有一定亲属关系的自然人之间，越出这一领域的共有因各共有人间多不存在共同关系，故非共同共有，而为按份共有。正因如此，《德国民法典》和《日本民法》于物权编所定的共有全部为共同共有，于亲属编又专门规定夫妻共同财产制度。我国《物权法》第 103 条规定："共有人对共有的不动产或者动产没有约定为按份共有或者共同共有，或者约定不明确的，除共有人具有家庭关系等外，视为按份共有。"

3. 各共有人对共有财产的全部享有平等的权利，承担平等的义务，对外承担连带责任

共同共有人对共有财产享有权利，承担义务。亦即，共同共有人对共有财产享有平等的占有权、使用权；对共有财产的收益，不是按比例分配，而是共同享用；对共有财产的处分须征得全体共有人的同意；同时，各共有人就共有财产享有权利的同时，也须承担共同义务。例如，因对共有财产进行维护、修缮、保管、改良所支出的费用应由各共有人共同承担。因各共有人对共有财产的权利义务不存在份额比例关系，故基于共同共有财产而生的债权债务也必定为连带债权债务，由此也就决定了共同共有人之间存在更加紧密的权利义务关系。

---

[1] 不过，由于共同共有人对于共同关系下的全体财产仍享有其应有的份额，例如合伙的股份、继承人的应继份额等，故在共同关系结束后，共同共有人仍得本此份额，主张其权利，通称为共同共有的潜在份额（"潜在应有部分"）。对此，请参见郑冠宇：《民法物权》，新学林出版股份有限公司 2015 年版，第 317 页。

(二) 共同共有的性质

关于共同共有的性质，存在一定争议，主要有三说：（1）不分割的共同所有权说，认为共同共有为无应有部分的共同所有权。即便有应有部分，其应有部分也是潜在地存在，仅在解散共同共有关系时，才能实现共同所有权。（2）社员权说，又称人身权说，认为在共同共有关系中，个人享有应有部分。但该应有部分并非物权法上的应有部分，而属于人格法上的应有部分，类似于社员权。（3）结合的共有权说，认为共同共有虽然也属于共有权，各共有人也有其应有部分，但此种共有权与一般意义上的共有权并不完全相同，即在共同共有，各共有人不得自由处分自己的应有部分。[1]。

以上各说，以何者为当？本书认为，因共同共有的发生以各共有人之间存在共同关系为前提，于共同共有关系存续期间，各共有人既不得请求分割共有物以脱离共有关系，也不得请求让与共有物以消灭共有关系，故而于共同共有关系解散前，各共有人之间的共同共有乃是一种无应有部分的共同共有，仅于解散共同关系时，共有人之间才发生共有财产的分割。就此而言，称共有人之间的应有部分于共同关系存续期间系潜在地存在，似无不可。立基于这样的分析，关于共同共有的性质，本书采不分割的共同所有权说。

二、共同共有的类型

（一）夫妻共有财产

夫妻财产共同共有为我国财产共同共有的基本类型。《婚姻法》规定：夫妻在婚姻关系存续期间所得的财产，归夫妻共同所有，双方另有约定的除外。夫妻对共同所有的财产，有平等的处理权。夫妻婚前的财产为个人财产的，则不属于夫妻共同财产的范围。婚姻关系存续期间，下列财产通常为夫妻共同财产：（1）婚后夫妻一方或双方劳动所得的财产。无论夫妻在家庭中的分工如何、收入高低，夫妻婚后一方或双方劳动所得的财产，均由夫妻双方共同所有。（2）婚后夫妻双方继承和接受赠与的财产。亦即，夫妻双方通过继承遗产、接受赠与或接受遗赠所取得的财产，皆为夫妻共有财产。（3）夫妻以双方的合法收入购置的财产，除长期由一方使用的衣物、书籍外，属于夫妻共有财产。（4）夫妻在婚姻关系存续期间取得的其他合法收入，以及其他无法确定为个人财产抑或共有财产的财产，推定为共有财产。

---

[1] 张文龙：《民法物权实务研究》，汉林出版社1977年版，第77页。

(二) 家庭共同财产

对于家庭共同财产，我国现行法未作明确规定，但学理与实务皆认为，家庭共有财产系共同共有的一种形式。所谓家庭共有财产，指家庭成员于家庭共同生活关系存续期间共同创造、共同劳动所得的财产。家庭共有财产的主体是对家庭共有财产的形成做出过贡献的家庭成员。家庭共有财产主要是家庭成员于共同生活期间的共同劳动收入、共同购置和积累起来的财产。但家庭共同经营收入中用作家庭成员各自消费的财产和于家庭成员间业已作了分配的财产应视为家庭成员各自所有的财产。另外，家庭成员各自的工资收入和经营收入，除依《婚姻法》的规定可认为属于夫妻共有财产的以外，也应归家庭成员各自所有。家庭共有财产人的权利义务，是指每个家庭成员对家庭共有财产均享有平等的权利，承担相同的义务。除法律另有规定或家庭成员间另有约定外，对家庭共有财产的使用、处分或分割，皆应取得全体家庭成员的同意，任何家庭成员皆不得随意处分属于家庭所有的共有财产。于分家析产时，家庭共有关系终结，家庭成员可要求对共有财产进行分割。

(三) 遗产分割前的共有

根据我国《继承法》，被继承人死亡后遗产分割前，各继承人对遗产的共有为共同共有。《继承法》第 2 条规定：继承自被继承人死亡时开始。但在继承开始后，如继承人有数人时，其中任何继承人均不能单独地取得遗产的所有权，而只能为全体继承人所共有。此种共有形态系一种典型的共同共有。

(四) 合伙共同共有

因合伙合同的缔结，于合伙人之间产生合伙关系。合伙不产生独立人格，其财产由全体合伙人共同共有，由合伙所生的债务由全体合伙人承担连带清偿责任。[1]

三、共同共有的效力

共同共有的效力，即共同共有人间的内部关系与外部关系。分述如下。

(一) 共同共有人间的内部关系

1. 共同共有人对共有物共同享有所有权（《物权法》第 95 条），故各个共有人的权利及于共有物的全部

共同共有人对共有物的全部享有平等的使用、收益权，共同共有人不得主张就共同共有物享有特定的部分。因此，在共同共有关系存续期间，部分共有人擅

---

1. 刘家安：《物权法论》，中国政法大学出版社 2009 年版，第 143 页。

自划分份额，处分共有财产的，应认定为无效。实务中，共有人对共有物进行具体的管理，通常依约定为之，如无约定或约定不明，依《物权法》第 96 条的规定，各个共同共有人皆有管理的权利和义务。

2. 基于共同共有的特性，共同共有人就共有物享有的权利，须受产生该共同关系的法律的限制

当事人不得随意变更法律关于共同共有关系的成立的规定。例如，不得随意变更《婚姻法》关于夫妻关系存续期间，夫妻财产为共同所有的规定。盖只有如此，才能真正达到法律规定共同共有的目的。至于共同共有关系中的各共有人如何行使权利、承担义务，则通常依产生该共同共有关系的法律的直接规定解决。于法律无规定时，由共同共有人全体以协议的方式解决。

3. 在共同共有关系存续中，或在共同共有的基础丧失前，或未出现重大理由时，共同共有人不得请求分割共有物（《物权法》第 99 条）

共同共有因系基于共同关系而生，具共同的目的，故在共同关系终止前，各共有人原则上不得请求分割乃至转让共有物，以求退出或消灭共同共有关系。

4. 对共有物的处分和重大修缮，原则上须获得全体共有人的同意

由于共同共有人对共有物享有平等的权利，因此《物权法》第 97 条规定，除非共有人另有约定，否则在共同共有关系存续期间，对共有物的处分和重大修缮应当得到全体共有人的同意。当然，如果是对共有物进行保存或简单的修缮，则无须经过全体共同共有人的同意。另外，依婚姻法司法解释的规定，夫妻为了日常生活的需要而处分价值额不大的共有物时，无须征得另一方的同意，但处分房产（如出卖夫妻共同共有的房屋）等价值额很高的共有物时，则须有配偶另一方的书面授权或同意处分的意思表示。

5. 共有人侵害共有物时，其他共有人享有救济权

当共同共有中一共有人侵害共有物时，其他共有人可分情形而行使所有物返还请求权、妨害排除（除去）请求权及妨害预防（防止）请求权。某个或某些共有人未经全体共同共有人的同意而擅自处分共有物，构成无权处分，买卖合同因其他共有人的否认而归于无效。

（二）共同共有人的外部关系

1. 共同共有人的物权请求权

在共同共有关系存续期间，当共有物被他人非法占有、受到他人非法侵害或有被妨害之虞时，任何共有人皆可行使基于所有权的请求权，以保全共有物所有权的圆满状态。

2. 共同共有人的连带债权、连带债务

因共有物而使共同共有人与第三人产生的债权，各个共同共有人享有连带债权，共同共有人对因共有物所产生的各类债务，承担连带责任（《物权法》第102条）。例如，因对共有物管理不善而造成他人损害的，全体共同共有人应承担赔偿责任。再如，在家庭共有和夫妻共有关系中，饲养的动物致人损害、共有的房屋坍塌致人损害等，都应由共有财产中予以赔偿。

四、共同共有的消灭

与任何法律关系必因一定法律事实的发生而归于消灭相同，共同共有关系也必因一定法律事实的发生而消灭。因共同共有的发生原因为法律的直接规定，故共同共有于因某种法律关系发生的同时，也必然会伴随某种法律关系的消灭而消灭。按照我国现行法关于共同共有发生的规定，共同共有可因下列原因而归于消灭：（1）夫妻一方死亡或离婚，婚姻关系终止；（2）继承人分割遗产；（3）家庭解散而分家析产；（4）合伙关系解除或终止。只要这些法律事实出现，作为共同共有关系的成立基础的共同关系即不复存在，从而财产共同共有关系便归于消灭。

五、共同共有物的分割

共同共有财产的分割，涵括两个方面：分割原则与分割方法。我国学理上通常认为，共同共有财产的分割，应坚持的总原则是：遵守法律规定的原则、遵守约定的原则和平等协商、和睦团结的原则。于此总原则下，对夫妻共同共有财产，原则上应坚持均等分割原则，每人各分得共有财产的一半；对于家庭共同财产，于坚持均等分割原则的同时，还应考虑共同共有人对共有财产的贡献大小，以及依各共有人生产、生活的实际情况具体确定分配财产的数量。至于共同继承的遗产，则应依《继承法》的规定分割；合伙共同财产的份额，按各共有人投资比例分割。

根据《物权法》第100条第1款的规定，共有人可以协商确定共有物的分割方式。达不成协议，共有物可以分割并且不会因分割减损价值的，应当对实物予以分割；难以分割或者因分割会减损价值的，应当对折价或者拍卖、变卖取得的价款予以分割。此外，该条第2款还规定：共有人分割所得的不动产或者动产有瑕疵的，其他共有人应当分担损失。

第四节　准共有

准共有，系指两个或两个以上的主体按份共有或共同共有所有权以外的财产权的共有，亦即，系指对所有权以外的财产权的共有。关于此种共有的财产权，典型者如抵押权[1]、建设用地使用权等物权，以及债权[2]或无体财产权（知识产权）[3]。此等权利人间的权利与义务关系，于性质上相同的，准用共有的规定。[4] 当代各国物权法于对所有权的共有作出规定后，通常皆设有准共有的规定。我国《物权法》亦然，其第105条规定，"两个以上单位、个人共同享有用益物权、担保物权的，参照本章规定"，即在明示承认准共有。

对于准共有，须说明者有下列3点：

（1）准共有的标的仅限于财产权，因而人格权、身份权等不得为准共有的标的。占有，因非一种权利，而系一种事实状态，故无准共有。

（2）准共有，除适用财产权的规定外，还应准用有关普通共有的规定。惟究竟应准用按份共有抑或共同共有的规定，则应视准共有系按份准共有抑或共同准共有而定。大体而言，数人共有一财产权系基于共同关系而生的，应准用共同共有的规定，其他则应准用按份共有的规定。

（3）建设用地使用权、土地承包经营权、地役权、抵押权等用益物权或担保物权，可为准共有的标的，惟于共有地役权时，须注意地役权具有不可分性。

---

[1]　例如债权人甲，将其对债务人乙的200万元债权，其中100万元让与丙，甲、丙于是共同享有乙所提供担保的不动产抵押权，此即为抵押权的准按份共有。也就是说，抵押权具有不可分性，以抵押权供担保的债权，即使分割或让与其一部的，该抵押权也不因债权分割而受影响，仍担保各债权，各债权人即共同拥有该抵押权而成为抵押权准共有人。对此，请参见郑冠宇：《民法物权》，新学林出版股份有限公司2015年版，第329页。

[2]　数债权人按其份额（"应有部分"）共同享有一债权的，为债权的准共有人，例如共有人出卖共有物，对买受人所享有的买卖价金债权。对此，请参见郑冠宇：《民法物权》，新学林出版股份有限公司2015年版，第333页。

[3]　商标权、著作权、专利权均可为（准）共有的标的（物），而适用《物权法》关于共有的规定。但法律就该权利的共有有特别规定时，应优先适用该特别规定。

[4]　郑冠宇：《民法物权》，新学林出版股份有限公司2015年版，第278页。

第十三章

用益物权总说

第一节 用益物权的意义

一、用益物权的涵义

用益物权（Nutzungsrechte），系指对他人所有的不动产或者动产，依法享有占有、使用和收益的权利（《物权法》第117条）。据此，用益物权具有下列特性。

（一）用益物权为一种定限物权

物权以其对标的物的支配范围为标准，可以分为完全物权与定限物权两种。前者所有权属之，后者则涵括用益物权与担保物权。所有权为具有一般的支配权能的物权，所有人可永久性的于法律限制的范围内发挥其无量的功用。但定限物权则否，定限物权于时于量，均有一定的限度，不如所有权的内容丰富。用益物权既然为定限物权之一种，则用益物权人也就仅能于一定范围内，对标的物加以占有、使用和收益。

（二）用益物权是以使用、收益为旨趣的定限物权

用益物权是权利人对标的物的使用价值为单方面的利用的物权。换言之，用益物权人所支配者，为标的物的使用价值，与担保物权人所支配者为标的物的交换价值，恰成对照。用益物权以对物的利用为内容，原则上同一标的物上不能同时设立多个用益物权（譬如两个土地承包经营权、两个宅基地使用权、两个建设用地使用权），但如两个或两个以上的用益物权的内容不相排斥（如汲水地役权、采光不动产役权），则其可以并存于一个标的物（如土地）上。在《物权法》中，用益物权并存的情形尤其体现在地役权与土地承包经营权、建设用地使用权的并存。另外，依《物权法》第136条的规定，建设用地使用权可以分别设立于土地

的地表、地上和地下，亦即，针对同一块土地可设立数个建设用地使用权。[1]

(三) 用益物权原则上系就他人的物而设立的物权

定限物权原则上需就他人的物而设立，故民法学理称为他物权。但有时不限于他人的物，于自己的物上也可设立此种物权（如德国民法的"所有人地上权"），惟此种情况并非常态，而系一种少有的例外，故而原则上定限物权仍须就他人的物而设立。用益物权为定限物权之一种，故其系存在于他人之物上的权利。

(四) 用益物权的享有和行使以对物存在占有为前提

用益物权的享有和行使以对标的物存在占有为前提，只有用益物权人对标的物加以实际占有，才有对标的物加以使用、收益的可能，故用益物权同时涵括占有、使用、收益三项权能。

(五) 用益物权主要以不动产为标的物

此点既不同于所有权（所有权涵括动产所有权与不动产所有权），亦与担保物权有异。用益物权之所以主要以不动产为标的物，乃出于下列原因：(1) 动产物权以占有为公示方法，不动产物权以登记为公示方法，占有的公示力仅能表现简单的法律关系，而登记的公示力则对较复杂的法律关系也能表现。当代各国物权法，动产物权的种类较少，不动产物权的种类较多，其原因正在于此。(2) 动产的种类繁多，数量也相当零碎，而其价值又往往较不动产为低，故此如有需要，尽可买为己有，即便偶尔需要利用他人的动产，也可依借用或租赁等债的方式获得，而不必采取用益物权的方式。

需注意的是，在当代各国物权法制下，用益物权虽主要以不动产为标的物，但也存在着由不动产和动产构成的综合财产为标的物的用益物权，如法国、德国民法上的用益权即是。我国《物权法》第117条关于用益物权的定义中尽管提及了"动产"，但是土地承包经营权、建设用地使用权、宅基地使用权和地役权皆以不动产土地为其客体。此外，作为准用益物权的海域使用权、探矿权、取水权、渔业权等，也都以海域等不动产为客体。

(六) 用益物权的设立、移转通常需要登记

用益物权系设立于不动产之上，其变动须遵循不动产物权变动的一般规则。就登记对不动产物权的效力的影响而言，《物权法》同时采用了登记生效主义（如建设用地使用权）与登记对抗主义（如地役权、土地承包经营权），而对于宅

---

[1] 刘家安：《物权法论》，中国政法大学出版社2009年版，第156—157页。

基地使用权，则尚未有登记的明确要求。[1]

（七）用益物权的设立有的为无偿，有的为有偿，依当事人的约定或设立的目的而定

譬如，依行政划拨方式所取得的建设用地使用权和宅基地使用权，为无偿；为商业、居住等目的而依出让方式所取得的建设用地使用权，为有偿。地役权的设定既可为有偿，也可为无偿。

（八）用益物权为独立物权

独立物权是指不以主体享有的其他民事权利为前提而能独立存在的物权，用益物权人对权利的享有不以享有其他财产权为前提，故属于独立物权。

二、用益物权的取得、丧失与变更

《物权法》规定的四种用益物权原则上皆应由相关当事人通过订立合同的方式而取得。此种基于法律行为的用益物权取得，或为创设取得（如订立承包经营合同取得土地承包经营权，订立地役权合同取得地役权），或为移转取得（如通过订立转让合同由他人处受让建设用地使用权），它们皆为继受取得。并且，由于用益物权的客体皆为不动产，故应适用《物权法》第9条的规定，即原则上以登记作为用益物权设立的生效要件。不过，考虑到我国不动产登记制度的现状，《物权法》弱化了登记于用益物权设立中的作用。于四种用益物权中，真正实行登记生效的只有建设用地使用权，地役权和土地承包经营权的设立实行的是登记对抗主义，宅基地使用权的设立则尚未建立登记制度。另外，除依法律行为取得外，当事人还可依继承的方式取得用益物权。

用益物权的消灭原因，因具体用益物权的不同而有所不同。用益物权共同的消灭原因主要有：（1）标的物灭失，如宅基地使用权因宅基地灭失而消灭；（2）标的物被征收。集体土地被征收的，原有土地上的土地承包经营权、宅基地使用权或地役权等用益物权也消灭。用益物权经登记的，于其消灭时，应及时办理注销登记。此外，用益物权存续期间，也可能发生权利内容的变动，如建设用地使用权改变其用途、地役权的存续期间的延长。用益物权的变更，原则上除须当事人达成合意外，尚须办理变更登记，否则不能生效或者不能对抗善意第三人。[2]

---

[1] 刘家安：《物权法论》，中国政法大学出版社2009年版，第157页。

[2] 刘家安：《物权法论》，中国政法大学出版社2009年版，第158页。

三、用益物权与担保物权

用益物权与担保物权,为对物权所做的基本分类,二者同属于定限物权的范畴,并具有支配权、绝对权的特性。不过,基于不同的立法旨趣,用益物权与担保物权又存在下列差异。

(1)对标的物进行支配的方面有所不同。用益物权是以占有和利用标的物的实体为目的的权利,其主要自物的使用价值方面对标的物进行支配,故又称为实体物权。而担保物权并非以取得对物的实体的利用为目的,而系以取得标的物所蕴含的交换价值为旨趣,故其主要自物的交换价值方面对物进行支配,系一种价值权。

需说明的是,用益物权与担保物权的此一差异于当代物权法制下,仅有相对的意义而无绝对的意义。通常而言,担保物权人只能就标的物的交换价值优先受偿,而不能对标的物为使用、收益;而用益物权则不限于对物的使用、收益。有的用益物权的权利主体除可对标的物进行使用、收益外,还可将标的物予以转让或用于信用担保。例如我国《城镇国有土地使用权出让和转让暂行条例》(1990年施行)第 3 章、第 5 章规定:以出让方式取得的国有土地使用权,权利人可将其转让或设立抵押权(第 19—27 条、第 32—38 条)。

(2)用益物权为独立物权,担保物权为从属物权。用益物权为一种独立物权,其根据当事人的约定或法律的直接规定而发生(如我国台湾地区"民法"中的法定地上权),不以用益物权人对财产享有其他权利为前提;而担保物权的存在则以担保物权人对担保物的所有人或其关系人享有债权为前提,债权一旦消灭,担保物权也随之消灭。

(3)权利实现的时间不同。由用益物权的特性所决定,用益物权人取得用益物权的当时即可实现其权利——对标的物的占有、使用、收益。可见,用益物权的取得与权利的实现于时间上是同时发生的,二者之间并无时间间隔;而担保物权人取得担保物权后,并不能当即实现其权利,仅有在该担保物权所担保的债权已届清偿期而未获清偿时,方可行使变价受偿权。概言之,担保物权人的权利的实现与权利的取得不能同时,二者之间存在时间间隔。

(4)占有于权利行使中的地位不同。用益物权的行使以占有标的物为前提,因用益物权人如不占有标的物即无法对标的物加以使用、收益。而担保物权的行使,除留置权、质权依其性质必须占有标的物外,其他担保物权(如抵押权)则不以直接占有标的物为前提,担保物权人可直接占有标的物,也可不直接占有标的物,而只要从法律上明确主体对标的物享有担保物权即可。20 世纪六七十年代以降，伴随各国市场经济与信用制度的发达，为同时发挥物的使用价值与交换价值的效益，不移转物的占有的担保形态正日益上升为物的担保的主流。[1]

（5）就与债权相结合而言，担保物权系为担保债务的清偿而存在，故与债权的结合最为密切，且权利的实现，既为取得担保价值之时，也为担保权消灭之时；而用益物权无须与债权有结合关系，权利人对物的用益价值于设立（用益）物权之时即已取得。

（6）二者于物上代位性上的不同。担保物权由其特性所决定，具有物上代位性。因担保物权的标的物毁损、灭失而受有保险金、赔偿金或补偿金时，该保险金等即为担保物权的代替物，担保物权人由此得就其行使权利。而用益物权，无论其标的物灭失的原因为何，皆将使用益物权确定、终局的归于消灭，此时用益物权人不得请求所有人以其他物替补。

第二节　用益物权的特性与功用

近现代及当代各国家或地区物权法上的用益物权制度，于内容、功能乃至种类上尽管存在差异，但我们依然可以看到，各国家或地区的用益物权于下列三点上具有共同性。

（1）近现代及当代用益物权，是奠基于近现代及当代财产所有权之上，并与之对立的、起着规范近现代及当代社会财产的（物权的）占有、使用及收益关系的制度。

（2）近现代及当代用益物权，彻底荡涤了封建的中世纪及其之前的财产权中的身份因素，而具彻底的纯粹的财产权特性，并可将之转让或继承。[2]

（3）近现代及当代用益物权，是一种以利用为本位的制度，其基本功用在于促进社会财富的充分利用。自20世纪以降，尤其是自六七十年代以来，各国家或地区的用益物权立法，皆特别注重用益物权人的法律地位的安定，注重用益物权人利益的保护，并提升用益物权人的法律地位。

在人类物权法发展史上，用益物权起源甚早，其滥觞与发展始终在弥补不动产债权形态的利用之不足，并强化对他人不动产的用益权的效果。众所周知，社会生活中的人，不利用财产则不能生活。而要利用财产，原则上即应取得财产的

1　［日］铃木禄弥：《物的担保制度的分化》，创文社1992年版，第63页。
2　［日］高岛平藏：《近代物权制度的展开与构成》，成文堂1986年版，第76—76页。

所有权。而财产所有权的取得，通常需要支付相当的代价，无资力者往往望而却步。于是有利用他人财产之必要。另一方面，拥有财产者，也未必均能充分利用，与其搁置，听其荒废，不如让他人利用，以坐收其利益，如此恰好以有余补不足，社会经济正可因此获得繁荣。惟对于财产的提供人与财产的利用人之间所发生的关系，不能不设立规范加以规制，否则必然纠纷无穷，争执不已。法律为因应此种事实上的需要，于是设租赁与借用制度，以资保护。但此二者终究为债法上的制度，对于非永久性的利用关系，虽可应付自如，但对于永久性的利用关系，则总感其效力薄弱。例如借地建屋，如遇土地所有人出售土地，则不能对抗新的土地所有人，于是不免拆卸迁徙，仰人鼻息，其结果不仅使建筑房屋的个人蒙受损失，且对整个社会经济也不利。有鉴于此，法律于是创设用益物权，以济其穷。盖物权的权利人既可直接支配财产，也可对抗任何人。上例的建筑房屋，如设立建设用地使用权，建设用地使用权人的权利即不会因土地所有人的易主而受影响。概言之，采用益物权的方式利用他人的不动产，既可巩固自己作为利用权人的法律地位，稳定用益关系，又可使自己对他人不动产的用益不受所有权人出让所有物的影响，并对抗妨害自己权利行使的第三人。此为不动产的债权形态的利用所不具备。

尽管如此，也需指出，于不动产债权与物权两种形态的利用体系下，不动产的用益物权形态，因通常需要登记，增加费用，又具有让与性，用益物权人为何人因而有不可知性及不确定性，且个人的财产状况由此得以公开，并成为所有权的负担，故此新近以来，于一些国家或地区，用益物权的利用方式乃成为民事主体不得已的第二选择。不过，由于用益物权特有的法律构造与社会功用，不动产用益物权将随着不动产用益形态的精致化、立体化及土地的不可增性、不可移动性而获得进一步的发展，可谓其发展上的"第二春"。尤其是由于土地资源的有限性、不可增加性、不可移动性，为因应土地的立体化、过密化利用，空间建设用地使用权将扮演越来越重要的角色。不动产役权不仅得就他人不动产为特定方便和利益之用，也可设立用益权人与自己不动产役权，其内容十分广泛，具有相当广阔的利用空间，或可借以营造社区建筑的特别风貌，抑或可与英美法上的土地发展权接轨，由此突破传统，推陈出新。用益物权的设计与运用，必须随时注入与时俱进的新元素，与社会的进步有机互动，此诚属其未来发展与成长的当然方向。[1]

---

1 谢在全：《民法物权论》（上册），新学林出版股份有限公司2014年版，第565页。

我国实行社会主义的生产资料公有制经济制度，举凡重要生产资料（如土地、矿藏、水流等）概由国家所有，单个的个人未有所有权。此种公有经济制度决定了用益物权于我国的社会经济生活中具有特别重要的功用与价值。

我国社会主义生产资料公有制，反映于法律上即是生产资料公有所有权制度。此种公有所有权制度，作为权利主体的国家或集体绝不可能事必躬亲，亲自加以行使。但其又不能处于闲置状态，否则社会经济必陷于停滞或裹足不前。亦即，其必须加以利用。而对它的利用，则不能不以规范加以规制，否则纷争不已，必影响社会经济的发展。所谓"规范"，最主要者就是用益物权，如建设用地使用权、宅基地使用权、土地承包经营权、地役权、采矿权和渔业权、海域使用权等。只有建立并根据这些用益物权，才能协调生产资料公有制经济关系于实际运营中所产生的所有人与利用人，所有人、利用人与第三人之间的利益关系，进而使公有生产资料于经济上获得充分的实现。

新中国成立之初，因出于对生产资料公有制经济关系的片面理解，认为生产资料公有制关系就是生产资料归全体劳动者所有的关系，未能认识到除此之外，生产资料公有制关系还涵括全体劳动者对生产资料的实际利用关系。基于此思路，便盲目地认为社会主义生产资料公有制一经建立即能于社会生活中自然而然地发挥其优越性，而无须对公有生产资料于其运行过程中所生的一系列利益关系进行法律调整。反映于物权法上，就形成了只有公有生产资料所有权（生产资料国家所有权与集体所有权），而无实现它的用益物权制度的不正常局面，或者将用益物权的作用范围仅限于满足公民的居住用房、用地的单一目的。长此以往，也就必然影响到公有制的优越性的发挥，阻碍生产力的发展。

20世纪80年代以降，我国实行改革开放的基本国策，将国家的工作重心转移到经济建设上来，并开始重视调节公有生产资料于其实际运营过程中所产生的所有者、经营者、使用者和劳动者之间的一系列利益关系。如此也就使用益物权有了存在的空间。1986年制定《民法通则》，反映改革开放以来我国生产资料公有制的利用关系亟须以用益物权加以调整的现实，确立了全民所有制企业承包经营权、农村土地承包经营权和国有自然资源使用权等重要制度。1990年代以后，立法继续坚持以用益物权调节公有生产资料的实际利用关系，于《城镇国有土地使用权出让和转让暂行条例》（1990年）和《城市房地产管理法》（1994年）中建立了较完善的国有土地有偿使用权制度。2007年通过的《物权法》，设"用益物权编"集中规定建设用地使用权、土地承包经营权、宅基地使用权、地役权、海域使用权等重要的用益物权形态，对我国的土地、海域等重要财产的实际利用关系加以规范，具有十分重要的价值与意蕴。此等用益物权形态，将使我国生产资料公有制经济于实际运营中所生的各种利益关系获得极大的调整。我国目前的民法典编纂应继续坚持此方向，进一步完善我国的用益物权系统，以实现对公有制经济制度的最大限度的调整。

第三节　用益物权的类型体系

一、域外民法与我国台湾地区"民法"中的用益物权

用益物权的种类与内容因历史传统、各国国情或地域之不同而有异，深具固有法的色彩。自1804年《法国民法典》以降，近现代和当代欧陆国家民法、拉丁美洲国家民法、亚洲国家民法及我国台湾地区"民法"等，均规定了相应的用益物权系统。但是，由于社会结构、经济形态、生活观念及习惯的差异，各国或地区却始终未能建立起统一的用益物权体系。《法国民法典》规定了4种用益物权，即用益权、使用权、居住权和地役权；《德国民法典》规定了地上权、物权的先买权、土地负担和役权（含地役权、用益权和限制的人役权、居住权）等用益物权；《日本民法》规定了地上权、永小作权（永佃权）、地役权和入会权等用益物权；而我国台湾地区"民法"则规定了地上权、农育权、典权和不动产役权等用益物权。可见，用益物权的类型，于各国家和地区法上存在较大的差异。而对于域外民法和我国台湾地区"民法"所定的用益物权稍作分析，可以看到，其中最值得注意者乃是地上权、地役权（或不动产役权）、永佃权（农育权）、用益权及典权5种用益物权形态。地上权（建设用地使用权、宅基地使用权）和地役权（不动产役权），后面将设专章论述，故此，如下仅论述永佃权（农育权）、用益权及典权。

（一）永佃权（农育权）

永佃权，《日本民法》设其规定，我国台湾地区"民法"新近修改其"民法"物权编时，更易为农育权。《日本民法》又称永佃权为"永小作权"，指以支付地租为代价而于他人所有的土地上进行永久耕种或畜牧的权利。

永佃权通常依与土地所有人订立的永佃权设立合同而取得。此种合同要求以书面形式订立，并经主管机关登记，否则不生设立的效力。永佃权的期限，《日本民法》虽规定为20年以上50年以下，但允许通过更新合同而延长。永佃权人有权于土地所有人的土地上进行耕作或畜牧，但须按期向土地所有人缴纳地租。永佃权人受破产宣告或积欠地租达法定限额时，土地所有人有权撤销永佃权，收

回土地。此外，永佃权还可以转让、继承和抛弃，但不得出租。

台湾地区新近对其"民法"物权编进行修正，已将永佃权废止，而增设"农育权"，即在他人土地上为农作、森林、养殖、畜牧、种植竹木或保育的权利。[1] 其修正理由书就此谓：设立永佃权的目的，系在于支付地租以永久在他人土地上为耕种或牧畜使用，而现今农业政策，系鼓励不愿继续从事农业或离农的农地所有权人，将其农地交由他人从事耕作使用，并于农地所有权人将其农地交由他人使用后，于期限届满时仍可收回其使用权。故永佃权已与现今农业政策不合，且目前实务上也少有以永佃权登记者，故将"永佃权"修改为"农育权"。根据解释，台湾地区"法"上的农育权具有3项特性[2]：（1）它是存在于他人土地上的用益物权；（2）其系以农作、森林、养殖、畜牧、种植竹木或保育为目的的物权；（3）其系不以支付地租为目的的物权。

（二）用益权

用益权，系法国民法、德国民法[3]、奥地利普通民法及瑞士民法规定的一种用益物权。依照《法国民法典》第578条的规定，用益权，是"对他人所有的物，如同自己所有，享受使用和收益的权利"。较之永佃权，用益权具有2项特征：一是用益权的客体不以土地为限。无论土地、房屋、动产、权利或由土地、房屋、动产、权利聚合而成的综合财产，如林场、农场、矿山等，均可设定用益权。二是用益权的权能接近于所有权。用益权人对构成用益权的客体的财产不仅享有占有、使用、收益的权利，而且也有部分处分的权利。[4]

《法国民法典》第579条、第580条规定，用益权可依法律的规定或人的意志而设定。依法律的规定设立，系指一方依照法律的规定直接取得另一方财产的用益权。例如，按《法国民法典》第382条和第767条的规定，父母对未成年子女的财产享有用益权；被继承人的遗产由其子女继承时，其生存配偶对遗产的四分之一享有用益权，由兄弟姐妹继承时，其生存配偶对二分之一的遗产享有用益权。按人的意志设立用益权，涵括以契约和遗嘱设立用益权两种情形。于设立用益权时，如其客体为不动产、动产、权利组成的综合财产的，财产所有人、用益

---

[1] 参见我国台湾地区"民法"第850条之1第1项。

[2] 郑冠宇：《民法物权》，新学林出版股份有限公司2015年版，第385—386页。

[3] 《德国民法典》第1068条至第1084条系有关权利用益物权的规定，第1085条至第1089条系关于财产用益物权与遗产用益物权的规定。

[4] 彭万林主编：《民法学》（李开国执笔），中国政法大学出版社1999年版，第252页。

权人应编制财产目录并估价,以确定用益权终止时用益人的财产返还义务。[1]

在法制发展上,用益权制度发轫于罗马法。于罗马法上,"用益权是对他人的物的使用和收益的权利,但以不损害物的实质为限"[2]。最初创设此制度的目的系在于实现遗嘱人的意志。盖罗马市民常常以遗嘱移转某项财产的使用权、收益权于一人,而又保留该项财产的本体归其他继承人所有。迈入近代后,法国、德国、奥地利及瑞士四国民法以罗马法的用益权为基础而构建起了各自的用益权制度。

需指出的是,"用益权"与"用益物权"系不相同的两个民法概念。用益物权与担保物权相对应,为物权学理上的分类。除用益权外,属于用益物权范畴的,于法国民法中还有使用权、居住权、地役权,于德国民法中还有地上权、地役权和限制的人役权。于当代法国法系和德国法系的其他国家或地区,如意大利、葡萄牙、西班牙、日本和我国台湾地区,民法未规定用益权,但其规定的永佃权与法、德、奥(地利)、瑞民法中的用益权具有某些类似的特性。

(三)典权

我国民国时期的民法设有典权制度,现今的台湾地区"民法"仍承认之。域外法上与此相当的制度为韩国民法上的传贳权。所谓典权,指支付典价,占有他人的不动产,而为使用、收益的权利。它既可基于法律行为而取得,也可根据法律行为以外的原因如继承而取得。典权期限届满后,出典人可以以原典价回赎典物,于典期届满后经过一定期间不以原典价回赎的,典权人即取得典物的所有权。[3]我国最高人民法院曾在司法解释中对典权制度作过一些规定。现行《物权法》制定过程中,由学者起草的物权法草案皆规定了此制度,认为规定典权,可以为人民提供更多的融资途径,备而用之。2005年7月以后,是否规定典权,学者间发生争论。2007年通过的《物权法》最终未认可此制度。本书认为,典权或与之相类似的制度于我国现今的民间仍有存在,甚至于一些地方有较为广泛的利用,故此,自实际情况出发,民法典等民事立法宜明确认可此制度。

二、我国的用益物权体系

《物权法》规定了4种用益物权,即土地承包经营权、建设用地使用权、宅

---

1 彭万林主编:《民法学》(李开国执笔),中国政法大学出版社1999年版,第252—253页。
2 [古罗马]查士丁尼:《法学总论——法学阶梯》,商务印书馆1989年版,第61页。
3 参见我国台湾地区"民法"第923条。

基地使用权和地役权。另外，也确认了海域使用权（第 122 条）、探矿权、采矿权、取水权、养殖权和捕捞权的（准）用益物权性质（第 123 条）。这些用益物权皆适用特别法如《海域使用管理法》《矿产资源法》《水法》等的规定。特别法未规定时，适用《物权法》的规定。此外，它们皆设立于土地以外的其他自然资源上，系民事主体依法定程序，经有关行政主管机关许可后而享有的对自然资源进行占有、使用、收益及一定处分的权利。因这些权利须经行政特许方能设立，故又称为"特许物权"。[1]

---

[1] 江平主编：《中国物权法教程》，知识产权出版社 2007 年版，第 304 页。

第十四章
土地承包经营权

第一节 概 说

一、土地承包经营权的涵义与特性

土地承包经营权，系指以耕作、养殖或畜牧等农业目的，对集体经济组织或国家所有的农用土地享有的占有、使用、收益的权利。其具有下列法律特性。

（一）土地承包经营权的主体为一切农业经营者

于现行《物权法》颁行之前，土地承包经营权的主体通常仅限于土地所属的农业组织的内部成员，此外的其他农业经营者不得成为该土地的承包经营权人。换言之，于土地承包经营权关系中，发包方是土地所属的特定集体组织，承包方只能是该特定集体组织的社员，双方之间要有一定的行政关系。故而承包经营权的主体具有浓烈的地域性。而《物权法》将土地承包经营权确定为一种用益物权后，土地承包经营权人的范围即当然不再局限于土地所属的本集体组织的社员，而是扩大到一切农业经营者。具体而言，以家庭承包方式设立的土地承包经营权，其主体为本集体经济组织成员所组成的农户；荒山、荒沟、荒丘、荒滩等农村土地（以下简称为"四荒"土地）承包经营权的主体则无限制，不仅"四荒"土地所在的集体经济组织的成员可作承包人，此外的其他集体经济组织的成员，乃至城镇的企事业单位、社会团体以及其他组织或个人，也皆可作承包人。

（二）土地承包经营权系以集体经济组织所有或者国家所有由集体经济组织长期使用的农用土地为客体

土地承包经营权为存在于土地上的权利，建筑物上不得成立该权利。所谓土地，指农业集体经济组织所有或国家所有由集体经济组织长期使用的土地。于城市国有土地上不得设立土地承包经营权。国家所有的农用地实行承包经营的，可参照《物权法》关于农村土地承包的规定（《物权法》第134条）。具体而言，土地承包经营权的客体仅限于耕地、林地、草地、农田水利用地、水面和其他适于农用目的的土地。

（三）土地承包经营权系在他人土地上为农业性质的耕作、养殖或畜牧的用益物权

土地承包经营权的目的，限于农业性质的耕作、养殖或畜牧。所谓"耕作"，指施劳力、资本于土地，从事栽培植物并加以收获，耕作物不以五谷为限，瓜果蔬菜、茶蔗桑麻等亦涵括在内；所谓"畜牧"，指放牧和饲养牲畜等。

土地承包经营权为一种物权。此种物权的内容是就他人的土地进行直接的占有、使用和收益，故为用益物权。其一经设立，土地承包经营权人的权利即得以确定，不待他人行为的介入便可直接行使对土地的占有、使用和收益，他人不得干涉。且基于物权的效力，土地承包经营权人享有的权利，不独可以对抗社会一般人，且也可对抗土地所有人。

（四）土地承包经营权系当事人之间为实现农业目的而设立的用益物权

所谓"农业目的"，系指权利人为获取土地上的收获物、养殖物和畜产品等收益而以农业方法使用土地。

（五）土地承包经营权的设立不以支付对价为必要

此系根据我国农村与农业的实际情况确定下来的。我国农业还处在一个相对低水平的发展阶段，对于家庭承包而言，不以农户交付对价为必要，具有无偿、公平分配的性质；另外，目前对于"四荒"土地的承包有时也是无偿的，发包人只以获得生态效益为目的。故此，在设立具体的土地承包经营权时，应允许当事人根据实际情况决定是否收取对价。

（六）土地承包经营权为有期限物权

土地承包经营权系一种有期限的物权，于期限届满时归于消灭。土地承包经营权的期限，依土地用途的不同而不同。《物权法》第126条第1款规定："耕地的承包期为三十年。草地的承包期为三十年至五十年。林地的承包期为三十年至七十年；特殊林木的林地承包期，经国务院林业行政主管部门批准可以延长。"而且，承包期届满，土地承包经营权人可以按照国家有关规定继续承包（《物权法》第126条第2款）。通常言之，只要发包人未有重大的正当理由，皆应由原承包人继续承包。

二、土地承包经营权的征收

基于我国现行土地政策和保护农业经营者尤其是农民的利益的考量，《物权

法》对征收土地承包经营权作了严格限制。其第42条规定：国家为了社会公共利益的需要，可以征收承包土地，但应当给予土地承包经营权人充分的、合理的补偿。另外，第42条第2款规定："征收集体所有的土地，应当依法足额支付土地补偿费、安置补助费、地上附着物和青苗的补偿费等费用，安排被征地农民的社会保障费用，保障被征地农民的生活，维护被征地农民的合法权益。"

三、关于土地所有权、土地承包权及土地经营权"三权分置"

党的十八届三中全会通过的中共中央《关于全面深化改革若干重大问题的决定》提出土地承包权与土地经营权分置，建立农村土地所有权、土地承包权、土地经营权三权并行分置的农地权利体系，引导土地经营权有序流转。这其中的关键，是土地承包权与土地经营权的分置。应当说，这是我国农地权利制度未来的选择，值得肯定。但是，在未将此项既定政策法治化及于理论层面完全证成、实务层面积聚成熟、稳定的经验之前，我国农村仍应坚持实行《物权法》和《农村土地承包法》所确立的土地承包经营权既有制度和规则，继续采行土地所有权与土地承包经营权的二元农地权利结构，自不待言。

第二节　土地承包经营权的取得

根据《物权法》的规定，土地承包经营权依如下两种方式而取得。

一、依法律行为而取得

（一）根据土地承包经营合同设立而取得

土地承包经营权的设立，指当事人双方通过订立土地承包经营合同来创设土地承包经营权。土地承包经营权设立的当事人，一方为农业集体经济组织，另一方为从事农业活动的农业经营者。具体而言，在家庭承包的场合，土地承包合同的发包方通常为村集体经济组织或者村民委员会，承包方则为本集体经济组织的农户。此类承包具有农地使用权平等分配的功能，集体经济组织的所有成员都有权要求平等地获得土地的承包；[1] 客体为集体经济组织所有或国家所有由集体经济组织长期使用的土地；内容为当事人双方的权利与义务。在如今的农村，订立土地承包合同是最主要的取得土地承包经营权的方式。《物权法》第127条第1款

---

[1] 刘家安：《物权法论》，中国政法大学出版社2009年版，第160页。

规定："土地承包经营权自土地承包经营权合同生效时设立。"

土地承包经营权合同具有下列法律特性：（1）系双务合同；（2）系要式合同，应当采取书面形式；（3）土地承包经营权合同既可以有偿，也可以无偿。

土地承包经营权设立合同的内容包括：发包方、承包方的名称、地址；承包土地的位置、范围；土地用途；承包期限和起止日期；有无租金与支付方式；发包方和承包方的权利义务；违约责任等。

土地承包经营权合同一旦生效，对当事人双方即产生约束力。对此，《农村土地承包法》第24条规定："承包合同生效后，发包方不得因承办人或者负责人的变动而变更或者解除，也不得因集体经济组织的分立或者合并而变更或者解除。"

土地承包经营权的登记。《物权法》第127条第2款规定："县级以上地方人民政府应当向土地承包经营权人发放土地承包经营权证、林权证、草原使用权证，并登记造册，确认土地承包经营权。"土地承包经营权的登记究竟为生效要件抑或对抗要件，于《物权法》的制定过程中一直存有争论。2007年正式通过的《物权法》采取了登记对抗主义，于第127条第1款规定："土地承包经营权自土地承包经营权合同生效时设立。"土地承包经营权本为一种独立的用益物权，但鉴于我国目前尚未建立起有效的、覆盖所有地域的农村土地登记制度，故此《物权法》并未强制要求登记。[1] 应当认为，此规定符合我国农村当前的实际，系属妥当。

（二）通过招标、拍卖、公开协商等方式取得土地承包经营权

根据《物权法》第133条的规定，土地承包经营权可以通过招标、拍卖、公开协商等方式取得。在理解《物权法》规定的此通过招标、拍卖、公开协商等方式取得土地承包经营权时，需注意下列3点：一是以这些方式设立土地承包经营权，其客体仅限于"四荒"土地，即荒山、荒沟、荒丘和荒滩（《物权法》第133条）；二是以这些方式取得土地承包经营权的承包人，并不限于集体经济组织内的成员，集体经济组织以外的自然人、法人或其他组织等皆可取得此类土地的承包经营权；三是采取此种途径设立土地承包经营权的具体方式为招标、拍卖和公开协商三种。采取招标和拍卖时，应当遵守《招标投标法》和《拍卖法》的有关规定；公开协商，主要指承包的方法、程序、过程和结果等应当公开，特别是向本集体经济组织的成员公开，从而避免少数人操纵下的私自承包。[2]

---

[1] 当然，这并不意味着土地承包经营权的登记完全没有意义或不重要。例如《物权法》第129条即规定："土地承包经营权人将土地承包经营权互换、转让，当事人要求登记的，应当向县级以上地方人民政府申请土地承包经营权变更登记；未经登记，不得对抗善意第三人。"

[2] 江平主编：《中国物权法教程》，知识产权出版社2007年版，第312页。

二、依法律行为以外的原因而取得

依法律行为以外的原因取得土地承包经营权,仅有继承一种。于被继承人死亡,继承开始时,继承人即取得被继承人的土地承包经营权,且不以登记为必要。

第三节 土地承包经营权的效力

一、土地承包经营权人的权利

(一) 对农用土地的占有、使用、收益权

土地承包经营权,为权利人于他人土地上进行耕作、养殖或畜牧的权利,因此在耕作、养殖或畜牧的范围内,土地承包经营权人得当然对土地加以占有、使用和收益。此所谓收益,包括天然孳息和法定孳息(如将土地出租而收取的租金,将土地转包而获得的转包费)。此外,土地承包经营权人从事耕作、养殖或畜牧等经营活动的收获物所有权,归属于自己,而不归发包人,也不归国家或他人;承包人所获得的收益,可依《继承法》的规定继承。

(二) 自主经营权

土地承包经营权人对承包的土地享有自主经营权,即自主组织农业生产经营活动,自主决定种植何种作物、种植多少面积或者安排什么种植、养殖项目。土地承包经营权人对土地的自主经营权不受发包方和其他组织、个人的侵犯。

(三) 依法将土地承包经营权流转的权利

《物权法》分情形对土地承包经营权的流转作了规定。家庭农户的土地承包经营权,其流转须依《农村土地承包法》的规定,采取转包、互换、转让等方式流转。流转的期限不得超过承包期的剩余期限(《物权法》第 128 条);通过招标、拍卖和公开协商的方式取得的土地承包经营权,依照《农村土地承包法》等法律和国务院的有关规定,其土地承包经营权可以转让、入股、抵押或者以其他方式流转(《物权法》第 133 条)。根据这些规定,土地承包经营权人享有依法转让土地承包经营权的权利。具体分析如下[1]:

1. 转包

依《农村土地承包法》第 39 条第 1 款的规定,所谓转包,是指土地承包经营权人(转包人)和受包人(次承包人)签订转包合同,自己继续保有土地承包

---

[1] 本部分参考崔建远:《物权法》,中国人民大学出版社 2014 年版,第 281—283 页,谨此说明。

经营权，而仅将其承包地的全部或一部以一定条件转交受包人（次承包人）经营，受包人（次承包人）向转包人支付或不支付转包金的情形。受包人（次承包人）限于本集体经济组织的成员。

2. 出租

土地承包经营权人可以把土地的全部或一部予以出租，但土地承包经营权设立时约定禁止出租的除外。土地承包经营权为用益物权之一种，具有财产价值，依其性质，自然可以作为租赁关系的客体而出租。换言之，土地承包经营权可以出租，从而他人也就可以通过订立租赁合同来取得土地承包经营权。具体而言，由土地承包经营权人（出租人）与承租人签订租赁合同，土地承包经营权继续由出租人享有，承租人只是取得在承包地从事农林牧渔经营并获取农获物的资格，并向出租人支付租金。承租人可以是本集体经济组织的成员，也可以是本集体经济组织以外的自然人、法人或其他组织。

3. 互换

《农村土地承包法》第40条规定，各承包方之间为方便耕种或各自需要，可以对属于同一集体经济组织的土地的土地承包经营权进行互换。其条件是：（1）从主体方面看，互换人须是承包人，须为同一集体经济组织的成员；（2）就承包地而言，须为属于同一集体经济组织的两宗以上的土地；（3）从互换的标的物看，须为属于同一集体经济组织的土地上的土地承包经营权。

4. 入股

对此，《物权法》第133条设有明确规定：土地承包经营权可以入股。入股，即将土地承包经营权作价，出资到股份合作制企业乃至股份公司中，成为企业的财产。承包人因其土地承包经营权入股而于股份合作制企业乃至股份公司中享有股权，表现为享有被选举权、选举权、股息红利分配权等。

5. 抵押

依《物权法》第128条、第133条的规定，土地承包经营权的抵押仅限于"四荒"土地承包经营权，以家庭承包方式设立的土地承包经营权不得设立抵押。

6. 转让

此即转让人（承包人）和受让人签订转让合同，将土地承包经营权移转给受让人，受让人向转让人支付对价的情形。此时，原承包方与发包方于该土地上的承包关系即行终止。《物权法》对通过招标、拍卖、公开协商等方式设立的"四荒"土地承包经营权的转让，未设须发包人同意之类的限制，但对通过家庭承包方式设立的土地承包经营权的转让，却设立了限制条件，即承包方有稳定的非农职业或有稳定的收入来源的，经发包方同意，可以将全部或部分土地承包经营权转让给其他从事农业生产经营的农户，由该农户与发包方确立新的承包关系，原承包方与发包方于该土地上的承包关系即行终止（《农村土地承包法》第41条）。

（四）承包地被依法征收时，有权获得相应补偿的权利

如前述，国家为了公共利益的需要可以征收土地承包经营权人的土地，但须依《物权法》第42条的规定，对土地承包经营权人给予合理的、充分的补偿。

（五）将承包地作为供役地设立地役权的权利

依《物权法》第162条、第167条的规定，土地承包经营权人可将自己的土地为他人土地的方便和利益而用作供役地，设立地役权于他人。

（六）对提高土地生产能力的投入，享有获得补偿的权利

承包方对其于承包地上投入而提高土地生产能力的，土地承包经营权依法流转时有权获得相应的补偿（《农村土地承包法》第43条）。

（七）对抗发包方非法行为的权利

发包人如违法干涉承包人依法从事正常的生产经营活动、擅自调整承包地、擅自终止承包合同、擅自收回承包地、强迫土地承包经营权流转及将承包地收回抵顶欠款，承包人均有权对抗（《农村土地承包法》第14条第2项、第26条第1款、第27条第1款、第35条、第54条）[1]。另外，《农村土地承包法》第30条规定：承包期内，妇女结婚，在新居住地未取得承包地的，发包方不得收回其原承包地；妇女离婚或者丧偶，仍在原居住地生活或者不在原居住地生活但在新居住地未取得承包地的，发包方不得收回其原承包地。

（八）自愿交回承包地的权利

《农村土地承包法》第29条规定：承包期内，承包方可以自愿将承包地交回发包方。承包方自愿交回承包地的，应当提前半年以书面形式通知发包方。承包方于承包期内交回承包地的，在承包期内不得再要求承包土地。

（九）请求依法办理土地承包经营权登记的权利

《物权法》对土地承包经营权的设立，不强制必须登记，但土地承包经营权以转让、互换等方式流转时，不登记则不得对抗善意第三人（第129条）。故此，土地承包经营权人将土地承包经营权转让、互换时，有请求依法办理土地承包经营权登记的权利。需注意的是，最高人民法院《关于审理涉及农村土地承包纠纷案件适用法律问题的解释》第21条第1款规定："承包方未依法登记取得土地承

---

[1] 崔建远：《物权法》，中国人民大学出版社2014年版，第285页。

包经营权等证书，即以转让、出租、入股、抵押等方式流转土地承包经营权，发包方请求确认该流转无效的，应予支持。但非因承包方原因未登记取得土地承包经营权等证书的除外。"

二、土地承包经营权人的义务

（一）支付对价的义务

土地承包经营权的设立如果约定了支付对价，则支付对价即是土地承包经营权人的一项主要义务。对价的种类，究竟为金钱抑或金钱以外的物，以及支付方法等，皆由当事人自行约定，如无约定，则依习惯。为期公允，如土地承包经营权人因不可抗力致其收益减少或全无时，土地承包经营权人可向土地所有人请求减免对价。

（二）依约定方法和用途使用土地

土地承包经营权人负有依约定的使用方法和目的使用土地的义务。换言之，土地承包经营权人不得以约定以外的方法使用土地，或将土地用作所定目的范围以外的使用。违反该义务致土地所有人于损害时，土地所有人可以终止土地承包经营权。亦即，土地承包经营权人于利用土地时，不得将农用地用于非农业用途。

（三）依法保护和合理利用土地，维持土地的生产力的义务

土地承包经营权人以耕作、养殖或畜牧为目的使用土地时，应依法保护和合理利用土地，确保土地的生产力，不得对土地造成永久性的损害。违反该义务，并经土地所有人阻止或通知改善而无效时，土地所有人可终止土地承包经营权。

（四）依法交回承包地的义务

承包期内，承包方全家迁入设区的市，转为非农业户口的，应当将承包的耕地和草地交回发包方。承包方不交回的，发包方可以收回承包的耕地和草地（《农村土地承包法》第26条第2款）。

第四节 土地承包经营权的消灭

土地承包经营权的消灭，涵括消灭原因与消灭后果。就消灭原因而言，土地承包经营权为物权之一种，物权的一般消灭原因，如标的物灭失、约定存续期间届满及标的物被征收等，对土地承包经营权皆可适用。如下先释明土地承包经营权的消灭原因，之后说明土地承包经营权消灭的后果。

一、土地承包经营权消灭的原因

（一）土地承包经营权人自愿交回承包地

《农村土地承包法》第 29 条规定：承包期内，承包方可以自愿将承包地交回发包方。承包方自愿交回承包地的，应当提前半年以书面形式通知发包方。土地承包经营权此前曾作过登记的，应当注销登记。

（二）承包地调整

对承包地进行调整的，原土地承包经营权消灭。《农村土地承包法》第 27 条规定："承包期内，因自然灾害严重毁损承包地等特殊情形对个别农户之间承包的耕地和草地需要适当调整的，必须经本集体经济组织成员的村民会议三分之二以上成员或者三分之二以上村民代表的同意，并报乡（镇）人民政府和县级人民政府农业等行政主管部门批准。承包合同中约定不得调整的，按照其约定。"

（三）承包地灭失

承包地灭失，土地承包经营权消灭；承包地虽未灭失，但因其性质改变而不能再为农业目的的使用的，土地承包经营权也消灭。由于自然灾害等原因，承包地可能发生灭失，如河岸边土地因崩岸而丧失。土地灭失的，土地所有权消灭，承包经营权当然也发生消灭。[1]

（四）承包地的收回

《物权法》原则上不允许发包人于承包期内收回承包地（第 131 条）。但依该条第 2 句的规定，此不得提前收回承包地存在例外，即《农村土地承包法》第 26 条第 2 款规定："承包期内，承包方全家迁入设区的市，转为非农业户口的，应当将承包的耕地和草地交回发包方。承包方不交回的，发包方可以收回承包的耕地和草地。"

（五）土地承包经营权的期限届满

土地承包经营权系一种有期限物权，于期限届满时归于消灭。当然，依《物权法》第 126 条第 2 款的规定，承包期届满，由土地承包经营权人按照国家有关规定继续承包。故此，期限届满并不必然导致土地承包经营权的消灭，此时土地承包经营权人可以请求续签承包经营合同，而继续享有土地承包经营权。发包方无重大而正当的理由的，不得拒绝。

（六）承包地被征收

在国家基于公共利益的需要而征收承包地时，被征收的集体土地所有权消

---

[1] 刘家安：《物权法论》，中国政法大学出版社 2009 年版，第 162 页。

灭。土地承包经营权由此随之消灭。

（七）承包人死亡，无继承人或继承人放弃继承

亦即，承包人死亡，且无继承人或继承人放弃继承的，土地承包经营权消灭。

需注意的是，上列土地承包经营权的消灭，根据《物权法》不动产物权变动的规则，如此前土地承包经营权已作过登记的，则尚需办理土地承包经营权的注销登记，方产生土地承包经营权消灭的法律后果。

二、土地承包经营权消灭的法律后果

土地承包经营权消灭，产生下列法律后果：

（1）土地承包经营权消灭，土地承包经营权人应将承包土地返还给土地所有人。

（2）取回承包地上的出产物和农用构筑物。土地承包经营权消灭时，土地上的出产物、农用构筑物，皆为土地承包经营权人花费劳力或资金所设置或所得，故自当由其取回。

（3）偿还改良费用或其他有益费用。土地承包经营权人为增加土地的生产力或土地的使用上的便利，而支出改良费用或其他有益费用，土地所有人如知情而未作反对表示的，土地承包经营权消灭时应向土地承包经营权人返还。返还的数额，通常以现存的增加利益为限。

第十五章

建设用地使用权

第一节 概 说

一、建设用地使用权的涵义与特性

建设用地使用权，罗马法以来的传统物权法上与之相当的概念为地上权（Erbbaurecht）。为使我国用益物权的概念体系臻于和谐、统一，并与土地承包经营权、宅基地使用权相配合，《物权法》采用了建设用地使用权的概念。为行文之便，以下在论述域外物权法上的地上权概念时，也统一使用"建设用地使用权"一语。

建设用地使用权，指以在国家或集体所有的土地及其上下建造建筑物、构筑物及其附属设施并保有其所有权为目的而占有、使用、收益土地的用益物权（《物权法》第135条、第136条、第151条）。如前述，为了农业目的的种植、养殖和畜牧而利用国家所有而由集体长期使用的土地的，不属于建设用地使用权，而属于土地承包经营权的内容。建设用地使用权具有下列特性。

第一，建设用地使用权原则上是以国家所有的土地及其上下（空间）为标的物而设立的物权。建设用地使用权的客体原则上为国有土地（《物权法》第135条）。同时，该法第151条又规定："集体所有的土地作为建设用地的，应当依照土地管理法等法律规定办理。"而根据《土地管理法》的规定，除兴办乡镇企业等少数情形外，需要在集体所有的土地上设立建设用地使用权的，应首先完成集体土地的征收，将其转化为国有土地后再设立建设用地使用权。[1]

建设用地使用权虽然为一种不动产物权，但此所称不动产，仅限于土地，于

---

1 刘家安：《物权法论》，中国政法大学出版社2009年版，第163—164页。

建筑物上不得设立建设用地使用权；又所称土地，依文义本应解为仅指地表，但《物权法》第136条又规定，可以以地表的上空间或下空间设立建设用地使用权，是为空间建设用地使用权。[1]在我国，作为建设用地使用权的标的物的土地，须为他人所有，就自己的土地不能设立建设用地使用权。所谓"他人"，如前述，原则上仅指国家所有的土地。

第二，建设用地使用权系以在国家或集体所有的土地上建造建筑物、构筑物及其附属设施并保有其所有权为目的的物权。

建设用地使用权的内容为根据设立的用途而利用国家或集体所有的土地建造建筑物、构筑物及其附属设施，并依法对其享有所有权。德国、瑞士的地上权制度的内容与此相同。惟《日本民法》除此之外还并及于竹木（第265条）。亦即，为了于他人土地上保有竹木的所有权，也可设立建设用地使用权（地上权）。

第三，建设用地使用权系利用国家所有或集体所有的土地的定限物权。

建设用地使用权是利用国家或集体所有的土地的权利，属于用益物权；又因建设用地使用权一经设立，土地所有人的所有权即受到限制，故建设用地使用权又为一种限制国家或集体的土地所有权的一面的支配权，属于定限物权。[2]

第四，建设用地使用权的设立原则上须为有偿，惟国家机关、军事部门、有关人民团体、有关事业单位可以通过无偿行政划拨的方式取得建设用地使用权。

第五，建设用地使用权为有期限的物权。

依建设用地使用权用途的不同，我国《城镇国有土地使用权出让和转让暂行条例》第12条确认了不同的使用权期间：居住用地为70年，工业用地为和教育、科技、文化、卫生、体育用地为50年，商业、旅游、娱乐用地为40年，综合或者其他用地为50年。

二、建设用地使用权（地上权）的沿革与内容

建设用地使用权系以罗马法为其嚆矢。本来，于罗马法上，按照附合规则，地上物与土地的关系，系采"地上物属于土地"的原则。依此原则，于他人土地上建构的房屋，其所有权将归土地的所有人取得，建构房屋的人不能取得其所有权。其结果，使欲取得房屋所有权的人不得不购买土地，否则便无法于他人土地上保有房屋。但往后随着罗马经济社会的发展，土地的价格渐次升高，私人买取

---

[1] 关于此问题的翔实论述，参见陈华彬："空间建设用地使用权探微"，载《法学》2015年第7期，第19页以下。

[2] 杨与龄：《民法物权》，五南图书出版股份有限公司1981年版，第102页。

土地相当不易。为了保障人民的居住用地，国家遂把土地出租给人民建构房屋，国家仅收取地租。此种出租土地的制度之后即演变为地上权制度。[1] 优士丁尼时期，地上权制度成为罗马法上的一项重要制度。[2]

《德国民法典》继受罗马法的地上权与德国城市法上的地上权观念，规定了地上权制度。其第 1012 条曾规定：地上权，是指在他人土地的地表及其上下空间中，以保有建筑物或其他工作物为目的而利用他人土地的可转让、可继承的权利。[3] 惟因立法者当时认为地上权于民法体系中未有多少积极意义，故最终仅规定了 6 个条文。但之后不久，因德国发生扩及全国范围的住宅缺乏，城市居民为了取得居住用地，于是广泛利用地上权。由此，土地所有人与地上权人的关系，地上权与地上物的关系，皆需加以厘清。惟有如此，地上权制度方能因应社会生活的需要而保有其生命力。于此背景下，至 1919 年 1 月 15 日，德国遂公布了《地上权条例》。[4] 该条例具有 3 项特性：一是强化对地上权人的保护，规定地上权期限届满或土地所有人收回地上权时，土地所有人须就地上物向地上权人支付补偿金，设立地上权时不得附解除条件，及地上权消灭时，地上权人有更新权；二是增强地上权的安定性，尽量减少地上权消灭的原因；三是规定地上权人建构的地上物和地上权本身可以转让，及可以以地上权作为抵押权的标的而设立地上权抵押权。[5]

《瑞士民法典》制定时，地上权未受到应有的重视，立法者将其作为一种役权对待。其第 779 条第 1 项规定："土地得负担役权，而使权利人享有在地上或地下建造或保有建筑物之权利"；第 779 条之一规定："设立独立且继续性地上权的契约，须经公证，始生效力"；之三规定："地上权消灭时，所存在的建筑物为土地之成分，并归属于土地所有人所有"。《法国民法典》虽无地上权的直接规定，[6] 但其学说与判例，则皆认可地上权的存在。我国台湾地区"民法"仿《日本民法》的规定而认可地上权制度，且将其范围扩及于竹木，并于物权编设其规定。我国制定《物权法》的过程中，物权法学者草案称为基地使用权，系着重参考

1　郑玉波著，黄宗乐修订：《民法物权》，三民书局 2007 年版，第 191 页。
2　[日] 原田庆吉：《日本民法典的历史的素描》，创文社 1954 年版，第 112 页。
3　[日] 山田晟：《德意志法概论》，有斐阁 1987 年版，第 226 页。
4　[日] 川岛武宜编集：《注释民法》(7)，有斐阁 1984 年版，第 406—407 页。
5　[日] 於保不二雄：《德国民法》（物权法），有斐阁 1955 年版，第 175—200 页。
6　仅《法国民法典》第 553 条规定：地上或地下的一切建筑物、种植物与工程，无相反证据时，皆推定土地所有人系以自己的费用所设置并归其所有；且不妨碍第三人因时效完成取得他人建筑的地下所有权或该建筑物之其他任何部分的所有权。

《日本民法》和我国台湾地区"民法"的地上权而定其内容，2007年最终通过的《物权法》改称建设用地使用权，系以我国20世纪90年代初期颁行的《城镇国有土地使用权出让和转让暂行条例》的基本内容为原型而设计其内容。故此，自一定意义上说，现行《物权法》关于建设用地使用权的规定，系对《城镇国有土地使用权出让和转让暂行条例》的重述或某些方面的发展。

三、建设用地使用权与类似权利的区别

未有土地的人基于一定的法律关系而对他人的土地有占有、使用、收益的权利，称为土地利用权。依取得的土地利用权的性质的不同，土地利用权可分为物权性质的土地利用权与债权性质的土地利用权。前者包括建设用地使用权（地上权）、土地承包经营权、宅基地使用权、地役权，后者包括土地租赁权、土地借用权。于罗马法时代，债权性质的利用权受"对人之诉"的保护，物权性质的利用权受"对物之诉"的保护。此点被后世各国所承袭，并因此形成了对土地利用权的债权保护与物权保护两大体系。不过，在英美法系国家，因不存在物权与债权的概念及其对立，故英美法系所称的对土地的利用，主要系指透过创设租赁关系对他人土地的利用，[1]而非对土地的物权性质的利用。

建设用地使用权（地上权）、土地承包经营权、对他人土地的租赁权，系各国和地区利用他人土地的三种基本方式，三者虽同为对他人土地的利用权，但彼此却存在着较大的差异。就三者间的差异加以分析，于学理上具有积极价值。

（一）建设用地使用权（地上权）与对土地的租赁权

建设用地使用权为不动产物权，而土地租赁权为债权。土地租赁权虽然也有以在他人土地上建造并保有建筑物、构筑物及其附属设施的所有权为目的的，但二者仍有明显的区别。

（1）建设用地使用权为不动产物权，依《物权法》的规定，非经登记，不生设立的效力；土地租赁权为债权，其成立不以登记为成立或生效要件。

（2）通过行政划拨的方式设立的建设用地使用权未有明确的终期，一般为无期限的物权，以出让的方式设立的建设用地使用权有70年、50年、40年不等的存续期限；而土地租赁权的存续期限，依《合同法》第214条的规定，不得长于20年。《日本民法》第604条与我国台湾地区"民法"第449条也规定不得超过20年。

（3）以行政划拨方式取得的建设用地使用权为无偿，以出让方式设立的建设

---

[1] [日] 川岛武宜编集：《注释民法》（7），有斐阁1984年版，第405—406页。

用地使用权为有偿；但取得土地租赁权，则必须支付租金。

（4）以行政划拨方式取得的建设用地使用权原则上不得流通，流通须满足诸多条件；以出让方式设立的建设用地使用权则具流通性，可以将其转让、抵押；而土地租赁权则不得转让，转租也须获得出租人的同意或被禁止。

（5）即便因不可抗力妨碍建设用地使用权人对土地的利用，建设用地使用权人也不得请求减少或免除对价；而土地租赁关系存续期间，因不可归责于承租人的事由致租赁物的一部分减少时，可根据减少部分的比例，请求减少租金。[1]

（二）建设用地使用权与土地承包经营权的界分

（1）建设用地使用权（地上权）是以在国家或集体所有的土地及其上下（空间）建造建筑物、构筑物及其附属设施，并以保有其所有权为目的而占有、使用、收益土地的用益物权；而土地承包经营权则是在集体所有或国家所有由集体长期使用的土地上进行耕作、养殖或畜牧而利用土地的权利，并保有对收获物的所有权。

（2）建设用地使用权的客体原则上为国有土地，少数情况下为集体所有的土地；土地承包经营权的客体主要为集体所有的土地，仅在新疆建设兵团等少数地区为国有土地。

（3）建设用地使用权的设立以登记为生效要件（《物权法》第139条），土地承包经营权自土地承包经营权合同生效时设立（《物权法》第127条第1款）。

（4）建设用地使用权与土地承包经营权于流转的限制方面也有差异。

第二节　建设用地使用权的取得

《物权法》第137条第1、2款规定："设立建设用地使用权，可以采取出让或者划拨等方式。工业、商业、旅游、娱乐和商品住宅等经营性用地以及同一土地有两个以上意向用地者的，应当采取招标、拍卖等公开竞价的方式出让。"据此可知建设用地使用权的取得包括两种方式，即行政划拨和出让，以下逐一予以分述。

一、通过行政划拨方式取得建设用地使用权

通过行政划拨方式取得建设用地使用权，性质上属于通过行政行为取得建设

---

[1] 参见我国台湾地区"民法"第837条、第455条。

用地使用权，具有 5 个特点：(1) 具有公益目的性。通过行政划拨取得建设用地使用权的，主要是国家机关用地、军事用地，城市基础设施用地和公益事业用地，国家重点扶持的能源、交通、水利等基础设施用地，法律、行政法规规定的其他用地（《土地管理法》第 54 条）。(2) 无偿性。通过行政划拨方式取得建设用地使用权的土地使用权人无须支付对价，即是无偿的。(3) 取得的土地使用权的转让受到限制。通过划拨取得的建设用地使用权不得随意转让，只有依法办理相关手续并交足土地出让金后，方可转让。(4) 通过行政划拨取得的建设用地使用权未有确定的终期，通常是无期限的。(5) 具有行政性。通过行政划拨取得的建设用地使用权，必须经过严格的行政审批程序，方能划拨。

需注意的是，建设用地使用权原则上应当采用有偿出让的方式设立，仅在符合法律规定的特定范围内，方可采用无偿划拨的方式。为此，《物权法》第 137 条第 3 款设有明确规定："严格限制以划拨方式设立建设用地使用权。采取划拨方式的，应当遵守法律、行政法规关于土地用途的规定。"

二、通过出让方式取得建设用地使用权

依出让的方式设立建设用地使用权，按我国《城市房地产管理法》第 15 条，《物权法》第 138 条、第 139 条，《土地登记办法》第 39 条的规定，须通过用地者和国土资源管理部门签订建设用地使用权书面出让合同，办理建设用地使用权移转登记，方生效力。而且，工业、商业、旅游、娱乐和商品住宅等经营性用地以及同一土地上有两个以上意向用地者的，应当采取招标、拍卖等公开竞价的方式出让（《物权法》第 137 条第 2 款）。

(一) 通过出让方式设立建设用地使用权

通过出让方式设立建设用地使用权，指通过订立有偿的建设用地使用权合同，将国家或集体经济组织所有的土地于一定年限内设立给土地使用人使用的行为。建设用地使用权人向土地所有人支付的对价，称为出让金。国家或集体于出让行为中的主要义务是将土地使用权于一定年限内出让给土地使用人使用，主要权利是收取土地使用权的出让金。以出让方式取得国家或集体所有的土地的使用权，具有交易性、有偿性和期限性。亦即，土地使用权的出让是一笔交易，土地使用权出让合同是一种民事合同，通过订立此种民事合同，土地使用权人将取得对土地的使用权。鉴于土地使用权出让合同事关双方当事人的重大利害关系，故《物权法》第 138 条、第 139 条规定，采取招标、拍卖、协议等出让方式设立建设用地使用权的，当事人应当采取书面形式订立建设用地使用权出让合同，且建

用地使用权自登记时设立，即采登记生效主义。

（二）依取得时效取得建设用地使用权

建设用地使用权为一种财产权，自可因时效而取得。亦即，以行使建设用地使用权的意思，于他人土地上享有建筑物或其他工作物，在经过一定法定期间后，和平、继续、公然占有他人土地的，得请求登记为建设用地使用权人。[1]不过，《物权法》对建设用地使用权的时效取得未作规定，编纂民法典物权编而认可取得时效制度后，建设用地使用权自可依时效而取得。

第三节 建设用地使用权人的权利义务

一、建设用地使用权人的权利

（一）占有、使用建设用地的权利

建设用地使用权系以在国有或集体所有的土地及其上下建造建筑物、构筑物及其附属设施并保有其所有权为目的，因此其权利人自可透过对建设用地进行占有、使用来得以实现。占有、使用建设用地使用权的范围，行政划拨的情形，依行政主管部门的批准和不动产登记簿的记载确定；基于出让合同和继受方式取得建设用地使用权的情形，依约定和不动产登记簿的记载确定。土地所有人负有不得妨碍建设用地使用权人占有、使用其土地的消极义务。

（二）保有建筑物、构筑物及其附属设施的所有权的权利

建设用地使用权人对在自己取得的建设用地上建造的建筑物、构筑物及其附属设施享有所有权。对此，《物权法》第142条设有明确规定："建设用地使用权人建造的建筑物、构筑物及其附属设施的所有权属于建设用地使用权人，但有相反证据证明的除外。"

（三）设立地役权的权利

亦即，建设用地使用权人可以以其建设用地作为供役地而为他人设立地役权。

（四）出租、出借建设用地使用权的权利

建设用地使用权作为一种物权，具有对世效力，与土地租赁权仅可对特定人发生效力不同。故而，建设用地使用权人可以将建设用地出租或借用给他人。

---

[1] 郑冠宇：《民法物权》，新学林出版股份有限公司2015年版，第360页。

（五）转让、互换、出资、赠与建设用地使用权的权利

依《物权法》第143条的规定，通过出让方式取得的建设用地使用权可以转让，但法律另有规定的除外。因建设用地使用权为物权之一种，具有流通性，故自然可以作为买卖的标的。建设用地使用权的转让，为典型的权利的买卖。建设用地使用权人一旦将其建设用地使用权转让给受让人，受让人即取得建设用地使用权。建设用地使用权的转让，性质上属于一种物权变动。转让合同应采取书面形式，并经登记后发生效力。另依《物权法》第143条的规定，通过出让方式取得的建设用地使用权尚可以互换、出资、赠与或者抵押，但法律另有规定的除外。

需注意的是，建设用地使用权转让、互换、出资或赠与的，依《物权法》第146条的规定，附着于该土地上的建筑物、构筑物及其附属设施一并处分，称为"房随地走"；同样地，建筑物、构筑物及其附属设施转让、互换、出资或者赠与的，该建筑物、构筑物及其附属设施占用范围内的建设用地使用权一并处分（《物权法》第147条），称为"地随房走"。

（六）将建设用地使用权设立抵押的权利

通过出让方式获得的建设用地使用权，其权利人可以将其建设用地使用权设立抵押（《物权法》第143条），向银行进行融资，为一种典型的权利抵押权。

（七）基于建设用地使用权的物权请求权

建设用地使用权为权利人利用国家或集体所有的土地的物权，故此，建设用地使用权人利用建设用地的圆满状态受到妨害时，即可依妨害形态的不同，而分别行使基于建设用地使用权的物权请求权。具体而言，于建设用地使用权人丧失对建设用地的占有时，可以对侵夺的人行使返还请求权；于建设用地使用权的圆满状态受到妨害时，可以行使妨害排除（除去）请求权；于建设用地使用权的圆满状态有受到妨害之虞时，可以行使妨害防止请求权。

（八）相邻关系的适用

建设用地使用权是对建设用地加以占有、使用的权利，故相邻的建设用地使用权人间、建设用地使用权人与土地所有权人间，抑或建设用地使用权人与土地租赁权人、借用权人间，皆有相邻关系规定的适用。

（九）抛弃（放弃）的权利

建设用地使用权为物权之一种，因此其权利人自可有权抛弃（放弃）自己的建设用地使用权。需注意的是，抛弃（放弃）建设用地使用权的，须向土地所有人为抛弃（放弃）的意思表示并进行注销登记方生抛弃（放弃）的效力。

二、建设用地使用权人的义务

（一）支付出让金的义务

通过行政划拨方式取得的建设用地使用权，其权利人无须支付对价；通过出让方式获得的建设用地使用权，其权利人必须缴纳出让金。因不可抗力导致建设用地使用权人对土地的占有、使用受到妨碍的，建设用地使用权人不得向土地所有人请求免除或减少出让金。

（二）合理使用土地的义务

建设用地使用权人应当按照法律规定或合同的约定，依土地的用途，合理开发、利用、经营建设用地。土地使用权人未依此而使用土地时，出让人有权予以纠正。

（三）返还建设用地的义务

建设用地使用权终止时，建设用地使用权人应当将建设用地交还给土地所有人。出让人可以请求建设用地使用权人为此项行为，其请求权基础为基于所有权的返还请求权。

（四）容忍出让人提前收回建设用地的义务

建设用地使用权人未按出让合同规定的期限和条件开发、利用土地的，市、县人民政府土地主管部门应当予以纠正，并根据情节可以警告、罚款直至无偿收回建设用地使用权（《城镇国有土地使用权出让和转让暂行条例》第17条第2款）。于受无偿收回建设用地使用权的处罚时，建设用地使用权人应负容忍义务。

第四节 建设用地使用权的消灭

一、建设用地使用权的消灭原因

建设用地使用权除因物权的一般消灭原因而消灭外，尚因下列特殊因由而消灭。

（一）建设用地使用权的抛弃（放弃）

建设用地使用权为财产权，故此，原则上其权利人可以将其抛弃（放弃）。建设用地使用权的抛弃（放弃），性质上属于有相对人的单独行为，故应向土地所有权人以意思表示为之。《物权法》因采登记生效主义，故该抛弃（放弃）须经注销登记，方生抛弃（放弃）的效力。

(二) 建设用地使用权的撤销

与建设用地使用权的抛弃（放弃）由建设用地使用权人为之不同，建设用地使用权的撤销则由土地所有权人为之。建设用地使用权的撤销，又称土地所有权人对建设用地使用权的撤销权，系一种形成权。通常认为，撤销建设用地使用权，仅土地所有权人向建设用地使用权人为撤销的单独的意思表示即可，而无须征得建设用地使用权人的同意。换言之，土地所有权人对建设用地使用权人仅作单方面的意思表示，即可产生撤销建设用地使用权的效力。建设用地使用权的撤销，须办理注销登记。《物权法》未规定此建设用地使用权的撤销，属于立法缺漏，编纂民法典物权编时应予补充。

(三) 约定事由的发生

对于建设用地使用权可否因约定事由的出现而消灭，有肯定与否定两种立法成例。德国《地上权条例》规定，地上权的设立不得附解除条件，当事人有约定的，其约定无效。理由是：若允许附解除条件，则地上权人将无以安心地使用土地。不过，新近的学说对此持肯定立场，认为当事人可以约定于一定的事由出现时，建设用地使用权即归于消灭。本书认为，当事人约定了建设用地使用权消灭的事由，只要不违反法律的强制性、禁止性规定，不违背公序良俗，尤其是不违反诚实信用原则，应认可其效力。于事由发生并办理注销登记后，建设用地使用权消灭。

(四) 建设用地使用权期限届满未续期

《物权法》第149条第1款规定："住宅建设用地使用权期间届满的，自动续期"；第2款第1句规定："非住宅建设用地使用权期间届满后的续期，依照法律规定办理。"据此，住宅建设用地使用权期间届满的，系自动续期，从而住宅建设用地使用权不消灭。至于自动续期是否再收取出让金，多数意见认为，不应再收取。而且，自动续期后的建设用地使用权的期间，应为建设用地使用权的原存续期间。[1] 非住宅建设用地，则与住宅用地不同，其期间届满后如不依法律规定办理续期手续，则即消灭（《土地登记办法》第52条），而且申请续期未获批准的，建设用地使用权也消灭（《土地登记办法》第52条）。另外，以划拨方式取得的建设用地使用权没有期限，故此也不存在期限届满问题。由此，所谓建设用地使用权期限届满，主要指透过出让合同取得的建设用地使用权的期限届满。亦即，

---

[1] 至于《物权法》第149条第1款自动续期的规定是否适用于外国人和无国籍人，通说认为，只要外国人、无国籍人于我国境内购买了住宅，即应适用。

建设用地使用权期限届满未续期，实际上只是透过出让方式有偿取得的建设用地使用权消灭的原因。

（五）建设用地使用权因公共利益的需要而提前收回

《物权法》第 148 条规定：建设用地使用权期间届满前，因公共利益的需要，土地所有权人可以提前收回建设用地。由此，建设用地使用权消灭。此时，出让人应当依照《物权法》第 42 条的规定对该宗建设用地上的房屋及其他不动产给予补偿，并退还相应的出让金（《物权法》第 148 条后句）。至于建设用地使用权的注销登记，宜由土地资源行政主管部门直接办理。需注意的是，此所谓"提前收回"，实质上是土地所有权人为了公共利益的需要而单方面地终止建设用地使用权出让合同，性质上系终止权的行使。[1]

（六）建设用地使用权因土地灭失而消灭

建设用地使用权的建设用地因洪水、自然灾害等而灭失时，建设用地使用权消灭。应注意的是，此种情形，仍须由土地资源行政主管部门办理注销登记。

二、建设用地使用权消灭的法律后果

建设用地使用权消灭后，出让人应当及时办理注销登记，并由登记机构收回建设用地使用权证书（《物权法》第 150 条）。此外的法律后果还有：

（1）用地者返还建设用地，取回地上建筑物、构筑物及其附属设施，恢复土地的原状。

（2）建设用地使用权消灭时，如土地所有人以市场价格购买地上建筑物、构筑物及其附属设施的，用地者不得拒绝，称为土地所有人对地上物的购买权。该购买权，旨在协调并保护用地人的利益与社会的整体利益。在我国台湾地区"法"上，土地所有权人不行使该购买权的，用地者不得诉请购买；反之，土地所有人若行使该购买权的，则用地者不得拒绝。此系因对自己有利之事，无认许其拒绝之必要。[2]

需注意的是，《物权法》第 149 条第 2 款规定，建设用地使用权因期间届满而消灭时，地上建筑物、构筑物及其附属设施的归属首先应适用当事人之间的约定，未有约定或约定不明确的，应依照法律、行政法规的规定办理。惟作为行政法规的国务院颁布实施的《城镇国有土地使用权出让和转让暂行条例》第 40 条

---

[1] 刘家安：《物权法论》，中国政法大学出版社 2009 年版，第 167 页。
[2] 姚瑞光：《民法物权论》，海宇文化事业有限公司 1999 年版，第 161 页。

却规定：土地使用权期满，土地使用权及其地上建筑物、其他附着物所有权由国家无偿取得。本书认为，此规定颁行于 20 世纪 90 年代初期，于当时有其合理性，惟现今看来，其不合理之处已显露无遗，故应将其废除。

另外，国家不再无偿收回，用地者也不取回地上建筑物、构筑物及其附属设施，而是要约土地所有权人以市场价格购买时，土地所有人是否必须承诺？对此，为了保护用地者的合法权益，避免土地所有权人变相无偿地取得地上建筑物、构筑物及其附属设施，除非法律另有规定或合同另有约定，否则土地所有权人应负有强制缔约义务。[1]

（3）土地所有人可以请求延长建设用地使用权的存续期间。土地所有人于建设用地使用权存续期间届满前，可以请求建设用地使用权人于地上建筑物、构筑物及其附属设施可以使用的期限内，延长建设用地使用权的存续期间。

（4）有益费用偿还请求权。用地者可以请求土地所有人偿还其增加土地的价值而支出的有益费用，称为"有益费用偿还请求权"。所谓有益费用，主要指用地者于土地上安装排水设备和进行改良工程等而使土地的客观价值实际增加所支出的费用。《物权法》对此未作规定，编纂民法典物权编时，应作补充规定。

（5）请求给予足额补偿金和退还建设用地使用权剩余年限的出让金。依《物权法》第 148 条的规定，因公共利益的需要而提前收回建设用地使用权时，用地者有权根据《物权法》第 42 条的规定，请求土地所有权人对建设用地上的房屋及其他不动产给予足额补偿，并有权要求退还建设用地使用权剩余年限的出让金。

---

[1] 崔建远：《物权法》，中国人民大学出版社 2014 年版，第 324 页。

第十六章
宅基地使用权

第一节 概 说

一、宅基地使用权的涵义

宅基地使用权,是《物权法》规定的一种用益物权类型,系指农村村民依法享有的,于集体所有的土地上建造、保有住宅及附属设施的权利。[1]此项权利,是对我国农村村民长期以来将集体所有的土地用来建造住宅及其附属设施的情况的法律确认,具有十分重要的价值与功用。尽管《物权法》仅规定了4个条文,但此并不意味着该项制度无足轻重,不具重要性。《物权法》第153条规定:"宅基地使用权的取得、行使和转让,适用土地管理法等法律和国家有关规定。"此表明,作为《物权法》规定的一种用益物权类型,宅基地使用权的行使及物权变动,更多的是适用《物权法》以外的《土地管理法》及国家的其他有关政策规定。

需注意的是,《物权法》规定的土地承包经营权和宅基地使用权,是我国农民两项重要的用益物权。前者解决了农民的基本衣食来源,后者解决了农民的基本居住问题。此两项制度以其鲜明的社会保障色彩而成为维护农业、农村稳定的重要制度。

二、宅基地使用权的特性

（一）权利主体的特定性

宅基地使用权可分为农村宅基地使用权与城镇宅基地使用权两种。农村宅基

---

1 参见《物权法》第152条。

地使用权的主体是集体经济组织成员，城镇宅基地使用权的主体是新中国成立以后由于历史原因而形成的城镇私房所有者及经批准于城镇建房的城镇居民。农村宅基地是一种带有社会保障和社会福利性质的权利，是农民的安身之本。而此功能城镇宅基地并不具备。现行《土地管理法》并没有确认城镇非农业户口居民有在农村建房、对集体土地享有宅基地使用权的权利。故《物权法》第152条将宅基地使用权限定为农村居民因建造自有住宅而对集体所有土地的占有、使用的权利。[1] 由此，使宅基地使用权的主体具有特定性和限定性。另外，尽管宅基地使用权的主体是集体经济组织的成员，但实务中通常以户为单位设立，并按一户取得一处宅基地的原则配置，其面积不得超过省、自治区、直辖市规定的标准（《土地管理法》第62条第1款）。

（二）权利客体的特定性

《物权法》第152条规定："宅基地使用权人依法对集体所有的土地享有占有和使用的权利，有权依法利用该土地建造住宅及其附属设施。"据此规定，宅基地使用权的客体仅限于集体所有的土地，于国有土地上不得设立宅基地使用权。另外，所谓"集体所有的土地"，其范围应作广义理解，即包括土地的地表、空中和地中。亦即，集体经济组织成员可以于集体所有土地的地表、空中和地中建造住宅及其附属设施。

（三）"一户一宅"原则

宅基地的取得坚持"一户一宅"原则。于《物权法》制定过程中，有意见认为，农村因继承等原因拥有两处以上宅基地的情况很普遍，"一户一宅"过于绝对，难以执行；另一种意见认为，作为分配制度，应当坚持"一户一宅"的原则。从我国农村的实际出发，《物权法》规定的宅基地使用权应当理解为"一户一宅"。

（四）目的的特定性

依《物权法》和《土地管理法》的规定，宅基地使用权的目的具有特定性，即只能用来供农村村民建造住宅及其附属设施，并保有其所有权。所谓住宅，即农村村民的生活居住用房；所谓附属设施，指辅助住宅发挥效能的与村民生活相关的建筑物、构筑物等设施，如车库、厕所、沼气池、猪圈、牛棚、羊棚等。与此不同的是，建设用地使用权的目的具有多样性，可以将建设用地用作居住用地、工业用地、教育、科技、文化、卫生、体育、商业、旅游、娱乐等用地。

---

[1] 江平主编：《中国物权法教程》，知识产权出版社2007年版，第353页。

（五）权利取得的无偿性

农村宅基地使用权的取得是无偿的。对此，在《物权法》的制定过程中曾产生一定争论。有意见认为，现在农村已经存在宅基地分配不均、批少占多等问题，无偿取得宅基地，既无法满足农民群众改善居住条件的需要，也影响了集体经济组织的收益，宅基地应当实行有偿使用。另一种意见则认为，完全实施有偿使用制度将使多数农民难以承受，建议对保障居住的宅基地部分继续采用无偿取得制度，而对超过基本居住范围的部分实行有偿使用制度。对超标多占的宅基地，可以采取累进制计算使用费。此两种意见均未被正式通过的《物权法》采纳，《物权法》最终采取的是第三种意见，即主张宅基地使用权无偿取得的意见。此种意见认为，宅基地使用权系村民最基本的居住保障，集体经济组织成员应当无偿取得。我国现今对《物权法》规定的宅基地使用权的立法意旨的解释，应循此而为之。此种无偿取得宅基地使用权的制度，实质上具有按农村村民的身份而分配宅基地的性质。

（六）宅基地使用权的无期限性

亦即，宅基地使用权系无期限的用益物权，具永久性。宅基地使用权不发生因期限届满而消灭的问题。

第二节　宅基地使用权的取得和流转

一、宅基地使用权的取得

尽管《物权法》将宅基地使用权确定为一种用益物权，属于在"他人"之物上取得的物权，但实际上根据《物权法》的立法意旨和《土地管理法》的规定，农村村民宅基地使用权的取得表现为一种以身份为基础的无偿分配的过程。此系由我国农村集体经济组织的成立史，以及村民与农村集体经济组织的历史关系所造成。《物权法》本身也未对宅基地使用权的取得作出具体规定，其第153条仅规定："宅基地使用权的取得、行使和转让，适用土地管理法等法律和国家有关规定。"依《土地管理法》和相关政策规定，宅基地使用权的取得须遵循下列规则[1]：

第一，须经法定程序。宅基地使用申请人须为宅基地所在地集体经济组织的成员；申请人首先须向集体经济组织提出用地申请，经集体经济组织同意后，报

---

[1] 刘家安：《物权法论》，中国政法大学出版社2009年版，第169页。

乡（镇）人民政府审核，最后由县级人民政府批准。

第二，应确有因建造住宅而用地的必要。依《土地管理法》的规定，农村村民一户只能拥有一处宅基地；村民出卖、出租住房后，再申请宅基地的，不予批准。

第三，应当符合乡镇土地总体利用规划，并尽量使用原有的宅基地和村内空闲地；宅基地的面积不得超过省、自治区、直辖市规定的标准。

另外，我国《物权法》等现行法并未将登记作为取得宅基地使用权的要件，登记与否不影响宅基地使用权的取得，宅基地使用权自县级人民政府批准时设立或取得。

二、宅基地使用权的流转

宅基地是农村居民的安身立命之所，对农村居民具有十分重要的意义。为了保障村民的宅基地，《物权法》《土地管理法》《担保法》及国家有关政策均禁止宅基地使用权流转，亦即宅基地使用权的买卖、赠与、投资入股、抵押等皆不允许。其例外情形是宅基地使用权可以继承，以及宅基地使用权随宅基地上的房屋所有权的转让而移转。而且，对于因转让宅基地上的房屋所有权而导致的宅基地使用权的移转，亦应加以限制：其一，受让人只能是本集体经济组织的成员，如果要转让给本集体经济组织以外的人员，则该人员必须首先在本集体经济组织中落户并符合申请宅基地的条件。其二，农村村民一户只能拥有一处宅基地。农村村民出卖住房后再申请宅基地的，不予批准。其三，受让方的宅基地的面积不得超过省、自治区、直辖市规定的标准，否则不得受让。[1]

宅基地使用权可否抵押，系《物权法》立法过程中较有争议的一个问题。一种意见认为，宅基地使用权系农民安身立命的基本生活保障，规定宅基地使用权可以抵押，于实现抵押权时，即面临要么使农民居无定所，要么让抵押权落空的两难境地。另一种意见认为，农民可抵押的财产有限，于保障农民基本居住的前提下，应当允许宅基地使用权抵押，以缓解农民贷款困难。为了防范因此而出现的风险，可以有条件地适当放开。还有一种意见认为，宅基地使用权抵押的问题比较复杂，不宜一概而论。物权法对此问题应暂不作具体规定，待各方面的认识进一步统一，积累一些经验时，再根据实际情况，通过土地管理法等其他法律解决。[2]最后正式通过的《物权法》采纳了第三种意见，不作明文规定，而是仍然

---

[1] 江平主编：《中国物权法教程》，知识产权出版社2007年版，第359页。

[2] 王胜明主编：《中华人民共和国物权法解读》，中国法制出版社2007年版，第331页。

沿袭《土地管理法》的规定，即不得抵押。应当说这是正确之策。目前，我国农村社会保障体系尚未全面建立，宅基地使用权系农民基本生活保障和安身立命之本。自全国范围看，放开宅基地使用权的抵押的条件尚不成熟。特别是农民一户只有一处宅基地，此点与城市居民不同。农民一旦失去住房及其宅基地，将会丧失基本生存条件，影响社会稳定。所以，对不允许宅基地使用权抵押应给予肯定性评价。[1]当然，于将来条件成熟时，具体落实和推行农村宅基地的（有偿）流转乃至有偿收回（有偿放弃、有偿退出），也是必要和值得重视的。而于现今，系进行这方面的尝试、试点，积聚经验。

第三节　宅基地使用权的效力

一、宅基地使用权人的权利

（一）占有、使用宅基地的权利

占有、使用宅基地为宅基地使用权人的当然的权利。《物权法》第152条规定，宅基地使用权人依法对集体所有的土地享有占有和使用的权利，有权依法利用该土地建造住宅及其附属设施。

（二）保有所建造住宅及其附属设施的所有权的权利

亦即，宅基地使用权人对自己于宅基地上建造的住宅及其附属设施享有所有权。

（三）对宅基地使用权的有限的处分权

宅基地使用权不得单独转让，亦不得单独设立抵押，但可随宅基地上的房屋所有权一同转让；宅基地上的房屋可以继承，所以宅基地使用权也可随房屋所有权的继承而由继承人继承。此外，村民将房屋赠与他人时，宅基地使用权也应一并由新的房屋所有人取得。这些均体现了对宅基地使用权的有限的处分权。

（四）宅基地使用权人的权利无期限限制

宅基地使用权本身无期限限制，权利人可以永久享有此权利。宅基地上的建筑物及其附属设施灭失的，不影响宅基地使用权的效力。宅基地使用权人有权于宅基地上重新建造住宅及其附属设施。[2]

---

[1]　王胜明主编：《中华人民共和国物权法解读》，中国法制出版社2007年版，第332页。
[2]　江平主编：《中国物权法教程》，知识产权出版社2007年版，第364页。

（五）于宅基地上种植竹木、瓜果、蔬菜的权利

宅基地使用权人于县级人民政府批准的宅基地范围内，为美化宅基地上的建筑物及其附属设施或使宅基地得到充分的利用，可在宅基地的边界或四周等种植竹木、瓜果或蔬菜。

（六）以宅基地为他人设立地役权的权利

亦即，宅基地使用权人可以自己的宅基地作为供役地而为他人设立地役权，供他人的土地方便和利益之用。

二、宅基地使用权人的义务

宅基地使用权人的义务主要有如下 3 项。

（一）按照批准的用途使用宅基地

亦即，宅基地使用权人须在宅基地上建造住宅及其附属设施，不得擅自变更宅基地的用途，譬如将宅基地改为鱼塘等。

（二）按照批准的面积建造住宅

亦即，宅基地使用权人不得采取任何不法手段多占土地作为宅基地，应按批准的面积建造住宅及其附属设施。

（三）不得非法转让、抵押、出租宅基地使用权

宅基地使用权人不得将宅基地使用权单独转让、抵押或出租，也不得以土地入股等方式变相买卖宅基地使用权。非法转让宅基地的，转让协议无效。因出卖房屋转让宅基地的，不得再申请宅基地；居民迁居并拆除房屋后，腾出宅基地的，应当由集体经济组织收回宅基地。村民长期闲置或抛弃的宅基地，集体经济组织有权收回。[1]

第四节 宅基地使用权的消灭

一、宅基地使用权消灭的因由

《物权法》第 154 条仅规定了宅基地因自然灾害原因灭失时，宅基地使用权消灭的一种情况。但除此之外，宅基地使用权尚有其它消灭因由，归结起来，主要有下列四种。

---

[1] 江平主编：《中国物权法教程》，知识产权出版社 2007 年版，第 364—365 页。

（一）宅基地使用权人不按照批准的用途使用土地，宅基地使用权被依法收回

按照宅基地使用权的目的，宅基地使用权人只能于宅基地上建造住宅及其附属设施，而不得建造或保有其他建筑物或构筑物（如兴办企业、建造商品房等）。否则，集体经济组织作为土地所有人有权收回宅基地，从而使宅基地使用权消灭。[1]

（二）长期闲置宅基地

宅基地使用权长期闲置的，土地所有权人有权收回，由此使宅基地使用权消灭。特别是宅基地使用权人有意长期闲置宅基地时，作为土地所有权人的集体经济组织可以将宅基地立即收回。

（三）宅基地因被征收而消灭

亦即，因国家公共利益的需要而征收集体所有的土地时，宅基地使用权因失去标的物而随之消灭。

（四）宅基地使用权人不复存在

亦即，占有、使用宅基地的农户家庭成员全部死亡或因举家迁移城镇等原因而不复存在时，宅基地使用权因无主体而归于消灭。

另外，需注意的是，《物权法》第155条规定："已经登记的宅基地使用权转让或者消灭的，应当及时办理变更登记或者注销登记。"据此，如因出卖宅基地上的房屋而导致宅基地使用权移转的，宅基地使用权原已登记的，应当及时办理变更登记（移转登记或曰过户登记），否则受让人虽可对转让人主张自己享有宅基地使用权，但对于第三人则无权以宅基地使用权人的身份抗辩。至于宅基地使用权绝对消灭，原无登记的，在内外关系上皆可主张宅基地使用权业已消灭；原已登记的，应当及时办理注销登记。[2]

二、宅基地使用权消灭的法律后果

宅基地使用权作为一种于集体土地上设立的无偿取得的用益物权，具有社会保障、社会福利的性质，故此于宅基地使用权消灭时，在符合法律规定的情况下，"对失去宅基地的村民，应当重新分配宅基地"（《物权法》第154条后句）。[3]

宅基地使用权绝对消灭时，宅基地上的住宅及其附属设施的所有权转归集体经济组织享有。

---

1 江平主编：《中国物权法教程》，知识产权出版社2007年版，第361页。
2 崔建远：《物权法》，中国人民大学出版社2014年版，第335页。
3 江平主编：《中国物权法教程》，知识产权出版社2007年版，第363页。

第十七章

地役权（含不动产役权构建）

第一节 概 说

一、地役权的涵义

《物权法》第156条第1款规定："地役权人有权按照合同约定，利用他人的不动产，以提高自己的不动产的效益。"据此，所谓地役权，系指依合同的约定而以他人土地供自己土地的方便和利益之用的权利。于分类上，地役权属于一种为增加自己土地的利用价值而利用他人土地的用益物权。地役权的发生以存在两个土地为前提。所谓两个土地，指供役地和需役地。其中，供他人土地的方便和利益之用的土地，为供役地，享受方便和利益的土地，为需役地。

关于地役权的涵义，应释明以下几点。

（一）地役权是以限制供役地的所有权或使用权为内容的他物权

地役权的本旨，学理上有三说：需役地所有权延长说，增加需役地的价值说与需役地权利说。此三说皆仅在说明地役权行使的状态，或地役权与需役地所有权的结合关系，难以完全释明地役权的本旨，故为多数学者所不采。多数学者认为，地役权的本旨，是一种以限制供役地所有权或使用权为内容的他物权。[1]

（二）地役权为利用他人土地的物权

地役权为存在于他人土地上的物权，对自己的土地，因可予以任意使用，故无必要设立地役权。地役权的标的物限于土地，但不以一宗土地为必要，即使就一宗土地的特定部分也可设立地役权。《物权法》第156条对地役权的定义使用了"不动产"的概念，而该条第2款又使用了"供役地"和"需役地"的概念。

---

[1] 杨与龄：《民法物权》，五南图书出版股份有限公司1981年版，第141页；史尚宽：《物权法论》，荣泰印书馆股份有限公司1979年版，第203页。

尽管确有以建筑物为标的物而设立地役权的立法成例（譬如《法国民法典》第637条，《德国民法典》第1021条、第1022条），但为我国《物权法》所未采，而且自《物权法》第14章的总体规定看，也应将第156条所称"不动产"理解为"土地"。[1] 故此，于我国实务中，自不得在他人建筑物上设立地役权。

值得指出的是，为使我国涵括土地在内的不动产及其定着物、构筑物及工作物发挥其应有的功能，提升此等不动产的利用价值，以满足当代社会的需求，我国地役权制度应扩大其适用范围，即不应局限于土地间的平面利用关系，而应扩及于土地与建筑物间、建筑物与建筑物间的利用关系，即由现今的地役权观念扩及于不动产役权观念，构建我国的不动产役权体系，实现由地役权到不动产役权的转换。对此问题，本章之末将予以详细论述。

另外，因法律规定地役权的旨趣，并不在于调节土地的所有关系，而在于调节土地的利用，故虽然系由同一人所有的两宗土地，而现今却由不同的人使用（如两宗土地分别设立土地承包经营权于不同的农户）的，只要彼土地有供此土地的方便和利益之用的必要，即可设立地役权。

地役权原则上以不作为为其内容，此即罗马法法谚所谓："作为不得成立役权。"由此，供役地人对需役地人利用自己的土地，仅负有容忍（如容忍其通行）的义务或不作为的义务（如不建造妨碍需役地观瞻的建筑物），而不负为一定行为的积极义务。若设立合同有作为内容的约定的，因非地役权的内容，故于当事人间仅生债的效力，不生物权的效力。盖因地役权为物权，其标的物为供役地，而非供役地人。[2]

（三）地役权系以他人的土地供自己土地的方便和利益之用的权利

地役权的设立，以存在需役地和供役地为必要。如供役地对需役地的利用不能提供方便和利益，即无设立地役权的必要。所谓"方便和利益"，《物权法》第156条称为"效益"。其不限于经济上的方便和利益（效益），舒适、快乐、美观的利益也涵括在内，例如为了需役地的美观、舒适而设定眺望地役权即是。至于方便和利益（效益）的具体内容，法律多不设明文规定或限制，而委由当事人自由约定。常见的地役权的内容有：（1）以供役地供地役权人使用，如通行、汲水和排水地役权；（2）以供役地供地役权人收益，如在供役地上伐木或取得其他材料；（3）禁止或限制供役地为某种使用，如禁止供役地建筑高楼或于一定范围内

1　类似见解，也可参见刘家安：《物权法论》，中国政法大学出版社2009年版，第171页。
2　姚瑞光：《民法物权论》，海宇文化事业有限公司1999年版，第179页。

栽种高大植物，以免妨碍需役地的采光或眺望；（4）排除相邻关系规定的适用，如设立需役地的竹木根枝可逾越相邻供役地的地役权，设立需役地屋檐上的雨水可直注入相邻供役地的地役权，等等；（5）地役权的内容，既可以为需役地提供现在利用土地的便利，也可以为需役地提供将来利用土地的便利，但供役地无须具有供需役地永久利用的性质。例如，即使是行将干涸的水井，也可以设立汲水地役权。至于需役地与供役地是否应当毗邻，罗马法采肯定主义，认为需役地与供役地应当邻近，方可设立地役权。惟现今通说与多数国家或地区立法例采否定立场，认为需役地与供役地即使不邻近或远隔千里，只要供役地事实上有可供需役地利用上的方便和利益，都可以设立地役权。

（四）地役权系为需役地的方便和利益而存在的物权

地役权与人役权，为罗马法以来民法关于役权的基本分类。二者的差异在于，地役权，系以供役地供需役地的方便和利益之用的物权；而人役权，则是专为特定人而非特定土地的利益设立的物权。易言之，地役权所提供的方便和利益的直接对象为"地"（需役地），而人役权所提供的方便和利益的直接对象为"人"。《物权法》未就人役权作出规定。物权法起草过程中，曾经规定有居住权，此种物权即属于人役权之一种，但 2007 年最终颁行的《物权法》并未承认此权利。编纂民法典物权编时，仍应坚持现行立场，而不予规定。

（五）地役权的内容不得违反法律的强制性规定或有悖于公序良俗

地役权的内容虽然可由当事人依意思自治自由订立，但所订立的内容不得违反强制性规定或公序良俗，否则所设立的地役权无效。例如，设立禁止供役地为任何使用的地役权的，即应认为有害于社会经济、违反公共秩序而无效。此外，地役权的设立如违反相邻关系的强制性规定的，亦属无效。例如，有关相邻不动产所有权或使用权的界线的强制性规定，当事人皆不得违反而设立地役权。故当事人如设立以禁止袋地通行为内容的地役权，抑或设立容忍权利滥用的地役权的，设立行为皆属无效。

另外，需注意的是，因民法上的各项制度各有其功能，故不得以属于建设用地使用权或土地承包经营权的内容来设立地役权。例如，不得设立以供役地供自己建筑或种植玉米之用的地役权。盖因以他人土地供自己建筑或种植玉米之用，属于建设用地使用权或土地承包经营权的内容和范围。当然，地役权人为了实现对需役地的方便和利益之用而于供役地上设置建筑物或其他构筑物的，则又另当别论。

（六）地役权的主体为土地的所有权人或使用权人

在我国《物权法》上，地役权法律关系的双方主体可以是土地所有权人，也可以是土地使用权人。具体而言，集体土地所有权人、土地承包经营权人、宅基地使用权人、建设用地使用权人，皆可为地役权法律关系的主体而设立地役权。

（七）地役权对供役地不具有排他的独占性

地役权对供役地不具有排他的独占性，此尤其表现于消极地役权的情形。盖地役权设立后，供役地人仅在地役权行使的必要范围内，负容忍或消极不作为的一定义务，于无碍地役权人权利行使的范围内，供役地人的用益权仍继续存在。故此，供役地设立积极地役权（如通行地役权）后，自可于不妨碍其目的的范围内，再设立相同或其他积极地役权（如汲水地役权）或消极地役权（如采光地役权）；且地役权人也可与供役地人共同利用。例如，通行地役权的道路，供役地人即可用之通行。学理上将地役权人与供役地人能共同利用地役权的标的物的特性，称为共同利用性。[1]

（八）地役权的设立既可为有偿，也可为无偿

《物权法》第157条尽管将"费用及其支付方式"列为地役权合同的一般条款，但地役权的设立并不因此以有偿为必要，当事人即使设立无偿的地役权也无不可。

二、地役权的法制史脉络与功用

（一）地役权的法制史脉络

地役权，作为一种以他人土地供自己土地的方便和利益（效益）之用的权利，法制史上萌芽甚早。一般认为，自人类进入畜牧时代以后，地役权便已形成其雏形。盖在畜牧时代，人类虽逐水草而居，但实际上并非随地可以畜牧，于是发生利用土地的问题。既然发生利用土地的问题，则地役权也就应运而生。惟此时因人智未开，生产力低下，人们尚不知国家、法律为何物，故法律意义上的地役权于此时期并不存在。[2]

人类之有法律意义上的地役权，肇始于古罗马法。于罗马法上，地役权为役权之一种。[3]而役权，指为一定人或一定土地的方便和利益而利用他人的所有物的

---

1 谢在全：《民法物权论》（下册），新学林出版股份有限公司2014年版，第29页。
2 郑玉波著，黄宗乐修订：《民法物权》，三民书局2007年版，第215页。
3 罗马法上的役权制度起源甚早，惟其当初与所有权并无区别，至古代末期，才独立为他物权，及至优士丁尼时代，其内容方灿然大备。对此，请参见谢在全：《民法物权论》（下册），新学林出版股份有限公司2014年版，第15页。

权利。于罗马法上，因利用他人的所有物的权利仅有役权一种，故役权为罗马法上惟一的他物权。[1] 依罗马法，役权可大别为人役权与物役权。人役权，指为特定人的方便或利益，利用他人的动产或不动产的物权，如设立在他人的湖泊钓鱼、在他人的森林狩猎、在他人的房屋居住的权利等属之，主要涵括用益权、使用权、居住权及劳役权四种类型。物役权涵括地役权和建筑役权。地役权，主要为特定土地的利益而设立，例如为人或车辆的通过而设立通行权，通过供役地而引水的引水权，由供役地取水的汲水权等等；建筑役权，也称城市地役权，指为了自己建筑物的方便和利益而利用他人建筑物的权利，主要是为特定建筑物的利益而设立，如需役建筑物可使用供役建筑物的梁柱，需役建筑物的雨水可流入供役建筑物等是。[2] 可见，在罗马法上，役权的内容十分宽泛，凡利用他人之物的物权，皆属之。往后，因地上权、永佃权相继发达，役权的内容方降至次要。

近现代及当代各国民法，如法国、德国、奥地利、日本和韩国民法等，皆建立了适合自己国情的地役权制度。[3] 1804年《法国民法典》肇开了各国家或地区建立地役权制度的先河。按照该法典，地役权的内容十分宽泛，涵括"从地点情况发生的役权""法律规定的役权"及"由人的行为设立的役权"等。[4] 须需注意的是，前两者——"从地点情况发生的役权"和由"法律规定的役权"，实际上是土地相邻关系。而惟有"由人的行为设立的役权"，方与现当代多数国家民法规定的地役权相当。依《法国民法典》第637条的规定，地役权，指为了供他人不动产的使用或便利而对自己不动产所设立的负担，具有物权性、附从性、不可分性及通常情况下的永久存续性。另依《法国民法典》，取得"由人的行为设立的役权"的方法有三：一是依设立行为而取得；二是依取得时效而取得；三是基于"家父的目的决定"而取得。[5]

《德国民法典》在立法体例上将地役权、用益权和限制的人役权一并规定于

---

[1] ［日］原田庆吉：《日本民法典的历史的素描》，创文社1954年版，第115页。

[2] ［日］川岛武宜编集：《注释民法》（7），有斐阁1984年版，第469—470页。需注意的是，日耳曼法初期，并不知地役权为何物，其后趁德国大规模继受罗马法之机，日耳曼法才建立起了自己的役权制度及其体系。

[3] 大体而言，近现代及当代欧陆各国民法，如德国、法国、瑞士等民法沿袭罗马法的做法，建立了地役权与人役权两种制度。而亚洲各国民法，如日本民法则并无人役权的规定。我国台湾地区"民法"第851条参考《日本民法》第280条的规定，同样未设人役权，而仅规定了不动产役权制度。参见［日］原田庆吉：《日本民法典的历史的素描》，创文社1954年版，第115页。

[4] 参见《法国民法典》第2编第4章"役权或地役权"。

[5] ［日］川岛武宜编集：《注释民法》（7），有斐阁1984年版，第474—475页。

第 3 编物权编的第 4 章 "役权"（第 1018—1093 条）中。惟依《德国民法典施行法》第 113 条、第 115 条关于地役权的内容、限制和消灭应委由各州法规定的规定，《德国民法典》实际上只规定了地役权的一部分内容。第 1018 条规定：一块土地为了另一块土地的现实所有人的利益，得设立权利，使需役地的所有人得以某种方式使用该土地，或使供役地人不得在该土地上为某种行为，或排除本于供役地根据其所有权而对享有地役权的土地（需役地）行使权利。地役权的取得，德国民法与法国民法稍有差异，即它不承认基于"家父的目的决定"可以取得地役权，而仅承认地役权可依设立行为或取得时效而取得。应当注意的是，德国民法因采物权行为无因性，故地役权须双方当事人订立物权的合意（物权契约）并进行登记后，方可设立；地役权设立行为，性质上属于无因的物权行为[1]。

英美法也有与大陆法相类似的地役权概念。按照英美法，地役权被称为"easement"，指土地所有人利用毗邻的他人的土地，或限制毗邻的土地所有人利用其土地的权利。供他人土地方便和利益之用的土地称为"承役地"（servient tenement），享有权利的土地称为"需役地"（dominant tenement）。而且，按照英美法，地役权的成立要件有四：一是须存在两个相互接壤的土地；二是须一个土地向另一个土地提供利用上的便利；三是须两个土地分属于不同的人所有；四是须规定方便和利益的内容。地役权的取得，依英美法，主要有四种方式：一是依制定法的规定而取得；二是基于明示的让与而取得；三是基于默示的让与而取得；四是基于取得时效而取得。[2] 地役权的种类主要有：流水地役权、空气利用（地）役权、采光（地）役权、通行地役权、支撑地役权及围墙地役权，但不承认眺望地役权。英美法地役权，性质上为一种不动产权利，[3] 其既区别于土地财产所有权，也区别于土地收益权、自然权、使用许可和地方习惯性权利等。[4]

我国《物权法》设专章（第 14 章）规定地役权，自第 156 条至第 169 条，内容较为详尽。此系自 1949 年新中国建立以来我国首次以民事立法的形式明确承认并规定地役权制度，由此于新中国的民事立法尤其是物权法的发展进程上具有十分重要的价值。

（二）地役权的功用与价值

地役权，是指以他人的土地供自己土地方便和利益之用的权利，例如以乙地

1　[日] 川岛武宜编集：《注释民法》(7)，有斐阁 1984 年版，第 479 页。
2　[日] 国生一彦：《现代英国不动产法》，商事法务研究会 1990 年版，第 241 页以下。
3　[日] 川岛武宜编集：《注释民法》(7)，有斐阁 1984 年版，第 479—480 页。
4　[日] 川岛武宜编集：《注释民法》(7)，有斐阁 1984 年版，第 480—481 页。

供甲地通行之用而设立通行地役权，即属之。地役权的目的系在于以他人的土地供自己土地的方便和利益之用，借以提升自己土地的效益。而此目的，本可借助于作为债的关系的土地借用或土地租赁得以实现。惟因地役权属于物权，权利人由此获得的保护及法律地位的安定不仅较借用权人或租赁权人为优，且地役权因与需役地所有权或使用权相结合，故可同时提升需役地的价值；另一方面，设立地役权后，供役地所受的限制也仅局限于设立了地役权的特定部分，除此之外，供役地人对供役地的使用、收益不仅一如其旧，甚至还可与需役地共享同一地役权。例如，为通行供役地而设置的道路，供役地人可用之通行，即属之。于这些方面，较之土地租赁或土地借用，其承租人或借用人原则上系以独占的方式利用土地，皆不相同。可见，地役权乃具有提升需役地的效用，并由此间接地促进社会财富获得充分利用的功能。

地役权除了具有上述功用外，还有另一重要功用，即对土地的利用加以调节。自罗马法以降，为调节相邻不动产的利用，民法设有相邻关系制度。依相邻关系制度对不动产的利用加以调节，系一种依法律的直接规定而进行的调节，其仅可对相邻不动产的利用作最小限度的调节，只能满足土地所有人或使用人为方便自己使用土地而利用邻人土地的最低限度的需要。于土地权利人利用邻人土地的需要超过不动产相邻关系所能调节的范围或限度时，其也就再无法进行调节。于是产生了于不动产相邻关系之外复规定地役权，以实现对相邻不动产的利用作最大限度的调节的必要。可见，地役权的功能，乃与相邻关系同，即仍然在于调节相邻土地的利用。不过，以地役权对相邻土地的利用进行调节，属于通过相邻不动产所有人或使用人之间的约定而发生的调节，其可由此对相邻不动产作最大限度的调节。

另外，地役权于当代欧陆一些国家出现了一些新的发展趋势，地役权的利用呈现出十分活跃的景象，此种情形被称为地役权发展的"第二春"。此外，还出现了所谓"限制营业竞争的地役权"，例如土地权利人甲与土地权利人乙约定，乙不在其土地上从事某种营业，或不贩卖某种商品，或乙不将土地出租给他人经营某种事业等。[1]总之，地役权于当代社会还将有更广阔的作用空间，尤其是伴随土地空间权制度的生成，土地空间权体系的建立，地役权还将以空间役权的面貌呈现出其无限的发展前景。

---

1 王泽鉴：《民法物权2》（用益物权·占有），中国政法大学出版社2001年版，第77页。

三、地役权的特性

(一) 地役权的从属性

地役权的从属性,又称地役权的附从性或随伴性,指地役权的存续以需役地的存在为前提,与需役地的所有权或其他不动产物权(土地承包经营权、建设用地使用权等)同其命运,而此与抵押权、质权或留置权须从属于主债权而存在的情形正属相同。其内容涵括地役权不得由需役地分离而为让与及地役权不得由需役地分离而为其他权利的标的物两个方面。地役权本旨上为一种独立的物权,而不像相邻关系为不动产所有权或使用权的内容的扩张或限制。惟因地役权系为需役地的方便和利益(效益)而设立的权利,故须从属于需役地而存在。地役权的从属性,表现于以下两个方面。

1. 地役权不得由需役地分离而为让与

此具体又涵括三种情形:(1) 需役地使用人不得自己保留需役地的使用权,而单独把地役权让与他人。此即《物权法》第 164 条规定:地役权不得单独转让。土地承包经营权、建设用地使用权等转让的,地役权一并转让,除非合同另有约定。(2) 需役地使用人不得自己保留地役权而仅将需役地的使用权让与他人(《物权法》第 164 条)。(3) 需役地的使用权人不得将需役地的使用权与地役权分别让与不同的人,例如不得将需役地的使用权让与某甲,而把地役权让与某乙。

2. 地役权不得由需役地分离而为其他权利的标的

地役权因附随于需役地,为需役地使用权的从权利,故不得由需役地分离而为其他权利的标的。对此,《物权法》第 165 条明确规定:"地役权不得单独抵押。土地承包经营权、建设用地使用权等抵押的,在实现抵押权时,地役权一并转让。"

(二) 地役权的不可分性

所谓地役权的不可分性,系指地役权的取得(发生)、消灭或享有应及于需役地和供役地的全部,不得分割为数部分或仅为一部分而存在。[1] 地役权之所以具有不可分性,主要系出于下列原因:(1) 地役权系为需役地的全部的方便和利益而取得,是存在于供役地上的不可分的负担;(2) 地役权与建设用地使用权、土地承包经营权皆属于用益物权,须直接利用他人的土地,不可能存在于抽象的应

---

[1] 王泽鉴:《民法物权 2》(用益物权·占有),中国政法大学出版社 2001 年版,第 82 页;刘家安:《物权法论》,中国政法大学出版社 2009 年版,第 173 页。

有部分上。若允许将一个地役权分割为数个部分，则为需役地全部的方便和利益（效益）而设立的地役权即无法达到方便和利益的目的。

地役权的不可分性，涵括发生（取得）上的不可分性、消灭上的不可分性及享有或负担上的不可分性，具体内容如下 [1]：

（1）需役地为共有的，各共有人的应有部分无从取得地役权；供役地为共有的，各共有人的应有部分无从设立地役权，已就共有地设立地役权的，各共有人就地役权的负担为全部的，而非各按其应有部分负担一部。

（2）需役地为共有的，各共有人无从就其应有部分，使已存在的地役权一部分消灭。若共有人中的一人，就其应有部分为消灭地役权的行为（如抛弃或放弃），其行为不发生效力；供役地为共有的，各共有人也无从就其应有部分，除去地役权的负担。

（3）地役权设立后，需役地或供役地成为共有时，地役权并非分割地由需役地各共有人分别享有，也非由供役地共有人分别负担。

（4）需役地经分割的，其地役权为各部分的利益，仍继续存在。例如，甲地在乙地有汲水地役权，其后甲地被分割为丙、丁两地时，则丙、丁两地仍可各向乙地汲水。

（5）供役地经分割的，地役权就其各部分仍继续存在。例如，甲地在乙地上设有排放煤烟的地役权，其后乙地虽分割为丙、丁两地，但甲地仍可就该两地行使排放煤烟的地役权。

将上列5点予以归纳，地役权的不可分性即是：（1）如地役权所附属的主权利为多人所享有，则共有人之一不得仅为自己享有的份额取得地役权，也不得按其应有的部分使已存在的地役权消灭；（2）需役地如经分割，则地役权原则上为分割后各部分的利益继续存在；（3）供役地如经分割，则地役权原则上仍继续存在于分割后的各部分之上。[2]

四、地役权的分类

《物权法》第156条将地役权的内容概括为"利用他人的不动产"，而利用他人的不动产的地役权的类型则可作出如下分类。

（一）意定地役权与法定地役权

依地役权的设立系基于当事人的约定抑或法律的直接规定，地役权可分为意

---

[1] 姚瑞光：《民法物权论》，海宇文化事业有限公司1999年版，第183—184页。
[2] 刘家安：《物权法论》，中国政法大学出版社2009年版，第173页。

定地役权和法定地役权。《物权法》规定的地役权为意定地役权。而法定地役权，又称公共地役权，系为了公共利益的需要而依法律的直接规定设立的地役权。例如，我国的西气东输、南水北调工程，沿途输气管道或输水管道所占用的土地，就面临着土地权利人不签订地役权合同的危险。此时若设有法定地役权即可解决之。盖西气东输、南水北调工程系增进社会的公共利益的活动，故无须征得沿途土地所有人或使用人的同意而直接设立地役权。惟基于民法对等正义原则，西气东输、南水北调工程的经营者或国家有关部门应给予输气管道或输水管道沿途所占用的土地的权利人相应的对价。

（二）作为地役权与不作为地役权

依供役地人所负义务的不同，地役权可以分为作为地役权与不作为地役权。作为地役权，又称为积极地役权，指地役权人可在供役地上为一定行为为其内容。因地役权人得为一定行为，又称为作为地役权，供役地人负有容忍该一定行为的义务，故又称为容忍地役权。换言之，在此种地役权，供役地所有人或使用人的义务，是容忍地役权人为一定的行为，如汲水地役权、通行地役权、排水地役权、采土地役权等均属此类地役权。不作为地役权，又称消极地役权，指以供役地所有人或使用人不得于供役地上为一定行为为其内容。因负有一定不作为的义务，而非单纯的容忍义务，故又称为不作为地役权。换言之，在不作为地役权，供役地所有人或使用人的义务在于不在供役地上为一定行为，即不作为。例如，采光、眺望、禁止不可量物侵害（干扰）的地役权，需役地人为避免供役地与其营业竞争，禁止供役地经营相同营业的地役权，皆属于此种地役权。[1]

（三）继续地役权与不继续地役权

依地役权的内容的实现，是否继续无间断为标准，可分为继续地役权与不继续地役权。前者指权利内容的实现，不必每次有地役权人的行为，而于时间上能继续无间断的地役权。例如，修筑道路的通行地役权、装设水管的汲水地役权、阳台得突入供役土地的地役权以及其他消极地役权均属。后者指权利内容的实现，每次均以有地役权人的行为为必要的地役权。此种地役权大多无固定的设施，例如未开设道路的通行地役权、未装设汲水设施的汲水地役权、未装置设备的取土地役权等属之。此种分类的实益，系在于地役权能否因时效而取得。[2]

1　谢在全：《民法物权论》（下册），新学林出版股份有限公司2014年版，第18页。
2　谢在全：《民法物权论》（下册），新学林出版股份有限公司2014年版，第18—19页。

（四）表现地役权与不表现地役权

依权利的存在是否表现于外为标准，可将地役权界分为表现地役权与不表现地役权。前者指地役权的行使，依外形的事实而表现的地役权，例如通行、地面汲水与地面排水的地役权；后者指权利的行使不能依外部的事实而认知的地役权，如埋设涵管的汲水、排水地役权或眺望、采光等消极地役权属之。此种分类的实益，也在于地役权能否因时效而取得。

第二节 地役权的取得

一、基于法律行为取得地役权

（一）通过地役权合同设立地役权

基于法律行为取得地役权，最重要者是透过订立地役权合同而设立地役权。《物权法》第157条第1款规定："设立地役权，当事人应当采取书面形式订立地役权合同。"关于以地役权合同设立地役权，须注意者有下列几点。

1. 地役权合同的当事人

依《物权法》的规定，地役权合同的当事人为供役地权利人和需役地权利人：（1）国家土地所有权人、集体土地所有权人可以为他人设立地役权；（2）供役地上的用益物权人，如土地承包经营权人、建设用地使用权人，也可作为地役权合同的主体而订立合同为他人设立地役权；同理，不仅需役地的所有权人可以为自己取得地役权，而且需役地上的用益物权人，如土地承包经营权人、建设用地使用权人、宅基地使用权人，也可与他人订立地役权合同而取得地役权。

2. 地役权合同的内容

《物权法》第157条第2款规定："地役权合同一般包括下列条款：（一）当事人的姓名或者名称和住所；（二）供役地和需役地的位置；（三）利用目的和方法；（四）利用期限；（五）费用及其支付方式；（六）解决争议的方法。"对此，须说明如下[1]：

（1）利用目的和方法。此为地役权的具体内容，当事人须明确加以约定。地役权人仅能在约定范围内行使其对供役地的权利，而供役地权利人则仅于此范围内负有容忍地役权人使用的义务。

（2）地役权的期限。地役权的存续期限，由当事人于合同中约定。当事人可

---

[1] 刘家安：《物权法论》，中国政法大学出版社2009年版，第176—177页。

约定一定的存续期间，也可约定地役权为无期限限制的永久性权利。但是，如果为他人设立地役权的供役地权利人并非其所有权人，而系土地承包经营权人、建设用地使用权人等用益物权人，则其对土地的处分权当然应受制于其用益物权本身的存续期间。故此，《物权法》第 161 条规定："地役权的期限由当事人约定，但不得超过土地承包经营权、建设用地使用权等用益物权的剩余期限。"

（3）关于费用。地役权的设立，并不以有偿为必要。是否有偿，应由当事人于地役权合同中明确。当事人未对费用作出约定的，应作无偿的解释。

3. 地役权的登记

地役权系一种用益物权，本应有公示要件，但考虑到我国的实际情况，《物权法》第 158 条规定："地役权自地役权合同生效时设立。当事人要求登记的，可以向登记机构申请地役权登记；未经登记，不得对抗善意第三人。"可见系采登记对抗要件主义。自地役权合同生效之时起，于当事人之间直接发生物权变动的效力，需役地权利人即取得地役权。当事人要求登记的，可以向登记机构申请地役权登记；未经登记，地役权人不得以其权利对抗善意的第三人。

（二）因连同需役地一并转让而取得地役权

地役权为用益物权，且为非专属性权利，故自可予以转让。惟因地役权为从属于需役地使用权而存在的权利，故此不得由需役地分离而转让。于土地承包经营权、建设用地使用权等转让时，地役权一并转让，受让人因此而取得地役权（《物权法》第 164 条）。

二、基于法律行为以外的原因取得地役权

（一）取得时效

地役权为财产权，故此，于规定有地役权并承认取得时效的国家或地区，地役权可因取得时效而取得。我国《物权法》未规定取得时效制度，由此地役权不能因取得时效而取得。编纂民法典物权编时，宜承认取得时效制度，于此基础上，认可地役权可因时效的完成而取得。地役权有多种多样，既有非继续的地役权，也有非表现的地役权。于域外国家或地区法上，认可因时效而取得者，仅限于继续并表现的地役权，如只继续而非表现，或只表现而非继续的地役权，皆不能因时效而取得。

（二）继承

亦即，地役权为财产权，其可因继承而取得。自继承开始时，继承人取得被继承人的地役权。

第三节 地役权的效力

一、地役权人的权利与义务

（一）对供役地使用的权利

地役权为需役地所有人、使用人利用供役地所有人、使用人的土地以供自己土地的方便和利益之用的权利。故此，需役地人自有利用供役地人的土地的权利（《物权法》第159条）。惟因地役权的内容多种多样，故其利用方法、利用范围乃至利用目的也往往不一。利用的形态，有的是地役权人为一定的行为，也有的是供役地人不为一定的行为；地役权人对供役地的利用，有的是专由自己占有使用，也有的是非由自己专有使用，而是与供役地人或其他人一道共同利用。前者如雨水直注地役权，后者如汲水地役权、眺望地役权。地役权依地役权合同而设立取得时，应依设立合同约定的利用目的和方法而为之（《物权法》第157条）；因连同需役地一并转让而取得地役权或因继承而取得地役权时，应依原有的内容为之。

地役权关系中，因地役权人对供役地的使用无独占性，故地役权人不仅可以与供役地人一道共同使用同一土地，也可以与其他地役权人、用益权人共同使用同一土地。亦即，同一土地上可以设立复数的地役权或其他用益权。同一土地上的数个用益权人对土地的利用发生冲突时，应分别情况决定土地利用的先后顺序。具体应注意下列几点。

（1）地役权人对供役地的利用，与供役地人对供役地的利用发生冲突时，应依双方当事人的约定确定土地利用的先后顺序；当事人未有约定的，参照定限物权优先于所有权的原则，于地役权的权利范围内，地役权人优先于供役地权利人使用土地。

（2）地役权人对供役地的利用，与供役地的其他用益权人对供役地的利用发生冲突时，如其他用益权人对供役地享有的权利为用益物权的，应依物权发生的先后，确定利用的先后顺序，先设立的地役权优先于在后的其他用益物权；如对供役地仅享有债权的，应依物权优先于债权的原则，地役权人对供役地的利用应优先于其他用益权人（债权人）对供役地的利用。对于前项情形，《物权法》第162条规定："土地所有权人享有地役权或者负担地役权的，设立土地承包经营权、宅基地使用权时，该土地承包经营权人、宅基地使用权人继续享有或者负担已设立的地役权。"

(3) 地役权人对供役地的利用，与其他地役权人对供役地的利用发生冲突时，应依物权优先效力的规则，确定供役地的利用的先后顺序：设立在先的地役权优先于成立在后的地役权利用供役地；若设立若干个内容并不相互排斥的地役权，如设立汲水地役权后，复设立采光或者眺望地役权，此时，各地役权人可各自行使其权利，不发生冲突。

另外，依诚实信用原则，地役权人利用供役地时，应于自己土地的方便和利益之用的范围内，尽可能保全或照顾供役地权利人的利益，并以给供役地造成损害最小的方式行使地役权。

(二) 有权实施必要的附随行为与设置

地役权人基于行使或维持其地役权权利的需要，既可以为必要的行为，也可以为必要的设置。所谓"必要的行为"，指为了达到地役权的目的或实现其权利内容，所为的必要的附随行为，例如为了达到排水的目的而开凿沟渠，或为了达到放牧的目的而修筑道路等。当然，地役权人为这些必要的行为时，须选择对供役地损害最小的处所和方法为之。对此，《物权法》第160条规定："地役权人应当按照合同约定的利用目的和方法利用供役地，尽量减少对供役地权利人物权的限制。"

(三) 有权行使基于地役权的物权请求权

在地役权关系中，地役权人于地役权设立的目的范围内，有对供役地加以直接支配的权利。由此，地役权人对于妨害地役权者，可以请求将其除去；对于有妨害地役权之虞者，可以请求防止；对于侵夺或侵占供役地者，有权行使占有的返还请求权。学理上将地役权人的此等权利合称为基于地役权的物权请求权。

(四) 转让、互易、赠与地役权的权利

地役权为一种用益物权，因此自可将其转让、互易及赠与。惟因地役权具有从属性和不可分性，故转让、互易、赠与地役权时，不得违反之（《物权法》第164条、第165条）。

另外，依《物权法》第169条、《不动产登记暂行条例实施细则》第60条以下的规定，已经登记的地役权转让的，应当及时办理变更登记；供役地权利人和需役地权利人应当持变更后的地役权合同和土地权利证书等相关证明材料，申请办理地役权变更登记。否则，其转让不得对抗善意第三人。

(五) 将地役权设立抵押权的权利

依《物权法》第165条的规定，地役权人有权将其地役权抵押给他人，仅因地役权具有从属性，故不得单独抵押。土地承包经营权、建设用地使用权等抵押的，在实现抵押权时，地役权一并转让（第165条后句）。

（六）维持设施（或设置）的义务

地役权人既然享有为必要的附随行为与设置构筑物的权利，则对于因行使权利而建造的设置，自负有维持的义务。例如，对于因行使通行地役权而修筑的道路、为行使汲水地役权而设置的导水的管线，即负有积极维护和保养的义务。

（七）支付地役权费用的义务

地役权的取得为有偿的，地役权人有义务向供役地权利人支付费用。另外，我国台湾地区学理认为，原本无偿设立地役权，但之后供役地权利人就土地的负担增加，非设立地役权时所能预料，若仍继续无偿使用供役地显失公平的，供役地权利人可请求法院酌定其费用（对价）；而地役权设立后，因供役地价值的升降，依原定费用（对价）给付显失公平的，地役权人可请求法院予以减少。[1]

二、供役地人的权利与义务

（一）容忍与不作为义务

供役地，是供地役权人的土地方便和利益之用的土地。因此，供役地人于以自己的土地设立地役权后，即应容忍地役权人于自己的土地上为一定行为或自己不为一定的行为。详言之，如果是积极地役权，供役地人应容忍地役权人为一定的行为；如果是消极地役权，供役地人应当不为一定的行为。另外，地役权设立合同如约定地役权人可以利用供役地人的已有设施的，供役地人还负有不得任意变更该设施的义务。

（二）使用地役权人的设施和分担维持设施的费用

在地役权关系中，供役地人有时可与地役权人共同利用供役地。此时，供役地人于不妨碍地役权人行使地役权的范围内，有权使用地役权人因行使其权利而修建的设施，以节省重新修建设施的费用。但供役地人应按其受益的程度，分担维持设施的费用。

（三）供役地使用场所与使用方法的变更请求权

供役地使用场所与使用方法的变更请求权，即地役权的行使限于供役地的一部分时，如供役地权利人认为地役权人对该部分土地的使用，将使自己遭受特别的不便时，可以自己支付费用而请求迁移到其他适于地役权人利益的场所。该请求迁移的权利，学理上称为供役地使用场所与使用方法的变更请求权。此项请求

---

[1] 谢在全：《民法物权论》（下册），新学林出版股份有限公司2014年版，第44—45页。

权,当事人不得以约定加以排除或限制。《物权法》对此变更请求权未设规定,惟我国地役权制度的解释论上宜予以认可。

(四) 解除地役权合同的权利

《物权法》第168条规定,地役权人有下列情形之一的,供役地权利人有权解除地役权合同,地役权消灭:(1) 违反法律规定或者合同约定,滥用地役权;(2) 有偿利用供役地,约定的付款期间届满后于合理期限内经两次催告未支付费用。

(五) 费用请求权

亦即,地役权的设立为有偿时,供役地权利人享有请求给付费用的权利。

第四节 地役权的消灭

一、地役权的消灭原因

(一) 土地灭失

地役权以存在供役地和需役地为必要,故此地役权不仅因作为标的物的供役地的灭失而消灭,且也随地役权人自己的土地(需役地)的灭失而消灭;另外,供役地虽然不是全部灭失,但事实上已不能再供需役地的方便和利益(例如汲水地役权的水源已经枯竭)之用时,地役权也由此而消灭。

(二) 法院宣告

世事多变,地役权的存续难免有无必要之时,此时需役地权利人同意消灭地役权,自无问题,需役地权利人拒绝消灭的,供役地权利人可以透过法院的宣告消灭地役权。所谓"无存续的必要",指地役权的继续存在,已在事实上无可供或不能供需役地的方便和利益之用。例如需役地灭失、方便和利益之用的不存在(不汲水、不通行、不放牧),以及设立目的不能达到(无水可汲)等,均属之。

(三) 约定事由的发生

设立地役权时,如当事人于地役权设立合同中订有特定的消灭事由的,则该事由一旦成就,地役权即归于消灭。例如约定需役地上的A栋建筑物一旦建成,地役权人于供役地上的通行地役权便归于消灭,即属之。

(四) 抛弃(放弃)

地役权依有偿抑或无偿为标准,可分为有偿地役权与无偿地役权。无偿地役权,无论有无期限,基于财产权可随时抛弃(放弃)的原则,地役权人可以随时抛弃(放弃);惟对于有偿地役权,通说认为如有期限时,应于支付剩余期间的费用后，方可抛弃（放弃）。若需役地上存在抵押权时，因地役权的抛弃（放弃）会影响抵押权人的利益，故应获得抵押权人的同意后方可放弃（放弃）。抛弃（放弃）的方法，系向供役地权利人为抛弃（放弃）的意思表示。

（五）违反法律规定或者合同约定，滥用地役权

亦即，地役权人违反法律规定或者合同约定，滥用地役权时，地役权消灭（《物权法》第 168 条第 1 项）。

（六）未依约定支付地役权费用

亦即，有偿利用供役地，约定的付款期间届满后于合理期限内经两次催告未支付费用的，供役地权利人有权解除地役权合同，地役权归于消灭（《物权法》第 168 条第 2 项）。

（七）地役权存续期间届满

亦即，地役权定有存续期间的，期间届满，地役权归于消灭。

二、地役权消灭的法律效果

已经登记的地役权消灭的，除供役地权利人可单独申请地役权注销登记的外，地役权人负有协同供役地权利人办理注销地役权登记的义务。

地役权人占有供役地的，应将供役地回复原状并予以返还；地役权人不占有供役地又未建造设置物的，自然回复原状；已经建造了设置物的，地役权人可以取回设置物，或由供役地权利人作价补偿给地役权人，但对供役地权利人无利益的，供役地权利人有权请求地役权人拆除设置物，恢复原状。[1]

第五节 不动产役权制度的构建

一、概要

在域外比较法与法制沿革上，大陆法系国家的役权可以分为地役权、人役权及不动产役权（Grunddienstbarkeiten）。其中，与地役权系为自己土地的利益而利用他人土地的权利不同，人役权系为特定人的利益而利用（使用）他人的物的权利，[2] 不动产役权则是以他人不动产供自己不动产通行、通过、取水、排水、通

---

[1] 崔建远：《物权法》，中国人民大学出版社 2014 年版，第 369 页。
[2] 黄右昌：《民法诠解》（物权编，上册），台湾商务印书馆 1977 年版，第 267 页。

风、采光、眺望、电信、电力或其他以特定方便和利益之用为目的的权利。[1] 19世纪制定的《法国民法典》（1804年）、《奥地利普通民法典》（1811年）、《德国民法典》（1896年）及20世纪初制定的《瑞士民法典》（1907年）等西方国家民法，皆普遍认可和规定了地役权和人役权两种制度；东方国家的《日本民法典》（1896年）、《中华民国民法》（1929—1930年陆续公布）、《韩国民法典》（1958年）则不认可人役权，其仅规定了地役权制度。我国台湾地区于2010年修改其"民法"物权编时，废弃"地役权"一语，将供役、需役的客体均扩大为不动产，且增加规定用益权人的不动产役权（第859条第3项）与自己不动产役权（所有人不动产役权）（第859条第4项），为使名实相符，于是将原"地役权"一语更名为"不动产役权"。由此，台湾地区"法"上的原地役权制度实现重大蜕变。[2]

如前述，我国《物权法》仅于第14章规定了地役权制度，其适用仅限于土地的利用关系，为特定人的方便和利益而利用（使用）他人的物的人役权则未作规定。自东西方国家的比较法与法制史的沿革上看，我国《物权法》对人役权所持的否定立场，应无不妥。惟随着社会的变迁与进步，地役权的内容已是各种各样、林林总总，具有多样性，现行《物权法》将其仅限于调整土地的利用关系，已难以满足实务的需要。为充分发挥地役权制度的功用，促进土地与建筑物等定着物的利用价值，有必要借镜台湾地区法的经验，将我国《物权法》上的"供役地""需役地"扩大为不动产，并规定自己不动产役权（所有人不动产役权），由此使我国《物权法》上的役权制度实现由地役权向不动产役权的转变。[3] 故此，本部分拟对我国建立不动产役权制度的必要性及自己不动产役权（所有人不动产役权）的价值与确立等予以论述，由此为自立法论和解释论角度完善我国《物权法》的相关规定提供助力。

二、建立我国不动产役权的必要性

如前述，不动产役权系以他人的土地或土地上的定着物（建筑物、构筑物及

---

[1] 谢在全：《民法物权论》（下册），新学林出版股份有限公司2014年版，第13页。
[2] 谢在全：《民法物权论》（下册），新学林出版股份有限公司2014年版，第15—16页。
[3] 值得注意的是，将我国《物权法》上的地役权制度变革为不动产役权制度后，不仅土地之间的利用（使用）关系，而且土地上的建筑物、构筑物及工作物等定着物之间的利用关系也可以获得调整和实现。比如，当甲的A建筑物坐落在乙的B建筑物的正后方时，即可通过设立不动产役权而使B建筑物不得加盖，以免遮挡甲的A建筑物高楼层部分的视野。同时，乙应开放其B建筑物的正中宅门及通道，供甲穿越出入。对此，请参见陈荣传：《民法物权实用要义》，五南图书出版股份有限公司2014年版，第111页。

工作物）承受一定的负担，以提升自己的土地或土地上的定着物（建筑物、构筑物及工作物）等不动产利用价值的用益物权，其具有以有限成本提升土地或土地上的定着物（建筑物、构筑物及工作物）等资源的利用效率的重要社会功能。而目前我国《物权法》仅以土地为供役、需役的对象（客体）而设立地役权的规定，无疑是狭窄了。它不能充分地发挥包括土地上的定着物（建筑物、构筑物及工作物）在内的所有不动产的价值和效益，由此，我国即有必要革新现行仅以土地为供役、需役的对象（客体）而设立地役权的规定，构建起将供役、需役的对象（客体）扩张及于土地上的建筑物、构筑物及工作物等定着物的不动产役权制度。需指出的是，在我国，土地之外的定着物（建筑物、构筑物及工作物）的种类繁多，如能使役权的效力涵盖这些林林总总的建筑物、构筑物及工作物，建立起包括这些定着物（建筑物、构筑物及工作物）和土地在内的完整、统一的不动产役权（含自己不动产役权、所有人不动产役权）制度，我国物权法上的役权制度势将实现重大突破与创新，甚至迎来其发展的"第二春"。并且，进行这样的立法规定，尤其是将土地上的定着物（建筑物、构筑物及工作物）纳入役权的调整范围，无疑也是符合物权法的经济效益原理的。

尤其应当指出的是，在现今，随着我国科技的进步与社会的发展，我国利用电磁系统、光或其他科技产品发送、传输声音、文字或影像等的电信、电力事业，正十分活跃、普遍和日益重要。而这些电信、电力事业之得以运作，作为其基础设施的电信、电力设备或管线基础设施的铺设、架构或设置等无不涉及对土地或其上的定着物（建筑物、构筑物及工作物）的利用。无疑，在这些领域，亟须不动产役权的设立。具体言之，需役不动产上的电信业者或电力事业者，为保持优良的收讯效果，出于利用电磁系统、光或其他科技产品发送、传输声音、文字及影像等的需要，即需于供役不动产上设立电信或电力不动产役权。另外，基于保持需役不动产上优良的收讯效果的目的，需役不动产上的电信、电力的终端使用者，为了不让供役不动产上设置设备或兴建干扰讯息传输、发送的建筑物、构筑物或工作物，也只有通过设立电信或电力不动产役权方可获得对其最有利的解决。

值得提及的是，上述需役不动产人基于利用电磁系统、光或其他科技产品发送、传输声音、文字或影像等而于供役不动产上设立的电信或电力不动产役权，与现今土地空间权体系中的空间役权存在关联。如前述，所谓空间役权，指为了自己土地空间的方便和利益而利用他人土地空间的权利，性质上系属于一种用益物权。在他人土地的定着物（建筑物、构筑物及工作物）上设立空间役权，系利用土地上空空间的一种物权利用形态。譬如，在自己的电磁系统、光或其他科技产品发送、传输声音、文字或影像等线路系统所通过的空间，需役不动产人（空间权利人）可以通过设立空间役权（土地空间权体系中的空中权）而限制该空间周围的人搭建高层建筑，以防影响需役不动产上优良的收讯效果。另外，也可在土地的地下空间（地中）设立空间役权来确保需役不动产上优良的收讯效果。比如，可以通过设立限制地表搭建过高、过重的建筑物或限制堆积重物的空间役权（土地空间权体系中的地中权）来防止设置于地下空间中的电磁系统、光或其他科技产品发送、传输声音、文字或影像等的线路因地表负担（重量）过重而损坏或陷落。应指出的是，在上述场合，设立电信或电力不动产役权与设立空间役权尽管于法律效果上并无不同，即均系通过限制一方不动产（空间）权利的行使来使自己利用电磁系统、光或其他科技产品发送、传输声音、文字或影像等获得优良的效果，从而当事人可择一为之，但是，通过设立一种作为独立的不动产役权类型的电信、电力不动产役权来得以实现，似应更有利、更清晰、更明确及更便捷。由此，也就更加证成了我国建构不动产役权制度所具有的价值和意义。

三、自己不动产役权（所有人不动产役权）制度的价值与确立

不动产役权是以他人不动产供自己不动产通行、通过、取水、排水、采光、通风、眺望、电信、电力或其他以特定方便和利益之用为目的的权利。值得注意的是，不动产役权的此定义在今日比较法与实证经验上，并非绝对。也就是说，不动产役权中的供役不动产并不限于"他人"所有，而就自己的不动产，也可设定不动产役权。此即自己不动产役权或所有人不动产役权。

在法制史与比较法上，罗马法虽禁止设立自己地役权，[1]但《瑞士民法典》第 733 条、《意大利民法典》第 1029 条已允许设立自己地役权。[2]在德国，早在德意志普通法时期的法律原则尽管因继受罗马法而恪守"于自己的土地上不成立地役权"（nemini res sua servit），但往后因德意志帝国最高法院以判决方式认可自己

---

[1] ［意］彼得罗·彭梵得：《罗马法教科书》，黄风译，中国政法大学出版社 1996 年版，第 251 页。

[2] 《瑞士民法典》第 733 条规定："所有人得以其土地为属于自己所有的其他土地的利益，设定地役权。"《意大利民法典》第 1029 条规定："允许为确保某块土地将来的利益设立役权。此外，还允许为某一待建建筑或者为某块将要取得的土地的便利设立役权，同样也允许在某一待建建筑上或者在某块将要取得的土地上设立役权。"

不动产役权（所有人不动产役权），其实务乃以类推适用《德国民法典》第1196条有关土地债务的规定而肯认自己不动产役权（所有人不动产役权）。[1] 在现今的德国，自己不动产役权（所有人不动产役权）也获得了法律学说的支持。[2] 基于比较法经验的可借鉴性及实务上的需要，我国台湾地区2010年修改其"民法"中的物权编时于第859条之4明定："不动产役权，亦得就自己的不动产设定之。"此即我国台湾地区"法"上的自己不动产役权（所有人不动产役权）制度。该制度的功用和价值不可小觑，其对我国编纂民法典物权编时变革、完善我国的役权制度具有直接的立法论和解释论上的参考和借镜价值。

　　根据不动产役权的基本法理，不动产役权的设立需有需役不动产与供役不动产，而此二不动产必属于不同的人所有，方有以他人的不动产（供役不动产）供自己不动产（需役不动产）方便和利益之用的需求。若均为同一人所有，则本于其所有权而自可自动加以调整，并无必要设立自己不动产役权。但是，由于社会的变迁与进步，为提高不动产的价值，当对土地进行大规模的开发经营时，通过设立自己不动产役权（所有人不动产役权）的方式而对各宗（笔）土地预先规划、确立不同的使用目的，即可节省往后不动产交易的成本，并维持不动产相互利用关系的稳定。[3] 譬如，当建筑商或开发商开发城市（镇）社区（小区）时，其分别将自己的甲、乙、丙、丁四宗（笔）土地规划、确定为花园绿地、游泳池、通行的道路、建筑用地，且房屋的建筑不得超过二层并应为斜顶式时，以这些为内容设立不动产役权，日后分别将其出让后，取得各不动产的人就其利用即须受到拘束。[4] 所以，自己不动产役权（所有人不动产役权）的设立，其主要目的系在于拘束日后的各不动产受让人。[5] 换言之，当建筑商或开发商开发城市（镇）社区（小区）时，以设立自己不动产役权（所有人不动产役权）的方式予以呈现，即有重大价值与意义。具体言之，于建筑商或开发商开发城市（镇）社区（小区）时，鉴于日后必会有多数人相互利用社区（小区）的不动产，于是即可透过自己不动产役权（所有人不动产役权）的运用而预先设计、确立建筑的风格，完整规划各项公共设施，由此，城市（镇）社区（小区）的特殊风貌即可得

---

[1] ［德］鲍尔、施蒂尔纳：《德国物权法》（上册），张双根译，法律出版社2004年版，第723页。

[2] 谢在全：《民法物权论》（下册），新学林出版股份有限公司2014年版，第60页。

[3] 谢在全：《民法物权论》（下册），新学林出版股份有限公司2014年版，第59页。

[4] 谢在全：《民法物权论》（下册），新学林出版股份有限公司2014年版，第59页。

[5] 谢在全：《民法物权论》（下册），新学林出版股份有限公司2014年版，第60页。

以形成。[1]

另外，于城市规划的订定、落实和实现中，自己不动产役权（所有人不动产役权）也可发挥其重要功用。所谓城市规划，亦称都市规划、都市计划，指在一定地域内，对有关城市生活的经济、交通、卫生、治安、国防、文教、康乐等重要设施进行有计划的发展，并对土地使用作合理的规划。也就是说，城市规划（都市规划）系为促进城市建设发展的综合性计划，其旨趣在于使整个城市建设能按计划有序进行，以创造安全、便利、舒适、优美的城市生活空间，并改善居民生活环境，促进城市各部分的均衡和协调发展。[2]城市规划（都市规划、都市计划）尽管具有公共管理与"城市行政"[3]的属性，但国家与城市政府借助于私法上的自己不动产役权（所有人不动产役权），并透过对它的灵活运用，即可在城市的开发、城市自然环境的保护、城市住宅环境与格局的形成、城市的土地区划布局、分配、整理、城市的建筑协定等方面达到优良的水准，由此使城市各部分获得均衡、协调的发展，最终形成良好的城市风貌。[4]

由上可知，通过也可就自己的不动产设定自己不动产役权（所有人不动产役权）制度的运用，城市（镇）社区（小区）的独特风貌、城市各部分的均衡与协调发展等皆可望得以达成和实现。并且，里仁为美的城市（镇）社区（小区）风貌也将由此得以营造（塑造）。正是因此，称自己不动产役权（所有人不动产役权）制度系为传统的役权制度开辟了一条崭新的活路和新路，确属得当。[5]

另外，应指出的是，自己不动产役权（所有人不动产役权）是以自己的不动产供自己的其他不动产的方便和利益之用而设立。因此，其与一般不动产役权的

---

[1] ［日］水本浩、户田修三、下山瑛二编：《不动产法制概说》，青林书院1997年初版第4刷发行，第193页以下；陈荣传：《民法物权实用要义》，五南图书出版股份有限公司2014年版，第112页。值得注意的是，在属于大陆法系的德国，自己不动产役权（所有人不动产役权）在垦荒企业等将土地划分成小地块时，具有极其重大的意义。盖事先可一劳永逸地为各个土地的负担与利益，物权性地确定建筑物的高度、建筑式样、屋顶倾斜度及篱笆等事项。对此，请参见［德］鲍尔、施蒂尔纳：《德国物权法》（上册），张双根译，法律出版社2004年版，第723页。

[2] 温丰文：《土地法》，洪记印刷有限公司2015年版，第268页。

[3] ［日］原田纯孝：《日本的都市法（I）：构造与展开》，东京大学出版会2001年版，第451页以下。

[4] ［日］原田纯孝：《日本的都市法（I）：构造与展开》，东京大学出版会2001年版，第139页以下、第209页以下；参见［日］原田纯孝、大村谦二郎编：《现代都市法的新展开（法国·德国）》，东京大学社会科学研究所研究系列（NO.16）2004年印行，第5页以下、第103页以下；参见［日］原田纯孝、渡边俊一编：《美国、英国的现代都市计划与住宅问题》，东京大学社会科学研究所研究系列（NO.18）2005年印行，第35页以下、第115页以下。

[5] 谢在全：《民法物权论》（下册），新学林出版股份有限公司2014年版，第59页。

不同，系在于需役不动产与供役不动产皆属于自己所有。而何者是需役不动产、何者是供役不动产，于进行设立登记时应予以明确。此外，还应注意的是，自己不动产役权（所有人不动产役权）系存在于自己的不动产上，所以其系为物权因混同而消灭规则的例外。[1]

四、小结

不动产役权系限制他人不动产（供役不动产）权利的行使，以便利自己不动产（需役不动产）的利用，提升自己不动产价值的权利。[2] 在我国今日的民间实务中，包括土地与建筑物等定着物在内的不动产役权的设立是一项常见的、多发性的法律行为。我国 2007 年颁行的《物权法》之规定地役权制度，实为新中国民法发展上的一个重大进步，系我国当时物权法立法过程中所做出的一项正确抉择。[3] 并且，2007 年《物权法》施行至今十年的法律实践表明，该制度确为调节我国民间的土地利用关系发挥了很大的作用。但是，随着我国社会的变迁、发展与进步，地役权的内容已变化多端，呈现多种多样的形态，我国《物权法》上的主要适用于调节土地利用关系的地役权规定，已难以满足实际的需要。为发挥役权制度的功用，促进土地及其上的建筑物等定着物的利用价值，我国有必要将仅以土地为供役、需役的对象（客体）而设立地役权，变革和转换为将供役、需役的对象（客体）扩及于土地上的建筑物等定着物而设立不动产役权，同时基于比较法经验的可借鉴性及我国今日实务上的实际需要，增加规定瑞士、意大利、德国及我国台湾地区法上的自己不动产役权（所有人不动产役权），以实现我国物权法上的地役权制度的重大突破和创新。无疑，我们有理由相信，我国编纂民法典物权编时，将实现和完成这一任务和使命。

在我国建构起不动产役权制度后，不动产役权的设立尽管以土地为最常见和

---

[1] 谢在全：《民法物权论》（下册），新学林出版股份有限公司 2014 年版，第 59 页。

[2] 谢在全：《民法物权论》（下册），新学林出版股份有限公司 2014 年版，第 13 页。

[3] 在我国 2007 年前后的物权法立法过程中，对物权法是否要规定地役权曾有否定意见。该意见认为，物权法不应规定地役权，其可被不动产相邻关系所涵括，多年来我国没有地役权制度，有关地役权纠纷大多系按不动产相邻关系处理，故地役权并无独立存在的必要。但是，我国的物权法立法者最终没有采取此否定意见，而是认为不动产相邻关系不能替代地役权。盖前者是对不动产的利用做最低限度的调节，而后者（即地役权）系通过双方当事人的约定来对他人不动产加以利用，以提高自己不动产的价值。基于此种考量，我国 2007 年颁行的《物权法》于第 14 章规定了地役权制度。对此，请参见全国人大常委会法制工作委员会民法室编：《中华人民共和国物权法：条文说明、立法理由及相关规定》，北京大学出版社 2007 年版，第 285 页。

多见，但土地上的建筑物等定着物也可为不动产役权的标的物，即也可在他人建筑物等土地定着物上设立不动产役权。为使我国编纂民法典物权编时规定不动产役权易于进行立法论上的操作，如下谨提出不动产役权主要条文的要点以供参考。

（1）不动产役权，是指以他人不动产供自己不动产通行、通过、取水、排水、通风、采光、眺望、电信、电力或其他需要不动产供役地人负容忍或不作为义务的方便与利益的权利。(2) 不动产役权可因继续、表现（公开）且和平地使用而时效取得。(3) 同一不动产上有不动产役权与以使用、收益为目的的物权同时存在的，其后设立物权的权利行使，不得妨碍先设立的物权。(4) 不动产役权不可由需役不动产分离而加以转让，或为其他权利的标的（客体）。(5) 因行使或维持权利的需要，不动产役权人可以实施必要的附属行为、设置附属设施，并排除他人妨害。但应贯彻对供役不动产损害最小的原则，选择对供役不动产损害最少的处所与方法为之。(6) 不动产役权人因行使权利而为设置的，有维持其设置的义务。其设置由供役不动产人提供的，亦同。供役不动产人于不妨碍不动产役权行使的范围内，可使用前项的设置，但应按其受益的程度，分担维持设置的费用。(7) 供役不动产人或不动产役权人因行使不动产役权的处所或方法有必要变更，且此变更不过于妨碍不动产役权人或供役不动产人的权利行使的，应由自己出费，请求变更。(8) 需役不动产经分割的，其不动产役权为各部分的利益仍为存续，但不动产役权的行使依其性质只关涉需役不动产的一部分的，仅就该部分仍为存续。(9) 供役不动产经分割的，不动产役权就其各部分仍为存续。但不动产役权的行使依其性质只关涉供役不动产的一部分的，仅对于该部分仍为存续。(10) 不动产役权可基于人民法院的宣告而消灭。不动产役权因需役不动产灭失或不堪使用而消灭。不动产役权因国家征收不动产需役地或不动产供役地，致不动产役权成为不必要或者行使不能而消灭。(11) 不动产役权也可就自己（所有人）的不动产设定之。

第十八章
担保物权总说

第一节 担保物权的基本法理

一、担保物权的涵义

担保物权（Pfandrecht），指债权人以确保债务的清偿为目的，而于债务人或第三人所有的物或权利上设立的定限物权。据此，对担保物权的涵义须说明下列几点。

（一）担保物权系以确保债务的清偿为目的的物权

担保物权系以确保债务的清偿为目的，学理上称为价值权。此点使担保物权区别于土地承包经营权、建设用地使用权、宅基地使用权和地役权（或不动产役权）等以支配标的物的使用价值为内容的用益物权。担保物权的功用系在于担保债务的清偿，故设立或实现担保物权时，须存在被担保的债权，是为担保物权的特定性。

（二）担保物权是在债务人或第三人的物或权利上成立的权利

担保物权因旨在担保债务的清偿，所以其必须存在于债务人或第三人所有的物或权利上。例外地虽也有存在于自己的物或权利上的情形，但此仅为少数国家（如德国）的立法例，我国《物权法》系不予认可。担保物权的客体通常为物，涵括动产与不动产，但抵押权和质权此两种担保物权也可以特定的权利为其客体。例如，以通过出让方式获得的建设用地使用权设立抵押权，或者于股权、债券上设立权利质权等，皆可。

（三）担保物权无须以特定的物或权利为其客体

遵循物权客体特定原则，担保物权尽管原则上须以特定的物或权利为其客体（譬如若要以两个不动产来担保一笔债权，则需分别于两个不动产上各设立一个抵押权），但《物权法》第181条因吸纳英美法经验而创设了动产浮动抵押制度，由此突破了物权客体特定原则。[1]

(四) 担保物权是具有担保功用的定限物权

依权利人对标的物的支配范围为标准，物权可界分为所有权和定限物权。定限物权，是在一定范围内对标的物予以支配的物权。因担保物权仅系对标的物的交换价值或占有权能予以支配，故属于定限物权。

二、担保物权的本旨

担保物权系以确保债务的履行为目的的物权。故此，其与以物的使用、收益为目的的用益物权，如建设用地使用权、土地承包经营权、宅基地使用权、地役权等迥乎不同。于用益物权，权利人就标的物可为具体的占有、使用或收益，故而属于一种实体权。而担保物权，其权利人则非以标的物本身的占有、使用、收益为目的，而系专就标的物卖得价金优先受自己债权的清偿。换言之，权利人系以取得标的物的交换价值为目的，故本旨上属于价值权。担保物权的此种价值权特性，以抵押权最为彰显。

担保物权也具有物权性，亦即，物权性也为担保物权的本旨。担保物权因不以对标的物为直接的实体支配为内容，其物权性较用益物权的物权性相对薄弱。尽管如此，此也不意即担保物权未有物权性，而仅系一种以取得交换价值为目的的权利。事实上，担保物权的物权性也系十分彰显。于留置权和质权，权利人直接占有标的物，其物权性十分明显，自不待言；在抵押权，权利人虽不直接占有标的物，但于法律上得直接支配标的物，权利人于债权已届清偿期而未获清偿时，无须抵押人的介入，即可申请法院拍卖抵押物，并由卖得的价金中优先受自己债权的清偿。可见，担保物权仍为权利人对特定物或某些权利的直接支配权，系属于物权之一种。

三、担保物权的特性

(一) 从属性

担保物权系以担保债权的清偿为目的的价值权，故必从属于债权而存在。其成立以债权的存在为前提，并因债权的移转而移转，因债权的消灭而消灭。于实行担保物权时，须以被担保债权的合法存在为必要，如不存在合法的债权，自不

---

[1] 刘家安：《物权法论》，中国政法大学出版社2009年版，第182页。

产生担保债权实现的问题，学理上称为担保物权的从属性。据此，债权虽曾一度存在，但于实行担保物权时业已不存在的，担保物权也随而消灭。但需注意的是，确定前的最高限额抵押权则不具从属性。

对于担保物权的从属性，《物权法》第172条第1款规定："设立担保物权，应当依照本法和其他法律的规定订立担保合同。担保合同是主债权债务合同的从合同。主债权债务合同无效，担保合同无效，但法律另有规定的除外。"

（二）不可分性

被担保债权于未受全部清偿前，担保物权人可就担保标的物的全部行使其权利，称为担保物权的不可分性。据此特性，即使被担保债权被分割、部分清偿或者消灭，担保物权仍为担保所有各部分的债权或者余存债权而存在；于担保物权存续期间，即使担保物被分割或部分灭失，分割后的各部分担保物或者余存的部分担保物仍为担保全部债权而存在。对此，《担保法解释》第71条、第72条予以了明确。

（三）补充性

担保物权一经成立，即补充了主债权债务当事人之间债的关系的效力，使债权人得就担保物享有优先受清偿权，由此增强了债权人的债权之得以实现的可能。于主债权债务关系因适当履行而终止时，担保物权补充性的功用并不发动，仅于债务届履行期而债权人的债权未获清偿时，担保物权补充性的功用方得以发动，此即透过拍卖担保物获得的交换价值而使债权人的债权获得清偿。另外，需注意的是，补充性非担保物权所独有，人的担保（Personalsicherheit）[1]中的保证关系和合同履行的担保中的定金关系也具有之。

（四）物上代位性

担保物权的标的物毁损、灭失，因而得受保险金、赔偿金或补偿金时，该保险金、赔偿金或补偿金即为担保物权标的物的代替物（Surrogat，代位物），从而担保权人可就其行使权利，称为担保物权的物上代位性。因担保物权不以对标的物本身的利用为目的，而系专以取得标的物的交换价值为目的，故标的物本身虽已毁损、灭失，但代替该标的物的交换价值如存在，则该担保物权的标的物即移

---

[1] 人的担保，即债务人不清偿自己的债务时，先由特定的第三人确保清偿的制度，其最具代表性的是保证。与此对应，物的担保，是为确保债权的回收，债权人于债务人或第三人的财产上取得权利，于债务不履行时，基此权利而得由该标的物财产优先受清偿的制度。此债权人取得的权利，因系物权之一种，故被称为担保物权。参见［日］松井宏兴：《担保物权法》，成文堂2016年3月补订第2版第8刷发行，第4页。

转到该代替物上。对此,《物权法》第 174 条予以明确:"担保期间,担保财产毁损、灭失或者被征收等,担保物权人可以就获得的保险金、赔偿金或者补偿金等优先受偿。被担保债权的履行期未届满的,也可以提存该保险金、赔偿金或者补偿金等。"

四、担保物权的效力

担保物权系以不动产、动产或权利为标的而设立的物权。作为担保债权实现的手段,担保物权有各种各样的方法。而这些方法又因担保物权的种类的不同而有所不同。归结起来,主要有如下几点。

(一)优先清偿的方法(或效力)

担保物权为优先支配标的物的交换价值的权利。担保债权届期未受清偿时,担保权人可行使换价权,以标的物换价所得的价金优先受自己债权的清偿,其系以抵押权最具代表性。担保物权的此优先清偿的方法或效力,源出于担保物权为支配标的物的交换价值的价值权此一性质,被称为担保物权的中心效力。

(二)留置的方法(或效力)

担保物权人直接占有标的物,以此给债务人造成心理上的压迫,进而促其清偿债务的方法。留置权、质权的设立与存续,因以权利人对标的物存在直接占有为必要,故此两种担保方法具有显著的留置效力。至于抵押权与法国民法、日本民法的优先权(先取特权),因不以占有标的物为权利的设立和存续要件,故无留置效力。

(三)收益的方法(或效力)

担保物权人就担保标的物为使用、收益,并将获得的收益直接用于充抵债权的方法,其系以《日本民法》的不动产质权 [1] 最具代表性。

(四)取得所有权的方法(或效力)

担保物权所担保的债权届期不能获得清偿时,作为实行担保权的方法之一,担保权人可于一定条件下取得担保标的物的所有权。

---

[1] 不动产质(权),即质权人得使用、收益作为标的物的不动产(《日本民法》第 356 条)。在日本,不动产质(权)是于江户时代的农村被常常、大量利用的担保方法。但是,在现今,银行等金融机构使用、收益不动产质,反而很繁杂,而作为不动产的担保方法系认为利用抵押权的方式乃是便捷的。也正是因此,不动产质(权)已基本不被利用了。但是,在租赁建筑物(大楼)、租赁公寓(区分所有建筑物)等租赁用不动产,考虑到透过租赁收益而实现债权的回收,有人提倡应为此而修改(或改正)不动产质制度。对此,请参见〔日〕松井宏兴:《担保物权法》,成文堂 2016 年 3 月补订第 2 版第 8 刷发行,第 128 页。

五、担保物权的功用与价值

担保物权为罗马法以来近现代及当代民法中的重要制度，系物权法的重要组成部分。当代各国家或地区物权法皆设有担保物权的规定，由此彰显出担保物权的重要功用与价值。担保物权的功用与价值，归结起来主要有如下几个方面。

（一）担保物权为最佳的确保债权实现的制度

于当代法律体制下，债务人对债权人所负的责任主要是财产责任，非如古代须负人身责任，于债务人不清偿债务时，要被打为债奴。债务人的责任财产化的结果，债权的清偿完全有赖于债务人的给付行为。债务人的所有财产，虽为债务的总担保，但基于债权平等原则及强制执行法和破产法的平均受偿主义，债务人不履行债务时，各债权人皆得对债务人所有的财产申请执行。有执行名义的债权人申请强制执行后，无执行名义的债权人可参与分配。基于债权平等原则，不问债权成立先后、有无执行名义，其效力并无差异。除有优先权者外，一律按债权额平均分配。于债务人的总财产不足以清偿全部债务时，债权人的债权即无从获得完全清偿。由此，需要有担保制度才能确保债权的清偿。

债权成立当时，债务人虽有充分的财产足供清偿，但之后债务人无意或有意地增加所负债务，或将其财产让与他人，因债权无追及效力，故有使债权人的债权不能受清偿或不能受完全清偿之虞。此时，即使有防止债务人财产不当减少的债权人代位权与撤销权制度，但其实行有一定的条件限制，故其真正实行事实上颇为不易。为了担保债权的清偿，担保制度遂有存在的必要。

债权担保，有人的担保与物的担保（Realsicherheit）两种，前者如保证、连带债务、并存的债务承担，后者如抵押权、质权和留置权。人的担保虽已扩充了可供清偿债务的财产，使债务的履行多一层保障，但其变动不居，完全依赖信用。如信用不佳，则与无担保无异，债务不能完全履行的危险依然存在。而物的担保，债权人因有担保物权，独占地取得特定物或权利的支配价值，不仅具有债权人的地位，同时也已成为物权人，于债权不能受清偿时，对担保标的物既有直接变价的权利（dingliches Verwertungsrecht，变价权），也有就所得价金优先于其他债权人受偿的权利。加之担保物权本身又有追及的效力，可追及担保标的物之所在而行使权利，且不受人事变动和信用的影响，故而可谓是担保债权得以实现的最佳制度。

（二）担保物权为社会融资的基本手段，并可由此间接促进经济繁荣

担保物权除有担保债权清偿的功用外，作为社会融资的基本手段，尚有间接

促进经济繁荣的价值。当代市场经济条件下，企业经营者筹集资金的基本渠道，是向金融机关融资。而获取融资的最佳手段，则不外以企业的财产设立担保物权。以担保物权为手段取得融资后，因债务人清偿责任加重，责任感由此而生，于是将融资转化为投资，购买机器设备，兢兢业业于企业的经营，并赚取利润以清偿债务或增添设备。增添的设备又可产生利润，而利润复可用于融资，如此相互循环，资本日增，企业因此得以兴盛。同时，银行等金融机构为使贷出的资金易于收回，也无不先调查企业的信用，并考察其经营方式与经营计划。企业越有清偿能力，越容易获得融资，进而更可促进企业的发展。就银行等金融机构而言，由于贷出的资金能届期收回，融资流通顺畅，利润也由此不断增加。如此，企业与金融机构相辅相成，经由担保物权的融资手段，而共同推动社会经济的繁荣。对此，自担保物权的发展系由占有标的物的担保物权（如占有质）进到不占有标的物的担保物权（如抵押权）便可窥见其一斑。于当代市场经济发达国家，各种新的担保制度，譬如非典型担保、流通性担保、集合物担保及以企业全部财产为担保物的企业担保的勃兴，无不是为配合经济发展的需要而次第建立，周密完备，多姿多彩。担保物权制度由此于物权法上呈现出前所未有的景象。于现今市场经济条件下，担保物权为左右市场资金流量的一只看得见的手，由此，建立有效、透明及高效率的担保制度，使担保财产的价值实现最大化，系各国家或地区担保物权立法及变革的重要课题。[1]

第二节 担保物权的类型

一、各国家或地区物权法上的担保物权

当代大陆法系国家或地区的担保物权制度系以罗马法为其端绪。而罗马法上，曾先后产生了三种不同类型的担保形态：信托、质押与抵押权。信托，又称让与担保，产生于《十二铜表法》时期。按照信托制度，债务人或第三人以要式买卖或拟诉弃权方式移转其物的所有权于债权人，债权人则基于信用（信托约款）并于债务人清偿债务后，将物返还于原物主；质押形成于《十二铜表法》之后，其内容大体与当代法上的质权相同。至于抵押权，则系为克服质押须占有质物方可成立这一缺陷而应运而生的，故学理上称为"非占有质"。

日耳曼法担保物权制度也经历了一个漫长的发展过程。据考证，日耳曼法早

---

[1] 谢在全：《民法物权论》（下册），新学林出版股份有限公司2014年版，第123—124页。

期,有让与担保制度。此让与担保,实际上是将不动产加以附条件的让与,以担保债权的清偿。之后,产生了以对物的占有为成立要件的占有质,以及不以对物的占有为成立要件的非占有质——抵押权。此外,日耳曼法还有动产质担保。[1]

1804年《法国民法典》将担保物权集中规定于第17编、第18编中。第17编规定质权,涵括动产质权与不动产质权;第18编规定优先权与抵押权。法国法系其他国家如比利时、意大利、西班牙等关于担保物权的立法,大体与法国民法相同。1896年《德国民法典》以18、19世纪德国社会经济为背景,建构起了具有浓烈的民族特色的担保物权体系:普通抵押权、土地债务、定期金土地债务、质权(含动产质权和权利质权)。留置权则被认为系债权,不作担保物权对待,优先权被认为系债权所具有的效力,同样不作担保物权对待。1907年《瑞士民法典》对担保物权的规定,大致与德国民法相同。其主要规定了土地抵押证券(登记担保权)、抵押债务证券、地租证券、动产质权、权利质权及留置权;1898年施行的《日本民法》则规定了留置权、先取特权(优先权)、质权(含动产质权、不动产质权、权利质权)及抵押权。

我国近现代及当代意义的担保物权立法起自清朝末年的《大清民律草案》。1929—1930年国民政府制定的《中华民国民法》参考当时大陆法系国家有关担保物权的规定,并自中国的实际出发,规定了抵押权、质权和留置权。这些担保物权于1949年后仅于台湾地区施行。

新中国成立后,由于多方面的原因,我国长期未能自法律上建立起系统的担保物权体系,而仅在有关"批复"或"解答"中零星地存在担保物权。我国关于担保物权的立法,起于1986年制定的《民法通则》。该法为1949年以来我国民事立法对担保物权所做的首次规定。但限于当时的立法背景,《民法通则》仅规定了两种担保物权:抵押权和留置权。1995年根据社会主义市场经济发展的要求,我国制定《担保法》。该法不仅规定了不动产抵押权、动产抵押权和留置权,尚规定了动产质权、权利质权、权利抵押权及最高额抵押权,标志着我国担保物权立法获得了长足的进步。于此等立法的基础上,2007年通过的《物权法》设立单独的担保物权编,集中规定担保物权的一般规则及其类型,标志着我国担保物权制度得到了极大的完善,并由此成为《物权法》的重要组成部分。

---

1 [日]松坂佐一:《民法提要》(物权法),有斐阁1980年版,第223页。

二、担保物权的分类

（一）意定担保物权与法定担保物权

依发生原因为标准，担保物权可分为意定担保物权与法定担保物权。意定担保物权，指基于当事人设立担保物权的意思而设立的担保物权，抵押权、质权皆为典型的意定担保物权；法定担保物权，指依法律的直接规定而当然发生（成立）的担保物权，譬如《物权法》规定的留置权、《合同法》第286条规定的建设工程承包人对建筑物的优先受偿权（其法律性质为法定抵押权）、《海商法》第21条以下规定的船舶优先权以及《民用航空法》第18条以下规定的民用航空器优先权，即属之。意定担保物权具有媒介融资的作用（以担保物权作为获取信用或融资的手段），故又称为融资性担保物权；法定担保物权通常为担保一定的债权而存在，故而具有强烈的从属性。

（二）留置性担保物权与优先清偿性担保物权

担保物权依其主要效力为标准，可分为留置性担保物权与优先清偿性担保物权。留置性担保物权是以留置标的物，迫使债务人清偿债务为其主要效力的担保物权，以留置权最具代表性；而优先清偿性担保物权则系以支配标的物的交换价值，以确保债务优先清偿为其主要效力，以抵押权最具代表性。留置性担保物权，通常系人们为了满足生活上的临时需要而存在，但因须将标的物的占有移转于债权人，使债务人或第三人不能对其加以使用、收益，故为企业经营者所不愿采。反之，优先清偿性担保物权系以标的物的交换价值作为债权优先受偿的保障，标的物不移转占有于债权人，债务人仍对标的物加以占有、使用、收益，物尽其用，此点最与企业的经营理念相合，故而为企业经营者所乐于采用。此种担保物权于当代经济生活中居于主导地位。[1]

（三）动产担保物权、不动产担保物权、权利担保物权及非特定财产担保物权

此系依担保物权标的物的不同而作的分类。动产担保物权，指以动产为标的物而设立的担保物权，如动产抵押权和动产质权。不动产担保物权，指以不动产为标的物而设立的担保物权，如不动产抵押权。权利担保物权，指以权利为标的而设立的担保物权，如权利质权、权利抵押权。非特定财产担保物权，指以内容时常变动的财产为标的物而设立的担保物权，如动产浮动抵押权（《物权法》第

---

[1] 谢在全：《民法物权论》（下册），新学林出版股份有限公司2014年版，第125页。

181 条），或者就一个企业的所有财产，涵括其土地使用权、建筑物、机器设备，以及专利与商标等无体财产，总括地设立一担保物权的企业担保。此种担保物权设立后，企业财产如有让与（转让）的，则该财产即脱离担保标的物的范围，而新增加的财产则为担保效力之所及，故此属于以非特定财产为其标的物的担保物权。日本于 1958 年制定《企业担保法》，肇开企业担保立法之先河。我国物权法制定过程中，由学者起草的物权法草案建议稿中曾设有企业担保的规定，[1] 2005 年 7 月以后的物权法草案未再规定此制度，我国编纂民法典物权编时是否应当追加规定，值得斟酌、慎思。

（四）定限性担保物权与权利移转性担保物权

依构造形态的不同为标准，担保物权可分为定限性担保物权与权利移转性担保物权。定限性担保物权，指以标的物设立具有担保功用的定限物权为其构造形态的担保物权。此种担保物权，担保权人所取得的仅系定限性权利，标的物的所有权仍保留于设立人之手，当代各国家或地区物权法上的担保物权皆属于定限性担保物权。权利移转性担保物权，指将标的物的所有权或其他权利移转于担保权人为其构造形态的担保物权。让与担保，为典型的权利移转性担保。此外，所有权保留、假（临时）登记担保及信托占有，也皆具有此特性。

（五）占有担保物权与非占有担保物权

依担保物权是否移转担保标的物的占有为标准，可分为占有担保物权与非占有担保物权。以将标的物移转给债权人占有为成立与存续要件的担保物权，为占有担保物权，如留置权和质权；非占有担保物权，指无需将担保标的物移转于债权人占有，债务人或第三人仍可继续占有、使用、收益担保标的物的担保物权，以抵押权为其典型。

（六）典型担保与非典型担保

以担保是否为物权法所明定为标准，可分为典型担保与非典型担保。凡物权法明文规定的担保为典型担保，如抵押权、质权和留置权；非典型担保，又称不规则担保或变态担保，指于交易实践中自发产生，尔后为判例学说所认可的担保，涵括让与担保、假（临时）登记担保和所有权保留。《物权法》规定的担保物权涵括抵押权、质权和留置权，属于以上分类中的定限性担保物权和典型担保；非典型担保如让与担保，由学者起草的物权法草案建议稿中曾设有规定，但

---

[1] 梁慧星主持：《中国物权法草案建议稿：条文、说明、理由与参考立法例》第 7 章第 4 节 "企业担保"（陈华彬执笔），社会科学文献出版社 2000 年版，第 686 页以下。

最终通过的《物权法》未认可此制度；所有权保留已由《合同法》第 134 条作了规定；假（临时）登记担保主要为日本判例实务上的制度，我国《物权法》亦未将其明确为一种担保物权类型。

此外，现今实务上，作为非典型担保的制度还有代理受领、备偿专户及融资租赁。代理受领，指为确保债务的清偿，就债务人对第三人的债权，债权人使债务人委托（委任）其受领清偿或收取该第三人的债权，于受领第三人的给付后，将之与自己的债权抵销或以其他方式清偿其债权的方法。备偿专户，指债权人（通常系金融机关）为确保其对债务人（即其融资客户）贷款债权的清偿，与债务人约定应在债权人银行开立备偿专户，债务人并应使其债务人（即第三债务人）于向债务人为清偿时，应将清偿金额存入该备偿专户，之后得以存入账户的存款与贷款债权抵销，以为债权担保的方法。融资租赁主要有直接租赁与售后租回两种形态。直接租赁系指企业购置机器设备时，租赁公司不以资金贷放于企业，而系出资购买租赁物（机器或其他设备），取得租赁物所有权后，出租于企业。而售后租回系指企业为融资，乃将机器、设备出售并让与租赁公司以获价金，另与租赁公司订立租约，将之租回。于融资租赁制度下，企业应依约支付租金于租赁公司，租赁公司即借此收回融资，且企业不依约付租或有其他违约情形时，即可终止租约，收回机器，系该机器成为其融资的担保，故名为租赁，实质上系由出租人拥有租赁物所有权，租赁物则由承租人占有，借此种所有权与占有分离的方式，实现担保价金清偿的目的。[1]

（七）本担保与反担保

本担保即固有意义上的担保，也就是通常所说的担保，指债务人或第三人以其特定财产或一般财产，为担保债权人因合同而生的债权的担保。本担保的形式，涵括抵押权、质权、留置权等担保物权，以及保证、连带债务、并存的债务承担、抵销等人的担保与定金担保等金钱担保。

反担保，系与本担保或原担保相对应的概念，又称"求偿担保"，是指在商品贸易、工程承包和资金借贷等经济往来中，有时为了换取担保人提供保证、抵押或者质押等担保，由债务人或第三人向该担保人新设担保，以担保该担保人承担了责任后易于实现其追偿权。该新设担保相对于原担保而言即被称为反担保。[2]《物权法》第 171 条第 2 款和《担保法》第 4 条第 1 款对此皆予以认可。

---

[1] 谢在全：《民法物权论》（下册），新学林出版股份有限公司 2014 年版，第 128—129 页。
[2] 崔建远：《物权法》，中国人民大学出版社 2014 年版，第 430 页。

第三节　担保物权的其他问题

一、物的担保（物权的担保）与人的担保

人的担保，简称人保，是指在债务人的全部财产之外，又将其他有关人的一般财产作债权实现的总担保。其形式主要有：保证、连带债务、并存的债务承担及抵销。保证，是指基于保证人和债权人的约定，当债务人不履行其债务时，由保证人按照约定代债务人履行债务或承担民事责任。我国现行法上涵括一般保证和连带责任保证两种。连带债务，是在多数债务人情形下，每个债务人均有义务向债权人清偿全部债务的制度。并存的债务承担，也称附加的债务承担或重叠的债务承担，是指第三人加入债的关系，与原债务人共同承担同一责任的现象。新加入的债务人并非从债务人，其债务未有补充性，故而无先诉抗辩权。债权人可直接向其主张债权，由此增加了债权实现的可能性。[1] 抵销，是指二人互负债务时，各以其债权充当债务的清偿而使其债务与对方的债务于对等额内相互消灭的行为。例如，A、B二人，A欠B借款1000万元，B欠A800万元房屋租金，A建议B不必清偿，自己向B偿还200万元，B同意，双方之间即发生800万元债权、债务的抵销。[2]

尽管如此，人的担保仍然是以个人的信用为担保，所负责任与债务人并无不同，故此，债务不能完全履行的危险依旧存在；而物的担保，债权人因有特定物直接供担保之用，独占地取得特定物或权利的支配价值，以优先清偿担保债权，其不仅可以排除债务人主观上是否愿意清偿的危险与责任财产可能减少的不安定性，且于债务人不能清偿时，因对担保标的物具有直接变价权，就所得价金又有优先于其他债权人受清偿的权利，故此也排除平等原则之适用，于是使债务的确实清偿得到充分保障。可见，物的担保系债权与物权的结合，债权的权利由此扩充（权利扩充性），债权也因有物权增强其效果而取得优越地位（债权优越化）。一言以蔽之，担保物权实乃确保债权清偿的最佳手段。

应当指出的是，当被担保的债权既有物的担保又有人的担保时，应依《物权法》第176条的规定处理，即债务人不履行到期债务或者发生当事人约定的实现担保物权的情形时，债权人应当按照约定实现债权；没有约定或者约定不明确，

---

[1] 崔建远：《物权法》，中国人民大学出版社2014年版，第425页。
[2] 陈华彬：《债法总论》，中国法制出版社2012年版，第287页。

债务人自己提供物的担保的,债权人应当先就该物的担保实现债权;第三人提供物的担保的,债权人可以就物的担保实现债权,也可以要求保证人承担保证责任。提供担保的第三人承担担保责任后,有权向债务人追偿。

二、关于金钱担保

金钱担保,系在债务以外又交付一定数额的金钱,该特定数额的金钱的取得或丧失与债务履行与否联系在一起,使当事人双方产生心理压力,从而促使积极履行债务,保障债权实现的制度。其主要方式有定金、押金及某些保证金。[1] 金钱担保尽管属于物的担保,但并非担保物权。盖金钱担保的设立完成之时,金钱因占有的移转(交付)而使所有权发生移转,故其不符合典型担保物权(定限性担保物权)的特性;就保障债权的实现而言,担保物权仍优于金钱担保。

三、担保物权的消灭

《物权法》第 177 条规定,担保物权因下列原因而消灭:(1)因主债权消灭而消灭;(2)因担保物权实现而消灭;(3)因债权人放弃担保物权而消灭;(4)因法律规定的担保物权消灭的其他原因而消灭。

---

[1] 崔建远:《物权法》,中国人民大学出版社 2014 年版,第 426 页。

第十九章
抵押权

第一节 概 说

一、抵押权的涵义

抵押权（Sicherungshypothek）为罗马法以来近现代和当代各国家或地区物权法上最重要的担保物权，被称为"担保之王"。其涵义系指债务人或第三人不转移物的占有而向债权人提供一定财产以担保债务的履行，于债务人不履行债务或者发生当事人约定的实现抵押权的情形时，得就其卖得价金优先受偿的权利（《物权法》第179条第1款）。抵押权关系中，提供担保财产的债务人或第三人，称为抵押人，享有抵押权的债权人称为抵押权人，抵押人提供的担保财产称为抵押物。此抵押物，依《物权法》的规定，涵括不动产、动产和权利。对于抵押权的涵义，需释明者有如下几点。

（一）抵押权为担保物权

抵押权为抵押权人就债务人或第三人提供的供作担保的财产所卖得的价金优先受偿的权利，系通过支配财产的交换价值，来达到担保债权的清偿的目的。抵押权人于债权已届清偿期而未获清偿时，无须抵押人的介入，即可申请拍卖抵押物，抵押权人因而对抵押物具有直接支配性。另外，抵押权尚具有担保物权的共通效力中的优先效力和追及效力。

（二）抵押权为于债务人或第三人提供的财产上设立的物权

传统物权法上的抵押权仅以不动产为其标的物，故为不动产物权。而依《物权法》的规定，抵押权的标的物不仅包括不动产，且也涵括动产和权利。所谓权利，主要指以出让方式获得的建设用地使用权和"四荒"土地的承包经营权等不动产用益物权。应注意的是，供作担保的不动产、动产或权利，须由债务人或第三人提供。另外，依《物权法》的规定，债权人不得就自己的不动产而为自己设立所有人抵押权。当然，于德国民法上，土地所有人可以以自己的土地而为自己设立原始的所有人抵押权。对此，后文将作详细研究。

（三）抵押权为不移转标的物的占有的物权

抵押权的设立与存续，无须移转标的物的占有（《物权法》第179条）。于近现代和当代各国家或地区民法上，设立担保物权而将不动产移转占有，由权利人加以使用、收益的，称为不动产质权，《日本民法》第356条设有其规定，惟多数国家或地区物权法未认可此制度。故此，当代多数国家或地区的物权法规定，设立抵押权而将不动产移转占有的，除另有法律上的原因，如因租赁、建设用地使用权关系而占有不动产者外，其移转占有的行为，系属无效。当然，除去该无效的部分，抵押权的其他部分的效力并不由此而受影响。[1]

与抵押权的设立无须移转标的物的占有不同，担保物权中的动产质权、留置权，其设立则以债权人占有标的物为必要。此为动产质权不能最大限度地发挥其功用的主要因由。盖将标的物移转占有后，债务人或第三人已不能对之加以利用；而于抵押权，因不移转担保财产的占有于抵押权人，就债务人而言，除借助于该抵押物而获得了融资外，尚可对标的物加以继续的占有、使用和收益；就债权人而言，不仅无占有、使用、保管财产的烦累，而且于债权已届清偿期而未获清偿时，可通过拍卖抵押物，来使自己的债权优先得到清偿。可见，抵押权实为一种优良的制度。此外，于《物权法》承认动产抵押权的情况下，抵押权与质权等其他担保物权的实质区别乃主要体现于其不移转标的物的占有这一点上。

（四）抵押权为就财产卖得的价金优先受自己债权的清偿的权利

抵押权的效力主要体现于变价和优先受偿上。所谓"优先受偿"，涵括3点涵义：（1）相对于债务人的其他普通债权人而言，抵押权人就抵押物卖得的价金，有优先于普通债权人受偿的权利；（2）相对于债务人的其他抵押权人而言，先顺位的抵押权人有优先于后顺位的抵押权人就抵押物卖得的价金受偿的权利；（3）债务人受破产宣告时，成立在前的抵押权不受破产宣告的影响，此时抵押权人可以将抵押物取出而单独受自己债权的清偿，称为"别除权"。对此，《企业破产法》第109条设有明确规定："对破产人的特定财产享有担保权的权利人，对该特定财产享有优先受偿的权利。"

---

[1] 姚瑞光：《民法物权论》，海宇文化事业有限公司1999年版，第202页。

二、抵押权的特性

抵押权为典型的担保物权，故担保物权所具有的从属性、不可分性和物上代位性，抵押权自也具有，兹逐一分述如下。

（一）从属性

因抵押权为就抵押财产卖得价金优先受自己债权的清偿的权利，故必从属于债权而存在。如无债权，也就无抵押权之可言；债权移转，抵押权也随之移转；债权消灭，抵押权也随之消灭。概言之，抵押权的存在、移转及消灭，均应从属于债权。需注意的是，随着当代市场经济的发展，抵押权的从属性正日益呈现缓和的趋势，其中最高额抵押权为各国家或地区立法与实务所认可，即是一例。于最高额抵押权，只需将来实行抵押权、拍卖抵押物时，被担保债权确定即可，而无需设立抵押权时，所担保的实际债权额业已确定（《物权法》第203条）。抵押权的从属性，其内容主要有如下4点。

1. 成立（或发生）上的从属性

抵押权的成立以债权的存在为前提，债权若不存在，抵押权也不成立，即使抵押合同已经订立甚或业已进行登记。抵押权完全系为债权的存在而设立。

2. 抵押权不得与债权分离而单独转让

抵押权人不得将抵押权单独让与他人，而自己保留债权；抵押权人不得将债权单独让与他人，而自己保留抵押权；抵押权人也不得将债权与抵押权分别让与不同之人。故此，只让与抵押权的，其让与不生效力；仅让与债权的，其效力得及于抵押权（《物权法》第192条）。

3. 抵押权不得与债权分离而为其他债权的担保

抵押权人不得单独以抵押权为其他债权设立权利质权。抵押权人如对第三人负有债务，欲以抵押权为担保时，须连同债权一并为之（《物权法》第192条），即设立附随抵押权的债权质。至于有抵押权担保的债权，其债权人使抵押权消灭，而仅以债权为其他债权的担保的，则更无不可。[1]

4. 消灭上的从属性

抵押权所担保的债权因清偿、提存、免除、混同、抵销等原因而全部消灭时，抵押权也随之消灭。《物权法》第177条第1项和《担保法》第52条均明确认可抵押权的此一属性。

---

[1] 姚瑞光：《民法物权论》，海宇文化事业有限公司1999年版，第211页。

（二）不可分性

抵押权的不可分性，指担保债权于未受全部清偿前，抵押权人可就抵押物的全部行使其权利的特性。亦即，抵押物的每一部分，系担保债权的全部；债权的每一部分，系由抵押物全部担保。因而担保债权即使经分割、部分清偿或因其他事由而部分消灭，抵押权仍为担保各部分债权或余存债权而存在；反之，抵押物即使经分割或部分灭失，各部分抵押物或余存的抵押物仍为担保全部债权而存在。《物权法》与《担保法》未对抵押权的此特性设立明确规定。现行法对抵押权不可分性的规定见于《担保法解释》第71条和第72条。第71条规定："主债权未受全部清偿的，抵押权人可以就抵押物的全部行使其抵押权。抵押物被分割或者部分转让的，抵押权人可以就分割或者转让后的抵押物行使抵押权。"第72条规定："主债权被分割或者部分转让的，各债权人可以就其享有的债权份额行使抵押权。主债务被分割或者部分转让的，抵押人仍以其抵押物担保数个债务人履行债务。但是，第三人提供抵押的，债权人许可债务人转让债务未经抵押人书面同意的，抵押人对未经其同意转让的债务，不再承担担保责任。"

（三）物上代位性

抵押权的物上代位性，指抵押权的标的物灭失，而其价值转化为别种形态时，抵押权的效力仍可及于其代替物。所谓标的物转化为别种价值形态，涵括两种情形：一是标的物绝对灭失而其价值化为别种形态；二是标的物相对灭失而其价值转化为别种形态。[1] 易言之，抵押权的标的物毁损、火失而得受保险金、赔偿金或补偿金时，该保险金、赔偿金或补偿金即成为抵押权的标的物的代替物，抵押权人可就该保险金等行使权利（《物权法》第174条）。因抵押权为权利人通过支配抵押物的交换价值来担保债权优先受偿的权利，故抵押物毁损灭失后如有交换价值存在，无论其形态如何，皆属于抵押权所支配的交换价值，只不过因抵押物毁损灭失，而使该交换价值提前实现而已。

三、抵押权的发展趋势，尤其是德国、瑞士的抵押权可能对我国抵押权的影响

我国现行抵押权制度，其法律构造与法国、日本和我国台湾地区的抵押权制度相同，即皆属于以担保特定债权的清偿为目的的保全性抵押权。此保全性抵押权系从属于债权而存在，抵押权本身不得作为交易的客体而于市场上辗转流通。

---

[1] 郑玉波著，黄宗乐修订：《民法物权》，三民书局2007年版，第268—269页。

此与德国、瑞士民法的抵押权，系以流通性抵押权为原则，抵押权本身可以作为独立的投资对象而于市场上流通显不相同。尤其是德国、瑞士的抵押权的独立性原则，更是涵括我国在内的法国法系国家的抵押权所不具有的。应当看到，抵押权的独立性原则，一方面是德国、瑞士的流通性抵押权得以建立的基石之一（另一基石为抵押权的公示与特定原则）；另一方面，它也使抵押权的价值权性质获得了最纯粹、最淋漓尽致乃至最一以贯之的体现。概言之，其使抵押权的价值权性质达到了表现上的无以复加的程度。故此，可以肯定，抵押权的独立性原则的确立，实标志着人类民法文明于抵押权领域业已达到了一个新的顶峰。

这是否意味着抵押权的独立性原则即是现今乃至将来各国家或地区抵押权立法所应遵循的原则？换言之，各国家或地区关于抵押权的立法是否都应一体采用德国、瑞士法的抵押权原则？对此问题的回答毋庸置疑是否定的。盖因迄今为止的物权法发展史表明：对于一个国家乃至一些国家来说是合理、妥当的制度，对于其他国家或地区而言却往往并不妥当。我国编纂民法典物权编时可否借鉴或于多大程度上借鉴德国、瑞士抵押权原则（尤其是抵押权的独立性原则），应当于学理上首先作出探讨。

德国、瑞士民法的抵押权独立性原则，乃具体表现为抵押权抽象性原则、证券化原则、顺位确定原则，兹分述如下。

（一）抵押权的抽象化原则

此即使抵押权与被担保债权分离，抵押权本身以抽象的形态独立存在的原则。德国民法的土地债务、定期（金）土地债务，瑞士民法的地租证券和抵押债务证券，均建立于该原则之上。[1]此原则彻底否定了抵押权的从属性，使抵押权可于市场中自由地辗转流通；与此不同，我国《物权法》将抵押权的从属性规定为抵押权的基本属性。立基于现今的实际情况，要否定抵押权的此属性，进而使抵押权完全独立于债权而存在并自由地流通，不独有其困难，且也不适宜。

（二）抵押权的证券化原则

抵押权证券化原则，即将抵押权附着于证券之上，视作独立的动产，并依有价证券规则确保其流通的原则。[2]为发挥抵押权作为投资媒介的手段的当代功能，将抵押权所支配的标的物的交换价值商品化，使其可于金融交易市场流通，实为最佳的理想。其方法有二：（1）将抵押权直接证券化。此以《德国民法典》第

---

[1] 参见陈华彬："瑞士不动产担保权制度研究"，载《环球法律评论》2009年第4期。
[2] ［日］柚木馨、高木多喜男：《担保物权法》，有斐阁1973年版，第224页。

1116 条的规定为其代表。日本 1931 年的《抵押证券法》将抵押权与其担保债权一并证券化，也可归属于此类。（2）资产证券化，即由金融中介机构将不动产抵押贷款债权、汽车贷款债权及信用卡债权等流动性较低的资产，转换为证券的形式，再向投资人销售，使金融资产得以流通，以筹措资金。此以 1970 年美国不动产贷款协会所发行的不动产抵押证券为其端绪，因金融市场的自由化与国际化发展，之后相继为欧陆各国和日本所继受。我国台湾地区也效仿该制度而制定"金融资产证券化条例"。

总之，抵押权的证券化，实为一项颇能合乎当代工商业发达社会的需要的制度。盖于资本的需求与供给之间，证券乃是最佳的媒介手段，而抵押证券尤能完成此使命。惟就我国的情况而论，因迄今尚未建立抵押证券制度，故抵押权的证券化，现今不过为一种学理上的构想，而要真正实现，则以首先制定抵押证券法为其前提。

（三）抵押权顺位确定原则

此即使抵押权的顺位固定，先顺位抵押权消灭，后顺位抵押权不得递升其顺位的原则。我国现行抵押权制度，对于抵押权的顺位，系采升进原则，先顺位抵押权消灭时，后顺位抵押权得当然升进。本书认为，基于民法公平正义观念，及为了平衡各方当事人的利益关系，我国的抵押权立法宜审慎酌定是否采行此原则。

第二节　抵押权的取得

一、基于法律行为而取得抵押权

《物权法》规定的抵押权为意定抵押权，其原则上应经由法律行为而取得。而依法律行为取得抵押权，又涵括通过抵押权的设立与抵押权的转让两种方式取得抵押权，兹分述如下。

（一）抵押权的设立

1. 抵押合同

（1）抵押合同的当事人与抵押合同的形式。抵押合同的当事人，一方为取得抵押权的人，即债权人，另一方为提供财产设立抵押的人，即抵押人，涵括债务人和第三人。其中第三人又称为物上保证人，其对抵押权人的责任仅限于提供担保的财产，与抵押权人既无一般债权债务关系，也无保证债务关系。之后拍卖抵押物时，所卖得价金即使不足以清偿债权，该第三人也不再负任何责任。

依《物权法》第 185 条第 1 款的规定，抵押合同为要式合同，须以书面形式订立。另外，《最高人民法院关于贯彻执行〈中华人民共和国民法通则〉若干问题的意见（试行）》第 112 条前句规定：债务人或者第三人向债权人提供担保抵押物时，应当订立书面合同或者于原债权文书中写明。可见，抵押权合同既可以是单独订立的书面合同，也可以采取于主债权文书上载明抵押条款的方式订立（主合同中的抵押条款）。

（2）抵押合同的条款。按照《物权法》第 185 条第 2 款的规定，抵押合同通常应包括下列条款：被担保债权的种类和数额；债务人履行债务的期限；抵押财产的名称、数量、质量、状况、所在地、所有权归属或者使用权归属；担保范围。

（3）标的物。《物权法》规定的抵押权标的物的范围较为广泛，依第 180 条的规定，其涵括：建筑物和其他土地附着物；建设用地使用权；以招标、拍卖、公开协商等方式取得的荒地等土地承包经营权；生产设备、原材料、半成品、产品；正在建造的建筑物、船舶、航空器；交通运输工具；法律、行政法规未禁止抵押的其他财产。抵押人可以将前款所列财产一并抵押。另外，第 181 条规定，经当事人书面协议，企业、个体工商户、农业生产经营者可以将现有的以及将有的生产设备、原材料、半成品、产品抵押，债务人不履行到期债务或者发生当事人约定的实现抵押权的情形时，债权人有权就实现抵押权时的动产优先受偿。

另外，因实行抵押权的方法为拍卖抵押物，实行的结果往往会发生抵押财产所有权或其他权利的转移，故抵押权的标的物须是法律允许转让和执行的财产。法律禁止转让的财产，不能作为抵押权的标的物。依《物权法》第 184 条的规定，不能设立抵押权的财产涵括：土地所有权；耕地、宅基地、自留地、自留山等集体所有的土地使用权，但法律规定可以抵押的除外；学校、幼儿园、医院等以公益为目的的事业单位、社会团体的教育设施、医疗卫生设施和其他社会公益设施；所有权、使用权不明或有争议的财产；依法被查封、扣押、监管的财产；法律、行政法规规定不得抵押的其他财产。此外，乡镇、村企业的建设用地使用权不得单独抵押。以乡镇、村企业的厂房等建筑物抵押的，其占用范围内的建设用地使用权一并抵押（第 183 条）。

抵押权的设立，系债务人或第三人对自己财产的处分行为，故此，抵押物应为抵押人所有或其享有处分权。抵押人如以自己不享有所有权或处分权的财产为他人设立抵押，则抵押行为构成无权处分，其是否能够产生抵押权设立的效果，须视抵押物所有权人是否同意或者抵押人事后（至迟应在抵押权人主张实现抵权之前）是否取得该物的所有权而定。[1]

2. 抵押登记

《物权法》对抵押权的设立，兼采了登记生效主义与登记对抗主义。

（1）登记生效主义。按照《物权法》第 187 条的规定，以建筑物和其他土地附着物、建设用地使用权、以招标、拍卖、公开协商等方式取得的荒地等土地承包经营权，以及正在建造的建筑物抵押的，应当办理抵押登记。抵押权自登记时设立。对此条规定所确立的登记生效（或要件）主义，应注意三点。

1）它们均为设立于不动产或者其权利之上的抵押权。

2）以前列财产抵押的，不经登记，不发生抵押权设立的效果，但是，抵押合同本身于成立时即应发生效力。此意味着，根据抵押合同，债权人有权要求抵押人协助其完成抵押登记，由此使其取得抵押权。[2]

3）该条所体现的抵押合同的效力与抵押权设立效力之间的区分系《物权法》第 15 条所确立的"区分原则"的具体体现。并且，其修正了《担保法》第 41 条要求抵押合同本身须于登记时方发生效力的规定。

（2）登记对抗主义。按照《物权法》188 条的规定，以生产设备、原材料、半成品、产品、交通运输工具，以及正在建造的船舶、航空器抵押的，抵押权自抵押合同生效时设立，但未经登记的，不得对抗善意第三人。对此条规定所确立的登记对抗主义，须注意下列几点。

1）动产抵押权、浮动抵押权的设立不移转标的物的占有，且此类抵押权又无须以登记为其要件，故抵押合同生效，即可发生抵押权设立的效果，抵押登记仅系对抗善意第三人的要件。

2）如果抵押合同中约定了抵押人承担协助债权人办理抵押登记的义务，则债权人仍可据此要求抵押人协助其办理抵押登记；未办理抵押登记的，尽管不影响抵押权于当事人之间的存在，但是，抵押权人不得以此权利对抗善意第三人。[3]

3）《物权法》对登记对抗主义之下的登记机构未作出规定，结合《担保法》等的规定，宜作如下释明：以企业的生产设备、原材料、半成品、产品抵押的，登记部门应为财产所在地的工商行政管理部门；以交通运输工具以及正在建造的船舶、航空器抵押的，登记部门应为运输工具的登记部门；以其他财产抵押的，

1　刘家安：《物权法论》，中国政法大学出版社 2009 年版，第 190 页。

2　刘家安：《物权法论》，中国政法大学出版社 2009 年版，第 191—192 页。

3　刘家安：《物权法论》，中国政法大学出版社 2009 年版，第 193 页。

《担保法》规定登记部门为抵押人所在地的公证部门。[1]

3. 关于流抵押条款的禁止

流抵押条款，又称"流抵押合同""流抵合同"或"期前抵押物抵偿约款"，指在设立抵押权当时，或债权清偿期届满前，约定债权届清偿期而未受清偿时，抵押物的所有权即归抵押权人所有的现象。自罗马康斯坦丁敕法以来，此种约款的效力即为法律所否定，故称为流抵押约款之禁止。各国法律之所以规定流抵押约款为无效约款，通说与实务均认为在于保护债务人的利益。债务人与债权人为经济生活中两大对立的阵营，二者相较，债权人的经济地位往往较债务人为优。换言之，债务人为经济上的弱者，债权人则通常为经济上的强者。债务人之借债，每每为急迫困窘之时，债权人多利用债务人的此一一时穷困，未遑熟虑之机，借助合同自由原则，逼迫订立流抵押约款，以价值较高的抵押物担保小额债权，希冀债务人届期不能偿债时，取得抵押物所有权。基于民法公平原则及对等正义观念，为保护作为弱者的债务人的利益，近现代及当代各国民法遂否定其合法性。

《物权法》采与各国法相同立场，于第186条规定："抵押权人在债务履行期届满前，不得与抵押人约定债务人不履行到期债务时抵押财产归债权人所有。"由于该条为禁止性规定，当事人违反该条规定而订立流抵押合同或流抵押条款，按照《合同法》第52条第5项的规定，该流抵押合同或流抵押条款无效。

（二）基于抵押权的转让而取得抵押权

亦即，抵押权人（债权人）将其债权和抵押权一并转让给受让人，受让人取得抵押权（《物权法》第192条）。因抵押权为从属于债权的权利，故转让有抵押权担保的债权时，即使未表明连同抵押权一并转让，受让人也由此一并取得抵押权。

二、非基于法律行为而取得抵押权

（一）依法律规定而直接取得抵押权

基于法律规定而直接取得的抵押权，称为法定抵押权。对此，《物权法》第182条设有明文："以建筑物抵押的，该建筑物占用范围内的建设用地使用权一并抵押。以建设用地使用权抵押的，该土地上的建筑物一并抵押。抵押人未依照前款规定一并抵押的，未抵押的财产视为一并抵押。"另外，关于《合同法》第286条规定的建设工程承包人的工程价款优先受偿权，有留置权说、优先权说、法定

---

[1] 刘家安：《物权法论》，中国政法大学出版社2009年版，第193页。

抵押权说等各种主张。留置权，依《物权法》的规定，其标的物仅限于动产，不动产不得为留置权的标的物，故非可采；优先权说，与我国现行法律体制相悖，亦同样不足采；法定抵押权说为正确之解释，值得采行。

（二）依善意取得而取得抵押权

根据《物权法》第 106 条的规定，善意取得也适用于抵押权，从而抵押权可因善意取得而取得之。例如，在甲将本属于乙但登记于自己名下的不动产 A 向丙提供抵押的情况下，丙对此不知情，且无重大过失，只要业已办理抵押登记，即符合《物权法》第 106 条第 1 款和第 3 款的规定，丙应善意取得该抵押权。或者，甲把本属于乙但登记于自己名下的 B 抵押权连同被担保债权 C 一并转让给丙的情况下，丙对此不知情，且无重大过失，只要约定的价格合理，已经办理完毕抵押权的移转登记（变更登记），即符合《物权法》第 106 条第 1 款和第 3 款的规定，丙应善意取得该不动产抵押权。[1] 另外，因对动产的占有具有推定该占有人为动产的权利人（如所有人）的效力，故第三人因信赖占有人为动产的权利人（如所有人）而与之订立动产抵押合同的，则自然能够善意取得该动产的抵押权。而且，由于《物权法》规定的抵押权标的物的动产的广泛性，更可能导致动产抵押权善意取得经常性地发生。相反，由于不动产真实权利归属与登记状况之间存在差异的情形并非常见，故善意取得不动产抵押权的概率应较低。[2]

（三）通过继承而取得抵押权

抵押权为非专属性财产权，自可因继承而取得。被继承人死亡时，被继承人的作为遗产的抵押权连同债权一并由继承人继承。

第三节 抵押权的效力（一）

一、抵押权担保债权的范围

（一）概要

抵押权为债权人得就变卖抵押标的物所得的价金，而优先受偿其债权的权利，故举凡金钱债权，皆可为抵押权所担保的对象。不能以金钱清偿的债权，不适于设立抵押权。但以给付金钱为标的的债权，如具无效的原因时，仍不得为被

---

[1] 崔建远：《物权法》，中国人民大学出版社 2014 年版，第 448 页。
[2] 刘家安：《物权法论》，中国政法大学出版社 2009 年版，第 191 页。

担保的债权。[1]

抵押权所担保的债权，虽主要为金钱债权，但并不以此为限。其他种类的债权，如以具有财产价值的财货为给付标的的债权，以不作为为给付标的的债权，或者以不具财产价值的给付为标的的债权，[2]以至公法上的债权[3]，皆可为被担保的债权。

附条件的债权，可以作为抵押权的被担保债权。对此，《德国民法典》第1113条第2项、《日本民法》第129条设有明文，此外的多数国家或地区民法，解释上也采同样见解。

诉讼时效经过后的债权，因债权人的实体权并不消灭，债务人仅享有拒绝给付的抗辩权，故此如果债务人仍为履行的给付，抑或为债权（准确而言应为"自然债务"）提供担保的，则不得以不知时效业已经过为由而请求返还。概言之，为诉讼时效完成后的债权设立抵押权担保的，也无不可。

赌债可否为抵押权所担保的债权，与赌债的性质相关联。通说认为，产生赌债的赌博系违反法律的禁止性规定，尤其是违反公序良俗的行为，应属无效。赌债非债，赢家不享有债权，输家亦不负有债务，故赌博不生债权债务关系，从而也就不存在债权。依抵押权从属于债权而存在的法理，抵押权也就当然无存在的余地。

（二）抵押权所担保债权的范围

抵押权所担保债权的范围，指抵押权人实现抵押权时，可受优先清偿的债权范围。于当代各国家或地区物权法上，抵押权所担保债权的范围通常由当事人自行约定，例如可约定违约金不在担保范围内，或实行抵押权的费用也于担保范围之内等。《物权法》第173条规定，抵押权所担保的债权范围，包括主债权及其利息、违约金、损害赔偿金、保管担保财产和实现抵押权的费用。抵押合同另有约定的，从其约定。

原债权，又称主债权，为抵押权所担保的主要对象，指设立抵押权时决定担保的原本债权；利息，为由作为主债权的金钱债权而生的法定孳息。无论法定利

---

[1] 杨与龄：《民法物权》，五南图书出版股份有限公司1981年版，第163页。

[2] 参见《韩国民法典》第373条、《日本民法》第399条及我国台湾地区"民法"第199条第2、3项。

[3] 抵押权可担保的债权，虽然原则上限于私法上的债权，但公法上的债权于某些情形下也可以作为被担保的债权。对此，《瑞士民法典》第784条第1项和我国台湾地区"税捐稽征法"第24条第2、3项，皆有明定。

息或约定利息，均属于抵押权担保的范围。逾期利息，即债务人履行金钱债务迟延时，应当向债权人给付的利息，不属担保的范围；违约金，包括赔偿性违约金和惩罚性违约金，皆为抵押权所担保的范围；损害赔偿金，即主债权因主债务不履行而转化成的救济形态，其自然应为抵押权所担保的范围；抵押权的实现费用，即抵押权人因实现抵押权而支出的费用，涵括拍卖、变卖抵押物所支出的费用，以及其他的必要费用。

另外，域外法上有将保全抵押权的费用纳入抵押权所担保的范围的。所谓保全抵押权的费用，指抵押权人因抵押人的行为致抵押物价值减少，且情况急迫而不得不自为必要的保全处分行为时所生的费用。此费用，因不独保全了抵押权人的抵押权，且也保全了抵押人的财产，对双方均有利，故应属于抵押权所担保的范围。[1]

二、抵押权的效力所及的标的物的范围

抵押权的效力及于标的物的范围，指抵押权人实现抵押权时可依法予以变价的抵押财产的范围。根据《物权法》《担保法解释》及物权法法理，抵押权的效力所及的标的物的范围，除当事人明定用于抵押的抵押物外，尚应及于下列财产和权利。

（一）从物

从物，指非主物的成分，常助主物的效用而同属于一人者。因抵押权为就抵押物卖得价金优先受清偿的价值权，基于主物的处分及于从物（"从随主"）的规则，实现抵押权、拍卖或变卖抵押物时，其效力自应及于抵押物的从物。依当代物权法观念，从物不限于动产，不动产也可为从物。《物权法》和《担保法》未对抵押权的效力是否及于从物加以规定。但《担保法解释》第63条明定："抵押权设立前为抵押物的从物的，抵押权的效力及于抵押物的从物。但是，抵押物与其从物为两个以上的人分别所有时，抵押权的效力不及于抵押物的从物。"不过，对于抵押权设立后、抵押权实现前方成为抵押物的从物的，其是否也为抵押权的效力所及，则存在如下三说。

（1）认为抵押权的效力应仅及于抵押权设立时存在的从物，如及于设立后所增加的从物，则有悖于当事人的意思。盖当事人设立抵押权时，系以抵押物当时的标准估定抵押物的价格，故而抵押权设立后增加的从物，自不属于抵押物的范围。

---

[1] 对此，《瑞士民法典》设有明文。其第808条第3项规定：保全抵押权的费用，"债权人得向所有人请求补偿，且无需在土地簿册上登记，即就补偿的请求在土地上取得抵押权，其顺位优先于经登记的任何负担。"

（2）认为应界分动产与不动产的不同而分别确定。从物为动产的，无论其于设立前或之后发生，均为抵押权的效力所及；若为不动产，于设立后所生的，应为抵押权的效力所不及。

（3）认为抵押权设立后所增加的从物，不为抵押权的效力所及，但于必要时可将该从物与主物合并拍卖。惟对该从物的价金，抵押权人无优先受偿权。

以上各说，以何者为当？本书认为，自市场经济要求强化抵押权的效力的实际出发，不仅设立抵押权当时业已为抵押物的从物者应为抵押权的效力所及，且即使设立抵押权后成为抵押物的从物的，原则上也应为抵押权的效力所及。但于下列情形，抵押权的效力不得及于抵押物的从物：

（1）不动产也可为不动产抵押物的从物，如住宅范围内的停车场，即为房屋的从物。如设立抵押权当时，抵押合同或不动产登记簿上业已载明限于建筑物的若干面积的，不宜认为之后建造的建筑物如车库等，也在抵押权的效力所及的范围内。

（2）设立抵押权前，第三人已就从物取得物权或具有物权效力的权利（如租赁权）的，第三人就该从物所取得的权利不受后设立的抵押权的影响。此系因为先成立的物权具有优先于后成立的物权的效力。所谓不受抵押权的影响，系指抵押权人虽可就该从物实现抵押权，但权利人的权利不受影响，仍可就该从物行使其权利。例如，第三人于抵押权设立前，就从物的动产已有动产抵押权，或就从物的不动产已取得抵押权或具有物权效力的租赁权，抵押权人虽可就该从物申请拍卖，但该从物有担保物权的，抵押权人无较其优先受偿的效力，从物有租赁权存在的，该权利仍存在于该标的物上，权利人的权利不受影响。[1]

（二）从权利

从权利，指为辅助主权利的效力而存在的权利。从权利与主权利的关系，一如从物与主物的关系。故此，以主权利或其所附属的标的物设立抵押权的，抵押权的效力得及于从权利。不过，需注意的是，为保全抵押物的经济效用，新近以来发生了对从权利的概念加以扩大解释的倾向，如该权利为抵押物的存在所不可或缺的，也认为系属于从权利。

（三）孳息

孳息分为天然孳息与法定孳息。天然孳息，指基于物的自然属性所生的孳息，涵括果实与动物的出产物。由天然孳息的特性所决定，天然孳息在未与抵押

---

[1] 谢在全：《民法物权论》（下册），新学林出版股份有限公司2014年版，第181页。

物分离时，为抵押物的组成部分，自然为抵押权的效力所及。另外，抵押物被人民法院依法扣押前，抵押权的效力不及于抵押物的天然孳息；被扣押后，抵押权的效力及于抵押物的天然孳息。对此，《物权法》第197条第1款设有明文："债务人不履行到期债务或者发生当事人约定的实现抵押权的情形，致使抵押财产被人民法院依法扣押的，自扣押之日起抵押权人有权收取该抵押财产的天然孳息或者法定孳息，但抵押权人未通知应当清偿法定孳息的义务人的除外。"

法定孳息，指利息、租金及其他因一定法律关系所得的收益。法定孳息为收益之一种。法定孳息可否为抵押权的效力所及，也应依被人民法院扣押之前与扣押之后的不同情形而分别论定。基于与扣押之前的天然孳息不得为抵押权的效力所及的相同理由，并依抵押权关系中抵押人并不丧失抵押物的收益权的规则，抵押权的效力也不得及于抵押物扣押前由抵押物所生的法定孳息；自被依法扣押时起，且抵押权人已将扣押抵押物的事实通知了应当清偿法定孳息的义务人的，抵押权的效力自扣押之日起及于法定孳息（《物权法》第197条第1款）。对此，我国台湾地区"民法"第864条也规定："抵押权之效力，及于抵押物扣押后抵押人就抵押物得收取之法定孳息。但抵押权人非以扣押抵押物之事情，通知应清偿法定孳息之义务人，不得与之对抗。"

（四）抵押物的代位物

抵押权关系中，抵押权的标的物毁损、灭失，其价值如转化为其他形态（如赔偿金）时，[1]该其他形态的价值便成为抵押权的标的物的代位物或代替物，抵押权人可就该代位物或代替物行使权利，学理上称为抵押权的代位性、物上代位性或代位担保性。

当代多数国家或地区民法认为抵押物的代位物的范围，主要限于抵押物因毁损灭失所得受的赔偿金，其主要涵括：（1）因第三人的侵权行为致抵押物毁损、灭失时，抵押人对该第三人得请求的损害赔偿金；（2）抵押物所有人与保险人订有保险合同，于危险事故发生致抵押物毁损灭失时，抵押物所有人得请求支付的

---

[1] 抵押权的标的物化为别的价值形态，主要有两种情形：一是标的物的绝对灭失，其价值转化为别的形态，如房屋被人焚毁，变为所有人对侵权行为人的损害赔偿请求权或对保险公司的保险金请求权；二是标的物的相对灭失，其价值转化为别的形态，如标的物的所有人将标的物出卖，变为价金请求权，设立定限物权而取得对价请求权。此两种形态中，我国台湾地区"民法"与《意大利民法典》，仅认可标的物绝对灭失时发生物上代位，而对于标的物相对灭失则仅认可有小范围的物上代位。根据《日本民法》，标的物无论绝对灭失抑或相对灭失，皆发生物上代位。德国民法对于租金债权、保险金债权及基于公用征收的补偿请求权，认为有物上代位。瑞士民法则仅对于土地的赔偿金、租金债权和保险金请求权，认为有物上代位。

保险金；(3) 抵押物因法律的特别规定灭失时所得受的补偿金或实物，譬如，作为抵押标的物的建筑物因城市建设规划而迁移至他处时所受领的补偿金或新的建筑物；(4) 供作抵押的房屋因倒塌而变成动产时，依物上代位的规则，该动产也为抵押物的代位物。

《物权法》就抵押权的效力及于抵押物的代位物，设有明确规定。第 174 条规定："担保期间，担保财产毁损、灭失或者被征收等，担保物权人可以就获得的保险金、赔偿金或者补偿金等优先受偿。被担保债权的履行期未届满的，也可以提存该保险金、赔偿金或者补偿金等。"另外，根据《物权法》第 191 条第 1 款的规定，抵押期间，抵押人经抵押权人同意转让抵押财产所得的价金，也为抵押物的代位物。

(五) 添附之物（附合物、混合物、加工物）

《担保法》《物权法》未规定抵押权的效力是否及于附合物、混合物及加工物，但《担保法解释》第 62 条对此采肯定立场，并设有如下规定："抵押物因附合、混合或者加工使抵押物的所有权为第三人所有的，抵押权的效力及于补偿金；抵押物所有人为附合物、混合物或者加工物的所有人的，抵押权的效力及于附合物、混合物或者加工物；第三人与抵押物所有人为附合物、混合物或者加工物的共有人的，抵押权的效力及于抵押人对共有物享有的份额。"

(六) 建设用地使用权设立后新增的建筑物

《物权法》第 200 条规定："建设用地使用权抵押后，该土地上新增的建筑物不属于抵押财产。该建设用地使用权实现抵押权时，应当将该土地上新增的建筑物与建设用地使用权一并处分，但新增建筑物所得的价款，抵押权人无权优先受偿。"此规定与物权法法理相符，应值赞同。

第四节 抵押权的效力（二）

本部分专门论述抵押权的效力中的"抵押人的权利"，涵括对抵押物的用益权、设立多个抵押权的权利、于抵押物上为他人设立用益权的权利以及出让抵押物的权利。

一、抵押物的用益权

抵押权为不移转标的物的占有，而供债权担保的价值权。抵押权人所得支配者仅为抵押物的交换价值，而非用益价值。故此，设立抵押权后，抵押人对抵物仍有使用、收益和处分权。惟此所谓处分，系指法律上的处分，事实上的处分，仅在不影响抵押物的价值的范围内，方可为之。

二、设立多个抵押权的权利

抵押人就抵押物设立抵押权后，可于同一抵押物上为他人复设立抵押权。《担保法》第35条规定："抵押人所担保的债权不得超出其抵押物的价值。财产抵押后，该财产的价值大于所担保债权的余额部分，可以再次抵押，但不得超出其余额部分。"对此限制，《物权法》将其废止。依《物权法》第178条"担保法与本法的规定不一致的，适用本法"的规定，抵押人可将一物为他人设立多个抵押权，而不必考虑抵押物的价值与其所担保的数个债权的债权总额。盖抵押权的顺位规则可以解决多个抵押权担保的总债权额超过抵押物价值的问题。[1]

三、于抵押物上为他人设立用益权的权利

以不动产作为抵押的，抵押人仍可为他人设立用益权。此所谓用益权，既包括依物权方式而设立的用益物权，也包括依债权方式而产生的用益权。前者如于建设用地使用权上设立抵押权后，抵押人仍可为他人设立地役权；后者如将作为抵押物的房屋出租、出借给他人而设立的租赁权、借用权。对于前者，于法理上系当然可以。对于后者中的抵押人可以出租抵押物，《物权法》第190条设有明确规定："订立抵押合同前抵押财产已出租的，原租赁关系不受该抵押权的影响。抵押权设立后抵押财产出租的，该租赁关系不得对抗已登记的抵押权。"对此规定，须注意两点：（1）租赁合同订立在先的，抵押权的设立不影响租赁合同的效力，亦即，在因抵押权人行使抵押权而使抵押物所有权发生移转时，承租人仍可向受让人主张租赁合同上的权利，体现的是《合同法》第229条确立的"买卖不破租赁"的规则；[2]（2）如果抵押权设立在先，租赁合同订立在后，则抵押权的行使不受租赁关系的影响，如因行使抵押权而导致抵押物为第三人所取得，则承租人不得对该第三人主张其于租赁合同上的权利[3]。应注意的是，基于举重以明轻的法理，抵押人出借抵押物也应分情形而依前述两点处理。

---

[1] 刘家安：《物权法论》，中国政法大学出版社2009年版，第199页。
[2] 刘家安：《物权法论》，中国政法大学出版社2009年版，第202页。
[3] 刘家安：《物权法论》，中国政法大学出版社2009年版，第202页。

四、出让抵押物的权利

在传统民法上，抵押物权利人就其财产设立抵押权于他人后，得将该抵押财产的权利再转让给第三人。其主要的因由是：抵押物权利人虽然以其财产设立了抵押权给他人，但并不由此而丧失对抵押财产的处分权，从而对于抵押财产，其自然保有法律上的处分权，尤其是将其出让的权利。对此，《德国民法典》第1136条、《瑞士民法典》第812条第1项均定有明文：如抵押物所有人对债权人约定，自己负有不将土地出让或不再继续设立负担于土地的义务的，该约定无效。

我国物权法学理对于设立抵押权后，抵押人可否复将抵押物自由地出让给第三人，有肯定与否定两说，惟通说采肯定说。惟我国的相关立法并未认可抵押人可自由处分抵押物的传统规则。例如，最高人民法院《关于贯彻执行〈中华人民共和国民法通则〉若干问题的意见》第115条第1款规定："在抵押期间，非经债权人同意，抵押人将同一抵押物转让他人，或者就抵押物价值已设置抵押部分再作抵押的，其行为无效。"《担保法》第49条第1款规定："抵押期间，抵押人转让已办理登记的抵押物的，应当通知抵押权人并告知受让人转让物已经抵押的情况；抵押人未通知抵押权人或者未告知受让人的，转让行为无效。"《物权法》则更进一步限制了抵押人的处分权。该法第191条规定："抵押期间，抵押人经抵押权人同意转让抵押财产的，应当将转让所得的价款向抵押权人提前清偿债务或者提存。转让的价款超过债权数额的部分归抵押人所有，不足部分由债务人清偿。抵押期间，抵押人未经抵押权人同意，不得转让抵押财产，但受让人代为清偿债务消灭抵押权的除外。"此条规定涵括4点内容[1]：（1）抵押人在其物上为他人设立抵押权后，其对该物的处分权即受到限制，须获得抵押权人的同意后方可有效地转让该物。（2）在经抵押权人同意后，抵押人向第三人转让抵押物的行为有效，受让人可据此获得抵押物的所有权。不过，在此情形下，转让抵押物所得的价款必须提前用于清偿债务或者提存。（3）抵押人未经抵押权人同意不得转让抵押财产，如未经抵押权人同意而转让抵押财产，则转让行为原则上无效，受让人不能取得抵押物所有权。（4）虽未经抵押权人同意而转让抵押财产，但受让人代债务人清偿债务而消灭债权的，抵押权也发生消灭，从而受让人可取得所有权。

---

1 刘家安：《物权法论》，中国政法大学出版社2009年版，第204页。

本书认为，抵押人以自己的财产设立抵押权后，应有自由地出让抵押物的权利。我国现行法的规定不仅有悖于物权法法理与财产所有权的基本理论，且对于抵押人而言，亦过苛。抵押人虽然已将抵押物设立抵押权于债权人（抵押权人），但债权人（抵押权人）所享有的仅是一种定限物权，此定限物权仅于债务人届期不清偿自己的债务时方可实现。而于此之前，抵押物的权利始终由抵押物权利人享有。尤其是以抵押物所有权设立抵押的，于抵押权人实现抵押权之前，抵押物所有人既然保有所有权，则当然也就享有自由地转让抵押物的所有权的处分权。另外，对于具有对抗性的已登记抵押权而言，即使抵押物发生所有权的移转，抵押权人于抵押物上的权利也不会受到任何影响，亦即，抵押权人仍可向抵押物的受让人主张实现抵押权，系因抵押权具有追及效力；对于未经登记的动产抵押，抵押权人不得以其权利对抗善意第三人。因此，如果抵押人未经抵押权人同意而将抵押物转让给善意的第三人，后者应无负担地取得抵押物的所有权。[1]综上，对于我国相关立法的规定，应给予否定性评价，编纂民法典物权编时宜变更立场，认可抵押人保有自由地出让抵押物的权利。

第五节　抵押权的效力（三）

本部分专门论述抵押权的效力中的"抵押权人的权利"。抵押权人的权利，实质为抵押权对于抵押权人所具有的效力，主要涵括抵押权人的顺位权、对抵押权的处分权、抵押权的保全权、抵押权人的物权请求权、抵押权人的侵权损害赔偿请求权以及抵押权人实行抵押权的权利。

一、抵押权人的顺位权

（一）抵押权顺位的涵义与决定标准

抵押权的顺位，亦称抵押权的次序，指就同一抵押物设立数个抵押权时，各个抵押权人优先受偿的先后顺序，即同一抵押物上数个抵押权之间的相互关系，是决定数个抵押权于效力上何者应当优先的标准。相对于一般债权而言，无论抵押权的先后顺位如何，抵押权人就同一抵押物卖得的价金均优先于一般债权人受偿。但就各抵押权人而言，相互间仍有一个优先受偿的先后顺序问题。此种优先受偿的先后顺序，当代各国家或地区物权法系主要依登记的先后顺序而定：先顺

---

[1] 刘家安：《物权法论》，中国政法大学出版社2009年版，第201页。

位的抵押权人有较后顺位的抵押权人优先受偿的权利，学理上称为抵押权人的顺位权。

《物权法》第199条规定，同一财产向两个以上债权人抵押的，拍卖、变卖抵押财产所得的价款按照下列规定清偿：（1）抵押权已登记的，按照登记的先后顺序清偿，顺序相同的，按照债权比例清偿；（2）抵押权已登记的先于未登记的受偿；（3）抵押权未登记的，按照债权比例清偿。对此条规定，须注意下列2点：其一，对于不动产抵押而言，由于登记系抵押权设立的生效要件，故应适用第（1）项的规定，登记系确定抵押权顺位的标准，登记在先的，抵押权的顺位在先，从而顺位在先的抵押权人有较顺位在后的抵押权人优先受偿的权利。其二，对于动产抵押权、动产浮动抵押权而言，由于《物权法》采取了登记对抗主义，抵押权的设立不以登记为生效要件，故此类抵押权若并存于同一抵押物之上，又均未办理抵押登记的，则各抵押权的顺位视为相同；若有的抵押权办理了抵押登记，则办理抵押登记的抵押权的顺位在先，仍然以抵押登记为确定抵押权顺位的标准。

（二）抵押权的顺位固定主义与顺位升进主义

抵押权的顺位，有顺位固定主义与顺位升进主义两种立法例。顺位固定主义，是指顺位在先的抵押权因实行抵押权以外的原因（如因债务人的清偿）而消灭时，顺位在后的抵押权并不递升其顺位，而仍维持原有的顺位，德国、瑞士民法采之；[1] 顺位升进主义，是指先顺位的抵押权消灭时，后顺位的抵押权得当然升进，法国、日本及我国台湾地区"民法"采之。我国《物权法》关于抵押权的顺位，亦采顺位升进主义，系与法国、日本及台湾地区的立场一致。

对于以上两种主义，孰优孰劣，见解不一。应注意的是，在采顺位升进主义的法国、日本及我国台湾地区，新近以来有人主张应变更现行主义，而改采德国、瑞士法的顺位固定主义。其理由谓：在顺位升进主义之下，原居于第二顺位的二号抵押权人，本仅就第一顺位抵押权人受清偿后的余额受偿的机会，今因偶然情事，跃居第一顺位而受优先清偿，无异于受意外的利益，故而有取得不当利益之嫌；就债务人方面而言，设立第二顺位的抵押权所负担的利息较高，其他条件也较苛刻，若因升进关系，使原居于第二顺位的抵押权人得先于其他债权人

---

[1] 关于此的翔实论述，参见陈华彬："瑞士不动产担保权制度研究"，载《环球法律评论》2009年第4期，第42页以下；陈华彬："论所有人抵押权——基于对德国法和瑞士法的分析"，载《现代法学》2014年第5期，第39页以下。

而受清偿，对于债务人极为不利。故此，顺位升进主义应予废除。[1] 基于民法公平正义观念与对等正义原则，以及为了平衡各方当事人的利害关系，我国编纂民法典物权编时是否改采顺位固定主义，应审慎加以酌定。

（三）抵押权顺位的让与、放弃与变更

1. 抵押权顺位的让与

抵押权顺位的让与，指同一抵押人的先顺位抵押权人，为后顺位抵押权人的利益，通过协议将其抵押权的先顺位让与给后顺位抵押权人。关于抵押权顺位的让与的性质与效力，存在两说：绝对效力说与相对效力说。此两说的差异如下。

（1）绝对效力说认为，抵押权顺位的让与在当事人间发生绝对的效力。抵押权顺位一经让与，让与人与受让人的顺位即生变动。例如，乙将第一顺位让与第三顺位的丁时，丁取得第一顺位，乙取得第三顺位。[2] 而依相对效力说，抵押权顺位让与在当事人间只有相对的效力。当事人在让与顺位后，各抵押权人的抵押权归属与顺位均不生变动，仅拍卖抵押物所得的价金的分配顺位于当事人间发生变动，由受让人取得较让与人优先的分配顺位。受让人与让与人仍保有原抵押权及顺位，受让人是否能够获得受让顺位的利益，仍以让与人的抵押权是否存在与可否获得分配为前提。可见，依相对效力说，名义上为抵押权的顺位的让与，实际上不过是让与人将其抵押权顺位所能获得的优先分配利益让与给受让人。

（2）绝对效力说认为，受让人受让顺位后，因其已绝对地取得受让的顺位，故可再加以让与；而依相对效力说，则不得再让与，因受让人取得者仅为相对的优先受偿利益，而非顺位权本身。

以上两说，以相对效力说为通说。本书采之，即认抵押权的顺位的让与仅于

---

[1] ［日］我妻荣：《新订担保物权法》，第147页；柚木馨：《物权法》，第296页。转引自姚瑞光：《民法物权论》，海宇文化事业有限公司1999年版，第224页注释1。惟也有学者谓：究竟是采顺位固定还是顺位升进，实与国家或地区的实际情况有关，譬如我国台湾地区的金融交易与抵押权的实务运作即已习惯于顺位升进，后顺位抵押权的设立即抱有顺位得以升进的期待，抵押物以后顺位抵押权获取融资由此有相当的可能。而且，顺位固定主义因顺位固定，导致后顺位抵押权的融资途径因而受阻，故于德国、瑞士金融界均有后顺位抵押权应予升进的强烈要求，并且实务上操作的结果，也使后顺位抵押权的顺位发生了升进的效果。对此，请参见谢在全：《民法物权论》（下册），新学林出版股份有限公司2014年版，第221页。

[2] "绝对效力说"所称的顺位的让与，实际上是"顺位交换"。譬如于债务人某甲的特定房屋上存在着乙、丙、丁三个抵押权，1号抵押人某乙的债权额为10万元，2号抵押人某丙的债权额为20万元，3号抵押人某丁的债权额为5万元。让与人某乙与受让人某丁为顺位让与。如某甲的抵押物不动产拍卖所得的价金为30万元，则各债权人受偿的分配额为：某丁5万元，某丙20万元，某乙5万元。

当事人间有相对的效力。易言之，当事人让与抵押权的顺位后，各抵押权人的抵押权归属与顺位均无变动，仅拍卖抵押物所得价金的分配顺位于当事人间发生变动，由受让人取得较让与人优先的分配顺位。具体说明如下。

（1）抵押权顺位的让与，让与人和受让人仍依各自的原有顺位受利益分配，惟依抵押权顺位所能获得分配的合计金额，由受让人优先受偿，如有余额，让与人方可以之受偿。

（2）顺位受让人虽然可以申请实行第一顺位抵押权，拍卖抵押物，但须于让与人与受让人的抵押权皆已具备实行要件时方可为之。

（3）让与人的抵押权所担保的债权消灭时，依抵押权的从属性规则，抵押权归于消灭，受让人即不能取得受让顺位的利益。

（4）受让人的债权因实行抵押权以外的原因（如因清偿）而消灭时，让与人的抵押权应回复到为让与前的状态。

综上所言，可知于相对效力说下，只要符合下列要件，即可让与抵押权的顺位：（1）让与人与受让人为同一抵押人的抵押权人。（2）让与人与受让人有让与顺位的合意。（3）动产抵押权、浮动抵押权的顺位的让与，自顺位让与合同生效时发生效力，于抵押登记页上办理附记登记为对抗要件；以登记为生效要件的不动产抵押权，其顺位的让与，若发生法律效力，不仅需让与人和受让人成立让与合同，且已经生效，而且尚需于不动产登记簿的抵押登记页上办理附记登记。[1]

对于抵押权顺位的让与，《物权法》等现行民事立法未作规定，属于明显的缺漏，应于编纂民法典物权编时予以增定。

2. 抵押权顺位的放弃

抵押权顺位的放弃，也称抵押权顺位的抛弃，指同一抵押人的先顺位抵押权人，为后顺位抵押权人的利益而放弃其优先受偿的顺位，涵括相对的放弃与绝对的放弃。

相对的放弃，指同一抵押物的先顺位抵押权人，为特定后顺位抵押权人的利益，放弃其优先受偿的利益。亦即，当事人间于放弃顺位后，各抵押权的归属与顺位并无变动，仅系放弃抵押权顺位的人，因放弃顺位的结果，与受放弃利益的抵押权人，成为同一顺位。第三人的权利则不受影响。易言之，顺位放弃人与受利益人将其所得受分配的金额，共同合计后，按各人的债权额比例分配之。[2] 例

---

[1] 崔建远：《物权法》，中国人民大学出版社2014年版，第479页。

[2] 谢在全：《民法物权论》（下册），新学林出版股份有限公司2014年版，第232页。

如，在抵押人某甲的房屋上依次设立了某乙、某丙和某丁三个抵押权，各抵押权所担保的债权额分别为 60 万元、20 万元和 20 万元。某乙为某丁的利益，将其第一顺位的优先受偿利益放弃给丁。若该抵押物拍卖所得价金为 80 万元，则某乙的第一顺位抵押权可分得 60 万元，某丙的第二顺位抵押权可分得 20 万元，某丁不能获得分配。某乙、某丁合计为 60 万元，由某乙、某丁依债权额比例分配，某乙分得 45 万元，某丙分得 15 万元。至于某丙，则仍分得 20 万元，不受影响。需注意的是，抵押权顺位的相对放弃与抵押权顺位的让与尽管类似，但仍有不同：前者由放弃人和受放弃利益人按被担保债权比例受偿，后者则让与人的债权可能完全不能获得清偿。[1]

抵押权顺位的绝对放弃，系指抵押权人为全体后顺位抵押权人的利益而放弃其抵押权的顺位，亦即先顺位抵押权人并非专为某一特定后顺位抵押权人的利益而放弃优先受偿利益。此时，后顺位抵押权人的顺位依次递升，而放弃人退处于最后的地位。不过，放弃后新设立的抵押权，其顺位仍列于放弃者之后。[2] 对于抵押权顺位的绝对放弃，《物权法》第 194 条第 2 款设有明文：债务人以自己的财产设立抵押，抵押权人放弃抵押权的顺位的，其他担保人在抵押权人丧失优先受偿权益的范围内免除担保责任，除非其他担保人承诺仍然提供担保。

动产抵押权顺位的放弃，自抵押权人作出放弃的意思表示时发生法律效力，于抵押登记页上办理附记登记为对抗要件；以登记为生效要件的不动产抵押权，其顺位的放弃之发生法律效力，既须抵押权人作出放弃的意思表示，也须于不动产抵押登记页上办理附记登记。[3]

3. 抵押权顺位的变更

抵押权顺位的变更，指同一抵押人的数个抵押权人将其抵押权的顺位互相交换。[4] 例如，在债务人某甲的房屋上，有依次为第一顺位、第二顺位和第三顺位的 A、B、C 三个抵押权，所担保的债权金额分别为 100 万元、200 万元和 400 万元，而将 A、B、C 三个抵押权的顺位变更为 C、B、A 即是。

抵押权顺位的变更，为当代抵押权法上一项重要问题。1971 年日本修正其民法第 373 条，追加规定第 2 项、第 3 项，对抵押权顺位的变更设立明文："抵押权的顺位，得依各抵押权人的合意变更之。但如有利害关系人时，应经其承认"，

---

[1] 郑玉波著，黄宗乐修订：《民法物权》，三民书局 2007 年版，第 282 页。
[2] 郑玉波著，黄宗乐修订：《民法物权》，三民书局 2007 年版，第 281 页。
[3] 崔建远：《物权法》，中国人民大学出版社 2014 年版，第 482 页。
[4] ［日］北川善太郎：《物权》，有斐阁 1993 年版，第 163 页。

"前项规定，未经登记，不生效力"。其他未就抵押权顺位的变更设立明文的国家或地区，解释上也都认可此制度。

需注意的是，在域外法上，与抵押权顺位的让与和放弃仅有相对的效力不同，抵押权顺位的变更多具有绝对的效力，即其不仅对达成协议的抵押权当事人和同意该顺位变更的各利害关系人具有效力，且对其他有关联的人也有效力。具体而言：（1）抵押权的顺位变更后，各变更抵押权当事人的优先受偿顺位互生变动，取得变更后的各抵押权顺位；（2）各抵押权人均有实行抵押权的权利，且其实行要件依自己抵押权的要件而定，不受其他抵押权的影响；（3）债务人可以任意向抵押权人为清偿，不受应否获得其他抵押权顺位变更当事人同意的影响。[1]

对于抵押权顺位的变更，《物权法》第 194 条第 1 款第 2 句设有如下明文："抵押权人与抵押人可以协议变更抵押权顺位以及被担保的债权数额等内容，但抵押权的变更，未经其他抵押权人书面同意，不得对其他抵押权人产生不利影响。"惟依此规定，抵押权顺位的变更若未经其他抵押权人的书面同意的，则其他抵押权人得不受其拘束，从而仅于变更顺位的各抵押权人之间发生效力；相反，若其他抵押权人书面同意的，则对全体抵押权人具有拘束力，与域外法上抵押权顺位的变更发生绝对的效力相同。

另外，《物权法》第 194 条第 2 款规定，债务人以自己的财产设立抵押，抵押权人变更抵押权的顺位的，其他担保人于抵押权人丧失优先受偿权益的范围内免除担保责任，除非其他担保人承诺仍然提供担保。此处所谓其他担保人，涵括为该抵押债权的实现而成立的保证、连带责任或设立的质权（抵押物为动产的情形），或另外的抵押权等情形的担保人，如保证人、连带责任人、出质人或抵押人。[2]

动产抵押权顺位的变更，自各顺位变更人之间成立顺位变更的合同时发生法律效力，于抵押登记页上办理附记登记为对抗要件；以登记为生效要件的不动产抵押，其顺位的变更之发生法律上的效力，既须各抵押权人成立顺位变更的合同，也须于不动产登记簿的抵押登记页上办理附记登记。[3]

二、对抵押权的处分权

就广义而言，抵押权人对抵押权的处分，系指抵押权人所享有的让与、放弃

---

[1] 谢在全：《民法物权论》（下册），新学林出版股份有限公司 2014 年版，第 227 页。

[2] 崔建远：《物权法》，中国人民大学出版社 2014 年版，第 483 页。

[3] 崔建远：《物权法》，中国人民大学出版社 2014 年版，第 482—483 页；参见《物权法》第 24 条、第 187 条、第 188 条、第 189 条等。

抵押权、将抵押权供作担保，以及让与、放弃和变更抵押权的顺位的各项权利的总称。因前文已就抵押权顺位的让与、放弃和变更作了释明，故如下仅论述抵押权的让与、供作担保和放弃（"抛弃"）。

（一）抵押权的让与

抵押权的让与，又称抵押权的转让，指抵押权人将其抵押权转让给他人。抵押权性质上属于非专属性财产权，故自可予以让与。于我国现行法之下，抵押权因从属于受担保的债权而存在，与被担保债权具有不可分性，故抵押权原则上不得与其所担保的债权分离而为让与。亦即，抵押权的让与，系指抵押权随同其担保的债权的让与而让与。对此，《物权法》第192条予以明确："抵押权不得与债权分离而单独转让或者作为其他债权的担保。债权转让的，担保该债权的抵押权一并转让，但法律另有规定或者当事人另有约定的除外。"另外，须注意下列两点：（1）抵押权与债权一并让与的，除应依有关债权让与的规则为之外，被转让的抵押权以登记为生效要件的，只有办理变更登记，方生抵押权转让的效力；若以登记为对抗要件，则未办理变更登记的，善意第三人有权不承认该抵押权的转让。[1]（2）抵押权虽已办毕移转登记，但若债权的移转不具备生效要件的，因违反抵押权移转的从属性，受让人并未取得抵押权，自无实行抵押权的权利。

（二）将抵押权供作担保和转抵押

抵押权也可供作债权的担保。抵押权为从属于债权而存在的附随性权利，其虽然不得与债权分离而为其他债权的担保，但可连同债权一道作为其他债权的担保，设立附抵押权的债权质权（《物权法》第192条）。应当注意的是，以抵押权连同债权设立附抵押权的债权质权，应当订立书面合同、将债权证明文件交付质权人、通知债务人并办理质权设立登记和交付抵押权证书。完成这些行为后，方生设立的效力。

需提及的是，关于以抵押权供作担保，日本民法上有转抵押制度（第376条第1项前段）。转抵押，究其实质，是将抵押权从债权中分离出来，使之独立存在，并加以处分的制度。[2] 例如，甲为担保所欠乙的100万日元借款，以自己的土地设立抵押权，使乙成为抵押权人。于债权清偿期届至前，乙因急需资金，于是向丙借款50万日元，为担保丙的该借款，乙可以对甲的土地享有的抵押权作为该

---

[1] 崔建远：《物权法》，中国人民大学出版社2009年版，第514页。

[2] ［日］铃木禄弥：《物权法讲义》，创文社1994年版，第224页。

借款的担保。

亦即，实务中，转抵押是抵押权人于被担保债权的清偿期前因需要金钱，而被作为自他人处获得融资的手段加以利用。譬如，对 S 有被担保债权额 1500 万日元（甲债权）的抵押权的 G，于自 A 新借入 1000 万日元（乙债权）时，以对 S 的抵押权为担保而向 A 提供，以获取 1000 万日元的融资。此即转抵押。据此，于 S 设立的原抵押权的被担保债权额的范围内，A 的债权被担保。也就是说，若实行转抵押权，则 A 首先就 1000 万日元而受优先清偿，在剩下的余额中，G 受 500 万日元的清偿。对此，可图示如下。[1]

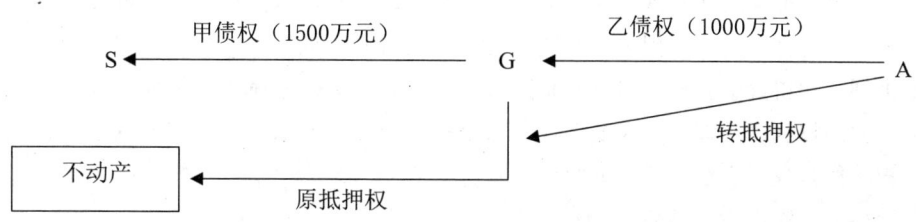

（三）抵押权的放弃

抵押权的放弃，又称抵押权的抛弃，系指抵押权人放弃可以优先受偿的担保利益，涵括抵押权的相对放弃和绝对放弃。抵押权为非专属性财产权，除放弃有害于第三人的利益而应予禁止外，权利人皆可自由为之。

抵押权的相对放弃，指抵押权人为抵押人的特定无担保债权人的利益，而放弃其优先受偿的抵押权。《日本民法》第 375 条第 1 项规定：抵押权人，为无担保债权人的利益，可以放弃抵押权。例如在甲抵押人 50 万元的抵押物上，乙、丙各有 10 万元与 40 万元的第一、第二顺位抵押权，丁为甲的无担保债权人（债权 10 万元），如乙为丁的利益而放弃其抵押权，即属于抵押权的相对放弃。故此，抵押权的相对放弃，其受益人为普通债权人。[2] 抵押权相对放弃中的当事人为抵押权人和特定的无担保债权人，且该无担保债权人的债务人，与抵押权人的抵押人为同一人。另外，依通说，抵押权的相对放弃，仅于抵押权放弃人与受放弃利益的特定无担保债权人间发生相对的效力，而对其他抵押权人的利益并无影响。[3] 就优先受偿的范围而言，抵押权放弃人就抵押物卖得价金所能获得分配的金额，由放

1　［日］松井宏兴：《担保物权法》，成文堂 2016 年 3 月补订第 2 版第 8 刷发行，第 97 页。
2　［日］铃木禄弥：《物权法讲义》，创文社 1994 年版，第 226 页。
3　［日］三和一博、平井一雄：《物权法要说》，青林书院 1989 年版，第 226 页。

弃人和受放弃利益的债权人，按两者合计的债权额的比例受偿。[1]

抵押权的绝对放弃，即通常所称的抵押权的抛弃，系指抵押权人以消灭抵押权的意思放弃其抵押权（《物权法》第177条第3项）。除放弃有害于第三人的利益（如已设立附随抵押权的债权质权）外，抵押权人可任意放弃其抵押权。以登记为生效要件的不动产抵押权被放弃的，须办理注销登记，方生抵押权消灭的效力。抵押权人一旦放弃其抵押权，其债权也就成为无担保的债权（普通债权）。

三、抵押权的保全权

抵押权存续期间，抵押权人不占有抵押物，于实行抵押权前，如抵押人的行为有害于抵押物并使抵押物的价值减少，则往后实行抵押权时，抵押权人即难以就抵押物卖得价金受自己债权的完全清偿。故此，法律遂赋予抵押权人以保全其抵押权的权利，学理上称为抵押权的保全权。依《物权法》第193条的规定，抵押权的保全权，主要涵括如下两个方面。

（一）抵押物价值减少的防止权

在抵押权存续中，抵押权人不占有抵押物，于实行抵押权之前，对抵押物也无事实上的支配力，故在此之前抵押物的价值如有减少，则会使抵押权人遭受不利益。于是法律乃赋予抵押权人以下列权利：抵押人的行为如足以使抵押物价值减少，抵押权人有权要求抵押人停止其行为；如遇紧迫情况，抵押权人可为必要的保全处分。法律为防止抵押物的价值减少而赋予抵押权人的这些权利，学理上称为抵押物价值减少的防止权。对此，《物权法》第193条第1句明确规定："抵押人的行为足以使抵押财产价值减少的，抵押权人有权要求抵押人停止其行为。"

抵押权人行使抵押物价值减少的防止权，须注意下列几点。

（1）须抵押人的行为足以使抵押物的价值减少。所谓"足以使抵押物的价值减少"，指有使抵押物的价值减少的危险。至于是否发生了实际减少，则在所不问。抵押权人请求抵押人停止其行为时，只需证明抵押人有足以使抵押物价值减少的行为（如挖土制砖、屋漏不修）即可，而无须就抵押物价值的减少负举证责任。但因抵押权为价值权，抵押物的占有与用益保留于抵押人之手，故如因抵押人对抵押物为正当的占有、使用、收益而致抵押物价值减少的，抵押权人即当然无该权利。所谓抵押人对抵押物为正当的占有、使用、收益，涵括依抵押物的固有用法或经济目的加以使用、收取孳息，以及就抵押物设立用益物权或将其出租、出借。

---

[1] 谢在全：《民法物权论》（下册），新学林出版股份有限公司2014年版，第232页。

（2）须为抵押人的行为，即足以使抵押物的价值减少的，须为抵押人的行为。如因第三人的行为、抵押权人的行为、天灾事变或市场因素等造成抵押物的价值减少的，则不生抵押物的价值减少防止权。抵押人的行为，无论为故意或过失，作为或不作为，皆无关系。例如，以完好的房屋设立抵押权后，任其漏雨而不修补，即属于因抵押人的行为而足以致抵押物的价值减少的情形。另外，即使抵押人仅对抵押物的一部分为价值减少的行为，而其余部分卖得价金尚足供清偿全部债权的，抵押权人仍享有请求停止其行为的权利。盖抵押权具有不可分性，抵押物的任何部分均为担保全部债权而存在，从而当然不得允许抵押人就抵押物的任何部分为有害行为。

（3）抵押权人原则上只能请求抵押人停止其行为，仅在情况紧迫，而不能依通常的方法请求其停止时，抵押权人方可为必要的保全处分。所谓停止其行为，在作为，指禁止其继续实施，如停止拆毁作为抵押物的房屋；在不作为，指使其为积极行为，如修缮作为抵押物的房屋等。此等请求，既可向抵押人直接提出，也可通过诉讼的方式提出。但是，若抵押人的行为足以使抵押物的价值减少，且情况紧迫，而不能依通常的方法请求停止其行为或即使提出请求也难有效果时，抵押权人则可自为必要的处分行为。例如，供抵押的房屋漏雨严重，风暴大雨将至，若不立即修补，必遭风雨摧毁，将倾的大厦，如不加以支撑必遭毁损等，抵押权人即可自为必要的修补或加固行为。

（二）对抵押物价值减少的补救：恢复抵押物的价值请求权、增加担保的请求权

抵押物价值减少的防止规则，是法律针对抵押物价值尚未减少而设的制度。如抵押物的价值因可归责于抵押人的事由业已实际减少，则抵押权人即有权请求抵押人恢复抵押物的价值或提供与减少的价值相当的担保，学理上称为恢复抵押物的价值请求权、增加担保请求权。对此，《物权法》第193条第2句设有明文：抵押财产价值减少的，抵押权人有权要求恢复抵押财产的价值，或者提供与减少的价值相应的担保。所谓恢复抵押财产的价值，指将抵押物回复到侵害行为未发生时的最初状态，如抵押人拆毁供作抵押的房屋的一部分时，可以请求修复。所谓提供相应的担保，学理上又称为"增担保"。当抵押物价值减少，以致恢复财产的价值殆无可能时，抵押权人即可请求抵押人增加担保。增加的担保，须与抵押物减少的价值大体相当。至于增加的担保的种类，无论为物的担保抑或人的担保（如保证），物的担保系抵押权抑或质权，皆无不可。

另外，抵押物价值的减少，如系非可归责于抵押人的事由而引起的，抵押权

人则仅于抵押人可以受到损害赔偿的限度内，请求提供担保。易言之，抵押人此时如未受有赔偿，则抵押权人无权要求提供担保；若受有赔偿，抵押权人所得请求提出担保的范围也就仅限于所受的损害赔偿额。之所以如此，盖因抵押权为物权，抵押物毁损灭失的风险，自应由作为权利人的抵押权人负担。所谓非可归责于抵押人的事由，指抵押物价值的减少非因抵押人的故意或过失所致的事由而引起，如天灾、事变或第三人的侵权行为。需注意的是，《担保法》第51条第2款对此明确规定："抵押人对抵押物价值减少无过错的，抵押权人只能在抵押人因损害而得到的赔偿范围内要求提供担保。抵押物价值未减少的部分，仍作为债权的担保。"于此情形，抵押权人可依《物权法》第174条的物上代位而受到保护。

此外，抵押人不应抵押权人的请求而恢复抵押物的价值、增加担保的，将丧失债务清偿的期限利益。具体而言：第一，抵押人若为非债务人（如物上保证人）的，抵押权人应另定相当期限请求债务人提出与减少价额相当的担保，逾期不提出的，抵押权人可请求债务人清偿债权，亦即，债务人此时丧失其清偿的期限利益；第二，抵押人为债务人时，即丧失其清偿的期限利益，抵押权人可请求债务人清偿其债权。于此两种情形，若债务人不能清偿其债务，抵押权人自可实行抵押权。[1]《物权法》对此原则上予以认可，并于第193条后句明定："抵押人不恢复抵押财产的价值也不提供担保的，抵押权人有权要求债务人提前清偿债务。"

四、抵押权人的物权请求权

抵押权为物权之一种，依物权请求权规则，抵押权人自有物权请求权。具体而言，当抵押物被第三人非法侵占时，抵押权人可行使抵押物返还请求权；当抵押权的圆满状态受到妨害时，抵押权人可行使妨害排除请求权；当抵押权的圆满状态有受到妨害之虞时，抵押权人可行使妨害防止请求权。

（一）抵押物返还请求权

传统物权法学理认为，抵押权因系非占有担保物权，抵押权人所支配的仅为抵押物的交换价值，抵押物仍由抵押人占有，故此，抵押人或其用益权人的占有，抵押权人不得干涉，抵押物若系由第三人无权占有时，抵押权人也无权过问。所以，抵押权不发生抵押物受占有妨害而引起抵押物返还请求权的问题。从而，抵押权人对无权占有抵押物者，并无抵押物返还请求权。但新近学说认为，

---

[1] 谢在全：《民法物权论》（下册），新学林出版股份有限公司2014年版，第237页。

在抵押物被第三人不法占有，且其继续状态明显的场合，应认为具有妨害抵押权的客观盖然性，抵押权人应可基于抵押权的抵押物返还请求权，请求不法占有抵押物的第三人向抵押人交付抵押物。[1]另外，日本最高法院于1999年变更以往的见解，认为：因第三人不法占有抵押不动产，有害拍卖程序的进行，致抵押物拍卖价格较适正的价格有低落的危险，造成抵押不动产交换价值的实现受到妨害，抵押权人优先清偿权的行使遭遇困难状态时，抵押权人为导正上述状态，对抵押不动产所有人具有请求其适切维持或保存抵押物的权利，抵押权人为保全此请求权，可代位行使不动产所有人对不法占有人的妨害排除请求权。[2]可见，认可抵押权人的抵押物返还请求权，与当代物权法学说与判例实务的发展趋势正相吻合。

（二）抵押权妨害排除（除去）请求权

亦即，抵押权于受妨害或侵害时，抵押权人自有妨害排除（除去）的请求权，以恢复抵押权应有的物权状态。抵押权的妨害只需抵押物的价值因妨害行为而减少，或有减少的可能即为已足。至于抵押物的价值是否仍足以清偿担保债权则非所问，抵押权妨害的发生是否出于妨害者的故意、过失也非所问。抵押权被妨害的情形主要有三：（1）对抵押物为毁损、灭失等行为，包括未获抵押权人的同意，或超出抵押物或其从物的用法所为的分离、搬离等行为，无论系抵押人或第三人的行为均然。（2）具有优先于抵押权效力的物权存在，而该物权又有无效的情事时。此种物权的存在，足以减少抵押物的价值，妨害担保债权的优先受偿，自属抵押权的妨害。（3）对抵押物的不法占有。[3]

（三）抵押权妨害防止（预防）请求权

抵押权系抵押权人对抵押物的价值支配权，对其有妨害的危险时，抵押权人自可请求防止（预防）。依具体事实并依社会通常观念，抵押权的妨害客观上有发生的极大可能，且有防范的必要时，抵押权人即可行使妨害防止（预防）请求权。

---

[1] ［日］近江幸治：《担保物权法》，祝娅、王亚军、房兆融译，法律出版社2000年版，第146—147页。

[2] 参见谢在全：《民法物权论》（下册），新学林出版股份有限公司2014年版，第240页。

[3] 参见谢在全：《民法物权论》（下册），新学林出版股份有限公司2014年版，第241页。另外，抵押权人于抵押物受到妨害时可行使妨害除去请求权，《德国民法典》第1133条第1句设有明文："因土地毁损致抵押权的担保受到危害时，债权人得规定适当期间要求所有人排除妨害。"

五、抵押权人的侵权损害赔偿请求权

亦即,不法侵害抵押物,例如对抵押物的毁损、灭失致其交换价值减少,所担保的债权无法完全受偿,或抵押权受到其他不法侵害的情形时,抵押权人自可依《侵权责任法》的规定,请求加害人赔偿损害。惟应注意的是,此请求权的行使,以发生损害为必要。所谓损害,系指抵押物受侵害,致其交换价值已不足清偿担保债权。故而,抵押物受侵害的残余价值仍足以清偿担保债权时,固无损害可言,甚或债务人已为债务之清偿,或抵押权人已依其他担保方法获得债权的满足时,也无请求损害赔偿的余地。但是,换价容易的抵押物受损害,残存的抵押物换价费时费力,将造成抵押物换价程序的明显迟延时,即使担保债权可完全受偿,抵押权人仍可就因迟延所生的损害请求赔偿。[1] 另外,于实务上,抵押权人的侵权损害赔偿请求权与物权请求权可能发生竞合,应值注意。

六、抵押权的实行

(一) 抵押权实行的条件

抵押权的实行,指抵押权人于债权已届清偿期而未获清偿时,为求自己债权的优先受偿,而处分抵押物的行为。抵押权的实行,既为抵押权最主要的效力,也为抵押权人最主要的权利。不过,应注意的是,因抵押权本旨上为抵押权人的权利,实行与否,为抵押权人的权利而非义务。抵押权人要求以现款清偿债务时,债务人不得以应优先就担保物行使权利而加以抗辩,且也不得强行以供担保的抵押物抵偿。

《物权法》就抵押权的实行定有明文,第 195 条第 1、2 款规定:"债务人不履行到期债务或者发生当事人约定的实现抵押权的情形,抵押权人可以与抵押人协议以抵押财产折价或者以拍卖、变卖该抵押财产所得的价款优先受偿。协议损害其他债权人利益的,其他债权人可以在知道或者应当知道撤销事由之日起一年内请求人民法院撤销该协议。抵押权人与抵押人未就抵押权实现方式达成协议的,抵押权人可以请求人民法院拍卖、变卖抵押财产。"据此,抵押权的实行有两种情形:一是债务人不履行到期债务,二是发生了当事人约定的实现抵押权的情形。符合此两种情形中的任何一种情形,抵押权人即可与抵押人协议以抵押财

---

[1] 谢在全:《民法物权论》(下册),新学林出版股份有限公司 2014 年版,第 242 页。

产折价或者以拍卖、变卖该抵押财产所得的价款优先受偿。[1]

1. 债务人不履行到期债务

此为通常的实行抵押权的情形,符合此情形而实行抵押权时,须注意下列几点。

(1)须存在抵押权。所谓"存在抵押权",系指在基于合同设立动产抵押权、浮动抵押权时,抵押合同成立并生效;在基于抵押合同设立其他抵押权的场合,抵押合同生效,并办理了抵押登记;在基于法律规定直接取得抵押权的场合,是指该抵押权确有明文规定,且抵押权人主张的抵押权已满足法律规定的要件。

(2)须债权已届清偿期而债务人不履行到期债务。如债权尚未届清偿期,自不得实行抵押权;所谓清偿期,指应为清偿的时期;所谓未受清偿,指债权全部未受清偿或一部未受清偿;所谓债权,原则上应指本金债权,不包括由该债权所生的利息债权。

(3)不存在法律禁止实行抵押权的情形。亦即,抵押权的实行,须无法律上的特别限制,如有限制,则抵押权人不得当然实行抵押权。例如,我国《企业破产法》第75条第1款规定:"在重整期间,对债务人的特定财产享有的担保权暂停行使。但是,担保物有损坏或者价值明显减少的可能,足以危害担保权人权利的,担保权人可以向人民法院请求恢复行使担保权。"抵押权系属于此处所称的担保权之一种。[2]

2. 发生了当事人约定的实现抵押权的情形

此为《物权法》新增加的实行抵押权的情形。域外法如美国法、英国法和加拿大法上,也允许当事人约定实现抵押权的条件。所谓当事人约定的实现抵押权的情形,是指债务人不履行债务以外的、当事人特别约定的实现抵押权的情形。所谓当事人,在抵押人为第三人时,应为抵押合同的当事人;在抵押人为债务人时,则指主合同的当事人。

应当注意的是,依当事人的约定实现抵押权的情形,主要见于浮动抵押权实行的情形。依《物权法》第181条的规定,浮动抵押是以抵押人现有的及将有的动产作抵押,抵押期间,抵押人于正常经营范围内可自由处分其动产,债务人到期不履行债务的,抵押权人系以实现抵押权时的动产优先受偿。如果只允许抵

---

[1] 王胜明主编:《中华人民共和国物权法解读》,中国法制出版社2007年版,第423页。
[2] 王利明、尹飞、程啸:《中国物权法教程》,人民法院出版社2007年版,第483页;崔建远:《物权法》,中国人民大学出版社2014年版,第490—491页。

权人于债务人到期不履行债务时才能实现抵押权,可能会由于抵押人于经营过程中的非正常经营行为或者恶意的行为,甚至是正常经营行为造成抵押权实现时抵押财产大量减少,无法对抵押权人的债权起到担保作用,从而损害抵押权人的利益。允许抵押权人与抵押人约定提前实现抵押权的条件,抵押权人就可以在抵押合同中对抵押人的某些行为进行约束,一旦抵押人违反约定而从事了这些行为,满足了约定的实现抵押权的条件,抵押权人即可以提前实现抵押权,从而保障自己的债权得到清偿。[1]

另外,需提及的是,抵押权人和抵押人约定的实现抵押权的协议,若损害其他债权人利益的,其他债权人可于知道或者应当知道撤销事由之日起1年内请求人民法院撤销该协议(《物权法》第195条第1款第2句)。所谓损害其他债权人的利益,例如按照协议,对抵押物折价过低;或依协议,使抵押权行使的时间大大提前,使原本清偿期在先的其他债权在实质上后于了抵押债权接受清偿,而责任财产又不足以清偿此类债权。[2]

(二)抵押权的实行方式

实行抵押权的方式,《物权法》第195条第1款规定了如下三种:

1. 折价方式

此即抵押权人和抵押人协议,以抵押财产折价,清偿抵押债权的方式(《物权法》第195条第1款)。也就是抵押权人与抵押人协议,参照市场价格确定一定的价款将抵押财产的所有权转移给抵押权人,以实现债权。[3]

2. 拍卖抵押物的方式

亦即,抵押权人和抵押人未就抵押权实现方式达成协议的,抵押权人可以请求人民法院拍卖抵押物(《物权法》第195条第2款)。拍卖抵押物,是实行抵押权的一种基本方式。以拍卖方式处分抵押财产,不仅可以使抵押财产通过竞买充分实现其价值,且因拍卖由法院或公共拍卖机构主持进行,故对抵押权人与抵押人也较公平。我国现行法规定,债务人到期不履行债务时,抵押权人有权申请法院拍卖抵押财产,或依《拍卖法》的规定,委托拍卖行拍卖抵押财产。

3. 变卖方式

亦即,以一般的买卖形式出卖抵押物,以其变价清偿抵押债权的方式。因变卖透明度和公开性不高,程序较为随意,容易造成暗箱操作,损害被执行人或其

---

[1] 王胜明主编:《中华人民共和国物权法解读》,中国法制出版社2007年版,第423页。
[2] 崔建远:《物权法》,中国人民大学出版社2014年版,第491页。
[3] 王胜明主编:《中华人民共和国物权法解读》,中国法制出版社2007年版,第424页。

他债权人的利益，故此法律严格限制其适用范围。这些限制涵括：（1）除非债权人或债务人申请，否则不采取变卖的方式；（2）变卖方式原则上只能适用于动产、有价证券和一些特殊的情形；（3）变卖必须参照市场价格（《物权法》第195条第3款）。[1]

应当指出的是，最高人民法院《关于人民法院民事执行中拍卖、变卖财产的规定》（2004年）第34条规定："对查封、扣押、冻结的财产，当事人双方及有关权利人同意变卖的，可以变卖。金银及其制品、当地市场有公开交易价格的动产、易腐烂变质的物品、季节性商品、保管困难或者保管费用过高的物品，人民法院可以决定变卖。"

（三）抵押物变价款的分配

抵押物被拍卖或变卖后，所得价款应依下列顺序分配：（1）执行费用，即拍卖所得价款应首先用于支付强制执行的费用，其中包括委托拍卖、组织变卖被执行人财产等发生的费用；（2）建设用地使用权出让金；（3）抵押权所担保的债权。抵押物拍卖、变卖的价金用于清偿强制执行费用、建设用地使用权出让金后，按照抵押权的顺位依次清偿各抵押权所担保的债权，顺位相同的，按债权比例受偿（《物权法》第199条）。[2]

（四）第三人的求偿权

在抵押权法律关系中，有第三人的求偿权制度。此所称第三人，指基于特定的债权债务关系而代债务人清偿债务，以及因抵押权人之实行抵押权而丧失抵押物所有权的人。故而，第三人的求偿权，系指第三人代债务人清偿债务或因抵押权人实行抵押权而丧失对抵押物的所有权时，可向债务人请求补偿的权利。第三人代位清偿债务后，债权人对于债务人的债权，在受清偿的范围内即移转于该第三人。此债权移转，性质上属于法定债权移转，其效果与债权的让与相同。抵押权人实行抵押权而致第三人丧失抵押物的所有权时，其法律效果与代为清偿债务相同，即第三人可向债务人行使求偿权。惟应注意的是，此所谓第三人，并非指抵押权设立后，取得抵押物所有权的第三人，而系指为债权人设立抵押权的人，即通常所称的物上担保人。

---

[1] 王利明、尹飞、程啸：《中国物权法教程》，人民法院出版社2007年版，第486页；崔建远：《物权法》，中国人民大学出版社2014年版，第492页。

[2] 崔建远：《物权法》，中国人民大学出版社2014年版，第492—493页。

第六节　抵押权的消灭

抵押权为物权之一种，得因一定事由的出现而消灭。抵押权除因物权的一般消灭原因，如混同、放弃（抛弃）等消灭外，尚有下列特殊消灭原因。

一、主债权消灭

此为抵押权消灭的基本原因。所谓主债权消灭，系指主债权的全部消灭。因抵押权系为担保主债权而存在，具有从属性，故主债权一经因清偿、抵销、免除等原因而全部消灭，抵押权也就随之消灭。

二、抵押物灭失

亦即，抵押权因抵押物的灭失而消灭。此所谓灭失，包括法律上的灭失与事实上的灭失。前者如抵押物被征收，后者如抵押房屋被焚毁。但需注意的是，因抵押物灭失而受有补偿金、赔偿金或保险金时，抵押权不消灭，而是移存于所受的补偿金、赔偿金或保险金上，抵押权人可就这些代替物行使权利，称为抵押权的物上代位。

三、抵押权的实行

抵押权人实行抵押权时，无论所担保的债权是否因实行而全部受偿，抵押权均归于消灭。所谓实行，不仅指抵押权人依法律规定的实行方法实行其抵押权，且也涵括抵押权人申明参与分配；另外，先顺位的抵押权人实行抵押权时，后顺位的抵押权人无论是否实行抵押权（包括申明参与分配），或抵押债权是否获得清偿，其抵押权均归于消灭。[1]

四、因除斥期间的经过而消灭

抵押权为物权，故原则上既不得因所担保的债权罹于消灭时效而消灭，也不得因除斥期间的经过而消灭。但是，近现代和当代民法自尽速确定各种法律关系的实际需要出发，也例外地认可抵押权等担保物权得因一定期间的经过，而依公

---

[1] 谢在全：《民法物权论》（下册），新学林出版股份有限公司2014年版，第269页。

示催告程序宣告为无效。[1] 近现代及当代民法中，明示抵押权可因除斥期间的经过而消灭的，为我国台湾地区"民法"第 880 条：抵押权担保的债权，其请求权已因时效而消灭，如抵押权人于消灭时效完成后 5 年间不行使其抵押权的，该抵押权消灭。我国《担保法解释》第 12 条 2 款曾规定：担保物权所担保的债权的诉讼时效结束后，担保权人在诉讼时效结束后的 2 年内行使担保物权的，人民法院应当予以支持。但《物权法》修正了《担保法解释》的此规定，于第 202 条规定："抵押权人应当在主债权诉讼时效期间行使抵押权；未行使的，人民法院不予保护"。此条规定虽可自从权利与主权利消灭的从属性上证成其正当性，但仅凭此仍不充分。[2] 编纂民法典物权编时，宜废弃现有规定，而回复到《担保法解释》原第 12 条第 2 款的规定。

应注意的是，抵押权因以上因由而消灭时，在登记的抵押权，抵押人（含第三人提供抵押物设立抵押权的情形）享有请求抵押权人为注销登记的权利，抵押权人相应地负有为注销登记的义务。

第七节 特殊抵押权（I）：最高额抵押权

一、最高额抵押权的涵义与特性

最高额抵押权（Höchstbetragshzpothek），又称最高限额抵押，是指在预定的最高限额内，为担保将来一定期间内连续性交易所生的债权，由债务人或第三人提供抵押物而设立的抵押权。例如甲以其所有的房屋一栋，为债务人乙提供担保，与债权人丙设立最高限额抵押权 1000 万元，担保乙因经销产品合同对丙不断发生、变化的货币债务，并以 2014 年 1 月 1 日至 2020 年 12 月 31 日为债权债务的发生期间，则丙因设立而取得者，即是最高限额为 1000 万元的抵押权。[3] 在最高额抵押权，债务人不履行到期债务或者发生当事人约定的实现抵押权的情形时，抵押权人有权于最高债权额限度内就该担保财产优先受偿（《物权法》第 203 条第 1 款）。最高额抵押，主要适用于连续交易关系、劳务提供关系和连续借款关系等情形，系为适应近现代及当代市场经济的发展需要而产生的一项制度。《德国民法典》第 1190 条、《法国民法典》第 2132 条均设有明文规定。《日

---

[1] 参见《德国民法典》第 1170 条、第 1171 条，《瑞士民法典》第 871 条。
[2] 陈华彬：《物权法研究》（修订版），法律出版社 2009 年版，第 422 页以下。
[3] 陈荣传：《民法物权实用要义》，五南图书出版股份公司 2014 年版，第 164 页。

本民法》原无规定，[1]但为适应20世纪60年代以后日本社会广泛的融资需求，1961年第99号法律将此制度追加规定于第398条。我国1995年制定《担保法》时，为反映发展社会主义市场经济需要进行大量融资的情况而认可了该制度，但因规定过分简略，致实务上难以适用。2007年《物权法》总结实务经验与学理研究成果，对此制度作了较为翔实的规定。最高额抵押权具有下列法律特性。

（一）最高额抵押权，系为担保将来不特定债权的清偿而设立的抵押权

最高额抵押权所担保的不是已经发生的特定债权，而是基于当事人之间的连续性交易关系而于将来可能发生的不特定债权。一般抵押权，必先有债权，尔后才能设立抵押权，亦即抵押权的设立，以先存在债权为前提，称为抵押权成立上的从属性；而最高额抵押权的设立则不以先期存在确定的债权为必要，而系为担保将来的债权而设立的一种特殊抵押权。换言之，最高额抵押权，不仅其债权的发生属于将来，而且债权的数额于设立最高额抵押权时也不确定，而仅预定一个最高限额。

所谓不特定债权，首先指最高限额抵押权所担保的债权，自该抵押权设立时起至确定时止系不特定。其次，最高限额抵押权所担保的债权以将来发生者为常，但并不排除以最高额抵押权设立时已存在的特定债权为其担保债权。对此，《物权法》第203条第2款明确规定："最高额抵押权设立前已经存在的债权，经当事人同意，可以转入最高额抵押担保的债权范围。"不过，当事人将最高额抵押权设立前已存在的债权转入最高额抵押权担保的债权范围的，应当办理登记手续。当事人申请登记时，应当提交下列材料：（1）已存在债权的合同或者其他登记原因证明材料；（2）抵押人与抵押权人同意将该债权纳入最高额抵押权担保范围的书面材料（《房屋登记办法》第52条）。最后，将来的不特定债权不以具有发生的可能性为必要，即使无发生的可能，也属于最高限额抵押权设立后已无债权发生的可能，应归于确定的问题。[2]

（二）最高额抵押权担保一定期间内与最高额限度内（一定范围内）的债权

最高额抵押权所担保的不特定债权，必须限于在一定期间内和最高额限度内（一定范围内）发生的不特定债权。所谓一定期间，既指债权发生的期间，也指

---

[1] 1981年以前，日本的社会习惯上一直存在着该制度。对此，请参见铃木禄弥：《物权法讲义》，创文社1994年版，第236页。

[2] 谢在全：《民法物权论》（下册），新学林出版股份有限公司2014年版，第338页。

抵押权担保的期间；所谓最高限额，指抵押权人基于最高限额抵押权所得优先受偿债权的最高数额。当事人设立最高额抵押权而无最高限额的约定的，不生最高额抵押权设立的效力。因最高额抵押权所担保的债权，为自基础法律关系中不断发生的不特定债权，故必须约定一最高限额作为其担保的范围。但是，此最高限额，非指最高额抵押权所担保的实际债权额，实际债权额的多少须待最高额抵押权确定后方能确定，于未确定前，担保的债权额增增减减，变动不已。于确定时，债权额如超过最高限额，超过部分不在担保范围内；如债权额不及最高限额，则以实际的债权额为担保额。[1]

(三) 最高额抵押权为一种特殊的抵押权

最高额抵押权为一种特殊的抵押权，其特殊性主要表现在：(1) 最高额抵押权所担保的债权通常为将来的债权；(2) 于最高额抵押存续期间内，已发生的债权即使因清偿、抵销等原因归于消灭，实际债权额为零时，最高额抵押权仍为担保将来可能发生的不特定债权而继续存在，并不消灭；(3) 最高额抵押权设立时预定担保的债权额（将来实际发生者）尚未确定，仅先定其最高限额；(4) 最高额抵押权有确定期；(5) 最高额抵押权成立与消灭上的从属性被最大限度地缓和或放宽；(6) 实行最高额抵押权时，以实际发生的债权额为准，非以预定的最高额为准；(7) 实行最高额抵押权时，须证明存在债权。[2]

(四) 最高额抵押权设立时，担保债权具有不特定性

最高额抵押权，其主要特性不在于担保的债权为将来债权，而在于所担保的债权为不特定债权。最高额抵押所担保的债权为将来的不特定债权，系最高额抵押权的基本特质。[3]

二、最高额抵押权的功用与缺陷

最高额抵押权，为当代民法一项重要的抵押担保制度。当代市场经济条件下，银行与客户之间的资本信用关系，经销商、制造商或批发商与零售商之间的商业信用关系，以及消费者与经销商的消费信用关系等，[4] 仅有一次便寿终正寝

---

[1] [日] 铃木禄弥：《最高额抵押法概说》，新日本法规出版株式会社1993年版，第1页以下；[日] 柚木馨编集：《注释民法》(9)，有斐阁1983年版，第385—386页。

[2] 姚瑞光：《民法物权论》，海宇文化事业有限公司1999年版，第274页；郑玉波著，黄宗乐修订：《民法物权》，三民书局2007年版，第305页。

[3] [日] 铃木禄弥：《物权法讲义》，创文社1994年版，第238页。

[4] 关于资本信用关系、商业信用关系及消费信用关系，参见铃木禄弥：《物的担保制度的分化》，创文社1992年版，第8—28页。

者，实属罕见，相反大多为循环往复，生生不息的连续性交易关系。此连续性交易关系将不断地产生出债权。对于此种不断产生的债权，如透过设立一般抵押权予以担保，由一般抵押权的特性所决定，将不胜其烦，徒增劳费，且也不符合追求交易便捷与安全的当代市场经济的本旨。而最高额抵押权，正可以克服此等缺陷与不足。依最高额抵押权，当事人只需设立一个抵押权即可担保基于一定法律关系，并于一定期间内重复发生的债权，其结果不仅使债权担保的设立十分方便，且也将节省大量的劳力与费用。[1]

最高额抵押权虽然具有以上功用，但我们也不能忽视此制度所存在的缺陷与不足。其缺陷与不足，学理上称为最高额抵押权的危险。[2] 亦即，债权人为了担保自己债权的实现，常常超过交易上的必要范围，设立巨额的最高额抵押权，独占抵押物的交换价值，使抵押人无剩余价值可资利用，从而妨害抵押物担保价值的最大限度的发挥。甚至债权人于取得超额的最高额抵押权后，任意不给予贷款或不和债务人从事正常交易，其结果不仅使抵押物的价值受不适当的拘束，且也束缚和影响了债务人的正常经济活动。另外，因最高额抵押权所担保的交易关系具长期性、继续性，故银行或大企业往往通过设立最高额抵押权来达到支配债务人的经济活动，进而左右其存亡的目的。所有这些，对于债务人、抵押人乃至社会公益，均系不利。故此，最高额抵押权的利用，不得不需要慎重。

三、最高额抵押权的设立

最高额抵押权，由取得最高额抵押权的人（债权人）与设立人（债务人或第三人）透过签订抵押合同加上抵押登记而设立。合同的内容，涵括被担保债权的范围、债务人、最高额限度和债权原本的确定日期等。[3]

（一）被担保债权的范围

当代最高额抵押权法与实务认为，并非所有的债权皆可成为最高额抵押权所担保的客体，相反仅有一定种类的债权，方可由最高额抵押权所担保。通常认

---

[1] ［日］三和一博、平井一雄：《物权法要说》，青林书院1989年版，第237页。

[2] ［日］吉田真澄："最高额抵押的机能、功用与理论"，载［日］椿寿夫编：《担保法理的现状与课题》，第198页以下。在此论文里，吉田指出了最高额抵押权的三点社会功用后，同时指明其具有三方面的危险：一是最高额抵押权人通常超过担保债权的实际额而独占标的物的担保价值；二是连续性融资关系中，提供资金的一方往往借助最高额抵押权而建立起支配债务人或抵押物提供人的不合理的经济关系；三是最高额抵押权人于独占抵押物担保价值后，往往不依约定提供资金，从而造成对担保价值的不当拘束。

[3] ［日］铃木禄弥：《最高额抵押法概说》，新日本法规出版株式公司1993年版，第83页。

为，可以最高额抵押权担保的债权，仅限于下列种类的债权。

（1）与债务人进行特定的继续性交易所生的债权。最高额抵押权所担保的债权，主要系因个别的和具体的连续性交易关系所生的债权。连续性交易关系，包括批发商与零售商之间的连续性买卖合同关系、透支合同关系、票据贴现合同关系以及交互计算合同关系等。

（2）与债务人为一定种类的交易所生的债权。亦即，举凡与债务人从事买卖交易、银行交易、消费借贷交易等所生的债权，皆可由最高额抵押权担保。

（3）基于特定原因，与债务人连续不断发生的债权。譬如，甲工厂排放的污水，致乙受到连续性的侵害时，为了担保将来甲对乙的损害赔偿债务能够得到清偿，甲工厂或第三人丙即可以自己所有的不动产设立最高额抵押权，以担保该债务的履行。此例中，乙对甲的债权，虽非因交易行为而生，但因系基于特定原因而生，故也可由最高额抵押权担保。

（4）票据、支票上的债权。

（二）最高额限度

最高额限度，系指最高额抵押权人基于其最高额抵押权，可以优先受偿的最高数额。此最高数额，除涵括债权的原本外，还包括由该原本所生的利息、违约金以及因债务不履行所生的损害赔偿金。

（三）债权确定期间

又称债权确定期日，是使最高额抵押权所担保的不特定债权得以确定的日期。原本债权的确定日期，通常由当事人于合同中约定；当事人未约定债权确定期间或者约定不明确的，抵押权人或者抵押人自最高额抵押权设立之日起满2年后请求确定债权的，抵押权人的债权确定（《物权法》第206条第2款）。

（四）最高额抵押权的登记

《房屋登记办法》规定，以房屋设立最高额抵押的，当事人应当申请最高额抵押权设立登记，申请设立登记时应当提交下列材料：（1）登记申请书；（2）申请人的身份证明；（3）房屋所有权证书或房地产权证书；（4）最高额抵押合同；（5）一定期间内将要连续发生的债权的合同或者其他登记原因证明材料；（6）其他必要材料（第50条、第51条）。对符合规定条件的最高额抵押权设立登记，房屋登记机构应当将当事人的姓名或者名称、债务人的姓名或者名称、被担保债权的数额、登记时间、最高债权额、债权确定的期间等记载于房屋登记簿，并明确记载其为最高额抵押权（第53条、第44条）[1]。

四、最高额抵押权的变更

最高额抵押权担保的债权确定前，抵押权人与抵押人可以通过协议变更债权确定的期间、债权范围以及最高债权额，但变更的内容不得对其他抵押权人产生不利影响（《物权法》第205条）。据此，最高额抵押权的内容的变更乃涵括如下三种。

（1）债权确定期间的变更，即将债权确定的期间缩短或延长，但变更债权确定期间不得对其他抵押权人产生不利影响，债权确定期间已经登记的，应为变更登记，否则不得对抗善意第三人。[2]

（2）被担保债权范围的变更。抵押权人与抵押人可于最高限额抵押权确定前以协议变更被担保债权的范围。变更的形态有三：一是取代型，例如将原约定担保因经销电器产品合同所生的债权，变更为因经销塑胶制品合同所生的债权；二是追加型，例如于原约定担保经销电器产品合同所生的债权外，另追加担保经销五金产品合同所生的债权；三是缩减型，例如约定担保因委托保证合同所生债权和因票据关系所生债权，变更为仅担保因委托保证合同所生的债权。[3] 惟应注意的是，变更被担保债权范围，不得对其他抵押权人产生不利影响。

（3）最高债权额的变更，即最高额抵押权人与抵押人可以协议变更最高债权额限度，涵括将最高债权额限度提高或降低。惟不得因此对其他抵押权人产生不利影响。

五、最高额抵押权的转让

《物权法》第204条规定："最高额抵押担保的债权确定前，部分债权转让的，最高额抵押权不得转让，但当事人另有约定的除外。"对此，须注意下列几点。

（1）所谓部分债权转让，通常不是指某特定债权被分割成若干部分债权，其中的部分债权的转让，而是指抵押合同约定的一定期间内发生的某个或某些债权的转让。

（2）由于最高额抵押权担保的是生生不息的不特定债权，而非从属于某个或

---

[1] 崔建远：《物权法》，中国人民大学出版社2014年版，第512页。

[2] 黄松有主编：《中华人民共和国物权法条文理解与适用》，人民法院出版社2007年版，第611页；崔建远：《物权法》，中国人民大学出版社2014年版，第513页。

[3] 谢在全：《民法物权论》（下册），新学林出版股份有限公司2014年版，第368页。

某些债权，故此最高额抵押担保的债权确定前，部分债权（某个或某些债权）转让的，最高额抵押权不随之转让。当事人约定部分债权转让，最高额抵押权也随之转让的，依当事人的约定，法律没有必要干预。

（3）最高额抵押权担保的债权确定前，债权人转让部分债权的，除当事人另有约定外，房屋登记机构不得办理最高额抵押权移转登记。当事人约定最高额抵押权随同部分债权的转让而转移的，应当于办理最高额抵押权确定登记后，依据《房屋登记办法》第47条的规定，办理抵押权移转登记（《房屋登记办法》第56条第2款）。

六、最高额抵押权所担保债权的确定

（一）最高额抵押权确定的涵义

最高额抵押权的确定，也称最高额抵押权的"原本的确定"，或"担保债权的确定"，指最高额抵押权所担保的一定范围内的不特定债权因一定事由的出现而得以具体化、特定化。最高额抵押权所担保的债权确定后，最高额抵押权所担保不特定债权的特性即消失，而变成普通抵押权。不过，此时最高额仍继续存在，被担保债权优先受偿的金额应受最高额限度的限制。

（二）最高额抵押权确定的事由

最高额抵押权的确定事由，又称为最高额抵押权的确定原因。依《物权法》第206条的规定，主要有下列几种。

（1）约定的债权确定期间届满。最高额抵押权人与抵押物所有人于抵押合同中约定了确定日期的，所约定的日期届至时，最高额抵押权所担保的债权即自动确定。

（2）未约定债权确定期间或者约定不明确，抵押权人或者抵押人自最高额抵押权设立之日起满2年后请求确定债权的，债权即被确定。此确定请求制度系为保护抵押人的利益而设，故当事人不得以特约加以排除，若有排除的特约，应为无效，确认请求权仍然存在。

（3）新的债权不可能发生。

（4）抵押财产因财产保全或执行程序而被查封、扣押的，最高额抵押权所担保的债权特定。抵押物被查封、扣押使最高额抵押权所担保的债权确定的时间点，为抵押财产被实际查封、扣押之时。

（5）债务人、抵押人被宣告破产或者被撤销。亦即，债务人、抵押人被宣告破产或者被撤销时，最高额抵押权所担保的债权确定。

(6) 法律规定债权确定的其他情形。此为兜底性规定。除了前述第（1）项至第（5）项所定的可以确定债权额的法定事由外，《物权法》其他条款或其他法律中也有可能规定确定债权的其他情形。例如，根据《物权法》第 203 条的规定，发生当事人约定的实现最高额抵押权的事由时，最高额抵押权人有权于最高债权额限度内就该担保财产优先受偿，而最高额抵押权人行使最高额抵押权的基础即是担保债权额的确定，故此，出现当事人约定的实现最高额抵押权的事由即意为担保债权额的确定。[1]

（三）最高额抵押权确定的效力

最高额抵押权一经确定，即被称为"确定的最高额抵押权"。此确定的最高额抵押权，于性质、效力等各方面，皆与确定前的所谓"活的最高额抵押权"不同。亦即，此时其变成了普通抵押权，适用普通抵押权的规定（《物权法》第 207 条）。

（1）最高额抵押权所担保的债权于确定时归于确定。担保的债权由约定担保范围内的不特定债权变更为担保该范围内的特定债权，而此债权又以确定时已存在者为限，故此就时间点而言，最高额抵押权所担保的原债权范围，于确定时发生截断的作用。详言之，原债权仅于确定时已发生或取得（简称为存在），且符合约定的担保债权范围及债务人标准的，方为最高额抵押权的担保债权。至于之后发生的债权或取得的票据权利，无论是否源于最高额抵押权所约定的一定担保债权范围，皆非担保效力所及。即使确定时的担保债权额未达最高限额，或虽已达最高限额，之后确定时的担保债权有清偿或其他原因而消灭，致未达最高限额者亦同。惟确定时存在的债权解释上不仅指当时已发生者（已特定及既发生的债权），当时已存在的附条件债权、将来债权或其他发生原因事实业已存在的债权（已特定、未发生），也应涵括在内。[2]

确定时存在且已具担保债权资格的债权，其利息、迟延利息、违约金等于确定时已发生的，如与原债权合计未逾最高限额时，当然属被担保债权，于确定后发生的，如未逾最高限额时，也为担保效力所及。易言之，最高限额抵押权确定后所生的利息等债权，仍为担保效力所及，只是应受最高限额的限制而已。此为最高额抵押权确定后，仍认其具最高额抵押权特性的重要原因。而确定后所生的利息等债权之所以得为担保的债权，系因此等债权于最高额抵押权确定时已有发

---

[1] 王胜明主编：《中华人民共和国物权法解读》，中国法制出版社 2007 年版，第 449 页。

[2] 谢在全：《民法物权论》（下册），新学林出版股份有限公司 2014 年版，第 390—391 页。

生的原因事实。[1]

确定时的担保债权总额已逾最高限额时，其得列入最高限额的债权或顺位，依债权清偿的抵充顺序定之。此时，即与普通抵押权的一部抵押相同。基于抵押权的不可分性，债务人必须清偿全部担保债权后，方足使最高限额抵押权消灭。因此，确定最高限额抵押权所担保者非仅为依抵充顺序列入的债权，而是确定时存在的全部债权，若此等债权因清偿等原因而消灭时，其后抵充顺序的担保债权，仍得填补所余最高限额的空额，而成为优先受偿的债权。盖因此等债权于最高额抵押权确定时已存在，与之后所生的原债权，非担保效力所及者不同。[2]

《房屋登记办法》第 57 条规定，经依法登记的最高额抵押权担保的债权确定，申请最高额抵押权确定登记的，应当提交下列材料：登记申请书；申请人的身份证明；房屋他项权证书；最高额抵押权担保的债权已确定的证明材料；其他必要材料。第 58 条第 2 款规定，当事人协议确定或者人民法院、仲裁委员会生效的法律文书确定了债权数额的，房屋登记机构可以依照当事人一方的申请将债权数额确定的事实记载于房屋登记簿。

（2）法律关系的变化。最高额抵押权确定前可以为的行为，于确定后便不得为之。譬如，担保债权的范围和债务人的变更、确定期日的变更、原债权确定请求权的行使、原债权特别确定事由的约定等，皆不得为之。另外，确定后，最高额抵押权的从属性得以回复，故有关普通抵押权的从属性的规定得适用之。譬如，被担保债权发生让与、代位清偿等，皆应适用法律关于普通抵押权处分上的从属性的规定。[3]

七、最高额抵押权的实行

最高额抵押权的实行除与普通抵押权相同者外，尚有下列几点须予注意。

（1）担保债权已届清偿期而未受清偿为实行抵押权的要件之一，惟因最高限额抵押权所担保的债权为不断发生的不特定债权，因此该实行要件，通常仅以担保债权中有一已届清偿期而未受清偿即为已足。

（2）最高额抵押权实行时，最高额抵押权人必须证明存在被担保债权。

（3）若有第三人申请查封抵押物而使最高额抵押权归于确定的，最高额抵押

---

[1] 谢在全：《民法物权论》（下册），新学林出版股份有限公司 2014 年版，第 391—392 页。
[2] 谢在全：《民法物权论》（下册），新学林出版股份有限公司 2014 年版，第 392 页。
[3] 谢在全：《民法物权论》（下册），新学林出版股份有限公司 2014 年版，第 392 页。

权仅须所担保的债权符合担保债权资格,且于确定时存在,即可于强制执行程序中列入分配,至于是否已届清偿期,则非所问。[1]

(4)《担保法解释》第 83 条规定:最高额抵押权所担保的不特定债权,于特定后,债权已届清偿期的,最高额抵押权人可以根据普通抵押权的规定行使其抵押权。抵押权人实现最高额抵押权时,若实际发生的债权余额高于最高限额的,以最高限额为限,超过部分不具优先受偿的效力;若实际发生的债权余额低于最高限额的,以实际发生的债权余额为限对抵押物优先受偿。

八、最高额抵押权的消灭

最高额抵押权因抵押权的共同消灭原因,如被担保债权实现、抵押权人抛弃("放弃")、抵押物灭失且无代位物等事由而消灭。最高额抵押权消灭时,应当办理注销登记(《房屋登记办法》第 48 条等)。

第八节 特殊抵押权(Ⅱ):共同抵押权

一、涵义

共同抵押权(Gesamthypothek),又称总括抵押权、聚合抵押权,指为担保同一债权,而于复数的不动产、不动产用益物权(如建设用地使用权)或动产上设立的抵押权。亦即,共同抵押系数个抵押权担保同一债权。作为共同抵押的标的物的数个不动产、不动产用益物权或动产可以是一个人的财产,也可以是不同抵押人的财产。例如甲为担保其欠乙的 500 万元债务,提供自己所有的 A、B、C 三套房屋为乙设立抵押权,即属之。一般而言,此种为担保同一债权而于数不动产上设立抵押权,于未限定各个不动产所负担的金额时,抵押权人可就各个不动产卖得的价金,受债权全部或一部的清偿。[2]

共同抵押权的本旨,是债权人可任意就各抵押物为债权的全部或一部的清偿。[3]例如,《担保法解释》第 75 条第 2 款规定:"同一债权有两个以上抵押人的,当事人对其提供的抵押财产所担保的债权份额或者顺序没有约定或者约定不明的,抵押权人可以就其中任一或者各个财产行使抵押权。"共同抵押权的功用,

---

1 谢在全:《民法物权论》(下册),新学林出版股份有限公司 2014 年版,第 412 页。
2 陈荣传:《民法物权实用要义》,五南图书出版股份有限公司 2014 年版,第 146 页。
3 [日]山田晟:《德意志法概论》,有斐阁 1987 年版,第 246 页。

主要有二：一是聚集多数标的物的交换价值以担保债权的清偿；二是分散抵押物的危险。抵押物的价值虽常常能够满足担保债权的受偿，但常有毁损、灭失或因其他原因致其价值减少而不能满足担保债权受偿的危险，为避免此种危险，于是需要以多数抵押物共同担保同一债权的实现。共同抵押权的特性，正在于以数个抵押物设立数个抵押权来担保同一债权，故其与财团抵押系将多数财产集合成一个"财团"而设立一个抵押来担保债权的实现并不相同。共同抵押权与连带债务也有明显不同。虽然共同抵押权的数个抵押物对于所担保的债权，各负全部担保责任而与连带债务相类似，但二者终究为不同的制度。连带债务为人的连带，属于一种债的关系，负连带债务的人为债务人；而共同抵押为物的连带，属于一种物权关系，负连带责任的物，不限于债务人所有或有处分权的物，即使第三人的物，也可为共同抵押的标的物。

二、共同抵押权的基本原则 [1]

（一）自由选择权保障主义与限制主义

共同抵押权人实行抵押权，可就任一抵押物自由选择变价而受清偿，不受任何限制，即使抵押的不动产中有属于债务人所有的不动产，抵押权人仍可选择非债务人所有的不动产实行抵押权，此称为自由选择权保障主义。《瑞士民法典》第 816 条第 3 项规定："为担保同一债务于数土地上设立抵押权的，于实行抵押权时，应同时对所有抵押物为之。但变价仅得依执行机关的指示，于必要限度内为之。"是采此种主义。

（二）分配主义与分割主义

抵押物于拍卖前，就各抵押物所应分担的债权金额予以分割或限定的，称为分割主义或限定主义；于抵押物全部或部分同时拍卖时，方就各抵押物应分担的金额予以分配的，称为（实行时）分配主义。

（三）价额比例分担主义与债务人优先负担主义

实行抵押权后，经拍卖的抵押物实际分担的金额，原则上依债权金额比例分担，是为价额比例分担主义。具体而言，于未限定各个抵押物所负担的债权金额时，依各抵押物价值的比例，定各抵押物所分担的债权金额，于当事人已限定各个负担的金额的，方依各抵押物所限定负担的金额，分担担保债权的金额。惟若仅限定部分抵押物负担的金额的，则依限定负担金额与未限定负担金额的各抵押

---

1 郑冠宇：《民法物权》，新学林出版股份有限公司 2015 年版，第 532—534 页。

物价值的比例,定其债权分担金额。[1]

(四)调整主义与非调整主义

共同抵押权人实行抵押权,就部分抵押物拍卖,赋予该抵押物所有权人或后顺位抵押权人求偿权及承受权,以调整其利益的,称为调整主义或求偿主义,抑或代位求偿主义。反之,为非调整主义。

三、共同抵押权的设立

共同抵押,与一般抵押权相同,系由当事人透过订立抵押合同而设立,于各个抵押物皆为动产的情形,自抵押合同生效时起,共同抵押权设立;若以不动产或不动产用益物权作为抵押物的,自抵押合同生效并办理了抵押登记时起,共同抵押权设立。共同抵押权,既可以同时设立,也可以追加设立。[2]就抵押物而言,它既不限于债务人或同一抵押人所有的物,也不限于同一种类的物,无论动产、不动产抑或不动产用益物权,皆可作为共同抵押权的标的物;就担保的债权而言,共同抵押权所担保的债权为同一债权。

四、共同抵押权的效力

共同抵押权的效力,为共同抵押权中的重要问题。因共同抵押权为担保同一债权而于数个抵押物上设立的数个抵押权,故抵押权人如何就数个抵押物受偿债权即变得十分重要。依多数国家或地区的共同抵押权立法与实务,通常应分别情形作不同处理。

(1)如当事人就数个抵押物应负担的金额以约定作了明确限定的,应依各该抵押物负担的金额,各自承担担保责任。

(2)如当事人未限定各个抵押物的负担金额的,则抵押权人有权就各个抵押物卖得价金,受债权的全部或一部分的清偿。换言之,每一抵押物的价值皆担保全部债权。抵押权人既有权同时实行数个抵押权,也有权选择行使其中的一个抵押权。例如《担保法解释》第75条第2款规定:"同一债权有两个以上抵押人的,当事人对其提供的抵押财产所担保的债权份额或者顺序没有约定或者约定不明的,抵押权人可以就其中任一或者各个财产行使抵押权。"

---

[1] 谢在全:"共同抵押权之研究",载《法令月刊》2000年第51卷10期,第326页以下。

[2] 参见[日]本城武雄、月冈利男编:《物权法》,嵯峨野书院1987年版,第247页;《日本不动产登记法》第122条、第123条。

可见，在共同抵押权关系中，如不限定各个抵押物的负担金额，则对抵押权人最为有利。但是，如抵押人非同一人，且各抵押物上又分别为其他债权设立了抵押权而存在后顺位抵押权的，则会出现影响其他抵押权人利益的问题。例如甲、乙、丙以分属于自己的A、B、C三项财产设立共同抵押权担保丁的债权，之后抵押人乙又以自己的B财产为担保戊的债权设立一抵押权于戊，丙于自己的C财产上为担保庚的债权设立一抵押权于庚。于债权清偿期届至而未受清偿时，如丁先就乙的B财产行使抵押权，以其价值全部清偿其债权，则戊的抵押权便无从实现；同理，如丁以丙的C财产清偿其债权，庚的抵押权也就无从实现。为了保护后顺位抵押权人的利益，于是不得不就共同抵押权人的受偿设立特别规定。此特别规定即"分担主义规则"和"代位求偿主义规则"。

"分担主义规则"，又称"分别主义"或"分割主义规则"，指将抵押权人的债权分割，由数抵押物分担的规则。《日本民法》第392条第1项与《韩国民法典》第368条第1项设有明文。依此规则，共同抵押权人如同时就各抵押标的物卖得价金受偿时，应按各标的物的价格分担其债权额。换言之，各个抵押物应按其份额比例分别负担所担保的债权。"代位求偿主义规则"见于《日本民法》第392条第2项和《韩国民法典》第368条第2项。依此规则，共同抵押权人若仅就某一抵押物卖得价金受全部清偿时，后顺位抵押权人可代共同抵押权人的地位，就共同抵押权人于其他抵押物上可优先受偿的金额，行使其抵押权。我国多数说认为，《物权法》对此问题的解释论，应采"分担主义规则。"

第九节　特殊抵押权（Ⅲ）：财团抵押权、浮动抵押权与证券抵押

一、财团抵押权

（一）涵义

财团抵押权，指以企业的财团为标的物设立的抵押权。其与普通抵押权系以抵押人的个别财产设立抵押权来担保债权的优先受偿不同，财团抵押权系以债务人或第三人的各个不动产、动产和其他财产权利集合而成一个财团设立抵押权来担保债权的优先受偿。财团抵押权中的"财团"，指由企业的"物的设备"，如地上建筑物及其附属设施、机器设备和各种权利，如建设用地使用权、专利权、商标权、著作权等集合而成的集合财产。于该集合财产上设立的抵押权，即为财团抵押权。可见，财团抵押权的标的（物），既不是单纯的不动产或动产，也不是单纯的权利，而系企业所有的不动产、动产与权利。财团抵押权属于一物一权主

义之例外，与不动产抵押权、动产抵押权和权利抵押权系对单个不动产、动产或权利而设立抵押权存在差异。

《物权法》第180条第1款列举规定可以抵押的财产涵括：建筑物和其他土地附着物、建设用地使用权，以招标、拍卖、公开协商等方式取得的荒地等土地承包经营权，生产设备、原材料、半成品、产品，正在建造的建筑物、船舶、航空器，交通运输工具，以及法律、行政法规未禁止抵押的其他财产。之后，第2款规定"抵押人可以将前款所列财产一并抵押"，此所称"一并抵押"，即指财团抵押。

（二）财团抵押权的特性

财团抵押权主要有3项特性：一是列入抵押财团范围的财产仅限于企业现有的财产，随企业经营变化的流动财产不属于抵押财团的范围；二是财团抵押权的设立，须将作为抵押标的物的财团作成目录，使抵押标的物的范围特定化；三是财团抵押权一经设立，企业对财产的处分即受到限制，亦即，企业财产一旦组成财团设立抵押权，构成财团的各个物或权利即不得与财团分离。

（三）财团抵押权的设立与效力

财团抵押权应透过抵押合同设立，且以登记为财团抵押权设立的生效要件。财团抵押权的效力及于构成财团的各个不动产、动产和权利。

二、浮动抵押权

（一）涵义与特性

浮动抵押权，系指经当事人书面协议，企业、个体工商户、农业生产经营者将现有的以及将有的生产设备、原材料、半成品、产品设立抵押，于债务人不履行到期债务或者发生当事人约定的实现抵押权的情形时，债权人有权就实现抵押权时的动产优先受偿的权利（《物权法》第181条）。浮动抵押权具有下列特性。

（1）浮动抵押权的抵押人限于企业、个体工商户和农业生产经营者。

（2）浮动抵押权的抵押物为企业、个体工商户、农业生产经营者的现有的以及将有的生产设备、原材料、半成品及产品。这些财产时时变动不居，亦即浮动抵押权人并不是自静态支配抵押人的财产，向外流出的财产自动从浮动抵押权获得解放，由外部流入的财产当然进入浮动抵押权的效力范围。

（3）浮动抵押权是支配流动中的财产的担保制度。自浮动抵押权设立当时至实行前，供作抵押的财产变动不居，于实行浮动抵押权时，方得以确定。换言之，浮动抵押权人系以浮动抵押权实行当时的财产，优先受自己债权的清偿；于实行浮动抵押权之前，各个财产不受浮动抵押权的支配。浮动抵押权的效力得当然及于将来取得的财产，但不得及于经营过程中被处分给他人的财产。

（4）债务人不履行到期债务，债权未实现，或发生了当事人约定的实现抵押权的情形，或抵押人被宣告破产或者被撤销，以及有严重影响债权实现的其他情形时，处在变动中的抵押财产的范围即得以确定（《物权法》第196条），抵押权人有权行使抵押权。自此时起，浮动抵押权转化为固定抵押权。

（二）浮动抵押权的功用

当代市场经济条件下，企业担负着一个国家生产与流通的重要经济职能，事关国计民生，影响十分深远。故此，维持企业的存在并在此基础上振兴企业、发展企业，也就成为当代民商法的重要理念。为此即需要借助于法律而采取各种手段和措施。其中，较重要的就是为了使企业获得融资而采取的各种担保措施。

企业创立之时，为了企业的生产和流通，需要投入大量的资金，成立之后，为了确保企业的存续、发展，又需要时刻注入资金。尤其是新近以来，随着市场交易的发达而带来的资本信用经济的作用范围的扩大，企业若无外部资金的持续不断地注入，将会难以为继，当然更谈不上发展。惟贷与金钱者，无论为个人或信用机构，皆无不致力于寻求担保债权的方法，以使自己的债权能够如期收回。换言之，企业借贷时如能提供适当的担保，则作为贷与者的个人或信用机构必会乐于投资。然而，浮动抵押权诞生之前，各国家或地区为担保债权所定的方法，不但种类十分有限，而且也难以发挥企业作为一个整体的担保价值。

现今企业，是由各个动产、不动产、权利、法律关系、事实关系，以及其他有形、无形财产构成的，并为实现一定的经济目的而结成的有机组织体，其具有超过各个财产的个别价值的总和以上的整体价值。该整体价值，系较各个构成要素的使用价值与交换价值为大。若坚持一物一权主义，将各个动产、不动产乃至权利单独设立担保权，则不但不能充分发挥企业的担保价值，且设立手续也将不胜其烦，尤其对担保标的物进行变价时，企业将有可能遭到解体的危险。此显然有悖于维持、发展企业的当代商事法理念。相反，如将企业的动产、不动产、权利等财产作为一个整体而设立浮动抵押权，则不但可以发挥企业的整体担保价值，且也可以避免单独设立担保权的繁累及节省大量的人力、物力。正是基于此等因由，新近以来，浮动抵押权乃被认为是极其便利、非常有益并最具包容力的担保形态。当代各国家或地区，无论规模庞大的大企业或中小企业，于向大众募集公司债、向金融机构或个人借款时，鲜有不设立浮动抵押权来担保债务的履行的。应当肯定，浮动抵押权之所以历经百余年而不衰，正在于其所具有的此等社会功用。我国《物权法》规定的浮动抵押权虽然未能将不动产纳入抵押物的范围之内，但仍能表现出这些社会功用。

（三）浮动抵押权与财团抵押权的差异

浮动抵押权与财团抵押权，实为各有利弊的抵押权制度。自此两种制度的发展渊源看，浮动抵押权是为克服财团抵押权的缺陷，并使企业可以获得巨大的融资而发展起来的。故此，在当代各国，利用浮动抵押权而进行融资的情况屡见不鲜。当然，这并不意即浮动抵押权就是完美无缺的制度。事实上，无论是浮动抵押权抑或财团抵押权，无不各有其缺陷。

就保护企业发展的角度看，浮动抵押权较财团抵押权为优；但若从保护担保权人的角度看，则正好相反。详言之，设立浮动抵押权后，企业仍可对企业的财产进行自由的处分，企业的生产经营活动并不因此而受影响；但另一方面，如企业因经营不善致财产大量减少，则会影响抵押权人债权的实现；而财团抵押权，企业因不得对作成了财团目录的财产任意处分，对企业生产经营活动显然不利，但因抵押财产固定，故有利于抵押权人的债权的清偿和实现。

（四）浮动抵押权的设立

《物权法》第181条规定，当事人应当签订书面抵押合同设立浮动抵押权；第189条规定，浮动抵押权自抵押合同成立并生效时设立，但是，未经抵押人住所地的工商行政管理部门办理登记的，该抵押权不得对抗善意第三人。即浮动抵押权的设立，系采登记对抗主义。

（五）抵押财产的确定

浮动抵押权的实行，须确定浮动抵押的财产。所谓确定浮动抵押的财产，又称结晶（crystallization）或封押，是指浮动抵押权因抵押财产的确定而成为固定抵押权（普通抵押权）。《物权法》第196条规定，发生下列情形之一时，浮动抵押财产确定：（1）债务履行期届满，债权未实现；（2）抵押人被宣告破产或者被撤销；（3）当事人约定的实现抵押权的情形；（4）严重影响债权实现的其他情形。需注意的是，所谓严重影响债权实现的其他情形，例如抵押人因经营管理不善而导致经营状况恶化或严重亏损，或抵押人为了逃避债务而故意低价转让财产或隐匿、转移财产，皆属之。[1]

（六）浮动抵押权的效力

浮动抵押权所担保的债权范围，当事人有约定的，依其约定；无约定的，其

---

[1] 王利明、尹飞、程啸：《中国物权法教程》，人民法院出版社2007年版，第489—490页；崔建远：《物权法》，中国人民大学出版社2014年版，第504—505页。

涵括被担保的主债权及其利息、违约金、损害赔偿金及实现抵押权的费用（《物权法》第173条）；浮动抵押权的效力及于抵押人现有的和将有的生产设备、原材料、半成品、产品。特别是浮动抵押权设立之后于生产、经营过程中新取得的财产，将自动归入浮动抵押权的效力所及的范围。同时，凡来自抵押物的一切所得，包括抵押物出售所得的钱款，抵押物毁损、灭失、被征用等所获得的保险金、赔偿金、补偿金（的请求权），以及抵押物毁损后的残留物和抵押物的孳息，也为浮动抵押权的效力所及。不动产、知识产权和债权原则上不为浮动抵押权的效力所及。交通运输工具也不在浮动抵押权的标的物范围内，除非当事人另有约定。[1]

（七）浮动抵押权的实行

浮动抵押权作为一种特殊的抵押权，其实行须适用《物权法》第196条关于浮动抵押财产确定的规定；作为抵押权的一种，也适用《物权法》关于普通抵押权实行的规定。实务中，除抵押权人和抵押人协商一致实行抵押权外，尚有两种常见的方式执行浮动抵押物：一是在经过诉讼程序确认抵押权人对浮动抵押财产的抵押权后，进入执行程序执行浮动抵押财产；二是抵押权人未经诉讼程序，在他案执行抵押人的其他资产时，对浮动抵押的财产一并予以查封、扣押等措施执行。[2]

三、证券抵押

（一）涵义

证券抵押一语，有广、狭二义。狭义的证券抵押，又称抵押证券，指以谋求抵押权的流通为目的，将抵押权与其担保的债权化体为一个证券的抵押权。[3] 广义的证券抵押，除涵括狭义的证券抵押外，还包括抵押债券。抵押债券，指以抵押权予以担保的债权的有价证券，如附担保的公司债券。此所称证券抵押，系从狭义。

证券抵押，究其实质，是一种将抵押权证券化，进而依有价证券的规则使之

---

[1] 彭长林："浮动抵押制度在执行冲突中的协调"，载《人民法院报》2008年6月13日，第6版；崔建远：《物权法》，中国人民大学出版社2014年版，第505页。

[2] 崔建远：《物权法》，中国人民大学出版社2014年版，第505页；最高人民法院《关于人民法院执行工作若干问题的规定（试行）》第40条；彭长林："浮动抵押制度在执行冲突中的协调"，载《人民法院报》2008年6月13日，第6版。

[3] [日]三和一博、平井一雄：《物权法要说》，青林书院1989年版，第251页。

流通的制度。抵押权既然为一种价值权，则将其支配的交换价值作为交易的客体，也就自有其经济上的价值。而要使抵押权成为交易的客体，并于市场上流通，最有效的办法莫过于使之证券化。抵押权证券化，将使抵押权媒介投资手段的功能尽显无遗。抵押权的证券化，亦系近代以降抵押权所孜孜追求的理想。[1]

在抵押权证券化的进程中，德国走在了各国的前列。依德国法，对抵押权进行登记时，登记机关即依其职权作成抵押证券，并将其交付于土地所有人，土地所有人在与债权人融资时，即把该抵押证券交付给债权人，债权人由此取得抵押权。土地所有人于将该抵押证券交付于他人进行融资前，自己保有该抵押证券，称为所有人抵押权。另依德国法，证券抵押因属于抵押权化体的记名有价证券，故其发行后，对其处分应依占有证券的方法为之，且实行抵押权时，也须提示该证券。[2]

（二）证券抵押与一般抵押的差异

1. 性质不同

一般抵押权为保全抵押权，而证券抵押权则为投资抵押权（流通抵押权）。保全抵押，其设立以存在债权为前提，属于担保物权；投资抵押，为有产者投资与不动产所有人获得资金的媒介，系诱导债权成立的一种手段，不以债权的先期存在为前提。

2. 形式不同

一般抵押权不发行证券，动产的场合自抵押合同成立并生效时设立，不动产的情形自抵押合同成立并生效，且办理抵押登记后设立；而证券抵押，则需发行证券，且证券抵押的移转与权利的行使，也须依证券法上的规则为之。

（三）证券抵押的功用

1. 投资的安全性与流动性

资本的安全与加速周转和循环，为当代市场经济的客观要求。资本的安全，投资者依一般的抵押权制度即可获得实现。而要实现资本的加速周转和循环，使资本于流动中获得增值，则有赖于证券抵押制度。

2. 转让手续的简化

一般抵押权所担保的债权，虽非绝对不可转让，但此种转让一方面需要办理债权让与的手续，如订立合同、交付债权证书及通知债务人；另一方面也需要办

---

[1] ［日］松坂佐一：《民法提要》（物权法），有斐阁1980年版，第409页。

[2] ［日］於保不二雄：《德国民法》（物权法），有斐阁1955年版，第362页。

理抵押权移转手续,如不动产的情形办理登记,繁复迟滞,莫此为甚,往往使投资者望而却步,不敢问津。而依发行抵押证券的方式转让,则这些缺点尽可克服,盖证券乃抵押权和被担保债权的化体,只须背书及交付证券,即生转让的效力,其手续可谓十分简化,不仅投资人可因之而获得其资本的流动性,且资本需求者也可因之而使其不动产动产化。[1]

第十节 特殊抵押权（Ⅳ）：所有人抵押权 （以德国、瑞士法为视角的分析与借镜）

一、概要

所有人抵押权,又称所有人抵押,指所有权人于自己所有的财产上由自己保有抵押权。一般抵押权只能存在于抵押权人以外的人（债务人或第三人）所拥有的财产上,而所有人抵押权系所有人于自己的财产上为自己而存在的抵押权。这种制度系现代各国抵押权法中一种十分特殊的制度。我国《物权法》尽管未规定此制度,但由梁慧星研究员负责起草的《中国民法典草案建议稿》第256条第1款和第556条定有此制度的明文。[2]《担保法解释》第77条则是明定此制度,其规定:"同一财产向两个以上债权人抵押的,顺序在先的抵押权与该财产的所有权归属一人时,该财产的所有权人可以以其抵押权对抗顺序在后的抵押权。"这些规定表明我国学说与司法解释肯认所有人抵押权制度的基本立场。

所有人抵押权主要可以分为两类:其一,所有权人在自己的财产上为自己设立的抵押权。此种抵押权自始即为所有权人享有,故被称为原始的所有人抵押权。其又因系为尚未存在的债权而设定,基于所有人的设定而存在,所以又称为设定的所有人抵押权。其二,原为他人所成立的抵押权,之后因某些原因（如混同）而归于抵押物所有人取得的抵押权。此种抵押权系抵押权成立之后才发生,故称为后发的所有人抵押权。[3] 我国现行法与司法解释未认可原始的所有人抵押

---

[1] 郑玉波著,黄宗乐修订:《民法物权》,三民书局2007年版,第352页。
[2] 第256条第1款规定:"不动产物权人,可以为自己将来设定一项类型肯定、范围明确的物权,保留一个确定的顺位。顺位的保留,自登记时生效";第556条规定:"同一物上设定的抵押权与该物的所有权归属于一人,且在该抵押物上另有其他担保物权时,抵押权不因混同而消灭。"参见梁慧星主编:《中国民法典草案建议稿》（第三版）,法律出版社2013年版,第55、115页。
[3] 谢在全:《民法物权论》（下册）,文太印刷企业有限公司2007年修订第4版,第197—198页。

权,上述《担保法解释》所认可的系后发的所有人抵押权。

在域外比较法上,大陆法国家的抵押权可以分为保全抵押权和流通抵押权两类。其中,东方国家[如日本、韩国及我国(包括台湾地区)]与法国的抵押权属于前者,而德国民法与瑞士民法的抵押权,则主要属于后者。即在这两个国家,抵押权系以流通抵押权为主,保全抵押权为辅。而所谓保全抵押权,指专以担保债权的实现(即债务的清偿)为目的的抵押权;所谓流通抵押权,指将抵押权化体为证券,专以流通为旨趣的抵押权。德国与瑞士在认可保全抵押权之外,也认可原始的所有人抵押权,而原始的所有人抵押权则主要是一种以流通为基本功能的抵押权。由于所有人抵押权(尤其是原始的所有人抵押权)于整个抵押权法体系中的特殊地位,本部分拟对认可该制度的典型国家——德国和瑞士——法律上的所有人抵押权制度予以分析、考量,以从解释论和立法论角度完善我国物权法的相关规定。

二、所有人抵押权制度的比较法考察(一):以德国法上的所有人土地债务与后发的所有人抵押权为中心

根据《德国民法典》的规定,所有人抵押权依是否伴有债权为标准,可以分为"伴有债权的所有人抵押权"(forderungsbekleidete Eigentümerhypothek)与"不伴有债权的所有人抵押权"(forderungsentkleidete Eigentümerhypothek)。[1] 惟其学说与实务认为,仅前者即"伴有债权的所有人抵押权"为所有人抵押权,而后者即"不伴有债权的所有人抵押权",为所有人土地债务(Eigentümergrundschuld)。依所有人抵押权成立方式的不同,可分为"自始成立的所有人抵押权"与本为一般的他主抵押权(Fremdhypothek)、之后才演变为所有人抵押权的"后发的所有人抵押权"(nachträgliche Eigentümerhypothek)。前者又称为"原始的所有人抵押权"(ursprüngliche Eigentümerhypothek),即"不伴有债权的所有人土地债务"。后者又称为"后发的所有人抵押权",涵括"伴有债权的所有人抵押权"与"不伴有债权的所有人土地债务"。由此,在德国法上,所有人抵押权可以分为3种:原始与后发的所有人土地债务及后发的所有人抵押权。[2]

---

[1] Hedemann, Sachenrecht, 3. Aufl. 1960, S. 331f.；Nussbaum, Deutsches Hypothekenwesen, 2. Aufl. 1921, S. 61f.

[2] [日]松井宏兴:《抵押制度的基础理论》,法律文化社1997年版,第122页;[日]铃木禄弥:《抵押制度的研究》,一粒社1968年版,第169页。

(一) 原始的所有人土地债务

根据德国法，使原始的所有人土地债务[1]得以发生的因由有三：其一，被担保债权不成立；其二，抵押证券的发行；其三，土地所有人以自己的名义设定土地债务。兹分述如下。

1. 被担保债权不成立

《德国民法典》第1163条第1项规定：为担保某债权而已设定抵押权的，在该债权未成立时，抵押权归属于土地所有人；债权消灭时，土地所有人取得其抵押权。未免除交付抵押权证券者，在证券交付于债权人前，抵押权由所有人享有。据此规定，其一，抵押权虽已设立，但于债权不成立时，应成立所有人抵押权。此种情形，无论被担保债权不成立的原因为何，[2]抵押权均由土地所有人享有，即成立所有人土地债务。其二，抵押权若为担保将来债权或附条件债权而设立的，因设立抵押权时，债权尚未成立，故抵押权应作为所有人土地债务而归属于土地所有人；但若债权成立，则移转至债权人而变成他主抵押权。由此，此种情形下的所有人土地债务，实际上是"一时的所有人土地债务"（vorläufige Eigentümergrundschuld），学理上称为"附解除条件的所有人土地债务"。[3]

2. 抵押证券的发行

根据《德国民法典》的规定，证券抵押权，即在设立抵押权后须交付抵押证券的抵押权。又依《德国不动产（土地）登记法》，须交付抵押证券（Hypothekenbrief）的证券抵押权（Briefhypothek）的场合，不动产（土地）登记机关作成抵押证券并交付于土地所有人，[4]之后土地所有人再将抵押证券交付给债权人。《德国民法典》第873条第1项尽管规定依设立的合意与登记设立抵押权，但在需要发行抵押证券时，依同法第1117条第1项的规定，只有向债权人交付了抵押证券，债权人才可以取得抵押权。由此，抵押权尽管已经设立，但抵押证券尚未

---

[1] 在德国法上，根据其民法典第1191条的规定，所谓土地债务（Grundschuld），指没有被担保债权，支配或把握土地的担保价值，由该土地中受优先支付的不动产担保权。参见［日］村上淳一等：《德国法入门》，有斐阁1994年版，第121页。

[2] 例如，在消费借贷的情形，为担保金钱债权而设立抵押权，但实际上并未交付金钱，债法上的行为当属无效。此时，为担保金钱债权而成立的抵押权应作为所有人抵押权而归属于作为债务人的土地所有人。参见［日］松井宏兴：《抵押制度的基础理论》，法律文化社1997年版，第125页注释10。

[3] ［日］松井宏兴：《抵押制度的基础理论》，法律文化社1997年版，第122—123页；［日］铃木禄弥：《抵押制度的研究》，一粒社1968年版，第17页。

[4] 参见《德国不动产（土地）登记法》（Grundbuchordnungvom. 24. März 1897，简称GBO）第56条、第60条。

作成，抑或虽已作成但尚未交付给债权人时，即作为所有人土地债务而归由土地所有人享有。此种情形的所有人土地债务，性质上也属于"一时的所有人土地债务"。

依上述《德国民法典》第1117条第1项和第1163条的规定，因交付抵押证券时才交付借贷（融资）的资金，所以债权人和土地所有人的利益由此可以得到兼顾和保护。换言之，债权人交付金钱时方可取得抵押权，而土地所有人于获得金钱前，也未予以债权人以任何利益。[1] 惟《德国民法典》第1117条第2项同时规定，债权人依与土地所有人的合意，可直接由登记机关受抵押证券的交付。[2] 由此，《德国民法典》第1117条第1项和第1163条对于土地所有人具有多大的保护效力，即存在疑问。[3]

3. 土地所有人以自己的名义设立土地债务

在德国，根据《德国民法典》第1196条第1项的规定，土地债务也可为土地所有人而设立。此在学理上被称为"以自己的名义设定土地债务"。要设立此种土地债务，土地所有人应向不动产登记机关表示为自己设立土地债务并于不动产（土地）登记簿册予以登记的意思，并实际进行登记。[4] 换言之，土地所有人以自己的名义，并依自己的意思表示而于不动产登记机关实施土地债务的设立。之后土地所有人若发现有适当的融资机会时，即可以该土地债务供作担保而获取融资，[5] 抑或将该土地债务保留于自己之手，供作他用。[6]

值得指出的是，德国民法的一般抵押权（普通抵押权），系以担保债权的清偿为目的，且以债权的先期存在为前提，于无担保的债权时，即不能以自己的名

1　[德] Nußbaum：《德国抵押制度论》，宫崎一雄译，清水书店1932年版，第106页。

2　《德国民法典》第1117条第2项："债权人可与土地所有人订立下述协议：允许债权人径向不动产登记处请求交付证券，以代抵押证券的交付。"

3　[日] 松井宏兴：《抵押制度的基础理论》，法律文化社1997年版，第123页。

4　参见《德国民法典》第1196条第2项。

5　土地债务和抵押权之间的相互转换，不仅可能且也为《德国民法典》第1198条所明定。即所有人既可将所有人土地债务转换为他主抵押权，也可原封不动地转让他主土地债务。

6　譬如当自己的女儿出嫁时，将之用作嫁资赠与给她。需指出的是，关于抵押权的设立，尽管土地所有人的意思表示有效，但如因行为能力方面的原因致对方的意思表示无效时，应不成立他主抵押权。但是，对于此种情形可否成立《德国民法典》第1196条所定的所有人土地债务，则存在分歧。肯定说认为，根据土地所有人一方的意思表示，所有人土地债务即可成立，此为《德国民法典》第1196条的真意。与此不同，否定说则认为，土地所有人表示自己意思的对方，由契约的对方变为不动产登记机关，以及意思表示的内容由为债权人设立抵押权，变为为土地所有人设立土地债务，均有悖于法律行为的一般原则，故不应适用《德国民法典》第1196条的规定。参见[日] 松井宏兴：《抵押制度的基础理论》，法律文化社1997年版，第125页注释18。

义且以自己的土地设立抵押权；与此不同，德国法上的土地债务尽管实际上也系用于债权的保全，但因它采取切断与债权的粘连的法律构成，[1] 所以《德国民法典》第 1196 条第 1 项规定了原始的所有人土地债务。此种土地债务的功用有二：一是土地所有人以自己的名义先设立此种土地债务，之后遇到适当的融资对象时，将其供作债权的担保而获取融资；二是通过此种所有人土地债务而保留先顺位以备将来用之，而现今则利用后顺位抵押权或后顺位土地债务。[2]

（二）后发的所有人土地债务

根据德国法，使后发的所有人土地债务得以发生的因由有五：（1）被担保债权的消灭；（2）抵押权的放弃（抛弃）；（3）债权人不明；（4）债务承担；（5）强制执行的撤销。兹分述如下。

1. 被担保债权的消灭

根据《德国民法典》第 1163 条第 1 项第 2 句的规定，有效成立的被担保债权于其发生消灭时，他主抵押权归属于土地所有人而成为所有人土地债务。引起被担保债权消灭的原因中，最常见、最重要的是土地所有人的债务人清偿了自己的债务。另外，因继承而使抵押权与所有权归属于同一人时，原抵押权也会变成土地债务。[3] 惟《德国民法典》第 1178 条第 1 项规定，"抵押权系为担保迟付的利息或迟付的其他附随给付，及为担保应偿还债权人的费用而设定的，若抵押权与土地所有权同归于一人，抵押权消灭；但请求上述各该给付的权利，如原为第三人的权利的内容的，其抵押权不消灭"，值得注意。

2. 抵押权的放弃（抛弃）

根据《德国民法典》第 1168 条的规定，债权人可以通过向不动产登记机关或土地所有人为单方面的意思表示及进行登记而放弃（抛弃）抵押权。此时，债权脱离原抵押权的担保而作为所有人土地债务归属于土地所有人享有。另外，因债务的免除（Erlaß）而导致债权消灭的，原抵押权也作为所有人土地债务而归土地所有人享有（《德国民法典》第 1163 条第 1 项第 2 句）。

值得指出的是，根据《德国民法典》的规定，当土地所有人享有永久排除抵押权的实行的抗辩权时，土地所有人可请求债权人抛弃其抵押权（第 1169 条）。

1　参见《德国民法典》第 1191 条。

2　［日］铃木禄弥：《抵押制度的研究》，一粒社 1968 年版，第 170 页。另外，土地债务与抵押权因可相互转换（《德国民法典》第 1198 条），所以土地所有人可将所有人土地债务变更为他主抵押权。

3　参见《德国民法典》第 1163 条第 1 项后句、第 1177 条第 1 项。

由此，原抵押权作为所有人土地债务而由土地所有人取得。此外，放弃（抛弃）为担保附随给付而设定的抵押权无须登记，仅向土地所有人为抛弃的意思表示即可（《德国民法典》第1178条第2项）。尽管该原抵押权因放弃（抛弃）也转化为所有人土地债务，但得立即消灭（《德国民法典》第1178条第1项）。由此，该抵押权的放弃（抛弃），实际上也就是抵押权的废止（Aufhebung）。[1]

3. 债权人不明

在德国法上，当债权人不明时，可通过公示催告程序（Aufgebotsverfahren）除斥（Ausschluss）抵押权，所有人由此取得所有人土地债务（《德国民法典》第1170、1171条）。对此，德国法规定了两种方法：其一，债权人不明时，自抵押权最后登记之时起经过10年，并且土地所有人在此期间内又未曾进行《德国民法典》第208条所定各种中断时效的行为，足以表明其不承认债权人的抵押权的，即可依公示催告程序，排除债权人的抵押权（《德国民法典》第1170条）；其二，债权人不明时，土地所有人在有向债权人为清偿或通知的权利的情形，且曾为债权人提存其债权金额而又经申明抛弃取回权的，可依公示催告程序排除债权人的抵押权（即无需第1170条所定的经过10年的条件）（《德国民法典》第1171条第1项）。据此规定，可知即使未经过《德国民法典》第1170条所定的10年期间，只要符合第1171条所定的要件，土地所有人也可除斥抵押权，进而原抵押权作为所有人土地债务由其享有。[2] 之所以如此，系因为《德国民法典》第1170条为原则性规定，而第1171条则为特别规定。

4. 债务承担

在德国法上，根据其规定，为他人的债务设定抵押权时，若债权人未获土地所有人的同意而让第三人为债务承担（Schuldübernahme）的，视为放弃（抛弃）抵押权（《德国民法典》第418条第1项）。由此，被放弃（抛弃）的抵押权与原所担保的债权分离而移转给土地所有人，变成所有人土地债务（《德国民法典》第1168条）。之所以如此，系在于防止因债务人的更替而损害土地所有人的利益。[3]

5. 强制执行的撤销

在德国法上，根据其《民事诉讼法》的规定，当作为强制执行的一种方法的"强制抵押权"（Zwangshypothek），抑或作为临时扣押之执行的"临时扣押抵押

---

[1] [日]松井宏兴：《抵押制度的基础理论》，法律文化社1997年版，第127页。
[2] [日]松井宏兴：《抵押制度的基础理论》，法律文化社1997年版，第127页。
[3] [日]松井宏兴：《抵押制度的基础理论》，法律文化社1997年版，第128页。

权"（Arresthypothek）被设立时，若强制执行或临时扣押的执行被撤销（取消）的，原抵押权即作为所有人土地债务而归属于土地所有人（第866、867、933条第1项，第868、932条第1项）。[1]

（三）后发的所有人抵押权

在德国法上，后发的所有人抵押权系由他主抵押权转化而来，其发生或成立仅限于抵押土地的所有人与债务人为不同之人的情形。根据《德国民法典》的规定，后发的所有人抵押权得以发生的因由有二：（1）土地所有人的清偿；（2）混同。兹分述如下。

1. 土地所有人的清偿

根据《德国民法典》的规定，非债务人的抵押地所有人就债务的清偿有正当利益的，其可代债务人为清偿（第1142条）。此时，为确保土地所有人对债务人的求偿，债权人对债务人的债权移转于土地所有人（《德国民法典》第1143条第1项）；同时，原抵押权也移转给土地所有人（《德国民法典》第1153条），所有人为担保对债务人的债权而在自己的土地上取得所有人抵押权。不过，当土地所有人对债务人负有代替履行的义务时，其即使实施了清偿，也不发生土地所有人对债务人的求偿权，债权消灭的同时抵押权即归属于土地所有人，成为所有人土地债务（《德国民法典》第1163条第1项第2句）。[2]

2. 混同

在德国法上，当因继承、不动产转让而使不动产所有权与抵押权归属于同一人时，抵押权并不因混同而消灭（《德国民法典》第889条）。此时，由所有人享有抵押权，即土地所有人为担保债权而在自己的土地上享有抵押权。[3]

（四）小结

综上所述，在德国法上，广义的所有人抵押权（包括土地债务）的成立，主要分为两种情形：一为"设立"，即所有人为自己而于自己的所有物上设立抵押权，其抵押权自始即为所有人自己所有，是为原始的所有人抵押权；一为"法定"，即为他人所设立的抵押权，但基于法定的原因，尔后归于所有人自己取得，是为后发的所有人抵押权。至于"法定的原因"，则主要涵括：被担保债权的消灭（《德国民法典》第1163条第1项后句）、抵押权的抛弃（《德国民法典》第1168条第1项）、债权人不明（《德国民法典》第1170条）、债务承担、强制执行

---

[1] ［日］松井宏兴：《抵押制度的基础理论》，法律文化社1997年版，第128页。
[2] ［日］松井宏兴：《抵押制度的基础理论》，法律文化社1997年版，第130页。
[3] ［日］松井宏兴：《抵押制度的基础理论》，法律文化社1997年版，第130—131页。

的撤销、土地所有人的清偿（《德国民法典》第1143条第1项）及抵押权与所有权的混同（《德国民法典》第889条）等。[1]

三、所有人抵押权制度的比较法考察（二）：以瑞士法上的空位（空白）担保位置制度为中心

（一）概要

瑞士是德国的邻邦，由此，这两国法在诸多方面具有共通点。瑞士法上的所有人抵押权，其法制史上的肇源可以追溯到与德国法上的定期金买卖相类似的"Gültrecht"。根据早期的Gültrecht，一土地仅可供作一次担保，但至后来，以同一土地设立数个担保也获承认。不过在此情形，后成立的担保权仅能取得先成立的担保权满足其债权的清偿后所剩下的余额。另外，根据瑞士法，土地所有人可以发行地租证券（Gültbrief），土地所有人可在自己所有的土地上取得抵押权。19世纪中叶以后，瑞士法规定：同一土地的先顺位抵押权因清偿或混同而消灭时，后顺位抵押权人不得升进其顺位，即由土地所有人享有所消灭的抵押权及其顺位。此外，瑞士法还规定：所有人在未将证券交付给第三人之前，于自己的所有物上也可成立所有人抵押权。[2]

（二）空位（空白）担保位置制度

瑞士现行法规定了与德国法所有人抵押权制度相关联的空位（空白）担保位置制度。根据现行《瑞士民法典》的规定，瑞士法的不动产担保权分为三种：地租证券、抵押债务证券及登记担保权（土地抵押证券）。这三种不动产担保权的共同特征之一即是实行空位（空白）担保位置制度。[3]

根据瑞士法的规定，当在某不动产上设立了不同顺位的不动产担保权时，即使先顺位的不动产担保权消灭，后顺位的不动产担保权人也不得请求升进（递升）其顺位，于业已消灭的原不动产担保权顺位上，不动产所有人可以设立新的不动产担保权（《瑞士民法典》第814条第1、2项）。如前述，在德国法上，此种情形根据《德国民法典》的规定，得成立所有人抵押权。而根据《瑞士民法典》的规定，不动产担保权自身消灭，留下空位（空白）担保位置。在新的不动

---

[1] 郑玉波著，黄宗乐修订：《民法物权》，三民书局2007年版，第346页。

[2] ［日］石田文次郎：《投资抵押权的研究》，有斐阁1932年版，第271—272页；陈棋炎："关于所有权人抵押本质之研究"，载郑玉波主编：《民法物权论文选辑》（下册），五南图书出版股份有限公司1984年版，第697页；陈华彬：《物权法研究》（修订版），法律出版社2009年版，第356页。

[3] 陈华彬："瑞士不动产担保权制度研究"，载《环球法律评论》2009年第4期。

产担保权被设立前，若其他的不动产担保权被实行的，拍卖担保不动产所得的价金（价款）对于后顺位的不动产担保权按照其顺位而分配（《瑞士民法典》第815条）。由此，即发生与后顺位的不动产担保权的顺位升进（递升）相同的效果。无疑，瑞士法的空位（空白）担保位置制度，其主要的价值与功能在于，不动产所有人可以利用该空位（空白）担保位置而设立新的先顺位不动产担保权，以获得有利的融资。[1]

四、所有人抵押权与民法诸规则的关系

如前述，所有人抵押权是一项十分特殊的制度，其涉及与民法上的诸多规则是否抵触、龃龉的问题。具体言之，所有人抵押权与如下民法规则的关系有必要予以厘清，由此证成该制度所具有的独立价值与意义。

（一）所有人抵押权与顺位

1. 所有人抵押权与顺位固定规则

顺位固定，指先顺位抵押权消灭时，后顺位抵押权一仍其旧，不得升进。所有人抵押权的优点之一是，对于因清偿及其他事由而归属于自己的抵押权或土地债务，所有人可将原来的顺位原原本本地让与（设立）给第三人以获取融资。因此，所有人抵押权一经成立，即剥夺了后顺位抵押权人的顺位升进（递升）的可能。此即所有人抵押权的成立，意即采取顺位固定规则。[2]

如前述，德国法与瑞士法采取了顺位固定规则。惟德国法也定有所有人抵押权不成立或抵押权消灭时，后顺位抵押权得升进（递升）的规定。换言之，德国法并未普遍采取顺位固定规则，而仅于所有人抵押权的情形肯认之，即因有先顺位的所有人抵押权，所以后顺位抵押权不得升进（递升）其顺位。而于瑞士法上，也就是先顺位即使变成"空位"，后顺位抵押权也不得升进其顺位。换言之，根据《瑞士民法典》的规定，先顺位抵押权消灭时，所消灭的"担保位置"（Pfandstelle）即变成"空位（空白）"而被保留下来，后顺位抵押权不得升进其顺位。[3] 另外，根据瑞士法，所有人自始可以保留先顺位的"空位"，而设立后顺

---

[1] ［日］松井宏兴：《抵押制度的基础理论》，法律文化社1997年版，第165—166页。

[2] ［日］松井宏兴：《抵押制度的基础理论》，法律文化社1997年版，第138页。

[3] 《瑞士民法典》第814条第1项：就同一土地设立不同顺位的数个抵押权的，当一土地抵押权消灭时，后顺位的土地抵押权人不得请求递补其空位。

位的抵押权。由此，相较于德国法，瑞士法可以说更彻底地采取了顺位固定规则。[1]

2. 所有人抵押权与顺位保留制度

如前述，在德国法上，土地所有人可自始以自己的名义于自己的土地上设立所有人土地债务。此种情形，所有人为自己保留先顺位以备将来之用，而现今则利用后顺位抵押权或后顺位土地债务，将来可自由地将先顺位的所有人土地债务让与给他人，而十分容易地获得融资。值得指出的是，具有与此相当的功能的制度，在德国法上还有顺位保留（Rangvorbehalt）制度。由此，有必要予以分析。

根据德国法的规定，物权的顺位尽管依登记的先后顺位而定，但土地所有人在进行定限物权（如甲抵押权）的设立的登记时，可以保留给予后登记的权利（如乙抵押权）以优先的顺位（《德国民法典》第881条）。惟保留的权利（乙抵押权）须登记于土地登记簿册，并与因保留而顺位退后的权利（如甲抵押权）登记在一起。土地所有人行使此权利时，乙抵押权即变成第一顺位，甲抵押权则变成第二顺位。[2]

但应指出的是，在甲抵押权的设立完成登记后，所保留的优先顺位的权利（乙抵押权）未登记前，复于土地上设定不享有保留权的权利（丙抵押权）并进行登记的，保留的权利（乙抵押权）的优先顺位，将因新设立的权利（丙抵押权）的登记而受损害。换言之，根据顺位保留制度的功能，所谓后设立的抵押权优先，其仅指优先于最初设立的特定的抵押权（甲抵押权），因此在保留了优先顺位的抵押权（乙抵押权）未被设立前而又设立其他抵押权（如丙抵押权）的，就会产生出复杂的效果。[3] 与此不同，在德国法上，当事人设立所有人土地债务的情形，自始顺位关系即被固定，之后即便后抵押权或土地债务成立，也不会产生顺位保留制度场合的复杂效果。由此点看，较之顺位保留制度，所有人抵押权是优秀的、先进的制度。[4]

（二）所有人抵押权与对自己之物的权利

由前文的分析我们看到，所有人抵押权的主要特质是，于土地所有权及作为其标的物的土地上的抵押权或土地债务归属于同一人时，抵押权或土地债务不消

---

[1] 《瑞士民法典》第813条第2项：土地抵押权得指定其为第二或其他任意顺位而设立之，但须于登记时，就一定金额保留其优先顺位。

[2] ［日］山田晟：《德国法律用语词典》，大学书林1995年版，第506页。

[3] ［日］铃木禄弥：《抵押制度的研究》，一粒社1968年版，第183页。

[4] ［日］松井宏兴：《抵押制度的基础理论》，法律文化社1997年版，第141页。

灭。换言之，根据所有人抵押权制度，抵押权和土地债务不被所有权吸收，而是保持其独立性。并且，根据德国法，土地所有权和该土地上的定限物权即便发生混同，定限物权也不消灭，而系归由土地所有人享有。据此规定，即便所有权与抵押权或土地债务混同，所有权也不得将其吸收，而应以所有人抵押权或所有人土地债务的形态继续存在。[1]

在认可所有人抵押权制度后，我们看到，土地所有人除可对自己的土地享有所有权外，还可享有定限物权。就不动产担保权而言，根据德国法的规定，土地所有人除可对自己的土地享有所有权外，尚可享有抵押权或土地债务（《德国民法典》第889、1163、1196条）。此外的定限物权，于判例、学说上存在争论的，是地役权，即在供役地和需役地属于同一人时，土地所有人为需役地的利益可否于供役地上设立地役权（所有人地役权，Eigentümergrunddienstbarkeit）？

对此问题，德国法院的判例最初根据罗马法"无论何人均不得就自己的物享有役权"（nulli res sua servit）的绝对所有权原则与《德国民法典》第873条关于物权的设立需权利人和对象方达成合意的规定，否定所有人地役权的成立。[2]但是，至20世纪30年代，德国法院改变了此立场。1933年11月14日，德国最高法院以决定的形式认可了所有人地役权。其认可的结论是通过对《德国民法典》第873条、第889条、第1009条以及第1196条的新解释而得出的。此外，德国最高法院还指明了认可所有人地役权的经济理由。[3]

在德国学界，对于所有人地役权是否成立，也有肯定与否定两说。其中，肯定说的理由大体与上述德国最高法院的理由相同，认为《德国民法典》既然规定可以基于单独行为设立所有人土地债务，且即便发生混同，定限物权也依旧存续，由此推论，否定基于单独行为设立所有人地役权的根据也就丧失了。[4]与此不同，否定说则持相反的解释。值得指出的是，因德国最高法院对所有人地役权的肯定，故现今居于优势地位的是肯定说，而非否定说。

（三）所有人抵押权与抵押权的附随性（附从性）

根据大陆法系民法理论，抵押权的功用系在于担保债权的清偿，由此，被担

1　[日] 铃木禄弥：《抵押制度的研究》，一粒社1968年版，第179页。

2　譬如1910年1月26日德国最高法院的决定（RGZ, Bd. 47, 第202页）即如此。

3　[日] 松井宏兴：《抵押制度的基础理论》，法律文化社1997年版，第145页。

4　Dernburg, Sachenrecht, 3. Aufl., 1904, S. 510, Anm. 4; Kohler, Enzikiopadie der Rechtswissenschaft, 7. Aulf. 1914, S. 60, Anm. 4. 转引自[日] 松井宏兴：《抵押制度的基础理论》，法律文化社1997年版，第146页注释83。

保债权是第一位的，抵押权是第二位的。当被担保债权消灭时，抵押权也随之消灭。抵押权与被担保债权的此种结合关系，被称为抵押权的附随性或附从性。所有人抵押权制度，在相当程度上打破了抵押权的附随性规则的严格贯彻，它是打破抵押权的附随性规则而作为例外认可的制度。

在民法上，排除物权混同规则而贯彻抵押权的附随性原则时，仅狭义的所有人抵押权能得以发生，至于德国法上作为所有人抵押权的土地债务则无法成立。在德国法与瑞士法所有人抵押权制度体系上，较之狭义的所有人抵押权，土地债务因更具有价值与意义，所以如坚持抵押权的附随性，则所有人抵押权的意义就会丧失大半。

如前述，德国法因认可与债权完全分离的土地债务，所以不伴有债权的所有人抵押权（即土地债务）的存在根据，并不发生问题；与此不同，在法国、日本及我国民法上，尽管一般性地采取土地债务制度并无大的问题，但要于理论上自圆其说地释明债权消灭抵押权不消灭的现象，则是有困难的。[1]

（四）所有人抵押权与混同规则

所谓混同，主要指所有权与他物权的混同。根据大陆法系民法规则，当同一特定物的所有权与其他物权归属于一人时，其他物权原则上因混同而消灭。惟如前所述，《德国民法典》第889条规定："在他人土地上设定的权利，不因土地所有人取得此权利，或权利人取得土地所有权而消灭。"由此，德国法不仅认可所有人抵押权，而且认可所有人地役权乃至所有人地上权等制度。[2] 而在日本、法国及我国台湾地区"法"上，若要采行所有人抵押权制度，则应妥善处理物权混同规则。换言之，是完全排除混同规则的适用而一律认可不动产定限物权皆由所有人享有，还是仅于抵押权场合排除混同规则的适用而使抵押权归所有人享有？无疑，此为一项法律政策上的问题，值得慎思和斟酌。

在我国，根据今日学者通说与实务做法，当所有权与他物权混同时，于以下情形，作为例外，其他物权并不因混同而消灭[3]：其一，其他物权的存续对所有人有法律上的利益时，其他物权不消灭。例如前述，《担保法解释》第77条规定："同一财产向两个以上债权人抵押的，顺序在先的抵押权与该财产的所有权归属一人时，该财产的所有权人可以以其抵押权对抗顺序在后的抵押权"。其二，

---

[1] ［日］铃木禄弥：《抵押制度的研究》，一粒社1968年版，第180页。

[2] 需指出的是，在此等归属于所有人的定限物权中，当以所有人抵押权为最重要。对此请参见［日］铃木禄弥：《抵押制度的研究》，一粒社1968年版，第179页。

[3] 陈华彬：《民法物权论》，中国法制出版社2010年版，第152页。

其他物权的存续对第三人有法律上的利益时，其他物权不消灭。由此可见，作为所有权与其他物权发生混同时的例外情形，所有人抵押权在我国是被认可的。

五、所有人抵押权的比较法总结：寻求共识

所有人抵押权以顺位固定规则为其基础，二者系互为表里的关系。[1]综上所述，我们不难看到，德国法和瑞士法上的所有人抵押权制度在此基本点（顺位固定）上是相同的。但是，从体系性和明确性上看，德国法上的所有人抵押权尤其值得参考。其将所有人抵押权类型化为原始与后发的所有人土地债务及后发的所有人抵押权三类，彰显了德国法对所有人抵押权予以规律的彻底性。并且，德国法对各类所有人抵押权的成立事由皆定有明文，体现了德国法所有人抵押权得以发生的明确性。

反观瑞士法，尽管其规定的地租证券、抵押债务证券及登记担保权（土地抵押证券）皆采取空位（空白）担保位置制度，且瑞士法在采取顺位固定规则上更加彻底，但与德国的情况相较，其关于所有人抵押权的体系与明确性还有待于进一步加强。因此，应对所有人抵押权得以成立的情形进行类型化整理，并对每种情形下所有人抵押权的成立事由予以明文。

德国法和瑞士法皆认为，由于采取顺位固定规则，为所有人抵押权在较大范围内（并非仅在混同的例外情形）的存在和发展奠定了基石。因此，自在较大范围内认可并规定所有人抵押权制度的角度看，德国与瑞士是大陆法系中属于同一法圈的国家。换言之，瑞士是大陆法系中德国法支流的国家。

六、所有人抵押权制度对我国的借鉴：检讨、建构及完善

所有人抵押权，是抵押权法体系中的特殊制度，其法律构成的特殊性使其被称为近现代私法上的一大"怪物"。[2]环视当今世界，尽管还有一些国家的抵押权法并未在较大范围内认可这一制度，[3]但德国法和瑞士法的肯定立场不容小觑，值得我们认真对待和重视。[4]

在《物权法》于1998年起草之初，由梁慧星研究员主持起草的《中国物权

1　陈棋炎："关于所有权人抵押本质之研究"，载郑玉波主编：《民法物权论文选辑》（下册），五南图书出版股份有限公司1984年版，第712页。

2　陈棋炎："关于所有权人抵押本质之研究"，载郑玉波主编：《民法物权论文选辑》（下册），五南图书出版股份有限公司1984年版，第697页。

3　譬如，法国、日本、韩国、我国即未在较大范围内认可所有人抵押权。

4　除德国、瑞士外，奥地利也在较大范围内认可所有人抵押权。

法草案建议稿》第34条第1款和第330条曾设有顺位保留和所有人抵押权的规定，这些条款的规定系主要来源于《德国民法典》和《瑞士民法典》的相关规定。[1]但是，这些建议条文最终未为《物权法》所采纳，以至于我国现今法律体系中并无顺位固定、顺位保留及在较大范围内认可所有人抵押权。此种局面无疑值得反思、检视。

如前述，所有人抵押权以顺位固定规则为其基础，要在较大范围内或在原则上认可所有人抵押权，同时即应考虑认可顺位固定规则。而我国现行法及其实务采取抵押权顺位升进规则。依此规则，先顺位抵押权消灭时，后顺位抵押权自应当然立即递升其顺位。此规则的贯彻，不仅损害所有人的利益，而且对后顺位抵押权人予以不当利益。由此，涵括我国在内的各国法在此情形皆设一例外，即若存在后顺位抵押权时，先顺位抵押权与所有权发生混同的，应成立所有人抵押权。[2]

但是，上述不公平效果的发生，并不仅限于混同的情形。譬如，于被担保债权不成立时，于抵押权人抛弃其抵押权时，尤其于作为债务人的所有权人清偿先顺位的被担保债权时，也可发生。换言之，上述不公平效果，于先顺位担保权消灭而由后顺位担保权当然地递升其顺位时，即可发生。为避免此种不公平效果，自不应仅对混同这一较少情形而认可所有人抵押权的成立，而于其他情形，尤其于清偿时也应认可所有人抵押权的成立。概言之，应将后顺位担保权当然递升其顺位这一原则，视为例外规定，进而在原则上认可先顺位担保权消灭时，即应成立所有人抵押权。由此即可避免发生不公平的结果。惟若所有权人决定不利用该担保权而将其注销时，后顺位担保权人自可递升其顺位。换言之，应使顺位升进与否完全由所有权人的意思表示而决定。前述德国法即依此法理而于原则上认可应成立所有人抵押权。[3]

另外，应指出的是，若认可顺位固定规则，则应容许分割抵押物的价值。但若抵押物的价值可以分割，则即与担保权的不可分性规则发生龃龉。换言之，担保权的不可分性规则是否与现今市场经济条件下的资本融资和资本信用关系相

---

[1] 梁慧星主编："中国物权法草案建议稿：条文、说明、理由与参考立法例"，社会科学文献出版社2000年版，第167、653页。值得指出的是，如前述，这些条款已纳入梁慧星研究员负责起草的《中国民法典草案建议稿》第256条第1款和第556条中规定。参见该氏主编的《中国民法典草案建议稿》（第3版），法律出版社2013年版，第55、115页。

[2] 陈棋炎："关于所有权人抵押本质之研究"，载郑玉波主编：《民法物权论文选辑》（下册），五南图书出版股份有限公司1984年版，第710页。

[3] 陈棋炎："关于所有权人抵押本质之研究"，载郑玉波主编：《民法物权论文选辑》（下册），五南图书出版股份有限公司1984年版，第710—711页。

容，理应重新予以检视。本书认为，此规则因过分偏重于对债权人（担保权人）的保护，而未顾及债务人（担保物的所有人）获取融资与取得不动产信用的利益，故应予以摒弃[1]。[2]

如前述，根据《担保法解释》的规定，所有人抵押权仅在混同的例外情形方能发生，因此要由此推导出采取抵押权顺位固定原则，并否定担保权的不可分性规则，于现行法制的框架内确实存在困难，但惟有进到这一步方才符合所有人抵押权的本旨。[3] 本书认为，应对我国仅例外地认可所有人抵押权的现行法制予以变更，建立较大范围的、完善的所有人抵押权制度体系，并摒弃抵押权的不可分性规则，改采顺位固定规则。这样既对我国不动产信用关系有利，也有助于我国金融资本信用关系的发展。

---

[1] 陈华彬：《物权法研究》（修订版），法律出版社2009年版，第368页。我国《物权法》第233条规定："留置财产为可分物的，留置财产的价值应当相当于债务的金额。"此规定即是对担保权（含担保标的物）的不可分性规则的突破，是我国物权法对传统规则的革新，由此表明我国物权法具有先进性、前瞻（前沿）性。

[2] ［日］石田文次郎：《投资抵押权的研究》，有斐阁1932年版，第297页。

[3] 陈棋炎："关于所有权人抵押本质之研究"，载郑玉波主编：《民法物权论文选辑》（下册），五南图书出版股份有限公司1984年版，第712页。

第二十章

质 权

第一节 概 说

一、质权的涵义与特性

质权,指债权人于债务人不履行到期债务或者发生当事人约定的实现质权的情形时,可就债务人或第三人移转占有而供作担保的动产或权利所卖得的价金优先受偿的权利。质权关系中,享有质权的债权人称为质权人;提供动产或者权利的债务人或第三人为出质人;出质人移转给债权人占有以供作债权担保的动产或权利,称为质物或质押物。质权具有下列法律特性。

(1) 质权为物权法的一项重要制度,属于定限物权中的担保物权。

(2) 质权是权利人就标的物的交换价值加以直接的、排他性支配的权利,系权利人直接支配标的物的交换价值,并以之优先受偿的权利。

(3) 质权具有附从性、随伴性、不可分性及物上代位性。附从性,即质权依附于被担保债权而成立,被担保债权消灭,质权也消灭。所谓被担保债权,其不限于现在已经存在的债权,即使是附条件债权抑或将来债权,也无不可。为担保将来债权而设立的质权,称为最高限额质权。最高限额质权所担保的将来的债权,于实行最高限额质权时确定。随伴性,指债权人处分其债权时,质权也一并被处分。质权的不可分性,是《法国民法典》第 2083 条、《德国民法典》第 1222 条确立的一项原则。罗马法法谚云:"质权的性质为不可分"[1]。依质权的不可分性质,质权的标的物即使被分割成为数物或部分灭失,质权仍存在于分割后的数物之上或残余的部分物之上;反之,质权所担保的债权即使经分割或部分清偿,

---

[1] [日] 柚木馨、高木多喜男:《担保物权法》,有斐阁 1973 年版,第 111 页。

质权仍担保未清偿的部分而于全部质押财产上存在;[1] 质权因其标的物毁损、灭失或者被征收而获得的保险金、赔偿金或补偿金，以及质权人依法预先拍卖质物所得的价金，为质权标的物的代替物，质权人的权利移存于这些代替物之上，称为质权的物上代位性。

（4）质权是债权未获清偿前，质权人可就标的物加以留置的权利。质权人之留置标的物，往往给债务人造成心理压力，由此间接促使其尽早清偿债务。此与留置权同，而与抵押权异。[2]

（5）质权是移转质押财产的占有的担保物权。此点主要是就动产质权而言。以动产出质的，质权自出质人将质物交付于质权人占有时成立（《物权法》第212条）；以可转让的财产权作质押的，如存在权利凭证，则出质人也须将权利凭证交付给质权人（《物权法》第224条）。

二、质权的法制史脉络与立法例

近现代及当代物权法质权制度系以罗马法所有人质为其滥觞。所有人质，又称信托让与或信任质（fiducia），为担保债权的一种方法。依此制度，债务人将其动产或不动产的所有权让与债权人，同时订立信托约款，使债权人负有不得滥用该标的物的所有权，以及于债务清偿后返还该标的物于债务人的义务。若债务人不清偿，则债权人即可将担保物变卖，并就卖得价金优先受偿，或使标的物的所有权终局性地归自己取得。此种担保制度，对于债权人固属有益，但对债务人则过分不利，故之后不久，质权制度遂代之而起。[3]

质权作为一项物权法上的制度，自历史上看，其产生并非一蹴而就，而系经历了一个较长的嬗变过程。法制史家通常认为，迄至罗马共和末期，经由法务官的创造，才产生了质权。[4] 以罗马法质权为蓝本，大陆法系各国建立了各自的质权制度。1804年《法国民法典》称质权为"质"，设有动产质与不动产质两种。因法国民法于观念上系将债权、著作权、营业财产、定期金、股份等视为动产或无

---

[1] 刘家安：《物权法论》，中国政法大学出版社2009年版，第207页。
[2] ［日］松坂佐一：《民法提要》（物权法），有斐阁1980年版，第264—265页。
[3] 郑玉波著，黄宗乐修订：《民法物权》，三民书局2007年版，第353页。
[4] 罗马法上的质（pignus）与抵押，皆为法务官所创，大致形成于共和末期。由此，两种制度性质相同，且很多情形下适用同一规则，故有"质与抵押仅有名称的差异"的说法。故而通常将二者统称为"pignus"。对此，请参见［日］柚木馨、高木多喜男：《担保物权法》，有斐阁1973年版，第92页。

体动产，故此无权利质权。易言之，权利质权已被动产质权所包括。依法国民法，质权设立合同，因质物的交付而生效力，故质权设立合同实际上是一种要物合同，若以占有改定方式设立质权合同，将不生设立的效力。另依法国民法，质权的存续，以债权人对质物加以继续占有为必要，一旦丧失对质物的占有，其质权也就消灭。[1]

《德国民法典》上的质权，涵括动产质权与权利质权两种。另依设立方式的不同，德国民法的质权，尚可进一步界分为约定质权、法定质权和扣押质权。其中，法定质权，存在着权利人对标的物虽未加以占有，但仍可享有质权的情形，如该法第704条规定的旅店主人的质权即属之。此类似于日本民法的先取特权（优先权）。日本之有质权制度，迄今已有悠久的历史。早在其律令时代，质（权）便被区分为动产质与不动产质。迈入封建时代与明治维新时代以后，质权得到进一步发展。[2] 1896年日本制定新民法时，建立起了完善的质权制度。

在我国，关于"质"的制度，乃始于"人质"。例如《左传》上有周郑交质之说。不过此所谓"质"，乃指"政治"上的质，非此今日作为债权之担保的一种方法的质权。六朝时代，"质库"（当铺）、帖字（当票）等出现，此即动产质。此动产质，是将质物的占有移转于债权人，称为占有质；于一定期限不回赎者，债权人即取得质物的所有权，称为归属质（流质）。时至唐、宋、元代，法律承认以质物变价，清偿债务的变卖质。清代则承认当票有免责证券的性质，称为"认票不认人"[3]。1929—1930年国民政府制定的《中华民国民法》，参考德国、瑞士、日本民法关于质权的成例，规定了动产质权与权利质权。1949年新中国成立后，这些质权随《中华民国民法》之被废除而不复存在。往后一个相当长的时期，我国始终没有成文的制定法上的质权制度。1986年制定的《民法通则》亦同。1995年制定的《担保法》，反映建立和发展社会主义市场经济的要求，参考各国家或地区的立法规定，于抵押权之外规定了质权，标志着质权正式为我国立法所承认。2007年通过的《物权法》于《担保法》的基础上，设专章（第17章）对质权加以规定，系我国物权法质权制度大步得到完善的表征或体现。

---

[1] ［日］柚木馨、高木多喜男：《担保物权法》，有斐阁1973年版，第92页。

[2] ［日］柚木馨、高木多喜男：《担保物权法》，有斐阁1973年版，第93页。

[3] 郑玉波著，黄宗乐修订：《民法物权》，三民书局2007年版，第356页。

三、质权的分类

（一）动产质权、不动产质权和权利质权

此系依质权标的物的不同为标准所做的分类。动产质权，指以动产为标的物的质权。不动产质权，指以不动产为标的物的质权。在法制发展上，不动产质权曾为农业经济社会中一种重要的物权担保形式。时至今日，除极少数国家（如日本）规定了此种制度外，多数国家已废除了此制度。《物权法》采多数国家经验，不认可不动产质权制度。权利质权，指以可让与的财产权为标的而设立的质权。在物权法上规定权利质权，系当代各国的普遍做法。我国《物权法》取各国立法的普遍做法，于第17章第2节规定"权利质权"，彰显我国物权法对权利质权的重视。

（二）占有质权、收益质权与归属质权

此系以质权的内容为标准所做的分类。占有质权，又称占有质，指质权人对于质物仅能占有，原则上不得使用收益的质权。新近以来各国家或地区物权法上的质权大多属于此种质权。收益质权，指质权人不仅占有质物，且也可对质物加以使用、收益的质权。此种质权尚可进一步区分为销偿质权与利息质权。销偿质权，又称期限质权，指以质权标的物的收益抵充债权原本，其质权可能因债权的抵充完毕而消灭的质权。利息质权，又称永久质权，指以收益抵充债权的利息，其质权不可能因债权的抵充完毕而消灭的质权，以《日本民法》的不动产质权最具代表性。归属质权，又称流质，指质权人通过取得质权标的物的所有权，以抵充其债权的质权。在当代各国家或地区，归属质权为多数国家的物权立法所禁止。我国《物权法》第211条规定：质权人于债务履行期届满前，不得与出质人约定债务人不履行到期债务时质押财产归债权人所有，系采相同的归属质权禁止主义。

（三）民事质权、商事质权和营业质权

此系依质权适用的法规的不同为标准所做的分类。民事质权，指适用民法的质权。民法上的动产质权与权利质权，皆属于民事质权。商事质权，指适用商法的质权。需提到的是，在采民商合一体制的国家，对质权通常不作此种区分。退而言之，即使作此种区分，也仅是学理上的分类。我国现行民法体制系采民商合一，故此不存在商事质权。营业质权，是人们将其动产（当物）交给当铺，获得一定数额的借款，于约定期间内回赎该物的，向当铺给付利息即可终止双方的关系，于约定期间届满未有回赎的，便成死当，当物由当铺自由处置。[1] 由学者起草

---

[1] 江平、王家福主编：《民商法学大辞书》，南京大学出版社1998年版，第132—133页。

的《中国物权法草案建议稿》（中国社会科学院）中曾设有营业质权的规定，但未为立法机关所采。2007年正式通过的《物权法》也未认可营业质权。

（四）意定质权与法定质权

此系依成立原因的不同而做的分类。意定质权，指当事人以法律行为设立的质权；法定质权，指依法律规定发生的质权。

第二节 动产质权

一、动产质权的意义

动产质权，指为担保债权的实现，债务人或者第三人将其动产出质给债权人占有的，债务人不履行到期债务或者发生当事人约定的实现质权的情形时，债权人有权就该动产优先受偿的权利。其中，债务人或第三人为出质人，债权人为质权人，交付的动产为质押财产（《物权法》第208条）。该类质权具有下列法律特性。

（一）动产质权，是以他人的动产为标的物的质权

动产质权的标的物须为动产。另外，动产质权的标的物须属于他人所有，盖以他人的动产为质物，方能发挥质权的留置与优先清偿效力。概言之，动产质权系在他人的动产上存在的权利，系一种定限物权。

动产质权的标的物，限于动产。此所谓动产，非指一切动产，而是指具备一定条件的动产。一般认为，可作为动产质权的标的物的动产，须具备下列条件：一是该动产须有可让与性。禁止让与的动产（如鸦片、海洛因）或不具有交换价值的动产，不得作为动产质权的标的物（《物权法》第209条）。二是该动产须为独立物、特定物。由此，物的一部分固然不得设质，不动产的出产物如树木、甘蔗等，如尚未与土地分离，仅为土地的部分，非独立的动产，自不得为质权的标的物。如有以之为标的物设立质权的，即使实际上已将之移交债权人占有，其质权设立行为仍属无效。如当事人约定就将来收获后的出产物设立质权的，则须于出产物收获后，移交质权人占有时，动产质权才能成立。[1]三是该动产须为适于留置的物。动产质权，以权利人对质物之有占有为设立与存续要件，具有留置的效力，故经济上不适于留置的物，如航空器、船舶，因具有极大的经济价值，关系国家、社会公共利益至巨，宜使其充分发挥经济效用，故不适于留置，不得作为质权的标的物。各国家或地区对于这些具有极大经济价值的动产，通常透过制定

---

[1] 谢在全：《民法物权论》（下册），新学林出版股份有限公司2014年版，第461页。

特别抵押权法的办法，来实现其担保债权与融通资金的功能。例如，日本的汽车抵押权法、建设机械抵押权法及飞机抵押权法等即是。可见，法律之不认可航空器、船舶等可为动产质权的标的物，其旨趣正在于使这些特殊动产可以发挥其最大的效用，以利于国家和社会。当然，船舶、航空器如已不作为航海或飞行使用时，则又另当别论。

另外，对于动产质权的标的物，下列问题须予注意[1]：

（1）金钱可否为质权的标的物？金钱，又称货币，指作为支付手段的具有强制通用力的铸币和纸币。因货币所有权具有特殊性，占有货币者，即推定该人为货币的所有人，取得金钱的占有，也就意味着取得了金钱的所有权。故此，以金钱供债权的担保而移转金钱的占有时，所有权也随之移转，而此点与设立动产质权并不移转质物的所有权于质权人有异。故通说认为，金钱不得为质权的标的物。但若能使金钱特定化，并使之变成"独立物"（如将某特定的金钱加以包封或指明其号码），则金钱也可作为质权的标的物。对此，《担保法解释》第85条明确规定："债务人或者第三人将其金钱以特户、封金、保证金等形式特定化后，移交债权人占有作为债权的担保，债务人不履行债务时，债权人可以以该金钱优先受偿"。

（2）动产的应有部分，可以为质权的标的物。不过，质权人仍须占有该动产，方生设立质权的效力。例如共有动产的共有人将其应有部分设立质权，并得其他共有人全体的同意，将共有动产交由质权人占有，或共有动产于第三人占有中，出质的共有人将其返还请求权让与质权人，即以指示交付为之，皆属之。

（二）动产质权为占有债务人或第三人所移交的动产的担保物权

亦即，动产质权的设立与存续，须质权人占有由债务人或第三人交付的动产。

（三）动产质权是权利人可就动产卖得的价金优先受偿的权利

动产质权为担保物权之一种，为确保债权的清偿而存在，故于债权已届清偿期而未获清偿时，质权人自可变卖质物，就质物卖得价金，较一般债权优先受偿。亦即，动产质权除因占有质物而有留置效力外，并有优先受偿效力。

（四）与抵押权不同，动产质权的内容为留置权、变价权与优先受偿权

亦即，抵押权的权利人于债务人届期不清偿其债务时，仅有将抵押物变价并由变价所得的价款中优先受自己债权清偿的权利，而动产质权人除有抵押权人的此两项权利外，尚有留置质押物（动产）的权利。

---

[1] 谢在全：《民法物权论》（下册），新学林出版股份有限公司2014年版，第465页。

（五）动产质权为担保物权

动产质权为质权之一种，系为担保债权的清偿而设立，具有优先清偿效力与留置效力，于债务人届期不清偿债务时，质权人可实行其质权，故而属于一种担保物权。

二、动产质权的取得

（一）基于法律行为而取得

动产质权基于法律行为而取得，涵括动产质权依设立而取得与依让与而取得两种情形，分述如下。

1. 依设立而取得动产质权

（1）质权合同的订立。动产质权为意定担保物权，当事人须采取书面形式订立质权合同（《物权法》第210条第1款）。此质权合同，可以是独立于主债权合同的质权合同，也可以是主债权合同中的质押条款（《担保法》第93条）。质权合同的当事人，一方为取得动产质权的人，称为质权人，质权人以债权人为限；另一方为以动产供债权担保的人，称为出质人，除债务人外，第三人也可为出质人。第三人对质权人的责任，仅止于以动产为债权提供担保，与质权人既无一般债权债务关系，也无保证债务关系。故此，质权人实行质权致第三人丧失其质物所有权时，该第三人可对债务人行使追偿权；质权合同通常应涵括以下条款：被担保债权的种类和数额；债务人履行债务的期限；质押财产的名称、数量、质量、状况；担保的范围；质押财产交付的时间。

《物权法》第211条规定："质权人在债务履行期届满前，不得与出质人约定债务人不履行到期债务时质押财产归债权人所有。"此系明文禁止流质。但是，该条款的无效不影响整个质权合同的效力，除去该无效的部分，质权合同的其他内容仍为有效。

（2）质物的交付。《物权法》第212条规定："质权自出质人交付质押财产时设立。"此规定改变了《担保法》第64条关于"质押合同自质物移交于质权人占有时生效"的规定。亦即，质权合同不以动产的交付为生效条件，而是直接于成立时发生效力，不过此效力并非质权设立的物权效力，而仅系具债权性质的效力，据此效力，债权人有权请求出质人依约定的时间交付质物，从而使质权发生。[1]另外，设立动产质权时，出质人之向质权人交付质物，通常为现实交付，此外的简易交付、指示交付也为法律所认可（《担保法解释》第88条），但为了确

---

[1] 刘家安：《物权法论》，中国政法大学出版社2009年版，第208页。

保质权的留置效力，质权人不得使出质人代替自己占有质物，故以占有改定方式设立质权，应认为设立无效（《担保法解释》第87条第1款）。[1]

2. 依让与而取得质权

动产质权为非专属性财产权，自可加以让与。惟因动产质权系担保债权而存在，具从属性，故动产质权应与所担保的债权一并让与。亦即，让与债权时，质权也随之移转于受让人，受让人由此而取得质权。

（二）基于法律行为以外的原因取得动产质权

1. 因时效而取得

通说认为，动产质权可因时效的完成而取得，即债权人以担保债权的意思，于一定期间公然、和平继续占有债务人的动产时，取得动产质权。当然，因时效而取得动产质权，乃系以债权人之对于债务人有债权存在为前提。盖质权为从属于债权而存在的权利，具从属性，故不得独立存在。我国现行法未认可时效取得制度，如前述，编纂民法典物权编时宜认可该制度，由此使动产质权可因时效而取得。

2. 依善意而取得动产质权

设立动产质权的行为为处分行为，因此无论是债务人提供的动产抑或第三人提供的动产，提供人均须对动产享有所有权或处分权，否则将不生动产质权设立的效力。惟动产以占有为其公示方法，故质权人往往无从查知出质人是否对动产有处分权。如交付质物后，真正权利人可予追夺，则动产质权的设立即变得并无意义。故此，为了保护善意取得动产质权的质权人与交易安全，各国家或地区法律于是认可动产质权可以善意取得。即质权人善意占有动产，并受有关占有规定的保护时，即使出质人无处分质物的权利，质权人仍取得质权。[2] 依我国《物权法》第106条第3款的规定，该条前两款有关所有权善意取得的规定也可准用于其他物权的善意取得，质权即为此类可因善意而取得的物权。出质人以其不具有处分权的动产出质的，如果质权人善意地受让质物的占有，即得因此善意取得该动产的质权。[3]

3. 因继承而取得

动产质权为财产权，质权人死亡时，可由其继承人依继承而取得。通说认为，动产质权因继承而取得时，不以继承人是否知其事实，或是否已经占有质物为必要。

1　［日］三和一博、平井一雄：《物权法要说》，青林书院1989年版，第172页。
2　姚瑞光：《民法物权论》，海宇文化事业有限公司1999年版，第282—283页。
3　刘家安：《物权法论》，中国政法大学出版社2009年版，第209页。

三、动产质权的效力

（一）动产质权所担保的债权的范围

与抵押权所担保的债权的范围相同，动产质权所担保的债权的范围，也由当事人以设立合同约定，如未约定，则依《物权法》的规定，下列费用为动产质权所担保的债权范围：主债权及利息、违约金、损害赔偿金、实现质权的费用和质物保管费用（《物权法》第173条）。

需注意的是，动产质权所担保的债权的范围较抵押权所担保的债权的范围为广。之所以如此，盖因质物隐有瑕疵而引起的损害赔偿，并不属于抵押权所担保的债权范围，此系因为抵押权的存续并不移转作为抵押物的不动产或动产的占有，故不生抵押物隐有瑕疵致债权人发生损害的问题。与此不同，因质权的设立与存续以质权人占有质物为必要，故质物移转于质权人后，因质物隐有瑕疵致质权人于损害时，出质人自应负损害赔偿责任。对此，《担保法解释》第90条规定："质物有隐蔽瑕疵造成质权人其他财产损害的，应由出质人承担赔偿责任。但是，质权人在质物移交时明知质物有瑕疵而予以接受的除外。"该损害赔偿责任被纳入质权的担保范围，须具备下列要件：一是须质物确有瑕疵。二是须质物的瑕疵属于隐蔽瑕疵。如质物的瑕疵为质权人所明知，则质权人即使因该瑕疵而受损害并可请求赔偿，也属于普通债权，而不在动产质权所担保的债权范围之内。三是须瑕疵与损害的发生之间存在因果关系。[1]《物权法》第173条中的损害赔偿金，解释上系涵括因质物的隐蔽瑕疵而致质权人于损害时的赔偿金。

（二）动产质权标的物的范围

动产质权与抵押权同属于担保物权，二者标的物的范围大体相同，即以标的物所有权的范围为质权效力所及的范围。惟动产质权以占有由债务人或第三人移交的动产为成立要件与存续要件，所以，动产质权标的物的范围，与抵押权标的物的范围也未尽相同。

近现代与当代各国民法，对于动产质权的效力可及于标的物的范围，设有不同的规定。《德国民法典》第1212条规定：当事人未约定动产质权标的物的范围时，动产质权的效力可及于由质物分离的出产物，但质物的法定孳息与从物，不得为质权的效力所及。与此不同，《瑞士民法典》第892条规定：质权的效力可及于从物与孳息，但除另有约定外，由质物分离的天然孳息，不得为质权的效力

---

1 ［日］本城武雄、月冈利男编：《物权法》，嵯峨野书院1984年版，第200页。

所及。《日本民法》对动产质权的效力所及的范围，未设明文。通说认为，动产质权的效力可及于标的物的范围有四：从物、天然孳息、法定孳息与物上代位物。[1] 我国《物权法》关于动产质权的效力可及于标的物的范围，与日本法同，即也未作规定。综合各国家或地区的立法规定，并参考新近以来学者的通说，本书认为，除供担保的质物本身外，动产质权的效力可及于标的物的范围，应自以下4个方面加以释明。

1. 从物

动产质权的效力是否及于从物，向来有肯定与否定两说。肯定说认为，因主物的处分及于从物，故动产质权的效力得及于质物的从物；否定说认为，动产质权，以将质物移转于质权人占有为成立要件，虽为质物的从物，但若未将其交付给质权人占有，则仍然不得为质权的效力所及。例如为汽车预备的轮胎，虽为汽车的从物，但以汽车出质而未将预备轮胎一并交付给质权人，质权人拍卖质物时，仅可拍卖受交付的无预备轮胎的汽车，而不得请求出质人交付预备轮胎一并拍卖。反之，质权人受交付时，如为有预备轮胎的汽车，则出质时，即使约定以汽车出质，而无将预备轮胎一并出质的表示，质权的效力也得及于该预备轮胎。亦即，质权人实行质权时，得连同预备轮胎一并变卖。[2] 此两说中，以后说为多数说，且符合动产质权的生效条件，应值赞同。[3]《担保法解释》第91条规定："动产质权的效力及于质物的从物。但是，从物未随同质物移交质权人占有的，质权的效力不及于从物。"

2. 孳息

所谓孳息，包括法定孳息与天然孳息。法定孳息，如质物经出质人同意，由质权人使用而应支付的对价，或出租于他人而收取的租金。除当事人另有约定外，动产质权的效力得当然及于质物的孳息。

需注意的是，依照质物的性能和使用方法收取孳息，对出质人及其全部债权人均属有利，由此决定，因收取孳息而发生的费用属于为了出质人的全部债权人而形成的共益费用，出质人对此负担的债务属于共益债务，按共益债务优先清偿的规则（《企业破产法》第42条、第43条），质权人有权优先受偿。故此，《物

1　［日］柚木馨、高木多喜男：《担保物权法》，有斐阁1973年版，第109页。
2　姚瑞光：《民法物权论》，海宇文化事业有限公司1999年版，第288—289页。
3　此也为日本的通说，认为质权设立合同为要物合同，设立质权时如将从物也一并交付给质权人的，质权的效力得及于该从物。参见［日］林良平编集：《注释民法》(8)，有斐阁1965年版，第242页。

权法》第 213 条第 2 款规定，孳息应当先充抵收取孳息的费用。充抵收取孳息的费用后尚有剩余的，应作为清偿被担保债权的财产，依次充抵原债权的利息、原债权。被担保债权及其利息已届清偿期时，即刻清偿；未届清偿期时，或提前清偿，或先行提存，待届期时再予清偿。若清偿被担保债权及其利息后，仍有剩余，则应返还给出质人。[1]

3. 代位物

动产质权具有物上代位性，由此，《物权法》第 174 条关于"担保期间，担保财产毁损、灭失或者被征收等，担保物权人可以就获得的保险金、赔偿金或者补偿金等优先受偿。被担保债权的履行期未届满的，也可以提存该保险金、赔偿金或者补偿金等"的规定，以及《担保法》第 73 条关于因质物"灭失所得的赔偿金，应当作为出质财产"的规定，自应适用之。[2] 另外，质物有败坏之虞或其价值显有减少，足以损害质权人的权利时，质权人可预行拍卖质物。此时，拍卖所得的价金，应成为质物的代替物。质权人于债权已届清偿期而未获清偿时，得就该代替物受偿。

应当指出的是，得成为质物的代位物者，应具备 3 项要件：一是质物须因事实上或法律上的原因而绝对灭失，发生毁损者解释上也涵括在内；二是因灭失而产生的保险金、赔偿金或补偿金；三是这些保险金、赔偿金或补偿金须是出质人有权获得的，如非出质人所得受的赔偿金，则质权人不得行使物上代位权。[3] 例如出质人将质物出质前已将质物投保并指定第三人甲为受益人，则保险事故发生时，享有保险金请求权的人为该第三人甲而非出质人，于是质权人对该保险金请求权无物上代位权。[4]

4. 添附物

质物如与他动产添附，而添附物的所有权由质物所有人取得时，质权的效力自应扩及于添附物上。如因添附的结果，质物所有人与他动产所有人共有添附物时，则质权的效力仅存于添附物依质物价值计算的应有部分上。[5] 对此，《担保法解释》第 62 条、第 96 条规定：质物因附合、混合或者加工使质物的所有权为第

---

[1] 崔建远：《物权法》，中国人民大学出版社 2014 年版，第 530 页。

[2] 崔建远：《物权法》，中国人民大学出版社 2014 年版，第 530 页。

[3] ［日］三和一博、平井一雄：《物权法要说》，青林书院 1989 年版，第 175 页。

[4] 谢在全：《民法物权论》（下册），新学林出版股份有限公司 2014 年版，第 471 页；崔建远：《物权法》，中国人民大学出版社 2014 年版，第 530 页。

[5] 谢在全：《民法物权论》（下册），新学林出版股份有限公司 2014 年版，第 472 页。

三人所有的，质权的效力及于补偿金；质物所有人为附合物、混合物或者加工物的所有人的，质权的效力及于附合物、混合物或者加工物；第三人与质物所有人为附合物、混合物或者加工物的共有人的，质权的效力及于出质人对共有物享有的份额（"应有部分"）。

（三）出质人的权利

1. 质物的收益权

设立质权后，质物虽已由质权人占有，但出质人仍可于质权合同中约定：自己保留对质物的收益权，例如约定母鸡出质后所生的小鸡仍由出质人收取。有约定时，依其约定。对此，《物权法》第213条第1款规定，质权人有权收取质押财产的孳息，但合同另有约定的除外。

2. 质物处分权

出质人虽将质物的占有移转于质权人，但并不由此而丧失对质物的所有权，出质人仍可以简易交付或指示交付的方式将质物予以转让，或于同一质物上复设立质权，或设立动产抵押权，以担保其他债权的履行。此时，原有的质权并不因此而受影响。各担保物权的顺位依其成立的先后顺序确定。至于事实上的处分，因出质人业已丧失对质物的占有，无从为之，且如此做也有害于质权人的利益，故解释上应认为不得为之。[1]

3. 对债务人的追偿权与代位权

在动产质权关系中，当出质人系债务人之外的第三人时，出质人于代债务人清偿债务后，对债务人即有追偿权；第三人如因质权的实行而丧失质物的所有权时，对债务人也有此追偿权。对此，《担保法》第72条定有明文：为债务人质押担保的第三人，在质权人实行质权后，有权向债务人追索。至于出质人的代位权，即出质人向质权人承担物上保证责任后，可取代债权人的地位，行使其债权的权利，解释上也应予以认可。

4. 保全质物的权利

《物权法》第215条第2款规定："质权人的行为可能使质押财产毁损、灭失的，出质人可以要求质权人将质押财产提存，或者要求提前清偿债务并返还质押财产。"由此产生的质物提存费用应由质权人负担。如出质人提前清偿债务的，则应当扣除未到期部分的利息（《担保法解释》第92条）。

---

[1] 谢在全：《民法物权论》（下册），新学林出版股份有限公司2014年版，第472页。

(四) 出质人的义务

1. 损害赔偿义务

出质人对于因质物的隐蔽瑕疵造成质权人损害的,须承担损害赔偿责任,属于质权所担保的债权的范围;于质物的明显瑕疵致质权人于损害时,也须承担损害赔偿责任,不过此种损害赔偿债权属于普通债权,而非属质权担保的债权的范围。[1]《担保法解释》第 90 条规定:质物有隐蔽瑕疵造成质权人其他财产损害的,应由出质人承担赔偿责任。但是,质权人于质物移交时明知质物有瑕疵而仍予接受的除外。

2. 偿还必要费用的义务

出质人对于质权人因保管质物所支出的必要费用,负有偿还义务,属于质权担保的范围,除非当事人另有约定(《物权法》第 173 条)。关于质权人就质物所支出的有益费用,出质人是否须负偿还义务,见解不一。惟有力说认为,出质人多为经济上的弱者,为免出质人于清偿债务后发生偿还有益费用的困难,对于非经出质人同意而支出的有益费用,出质人应不负偿还义务。[2]

(五) 质权人的权利

1. 质物的留置权

债务履行期届满质权人未受清偿的,质权人可继续留置质物,并以质物的全部行使权利。出质人清偿所担保的债权后,质权人应当返还质物(《担保法解释》第 95 条第 1 款)。

2. 质物的孳息收取权

除当事人约定质物的孳息由出质人或第三人收取外,质权人对其占有的质物有收取孳息的权利(《物权法》第 213 条)。动产质权的质物既然由质权人占有,故由其收取质物所生孳息,自属便利。所谓孳息,包括天然孳息与法定孳息。依民法诚实信用原则,质权人收取质物所生的孳息,应尽与处理自己事务相同的注意义务,否则应负损害赔偿责任。应注意的是,所谓由质权人收取质物所生的孳息,并不意即该孳息即归质权人所有,该孳息,为动产质权效力所及的标的物之一,应首先用于充抵收取孳息的费用,其次充抵原债权的利息,最后充抵原债权。

3. 优先受偿权

亦即,债务人不履行到期债务或者发生当事人约定的实现质权的情形时,质

---

[1] [日]三和一博、平井一雄:《物权法要说》,青林书院 1989 年版,第 174 页。
[2] 谢在全:《民法物权论》(下册),新学林出版股份有限公司 2014 年版,第 473 页。

权人有权以作为质物的动产折价或以拍卖、变卖该动产的价款优先受偿（《物权法》第 208 条第 1 款）。

4. 转质权

（1）概说。转质，是指质权人于质权存续期间，为供自己或他人债务的担保，将质物移转占有于第三人，于质物上设立新质权的行为。此系质权人于债权未届清偿期前处分所占有的质物的行为。例如，债务人甲为担保所欠乙的 100 万元债务，以自己所有的 120 万元的钻戒设立质权于乙，之后乙为担保所欠丙的 80 万元债务，另将该钻戒设立质权于丙，即属之。此时，就原质权而言，甲为出质人，乙为质权人；就转质权而言，乙为转质人，丙为转质权人。

物权法上的转质涵括两种：责任转质与承诺转质。关于转质的立法例，各国家或地区未尽一致。德国民法与法国民法未设转质的规定。瑞士民法虽设有转质的规定，但不承认责任转质，而仅规定了承诺转质。我国台湾地区"民法"虽仅有责任转质，而无承诺转质的规定，但通说认为，未经出质人同意的责任转质既为法所许可，出质人同意的承诺转质，更无不许之理。故此，我国台湾地区"民法"实际上不仅承认责任转质，而且解释上也认可承诺转质。我国《物权法》第 217 条规定："质权人在质权存续期间，未经出质人同意转质，造成质押财产毁损、灭失的，应当向出质人承担赔偿责任。"是为关于责任转质的规定。至于承诺转质，尽管未予明确规定，但解释上自应认为认可之。需注意的是，《担保法解释》第 94 条第 1 款明确承认了承诺转质："质权人在质权存续期间，为担保自己的债务，经出质人同意，以其所占有的质物为第三人设定质权的，应当在原质权所担保的债权范围之内，超过的部分不具有优先受偿的效力。转质权的效力优于原质权。"[1]

（2）责任转质[2]。责任转质的性质，通说采质物再度出质说，即转质系在质物上新设立的质权。责任转质的要件如下：其一，质权人须于质权存续中转质。其二，转质权所担保的债权额，须在质权所担保债权额范围内。其三，质权人须以自己的责任为转质。质权人原应以善良管理人的注意保管质物，若自己未保管质物而交由他人占有，已违背善良管理人的注意，应加重其责任。故"质权人在质权存续期间，未经出质人同意转质，造成质押财产毁损、灭失的，应当向出质人承担赔偿责任"（《物权法》第 217 条）。亦即，质物因转质所生的一切责任，涵括不可抗力造成的损失，皆由转质人负责。其四，须具备设立质权的一般成立

---

[1] 当然，该《担保法解释》的规定是否妥当、有无检视的余地，无疑值得慎思。故此，下文关于承诺转质的论述，系依当代物权法通用法理与比较法上的规定而为之。

[2] 郑冠宇：《民法物权》，新学林出版股份有限公司 2015 年版，第 622—625 页。

要件。转质性质上仍属于为他人设立质权,因此自应符合质权设立的一般要件,例如须有转质的合意、将质物交付转质权人等。欠缺质权设立的一般要件,转质权的设立即不发生效力。

责任转质的效力,具体分为对转质权人的效力、对转质人的效力及对出质人的效力,分述如下。

1) 对转质权人的效力。此包括 3 点:其一,转质权人经由转质,取得质权人的地位,占有质物,于债权未受清偿前,得留置质物。其将转质通知出质人的,并得对抗出质人。其二,由于转质物上仍存有原质权人的质权,且转质权须受原质权内容的限制,故此转质权人实行其转质权时,须其债权与转质人的债权同时届清偿期。其三,转质权人就质物卖得价金,得优先于原质权人(转质人)而受偿,且由于质物既已变价,转质权与质权皆应归于消灭。质物卖得价金若仅足够清偿转质权人的债权的,于转质权人所受清偿范围内,转质权所担保的债权与原质权所担保的债权皆归于消灭。但若转质权人受偿后仍有剩余,自应由原质权人受偿,再有剩余,方须返还于出质人。

2) 对转质人的效力。此包括 2 点:其一,转质后,转质人应受转质的拘束,其非但无实行质权的权限,就质物变价后的优先受偿权也因而受限制,故在转质期间,转质人不得有影响转质权人受偿的行为,例如抛弃(放弃)其债权、免除债务人的债务、主张抵销或受清偿等行为。其二,转质人对于因转质所生的不可抗力的损失,也应负责。但即使不转质,仍不免发生损害的,其情形已与转质人的转质无因果关系存在,故不须对此负损害赔偿责任。

3) 对出质人的效力。此包括 2 点:其一,转质权系质权人的法定权利,无须经出质人同意,即生转质的效力,出质人与债务人应受转质效力的拘束,从而债务人欲清偿其债务,消灭质权,应先向转质权人为给付,否则其清偿对转质权人不生效力。其二,为保障出质人与债务人,使其不致在不知转质的情形下对质权人为给付,应类推适用权利质权的规定,使转质人与转质权人负有通知债务人的义务,否则不得以其转质对抗债务人。因此,于转质权人未将转质通知债务人,债务人不知转质而向转质人为清偿并经受领的情形,债务人固得以清偿对抗转质权人,向其请求返还质物,而转质权人仅可对转质人请求不当得利或侵权行为的损害赔偿。

(3) 承诺转质[1]。质权人获得出质人的许可而将质物再度出质的,为承诺转

---

[1] 郑冠宇:《民法物权》,新学林出版股份有限公司 2015 年版,第 625 页。

质。出质人既然为承诺，质权人即非基于原质权而为转质，转质权已自原质权独立，不再受限于原质权的范围，而得超越原质权的内容。例如转质后所担保的债权额及清偿期，皆可逾越原质权所担保的债权额及清偿期。而且，质权人就质物的灭失，仅负通常的过失责任。

另外，于承诺转质，转质权因与质权各自独立，彼此间自互不影响，故转质权人于其债权届清偿期，即可实行转质权，无须等待质权所担保的债权也届清偿期。原债务人也可对质权人为清偿，以消灭其债务，质权因债务消灭而消灭的，质权人对出质人负有返还质物的义务，但由于转质权并不因此而消灭，转质权人于转质权所担保的债务未受清偿前，仍得占有质物。原债务人为避免对质权人清偿债务后，转质权人仍以未受清偿为由留置质物以为抗辩，自可以利害关系人的身份，代质权人向转质权人为清偿，并因此取得对转质人的求偿权，与其对转质人的债务为抵销，以消灭质权。

5. 预行拍卖质物权（质物的变价权）

预行拍卖质物权，又称质物的变价权。《物权法》第 216 条规定：因不能归责于质权人的事由可能使质押财产毁损或者价值明显减少，足以危害质权人权利的，质权人有权要求出质人提供相应的担保；出质人不提供的，质权人可以拍卖、变卖质押财产，并与出质人通过协议将拍卖、变卖所得的价款提前清偿债务或者提存。

质权人行使预行拍卖质物权，须具备 3 项要件：（1）因不能归责于质权人的事由可能使质物毁损或价值明显较少，足以危害质权人的权利。如果是由于质权人的事由（如保管不善）导致了质物毁损或价值明显减少，质权人不仅无权要求出质人提供担保，还应就此损失向出质人承担赔偿责任（《物权法》第 215 条第 1 款）。（2）质权人要求出质人提供相应的担保。（3）出质人拒不提供相应的担保。[1]

预行拍卖质物权的行使，或出质人以变价款提前清偿被担保债权，或将变价款代充质物，予以提存。所谓代充质物，指质权移存于拍卖或变卖所得的价款上，即拍卖或变卖所得的价款为原质权标的物（质物）的代位物。质权人于拍卖或变卖质物之前，除有确实不能通知出质人的情形外，均应先行通知出质人。[2]

---

1 崔建远：《物权法》，中国人民大学出版社 2014 年版，第 534—535 页。
2 郑玉波著，黄宗乐修订：《民法物权》，三民书局 2007 年版，第 376 页。

6. 质权的保护权

（1）物权请求权。质权为物权之一种，质权人自然享有基于质权的物权请求权。尤其是质物被出质人、债务人或其他人无权侵占或实施其他妨害时，质权人可基于质权而行使质物的返还请求权，或基于占有而行使占有物的返还请求权（《物权法》第34条、第35条、第245条第1款）。

（2）损害赔偿请求权。质物因他人的故意或过失遭受侵害并产生实际损失时，质权人可依《侵权责任法》的规定，请求侵害人就所生损害予以赔偿（《侵权责任法》第2条、《物权法》第37条）。

（3）因不能归责于质权人的事由可能使质押财产毁损或者价值明显减少，足以危害质权人权利的，质权人有权要求出质人提供相应的担保；出质人不提供担保的，质权人可以拍卖、变卖质押财产，并与出质人通过协议将拍卖、变卖所得的价款提前清偿债务或者提存（《物权法》第216条）。

（六）质权人的义务

质权人的义务，指动产质权人于质权关系中依法应当实施的行为。动产质权为定限物权，受出质人所有权的制约，动产质权人行使质权时也须对出质人承担相应的义务，主要有下列6项。

1. 妥善保管质物

《物权法》第215条第1款规定："质权人负有妥善保管质押财产的义务；因保管不善致使质押财产毁损、灭失的，应当承担赔偿责任。"此所称"妥善保管"，应解为以善良管理人的注意，保管质物。

保管质物，系质权人的一项主要义务，该义务与质权人占有质物的权利密切相连，故属于与质权人的占有权相对应的义务。动产质权关系中，质物既然由质权人占有，质权人也就当然应当对质物予以保管。此所称保管，非指一般保管，而是指善良保管人的保管，即妥善保管。换言之，质权人应以善良管理人的注意保管质物。而善良管理人的注意，罗马法称为"善良家父的注意"，《德国民法典》第276条第2项称为交易上的必要的注意。此种注意，是以交易上一般认为具有相当知识经验的人对一定事件应具有的注意为标准，客观地加以判定。义务人是否具有该知识经验，有无该注意能力，以及其个人平常对事物的注意程度如何等等，均非所问。质权人如未尽善良管理人的注意保管质物，而致质押财产毁损、灭失的，应当承担赔偿责任。[1]

---

[1] 姚瑞光：《民法物权论》，海宇文化事业有限公司1999年版，第303—304页。

2. 应以对自己财产相同的注意收取质物的孳息，并为出质人的利益计算

质权人应以对自己财产相同的注意收取孳息，并为出质人的利益计算。例如，质物为乳牛时，每日取乳若干，方可保证乳牛健康，应以该牛为自己的物而为计算，即属之。质权人如违反该注意义务，致出质人受损害时，应负损害赔偿责任。[1]

3. 赔偿因转质所受的损失

亦即，质权人在质权存续期间，未经出质人同意转质，造成质押财产毁损、灭失的，应当向出质人承担赔偿责任（《物权法》第217条）。

4. 不得擅自使用、处分质物

亦即，质权人在质权存续期间，未经出质人同意，擅自使用、处分质押财产，给出质人造成损害的，应当承担赔偿责任（《物权法》第214条）。

5. 赔偿因怠于行使质权造成的损失

《物权法》第220条第2款规定："出质人请求质权人及时行使质权，因质权人怠于行使权利造成损害的，由质权人承担赔偿责任。"所谓"怠于行使权利"，指质权人因可归责于自身的原因而不及时行使权利。[2]

6. 返还质物

返还质物，为质权人所负担的一项主要义务。动产质权人占有债务人或第三人移交的财产，仅在债务人届期未清偿债务时，方可就动产卖得价金而受自己债权的清偿。但如动产质权所担保的债权因清偿或其他原因而消灭时，基于动产质权的从属性，质权人即不得再继续占有质物，而应将其返还给有受领权的人。此所谓有受领权的人，涵括出质人和其他有受领权的人。质权人违反该义务时，有受领权的人可诉请返还。如因保管不周，致不能返还时，有受领权的人可以请求损害赔偿。《物权法》第219条第1款规定：债务人履行债务或者出质人提前清偿所担保的债权的，质权人应当返还质押财产。

（七）动产质权的实行

动产质权的实行，为动产质权的最主要的效力之一，《物权法》第219条第2、3款规定：债务人不履行到期债务或者发生当事人约定的实现质权的情形，质权人可以与出质人协议以质押财产折价，也可以就拍卖、变卖质押财产所得的价款优先受偿。质押财产折价或者变卖的，应当参照市场价格。

---

[1] 姚瑞光：《民法物权论》，海宇文化事业有限公司1998年版，第304页。
[2] 王利明、尹飞、程啸：《中国物权法教程》，人民法院出版社2007年版，第518页。

动产质权的实行，需具备两项要件：一是须动产质权有效存在；二是须债权已届清偿期而未获清偿。所谓"未获清偿"，涵括债权全部未获清偿与部分未获清偿。至于动产质权的实行方法，依《物权法》第219条第2款的规定，则有3种：折价、变卖及拍卖。

四、动产质权的消灭

动产质权的消灭，指动产质权人对特定动产的质权不复存在。动产质权的消灭原因，除物权的一般消灭原因（如混同与抛弃）外，尚有下列几点原因。

（一）担保的债权消灭

动产质权，为因担保债权，占有出质人移交的动产，而可就其卖得价金受自己债权的优先清偿的物权，系从属于债权而存在，故此动产质权所担保的债权消灭时，从属于该债权的动产质权也随之消灭。

（二）质物的返还

质权人占有由债务人或第三人移转占有的动产，系动产质权成立与生效的要件，且质权人不得以占有改定的方法设立质权，否则将不生设立的效力。故此，如质权人将标的物返还给出质人时，质权也就当然归于消灭。[1]所谓返还质物，指质权人基于自己的意思，将对质物的占有移转于出质人。当然，出质人非基于质权人自己的意思占有质物，而是以强盗、窃取等方式取回质物的，非此处所称返还质物，进而质权也当然并不消灭。

（三）丧失对质物的占有

质权人占有质物，为动产质权的存续要件。故此，质权人丧失对质物的占有，而不能请求返还时，动产质权自应消灭。所称"丧失占有"，指因质物遗失、被盗、被侵夺或其他原因，质权人事实上已丧失对质物的管领力。实务中，质权人虽已丧失占有，但如能依物权请求权或占有物返还请求权返还的，质权仍不消灭。

（四）质物灭失

物权因标的物灭失而消灭，动产质权为物权之一种，亦不例外。惟动产质权为价值权，以直接支配标的物的交换价值为内容，故标的物虽已灭失，但如因灭

---

[1] 质权设立后，质权人任意将质物返还给设立人，质权是否消灭，日本判例学说存在争论。惟现今的多数判例与学说采肯定见解，即认为消灭。对此，请参见［日］铃木禄弥：《物权法讲义》，创文社1994年版，第269页；参见［日］本城武雄、月冈利男编：《物权法》，嵯峨野书院1984年版，第208页。

失而受有保险金、赔偿金或补偿金时，质权人可就这些代替物取偿，它们即系动产质权标的物的代位物。

（五）动产质权的实行

亦即，动产质权的实行，无论质权人的债权是否受全部清偿，动产质权皆归于消灭。

五、最高额质权

最高额质权，为一种特殊的质权。《物权法》第222条规定，出质人与质权人可以协议设立最高额质权。最高额质权，除适用动产质权的有关规定（如设立质权须移转质物的占有等）外，可参照《物权法》关于最高额抵押权的规定（如其担保债权的债权额的确定等）。

第三节　权利质权

一、权利质权的基本法理

（一）权利质权的涵义与特性

权利质权，指以所有权以外的可让与的财产权为标的（物）而设立的质权。据此，可知权利质权具有下列法律特性。

1. 权利质权为质权

权利质权，为与动产质权并立的另一类质权。二者皆为以取得标的物的交换价值为目的的价值权。惟前者因系存在于权利上，而非存在于动产上，故称为权利质权。

2. 权利质权的标的是具有让与性的所有权以外的财产权

与动产质权相同，权利质权，是以就入质权利的价值，担保债权受优先清偿的价值权。故此，并非任何权利皆可为权利质权的标的，而仅有具备下列性质的权利，方可为权利质权的标的。

（1）须为财产权。权利质权的标的须为财产权，因此非财产权，如人格权与身份权，因不具有经济价值，故无从供债权优先受清偿，不得为权利质权的标的。

（2）须为可让与的财产权。因权利质权，为债权未受清偿时，可以入质权利的价值供债权优先受偿的价值权，且权利质权应依有关权利的让与的规则设立，故不能让与的债权或其他权利，自不适于作为权利质权的标的。具体而言，下列权利不得为权利质权的标的。

1）性质上不得让与的债权，如注重合同当事人的个性的雇佣合同中雇主对雇员的劳务请求权，以亲属关系之存在为前提的扶养请求权、赡养请求权、继承关系产生的给付请求权，以及劳动报酬、退休金、养老金、抚恤金、安置费、人寿保险、人身伤害赔偿请求权等权利，不得作为权利质权的标的。

2）按照当事人的约定不得转让的债权，在我国现行法上具有阻止权利转让的效力（《合同法》第79条第2项），由此不得出质。一旦出质，不得对抗善意第三人。[1]

3）法律禁止转让的权利，不得作为权利质权的标的物而出质。例如，《公司法》第142条第4款规定："公司不得接受本公司的股票作为质押权的标的。"

4）出让的建设用地使用权、"四荒"土地承包经营权、探矿权、采矿权、养殖权、捕捞权和水权等，不得作为权利质权的标的。

5）动产质权、留置权、抵押权皆为担保物权，具从属性，不得与其所担保的债权分离而单独让与他人，故不得单独成为权利质权的标的。

《物权法》第223条从正面就可以出质的权利作了明文规定。依规定，下列权利可以出质：汇票、支票、本票；债券、存款单；仓单、提单；可以转让的基金份额、股权；可以转让的注册商标专用权、专利权、著作权等知识产权中的财产权；应收账款；法律、行政法规规定可以出质的其他财产权利。

（二）权利质权的性质

权利质权的性质为何，认识不一。德国普通法时代，以权利质权为权利让与之一种，称为权利让与说。此说曾广泛流行于当时的德国学界。并且，于此说之内，尚形成了各种稍有差异的学说，如附停止条件的让与说、附解除条件的让与说、内容受限制的让与说及设立的让与说等。但是，1896年《德国民法典》制定当时，此前风靡一时的关于权利质权的性质的权利让与说遭到失败，未为立法所接受。立法者认为，权利质权并不是一种权利的让与，而系一种以权利自身为目的的质权，学理称为权利目的说。[2]《德国民法典》第1273条第1项规定"权利也得为质权的标的"，即是依该说而设立的规定。参考《德国民法典第一草案》而制定的日本新民法，关于权利质权的性质也采与德国民法相同的立场，即将权利质权解为一种以权利自身为目的的质权。该法第362条第1项规定：质权可以财

---

[1] 崔建远：《物权法》，中国人民大学出版社2014年版，第539页。

[2] 关于权利质权的性质，参见［日］林良平编集：《注释民法》（8），有斐阁1965年版，第328—330页。

产权为其标的。时至今日，权利质权的权利目的说，已为多数立法与学说所接受，成为事实上的通说。故此，关于权利质权的性质，本书也采此权利目的说。

（三）权利质权的取得

权利质权为意定物权，其设立须经出质人与质权人的合意（"合致"）。而且，依《物权法》的规定，无论以何种权利作为标的而设立权利质权，皆须质权人与有处分权的债务人或者第三人订立书面质权合同，并为一定的权利公示方法。依权利种类的不同，权利质权的设立须践行的公示方法如下[1]：

以汇票、支票、本票、债券、存款单、仓单、提单出质的，质权自权利凭证交付质权人时设立；没有权利凭证的，质权自有关部门办理出质登记时设立（《物权法》第 224 条）。另外，《担保法解释》第 98 条、第 99 条规定，以汇票、本票、支票出质，出质人与质权人没有背书记载"质押"字样的，质权人不得以其质权对抗善意第三人；以公司债券出质，出质人与质权人没有背书记载"质押"字样的，质权人不得以其质权对抗公司和第三人。

以基金份额、证券登记结算机构登记的股权出质的，质权自证券登记结算机构办理出质登记时设立；以其他股权出质的，质权自工商行政管理部门办理出质登记时设立（《物权法》第 226 条第 1 款）。

以注册商标专用权、专利权、著作权中的财产权出质的，质权自有关主管部门办理出质登记时设立（《物权法》第 227 条第 1 款）。

以应收账款出质的，质权自信贷征信机构办理出质登记时设立（《物权法》第 228 条第 1 款）。

（四）权利质权的法律适用

《物权法》第 229 条规定，权利质权除适用《物权法》对其所做的专门规定（第 17 章第 2 节）外，应适用该法关于动产质权的规定（第 17 章第 1 节）。因此，权利质权的效力、实现以及消灭，其规则与动产质权相似，本部分不再赘述。

二、票据质权

（一）票据质权的涵义与特性

票据，是指发票人依据法律的规定发行的，由自己无条件支付或者委托他人无条件支付一定金额的有价证券。[2] 我国法上的票据涵括三种：本票、汇票和支

---

[1] 刘家安：《物权法论》，中国政法大学出版社 2009 年版，第 212 页。
[2] 谢怀栻：《票据法概论》（增订版），法律出版社 2006 年版，第 16 页。

票。票据质权,是指为了担保主债权的实现,由作为持票人的债务人或第三人将其票据作为质物而设立的质权。票据质权为有价证券质权之一种,具有两项重要特性。

1. 票据质权的标的必须具有让与性

票据本来以流通性为其本旨,自此意义上而言,所有种类的票据皆可出质。不过,《票据法》第27条规定:出票人在汇票上记载"不得转让"字样的,汇票不得转让。2000年最高人民法院《关于审理票据纠纷案件若干问题的规定》第53条进一步明确:"依照票据法第二十七条的规定,出票人在票据上记载'不得转让'字样,其后手以此票据进行贴现、质押的,通过贴现、质押取得票据的持票人主张票据权利的,人民法院不予支持";第54条也规定:"依照票据法第三十四条和第三十五条的规定,背书人在票据上记载'不得转让'字样,其后手以此票据进行贴现、质押的,原背书人对后手的被背书人不承担票据责任。"因此,以注明"不得转让"的票据质押的,质押无效,当事人不能取得质权。[1]

2. 票据质押行为具有连带性

票据质押的质权人享有的票据权利,既涵括付款请求权,也包括追索权。当质权人作为持票人行使付款请求权遭到拒绝后,可对票据的出票人及其所有前手行使追索权。票据的出票人、背书人、承兑人、保证人等所有于票据上签章的人对持票人承担连带担保付款责任。持票人可以不依照签章的顺序而自由选择追索的对象,被追索人对持票人受到拒绝承兑或拒绝付款承担无条件给付票据全部金额的责任。[2]

(二) 票据质权的取得

票据质权既可因继承、赠与而随同被担保债权由继承人或受赠人取得,也可随同其担保的债权一并转让,使受让人取得票据质权。依《物权法》的规定,票据质权主要依设立而取得。《物权法》第224条和《担保法》第76条规定,票据质权的设立,须当事人订立书面的质押合同,票据质权自票据(权利凭证)交付给债权人(质权人)时设立。实务中,票据质权的设立大多需要背书记载"质押"字样。其效力与功用,《担保法解释》第98条规定:"以汇票、支票、本票

---

[1] 崔建远:《物权法》,中国人民大学出版社2014年版,第543页;胡开忠:《权利质权制度研究》,中国政法大学出版社2004年版,第164—165页。

[2] 崔建远:《物权法》,中国人民大学出版社2014年版,第544页;李国光等:《最高人民法院关于适用〈中华人民共和国担保法〉若干问题的解释理解与适用》,吉林人民出版社2000年版,第347—348页。

出质，出质人与质权人没有背书记载'质押'字样，以票据出质对抗善意第三人的，人民法院不予支持。"可见，背书并非票据质权设立的生效要件，而是对抗要件。未有背书但已交付了票据（权利凭证）的，票据质权依旧设立，只是不得以该质权对抗善意第三人。[1]

（三）出质人的权利义务

处分权受到限制。票据质权的设立不同于票据权利的转让，出质人的权利主体资格并未被剥夺，对入质的票据权利，出质人依然享有处分权。只不过为了质权人的利益，须限制其处分权。具体表现在：（1）由于票据是完全有价证券，权利随票据，只要质权人持有票据，出质人即不能依法律行为消灭质权；（2）票据是文义证券，票据权利的变更只能通过更改票据上的文字来实现，质权人虽然现实地持有票据，但却不具备更改权，有更改权的票据债务人却未持有票据，故此，未经质权人的同意，也不能变更票据权利；（3）由于质权人持有票据，未获其同意，票据质权的出质人不可能转让票据权利。[2]

如果出质的票据到期日先于被担保债权的清偿期届至，质权人可将票据兑现，使该被担保债权提前受偿或向与出质人约定的第三人提存（《物权法》第225条，《担保法》第77条）。[3]

被担保债权已届清偿期，债务人已经清偿了债务，被担保债权消灭，质权随之消灭，出质人有请求质权人返还票据的权利（《担保法》第81条，第71条第1款）。[4]

被担保债权已届清偿期，债务人不履行债务，质权人依法行使质权，若票据金额超过了被担保债权的数额，出质人对多余的票款有返还请求权（《担保法》第81条，第71条第3款）。[5]

（四）质权人的权利义务

与动产质权相同，质权人除享有对票据的留置权、转质权、对票据质权的保全权以及物权请求权外，尚有下列两项重要权利义务。

行使票据权利。质权人实行质权时，可以行使票据权利。《票据法》第35条

---

[1] 崔建远：《物权法》，中国人民大学出版社2014年版，第547页。

[2] 于莹、高一寒："论票据质押的效力"，载《人民法院报》2007年11月18日，第6版；崔建远：《物权法》，中国人民大学出版社2014年版，第548—549页。

[3] 崔建远：《物权法》，中国人民大学出版社2014年版，第549页。

[4] 崔建远：《物权法》，中国人民大学出版社2014年版，第549页。

[5] 崔建远：《物权法》，中国人民大学出版社2014年版，第549页。

第 2 款后句规定:"被背书人依法实现其质权时,可以行使汇票权利。"

对抗票据债务人抗辩。票据质权人(被背书人)有权对抗票据债务人援用其对背书人(出质人)的抗辩,除非票据质权人(被背书人)于取得票据时存在有害于背书人的故意。票据法学理上称为切断人的抗辩。设质背书的被背书人(票据质权人)系以自己的名义为自己的利益行使票据权利,背书人(出质人)和被背书人(票据质权人)系在票据法上人格与利益分离的两个独立的主体,票据债务人不能像委托取款背书一样以对背书人的抗辩事由来对抗被背书人。其理由在于,设质背书的目的是以票据权利的安全性和信用性作为设质债务的担保,如果允许以对背书人的抗辩对抗被背书人,使其妨碍质权的行使,即破坏了票据作为权利证券的安全性和作为流通证券的信用性,与票据行为的独立性原则不相吻合,票据作为设质标的就失去了其特有的意义。[1]

(五) 票据质权的实现

主债务人不履行到期债务致使票据质权人(主债权人)的被担保债权未获清偿,或发生当事人约定的实现票据质权的情形时,票据质权人实现质权的方式主要有两种:(1) 向付款人请求付款,并以所得款项优先满足自己的债权;(2) 行使票据追索权,并以所得款项优先满足自己的债权。

三、债券质权

(一) 概要

债券是指由政府、金融机构或者企业为了筹措资金而依照法定程序向社会发行的、约定于一定期限内还本付息的有价证券,涵括政府债券、金融债券和企业债券。政府债券于我国又称国库券,即由政府为筹措资金而向投资者发行的一种债券;金融债券是由金融机构发行的债券;企业债券是由企业发行的债券。[2] 债券关系中,发行人是债务人,持券人是债权人,债券是证券凭证,具有可偿还性、收益性、可流通性、安全性等特点。[3] 债券质权,即以债券为标的物而设立的质权。

(二) 债券质权的设立

根据《物权法》第 224 条第 1、2 句的规定,债券质权的设立,须当事人订立

---

[1] 崔建远:《物权法》,中国人民大学出版社 2014 年版,第 550 页;谢怀栻:《票据法概论》(增订版),法律出版社 2006 年版,第 161 页。

[2] 王胜明主编:《中华人民共和国物权法解读》,中国法制出版社 2007 年版,第 478 页。

[3] 王利明、尹飞、程啸:《中国物权法教程》,人民法院出版社 2007 年版,第 524 页。

书面的质押合同,并且须出质人将债券(权利凭证)交付给债权人(质权人),债券质权自债券(权利凭证)交付给债权人(质权人)时设立;另外,像记账式国库券、在证券交易所上市交易的公司债券等债券因已实现无纸化而无权利凭证,将它们出质,依《物权法》第224条第3句的规定,须到有关部门进行出质登记,债券质权自登记部门将债券质押的信息记载于登记簿时设立。此处的有关部门,包括中央国债登记结算有限责任公司、中央证券登记结算有限责任公司。例如,记账式国库券必须到前者办理出质登记,而在证券交易所上市交易的公司债券则须到后者办理出质登记。[1] 此外,依《公司法》第160条第1款和《担保法解释》第99条的规定,记名公司债券质权的设立,既需要签订质押合同,也需要出质人于公司债券上记载"质押"字样或履行法律、行政法规规定的其他方式,以及将质权人的姓名或名称记载于公司债券存根簿。出质人和质权人未有背书记载"质押"字样,以债券出质对抗公司和其他第三人的,人民法院不予支持。[2]

(三)质权人的提前受偿或提存权

入质债券的兑现日期先于主债务的清偿期限时,债券债权人届期受偿,会使入质债券消灭,债券质权因其标的物消失而难以存续。为了保护质权人的合法权益,于债券债权人愿意放弃期限利益而提前向质权人为清偿时,应当允许;债券债权人若不愿放弃期限利益,有义务将第三债务人(付款人、债券债权人的债务人)的付款提存于第三人处,质权人有权请求债券债权人为此类提存行为(《物权法》第225条)。[3]

(四)债券质权人的义务

债券质权人除应对入质债券妥善保管外,尚负有下列义务[4]:

1. 通知义务

债券质权人负有将债券质押的事实通知给第三债务人的义务,质权人怠于通知时,第三债务人有权向债券债权人付款。需注意的是,此通知不是质权的生效要件,只是质权设立后于质权实行时请求第三债务人付款的条件。质权人怠于通知的,第三债务人可以此向质权人为有关的抗辩,如在第三债务人已经向债券债

---

[1] 崔建远:《物权法》,中国人民大学出版社2014年版,第552页;王利明、尹飞、程啸:《中国物权法教程》,人民法院出版社2007年版,第524页。

[2] 崔建远:《物权法》,中国人民大学出版社2014年版,第552页。

[3] 崔建远:《物权法》,中国人民大学出版社2014年版,第553页。

[4] 崔建远:《物权法》,中国人民大学出版社2014年版,第554页。

权人付款时，其债务消灭，可以对抗质权人关于付款的请求。另外，在主债务人不履行到期债务致使担保债权未获清偿时，债券质权人尚应通知第三债务人向自己付款。

2. 消除对债券债权的限制

于债券质权消灭的情况下，质权人应当消除对债券债权的限制，如及时返还债券或及时办理注销登记。

3. 赔偿损失

债券质权人对债券债权人承担损害赔偿责任的情形有下列两种：（1）债券质权存续期间，未经出质人同意而转质，给债券债权人（出质人）造成损失的，债券质权人应当赔偿其损失（《物权法》第229条、第217条）；（2）债券质权人怠于行使质权，给债券债权人（出质人）造成损失的，应当赔偿其损失（《物权法》第229条、第220条第2款）。

4. 不当得利返还

债券质权的行使超过了被担保债权的范围时，该超出部分构成不当得利，债券质权人应予返还。

四、存款单质权

存款单，也称存单，是指存款人于银行或者其他储蓄机构存了一定数额的款项后，由银行或者其他储蓄机构开具的到期还本付息的债权凭证。[1]活期存款凭证（即存折）因可随时存取，所以不宜质押。

根据《物权法》第224条的规定，以存款单出质的，出质人和质权人应当以书面形式订立质权合同，出质人应当在质权合同约定的期限内将存款单（权利凭证）交付质权人。存款单质权自存款单（权利凭证）交付债权人（质权人）时设立。实务中，以存款单出质的，债权人（质权人）应进行存款单核押，即债权人（质权人）将存款单质押的情况告知开具存款单的储蓄金融机构，并就存款单的真实性向储蓄机构咨询，储蓄金融机构对存款单的真实性予以确认，并于存款单上签章或以其他方式签章。存款单出质核押，也是在向开具存款单的储蓄金融机构为质权设立的通知，储蓄金融机构被告知存款单出质的事实后，存款人即成为"虚有权利人"，开具存款单的储蓄金融机构不得再向存款人支付存款单载明的款项，更不允许挂失该存款单。如果开具存款单的储蓄金融机构核押后又受理挂失

---

[1] 王胜明主编：《中华人民共和国物权法解读》，中国法制出版社2007年版，第478页。

并造成存款流失的,应当承担民事责任(《担保法解释》第 100 条)。[1]

主债务人不履行到期债务致使被担保债权未获清偿,或者当事人约定的实现存款单质权的条件成就时,质权人可行使质权,直接向存款单债务人(开具存款单的储蓄金融机构)请求兑付,使其被担保债权就存款单兑付的款项优先获得清偿。如该储蓄金融机构拒绝兑付存款单,则质权人可向该储蓄金融机构提起给付之诉。[2]

五、仓单质权

(一)仓单质权的涵义与设立

仓单质权,即以仓单为标的物而设立的质权。依《物权法》的规定,仓单质权为权利质权之一种。

仓单是指仓库的保管人应寄托人(存货人)的请求所填发的证明寄托人(存货人)所寄存物品的一种有价证券。依我国现行法,仓库保管人仅填发一份仓单,该仓单作为提取保管物的凭证,既可以转让也可以出质。《合同法》第 385 条、第 386 条、第 387 条规定,仓单系提取仓储物的凭证。寄托人(存货人)或者仓单持有人于仓单上背书并经保管人签字或者盖章的,可以转让提取仓储物的权利。另依《物权法》第 224 条的规定,以仓单为标的物设立质权,出质人与质权人应当订立书面质押合同,出质人应当于质押合同约定的期限内将仓单(权利凭证)交付质权人,仓单质权设立。

(二)仓单质权的保全权

仓单出质后,因出质人的原因而使仓储物有所损失时,会危及质权人质权的实现。于此情形下,质权人有保全仓单质权的权利(《物权法》第 229 条、第 216 条),有权依照《合同法》第 388 条、第 389 条的规定,向仓储物的保管人请求检验仓储物或提取仓储物的样品,保管人不得拒绝,并且无须征得出质人的同意。质权人于检验仓储物或提取仓储物的样品后,发现仓储物有毁损或灭失之虞而将害及质权的,质权人可与出质人协商由出质人另行提供足额担保,或由质权人提前实现质权,或向第三人提存,以此来保全自己的质权。[3]

---

[1] 曹士兵:《中国担保诸问题的解决与展望》,中国法制出版社 2001 年版,第 307 页;崔建远:《物权法》,中国人民大学出版社 2014 年版,第 556 页。

[2] 曹士兵:《中国担保诸问题的解决与展望》,中国法制出版社 2001 年版,第 311 页;崔建远:《物权法》,中国人民大学出版社 2014 年版,第 557 页;《担保法解释》第 106 条。

[3] 房绍坤、赵志毅:"论仓单质押",载《法制与社会发展》2001 年第 4 期;崔建远:《物权法》,中国人民大学出版社 2014 年版,第 559 页。

(三) 出质人的权利义务

出质人对仓储物的处分权受到限制。仓单是提取仓储物的权利凭证，取得仓单意味着取得了仓储物的所有权。但仓单一经出质，质权人即占有出质人交付的仓单。对于出质人，因其暂时丧失了对仓单的占有，尽管对仓储物依然享有所有权，但若想对仓储物进行处分，应当向质权人另行提供担保，或经质权人同意而取回仓单。[1]

(四) 仓单质权对仓储物的保管人的效力 [2]

仓单质权对仓储物的保管人仍有效力，主要是：(1) 保管人负有见单即交付仓储物的义务。当质权人的债权到期不能获得清偿时，质权人可向保管人提示仓单请求提取仓储物，由此实现仓单质押担保。(2) 保管人享有救济权。依合同法法理，仓单持有人提前提取仓储物的，保管人不减收仓储费。故此，质权人于实现质权时，尽管仓储期间尚未届满，保管人也不得拒绝交付仓储物。但是，如果出于质权人提前提取仓储物而尚有未支付的仓储费的，保管人可请求质权人支付未支付的仓储费。当然，质权人因此而为的支出应当于仓储物的变价之中扣除，由债务人最后负责。若质权实行时，仓储期间业已届满，保管人也享有同样的救济权，由质权人先支付逾期仓储费，债务人最后予以补偿。

(五) 仓单质权的实行 [3]

仓单质权的实行方法有 3 种：折价、拍卖及变卖。仓单作为提货凭证，一般会有仓储期间记载其上。仓单质权实行时会因仓单上所记载的提货日期先于、后于或同时与仓单质权担保的债权的清偿期届至而有所不同。

仓单所记载的提货日期先于质权所担保的债权的清偿期届至的，依《担保法》第 77 条的规定，质权人可在债权清偿期届满前提取仓储物，并与出质人协议将提取的仓储物用于提前清偿所担保的债权，或向与出质人约定的第三人提存，质权的效力仍然及于该提存物上。在此情况下，仓单质权变为动产质权。如果在此情况下，债务人另行提供了担保，则不发生质权人提取仓储物的后果，而质权人应返还仓单给出质人，从而使仓单质权消灭。至于质权人返还仓单后出质人是否提取已届期的仓储物，则不属于仓单质权问题。

---

1 房绍坤、赵志毅："论仓单质押"，载《法制与社会发展》2001 年第 4 期；崔建远：《物权法》，中国人民大学出版社 2014 年版，第 559 页。

2 房绍坤、赵志毅："论仓单质押"，载《法制与社会发展》2001 年第 4 期；崔建远：《物权法》，中国人民大学出版社 2014 年版，第 560 页。

3 房绍坤、赵志毅："论仓单质押"，载《法制与社会发展》2001 年第 4 期；崔建远：《物权法》，中国人民大学出版社 2014 年版，第 560—561 页。

应注意的是，在上述情况下，如果质权人与出质人不能达成协议的，则质权人只能将所提取的仓储物予以提存，而不能用于提前清偿所担保的债权。盖因若用于提前清偿所担保的债权，则势必会损害债务人所享有的期限利益。质权人将提取的仓储物提存之后，质权仍存在于该提存物上，如此债权人的债权依然能够得到有效的保障；同时债务人于履行期届至时依法履行了债务后，即可向提存人请求提取提存物，由此取回属于自己的物品。

关于仓单所记载的提货日期后于质权所担保的债权的清偿期届至的，质权人能否直接向债务人请求给付，《担保法解释》第102条规定："以载明兑现或者提货日期的汇票、支票、本票、债券、存款单、仓单、提单出质的，其兑现或者提货日期后于债务履行期的，质权人只能在兑现或者提货日期届满时兑现款项或者提取货物。"

仓单所载提货日期与质权所担保的债权的清偿期同时届至的，因为于所担保的债权的清偿期届至时，债务人未为债务的清偿，故此质权人自可依法实现质权。此时，以质权人向仓储物的保管人提示仓单为必要。质权人提示仓单请求提取仓储物，保管人不得拒绝交付仓储物。质权人可依法处分所提取的仓储物，优先清偿其到期债权。

六、提单质权

提单质权，是指以提单为标的物而设立的质权。所谓提单，《海商法》第71条规定，是指用以证明海上货物运输合同和货物已经由承运人接收或者装船，以及承运人保证据以交付货物的单证。提单中载明的向记名人交付货物，或者按照指示人的指示交付货物，或者向提单持有人交付货物的条款，构成承运人据以交付货物的保证。货物由承运人接收或者装船后，应托运人的要求，承运人应当签发提单。提单可以由承运人授权的人签发。提单由载货船舶的船长签发的，视为代表承运人签发。《海商法》第79条规定，记名提单不得转让，指示提单经过记名背书或者空白背书转让，不记名提单无须背书即可转让。因此，能够作为权利质权标的物的提单，只能是指示提单和不记名提单两种。[1]依《物权法》第224条的规定，以提单为标的物设立质权时，出质人与质权人应当订立书面质权合同，质权自提单（权利凭证）交付质权人时设立。

---

[1] 王胜明主编：《中华人民共和国物权法解读》，中国法制出版社2007年版，第479页；王利明、尹飞、程啸：《中国物权法教程》，人民法院出版社2007年版，第525—526页。

七、股权质权

（一）概要

股权质权，是指以股权为标的而设立的质权。股权系以股东资格（即公司这一营利法人中的社员资格）为发生基础，既包括经济性质的，也包括非经济性质的，故此在民事权利体系中系属于社员权之一种。由于股权中包含具有财产性质的权利（如股息分配请求权、剩余财产分配请求权、新股认购权等），具有经济价值且可依法转让，故《物权法》第 223 条第 4 项允许债务人或者第三人以依法可以转让的股权设立质权。[1] 股权依法不得转让的，则不能出质。例如，《公司法》第 141 条规定：发起人持有的本公司股份，自公司成立之日起 1 年内不得转让；公司公开发行股份前已发行的股份，自公司股票在证券交易所上市交易之日起 1 年内不得转让。亦即，此两类股权于法定期限内皆不得出质。另外，《公司法》第 142 条第 4 款规定："公司不得接受本公司的股票作为质押权的标的"，也应遵循。可见以股权出质，既应满足《物权法》和《担保法》的要求，也应满足《公司法》的要求。

在我国，公司包括有限责任公司和股份有限公司。有限责任公司股东的股权是通过公司签发的出资证明书来体现的，股份有限公司股东的股权是通过公司签发的股票来体现的。出资证明书，是指证明投资人已经依法履行缴付出资义务，成为有限责任公司股东的法律文件。《公司法》规定，有限责任公司成立后，应当向股东签出出资证明书；股票由法定代表人签名，公司盖章。出资证明书和股票即是股东享有股权的法定凭证。[2]

（二）股权质权的设立

《物权法》第 226 条第 1 款规定，以股权出质的，当事人应当订立书面的质权合同。以证券登记结算机构登记的股权出质的，质权自证券登记结算机构办理出质登记时设立；以其他股权出质的，质权自工商行政管理部门办理出质登记时设立。分述如下。

1. 以证券登记结算机构登记的股权出质的，质权自证券登记结算机构办理出质登记时设立

所谓证券登记结算机构，是指为证券交易提供集中登记、存管与结算服务，

---

[1] 王利明、尹飞、程啸：《中国物权法教程》，人民法院出版社 2007 年版，第 527 页。
[2] 王胜明主编：《中华人民共和国物权法解读》，中国法制出版社 2007 年版，第 480 页。

不以营利为目的的法人。依法应当于证券登记结算机构登记的股权,涵盖上市公司的股权、公开发行股份的公司的股权、非公开发行但股东在 200 人以上的公司的股权,这些股权的表现形式皆为股票。根据《证券法》的规定,这些股票均实现无纸化管理,其发行、转让皆受证券监督管理机构的监管,股票的过户、结算、存管等行为都要通过证券登记结算机构。同时,证券登记结算机构的结算采取全国集中统一的电子化运营方式,既方便当事人和第三人登记、查询,也节省登记成本。故此,以上述股权出质的,质权自证券登记结算机构办理完毕出质登记时设立。[1]

我国的证券登记结算机构,是中国证券登记结算有限责任公司,其下设上海分公司和深圳分公司。以在上海证券交易所上市的股份出质的,应当在中国证券登记结算公司上海分公司办理出质登记;而以在深圳证券交易所上市的股份出质的,应当在中国证券登记结算公司深圳分公司办理出质登记。目前股权质押登记的实际做法是,流通股的质押登记一般在证券公司的营业部办理,之后营业部将该质押登记资料报证券登记结算机构备案。而有限售条件的流通股和非流通股的质权登记基本上是直接到证券登记结算机构办理出质登记。[2]

2. 以其他股权出质的,质权自工商行政管理部门办理出质登记时设立

所谓其他股权,指不在证券登记结算机构登记的股权,涵括有限责任公司的股权、非公开发行的股东在 200 人以下的股份有限公司的股权。[3] 关于此类股权出质时的登记问题,《担保法》第 78 条的规定是记载于股东名册。但是,从实践看,《担保法》的此规定具有很大的不合理性。盖在股东名册上的记载,不具明显的公开性,公示效果不强,不便于第三人查询,此外也容易出现伪造和篡改登记的问题。鉴于此,《物权法》第 226 条第 1 款第 3 句规定,以其他股权出质的,质权自工商行政管理部门办理出质登记时设立。之所以确定工商行政管理部门为登记机关,主要是考虑到依据《公司法》《公司登记管理条例》的规定,所有依法设立的公司都必须在工商行政管理部门办理登记,且公司变更登记事项时应当向原公司登记机关申请变更登记。同时,公众可以向公司登记机关申请查询公司登记事项,公司登记机关应当提供查询服务。故此,将以其他股权出质的登记机关确定为工商行政管理部门,可以很好地落实物权法的公示公信原则,能够让第

---

[1] 王胜明主编:《中华人民共和国物权法解读》,中国法制出版社 2007 年版,第 487—488 页。
[2] 王利明、尹飞、程啸:《中国物权法教程》,人民法院出版社 2007 年版,第 528 页。
[3] 王胜明主编:《中华人民共和国物权法解读》,中国法制出版社 2007 年版,第 488 页。

三人迅速、便捷、清楚地了解到股权上存在的负担。[1]

(三) 股权质权的效力

1. 股权质权的效力所及标的物的范围

股权质权的效力及于出质股权本身，以及股权出质后产生的法定孳息，涵括现金红利、股息、红股、转增股等。如果公司以发行新股的方式分配股利的一部或全部，质权人对新股同样有收取权。在此方面，《证券公司股票质押贷款管理办法》（2004年）第35条规定："质物在质押期间所产生的孳息（包括送股、分红、派息等）随质物一起质押。质物在质押期间发生配股时，出质人应当购买并随质物一起质押。出质人不购买而出现质物价值缺口的，出质人应当及时补足。"对于股权的法定孳息，质权合同约定不在股权质权的效力范围之内的，依其约定；在公司清算而有剩余财产可分配于股东时，股权质权人有权收取该剩余财产。出质的股权因公司的合并或创设分立而失去效力，因此配发新股或现金，属于股权的代位物，应为股权质权的效力所及。至于若为配合股票公开上市，由大面额股票换发为小面额股票，或可转换的公司债券经转换为股份后的股票，或股票经除权判决宣告无效后换发的新股票等，虽然不是因权利质权消灭所获得的损害赔偿金，但这些新股票和原股票应被视为同一物，该新股票相对于原股票的代位物而言，更应为股权质权的效力所及。[2]

2. 质权人的权利

质权人的权利，除享有对股票、出资证明书的留置权，对股权法定孳息的收取权，物上代位权，基于股权质权的物权请求权，以及在股权质权消灭后将保管的股票或出资证明书返还给出质人的义务外，尚有下列几点须予说明[3]：

（1）股权质权的保全权。股权质权的保全，具有特殊之处，应当注意。例如，2004年《证券公司股票质押贷款管理办法》第33条规定："用于质押股票的市值处于本办法第二十七条规定的平仓线以下（含平仓线）的，贷款人有权无条件处分该质押股票，所得的价款直接用于清偿所担保的贷款人债权。"而此处所指第27条的内容为："为控制因股票价格波动带来的风险，特设立警戒线和平仓线。警戒线比例（质押股票市值/贷款本金×100%）最低为135%，平仓线比例（质押股票市值/贷款本金×100%）最低为120%。在质押股票市值与贷款本金之

---

[1] 王利明、尹飞、程啸：《中国物权法教程》，人民法院出版社2007年版，第528页。

[2] 崔建远：《物权法》，中国人民大学出版社2014年版，第566页；王利明、尹飞、程啸：《中国物权法教程》，人民法院出版社2007年版，第531—532页。

[3] 崔建远：《物权法》，中国人民大学出版社2014年版，第567—568页。

比降至警戒线时，贷款人应要求借款人即时补足因证券价格下跌造成的质押价值缺口。在质押股票市值与贷款本金之比降至平仓线时，贷款人应及时出售质押股票，所得款项用于还本付息，余款清退给借款人，不足部分由借款人清偿。"

（2）保管义务。在出质的股权有股票或出资证明书交付给质权人的情况下，质权人有保管此类股票、出资证明书的义务。在此方面，《证券公司股票质押贷款管理办法》（2004年）第19条规定：贷款人（股权质权人）在发放股票质押贷款前，应在证券交易所开设股票质押贷款业务特别席位，专门保管和处分作为质物的股票。贷款人应在贷款发放后，将股票质押贷款的有关信息及时录入信贷登记咨询系统。

（3）股权质权的实行权。主债务人不履行到期债务，或当事人约定的实现股权质权的情形出现时，质权人有权行使其质权，就出质股权的价值优先受自己债权的清偿。股权质权的实行方法可以是拍卖、变卖出质的股权，也可以经出质人和质权人协商将出质股权折价，使被担保债权优先受偿。变价款超过被担保债权的部分归出质人所有，不足部分由债务人清偿。

3. 出质人的权利义务[1]

（1）处分权受到限制与提前清偿或提存的义务。股权出质后，出质人对于股权不得以法律行为使其绝对消灭或变更，除非经过了质权人的同意。至于相对消灭，如股权转让，《物权法》第226条第2款规定：股权出质后，不得转让，但经出质人与质权人协商同意的除外。出质人转让股权所得的价款，应当向质权人提前清偿债务或者提存。

（2）继续享有和行使于公司中的表决权。出质人于股权出质后，有权继续出席股东大会，并对股东大会的决议进行表决。[2]

（3）股利的收取权。记名股票的股东仍然享有收取股利的权利，但应将之向质权人提前清偿或提存；无记名股票出质场合，股东已经不能证明自己的股东身份，无从依据股票行使权利，故此无权取得股利。[3]

八、基金份额质权

基金份额质权，是指以基金份额为标的而设立的质权。《物权法》第223条第4项允许以"可以转让的基金份额"设立质权。同时，该法第226条第1款规

---

[1] 崔建远：《物权法》，中国人民大学出版社2014年版，第568页。
[2] 施天涛：《公司法论》（第2版），法律出版社2006年版，第275页。
[3] 谢在全：《民法物权论》（下册），新学林出版股份有限公司2014年版，第527—528页。

定，以基金份额出质的，当事人应当订立书面合同，质权自证券登记结算机构办理完毕出质登记时设立。

《物权法》第223条和第226条中的"基金"，仅指《证券投资基金法》调整的证券投资基金，即通过公开发售基金份额募集证券投资基金，由基金管理人管理，基金托管人托管，为基金份额持有人的利益，以资产组合方式进行证券投资活动的信托契约型基金，涵括投资于不同对象的信托契约型基金、采用不同运作方式的信托契约型基金和选择不同投资收益与风险的信托契约型基金，但不包括私募基金和公司型基金。[1] 故此，《物权法》中的"基金份额"也就是"证券投资基金份额"。[2]

由于封闭式基金的基金份额于证券交易所上市交易，故此以之设立权利质权时，依据《物权法》第226条第1款第2句，质权自证券登记结算机构办理完毕出质登记时设立。依据《证券投资基金法》第65条的规定，开放式基金的基金份额的申购、赎回和登记，由基金管理人负责办理；基金管理人可以委托经国务院证券监督管理机构认定的其他机构（如商业银行、中央证券登记结算公司等）代为办理。自实践看，我国目前的开放式基金大部分是通过商业银行来进行申购、赎回和登记，如果以开放式基金的基金份额设立质权，无法按照《物权法》第226条的规定到中央证券登记结算公司进行出质登记，需要变通处理。[3]

九、知识产权质权

（一）概要

知识产权质权，是指以知识产权为标的而设立的质权。知识产权，主要涵括3类权利：商标权、专利权及著作权。商标权也称注册商标专用权，是法律赋予商标所有人对其注册商标（包括商品商标、服务商标和集体商标、证明商标）所享有的专有使用权。商标权是一种纯粹的财产权利，不包含人身权利在内，由此商标权原则上可以转让，《物权法》第223条第5项允许以商标权进行质押。专利权是指国家专利主管机关依法授予专利申请人或其继受人于一定期限内实施其发明创造的独占性权利，涵括发明专利权、实用新型专利权和外观设计专利权。专利权涵括人身权利与财产权利两部分，人身权利是指发明人、设计人的署名权，而财产权利包括专利申请权、专利许可权、专利转让权。《物权法》第223

---

[1] 李飞主编：《中华人民共和国证券投资基金法释义》，法律出版社2003年版，第6页以下。
[2] 王利明、尹飞、程啸：《中国物权法教程》，人民法院出版社2007年版，第526页。
[3] 王利明、尹飞、程啸：《中国物权法教程》，人民法院出版社2007年版，第526—527页。

条第 5 项允许将可以转让的专利权中的财产权加以质押。著作权是指基于文学、艺术和科学作品依法产生的权利，具体涵括下列人身权和财产权：发表权、署名权、修改权、保护作品完整权、复制权、发行权、出租权、展览权、表演权、放映权、广播权、信息网络传播权、摄制权、改编权、翻译权、汇编权，以及应当由著作权人享有的其他权利。这些权利中，除发表权、署名权、修改权和保护作品完整权属于人身权外，其他的皆为财产权利。著作权人可以将这些财产权全部或者部分地加以转让，并依照约定或者《著作权法》的有关规定获得报酬。《物权法》第 223 条第 5 项也允许著作权人以可转让的著作权中的财产权设立质权。[1]

(二) 知识产权质权的设立

依据《物权法》第 227 条第 1 款第 1 句，以注册商标专用权、专利权、著作权等知识产权中的财产权出质的，当事人应当订立书面合同；同时，该款第 2 句规定："质权自有关主管部门办理出质登记时设立。"所谓有关主管部门，依质押的知识产权的类型不同而有所不同：以依法可以转让的注册商标专用权出质的，登记机关是国务院工商行政管理部门商标局（《商标法》第 2 条）；以依法可以转让的专利权中的财产权出质的，登记机关是国家知识产权局和省、自治区、直辖市人民政府管理专利的部门（《专利法》第 3 条）；以依法可以转让的著作权中的财产权出质的，登记机关是国家版权局和省、自治区、直辖市人民政府的著作权管理部门（《著作权法》第 7 条）。[2]

(三) 知识产权质权的效力所及标的物的范围

知识产权质权的效力及于出质知识产权自身。如质押合同未有相反的约定，知识产权质权的效力也及于出质的知识产权转让时产生的转让费、许可他人使用时产生的许可费。

(四) 出质人的权利义务

出质人的权利义务涵括两个方面：一是以注册商标专用权、专利权和著作权中的财产权设立质权后，出质人仍可继续使用知识产权；二是除非出质人与质权人协商同意，出质人不得转让或者许可他人使用出质的知识产权。对此，《物权法》第 227 条第 2 款规定："知识产权中的财产权出质后，出质人不得转让或者许可他人使用，但经出质人与质权人协商同意的除外。出质人转让或者许可他人使用出质的知识产权中的财产权所得的价款，应当向质权人提前清偿债务或者提存。"

---

[1] 王利明、尹飞、程啸：《中国物权法教程》，人民法院出版社 2007 年版，第 528—529 页。
[2] 王利明、尹飞、程啸：《中国物权法教程》，人民法院出版社 2007 年版，第 529 页；崔建远：《物权法》，中国人民大学出版社 2014 年版，第 570 页。

（五）质权人的权利义务

收取入质知识产权转让时产生的转让费、许可他人使用时产生的使用费。特别是知识产权人在出质前与他人订立的许可使用合同，其效力不因知识产权的出质而受影响，使用人仍有权继续使用。如果许可使用费于知识产权出质时还未收取的，质权人有权收取该许可使用费。此外，入质知识产权被转让时产生的转让费，质权人也有权收取。

实行知识产权质权。知识产权质权所担保的债权届清偿期而未获清偿，或当事人约定实行质权的情形出现时，质权人有权实行知识产权质权，并从卖得价金中优先受自己债权的清偿。实行的方法主要有3种：拍卖、变卖出质的知识产权质权，或者经出质人和质权人协商将出质知识产权折价，使被担保债权优先受偿。

不得擅自使用入质知识产权的客体。质权人不得凭借其法律地位而擅自使用入质知识产权的客体——商标、专利技术或作品，如欲使用，须获得出质人的许可。

允许被许可使用人在原使用范围内继续使用。知识产权人于出质前已许可他人为某种使用的，其对知识产权客体的使用，不因出质而受影响，被许可人仍有权于原使用范围内继续使用。

被担保债权因清偿、抵销等原因而消灭时，质权人有通知质押登记机关注销质押登记的义务。

十、应收账款质权

（一）概要

应收账款质权，是指以应收账款（请求权）为标的而设立的质权。在应收账款质权关系中，应收账款请求权人为出质人，绝大多数情况下即是主债务人，主债务人的债权人为质权人，向应收账款请求权人负清偿义务的当事人为第三债务人。[1]而所谓应收账款，依2007年中国人民银行颁行的《应收账款质押登记办法》第2条规定，系指权利人因提供一定的货物、服务或设施而获得的要求义务人付款的权利，及依法享有的其他付款请求权，涵括现有的和未来的金钱债权，但不包括因票据或其他有价证券而产生的付款请求权，以及法律、行政法规禁止转让的付款请求权。具体涵括下列权利：（1）销售产生的债权，包括销售货物，供应水、电、气、暖，知识产权的许可使用，出租动产或不动产等；（2）提供医疗、

1　崔建远：《物权法》，中国人民大学出版社2014年版，第573页。

教育、旅游等服务或劳务产生的债权；（3）能源、交通运输、水利、环境保护、市政工程等基础设施和公用事业项目收益权；（4）提供贷款或其他信用活动产生的债权；（5）其他以合同为基础的具有金钱给付内容的债权。

应收账款质权具有三项法律特性[1]：（1）应收账款质权的标的是未被证券化的以金钱给付为内容的权利。（2）应收账款质权的设立不以交付权利凭证为要件。应收账款是一种未被证券化的具有金钱内容的请求权，无证券载体，因此在设立应收账款质权时无须转移权利凭证。当然，根据当事人意思自治原则，质权人可以要求出质人于订立应收账款质押合同时转移合同书或其他凭证，增加其私下转让、处置应收账款的难度，尽可能维护质权效能。[2]（3）应收账款质权的实现受制于应收账款义务人的清偿能力。应收账款质权实质上是以一种请求权担保另一种请求权的担保方式，与其他已经证券化的权利质权相较，其实现更加依赖应收账款债务人的信用程度和履行能力，受制因素明显多于票据质权，故其担保功能有限，于质权得不到实现时的交易成本更高，商业银行办理此业务时面临的风险更大。[3]

（二）应收账款质权的设立

根据《物权法》第228条第1款的规定，以应收账款出质的，当事人应当订立书面合同。质权自信贷征信机构办理出质登记时设立。[4]此处所称信贷征信机构，依《应收账款质押登记办法》第4条的规定，指中国人民银行的征信中心，其具体办理应收账款质押的登记。应收账款质押登记由质权人办理，质权人也可委托他人办理登记（第8条）。登记内容涵括质权人和出质人的基本信息、应收账款的描述、登记期限，质权人应将于办理质押登记前与出质人签订的协议作为登记附件提交登记公示系统（第10条第1款）。

此外，质权人可与出质人约定将主债权金额等项目作为登记内容（第10条

1　崔建远：《物权法》，中国人民大学出版社2014年版，第573页。
2　杜国辉："应收账款质押若干法律问题分析"，清华大学法学院2008年硕士学位论文，第7页。
3　杜国辉："应收账款质押若干法律问题分析"，清华大学法学院2008年硕士学位论文，第7页。
4　《物权法》之所以确定信贷征信机构为应收账款出质的登记机构，系考虑到当代市场交易追求交易安全、便捷、迅速的特点。同时，此登记机构必须具备一个现代化的、集中化的和基于互联网的技术系统，能够做到信息准确、快速及时、查询便捷、操作简单、成本低廉和使用安全。我国的信贷征信机构于全国已经建立了信贷征信系统，该系统是目前全国联网最大的电子化信息系统，覆盖面广，业已达到了国内所有金融机构、所有县及有信用社的乡镇，信息量大，信息处理快捷，能够满足应收账款登记和查询需要。基于这些因由，《物权法》规定了信贷征信机构为应收账款出质的登记机构。对此，请参见王胜明主编：《中华人民共和国物权法解读》，中国法制出版社2007年版，第492页。

第 4 款)。

(三) 应收账款质权设立后出质人的义务

《物权法》第 228 条第 2 款规定:"应收账款出质后,不得转让,但经出质人与质权人协商同意的除外。出质人转让应收账款所得的价款,应当向质权人提前清偿债务或者提存。"之所以作如此的规定,主要系为了保护质权人的利益,防止出质人随意处置应收账款,保证其所担保的债权的实现。[1]

---

[1] 王胜明主编:《中华人民共和国物权法解读》,中国法制出版社 2007 年版,第 492 页。

第二十一章

留置权

第一节 概 说

一、留置权的涵义

留置权，是指债务人不履行到期债务时，债权人可以留置已经合法占有的债务人的动产，并有权就该动产折价或以拍卖、变卖该动产的价款优先受偿的权利（《物权法》第230条），系一种法定担保物权。例如，甲将电脑交由乙维修公司修理，费用2000元，修毕后于甲未清偿修理费前，乙得拒绝返还电脑而加以留置，以担保自己的2000元债权。留置权具有下列法律特性。

（一）留置权为担保物权

在物权法发展史上，留置权系肇源于罗马法的恶意抗辩（exceptio doli）与诈欺抗辩的拒绝给付权。[1] 近现代与当代各国家或地区民法，对于留置权是否为一种独立的担保物权，立场未尽一致。德国、法国民法的留置权，为债权的留置权。[2] 瑞士、日本与我国台湾地区"民法"的留置权，为物权的留置权。我国《物权法》规定的留置权系从瑞士、日本和台湾地区"民法"的立法成例，属于物权的留置权。该法第230条第1款规定："债务人不履行到期债务，债权人可以留置已经合法占有的债务人的动产，并有权就该动产优先受偿。"可见，我国法上的留置权，是依法律的规定而直接发生的担保物权，只要债权人已经合法占有了债务人的动产，且债务人不履行到期债务，债权人对占有的债务人的动产即当然取得

---

[1] ［日］柚木馨、高木多喜男：《担保物权法》，有斐阁1973年版，第11—12页。

[2] 《法国民法典》未集中规定留置权，仅在各法条中零星地规定了基于公平原则的给付拒绝权，该给付拒绝权性质上属于债的关系；《德国民法典》于债法中规定了给付拒绝权，该给付拒绝权性质上亦属于债权。参见［日］柚木馨、高木多喜男：《担保物权法》，有斐阁1973年版，第12页。

留置权，并有权就该动产优先受偿。

（二）留置权为于债权未受清偿前，得留置他人的动产的担保物权

留置权作为一种担保物权，其主要效力为留置效力。所谓留置，指扣留所占有的他人的动产而拒绝返还。因此，占有、扣留他人的动产，不仅为留置权的主要效力，同时也为留置权成立与存续的要件。留置权关系中，法律之所以赋予债权人于自己的债权未受清偿前留置他人动产的权利，其目的不外乎使债权人借助留置手段，对债务人造成心理压迫，进而促使其清偿债务。

应注意的是，此所谓"他人的动产"，依《物权法》第 230 条的规定，系指债务人的动产。学理上和实务中对被留置的动产是否须为债务人所有存在一定争议，但由于该法条表述明确，由此似乎不存在解释空间。《担保法》第 82 条也将留置权的标的物限定为"债务人的动产"。但是《担保法解释》第 108 条实际上对《担保法》的规定作了扩张解释，从而承认了留置权的善意取得。该条规定，"债权人合法占有债务人交付的动产时，不知债务人无处分该动产的权利，债权人可以按照担保法第八十二条的规定行使留置权"。可见，我国现行法律实际上认可留置权的善意取得。[1]

（三）留置权系在一定条件下得留置他人的动产的担保物权

债权人占有债务人的动产，于自己的债权未受清偿前，并不是均可留置；而仅于具备一定要件时，方可留置所占有的债务人的动产。此所称"一定要件"主要有：其一，须债权已届清偿期；其二，须债权的发生与该动产具同一法律关系（或牵连关系）；其三，不存在不得留置的情形。

二、留置权的法性质

（一）物权性

如前述，在近现代及当代民法上，留置权有债权性质的留置权与物权性质的留置权。我国《物权法》上的留置权，属于物权性质的留置权。此种留置权，不仅是权利人（留置权人）拒绝返还动产的权利，且也是其占有动产并支配其交换价值的独立物权。

（二）担保物权性

留置权为担保物权之一种，担保物权的通性——从属性、不可分性与物上代

---

[1] 刘家安：《物权法论》，中国政法大学出版社 2009 年版，第 214 页。亦即，凡债权的发生与动产有同一法律关系（"牵连关系"），即使该动产为债务人以外第三人的财产，也可成为留置权的标的物。

位性，留置权皆具有。而最能体现留置权的此担保物权性的，是留置权的留置效力与优先受偿效力。留置效力，是留置权的第一位效力。基此效力，留置权人得拒绝他人返还留置物的请求权，他人欲使留置权人返还其留置物，则自己应首先清偿债务。

留置权对于与留置物有牵连关系的债权具有担保效力。当债务人不履行债务超过一定期限时，留置权人有权变卖留置物，或以留置物折价使自己与留置物有牵连关系的债权优先受偿。另外，需注意的是，如留置物的价值远远超过被担保债权时，仍然固守留置权的不可分性，则对留置物的所有人不啻过苛，故此于一定条件下缓和留置权的不可分性即有必要。为此，《物权法》第233条特别规定："留置财产为可分物的，留置财产的价值应当相当于债务的金额。"[1]

（三）法定性

债务人的动产上也可成立动产质权，但留置权的性质与动产质权的性质存在重大差异，前者是法定担保物权，后者是意定担保物权。留置权的法定性意味着，只要法定的留置权发生条件具备，无须考虑债务人的意思即可直接成立留置权。[2]

三、留置权与其他类似权利的界分

（一）留置权与动产质权的界分

留置权因法律规定而生，为法定担保物权，其功用仅在于担保债权的清偿。而动产质权，原则上由当事人依质权合同设立，为意定担保物权，除有担保债权清偿的功用外，并有媒介融资的功能。

留置权与动产质权虽同以动产为标的物，但留置权主要以属于债务人的动产而设立（发生）。而动产质权，其标的物则不以属于债务人所有为限，即使就第三人移交的动产也可以设立。

关于占有动产的原因，在动产质权，系因担保债权而占有；于留置权，则非因担保债权而占有。

于债权已届清偿期而未受清偿，或当事人约定的实现质权的情形出现时，动产质权人即可将质物折价或变价；而留置权人须在留置标的物后的一定期间（如2个月）届满之时（《物权法》第236条），方可将留置物折价或拍卖。

留置权因留置权人丧失对质物的占有，或债务人提供相当的担保而消灭

1　崔建远：《物权法》，中国人民大学出版社2009年版，第624页。
2　刘家安：《物权法论》，中国政法大学出版社2009年版，第215页。

（《物权法》第 240 条）；而动产质权，质权人丧失质物的占有，只有待不能返还质物时方归于消灭。此外，出质人提供相应担保，也并非动产质权消灭的原因（《物权法》第 216 条）。

（二）留置权与同时履行抗辩权的界分

留置权与同时履行抗辩权虽然均基于公平原则而生，且二者也不妨同时存在，[1] 但其仍然存在下列差异。[2]

1. 性质不同

留置权为物权，以对物加以支配为内容，对任何人皆可主张；而同时履行抗辩权则是双务合同的一种效力，以拒绝相对人的请求为其内容，仅能向相对人主张。

2. 保护的债权不同

留置权所担保的债权，应为与动产属于同一法律关系的债权，至于该债权发生的具体原因，则不予追问；而同时履行抗辩权所保护的债权，系同一双务合同所生，且相互间原则上必须存在对价关系。

3. 标的物的不同

留置权可拒绝的给付，限于动产；而同时履行抗辩权所得拒绝的给付，其种类则无限制。

4. 标的物所有权的不同

留置权的标的物所有权通常属于债务人，而同时履行抗辩权所得拒绝的给付，如为物时，其所有权则属于抗辩权人。

5. 有无不可分性的不同

留置权为从物权，与其所担保的债权具不可分性，只是依《物权法》第 233 条的规定有所缓和；而同时履行抗辩权并无该不可分性。

6. 实行方式的不同

留置权，债务人经留置权人催告而仍不为给付时，留置权人可依一定程序实行其权利；而同时履行抗辩权则只能消极阻止对方的请求，并无积极实现自己债权的手段。

7. 消灭原因的不同

留置权的目的在于担保债权，因此债务人如另行提供担保的，留置权即归于

---

[1] 譬如，某甲将自己的电视机交某乙修理，某甲支付修理费的义务与某乙返还电视机的义务之间，即发生双务合同的同时履行抗辩权与留置权。对于二者是否发生竞合，有不同意见。

[2] 谢在全：《民法物权论》（下册），新学林出版股份有限公司 2014 年版，第 553—554 页；郑玉波著，黄宗乐修订：《民法物权》，三民书局 2007 年版，第 412 页。

消灭；而同时履行抗辩权的目的则在于促使双方的交换履行，因而即使相对人另行提供担保，同时履行抗辩权也并不因此而消灭。

（三）留置权与抵销权的界分

留置权与抵销权，虽皆源出于罗马法的恶意抗辩权，均系为维护公平而设，但二者仍然存在下列差异。[1]

1. 性质不同

留置权为担保物权，而抵销权则为使双方债务依对等额消灭的形成权，性质上为债权。

2. 发生原因的不同

留置权所担保的债权与留置的动产属于同一法律关系（企业之间的留置权连此点也不要求），而抵销权则系要求二人所负债务于种类上相同且相互对立。

3. 效力的不同

留置权于债务人履行债务前，对债务人的动产有一时留置的效力，而抵销权的行使有使债权债务归于确定消灭的效力。

4. 目的不同

留置权的目的在于担保债权的清偿，而抵销权的主要目的则在于避免交换给付的劳费。

5. 实行方式不同

留置权以将留置物折价或变价，而优先清偿所担保的债权为实行方法，而抵销权的行使，以意思表示向相对人为之即可。

6. 消灭原因的不同

留置权得因债务人另行提供相当担保而消灭，而抵销权则不因债务人提供担保而消灭。

第二节 留置权的法制史脉络、立法成例与功用

一、留置权的法制史脉络与立法成例

自近代以降，留置权有民事留置权与商事留置权之分别。民事留置权，渊源

---

[1] 郑玉波著，黄宗乐修订：《民法物权》，三民书局2007年版，第412—413页；谢在全：《民法物权论》（下册），新学林出版股份有限公司2014年版，第554—555页。

于罗马法的恶意抗辩,[1]并无物权的效力,实际上不过为诉讼法上的一种抗辩权,仅能对特定人行使;商事留置权,其发端较民事留置权为晚,大约滥觞于中世纪意大利城市中的习惯法。饶有趣味的是,近现代及当代各国家或地区之规定物权性质的民事留置权,通常认为是受到了商事留置权的影响的结果。

19世纪欧陆民法法典化运动兴起之时,对于留置权是否为一种独立的担保物权,各国的规定相距甚远。法国法系的法国民法与意大利民法,均不承认留置权为物权,而仅认为系一种双务合同的同时履行抗辩权,规定于民法典各条中。惟在法国,其判例、学说也自民法典对此制度的规定中抽象出了留置权概念,[2]故此留置权概念于法国民法学说与判例中是存在的。[3]德国民法的立场与法国民法的立场相同,也不认可留置权为物权。[4]

与以上不同,瑞士民法与日本民法认可留置权为一种独立的担保物权。依其规定,对于与债权有牵连关系的物,于该债权获得清偿前,债权人有权加以留置。不过,瑞士民法与日本民法对留置权的规定并不完全相同,而系存在下列差异:(1)关于标的物。依瑞士民法,留置权的标的物限于动产和有价证券;而日本民法则无此种限制,动产、不动产均可。(2)关于变价权和优先受偿权。依瑞士民法,留置权人对于留置物既有变价权也有优先受偿权。而依日本民法,并无优先受偿权。(3)瑞士采民商合一体制,将民事留置权与商事留置权统一规定。而日本,除民法上定有留置权外,商法上也有留置权的规定。[5]

我国1929—1930年的《中华民国民法》对于留置权主要参考瑞士、日本的立法成例而规定,明确其为一种担保物权,并将之规定于物权编。[6]同时,也定有特殊留置权,进而形成完善的留置权制度系统。我国《物权法》设立专章(第18

---

1 恶意抗辩,也称诈欺抗辩。恶意(dolus)于罗马法上也属于一种侵权行为。公元前66年创设"恶意诉讼"(actio doli)。此诉讼为一种补充诉讼。除该诉讼外,法务官还允许提出恶意抗辩,以资救济。

2 [日]柚木馨、高木多喜男:《担保物权法》,有斐阁1973年版,第12页。

3 [日]柚木馨、高木多喜男:《担保物权法》,有斐阁1973年版,第12页。

4 [日]林良平编集:《注释民法》(8),有斐阁1965年版,第13页。

5 参见《日本商法典》第51条、第521条、第557条、第562条及第589条。

6 我国过去有人主张将留置权、抵押权、质权连同保证等担保方式集中规定于债法中,如此可以将各种担保方式统一起来,且认为留置权也系专门用来担保债权的,体系上也相吻合。应注意的是,晚近公布的《柬埔寨民法草案》即系如此。其编排结构是:第1编总则,第2编人,第3编物权,第4编债务,第5编各种契约、侵权行为,第6编债务担保,第7编亲属,第8编继承,第9编最终条款。

章）集中规定留置权，依规定其系一种法定担保物权。[1]

二、留置权的功用

任何民法制度，皆有其特定的功用。留置权作为一种民法制度，自亦不例外。自法制史看，法律之所以设该制度，主要在于谋求实现民法的公平正义观念与对等正义原则。盖债权人既然已经占有债务人的财产，且其债权又与该财产存在同一法律关系，如在债权受清偿前允许债务人取回财产，则势必使债权人的债权难以获得清偿，此对于债权人而言，显失公平。为消除此种不公平状况，即应赋予债权人于自己的债权未受清偿前得留置债务人财产的权利，借以确保自己债权的清偿。债权人留置债务人的财产后，若债务人仍不清偿其债务，则债权人得就该留置物取偿，以满足自己的债权。惟有如此，民法的公平正义与对等正义原则方能得到切实贯彻和实行，而不至于沦为一纸空文。

第三节　留置权的取得

留置权与抵押权、质权虽同属于担保物权，但抵押权与质权皆可基于当事人的设立行为而取得。留置权，由其性质所决定，无从依设立行为而取得，而系依法律的直接规定或基于继承而取得。此外，留置权因属于非专属性的财产权，故得为让与的对象。由此，受让留置权，亦系取得留置权的原因。不过，因留置权为担保物权而具从属性，且以占有债务人的动产为成立与存续要件，故受让人仅有随被担保的债权让与并占有留置物，方能取得留置权。留置权的取得方式中，最重要、最基本的方式是依法律的直接规定而取得。亦即，债权人占有债务人的动产，于具备法律规定的要件时，即当然取得留置权。此所称法律规定的要件，涵括积极要件与消极要件，前者是指留置权的成立所必须具备的要件，后者是对留置权的成立的限制条件，仅于这些限制条件不存在时留置权方能成立。

---

[1] 自留置权的发展脉络看，其系由债权性质的留置权进到物权性质的留置权。因此，我国现行法认可留置权为物权性质的留置权，与留置权演进的此一轨迹正好相合。惟晚近以来，某些国家（如日本）的立法、判例与学说，对于留置权的构成又出现了向抗辩权方向发展的倾向。对此，请参见［日］柚木馨、高木多喜男：《担保物权法》，有斐阁1973年版，第13页；［日］药师寺：《留置权》（综合判例民法19），三省堂1935年版，第3页以下。

一、留置权取得的积极要件

（一）须债权人占有属于债务人的动产

留置权，系为担保债权而成立的权利，故其权利主体须为债权人，义务主体须为债务人。留置权的客体必须是债务人的动产，并且为发生留置的效力，留置权的发生须以债权人业已占有留置物为前提。第三人的动产符合《担保法解释》第108条的规定时，应为留置物，发生善意取得。

占有于留置权关系中具有重要意义。惟此所谓占有，并不限于直接占有，间接占有、利用占有辅助人而为占有、与第三人共同占有，皆无不可。另外，债权人须合法地获得动产的占有，不得以侵权的方式取得占有。

（二）须债权的发生与该动产属于同一法律关系

《物权法》第231条规定，债权人留置的动产，应当与债权属于同一法律关系，仅企业之间的留置除外。所谓动产与债权属于同一法律关系，系指债务人所享有的动产返还请求权与债权同属于一个法律关系。例如，定作人对承揽物的返还请求权与承揽人的报酬债权同属于加工承揽合同关系，寄存人的保管物返还请求权与保管人的保管费债权同属于有偿保管合同关系，收货人的货物返还请求权与承运人的运费债权同属于货物运输合同关系。而且，此"同一法律关系"并不限于当事人之间的合同关系。[1]换言之，凡债权的发生与动产存在牵连关系的，皆认为具同一法律关系。对此，《担保法解释》第109条明确规定："债权人的债权已届清偿期，债权人对动产的占有与其债权的发生有牵连关系，债权人可以留置其所占有的动产。"尽管对于同一法律关系与牵连关系是否同义存在一定争议，但本书认为，基于比较法经验的可借鉴性及构建我国先进的、与国际相通的留置权制度的考量，《物权法》第231条的"同一法律关系"应解为"牵连关系"。

1. 牵连关系的各种学说与有无牵连关系的判断标准

债权人占有的动产仅有与债权的发生存在牵连关系，方能成立留置权，否

---

[1] 刘家安：《物权法论》，中国政法大学出版社2009年版，第215页。须注意的是，《担保法》第82条规定："本法所称留置，是指依照本法第八十四条的规定，债权人按照合同约定占有债务人的动产……"明确将留置权发生的法律关系限定为合同关系，《担保法解释》第109条取消了此限制，将相关表述改为"债权人的债权已届清偿期，债权人对动产的占有与其债权的发生有牵连关系，债权人可以留置其所占有的动产"。《物权法》也取消了这一限制，而将相关表述改为"……债权人可以留置已经合法占有的债务人的动产"（第230条）。

则，若债权人可任意留置所占有的债务人的动产，则不仅有违公平，且也必然损害交易安全。惟对于债权与动产于何种情形才能认为有牵连关系，学说未尽一致，主要有两说。

（1）单一标准说，认为留置权的标的物（动产）与债权的发生有无牵连关系，应依"统一的单一的标准"而判定。但对于何为"统一的单一的标准"，又有三种认识：一是认为动产如为构成债权发生的法律事实之一时，该债权与动产之间即有牵连关系；二是动产与债权之间只要存在因果关系，即认为债权与动产之间有牵连关系；三是动产与债权的发生须有相当因果关系，而且社会一般观念认为此时也有必要存在留置权时，债权与该动产之间才应认为存在牵连关系。[1]

（2）间接原因说，认为动产与债权的发生存在直接原因时，自应认为二者存在牵连关系，即便债权的发生与动产之间存在间接的原因，也可认为有牵连关系。至于何种情形方能认为有间接的原因，又有下列各种不同的主张：认为债权与取得动产的占有，系因同一交易关系或同一目的而生时，二者即有牵连关系；认为债权须由动产而生，或债权与动产的返还请求权须基于同一法律关系而生时，二者才有牵连关系；认为债权若是间接因动产的关系而生时，二者方有牵连关系；认为凡债权由动产而生，或债权与动产的返还请求权系基于同一法律关系或同一生活关系而生时，即有牵连关系。[2]

以上各说，以间接原因说中的第四说为通说。依此说，有下列三种情形之一时，即认为债权的发生与该动产存在牵连关系。

第一，债权因该动产本身而生。此种场合，债权与动产的牵连关系，又可进一步区分为两种情形：一是对动产的支出费用所生的费用偿还请求权；二是因动产所生的损害赔偿请求权。例如，踢球逾墙，毁人院子里的花木，因此而生的损害赔偿请求权，花木所有人对于该球即有留置权。

第二，债权与该动产的返还义务基于同一法律关系而生。由此而发生的牵连关系，社会生活中最为常见。比如，甲将汽车交由乙修理店修理，在甲未清偿修理费之前，乙得留置该汽车。此即债权与动产的返还义务基于同一法律关系而生。

---

[1] 各种学说的出处，参见［日］林良平编集：《注释民法》（8），有斐阁1965年版，第22页以下；谢在全：《民法物权论》（下册），新学林出版股份有限公司2014年版，第560—561页；郑玉波著，黄宗乐修订：《民法物权》，三民书局2007年版，第415页。

[2] ［日］林良平编集：《注释民法》（8），有斐阁1965年版，第22—23页。

第三，债权与该动产的返还义务基于同一事实关系而生。所谓同一事实关系，又称同一生活关系，指无法律关系而仅有事实关系的情形。例如，散会后，甲、乙二人彼此错骑对方的自行车，则双方的返还请求权即系基于同一事实关系而生，从而各自可就对方的自行车享有留置权。

至于债权的种类系金钱债权抑或非金钱债权，债权发生的原因为合同、无因管理、不当得利抑或侵权行为，以及债权与动产的返还之间有无对价关系，皆非所问。

2. 判定有无牵连关系的其他问题

判定有无牵连关系时，下列各点还须注意。

（1）留置权人的债权，通常是留置权人取得动产的占有后才发生。有疑问的是，对于取得动产的占有前发生的债权，可否认为该债权与动产之间存在牵连关系，从而主张留置权。对此，有肯定与否定两说。肯定说认为，债权与动产的牵连关系不因债权发生于债权人取得动产之前或之后而有差异；否定说认为，占有动产之前发生的债权，因与现在所占有的动产之间毫无关系，故不得发生留置权。此两说中，学理多采肯定说，并认为该项争论的关键不在于债权发生于何时，而在于债权是否与动产有牵连关系，如有牵连关系，即便债权发生于取得动产的占有之前，也对留置权的成立未有影响。[1]

（2）与动产有牵连关系的债权发生后，如债权人将占有的动产返还给债务人或因其他原因而丧失对动产的占有，之后又因故恢复对该动产的占有的，该动产与原债权间可否认为有牵连关系。对此，有肯定与否定两说。[2] 本书认为，留置权人丧失对留置物的占有后，留置权应当归于消灭。不过，若之后留置权人重新取得动产的占有的，就同一债权，其对于该动产原则上仍应取得留置权。至于留置权人任意将留置物返还给债务人，而之后又重新取得留置物的占有的，可否复取得留置权，则应分别不同情形而定：留置权人明知自己对留置物享有留置权而仍返还留置物的，应认为留置权人放弃留置权，留置权人的留置权终局地归于消灭，即使之后复取得留置物，留置权也不得再生；留置权人不知有留置权存

---

[1] 谢在全：《民法物权论》（下册），新学林出版股份有限公司2014年版，第563页。

[2] 肯定说认为，债权人于债权受清偿前，将占有物返还给债务人，原有的留置权虽丧失成立要件，但至主张留置时如重新取得原动产的占有的，应认为成立新留置权。亦即，此种情形原债权与重新占有的动产之间仍然存在牵连关系。否定说认为，债权人既然于债权未受清偿前将占有的动产返还给债务人，即应认为已抛弃了留置权。故而，之后债权人即使因其他原因而复取得动产的占有，也不能认为系原占有关系的回复，重新占有的动产与原债权之间自不能认为有牵连关系。此两说，前者由日本学者三潴信三主张，后者由富井政章等倡导。

在的情形下将留置物返还给债务人,而之后复取得动产时,应认为得重新取得留置权。此种情形,留置权人之重新取得留置权,除需有对动产加以占有的事实外,尚需具备留置权成立的其他要件,如动产为债务人所有。[1]

对于以上所述动产与债权具有牵连关系(同一法律关系)的一般规则,《物权法》第231条设有一个例外规定,即企业之间留置的,无须要求留置物与债权属于同一法律关系(牵连关系)。需注意的是,企业之间的留置权,属于商事留置权,因营业关系而占有的动产,及其因营业关系所生的债权,无论实际上有无牵连关系(同一法律关系),皆视为有牵连关系(同一法律关系)而可成立此种留置权。[2] 此系因企业相互之间的交易频繁,若必须证明每次交易所生的债权与所占有的动产有牵连关系,有时较为不便。当代民法为加强商业上的信用,保护债权人的利益,确保交易的迅速、安全,于是特别扩大牵连关系(同一法律关系)的范围,以促进工商业的繁荣、发展。此也系商事留置权的功用与民事留置权的功用之不同所造成、所使然。[3]

(三) 须债权已届清偿期

留置权为基于公平观念,于债务人未清偿其债务前,债权人得扣留债务人的动产而拒绝返还。如债权未届清偿期,债权人尚无请求债务人清偿其债务的权利时即允许债权人留置债务人的动产,则显不公平。故此,债权已届清偿期,为留置权发生的必要条件。所谓"债权已届清偿期",在定有期限的债务,为期限届

---

[1] 以上见解,为日本学界的通说。参见〔日〕林良平编集:《注释民法》(8),有斐阁1965年版,第81—82页。

[2] 亦即,商人之间因交易频繁,其留置权的范围,当较一般为广,故商人间因营业关系而占有的动产,与其因营业关系所生的债权,视为有牵连关系。例如顾客将洗衣物交付洗染业者洗染所生债权,与该洗染业者因营业关系而占有的洗染物,即被视为有牵连关系,以免除一一证明的困难;与他人签订承揽合同并占有他人交付的材料,而他人未于清偿期清偿因承揽合同所生的债务时,占有该材料与债权间,也应视为有牵连关系。实务上认为,即使其债权与该动产的占有系基于不同关系而生,且无任何因果关系,也得认为有牵连关系。证券商对于客户的股票主张留置权时,须该股票与受留置权担保的债权有牵连关系,如系因其代垫客户因当冲交易股票未依约给付的交割差额而取得的代垫款债权,其与存于客户设于证券商处的普通交易账户内的股票,即无牵连关系,自不因而得对股票主张留置权。故此,即便同属普通交易的范围,因客户买卖证券仍须依受托合同逐笔委托,则证券商因客户某一笔委托所取得的证券,与证券商因客户他笔委托违约所生的债权之间,也不能解为系同一法律关系,也不能认为该笔委托违约的债权系由他笔委托所取得的证券所生,故不当然具有牵连关系。对此,请参见陈荣传:《民法物权实用要义》,五南图书出版股份有限公司2014年版,第217页。

[3] 谢在全:《民法物权论》(下册),新学林出版股份有限公司2014年版,第561页;姚瑞光:《民法物权论》,海宇文化事业有限公司1999年版,第370页。

至之时；在未定期限的债务，为债权人请求清偿之时。[1] 应当注意的是，债权人如受领迟延，将不得主张留置权。另外，如债务人无支付能力时，债权人的债权即便未届清偿期，债权人也有留置权，[2] 学理上称为紧急留置权。所谓"无支付能力"，指债务人的财产状况（包含信用能力）已经无力清偿债务或债务人已经破产，往后有难为给付之虞。此时若不允许债权人行使留置权，则对于债权人的保护即有失周到，故为了保护债权人的利益，自应赋予债权人留置权。对此，《担保法解释》第112条明定："债权人的债权未届清偿期，其交付占有标的物的义务已届履行期的，不能行使留置权。但是，债权人能够证明债务人无支付能力的除外。"《物权法》虽无明文，但解释上应采相同立场。

二、留置权取得的消极要件

留置权成立的消极要件，指阻止留置权发生的情形或因素。《物权法》第232条规定："法律规定或者当事人约定不得留置的动产，不得留置"，即指此。

法律规定不得留置的动产，我国现行法上涵括以下情形：（1）债权人通过侵权行为而占有动产。所谓通过侵权行为而占有动产，指以故意或过失的心态不法侵害他人的权利而取得动产的占有。例如，因盗窃、抢夺而取得占有的动产，即便支出了修缮的必要的有益费用，也不得于受害人请求返还时，主张自己于未受该费用的清偿前，得留置所占有的动产。[3]（2）动产的留置，与债权人承担的义务相抵触。所谓与债权人（留置权人）承担的义务相抵触，指债权人如留置所占有的动产，即与其所承担的义务相悖。对此，《担保法解释》第111条规定："债权人行使留置权与其承担的义务或者合同的特殊约定相抵触的，人民法院不予支持。"（3）动产的留置，违反公序良俗原则。维护国家与社会的安全与公共利益，以及尊重人民的道德观念，应较保护债权人的利益为重。故此，债权人行使留置权如违背公序良俗原则时，自应加以禁止。例如，尸体的运送人不得以运费未付，而对尸体主张留置权。另外，如留置的物品足以造成债务人法律上的障碍，或为维持债务人生活或职业所必需者，也应认为违反公序良俗原则而不得留置。前者如扣留债务人的身份证、居民户口簿、毕业证、考试合格证书等，后者如留置债务人必需的炊饮器具或残疾人的拐杖等。

---

1 ［日］林良平编集：《注释民法》（8），有斐阁1965年版，第34—35页。
2 参见《瑞士民法典》第897条第1项，我国台湾地区"民法"第931条第1项："债务人无支付能力时，债权人纵于其债权未届清偿期前，亦有留置权。"
3 姚瑞光：《民法物权论》，海宇文化事业有限公司1999年版，第371页。

当事人约定不得留置的动产,不得留置。此点除有《物权法》第232条的依据外,《合同法》和司法解释上也有依据。例如,《合同法》第264条规定:"定作人未向承揽人支付报酬或者材料费等价款的,承揽人对完成的工作成果享有留置权,但当事人另有约定的除外";《担保法解释》第107条规定:"当事人在合同中约定排除留置权,债务履行期届满,债权人行使留置权的,人民法院不予支持。"法律之所以允许当事人通过约定加以排除,其根本原因在于:法律设立留置权的目的系基于公平的观念而保护债权人的利益,并未涉及公共利益或第三人的利益,故此,当事人的意思自治不应受到限制。[1]

第四节 留置权的效力

一、留置权所担保债权的范围

留置权为法定担保物权,因此其担保的债权,须与留置物属于同一法律关系,而且当事人不得依约定确定留置权所担保的债权范围,此与抵押权、质权所担保的债权范围可由当事人约定不同。原则上而言,留置权所担保债权的范围,仍应依《物权法》第173条第1句"担保物权的担保范围包括主债权及其利息、违约金、损害赔偿金、保管担保财产和实现担保物权的费用"的规定而确定。

二、留置权的效力所及标的物的范围

留置权标的物的范围,除留置动产本身当然为标的物的范围外,下列各物也为留置权的效力所及的标的物的范围:(1)从物。留置物如为主物的,依"从随主"的原则,其从物也应为留置权的效力所及。但留置权因以占有动产为成立要件,故该从物也须已由债权人占有方可为留置权的效力所及。(2)孳息。债权人有收取留置物所生孳息的权利。故留置物的孳息,也为留置权的效力所及。(3)代位物。留置权系担保物权之一种,担保物权的物上代位性,留置权亦同样具有,故留置权灭失所得受的保险金、赔偿金或补偿金,也为留置权的效力所及。

---

[1] 王利明、尹飞、程啸:《中国物权法教程》,人民法院出版社2007年版,第541—542页;崔建远:《物权法》,中国人民大学出版社2014年版,第592页。

三、留置权人的权利义务

（一）留置权人的权利

1. 留置占有的动产的权利

留置权为债权人留置债务人的动产，于债权未受清偿前，得拒绝返还的权利。此为留置权的主要功用之一。并且，留置物为不可分的，债权人于其债权未受全部清偿前，得就留置物的全部，行使留置权（《担保法解释》第110条）；留置物为可分物的，留置物的价值应当相当于债务的金额（《物权法》第233条）。需注意的是，留置权人对留置物的占有的权利，不仅可以对抗债务人，也可对抗第三人（物权人且优先顺位在先者例外），例如之后取得留置物所有权的人。故此，债务人或第三人请求交还标的物的，留置权人均可拒绝之。至于对之后取得留置物所有权的第三人，只能对其主张留置权，而不能请求其清偿债务，自不待言。[1]

2. 收取留置物所生的孳息的权利

留置权为担保物权，故此留置权人无使用、收益留置物的权利。但留置物如有孳息时，无论该孳息为法定孳息抑或天然孳息，留置权人均有收取的权利。因留置物已在留置权人占有中，且直接对留置物负有善良管理人的保管义务，从而由其收取孳息最为适宜。《物权法》与《担保法解释》均承认留置权人有收取留置物所生孳息的权利，不过《担保法解释》第114条并第64条第1项规定，债务履行期届满，债务人不履行债务致使留置物被人民法院依法扣押的，自扣押之日起留置权人有权收取由留置物分离的天然孳息和法定孳息，而《物权法》第235条第1款规定"留置权人有权收取留置财产的孳息"，显然系认为留置权人于留置权成立之时即有权收取留置物的孳息。由于《物权法》第178条明确规定"担保法与本法的规定不一致的，适用本法"，故此留置权人收取留置物所生孳息的时间点应为留置权成立之时。[2] 应注意的是，留置权人收取的孳息，并不归其所有，而是应当先充抵收取孳息的费用（《物权法》第235条第2款），其次再充抵所担保债权的利息，最后充抵原债权本身。

3. 必要费用和有益费用的求偿权

留置权人因保管留置物所支出的费用，可向留置物的所有权人请求偿还。因

---

[1] 谢在全：《民法物权论》（下册），新学林出版股份有限公司2014年版，第574—575页。

[2] 崔建远：《物权法》，中国人民大学出版社2014年版，第593页；王利明、尹飞、程啸：《中国物权法教程》，人民法院出版社2007年版，第543页。

留置权人就留置物虽无使用、收益之权,但对留置物却负有妥善保管的义务(《物权法》第234条第1句),故对于因保管所生的费用,自可请求偿还。此所称费用,主要指必要费用,即为维持或保管留置物的现状所不可或缺的费用,例如留置物为动物时所必需的饲养费用。该费用依《物权法》第173条的规定,属于留置权所担保的债权范围;至于留置权人就留置物所支出的有益费用,《物权法》未作规定,解释上应认为仍可请求偿还。不过,应参考《日本民法》第299条第2项的规定,仅在留置物增加的价格现实还存在的范围内,可让留置物所有人选择偿还留置权人已支出的金额或所增加的价额。

4. 留置物保管上的必要使用权

因留置权为担保物权,留置权人原则上不得对留置物加以使用、收益。但为了保管留置物的需要,赋予留置权人对于留置物的必要的使用权也系应当。例如,就易生锈的机械,偶尔加以使用以防其生锈;为保持赛马的最佳状态,时而乘骑。当然,超过保管的必要的使用范围而加以使用的,不仅不允许,且如因此致债务人于损害时,尚应承担损害赔偿责任;如因此而获得利益,尚须依不当得利的规定,将所得的利益返还给债务人。我国现行法尽管未设明文规定,但应作相同的解释。

5. 损害赔偿请求权与物权(物上)请求权

留置权受不法的侵害(例如第三人故意毁灭留置物),致使留置物的交换价值不足以清偿担保债权的,留置权人应依《侵权责任法》的规定,请求损害赔偿;另外,留置权人因有对动产的占有权,故留置权人为留置物的占有人,从而可受有关占有规定(《物权法》第245条)的保护:于留置物被侵夺时,得请求回复占有;再者,留置权既然为物权之一种,为确保其物权的应有的圆满状态,如受不法的妨害时,也应享有物权请求权,以加以排除。[1]

6. 实行留置权的权利

亦即,留置权人实行留置权,以优先清偿其债权的权利。留置权的实行,为留置权人的变价权与优先受偿权的总称。对此,容后述及。

(二)留置权人的义务

1. 对留置物的妥善保管义务

《物权法》第234条规定:"留置权人负有妥善保管留置财产的义务,因保管不善致使留置财产毁损、灭失的,应当承担赔偿责任。"此所谓妥善保管留置物,

---

[1] 谢在全:《民法物权论》(下册),新学林出版股份有限公司2014年版,第578页。

指留置权人应以善良管理人的注意保管留置物。留置权人违反该保管义务,致债务人于损失时,应负损害赔偿责任。但留置物因不可抗力或意外事故遭受的风险损失,留置权人不负责任,而由债务人负责。

2. 留置权人不得擅自使用、出租或处分留置物

《担保法解释》第 93 条、第 114 条规定:留置权人于留置权存续期间,未经债务人同意而擅自使用、出租、处分留置物,由此给债务人造成损失的,留置权人应当承担赔偿责任。

3. 返还留置物的义务

留置权人于留置权所担保的债权消灭时,无论债权消灭的原因为何,皆负有将留置物返还于债务人或其他有受领权人的义务。另外,债权虽未消灭,但债务人已另行提供担保而使留置权发生的原因消灭的,留置权人也同样负有返还留置物的义务。

四、留置物所有人的权利义务

(一)留置物所有人的权利

损害赔偿请求权。留置权人负有妥善保管留置物的义务,于未尽善良管理人的注意义务致留置物毁损、灭失的,留置物所有人有权请求留置权人承担赔偿责任(《物权法》第 234 条)。

留置物返还请求权。留置权消灭时,留置物所有人有权基于其所有权而请求留置权人返还留置物,或者基于占有媒介关系请求留置权人返还其对留置物的占有。

对留置物为法律上的处分的权利。债务人的动产,虽被债权人留置,但其对留置物的所有权并不因此而丧失,故在留置权存续期间,债务人可将留置物的所有权让与他人,或者将留置物设立质权于第三人。例如,债务人将其对留置权人的返还请求权移转于受让人或质权人,以代占有的现实移转,受让人或质权人即可依其物权变动的合意,取得留置物的所有权或质权。此种情形,受让人的地位系担保物的第三取得人,其虽可以基于利害关系人的身份代债务人清偿债务,但无清偿的义务。[1]

留置物所有人有提供相当的担保而使留置权消灭的权利。

请求行使留置权的权利。亦即,《物权法》第 237 条规定:"债务人可以请求

---

[1] 谢在全:《民法物权论》(下册),新学林出版股份有限公司 2014 年版,第 585—586 页。

留置权人在债务履行期届满后行使留置权；留置权人不行使的，债务人可以请求人民法院拍卖、变卖留置财产。"

（二）留置物所有人的义务

留置物所有人享有以上权利的同时，也负有以下义务：（1）向留置权人偿还因其保管留置物所支出的必要费用和有益费用；（2）因留置物隐有瑕疵而致留置权人于损害时，留置物所有人应负损害赔偿责任。该损害赔偿债权的发生与留置物属于同一法律关系（具牵连关系），自属于留置权所担保的债权范围（《物权法》第173条）。

五、留置权与动产抵押权、质权的竞存

《物权法》第239条规定："同一动产上已设立抵押权或者质权，该动产又被留置的，留置权人优先受偿。"此外，《担保法解释》第79条第2款和《海商法》第25条，也均未界分留置权成立于动产抵押权、质权之前抑或之后，而一律赋予留置权优先的效力。其理由主要有三点[1]：（1）留置权为法定担保物权，动产抵押权、质权是意定担保物权，其优先受偿的效力应尤其突出。（2）如果允许动产抵押权、质权优先于留置权，就等于鼓励定作人、托运人、存货人等以其定作物、托运物、保管物、仓储物等为客体设立动产抵押权、质权，排斥留置权的运用，导致留置权制度的功能减弱乃至丧失，使承揽人、承运人、保管人、仓储人、行纪人等处于十分不利的境地，会影响其从事承揽、货物运输、保管、仓储、行纪等业务的积极性。故此，赋予留置权优先的效力十分合适。（3）留置物中一般都物化着留置权人的劳动价值，或由留置权人提供的劳动而成，于一定意义上，得认为留置物有归留置权人和留置物所有人共有的意味。如果赋予动产抵押权、质权优先于留置权的效力，并且就留置物的全部价值优先受偿，即意味着留置权人代留置物所有人向抵押权人或质权人承担了物上责任。此显然系不合理。而赋予留置权优先于动产抵押权、质权的效力，即不会出现此种局面。

六、留置权的实行

《物权法》第236条第1款规定："留置权人与债务人应当约定留置财产后的债务履行期间；没有约定或者约定不明确的，留置权人应当给债务人两个月以上履行债务的期间，但鲜活易腐等不易保管的动产除外。债务人逾期未履行的，留

---

[1] 崔建远：《物权法》，中国人民大学出版社2014年版，第595页。

置权人可以与债务人协议以留置财产折价,也可以就拍卖、变卖留置财产所得的价款优先受偿。"

与抵押权人或者质权人于发生债务人不履行到期债务时即可行使变价权和优先受偿权不同,留置权人于留置标的物后,尚不能立刻行使变价权。依照《物权法》的以上规定,标的物被留置后,留置权人与债务人应当约定债务的履行期间,未约定或约定不明确的,留置权人应当给债务人两个月以上的履行债务的宽限期间,该期间届满时,债务人仍不履行其债务的,债权人可将留置物折价或变价而使其债权优先受偿。但是,被留置的动产系鲜活易腐等不易保管之物的,留置权人可不受前述约定期间、两个月宽限期间的限制,而根据鲜活易腐等不易保管的动产自身的要求,于适当时机将其变价,使自己的债权优先受偿。

实行留置权的方法,指依何种方式实行留置权。依《物权法》第236条、第237条的规定,留置权的实行方法有留置权人和债务人协议以留置物折价,或留置权人将留置物拍卖、变卖,就所得价款使其债权优先受偿。

七、留置权的消灭

《物权法》规定的留置权,既有物权性,又有担保性,由此,物权的一般消灭原因(如标的物灭失、混同和放弃)与担保物权的一般消灭原因(如主债权消灭、担保物权的实行),对于留置权均有适用的余地。以下仅说明留置权消灭的特殊原因,即债务人另行提供相应的担保、留置权人丧失对留置物的占有,以及债权清偿期的延缓。

(一)债务人另行提供相应的担保

留置权关系中,债权人留置债务人的动产,旨在对债务人造成心理压迫,而促使其从速清偿债务。故此,如债务人为了清偿债务,而另行提供了相应的担保时,该担保由于为留置物的代替物,债权人的留置权因此而随之消灭(《物权法》第240条)。通过提供相应的担保而消灭留置权,须具备如下两项条件。

1. 须另提供担保

因担保有人的担保与物的担保两种,债务人所提供的担保是否限于物的担保,立法成例未尽一致。德国法采肯定主义,认为债务人提供的担保应限于物的担保。不过,多数立法例认为,人的担保与物的担保皆可。我国应采多数国家立法成例,将所谓另提供担保解释为:已经为担保债权人的债权而设立担保物权,或保证人已经与债权人签订了保证合同。

2. 须提供的担保原则上与留置物的价格相当

是否相当,应先由留置权人自主决定,若有争议,再据客观的社会观念决定之。因此,(1)于债权人同意时,无论提供担保的价额是否与留置物的价额相当,均应认为系相当的担保;(2)通常情形,留置物的价额常较其所担保的债权额为大,债务人提供与债权额相当的担保即可;(3)少数情形,留置物所担保的债权额大于留置物的价额时,债务人仅须提供与留置物价额相当的担保,否则,无提供担保而使留置权消灭的必要。[1]

(二)丧失对留置物的占有

留置权,以债权人对留置物之有占有为成立与存续要件。故此,留置权必因留置权人丧失对留置物的占有而消灭。所谓丧失占有,指丧失对留置物的事实上的管领力。丧失的原因既包括出于自己的意思,也涵括非出于自己的意思(如占有被侵夺)。出于自己的意思而有意放弃对留置物的占有(如将留置物交还给债务人),当然无权再基于占有保护的规定请求他人返还留置物,留置权因占有的丧失而归于消灭。惟对于丧失占有如非出于自己的意思,留置权是否归于消灭,意见不一。肯定说认为此种情形留置权归于消灭,否定说则认为留置物如因侵夺而丧失占有,仅于不能依占有保护的规定而回复占有时,留置权方归于消灭。此两说中,以否定说为宜。盖虽然留置权人丧失对留置物的占有,但如能依保护占有的规则请求返还占有物时,仅属于暂时而非确定地丧失占有,故在可以请求回复留置物的占有前,留置权并不消灭。

《物权法》第240条明确规定了留置权因留置权人丧失对留置物的占有而消灭的规则。由于留置权人对留置物的占有当然应受《物权法》第245条所规定的占有的物上请求权的保护。故此,当对留置物丧失占有系由于他人的侵夺行为所致时,留置权人可要求占有的回复,从而可重新获得留置物的占有。此种情形下,留置权不应消灭。需注意的是,《担保法解释》甚至更进一步强化了留置权人回复占有的权利。按照《担保法解释》第87条第2款和第114条的规定,留置权人丧失对留置物的占有时,留置权人不仅可以根据占有的物上请求权要求留置物的返还,且还可根据物权请求权的效力要求留置物的返还。故此,应对《物权法》第240条的适用作限缩解释,将该条中所称"丧失占有"解为"依自己的意思而丧失占有"。[2]

---

[1] 姚瑞光:《民法物权论》,海宇文化事业有限公司1999年版,第382页。
[2] 刘家安:《物权法论》,中国政法大学出版社2009年版,第218—219页。

另外，留置权人将留置物交由保管人等占有媒介人占有，自己变为间接占有，仍属于对留置物的继续占有，留置权不消灭。[1]

（三）债权清偿期的延缓

留置权以债权已届清偿期而未获清偿为成立要件，故债权人如之后同意延缓债权的清偿期的，留置权即无存在的余地，应解为由此而消灭。惟在消灭后，债务人在未请求返还留置物前，延缓的清偿期又已届至的，债权人自应仍得主张成立新的留置权。[2]

第五节　境外比较法上的其他留置权

境外比较法上的其他留置权，主要涵括下列几种。

（1）不动产出租人的留置权。亦即，不动产的出租人就租赁合同所生的债权，对于承租人的物置于该不动产的具有留置权。但禁止扣押的物除外。此种情形，仅于已得请求的损害赔偿与本期和以前未交的租金的限度内，得就留置物取偿（我国台湾地区"民法"第445条）。

（2）场所主人的留置权。亦即，主人就住宿、饮食、沐浴或其他服务及垫款所生的债权，于未受清偿前，对于客人所携带的行李及其他物品，具有留置权（我国台湾地区"民法"第612条）。

（3）运送人的留置权。亦即，运送人为保全其运费及其他费用得受清偿的必要，按其比例对于运送物具有留置权。运费及其他费用的数额有争议时，受货人得将有争执的数额提存，请求运送物的交付（我国台湾地区"民法"第647条）。

（4）承揽运送人的留置权。亦即，承揽运送人为保全其报酬与垫款得受清偿的必要，按其比例，对于运送物具有留置权（我国台湾地区"民法"第662条）。

（5）对入内寻查取回人的留置权。亦即，土地权利人，遇他人的物品或动物偶至其地内的，应允许该物品或动物的占有人或所有人入其地内，寻查取回。此种情形，土地权利人受有损害的，得请求赔偿。于未受赔偿前，得留置其物品或动物（我国台湾地区"民法"第791条）。

（6）拾得人的留置权。亦即，遗失物拾得的情形，对于费用的支出或得请求报酬的拾得人，于其费用或报酬未受清偿前，对该遗失物具有留置权。其权利人

---

[1] 史尚宽：《物权法论》，荣泰印书馆股份有限公司1979年版，第470页；崔建远：《物权法》，中国人民大学出版社2014年版，第597页。

[2] 谢在全：《民法物权论》（下册），新学林出版股份有限公司2014年版，第589页。

有数人时，遗失物占有人视为为全体权利人占有（我国台湾地区"民法"第805条第5项）。

（7）对漂流物或沉没物的留置权。亦即，拾得漂流物或沉没物的人，其就拾得的漂流物或沉没物所支出的费用，与可得请求的报酬未受清偿的，得就该漂流物或沉没物主张留置。[1]

---

[1] 郑冠宇：《民法物权》，新学林出版股份有限公司2015年版，第695页。

第二十二章
非典型担保

第一节 概　说

　　非典型担保，又称权利移转型担保或变态担保，是与典型担保相对应的概念。民法上的担保，依其是否为物权法所明文规定，可以分为典型担保与非典型担保。各国家或地区物权法上的抵押权、质权和留置权，属于典型担保；非典型担保，是社会交易或惯行上自发产生，尔后逐渐被利用，并为判例、学说所认可的担保，[1] 主要涵括：让与担保、假登记担保和所有权保留。[2]

　　自法律构造上看，典型担保，是以标的物设立具有担保功用的定限物权为其构造形态的担保。故此，典型担保中的担保权人所享有的权利仅系限定性的权利，而标的物的所有权仍保留于设立人之手。而非典型担保，则是将标的物的所有权或其他权利移转给担保权人，供债权的担保。由于标的物的所有权或其他权利已移转给担保权人，故担保权人所支配者为标的物的全部权利。由此，非典型担保又被称为权利移转型担保。

　　就担保权实现的方式而言，所有权保留与让与担保，因标的物的权利已于外形上归担保权人享有，故担保权的实行既便利又简捷，无需践行像实行抵押权和质权时所需要的那些程序。

　　1　［日］北川善太郎：《物权》，有斐阁1993年版，第243页。
　　2　［日］松井宏兴：《担保物权法》，成文堂2016年3月补订第2版第8刷发行，第168页。

第二节 让与担保

一、让与担保的涵义与法律特性

让与担保的涵义有广、狭二义。举凡以移转担保标的物的所有权或其他权利来担保债权实现的担保，即为广义的让与担保，其又涵括卖渡担保与狭义的让与担保。[1]卖渡担保，又称为卖与担保、买卖的担保、卖渡抵押（这些用语系来自于日本），系以买卖方式移转标的物的所有权，而以价金名义通融资金（金钱），并约定日后可将该标的物买回的制度；狭义的让与担保，系指债务人或第三人为担保债务人的债务，将担保标的物的财产权移转于担保权人，担保权人仅于担保的目的范围内，取得担保标的物的财产权，于债务清偿后，标的物应返还于债务人或第三人，债务不履行时，担保权人得就该标的物受偿。此处所称标的物的财产权，以所有权为最多，而担保权人则以债权人为常。例如，甲欠乙100万元，为担保其清偿，亦即以担保债务的清偿为目的，甲将自己所有的一套房屋所有权移转于乙，届期甲如清偿债务，乙应将房屋所有权返还甲，如未能清偿债务，则乙得将该房屋所有权变卖，以其卖得价金受自己债权的清偿。[2]需说明的是，因让与担保的标的物系以所有权为最常见，故此，本书系以所有权为例来释明让与担保。

让与担保具有下列法律特性[3]：

（1）让与担保为担保债务的清偿，系以移转标的物的所有权的方式为之，与典型的物的担保，系以标的物设立定限物权为之，而无须移转标的物的所有权不同。

（2）移转标的物的所有权系以担保债务的清偿为目的。让与担保的成立，系为担保债务人的债务，此为让与担保成立的经济目的。担保权人虽取得标的物的所有权，但担保权人仅可于此目的范围内行使其所有权。故此：其一，于债务清偿时，标的物的所有权应返还于让与担保的设立人；于债务不履行时，担保权人方可就标的物受偿，由此，担保权人取得标的物的所有权系具暂时性。其二，让与担保的设立人所授予担保权人的，系超过其经济目的的权利。担保权人就其与设立人的内部关系而言，系应仅于担保债务清偿的经济目的范围内取得受让的所

---

1 ［日］松坂佐一：《民法提要》（物权法），有斐阁1980年版，第435页。
2 谢在全：《民法物权论》（下册），新学林出版股份有限公司2014年版，第597页。
3 谢在全：《民法物权论》（下册），新学林出版股份有限公司2014年版，第597—598页。

有权。其三，让与担保的目的因系在于担保债务的清偿，担保权人自不能取得受债权清偿以外的利益。易言之，于债务不履行时，担保权人固可就标的物取偿或由担保权人取得标的物所有权，以抵偿债务，但无论采取何种方式，担保权人皆负有清算的义务。如担保物价值超过担保债权额时，担保权人对于超过部分负有返还的义务。

（3）担保权人对债务人有担保债权存在，故此，担保权人对债务人有债务清偿的请求权。

（4）让与担保的设立人以债务人为常，但第三人也得为之。此与物权法上的典型担保如抵押权、质权相同；标的物通常以动产或不动产所有权为最多，但并不以此为限。凡具有让与性的财产权或其他未定型化的财产权，皆可为让与担保的标的物，故其标的物的范围较物权法上的典型担保，更为宽泛。

另外，需注意的是，于日本实务上，判定何者为狭义的让与担保，何者为卖渡担保，有时较为困难。为此，日本学理认为，实务中对二者的判定，不独应从名称（如是否有"买回""价金"等用语）上进行，更重要的尚需针对具体情况、自探求当事人的真意，及是否存在债权债务关系等方面着手。[1]若根据这些方法仍然不能判定系狭义的让与担保抑或卖渡担保时，就应视为狭义的让与担保。盖作为担保债权的方式，狭义的让与担保无论从哪方面看，皆较卖渡担保更合理、更妥当，且也更符合担保制度的本旨。[2]

二、让与担保的演进与功用

（一）让与担保的法制史脉络

让与担保（Sicherungsübereignung）并不是一种新近以来才兴起的制度。据考证，其端绪可以追溯到罗马法上的信托（fiducia）。罗马法的担保制度，正以此种移转标的物的所有权的信托作为其担保的肇源，之后经过漫长时期的演变，产生了只移转标的物的占有，而不移转标的物的所有权的占有质；再往后，是产生了标的物的所有权与标的物的占有皆不移转，担保权人仅取得标的物的具有担保功用的交换价值的抵押权。可见，让与担保实为物的担保的最初形态。

让与担保于德、日民法上虽未规定，但于破产法等法律中有所规定，学理与实务皆承认之，且社会上较为盛行。其作为一种担保形态于这两个国家呈现出生

---

[1] ［日］柚木馨编集：《注释民法》（9），有斐阁1981年版，第322页。
[2] ［日］铃木禄弥：《物权法讲义》，创文社1994年版，第312页。

机勃勃的景象。据考证，早在1890年，德国学界即开始对让与担保进行研究。其标志让与担保确立的两个著名判例是：德国帝国法院1903年3月11日的判决和帝国法院1906年4月10日的判决。第一个判决明确否认了让与担保的买卖性，其以罗马法的信托解释让与担保的特性；第二个判决则首次肯定了让与担保当事人之间的债权债务关系。[1] 1896年《德国民法典》尽管未规定让与担保，但之后的判例、学理则始终认可其合法性与效力；[2] 日本之认可让与担保的效力，迄今已有百余年的历史。最初系认为让与担保是规避"流抵押合同""流质合同"之禁止的脱法行为，往后基于实务的需要，其法院逐渐承认其效力。在现今，让与担保的效力已为日本学理和法院裁判所认同。[3]

我国在物权法的立法过程中，由学者起草的《中国物权法草案建议稿》（中国社科院）曾设有让与担保的明文规定，[4] 惟2007年最终通过的《物权法》未认可此制度。尽管如此，让与担保作为近现代及当代民法实务上一项重要的非典型担保形态，其价值与地位仍系不能小觑。故此，自学理的角度分析此担保形态的基本法理，仍具有积极的价值与功用。

（二）让与担保的功用 [5]

当代担保形态中，动产的担保，虽然有动产质权与动产抵押权，但动产质权的设立与存续须移转标的物的占有，并不得依占有改定的方式为之，妨碍动产的利用，不适于企业的融资；动产抵押，其标的物有一定的限制，故而也无法完全满足当代市场经济交易对于动产担保的需求。而让与担保的动产标的物仅以具有让与性即可，其范围甚广，且设立让与担保后，标的物仍由设立人占有、使用、收益，此正可以弥补典型担保制度的缺失，适应当代商业活动的需要。[6]

担保标的物多样化，促进担保价值的发挥。让与担保的标的物，不动产、动产、有价证券、债权及其他具让与性的财产权皆可充之，且对于各种新形成或尚在形成中的财产权也可成立让与担保，发挥其担保价值。另外，基于一物一权主

---

[1] 王娜："德国法中的让与担保制度"，载《中德法学论文集》（第1集），法律出版社2003年版，第450页。

[2] ［日］植林："让与担保：德国法"，载日本《私法》第21号，第175页以下。

[3] ［日］乌谷部茂："担保法制的现在与将来"，载日本《法学家》第875号，第60页。

[4] 梁慧星主持：《中国物权法草案建议稿：条文、说明、理由与参考立法例》之第10章"让与担保"（陈华彬执笔），社会科学文献出版社2000年版，第776页以下。

[5] 本部分系参考谢在全《民法物权论》（下册），新学林出版股份有限公司2014年版，第598—600页）而论述，谨此说明。

[6] 谢在全：《民法物权论》（下册），新学林出版股份有限公司2014年版，第598—599页。

义与物权的特定性原则，典型担保物权大多仅能就各个独立的物分别设立，但于企业经营上，企业就其流动中的多数商品，如仓库中的商品、工厂的机器、厂房及其他设备，或者其他一定的集合财产，甚或企业一定期间的多数流动债权，需以一个担保物提供担保的方式，方能充分发挥其担保价值，获取融资，而让与担保恰好能实现此种功能，符合企业的需求。[1]

实行程序便捷，提高担保物的价值。让与担保可以节省或免去实行质权和抵押权时所付出的劳力和费用，并避免因拍卖而可能导致标的物被过低换价的弊端。于当代民法下，典型担保物权如抵押权、质权的实行如拍卖皆有一定的程序。依这些程序实现抵押权、质权等典型担保，不仅要花费大量的时间、费用，且拍卖中由于各种因素的作用，标的物拍定的价金也往往与市场价格存在较大的差距。这就会损害设立人的利益，对担保权人而言，因有不能完全受偿的危险，亦属不利。而让与担保，当事人可以自由订立换价的程序和方法，不仅较为便捷，而且变卖与估定的价格也较高，此正可以弥补典型担保的缺憾。

另外，需注意的是，让与担保尽管有其正面的功用，但因其属于物权法上所未规定的非典型担保，故而仍存有隐蔽的危险。就债权人而言，标的物由债务人占有，系让与担保的常态，如债务人有失诚信，擅自处分标的物，担保权人即有丧失担保的危险。又自债务人或第三人即设立人而言，担保权人如有失诚信，擅自违约处分标的物，设立人即丧失其标的物的权利。并且，标的物的权利于担保权人手中，担保权人极易迫使债务人就主债权和利息的偿还方式订立苛刻的条款。凡此种种，对债务人皆属不利。此外，让与担保的公示方法尚未周全建立，且于当事人间极易就其债权额或标的物的估价造假，故第三人即设立人的一般债权人极易遭受不测的损害。由此，实务中运用让与担保时，自应本于让与担保的担保本旨，谋求避免以上弊害。[2]

三、让与担保的有效性

让与担保是否有效，在其发展过程中曾有下列争议。[3]

让与担保系通谋虚伪意思表示，应属无效。此系着眼于设立人将标的物的权利移转于担保权人仅属形式，实质上并无移转标的物权利的意思，故属双方通谋

---

[1] 谢在全：《民法物权论》（下册），新学林出版股份有限公司2014年版，第599页。
[2] 谢在全：《民法物权论》（下册），新学林出版股份有限公司2014年版，第599页。
[3] 关于让与担保的存在理由，参见［日］松井宏兴：《担保物权法》，成文堂2016年3月补订第2版第8刷发行，第185页以下。

而为虚伪移转所有权的意思表示。此主张于德国普通法时代和日本明治末年、大正初年虽曾出现，但之后不久即无复认为让与担保为通谋虚伪意思表示而以之为无效者。盖担保权人与债务人或第三人间就让与担保的约定，系出于真正的效果意思而为表示，与通谋虚伪意思表示，双方当事人间故意为不符合真意的表示，欠缺效果意思者，显然不同。故而，让与担保已非通谋虚伪意思表示。[1]

让与担保系脱法行为，违反法律禁止规定，故而应属无效。让与担保的设立，标的物的所有权虽已移转于担保权人，但就担保权人与设立人间的关系而言，担保权人尚非确定地取得标的物的所有权，于债务人不履行债务时，担保权人仍应履行标的物估价或变卖，以标的物抵偿或以其价金受偿。亦即，担保权人仍有清算义务，于标的物估定或卖得的价金超过担保债权额时，就超过部分负有返还之责，非当然取得标的物的所有权。可见，让与担保不发生回避禁止流质约款或流抵押约款的问题，自然非属脱法行为。[2]

让与担保系法律所未规定的新担保物权，其设立违反物权法定原则，故属无效。让与担保的基本法律构造乃是标的物所有权的移转加上信托行为的债之关系，由此，其并非创设法律所未规定的担保物权，况现今域外民法上早已允许习惯形成新物权，故而，自无违反物权法定原则之可言。[3]

四、让与担保的法律构造 [4]

让与担保系设立人为达到担保债务清偿的经济目的，依信托约款（让与担保合同），将标的物的财产权移转于债权人的非典型担保。故此，其基本构造系信托行为的债之关系加上财产权（例如所有权）的移转。可见，当事人设立让与担保系利用担保物权以外的法制度，来实现担保债务清偿的目的，据此取得与担保物权相同的担保功用的法律利益，成为非典型担保之一种。如前述，其并非创设法律所未规定的担保物权，故而不生违反物权法定原则的问题。

在现今，域外民法（譬如我国台湾地区"民法"）业已允许习惯形成新物

1　谢在全：《民法物权论》（下册），新学林出版股份有限公司2014年版，第600页。
2　谢在全：《民法物权论》（下册），新学林出版股份有限公司2014年版，第600页。
3　谢在全：《民法物权论》（下册），新学林出版股份有限公司2014年版，第600—601页。
4　本部分依据谢在全：《民法物权论》（下册），新学林出版股份有限公司2014年版，第600—601页，谨此说明。关于让与担保的法律构成，有所有权的构成与担保（权）的构成。前者是透过让与担保的设立，而将标的物的所有权移转于债权人，后者则是重视和强调债权担保这一让与担保的实质的目的，而透过让与担保的设立，担保权归属于债权人，而设立者残留所有权。对此，请参见［日］松井宏兴：《担保物权法》，成文堂2016年3月补订第2版第8刷发行，第187页。

权，而让与担保不但为社会所需要及习用，且实务中也认可其效力与担保功能，足以认为有此习惯存在，且其内容有担保物权法的原则、法理可资遵循，系属明确合理，又未破坏物权体系，无违物权法定原则的旨趣。另外，不动产让与担保以登记、动产让与担保以占有而予公示，债权让与担保的公示方法，国际流行的控制，应可援用。让与担保能依一定公示方法加以公示，对社会具有促进担保物价值极大化、融资工具多样化以及灵活化的实益，故其实属习惯法所生的非典型担保物权。另外，在日本，让与担保涵括：不动产、个别动产的让与担保，集合动产的让与担保，债权的让与担保三种。其中，债权的让与担保，又包括个别债权的让与担保和集合债权的让与担保。[1]

综上所言，让与担保移转担保物所有权于担保权人，系以担保债权为目的，担保人（设立人）仍占有担保物，于债务清偿后，具有返还请求权，而于不能清偿债务时，担保权人具有清算义务，故于具体个案的处理上，除应斟酌担保权人的所有人地位外，并应妥善反映担保债权的经济目的，于性质许可的范围内，类推适用抵押权的规定，以维护当事人与其他利害关系人之间的权利义务关系之公平。据此，让与担保也具有：（1）从属性。于担保债权不存在、让与或消灭时，让与担保也无效、移转或消灭。（2）不可分性。（3）物上代位性。标的物因毁损、灭失所得受的保险金、赔偿金或补偿金，自属于让与担保标的物的代位物。[2]

第三节 假（临时）登记担保

一、假登记担保的含义

假登记担保，又称"临时登记担保"，系日本法上一种重要的非典型担保形态。依《关于假登记担保契约的法律》（1978年6月20日公布，翌年4月1日起施行）第1条的规定，假登记担保，即以金钱债权的担保为目的，通过签订契约或预约，当事人约定当债务不履行时，作为债务的清偿，债务人将标的物的不动产所有权或其他权利移转至债权人的担保。为确保此担保权利的登记称为假登记（临时登记）。[3] 亦即，为了担保债务的清偿，当事人之间订立假登记担保契约，

---

[1] ［日］松井宏兴：《担保物权法》，成文堂2016年3月补订第2版第8刷发行，第183页以下。

[2] 此外，关于让与担保的消灭、动产让与担保及债权让与担保的翔实分析，请参见谢在全：《民法物权论》（下册），新学林出版股份有限公司2014年版，第620页以下。

[3] 邓曾甲：《日本民法概论》，法律出版社1995年版，第249页。

约定债务不履行时，移转属于债务人或第三人的不动产所有权或其他权利于债权人，以清偿被担保的债权。为保障债权人于债务人不履行债务时能确定地取得担保标的物的所有权或其他权利，须对债权人于将来取得担保标的物的所有权或其他权利的这一期待权加以保护，保护的方法即是登记，学理称为假登记、假登录。[1] 债权人享有的权利，称为假登记担保权。实务中，假（临时）登记担保，因系为保全债权人所取得的所有权移转请求权而实施的假（临时）登记，故此，其通常系以不动产为标的物。[2]

二、假登记担保的法性质

假登记担保具有两方面的性质：一是具有取得所有权的性质；二是具有担保权的性质。假登记担保既然具有担保权的性质，由此也就具有担保物权的共通特性：从属性和不可分性。具体而言，假登记担保因以债权的存在为前提，且担保的债权被让与时，假登记担保也随之被让与，故而具从属性；债权人于自己的全部债权受清偿前，得就标的物的全部行使假登记担保权，称为假登记担保权的不可分性。[3]

三、假登记担保的设立

按照日本《关于假登记担保契约的法律》，假登记担保依债权人和债务人（包括作为物上保证人的第三人）之间的契约而设立，此种契约可分为买卖预约、代物清偿预约及附停止条件的代物清偿契约三种。

"预约"是对将来成立契约的约束。例如，某甲准备近期内收购某乙所有的不动产，为此可与某乙签订一个将来成立契约的预约，由此而取得预约完结权，一旦将来某一时间某甲作出预约完结的意思表示，则与某乙的买卖契约（本契约）成立，某甲即取得了不动产的所有权，此即"买卖预约"；所谓"代物清偿"，乃是债务清偿的一种手段，其系本来与担保无关的制度，即在清偿期届满时债务仍无法清偿的，于得到债权人同意的前提下，可用他物代替给付。假登记担保中，将此制度转用来作为债权担保的清偿契约的约束。例如，上例中某甲一旦与某乙签订了契约的预约，即取得了预约完结权，只要将来有预约完结的意思表示，本契约即成立，作为代替清偿债权的不动产即移转至某甲所有。所谓附停止条件代物清偿契约，即代物清偿契约发生效力要求"清偿期届满仍不能清偿债

---

1 ［日］三和一博、平井一雄：《物权法要说》，青林书院1989年版，第259页。
2 ［日］松井宏兴：《担保物权法》，成文堂2016年3月补订第2版第8刷发行，第170页。
3 ［日］本城武雄、月冈利男编：《物权法》，嵯峨野书院1984年版，第282页。

务"此一停止条件。[1]

得作为假登记担保的标的物的,是能够进行假登记或假登录的所有权或其他权利,如土地、建筑物所有权、建设用地使用权(地上权)、工厂财团与专利等工业所有权等。[2]至于被担保的债权,则既可以是特定的金钱债权,也可以是不特定的金钱债权。以不特定的金钱债权作为被担保债权而设立假登记担保的,称为最高额假登记担保。[3]

实务中,假登记担保除其设立(含假登记担保合同的缔结、公示方法及标的物的范围)外,尚涵括假登记担保的实行、竞卖手续(含竞卖手续与假登记担保、破产手续与假登记担保)等与假登记担保、假登记担保与利用权(含与利用权的关法定借地权),以及假登记担保的消灭。[4]

第四节 所有权保留

一、所有权保留的意义与法制史脉络

所有权保留,是指在买卖关系中,买受人虽先占有、使用标的物,但于双方当事人约定的特定条件(主要是价金的全部支付)成就前,出卖人仍保留标的物的所有权,待特定条件成就时,再将该所有权移转给买受人的制度。[5]其在分期付款买卖中有着广泛的运用。需注意的是,所有权保留,出卖人债权的担保,既不必求于他人,也不必求诸他物,而可就买卖标的物为之,且设立和实行的手续也较简便,故而是分期付款买卖中担保债权人的债权得以实现的最佳制度。另外,所有权保留也具经济上的意义,生产者可借助于它而增加生产,扩大销售,消费

---

[1] 邓曾甲:《日本民法概论》,法律出版社1995年版,第249页。
[2] [日]本城武雄、月冈利男编:《物权法》,嵯峨野书院1984年版,第282页。
[3] [日]本城武雄、月冈利男编:《物权法》,嵯峨野书院1984年版,第283页。
[4] [日]松井宏兴:《担保物权法》,成文堂2016年3月补订第2版第8刷发行,第171页以下。
[5] 在日本,所有权保留的法律构成,以往认为是:所有权移转附停止条件,即所谓"所有权的构成"。亦即,买受人的价金清偿完毕这一条件成就,所有权利即移转于买受人。而在此之前,所有权归属于出卖人,买受人拥有标的物的利用权与因条件成就而取得所有权的期待权。惟近年来,因认为所有权保留的目的是担保出卖人的价金债权,债权人为担保的目的而拥有所有权,而此与让与担保相同,故支配性的见解是:出卖人的权利不应以所有权而构成,而应作为担保权构成。不过,也有人认为,尽管因买卖合同,标的物的所有权移转于买受人,但根据所有权保留的特约,出卖人得取得以价金债权为被担保债权的担保权(保留所有权)。对此,请参见[日]松井宏兴:《担保物权法》,成文堂2016年3月补订第2版第8刷发行,第226页。

者也可借助于它而提高生活水准,改善生活。

就买受人如果不履行支付价金的义务即会丧失标的物的所有权而言,所有权保留大体上属于让与担保之一种。但设立让与担保时,标的物的实质的所有权并未发生变化,只是标的物的法律形式上的所有权发生了变化。而所有权保留,尽管经济的实质的所有权已经发生了变化,但标的物的法律形式的所有权则未变化,即仍然由出卖人保留之。[1]

作为担保债权实现的一种制度,所有权保留迄今已有较为久远的历史。据考证,早在罗马法中就有保留所有权制度的雏形。德国普通法时代也承认其存在,但因当时极少被利用,故并未引起人们的重视。1896 年《德国民法典》直接规定了所有权保留制度。其第 455 条规定:"动产的出卖人在支付价金前保留所有权的,在发生疑问时应认为,所有权的转让是以支付全部价金为其推迟生效条件,并在买受人对支付价金有迟延时,出卖人有权解除合同。"迈入 20 世纪后,伴随工业革命的完成而引起的供求膨胀导致信用经济勃兴,分期付款买卖一跃而成为各国家或地区重要的交易方式。此种背景下,作为与分期付款买卖相结合的担保方式,所有权保留制度获得了迅猛发展。

近现代和当代大陆法系、英美法系国家或地区大多设有明文的所有权保留制度。英国从 19 世纪开始,所有权保留条款于商业实践中即已出现;在美国,所有权保留买卖早在 18 世纪就已经出现,当时被称为附条件买卖。1911 年,美国统一州法全国委员会颁布了《统一附条件买卖法》,以 38 个条文的内容对附条件买卖作了规定。1952 年,美国又出台了《统一商法典》,基于当时经济社会的需要,所有权保留被纳入该法的"担保约定"(Secured agreement)中规定。在我国台湾地区,所有权保留之创立,肇始于 1963 年的"动产担保交易法",该法因受美国《统一附条件买卖法》的影响,故此称所有权保留为附条件买卖。按照该法,附条件买卖的适用对象仅为一定范围的动产,不动产不发生附条件买卖的问题。

最高人民法院《关于贯彻执行〈中华人民共和国民法通则〉若干问题的意见(试行)》第 84 条最早涉及所有权保留制度,但其仅系初步的规定。1999 年《合同法》第 134 条明确肯认了此种担保方式。其规定:当事人可在买卖合同中约定买受人未履行支付价款或者其他义务的,标的物的所有权属于出卖人。此为我国民事立法关于所有权保留的明文规定。鉴于《合同法》已作了如此的规定,《物权法》即未再规定所有权保留制度。

---

[1] [日]铃木禄弥:《物权法讲义》,创文社 1994 年版,第 316 页。

二、所有权保留的功用、构成与法性质

所有权保留制度的功能是，于出卖人就出卖标的物的价金债权未获完全清偿前，得保有买卖标的物的所有权。需指出的是，所有权保留并不是买卖合同附有条件，而是所有权的移转附停止条件。就此而言，所有权保留类似于让与担保。惟让与担保，其标的物的所有权系由设立人移转给债权人，而所有权保留，出卖人则是基于买卖合同将本应移转给买受人的标的物的所有权保留于自己之手。

所有权保留制度，其法律构成存在着所有权的构成与担保权的构成两种。保留所有权买卖，是以所有权为基础而建构的制度，即债权人（出卖人）保有标的物的所有权，买受人支付完全部价金后方能取得标的物的所有权。而在此之前，买受人仅有期待权——期待取得买卖标的物的所有权——的权利。可见，所有权保留与所有权之间存在密切联系。当然，自另一方面看，所有权保留乃是一种担保价金债权得以实现的制度，应以担保权作为其基础。亦即，基于买卖合同，标的物的所有权已于观念上一次性地转移给了买受人，只不过出卖人为了确保自己的价金债权能获得清偿，而采取了保留买卖标的物的所有权这一担保形式而已。[1]

另外，应当注意的是，新近以来，对于所有权保留制度的法性质出现了各种新说，例如"附停止条件所有权移转说""部分所有权移转说""特殊质押关系说""担保物权说""担保性财产保险托管说"以及"担保权益说"，等等。惟多数学者采第一说，即"附停止条件所有权移转说"，故此，本书也从此说。

三、所有权保留的设立

所有权保留，仅需买受人与出卖人于买卖合同中订立保留买卖标的物的所有权，所有权保留关系即得以成立。另外，依日本《分期付款买卖法》的规定，凡属该法规定的买卖，买受人与出卖人进行交易时即使未有订立保留买卖标的物的所有权的约定，出卖人也将被推定为保留了买卖标的物的所有权。[2]

四、所有权保留中买受人的期待权

（一）买受人期待权的性质

期待权一语，德文为"Anwartschaftsrecht"，其形成于19世纪的德国普通法。

1　[日]铃木禄弥：《物权法讲义》，创文社1994年版，第316页。
2　[日]三和一博、平井一雄：《物权法要说》，青林书院1989年版，第276页。

其涵义系指因具备取得权利的部分要件受法律保护，具有权利性质的法律地位。[1]于当代民法体系中，期待权的种类甚为繁杂，保留所有权买卖关系中买受人的期待权系其中的一种。

关于保留所有权买卖的买受人的期待权的性质，德国学理上存在下列各说：（1）闽策尔的占有理论取代期待权说；（2）阿·布洛迈尔的保留所有权系流质质权说；（3）赖泽尔的保留买卖期待权系物权说；（4）泽里克的期待权乃兼具物权和债权两大领域要素的特殊权利说。日本学者铃木禄弥倡导"削梨说"。此说于结论上与赖泽尔的买受人期待权物权说相同。其谓：所有权保留中，标的物的归属关系始终处于浮动状态，出卖人与买受人皆不得认为具有完全的所有权，也不得认为完全未有所有权。事实上，所有权是像"削梨"似地由出卖人一方逐渐移转给买受人一方。[2]

我国学者黄右昌采买受人期待权形成权说。其谓：形成权指权利人依自己单方面的意思表示，而使自己与他人间的法律关系发生变动的权利。买受人期待权于法律状态上与形成权具有类似之处，且二者皆处于取得特定权利的前阶段。故而，买受人期待权系一种类似于形成权的权利。[3]我国台湾地区学者王泽鉴认为，买受人期待权于法律体系上横跨债权与物权两个领域，系一种兼具债权与物权两种因素的特殊权利，为一种物权，但具债权的附从性，系一种债权，但又具物权的诸多特性。[4]

（二）所有权保留的效力

买受人对买卖标的物享有占有、使用、收益的权利。买受人对标的物的保管，应尽与自己财产相同的注意义务，称为"善管注意义务"。标的物毁损、灭失时，原则上应由买受人负其责任，并应继续向出卖人履行价金债务。[5]

于所有权保留，被担保债权（价金债权）与所有权保留，系源自买卖这一合同关系，若买受人不履行价金债务，出卖人可径自解除买卖合同并请求返还标的物。

（三）买受人期待权的让与

买受人于一定条件成就前对将来取得标的物的所有权的期待权的法律地位，

---

1 王泽鉴：《民法学说与判例研究》（1），中国政法大学出版社1998年版，第145页。
2 ［日］铃木禄弥：《契约法大系》（2），第98页；刘得宽：《民法诸问题与新展望》，五南图书出版股份有限公司1995年版，第7页。
3 刘得宽：《民法诸问题与新展望》，五南图书出版股份有限公司1995年版，第484页。
4 王泽鉴：《民法学说与判例研究》（1），中国政法大学出版社1998年版，第166页。
5 ［日］松坂佐一：《民法提要》（物权法），有斐阁1980年版，第444—455页。

由于将因条件成就而转化为标的物的所有权,具财产价值,且随着价金清偿越多,期待权的价值也就越大,故此若能使其成为交易的客体,则一方面买受人也可因转让该期待权而获利,并自原先的交易中解脱出来,将资金投入到其他交易中;另一方面,对于出卖人而言,期待权的让与也不过仅系改变了价金清偿的义务人,对所有权保留的担保效力并无影响,故也无不利益之可言。[1]正因如此,当代各国学理与交易实务,遂明确认可买受人的期待权得成为让与的客体,其受让人于特定条件成就时,可取代买受人的地位而取得标的物的所有权。

买受人期待权的让与方式,通说认为应类推适用让与动产所有权的规定。换言之,期待权的让与,不仅得依现实交付的方法为之,且也可依观念交付(简易交付、指示交付和占有改定)的方法为之。但鉴于买受人任意移转标的物,难免损坏标的物的完整性,进而导致损害出卖人的利益,故自债法的角度看,期待权的让与,通常应获得出卖人的同意后方可为之,否则出卖人对标的物的占有人得行使取回权。

(四) 买受人期待权的保护

1. 出卖人再让与标的物的所有权与买受人期待权的保护

所有权保留买卖中,特定条件未成就时,买受人虽已实际占有、使用标的物,但该标的物所有权仍由出卖人保有,买受人所享有的仅系对买卖标的物的所有权的期待权。故此,如出卖人向第三人让与标的物的所有权,则势必损害先买受人的期待权利益。由此,即发生对买受人的期待权的保护问题。而买受人期待权的保护,可分为两种情形。

(1) 所有权保留买卖已经登记。所有权保留买卖一经登记,即具对抗第三人的效力。此时,若出卖人将标的物的所有权复让与第三人,则该让与行为对买受人无效,买受人可取回标的物的所有权。

(2) 所有权保留买卖未经登记。

1) 标的物为不动产的情形。如第三人为善意,且已办理完毕移转不动产所有权的登记手续,则该第三人即取得不动产所有权。至于第三人为恶意时能否取得不动产所有权,则有不同见解。通说认为,买受人此时可对出卖人与恶意第三人间的买卖合同行使撤销权。[2]

2) 标的物为动产的场合。所有权保留买卖,以买受人占有标的物为原则,

---

[1] 王轶:"所有权保留制度研究",载《民商法论丛》第6卷,第633页。

[2] 刘春堂:"特定物债权与撤销权",载郑玉波主编:《民法债编论文选辑》(中册),五南图书出版股份有限公司1984年,第837页以下;史尚宽:《债法各论》,台湾1984年自版,第48页以下。

但这并不排除某些情形下由出卖人自行占有标的物。于出卖人自行占有标的物时，如出卖人以现实交付的方法向第三人让与标的物的所有权，第三人如系善意，第三人应取得标的物的所有权；如为恶意，其能否取得所有权，则有肯定与否定两种意见。为贯彻恶意不受保护原则，通说采否定见解，即不能取得所有权。

2. 第三人侵害与期待权的保护

（1）占有的保护。在所有权保留买卖，标的物通常由买受人占有，故买受人为直接占有人，应受占有规则的保护。于占有被侵夺时，得行使自力救济权，或就地或追踪向加害人取回标的物，回复占有。此外，买受人基于对标的物的直接占有，尚有对标的物的返还请求权、妨害排除（除去）请求权及妨害防止（预防）请求权。

（2）侵权行为法的保护。买受人的期待权，具财产价值，与物权、准物权、无体财产权相同，得成为侵权行为的客体，于受到侵害时，应受《侵权责任法》的保护。但因标的物的所有权仍由出卖人保留，故当标的物受侵害而致价值减少时，究竟应由何人向加害人请求赔偿，遂生疑问。对此，多数说认为，应类推适用不可分连带债权的法理，使保留所有权人与买受人仅可为其共同利益而向加害人请求损害赔偿，而加害人也仅可向债权人和买受人全体为给付，至于赔偿金的分配，则由当事人自行决定。[1]

五、所有权保留买卖中出卖人的取回权

所有权保留买卖中，买受人的利益表现为占有、使用标的物，并享有指向标的物所有权的期待权。而出卖人的利益则主要表现为对价金的收取与特定条件下对标的物的取回权。取回标的物，是所有权保留买卖中出卖人的一项重要权利。于标的物的所有权移转于买受人前，若买受人不依约定清偿价款、完成特定条件或将标的物出卖、出质或进行其他处分，致损害出卖人的利益时，出卖人可取回标的物。关于出卖人取回权的法性质，主要有下列三说。

（一）解除权效力说

此说认为所有权保留买卖不过为附条件买卖合同之一种，既为合同，则自应适用有关合同的规定。若买受人不依约定偿付价款，出卖人即可取回标的物，并将之再出卖，所订立的附条件买卖合同由此丧失效力。此合同的失效，因基于取回权的行使，故取回权的行使，也生解除权的效力。

1　王泽鉴：《民法学说与判例研究》（1），中国政法大学出版社1998年版，第200—202页。

(二) 附法定期限解除合同说

此说认为取回权系附有法定期间的解除合同,出卖人取回买卖标的物,合同尚未解除,须至回赎期间已过,买受人不回赎时,合同方才解除。买受人不待回赎期间经过即请求再出卖,或因有急迫情况,出卖人不待买受人回赎而再出卖的,也发生合同解除的效果。

(三) 就物求偿说

此说认为出卖人保留标的物的所有权的目的既然在于担保价金债权,则出卖人基于保留的所有权而取回标的物时,其目的也就在于满足未受清偿的价金债权。[1]

以上三说中,以第三说为通说,本书从之。

---

[1] 王泽鉴:《民法学说与判例研究》(1),中国政法大学出版社1998年版,第177—180页。

第二十三章
占 有

第一节 概 说

一、占有的涵义

占有为物权法上一项重要制度。于立法例上，占有究竟为事实抑或权利，未获统一。德国和多数国家民法认为属于事实，称为占有，少数国家如法国、日本及韩国民法认为属于权利，称为占有权。《物权法》采多数国家立法例，认占有系一种事实状态。故此，所谓占有，系指占有人对物有事实上的管领力。对物为管领的人为占有人，系占有法律关系的主体；被管领的物称为占有物，为占有法律关系的客体。占有作为一项物权法上的制度，具有下列特性。

（一）占有系以物为标的物

占有的标的物须为物。对于不以物的占有而成立的财产权，如地役权和债权，不得成立占有，而得成立准占有。所谓物，包括动产、不动产、固体、气体及液体等。这些物，无论其为私有或公有，皆可成立占有。

不过，于占有的成立上，对动产占有的认定标准通常较对不动产占有的认定标准严格，此系因不动产不易移动或隐藏。例如，深山中的别墅，即使被闲置二年，其占有也不受影响。但若将照相机遗忘于风景区，经过一段时间，即可被认定为丧失占有，成为遗失物。另外，占有还可存在于物的成分上，无论重要成分抑或非重要成分，只要事实上可以被人直接管领，其皆可成为占有的标的物。此种对物的部分为占有，称为部分占有。例如，承租三居室的一间，即形成部分占有。至于图书馆等集合物，应就各个物（图书馆的建筑物、图书、电脑及其他设备）成立占有，而非笼统地"占有"图书馆。[1]

（二）占有为对物有事实上的管领力[2]

占有属于人对物的关系，此种关系表现为人对物有事实上的管领力。至于物是否放置于一定处所，或是否标示为何人所有，均与占有的成立无关，此项管领力的有无，应依一般社会观念决定，不以占有人与标的物有身体或物理上的接触为必要。例如，赛鸽虽飞行在外，但终将归来，即仍为其主人所占有；野兽中弹后，虽尚可暂时奔逃，解释上应认为猎人已占有之。其他如将自己的汽车交给乙，由乙代觅停车位停放之，乙停妥后暂时保管钥匙，准备随时交还予甲，此时甲对该汽车即具事实上的管领力，为该汽车的占有人。[3]

所谓对物有事实上的管领力，指对物得为支配，并排除他人的干涉。具体而言，是否有事实上的管领力，通常应依社会观念及斟酌外部可以认识的空间关系、时间关系、法律关系及社会关系的事实而认定。

空间关系，即人与物须存在某种场所上的结合关系。如有此场所上的结合关系，即认为该人对该物有事实上的管领力。例如，某甲将购买的家具置放于自己的房屋内，将自己的珠宝存放于保险箱，此时某甲与家具、珠宝即有场所上的结合关系，从而其与这些物之间也就存在占有关系。此外，居住于房屋、耕作于农田、身着西装，该人与房屋、农田、西装之间也分别成立占有关系，自不待言。

时间关系，指人与物的结合于时间上须有相当的继续性，足以认定该物处于某人在事实上可以支配并排除他人干涉的势力范围。相反，若人与物的结合，仅有瞬间的结合关系，或者暂时性的结合关系，则不得认为该人对物有事实上的管

---

[1] 王泽鉴：《民法物权》（用益物权·占有），中国政法大学出版社2001年版，第162页；崔建远：《物权法》，中国人民大学出版社2009年版，第138页。

[2] 在法制史上，关于占有是否仅以人对物有事实上的管领力即可成立，学说与立法认识不一。大体而言，有主观说与客观说两种主张。主观说认为，占有的成立不仅须有占有的事实，且也须有某种意思。主观说，依意思的内容的不同，可进一步区分为"所有意思说""支配意思说"和"为己意思说"。其中，认为占有须有所有的意思的，为"所有意思说"，德国学者萨维尼倡之，《法国民法典》第2228条、第2229条与《奥地利普通民法典》第309条采此说；认为占有须有支配其标的物的意思的，为"支配意思说"，德国学者温德沙伊得倡之；认为占有须有为自己的意思的，为"为己意思说"，德国学者德恩堡倡之，《日本民法》第180条采此说。与主观说不同，客观说则认为，占有的成立无须有某种意思，而只要人对物有事实上的管领力即可，德国、瑞士与我国台湾地区"民法"采此说。参见［日］松坂佐一：《民法提要》（物权法），有斐阁1980年版，第111—112页；［日］三和一博、平井一雄：《物权法要说》，青林书院1989年版，第74页；［日］田中整尔：《占有论的研究》，有斐阁1975年版，第1页以下。

[3] 陈荣传：《民法物权实用要义》，五南图书出版股份公司2014年版，第224页。

领力，不成立占有。例如，在饭店使用酒杯餐具，在图书馆取阅杂志，在火车上向邻座的人借阅火车营运时刻表，在公园坐卧长椅，皆不构成占有。

法律关系，指某人对某物是否存在占有，可径由法律关系认定。当代物权法法理认为，占有的成立，无须占有人对标的物为直接的支配、管领，即便对标的物并无直接的管领力、支配力，但基于某种法律关系而以他人为媒介者，也可成立占有。此主要涵括两种情形：（1）依辅助占有关系而成立的占有。辅助占有，指基于特定的从属关系，受他人的指示而进行的占有。例如，受雇人根据雇佣人的指示，占有生产车间。此种情形，雇佣人即是借助于受雇人的行为而占有车间。（2）间接占有。如基于质权，质物由质权人取得直接占有，出质人取得间接占有。[1]

社会关系的事实。占有乃法律对社会现实状态的规定，以符合社会的观念为必要。故对占有物的支配不以物理上接触为必要，于他人手中或衣裤口袋中之物，固在其支配管领的占有中，对于停放于路旁的机动车、外出之人对其家中的物，管领支配之人虽一时丧失对物的接触，但依一般社会观念，该物仍在其掌控之中，并未脱离其得管领支配的范围，故仍属占有人。[2]

此外，判定某人对某物有无占有，法与秩序也系重要标准。例如，路不拾遗的盛世与强盗横行的乱世，对占有的认定，就应有所不同。于路旁停车，出国数日，时空远隔，之所以仍可肯定对该车有事实上的管领力，系因为对一般社会秩序和对他人财产的尊重，以及社会的稳定的和平秩序所使然。[3]

（三）占有为事实

占有的本质为何，究竟为事实抑或权利，罗马法上即有争论，各国家或地区的立法成例也不一致。罗马法时代，占有（Possessio）被认为系一种事实，其功能不在于保护权利，而在于保护社会和平。法学家保罗士（Paulus）指出，对占有而言，有无占有的权利，在所不问。盗贼也为占有人。罗马法的此种占有观念为往后的欧陆各国民法所承袭。在日耳曼法，占有（Gewere）为物权法的核心概念，系物权的表现方式，占有与所有权并未严格区分，占有并不是一种单纯的事实，而系一种物权。占有具有公示性，权利被包裹于占有中，并借占有得以体现。由此在日耳曼法，占有又被称为"权利的外衣"[4]。

1　[日]星野英一：《民法概论Ⅱ》（物权I），良书普及会1973年版，第81页以下。
2　郑冠宇：《民法物权》，新学林出版股份有限公司2015年版，第699页。
3　王泽鉴：《民法物权》（占有），台湾1996年自版，第15页。
4　王泽鉴：《民法物权》（占有），台湾1996年自版，第2—4页。

罗马法与日耳曼法关于占有的不同观念，对当代各国家或地区民法的占有制度产生了直接影响。大体而言，1896 年《德国民法典》兼采罗马法上的占有与日耳曼法上的占有，而建立了混合的占有制度。1804 年《法国民法典》第 2228 条、1898 年施行的《日本民法》第 180 条与 1958 年公布的《韩国民法典》第 192 条，均认占有为权利。1907 年《瑞士民法典》第 919 条、1929—1930 年的《中华民国民法》第 940 条等，皆规定占有仅系一项事实而非权利。但此项事实于民法上具有一定的效力，受法律的诸多保护，故而具有法律的意义，从而与单纯的事实，如下雨、锻炼身体、落叶的飘零、黄昏时的散步等不具法律意义的单纯的事实显不相同。此外，占有得为侵权行为的客体，且也系不当得利所得请求返还的利益，其与本权结合后，也能具有权利的性质。[1]

我国《物权法》颁行之前，民事立法上未有占有制度，占有究竟为权利抑或事实并不清楚。不过，我国实务与民法法理向来认为占有为事实而非权利。《物权法》对占有尽管未设定义性规定，但解释上应认为系一种事实而非权利，自不待言。

二、占有的主体

占有为人与物的关系，占有的客体为物，占有的主体则为人。此所谓人，包括自然人和法人。后者可利用其机关管领占有物。占有为法律事实，仅须自然的占有意思（Besitzwille），占有人不必非有行为能力不可，即使无行为能力之人，也得为占有人。不过，因占有仍须有对物的事实上管领意思，故仍须有事实上管领其物的意识能力。若无此意识能力，则无法为自己原始取得或创设取得占有。占有的移转因须受法律规定的支配，则仅需具有民事权利能力，即得为占有的主体，意识能力之有无，已非所问。例如，初生的婴儿固然不能为自己原始取得占有，但却可为占有的继承人，即因他人占有的移转而成为占有人。[2]

三、占有与相关概念的界分

（一）占有与持有 [3]

占有与持有，虽同系指对物有事实上的管领力，但持有却重在对物的事实上的实力支配，因此两者的范围或有重叠之处，例如，受寄人对寄存物品既为民法

---

[1] 谢在全：《民法物权论》（上册），新学林出版股份有限公司 2014 年版，第 446 页。
[2] 谢在全：《民法物权论》（上册），新学林出版股份有限公司 2014 年版，第 455 页。
[3] 谢在全：《民法物权论》（下册），文太印刷企业有限公司 2007 年修订 4 版，第 471 页。

上的占有，也为刑法上的持有。二者系不同的概念，存在下列差异。

（1）占有可依抽象状态而为间接占有（mittelbarer Besitz），持有则否。

（2）占有人于占有物上行使的权利，推定其适法有此权利，并推定其为以所有的意思、善意、和平及公然占有，持有则无类似的推定。

（3）占有得为移转、继承，持有则否。

（4）因盗窃、强盗、抢夺、欺诈与恐吓而置于自己管领之下的物，系属占有，而非持有。

（5）绝对的违禁物，如海洛因、鸦片不得为占有的标的物，但可为持有的标的物。

（二）占有与权利

占有与权利虽均受法律的保护，但二者仍有下列差异[1]：

（1）凡有权利能力者，均得为权利的主体，但却非均得为占有的主体。

（2）权利有主权利、从权利的区别，而占有则无主占有、从占有之分别。

（3）权利有禁止让与和继承者，如人格权和身份权，而占有则无。

（4）权利无直接、间接之分，而占有则有直接占有（unmittelbarer Besitz）与间接占有之别。

（5）权利与权利有混同的可能，而占有与占有则否，因占有之上不可能复设立占有。

（6）权利的继受人不能仅就自己取得权利之后的有利事实而为主张，但占有则可。

（7）数人共有一物时，共有人中的一人如遇他共有人侵害其权利时，仍可以所有人的物权请求权加以保护。但数人共同占有一物时，各占有人就其占有物使用的范围，不得互相请求占有的保护。

四、占有的功能

（一）保护占有的功能

所谓保护占有的功能，系指民法上的占有具有保护对物的事实支配，以实现其维持社会秩序与社会和平的功用。盖对物的事实支配既然已经确定存在，自然必定业已形成一定的社会秩序，而维护此秩序的安定以确保社会的和平，实为法治国家的当然任务。《物权法》将对物的支配区分为具有法律正当权利为基础的

---

[1] 谢在全：《民法物权论》（上册），新学林出版股份有限公司2014年版，第455页。

观念的支配，与是否具有法律正当权利为基础在所不问的事实支配。[1]前者即物权，后者即指作为事实的占有。《物权法》第245条第1款规定的物上请求权，系为保护事实的占有的主要表现。占有的保护功能，表现了近现代和当代民法一项重要原则：任何人不能以私力改变占有的现状，保护占有即是保护社会的和平与秩序。

（二）表彰本权的功能

本权通常经由占有而得以实现，占有其物者大多系具有本权，由此占有具有表彰本权的功用。盖外观的状态与实际的情形，一般系八九不离十，基于此盖然性，占有既具有事实支配标的物的外观，自应具有本权；反之，未占有其物的人则不具有本权，实为社会的常情。于是，民法不仅明定占有具有权利推定的效力，使本权的保护趋于简易，以保护静的安全，而且以占有为动产的公示方法，并承认占有的公信力，建立善意取得制度，以保护交易的动的安全。[2]

（三）取得本权的功能

民法于一定条件下，将事实支配的占有升格为法律支配的本权，而赋予优先取得全部或一部本权效力的功用。盖占有既然有表彰本权的功能，常与本权相结合，则事实的支配自应认其系实现本权内容的一种形态，而赋予一定的效力。传统民法中的取得时效、无主物先占、遗失物的拾得、埋藏物的发现，即是将占有全面提升为本权。在另外一些情形，民法将占有提升为取得部分本权，仅使占有于一定范围内与本权作相同的处理。例如，传统民法中的善意占有人的孳息收取权、损害赔偿责任的减轻、费用偿还请求权等即是。[3]我国《物权法》第242条规定，善意占有人因使用占有的不动产或者动产，致使该不动产或者动产受到损害的，不承担赔偿责任，以及第243条规定，"不动产或者动产被占有人占有的，权利人可以请求返还原物及其孳息，但应当支付善意占有人因维护该不动产或者动产支出的必要费用"，系将占有于一定范围内与本权作相同的处理。至于先占、取得时效，该法则未作规定。遗失物的拾得和埋藏物的发现，也不认可拾得人或发现人可取得拾得物或发现的埋藏物的所有权，表明在这些问题上，尚未将占有完全提升为本权。

（四）义务负担的功能

除以上功能外，占有制度还有义务负担的功能。盖因占有而伴有管理占有物

1　谢在全：《民法物权论》（上册），新学林出版股份有限公司2014年版，第446页。
2　谢在全：《民法物权论》（上册），新学林出版股份有限公司2014年版，第449—450页。
3　谢在全：《民法物权论》（上册），新学林出版股份有限公司2014年版，第450页。

的社会责任。民法以占有为基础而负一定义务的规定颇多。例如物权标的物的返还义务、不当得利的占有返还责任、占有人的损害赔偿责任、无权占有人的标的物返还义务及恶意占有人的孳息返还义务等，皆属之。以占有人作为第一次民事责任负担者，系具有便利被害人减少探究责任者的社会成本的功能。[1]

第二节 占有的分类、占有状态的推定与占有状态的变更

一、占有的分类

（一）有权占有与无权占有

此系以占有是否具有法律上的原因为标准而作的区分。具法律上的原因的占有为有权占有（又称为有权源占有、正权源占有），该法律上的原因或根据，学理上称为权源或本权，例如所有人、建设用地使用权人、承租人、借用人之占有标的物，分别系基于其所有权、建设用地使用权、租赁权、借用权，具占有的权源，故皆为有权占有；反之，未有法律上原因的占有，为无权占有（又称为无权源占有），例如强盗对赃物的占有、拾得人对遗失物的占有及承租人在租赁合同终止后对租赁物的占有，皆为无权占有。

法律界分有权占有与无权占有的实益，系在于所受法律保障的程度的不同。有权占有因其有占有的权源，故只要其权源继续存在，即承受法律的保护，他人请求其交付占有物时，即有权拒绝。并且，因其有占有的权源，故其占有也无区分有无瑕疵的必要。无权占有的占有人因不存在权源，若遇有权源的人请求其交还占有物时，无权拒绝，而有返还的义务。并且，因其无权源，故有区分为有瑕疵或无瑕疵的占有而异其法律效果的必要。[2]另外，非因侵权行为而取得占有系留置权成立的消极要件之一，若将此要件作扩充解释，无权占有也包括在内，即无权占有人无主张留置权的余地。

（二）善意占有与恶意占有

依无权占有人是否误信为有占有的权源为标准，占有可分为善意占有与恶意占有。此种分类，系无权占有的再分类。有权占有，无区别善意与恶意之必要。善意占有，指对物误信为有占有的权利，且无怀疑而为的占有；反之，对物明知无占有的权利，或对物有无占有的权利已有怀疑而仍然为占有的，为恶意占有。

---

[1] 谢在全：《民法物权论》（上册），新学林出版股份有限公司2014年版，第450页。

[2] 谢在全：《民法物权论》（上册），新学林出版股份有限公司2014年版，第459页。

界分善意占有与恶意占有的法律意义主要有：(1) 动产善意取得，以善意受让人占有为要件（《物权法》第106条第1款）。(2) 占有人对回复请求权人的权利义务，因善意占有和恶意占有而不同。此即《物权法》第243条规定："不动产或者动产被占有人占有的，权利人可以请求返还原物及其孳息，但应当支付善意占有人因维护该不动产或者动产支出的必要费用"。(3) 占有人是否承担损害赔偿责任不同。《物权法》第242条规定："占有人因使用占有的不动产或者动产，致使该不动产或者动产受到损害的，恶意占有人应当承担赔偿责任"。该规定的反面推论即是善意占有人不承担损害赔偿责任。(4) 占有人是否偿还保险金、赔偿金或补偿金不同。《物权法》第244条第1句规定："占有的不动产或者动产毁损、灭失，该不动产或者动产的权利人请求赔偿的，占有人应当将因毁损、灭失取得的保险金、赔偿金或者补偿金等返还给权利人。"[1]

（三）无过失占有与有过失占有

此系对善意占有的再分类。依善意占有人就其善意是否有过失为标准，可分为无过失占有与有过失占有。善意占有人就其善意无过失的，为无过失占有，反之为有过失占有。二者界分的意义在于：(1) 在承认取得时效的传统民法中，时效期间不同。即占有之始为善意并无过失的，时效取得的期间较短，反之则较长。(2) 善意取得是否成立。如《日本民法》第192条规定：通过交易行为平稳且公然开始占有动产的人，于善意且无过失时，即时取得可于该动产上行使的权利。

（四）和平占有与强暴占有

依占有手段的不同，占有可分为和平占有与强暴占有。以强暴手段而为的占有，为强暴占有，如趁人不备而抢夺他人的手袋并加以占有即属之，反之为和平占有。二者区别的实益，在于于承认时效取得的传统民法中，时效取得须以和平占有标的物为前提，而强暴占有不发生时效取得。

（五）公然占有与隐秘占有

依占有的方法为标准，占有可以分为公然占有与隐秘占有。对于物的占有，不故意以避免他人发现的方法为之者，为公然占有，否则为隐秘占有。二者区别的意义，在于于承认时效取得的传统民法中，时效取得须以公然占有标的物为要件，隐秘占有不发生时效取得。

（六）继续占有与不继续占有

以占有在时间上有无中断为标准，可分为继续占有与不继续占有。对物的占

---

[1] 崔建远：《物权法》，中国人民大学出版社2014年版，第143—144页。

有，时间上继续无间断者，为继续占有，否则为不继续占有。二者界分的意义，在于于承认时效取得的传统民法中，时效取得以继续占有为要件，否则会发生时效取得的中断。

（七）无瑕疵占有与有瑕疵占有

此系以无权占有是否具有瑕疵为标准而作的区分。无瑕疵占有，指以善意、无过失、和平、公然并继续的方式进行的占有，否则对物的占有，具有恶意、有过失、强暴、隐秘或不继续为之中任何之一者，为有瑕疵占有。二者区别的意义在于，合并前占有人的占有而为主张者，应承继其瑕疵。另外，在善意取得的要件上，二者的区分也具有法律意义。

（八）自主占有与他主占有

依占有是否具有所有的意思为标准而区分，占有可分为自主占有与他主占有。以所有的意思对标的物加以占有的，为自主占有；以非所有的意思对标的物加以占有的，为他主占有。此所谓所有的意思，仅指以其物为自己的物而排斥他人占有的意识。故此，自主占有不以其物确为自己所有为必要，虽非自己的物，但以所有的意思而占有的，仍为自主占有。由此，误信他人的物为自己的物而占有，甚或明知系他人的物，以犯罪手段取得而占有之，例如盗窃者对于所盗赃物的占有、侵占人对于侵占物的占有，皆属自主占有。占有是否以所有的意思为之，虽可自占有表现于外部的意思加以认定，但通常属主观的情事，难以证明，占有人就此不必负举证责任。盖法律推定占有人系以所有的意思占有标的物。至于基于媒介关系（Besitzmittlungsverhältnis）而占有他人的物，如承租人、借用人、保管人、质权人、留置权人对标的物的占有，皆非以所有的意思而占有，属于他主占有。[1]

二者界分的意义，在于于承认取得时效和无主物先占的传统民法中，时效取得与先占取得所有权，皆须以自主占有（Eigenbesitz）为必要，他主占有不发生时效取得与先占取得无主物所有权的问题。

（九）直接占有与间接占有

以占有人对物事实关系的程度为标准，占有可分为直接占有与间接占有。凡直接对物有事实上的管领力者，为直接占有；自己不直接占有其物，而对直接占有其物的人本于特定的法律关系有返还请求权，因而对其物有间接管领力者，为间接占有。质权人、承租人、保管人、承揽人、承运人、监护人、无因管理人，

---

[1] 谢在全：《民法物权论》（上册），新学林出版股份有限公司2014年版，第461页。

为直接占有人，出质人、出租人、寄存人、定作人、托运人、被监护人、本人为间接占有人。需注意的是，间接占有不以一层为限，并可发生重叠间接占有（多阶层的间接占有）。例如遗嘱执行人依遗嘱的指示，将遗产出租，承租人将之转租于承租人（次承租人），此时除次承租人为直接占有人外，继承人、遗嘱执行人、转租的承租人皆为间接占有人。[1] 又如，甲出租A车给乙，乙将该车转租于丙时，丙为该车的直接占有人，乙为第一阶层的间接占有人，甲为第二阶层的间接占有人，至于直接占有人丙是否知悉较高阶层间接占有的存在，在所不问。[2]

间接占有的成立要件是：（1）须有占有的媒介关系（即基于一定的法律关系而对他人的物为占有）。（2）须有他主占有的意思。直接占有人须对物有为间接占有人占有的自然意思，并于其占有媒介关系消灭后，负返还占有物的义务。直接占有人如变更他主占有的意思，间接占有即归于消灭。（3）须间接占有人对直接占有人具有占有物返还请求权。此种返还请求权不限于基于占有媒介关系所生的请求权，所有人的所有物返还请求权或其他的物权请求权、债权请求权也涵括在内。虽有返还请求权，但若缺乏相类似的法律关系，仍不成立间接占有。例如，所有人对盗窃其物的盗贼，虽有所有物返还请求权，但却不可曰该所有人对该盗赃物为间接占有。[3]

区分直接占有与间接占有的法律意义在于：（1）直接占有与间接占有系相互对立的概念，间接占有固然不能独立存在，但无间接占有，直接占有这一概念也无意义之可言；（2）间接占有系经由直接占有维持其对物的事实管领力，仍系占有，故关于占有的规定，对间接占有也应适用，如使间接占有人拥有物上请求权等；（3）间接占有概念的承认，使占有趋于观念化（占有概念的扩大）。此在占有人的物上请求权而言，具有扩大维持社会秩序范围的意义；在以占有为动产物权变动的公示方法而言，使观念交付（例如占有改定）成为可能，因而促成交易的便捷。不过，因金钱作为价值的承担者，具有占有即所有的特殊性，故金钱不能成立间接占有，金钱的"间接占有人"仅系一定金额债权的保有人。[4]

（十）自己占有与辅助占有

以实施占有者的从属关系为标准而区分，占有可分为自己占有与辅助占有。

---

[1] 谢在全：《民法物权论》（上册），新学林出版股份有限公司2014年版，第462页。
[2] 王泽鉴：《民法物权》（用益物权·占有），中国政法大学出版社2001年版，第186—187页。
[3] 谢在全：《民法物权论》（上册），新学林出版股份有限公司2014年版，第462—463页。
[4] 谢在全：《民法物权论》（上册），新学林出版股份有限公司2014年版，第463页。

凡占有人亲自对物为事实上的管领的，为自己占有；反之，对于其物系基于特定的从属关系，受他人的指示而为占有的，为辅助占有。

所谓特定的从属关系，是指受雇人、学徒或其他基于受他人的指示而为占有的情形。所谓他人，又称主人或占有主，是指处于上级地位而享有指示权的人。从属关系的产生，系基于私法抑或公法，系基于合同抑或直接基于法律，其存续系长期抑或临时，皆在所不问。占有辅助人是否具有为占有主进行占有的意思，也不重要。此外，从属关系也不必为外部所认识（bekannt）。当然，在欠缺其外部可认识性时，占有人享受着极其广泛的好处，并因对公示原则的突破而极有害于权利交易。占有辅助成立后，将产生占有辅助的法律效果：占有辅助人无占有人资格和占有辅助人可行使针对第三人的自力防御权。[1]

应指出的是，在当代社会，工人、雇员（法律基础：雇用合同）、公务员（法律基础：公法上的公务员关系，即所谓特别的权力关系）、孩子对于由父母交给他们的物——即使孩子自己系物的所有权人（法律基础：亲权）、妻子对于因丈夫突然被捕而由她继续经营的营业等等，皆系占有辅助人。由于劳动法律关系（基于私法规范或者公法规范）的从属性，故此在当代社会，越来越多的人成为占有辅助人大军中的一员。其结果就是，占有辅助人创造的劳动成果，其所有权自始就属于他们的老板，占有辅助人为其工作，为其加工（打工）。[2]

界分自己占有与辅助占有的意义在于：

（1）占有辅助人虽然在事实上控制某物，但不因此而取得占有，系以主人（占有主）为占有人。从而，占有辅助人也就自然不享有或负担基于占有而产生的权利义务，如不享有占有保护请求权、不能针对占有人行使自力防御权（但可针对第三人行使此权利）、无占有转让的权限、不会被推定为所有权人。主人（占有主）享有占有所产生的权利，承担占有所产生的义务。例如甲公司的收款员丢失支票，该支票的遗失人为甲公司，而非收款员乙（占有辅助人），有权申请公示催告的是甲公司而非收款员乙。[3]

（2）占有辅助关系终了时，主人（占有主）自己未取得对该物事实上的管领

---

[1] ［德］鲍尔、施蒂尔纳：《德国物权法》（上册），张双根译，法律出版社2006年版，第133—138页。

[2] ［德］鲍尔、施蒂尔纳：《德国物权法》（上册），张双根译，法律出版社2006年版，第135—136页。

[3] ［德］鲍尔、施蒂尔纳：《德国物权法》（上册），张双根译，法律出版社2006年版，第136—137页；王泽鉴：《民法物权》（用益物权·占有），中国政法大学出版社2001年版，第191页；崔建远：《物权法》，中国人民大学出版社2014年版，第148页。

力的，即丧失其占有。例如，雇主解雇司机而未使其交还汽车，雇主即丧失对该汽车的占有；受雇人侵占其管领之物（如店员擅自取走专柜内的衣服回家使用），即使其雇佣合同尚存在，雇主的占有仍归消灭；餐厅的清扫工发现座椅下的钻石耳环，未交给餐厅主人，擅自出让给他人时，餐厅主人的占有也告丧失。占有辅助人丢失其管领的古币时，对主人（占有主）而言，因丧失占有而使该古币成为遗失物。[1]

（3）对占有辅助人不得主张占有保护请求权。占有辅助人管领某物，但并非物的占有人，故不生无权占有（unberechtigter Besitz）的问题。主人（占有主）侵夺他人之物，例如甲盗取乙的工程设计图交其职员丙保管，乙对占有辅助人丙不能主张所有物返还请求权或占有保护请求权，仅能向甲主张之。[2]

（4）占有辅助人对第三人之侵害占有物，有权行使自力救济权，不过通说认为，占有辅助人行使此权利时，应服从主人（占有主）的指示。

（十一）单独占有与共同占有

以占有人的人数为一人或数人为标准，占有可以分为单独占有（Alleinbesitz）与共同占有（Mitbesitz）。一人对物所为的占有，为单独占有，数人对同一物的占有，为共同占有。共同占有又可分为重复共同占有与统一共同占有。重复共同占有，又称通常共同占有（einfacher Mitbesitz），指各共同占有人于不妨害他共同占有人的情形下，各自可单独管领其物的占有。例如，数人租赁一个房间，每人可以单独使用公用的浴室或厨房，或数人共同管理一个书房，每人各有钥匙，各自可以单独开门取书等，皆属于重复共同占有；统一共同占有（qualifizierter Mitbesitz 也称共同占有、共同共有占有），指全体共同占有人对占有物仅有一个管领力，仅可结合全体占有人为共同的管领。统一共同占有，其占有人不能单独管领占有物，系为与重复共同占有的不同之处。例如，数人共同管理钱柜，钱柜有数个不同的钥匙，钥匙分别由数人保管，任何一人均无法单独开柜取钱，即属于统一共同占有；又如，数个继承人对遗产的共同占有，亦属此种统一共同占有。此外，银行与客户租用的保险箱，就保险箱而言，双方成立统一共同占有，但保险箱内所存置的物品，则系客户单独占有。[3]

区分单独占有与共同占有的法律意义在于：单独占有不存在内部关系，而共

---

[1] 王泽鉴：《民法物权》（用益物权·占有），中国政法大学出版社2001年版，第194—195页。

[2] 王泽鉴：《民法物权》（用益物权·占有），中国政法大学出版社2001年版，第195页；谢在全：《民法物权论》（上册），新学林出版股份有限公司2014年版，第465页。

[3] 姚瑞光：《民法物权论》，海宇文化事业有限公司1999年版，第391页。

同占有则存在内部关系与外部关系。

（1）在内部关系方面又涵括两点：其一，占有保护请求权之排除，即数人共有一物时，各占有人就其占有物使用范围，不得互相请求占有保护。例如甲、乙共用某地，设有高尔夫练习场，甲认为乙的使用期间超过约定范围时，即不能对乙主张自力防御权或请求占有物的返还，盖占有的使用范围与本权有关，应依本权决定，提起本权之诉。至于在完全剥夺其他共同占有人占有的情形下，如此例中的乙占用整个球场，根本不让甲使用时，甲可主张占有的保护。其二，只要符合构成要件，在共同占有人之间可成立侵权损害赔偿请求权或不当得利返还请求权。但有反对意见[1]。[2]

（2）在对外关系方面，单独占有的情形，对于第三人的权利义务皆由占有人承受；而于共同占有的情形，则包括：其一，各个共同占有人可以单独请求占有的保护，占有被侵夺时，仅可请求返还占有物于全体共同占有人；其二，各个共同占有人得将其占有的地位（共同占有）转让给他人。移转单独占有时，各共同占有人应共同为之。例如甲、乙共有某车，出售于丙时，甲、乙应共同使丙取得单独占有；如甲将其应有部分出售于丙时，甲应使丙取得对车的共同占有，如交付汽车的钥匙。[3]

二、占有状态的推定

占有状态既然各有不同，则不同占有状态所生的效力也就存在差异。占有人就占有物，是否以所有的意思、善意并无过失、公然、和平与继续占有，关系占有的效力甚大，若一一须由占有人举证证明，非但不易，且与法律维持社会的和平秩序与现状的目的也有违背。于是，对于占有的事实状态，法律乃予以推定。占有状态的推定，产生举证责任转换的效果，即占有人就其主张的占有事实，毋庸举证，而其相对人欲攻击占有人的主张时，则须负举证责任。其主要内容如下：

（一）自主占有的推定

占有人对占有物，究竟系自主占有抑或他主占有的事实不明时，推定为自主

---

[1] 参见 Müller, Sachenrecht, RdNr. 263. 王泽鉴：《民法物权》（用益物权·占有），中国政法大学出版社2001年版，第199页。

[2] 王泽鉴：《民法物权》（用益物权·占有），中国政法大学出版社2001年版，第199页；崔建远：《物权法》，中国人民大学出版社2014年版，第149页。

[3] 王泽鉴：《民法物权》（用益物权·占有），中国政法大学出版社2001年版，第200页。

占有。不过，按照占有权源的性质判断，占有人欠缺所有的意思且占有为他主占有的事实清楚明了时，不得作此推定。例如承租人对租赁物的占有，保管人对保管物的占有，建设用地使用权人对建设用地的占有，依据本权的性质，都清楚地表明，占有人欠缺所有的意思，故而不能将此等占有推定为自主占有，而仅能认定为他主占有。[1]

（二）善意占有的推定

占有人是否以善意加以占有，因属其个人内心之事，难以举证证明，故在善意占有抑或恶意占有的事实不明时，推定为善意占有。

（三）无过失占有的推定

占有人的善意占有，有无过失，事实不明时如何认定？通常认为，占有人就无过失的事实，应负举证责任。但因无过失为常态，有过失为变态，且无过失为消极事实，依民事诉讼法的一般举证责任分配原则，占有人应无须就此常态与消极事实负举证的责任。日本学界更认为前述所谓无过失，乃是无过失的善意，亦即完全的善意，如认为就过失应负举证责任，则等于须就完全的善意负证明的责任，此与《日本民法》第186条的推定善意的规定即产生矛盾。故此，在善意已受推定的范围内，无过失应解释为也受推定。此见解新近以来颇受重视，值得注意。[2]

（四）和平占有和公然占有的推定

和平占有与公然占有，均属占有的常态，故于事实不明了时，推定为和平占有与公然占有。

（五）继续占有的推定

占有人主张继续占有的，仅须证明前后两时均有占有即可，而无须证明从头至尾占有的无间断。盖因法谚云："经证明两端者，得推定中间"，"今昔为占有者，常为占有者"。亦即，根据前后两时占有的事实，推定为继续占有。

三、占有状态的变更

所谓占有状态的变更，又称为占有的变更，或占有的转变，或占有名义的变更，指在占有存续中，占有的状态发生变更的现象。占有既然可为各种不同的分类，则于占有存续期间，自可能发生各种变更，如由自主占有变为他主占有，善

---

[1] 崔建远：《物权法》，中国人民大学出版社2014年版，第150页。

[2] 姚瑞光：《民法物权论》，海宇文化事业有限公司1999年版，第405页。台湾地区新近修改通过的"民法"第944条第1项即增设无过失占有也受推定的规定。

意占有变为恶意占有，或公然占有变为隐秘占有。此种变更中，公然占有变为隐秘占有，和平占有变为强暴占有均可由外部察知，而自主、他主或善意、恶意的变更则为内心意思的改变，不仅不易自外部察知，而且涉及的关系也较为重大，故此以下特别予以说明。

（一）他主占有变更为自主占有

他主占有变更为自主占有，须符合下列情形之一。

1. 他主占有人应对使其占有的人表示以所有的意思而占有

在租赁等合同关系中，占有人（承租人）对承租物等的占有，系基于与出租人订立的租赁合同的事实而发生，依此事实的性质，承租人就租赁物的占有乃系基于租赁权，并无所有的意思，属于他主占有；若承租人对租赁物的占有欲变更为有所有意思的自主占有，则应对使其占有租赁物的出租人表示以所有的意思占有，自表示时起，即变更为自主占有。因此，由他主占有变更为自主占有，既需要占有人有变更的意思，也要求将该内心意思表示于外。盖因表示于外，方才能使其占有之人知悉其事，以保护其利益。而所谓表示，不以明示为限，默示的表示也可。不过，此项表示以事实上的表示为已足，不以意思表示的程度为必要。另外，此项表示须向使其占有的人为之，但不以获得其承诺为必要。使其占有的人如有数人时，应向其全体为之，否则不生变更的效果。[1]

2. 他主占有人因新事实变为以所有的意思占有

所谓新事实，系指以使他主占有人取得所有权为目的的事实。至于此项事实于法律上是否足以发生取得所有权的法律效果，在所不问。买卖、赠与、互易等法律行为属于此所谓新事实。例如，出租人为所有人，将其出租的动产出卖、赠与或与承租人的某项财产互易，因买卖、赠与、互易等新事实的发生而使承租人取得租赁物的所有权，于是变更为自主占有。应当注意的是，此所谓新事实，并不涵括继承在内。盖因继承人无论有无占有的意思或对遗产有无事实上的管领力，基于法律的规定，于继承开始时即当然按被继承人的占有状态加以继承，所承受者自属原占有的状态，继承人无从为别的种类的占有状态的主张。[2]

（二）善意占有变更为恶意占有

善意占有人如之后知其占有未有正当的权利（即确知无占有的本权）而仍然继续占有的，即变更为恶意占有。不过，此时主张其为恶意占有的人应负举证责任。

---

[1] 谢在全：《民法物权论》（上册），新学林出版股份有限公司2014年版，第472页。
[2] 谢在全：《民法物权论》（上册），新学林出版股份有限公司2014年版，第472—473页。

第三节　占有的取得

一、占有的原始取得

所谓占有的原始取得，系指非基于他人既存的占有而取得的占有。对于任何物，凡非基于他人既存的占有，而是以自己对之有事实上的管领力者，均属原始取得对该物的占有。例如，无主物的先占、遗失物的拾得、捞得海上漂流物、对水流冲刷而自然增加的土地予以开垦等，均为原始取得该动产或不动产的占有。由此，占有的原始取得，其标的物包括动产与不动产（已登记的不动产也包括在内）。而且，无论标的物是否已有人占有，或占有的取得是否合法。例如，对盗赃物的占有，对盗窃者而言，即属占有的原始取得。另外，因占有的原始取得纯粹为事实行为，故原始取得人有无行为能力，也非所问。不过，须具有占有的自然意思。同时，因占有不必亲自为之，占有的原始取得亦同，可以指示占有辅助人为之。例如，雇人随同出海捕鱼，对于捕得的鱼，系雇佣人原始取得其占有。原始取得的占有，一般为直接占有，但不以此为限。例如监护人为被监护人的意思拾得遗失物，监护人不仅为自己原始取得直接占有，同时也为被监护人原始取得间接占有。此外，占有的原始取得，与是否能取得标的物的所有权无关。例如在传统民法中，对无主物的占有，须依法律规定的先占规则才能取得其所有权。占有的原始取得，实即为占有的成立。[1]

二、占有的继受取得

占有的继受取得，指基于他人既存的占有而取得的占有。与所有权的继受取得可分为移转的继受取得与创设的继受取得相同，占有的继受取得也可分为占有的移转继受取得（移转取得）与创设继受取得（创设取得或设立取得）。占有的移转取得，系指就他人既存的占有，不变更其原状而受让以取得之。例如无权占有人将其所占有的物返还给所有人，所有人即因其占有的移转而取得占有；占有的创设取得，系指就既存的占有再创设占有而取得之。[2] 例如，土地所有人将自己的土地为他人设立建设用地使用权后，土地所有人即为自己创设对土地的间接占有并取得之，建设用地使用权人就土地取得直接占有。

---

[1] 谢在全：《民法物权论》（上册），新学林出版股份有限公司2014年版，第478页。
[2] 谢在全：《民法物权论》（上册），新学林出版股份有限公司2014年版，第478页。

（一）继受取得的原因

占有的继受取得主要有两种原因：占有的移转与占有的继承。分述如下。

1. 占有的移转

所谓占有的移转，系指占有人以法律行为将其占有的物交付给他人，该他人因而取得其占有。占有的移转，因须依法律行为为之，故又称为占有的让与。亦即，占有物由让与人支配变更为由受让人支配的，即是占有的移转。[1] 占有的移转，须具备下列要件方可发生效力。

（1）须有移转占有的意思表示。因占有的移转须以法律行为为之，故移转占有必须有意思表示的存在。若占有的移转系以单独行为进行的，则移转占有的意思表示只需存在于移转占有人方面即可。例如，无权占有人将其占有物返还给所有人即是；若占有的移转出于双方的行为的，则须双方有移转占有的合意。例如，出质人与质权人订立质权合同，将质物交付给质权人占有即是。占有的移转既然须有意思表示，则占有的移转如非因当事人的意思表示而发生的，例如遗失的动物，自拾得人处自动返回所有人的住所，即非占有的移转。[2]

（2）须有占有物的交付。因占有系对物有事实上的管领力，故占有的移转，仅有移转占有的意思表示，尚不生法律上的效力，而只有将占有物交付后，方才生移转的效力。此点与移转所有权的情形不尽相同。所有权的移转，如标的物为动产的，须将动产交付给对方方生移转的效力；如为不动产的，则以登记为不动产所有权移转的要件。占有的移转，无论动产或不动产，一律以交付占有的物而生效力。交付的方法，涵括现实交付、简易交付、占有改定及指示交付。[3]

2. 占有的继承

占有在法律上具有一定的利益，且不具专属性，故自可继承。对此，《德国民法典》第857条、《法国民法典》第724条和《瑞士民法典》第560条，均定有明文。《日本民法》虽未设立明文，但判例学说采肯定立场，认为占有可当然因继承而取得。[4] 我国《继承法》第3条未明文规定占有属于遗产，但通说认为，应承认占有可以继承。因继承而取得占有，于继承开始时，即当然取得继承标的物的占有，既不以知悉继承事实的发生为必要，也无须事实上业已管领其物或有交付的行为，更无须为继承的意思表示。亦即，占有的继承完全系出于法律的拟制，系占有的

---

[1] [日] 三和一博、平井一雄：《物权法要说》，青林书院1989年版，第81页。
[2] 谢在全：《民法物权论》（上册），新学林出版股份有限公司2014年版，第479页。
[3] [日] 高岛平藏：《物权法制的基础理论》，成文堂1969年版，第163—164页。
[4] [日] 三和一博、平井一雄：《物权法要说》，青林书院1989年版，第82页。

观念化的另一表征。惟占有也有不移转于继承人的情形，例如被继承人与占有物共同沉入海底，占有随被继承人的死亡而消灭，或继承人抛弃继承等，皆属之。[1]

（二）继受取得的效力

占有，其本旨上并非权利，而系事实。因此，占有的继受人与权利的继受人不同。占有的继受，因继受人一方面是继续前占有人的占有，另一方面又是开始新的占有，故法律允许继受人或单独主张自己的新占有，或与前占有人的占有合并而为主张。[2]此种效力，为占有的继受取得所独有，系占有继受取得的特殊效力。

1. 占有的合并

占有的合并，指占有的继承人或受让人，可就自己的占有与其前占有人的占有合并而为主张。占有的合并，须注意者有三点：（1）可主张占有的合并者，只限于占有的继承人或受让人，即所谓占有的继受取得人。亦即，仅有占有的继受取得人才可以主张占有的合并，占有的原始取得人不能主张之。（2）所谓前占有人的占有，不限于直接的前占有人的占有，只需前占有人的占有，系继受取得且前后连续者，即可辗转合并所有前手的占有而为主张。例如占有由甲移转至乙，乙移转至丙，丙移转至丁，丁可以合并甲、乙、丙或乙、丙的占有而为主张。（3）选择占有合并而为主张后，可加以变更。例如原主张合并占有，其后则主张占有的分离即是。另外，合并前占有人的占有而为主张的，应承继其瑕疵。盖因占有的继受人既已主张占有的合并，则依继受取得的规则，自应按占有的原有状态加以继受。故此，如前占有人的占有有隐秘、强暴占有等瑕疵的，均应一律承继之。占有的合并的意义，主要见于传统民法中的取得时效的情形。[3]

2. 占有的分离

占有的分离，系指占有的继受人得将自己的占有与前占有人的占有分离，仅就自己的占有而为主张。因为，占有的继受人合并前占有人的占有而为主张时，须继承其瑕疵，对自己未必有利。何况继受人已经取得标的物的占有，对标的物已有事实上的管领力，足以成立新的占有。故法律允许占有的继受人，可将自己的占有与前手的占有分离而为主张。

---

[1] 谢在全：《民法物权论》（上册），新学林出版股份有限公司2014年版，第480页。
[2] 姚瑞光：《民法物权论》，海宇文化事业有限公司1999年版，第401页。
[3] 谢在全：《民法物权论》（上册），新学林出版股份有限公司2014年版，第481页。

第四节 占有的效力

一、占有权利的推定

(一) 占有权利推定的涵义与理由

占有不仅是对物为事实上的管领力,且还是物权(尤其是动产物权)变动的要件与权利存在的"外衣"。占有的存在,通常均有实质或真实的权利作为其基础。亦即,占有的事实与权利相伴者为常态,有占有的事实而无权利者系例外,占有人既然有占有的事实,根据占有事实与权利关系的常态,占有人当然也就有占有的权利。根据此种权利存在的盖然性,法律于是设立权利推定制度,[1]规定占有人在占有物上行使的权利,推定其适法有此权利。依此,占有人对占有物行使权利时,无须证明其有权利,如有人主张其无权利时,应负举证责任。

法律之所以对占有的权利予以推定,其理由主要有下列几点:

(1) 保护占有背后的权利。因外表的现象与实质的内容,通常系八九不离十,占有某物者通常大多有其本权,具有权利存在的盖然性,权利的推定由此具有保护占有的背后的权利的功用。

(2) 维持社会秩序。占有的权利推定可以免除举证责任的困难,易于排除侵害,维持财产秩序。我们所穿的衣服、所戴的手表、所驾驶的汽车、所使用的钢笔,若不推定为我们所有,则他人将任意争执,诉讼不断,危害社会秩序。

(3) 促进交易安全。占有的权利,既受推定,产生公信力,使善意信赖占有而进行交易的人,可以受到保护,有利于交易的安全。

(4) 符合经济原则。权利的推定,不仅有助于保护本权、避免争议、维护社会秩序、促进交易安全,而且也可以减少诉讼、节省资源,发挥物尽其用的功用。[2]

(5) 我国《物权法》大体承认了占有权利的推定,主要体现在第106条关于善意取得(尤其是动产善意取得)的规定上。

---

1 参见《德国民法典》第1006条,《法国民法典》第2279条,《瑞士民法典》第930、931条,《日本民法》第188条及我国台湾地区"民法"第943条。日本学者对其民法第188条的法律性质,存在两说:实体法说与诉讼法说。现今多采实体法说。参见[日]川岛武宜编集:《注释民法》(7),有斐阁1984年版,第46页以下。

2 王泽鉴:《民法物权》(用益物权·占有),中国政法大学出版社2001年版,第234页。

（二）占有权利的推定的范围

占有人于占有物上行使的权利，推定其适法有此权利，称为占有的权利推定。占有的权利推定，最早肇源于日耳曼法，后经法国民法的传承而为后世各国民法所普遍采行。[1] 不过，对推定其适法有此权利中的"权利"的范围，各国家或地区的规定与学说见解未尽一致。依《德国民法典》第1006条、第1065条和第1237条的规定，只限于动产物权。此外的其他国家或地区的民法则不作此种限制，认为物权、债权（租赁权、借用权）皆可。具体而言，占有人以所有的意思对占有物行使权利者，推定其有所有权；以行使质权的意思行使质权者，推定其有质权；以行使留置权的意思行使留置权者，推定其有留置权；以承租人的意思对占有物行使权利者，推定其有租赁权，等等。

占有的权利推定不限于动产，不动产也涵括在内。不过，因不动产物权以登记为权利存在的表征，不动产物权如经登记，其真正权利人即容易以登记为证而推翻占有人的权利推定。可见，不动产占有的权利推定，其范围应仅限于未登记的不动产物权以及以不动产为标的物的债权。[2]

（三）占有的权利推定效力

占有的权利推定效力，主要涵括下列六点。

（1）占有人在占有物上行使的权利，推定其适法有此权利。受推定权利的占有人就其对标的物的权利，免负举证责任。如有人向其争执权利，占有人可直接援用该推定对抗之，无须证明自己为真正权利人。当然，如争执人提出反证，证明自己具占有的权源，而占有人却未有时，占有人为推翻该反证，仍须负举证责任。另外，占有人就占有权利的推定，不仅仅在于防御，也可作为向第三人主张权利的依据。例如占有未登记房屋的所有权人，在该房屋的使用、收益权被妨害时，对该妨害之人有权行使排除妨害请求权，盖因按照占有权利推定，占有该房屋的人被推定为所有权人。[3]

（2）权利推定的效力，不仅占有人自己可以援用，而且第三人也可以主张。例如，债权人对于债务人占有的动产，可援用推定为债务人所有的效力，主张其为债务人所有；又如甲占有的动产，乙因过失而将其毁损，应负侵权行为的损害赔偿责任，乙对甲为赔偿，无论甲是否为真正动产所有人，皆发生清偿的效果。

---

1 ［日］星野英一：《民法概论Ⅱ》（物权法Ⅱ），良书普及会1973年版，第106—107页。
2 ［日］三和一博、平井一雄：《物权法要说》，青林书院1989年版，第85页。
3 谢在全：《民法物权论》（上册），新学林出版股份有限公司2014年版，第487页；崔建远：《物权法》，中国人民大学出版社2014年版，第156页。

（3）占有的权利推定，不仅可以适用于对占有人有利益的情形，且也可适用于对占有人不利益的情形。亦即，权利推定并非单纯系为占有人的利益而设，对占有人不利益也得适用。[1] 例如承租人占有的动产放置于承租的房屋内时，可推定为承租人所有，于承租人拒付租金时，出租人有权留置该动产（此系所谓"特殊留置权"）。[2]

（4）占有权利的推定，仅有消极的效力，占有人不得利用该推定，作为其行使权利的证明。例如占有人不得仅依该推定，而请求为占有标的物的所有权的登记。[3]

（5）占有权利的推定，既适用于现占有人，也适用于过去的占有人。例如甲占有的笔记本电脑被乙毁损后，出售并交付于丙。此种场合，甲虽非现占有人，也可援用其过去占有期间为所有权人的推定，向乙请求侵权损害赔偿。

（6）占有权利推定系法律上权利的推定，此种推定并非推定法律效果的要件事实，而是直接推定法律效果或权利状态。故此，欲推翻此种推定，须证明取得权利的原因事实之不存在，而通常而言，此种证明并非易事，导致了对真实权利人的过于苛刻，为了调和，有必要采取若干措施，如减轻欲推翻推定者的证明责任，使占有权利的推定在人的方面、物的方面以及内容方面受到限制。[4]

二、占有人与回复请求权人的权利义务关系

所谓回复请求权人，是指依其对物的权利得向占有人要求返还物的人。如果占有人与回复请求权人之间存在租赁合同关系、借用合同关系或者质权关系等法律关系，则可依此等法律关系厘定二者之间的权利义务关系。对此，《物权法》第241条前半句定有明文："基于合同关系等产生的占有，有关不动产或者动产的使用、收益、违约责任等，按照合同约定。"但是，如果占有人与回复请求权人之间不具有此等法律关系，则应如何解决当事人之间在物的孳息与收益归属、占有物毁损灭失的损害赔偿责任以及所支出费用的求偿权等问题呢？对此，《物权法》第242条至第244条对占有人与回复请求权人之间的法律关系作出了专门

---

[1] 不过，《德国民法典》采否定见解，认为占有的权利推定完全是为了占有人的利益而设，从而只有为了占有人的利益，才可作占有的权利推定。参见该民法典第1006条第1项。

[2] 其法律依据是我国台湾地区"民法"第445条关于不动产出租人的留置权的特殊规定。我国《物权法》未设类似规定。

[3] ［日］三和一博、平井一雄：《物权法要说》，青林书院1989年版，第86页。

[4] 关于做这些方面的限制的详细情况，参见谢在全：《民法物权论》（上册），新学林出版股份有限公司2014年版，第488—489页。

规定，形成了孳息返还规则、善意占有人必要费用的偿还规则、占有物毁损灭失的赔偿规则。这些规则，系作为侵权损害赔偿规则、不当得利返还规则的特别规则，学理称之为"所有权人——占有人关系"，[1] 亦即，占有人与回复请求权人的权利义务关系。

（一）占有物的使用收益

《物权法》第 242 条规定，占有人可以使用占有物。此处所称占有人，系指无权占有人。无权占有分为善意占有和恶意占有。立法成例与学理上虽有认为恶意占有人对占有物未有使用之权的情况，但此为我国《物权法》所不采。依《物权法》第 242 条的规定，恶意占有人有使用占有物的权利。此点须予注意。

无权占有人在占有期间，通过对物的使用获得收益，并可能收取天然孳息或法定孳息。所有权人等权利人于主张占有物的返还时，能否一并要求占有人返还收益和孳息？对此，各国家或地区法律的规定不尽相同。原则上，占有物的收益与孳息归属，因占有人为善意或恶意而有所不同。恶意占有人对其获得的收益与孳息，均须负返还的义务，而善意占有人则可能不必返还[2]。[3]

我国《物权法》第 243 条前半句规定："不动产或者动产被占有人占有的，权利人可以请求返还原物及其孳息。"该条关于孳息返还义务的规定，并未区分善意占有与恶意占有。但应解释为：无论善意占有人抑或恶意占有人，于占有占有物期间所生的孳息，均须返还给权利人。

（二）对占有物所支出费用的偿还

占有人于占有标的物期间，可能因占有物的维护、改良等支出费用。例如甲无权占有乙的房屋，由于暴雨冲刷导致屋顶受损漏雨，甲为修缮屋顶花费金钱若干；或者甲对该房屋进行装修，花费不菲。如所有权人乙要求占有人甲返还房屋，则对于甲所支出的费用应如何处理？对此问题，各国家或地区民法首先区分系善意占有抑或恶意占有，其次区分系必要费用抑或有益费用。其一般规则为：

---

[1] 刘家安：《物权法论》，中国政法大学出版社 2009 年版，第 233—234 页；崔建远：《物权法》，中国人民大学出版社 2014 年版，第 157 页。另外，特别是台湾地区学者郑冠宇"所有权人与占有人之返还关系"（载杨建华教授七秩诞辰祝寿论文集《法制现代化之回顾与前瞻》，元照出版有限公司 1997 年版，第 453 页以下）一文，对所有权人与占有人之间的"孳息返还请求权""损害赔偿请求权""费用偿还请求权"及"返还基础""善意占有人与恶意占有人"作了翔实论述，足值参考。

[2] 如《日本民法》和我国台湾地区"民法"皆规定善意占有人取得占有物所生的孳息。但《德国民法典》规定，如善意占有人系无偿取得占有，则应依不当得利返还其所取得的收益。参见刘家安：《物权法论》，中国政法大学出版社 2009 年版，第 234 页注释 1。

[3] 刘家安：《物权法论》中国政法大学出版社 2009 年版，第 234 页。

善意占有人可以要求必要费用的返还，并可以在占有物现存的增加价值范围内，要求有益费用的偿还；恶意占有人对于所支出的必要费用，可以按照不当得利的规定要求偿还，对于其所支出的有益费用，则不得要求偿还。[1]

我国《物权法》第243条规定：回复请求权人应当支付善意占有人因维护不动产或者动产支出的必要费用。而未规定恶意占有人对必要费用的求偿权，此对恶意占有人似不公平。如上例中，修缮因雨受损的屋顶而支出的费用乃典型的必要费用，即便占有人为恶意，也应使其有权从权利人处得到偿还为宜。另外，未涉及善意占有人对有益费用的偿还请求权问题，构成一项法律漏洞，我国编纂民法典物权编时应予填补。[2]

需注意的是，《物权法》第243条规定的必要费用，系指维护占有物所不可或缺的费用，涵括通常必要费用与特别必要费用（临时必要费用）。前者指因保存或管理占有物通常所需要的费用，如维护费、修缮费、饲养费等，后者如房屋遭地震损坏、汽车被洪水淹没等而支出的重大修缮费用。[3]

（三）占有物毁损灭失的赔偿责任

占有人在占有期间，因过失造成占有物毁损、灭失的，如依照一般侵权行为的规定，占有人须对权利人承担完全的损害赔偿责任。但是，在占有人为善意的情况下，应减轻或免除其赔偿责任——占有人仅以因灭失或者毁损所受利益为限，负赔偿责任。[4]此项责任的范围，因仅限于占有物因毁损、灭失而所得受的利益，故学理上称为善意占有人的有限赔偿责任。域外立法成例上，《日本民法》第191条定有明文：占有物因可归责于占有人的事由而灭失或毁损时，善意占有人以其灭失或毁损后尚存实际利益为限，负赔偿义务。

《物权法》第244条规定："占有的不动产或者动产毁损、灭失，该不动产或者动产的权利人请求赔偿的，占有人应当将因毁损、灭失取得的保险金、赔偿金或者补偿金等返还给权利人；权利人的损害未得到足够弥补的，恶意占有人还应当赔偿损失。"其系采与《日本民法》相同立场。依此规定，善意占有人仅须向权利人返还因标的物毁损、灭失[5]取得的保险金、赔偿金或者补偿金，损害未因

---

[1] 刘家安：《物权法论》，中国政法大学出版社2009年版，第234—235页。
[2] 刘家安：《物权法论》，中国政法大学出版社2009年版，第235页。
[3] 王泽鉴：《民法物权》（用益物权·占有），中国政法大学出版社2001年版，第328页.
[4] 刘家安：《物权法论》，中国政法大学出版社2009年版，第235页。
[5] 此所谓灭失，系指被占有的不动产或者动产对于占有人而言不复存在，涵括物的实体消灭与丧失下落，抑或被第三人善意取得而不能返还。参见王胜明主编：《中华人民共和国物权法解读》，中国法制出版社2007年版，第518页。

此得到完全弥补的，善意占有人不负赔偿责任，所采取的是不当得利返还的原则。[1] 之所以作如此的处理，其目的在于减轻善意占有人的责任，以贯彻法律对善意占有人的保护；[2] 若占有为恶意，则占有人须依《侵权责任法》的规定，对权利人因物的毁损、灭失所遭受的损害负完全赔偿责任。所采取的是侵权损害赔偿原则。

应注意的是，前述《物权法》第244条规定的占有人的赔偿责任，是否以占有人具有过错为成立要件。自比较法看，前述《日本民法》第191条和我国台湾地区"民法"第953条皆明确规定，占有人就占有物灭失或毁损承担赔偿责任，须有可归责于占有人的事由。其学理也如此解释。本书认为，基于比较法经验的可借鉴性，《物权法》第244条的占有人的赔偿责任，应作相同的解释和对待。[3]

第五节　占有的保护

占有的保护，可分为物权法的保护与债法的保护两种。前者又包括占有人的自力救济权和占有人的物上请求权，后者又包括侵权行为损害赔偿请求权与不当得利返还请求权。[4] 详言之，有权占有（berechtigter）人的占有系有法律上的依据，其或本于债权抑或本于物权而为占有，并得据此而对占有物有使用、收益的权利，其占有由于与占有的权源相结合，该占有乃属法律所保护的利益，故被侵害时，可主张侵权行为损害赔偿。另外，占有虽非权利，但通说认为占有人对占有物得享有相当的利益，占有人自可依不当得利的规定，请求返还其占有。例如

---

[1] 需注意的是，如占有人将占有物转让给第三人，该第三人因善意受让而取得该物的所有权时，回复请求人（权利人）可以请求占有人退还出卖占有物所得的价款，但其赔偿数额不得超过实际受到的损失，如占有物价值为1万元而出售的价金为1.5万元时，仅可请求1万元。在此种无权处分的情况下，也可以成立不当得利请求权，而与占有物毁损灭失的损害赔偿请求权发生竞合。至于善意占有人将占有物赠与善意第三人，未获得利益的，自然无须承担赔偿责任。参见王泽鉴：《民法物权》（用益物权·占有），中国政法大学出版社2001年版，第325页；王胜明主编：《中华人民共和国物权法解读》，中国法制出版社2007年版，第518—519页。

[2] ［日］高岛平藏：《物权法制的基础理论》，成文堂1969年版，第169页；［日］稻本洋之助：《民法·Ⅱ》（物权），青林书院新社1983年版，第232—233页。

[3] 不同意见，参见王胜明主编：《中华人民共和国物权法解读》，中国法制出版社2007年版，第519页。

[4] 占有具有财产上的价值，自可为不当得利返还请求权的客体。占有可为侵权行为的客体，学理也无异议，仅因占有属于事实而非权利，占有的不法侵害应属于《侵权责任法》第2条所定的"财产权益"的侵害。

所有权人所为的物权移转,因物权行为与债权行为无效,除得依所有物返还请求权的规定对占有人请求返还占有外,尚可依不当得利的规定,请求返还该占有物。无权占有人所为的占有移转,因物权行为与债权行为无效,除得依占有物返还请求权的规定对占有人请求返还占有外,也得依不当得利的规定,请求返还该占有物。[1] 以下论述占有的物权法保护。

《物权法》对占有的保护设有明文。其第 245 条第 1 款规定:"占有的不动产或者动产被侵占的,占有人有权请求返还原物;对妨害占有的行为,占有人有权请求排除妨害或者消除危险;因侵占或者妨害造成损害的,占有人有权请求损害赔偿。"据此,《物权法》规定了保护占有的三种物上请求权:占有物返还请求权、占有妨害排除(除去)请求权和占有妨害防止(预防)请求权。此外,《物权法》虽未对占有人的自力救济权作出规定,但自比较法及体系化的角度看,解释上应当然认可占有的此一保护手段。

由于占有系对物的事实支配,占有可否确定,完全以此种事实支配能否维持加以判断,此种事实支配的破坏,对于该事实支配的人而言,固然是占有的侵害,但对于侵害人而言,则是另一事实支配的酝酿。因此,自旧支配事实的侵害到新支配事实的确定,通常都经过旧支配事实的干扰期、旧支配事实的衰弱期(支配事实的暂定期)与新事实支配的确定期三个阶段。在旧支配事实干扰期,因该事实支配正受干扰中,民法为维护原有的社会秩序,乃赋予该占有人自力救济权,以积极排除侵害,立即回复原有的事实支配。经过此阶段,原有的事实支配进入衰弱期。反之,新事实支配(即侵害人的占有)则进入逐渐稳定期,故法律不允许以自力救济手段回复其占有,以免损害社会秩序的和平,但原有的事实支配尚未消减,法律为加以保护,乃赋予占有人物上请求权,仅允许其依赖公权力的手段回复其占有。此项事实支配的衰弱期经过,旧支配事实已告消灭,新支配事实则归于确定,又形成另一社会秩序,法律对此又加以保护。[2]

一、占有人的自力救济权

占有人的自力救济权主要涵括自力防御权与自力取回权两个方面,分述如下。

(一)自力防御权

占有人对他人侵夺或者妨害其占有的行为,可以以自己的力量加以防御,以

---

[1] 郑冠宇:《民法物权》,新学林出版股份有限公司 2015 年版,第 722—724 页。
[2] 谢在全:《民法物权论》(上册),新学林出版股份有限公司 2014 年版,第 532 页。

维护自己的占有状态,称为占有人的自力防御权或己力防御权(Besitzwehr)。其性质属于一种自力救济行为。行使该防御权,须注意下列三点。

1. 须直接占有人或辅助占有人才可以行使该权利

法律之所以认可占有人对侵夺或妨害其占有的行为有自力防御权,系在于确保占有人对占有物的事实管领。因此,只有直接占有人或占有辅助人才可以行使该权利,间接占有人则无该权利。而且,若间接占有人为侵夺或妨害占有的行为时,直接占有人还可以己力加以防御。又直接占有人无论为善意占有(redlicher Besitz)、恶意占有(unredlicher Besitz)抑或其他有瑕疵(fehlerhaft)占有,对于侵夺或妨害占有的行为,皆可行使该自力防御权。不过,侵夺或妨害占有的人,对于原占有人——即其占有受侵夺或妨害的人——则无此项权利。因为,其新占有事实尚未确定,对原占有人而言尚未取得占有。而且,如允许其行使,就会循环侵夺,纠纷不止,与法律设立占有制度的目的系在于维护社会的和平秩序相悖。[1]

2. 行使自力防御权须针对侵夺或妨害其占有的行为

侵夺占有,指加害人以暴力夺取占有人对物的管领力,使其不能实行管领,其结果将成为新占有代替旧占有;妨害占有,指以侵夺以外的方法,使占有人不能实现其对占有物的事实上的管领,亦即其结果将成为新占有与旧占有并存而使旧占有趋于衰弱的状态。前者如强占他人的房屋而居住、抢夺他人的手机或在他人的墙壁上擅自悬挂广告牌,后者如在他人的土地上堆放垃圾、将汽车停放于他人车库的入口处以及释放臭气、煤烟、热气等侵入邻地。需注意的是,侵夺或占有的妨害,如来自原占有人的,不得行使此自力防御权,但对于间接占有人则可以行使该权利。例如,质权人于出质人不法夺回其出质的动产时,即可行使自力防御权。另外,占有的侵夺或妨害,必须现实仍然存在,如业已过去,则自无此项自力防御权。盖此际若仍可行使,反系破坏社会的和平秩序,至于是否出于故意或过失,则非所问。[2]

3. 可以以自己的力量加以防御

占有人或占有辅助人于符合上述情形后,即可不待公权力的救济,而径以自己的私力抵抗或排除他人对占有物的侵夺或侵害。例如对于抢夺其占有物者,占有人可以加以必要的反抗;对于出租人无故进入承租人承租的房屋者,承租人可

---

[1] 谢在全:《民法物权论》(上册),新学林出版股份有限公司2014年版,第533—554页。
[2] 谢在全:《民法物权论》(上册),新学林出版股份有限公司2014年版,第534页。

以将其逐出；对于向自己庭院倾倒垃圾者，可以制止。对于自力防御权与正当防卫的关系，学理认识不一。不过，多数说认为，正当防卫本旨上也属于一种自力救济，其目的在于保护一般的权利，而占有人的自力防御权，则是在维护占有人已安定的事实管领力，就此而言，自力防御权应是正当防卫的具体体现或特别规定。此外，因自力防御权系占有人行使权利的一种表现。故此，若因行使该权利而使相对人遭受损害时，于相当程度内，占有人不负损害赔偿责任。[1]不过，如占有人误认侵夺或妨害的存在，或其防御超越了必要范围时，其防御行为具有不法性，就其故意或过失应负损害赔偿责任。[2]

(二) 自力取回权

自力取回权，也称自力夺回权、自力夺还权或取回权（Besitzkehr），指占有物被侵夺后，占有人可以即时排除加害人取回，或就地或追踪向加害人取回。占有物被侵夺时，法律赋予占有人自力防御权，此仅为消极权能，可借以排除侵害而已，法律为贯彻占有的保护，更进一步赋予占有人可取回占有物的积极权能，即自力取回权。此项权利，究其实质，系一种自助行为。其行使，须注意下列各点。

1. 行使人的限制

与自力防御权相同，有权行使自力取回权的人，仅限于直接占有人和辅助占有人。

2. 须对于侵夺行为而行使自力取回权

由于侵夺行为使占有人丧失占有，占有人才有行使取回权，以回复占有的必要，侵夺以外的妨害占有行为，既然尚未使占有人丧失占有，则行使自力防御权即为已足，尤其没有取回之必要。[3]

3. 行使自力取回权有时间上的限制

由于法律之所以赋予占有人自力救济权，系在于维护占有人原有的事实上管领力，若此种管领力因新管领力的介入而衰弱，并已达可能成立新占有的地步时，法律自无再赋予占有人自力救济权，以私力破坏形成中的新占有事实，扰乱社会和平秩序之必要。因此，自力取回权的行使必须有时间限制。超过此时间限制后，固然可以行使占有人的物上请求权，但行使自力取回权，则具违法性，对于因过错所生的损害，应依《侵权责任法》的规定负损害赔偿责任。

1　谢在全：《民法物权论》（上册），新学林出版股份有限公司 2014 年版，第 534 页。
2　王泽鉴：《民法物权》（用益物权·占有），中国政法大学出版社 2001 年版，第 348 页。
3　谢在全：《民法物权论》（上册），新学林出版股份有限公司 2014 年版，第 535 页。

自力取回权行使的时间上的限制，因占有物为不动产抑或动产而有所不同。占有物为不动产的，占有人可于侵夺后，即时排除加害人而取回之；所谓"即时"，并非指瞬间，而是指依一般社会观念，实行排除加害而取回占有物所必需的最短时间。例如占有的农田遭他人强占插秧，可立即予以去除而夺回；占有物为动产的，占有人于侵夺后，可就地或追踪向加害人取回。此所谓"就地"，指占有人于被侵夺时，事实上管领力所能及的空间范围；所谓"追踪"，指加害人虽已离开占有人事实管领力所能及的空间范围，但仍在占有人的尾随追踪中。[1] 不能尾随追踪时，因新的占有秩序已经形成，故只能通过其他途径——占有人的物上请求权或占有物的本权诉讼去回复物的原来的秩序。另外，间接占有人无自力取回权，以及占有人行使占有物的自力取回权时，侵夺人无权抗拒，应自不待言。

二、占有人的物上请求权

（一）占有人的物上请求权的涵义

《物权法》第245条规定："占有的不动产或者动产被侵占的，占有人有权请求返还原物；对妨害占有的行为，占有人有权请求排除妨害或者消除危险；因侵占或者妨害造成损害的，占有人有权请求损害赔偿。"该条确认了占有人的三种请求权：占有物返还请求权、占有妨害排除请求权和占有妨害防止请求权。而且，此三种请求权合称为"占有人的物上请求权"。在学理上，对于占有人的物上请求权概念，存在不同的称谓。有称之为占有保护请求权或占有人的请求权的，也有称为占有的物上请求权或基于占有而生的请求权的。本书基于对《物权法》的体系化解释，称为占有人的物上请求权。

（二）占有物返还请求权

占有物返还请求权，也称回复占有请求权，是指占有人于其占有物被侵占时，有权请求返还其占有物的权利（《物权法》第245条第1款第1句）。应注意的是，行使此项权利，须注意下列几点。

1. 有权行使占有物返还请求权的人

有权行使该请求权的人为占有人，包括直接占有人、间接占有人、自主占有人和他主占有人。这些人对标的物的占有是有权占有抑或无权占有、善意占有抑或恶意占有，占有是否具有瑕疵，皆在所不问。物的非占有人，即使对占有物有

---

[1] 参见王泽鉴：《民法物权》（占有），台湾1996年自版，第227页；姚瑞光：《民法物权论》，海宇文化事业有限公司1999年版，第420页。

合法的权源，也不得行使该权利。

2. 行使占有物返还请求权的条件

行使占有物返还请求权，须以占有物被实际侵占为必要，如占有物未被侵占，即便对于占有物有合法的权源，也无该请求权。占有被侵占，是指违反占有人的意思，以积极的不法行为，将占有物的全部或一部归自己管领，排除占有人的事实管领。如占有的动产被盗、被抢、房屋被霸占等均属之。另外，因侵占占有须以存在外表可见的积极行为为必要，故借用人于借用期间届满后，不将借用物返还的，不是侵占出借人的占有；风吹衣服飞入邻地，邻人拾取占有，不是侵占占有；物已遗失，被拾得人占为己有，也非占有被侵占。[1]

3. 占有物返还请求权的相对人

占有物返还请求权的相对人，为侵夺占有物的人及其继受人（含恶意的特定继受人）。但善意的特定继受人，于善意取得动产的情况下，其占有受法律的保护，占有人不得对之请求返还占有物。另外，侵夺占有物者，对于该物虽有实体上的权利（例如所有人或出租人），占有人仍可以自己的占有物被侵夺为理由，请求返还。[2]

4. 占有物返还请求权的行使期间

《物权法》第245条第2款规定："占有人返还原物的请求权，自侵占发生之日起一年内未行使的，该请求权消灭。"对于该期间的法律性质，尽管有消灭时效说和除斥期间说的争论，但本书认为该一年的期间，性质上应为除斥期间。其理由主要是：消灭时效可因事实而中断或中止，而且它以受害人知道或者应当知道受侵害之时开始起算，如果按照消灭时效来规定，此项期间可能远比一年要长，那么将使权利处于长期不稳定的状态。并且通常情况下，占有物返还请求权因除斥期间经过而未行使的，占有人如果对物享有其他实体权利（例如所有权等），自然可以依照其实体权利提出返还请求，因此也没有必要规定更长的期间进行保护。[3]

（三）占有妨害排除请求权

占有妨害排除请求权，是指占有人对物的占有被妨害时，可以请求妨害人排除妨害的权利（《物权法》第245条第1款第2句）。所谓占有被妨害，指以侵占以外的方法妨碍占有人对物的占有。此与占有的侵占，占有人已丧失占有，而侵

---

[1] 姚瑞光：《民法物权论》，海宇文化事业有限公司1999年版，第422页。
[2] 姚瑞光：《民法物权论》，海宇文化事业有限公司1999年版，第422—423页。
[3] 王胜明主编：《中华人民共和国物权法解读》，中国法制出版社2007年版，第523页。

占人已取得占有不同。换言之，妨害占有，占有人并未丧失占有，妨害人也未取得占有，只不过是占有人对物的占有的现实状态受到了妨害。

占有被妨害的情况多发生于不动产的情形，例如占有人所占有的房屋的一部分被邻居堆放杂物，丢弃垃圾、废土于他人的庭院或空地，擅自在邻地架设管线，排放污水，释放煤烟、臭气、热气到邻地并超过了社会生活能够容忍的限度，树木被强风吹倒于他人的门前，以及停车不当，阻挡他人使用自己的停车位或车库等，皆属于对占有的妨害。

请求排除对占有的妨害的人，为占有人，相对人为妨害人。妨害人涵括两种：一是其行为妨害占有的人，称为行为妨害人；二是其意思容许妨害占有的状态存在的人，称为状态妨害人。前者如将废物丢弃于他人的庭院，后者如树木被强风吹倒于邻地而未清除。[1]

排除占有妨害的费用，应由妨害人负担，受害人以自己的费用排除妨害的，可以基于无因管理或不当得利的规定，请求妨害人偿付该费用。受害人对于妨害的发生或扩大有过错的，应当减轻妨害人应负担的费用数额。《物权法》未就排除占有妨害的费用负担设立明文，但可以将该项费用作为"因侵占或者妨害造成损害"的组成部分，占有人（受害人）在以自己的费用排除妨害后，可以根据该法第 245 条第 1 款第 3 句关于"因侵占或者妨害造成损害的，占有人有权请求损害赔偿"的规定，请求侵占或妨害占有之人予以偿付。[2]

（四）占有妨害防止请求权

占有妨害防止请求权，也称占有妨害预防请求权或占有危险消除请求权，指占有有被妨害的危险时，占有人有权请求防止其妨害的权利。占有有被妨害的危险，指占有人的占有物，将来有被妨害的危险，但究竟有无该危险，不得依占有人的主观意思判定，而应依具体事实，依一般社会观念客观地加以判定。例如，邻地的围墙，因地震的原因而可能坍塌，从而有妨害占有人占有土地的危险；挖掘隧道导致地陷，危及邻近大楼，即属于占有有被妨害的危险。占有妨害防止请求权，其请求权的主体须为现实的占有人，其相对人为造成妨害占有的危险状态的人。至于消除该项危险状态的费用，系与前述占有妨害排除请求权的情形相同，兹不赘。

（五）侵占或妨害占有所致损害的赔偿请求权

亦即，占有被侵占、被妨害而致占有人由此受到损害时，占有人可基于《物

---

[1] 王泽鉴：《民法物权》（占有），台湾 1996 年自版，第 236—237 页。
[2] 崔建远：《物权法》，中国人民大学出版社 2014 年版，第 169 页。

权法》第 245 条第 1 款第 3 句"因侵占或者妨害造成损害的，占有人有权请求损害赔偿"的规定，请求侵占或妨害占有之人予以赔偿。应赔偿的范围包括：（1）占有人未能使用占有物而丧失的收益；（2）支出费用的损害，即占有人就占有物而支出的必要费用，本可向物的权利人（回复请求人）请求偿还，却因该占有物被侵占而毁损灭失不能求偿；（3）责任损害，即占有人因占有物被他人侵占或妨害而毁损灭失后，向物的权利人（回复请求人）承担损害赔偿责任。[1]

第六节　占有的消灭与准占有

一、占有的消灭

（一）直接占有的消灭

直接占有的消灭原因如下：

1. 丧失对物的事实上的管领力

占有因非权利而系一种管领事实，故物权的共同消灭原因，如混同、抛弃等，对于占有并不适用。占有因系对物的事实上的管领，故占有人如对物已无事实上的管领，则占有消灭。何种情况下，方才可以认为占有人已丧失对物的管领，须根据具体事实，依法律规定和一般社会观念认定。不过，应注意的是占有人丧失对占有物的管领，须是确定地丧失，如只是一时不能对物加以管领，则不能认为丧失占有，从而也就不发生占有的消灭问题。至于丧失对物的管领的原因系为事实行为（如占有人消费占有物）、法律行为（如占有人将占有移转给他人）、自然力（如占有物为泥石流冲走）抑或占有物为他人所夺取，皆在所不问。另外，占有的丧失系因占有人的意思，或非基于其意思，也在所不问。

需注意的是，事实上的管领力仅一时不能行使而可预期回复的，占有不消灭。例如家畜走失可预期其归来，占有的土地被洪水淹没数日，因山崩桥断，一时不能取回放置于彼岸的物品，房客于柜台办理退房手续时，发现还有手表遗留于客房，于访友时，临行遗忘衣物，占有的物品虽已被窃多日，但已人赃俱获，可请求返还，等等，皆不导致占有的丧失。[2]

---

[1]　王胜明主编：《中华人民共和国物权法解读》，中国法制出版社 2007 年版，第 523 页；崔建远：《物权法》，中国人民大学出版社 2014 年版，第 170 页。

[2]　王泽鉴：《民法物权》（用益物权·占有），中国政法大学出版社 2001 年版，第 223 页；姚瑞光：《民法物权论》，海宇文化事业有限公司 1999 年版，第 426 页。

2. 占有物的灭失

亦即,占有物毁灭、被消耗时,占有归于消灭。

(二)间接占有的消灭

间接占有系经由直接占有维持其对物的事实管领力,其消灭原因与直接占有稍有不同,分述如下:

直接占有消灭时,间接占有也归于消灭,间接占有人同意与否,在所不问。

直接占有人以可自外部认识的方式变更不为间接占有人占有的意思时,间接占有归于消灭。至于其意思改变的表示有无直接对间接占有人为之,在所不问。例如,直接占有人由他主占有的意思变更为自主占有的意思,侵占间接占有人的标的物,或将占有物出售于他人,即属之。[1]

间接占有人的占有物返还请求权消灭的,间接占有也归于消灭。间接占有系基于一定的法律关系而成立,对事实上占有其物之人有返还请求权。此项返还请求权消灭,间接占有即归于消灭。

二、准占有

(一)概要

占有系对于"物"有事实上的管领力,对"权利"有事实上的管领力(事实上行使该权利),原不属于占有的范围。不过,事实上行使某种权利的人,与事实上对物有管领力的人,其情形并无不同。事实上对物有管领力者,法律既予以保护,则对事实上行使某种权利之人,也同样有保护的必要。故此,各国家或地区民法皆于保护占有之外,另设保护事实上行使权利(准占有)的规定,仅其保护范围不同而已。《德国民法典》(第1029条、第1090条)以地役权和限制的人役权为限,《日本民法》(第205条)以财产权为限,我国台湾地区"民法"则限于不因物之占有而成立的财产权。[2] 我国《物权法》未对准占有作出规定,是为立法缺漏,编纂民法典物权编时应承认并增定此制度,自不待言。由此,对准占有的基本学理予以分析,自有其价值与意义。

准占有,系指对某种权利的占有。学理上称占有为"物"的占有,准占有为"权利"的占有。行使该财产权利的人,称为准占有人。所谓"准"指的就是准用,即准占有要准用关于占有的规定。

---

[1] 谢在全:《民法物权论》(上册),新学林出版股份有限公司2014年版,第555页。
[2] 姚瑞光:《民法物权论》,海宇文化事业有限公司1999年版,第427页。

(二) 准占有的构成要件

1. 准占有的标的（物）须为财产权

准占有的标的（物），各国家或地区规定不一。如《法国民法典》认可身份关系也为准占有的标的（物）。身份关系，非但关系个人利益，且也关乎社会公益。故此不宜仅凭外观上行使权利的事实，推定其适法有该权利，故以身份关系为准占有的标的（物），为当代多数国家或地区民法所不采。当代多数国家或地区民法规定，准占有的标的（物），仅限于财产权。

2. 准占有的标的（物）的财产权，须系不以物的占有而成立的财产权

行使财产权，有须占有其物者（因物的占有而成立），有不须占有其物者（不因物之占有而成立）。前者如所有权、建设用地使用权、质权、留置权、租赁权等，后者如地役权、抵押权、著作权（无体财产权）和债权。准占有标的物的财产权，仅限于后者。因为，行使财产权，既然需要占有其物，其占有即可直接受民法关于占有规定的保护，自然未有另设准占有规定的必要。至于行使财产权，无须占有其物者，无从直接受民法关于占有规定的保护，若欲凭外观上行使权利的事实，推定其适法有该权利，则除明定准用占有的规定外，别无他途。故此，准占有标的（物）的财产权，须系不因物的占有而成立的财产权。[1]

3. 须事实上行使其财产权

所谓行使其财产权，系指为实现其财产权内容的行为。是否事实上行使其财产权，须就财产权的种类、性质及外观作综合判定。例如，债权人向债务人请求履行债务，即为债权的行使。依照通说，即使因一次行使就归消灭的财产权，也可认为系事实上行使其财产权。[2]

(三) 准占有的效力

1. 占有的保护的规定

准占有的效力，应准用占有的规定定之。即凡关于占有的规定，于性质上与准占有不相抵触的，皆在准用之列。例如占有中关于占有效力的规定，如占有的推定、占有物的使用收益、费用偿还请求权、基于占有而生的请求权，皆在准用之列。详言之，准占有人于其准占有的权利受影响时，自得准用关于占有人物上请求权的规定，对使其权利受影响的人，请求返还、除去妨害或防止其妨害。[3]

---

[1] 姚瑞光：《民法物权论》，海宇文化事业有限公司1999年版，第428页。
[2] 姚瑞光：《民法物权论》，海宇文化事业有限公司1999年版，第428页。
[3] 郑冠宇：《民法物权》，新学林出版股份有限公司2015年版，第726页。

2. 清偿的效力

擅取他人银行存折并盗盖印章提取存款的，乃债权的准占有人，银行如已尽善良管理人的注意义务而无法得知提款人非真正权利人时，其自得主张对债权的准占有人为清偿，而发生清偿的效力。又如，驾驶他人的车于发生车祸时，驾驶人对肇事之人请求赔偿，其乃行使此损害赔偿请求权的债权人，为债权的准占有人，而因占有人于占有物上行使的权利推定其适法有此权利，故肇事之人乃得据此而主张，不知驾驶人非真正债权人，故其对驾驶人所为的赔偿，对车辆所有权人（真正债权人）生清偿的效力。[1]

---

[1] 郑冠宇：《民法物权》，新学林出版股份有限公司2015年版，第726页。

附录一

中国物权法的意涵与时代特征*

引　言

　　物权法是调整财产的归属和财产的物权性利用的法律，其功能在于实现社会财富的"定分止争"和"物尽其用"。而新中国成立以来的真正全面、系统的物权立法，是在 2007 年 3 月由第十届全国人大第五次大会审议通过的《中华人民共和国物权法》。2017 年恰好是该法通过十周年的纪念之年。经过十年来的施行、适用，我们一方面可以更冷静地慎思该法制定前后对它产生的各种争论，另一方面也可更理性地着眼于中国现实社会对该法的需要，分析这部法律对中国社会的效果、功用，同时指出其遗留的时代烙印及完善之道，这应该是中国民法学者今日的一项很有意义的工作。

　　中国古代法中并无物权一词。近代中国法制改革之初，财产法开始采取大陆法系的立法模式，通过日本而引进德国民法中的物权概念，并按潘德克吞模式分别编纂民法典中物权编的总则、所有权、用益物权、担保物权以及占有。这一变革对于中国财产法的意义重大，因为从此中国的财产法，从形式与内容两方面继受了大陆法系的体制，具备了与德国民法所代表的大陆法系德国法支流基本相通的条件，并使物权法具备了成为国家和社会的基本法的可能。

　　从世界近代民法典中物权法的编纂可以看出，物权法的制定，是各国财产法中最核心的部分。尤其在德国，它是物权、债权二分的结果；法国民法典中虽然没有物权、债权的界分，但其在"财产法"的名称下依旧涵盖了这两个部分。中国在清朝末年进行的法律改革就是引进大陆法系德国、日本、瑞士民法的物权、债权概念，同时在内容上也注意到了法国民法的财产法制度。所以 1929—1930 年的《中华民国民法》的物权、债权概念及其知识体系，基本上都是外国法引进的结果。

---

　　*　本文曾发表于《现代法学》2012 年第 6 期。

1949 年新中国成立以后，废除了国民党政府颁布的"六法"，原《中华民国民法》中的物权、债权等概念不复存在。1956 年以后，随着中国对生产资料私有制的社会主义改造的基本完成，物权、物权法等概念被认为是资产阶级的法权概念，受到广泛批判，这种情况使得中国直到 1986 年颁布《民法通则》时都仍然不承认物权概念。1992 年中国实行社会主义市场经济制度后，中国社会认识到物权法作为市场经济基本法的作用，法学界和立法机关对于物权法的概念、知识系统以及编纂技术采取了接受的态度，中国法学界对物权法的研究进步非常快。这一时期，有关物权法教科书和学术专著的出版，以及国家立法机关提出中国应制定自己的物权法，成为中国民法学发展的一个亮点。[1]

物权法是关于财产的法律规则之一，历经艰苦努力，经全国人大常委会进行七次审议，中国已于十年前颁行了这部法律。鉴于中国《物权法》的特殊性、重要性，以及这部法律在颁行前后发生的一些争论，于该法施行十周年之际，就该法对中国社会的需要、效果、功用、社会影响等按照中国的基本国情予以认真的评价，对于其中的积极意义进一步予以弘扬，对其中的不足予以建构或完善，无疑有其必要。中国的改革开放已经进入到一个新的更深层次的时期，需要包括物权法在内的民商法制度为其奠定基础和予以新的启程，物权法的发展不可能再像改革开放前受到批判，在 2007 年颁行前后对其予以否定、予以误解。今日中国面临的进一步的艰巨的改革开放任务，更加证明了中国颁行物权法的价值。在未来中国社会的发展中，《物权法》将扮演愈加重要、愈加突出的角色，发挥其他法律与政策不可替代的社会效用。

一、中国引进和建立物权制度体系之初

中国引进物权概念与最初制定物权法起于清末变法。1902 年光绪皇帝颁布诏书，宣布实行"新政改革"，中国"私法之革新事业"[2]由此起航。1907 年委派沈家本、俞廉三、英瑞为修律大臣，设立修订法律馆，起草民法典。1908 年民法典起草正式开始，由日本学者松冈义正负责起草总则、债权、物权三编，由曾经留

---

[1] 这一时期笔者的一些研究是中国大陆地区在物权法领域比较早的作品，如《现代建筑物区分所有权制度研究》，法律出版社 1995 年版；《物权法原理》，国家行政学院出版社 1998 年版。笔者与梁慧星研究员合著的司法部"九五规划"高等学校法学教材《物权法》，法律出版社 1997 年版。另外，孙宪忠：《德国当代物权法》，法律出版社 1997 年版；钱明星：《物权法原理》，北京大学出版社 1994 年版。这些著作对于物权法知识体系在中国的普及和弘扬发挥了很大作用。

[2] 杨鸿烈：《中国法律发达史》（下卷），上海书店 1990 年版，第 898 页。

学法国的陈箓与留学日本的高种、朱献文负责起草亲属、继承两编。1911年，民法典起草完成，称为《大清民律第一草案》，其中第一编总则、第二编债权、第三编物权、第四编亲属、第五编继承。虽然这一民法草案尚未正式颁布而成为法律，但是通过这一民法草案，西方民法的编纂体例及概念、原则、制度和理论体系被引入中国，充分显示中华民族这一古老民族"如何在外来压力下，毅然决定抛弃固有传统法制，继受西洋法学思潮，以求生存的决心、挣扎及奋斗"。[1]

从清末的民法立法来看，物权法被置于第三编，其下第一章为通则，从第二章开始分物权为所有权、地上权、永佃权、地役权及担保物权，分列为第二章至第六章。这种立法理念是以地上权、永佃权、地役权为用益物权，担保物权则再细分为抵押权、土地债务、不动产质权与动产质权四种，至于占有则为一种事实状态的法律关系，列为物权法之末，为第七章。[2]

清末民法立法对物权概念的引进及所建构的物权制度体系，实际上开启了中国主要继受德国民法物权概念与知识谱系的大门，而且它奠定了中国编纂物权法的基础，其后数十年乃至今天的物权法编纂与法教义学讲授以及物权法的研究都主要是在这个基础上进行的。

尤其应该注意的是，清末民法立法在建构物权法制度体系的过程中，对于德国民法中的属于日耳曼法固有的物权制度也一并采纳了。例如，它规定的土地债务、不动产质权就是德国"土著法"的物权制度。另外，德国物权法中的物权行为理论的各项规则，清末的民律草案也予以了采纳。[3] 所有这些，显示了清末中国在继受德国物权法的过程中的盲目性、过分依赖和不太加以取舍的态度。而在百余年后的今日中国物权法中，这种对于德国物权法的态度已完全不复存在了。无疑，这说明今天中国的物权立法已不再具有盲目性和对西方法律不加以取舍的态度。而事实上，这一点也正好反映了中国物权立法对以德国为代表的西方物权法的创新、选择乃至反拨。

值得指出的是，在中国清末的财产法制变革中，日本民法与日本法学家做出了很大的贡献。事实上，中国清末民法立法中使用"物权"一词，其除了直接来源于德国民法典第三编"物权"的编名外，也是直接地来源于日本民法第二编的

---

[1] 王泽鉴："民法五十年"，载其所著：《民法学说与判例研究》（第五册），台湾1992年自版，第2页。

[2] 谢在全：《民法物权论》，文太印刷有限公司1989年版，第4页。

[3] 参见孙宪忠："中国民法继受潘德克顿法学：引进、衰落和复兴"，载《中国社会科学》2008年第2期。

编名。这主要是通过当时协助中国编制民律草案的日本学者松冈义正、志田钾太郎的帮助而实现的。这两位学者兼法官除了建议中国民法中采取物权法的名称外,更是推动中国采取了物权法中非常重要的不动产物权变动登记生效、动产物权变动交付生效的物权变动规则。这一规则是德国、瑞士物权法中最具风格的物权规则。采取德国法、瑞士法的这一物权变动规则可以避免源自于法国民法的日本民法中的物权变动制度的不确定性及适用中的困难。[1] 日本的这两位人士的做法,实际上表现了他们"放弃狭隘民族主义的学术勇气"。[2] 不过,1911年10月,辛亥革命爆发,清王朝被推翻。由此,在日本人的帮助下完成的这一民律草案未能正式颁布生效。1912年中华民国成立,其后不久又开始第二次民律起草的工作。[3]

发生在民国时期的第二次民律起草,其起草者们首先对大清民律草案过分仿效德、日立法成例,尤其是过分移植西方法,规定土地债务、不动产质权以及物权行为等,纯粹属于德国日耳曼民族固有法和习惯法上的制度进行了检视、反省。认为应对中华民族习惯法上的物权制度,如老佃、典和先买等予以吸纳、规定。[4] 1925年,民律第二次草案完成起草。在该草案中,物权编共计九章,未设"担保物权"的章名,而将抵押权、质权分开,各占一章,另外再追加规定典权。应该指出的是,增加规定典权,以及将典权作为担保物权对待,[5] 构成了民律第二次草案的特色。不过,与大清民律草案相同,该民律草案也未正式颁行而成为法律。[6]

此后经过数年的立法研究和准备,中国终于在1929年完整地颁布了自己的民

---

[1] 《日本民法》第175条、第176条及第177条为关于物权变动的规定,由于其采继受自法国而来的债权意思主义,加之这些条文规定的模糊性,造成学者出现了对这些条文的不同的解释意见,而且日本司法实践中在适用这些条文时也出现了困难。关于学者围绕这些条文而发表的解释论著作,可谓非常多。比如,[日] 铃木禄弥:《物权变动与对抗问题》,株式会社创文社1997年版;[日] 滝沢聿代:《物权变动的理论(1)》,有斐阁1987年版;[日] 滝沢聿代:《物权变动的理论(2)》,有斐阁2009年版;[日] 鹰巢信孝:《物权变动论的法理检讨》,九州大学出版会1994年版,等等。

[2] 参见孙宪忠:"中国民法继受潘德克顿法学:引进、衰落和复兴",载《中国社会科学》2008年第2期。

[3] 对于民国时期的民法编纂,中国法制史学者杨鸿烈指出:"民国时代编纂法典,不过完成清代未竟之业而已"。参见杨鸿烈:《中国法律发达史》(下册),上海书店1990年版,第1032页。

[4] 谢在全:《民法物权论》(上册),文太印刷企业有限公司2004年版,第4页。

[5] 典权的性质主要有三说:用益物权说、担保物权说和折中说。此三说中,以用益物权说为通说。1925年的《民国民律草案》采取的是担保物权说。

[6] 谢在全:《民法物权论》(上册),文太印刷企业有限公司2004年版,第5页。

法典中的物权法。在此之前，国民党中央执行委员会政治会议曾规定物权编十四条立法原则，包括实行物权法定主义、所有权社会化、不动产物权变动采登记要件主义，规定所有权时效取得、动产善意取得和典权等。从立法的形式和内容看，1929年民法典中的物权法编主要参考了德国、瑞士和日本民法中的物权立法与体系设计，但同时也有基于对本土的社会资源的调查而确立的典权制度等。

值得指出的是，中国1929年民法典中的物权法制度，是当时的立法者运用"取法乎上""得乎其中"的立法方法，经过严谨严肃的比较研究后获得的一个成果。在当时，德国、瑞士、日本等已有成熟、现成的物权法制度及体系构建的成例，而且属于最先进的"上"者，而中国此时的物权法等民法尚处于初级阶段，"取法乎上"总比"取法乎中"或"取法乎下"要强得多。中国今日包括物权法在内的民事立法与物权法学等民法学研究的繁荣昌盛，其实正是得益于改革开放以来中国新时期民法立法与民法科学不断借镜国际及一些先进国家的经验，即所谓"取法乎上"而结出的硕果。"只有通过取法乎上，才能自己有所创造，达到更高的水平"。[1] 正因为如此，在《中华民国民法》制定的时代乃至说今天，1929年国民政府颁行的物权法在内容设计和编制体系等方面，都是一点也不逊色于其他国家的物权法的，是先进的。而关于这一点，新中国成立以后的中国民法学界基本上忽视了，或者避而不谈。

1929年中国民法典中的物权编从立法技术的角度看，也是先进的。尽管它"采德国立法例者十之六七，瑞士立法例者十之三四，法日苏联之成规，亦尝撷取一二"，[2] 但它的"条文辞句，简洁通俗，且避去翻译式的语气，为纯粹的国语"。尤其是它很具有瑞士物权法的长处，且避免了此前各民律草案的日本语的口气，由此足见当时的立法者独具慧眼，堪为立法技术上的重大进步。[3]

从中国清朝末年进行财产法制变革到1929年颁行民法典中的物权法编，是中国在民法立法上引进和建立自己的物权制度体系之初。其除立基于中国的固有法和实际国情而予以立法外，尤其着重参考并直接以德、瑞、日民法立法成例为蓝本。1929年颁布的民法典中的物权法尽管在中国大陆仅施行了20年，但自1945年在台湾地区施行以来至今已有近70年的时间。1929—1949年的中国，内忧外

---

[1] 梅仲协：《民法要义》，中国政法大学出版社1998年版，谢怀栻先生所做的"谢序"，第3页。

[2] 梅仲协：《民法要义》，中国政法大学出版社1998年版，谢怀栻先生所做的"谢序"，第2页。

[3] 梅仲协：《民法要义》，中国政法大学出版社1998年版，第19页。

患交织，战事连绵，普通民众拥有的财产很少，由此，包括物权法在内的各项民事法制很难有其发挥作用的空间。这样的境况，使得这部先进的物权法在大陆未能获得很好的施行；而该法在台湾地区施行近70年来的情况显示，其对于保障台湾地区人民的财产权、人权、自由及民主等发挥了非常大的作用。台湾地区的人民以拥有这样的包括物权法在内的民事法制而深感自豪、骄傲和幸福。这一点从笔者与台湾地区民法学者的交流、对话中常常可以真切地感受和体会到。

二、中国1949—1956年对物权法的基本肯定与之后至80年代末对物权法的否定

1949年中华人民共和国成立后，因废除国民党政府的"六法"，所以《中华民国民法》也就被废止了。在中国大陆，从此也就没有了民法典上的物权法。

但是应该注意的是，自中华人民共和国成立到1956年生产资料私有制的社会主义改造的基本完成，中国尽管没有通过制定施行于全国范围内的民法典来建立所有权、用益物权、担保物权以及占有制度，但散见于当时地方立法中的民事法律文献，以及当时最高人民法院和司法部就民事问题所做的一些"批复"或"解释"，均表明这一时期中国是肯定物权制度的。

不过，这一时期并不长久。1956年以后，由于中国建立起了生产资料的社会主义公有制经济制度，所以此前曾一度存在的私人土地所有权不复存在。与之有联系或以之为标的物的物权性质的权利，如地上权、地役权等也随之消灭。加之在这一时期，中国民法全盘移植、继受了苏联民法理论与制度。中国社会于是认为，所有权以外的他物权是资本主义私有制经济关系的产物。在中国，由于已经建立起社会主义的生产资料公有制经济制度（尤其是土地公有制制度），所以认定，所有权以外的土地用益物权等也就自不应当继续存在。[1] 反映在立法上，中国当时的民法立法也就只承认了所有权，而未承认用益物权。至于担保物权，因那时基本上不存在私人之间的融资，所以也就当然不发生以担保物权来担保债权人的债权实现的问题，从而也就没有担保物权制度。这种情况一直持续到1986年中国《民法通则》的颁布。

尤其值得指出的是，在1956—1986年这三十年期间，物权法的教学与研究大多停滞。据笔者的检索，这一时期没有一篇法学论文涉及物权法的；同时，物权

---

1 《法学研究》编辑部编著：《新中国民法学研究综述》，中国社会科学出版社1990年版，第216页。

概念与1929年国民政府颁布的民法典中的物权法受到极大的批判。这一点可以从1958年中央政法干部学校民法教研室编著的《中华人民共和国民法基本问题》中清晰地感受到。该书十分尖锐地指出："国民党物权法是资本主义和帝国主义国家反动民事立法的翻版，同时又保留着旧中国封建性的物权观念"，是"半封建半殖民地的产物"，所以"物权"这一概念应当被摒弃。[1] 应该注意的是，这一观点的影响十分深远，20世纪90年代中国物权法制定之初，有一种观点就认为，物权的概念和知识体系不科学，它不如英美法的财产法，因为物权法无法包括财产权利的全部，而且中国人难以接受物权法这个外来词和制度。[2]

中国自1978年起实行改革开放的基本国策，至20世纪80年代中期，经济体制改革已成功地由农村转移到城市。这一时期，反映经济体制改革取得的成果及规范社会主义有计划商品经济的发展的需要，中国在1986年颁布了《民法通则》。但十分遗憾的是，由于中国社会长期排斥、批判物权概念及其知识系统，该法没有启用物权的概念，而是使用了"财产所有权和与财产所有权有关的财产权"（第五章第一节）这一名称。在这一名称下，它除了规定所有权外，还规定了国有企业财产经营权、国有自然资源使用权等用益物权；而对于担保物权，立法者并没有在体例上将它规定于其中，而是将抵押权、留置权与保证、定金担保一并规定于"债权"中。在此，我们可以清晰地看到，这种立法编制体例是中国长期拒绝认可物权概念及其制度体系的结果。也就是说，抵押权、留置权既然不是民法总则上的制度，也不是亲属和继承法上的制度，所以唯一的就只能是债法上的制度。从而，将这两种制度一并规定于"债权"中也就是顺理成章的。

总之，在1956—1986年期间，中国的民法立法与法教义学，否定来自于西方法律中的物权概念的正当性，物权法的教学、研究及立法活动处于停滞状态。在这种情形下，包括所有权、用益物权、担保物权以及占有在内的完整而系统的物权法对于中国社会的需要已完全变得没有必要。对于这一时期物权法之受到冷落

---

[1] 中央政法干部学校民法教研室编著：《中华人民共和国民法基本问题》，法律出版社1958年版，第118页。

[2] 郑成思："关于制定'财产法'而不是'物权法'的建议"，载《中国社会科学院要报：信息专版》（第41期）；参见孙宪忠："中国民法继受潘德克顿法学：引进、衰落和复兴"，载《中国社会科学》2008年第2期。另外，值得提到的是，在1998年3月民法起草工作小组第一次会议上，江平教授认为"物权"概念不通俗，建议以"财产权"概念取代之。在2001年5月的物权法草案专家讨论会上，江平教授声明"不再坚持"这一意见。在2002年4月19日的民法典草案专家讨论会上，江平教授明确表示赞同设物权编。对此请参见梁慧星：《中国民事立法评说：民法典、物权法、侵权责任法》，法律出版社2010年版，第12页注释2。

的这一特殊的万马齐喑的历史，中国民法学界长期以来也同样基本上忽视了。在笔者的阅读范围内，除笔者外，中国民法学界基本上无人提及或省思这一段历史。[1]

三、20世纪90年代初期开始的物权法的复兴

中国起于1978年的改革开放，到1992年时，使国家和社会的面貌焕然一新。中国的普通民众通过自己的劳动业已积聚了相当的财产。而且，中国一般民众已经认识到保护私有财产的重要性和积极价值。由此，在1992年之时，中国即宣布实行社会主义的市场经济体制。从此，中国的经济改革进入了建立社会主义市场经济体制的崭新时期。

从国际社会和各先进国家经济与社会发展的经验看，既然实行市场经济体制，也就意味着要建立规范财产的物权关系与交易和流转的法律体系。这是因为，市场经济就是法治经济。这其中，民商法体系的建立尤其具有决定性意义。而民商法体系中，物权法体系和债法体系起着基础地位的作用。

关于债法体系，中国当时已经有三个合同法（经济合同法、技术合同法和涉外经济合同法），已经有了规范财产的交易关系的法律基础，所以当时面临的任务是：消除这三个合同法之间存在的龃龉，建立适应社会主义市场经济发展的统一的合同法制度及其体系。从1992年起，经过数年时间的努力，中国终于在1999年结束了合同法"三足鼎立"的局面，完成了统一合同法的颁布，建立起了规范市场经济的交易与流转的基本法律规则。

但另一方面，规范财产的归属与利用的完整而系统的物权法规则却尚付阙如。因为物权既是财产交易的起点，也是财产交易、流转的归宿。如果从事交易的民事主体对用于交易的财产没有物权权利，则交易行为（如买卖行为等）会变成无效抑或不能实现，而且买受人也不能取得买卖标的物的物权。由此，首先确定市场交易的标的物的权利归属，就显得十分必要。为此，就需要建立包括所有权、用益物权、担保物权以及占有制度在内的完整而系统的物权法体系。也就是说，在这一时期，中国社会已不能回避对于物权法的急切需要。正是从这一时期开始，中国的物权法进入了其编纂时期。

在中国物权法的制定中，最初提出中国物权法立法方案（草案）的是中国社会科学院法学研究所的课题组，其所提立法方案，坚持了以下立法指导思想：

---

[1] 关于笔者对这一段历史的检视、省思，请参见陈华彬：《物权法》，法律出版社2004年版，第56页以下。

（1）贯彻个人利益与社会公益协调发展的所有权思想；（2）坚持对合法财产的一体保护原则；（3）严格限定公益目的，重构国家征收制度；（4）总结农村改革的经验，实现农地使用权的物权化。从起草物权法的这些指导思想可以看出，中国民法理论在新时期摆脱苏联民法理论的羁绊后，力求将继受而来的西方物权法制度与知识体系与中国改革开放和发展社会主义市场经济的生动实践相结合，用于除旧布新、推动中国社会进步、维护公平正义及创建新的物权制度与物权理论。[1]

但是，这些正确的立法指导思想却遭到中国法学界一些学者的质疑。2005年末，他们将反对的浪潮提升到物权法草案系违反宪法这一风口浪尖。他们认为，物权法草案对国家、集体和私人财产实行平等保护，违反宪法基本原则，并且该草案加剧了贫富差距，因此是决然无法接受的。由于这些反对的声音，使得全国人大常委会于2006年8月对物权法草案进行第五次审议，同年10月进行第六次审议，并在说明中特别解释称，规定对国家的、集体的和私人的物权予以平等保护，符合社会主义市场经济的本质要求和现行宪法的基本精神。尽管如此，它使得颁布物权法的计划还是推后，直到2007年才得以实现。[2]

不过，中国《物权法》最终还是在十届全国人大第五次大会上以高票通过。《物权法》最后颁布的文本，明确规定国家、集体及私有财产一体保护，并无高下之分。这一点的意义十分重要。另外，该《物权法》在体例编制上，采取五编制（第一编"总则"，第二编"所有权"，第三编"用益物权"，第四编"担保物权"，第五编"占有"），这一点反映了中国《物权法》对德国、瑞士、日本及中国台湾地区物权法的继受；但同时，该《物权法》又立基于中国社会的实际国情而摒弃了西方物权法中的一些不适合于中国社会的理论或制度，并且还创建和发展了一些新制度。

尤其值得指出的是，在对西方国家物权法理论与制度的摒弃中，具有代表意义的，无疑是德国民法的物权行为理论与制度。这一理论与制度被认为是德国民法最具风格的特征。如前述，大清民律草案与国民政府在1929年颁布《中华民国民法》时将这一理论和制度移植过来，可以说主要是认为，德国民法上的多半是好的，不加怀疑、不敢怀疑；但现在不同了，中国民法学者在研究起草物权法的过程中，对德国民法的制度和理论敢于怀疑，就是否采用物权行为理论进行了热

---

[1] 梁慧星：《中国民事立法评说：民法典、物权法、侵权责任法》，法律出版社2010年版，第43—44页。

[2] 关于中国《物权法》的颁布过程及其困难，参见苏永通："中国物权立法历程：从未如此曲折从未如此坚定"，载《南方周末》2007年3月22日。

烈讨论。[1]通过讨论既加深了对德国这一理论的认识，也加深了对中国国情的认识，最终决定中国物权法不采物权行为理论，从而完全自主地建立了自己的物权变动理论，这就是以债权形式主义为主，债权意思主义为辅的混合物权变动模式。由此可见，中国《物权法》并不"幼稚"，而是"比我们的先人们前进了一大步"[2]。[3]

四、中国《物权法》对中国国家与社会的效果

在中国《物权法》颁布、生效之前，中国的改革开放业已走过了近30年的历程。而在这一过程中，中国的改革开放大多是在"摸着石头过河"的情形下进行的。直至2007年时，业已进行的近30年的改革开放使中国人民的面貌、社会主义中国的面貌发生了历史性变化。改革开放在政治、经济、社会建设及意识形态等方面取得重大进步、获得巨大成功的同时，对于改革开放在这些方面所取得的成果又急需以立法的形式予以厘定、巩固或加以回应、认可。具体来说，对于近30年改革开放取得的成果，对公众要求平等保护国家财产、集体财产和私有财产的要求，对公有制为主体、多种所有制经济共同发展的中国社会主义基本经济制度，以及中国近30年经济发展中的效率取向等，在法律上应给出回答，即给不给法律上的地位。这一点是厘定中国社会现实状态与未来发展的关键抉择。另一方面，在国际上，西方一些国家的政治体制、民主制度对中国的影响有所渗透，中国需要回答为什么只有中国特色的社会主义民主、政治道路在中国是唯一可行的，而决然不能选择西方一些国家的民主、政治道路等重大问题。对于中国社会

---

[1] 对此，笔者于1997年发表于《民商法论丛》第6卷上的论文"论基于法律行为的物权变动"对德国物权行为理论的源起、形成及遭遇的困难等进行了全面梳理，明确指出中国物权法不宜采取此理论。与笔者相同的观点，还有梁慧星："我国民法是否承认物权行为理论"，载《法学研究》1989年第5期；王利明："物权行为若干问题探讨"，载《中国法学》1997年第3期，等等。而坚持中国物权法要采纳德国物权行为理论的，则主要见于孙宪忠所撰写的以下论文中："物权行为理论探源及其意义""再谈物权行为理论""物权行为理论中的若干问题"等，载其所著《论物权法》（法律出版社2008年版）等相关著作中。

[2] 谢怀栻：《谢怀栻法学文选》，中国法制出版社2002年版，第374页。谢怀栻先生在谈及继受外国法时曾指出：不论哪个国家都有自己的特点，没有特点的国家和民族是没有的。因而在继受外国法时，辨别自己的特点也是一个重要问题。机械地、盲目地照搬外国的法律，当然不一定好；强调甚至借口自己的特点，而拒绝接受先进的外国法律，也是不对的。要敢于接受，善于研究，不断修改，这是继受外国法律很重要的原则。又请参见谢怀栻：《谢怀栻法学文选》，中国法制出版社2002年版，第451页。

[3] 梁慧星：《中国民事立法评说：民法典、物权法、侵权责任法》，法律出版社2010年版，第44—45页。

发展进程中的这些紧要问题，中国《物权法》尝试做出了回答。

就中国《物权法》对中国国家和社会的效果，我们可以指明如下几个方面的内容。

（一）中国《物权法》与中国特色社会主义

胡锦涛同志在十七大报告中指出："改革开放以来我们取得一切成绩和进步的根本原因归结起来就是：开辟了中国特色社会主义道路"，"高举中国特色社会主义伟大旗帜，最根本的就是要坚持这条道路"。从国际共产主义运动的理论和实践来看，中国特色社会主义与此前的苏联、东欧等国家的社会主义的根本区别就在于对待私有财产的态度不同。经历过近三十年改革开放以后的中国，是肯定私有财产与非公有制经济即私营经济的正当性、合法性的；而苏联、东欧等国家的社会主义则是以消灭私有财产为目标，视私有财产为"万恶之源"。正是在这一逻辑思维下，1922年的《苏俄民法典》与20世纪60年代的《苏俄民法典》《苏联民事立法纲要》，以及《捷克斯洛伐克民法典》《匈牙利民法典》《蒙古民法典》等均不规定物权概念，物权法在民法典中不占有一席之地。在这一点上如前所述，中国改革开放前历次起草的民法草案也都相同，即不规定物权概念，物权法在当时社会受到严厉批判。[1]

为了适应改革开放的发展，为了实行社会主义市场经济体制，尤其是为了以法律的形式确立和巩固中国特色社会主义的伟大道路，经过数年的艰苦努力，中国建成了中国特色社会主义法律体系的基本框架。而中国的物权法是"中国特色社会主义法律体系中起支架作用、不可或缺的重要法律"。[2] 这一颇具意味的表述，其深层次的意义系在于强调中国物权法与中国特色社会主义之间的本质联系。其背后隐含的旨趣是：中国肯定私有财产的合法性，在公有制和非公有制经济并存基础上实行社会主义市场经济。胡锦涛同志在十七大报告中还指出，要"毫不动摇地巩固和发展公有制经济，毫不动摇地鼓励、支持、引导非公有制经济发展，坚持平等保护物权"。从这一表述的字里行间，也同样可以看到以平等保护为基本原则的物权法与中国特色社会主义之间的本质联系。

总之，中国《物权法》颁布和实施十年来的效果表明，中国《物权法》事关

---

[1] 梁慧星：《中国民事立法评说：民法典、物权法、侵权责任法》，法律出版社2010年版，第44—92页。

[2] 王兆国2007年3月8日在第十届全国人民代表大会第五次会议上关于《中华人民共和国物权法（草案）的说明》，载王胜明主编：《中华人民共和国物权法解读》，中国法制出版社2007年版，第565页。

高举中国特色社会主义的伟大旗帜，事关坚持中国特色社会主义的伟大道路，事关全面建设小康社会的伟大目标和中华民族伟大复兴历史使命的实现，对中国国家和社会所具有的效果重大，不容小觑。[1]

(二) 中国《物权法》着重界定财产的归属关系，以巩固改革开放的成果

基于确认和巩固改革开放三十年的成果的要求，与反映人民认可的对私有财产予以保护的价值理念，中国《物权法》着重确认和界定了各种财产的归属关系，由此以实现定分止争，明确物的归属，巩固社会主义市场经济制度下的各项财产秩序，尤其是改革开放三十年以来所形成的新的社会财产关系秩序。

比如，中国《物权法》第五章"国家所有权和集体所有权、私人所有权"中以25个条文的内容详细地列举规定了哪些财产属于国家所有，哪些财产属于集体所有，以及哪些财产属于私人（含自然人和法人）所有；在第六章中，将中国改革开放以来城市居民通过进行住宅的商品化改革而取得的住宅所有权赋予其名正言顺的"名分"——"业主的建筑物区分所有权"；于第三编"用益物权"中，将土地承包经营权、宅基地使用权明确规定为两种用益物权，这实际上是以法律的形式规定农民对集体所有的土地的两项最重要的权利：土地承包经营权和宅基地使用权。前者是维持农民的基本生计必不可少的权利，后者则是农民安身立命之所在的权利，二者均十分重要，不可或缺。

按照中国物权法制定之初确立的立法方针，农民对自己耕作的土地尽管不能享有所有权，但物权立法应当赋予其相当于所有权的权利。[2] 2007年最终颁布的《物权法》实现了这一目的。该法第126条规定："耕地的承包期为三十年。草地的承包期为三十年至五十年。林地的承包期为三十年至七十年；特殊林木的林地承包期，经国务院林业行政主管部门批准可以延长。前款规定的承包期届满，由土地承包经营权人按照国家有关规定继续承包"。这样的规定，实际上已经使农民的土地承包经营权具有了一定程度上的相当于所有权的权能。这种稳定、清晰的规定会引导农民对土地进行长期的筹划和打算（如对土地进行投入、改良土壤或兴修水利等），从而可以改变在权利归属不确定的情形下过度开发土地或在土地上进行短期行为的现象。尤其具有价值的是，这种权利归属的确定，可以为农村社会的长期稳定奠定财产法律基础。

---

[1] 梁慧星：《中国民事立法评说：民法典、物权法、侵权责任法》，法律出版社2010年版，第44—92页。

[2] 这是1998年4月全国人大常委会法制工作委员会在北京前门饭店召开的首次物权法专家讨论会上确定的方针。笔者参加了此次会议并在会议上积极支持这一方针。

（三）创设具有中国特色的用益物权、担保物权制度，巩固改革开放的成果

1. 土地承包经营权

中国1978年起航的经济改革是从农村实行家庭联产承包责任制开始的。此种农户耕种集体土地的行为在中国物权法颁行之前其性质比较模糊，实践中主要将它理解为民法中的一种合同行为而属于一种债权债务关系。但是，这种理解在实践中造成了农户的利益受到很大的损害。其最典型的例子就是：作为发包方的农村集体在土地承包的期限还未届满前就往往撕毁合同而将土地转包给第三人。这种做法从民法法理的角度看并无不当。因为既然发包方与农户是承包合同关系，则作为享有土地所有权的发包方将自己的土地转包给第三人也就在法理上站得住脚。但这样做的社会效果，却是使农户不愿在土地上作长期的耕作计划和打算，不愿对土地进行投入，不愿兴修水利以及不愿改良土壤等。特别应该指出的是，它还造成了农村社会的不稳定，使农村社会的各种矛盾（如干群矛盾等）因此而凸显、紧张。

为了改变上述局面，中国《物权法》采取的对策，就是使土地承包经营权物权化，也就是将农户对集体土地的承包经营权明确规定为一种用益物权，并规定期满后该土地承包经营权自动延长（第126条第2款）。由此，农户对承包土地的权利由原先的债权性权利转变为物权性权利。此权利在法律上具有排除他人干涉的效力。通过这样的法律定位，农户对土地的权利被强化，农村经济的长期稳定发展有了财产权的保障。

2. 建设用地使用权

在改革开放前，中国城市国有土地实行无偿、无期限及完全的行政划拨的使用制度。这种制度使城市土地变成一种福利性的使用制度，其结果造成了城市土地资源的闲置和浪费。20世纪90年代，国务院发布《城镇国有土地使用权出让和转让暂行条例》，开启城镇国有土地使用制度改革的航程。这一改革的关键在于，按照所有权与使用权分离的原则，实行城镇国有土地使用权有偿出让和转让制度，改变以往城镇国有土地的无偿、无期限的使用。1994年颁布的《城市房地产管理法》和1998年修订的《土地管理法》基本确立了国有土地的有偿出让和无偿划拨两种方式。往后的实践证明，这一改革是成功的。

为了巩固这一改革的成果，中国《物权法》总结实践的经验，明确规定了建设用地使用权制度（第十二章）。按照这一制度的目的，以划拨方式设立建设用地使用权受到严格限制，而在较大范围内国家采取以有偿出让的方式设定建设用地使用权。而这种有偿出让方式，就是作为出让人的国家将一定期限的建设用地

使用权出让给建设用地使用权人使用，建设用地使用权人向作为出让人的国家支付一定的出让金。其主要方式包括：拍卖、招标和协议等。究其实质，它是作为土地所有权人的国家与建设用地使用权人之间的一种民事平等有偿交易。

3. 担保物权

在中国 1992 年实行社会主义市场经济体制以前，无论是在完全的计划经济时期，还是在有计划的商品经济时期，中国社会总资本的循环和周转主要是通过国家来管控的。1992 年以后进行的金融改革，就是将由原来的国家无偿拨款改变为通过银行发放贷款，即采取融资的方式。针对资金融通使用关系的这一变革，中国民法立法在 1999 年颁布的《合同法》中采取了借款合同制度。但是，《合同法》不能解决资金融资的风险问题，规避融资风险必须有赖于物权法中的担保物权制度。中国《物权法》在总结 1995 年《担保法》及 2000 年《最高人民法院关于适用〈中华人民共和国担保法〉若干问题的解释》的基础上，参考发达国家和地区的经验，规定了较为完善的担保物权规则（第四编）。[1]

尤其应该指出的是，中国《物权法》规定的担保物权规则具有中国特色。比如，该法关于抵押财产范围的广泛性（第 180 条）、建筑物抵押（第 182 条）、建设用地使用权抵押、关于债券质权（第 223 条）、基金份额质权（第 226 条）、存款单质权（第 223 条）、仓单、提单质权（第 223 条）、应收账款质权（第 228 条），以及关于可分物的留置（第 233 条）等的规定，均体现了中国特色，显示了中国《物权法》的制度创新。

此外，中国《物权法》也有对域外法的借镜。这一点可以从该法规定的动产浮动抵押清晰地看出。在今日比较法上，浮动抵押（floating charge）是英美法中苏格兰的制度。大陆法系国家的传统中并无这一制度。这一制度的特点就是抵押物始终处于不确定状态，必须到权利人行使抵押权时，通过法院发布抵押权实行公告，查封、扣押、冻结抵押人全部财产，抵押物才能确定。[2] 它是为了解决中小企业、个体工商户、农业生产经营者贷款难而引进的一项崭新的抵押制度。正是因此，它具有区别于中国《物权法》颁布之前《担保法》中规定的固定抵押的特点。[3]

---

[1] 梁慧星：《中国民事立法评说：民法典、物权法、侵权责任法》，法律出版社 2010 年版，第 95 页。

[2] 梁慧星：《中国民事立法评说：民法典、物权法、侵权责任法》，法律出版社 2010 年版，第 102 页。

[3] 王胜明：《中华人民共和国物权法解读》，中国法制出版社 2007 年版，第 408 页。

（四）引进建筑物区分所有权规则，巩固住房商品化改革的成果

建筑物区分所有权，是关于城市居民对自己居住的房屋享有物权法上的所有权的制度。中国《物权法》专设一章（第六章）而就该制度予以明文规定。从立法初衷来看，中国引进大陆法系与英美法系中有关建筑物区分所有权立法的成功经验，其旨趣在于巩固中国自1978年代开始的城市住宅的商品化改革的成果。

众所周知，从1949年新中国成立迄至1978年之前，中国的住宅政策和制度是一种公有化、福利型的住宅政策和制度。在传统的高度集中的计划经济体制下，它是一个以供给制为核心，以实物分配为特征的，几乎完全排斥商品经济运行机制的住房制度体系。从住房的生产、流通到分配、消费，它都有自己独特的运行机制，即国家单一投资建设住房，然后由政府单向流通到职工，并采用实物分配的形式，最后由职工无偿消费（因为房租连维修费都远远不够）。这种住宅政策和制度形成了按权力、关系、人情等分配住房的分配机制，破坏了社会主义的按劳分配原则，而且，它还加剧了住房占有中的两极分化，破坏了社会主义的公平正义原则。[1]

1978年中国开始住房政策和制度的改革，其目的就是要将此前的公有化、福利型住宅制度转变为有偿的多元主体的住宅商品化制度。经过改革，将城市（镇）居民住房的生产、交换、取得均纳入市场经济轨道，以从根本上改善居民的居住条件，满足人们日益增长的住房需求。

自1992年代起，中国开始全面推进住房制度的改革，将住房的生产、交换、取得纳入社会主义市场经济轨道。在大量的多层和高层建筑物按居住单元被出售后，产生了对居住于同一栋建筑物上的若干单元的所有权人之间的相互关系予以规范、调整的必要。而这就需要建立建筑物区分所有权规则。从国际比较住宅法的经验来看，德国、日本、法国、瑞士等大陆法系国家与美国等英美法系国家无不以建筑物区分所有权制度来厘定城镇小区中的多层和高层建筑物按专有部分单元出售后各所有权人之间的法律关系。在这种背景下，基于巩固住宅的商品化改革的成果的需要，中国《物权法》建立起了基本上与国际社会相通的业主的建筑物区分所有权制度。

（五）中国《物权法》为中国进一步的深化改革奠定基础

胡锦涛同志在十七大报告中指出："新时期最鲜明的特点是改革开放"，"改

---

[1] 参见刘少波："浅议住房的商品化与福利政策——兼与杨业成同志商榷"，载《中国房地产》1991年第11期。

革开放是决定中国当代命运的关键抉择，是发展中国特色社会主义、实现中华民族伟大复兴的必由之路"，"只有改革开放才能发展中国、发展社会主义"。在2012年全国人民代表大会闭幕后的记者见面会上，温家宝进一步指出：改革开放是中国人民的正确抉择，如果不继续进行改革开放，则已经取得的成果将会得而复失。

前文已述，中国《物权法》是关于财产的归属与物权性质的利用的法律。它已经以法律的形式确认了改革开放取得的成果，厘定了改革开放以来所产生和形成的各种新的社会财产秩序。今后的改革开放将在中国《物权法》所做的各项厘定的基础上予以展开。

应该指出的是，中国《物权法》其实在一些问题上也为进一步的改革预留下了空间。特别是对一些有较大争议或社会公众还未形成基本共识的问题就仅仅做了原则、模糊的规定。这样的立法目的是，等待将来进一步的改革成功，人们形成共识后才做出明确、清晰的规定。比如，现行中国《物权法》关于集体土地所有权的主体究竟是属于乡还是村或组，其第60条的规定就很特殊、很模糊；此外，第61条关于城镇集体所有权的主体的规定也是如此。

特别值得指出的是，中国《物权法》关于农村宅基地使用权的规定，就只规定了简单的四个条文。这其中的主要因由是，中国各地区关于宅基地使用权存在不同的做法，在很多方面还未形成基本的一致做法。具体言之，有的地区在尝试进行宅基地使用权的收费的有偿使用，有的地区规定取得宅基地使用权必须进行登记，有的地区也在尝试宅基地使用权的抵押或转让。各种情形不一而足，较为复杂。由此，中国《物权法》就只能等待在这些方面的进一步的改革取得成功，社会公众形成基本共识后，再就宅基地使用权制度做出统一的清晰、明确的规定。

（六）中国《物权法》为中国的人权保障提供财产法律基础

人权是人之为人所应享有的基本权利，包括生存权、发展权及追求幸福的权利等。改革开放以来，中国的人权保护取得了有目共睹的巨大成就，社会公众享有多方面的人权权利。但是，二战结束以来包括中国在内的各国人权事业的发展表明，社会公众享有充分的人权的前提和基础是财产权。没有必要的财产权作为保障，所谓人权，将会成为一句空话。

中国《宪法》第33条第2款规定："国家尊重和保障人权"。1949年新中国成立以来，尤其是1978年改革开放以来，中国的人权保护事业获得极大发展，人民享有的各项权利获得实现。但是，由于各种各样的原因，在中国的实际生活中，侵害人权的现象、对男女进行差别对待的现象、对残疾人施以歧视的现象等还是偶有存在。这需要我们在未来的人权保护中加以消除。另外，应该指出的是，中国今日人权保护的种类和层次还有待进一步丰富。也就是说，应该在强调保护生存权、发展权的同时，提倡和保护人民的追求幸福的权利等。

从当代世界民法发展的潮流看，21世纪的民法指向和追求的重要目标之一就是人权。民法关于人格权保护的规定是人权的起点和基石，它们构成人权的最根本、最基础的内容。在今天我们生活的这个地球上，由于各种各样的原因而剥夺他人的人权，使他人遭受不幸的现象还大量存在。比如，各种各样的内战、武装斗争、恐怖袭击、饥饿、贫困、政治压迫、社会的、宗教的差别歧视、灾害、环境污染等，均使相关人的生活处于悲惨的境地。21世纪是人权和人格权保护的世纪，作为权利宣言和权利宪章的包括物权法在内的民法，理当以保护人权、维护人权、尊重人权为其主旨和使命。

中国《物权法》实施十年以来的社会效果证明，物权就是人权，物权法就是人权法。中国的人权保障事业在这十年间又取得突出的进步。它具体表现为，中国社会公众的权利意识、主体意识不断增强，公众生活的幸福感和幸福指数不断提升等等。

（七）中国《物权法》为中国未来制定民法典铺平道路

民法的法典化是世界各国自近代以来出现的基本趋势。从那时起至今已有二百余年的时间。在这期间，以法国、德国、瑞士、日本等为代表的大陆法系国家大多实现了民法的法典化。不过，物极必反，器满则倾。在当代世界，出现了所谓的"法典化解构"（de-codification）的声音。但是从中国的情况来看，中国民法发展所走过的道路与西方各国不同：在中国，民法的发展不是走得过头了，而是还有很大的不足。由此，中国民法的发展不应当是解构，而是建构。这就是为什么今天中国的大多数民法学者仍然坚持着中国应当走民法法典化道路的因由之所在。

从世界各国编纂民法典的历史与经验看，无论采用法国还是德国，抑或采取新近荷兰民法典的模式编纂中国的民法典，其中一项重要内容均会涉及物权法。物权法由此成为中国编纂民法典的过程中一道绕不过去的关口。尽管在当代世界，财产的范围发生了极大地扩张和延伸，但关于不动产和有体动产的物权都是最重要、最核心的组成部分。

值得我们探讨的问题是，除物权法调整的有形财产应纳入到民法典中予以规定外，其他无形财产（知识财产、信用财产）与集合财产（企业、遗产）是否也需要纳入到民法典中予以规定？从新近中国民法学者提出的思路来看，理论上似应对此作出肯定的回答。[1] 但是，当我们把这两种财产也一并纳入到民法典中予以规定时将会面临如何与有形财产的规则相协调、相和谐的问题。所以，笔者的观点是，中国未来民法典仍应坚持选择德国民法的道路，同时吸纳包括荷兰民法典在内的新近世界各国民法立法的优点，仅在这部法典中规定不动产和动产等有形财产制度。而对于知识财产、信用财产等无形财产，与企业、遗产等集合财产，则可通过完善和颁布知识产权法、金融商品（交易）法，以及完善现行公司法、企业法或者继承法等而加以解决、规范。

五、中国《物权法》的时代特征

中国物权法的起草工作始于 1993 年，从那时起到 2007 年中国最终颁布《物权法》共经历了 14 年的时间。尤其是在 2005 年末以后，中国物权法的制定陷入了困难局面，受到了来自于理论界和实务界的一些人士的干扰。[2] 尽管这些干扰或质疑最终未能阻止中国物权法顺利通过的步伐，但它还是对该部法律的制定产生了一些影响。另外，中国《物权法》制定之时中国民法学界对物权理论研究的某些滞后，以及立法过程中在立法思想和立法技术方面的不成熟，均使这部法律在一些内容的规定上打上了时代的烙印，带有较明显的时代特征。

就中国《物权法》在具体内容的规定中所留下的遗憾与不足等问题，我们可以简要介绍如下几个方面的内容。

（一）将所有权的类型区分为三类

中国《物权法》沿袭苏联和东欧社会主义国家民法立法的做法，将所有权区分为国家所有权、集体所有权与私人所有权三类（第五章）。这种三分法的立法规定，其实反映的是如何看待市场经济体制与国家、集体和社会公众的财产所有权的平等对待的问题。最初提出中国物权法立法方案的中国社会科学院法学研究所的课题组，坚持在物权法上不区分这三种所有权类型，坚持行为立法，反对身份立法，对这三种财产采取平等保护原则。该课题组尤其特别指出，财产的分类只有动产和不动产，只有根据财产本身的属性的分类，而不存在根据权利人身份的分类。[3]

---

[1] 王卫国教授新近主张无形财产与集合财产应一并纳入到未来的中国民法典中予以规定。参见其所著："现代财产法的理论建构"，载《中国社会科学》2012 年第 1 期。

[2] 这些质疑包括：中国物权法（草案）是否违反宪法原则，是否只保护富人而不保护穷人等。

[3] 梁慧星等：《物权法名家讲座》，中国社会科学出版社 2008 年版（尹田执笔），第 86—87 页。

但是，这一观点却受到一些人的质疑。提出质疑的人认为，中国是一个公有制为主体的国家，不这样区分，立法本身就不能反映中国国情。2005年末中国物权立法遭遇是否违反宪法的诘问后，反对制定物权法的人所依据的一个重要"例证"就是该法不对国家所有权、集体所有权和私人所有权予以区别对待，而是进行一体保护。这一问题十分重要，因为它触动了社会主义制度关于"公"与"私"所有权之间地位问题的敏感神经。[1] 正是因此，由立法机关编制、于2007年最终通过的中国《物权法》在所有权问题上最后仍然采取了区分国家所有权、集体所有权和私人所有权的三分法做法。立基于民法理论与所有权制度的统一性的基本法理，这样的三分法规定今天看来无疑是值得检视、省思的。

（二）对建筑物区分所有权的规定较为原则

前文已述，建筑物区分所有权是关于居住于同一栋区分所有建筑物上的各业主之间的财产关系与管理关系的制度。中国《物权法》第六章设其规定，具有巩固中国自1978年以来在住房的商品化改革方面所取得的成果的意味。

但是，从全部规定来看，它只规定了14个条文。而对于一些十分重要的问题，该法均未予涉及。例如，关于业主管理团体、业主大会及业主委员会是否具有法人资格，即所谓业主管理团体的法人化问题，它涉及对业主的权利保护，对业主具有重要意义。但是，该法未做出规定。又比如，关于业主管理规约，它是业主团体对区分所有建筑物实行自治管理的基本依据，在业主管理团体中具有相当于公司的章程的效力。对于业主管理规约的制定、业主管理规约应规范的事项、业主管理规约的法律效力等，该法也未做出规定。该法仅在第六章中简单地提及业主管理规约这一概念。

区分所有建筑物（商品房住宅）自建成后经过相当年月，必会老朽、损坏。中国自20世纪90年代进行住房商品化改革以来，区分所有建筑物的建设已然经过了二十余年。区分所有建筑物的重建在不远的将来将成为不能回避的重大社会问题。而对于这样的重大问题，该法仅做了简单的规定（第76条第1款中的第6项和第2款），远不足以应对实际的需要。

另外，当区分所有建筑物因地震、火灾、风灾、水灾、泥石流、煤气爆炸、飞机坠落以及机动车的冲撞等偶发性灾害导致其一部灭失时如何予以修复（或复旧），乃系区分所有建筑物管理中的重大问题之一。中国《物权法》对此也只有

---

[1] 孙宪忠："中国民法继受潘德克顿法学：引进、衰落和复兴"，载《中国社会科学》2008年第2期。

简略的规定，同样不足以应对实际的需要。当代建筑物区分所有权比较法中，日本、德国、法国等建筑物区分所有权法对此作了翔实、完善的规定。其将区分所有建筑物一部灭失界分为小规模一部灭失和大规模一部灭失并据此规定不同的修复程序、费用负担及权益调整的手段和方法。中国将来修改《物权法》或制定民法典，抑或制定单行的建筑物区分所有权法时，这些国家的经验应该说具有很大的参考价值。

最后，还应该指出的是，中国《物权法》第六章关于建筑物区分所有权的规则的规定，很大程度上是"急就章"。它是为了解决当时面临的必须做出应对的问题的立法。这一点尤其体现在该法第74条关于车位、车库的归属及使用的规定上。在中国《物权法》制定之时，这一问题成为社会公众最为关心的重大问题之一。如何对开发商、建筑商、小区业主等各方面的利害关系予以平衡，成为物权立法必须作出回答的问题。

（三）对典权的废止

典权是中华民族的固有制度，各国物权法中仅韩国1958年制定的民法典中规定有与之相似的制度（传贳权）。依据这一制度，典物的所有人将自己的不动产出典于典权人使用、收益，以获得相当于卖价的金额，待日后有能力时可以原价赎回，其不仅获得资金以应急需，也可避免变卖祖产受人耻笑。而典权人则以支付低于买价的典价而取得典物的使用、收益权，且日后还有取得典物所有权的可能。由此，出典人与典权人两全其美，各得其所。[1]

在中国物权法编纂之初，由中国社会科学院法学研究所提出的中国物权法立法方案中，明文规定了典权。其理由是：中国社会中典、当铺等还有相当多的存在，为向人民提供更多的可以选择的融资渠道和方式，这一制度不宜轻易废除，而是备而用之。

但是，这一观点受到了来自于主张废除典权的人的批判。他们认为，其一，典权为中国固有制度，而今随着国际贸易的发展，导致民法物权制度的趋同，为适应物权国际化趋势，典权宜予废止；其二，中国实行土地公有制，就土地设定典权已不可能，就房屋设定典权虽无统计数字，但实务中出典房屋的实例也应当极少，所以保留典权的价值不大。[2]

---

[1] 梁慧星主编：《中国物权法草案建议稿附理由》（第2版），社会科学文献出版社2007年版，第503页。

[2] 梁慧星主编：《中国物权法草案建议稿附理由》（第2版），社会科学文献出版社2007年版，第504页。

法律是社会生活的调整器。中国物权法的立法目的之一，就是要对社会生活中的社会现象做出应对，予以规范和调整。其实，主张废止典权的观点中立基于物权法国际化的理由，这一点是站不住脚的。诚然，今日各国民法制度的趋同已有所显现，但在物权法领域，主要是担保物权的趋同乃至国际化。而所有权、用益物权，则仍然是民法中最反映各国自己的特色，最反映物权法这一"土著法""固有法"的领域。因此，以物权法的国际化为理由来否定典权制度是很轻率的，它是一种对物权国际化趋势的误解。

（四）未规定取得时效

民法自罗马法以来就有时效制度。[1]其中，取得时效是无权利的人以一定的状态占有他人的财产或行使他人的财产权利，经过法律规定的期间，即依法取得其所有权或其他财产权的制度。在世界各国的传统民法中，它是引起物权变动的一种重要方法。由此，在立法编制上通常将其规定于物权法中。对于时效制度中的消灭时效，中国1986年颁布的《民法通则》予以了较为翔实的规定。但是，对于取得时效，中国最终颁布的《物权法》却并未予以认可。

在中国法制史上，作为取得所有权的一种方法的取得时效制度于《中华民国民法》颁布前始终没有形成为一项系统的、完善的制度，仅零星的有其踪迹。例如，北魏孝文帝，李世安上疏建议："所争之田，宜限年断，事久难明，悉属今主"。[2]即类如今日的取得时效制度。又如，宋朝《宋刑统》所载："土地疆界纠纷案件，儒家长与证人亡殁，契载亦不明瞭者，其出诉期间为二十年"，[3]也同样属于时效取得。至1929—1930年国民政府颁布《中华民国民法》时，中国建立起了近现代意义上的取得时效规则。

新中国成立后，对于应否在民法中建立取得时效制度，其争论至20世纪80年代中期达到高峰，形成了三种观点：否定取得时效制度的观点、建立有限的取得时效制度的观点以及建立完整的取得时效制度的观点。在中国《物权法》的制定过程中，其先期的学者草案建议稿曾明确规定了此制度。2002年12月，九届

---

[1] 取得时效与消灭时效均起源于罗马法。前者发生在前，后者发生在后。惟此二者仅为后世注释家所创造，罗马法正文则无。《十二表法》有 usucapio。usucapio 由 "usus" 和 "capere" 二字组成。usus 为 "使用" 之意，capere 为攫取之意，合起来意指 "因使用而取得"。取得时效发源于《十二表法》，消灭时效起于裁判官的命令。至中世纪，注释法学派与教会法才将二者合称为 "时效"。参见李太正："取得时效与消灭时效"，载苏永钦主编：《民法物权争议问题研究》，五南图书出版股份有限公司1999年版，第93—94页。

[2] 参见戴炎辉：《中国法制史》，三民书局1979年版，第209页。

[3] 参见戴炎辉：《中国法制史》，三民书局1979年版，第209页。

全国人大常委会第 31 次会议审议的"中国民法（草案）"曾在第一编"总则"中专设"时效"一章，将取得时效与诉讼时效并立规定，确立了动产物权和不动产物权的时效取得。但是，2007 年最终通过的中国《物权法》因强调社会主义公有制的特殊性，尤其是立法者对取得时效制度怀有惕怵之心，担心通过占有他人的物而经过一定的期间即取得其财产权的做法会鼓励人们不劳而获，有悖于社会主义道德风尚，并有可能使企业职工占有国有资产合法化，造成国有企业财产大量流失。由此，该法最终没有承认取得时效制度。现在看来，反对确立取得时效制度的这些理由已很难站得住脚。由此，我们有理由相信，中国将来制定民法典或修改《物权法》时，将对取得时效制度作出明文规定。

（五）未规定添附制度

附合、混合与加工，统称为添附，系传统民法上动产所有权取得、丧失的一种原因，均有添加、结合的关系。其中，附合、混合为不同所有人之间物与物的结合，加工为劳力与他人的所有物的结合。因添附的结果而形成的物如允许请求恢复原状，或事所不能或对社会经济不利。由此，当代各国物权法，通常规定由一人取得添附物的所有权，或共有添附物的所有权。之所以这样，系在于不允许恢复原状，以便从总体上有利于社会经济。

中国《物权法》未对添附的规则作出规定，对此从立法论的角度看，无疑应作出否定性评价。其实，在中国的现实社会生活中已经发生了大量涉及附合、混合及加工的问题，并不时诉到法院要求裁判。而法院大多借口《物权法》并无规定而拒绝裁判。这样，就使法律对社会关系的调整留下了相当大的空白。因此，我们认为，鉴于作为所有权取得方式的添附规则是其他规则所不能取代的，所以将来的立法宜明确对添附的规则作出具体规定。在此种立法规定出台之前，司法实践应以通说性的学理规则作为法源来处理案件。[1]

（六）未规定无主物的先占制度

无主物的先占，是指以所有的意思，先于他人占有无主的动产而取得其所有权的事实，为各国法律中所有权取得的一种方法。中国《物权法》由于担心承认先占制度会导致国有财产的流失及鼓励不劳而获的情况发生，所以未规定先占制度。对此，也同样应在立法论上给予否定性评价。

实际上，中国之有无主物的先占制度，迄今已有悠久的历史。据记载，早在《唐律·杂律》中就有关于先占取得无主动产的规定。往后，《唐律·杂律》中的

---

[1] 刘家安：《物权法论》，中国政法大学出版社 2009 年版，第 109 页。

这些规定，为宋代和元代法律所承袭。[1]明清时代，先占取得无主物的所有权的规定得到进一步完善。其特点是：强调先占原则，保护先占人的利益。清末和民国时期起草的民律草案，将先占作为取得动产所有权的一种特殊方法规定下来。以此为基础并参考欧陆国家的做法，1929—1930 年的《中华民国民法》正式规定了无主物的先占规则（第 802 条）。

新中国成立后，随着《中华民国民法》被废止，中国民法立法中的先占制度不复存在。这种状况一直延续到现今。尽管如此，在实际生活中，无主物的先占却是得到认可和保护的。除法律明文保护的野生动植物外，我国历来允许个人进入国家或集体所有的森林、荒原、滩涂、水面打猎、捕鱼、砍柴伐薪、采集野生植物、果实乃至名贵中药材，并取得猎获物、采集物的所有权；拾垃圾者更是可以取得被人抛弃的废弃物的所有权。从这些方面看，通过先占而取得无主物的所有权是作为习惯法规则而存在于我国的社会生活中的。但是，从完善民法立法的角度看，中国将来制定民法典或修改《物权法》时，仍宜明文规定无主物的先占规则。

（七）担保物权的种类较少

担保物权是关于债的担保的制度。它旨在担保债权的实现，防止不良债权的发生或将其降到最少。从民法的发展历史看，自近代以来，担保物权始终是物权法中一项十分重要的制度。

值得指出的是，当代各国物权法上的担保物权较近代、现代民法时期的担保物权类型已有了极大地增加，主要表现为在传统民法的典型担保之外，复产生了非典型担保，如让与担保、临时登记担保（假登记担保）、所有权保留以及企业担保等。而且，这种类型的担保在民间的资金融通中有着不可取代的功用。中国《物权法》第四编"担保物权"所规定者，系典型担保即抵押权、质权和留置权。而对于非典型担保，其未作规定。从发展社会主义市场经济需要强化担保以实现社会资本的顺利融通的角度看，这样的规定是不够的。

其实，最初提出中国物权法立法方案的中国社会科学院法学研究所的课题组，基于市场经济体制和保护资本信用关系的一般要求，在担保物权的种类设计上，提出了规定非典型担保即让与担保和企业担保的立法主张。但是，2005 年末以后，有些学者认为这一观点过于激进，不太适合中国国情。而且，认为若将它们一并予以规定也会发生与典型担保是否协调、是否和谐的问题。由于这样的争

---

[1] 叶孝信主编：《中国民法史》，上海人民出版社 1993 年版，第 334、463 页。

论，立法机关编制的立法方案最后在担保物权的种类设计上采取了保守的做法。这就是，它只承认了典型担保物权即抵押权、质权和留置权，而未认可非典型担保，如让与担保以及作为抵押权的一种特殊形态的企业担保等。

在当代中国市场经济体制下，资本信用关系、消费信用关系以及流通信用关系均离不开以物权予以担保。由此，担保物权具有保障债权得以实现的效果；担保物权也由此而具有国际化的趋势。让与担保、企业担保乃至临时登记担保在各国（如德国、日本）民间实务中具有独特的不可替代的价值。中国在这一点上借鉴国际经验和做法，认可这些非典型担保类型，是适宜的、可行的。

（八）占有制度的规定较为简略

占有是人对物予以控制、支配、管领的事实状态，它是物权、债权等权利的"外衣"，是动产物权的公示方法，占有因此具有公信力。为了维持社会的和平与秩序，近代以来的民法立法与法理认为，任何人不能以私力改变占有的现状；要改变占有的现状，只有通过占有之诉或本权之诉方能实现。

从占有在物权法中的地位和社会功用看，中国《物权法》仅仅用五个简单的条文来规定占有规则（第五编），应该肯定地说是不够的，它不能应对实务中的需要。比如，它只规定了"有权占有"（第241条）、"恶意占有人的损害赔偿责任"（第242条）、"善意管理人的保管费用"（第243条）、"占有物毁损灭失的处理"（第244条）以及"占有保护"（第245条）。从立法技术和内容看，这些规定很粗疏，存在诸多遗漏。中国将来制定民法典或修改《物权法》时，宜补充规定"占有的分类""占有状态的推定""占有状态的变更""占有的效力""占有人的自力救济权""占有人的物上请求权""占有的消灭"及"准占有"等若干基础性规则。

（九）《物权法》中有些规范的效率取向不够

改革开放以来，中国社会最显著的特征之一就是坚持效率取向，由此推进中国社会经济快速发展。中国《物权法》反映中国社会发展进程中公众的这一共同认识而明确将"发挥物的效用"确定为该法的立法目的之一（第1条）。这也就是说，中国《物权法》在着力确认和巩固改革开放所形成的新的财产关系秩序的同时，也追求社会财富利用的效率取向。

但是，恰恰在这一点上，中国《物权法》还做得不够，不太彻底。比如，对于抵押物的转让，一方面应允许抵押人自由转让抵押物（抵押人转让抵押物时仅需向债权人即抵押权人负通知义务），同时通过抵押权作为一种物权而具有的追及效力来保护抵押权人的利益，应是最能发挥物的效用的制度设计。而中国《物权法》却规定"抵押期间,抵押人未经抵押权人同意,不得转让抵押财产"(第191条第2款);此外,立基于对中国社会各种情况的考量、权衡,中国《物权法》对土地承包经营权、宅基地使用权等规定原则上不允许流转。这也在事实上限制了此等土地资源效用的发挥。所有这些表明,中国《物权法》中的某些规定在效率取向上还不够。

结　语

从清朝末年中国进行法律变革而于《大清民律草案》中规定物权法到现在刚好百年多一点,其间国民政府于1929年正式颁布了《中华民国民法》中的物权法,2007年在中国共产党的领导下,新中国也最终颁布了自己的物权法。回望在中华民族的土地上已经存在了百余年的物权法,虽然其历经引进、否定、转向、曲折,最终实现复兴,但它始终没有改变沿着中华民族的民富国强的这一方向而前进。1978年开始的改革开放和1992年以后的发展社会主义市场经济的历史机遇,使中国物权法受到社会的广泛关注和重视,堪称中国物权法发展的新的春天;中国物权法学、中国民法学也因此成为一门"显学"。

今天,在中国《物权法》颁布十周年之际,我们必须承认一个基本的法律原理,即物权法是一个国家和社会的基础性法律制度,也是国家经济体制的基石。中国2007年颁布的《物权法》在中国社会的历史发展进程中已经并将继续发挥其里程碑式的功用和效果。在未来中国社会不断发展的进程中,我们应当积极通过发挥包括物权法在内的民商法制度体系的作用来促进和推动中国特色社会主义道路的巩固、中国改革开放事业的更深层次的发展、中国人权保护事业的进步以及中国民法法典化的最终实现。正是基于这一认识,笔者谨提出如下三点以对本文做出总结。

(一)在中国历史上,一个王朝开始后,常常要做两件大事:一是为前朝修史,二是为本朝制律

这两件事的意义都很重大。[1] 经历了三十余年的改革开放后的中国社会可谓是进入了一个新的时代。正是因此,以颁布《物权法》来为新的时代"制律"也就是应有之义。从这一角度看,中国颁布《物权法》是中国人民的选择、中国崭新时代的选择,其意涵深刻、隽永。它表明中国人民明智而正确地选择了坚持社会主义市场经济体制,坚持走中国特色社会主义的伟大道路,以及坚持1978年中国

1　谢怀栻:《谢怀栻法学文选》,中国法制出版社2002年版,第380页。

共产党第十一届三中全会确定的思想政治路线。[1]这一"在中国特色社会主义法律体系中起支架作用、不可或缺的重要法律"的成功颁布,为中国的改革开放、人权保护、民法典的制定乃至于中国特色社会主义道路的新的启程与继往开来奠定基本和切实的法律基础。

(二)中国颁布《物权法》不仅意味着中国特色社会主义法律体系的完善,也意味着民法、物权法理论的革新

中国在1993—2007年期间制定物权法,其所处的时代、经济基础、人文因素等诸多方面均已不同于清末、民国及1929年国民政府之制定其民法典中的物权法。这场新中国物权法的立法运动,在相当程度上革新了中国的包括物权法在内的民法理论。比如,对于基于法律行为的物权变动,它采取混合继受的态度,勇敢地摒弃了德国法上的物权行为概念、物权行为独立性、物权行为无因性理论及制度;此外,它将不动产和动产的善意取得规则予以统一规定(第106条);它将土地的空间确定为物权的客体(第136条),以及取英美法国家的经验而规定动产浮动抵押(第181条)等,均彰显了该法的创新之处。这种财产法理论与制度的革新将为21世纪的中国民法理论与物权法理论提供新的思路和契机,也会给世界各国未来财产法领域的制度设计带来新的灵感。特别应该指出的是,这种革新表明,今天的中国《物权法》与中国物权法学乃至中国民法学已并不"幼稚",而是比清末、民国前进了一大步,并且它是中国历史上最兴盛、最昌明的物权法、物权法学及民法学。

(三)中国颁布《物权法》是新中国历史上的一个创举,就是在国际共产主义运动的实践中也是一个"前无古人"的创新举动

由于人们思想认识的差异,由于人们对各种利益的不同考量,以及受苏联及东欧社会主义国家传统法学思想的影响,加之中国民法与物权法理论在某些方面研究的滞后,特别是立法机关受其眼界的限制等因由,中国《物权法》的某些规定明显带有时代的印记。对此,我们今天不必过分强调。因为,中国《物权法》的积极效果和历史进步的取向是最主要的。对于该法中落后的规定或未作规定的事项,我们可以通过将来制定民法典、修改《物权法》或制定司法解释予以补充、克服和完善。

---

[1] 梁慧星:《中国民事立法评说:民法典、物权法、侵权责任法》,法律出版社2010年版,第94页。

附录二

我国民法典物权编立法研究[*]

按照全国人大常委会的安排,我国民法典将由总则编("民法总则")与物权编、合同编、侵权责任编、婚姻家庭编及继承编等各分编组成。[1]这其中,作为财产法之一的物权编系一个十分重要的组成内容,居于核心和关键地位。其顺序系置于总则编("民法总则")之后,合同编、侵权责任编等债之关系法("债法")编之前。因我国已于十年前(2007年)颁行了《中华人民共和国物权法》(以下简称《物权法》),故此次《民法典》物权编的立法系属于《民法典》物权编的编纂,其主要工作是对《物权法》及其相关规则予以改定、扩展、丰富及完善,由此形成和建构起体系和谐、规则完整、先进和自洽的《民法典》物权编规则系统。

按照《民法总则》第114条与物权法法理,权利人直接支配特定物并由此排他性地享受其利益的权利,即是物权。其主要涵括所有权、用益物权、担保物权及占有。而物权法则有广义与狭义意义上的两种形态。举凡以人对物的支配关系为内容的法规范,为广义(实质)意义的物权法。其涵盖范围较广,《物权法》及其他有关对物的支配(例如继承人对遗产的共同共有)的规定,皆属之。至于狭义意义的物权法,则专指规定人对物的支配关系的内容的形式意义的物权法。易言之,系指《物权法》所规定的规则(内容),其主要为关于(物权)总则、所有权、建设用地使用权、土地承包经营权、地役权、宅基地使用权、抵押权、质权、留置权及占有的规定。唯这其中也有涉及有关债权关系的内容(规则)。譬如相邻关系(《物权法》第92条)、共有(《物权法》第99、100、102条)及占有(《物权法》第242、243、244、245条)中有关补偿金与费用求偿权,抑或

---

[*] 本文发表于《政法论坛》2017年第5期。
[1] 参见李建国:"关于中华人民共和国民法总则(草案)的说明(2017年3月8日在第十二届全国人民代表大会第五次会议上)",载李适时主编、张荣顺副主编:《中华人民共和国民法总则释义》,法律出版社2017年版,第680页。

其他有关损害赔偿责任的规定，即属之。此等债权关系因伴随物权关系而生，故将之规定于《物权法》（"物权编"）中，可使物权关系的规则得以完整的面貌予以呈现。[1] 本文的论证、分析对象，系兼及广义与狭义意义的物权法，即对我国《民法典》物权编立法时如何对现行《物权法》及其相关规则予以改定、扩展、丰富及完善提出建言、提供助力，并因此裨益于作为民法典分则编之一的物权编的早日及高质量地出台。

一、物权法定原则的缓和与谨慎

物权法定原则（Numerusclausus），亦称"种类限定主义"（Prinzip der Ausschließlichkeit）或"被限定的数"抑或"被关闭的数"（Numerusclausus），[2] 系全部物权法构造系统的枢纽和基柱。其肇源于罗马法，之后多数大陆法与英美法国家或地区对此予以肯认。[3] 日本、韩国及我国台湾地区"民法"系以明文的方式加以规定（《日本民法》第175条、《韩国民法典》第185条及台湾地区"民法"第757条）。德国、法国、奥地利及瑞士等民法尽管未明文规定此原则，但解释上皆认可此原则的适用。[4]

按照物权法定原则，物权的种类和内容由法律规定（《物权法》第5条、《民法总则》第116条），当事人不得根据自己的意思自由创设物权或更易民法或其他法律所定的某一物权的内容。前者称为"类型强制"（Typenzwang），后者称为"类型固定"（Typenfixierung）。概言之，也就是当事人不得设立法律未规定的物

1　参见谢在全：《民法物权论》（上册），新学林出版股份有限公司2014年版，第1页。
2　参见［日］山田晟：《德国法律用语辞典》，大学书林1995年版，第455、494页。
3　参见谢在全：《民法物权论》（上册），新学林出版股份有限公司2014年版，第33页。
4　应指出的是，德国民法典虽然未就物权法定原则设立明文，但其民法典草案理由书（Motive 3. S. 3）和学说解释莫不认可该原则。对此，请参见［日］於保不二雄：《德国民法3》（物权法），有斐阁1955年版，第2页；参见［日］山田晟：《德国法概论》，有斐阁1987年版，第191页。另外，根据晚近的英美法研究成果，英美法系也有物权法定原则。尤其是有英美法学者从资源效率的角度进行分析，指明肯定物权法定原则可以避免过高的资讯成本。对此，请参见Thomas W. Merill & H. Smith, Optimal Standardization in the Law of Property: The Numerus Clausus Principle, 110 YALE L. J. (2000); William Swadling, Property: General Principles, in ENGLISH PRIVATE LAW, at207–208 (Peter Birks ed., Vol.1, 2000)；参见谢在全：《民法物权论》（上册），新学林出版股份有限公司2014年版，第38页注释1。不过，也有研究成果谓：于英国不动产法上，物权法定原则的功用并不彰显。对此，请参见［日］西垣刚：《英国不动产法》，信山社1997年版，第1页以下。此书系一部具有重要价值的英国财产法著作，长达近700页，内容丰富。此外，关于英美法认可物权法定原则的情况，最新研究成果还请参见黄泷一："英美法系的物权法定原则"，载《比较法研究》2017年第2期，第84页以下。

权及其内容，否则将不产生物权法上的效力。[1]

我国《民法典》物权编立法过程中，坚守物权法定原则不动摇系一项重要的基本立场。也就是说，物权法定原则的缓和应当极为谨慎。此点于我国现今法律体系及其背景下，尤其如此和必要。盖我国近现代及当代意义上的物权法制历来较为落后，如今物权法制初创并建立不久，若过分变更物权法定原则，则所建立的物权法制及其体系势将与债法制度及其体系发生龃龉或紊乱，且与实务上长期的一贯做法与积聚的经验相悖，其结果或将造成我国自清季以来所建构的大陆法民法物权体系的解构，由此其对国家、民族、社会乃至个人将有百害而无一益。[2] 概言之，于界分物权与债权的架构下及立基于确保交易安全的考量，物权法定原则的坚守，实具有重要的功用与价值，绝不可小觑。

不过，规范社会财货归属秩序的物权法也不能与国家、社会及个人的需要相背离（乖离），更不应阻碍其发展与进步。若物权法所定的物权种类和内容与实际生活的情形不一致，且立法又未能适时补充时，即应透过物权法定原则的（扩大）解释予以因应。盖物权法定原则的存立基础系在于确保以所有权为核心而建构的物权体系及其特性，并使物权得以公示，由此以确保交易安全。故此，若实际生活中新产生的（物权）权利不违背物权法定原则存立的旨趣，且有公示方法以确保交易安全，及国家、社会、个人确实需要时，即可扩大解释物权法定原则，透过或经由习惯法的形成，抑或由人民法院于裁判具体案件中赋予某权利以物权效力。易言之，物权法定原则的本旨虽系在于限制当事人之间创设物权，但对透过或经由习惯法形成新的物权，则系予以允许。[3]

总之，我国物权法定原则的适用一方面应当予以坚守且不得将之虚化，以免造成物权法体系的解构；另一方面也不宜将之固化，以免由此成为我们国家、社会及个人进步与发展的障碍。尤其是鉴于前者的重要性，新近通过的《民法总则》第 116 条于原《物权法》第 5 条的基础上，再次重申了"物权的种类和内容，由法律规定"的物权法定原则。不过，也同时有鉴于不宜使物权法定原则被固化的考量，并立基于《民法总则》第 10 条业已将习惯（法）确立为民法的法源（渊源），笔者认为，《民法总则》第 116 条与《物权法》第 5 条所定的物权法定原则中所言的"法"，宜解为涵括了习惯法。

---

[1] 参见陈华彬：《民法物权》，经济科学出版社 2016 年版，第 79 页。
[2] 参见陈华彬：《民法物权》，经济科学出版社 2016 年版，第 85 页。
[3] 参见谢在全：《民法物权论》（上册），新学林出版股份有限公司 2014 年版，第 36—37 页。

二、物权变动规则的维系、完善与对《物权法司法解释（一）》相关规定的吸纳

物权的取得、变更及丧失（消灭），即系物权变动，其涵括基于民事法律行为、基于事实行为及基于公法上的行为等而生的物权变动。其中，基于前者即根据民事法律行为的物权变动是一种最常见、最多发、最基本的一类物权变动，其也系市场交易的最终目的和归宿。而基于后二者，即根据事实行为和公法上的行为而生的物权变动，则系两种少量的、较具特殊性的物权变动。

根据民事法律行为的物权变动，主要涵括依照合同、赠与及互易行为而引起的物权变动，其于域外国家或地区法上的规范模式主要有债权意思主义（法国、日本）、物权形式主义（德国）及债权形式主义。[1] 按照《物权法》第 6 条、第 9 条及第 23 条的规定，基于民事法律行为的物权变动须完成法定的公示形式，即动产的交付与不动产的登记。此种模式，为债权形式主义或意思表示与交付或登记之结合。至于该法有关建筑物（含构筑物、附属设施）所有权的移转、建设用地使用权的变动（第 9 条第 1 款、第 14 条、第 139 条）、不动产抵押权、在建工程抵押权的设立（第 187 条）、动产质权的设立（第 212 条）、权利质权的设立（第 224 条、226 条第 1 款、第 227 条第 1 款、第 228 条第 1 款），则系此模式被具体化的结果。[2] 最后，考虑到实际生活的复杂性与不平衡性，对于土地承包经营权的变动（第 128 条），地役权的变动（第 158 条），船舶、航空器、机动车等物权的变动（第 24 条），以产品、半成品、正在建造的船舶、生产设备、航空器、交通运输工具、原材料设立抵押权（第 188 条）及动产浮动抵押权的设立（第 189 条），《物权法》采行了债权意思主义，系属于该法采行债权形式主义的例外。在此主义之下，作为公示方法的交付和登记，系物权变动的对抗要件。应当肯定，现行《物权法》对因民事法律行为的物权变动规则的此等厘定是妥恰的，宜继续予以维系和坚持。

至于非基于民事法律行为的物权变动，其除涵括基于事实行为的不动产物权变动（《物权法》第 30 条）与因先占、取得时效、遗失物拾得、埋藏物发现和添附等事实行为而引起的物权变动外，还包括基于人民政府的征收决定或人民法

---

[1] 关于对此等物权变动模式规则的详细分析，请参见陈荣隆：“物权行为立法主义之研析”，载《月旦民商法杂志》2016 年第 1 期（总第 51 期），第 128 页。

[2] 参见崔建远：《物权法》，中国人民大学出版社 2014 年版，第 46 页；参见陈华彬：《民法物权》，经济科学出版社 2016 年版，第 103 页以下。

院、仲裁委员会的法律文书导致的物权变动（《物权法》第 28 条）、因继承或者受遗赠取得财产的物权变动（《物权法》第 29 条）以及不动产物权被强制执行后发生的物权变动。值得指出的是，这些物权变动形态中，不动产物权依强制执行发生的物权变动，以及因先占、取得时效和添附等事实行为引起的物权变动，现行《物权法》皆未作出规定，从完善物权变动的形态及其规则系统的立法论的视角看，它们皆宜于《民法典》物权编立法时得到确立和明定。

另外，还应提及的是，最高人民法院发布的《物权法司法解释（一）》中对有关物权变动的适用所做的解释，譬如不动产确权争议中登记的证明力（第 2 条）、确权争议不受异议登记失效的影响（第 3 条）、预告登记权利人的保护（第 4 条）、导致预告登记失效的"债权消灭"的认定（第 5 条）、《物权法》第 24 条所称的善意第三人的范围（第 6 条）、发生物权变动效力的人民法院、仲裁委员会的法律文书（第 7 条），以及特殊情形物权的保护（第 8 条）的规定，[1] 若其妥恰、适宜的，立基于将司法实务积聚的经验法律化的考量，《民法典》物权编立法时应对之加以吸纳。

三、所有权规则的丰富、扩展与完善

按民法法理与《物权法》的规定，所有权是所有人对自己的不动产或者动产，依法享有占有、使用、收益和处分的权利（第 39 条）。所有权是每个个体生活的基础、物权的核心，更是"物权之王"。物权法系统中的物权法总则、用益物权、担保物权乃至占有等，皆无一不是围绕所有权而予规定或展开的。由此之故，所有权即成为私法乃至整个国家法律体系与政治系统中的一个极为重要的概念与制度，并由此发挥其定分止争与明人、己之分界的功能。于检视、梳理《物权法》有关所有权既有规则的基础上，笔者谨提出《民法典》物权编立法中在所有权上应予丰富、扩展及完善的如下方面。

（一）所有权涵义的厘定并与其权能的界分

自罗马法以来，对于所有权的定义，立法与学说通常将之界定为：所有人于法律限制的范围内，对所有物进行全面、整体（完全、完整）和永久支配的物权。[2] 也就是说，所有权的定义蕴涵下列五点意义与特质[3]：（1）所有权是所有

---

[1] 参见杜万华主编：《最高人民法院物权法司法解释（一）理解与适用》，人民法院出版社 2016 年版，第 1 页以下。

[2] 参见姚瑞光：《民法物权论》，海宇文化事业有限公司 1999 年版，第 42 页。

[3] 参加谢在全：《民法物权论》（上册），新学林出版股份有限公司 2014 年版，第 115—116 页。

人对标的物进行全面支配的物权；（2）所有权为整体（完整）内容的物权；（3）所有权为具有弹力性的物权；（4）所有权为永久支配标的物的物权；（5）所有权是所有人于法律限制的范围内支配标的物的物权。

应当指出的是，现行《物权法》第39条及《民法通则》第71条，皆系对所有权的权能进行规定，而并非系对所有权的涵义予以确定（界定）。尤其需要明确的是，所有权并非系对财产的占有、使用、收益及处分的总和，也不是其各项权能的简单积聚（累积），其各项权能仅体现为系所有权的作用，抑或为达成或实现所有权的目的的途径、方法。[1] 鉴于所有权的意涵与特质较为宽广，实难以列举其权能的方法将之彰示。故此，建议立法机关依前述分析对所有权的涵义做出抽象、概括的厘定，并同时维持《物权法》第39条对所有权权能的列举的规定不变。

（二）建筑物区分所有权中若干规则的完善、丰富（扩展）与改定

建筑物区分所有权是业主对自己的专有部分享有单独所有权、对共有部分享有共有所有权及对建筑物的公共部分的管理享有成员权的综合性权利。此制度既是一个古老的制度，也是一个近现代及当代的制度。对于我国《物权法》于第六章明定的此制度的完善、丰富（扩展）及改定，笔者谨提出如下一些方面供立法机关参考。

1. 关于（业主）管理团体

区分所有建筑物的（业主）管理团体系由业主大会、业主委员会、物业服务企业及其他管理人构成。这其中，业主大会的成立方式与业主委员会的定位应当予以明确。关于前者，现行《物业管理条例》（2007年）第9条要求以一个小区为单位而成立业主大会。此点于实务中产生诸多问题并较难做到。故此，建议立法机关对此予以改定，明确可不以一个小区为单位而成立业主大会。也就是说，一栋或数栋区分所有建筑物上的业主，依具体情况，可以成立业主大会。[2] 至于业主委员会的定位，也宜加以明确，即宜将之确定为《民法总则》第102条所定的一种非法人组织。另外，有鉴于实务中业主已可应诉、被诉，[3] 故此，建议明确业主委员会具有诉讼主体资格。

1　参见史尚宽：《物权法论》，荣泰印书馆股份有限公司1979年版，第56页；参见《中国法学会民法经济法研究会1989年年会论文选辑》（佟柔语），第9页。

2　参见陈华彬："业主大会法律制度探微"，载《法学》2011年第3期。

3　参见（2005）海民初字第19540号民事判决书，已生效；参见（2009）海民初字第5425号、（2009）京一中民终字第14000号民事裁定书，已生效。

2. 增定区分所有建筑物（商品房住宅）的修缮、修复规则

区分所有建筑物即商品房住宅的修缮，是指当区分所有建筑物的专有部分、共有部分发生朽坏、损坏等时，为使其原有效用或功能得以恢复而采取的必要行为。《物权法》第 76 条第 1 款中的第 6 项和该条第 2 款及第 79 条仅对此有简略的规定，即明确修缮"应当经专有部分占建筑物总面积三分之二以上的业主且占总人数三分之二以上的业主同意"与维修资金可以作为修缮（维修）的费用而使用。唯于实务中，修缮还涉及费用的分担、筹集、业主之间的权益如何调整以及由谁来进行（承担）修缮等。对于此等问题，只有将之厘清，修缮方可得以真正实施和进行。为此，建议借镜域外国家或地区法上的经验，明定：（1）对不属于自己所有的共有部分及对他人的专有部分，业主为了修缮的必要，可以进入并加以使用；（2）个别业主的利益若因共有部分的修缮而受到特别影响时，应得到其同意；（3）明确修缮费用的如下筹措途径或来源：临时收取的修缮费用、专项维修资金、从政府部门获得的修缮补助费、与金融机构融资而获得的贷款、管理费及基于建筑物损害保险合同而获得的保险金。[1]

与上述区分所有建筑物，即商品房住宅的修缮具有同样的重要性的，还有区分所有建筑物即商品房住宅的修复。而此主要系因天灾人祸而引起，并由此而实施的对建筑物的复旧行为。换言之，当区分所有建筑物因偶发性灾害，譬如水灾、火灾、地震、风灾、机动车的冲撞、煤气爆炸及飞机坠落等导致其一部分灭失时，即需要实施修理、复原（复旧）。现行《物权法》第 76 条第 1 款中的第 6 项和第 2 款及第 79 条尽管对此有所涉及，但因过分简略而实不足以应对实务上对此问题的解决需要。[2]

在现今域外法上，日本、德国及法国等对区分所有建筑物即商品房住宅的修复（复旧）设立有较完善、翔实及细腻的规定。根据日本法，其将因水灾、火灾、地震、风灾、机动车的冲撞、煤气爆炸及飞机坠落等导致的区分所有建筑物的灭失区别、界分为小规模一部分灭失与大规模一部分灭失，之后分别厘定修复时对相关业主的权益调整的手段和方法、费用的分担原则及不同的修复程序和步骤。[3] 笔者认为，这些比较法上的域外经验可为我国编纂《民法典》物权编时设

1　参见陈华彬："区分所有建筑物修缮的法律问题"，载《中国法学》2014 年第 4 期。

2　参见陈华彬："日本区分所有建筑物修复制度的考察分析与启示"，载《环球法律评论》2013 年第 2 期。

3　参见陈华彬："日本区分所有建筑物修复制度的考察分析与启示"，载《环球法律评论》2013 年第 2 期。

立同类规则、处理和解决同类问题提供借镜、参照。

3. 增加并完善区分所有建筑物（商品房住宅）的重建规则

区分所有建筑物即商品房住宅的修缮和修复是强调或着眼于当下问题的解决，其旨在通过修复或修缮而可使区分所有建筑物即商品房住宅得以继续供业主等居住、利用。但是，当区分所有建筑物即商品房住宅经过漫长岁月或若干年后而老朽、损坏以致完全或不堪使用时，即需要透过建筑物区分所有权法上的——重建机制——而予以重新建造，由此以使原有业主等可继续居住或利用。此种制度即《物权法》第76条第1款中的第6项和该条第2款所定的区分所有建筑物即商品房住宅的重建。

我国自1978年中共中央发布关于发挥国家、地方、个人积极性，加快住宅建设速度的指示——最早进行住房制度的改革，实行住房商品化——以来，[1]区分所有建筑物，即商品房住宅的建设迄今业已经过了近四十年。故此，区分所有建筑物即商品房住宅的重建于很近的将来定将成为我国国家、社会及个人面临的不能回避的问题。另外，我国各种缺陷商品房住宅，譬如所谓的"豆腐渣住宅""楼歪歪住宅""楼摇摇住宅""楼晃晃住宅"及"墙脆脆住宅"等在实际生活中不时存在。其结果，使现今实务上也急迫需要建构完善的规则而处理区分所有建筑物即商品房住宅的重建。为消弭和厘清区分所有建筑物即商品房住宅的重建于私法上的障碍，编纂《民法典》物权编时，建议立法机关参考、借镜域外法上的经验，创设"卖渡请求权""买回请求权"及"二重多数决"等规则以对业主间的权益、小区内全体建筑物的"一揽子"重建及特定栋区分所有建筑物的重建等进行调整。[2]

4. 厘定业主严重违反共同利益时强制出让或拍卖其区分所有权的规则

由区分所有建筑物即商品房住宅的构造、格局及架构像火柴盒一般堆砌在一起而由此具有特殊性所使然、所造成，居住于一栋或一个小区（社区）的全体业主对于居住的舒适、安全及安宁的良好居住环境的确保具有休戚相关的共同利益。于此共同利益遭到严重破坏时，德国、日本、奥地利等域外国家或地区法（如我国台湾地区"法"）设立了强制出让或拍卖作为违反者的业主的区分所有权的规则。尤其是这些国家或地区法明定了强制出让或拍卖作为违反者的业主的区分所有权的实体要件与程序要件。具体而言，当违反共同利益的业主造成的障

---

[1] 参见陈华彬：《现代建筑物区分所有权制度研究》，法律出版社1995年版，第293页以下。

[2] 参见陈华彬："区分所有建筑物的重建"，载《法学研究》2011年第3期。

碍或侵害甚为严重而业主管理团体无法以其他方法予以排除或补救时，经由并透过业主大会的多数决决议的同意，其他业主全体可提请法院作出强制出让或拍卖违反共同利益的业主的区分所有权的判决，并由作出允许拍卖的判决的法院具体执行拍卖。[1]

在我国现今的实务中，有鉴于"恶质区分所有人"（"恶质业主"）的不时存在，[2] 尤其是为确保居住于一栋区分所有建筑物，即商品房住宅或同一个小区的全体业主的安全、舒适、便捷及安宁的居住环境，并立基于强化各业主之间的安全共同体（"多数人的密切的共同生活关系"[3]）利益的考量，建议立法机关引入域外国家及地区法上的上述制度。同时，鉴于这一规则措施的严厉性而或使严重违反共同利益的业主于感情上较难接受，故此也应格外慎重。概言之，强制出让或拍卖严重违反共同利益的业主的区分所有权，系最后不得已采取的措施，实务中要尽可能限制其适用。

5. 扩展、完善管理规约规则

《物权法》第76、77、83条业已涉及区分所有建筑物即商品房住宅管理的自律性约定——管理规约。按物权法法理，此管理规约是业主管理团体（业主共同体）就区分所有建筑物即商品房住宅的管理所做的共同约定。由此，业主管理团体乃至业主全体于实际管理和生活中应共同遵守。如前所述，因生活于一栋或一个小区的区分所有建筑物即商品房住宅上的业主之间具有密切的共同体关系，所以，借助于管理规约而对区分所有建筑物即商品房住宅进行有效与高质量的管理，即系十分重要。[4]

除《物权法》业已涉及的有关管理规约的事项外，笔者认为，立法机关应于《民法典》物权编中对如下问题予以明确：（1）明确管理规约应规范的范围主要包括，对违反义务的业主的处理、业主之间的利害关系的调整、业主之间的共通事项的规范及业主之间的基础法律关系的厘定。[5]（2）明确管理规约的时间效力

---

[1] 参见［日］水本浩、远藤浩、丸山英气编：《公寓法》，日本评论社2006年版，第107—108页；参见陈华彬："论建筑物区分所有权的剥夺——基于德国法和日本法的分析"，载《法商研究》2011年第6期。

[2] 参见本刊编辑部："中国民法学科发展评价（2010—2011）"，载《中外法学》2013年第1期。

[3] 参见［日］伊藤荣寿：《所有法与团体法的交错——对业主的拘束的根据与界限》，成文堂2011年版，第170页。

[4] 参见陈华彬："论区分所有建筑物的管理规约"，载《现代法学》2011年第4期。

[5] 参见温丰文：《建筑物区分所有权之研究》，三民书局股份有限公司1992年版，第153—154页；参见陈华彬：《建筑物区分所有权》，中国法制出版社2011年版，第203—204页。

与对人的拘束效力的范围。（3）明确业主临时公约（原始管理规约）的效力与具有公平性的要件。（4）明确政府的相关部门应创制标准管理规约[1]以供业主共同体设立管理规约时参照。

6. 改定业主共有部分的应有份额（应有部分）的计算基础

现行《物权法》第76条第2款涉及确定业主共有部分的应有份额（应有部分）大小的计算基础（基准）。这里的问题在于，其以"专有部分占建筑物总面积"的比例作为确定共有份额大小的标准，未臻妥当。从域外比较法经验的可借鉴性看，[2]宜明确为：按某一专有部分占区分所有建筑物（商品房住宅）的专有部分的总面积的比例来厘定共有部分的应有份额（应有部分）的大小。当然，业主之间也可经由管理规约来订定（确立）各自共有部分的应有份额（应有部分）的大小。

（三）增定相邻关系纠纷的新内容（新形态）

相邻关系，即因不动产权利人之间的不动产相邻接（邻近）而发生的限制或扩张一方的权利，相应地也就扩张或限制另一方的权利的法律关系。在现今，于传统的土地相邻关系之外，复产生了建筑物与建筑物之间的相邻关系，以及土地与建筑物之间的相邻关系等。现行《物权法》于规定传统的土地相邻关系之外，也于第89、90条对建筑物相邻关系、土地与建筑物之间的相邻关系有所涉及，只是其所定的内容及对建筑物相邻关系和土地与建筑物之间的相邻关系的形态的规定较为简略，难以涵盖林林总总的建筑物之间的相邻关系与土地和建筑物之间的相邻关系的繁复形态。

尤其值得指出的是，伴随现今城市（镇）土地的高度化、过密化的利用，建筑物与土地（如街区）之间的威压感、建筑物外墙（玻璃）面的光的反射、建筑物的通风或建筑物的风害、建筑物的容积率过大与建筑物的高度过高时对其他建筑物或土地的眺望妨害、电磁妨害，以及为防止高铁、地铁或普通铁道上的列车对沿途相邻不动产（如居民住宅）发生噪音侵害而设置的铁道（铁路）声音屏障等，皆系新的相邻关系形态。笔者认为，于编纂《民法典》物权编时，应对这些

---

[1] 关于标准管理规约，参见［日］稻本洋之助、镰野邦树编著：《公寓标准管理规约评注》，日本评论社2012年版，第1页以下。

[2] 日本《建筑物区分所有权法》第14条规定：于管理规约无订定时，业主的共有部分的应有份额（应有部分）按各共有人（业主）所有（享有）的专有部分的楼地板面积的比例确定。对此，请参见［日］稻本洋之助、镰野邦树：《公寓区分所有权法评注》，日本评论社2004年版，第88页。另外，关于此问题的域外法上的情况，请参见陈华彬：《现代建筑物区分所有权制度研究》，法律出版社1995年版，第144页以下。

新形态做出增加规定，以便可以有效地加以应对。

（四）明确由公开市场或经由拍卖而买得的盗赃物可善意取得

按物权法法理，善意取得系以取得人（第二受让人）的善意来弥补出让人之对于买卖标的物并无处分权的瑕疵，由此而发生买卖标的物的所有权移转（变动）的制度。而此系主要适用于占有委托物（如保管物、借用物、加工物）的情形。至于占有脱离物（如盗赃物、遗忘物、误取物、遗失物），则原则上并不适用，也就是此等物并不发生善意取得。尤其是对于盗赃物，我国实务中历来采行"一追到底"的做法，其由此无从发生善意取得。然而，当买受人自公开市场或经由拍卖而善意买得盗赃物时，是否也不认可发生善意取得，即不能不给出回答。笔者认为，此种情形，应以认可发生善意取得为宜。另外，《物权法》第107条对遗失物的善意取得定有明文，对盗赃物似也可以比照之而予以处理。[1]

（五）厘定无人认领的遗失物、埋藏物、漂流物与隐藏物归拾得人或发现人所有

遗失物的拾得系一种基于事实行为而引起物权（所有权）变动的形态（原因）。唯在法史上，对于拾得人可否取得拾得物（遗失物）的所有权，日耳曼法采肯定立场，而罗马法则否。现今的《日本民法》第240条、《德国民法典》第973条、《瑞士民法典》第722条、《法国民法典》第717条及我国台湾地区"民法"第807条，均系采取前者，认为遗失物（拾得物）应归拾得人所有。我国《民法通则》第79条与《物权法》第113条因强调"拾金不昧"的道德标准，故规定无人认领的遗失物（拾得物）归国家所有。[2] 应当指出的是，我国的此一立场如今应予更易。盖其一方面存在与民争利之嫌，另一方面也有违物权法对社会财富的分配正义。笔者认为，对于拾得价值较小（如1元钱）或甚小（如1角钱、1分钱）的遗失物（拾得物）的，应允许拾得人立即取得其所有权。至于拾得价值较大或巨大的遗失物的，拾得人则应送交公安等有关部门，此等部门于发布招领公告的6个月内无人认领时，归拾得人所有。

另外，我国现行《物权法》未认可拾得人的报酬请求权。笔者认为，于发布公告之日起6个月内有人认领遗失物（拾得物）的，其应向拾得人给付报酬。对此，域外比较法上也皆有其成例。譬如《德国民法典》第971条与我国台湾地区

---

[1] 参见陈华彬：《民法物权论》，中国法制出版社2010年版，第285页。
[2] 参见陈华彬：《民法物权论》，中国法制出版社2010年版，第291页。

"民法"第 805 条第 2 项皆设有其规定。[1]此外，还应提及的是，我国《物权法》第 112 条第 2 款对于因悬赏广告而支付报酬的规定，系属于因债的关系而生的效力。其并不意即现行《物权法》认可了拾得人的报酬请求权。

最后，根据《物权法》第 114 条的参照、准用的规定，拾得漂流物、发现埋藏物或者隐藏物而经公告无人认领的，其所有权也归国家。笔者认为，依循前述关于处理遗失物（拾得物）所有权归属的新思路，以做如下新厘定为宜：拾得漂流物、发现埋藏物或者隐藏物的，若其价值较小或甚小，则拾得人或发现人可立即取得其所有权，至于拾得的漂流物、发现的埋藏物或隐藏物的价值较大或重大的，则仅在经公安等有关部门公告招领后无人认领时，方由拾得人或发现人取得其所有权。

（六）认可并明定取得时效规则

取得时效又称占有的取得时效，系一种引起物权（主要是所有权）变动的原因或形态，为一种大陆法与英美法皆认可并予规定的古老制度。从取得人的视角看，它是"从无到有"，即从无权利（所有权或其他物权）到有权利（所有权或其他物权）的一种制度。现行《物权法》制定时对此制度虽有激烈讨论，但最终未予认可并加以规定。如今看来，其对之予以否定的理由实皆难以站得住脚。由此，笔者有理由认为，编纂《民法典》物权编时，立法机关将对该制度及其规则作出明定。

应指出的是，可以根据取得时效而取得的权利不仅包括所有权，且也涵括以对物的占有为要件的他物权（含用益物权与担保物权）。也就是说，所有权与以对物的占有为要件的他物权，皆可依取得时效而取得。对此，建议立法机关予以明确。唯对于质权可否依时效而取得，则应注意：质权于其担保债权届期未能清偿时，方有行使可言，无从继续行使于他人之物上，不能依时效而取得。但是，若以他人之物出质，质权人善意受让的，则可取得质权。盖取得时效与善意取得系两种不同的制度，前者仅占有人或行使权利人一方有取得或行使该财产权的意思，而后者即善意取得系双方当事人有设定权利的意思。质权人恶意受质时，无从善意取得，而仍有依时效取得而取得质权的必要，且质权人需占有标的物并可

---

[1] 《德国民法典》第 971 条规定：拾得人有权向受领人请求支付报酬。拾得物的价值不超过 500 欧元时，其报酬为物的价值的 5%，超过 500 欧元为超过价值的 3%，在动物的情况下也为价值的 3%。若拾得物仅对受领权人有价值的，拾得人的报酬应依公平原则衡量确定。我国台湾地区"民法"第 805 条第 2 项规定：有受领权人认领遗失物时，拾得人可请求报酬。唯不得超过其物财产上价值的十分之一，其不具有财产上价值者，拾得人也可请求相当的报酬。

收取其孳息。这些皆为行使质权的样态，故可依时效取得。只不过基于担保物权的从属性，根据时效取得质权的人需存在担保债权。[1]

（七）认可并明定先占规则

先占系依事实行为（先占行为）而取得无主财产所有权的一种形态或原因。根据我国现今实务，仅可依先占而取得无主动产的所有权，至于无主不动产（如我国山东滨州地区黄河入海口每年冲刷出来的河床），其所有权则仅可由国家先占而取得。因先占无主动产而取得其所有权，系我国实际生活中一种广泛发生的现象。譬如，捡拾垃圾的人可以取得垃圾的所有权，于山中旅行时，对于山中的蝴蝶、兰花，也可依先占而取得其所有权等等。并且，先占取得无主动产所有权的制度，早在《唐律·杂律》之后于宋代和元代法律中就有规定。[2] 至明清和民国时期，此制度得到进一步认可，至 1929—1930 年《中华民国民法》颁行时，其第 802 条即对该制度及其规则予以了明定。

我国 2007 年制定《物权法》时，因考虑到认可先占制度势将鼓励不劳而获及引起国有财产的流失，故而最终并未对此制度作出明定。于现今，这一理由的正当性及社会基础已不复存在。故此，笔者建议，立法机关应将目前此项仅存在于我国习惯法上的无主物（动产）先占规则，上升为明文的引起物权（所有权）变动的物权法规则。

（八）认可并明定添附（附合、混合与加工）制度及其规则

添附系物权法上分别属于不同的人所有的物，由于添加、结合的关系而成为一物时，该合成物的物权（所有权）归属与另一方的债权请求权行使的制度。其包括附合、混合及加工。也就是说，对于因添附而形成的结合物（合成物），为使之能发挥经济上的整体价值与效用，避免因分离（开来）而导致物的损耗，对合成物的所有权的归属就需予以明定，由此使该合成物（结合物）保持其整体性而不致分离。换言之，对于因添附而致非因毁损不能分离或分离需要过大费用的（物的）成分（原他人的物），其原所有人即不得再请求分离。[3] 应指出的是，物权法对于添附的合成物（结合物）的所有权归属的确定，并非出于公平正义的衡量，而系纯粹出于技术上的方便和适宜而所做的厘定，即只要有添附的情形发生，为维护合成物（结合物）的整体经济效用，基于一物一权原则，就必须明确

---

[1] 参见谢在全：《民法物权论》（上册），新学林出版股份有限公司 2014 年版，第 171 页。
[2] 参见叶孝信主编：《中国民法史》，上海人民出版社 1993 年版，第 334、463 页。
[3] 参见郑冠宇：《民法物权》，新学林出版股份有限公司 2015 年版，第 141 页。

合成物（结合物）的所有权归属于当事人一方，或由当事人双方共有。[1] 之后，为实现当事人双方利益的衡平，丧失物的所有权的一方当事人可行使不当得利的债权请求权。

在现今的实际生活中，添附制度具有较大的适用范围和作用空间。譬如，将他人的化肥施于自己的包产地中、对他人的房屋进行装修而粉刷油漆、对他人的书桌上漆、一瓶绍兴黄酒与一瓶上海石库门酒发生混合、10斤东北大米与10斤四川大米发生混合、内蒙古草原上甲牧民的30只羔羊与乙牧民的50只羔羊发生混合，以及改装他人的自行车而装上马达，致使马达等与该自行车难以分离，等等，皆须依附合、混合及加工等添附规则求得解决。另外，添附制度及其规则还具有鼓励人民创新、创造经济价值及激励人民发挥自己的主观能动性而创造社会财富的功用，故而笔者建议，我国应于《民法典》物权编中明定此项制度及其规则。

四、用益物权规则的修订、扩展与完善

用益物权系以物权的利用方式对他人的物（财货、财产）享有占有、使用和收益权限的定限物权（他物权）。无财产（如土地）的人要利用他人的财产（如土地）于法律（尤其是私法）上可以透过债权的利用（如租赁、借用）与物权的利用两种途径（方式）而予实现。其中，后一种方式即物权的利用途径，其权利人于时限、法律效力及受到的保护等方面，皆强于依债权的利用方式而对他人财产（如土地）的利用。现行《物权法》将"用益物权"规定于第三编，计规定了土地承包经营权、建设用地使用权、宅基地使用权、地役权及宣示性地明确当事人依法取得的探矿权、采矿权、取水权和使用水域、滩涂从事养殖、捕捞的权利受法律保护（第123条）。笔者认为，对于现行《物权法》所定的用益物权规则系统，于编纂《民法典》物权编时，宜从修订、扩展及完善等方面做出努力。

（一）修订《物权法》第117条对用益物权的涵义的界定

如前所述，《物权法》所定的四种典型用益物权及其他准用益物权类型，皆系以土地、水域及滩涂等土地或水域不动产为客体（标的），而并不存在以动产为客体（标的）而设立的用益物权。由此之故，《物权法》第117条对用益物权的涵义界定中的"或者动产"四字，应予剔除。

---

[1] 参见郑冠宇：《民法物权》，新学林出版股份有限公司2015年版，第141页。

应注意的是，在域外比较法上，根据德国、法国及瑞士民法的规定，系可以动产为客体（标的）而设立作为用益物权的一种类型的"用益权"。尽管于这些国家（尤其是德国）现今的实务上，较少存在以动产为客体而设立用益权的情形，但其实务中当以遗嘱就继承财产设立用益权时，继承财产中的动产就成为用益权的客体。[1]另外，于德国实务上，用益权还有如下形态：（1）供养用益权（Versorgungsnießbrauch）。该用益权可于所有权人生前或死后设立。（2）担保用益权（Sicherungsnießbrauch）。此特别体现于再为不动产担保物权债权人复设立一项用益权。据此，担保物权债权人可立即（即不必等到实行扣押之后）享受对土地的收益，譬如收取使用租金。（3）所有权人用益权（Eigentümernießbrauch）。即可于土地上设立所有权人用益权。[2]

（二）关于农村集体土地"三权分置"的明确及是否物权化的问题

农村集体土地的"三权分置"，即将目前《物权法》第十一章所定的（农村）"土地承包经营权"界分、解构为"农村土地所有权""农村土地承包权"及"农村土地经营权"三权，其实际上是对《物权法》第十一章所定的"土地承包经营权"的分解（解构），即将原来的一个权利分解为三个权利（"一分为三"），由此建立该三权并行分置的农地权利体系。应当说，这是力图解决我国目前农村土地承包经营权实践中出现的诸多新情况、新问题的良策，应予充分肯定。故此，笔者认为，有必要将此目前"三权分置"的政策写入《民法典》物权编中，使之上升为法律上的规定、立法上的举措。

但是，是否应当据此进一步使"三权"中的各项权利，尤其是使"土地承包权"与"土地经营权"物权化，即确立其具有物权的效力或属性，则应当审慎、稳妥。易言之，在笔者看来，不宜认可"土地承包权""土地经营权"具有物权的效力，且分别为两项新的物权权利类型。之所以如此，盖此两项权利，系总的"土地承包经营权"项下的分权利、子权利，不能分别复成为两项独立的物权权利。此两项分权利、子权利，仅系实现或达成（农村）"土地承包经营权"这一用益物权权利的目的的手段或途径。除此之外，其不复具有别的功能或效用。

---

[1] 参见［日］山田晟：《德国法概论》，有斐阁1987年版，第232页；参见陈华彬：《物权法研究》（修订版），法律出版社2009年版，第259—260页。

[2] 参见［德］鲍尔、施蒂尔纳著，张双根译：《德国物权法》（上册），法律出版社2006年版，第698—699页；参见陈华彬：《外国物权法》，法律出版社2004年版，第200页以下；参见陈华彬：《物权法研究》（修订版），法律出版社2009年版，第264页。

（三）明确认可并规定空间建设用地使用权以扩展用益物权的类型

空间建设用地使用权系以土地的地中空间和空中（上空）空间为客体（标的）而设立的用益物权，系解决当代城市（镇）土地高度的立体化、集约化、过密化利用的最佳途径与方式，其于用益物权体系上实居于重要地位，具有很强的功能、效用和价值。从域外法的情况看，近现代及当代各国家或地区物权法皆明定了此项制度及其规则。只是其名称林林总总，不一而足，未尽相同。[1]

我国《物权法》第136条尽管业已明确可以土地的空中或地中设立建设用地使用权，也就是事实上肯认了空间建设用地使用权，但是，为使我国物权法上的空间建设用地使用权成为一项独立的用益物权，并以清晰、明确及臻于完善、妥恰的内容予以呈现，笔者建议，立法机关宜取域外比较法（如《日本民法》第269条之二）上的成例，于《民法典》物权编中以独立的条文对之作出确认。

（四）革新地役权以建构不动产役权制度及其规则

不动产役权，即以作为不动产的土地及其定着物、构筑物为客体（对象）而设立的役权。其与地役权系仅以土地为对象（客体）而设立调节土地之间的利用的权利并不相同。也就是说，不动产役权的设立对象（客体）除土地外，还涵括土地上的定着物及构筑物等。因不动产役权于设立的对象（客体）范围上具有很大的拓展，故而当事人可透过不动产役权合同的订立而实现对包括建筑物、构筑物及土地等在内的不动产的利用的全方位调节。

现行《物权法》第十四章仅系对地役权制度及其规则作出厘定。而如今，伴随社会的变迁、科技的进步，尤其是由于城市（镇）与其社区（小区）的更新、重建的需要，仅调节土地之间的利用的地役权制度及其规则业已远不能因应。由此，即需革新地役权而建构可对一切不动产的利用作最大限度的调节的不动产役权规则。总之，笔者认为，我国宜于《民法典》物权编中变革现行地役权而建构不动产役权制度及其规则，由此以实现我国法上的役权制度由地役权向不动产役权的转化和蜕变。[2]

（五）建议增加规定典权

典权系我国固有传统法上的一项制度，现今韩国法上的传贳权制度系与之相当。典权的性质有"用益物权说""担保物权说"及"折中说"三种主张，唯通

---

[1] 关于此，请参见陈华彬："空间建设用地使用权探微"，载《法学》2015年第7期。

[2] 关于对此的翔实分析与立法建议，请参见陈华彬："从地役权到不动产役权——以我国不动产役权的构建为视角"，载《法学评论》2016年第3期。

说与域外法上的立法成例认其系用益物权。[1] 于现行《物权法》制定过程中，对于应否认可典权，曾存在"废止论"与"肯定论"两种意见。2007 年颁行的《物权法》最终采行"废止论"而未认可典权。事实上，典权可为人民提供一种较好的融资渠道，将之予以规定以备而用之，应不失为一种良好、妥善的立法政策。尤其是我国现今一些地方的民间实务中，与典权相关的实践仍有比较广泛的存在。故此，建议于《民法典》物权编中增定此制度，以因应人民融资及物权类型的扩展、完善的需要。

（六）关于居住权

居住权（Wohnungsrecht）系大陆法系的德国、法国及瑞士民法中的一种本旨上系属于"限制的人役权"（Beschränktepersönliche Dienstbarkeit）范畴的制度。于这些国家，居住权主要系透过设立限制的人役权而取得。[2] 按照此等国家的立法规定，将他人土地上的建筑物整体或建筑物中的一部分作为住宅而加以使用，并就此使用排除所有权人的权利的，即是居住权。[3] 于德国，其居住权虽与德国民法（债务关系法编）中的"使用租赁权"相类似，但因其并无租金与解除居住权关系的内容，故其不能替代使用出租（使用租赁）的制度。另外，因德国法同时定有"住宅所有权和永久居住权"的制度。故此，作为确保权利人终生居住于建构在土地上的建筑物中的一种手段的居住权，现今业已于很大程度上丧失其往昔的功用与价值。[4] 另外，由于德国《土地登记法》规定，土地登记簿册不得登录建筑物，故而何栋建筑物或建筑物的哪一部分上设立有居住权，系不能由土地登记簿册知悉、明了。并且，建筑物灭失时，居住权消灭，土地所有人并无复设立居住权的义务（BGHZ 7, 268; 8, 58）。[5]

现今编纂《民法典》物权编时，对于居住权是否应予规定，存在肯定与否定两说。肯定说认为，明定居住权可以保护弱势群体，譬如夫妻离婚后一方的居住

---

[1] 参见谢在全：《民法物权论》（下册），新学林出版股份有限公司 2014 年版，第 64—65 页；参见《韩国民法典》第 303 条与我国台湾地区"民法"第 911 条。

[2] 参见陈华彬：《外国物权法》，法律出版社 2004 年版，第 199 页。

[3] 参见中国社会科学院法学研究所法律辞典编委会编辑、信春鹰主编：《法律辞典》，法律出版社 2003 年版，第 794 页。

[4] 参见陈华彬：《外国物权法》，法律出版社 2004 年版，第 199—200 页；参见陈华彬：《物权法研究》（修订版），法律出版社 2009 年版，第 259 页。

[5] 参见［日］山田晟：《德国法概论》，有斐阁 1987 年版，第 231 页。另外，在德国，农民生前把农地转让给继承人，而为保留继续于农地上居住的权利，也往往设立居住权。对此，请参见［日］村上淳一等编：《德国法讲义》，青林书院新社 1974 年版，第 206 项。

利益或保姆的居住利益等，[1] 且认为此制度具有保障人民的住房权的功能。[2] 笔者认为，这些理由于现今看来均已难谓准确、妥当。其主要因由是，对于弱势群体利益的保护可以透过《合同法》上的房屋租赁与《物权法》上的建筑物区分所有权制度予以实现。尤其是，若将上述欧陆德国、法国及瑞士法上的作为"限制的人役权"制度的一种形态的居住权纳入到我国的用益物权体系中，其势将发生体系的不谐配及解释、适用上的诸多水土不服的问题。众所周知，对于役权制度，欧陆各国与东方各国家或地区的差异，其最主要的系在于，前者既认可地役权，也认可（限制的）人役权，而后者即涵括我国在内的东方诸国家和地区，譬如日本、韩国及我国台湾地区等，皆只肯认地役权，而未承认（限制的）人役权。[3]

由此之故，于我国及其他东方国家或地区的民法上，皆无居住权这一制度。笔者认为，我国现今也应采与此东方各国家或地区同样的立场，而无需于《民法典》物权编中引入欧陆民法上的居住权。

五、担保物权规则的改定与完善

担保物权系担保债权得以实现的制度。《物权法》第四编明定了抵押权、质权及留置权三种典型担保物权，另设立有关于担保物权的"一般规定"（第170条以下）。笔者认为，对于担保物权，于编纂《民法典》物权编时，立法机关宜做出一些改定并考虑是否增加一些新的规则。

（一）认可抵押权具有追及效力并以之保护抵押物转让后原抵押权人的利益

抵押权为一种典型的担保物权，由此，依物权法法理，其具有追及效力，即设立了抵押权的抵押物无论辗转至何处，抵押权人（债权人）皆可追及抵押物之所在而行使其抵押权权利。现行《物权法》第191条第2款为保护债权人（如银行）的利益而限制抵押期间转让抵押财产的做法，系属不妥，应予变更为：抵押

1　笔者往昔也系如此认为，并据此建议规定居住权（参见陈华彬："设立居住权可以更好地保护弱势群体利益"，载《检察日报》2004年2月9日第3版），如今看来此观点未尽全面，故现于此予以更易、修订。

2　应指出的是，对于居住权的所谓保障人民住房权的功能，比较物权法学理上主要系从理论与宏观的理想层面进行讨论。譬如日本学者铃木禄弥先生即是这方面的代表，其于所著的《居住权论》（有斐阁1959年版）中所称的居住权即与本文中所称的居住权存在很大的差异。也就是说，他主要系自宏观和理想的视角讨论宜保障人民的居住权。对此，请参见陈华彬：《物权法》，法律出版社2004年版，第454页。

3　关于对此点的翔实分析，请参见陈华彬："从地役权到不动产役权——以我国不动产役权的构建为视角"，载《法学评论》2016年第3期。

期间，抵押人转让抵押财产的，其应通知原债权人（抵押权人），原债权人（抵押权人）的利益依原抵押权的追及效力而受保护。详言之，抵押人将抵押物转让给第三人，而债务人届期又未清偿其债务时，抵押物所有权此时虽已移转于第三人，但基于抵押权的追及效力，抵押权人（债权人）仍可径直追及抵押物之所在而行使抵押权，并由变卖抵押物所得的价金优先受自己债权的清偿。[1]

（二）改定《物权法》第 202 条并回归至《担保法解释》原第 12 条 2 款的规定

根据现行《物权法》第 202 条的规定，从权利与主权利同其命运，皆为消灭时效完成后效力所及的范围。从权利附属于主权利，其原则上不能独立存在，主权利因诉讼时效而消灭时，从权利也归于消灭，不受人民法院的保护。唯于域外法上，依《德国民法典》第 216 条第 1 项的规定，请求权虽罹于消灭时效，但其债权依旧存续。由此，债权人的担保物权如抵押权、质权系仍然存在（担保物权的从属性）。因担保物权的标的物有物的责任（Sachhaftung），故而债权人仍可就其担保标的物取偿。[2] 另外，依我国台湾地区"民法"第 145 条第 1 项与第 873 条的规定，抵押权所担保的债权罹于消灭时效时，抵押权人仍可实行其抵押权，申请法院拍卖抵押物，并就其卖得价金受清偿。唯抵押权仅于消灭时效完成后五年间不行使而消灭。应注意的是，此五年期间仅适用于抵押权，而对动产质权和留置权并无准用的余地。且此五年期间，为抵押权的存续期间，故其为除斥期间，而非消灭时效。[3]

我国《担保法解释》原第 12 条第 2 款曾规定："担保物权所担保的债权的诉讼时效结束后，担保权人在诉讼时效结束后的二年内行使担保物权的，人民法院应当予以支持。"从上述域外法上的分析及基于比较法共通经验的可借鉴性，应认为此规定系属妥当。唯其已被《物权法》第 202 条"抵押权人应当在主债权诉讼时效期间行使抵押权；未行使的，人民法院不予保护"所替代。笔者认为，此替代应属不妥，编纂《民法典》物权编时，应废弃该替代而回复到《担保法解释》原第 12 条 2 款的规定。[4]

---

[1] 参见陈华彬：《民法物权论》，中国法制出版社 2010 年版，第 75 页。
[2] 参见陈华彬：《民法总论》，中国法制出版社 2011 年版，第 501—502 页。
[3] 参见郑冠宇：《民法总则》，瑞兴图书股份有限公司 2014 年版，第 477—478 页。
[4] 参见陈华彬：《民法物权论》，中国法制出版社 2010 年版，第 439 页。

（三）扩展留置权的成立（适用）范围而以"牵连关系"替代"同一法律关系"

按《物权法》第 231 条的规定，除企业之间的留置外，债权人留置的动产应当与债权属于同一法律关系。也就是说，仅有债权的发生与动产之间具有同一法律关系，譬如定作人对承揽物的返还请求权与承揽人的报酬债权之间同属于加工承揽合同关系、寄存人的保管物返还请求权与保管人的保管费债权之间同属于有偿保管合同关系，及收货人的货物返还请求权与承运人的运费债权之间同属于货物运输合同关系时，方可发生留置。唯此"同一法律关系"并不仅限于当事人之间的合同关系。[1]

尽管如此，应当指出的是，《物权法》第 231 条将留置权成立（适用）的基础要件限定为"同一法律关系"，系明显狭窄了。立基于留置权制度的旨趣系在于实现当事人之间的利益的公平的考量，并借镜域外法上留置权成立（适用）的基础要件的共通经验，笔者建议，编纂《民法典》物权编时，宜将"同一法律关系"改定为"牵连关系"。透过此改定，留置权得以成立（适用）的空间即获得较大扩张。也就是说，举凡债权的发生与动产之间存在牵连关系的，皆可发生（成立）留置。具体而言，债权因该动产本身而生、债权与该动产的返还义务基于同一法律关系而生，及债权与该动产的返还义务基于同一事实关系而生的情形，皆宜认为债权的发生与该动产存在牵连关系，从而得发生留置。[2]

（四）让与担保不作为典型担保物权而宜作为习惯法上的担保方式对待

让与担保系一种通过移转自己财产的所有权权利来担保向对方融资的交易方式，是各国家和地区比较交易实务上的一项习惯法制度，而并不将之作为一种典型担保规定于民法典物权编中。现行《物权法》制定时，对于应否将让与担保予以纳入，曾存在肯定与否定两说。最终通过的《物权法》系采后者（否定说），认为其仅系习惯法上的一种担保方式。如今看来，这一立场和抉择并无不妥。故此，笔者建议现今编纂《民法典》物权编的过程中，宜继续坚持此一立场不变。

（五）其他需要审慎考量、确定的问题

除以上所述者外，对于担保物权而言，其他需要立法机关审慎考量与确定的还有：当事人约定抵押权顺位固定的效力；鉴于《物权法》第 217 条业已明确认可责任转质，立基于举重明轻的当然解释原则，立法也宜明确认可承诺转质；鉴

---

[1] 参见刘家安：《物权法论》，中国政法大学出版社 2009 年版，第 215 页。

[2] 参见陈华彬：《民法物权论》，中国法制出版社 2010 年版，第 509 页。

于《担保法解释》第 77 条业已认可后发的所有人抵押权，故建议再向前迈一步，即将此司法解释上的该规定于《民法典》物权编中加以明定。最后，对于域外法上的特殊留置权应如何对待，也值得斟酌。

六、占有制度及其规则的丰富与完善

占有系一种"类（似）物权"，是物权权利（尤其是动产物权权利）的"外衣"和公示方法。占有人于占有物上行使的权利推定其合法有此权利，由此，占有具有公信力。现行《物权法》第五编"占有"仅设有五个条文，较为简陋，实务中不敷使用。笔者建议，于编纂《民法典》物权编时，应对此部分作较大的扩展与完善。

占有系一项具有较为深厚的法理蕴含于其中的制度，占有规则的厘定对于整个物权法体系的架构具有关键影响。同时，也应当指出，占有规则的厘定实系物权法全部体系规则中较为困难的。笔者认为，除《物权法》业已明定的五条占有规则外，《民法典》物权编还应对如下占有关系以规则的形式作出厘定：（1）善意、恶意情形下，物的所有人与物的占有人之间的回复关系；（2）对物的占有的（权利）推定；（3）占有样态的推定；（4）对物的占有的变动（含对物的占有的移转、合并、分离）；（5）占有人与占有辅助人的界分；（6）占有的保护；（7）共同占有；（8）准占有；（9）占有的消灭。

七、结语

我国《民法典》物权编的立法系一项重大而宏伟的工程。由于物权法系关于财产的所有与物权的利用的法律，具有强制性、绝对性、对世性及严格性，并由此关涉人民、社会及国家的根本财产利益，故此，《民法典》物权编的立法应格外谨严、审慎，决不可率性而为。笔者对于本文的论证、分析，也大抵循此精神或原则而予展开。笔者期冀，本文所做的论证与分析，能为《民法典》物权编的科学、严谨、先进及高质量地出台有所裨益或助力。

最后，还需要指出的是，除前文业已提出的建言或观点外，对于下列一些问题，立法机关也应予以考量、斟酌乃至确定：（1）相邻关系规则可否依当事人之间的约定而排除适用；（2）于《物权法司法解释（一）》对共有作有诸多解释的情形下，共有规则应如何进一步完善；（3）应否增定土地承包经营权的流转方式；（4）应否明定住宅建设用地使用权期间届满后的续期与费用缴纳；（5）是否明定农村宅基地使用权的退出。

主要参考文献

一、中文著作

1. 谢在全：《民法物权论》（上册）（第6版），新学林出版股份有限公司2014年版。
2. 谢在全：《民法物权论》（下册）（第6版），新学林出版股份有限公司2014年版。
3. 郑冠宇：《民法物权》（第5版），新学林出版股份有限公司2015年版。
4. 谢在全：《分别共有内部关系之理论与实务》，文太印刷企业有限公司1995年版。
5. 刘家安：《物权法论》，中国政法大学出版社2009年版。
6. 崔建远：《物权法》（第3版），中国人民大学出版社2014年版。
7. 温丰文：《土地法》（修订版），洪记印刷有限公司2015年版。
8. 温丰文：《建筑物区分所有权之研究》，三民书局1992年版。
9. 温丰文：《现代社会与土地所有权理论之发展》，五南图书出版股份有限公司1984年版。
10. 温丰文：《论共有》，三民书局2011年版。
11. 姚瑞光：《民法物权论》，海宇文化事业有限公司1999年版。
12. 郑玉波著，黄宗乐修订：《民法物权》，三民书局2007年版。
13. 江平主编：《中国物权法教程》，知识产权出版社2007年版。
14. 陈荣传：《民法物权实用要义》，五南图书出版股份有限公司2014年版。
15. 史尚宽：《物权法论》，荣泰印书馆股份有限公司1979年版。
16. 王泽鉴：《民法物权1》（通则·所有权），中国政法大学出版社2001年版。
17. 王泽鉴：《民法物权2》（用益物权·占有），中国政法大学出版社2001年版。
18. 苏永钦：《民法经济法论文集（一）》，台湾1991年自版。
19. 苏永钦主编：《民法物权争议问题研究》，五南图书出版股份有限公司1999年版。
20. 王利明、尹飞、程啸：《中国物权法教程》，人民法院出版社2007年版。
21. 刘得宽：《民法诸问题与新展望》，五南图书出版股份有限公司1995年版。
22. 谢哲胜、陈婷兰：《不动产证券化法律与制度运作》（第2版），翰芦图书出版有限公司2006年版。
23. 王胜明主编：《中华人民共和国物权法解读》，中国法制出版社2007年版。
24. 杜万华主编：《最高人民法院物权法司法解释（一）理解与适用》，人民法院出版社

2016 年版。

25. 申卫星：《物权法原理》，中国人民大学出版社 2008 年版。
26. 黄右昌：《民法诠解·物权编》（上、下册），台湾商务印书馆 1977 年版。
27. 胡康生主编：《中华人民共和国物权法释义》，法律出版社 2007 年版。
28. 陈祥健：《空间地上权研究》，法律出版社 2009 年版。
29. 李显冬主编：《中国矿业立法研究》，中国人民公安大学出版社 2006 年版。
30. 陈惠馨：《德国法制史：从日耳曼到近代》，元照出版有限公司 2007 年版。
31. 王茵：《不动产物权变动和交易安全：日德法三国物权变动模式的比较研究》，商务印书馆 2004 年版。
32. 张永健：《物权法之经济分析·所有权》（第一册），元照出版有限公司 2015 年版。
33. 梁慧星主编：《中国物权法研究》（上、下），法律出版社 1998 年版。
34. 陈华彬：《建筑物区分所有权》，中国法制出版社 2011 年版。
35. 陈华彬：《物权法原理》，国家行政学院出版社 1998 年版。
36. 陈华彬：《外国物权法》，法律出版社 2004 年版。
37. 陈华彬：《物权法》，法律出版社 2004 年版。
38. 陈华彬：《民法物权论》，中国法制出版社 2010 年版。
39. 陈华彬：《我国物权立法难点问题研究》，首都经贸大学出版社 2014 年版。
40. 陈华彬：《物权法前沿》，经济科学出版社 2012 年版。
41. 陈华彬：《物权法研究》，金桥文化出版（香港）有限公司 2001 年版。
42. 陈华彬：《物权法研究》（修订版），法律出版社 2009 年版。
43. 陈华彬：《建筑物区分所有权研究》，法律出版社 2007 年版。
44. 陈华彬：《现代建筑物区分所有权制度研究》，法律出版社 1995 年版。
45. 陈华彬：《民法典与民法物权》，法律出版社 2009 年版。
46. 陈华彬：《民法物权》，经济科学出版社 2016 年版。

二、日文著作

1. 山田晟：《德国法律用语词典》，大学书林 1995 年版。
2. 山田晟：《德国法概论》，有斐阁 1987 年版。
3. 山田晟：《德国物权法》（上册），弘文堂书房 1944 年版。
4. 山田晟：《德国物权法概论》，弘文堂 1949 版。
5. 原田庆吉：《日本民法典的历史的素描》，创文社 1954 年版。
6. 原田庆吉：《罗马法原理》，清水弘文堂书房 1967 年版。
7. 船田享二：《罗马法》（第 2 卷），岩波书店 1969 年版。
8. 船田享二：《罗马私法提要》，有斐阁 1985 年版。

9. 铃木禄弥：《抵押制度的研究》，有斐阁 1967 年版。
10. 铃木禄弥：《物权法讲义》，创文社 1994 年第 4 版。
11. 铃木禄弥、筱塚昭次：《不动产法》，有斐阁 1973 年版。
12. 铃木禄弥：《物的担保制度的分化》，创文社 1992 年版。
13. 铃木禄弥：《最高额抵押法概说》，新日本法规出版株式会社 1993 年版。
14. 铃木禄弥、竹内昭夫：《金融交易法大系》，有斐阁 1992 年版。
15. ［德］Franz Wieacker：《近世私法史》，铃木禄弥译，创文社 1961 年版。
16. 铃木禄弥：《物权变动与对抗问题》，株式会社创文社 1997 年版。
17. 稻本洋之助、镰野邦树：《注释公寓区分所有权法》，日本评论社 2004 年第 2 版。
18. 稻本洋之助、镰野邦树编著：《注释公寓标准管理规约》，日本评论社 2012 年版。
19. 渡辺晋：《最新区分所有法解说》，住宅新报社 2012 年 5 订版。
20. 太田知行、村辻义信、田村诚邦：《区分所有建筑物重建的法与实务》，有斐阁 2005 年版。
21. 於保不二雄：《物权法》，有斐阁 1966 年版（1989 年第 4 次印刷）。
22. 松坂佐一：《物权法》（第四版），有斐阁 1980 年版。
23. 碧海纯一、伊藤正己、村上淳一编：《法学史》，东京大学出版会 1981 年版。
24. 吉野悟：《近世私法史中的时效》，日本评论社 1989 年版。
25. 草野元己：《取得时效的研究》，信山社 1996 年版。
26. 清水元：《留置权概念的再构成》，一粒社 1998 年版。
27. 濑川信久：《不动产附合法的研究》，有斐阁 1981 年版。
28. 槙悌次：《担保物权法》，有斐阁 1981 年版。
29. 柚木馨、高木多喜男：《担保物权法》，有斐阁 1982 年版。
30. 田高宽贵：《担保法体系的新展开——以让与担保为中心》，劲草书房 1996 年版。
31. 清原泰司：《物上代位的法理》，民事法研究会 1998 年版。
32. 米仓明：《担保法的研究》，新青出版 1997 年版。
33. 米仓明：《所有权保留研究》，新青出版 1997 年版。
34. 近江幸治：《担保制度的研究》，成文堂 1989 年版。
35. 泽井裕：《公害的私法研究》，一粒社 1971 年版。
36. 滝沢聿代：《物权变动的理论》（Ⅱ），有斐阁 2009 年版。
37. 鹰巢信孝：《物权变动论的法理的探讨》，九州大学出版会 1994 年版。
38. 西垣刚：《英国不动产法》，信山社 1997 年版。
39. 圆谷峻：《比较财产法讲义——德国不动产交易的理论与批判》，学阳书房 1993 年版。
40. 舟桥谆一：《物权法》，有斐阁 1970 年版。
41. 三和一博、平井一雄：《物权法要说》，青林书院 1989 年版。

42. 田中整尔编：《物权法》，法律文化社 1998 年版。

43. 星野英一：《民法概论 2》（物权 1），良书普及会 1973 年版。

44. 本城武雄、月冈利男编：《物权法》，嵯峨野书院 1984 年版。

45. 石田文次郎：《土地总有权史论》，岩波书店 1937 年第 2 刷发行。

46. 石田文次郎：《投资抵押权的研究》，有斐阁 1932 年版。

47. 我妻荣著，有泉亨补订；《物权法》，岩波书店 1977 年版。

48. 我妻荣：《新订担保物权法》，岩波书店 1973 年版。

49. 村上淳一：《近代法的形成》，岩波书店 1979 年版。

50. 村上淳一：《德国的近代法学》，东京大学出版会 1984 年版。

51. 村上淳一等编：《德国法讲义》，青林书院新社 1974 年版。

52. 原岛重义编：《近代私法学的形成与现代法理论》，九州大学出版会 1987 年版。

53. 赤松秀岳：《十九世纪德国私法学的实像》，成文堂 1995 年版。

54. 赤松秀岳：《物权债权区别论及其周边》，成文堂 1989 年版。

55. 大木雅夫：《近世私法史要论》，有信堂 1988 年版。

56. 林毅：《德国中世纪都市与都市法》，创文社 1980 年版。

57. 林毅：《德国中世城市法的研究》，创文社 1972 年版。

58. 东孝行：《相邻法的诸问题》，信山社 1997 年版。

59. ［德］Heinrich Mitteis：《德国法制史概说》，世良晃志郎译，创文社 1971 年版。

60. ［德］Heinrich Mitteis：《德国私法概说》，世良晃志郎、广中俊雄译，创文社 1971 年版。

61. ［德］Nußbaum：《德国抵押制度论》，宫崎一雄译，清水书店 1932 年版。

62. ［德］Max Kaser：《罗马私法概说》，［日］柴田光藏译，创文社 1960 年版。

63. 原田纯孝编：《日本的都市法 1》（构造与展开），东京大学出版会 2001 年版。

64. 原田纯孝编：《日本的都市法 2》（诸相与动态），东京大学出版会 2001 年版。

65. 原田纯孝、大村谦二郎编：《现代都市法的新展开》（德国、法国），东京大学社会科学研究所 2004 年版。

66. 原田纯孝、渡边俊一编：《英国、美国的都市计划与住宅问题》，东京大学社会科学研究所 2005 年版。

67. 木下毅：《美国私法》，有斐阁 1988 年版。

68. 国生一彦：《现代英国不动产法》，有斐阁 1988 年版。

69. 大村敦志：《法源·解释·民法学》，有斐阁 1997 年版。

70. 吉田克己：《法国住宅法的形成》，东京大学出版会 1997 年版。

71. 黑田忠史：《西欧近世法的基础构造》，晃洋书房 1995 年版。

72. 河上伦逸等：《德国法律学的历史的现在》，ミネルウア书房 1989 年版。

73. 河上伦逸：《法的文化社会史》，ミネルウア书房 1993 年版。
74. 河上伦逸：《德国市民思想与法理论——历史法学及其时代》，创文社 1978 年版。
75. ［韩］郑钟休：《韩国民法典的比较法研究》（日文），创文社 1989 年版。
76. 田中英夫等编集：《英美法辞典》，东京大学出版会 1991 年版。
77. 田村耕一：《所有权保留的法理》，信山社 2012 年版。
78. 水本浩、户田修三、下山瑛二：《不动产法制概说》，青林书院 1997 年版。
79. 水本浩、远藤浩、丸山英气编：《公寓法》（第 3 版），日本评论社 2006 年版。
80. 小沼进一：《建筑物区分所有之法理》，法律文化社 1992 年版。
81. 星野英一、梁慧星监修，田中信行、渠涛编集：《中国物权法之考量》，商事法务 2008 年版。
82. 三和一博、平井一雄：《物权法要说》，青林书院 1989 年版。
83. 田中整尔：《占有论的研究》，有斐阁 1975 年版。
84. 丸山英气：《现代不动产法论》，清文社 1989 年版。
85. 奥田昌道：《请求权概念的生成与展开》，创文社 1979 年版。
86. 刘强：《关于集合住宅的中国不动产法制度的整备的研究》（日文），日本千叶大学大学院自然科学研究科 2003 年学位论文。
87. 小林孝辅监译：《德国法学者事典》，学阳书房 1983 年版。
88. 本城武雄、月冈利男编：《物权法》，嵯峨野书院 1987 年版。
89. 松井宏兴：《担保物权法》，成文堂 2016 年 3 月补订第 2 版第 8 刷发行。
90. 片桐善卫：《区分所有法的探究》，成文堂 2016 年版。
91. 山野目章夫：《建筑物区分所有的构造与动态（罹受灾害区分所有建筑物的复兴）》，日本评论社 1999 年版。
92. 内阁法制局法令用语研究会编、林大编辑协力：《有斐阁法律用语辞典》，有斐阁 1998 年初版第 8 刷发行。
93. 丸山英气编：《区分所有法》，大成出版社 1984 年版。
94. 铃木禄弥：《居住权论》，有斐阁 1959 年版。
95. 幾代通：《不动产登记法》（新版），有斐阁 1971 年版。
96. 芦部信善等编集：《岩波讲座基本法学 3——财产》，岩波书店 1985 年 5 月第 2 次发行。
97. GY·ディオズディ：《罗马所有权法的理论》，佐藤笃士、西村隆誉志、谷口贵都译，学阳书房 1983 年版。
98. 吉田克己、片山直也编：《财的多样化与民法学》，日本商事法务 2014 年版。

三、翻译的德文著作

1. 赫德曼（J. W. Hedemann）：《欧陆民法之探微》，刘甲一译，梅仲协校，台湾大学法学院 1952 年版。

2. 鲍尔、施蒂尔纳：《德国物权法》（上册），张双根译，法律出版社 2006 年版。
3. 鲍尔、施蒂尔纳：《德国物权法》（下册），申卫星、王洪亮译，法律出版社 2006 年版。
4. 卡尔·拉伦茨：《德国民法通论》（上、下册），王晓晔、邵建东、程建英、徐国建、谢怀栻译，谢怀栻校，法律出版社 2003 年版。
5. 曼弗雷德·沃尔夫：《物权法》，吴越、李大雪译，法律出版社 2002 年版。
6. 萨维尼：《当代罗马法体系》（Ⅰ），朱虎译，中国法制出版社 2010 年版。

四、参考的主要民法典

1. 《德国民法》，梅仲协等译，台湾大学法律学研究所编译，1965 年 6 月印行。
2. 《德国民法（总则编、债编、物权编）》（上册）（第 2 版），台湾大学法律学院、财团法人台大法学基金会，元照出版有限公司 2016 年版。
3. 《德意志联邦共和国民法典》，上海社会科学院法学研究所译，法律出版社 1984 年版。
4. 《德国民法典》，郑冲、贾红梅译，法律出版社 2001 年版。
5. 《德国民法》，赵文伋、徐立、朱曦译，五南图书出版股份有限公司 1992 年版。
6. 《德国民法典》（第 3 版），陈卫佐译注，法律出版社 2010 年版。
7. 《瑞士民法》，梅仲协等译，台湾大学法律学研究所编译，1967 年 7 月印行。
8. 《瑞士民法典》，殷生根、王燕译，中国政法大学出版社 1999 年版。
9. 《瑞士民法典》，殷生根译，艾棠校，法律出版社 1987 年版。
10. 《最新日本民法》，渠涛编译，法律出版社 2006 年版。
11. 《日本民法》，曹为、王书江译，法律出版社 1986 年版。
12. 《法国民法典》，李浩培、吴传颐、孙鸣岗译，商务印书馆 1979 年版。
13. 《法国民法典》，罗结珍译，中国法制出版社 1999 年版。
14. 《葡萄牙民法典》，唐晓晴等译，北京大学出版社 2009 年版。
15. 《韩国民法典 朝鲜民法》，金玉珍译，北京大学出版社 2009 年版。
16. 《韩国最新民法典》，崔吉子译，北京大学出版社 2010 年版。
17. 《月旦小六法》，陈聪富主编，元照出版有限公司 2014 年版。

后　记

　　本著作主要系作者晚近以来，尤其是新近以降对物权（法）问题所进行的一些新思考、新总结，尤其是吸纳了域外国家和地区的新的物权立法、学理及实务的成果。此外，尚应指出的是，本著作中的一些内容曾在《法学研究》《中国法学》《政法论坛》《法商研究》《现代法学》《中外法学》《法学》《法学评论》《环球法律评论》《比较法研究》《清华法学》《政治与法律》《法律科学》《法学杂志》《法律适用》以及《中国社会科学文摘》等核心期刊发表。由此使本著作的内容与构成具严格、严谨及前沿（前卫）性。

　　还应当指明的是，本著作的写作参考了中国大陆、台湾地区、澳门地区、日本及德国等国内外相关学者新近以来的著述，具体参考的内容皆于相应之处以注释加以说明，并于书末以"主要参考文献"列出，此点谨予说明，并向各参考著述的作者致以敬意。

　　以上数语，是为后记。

陈华彬
二〇一八年二月二日